새로운 도서,
다양한 자료
동양북스
홈페이지에서
만나보세요!

www.dongyangbooks.com
m.dongyangbooks.com

홈페이지 도서 자료실에서 학습자료 및 MP3 무료 다운로드

PC

| ☰ | 도서목록 | 도서 자료실 | 고객센터 |

❶ 홈페이지 접속 후 **도서 자료실** 클릭
❷ 하단 검색 창에 검색어 입력
❸ MP3, 정답과 해설, 부가자료 등 첨부파일 다운로드
* 원하는 자료가 없는 경우 '요청하기' 클릭!

MOBILE

* 반드시 '인터넷, Safari, Chrome' App을 이용하여 홈페이지에 접속해주세요. (네이버, 다음 App 이용 시 첨부파일의 확장자명이 변경되어 저장되는 오류가 발생할 수 있습니다.)

❶ 홈페이지 접속 후 ☰ 터치

❷ **도서 자료실** 터치

❸ 하단 검색창에 검색어 입력
❹ MP3, 정답과 해설, 부가자료 등 첨부파일 다운로드
* 압축 해제 방법은 '다운로드 Tip' 참고

미래와 통하는 책

가장 쉬운 독학
일본어 첫걸음
14,000원

버전업! 굿모닝
독학 일본어 첫걸음
14,500원

일단 합격하고 오겠습니다
JLPT 일본어능력시험 N3
26,000원

일본어 100문장 암기하고
왕초보 탈출하기
13,500원

가장 쉬운 독학
중국어 첫걸음
14,000원

가장 쉬운 중국어
첫걸음의 모든 것
14,500원

일단 합격 新HSK
한 권이면 끝! 4급
24,000원

중국어
지금 시작해
14,500원

영어를 해석하지 않고
읽는 법
15,500원

미국식
영작문 수업
14,500원

세상에서 제일 쉬운
10문장 영어회화
13,500원

영어회화
순간패턴 200
14,500원

가장 쉬운 독학
베트남어 첫걸음
15,000원

가장 쉬운 독학
프랑스어 첫걸음
16,500원

가장 쉬운 독학
스페인어 첫걸음
15,000원

가장 쉬운 독학
독일어 첫걸음
17,000원

동양북스 베스트 도서

THE
GOAL 1
22,000원

인스타
브레인
15,000원

직장인, 100만 원으로
주식투자 하기
17,500원

당신의 어린 시절이
울고 있다
13,800원

놀면서 스마트해지는 두뇌 자극
플레이북 딴짓거리 EASY
12,500원

죽기 전까지
병원 갈 일 없는 스트레칭
13,500원

가장 쉬운 독학
이세돌 바둑 첫걸음
16,500원

누가 봐도 괜찮은 손글씨 쓰는
법을 하나씩 하나씩 알기 쉽게
13,500원

가장 쉬운 초등 필수 파닉스
하루 한 장의 기적
14,000원

가장 쉬운 알파벳 쓰기
하루 한 장의 기적
12,000원

가장 쉬운 영어 발음기호
하루 한 장의 기적
12,500원

가장 쉬운 초등한자 따라쓰기
하루 한 장의 기적
9,500원

세상에서 제일 쉬운
엄마표 생활영어
12,500원

세상에서 제일 쉬운
엄마표 영어놀이
13,500원

창의쑥쑥 환이맘의
엄마표 놀이육아
14,500원

동양북스
www.dongyangbooks.com
m.dongyangbooks.com

최 | 신 | 개 | 정

일단 합격

新HSK
한 권이면──끝!

최은정 지음

비법서

6급

동양북스

일단 합격

新HSK 6급
한 권이면 ─── 끝! 비법서

개정 2판 2쇄 발행 | 2022년 1월 10일

지은이 | 최은정
발행인 | 김태웅
기획 편집 | 신효정
디자인 | 남은혜, 신효선
마케팅 | 나재승
제　작 | 현대순

발행처 | (주)동양북스
등　록 | 제 2014-000055호
주　소 | 서울시 마포구 동교로22길 14 (04030)
구입 문의 | 전화 (02)337-1737　팩스 (02)334-6624
내용 문의 | 전화 (02)337-1762　dybooks2@gmail.com

ISBN 979-11-5768-615-5　13720

ⓒ 2020, 최은정

이 도서의 국립중앙도서관 출판예정도서목록(CIP)은 서지정보유통지원시스템 홈페이지(http://seoji.nl.go.kr)와
국가자료공동목록시스템(http://www.nl.go.kr/kolisnet)에서 이용하실 수 있습니다.
(CIP제어번호:CIP2020013065)

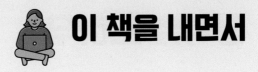

이 책을 내면서

6급에 대한 막연한 두려움을 깨다!

많은 학생들이 5급을 취득하고도 선뜻 6급에 도전하지 못한다. 5급과 6급 간의 수준 차이가 워낙 큰 것도 사실이지만, 그보다 더 큰 이유는 6급에 대한 막연한 두려움 때문이다. 지난 10년 동안 HSK 출제 경향과 난 이도에는 수많은 변화가 생겼다. 매달 직접 HSK 시험을 보고 준비하는 강사로서, 누구보다 HSK의 변화를 잘 파악하고 있다고 자부한다. 그래서 나는 지금까지의 노하우와 독학서로도 손색이 없을 만큼 자세한 설명 을 모두 담아 6급의 합격은 물론 고득점까지 정복할 수 있는 학습서를 집필하기로 결심했다.

잔소리의 엑기스를 모으다!

나이가 들면서 엄마가 왜 그렇게 나에게 잔소리를 했는지 이해가 되기 시작했다. 세상을 오래 살아가다 보 니 자신이 저지른 실수를 사랑하는 자식이 되풀이하기를 원치 않는 것이다. 지금까지 십몇 년 동안 중국어 를 공부해오면서 많은 시행착오를 겪었다. 바꿔 말하면 중국어를 마스터할 수 있는 방법을 깨닫는 데 십몇 년의 시간이 걸린 것이다. 학생들이 이와 같은 시행착오를 겪지 않고, 가장 현명한 방법으로 중국어를 정복 할 수 있도록 만들기 위해 나는 끊임없이 그들에게 사랑의 잔소리(?)를 한다. 하지만 잔소리도 같은 말을 자 꾸 하면 듣기 싫은 법! 그래서 이 책에는 6급을 정복하기 위해 반드시 알아야 하는, 도저히 하지 않을 수 없 는 소중한 잔소리만 담았다.

비법을 폭로하다!

모든 강사들에게는 자신만이 간직하고픈 노하우와 비법이 있다. 그래서 책을 쓰는 과정에서 도대체 어디까 지 공개해야 할지 고민이 되는 것도 사실이다. 하지만 이번에 나는 모든 것을 내려놓기로 결심했다. 지금까 지 분석한 자료와 노하우를 모두 공개할 것이다. HSK에 대한 독자들의 갈증이 시원하게 풀릴 것이고, 나 역 시 새로운 비법을 만들기 위해 더욱 열심히 연구하고 분석하게 될 것이다. 이런 비법의 폭로는 그야말로 일 거양득이 아닌가!

지피지기면 백전백승!

세상의 모든 영역에 적용되는 너무나 당연한 소리다. 지금까지 모든 HSK에 응시하면서 출제유형과 경향을 끊임없이 분석해왔으니 적에 대한 파악은 끝났다. 10여 년간의 강의 경험을 통해 학생들에게 무엇이 부족한 지, 어떤 설명이 필요한지 너무도 잘 알고 있으니 아군에 대한 파악도 끝났다. 이제 남은 것은 백전백승! 이 책이 여러분을 HSK 6급이라는 전쟁에서 승리로 이끌 것을 믿어 의심치 않는다!

이 책이 그동안 독자들에게 사랑받을 수 있었던 것은 오랜 시간 동안 터득한 노하우와 현장 경험을 바탕으 로 독자들의 궁금증을 속 시원하게 긁어주었기 때문이라고 생각한다. 그동안 좋은 책을 만들기 위해 애써 주신 동양북스 중국어팀의 모든 분께 감사드리고, 잦은 밤샘 집필과 그 스트레스로 예민해진 나를 고스란히 받아준 나의 가족에게도 감사와 사랑의 마음을 전한다.

최 은 정

영역별 노하우

1 듣기 听力

구성	문제 형식	문항 수	배점	시간
제1부분	단문을 듣고 일치하는 내용의 보기 고르기 (주의: 별도로 질문을 하지 않음)	15		
제2부분	총 세 개의 인터뷰를 듣고 각 인터뷰 당 5개의 질문에 알맞은 답 고르기	15	100점	약 35분
제3부분	몇 개의 단락으로 이루어진 지문을 듣고 2~4개의 질문에 알맞은 답 고르기	20		
듣기 답안지 작성 시간				5분

문제 풀이 노하우

1. 각 부분별 공략법을 익혀라!

듣기라고 해서 무조건 열심히 듣기만 해서는 안 된다. 각 부분별로 가장 효율적인 공략법을 익혀두자!

제1부분: 1부분은 문제와 문제 사이에 주어지는 10초 정도의 시간을 잘 활용하는 것이 중요하다. 먼저 5초 정도의 시간을 이용해서 다음 문제의 보기에서 자주 언급되는 사람 이름이나 단어를 빠르게 체크해둔다. (A부터 하나하나 읽어 내려가라는 뜻이 아니다! 그럴 시간은 없다.) 그런 단어는 지문에서도 언급될 가능성이 높기 때문이다. 그런 다음 5초 정도의 시간을 이용해서 빠르게 답을 찾아낸다. 3번 문제가 나오고 있는데 아직도 1번 문제를 생각하는 식으로 답 체크가 밀려서는 안 된다.

제2부분: 2부분은 듣기 중 가장 지문이 길고 정답을 찾아야 하는 문항 수도 많은 파트이다. 멍하게 듣고 있다가는 막상 질문이 나올 때 내용이 기억나지 않는 경우가 많다. 따라서 이 파트는 반드시 펜을 들고 일치하거나 유사한 표현이 나오는 보기에 체크하고, 필요하다면 간단한 메모를 해야 한다.

제3부분: 1부분이 한 문제씩, 2부분이 한 인터뷰 당 5문제씩 푸는 것으로 정해져 있는 반면, 3부분은 듣기 중 유일하게 문제의 범위를 알 수 없는 파트이다. 따라서 녹음에서 불러주는 문제의 범위는 반드시 체크해야 한다. 3부분도 2부분과 마찬가지로 보기에서 눈을 떼지 말고 필요한 부분에 메모하도록 하자.

2. 보기를 이용해라!

보기 속에 답이 있다는 것은 너무도 당연한 사실이다. 반드시 보기를 통해 지문에 언급될 단어와 질문 유형을 미리 예상해야 하고, 듣는 과정에서도 항상 펜을 들고 메모할 준비를 하고 있어야 한다.

3. 단어에 집착하지 말아라!

어차피 듣기 녹음을 100% 다 알아들을 수 없다. 문제를 푸는 데 결정적인 역할을 하는 '关键词'를 알아듣고 전체의 흐름을 파악하는 것만으로도 충분하다는 자신감을 가지자!

4. 답안지 작성을 동시에 하지 마라!

듣기는 유일하게 별도로 답안지 작성 시간이 주어지는 파트이다. 성격이 급한 학생들은 문제를 풀면서 같이 답안지 작성을 하는 경우가 있는데 이는 좋지 않은 방법이다. 앞에서 이미 보기 분석이 중요하다고 말했다. 듣기 시험에서는 문제와 문제 사이에 정신을 집중해서 다음 문제의 보기를 분석하여 문제를 예측하는 것이 가장 중요하다는 것을 잊지 말자.

2 독해 阅读

구성	문제 형식	문항 수	배점	시간
제1부분	네 개의 보기 중 틀린 문장 고르기	10		
제2부분	단문 속 3~5개의 빈칸에 들어가기에 알맞은 단어나 성어로 되어 있는 보기 고르기	10	100	100점	50분 (별도의 답안지 작성 시간이 없음)
제3부분	주어진 A, B, C, D, E 5개의 보기를 다섯 개의 빈칸이 있는 지문의 내용에 맞게 배열하기	10		
제4부분	질문에 알맞은 답 고르기 (한 지문당 3~5문제)	20		

**문제 풀이
노하우**

1. 효율성이 높은 부분을 먼저 공략하라!

같은 시간을 쓰더라도 좀 더 쉽고 보다 많은 점수를 얻을 수 있는 부분을 먼저 푸는 것이 현명한 방법이다. 난이도와 필요한 시간을 고려해볼 때 일반적으로 3부분 → 4부분 → 2부분 → 1부분 순으로 푸는 것이 가장 좋다.

2. 제1부분 응시 대책!

1부분은 기본적으로 어법 지식이 필요한 파트이다. 비록 시험에서는 '어법'이라는 명칭을 쓰지 않았지만 평소에 어법 공부를 게을리해서는 안 된다. 또한 문제를 풀 때 밑줄을 쭉 그어가며 앞에서 뒤로 대충 보면서 푸는 것도 좋지 않다. 문장의 '주어-서술어-목적어'를 파악하고, 관련사에도 표시를 하는 등 그림을 그리는 습관을 익혀야 한다.

3. 제2부분 응시 대책!

2부분은 기본적으로 어휘 지식이 필요한 파트이다. 평소 단어 학습 시 다음의 두 가지를 잊지 말자! 첫 번째는 품사. 품사를 모르면 설령 단어의 뜻을 한국어로 알고 있다고 해도 중국어 문장에서 어떤 역할을 하는지 알 수가 없다. 두 번째는 搭配. 즉 이 단어와 함께 쓰이는 단어들을 묶어서 같이 학습해야 한다.

4. 제3부분 응시 대책!

3부분 독해는 비교적 정독해야 한다. 빈칸 주변만 보면서 너무 성급하게 답을 고르려 하다가는 잘못된 답을 고르거나 결국 답을 찾지 못해 글을 다시 읽게 되어 시간만 낭비하게 되는 일이 생길 수 있다. 또한 문제의 성격상 한 번 순서가 꼬이게 되면 다른 빈칸도 함께 틀리게 되어 점수를 다 잃게 될 수 있다. 따라서 이 부분은 정독을 통해 5문제를 한꺼번에 맞힐 수 있도록 하자.

5. 제4부분 응시 대책!

4부분 독해는 문제를 먼저 읽고 분석하는 것이 중요하다. 주제가 무엇인지, 문제에서 가장 중요한 관련사는 무엇인지를 파악한다면 글 전체를 읽지 않고서도 속독이 가능한 경우가 많다. 또한 많은 학생들이 어려운 단어가 나올 때 두려워하는 경우가 많지만 그럴 필요가 전혀 없다. 그 단어가 정말 그 글에서 중요한 단어라면 계속 다른 표현이나 설명을 통해 그 단어가 언급되어 이해할 수 있게 할 것이기 때문이다.

3 쓰기 书写

구성	문제 형식	문항 수	배점	시간
缩写	10분 동안 1,000자 정도로 이루어진 글을 보고 400자 정도의 단문으로 요약하여 쓰기	1	100점	읽기: 10분 쓰기: 35분

문제 풀이 노하우

1. 한 방에 100점이다!

듣기가 세 부분에 100점, 독해가 네 부분에 100점인 것을 생각한다면 쓰기가 6급에서 차지하는 비중이 얼마나 큰지 알 수 있다. 따라서 절대 쓰기를 포기해서는 안 된다! 반드시 정복해야 하는 파트로 인식해야 한다.

2. 10분을 잘 활용하라!

내 생각을 자유롭게 서술하는 작문이 아니라 요약 쓰기인 만큼 원문을 볼 수 있는 10분에 성패가 달려있다고 해도 과언이 아니다. 10분을 무조건 앞의 내용부터 외워가면서 읽다가는 마지막 부분에는 시간이 부족한 경우가 많다. 따라서 10분을 다음과 같이 안배하자.

3~4분: 전체 글을 통독하자. 즉, 대충 훑어 읽으면서 전체 글의 흐름과 주제를 파악한다.

5~6분: 통독을 통해 글의 흐름을 파악했다면 다시 처음부터 요약 쓰기에 반드시 필요한 문장과 표현을 선별해내어 기억한다.

1~2분: 눈을 감고 다시 외운 내용들을 떠올려보고 중요한 단어의 한자들을 생각해본다. 아직 외워지지 않은 표현이나 글자가 있다면 다시 한 번 확인해본다.

3. 용두사미가 되어서는 안 된다!

많은 학생들의 쓰기를 통해 한 가지 특징을 발견했다. 앞의 내용은 아주 자세하게 잘 썼지만 뒷부분으로 갈수록 내용이 빈약해지다가 결국 급하게 글을 마무리하는 경우가 많다는 것이다. 가장 큰 이유는 방금 10분 활용법에서 말했듯이 통독을 하지 않았기 때문이다. 전체 글의 흐름을 모르는 상태에서 무조건 앞부분부터 외우다가는 정작 중요한 주제가 있는 뒷부분을 대충 마무리 짓게 된다. 따라서 반드시 전체 내용이 균형 잡힌 요약 쓰기를 해야 한다.

4. 다른 파트의 공부가 중요하다!

쓰기는 단순히 쓰기만 하는 것이 아니다. 어휘에 대한 지식, 어법에 대한 지식, 관용표현에 대한 지식 없이는 결코 좋은 쓰기를 할 수 없다. 따라서 듣기와 독해 부분의 학습은 모두 직접적으로 쓰기에 큰 영향을 주게 된다. 자신이 쓰기가 부족하다고 해서 쓰기 공부만 하는 식의 편식을 하지 말고 다른 파트의 공부도 항상 열심히 해야 함을 잊지 말자.

나에게 꼭 맞는 독학서 선택 비법

✔ **출제 경향을 얼마나 반영했는가?**

가장 신뢰할만한 HSK 문제는 기출문제입니다. 이 책은 근간에 실시된 모든 기출문제를 철저히 분석하여 출제 경향을 최대한 완벽하게 반영했습니다.

✔ **설명은 얼마나 친절하고 명쾌한가?**

이 책은 급수의 당락을 판가름하는 난이도 최상의 문제부터 너무 쉬워서 답이 뻔히 보이는 문제까지, 하나도 소홀히 하지 않고 학습자의 눈높이에서 알기 쉽게 설명했습니다.

✔ **단어는 충분히 정리되어 있는가?**

시험은 한 달밖에 남지 않았는데 책을 보자니 모르는 단어가 너무 많고, 단어부터 외우자니 막막하다면? 이 책은 6급에 처음 입문하는 초보자들도 쉽게 공부할 수 있도록 실제 문제에서 다뤄진 모든 단어를 총망라하여 사전이 필요 없을 정도로 친절하게 정리했습니다. 또한, 新HSK 6급에서 자주 출제되는 중요 단어를 ★표로 표시하여 학습자들이 시험에 신속히 적용할 수 있습니다.

✔ **학습량은 적절한가?**

학습자가 소화할 수 없을 정도로 많은 양의 정보를 주입식으로 쏟아붓는 것은 정보를 주지 않느니만 못합니다. 이 책은 파트별로 가장 적절한 학습량을 구성하여 6급에서 꼭 필요한 수준으로 엑기스를 뽑아 정리했습니다.

✔ **비법은 얼마나 들어 있는가?**

수험서를 사서 공부하는 이유는 시험에서 가장 좋은 성적을 얻기 위해서입니다. 빠른 시간 안에, 좀 더 쉽고 재미있게 공부하기 위해서는 저자의 비법이 소개되어야 합니다. 이 책에서는 십수 년 베테랑 HSK 강사의 노하우와 비법을 숨김없이 공개했습니다.

✔ **좋은 책, 좋은 저자, 좋은 출판사인가?**

보기 좋은 책이 공부하기도 좋습니다. 이 책은 학습 의욕을 높여주고 효과를 극대화할 수 있도록 일목요연하게 디자인 및 구성되었을 뿐만 아니라, 오랜 강의 경력을 갖춘 열정적이고 실력 있는 저자와 좋은 책에 아낌없이 투자하는 역사와 전통을 갖춘 어학 전문 출판사의 경험을 통해 학습자에게 최적화될 수 있도록 만들어졌습니다.

✔ **본인에게 맞는 책인가?**

인터넷의 판매 순위나 정보에만 의존하여 책을 고르기보다는 서점에서 직접 펼쳐 보고 확인해보는 것이 중요합니다. 다른 사람의 평가보다는 자신의 기준으로, 자신의 수준에 잘 맞는 책인지, 공부하고 싶어지는 책인지, 그 첫 설렘을 느껴보세요.

이 책의 구성

🔍 비법서

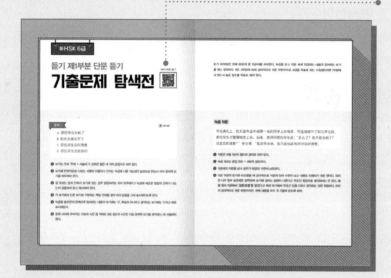

기출문제 탐색전

각 영역별, 부분별 문제 유형을 예제문제를 통해 설명하고 공략 방향을 보여줍니다. 듣기 부분은 QR을 이용하여 바로 들을 수 있습니다.

시크릿 백전백승

문제 유형별 핵심 비법을 공개합니다.

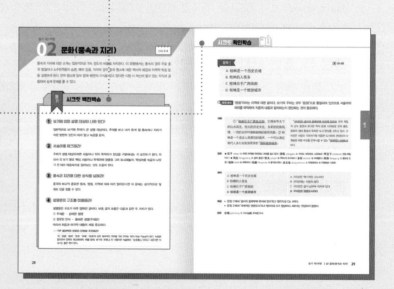

시크릿 확인학습

각 장에서 배운 비법을 예제에 적용해 풀어봅니다. 각 문제 분석을 통해 좀 더 집중해야 할 포인트를 알 수 있습니다.

시크릿 보물상자

문제 해결에 가장 중요한 학습 내용을 모아 정리해줍니다. 필수 어휘와 표현 등을 제시하여 문제 해결에 도움을 줍니다.

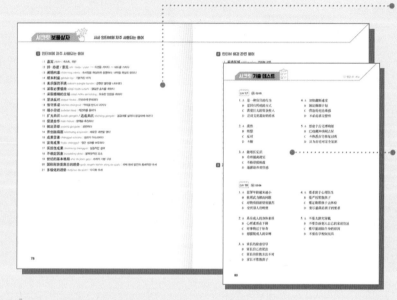

시크릿 기출테스트

기출문제를 100% 복원하여 만든 문제들을 풀어보며 각 부분의 유형을 확실히 익힙니다.

영역별 실전 모의고사

듣기, 독해, 쓰기 각 영역의 학습이 끝나면 영역별 실전 모의고사를 풀어보면서 그동안 갈고 닦은 실력을 체크할 수 있습니다.

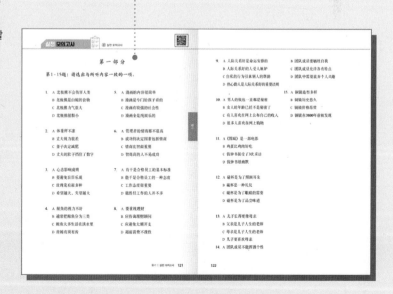

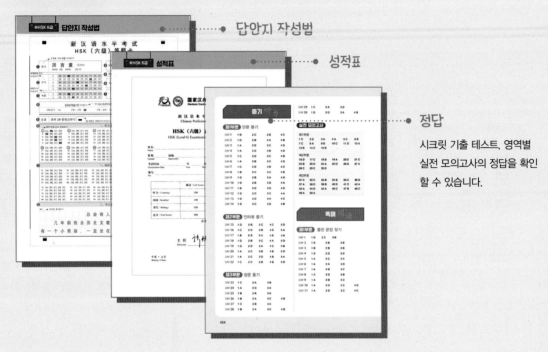

답안지 작성법

성적표

정답

시크릿 기출 테스트, 영역별
실전 모의고사의 정답을 확인
할 수 있습니다.

📖 해설서

시크릿 기출 테스트와 실전 모의고사
문제에 대한 우리말 해석과 단어 해석,
문제 풀이 설명이 별책 해설집에 수록
되어 있습니다.

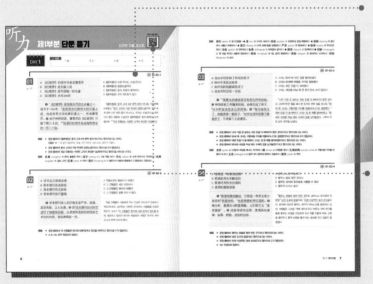

▶ 01-03-4

👍 해설서 전용
MP3 음원 제공!

해설서 버전은 문제 별로
잘려 있어, 다시 듣고 싶은
문제만 골라 들을 수 있습
니다.

부록

단어장

新HSK 6급 단어를 모았습니다. 눈으로 보고, 귀로 듣고 따라 쓰다 보면 2,500개의 필수 단어를 자연스레 익히게 됩니다.

🔊 MP3

방법 ❶ QR코드 스캔하여 바로 듣기

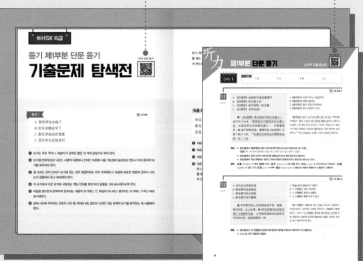

비법서(탐색전 페이지)와 해설서 듣기 파트의 QR을 스캔하면 바로 듣기가 가능합니다.

방법 ❷ 동양북스 홈페이지(www.dongyangbooks.com) 도서 자료실에서 다운로드

新HSK 6급 맞춤형 학습 플랜

듣기, 독해, 쓰기 각 영역을 다음의 자신에게 맞는 플랜을 선정하세요. 편성을 바탕으로 30일, 40일 학습 전략을 세울 수 있습니다.

혼자서 학습하기에 부담스럽지도 않고 적지도 않은 학습량입니다.
꾸준히 공부한다면 누구나 '30일의 기적'을 이룰 수 있습니다.
첫째 날: 듣기, 독해, 쓰기의 해당 이론을 공부한 다음, 해당하는 문제를 풉니다.
다음 날: 전날 공부한 내용을 복습한 다음, 해당하는 문제를 풉니다.

☐ DAY 1 ___월___일
듣기
• 제1부분 01 비법 학습
• DAY 1 기출 테스트
독해
• 제1부분 01 비법 학습
• DAY 1 기출 테스트
쓰기
• 01 비법 학습
• DAY 1 기출 테스트

☐ DAY 2 ___월___일
듣기
• 제1부분 01 복습
• DAY 2 기출 테스트
독해
• 제1부분 01 비법 학습
• DAY 2 기출 테스트

☐ DAY 3 ___월___일
듣기
• 제1부분 02 비법 학습
• DAY 3 기출 테스트
독해
• 제1부분 02 복습
• DAY 3 기출 테스트
쓰기
• 01 비법 학습
• DAY 3 기출 테스트

☐ DAY 4 ___월___일
듣기
• 제1부분 02 복습
• DAY 4 기출 테스트
독해
• 제2부분 01 비법 학습
• DAY 12 기출 테스트

☐ DAY 5 ___월___일
듣기
• 제1부분 03 비법 학습
• DAY 5 기출 테스트
독해
• 제3부분 01 비법 학습
• DAY 17 기출 테스트
쓰기
• 01 비법 학습
• DAY 5 기출 테스트

☐ DAY 6 ___월___일
듣기
• 제1부분 03 복습
• DAY 6 기출 테스트
독해
• 제1부분 01 복습
• DAY 18 기출 테스트

☐ DAY 7 ___월___일
듣기
• 제부분 04 비법 학습
• DAY 7 기출 테스트
독해
• 제4부분 01 비법 학습
• DAY 23 기출 테스트
쓰기
• 02 비법 학습
• DAY 7 기출 테스트

☐ DAY 8 ___월___일
듣기
• 제1부분 04 복습
• DAY 8 기출 테스트
독해
• 제4부분 01 복습
• DAY 24 기출 테스트

☐ DAY 9 ___월___일
듣기
• 제부분 05 비법 학습
• DAY 9 기출 테스트
독해
• 제1부분 02 비법 학습
• DAY 4 기출 테스트
쓰기
• 02 비법 학습
• DAY 9 기출 테스트

☐ DAY 10 ___월___일
듣기
• 제1부분 05 복습
• DAY 10 기출 테스트
독해
• 제1부분 02 복습
• DAY 5 기출 테스트

☐ DAY 11 ___월___일
듣기
• 제부분 06 복습
• DAY 11 기출 테스트
독해
• 제1부분 02 복습
• DAY 6 기출 테스트
쓰기
• 02 비법 학습
• DAY 11 기출 테스트

☐ DAY 12 ___월___일
듣기
• 제1부분 06 비법 학습
• DAY 12 기출 테스트
독해
• 제2부분 02 비법 학습
• DAY 13 기출 테스트

☐ DAY 13 ___월___일
듣기
• 제1부분 07 비법 학습
• DAY 13 기출 테스트
독해
• 제3부분 02 비법 학습
• DAY 19 기출 테스트
쓰기
• 03 비법 학습
• DAY 13 기출 테스트

☐ DAY 14 ___월___일
듣기
• 제1부분 07 복습
• DAY 14 기출 테스트
독해
• 제3부분 02 복습
• DAY 20 기출 테스트

☐ DAY 15 ___월___일
듣기
• 제2부분 01 비법 학습
• DAY 15 기출 테스트
독해
• 제4부분 02 비법 학습
• DAY 25 기출 테스트
쓰기
• 03 비법 학습
• DAY 15 기출 테스트

✓ 30일 플랜을 기준으로 하루에 day2씩 공부하면 15일 플랜이 됩니다.
✓ 15일 플랜은 대학교 수업 일수에 적절한 학습 플랜으로, 한 학기 15회에 걸쳐 완성할 수 있습니다.
✓ 홀수 day에 해당하는 문제를 수업 시간에 풀고, 짝수 day에 해당하는 문제를 과제로 풀 수 있습니다.

☐ DAY 16 ___월 ___일

듣기
• 제2부분 01 복습
• DAY 16 기출 테스트
독해
• 제4부분 02 복습
• DAY 26 기출 테스트

☐ DAY 17 ___월 ___일

듣기
• 제2부분 02 비법 학습
• DAY 17 기출 테스트
독해
• 제1부분 03 비법 학습
• DAY 7 기출 테스트
쓰기
• 03 비법 학습
• DAY 17 기출 테스트

☐ DAY 18 ___월 ___일

듣기
• 제2부분 02 복습
• DAY 18 기출 테스트
독해
• 제1부분 03 복습
• DAY 8 기출 테스트

☐ DAY 19 ___월 ___일

듣기
• 제2부분 03 비법 학습
• DAY 19 기출 테스트
독해
• 제1부분 04 복습
• DAY 9 기출 테스트
쓰기
• 04 비법 학습
• DAY 19 기출 테스트

☐ DAY 20 ___월 ___일

듣기
• 제2부분 03 복습
• DAY 20 기출 테스트
독해
• 제2부분 03 비법 학습
• DAY 14 기출 테스트

☐ DAY 21 ___월 ___일

듣기
• 제2부분 04 비법 학습
• DAY 21 기출 테스트
독해
• 제3부분 03 비법 학습
• DAY 21 기출 테스트
쓰기
• 04 비법 학습
• DAY 21 기출 테스트

☐ DAY 22 ___월 ___일

듣기
• 제2부분 04 복습
• DAY 22 기출 테스트
독해
• 제3부분 03 복습
• DAY 22 기출 테스트

☐ DAY 23 ___월 ___일

듣기
• 제3부분 01 비법 학습
• DAY 23 기출 테스트
독해
• 제4부분 03 비법 학습
• DAY 27 기출 테스트
쓰기
• 04 비법 학습
• DAY 23 기출 테스트

☐ DAY 24 ___월 ___일

듣기
• 제3부분 01 복습
• DAY 24 기출 테스트
독해
• 제4부분 01 비법 학습
• DAY 1 기출 테스트

☐ DAY 25 ___월 ___일

듣기
• 제3부분 02 비법 학습
• DAY 25 기출 테스트
독해
• 제1부분 04 비법 학습
• DAY 10 기출 테스트
쓰기
• 05 비법 학습
• DAY 25 기출 테스트

☐ DAY 26 ___월 ___일

듣기
• 제3부분 02 복습
• DAY 26 기출 테스트
독해
• 제1부분 04 복습
• DAY 11 기출 테스트

☐ DAY 27 ___월 ___일

듣기
• 제3부분 03 비법 학습
• DAY 27 기출 테스트
독해
• 제2부분 04 비법 학습
• DAY 15 기출 테스트
쓰기
• 05 비법 학습
• DAY 27 기출 테스트

☐ DAY 28 ___월 ___일

듣기
• 제3부분 03 복습
• DAY 28 기출 테스트
독해
• 제4부분 04 복습
• DAY 29 기출 테스트

☐ DAY 29 ___월 ___일

듣기
• 제3부분 04 비법 학습
• DAY 29 기출 테스트
독해
• 제4부분 04 비법 학습
• DAY 30 기출 테스트
쓰기
• 05 비법 학습
• DAY 29 기출 테스트

☐ DAY 30 ___월 ___일

듣기
• 제3부분 04 복습
• DAY 30 기출 테스트
독해
• 제2부분 05 복습
• DAY 16 기출 테스트

학원 수업에 적합한 학습 플랜으로, 개강일에는 수업방식과 강의개요를 설명하는 등의 워밍업을 하고 진도는 점차 빨리 나갈 수 있습니다.

첫째 달: 2~3개 영역을 1장씩 공부한 다음, 해당하는 문제를 풉니다.

둘째 달: 2전 달에 배운 내용을 복습하면서 해당하는 문제를 풉니다.

* 두 달에 걸쳐 2회 반복 학습하는 효과가 있고, 다음 달에 새로 오는 학생도 진도에 구애받지 않고 배울 수 있습니다.

☐ DAY 1 ___월___일	☐ DAY 2 ___월___일	☐ DAY 3 ___월___일	☐ DAY 4 ___월___일	☐ DAY 5 ___월___일
개강일(수업 소개), 단어장 암기방법· 영역별 기출문제 탐색전 소개 등	듣기 •제1부분 01 비법 학습 •DAY 1 기출 테스트 독해 •제1부분 01 비법 학습 •DAY 1 기출 테스트	듣기 •제1부분 02 비법 학습 •DAY 3 기출 테스트 독해 •제2부분 01 비법 학습 •DAY 12 기출 테스트	듣기 •제2부분 01 비법 학습 •DAY 15 기출 테스트 독해 •제3부분 01 비법 학습 •DAY 17 기출 테스트 쓰기 •01 비법 학습 •DAY 1 기출 테스트	독해 •제4부분 01 비법 학습 •DAY 23 기출 테스트

☐ DAY 6 ___월___일	☐ DAY 7 ___월___일	☐ DAY 8 ___월___일	☐ DAY 9 ___월___일	☐ DAY 10 ___월___일
듣기 •제3부분 01 비법 학습 •DAY 23 기출 테스트 독해 •제1부분 02 비법 학습 •DAY 4 기출 테스트	듣기 •제1부분 03 비법 학습 •DAY 5 기출 테스트 쓰기 •01 비법 학습 •DAY 3 기출 테스트	듣기 •제2부분 02 비법 학습 •DAY 17 기출 테스트 독해 •제2부분 02 비법 학습 •DAY 13 기출 테스트	독해 •제3부분 02 비법 학습 •DAY 19 기출 테스트	독해 •제4부분 02 비법 학습 •DAY 25 기출 테스트 쓰기 •01 비법 학습 •DAY 5 기출 테스트

☐ DAY 11 ___월___일	☐ DAY 12 ___월___일	☐ DAY 13 ___월___일	☐ DAY 14 ___월___일	☐ DAY 15 ___월___일
듣기 •제3부분 02 비법 학습 •DAY 25 기출 테스트 독해 •제1부분 03 비법 학습 •DAY 7 기출 테스트	듣기 •제1부분 04 비법 학습 •DAY 7 기출 테스트 독해 •제2부분 03 비법 학습 •DAY 14 기출 테스트	듣기 •제1부분 05 비법 학습 •DAY 9 기출 테스트 독해 •제3부분 03 비법 학습 •DAY 21 기출 테스트 쓰기 •02 비법 학습 •DAY 7 기출 테스트	독해 •제4부분 03 비법 학습 •DAY 27 기출 테스트	듣기 •제2부분 03 비법 학습 •DAY 19 기출 테스트 독해 •제1부분 04 비법 학습 •DAY 10 기출 테스트

☐ DAY 16 ___월___일	☐ DAY 17 ___월___일	☐ DAY 18 ___월___일	☐ DAY 19 ___월___일	☐ DAY 20 ___월___일
듣기 •제3부분 03 비법 학습 •DAY 27 기출 테스트 쓰기 •02 비법 학습 •DAY 9 기출 테스트	듣기 •제1부분 06 비법 학습 •DAY 11 기출 테스트 독해 •제2부분 04 비법 학습 •DAY 15 기출 테스트	듣기 •제1부분 07 비법 학습 •DAY 13 기출 테스트 독해 •제4부분 04 비법 학습 •DAY 29 기출 테스트	듣기 •제2부분 04 비법 학습 •DAY 21 기출 테스트 쓰기 •02 비법 학습 •DAY 11 기출 테스트	듣기 •제3부분 04 비법 학습 •DAY 29 기출 테스트 독해 •제2부분 05 비법 학습 •DAY 16 기출 테스트

☐ DAY 21 ___월 ___일	☐ DAY 22 ___월 ___일	☐ DAY 23 ___월 ___일	☐ DAY 24 ___월 ___일	☐ DAY 25 ___월 ___일
개강일(수업 소개), 단어장 암기방법 · 영역별 기출문제 탐색전 소개 등	듣기 • 제1부분 01 비법 복습 • DAY 2 기출 테스트 독해 • 제1부분 01 비법 복습 • DAY 2 기출 테스트	듣기 • 제1부분 02 비법 복습 • DAY 1 기출 테스트 독해 • 제1부분 01 비법 복습 • DAY 3 기출 테스트 쓰기 • 03 비법 복습 • DAY 13 기출 테스트	듣기 • 제2부분 01 비법 복습 • DAY 18 기출 테스트 독해 • 제3부분 01 비법 복습 • DAY 18 기출 테스트	독해 • 제4부분 01 비법 복습 • DAY 24 기출 테스트 쓰기 • 03 비법 복습 • DAY 15 기출 테스트

☐ DAY 26 ___월 ___일	☐ DAY 27 ___월 ___일	☐ DAY 28 ___월 ___일	☐ DAY 29 ___월 ___일	☐ DAY 30 ___월 ___일
듣기 • 제3부분 01 비법 복습 • DAY 24 기출 테스트 독해 • 제1부분 02 비법 복습 • DAY 5 기출 테스트	듣기 • 제3부분 01 비법 복습 • DAY 6 기출 테스트 독해 • 제1부분 02 비법 복습 • DAY 6 기출 테스트 쓰기 • 03 비법 학습 • DAY 1 기출 테스트	듣기 • 제2부분 02 비법 복습 • DAY 18 기출 테스트	독해 • 제3부분 02 비법 복습 • DAY 20 기출 테스트 쓰기 • 04 비법 복습 • DAY 19 기출 테스트	독해 • 제4부분 02 비법 복습 • DAY 26 기출 테스트

☐ DAY 31 ___월 ___일	☐ DAY 32 ___월 ___일	☐ DAY 33 ___월 ___일	☐ DAY 34 ___월 ___일	☐ DAY 35 ___월 ___일
듣기 • 제3부분 02 비법 복습 • DAY 26 기출 테스트 독해 • 제1부분 03 비법 복습 • DAY 8 기출 테스트 쓰기 • 04 비법 복습 • DAY 21 기출 테스트	듣기 • 제1부분 04 비법 복습 • DAY 9 기출 테스트	듣기 • 제1부분 05 비법 복습 • DAY 10 기출 테스트 독해 • 제3부분 03 비법 복습 • DAY 22 기출 테스트 쓰기 • 01 비법 복습 • DAY 23 기출 테스트	독해 • 제4부분 03 비법 복습 • DAY 28 기출 테스트	듣기 • 제2부분 03 비법 복습 • DAY 20 기출 테스트 독해 • 제1부분 04 비법 복습 • DAY 9 기출 테스트 쓰기 • 05 비법 복습 • DAY 25 기출 테스트

☐ DAY 36 ___월 ___일	☐ DAY 37 ___월 ___일	☐ DAY 38 ___월 ___일	☐ DAY 39 ___월 ___일	☐ DAY 40 ___월 ___일
듣기 • 제3부분 03 비법 복습 • DAY 29 기출 테스트 독해 • 제1부분 04 비법 복습 • DAY 11 기출 테스트	듣기 • 제1부분 06 비법 복습 • DAY 12 기출 테스트 쓰기 • 05 비법 복습 • DAY 27 기출 테스트	듣기 • 제1부분 07 비법 복습 • DAY 14 기출 테스트 독해 • 제4부분 04 비법 복습 • DAY 30 기출 테스트	듣기 • 제2부분 04 비법 복습 • DAY 22 기출 테스트 쓰기 • 05 비법 복습 • DAY 29 기출 테스트	듣기 • 제3부분 04 비법 복습 • DAY 30 기출 테스트 독해 • 제2부분 05 비법 복습 • DAY 16 기출 테스트

목차

듣기 听力

제1부분 단문 듣기

제2부분 인터뷰 듣기

제3부분 장문 듣기

실전 모의고사 • 121

독해 阅读

제1부분 틀린 문장 찾기

제2부분 빈칸 채우기

제3부분 문장 채우기

제4부분 장문 독해

실전 모의고사 · 316

쓰기 书写

요약 쓰기

실전 모의고사 · 414

听力

듣기

듣기 제1부분 단문 듣기
기출문제 탐색전

MP3 바로 듣기

문제 1 ▶ 01-00

A 那位学生生病了
B 校长念错名字了
C 那位学生没听清楚
D 那位学生是故意的

---

❶ 보기는 주로 '주어 + 서술어'가 갖춰진 짧은 네 개의 문장으로 되어 있다.

❷ 보기에 반복적으로 나오는 사람의 이름이나 단어는 녹음에 나올 가능성이 높으므로 반드시 미리 문제의 보기를 봐두어야 한다.

❸ 잘 모르는 뜻의 단어가 보기에 있는 경우 발음이라도 미리 유추해두고 녹음에 비슷한 발음의 단어가 나오는지 집중해서 듣고 체크해야 한다.

❹ 각 보기에서 다른 보기와 구분되는 핵심 단어를 찾아 미리 밑줄을 그어 표시해두도록 한다.

❺ 녹음을 들으면서 완벽하게 일치되는 내용의 보기에는 'O', 확실히 아니라고 생각되는 보기에는 'X'라고 바로 표시해둔다.

❻ 문제 사이에 주어지는 12초의 시간 중 적어도 8초 정도의 시간은 다음 문제의 보기를 분석하는 데 사용해야 한다.

듣기 제1부분은 전체 50문제 중 15문제를 차지한다. 녹음을 듣고 지문 속에 언급되는 내용과 일치하는 보기를 찾는 문제이다. 제2, 3부분에 비해 상대적으로 쉬운 부분이므로, 6급을 목표로 하는 수험생이라면 1부분에서 반드시 높은 점수를 목표로 해야 한다.

녹음 지문

> 毕业典礼上，校长宣布全年级第一名的同学上台领奖，可是连续叫了好几声之后，那位学生才慢慢地走上台。后来，老师问那位学生说："怎么了？是不是生病了？还是没听清楚？"学生答："我没有生病，我只是怕其他同学没听清楚。"

❶ 지문은 보통 100자 정도의 길이로 되어 있다.

❷ 녹음 속도는 분당 200 ~ 260자 정도이다.

❸ 15문제의 지문을 남녀 성우가 번갈아 가면서 낭독한다.

❹ 다른 부분의 듣기와 비교했을 때 상대적으로 지문의 단어 수준이 낮고 내용도 이해하기 쉬운 편이다. 하지만 너무 일부 표현에만 집착하여 보기에 겹치는 표현이 나온다고 무조건 정답으로 생각해서는 안 된다. 예를 들어 지문에서 '没听清楚'를 들었다고 해서 보기에서 무조건 답을 C라고 생각하는 것은 위험하다. 아무리 상대적으로 쉬운 부분이지만, 전체 내용을 모두 귀 기울여 듣도록 하자.

01 소개(인물과 사물)

인물이나 사물에 대한 소개는 일반적으로 10% 정도의 비율을 차지한다. 인물의 소개인 경우 주로 인물의 연대, 신분, 사상, 공헌 등을, 사물의 소개인 경우 주로 사물의 명칭, 연대, 유래, 특징, 용도, 가치를 주의해서 들어야 한다.

100자 정도의 짧은 지문이므로 소개의 내용이 아주 다양하기는 힘들다. 또한 지문의 성격상 설명문이므로 함축되어 있는 뜻이 없어 지문의 내용을 직접적으로 이해하면 된다. 따라서 보기에 나와 있는 단어들을 미리 체크하고 집중해서 듣는다면 좋은 성적을 얻을 수 있다!

듣기 시크릿 백전백승

1 보기에 이미 소개 대상이 나와 있다!

일반적으로 보기의 주어가 곧 소개 대상이다. 주어가 사람이라면 인물에 대한 소개가 될 것이고, 주어가 사물이라면 사물에 대한 소개가 될 것이다.

2 서술어를 체크해라!

주어가 소개 대상이라면 서술어나 뒤의 목적어가 정답을 구분해내는 키 포인트가 된다. 따라서 각 보기 별로 핵심 서술어나 목적어에 밑줄을 그어 표시해놓자.

>>> TIP 감상하지 마라!

지금 우리는 시험을 치고 있다. 누군가 이야기하는 소개를 듣고 지식을 얻어가려는 것이 아니다. 가끔씩 눈을 감거나 먼 곳을 들으면서 듣는 수험생이 있다. 물론 모든 감각을 닫고 청각만을 이용해서 듣는다면 더 집중할 수 있을지도 모른다. 하지만 그렇게 다 듣고 그제서야 보기를 보고 문제를 푼다면 먼저 시간을 모두 앞의 문제를 푸는 데 사용하게 되고, 두 번째로 보기에 나와 있는 많은 힌트를 그냥 버리는 것이나 매한가지다. 눈은 보기에, 손에는 펜을! 시험의 기본자세다.

3 설명의 포인트를 미리 알아두자!

겨우 2~5개 정도의 문장으로 설명을 하자면 몇 가지 설명 포인트가 있기 마련이다. 보기를 보면 미리 어떤 설명을 하게 될 것인지 알 수 있다. 예를 들어 '他以前当过演员'이라는 보기가 있다면 분명히 과거와 현재 신분에 대한 설명이 언급될 것이다.

④ 숫자에 감사하라!

이 유형은 보기에 숫자가 언급되는 보기가 유난히 많이 등장하는 편이다. 숫자가 언급되는 보기는 그것이 답이든 답이 아니든 가장 체크하기가 쉽다. 지문에서 관련 숫자가 나왔다고 모두 정답과 일치하는 것은 아니지만 완벽하게 일치하면 감사하게도 바로 답을 찾을 수 있게 된다.

>>> **TIP   펜을 사용해라!**

보기를 단순히 눈으로 보는 것은 부족하다. 문제가 시작되기 전에 보기의 핵심 표현에 줄을 쳐두는 것만으로도 문제의 50%를 미리 알고 듣는 것이나 다름없는 효과를 가져올 수 있다. 또한 듣기 2, 3부분과는 달리 1부분은 따로 질문 없이 무조건 일치하는 내용을 찾아야 되는 문제유형이다. 따라서 이미 질문을 알고 듣는 것이므로 완벽하게 일치되는 보기를 찾았다면 바로 체크해도 된다!

문제 1 ▶ 01-01

A 这个明星只演电影

B 这个明星做了近30个广告

C 他是明星做广告最多的

D 这个明星一直在唱歌

🔍 **문제 분석** '明星(스타)'이라는 인물에 대한 소개문이다. '这个明星'과 '他'는 동일 인물이므로 뒤에 쓰인 서술어의 의미를 파악하여 지문의 내용과 일치하는지 판단하는 것이 중요하다.

대본

① ^D尽管一年多没唱歌, 接连 ^A几部影视作品的票房收入也不佳, 但这丝毫不影响这位明星的广告价值。② ^B据统计他做的广告多达33个, ^C打破了明星做广告的记录。

^D비록 일 년 넘게 노래를 부르지 않았고, 연이은 ^A몇 편의 영화와 TV 작품의 흥행수입도 좋지 않았지만. 그러나 이것은 이 스타의 광고 가치에 조금도 영향을 주지 않았다. ^B통계에 따르면 그가 찍은 광고는 33편에 달하고, ^C스타가 광고를 찍은 기록을 깼다.

단어 接连 jiēlián 🔵 연달아, 연이어, 연속으로 | 影视 yǐngshì 🔵 영화와 TV | 票房 piàofáng 🔵 매표소, 흥행수입 | 不佳 bùjiā 좋지 않다 | 丝毫 sīháo 🔵 조금 | 打破 dǎpò 🔵 깨다, 경신하다 | 纪录 jìlù 🔵 기록

해석

A 这个明星只演电影

B 这个明星做了近30个广告

C 他是明星做广告最多的

D 这个明星一直在唱歌

A 이 스타는 영화만 찍는다

B 이 스타는 30개에 달하는 광고를 찍었다

C 그는 광고를 가장 많이 찍은 스타이다

D 이 스타는 계속 노래 부르고 있다

해설 위에서 B와 C 두 개의 보기가 모두 '광고'를 언급하고 있으므로 광고가 나오는 부분을 좀 더 집중해서 들어야 한다.

▶ 문장 ①에서 '일 년 넘게 노래를 부르지 않았고', '몇 편의 영화와 TV 작품의 흥행수입도 좋지 않았다'고 했으므로 D와 A는 X이다.

▶ 문장 ②에서 '그가 찍은 광고는 33편에 달하고 스타가 광고를 찍은 기록을 깼다'라고 했으므로 B는 X이고, C가 정답이다.

단어 明星 míngxīng 🔵 스타

A 唐三彩以红色为主
B 唐三彩制作工艺比较多
C 唐三彩主要流行于民间
D 唐三彩已有1300多年的历史

🔍 **문제 분석** '唐三彩'라는 사물에 대한 소개문이다. 주어는 모두 '唐三彩'로 통일되어 있으므로 서술어의 의미를 파악하여 지문의 내용과 일치하는지 판단하는 것이 중요하다.

대본

① 唐三彩是一种盛行于唐代的陶器，^A以黄、白、绿为基本釉色，后来人们习惯地把这类陶器称为"唐三彩"。② 唐三彩的诞生 ^D已有1,300多年的历史了，它吸取了中国国画、雕塑等工艺美术的特点，采用堆贴、刻画等形式的装饰图案，线条粗犷有力。

'당삼채'는 당대(唐代)에 성행했던 도기인데, ^A노란색, 흰색, 녹색을 기본 유약의 색으로 하여 후세 사람들은 습관적으로 이런 종류의 도기를 '당삼채'라고 부른다. 당삼채의 탄생은 ^D이미 1,300여 년의 역사를 갖고 있고, 중국의 국화와 조소 등 공예 미술의 특징을 받아들이고, '붙이기'와 '새겨 그리기' 형식의 장식 도안을 사용하여 선이 호방하고 힘이 있다.

단어 ★ 盛行 shèngxíng 동 성행하다 | 陶器 táoqì 명 도기 | 釉 yòu 명 유약 | ★ 诞生 dànshēng 동 탄생하다, 출생하다 | ★ 吸取 xīqǔ 동 흡수하다, 받아들이다, 얻다 | ★ 雕塑 diāosù 동 조소하다 명 조소, 조각과 조소 | 采用 cǎiyòng 동 채용하다, 채택하다 | 装饰 zhuāngshì 동 장식하다 명 장식, 장식품 | ★ 图案 tú'àn 명 도안 | 粗犷 cūguǎng 형 호방하다, 호탕하다

해석

A 唐三彩以红色为主
B 唐三彩制作工艺比较多
C 唐三彩主要流行于民间
D **唐三彩已有1300多年的历史**

A 당삼채는 빨간색 위주이다
B 당삼채는 제작 공예가 많다
C 당삼채는 주로 민간에서 유행했다
D **당삼채는 1,300여 년의 역사가 있다**

해설 ▶ 문장 ①에서 '노란색, 흰색, 녹색을 기본 유약의 색으로 하였다'라고 했으므로 A는 X이다.
▶ 문장 ②에서 이미 '1,300여 년의 역사를 갖고 있다'라고 했으므로 D가 정답이다.
▶ B와 C는 언급되지 않았다.

표현 以 A 为 B : A를 B로 삼다, A를 B로 여기다

1 정의

01 A 是指 B : A는 B를 가리키다, 뜻하다

02 A 既是…也是… : A는 ～이기도 하고 ～이기도 하다

03 以 A 为主 : A 위주이다, A를 주로 하다

2 역사적 · 지리적 배경

01 出生于… : ～에서 태어나다, ～에서 출생하다

02 坐落在… : ～에 자리잡다

03 已有…年的历史 : 이미 ～년의 역사가 있다

04 流行于… : ～에서 유행하다, ～에서 성행하다

05 在…流传着 : ～에서 전해지고 있다, ～에서 전해져 내려오다

06 由…演变而来 : ～에서 변화 발전해오다

07 用…而成 : ～으로 만들어지다

3 현대적인 가치

01 深受…的喜爱 : ～의 사랑을 깊이 받다

02 打破了…记录 : ～기록을 깨다

03 在…中占重要地位 : ～에서 중요한 위치를 차지하다

NEW 단어 + TIP

- 相声 xiàngsheng 명 만담
  예 相声是中国的一种传统艺术。 만담은 중국의 전통예술이다.
  고정격식 说 + 相声

- 瞄准 miáozhǔn 동 겨누다, 겨냥하다, 조준하다
  예 他快速瞄准靶子就把箭射了过去。 그는 빠르게 과녁을 조준하고 활을 쏘았다.

- 藐视 miǎoshì 동 얕보다, 경시하다, 깔보다, 업신여기다
  예 他特别自负，总是一副藐视一切的样子。 그는 매우 자부심이 강해서, 항상 모든 것을 얕보는 모습이다.

DAY 1 ▶ 01-03

1. A 《红楼梦》的续作作者是曹雪芹
   B 《红楼梦》是长篇小说
   C 《红楼梦》是中国唯一的名著
   D 《红楼梦》共有200回

2. A 学术论文很难发表
   B 那本期刊是竖排版
   C 那本期刊形式新颖
   D 那本期刊发行量高

3. A 她82岁时卖掉了所有的房子
   B 她65岁决定去旅游
   C 她所有的钱都被花光了
   D 她去世时没花一分钱

4. A 黄酒是一种黄色的酒
   B 黄酒是用大米酿成的
   C 黄酒可用作烹饪调料
   D 黄酒的度数很高

DAY 2 ▶ 01-04

1. A 《大话捧逗》是"春晚"第二个节目
   B 贾玲是一匹黑马的名字
   C 贾玲是80年登上"春晚"舞台的
   D 贾玲是说相声的

2. A 小虎队是一个歌手的名字
   B 小虎队深受大家的喜爱
   C 小虎队是一个新红起来的组合
   D 小虎队喜欢模仿别人的动作

3. A "脸谱"是指彩色化妆
   B "脸谱"是一种面具
   C "脸谱"是现代的新生物
   D "脸谱"没有什么意义

4. A 绘本上绝对不允许出现文字
   B 绘本主要通过绘画来讲故事
   C 绘本阅读应由孩子独立进行
   D 绘本注重培养孩子的绘画技能

02 문화(풍속과 지리)

DAY 3-4

풍속과 지리에 대한 소개는 일반적으로 15% 정도의 비율을 차지한다. 이 유형에서는 풍속의 경우 주로 중국 명절이나 소수민족들의 습관, 예의 등을, 지리의 경우 중국 명소에 대한 역사적 배경과 지역적 특징 등을 설명하게 된다. 만약 평소에 일부 문화 방면의 시식을 갖고 있다면 시험 시 자신이 알고 있는 지식과 결합하여 쉽게 문제를 풀 수 있다.

듣기 시크릿 백전백승

1 보기에 이미 설명 대상이 나와 있다!

일반적으로 보기의 주어가 곧 설명 대상이다. 주어를 보고 내가 듣게 될 풍속이나 지리가 어떤 방면의 것인지 미리 알고 녹음을 듣자.

2 서술어를 체크해라!

주어가 설명 대상이라면 서술어나 뒤의 목적어가 정답을 구분해내는 키 포인트가 된다. 따라서 각 보기 별로 핵심 서술어나 목적어에 밑줄을 그어 표시해놓자. 핵심어를 녹음이 나오기 전 미리 마음속으로 읽어보는 것도 도움이 된다.

3 풍속과 지리에 대한 상식을 넓혀라!

중국의 비교적 중요한 풍속, 명절, 지역에 대해 미리 알아둔다면 이 문제는 상식적으로 맞춰도 답을 찾을 수 있다.

4 설명문의 구조를 이용해라!

설명문은 구조가 아주 명확한 글이다. 보통 글의 흐름은 다음과 같은 두 가지가 있다.
① 주제문 – 상세한 설명
② 잘못된 인식 – 올바른 설명(주제문)
따라서 처음과 마지막 내용이 제일 중요하다.

>>> **TIP 절대적인 의미의 단어에 주의해라!**

'只', '全部', '绝对', '完全', '所有', '任何'와 같은 절대적인 의미를 가진 단어는 답이 아닐 가능성이 많다. 녹음을 들으면서 정확히 체크해내자. 예를 들어, 보기에 '所有人'이 나왔지만 녹음에는 '大多数人'이라고 나온다면 이 보기는 틀린 것이 된다.

문제 1

A 桂林是一个历史古城

B 桂林的人很多

C 桂林位于广西南部

D 桂林是一个旅游城市

🔍 **문제 분석** '桂林'이라는 지역에 대한 글이다. 보기의 주어는 모두 '桂林'으로 통일되어 있으므로 서술어의 의미를 파악하여 지문의 내용과 일치하는지 판단하는 것이 중요하다.

대본

① ^C桂林位于广西东北部，它拥有甲天下的山水风光，悠久的历史文化，多彩的民族风情，一流的生态环境和独特的城市风貌。② 桂林是一个适合人类居住的城市，一个可以满足现代人多元化旅游需求的 ^D国际旅游城市。

^C구이린은 광시의 동북부에 위치해 있으며, 천하 제일의 산수 풍경과 유구한 역사 문화, 다채로운 민족 풍토, 일류의 생태 환경과 독특한 도시 면모를 갖추고 있다. 구이린은 사람이 거주하기에 적합한 도시이며, 현대인의 다원화된 여행 수요를 만족시킬 수 있는 ^D국제적인 관광도시이다.

단어 ★ 位于 wèiyú 동 (어떤 지역에) 위치하다, 자리를 잡고 있다 | 拥有 yōngyǒu 동 가지다, 보유하다, 소유하다 | 甲天下 jiǎtiānxià 천하 제일이다 | ★ 风光 fēngguāng 명 경치, 풍경 | 悠久 yōujiǔ 형 (역사가) 유구하다 | 多彩 duōcǎi 형 다채롭다 | 风情 fēngqíng 명 풍토와 인정 | 独特 dútè 형 독특하다 | 风貌 fēngmào 명 풍격과 면모 | 多元化 duōyuánhuà 동 다원화되다 형 다원화된, 다양한

해석

A 桂林是一个历史古城

B 桂林的人很多

C 桂林位于广西南部

D 桂林是一个旅游城市

A 구이린은 역사적인 고도이다

B 구이린에는 사람이 많다

C 구이린은 광시 남부에 위치해 있다

D 구이린은 관광도시이다

해설 ▶ 문장 ①에서 '광시의 동북부에 위치해 있다'라고 했으므로 C는 X이다.
▶ 문장 ②에서 '국제적인 관광도시'라고 했으므로 D가 정답이다. A와 B는 언급되지 않았다.

단어 古城 gǔchéng 명 고도(古都), 오래된 도시

▶ 01-06

A 中秋节也叫团圆节
B 中秋节所有人都要仰望明月
C 每年8月15日是中秋节
D 中秋节这天家人都团聚

문제 분석 모든 보기에 들어가는 '中秋节(추석)'가 설명의 대상이다. A, B, D는 서술어를, C는 주어의 의미를 파악하여 지문의 내용과 일치하는지 판단하는 것이 중요하다.

대본

① ^C每年农历8月15日，是中国传统的中秋佳节，这时正好处于秋季的中期，所以被称为中秋。② ^A中秋节又称团圆节，这一天，^B人们仰望明月，^D期盼家人团聚，远在他乡的游子也借此寄托对故乡和亲人的思念之情。

^C매년 음력 8월 15일은 중국의 전통적인 중추절이라는 좋은 명절로, 이때가 마침 가을철의 중기이기 때문에 '중추'라고 불린다. ^A중추절은 또 '단원절'이라고도 부르며, 이날 ^B사람들은 보름달을 바라보며 ^D가족들이 한자리에 모이기를 희망하고, 멀리 타향에 있는 사람들도 이 기회를 빌어 고향과 가족에 대한 그리움의 정을 품는다.

단어 佳节 jiājié 뗑 좋은 명절, 좋은 시절 | 处于 chǔyú 동 (어떤 지위나 상태에) 처하다, 있다 | 仰望 yǎngwàng 동 (머리를 들어) 바라보다 | 期盼 qīpàn 동 기대하다, 희망하다 | 团聚 tuánjù 동 한 자리에 모이다 | 游子 yóuzǐ 뗑 나그네, 방랑자 | 借此 jiècǐ 이 기회를 빌리다 | ★寄托 jìtuō 동 (희망·기대·감정 등을) 두다, 걸다, 품다 | ★思念 sīniàn 동 그리워하다

해석

A 中秋节也叫团圆节
B 中秋节所有人都要仰望明月
C 每年8月15日是中秋节
D 中秋节这天家人都团聚

A 중추절은 단원절이라고도 부른다
B 중추절에는 모든 사람이 보름달을 바라본다
→ 절대적인 어휘인 '所有'가 있으므로 주의해서 체크해내자!
C 매년 8월 15일은 중추절이다
D 중추절에는 가족들이 모두 한 자리에 모인다
→ 절대적인 어휘인 '都'가 있으므로 주의해서 체크해내자!

해설 ▶ 문장 ①에서 '매년 음력 8월 15일'이라고 했으므로 C는 X이다.
▶ 문장 ②에서 '중추절은 또 단원절이라고도 부른다'라고 했으므로 A가 정답이다.
▶ 문장 ②의 '사람들은 보름달을 바라본다'라는 말에서 '所有人'은 언급되지 않았으므로 B는 X이다.
▶ 문장 ②의 '가족들이 한자리에 모이기를 희망한다'는 말에서 '都'는 언급되지 않았으므로 D도 X이다.

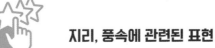

시크릿 보물상자   지리, 풍속에 관련된 표현

1 도시와 지리 방면에 자주 출현하는 표현들

• **위치**

　位于… : ～에 위치하다

　坐落在… : ～에 자리 잡다

• **역사**

　历史悠久 : 역사가 유구하다

　已有…年的历史 : 이미 ～년의 역사가 있다

• **도시의 특징**

　文明城市 : 문명 도시

　经济中心 : 경제의 중심

　政治中心 : 정치의 중심

　文化中心 : 문화의 중심

　人口密度最大的城市 : 인구 밀도가 가장 큰 도시

　最适合人类居住的城市 : 사람이 살기에 가장 적합한 도시

　面积最大的城市 : 면적이 가장 큰 도시

2 중국의 주요 명절과 풍속

	명칭	다른 이름	날짜	풍속
1	除夕 섣달그믐	大年夜	农历12月30日	熬年守岁 잠을 자지 않고 새해를 맞이함
2	春节 구정(설날)	新年, 大年, 过年, 三朝	农历1月1日 혹은 正月初一	贴春联　대련 붙이기 放鞭炮　폭죽 터뜨리기 拜年　세배하기
3	元宵节 정월대보름	上元节, 灯节	农历1日15日 혹은 正月十五	吃元宵　元宵(찹쌀로 만든 둥근 모양의 떡) 먹기 观灯　관등놀이 猜灯谜　등에 붙여 놓은 수수께끼 풀기
4	清明节 청명절	踏青节	阳历4月5日	踏青　풀밟기(교외로 나들이 가기) 扫墓祭祖　성묘하고 조상에게 제사 지내기
5	端午节 단오절	端阳节	农历5月5日	吃粽子　粽子(중국식 송편) 먹기 赛龙舟　용선 경기

6	七夕 칠석	乞巧节, 少女节, 中国的情人节	农历7月7日	妇女们穿针乞巧 바늘에 실을 꿰고 바느질 실력 이 뛰어나길 빌기 祈祷福禄寿活动 행복하게 살 수 있도록 기도하기 礼拜七姐 직녀에게 빌기 陈列花果、女红 꽃이나 과일 자수 등을 진열하기
7	中秋节 추석	团圆节	农历8月15日	吃月饼 월병 먹기 赏月 달 구경하기
8	重阳节 중양절	老人节	农历9月9日	登高 산에 올라가기 饮菊酒 국화주 마시기 赏菊 국화 감상하기 吃重阳糕 국화꽃을 넣어 만든 과자 먹기
9	腊八 납팔	腊八祭	农历12月8日 혹은 腊月初八	吃腊八粥 납팔죽(중국에서 납팔에 먹던 죽) 먹기
10	元旦 원단, 신정	新历年, 阳历年, 三元	阳历1月1日	辞旧迎新 묵은 해를 보내고 새해 맞이하기

NEW 단어 + TIP

- 之际 zhījì 몡 (일이 발생할) 때, 즈음
  예 春夏交替之际，是感冒的多发季节。 봄과 여름이 바뀔 때는 감기가 많이 발생하는 계절이다.

- 钙 gài 몡 칼슘
  예 钙是人体所需的矿物质。 칼슘은 인체가 필요로 하는 광물질이다.

- 逆行 nìxíng 동 역행하다
  예 单行道上逆行是要被罚款的。 일방 통행로에서 역행하는 것은 벌금이 부과되는 것이다.

- 荤 hūn 몡 육식, 고기 요리
  예 饮食要荤素合理搭配才有益于健康。 음식을 먹을 때 고기와 채소를 합리적으로 곁들여야만 건강에 유익하다.

- 侥幸 jiǎoxìng 형 요행하다, 뜻밖에 운이 좋다
  예 要想成功，就不要抱有侥幸心理。 성공하려면 요행을 바라는 심리를 가져서는 안 된다.

DAY 3 ▶ 01-07

1. A 绵阳是中国的科技城
   B 绵阳位于四川西南部
   C 绵阳是四川最大的城市
   D 绵阳是一座新城市

2. A 希腊四面临海
   B 希腊全是希腊人
   C 希腊是雅典的首都
   D 希腊是欧洲的文明古国

3. A 张家界位于湖北省西北部
   B 张家界的山水甲天下
   C 张家界的山很有特色
   D 张家界的风景很奇怪

4. A 每年的1月1号是春节
   B 汉族过春节时间较短
   C 正月十五是春节
   D 过春节一般要装点居所

DAY 4 ▶ 01-08

1. A 泼水节是傣族的新年
   B 傣族的新年和汉族的一样
   C 傣族是中国人口最多的少数民族
   D 泼水节一般举行一个月

2. A 重阳节有扫墓的习俗
   B 每年的九月九日是重阳节
   C 重阳节是个不吉利的节日
   D 重阳节又叫菊花节

3. A 都江堰修建于唐朝
   B 成都地区农业十分发达
   C 秦朝前成都鲜少出现旱涝
   D 成都因海拔高被称作"天府"

4. A 苗族人热情好客
   B 苗族服装制作精良
   C "四月八"每两年举办一次
   D "四月八"是苗族传统节日

03 사회와 철학

DAY 5-6

사회와 철학 유형은 일반적으로 30% 정도의 비율을 차지한다. 주로 사회 현상에 대해 평론을 하거나 인생의 도리와 교훈에 대해 이야기한다. 일반적으로 인생의 목표, 인생의 의의, 어려움에 부딪혔을 때의 자세 등을 긍정적인 방향으로 이끌어주게 된다.

지문의 성격 상 논설문이므로 가장 큰 특징은 글쓴이의 관점을 드러낸다는 것이다. 따라서 들을 때 지문에서 글쓴이의 주요 관점과 주요 태도를 찾아내는 것이 제일 중요하다.

듣기 시크릿 백전백승

1 사회와 철학을 다루는 글의 특징을 파악하자!

보통 이런 글은 아래의 세 가지 구조적 형식을 가진다.

① 화자의 관점 → 예를 들어 설명

이 경우는 다시 두 가지로 나뉜다. 첫 번째는 직접적으로 자신의 관점을 이야기하고 예를 들어 설명을 하는 경우이다. 두 번째는 먼저 질문을 던진 다음 예를 사용해서 대답을 하는 식으로 글을 전개하는 경우이다.

② 잘못된 관점 → 올바른 관점 제시

만약 '很多人…, 但…'과 같은 표현이 나온다면 먼저 잘못된 관점을 제시한 다음 화자가 생각하는 올바른 관점을 제시하는 경우이다.

③ 예를 들어 설명 → 관점을 제시

이런 경우 먼저 예시가 제시되고 마지막에 화자의 관점을 제시하게 된다. 보통 글이 끝나는 부분에 앞의 내용을 총결하는 '因此', '所以', '由此可见'과 같은 표현이 많이 나온다.

2 상식선에서 생각하자!

우리가 지금까지 살면서 들어온 교훈과 인생의 도리에 맞는 내용을 답으로 선택하자. 지나치게 상식에 맞지 않거나 도덕적이지 못한 것은 답이 될 수 없다.

③ 비유의 의미를 잘 파악하자!

철학은 일반적으로 심오하고 이해하기 어려운 경우가 많기 때문에 비슷한 특징을 가진 간단한 사물이나 개념으로 설명하는 경우가 많다. 보기에서 비유로 사용된 사물에 대해서만 지나치게 설명하는 것은 정답이 되기 어렵다.

④ 나무가 아닌 숲을 듣자!

단어 하나하나에 집착해서 들을 경우, 그 단어가 들어 있기만 하면 답인 줄 착각하게 되는 경우가 많다. 더군다나 이러한 철학적인 이야기를 하는 글의 경우는 그 속에 들어있는 함축적인 뜻을 파악해서 글쓴이의 주요 관점을 잘 파악해야 한다.

문제 1　　　　　　　　　　　　　　　　　　　　　　　　▶ 01-09

A 风雨过后一定能见彩虹

B 挫折让人生很异常

C 挫折是一种灾难

D 经历挫折能积累经验

🔍 **문제 분석**　보기에 공통적으로 들어가는 단어가 '挫折(좌절)'이다. A의 '风雨'도 좌절의 비유적인 표현임을 알 수 있다. 따라서 좌절에 대해 철학적인 교훈을 담은 글임을 추측할 수 있다. 보기의 핵심을 살펴보고 지문의 주요 관점과 일치하는지 판단하는 것이 중요하다.

대본

　　不经风雨，难见彩虹。人生亦是如此，挫折就是财富，有了它，生命才异常美丽。挫折并不是灾难，遭遇挫折常是一种幸运，与困难作斗争不仅磨砺了我们的人生，也为日后更为激烈的竞争准备了丰富的经验。

　　바람과 비를 거치지 않고서는 무지개를 보기가 어렵다. 인생 또한 이러하여, 좌절은 재산이며 그것이 있어서 인생이 매우 아름다운 것이다. 좌절은 결코 재난이 아니다. 좌절을 만나는 것은 일종의 행운이며, 어려움과 투쟁을 하면 우리의 인생을 연마할 수 있을 뿐 아니라, 앞으로의 더 격렬한 경쟁을 위해 풍부한 경험을 준비하게 된다.

단어　彩虹 cǎihóng 명 무지개 | ★ 亦 yì 부 ~도 역시, 또한, 마찬가지로 | 如此 rúcǐ 대 이와 같다, 이러하다 | ★ 挫折 cuòzhé 동 좌절시키다, 패배하다 명 좌절 | ★ 财富 cáifù 명 재산, 자원, 부 | 异常 yìcháng 형 이상하다 부 매우, 대단히 | ★ 灾难 zāinàn 명 재난 | ★ 遭遇 zāoyù 동 (불행한 일을) 만나다, 부닥치다 명 (불행한) 일, 경험, 운명 | 幸运 xìngyùn 명 행운 형 운이 좋다 | ★ 斗争 dòuzhēng 동 투쟁하다, 싸우다 | 磨砺 mólì 동 연마하다 | 激烈 jīliè 형 격렬하다, 치열하다

해석

A 风雨过后一定能见彩虹

B 挫折让人生很异常

C 挫折是一种灾难

D 经历挫折能积累经验

A 바람과 비가 지나가면 반드시 무지개를 볼 수 있다 → 긍정적

B 좌절은 인생을 이상하게 만든다 → 부정적

C 좌절은 일종의 재난이다 → 부정적

D 좌절을 겪는 것으로 경험을 쌓을 수 있다 → 긍정적

해설　전체적으로 '좌절'을 긍정적으로 바라보는 글이므로 부정적인 내용의 B와 C는 X이다.

▶ 문장 ①에 나온 무지개는 비유적 의미로 사용되었을 뿐, 이 글의 주제가 무지개인 것은 아니다. 따라서 A도 X이다.

단어　经历 jīnglì 동 겪다, 경험하다 명 경험, 경력 | 积累 jīlěi 동 쌓이다, 축적하다

▶ 01-10

A 我们遇到强者应该忍

B 在无奈时的忍是真正的忍

C 容忍弱者才是真正的忍

D 我们应该对付欺负我们的人

문제 분석 보기를 전체적으로 볼 때 '忍(인내)'에 대한 철학적인 교훈을 담은 글임을 알 수 있다. 보기의 핵심을 살펴보고 지문의 내용과 일치하는지 판단하는 것이 중요하다.

대본

① 一般人^A在遇到对方的权势大，财富大，气力大，^B在无可奈何的情形之下而忍，这算什么忍耐呢？② 真正的忍是，就算他欺负了你，对不住你，但他什么都不及你，^C你有足够的力量对付他，而你却能容忍他。

일반 사람들은 ^A권세가 크고, 부가 크고, 힘이 센 상대방을 만났을 때나 ^B어쩔 수 없는 상황에서 참게 되는데, 이것이 무슨 인내라고 할 수 있겠는가? 진정한 인내는 설령 그가 당신을 괴롭히고 당신에게 미안한 행동을 했으나, 그가 어떤 것도 당신에게 미치지 못하며 ^C당신이 그에게 대응할 충분한 힘이 있음에도 그를 용인해줄 수 있는 것이다.

단어 权势 quánshì 몡 권세 | 气力 qìlì 몡 힘, 근력, 체력 | ★ 无可奈何 wúkě nàihé 셍 속수무책이다, 어찌할 도리가 없다, 방법이 없다 | ★ 情形 qíngxing 몡 (일의) 상황, 형편, 사정 | ★ 忍耐 rěnnài 동 인내하다, 참다 | 就算 jiùsuàn 젭 설령 ~할지라도 | ★ 欺负 qīfu 업신여기다, 괴롭히다, 모욕을 주다 | 对不住 duìbuzhù 미안하다, 죄송하다 | 不及 bùjí 동 미치지 못하다, ~보다 못하다 | 足够 zúgòu 혱 충분하다, 족하다 | ★ 对付 duìfu 동 ① 대응하다, 대처하다 ② 그럭저럭 지내다, 아쉬운 대로 지내다 | ★ 容忍 róngrěn 동 용납하다, 참다

해석

A 我们遇到强者应该忍

B 在无奈时的忍是真正的忍

C 容忍弱者才是真正的忍

D 我们应该对付欺负我们的人

A 우리는 강자를 만나면 참아야 한다

B 어쩔 수 없을 때 참는 것이 진정한 인내다

C 약자를 용인하는 것이 진정한 인내다

D 우리는 우리를 괴롭히는 사람에게 대응해야 한다

해설 ▶ 문장 ①에서 '상대방의 권세가 크고, 부가 크고, 힘이 세면', '어쩔 수 없는 상황'에서 참는 것이 '이것이 무슨 인내라고 할 수 있겠는가'라고 하였으므로, 이것은 인내라고 할 수 없음을 알 수 있다. 따라서 A와 B는 X이다.

▶ 문장 ②의 '진정한 인내는'이라는 말의 뒷부분에서 글의 핵심적인 내용을 찾을 수 있다. '당신이 그에게 대응할 충분한 힘이 있음에도 그를 용인해줄 수 있는 것이다'라고 했으므로 C가 정답이다.

단어 无奈 wúnài 어찌 할 도리가 없다, 부득이하다

01 **谎言像一朵盛开的鲜花，外表美丽，生命短暂。**
거짓말은 만발한 꽃처럼 겉으로는 아름답지만 생명은 짧다.

02 **征服世界，并不伟大；一个人能征服自己，才是世界上最伟大的人。**
세계를 정복하는 것은 결코 위대하지 않다. 한 사람이 자신을 정복할 수 있다면, 그것이야말로 세상에서 가장 위대한 사람이다.

03 **恨别人，痛苦的却是自己。**
다른 사람을 증오하면 괴로운 것은 자신이다.

04 **一个人的快乐，不是因为他拥有的多，而是因为他计较的少。**
한 사람의 기쁨은 그가 가진 것이 많기 때문이 아니라 그가 따지는 것이 적기 때문이다.

05 **生气，就是拿别人的过错来惩罚自己；原谅别人，就是善待自己。**
화를 내는 것은 바로 다른 사람의 잘못을 빌어 자신을 벌하는 것이고, 다른 사람을 용서하는 것은 바로 자신을 다정하게 대하는 것이다.

06 **常常责备自己的人，往往能得到他人的谅解。**
종종 자신을 탓하는 사람은 종종 타인의 양해를 얻을 수 있다.

07 **你目前拥有的，都将随着你的死亡而成为他人的。那为何不现在就布施给真正需要的人呢？**
당신이 지금 가진 것은 모두 당신의 죽음에 따라 타인의 것이 될 것이다. 그렇다면 왜 지금 진정으로 필요로 하는 사람에게 베풀지 않는 것인가?

08 **话多不如话少，话少不如话好。**
말을 많이 하는 것은 말을 적게 하는 것만 못하고, 말을 적게 하는 것은 말을 잘 하는 것만 못하다.

09 **漫无目的的生活就像出海航行而没有指南针。**
어떠한 목적도 없는 생활은 마치 바다로 나가 항해할 때 나침반이 없는 것과 같다.

10 **得意时应善待他人，因为你失意时会需要他们。**
일이 뜻대로 될 때 타인을 다정하게 대하라. 왜냐하면 당신이 뜻대로 되지 않을 때 그들이 필요할 것이기 때문이다.

11 **养成更好的思考习惯，就可以改变生活。**
더 좋은 사고의 습관을 기르면 생활을 바꿀 수 있다.

12 **不论你在什么时候开始，重要的是开始之后就不要停止。**
언제 시작하든지에 관계없이, 중요한 것은 시작한 뒤 멈추지 않는 것이다.

13 微小的幸福就在身边，容易满足就是天堂。

아주 작은 행복은 곁에 있어 쉽게 만족하는 것이 곧 천국이다.

14 没有人因水的平淡而厌倦饮水，也没有人因生活的平淡而摒弃生活。

물이 평범한 맛이라고 싫증을 내는 사람은 없다. 마찬가지로 생활이 평범하다고 해서 포기하는 사람도 없다.

15 得不到你所爱的，就爱你所得的。

당신이 사랑하는 것을 얻을 수 없다면 당신이 얻은 것을 사랑하라.

16 自己要先看得起自己，别人才会看得起你。

스스로가 먼저 자신을 존중해야만 다른 사람이 당신을 존중할 것이다.

17 当我们失去的时候，才知道自己曾经拥有。

우리는 잃게 되었을 때 그제서야 자신이 예전에 가지고 있었음을 알게 된다.

18 没有口水与汗水，就没有成功的泪水。

침과 땀이 없으면 성공의 눈물도 없다.

19 世界上只有一样东西是任何人都不能抢走的，那就是智慧。

세상에서 오직 한 가지 물건은 어떤 사람도 빼앗아 갈 수 없는데, 그것은 바로 지혜이다.

20 一切伟大的行动和思想，都有一个微不足道的开始。

모든 위대한 행동과 사상은 모두 미미한 시작을 가지고 있다.

DAY **5** ▶ 01-11

1. A 健康和财富一样重要
   B 有了财富、感情人生才会幸福
   C 人身体健康最重要
   D 财富、感情、事业都没有意义

3. A 孤独寂寞时，应该和别人聊天
   D 有才干的话没有知识也行
   C 知识非常重要
   D 有实际经验的人能把握整体

2. A 要鼓励孩子创新
   B 奖励比批评更有用
   C 家长要多和孩子沟通
   D 父母不应过度夸奖孩子

4. A 我们应该坚持自己的意见
   B 要多帮别人开窗
   C 人总是在伤害别人
   D 宽容别人就是善待自己

DAY **6** ▶ 01-12

1. A 遵循成功法则不一定能成功
   B 越来越多的人成功了
   C 跟着成功人士学就一定能成功
   D 成功是可以复制的

3. A 女性喜欢别人夸自己可爱
   B 可爱意味着不漂亮
   C 有些女性不喜欢别人说自己可爱
   D 女人因为美丽而可爱

2. A 换个角度看自己让我们避免犯错误
   B 换个角度看自己让我们坦然地面对生活
   C 别人总是拿错误来惩罚我们
   D 人生很痛苦

4. A 人生需要寻找寄托
   B 幸福生活需要平淡
   C 做任何事都要竭尽全力
   D 不甘平凡才会激发斗志

04 유머와 풍자

유머와 풍자 유형은 일반적으로 20% 정도의 비율을 차지한다. 어떤 심오한 도리나 철학이 있다기보다 단순히 사람들을 웃게 하기 위한 이야기들이다. 내용은 비교적 간단하지만 수험생들이 이 이야기가 왜 재미있는 것인지 그 핵심을 찾아낼 수 있는가를 테스트하게 된다. 따라서 단순히 내용만 기억하는 것이 아니라 짧은 시간 내에 표면적인 내용 안에 숨어 있는 유머코드를 찾아내야 한다. 또한 보기에도 종종 표면적인 내용만 언급하는 오답들이 있으므로 주의해야 한다.

듣기 시크릿 백전백승

1 등장인물을 파악해라!

이런 유형은 보기에 주로 등장인물들이 나온다. 미리 내가 듣게 될 이야기 속 인물들의 이름이나 관계를 파악해두자. 반대로, 보기에 사람의 이름이 나오는 경우 이 유형일 가능성이 아주 크다.

2 동작을 체크해라!

등장인물들을 파악했다면 동사를 찾아 이 인물들이 하게 될 동작을 미리 체크하고 줄을 쳐두자. 이런 유머러스한 이야기들은 논리적인 전개와는 보통 거리가 멀다. 따라서 동작을 미리 알아두는 것이 이야기를 이해하는 데 큰 도움이 된다.

3 이야기의 결과를 추측하지 마라!

일반적으로 누구나 생각할 수 있는 상식적인 결과라면 재미있는 이야기나 풍자가 될 수 없다. 따라서 보기에 사람 이름이 언급되는 이러한 유머형을 만나면 끝까지 집중해서 우리의 예측을 벗어날 수 있는 이야기의 결과를 반드시 체크해내야 한다.

4 재미있게 들어라!

이 유형은 모든 유형 중 가장 재미있고 편안하게 들을 수 있는 내용으로 되어 있다. 긴장하지 말고 편안한 마음으로 친구가 재미있는 이야기를 해준다고 생각하며 들어라. 집중하는 것과 긴장하는 것은 다르다. 긴장하는 순간 듣기는 좋은 성적을 얻기 힘들어진다.

문제 1 ▶ 01-13

> A 明明想要两块钱
>
> B 老爷爷骗了明明
>
> C 明明骗了老爷爷
>
> D 老爷爷是卖玩具的

🔍 **문제 분석** 등장인물은 밍밍과 할아버지이다. 사람이 제시되는 것으로 보아 재미있는 이야기 유형의 지문임을 알 수 있다. 뒤에 쓰인 동작을 파악하여 지문의 내용이 뜻하는 바와 일치하는지 판단하는 것이 중요하다.

대본

① ^A明明找妈妈要两块钱，"昨天给你的钱呢？""我给了一个可怜的老爷爷。"② 他回答说。"你真是个好孩子，"妈妈高兴地说，"再给你两块钱，可是你为什么要把钱给那位老爷爷呢？"^D他是个卖冰淇淋的。"

^A밍밍은 엄마를 찾아가 2위안을 달라고 했다. "어제 네게 준 돈은?" "불쌍한 한 할아버지에게 드렸어요." 그가 대답했다. "넌 정말 좋은 아이구나." 엄마가 기뻐하며 말했다. "다시 2위안을 줄게. 그런데 넌 왜 돈을 그 할아버지에게 준 거니?" "^D그 할아버지가 아이스크림을 팔고 있었거든요."

단어 可怜 kělián 휑 불쌍하다, 가엾다 ⑧ 불쌍하게 여기다 | 冰淇淋 bīngqílín 몡 아이스크림

해석

A 明明想要两块钱	A 밍밍은 2위안을 원한다 → 밍밍의 동작
B 老爷爷骗了明明	B 할아버지는 밍밍을 속였다 → 할아버지의 동작
C 明明骗了老爷爷	C 밍밍은 할아버지를 속였다 → 밍밍의 동작
D 老爷爷卖玩具	D 할아버지는 완구를 판다 → 할아버지의 동작

해설
▶ 문장 ①에서 '밍밍은 엄마를 찾아가 2위안을 달라고 했다'라고 했으므로 A가 정답이다.
▶ 문장 ②의 마지막 문장에서 '그 할아버지가 아이스크림을 팔고 있었거든요'라고 했으므로 D는 X이다.
▶ 속인다는 내용은 언급되지 않았으므로 B와 C는 X이다.

단어 骗 piàn ⑧ 속이다, 기만하다 | 玩具 wánjù 몡 완구

A 别人在小李的车上乱写字
B 小李给别人的车开了罚单
C 小李故意把车停在路边
D 小李的车被警察开了罚单

🔍 **문제 분석** 등장인물은 샤오리와 '别人(다른 사람)', 그리고 경찰이다. 사람이 제시되는 것으로 보아 재미있는 이야기 유형의 지문임을 알 수 있다. 뒤에 쓰인 동작을 파악하여 지문의 내용이 뜻하는 바와 일치하는지 판단하는 것이 중요하다.

대본

① 小李出去办事，到了目的地发现没有停车位，°只好把车停在马路边，他在玻璃上留了一张纸条，上面写着："我来此办事。"② 回来的时候，玻璃上多了一张警察的罚单，而且那张纸条下多了一行字："我也是。"

샤오리가 일을 보러 나갔는데, 목적지에 도착하여 주차 자리가 없는 것을 발견하고, °어쩔 수 없이 차를 길가에 주차하면서 유리창 위에 쪽지 한 장을 남겼다. 위에는 '저는 여기 일을 보러 왔습니다.'라고 쓰여져 있었다. 돌아왔을 때 유리창 위에는 경찰의 벌금 고지서가 한 장 더 있었고, 게다가 그 쪽지 아래에 한 줄이 더 적혀 있었다. '저도 마찬가지입니다.'

단어 只好 zhǐhǎo 분 부득이, 어쩔 수 없이 | 玻璃 bōlí 명 유리 | 纸条 zhǐtiáo 명 쪽지, 메모 | 罚单 fádān 명 벌금 고지서

해석

A 别人在小李的车上乱写字
B 小李给别人的车开了罚单
C 小李故意把车停在路边
D 小李的车被警察开了罚单

A 다른 사람이 샤오리의 차에 낙서를 했다
　→ 다른 사람의 동작
B 샤오리가 다른 사람의 차에 벌금 고지서를 발급했다
　→ 샤오리의 동작
C 샤오리가 고의로 차를 길가에 주차했다
　→ 샤오리의 동작
D 샤오리의 차는 경찰에게 딱지를 떼였다
　→ 경찰의 동작

해설 ▶ '다른 사람'은 사실 글의 내용과 큰 관계가 없다. 따라서 '别人'이 등장하는 A와 B는 X이다.
　　　 ▶ 문장 ①에서 '어쩔 수 없이 차를 길가에 주차했다'고 했으므로 C도 X이다.

단어 乱写 luànxiě 동 ① 낙서하다 ② 엉망으로 쓰다 | 故意 gùyì 분 고의로, 일부러

DAY 7 ▶ 01-15

1. A 500元的戒指质量更好
   B 服务员很羡慕那个中年妇女
   C 中年妇女上当了
   D 中年妇女捡了便宜

2. A 他们去动物园了
   B 他们遇到了大黑熊
   C 小李吓晕了
   D 小王一直在跑

3. A 书店老板邀请作家来参观
   B 作家发现书店只卖自己的书
   C 别的书都卖完了
   D 书店里只卖那个作家的书

4. A 学者会按时赴约
   B 学者打算周末加班
   C 学者认为富人傲慢
   D 学者没看懂那条短信

DAY 8 ▶ 01-16

1. A 乘客在后边追这辆公共汽车
   B 公共汽车上没有司机
   C 公共汽车上只有一位乘客
   D 公共汽车的速度很慢

2. A 一家啤酒店门前有个大酒桶
   B 大酒桶里什么也没有
   C 大酒桶里写着一个广告
   D 这桶酒一共卖5元钱

3. A 画家想换个房间
   B 画画儿需要灵感
   C 朋友并不认可画家的画技
   D 朋友认为刷墙是画蛇添足

4. A 飞机上有一个超人
   B 那个乘客自以为了不起
   C 空姐请那位乘客下飞机
   D 那位乘客一直没有系安全带

05 과학과 상식

과학과 상식 유형은 일반적으로 2~3문제 정도가 출제된다. 내용의 성격 상 다른 유형에 비해 비교적 어렵거나 생소한 단어가 많이 등장하는 유형이다. 하지만 HSK에서 다루어지는 것들은 주로 우리가 일상적으로 많이 알고 있는 과학 정보나 상식이기 때문에, 보기에 나와 있는 단어들을 미리 체크하고, 자신이 평소에 알고 있는 지식을 잘 활용하면 충분히 정복할 수 있는 유형이다.

듣기 시크릿 백전백승

1 개괄성 보기를 찾아라!

보기에서 다른 세 개의 보기의 내용을 개괄하고 있는 보기가 있다면 일반적으로 답일 가능성이 크다.

2 처음과 끝을 체크하라!

이 유형은 과학적 상식이나 정보를 제공하는 글로, 여러 가지 방면으로 상세하게 한 가지 포인트를 설명하게 된다. 따라서 글의 제일 처음 문장에서 설명의 주요 내용을 개괄하고 시작하거나, 글의 제일 끝에 지금까지 나열된 설명을 개괄하게 된다. 처음과 끝에 글의 90%의 내용이 함축되어 있음을 잊지 말자.

3 평소에 아는 지식을 활용하라!

HSK 듣기에 나오는 과학적 지식은 전문가들이나 이해할 수 있는 심도 깊은 내용이 절대 아니다. 일반적으로 우리가 매체나 책에서 접해봤을 만한 상식들이 주를 이룬다. 따라서 녹음을 잘 듣지 못한 상황이라면 내가 아는 상식에 근거해서 답을 찾자.

4 전환을 체크해라!

이러한 설명문은 보편적으로 받아들여지고 있는 사람들의 잘못된 인식을 먼저 이야기한 뒤 올바른 인식에 대한 설명이 나오는 경우가 많다. 따라서 '전환'을 나타내는 단어들이 자주 나타난다. '并不是', '但是 / 可是', '不是…而是…'와 같은 표현들이 나온다면 이제부터 글의 본격적인 설명이 시작되므로, 앞의 부분을 놓쳤다고 해도 지금부터 귀를 기울이면 충분히 문제를 풀 수 있다.

5 시간 배분을 잘하라!

듣기는 문제 사이에 12초의 시간이 주어진다. 이중 적어도 8초는 다음 문제의 보기를 분석하고 글의 유형을 예측하는 데 사용해야 한다. 듣기는 잘 알아듣기만 했다면 바로 답이 나오는 파트이다. 즉 오래 생각한다고 해결되는 파트가 아니라는 얘기다. 가끔 5번 녹음이 나오는데도 1번 문제를 고민하는 수험생들이 있다. 첫 번째, 그런다고 아까 잘 못 들은 녹음 내용이 갑자기 떠오르는 것도 아니고, 두 번째, 한번 시험의 타이밍을 놓치게 되면 계속 보기를 체크하지 못한 상태에서 다음 문제를 급하게 듣게 되어 전체적으로 듣기 시험을 망치게 된다. 녹음 내용을 잘 듣지 못했다면 자신의 느낌이나 상식을 근거로 얼른 답을 고르고 다음 문제에 집중하자!

NEW 단어 + TIP

- 亲密 qīnmì 형 사이가 좋다, 친밀하다
  예 儿子和母亲的关系格外亲密。아들과 어머니의 관계가 유난히 친밀하다.
  고정격식 关系 + 亲密

- 居民 jūmín 명 주민, 거주민
  예 很多城市居民都前来参加此次马拉松活动。많은 도시 거주민들이 모두 이번 마라톤 활동에 참가하러 온다.

- 呼唤 hūhuàn 동 외치다, 부르다, 소리치다, 고함치다
  예 农村工业化呼唤着城市化。농촌 공업화는 도시화를 부르짖고 있다.

문제 1

▶ 01-17

A 午餐是一天中最重要的

B 早餐可吃可不吃

C 吃早餐的人反应一定很灵敏

D 吃早餐能提高人的工作效率

문제 분석 보기를 통해 '早餐'과 '午餐'에 대한 정보나 과학적 지식을 제공하는 글임을 알 수 있다. 각 보기의 내용을 살펴보고 핵심에 줄을 친 뒤 지문의 내용과 일치하는 것을 체크해내면 된다.

대본

① ^A早餐是激活一天脑力的燃料，^B不能不吃。② 许多研究都指出，^C吃一顿优质的早餐可以让人在早晨思考敏锐，反应灵活，并^D提高学习和工作效率。③ 研究也发现，没有吃早餐习惯的人比有吃早餐习惯的人更容易发胖。

^A아침은 하루의 사고력을 촉진시키는 연료로 ^B먹지 않으면 안 된다. 많은 연구가 모두 ^C한 끼의 양질의 아침을 먹는 것은 사람으로 하여금 아침에 사고를 빠르게 하고 반응을 민첩하게 하며 또한 ^D학습과 업무의 효율을 향상시킨다고 지적했다. 연구에서는 또 아침을 먹지 않는 것에 익숙한 사람들은 아침을 먹는 것에 익숙한 사람보다 더 쉽게 뚱뚱해진다는 것을 발견했다.

단어 激活 jīhuó 图 활성화시키다, 촉진시키다 | 脑力 nǎolì 图 사고력, 이해력 | 燃料 ránliào 图 연료 | 优质 yōuzhì 图 양질의, 우수한 품질의 | 早晨 zǎochén 图 이른 아침 | ★敏锐 mǐnruì 图 (감각이) 빠르다, 예민하다, (눈빛이) 날카롭다 | 灵活 línghuó 图 민첩하다, 재빠르다, 융통성이 있다 | 效率 xiàolǜ 图 효율, 능률

해석

A 午餐是一天中最重要的

B 早餐可吃可不吃

C 吃早餐的人反应一定很灵敏

D 吃早餐能提高人的工作效率

A 점심은 하루 중에 가장 중요하다
→ 절대적인 어휘인 '最'가 있으므로 주의해서 체크해내자!

B 아침은 먹어도 되고 안 먹어도 된다

C 아침을 먹는 사람은 반응이 반드시 빠르다
→ 절대적인 어휘인 '一定'이 있으므로 주의해서 체크해내자!

D 아침을 먹으면 사람의 업무 효율을 향상시킬 수 있다

해설 상대적으로 '아침식사'에 대한 내용이 많으므로 좀 더 주의해서 듣자.
▶ 문장 ①의 첫 단어 '早餐'에서 이 글은 '아침식사'에 관련된 내용임을 알 수 있다. 따라서 A는 X이다.
▶ 문장 ①에서 '먹지 않으면 안 된다'라고 했으므로 B도 X이다.
▶ 문장 ②에서 '한 끼의 양질의 아침을 먹는 것은 사람으로 하여금 아침에 사고를 빠르게 하고 반응을 민첩하게 한다'고 했지만, 절대적인 어휘 '一定'을 찾아보기 어려우므로 C도 X이다.
▶ 문장 ② 뒷부분에서 '학습과 업무의 효율을 향상시킨다'라고 했으므로 정답은 D이다.

단어 ★灵敏 língmǐn 图 (반응이) 빠르다, 민감하다

문제 2

A 人们对睡眠的需求都一样

B 婴儿一直都要睡觉

C 婴儿的睡眠时间比成人多

D 人们要睡7个小时左右

🔍 **문제 분석** 보기를 통해 수면에 대한 정보나 과학적 지식을 제공하는 글임을 알 수 있다. 각 보기의 내용을 살펴보고 핵심에 줄을 친 뒤 지문의 내용과 일치하는 것을 체크해내면 된다.

대본

① ᴬ不同年龄段的人对睡眠的需求不一样，婴儿除了吃奶就是睡觉，ᴮ睡眠时间可能是十几甚至二十几个小时，到了成年，ᴰ对大多数人来说，6到8个小时就够了。

ᴬ서로 다른 연령대의 사람은 수면에 대한 요구가 다르다. 아기는 젖을 먹는 것을 제외하면 잠을 자는데, ᴮ수면시간은 아마 열 몇 시간, 심지어는 스물 몇 시간일 것이다. 성년이 되면 ᴰ대다수 사람들에게 있어서 6~8시간이면 충분하다.

단어 年龄 niánlíng 몡 연령, 나이 | 睡眠 shuìmián 몡 수면, 잠 | ★ 婴儿 yīng'ér 몡 영아, 갓난아기 | 睡觉 shuì jiào 이합 자다

해석

A 人们对睡眠的需求都一样

B 婴儿一直都要睡觉

C 婴儿的睡眠时间比成人多

D 人们要睡7个小时左右

A 사람들의 수면에 대한 요구는 모두 같다
→ 절대적인 어휘인 '都'가 있으므로 주의해서 체크해내자!

B 아기들은 모두 계속 자야 한다
→ 절대적인 어휘인 '一直都'가 있으므로 주의해서 체크해내자!

C 아기들의 수면 시간은 성인보다 많다

D 사람은 7시간 정도 자야 한다

해설 A와 B는 절대적 어휘가 있으므로 답이 아님을 금방 판단할 수 있을 것이고, D처럼 숫자가 있는 보기 또한 녹음의 숫자가 나오는 부분에서 쉽게 판단해낼 수 있다.

▶ 문장 ①의 '서로 다른 연령대의 사람은 수면의 요구가 다르다', '(아기의) 수면시간은 아마 열 몇 시간, 심지어는 스물 몇 시간일 것이다'라고 했으므로 절대적 어휘가 있는 A와 B는 X이다.

▶ 문장 ①의 뒷부분에 '대다수 사람들에게 있어서 6~8이면 충분하다'고 했으므로 D도 X이다.

DAY **9** ▶ 01-19

1. A 肥胖儿童都喜欢看电视
   B 儿童看电视时间应该为70分钟
   C 大人在吃饭时可以看电视
   D 吃饭时不要看电视

2. A 在家居设计中不常用黄色
   B 黄色能加强人的行动力
   C 暖黄色让人紧张
   D 人应该多吃黄色食物

3. A 及时发脾气给人带来健康
   B 人们要学会忍耐
   C 不随便发脾气使人长寿
   D 有脾气就发的人都很长寿

4. A 海啸破坏力巨大
   B 海浪是自发形成的
   C 台风由低气压造成
   D 海上无风也会有浪

DAY **10** ▶ 01-20

1. A 大雾有利于农业
   B 大雾让所有航班都停飞了
   C 光照对农作物生长的影响最大
   D 大雾影响交通

2. A 不渴时不要喝水
   B 平时应该多喝水
   C 口渴时才需要喝水
   D 每天应该喝8杯水

3. A 熬夜会损伤大脑
   B 体育锻炼要循序渐进
   C 青少年的新陈代谢比较快
   D 大脑缺氧会导致记忆力下降

4. A 白噪音能助眠
   B 雨天人容易失眠
   C 白噪音多出现于夜晚
   D 噪音污染的标准难界定

06 성어와 신조어

성어와 신조어 유형은 일반적으로 1~2문제 정도가 출제된다. 일상 생활에서 많이 사용하는 성어와 현대 중국사회에서 새롭게 출현한 신조어들에 대한 짧은 설명문을 듣게 된다. 물론 설명을 알아듣는다면 더할 나위 없이 좋겠지만 평소에 성어나 신조어에 대해 많이 알고 있다면 쉽게 문제를 풀 수 있다.

듣기 시크릿 백전백승

1 보기를 통해 신조어를 미리 파악해라!

신조어를 설명하는 경우 보기에 미리 신조어가 나와 있는 경우가 많다. 이런 경우 미리 발음을 체크해두고, 한자의 의미를 이용해서 전체적인 뜻도 추측해보자.

2 성어, 한자의 함정에 빠지지 마라!

성어의 경우 한자 한 글자의 의미에 집착해서 함정에 빠져서는 안 된다. 성어는 글자의 표면적인 뜻보다 전체적으로 비유적인 의미를 나타내는 경우가 많다. 예를 들어 '马不停蹄'라는 사자성어는 표면적으로는 '말'에 대해 이야기하는 것 같지만 실질적으로는 '한 시도 멈추지 않고 계속하다'라는 뜻을 나타낸다. 따라서 보기에서 너무 직접적으로 '말'에 대해서만 언급하는 보기가 있다면 답이 될 수 없다.

3 정의를 내리는 표현에 귀 기울여라!

주로 단어를 설명할 때는 'A的意思是…', '…就是A', 'A就是指…'와 같은 표현을 많이 사용한다. 만약 이런 표현을 듣게 되면 바로 이 부분에서 성어나 신조어의 뜻을 직접적으로 설명하게 된다는 것을 기억하자.

4 평소에 성어를 많이 외워라!

新HSK는 2,500개의 5급 어휘와 5,000개의 6급 어휘가 지정되어 있다. 5급 어휘는 6급 어휘에 모두 포함되므로 실질적인 6급 어휘는 2,500개이다. 그중 사자성어는 100개가 넘는다. 실제로 6급은 듣기, 독해, 쓰기를 가리지 않고 사자성어가 빠지는 경우가 거의 없다. 따라서 평소에 반드시 성어를 많이 암기해두는 것은 이 유형의 듣기 문제뿐만 아니라 전체 6급 시험을 위해 반드시 필요하다.

문제 1   ▶ 01-21

A 后天的努力是没有用的
B 聪明的人才能先到达目的地
C 人应该及早作准备
D 聪明的人不需要努力

🔍 **문제 분석** '聪明的人', '后天的努力'와 같은 표현을 통해 어떤 내용인지 대략적인 느낌은 생길 것이다. 보기 간에 크게 공통적인 단어나 내용이 없으므로, 각 보기의 핵심에 줄을 친 뒤 지문의 내용과 일치하는 것을 체크해내도록 하자.

대본

① "笨鸟先飞"这个成语指ᶜ笨拙的人应该早做准备, 及早把想法付诸实践, 这能比那些自认为聪明的人先到达目的地, 即便先天条件有限, 但是ᴬ通过后天的努力, 仍然可以达到预定的目的。

'笨鸟先飞'라는 이 성어는 ᶜ어리석은 사람은 일찍 준비해야 하며, 일찌감치 생각을 실천에 옮겨야 함을 가리킨다. 이것은 스스로 똑똑하다고 생각하는 사람들은 먼저 목적지에 도착하고, 설령 선천적 조건이 한계가 있어도 ᴬ후천적인 노력을 통해 여전히 예정된 목적에 도달할 수 있는 것에 비할 수 있다.

단어 笨鸟先飞 bènniǎo xiānfēi 성 부지런함으로 능력이 모자란 것을 메우다 | ★ 笨拙 bènzhuō 형 어리석다, 둔하다 | ★ 及早 jízǎo 부 빨리, 서둘러, 일찌감치 | 付诸 fùzhū 동 ~에 부치다, ~에 맡기다 | 实践 shíjiàn 동 실천하다, 이행하다 명 실천, 이행 | ★ 即便 jíbiàn 접 설령 ~일지라도 | 仍然 réngrán 부 여전히, 변함없이 | 预定 yùdìng 동 예정하다

해석

A 后天的努力是没有用的
B 聪明的人才能先到达目的地
C 人应该及早作准备
D 聪明的人不需要努力

A 후천적인 노력은 소용없는 것이다
B 똑똑한 사람만이 목적지에 먼저 도착할 수 있다
C 사람은 반드시 일찍 준비해야 한다
D 똑똑한 사람은 노력할 필요가 없다

해설 보기 중 A, B, D는 노력할 필요 없이 똑똑하기만 하면 된다는 어감이다. C는 반대로 일찍 준비하고 노력해야 한다고 되어 있다.

▶ 문장 ①에 '어리석은 사람은 일찍 준비해야 하며', '후천적인 노력을 통해 여전히 예정된 목적에 도달할 수 있다'라고 했으므로 노력에 대해 부정하는 내용이었던 A, B, D는 모두 X이다.

▶ 노력에 대해 긍정적인 내용이었던 B가 정답이다.

문제 2

A 奔奔族们压力极大
B 奔奔族们都买很贵的车
C 奔奔族是指80后
D 奔奔族们是最幸运的

문제 분석 보기를 통해 '奔奔族'라는 신조어에 대한 설명임을 바로 알 수 있다. '奔'은 '달리다'라는 뜻의 한 자이므로 '바쁘게 달리는 사람들' 정도의 뜻을 유추해낼 수 있다. 그런 다음 각 보기의 핵심을 파악하여 지문의 내용과 일치하는 것을 체크해내도록 하자.

대본

① 奔奔族是生于ᶜ75~85这10年间的 代 人，他们被称为"当前中国社会中最重要的青春力量"，又是中国社会压力最大的族群，身处于房价高、ᴮ车价高、医疗费用高的"三高时代"，时刻ᴬ承受着压力，爱自我宣泄表达对现实抗争！

奔奔族는 ᶜ75~85 이 10년 사이에 출생한 세대로, 그들은 '현재 중국 사회에서 가장 중요한 청춘의 힘'이라고 불리며, 또한 중국 사회에서 스트레스가 가장 큰 부류이고, 방 값이 높고 ᴮ차 값이 높고 의료비용이 높은 '삼고(高)세대'여서, 항상 ᴬ스트레스를 견디고 있고, 자신을 토로하고 현실에 대한 투쟁을 표현하기 좋아한다!

단어 压力 yālì 圆 압력, 스트레스 | 族群 zúqún 圆 동류 집단, 부류 | 处于 chǔyú 图 (어떤 지위나 상태에) 처하다, 있다 | 房价 fángjià 圆 방값 | 医疗 yīliáo 圆 의료 | 时刻 shíkè 圆 시각, 순간 閏 시시각각, 늘, 항상, 언제나 | 承受 chéngshòu 图 ① 참다, 견디다, 감당하다 ② (재산·권리 등을) 계승하다, 이어받다 | 宣泄 xuānxiè 图 (마음에 맺힌 것들을) 분출하다, 토로하다 | 抗争 kàngzhēng 图 대항하다, 맞서 싸우다

해석

A 奔奔族们压力极大
B 奔奔族们都买很贵的车
C 奔奔族是指80后
D 奔奔族们是最幸运的

A 奔奔族들은 스트레스가 매우 크다
B 奔奔族들은 모두 비싼 차를 산다
 → 절대적인 어휘인 '都'가 있으므로 주의해서 체크해내자!
C 奔奔族는 '80년대 이후에 태어난 사람'을 가리킨다
D 奔奔族들은 가장 운이 좋다

해설 ▶ 숫자가 있는 보기는 체크하기가 쉽다. 문장 ①에서 '75~85'라고 했으므로 C는 X이다.
▶ 문장 ①의 중간에 '차 값이 높다'라고 했다. 녹음에도 '都'가 나오지 않는 이상 절대적인 어휘가 있는 것은 답이 되기 어렵다. 따라서 B도 X이다.
▶ 문장 ①의 뒷부분에 '스트레스를 견디고 있다'라고 했으므로 A가 정답이다.
▶ '幸运(운이 좋다)'이라는 말은 언급조차 되지 않았으므로 D도 X이다.

단어 极大 jídà 圈 지극히 크다, 최대한도이다 | 幸运 xìngyùn 圆 행운 圈 운이 좋다

1 ···族

01 帮帮族 bāngbāngzú
'帮帮族'는 인터넷 상에 글을 올려 여러 가지 도움을 구하거나 또는 정보 등을 제공해주는 사람을 가리킨다. '帮帮族'는 자신의 능력이나 특기를 가지고 무상으로 다른 사람을 도와준다. '帮帮族'가 제공하는 도움에는 애완동물 기르는 법, 화초 키우는 법, 전기 기구 수리하는 법 등 여러 방면의 정보가 포함된다.

02 急婚族 jíhūnzú
물질적 이익을 추구하거나 가족의 강요에 못 이겨 지나치게 급하게 결혼하는 사람들을 가리킨다.

03 慢活族 mànhuózú
생활의 리듬이 상대적으로 느린 사람들을 가리킨다. 일반적으로 휴대전화와 TV를 끄고 여가 시간에 의미 있는 일들을 하거나 걸어서 출퇴근하며 조급해하지 않고, 시끄러운 사람들과 어울리지 않는 경우를 말한다. '快活族'의 반대 개념이다.

04 试药族 shìyàozú
돈을 벌기 위해 신종 약품의 약효 실험에 참가하는 사람들을 가리킨다. '试药族'는 위험이 큰 신종 직업이다.

05 飞鱼族 fēiyúzú
중국 내에서 처음으로 유럽과 미국의 최고 경영대학을 소재로 한 소설《巴黎飞鱼》에서 유래한 말이다. '飞鱼'는 중국 내에서 이미 대단한 성과를 거두고도 모든 것을 포기하고 외국 유명 대학에 가서 공부하는 중국의 특수 계층을 가리킨다.

06 合吃族 héchīzú
생활의 리듬이 빠른 도시 생활에서 생겨난 젊은이들 위주의 소비 계층을 말한다. 주로 인터넷에 글을 올려 함께 밥 먹을 사람들을 찾아 맛있는 음식도 같이 먹고 새로 친구가 되기도 하는 무리들이다.

07 啃椅族 kěnyǐzú
에어컨 바람을 쐬기 위해 패스트푸드점에 가서 음료 두 잔만 시키고 한참을 앉아 있는 커플이나 학생을 가리킨다.

08 赖校族 làixiàozú
이미 졸업을 하고도 더 공부를 하는 것도 아니고 취업도 하지 않으면서, 여전히 학교에 남아 있는 대학 졸업생을 가리킨다.

09 陪拼族 péipīnzú
여자를 데리고 '쇼핑(血拼: shopping의 음역)'하는 남자들을 가리킨다.

10 捧车族 pěngchēzú
차를 산 다음 잘 몰지 않고 주말이나 휴가 기간에만 차를 사용하며, 평소에는 차를 장기간 주차장에서 쉬게 하는 사람들을 가리킨다.

11 网络晒衣族 wǎngluò shàiyīzú
주로 여성들이 자신의 옷을 사진으로 찍어 인터넷에 올려 다른 사람들과 옷의 코디에 대한 느낌을 교류하는 경우를 가리킨다.

12 洋漂族 yángpiāozú

외국인을 가리키는 말로, 외국 기업 경영자, 전문가, 대학 교수, 유학생 등의 직업을 가지고 있으나 생활이 고정적인 사람들이 아니라 장기 여행자나 심지어는 불법 체류자와 같이 생활이 고정적이지 않고 여기저기 떠돌아 다니는 외국인을 가리킨다.

13 装嫩族 zhuāngnènzú

영어로는 Kidult, 즉 Kid+Adult의 합성어이다. 실제 연령은 30살이 넘지만 옷차림이나 행동 등이 여전히 아이 같은 사람들을 가리킨다.

2 ···奴

01 车奴 chēnú

능력이 되지 않음에도 생활의 질을 향상시킨다는 명분으로 차를 사서 정상적인 일상 생활에까지 영향을 받는 사람들을 가리킨다.

02 房奴 fángnú

충분한 돈이 없어 은행에 대출을 받아 집을 산 뒤 임금에서 가장 기본적인 생활 지출을 제외하고 나머지 돈을 모두 대출금을 갚는 데 사용하여, 갑자기 발생하는 다른 일에 대처할 돈 조차도 없는 사람들을 가리킨다.

03 节奴 jiénú

춘절 등과 같은 명절의 소비나 교제 활동 때문에 경제적 압박을 받는 사람들을 가리킨다.

04 证奴 zhèngnú

취업이 나날이 어려워짐에 따라 취업 기회를 잡으려 각종 자격증을 취득하기 위해 온갖 학원과 시험으로 바쁜 사람들을 가리킨다. '考奴'라고도 부른다.

05 孩奴 háinú

자신의 모든 일생을 아이를 위해 노력하고 희생하여 자신의 가치관과 생활을 잃어버리는 부모들을 가리킨다.

06 卡奴 kǎnú

신용카드를 많이 쓰는 사람을 가리키는 말이다. 너무 많이 써서 카드 대금을 감당하지 못해, 카드로 메꾸거나 빚을 내어 갚기도 하여 지속적으로 카드 이자를 부담하고 있는 사람을 말한다.

3 ···女

01 小资女 xiǎozīnǚ

'小资产阶级'의 약칭으로, 물질과 정신 두 가지를 모두 추구하는 여성들을 가리킨다. 대부분 화이트 칼라이며, 경제적으로 독립되어 있고 생활에 여유가 있는 사람들이 많다.

02 乐活女 lèhuónǚ

자기 자신 말고는 아무도 자신을 돌봐줄 수 없다고 생각하여 자신의 건강 문제에 아주 관심을 가지는 사람들을 가리킨다. 그녀들은 건강 식품과 유기농 야채를 먹고, 천연 소재로 만든 옷을 입고, 자전거를 타거나 걸어 다니며 요가로 건강을 유지하고, 정신 건강에 좋은 음악을 듣는다. 그녀들은 개인의 성장을 중요시하고 즐겁고 건강하게 살기를 바란다.

03 剩女 shèngnǚ

현대 도시 여성 중 고학력, 고수입, 높은 아이큐, 뛰어난 외모 등을 갖추어 배우자를 고르는 조건이 너무 높아 혼인에 있어서 이상적인 배우자를 찾지 못한 70년대에 출생한 여성들을 가리킨다.

4 기타

01 宅男 zháinán

집에서 나가지 않고 매일 오락을 하며 다른 사람과의 왕래가 많지 않은 사람들을 가리킨다.

02 杯具 bēijù

원래 물을 뜨는 기구를 가리키는 말이었으나 지금은 '悲剧'와 같은 발음으로 인터넷에서 유행하는 신조어가 되었으며, '悲剧'와 달리 명사뿐 아니라 형용사로도 사용된다. 많은 젊은이들이 인터넷이나 생활에서 '悲剧' 대신 '杯具'로 사람, 사물, 일 등을 묘사한다. 요즘은 '人生是张茶几，上面放满了杯具(인생은 찻상이요, 그 위에는 杯具 가득하네)'라는 말도 생겼다.

03 灌水 guànshuǐ

원래 용기에 물을 붓는다는 뜻이다. 하지만 요즘 인터넷에서는 토론방에서 무의미한 글을 많이 올린다는 뜻으로 사용된다.

04 潜水 qiánshuǐ

토론방에서 눈팅만 하고 댓글을 달지 않는 사람들을 가리킨다. 장기간 댓글을 달지 않던 '潜水员'이 갑자기 댓글을 달거나 글을 올리면 '浮上来'했다고 말한다.

05 拍砖 pāizhuān

다른 사람이 올린 글에 비판적이거나 반대하는 댓글을 올리는 것을 말한다.

06 骇客 hàikè

영어 'cracker'의 음역으로, 해커(hacker)와 같은 뜻이다.

07 牛人 niúrén

'牛'는 '(사람이)대단하다'는 뜻의 형용사로 다른 사람을 칭찬하는 데 사용한다. 혹은 일반 사람들은 상상하기도 힘든 일에 대한 놀라움을 표현하기도 한다. 요즘 인터넷에서는 '史上最牛的人'이라는 말도 많이 사용한다.

08 **酸梅** suānméi

'双没'와 비슷한 발음으로 인해 인터넷에서 사용되는데, 시간과 돈이 모두 없는 가난하고 바쁜 사람을 가리킨다.

09 **养眼** yǎngyǎn

원래 뜻은 눈을 보호하고 시력을 향상시키는 방법이나, 지금은 아름다운 풍경이나 용모가 뛰어난 사람을 보고 눈을 즐겁게 한다는 뜻으로 사용된다.

10 **裸考** luǒkǎo

아무런 준비 없이 시험을 치러 가는 것을 뜻한다.

11 **晒客** shàikè

자신의 생활, 경험, 심정을 인터넷에 올려 다른 사람과 공유하는 사람들을 가리킨다.

12 **草根网民** cǎogēn wǎngmín

신분은 평범하지만 중국 인터넷에서 가장 활발한 활동을 하는 네티즌들을 가리킨다.

13 **独二代** dú'èrdài

계획생육정책이 시행된 지 30년이 되면서, 첫 번째 '외동자녀 세대(独一代)'들이 부모가 되었고, 그들의 자녀인 '独二代'가 생겨났다.

14 **考霸** kǎobà

어떤 시험, 혹은 여러 가지 시험에 여러 번 참가해서 성적이 우수한 사람을 가리킨다.

15 **丁克家庭** dīngkè jiātíng

'딩크가정(DINK family)'에서 유래된 말로, 아이를 낳지 않고 애완동물을 아이처럼 기르는 가정을 가리킨다.

NEW 단어 + TIP

- **偶像** ǒuxiàng 명 우상
  예 刘德华是我的偶像。 리우더화는 나의 우상이다.

- **震撼** zhènhàn 명 뒤흔들다, 흥분시키다, 감동시키다
  예 听了他的这番话，我深受震撼。 그의 이 말을 듣고 나는 깊이 감동했다.

- **剑** jiàn 명 검
  예 他每天早上都去公园练剑。 그는 매일 아침마다 공원에 검을 단련하러 간다.

- **将就** jiāngjiù 통 그런대로 할만하다, 아쉬운 대로 할만하다
  예 婚姻不能将就。 혼인은 아쉬운 대로 할 수 있는 것이 아니다.

DAY 11 ▶ 01-23

1. A 那个商人眼睛是瞎的
   B 商人的货物质量不好
   C 商人的肝脑都涂在地上了
   D 消费者都上当了

2. A 下属往往不听老板的指挥
   B 老板往往批评下属不务正业
   C 老板们总是不务正业
   D 下属往往模仿上司的行动

3. A 应该道听途说
   B 谣言有时是真实的
   C 集体的力量很强大
   D 谣言有时可以掩盖事实

4. A 90后是90年出生的人
   B 90后给人们的印象一直很好
   C 90后给人们的印象现在也不好
   D 人们对90后的看法在改变

DAY 12 ▶ 01-24

1. A 在网上"雷"是一种自然现象
   B "雷人"会威胁生命
   C "雷人"是受重伤的人
   D "雷人"是指使人感到无语

2. A "宅女"主要指家庭主妇
   B "宅女"喜欢在家里请客
   C "宅女"习惯于逃避现实生活
   D "宅女"们没有朋友

3. A 人要努力学习
   B 人一定要有自信
   C 坚持到底才可能成功
   D 好的开始是成功的一半

4. A "相濡以沫"常用于老夫妻
   B 现在这个成语很少用
   C "相濡以沫"带贬义
   D 朋友之间不能用这个成语

07 개인적 견해와 경험

DAY 13-14

이 유형은 화자 자신의 견해나 실제로 겪은 경험을 서술하는 유형이다. 사회와 철학 유형과 다른 점은, 철학의 경우 일반적으로 우리가 평소 생활에서 배우게 되는 도리나 진리를 언급하므로 상식적이고 보편적인 기준에서 판단하는 문세가 주로 출세된나. 반년 개인석 견해와 경험은 개인적인 관점일 뿐이므로 비교적 강한 개별성을 지닌다. 이 문형은 시험에서 차지하는 비중 자체가 크지는 않지만 역시 연습해 두어야 하는 유형 중에 하나이다.

듣기 시크릿 백전백승

1 지문에 언급되는 인칭대명사에 주의해라!

이 문형에서는 종종 1인칭 대명사인 '我'가 지문 전체의 화자가 된다. 하지만 표면적으로는 '我'가 생략되는 경우가 많다. 예를 들어 자신의 '朋友'나 '父母' 등에 대해 이야기하는 경우 굳이 '我'를 쓰지 않고 서술하기도 한다. 따라서 '我'가 지문에 나오지 않더라도 실제 인칭에 주의하며 들어야 한다.

2 주관적인 견해의 핵심을 잡아라!

이 문형은 어디까지나 주관적인 견해를 이야기한다. 다른 사람들과는 전혀 다른 주장을 할 수도 있고, 일반적인 상황과는 전혀 다른 개별적인 상황에 대해 이야기할 수도 있다. 따라서 일반적인 상식으로 쉽게 판단해서는 안 된다.

3 보기에서 눈을 떼지 마라!

누누이 말하지만 모든 힌트는 보기 속에 숨어있다. 따라서 항상 보기를 보면서 지문을 듣는 습관을 들여야 한다. 혹시 지문에 나오는 단어의 반의어는 없는지, 지문과 상반되는 내용의 부정부사가 있지는 않은지 잘 살펴봐야 한다.

문제 1   ▶ 01-25

A 外婆喜欢劝别人戒酒

B 外婆不喜欢酗酒的人

C 外婆善于与人相处

D 外婆是一个忧郁的人

🔍 **문제 분석** 보기 전체에 '外婆(외할머니)'가 공통적으로 언급되고 있다. 따라서 화자 자신의 외할머니에 대한 개인적인 경험이나 견해를 서술하는 지문임을 알 수 있다.

대본

① 在这个世界上，^B没有外婆不喜欢的人。② ^D她这一辈子和忧郁的女人、酗酒的男人以及寂寞孤独的人们都做过朋友。③ 外婆喜欢人们真实的样子。④ 如果她知道一个人酗酒，^A她不会劝他戒酒，而会告诉他饮酒的人也可以很绅士。

이 세계에서 ^B외할머니가 싫어하는 사람은 없다. ^D그녀는 평생 동안 우울한 여자, 폭음하는 남자 그리고 쓸쓸하고 고독한 사람들과 모두 친구가 된 적이 있다. 외할머니는 사람들의 진실된 모습을 좋아한다. 만약 그녀가 한 사람이 폭음을 한다는 것을 알았다면, ^A술을 끊으라고 설득하지 않고, 그에게 술을 마시는 사람도 신사적일 수 있다고 알려준다.

단어 劝 quàn 图 권하다, 설득하다, 충고하다 | 戒酒 jiè jiǔ 이합 술을 끊다, 금주하다 | ★ 酗酒 xùjiǔ 图 무절제하게 술을 마시다, 폭음하다 | 善于 shànyú 图 ~을 잘하다, ~에 뛰어나다 | 相处 xiāngchǔ 图 함께 지내다, 함께 살다 | ★ 忧郁 yōuyù 형 (마음이) 무겁다, 우울하다, 울적하다 | 一辈子 yíbèizi 명 일생, 한평생 | 寂寞 jìmò 형 ① 외롭다, 쓸쓸하다 ② 조용하다, 적막하다 | ★ 孤独 gūdú 형 고독하다, 쓸쓸하다, 외롭다 | ★ 绅士 shēnshì 명 신사 형 신사적이다

해석

A 外婆喜欢劝别人戒酒

B 外婆不喜欢酗酒的人

C 外婆善于与人相处人

D 外婆是一个忧郁的人

A 외할머니는 다른 사람에게 금주하도록 설득하기를 좋아한다

B 외할머니는 폭음하는 사람을 싫어한다

C 외할머니는 사람들과 함께 잘 지낸다

D 외할머니는 우울한 사람이다

해설 ▶ 문장 ①에서 '외할머니가 싫어하는 사람은 없다'라고 했으므로 B는 X이다.
▶ 문장 ②에서 '그녀는 평생 동안 우울한 여자와 친구가 된 적이 있다'라고 했으므로 D는 X이다.
▶ 문장 ④에서 '그녀는 술을 끊으라고 설득하지 않는다'라고 했으므로 A도 X이다.
▶ 직접적인 표현은 없지만 전체적인 내용을 통해 답은 C임을 알 수 있다.

A 漂亮和成功关系不大
B 我喜欢便宜的衣服
C 穿漂亮的衣服我会很自信
D 客户让我变得很自信

🔍 **문제 분석** B와 D에 나오는 '我'를 통해 화자 자신의 개인적인 견해를 서술하는 지문임을 알 수 있다.

대본

① 漂亮与成功有没有关系呢? ② ᴬ我觉得关系很大。③ 所以如果看到合适的衣服, ᴮ即使很贵我也会买。④ ᶜ穿上漂亮的衣服会让我特别有自信, ᴰ客户也会对我产生良好的感觉。⑤ 这对我的工作有很大的帮助。

예쁜 것과 성공은 관계가 있을까 없을까? ᴬ난 관계가 크다고 생각한다. 그래서 만약 어울리는 옷을 보게 되면, ᴮ설령 비싸더라도 나는 사게 된다. ᶜ예쁜 옷을 입는 것은 나를 매우 자신감 있게 해주고, ᴰ고객도 나에 대해 좋은 느낌이 생긴다. 이것은 내 일에 큰 도움이 된다.

단어 自信 zìxìn 웹 자신하다 | ★ 客户 kèhù 웹 고객, 손님

해석

A 漂亮和成功关系不大
B 我喜欢便宜的衣服
C 穿漂亮的衣服我会很自信
D 客户让我变得很自信

A 예쁜 것과 성공은 관계가 크지 않다
B 나는 싼 옷을 좋아한다
C 예쁜 옷을 입으면 나는 자신감이 생긴다
D 고객은 나를 자신 있게 변화시킨다

해설
▶ 문장 ②에서 '나는 관계가 크다고 생각한다'라고 했으므로 A는 X이다.
▶ 문장 ③에서 '설령 비싸더라도 나는 사게 된다'라고 했으므로 B는 X이다.
▶ 문장 ④에서 '예쁜 옷을 입는 것은 나를 매우 자신감 있게 해준다'라고 했으므로 C가 정답이다.
▶ 문장 ④에서 '고객도 나에 대해 좋은 느낌이 생긴다'라는 말은 D의 '고객은 나를 자신 있게 변화시킨다'와는 다른 말이므로 D도 X이다.

DAY **13** ▶ 01-27

1. A 最近我的情绪非常低落
   B 同事和我的感情很好
   C 同事生活得非常开心
   D 同事生活得不开心

2. A 人生说不清有多少天
   B 昨天代表过去和将来
   C 昨天决定现在和将来
   D 人生无一例外只有三天

3. A 女孩对男的很好
   B 男人买早点给女孩
   C 男人不喜欢女孩
   D 他们没有在一起

4. A 十年前我已经结婚了
   B 我和老公以前是同学
   C 老公一句话让我印象深刻
   D 老公说他不爱我

DAY **14** ▶ 01-28

1. A 我哭时常常有人哄
   B 我怕时常常有人陪
   C 我不坚强、不勇敢
   D 我是一个优秀的人

2. A 我从来都不喜欢父亲
   B 我一直和父亲一起住
   C 我有问题就想到父亲
   D 父亲已不是我的偶像

3. A 我不喜欢读童话故事
   B 童话故事总是让我伤心
   C 童话故事没有教育意义
   D 童话故事给我的印象很深

4. A 那瓶酒是朋友送的
   B 女儿认为酒过期了
   C 她听从了女儿的建议
   D 那瓶酒的生产日期标错了

듣기 제2부분 인터뷰 듣기
기출문제 탐색전

MP3 바로 듣기

문제 ▶ 02-00

16. A 为了发展经济
    B 为了解决矛盾
    C 为了发展交通
    D 为了保护环境

17. A 现在是个企业家
    B 没有什么工作成绩
    C 专业是环境保护
    D 对民间组织不熟悉

18. A 很简单
    B 不太辛苦
    C 成绩很大
    D 有很多矛盾

19. A 车多人多道路狭窄
    B 管理得很好
    C 乘车非常不方便
    D 拥堵现象非常严重

20. A 把路修好是首要任务
    B 鼓励老百姓买车
    C 提高公共交通工具的票价
    D 对公共交通工具征收重税

듣기 제2부분은 총 세 개의 인터뷰로 되어 있으며, 인터뷰마다 다섯 문제씩 제시되어 총 15문제로 이루어져 있다. 이 부분은 듣기 제1부분과 제3부분에 비해 상대적으로 어려운 편이다. 언급되는 어휘도 많고 녹음의 길이도 길며, 여러 가지 지식에 관련된 내용이 다양하게 출현한다. 하지만 긴 길이에 비해 5문제라면 인터뷰의 가장 중심적인 내용만 체크하게 되므로 보기를 잘 분석해서 듣는다면 결코 어려운 부분만은 아니다.

❶ 예전 HSK와 달리 新HSK에는 각 부분의 듣기 앞에 풀이방법을 설명해주는 부분이 없다. 간단하게 '第 16~30题，请选出正确答案(16~30번 문제에서는 맞은 답을 선택하세요)'이라고 말하는 것이 전부다. 따라서 다섯 문제의 보기를 미리 읽는 것은 불가능하다. 일단은 1번을 보면서 시작하자.

❷ 일반적으로 문제의 순서는 인터뷰의 진행 순서와 일치한다. 녹음이 시작할 때는 1번을 보면서 관련 정보를 체크하고, 이후 번호의 순서에 따라 시선을 옮겨가며 들어야 한다.

❸ 처음 말하는 사람이 바로 기자나 진행자다. 이때 이 사람의 인터뷰에 대상에 대한 관련 소개를 주의해서 들어야 한다. 소개를 통해 인터뷰 대상의 신분과 인터뷰의 주제를 파악할 수 있다.

❹ 인터뷰는 질문과 대답의 방식으로 진행된다. 기자의 질문을 잘 파악한 뒤 인터뷰 대상의 대답에서 가장 핵심적인 내용을 찾아내야 한다. 아무리 길고 어렵게 대답해도 가장 핵심적인 내용을 이해한다면 문제를 풀수 있는 경우도 많다. 따라서 어려운 단어가 나온다고 절망하지 말고 끝까지 보기를 보면서 집중해야 한다.

❺ 녹음과 일치하거나 유사한 내용의 단어나 보기에는 바로 √ 체크해둔다. 만약 네 개의 보기 중 한 개에만 체크가 된다면 맞는 내용을, 세 개의 보기에 모두 체크가 된다면 틀린 내용을 찾는 문제가 될 것이다.

❻ 듣기 제1부분은 문제마다 녹음이 바뀌는 형태이므로 반드시 문제 사이에 주어지는 12초의 시간 중 상당 부분을 다음 문제의 보기를 보는 데 할애해야 한다. 하지만 제2부분은 녹음을 다 듣고 다섯 문제를 연이어 푸는 문제이므로 앞의 문제를 충분히 생각하고 답을 판단한 뒤, 다음 문제의 질문을 정확히 들으면 된다.

第16到20题是根据下面一段采访：

男：各位网友大家下午好，今天我们非常荣幸地请到了香港特别行政区环境运
输及公务局局长廖女士做客人民网，跟我们谈一谈香港的交通以及环境保
护方面的问题。能不能先给我们介绍一下你所从事的香港特别行政区环境
运输及公务局的工作？

女：我在香港主管了三个大的范畴，一个是环境，第二个是交通运输，第三个
是公务，其实就是城市基础设施建设。

男：环保也好、交通也好，包括基础设施建设，这些工作都跟经济发展有很密
切的关系，但有时，它们之间又好像存在一些矛盾，特别像环境保护这方
面。香港政府从一开始设计这种结构的时候，就将这三个署放在一起，是
不是有什么想法？

女：所有的国家和城市在发展的过程中，都承认经济发展、社会发展和环境保
护之间有矛盾。例如很多环保的政策，公务或者运输、交通方面不同意的
话，就会把事情都延误了。我觉得把它们放在一起就是要解决矛盾，搞好
协调与平衡。

男：您做过民间组织，做过企业，现在又到政府来做这个工作，您作为三个署
的领导，这肯定是一件很有挑战的工作，您从哪一年开始任这个局的局
长，现在有什么体会？

女：我是在2002年8月开始做局长的。由于我是学习环保出身，对环保方面的
事了解得比较清楚，对其他两个领域，就要花一段时间去了解。总而言
之，工作很复杂很辛苦，但工作成绩很大。

男：香港的地域狭小，人口也非常多，首要问题就是交通问题。好多人去香港
都觉得香港交通管理得好。您能给我们介绍一下，香港的交通是从一个什
么样的思想出发的？

女：香港交通的总体政策就是要尽量多地使用公共交通工具。就是鼓励乘坐火
车或公共汽车。交通总设计呢，第一把路修好，这是一个基本条件。第
二，不鼓励老百姓自己买车，政府对私家车征收重税。第三，就是搞好公
共交通的建设和服务，如我们的大巴、小巴、铁路数量很多，很便利，很
舒适。

문제

16. 问：把三方面工作放在一起的主要目的是什么？

17. 问：关于女的可以知道什么？

18. 问：女的怎样评价自己的工作？

19. 问：外地人觉得香港的交通状况怎么样？

20. 问：关于香港的交通政策，下面哪项正确？

❶ 지문은 보통 700자 정도의 길이로 되어 있다.

❷ 녹음 속도는 분당 200~260자 정도이다.

❸ 인터뷰의 녹음 내용은 남자와 여자의 문답으로 이루어진다. 기자나 진행자의 질문은 비교적 짧고, 인터뷰 대상자의 대답은 긴 편이다. 하지만 아무리 길다 해도 질문을 중심으로 대답하는 것이므로, 기자나 진행자의 질문을 잘 파악하는 것이 중요하다.

❹ 인터뷰가 끝난 뒤 주로 여자 성우가 문제를 낭독하며, 문제와 문제 사이에 약 12초의 시간이 주어진다.

听力

01 인물 인터뷰

인물 인터뷰 유형은 주로 인터뷰 대상자 본인을 중심으로 이루어진다. 주로 어떤 분야에서 성공을 거둔 사람들에 대해 그들이 겪은 역경, 성공 비결, 목표 등을 인터뷰하여 심리적인 감동과 위안을 이끌어내게 된다.

지문의 제일 처음 부분에 보통 기자나 진행자가 인터뷰 대상자의 신분에 대해 소개를 한다. 이후의 모든 인터뷰 내용은 결국 이 사람의 신분과 관계가 있게 되므로, 이 소개 부분을 절대 놓쳐서는 안 된다.

듣기 시크릿 백전백승

1 시간사에 주의해라!

이 유형의 인터뷰는 인터뷰 대상자를 중심으로 이루어진다. 따라서 인터뷰 대상자가 이전에 한 일과 지금 하고 있는 것을 질문할 가능성이 크다. 그렇다면 시간사에 주의하여 그것의 흐름에 맞게 인터뷰를 이해할 필요가 있다. 자주 나타나는 시간사들은 다음과 같다.

> 예 曾经　　之前　　以前　　…年前　　最初　　后来　　前期　　后期　　早些年

2 성공한 사람에게 실패와 좌절은 필수다!

인터뷰 대상이 될 만큼의 성공한 사람이라면 반드시 좌절과 어려움을 겪었을 것이다. 인터뷰 대상자가 겪은 어려움이 나오면 언제, 어디서, 어떤 어려움인지, 그리고 어떤 결과가 생겼는지 주의해서 듣자.

3 인터뷰 대상자의 주장과 견해를 파악하라!

어떤 방면에서 성공한 사람이라면 반드시 어떤 일이나 자신의 분야에 대한 독특한 주장과 견해를 갖고 있다. 이것은 인물 인터뷰에서 빠질 수 없는 질문이다. 따라서 이 사람만이 갖고 있는 자신만의 견해를 잘 파악하는 것이 중요하다.

4 **인터뷰 대상자의 성공 비결을 알아내라!**

인물을 인터뷰하는 것은 청중들이 그 사람을 통해 깨달음과 교훈을 얻도록 하는 것이 주요 목표이다. 따라서 성공의 비결이나 청중에 대한 건의가 빠질 수 없다.

5 **인터뷰 대상자의 꿈과 목표를 파악하라!**

인물 인터뷰에서 빠지지 않는 또 다른 내용 중의 하나는 인터뷰 대상자의 앞으로의 더 큰 꿈과 목표를 물어보는 것이다. 이런 질문은 주로 인터뷰의 끝에 나온다. 대답의 핵심적인 내용을 잘 파악해두어야 한다.

문제 1   ▶ 02-01

1. A 记者
   B 作家
   C 导演
   D 节目主持人

2. A 历史题材
   B 艺术领域
   C 女性的社会地位
   D 现在面临的社会问题

3. A 加快访谈节奏
   B 提高工作效率
   C 追求独特
   D 让大家感觉舒服

4. A 应该及时反馈
   B 要集中注意力
   C 要学会抢话
   D 需要足够的自信

5. A 获得嘉宾的信任和信赖感
   B 做好充分的准备
   C 准确地提问和引导
   D 比较敏感

🔍 **문제 분석** 1번 문제의 보기를 통해 인물을 대상으로 하는 인터뷰라는 것을 알 수 있다.

대본

男：这期节目我们请到的嘉宾是①'著名节目主持人——陈小姐。陈小姐，你好。我们知道你的访谈节目很受观众的欢迎。我个人也非常喜欢看。不过，我注意到早期的节目和后期的节目不大一样，是这样吗？

女：对，是这样的。前期和后期，其实很像是两个节目。节目的状态、内容、任务都发生了变化。早期我们请的嘉宾一定是有经历、有阅历的人，我们一起回顾一些历史。②²后期我们的节目主要是关注了现在的社会话题。

男：确实是这样的，我还注意到你的节目中有一个很特别的道具，就是黄色的沙发。是你自己选择的吗？

남: 이번 프로그램에서 우리가 모신 귀빈은 ¹유명한 프로그램 진행자 천 샤오제입니다. 천 샤오제, 안녕하세요? 우리는 당신의 토크쇼 프로그램이 시청자들의 환영을 받고 있다는 것을 알고 있습니다. 저도 개인적으로 굉장히 좋아하고요. 그러나 저는 초기의 프로그램과 후기의 프로그램이 아주 다르다는 것에 주의하게 되었는데요, 그런가요?

여: 네, 그렇습니다. 전기와 후기는 사실상 두 개의 프로그램 같죠. 프로그램의 상태, 내용, 임무에 모두 변화가 생겼어요. 초기에 우리가 초대했던 귀빈은 반드시 경험이 있거나 지식이 있는 사람이어서, 함께 일부 역사들을 회고했습니다. ²후기에 우리 프로그램은 주로 현재의 사회적 화제에 관심을 가졌습니다.

남: 확실히 그렇습니다. 저는 또 당신의 프로그램에 특별한 소품이 하나 있는 것에 주의하게 되었는데요, 바로 노란색 소파입니다. 당신이 직접 고르신 건가요?

女：是的。首先，我觉得沙发可以让我和嘉宾坐得很舒服、很放松。另外，黄色是对观众以及现场嘉宾的视觉起缓和作用，符合视觉心理。也就是说，③³主要还是为了让大家舒服。

男：你的老板评价你的三个特点是准确地提问、及时真挚地感叹和温和地聆听。你怎么看？

女：我觉得倾听是一件非常重要的事情。首先，④⁴倾听需要足够的自信，爱抢话的主持人其实是不自信的主持人。其二，对待不同的人，我会用不同的语言方式去交流。还有一点，我很敏感，作为一个采访者，我认为敏感也是必需的。

男：可能也正是因为这样，每次我看你的节目，我都觉得你是在访问心灵。

女：我认为不可能访问心灵的全部。最好的状态也只是对方打开了心灵的一扇窗，展示了一个角落。访问心灵，是我想达到的目标。《南方周末》的记者有一次采访我，问道我的秘密武器是什么，⑤⁵我觉得是让嘉宾在我采访的过程中"爱"上我。我所说的"爱"指的是嘉宾对我的欣赏和信赖，我觉得这和你所说的访问心灵是一个意思。访问心灵就是让嘉宾把心打开，但只有嘉宾信任自己，才会把心打开。

여: 네, 먼저 저는 소파가 저와 귀빈들이 앉았을 때 편하고 이완되는 느낌이 들게 한다고 생각합니다. 그밖에, 노란색은 시청자들과 현장의 귀빈에 대한 시각을 완화시키는 작용을 하고, 시각 심리에도 맞습니다. 바꿔 말하면 ³주로 모두를 편안하게 하기 위해서죠.

남: 당신의 사장님은 당신의 세 가지 특징이 정확한 질문, 때에 맞고 진실된 감탄과 온화한 경청이라고 평가했습니다. 당신은 어떻게 보십니까?

여: 저는 경청이 매우 중요한 일이라고 생각합니다. 먼저 ⁴경청을 하려면 충분한 자신감이 필요한데, 말을 가로채기 좋아하는 진행자는 사실 자신감이 없는 진행자입니다. 두 번째로 다른 사람을 대할 때, 우리는 다른 언어 방식으로 교류하게 됩니다. 또 한 가지로 저는 좀 민감한 편인데, 인터뷰자로서 민감한 것도 반드시 필요한 것이라고 생각합니다.

남: 아마도 바로 이렇기 때문에 매번 제가 당신의 프로그램을 볼 때, 당신이 영혼을 들여다보고 있다는 느낌을 받게 되는 것 같습니다.

여: 저는 영혼의 전부를 들여다보는 것은 불가능하다고 생각합니다. 가장 좋은 상태는 상대방이 영혼의 창문을 열고, 구석진 곳을 드러내 보여주는 겁니다. 영혼을 들여다보는 것은 제가 도달하고 싶은 목표입니다. 《남방주말》의 기자가 한 번은 저를 인터뷰하면서 저의 비밀 무기가 뭐냐고 묻더군요. ⁵저는 귀빈이 인터뷰 과정에서 저를 '사랑하게' 만드는 것이라고 생각합니다. 제가 말하는 '사랑'이 가리키는 것은 귀빈의 저에 대한 호감과 신뢰이며, 저는 이것이 당신에게 말한 영혼을 들여다보는 것과 같은 뜻이라고 생각합니다. 영혼을 들여다보는 것은 귀빈이 마음을 열도록 하는 것입니다. 하지만 오직 귀빈이 자신을 신임해야만 마음을 열 것입니다.

단어 嘉宾 jiābīn 몡 귀빈, 귀한 손님 | 访谈 fǎngtán 통 방문하여 이야기를 나누다, 탐방하다 | 阅历 yuèlì 통 몸소 겪다, 체험하다 몡 체험을 통해 얻은 지식, 경험 | ★ 回顾 huígù 통 되돌아보다, 회고하다, 돌이키다 | 关注 guānzhù 통 관심을 가지다 | 道具 dàojù 몡 도구, 소품 | ★ 缓和 huǎnhé 통 완화시키다, 느슨해지다 | 符合 fúhé 통 부합하다, 일치하다 | 准确 zhǔnquè 몡 정확하다, 틀림없다 | 提问 tíwèn 통 질문하다 | 及时 jíshí 톙 ① 시기 적절하다, 때맞다 톚 즉시, 당장 | 真挚 zhēnzhì 톙 참되다, 진실하다 | ★ 温和 wēnhé 톙 ① (기후가) 따뜻하다 ② (성질·태도·행동이) 부드럽다, 온화하다 | 聆听 língtīng 통 귀 기울여 듣다, 경청하다 | ★ 倾听 qīngtīng 통 경청하다, 귀담아듣다 | 抢话 qiǎnghuà 통 말을 가로채다 | 对待 duìdài 통 (어떤 태도나 행위로 사람이나 사물을) 대하다 | ★ 敏感 mǐngǎn 톙 민감하다, 예민하다 | 必需 bìxū 통 꼭 필요로 하다, 반드시 있어야 하다 | 访问 fǎngwèn 통 방문하다 | ★ 心灵 xīnlíng 몡 정신, 영혼, 마음 | 扇 shàn 향 문이나 창을 세는 단위 | ★ 展示 zhǎnshì 통 전시하다, 펼쳐 보이다 | 角落 jiǎoluò 몡 ① 모퉁이, 구석 ② 외진 곳 | 秘密 mìmì 톙 비밀의 몡 비밀 | 武器 wǔqì 몡 무기 | 欣赏 xīnshǎng 통 ① 감상하다 ② 좋다고 여기다, 좋아하다 | ★ 信赖 xìnlài 통 신뢰하다, 믿고 의지하다 | 信任 xìnrèn 통 신임하다 몡 신임

1. A 记者　　　　　　B 作家
   C 导演　　　　　　**D 节目主持人**

   A 기자　　　　　　B 작가
   C 감독　　　　　　**D 프로그램 진행자**

问: 女的是做什么的?

질문: 여자는 어떤 일을 하는가?

해설　보기가 모두 직업으로 되어 있다. 따라서 인터뷰 제일 처음에 기자나 진행자가 하는 인터뷰 대상자에 대한 소개를 주의해서 듣고 신분을 파악해야 한다.

　▶ 소개의 ①에서 '유명한 프로그램 진행자'라고 했으므로 답은 D이다.

해석

2. A 历史题材
   B 艺术领域
   C 女性的社会地位
   D 现在面临的社会问题

   A 역사 제재
   B 예술 영역
   C 여성의 사회지위
   D 지금 직면한 사회 문제

问: 节目后期关注什么?

질문: 프로그램 후기에 관심을 가진 것은 무엇인가?

해설　보기 모두 '제재'나 '문제'와 관계가 있다. 따라서 인터뷰 대상자의 직업과 관계가 있을 가능성이 크다. 단, 과거와 현재의 내용이 다를 수 있으므로 시간사를 주의해서 듣자.

　▶ 전기와 후기 프로그램의 차이를 구분해서 들어야 한다. ②에서 '후기에 우리 프로그램은 주로 현재의 사회적 화제에 관심을 가졌다'라고 했으므로 답은 D이다.

단어　领域 lǐngyù 명 ① (한 나라의) 영역 ② (학술이나 사회 활동의) 영역 | 面临 miànlín 동 (문제나 상황에) 직면하다

해석

3. A 加快访谈节奏
   B 提高工作效率
   C 追求独特
   D 让大家感觉舒服

   A 인터뷰의 진행속도를 빠르게 한다
   B 업무 효율을 향상시킨다
   C 독특함을 추구한다
   D 모두의 느낌을 편안하게 해준다

问: 女的选用黄色沙发的主要目的是什么?

질문: 여자가 노란색 소파를 선택해서 사용하는 주요 목적은 무엇인가?

해설　보기가 모두 어떤 일이 일으키는 '작용'이나 '목적'과 관계가 있음을 알 수 있다.

　▶ ③에서 '주로 모두를 편안하게 하기 위해서'라고 했으므로 답은 D이다.

단어　★节奏 jiézòu 명 ① 리듬 ② 순서, 진행과정 | 效率 xiàolǜ 명 효율, 능률

4. A 应该及时反馈

    B 要集中注意力

    C 要学会抢话

    D 需要足够的信心

A 때맞게 반응해야 한다
B 주의력을 집중해야 한다
C 말을 가로채는 것을 배워야 한다
D 충분한 자신감이 필요하다

问: 关于倾听，女的有什么看法?

질문: 경청에 관해 여자는 어떤 견해를 갖고 있나?

'~해야 한다'는 뜻의 '应该'와 '要' 같은 조동사가 나타나는 것으로 보아, 인터뷰 대상자의 건의나 의견이 나올 가능성이 크다.

▶ ④에서 '경청을 하려면 충분한 자신감이 필요하다'라고 했으므로 답은 D이다.

★ 反馈 fǎnkuì 图 반응하다, 피드백하다

5. **A 获得嘉宾的信任和信赖感**

    B 做好充分的准备

    C 准确地提问和引导

    D 比较敏感

A 귀빈의 신임과 신뢰감을 얻는다
B 충분한 준비를 한다
C 정확하게 질문하고 유도한다
D 비교적 민감하다

问: 女的有一个秘密武器是什么?

질문: 여자의 비밀 무기는 무엇인가?

보기의 내용으로 볼 때 인터뷰 대상자의 성공의 '비결'이 나올 가능성이 크다.

▶ ⑤에서 '귀빈이 인터뷰 과정에서 저를 사랑하게 만드는 것이며, 여기서 사랑은 저에 대한 호감과 신뢰'라고 했으므로 답은 A이다.

获得 huòdé 图 획득하다, 얻다 | ★ 引导 yǐndǎo 图 안내하다, 지도하다, 이끌다

DAY 15 ▶ 02-02

1. A 让心中的想法成型
   B 找感兴趣的资料
   C 与演员交流
   D 控制欲强

2. A 企业家
   B 编剧
   C 演员
   D 歌手

3. A 武打电影较多
   B 科幻题材较多
   C 题材多变
   D 题材重复单一

4. A 拍电影是简单的事情
   B 技术很重要
   C 让别人知道自己要讲什么
   D 要迎合观众的口味

5. A 没有什么特别的工作方式
   B 认为编剧不好
   C 认为拍电影很难
   D 认为导演应该多充实自己的文化

DAY 16 ▶ 02-03

1. A 简约的
   B 高档的
   C 有居家氛围的
   D 完全复古典雅的

2. A 色彩较鲜艳
   B 用实木制作
   C 摆放很整齐
   D 款式不统一

3. A 禁止喧哗
   B 设置了隔断
   C 播放舒缓歌曲
   D 安装了隔音玻璃

4. A 喜欢深色家具
   B 拒绝食用快餐
   C 经营一家酒吧
   D 是室内设计师

5. A 餐厅以米白色为主
   B 餐厅灯光有些刺眼
   C 餐厅生意非常火爆
   D 餐厅提供免费饮料

02 시사 인터뷰

시사 인터뷰 유형은 기업의 CEO, 경제 전문가, 정치 전문가 등을 모시고 사회적으로 이슈가 되는 문제에 대해 전문가의 견해를 구하거나 지금까지 이룬 성과에 대해 질문하는 내용으로 이루어진다. 가끔 이야기나 가벼운 화제로 분위기를 조절하기도 한다.

듣기 시크릿 백전백승

1 인터뷰 대상자의 신분에 주의해라!

인터뷰 대상자의 신분은 인터뷰가 시작될 때 소개 부분에 나타난다. 인터뷰 대상자의 예전에 한 일은 무엇인지, 또 지금 하는 일은 무엇인지 잘 파악하자. 이 사람이 어떤 분야의 전문가인지는 곧 시사의 주제와도 직접 관련된다.

2 인터뷰의 주제를 파악해라!

인터뷰가 어떤 시사와 관계 있는지 파악하는 것이 무엇보다 중요하다. 앞으로 기자나 사회자의 질문이 모두 이 주제를 중심으로 이루어질 것이기 때문이다. 이러한 인터뷰의 주제도 제일 처음 소개 부분에서 체크해낼 수 있다.

3 시사 문제의 세부 내용을 들어라!

인터뷰의 시사 문제가 발생하게 된 원인이나 목적, 이로 인해 맞닥뜨린 위기, 인터뷰 대상자의 이 시사 문제에 대한 견해나 해결 방법, 인터뷰 대상자가 이 방면에서 거둔 성과 등을 하나하나 체크하자. 이런 것들이 모두 하나의 문제가 될 수 있다.

4 중국의 시사 문제에 관심을 가져라!

시사 인터뷰에서 관심을 가지는 문제는 대중들이 모두 관심을 가지는 문제인 경우가 많다. 따라서 요즘 중국에서 많은 사람들이 관심을 가지는 시사 문제를 평소에 알아둔다면 이런 인터뷰의 문제를 푸는 데 크게 도움이 된다. 시간이 날 때마다 중국 신문을 통해 이런 방면의 지식을 쌓아두자.

▶ 02-04

문제 1

1. A 为了发展经济

   B 为了解决矛盾

   C 为了发展交通

   D 为了保护环境

2. A 现在是个企业家

   B 没有什么工作成绩

   C 专业是环境保护

   D 对民间组织不熟悉

3. A 很简单

   B 不太辛苦

   C 成绩很大

   D 有很多矛盾

4. A 车多人多道路狭窄

   B 管理得很好

   C 乘车非常不方便

   D 堵车现象非常严重

5. A 把路修好是首要任务

   B 鼓励老百姓买车

   C 提高公共交通工具的票价

   D 对公共交通工具征收重税

🔍 **문제 분석** 1번과 2번 문제의 보기를 통해 경제 발전, 환경 보호 등과 같은 시사 문제에 대한 인터뷰라는 것을 알 수 있다.

대본

男: 各位网友大家下午好，今天我们非常荣幸地请到了香港特别行政区环境运输及公务局局长廖女士，跟我们谈一谈香港的交通以及环境保护方面的问题。能不能先给我们介绍一下你所从事的香港特别行政区环境运输及公务局的工作?

女: 我在香港主管了三个大的范畴，一个是环境，第二个是交通运输，第三个是公务，其实就是城市基础设施建设。

男: 环保也好、交通也好，包括基础设施建设，这些工作都跟经济发展有很密切的关系，但有时，它们之间又好像存在一些矛盾，特别像环境保护这方面。香港政府从一开始设计这种结构的时候，①'就将这三个部署放在一起，是不是有什么想法?

남: 네티즌 여러분 안녕하십니까? 오늘 우리는 매우 영광스럽게도 홍콩 특별행정구역 환경 운송 및 공무국 국장이신 랴오 여사를 모시고 우리와 홍콩의 교통 및 환경 보호 방면의 문제에 대해 이야기하게 되었습니다. 먼저 저희에게 지금 종사하고 계시는 홍콩 특별행정구역 환경 운송 및 공무국의 업무를 소개해주실 수 있겠습니까?

여: 저는 홍콩에서 크게 세 가지 범주의 일을 주관하고 있는데, 하나는 환경, 두 번째는 교통 운송, 세 번째는 공무로 사실 도시의 기초 시설의 건설입니다.

남: 환경이든 교통이든 기초 시설의 건설을 포함하는 이러한 업무는 모두 경제 발전과 밀접한 관계가 있습니다. 그러나 때로 그것들 간에는 약간의 모순도 존재하는 것 같습니다. 특히 환경 보호 같은 방면에요. 홍콩 정부는 이런 구조를 설계하기 시작할 때, ¹'이 세 개의 부서를 함께 두었는데요, 무슨 생각이 있는 건가요?

女：所有的国家和城市在发展的过程中，都承认经济发展、社会发展和环境保护之间有矛盾。例如很多环保的政策，公务或者运输、交通方面不同意的话，就会把事情都耽误了。②^{1.B}我觉得把它们放在一起就是要解决矛盾，搞好协调与平衡。

男：③^{2.D}您做过民间组织，做过企业，现在又到政府来做这个工作，您作为三个署的领导，这肯定是一件很有挑战的工作，您从哪一年开始任这个局的局长，现在有什么体会？

女：我是在2002年8月开始做局长的。由于④^{2.C}我是学习环保出身，对环保方面的事了解得比较清楚，对其他两个领域，就要花一段时间去了解。总而言之，工作很复杂很辛苦，但⑤^{2.B/3}工作成绩很大。

男：香港的地域狭小，人口也非常多，首要问题就是交通问题。⑥⁴好多人去香港都觉得香港交通管理得好。您能给我们介绍一下，香港的交通是从一个什么样的思想出发的？

女：香港交通的总体政策就是要尽量多地使用公共交通工具。就是鼓励乘坐火车或公共汽车。交通总设计呢，⑦⁵第一把路修好，这是一个基本条件。第二，不鼓励老百姓自己买车，政府对私家车征收重税。第三，就是搞好公共交通的建设和服务，如我们的大巴、小巴、铁路数量很多，很便利，很舒适。

여: 모든 국가와 도시는 발전 과정에서 경제 발전과 사회 발전, 그리고 환경 보호 간에 갈등이 존재한다는 것을 인정합니다. 예를 들어 많은 환경 보호 정책은 공무나 운송, 교통 방면이 동의하지 않는다면 일을 모두 그르치게 됩니다. ^{1.B}저는 그것들을 함께 두는 것이 모순을 해결하기 위한 것이고, 조화를 이루고 평형이 되게 하는 것이라고 생각합니다.

남: ^{2.D}당신은 민간 조직에서 일을 한 적이 있고, 기업에서 일을 한 적이 있습니다. 지금은 또 정부에 와서 일을 하고 계시는데요. 세 개 부서의 책임자로서 이것은 분명히 도전적인 일일 것입니다. 언제부터 이 부서의 국장을 맡기 시작하셨으며, 지금은 어떤 느낌이 있으십니까?

여: 저는 2002년 8월에 국장을 하기 시작했습니다. ^{2.C}제가 환경 보호 전공 출신이기 때문에 환경 방면의 일에 대해 비교적 정확히 알고 있었지만, 기타 두 개의 영역은 일정 시간을 써서 이해해야만 했습니다. 한 마디로 말하자면, 일은 복잡하고 힘들지만 ^{2.B/3}업무 성과는 큽니다.

남: 홍콩은 지역이 협소하고, 인구 또한 매우 많기 때문에 가장 중요한 문제는 바로 교통 문제입니다. ⁴많은 사람들이 홍콩에 가면 홍콩의 교통이 잘 관리되어 있다고 느낍니다. 저희에게 홍콩의 교통이 어떤 사상에서 출발한 것인지 소개해주실 수 있겠습니까?

여: 홍콩 교통의 총 정책은 가능한 한 공공 교통수단을 많이 사용하는 겁니다. 즉 기차나 버스를 타도록 격려하는 것이죠. 교통의 총 설계에 있어서 ⁵첫 번째는 길을 잘 닦는 것, 이것이 기본적인 조건입니다. 두 번째는 시민들에게 차를 사는 것을 격려하지 않고, 정부는 자가용에 대해 무거운 세금을 징수합니다. 세 번째는 바로 공공 교통의 건설과 서비스를 잘 갖추는 것인데, 예를 들어 우리의 대형 버스, 소형 버스, 철로는 수량이 많아서 편리하고 쾌적합니다.

단어 荣幸 róngxìng ⑱ 영광스럽다 | 运输 yùnshū ⑧ (물건을) 나르다, 운송하다 | ★ 主管 zhǔguǎn ⑧ (어떤 분야의 일을) 주관하다 ⑲ 주관자 | ★ 范畴 fánchóu ⑲ 범주, 범위 | 设施 shèshī ⑲ 시설 | 密切 mìqiè ⑱ (관계가) 가깝다, 밀접하다 | 署 shǔ ⑲ 관공서 ⑧ 서명하다 | 承认 chéngrèn ⑧ ① 시인하다, 인정하다 ② 승인하다 | 政策 zhèngcè ⑲ 정책 | 耽误 dānwù ⑧ (시간을 지체하거나 시기를 놓쳐) 그르치다 | 协调 xiétiáo ⑱ 적절하다, 알맞다 ⑧ 조화시키다, 협조하게 하다 | 平衡 pínghéng ⑱ 균형이 맞다, 평형하다 ⑧ 평형이 되게 하다, 균형이 맞게 하다 | 挑战 tiǎozhàn 이합 도전하다 | 任 rèn ⑧ ① 임명하다 ② 맡다, 담당하다 | 体会 tǐhuì ⑲ 체득, 이해 ⑧ 체험하여 느끼다 | ★ 总而言之 zǒng'ér yánzhī 총괄적으로 말하면, 한마디로 말하자면, 요컨대 | 狭小 xiáxiǎo ⑱ (공간이) 좁고 작다, 협소하다 | 总体 zǒngtǐ ⑲ 전체, 총체 | 政策 zhèngcè ⑲ 정책 | 尽量 jǐnliàng ⑨ 되도록, 가능한 한 | 乘坐 chéngzuò ⑧ (차·배 등을) 타다 | 私家车 sījiāchē ⑲ 자가용 | ★ 便利 biànlì ⑱ 편리하다 ⑧ 편리하게 하다 | 舒适 shūshì ⑱ 쾌적하다, 편하다

1. A 为了发展经济

   B 为了解决矛盾

   C 为了发展交通

   D 为了保护环境

   | A 경제를 발전시키기 위해 |
   | **B 모순을 해결하기 위해** |
   | C 교통을 발전시키기 위해 |
   | D 환경을 보호하기 위해 |

   问: 把三方面工作放在一起的主要目的是什么?

   질문: 세 방면의 일을 함께 둔 주요 목적은 무엇인가?

해설 보기가 모두 '为了'로 시작하는 것으로 보아, 어떤 정책이나 행동의 목적을 찾는 문제임을 알 수 있다.

▶ 남자가 하는 말 중, 문장 ①에서 '세 개의 부서를 함께 둔 것은 어떤 생각이 있는 것인가'라는 질문은 바꾸어 말하면 어떤 목적이냐고 묻는 것과 같다. 따라서 여자가 하는 대답의 문장 ②번 '그것들을 함께 두는 것이 모순을 해결하기 위한 것이라고 생각한다'라는 부분을 통해 답이 B라는 것을 알 수 있다.

2. A 现在是个企业家

   B 没有什么工作成绩

   C 专业是环境保护

   D 对民间组织不熟悉

   | A 지금 기업가이다 |
   | B 어떤 업무 성과도 없다 |
   | **C 전공이 환경 보호이다** |
   | D 민간 조직에 대해 잘 모른다 |

   问: 关于女的可以知道什么?

   질문: 여자에 관해 알 수 있는 것은 무엇인가?

해설 보기를 보면 인터뷰 대상자의 상황에 대한 문제임을 알 수 있다. 질문자의 말은 잘 체크해보자.

▶ 남자의 질문 중 문장 ③에서 '당신은 민간 조직에서 일을 한 적이 있고, 기업에서 일을 한 적이 있다. 지금은 또 정부에 와서 일을 하고 있다'라는 표현과 여자의 대답 중 문장 ④에서 '제가 환경 보호 전공 출신이기 때문에'와 문장 ⑤에서 '업무 성과가 크다'라는 말들을 통해 답이 C라는 것을 알 수 있다.

단어 熟悉 shúxī ⑧ 숙지하다, 잘 알다

3. A 很简单

   B 不太辛苦

   C 成绩很大

   D 有很多矛盾

   | A 간단하다 |
   | B 그다지 힘들지 않다 |
   | **C 성과가 크다** |
   | D 많은 갈등이 있다 |

   问: 女的怎样评价自己的工作?

   질문: 여자는 자신의 업무를 어떻게 평가하는가?

해설 보기에 있는 '成绩'와 같은 단어를 통해 업무 성과에 대한 문제임을 알 수 있다.

▶ 문장 ⑤를 볼 때 답은 C이다.

4. A 车多人多道路狭窄

   B 管理得很好

   C 乘车非常不方便

   D 堵车现象非常严重

A 차도 많고 사람도 많고 길도 좁다

B 관리가 잘 되고 있다

C 승차가 매우 불편하다

D 차가 막히는 현상이 매우 심각하다

问: 外地人觉得香港的交通状况怎么样?

질문: 외지인들은 홍콩의 교통이 어떠하다고 느끼는가?

해설 보기의 단어들을 통해 교통 문제에 대한 세부 내용을 체크하는 문제임을 알 수 있다.

▶ 문장 ⑥에서 '많은 사람들이 홍콩에 가면 홍콩의 교통이 잘 관리되어 있다고 느낀다'라고 했으므로 답은 B이다.

단어 ★ 狭窄 xiázhǎi 톙 ① (폭이) 비좁다 ② (범위가) 좁다 | 堵车 dǔ chē 이합 차가 막히다

---

5. A 把路修好是首要任务

   B 鼓励老百姓买车

   C 提高公共交通工具的票价

   D 对公共交通工具征收重税

A 길을 잘 닦는 것이 우선적인 임무이다

B 시민에게 차를 사라고 격려한다

C 공공 교통수단의 (표) 가격을 인상한다

D 공공 교통수단에 무거운 세금을 징수한다

问: 关于香港的交通政策, 下面哪项正确?

질문: 홍콩의 교통 정책에 관해 다음 중 옳은 것은?

해설 보기의 내용으로 볼 때 교통 문제를 해결할 수 있는 방법을 찾는 문제임을 알 수 있다. 전문가의 견해를 주의해서 들어야 한다.

▶ 문장 ⑦에서 '첫 번째는 길을 잘 닦는 것이고, 이것이 기본적인 조건이다'라고 했으므로 답은 A이다.

단어 ★ 首要 shǒuyào 톙 제일 중요한 | 鼓励 gǔlì 동 격려하다, 북돋우다 | ★ 征收 zhēngshōu 동 (세금을) 징수하다 | 税 shuì 뎽 세, 세금

1 인터뷰에 자주 사용되는 용어

01 **嘉宾** jiābīn : 게스트, 귀빈

02 **持…态度 / 意见** chí…tàidù / yìjiàn : ~ 의견을 가지다, ~ 태도를 가지다

03 **阐明内幕** chǎnmíng nèimù : 속시정을 확실하게 설명하다, 내막을 확실히 밝히다

04 **根本利益** gēnběn lìyì : 기본적인 이익

05 **表示强烈不满** biǎoshì qiángliè bùmǎn : 강렬한 불만을 나타내다

06 **采取必要措施** cǎiqǔ bìyào cuòshī : 필요한 조치를 취하다

07 **采取模糊的立场** cǎiqǔ móhu de lìchǎng : 모호한 입장을 취하다

08 **坚决反对** jiānjué fǎnduì : 단호하게 반대하다

09 **恪守承诺** kèshǒu chéngnuò : 약속을 반드시 지키다

10 **缩小分歧** suōxiǎo fēnqí : 의견차를 줄이다

11 **扩大共识** kuòdà gòngshí / **达成共识** dáchéng gòngshí : 공감대를 넓히다/공감대에 이르다

12 **促进合作** cùjìn hézuò : 협력을 촉진하다

13 **做出贡献** zuòchū gòngxiàn : 공헌하다

14 **开创新局面** kāichuàng xīnjúmiàn : 새로운 국면을 열다

15 **成果显著** chéngguǒ xiǎnzhù : 성과가 두드러지다

16 **富有成果** fùyǒu chéngguǒ : 많은 성과를 보유하다

17 **实质性成果** shízhìxìng chéngguǒ : 실질적인 성과

18 **不确定因素** búquèdìng yīnsù : 불확정적인 요소

19 **世纪的基本格局** shìjì de jīběn géjú : 세계의 기본 구조

20 **国际形势发展总的趋势** guójì xíngshì fāzhǎn zǒng de qūshì : 국제 형세 발전의 총체적인 추세

21 **多极化的趋势** duōjíhuà de qūshì : 다극화 추세

2 인터뷰 배경 관련 용어

01 **采访区域** cǎifǎng qūyù : 인터뷰 구역

02 **新闻发布会** xīnwén fābùhuì / **记者招待会** jìzhě zhāodàihuì : 기자회견

03 **现场报道** xiànchǎng bàodào : 현장 보도

04 **现场采访** xiànchǎng cǎifǎng : 현장 취재

05 **狗仔队** gǒuzǎiduì : 파파라치

06 **常驻记者** chángzhù jìzhě : 상주 기자

07 **特派记者** tèpài jìzhě : 특파원

08 **驻外国记者** zhùwàiguó jìzhě : 외국 주둔 기자

09 **消息灵通人士** xiāoxi língtōng rénshì : 소식통

10 **权威人士** quánwēi rénshì : 권위자, 관록인사

11 **头条新闻** tóutiáo xīnwén : 톱 뉴스

12 **独家新闻** dújiā xīnwén : 독점 뉴스, 특종 기사

13 **花边新闻** huābiān xīnwén : 테두리로 무늬를 두른 신문 기사

14 **可靠消息** kěkào xiāoxi : 믿을 만한 소식

15 **小道消息** xiǎodào xiāoxi : 떠도는 소문, 근거 없는 풍문

16 **专题报道** zhuāntí bàodào : 특별 주제 보도, 특별 테마 보도

17 **电视系列片** diànshì xìlièpiàn : 텔레비전 미니시리즈

3 자격에 관련된 용어

01 **无可奉告** wúkě fènggào : 알려줄 게 없다, 알릴만한 것이 없다

02 **至关重要** zhìguān zhòngyào : 대단히 중요하다

03 **并行不悖** bìngxíng búbèi : 두 가지 이상의 일을 한꺼번에 진행하여도 서로 충돌하지 않고 사리에 어긋나지 않다

04 **自相矛盾** zìxiāng máodùn : 자신의 말과 행동의 앞뒤가 맞지 않다, 자체 모순이다

05 **言行一致** yánxíng yízhì : 언행이 일치하다, 말과 행동이 일치하다

06 **互惠互利** hùhuì hùlì : 상호 이익

07 **民族主义** mínzú zhǔyì : 민족주의

08 **平等相待** píngděng xiāngdài : 평등하게 서로 대하다

DAY 17 ▶ 02-05

1. A 是一种盲目的行为
   B 是回归传统的方式
   C 需要巨大的资金投入
   D 是对文化最好的传承

2. A 漠然
   B 欣慰
   C 反对
   D 不解

3. A 能增长见识
   B 有些脱离现实
   C 不断迎接挑战
   D 逐渐培养责任感

4. A 加快翻新速度
   B 制定维修计划
   C 营造历史沧桑感
   D 不必追求完整性

5. A 想建个古宅博物馆
   B 已收藏30多间古屋
   C 不熟悉古宅修复过程
   D 认为古宅可完全复原

DAY 18 ▶ 02-06

1. A 犯罪年龄越来越小
   B 使用武力解决问题
   C 对物质的欲望很强烈
   D 受到别人的唆使

2. A 具有成人的身体素质
   B 心理素质在下降
   C 对事物过于好奇
   D 想摆脱成人的束缚

3. A 家长的故意引导
   B 家长自己也犯法
   C 家长的管教方法不对
   D 家长不管教孩子

4. A 要求助于心理医生
   B 要严厉管教孩子
   C 要定期带孩子去体检
   D 要尽量满足孩子的要求

5. A 不要太讲究穿戴
   B 不要告诉别人自己的家庭住址
   C 要尽量消除自身的原因
   D 不要在学校玩玩具

03 상담 인터뷰

상담 인터뷰 유형은 사람들이 관심을 가지는 문제에 대해 전문가의 견해를 구하는 내용으로 이루어지는데, 주로 심리, 취업, 건강 등 다양한 방면의 화제를 포함한다. 상담 인터뷰는 기자나 진행자의 질문이 전체 인터뷰를 이끌어가는 역할을 하므로 질문의 흐름을 잘 파악해야 한다.

듣기 시크릿 백전백승

1 처음 부분을 놓치지 말아라!

처음 말을 하는 사람이 여자이든 남자이든 무조건 진행자나 기자이므로, 처음 부분에서는 전문가에 대한 소개뿐만 아니라 오늘 상담하게 될 문제에 대해 언급하게 된다. 따라서 처음 부분을 절대 놓쳐서는 안 된다.

2 상담 주제의 현황을 체크하라!

본격적인 상담이나 질문에 들어가기에 앞서 진행자가 상담 주제의 현재 상황에 대해 소개하는 경우가 많다. 주로 좋지 않거나 문제가 있는 방면에 대해 언급하게 된다. 이런 문제점들이 바로 전문가에게 질문하게 될 내용이 되므로 주의 깊게 들어야 한다.

3 질문을 놓치지 말아라!

앞에서도 말했지만, 상담 인터뷰는 전문가의 개인적인 상황에 대한 인터뷰가 아니라 일반인들이 관심을 갖는 문제에 대해 전문가의 의견을 구하는 인터뷰이다. 따라서 전문가는 기자나 진행자의 질문에 대해서만 대답을 하게 된다. 즉 질문이 전체 인터뷰를 이끌어가게 되는 것이다. 질문은 주제를 중심으로 하는 여러 가지 문제들로 이루어지게 되므로 질문을 놓치게 된다면 내용 파악에 어려움이 따를 수 있다.

4 전문가의 건의에 귀를 기울여라!

상담 인터뷰의 목적 자체가 어떤 문제에 대한 전문가의 견해나 자문을 구하는 것이다. 따라서 전문가가 제시하는 건의는 인터뷰의 핵심이라고 할 수 있다. 전문가는 여러 가지 건의를 할 수 있는데, 이때는 순서나 경중을 잘 구분해서 들어야 한다.

문제 1

▶ 02-07

1. A 成功的例子不多
   B 就业高峰期即将来临
   C 太多的学生创业
   D 有30%能够达到目标

2. A 提高综合实力
   B 要下决心
   C 充满热情
   D 依靠政府的扶持

3. A 等待合适的时机
   B 看准目标后不放弃
   C 根据个人的实际情况
   D 制定合理的计划

4. A 很受欢迎的
   B 是自己喜欢的
   C 有计划性的
   D 条件、待遇好的

5. A 用自己的技术资金
   B 要尽量加大投入
   C 也叫加盟创业
   D 要降低或减少成本

🔍 **문제 분석** 전체적인 보기의 내용들이 전문가의 건의로 되어 있으므로, 어떤 구체적인 문제에 대해 전문가의 견해를 구하는 상담 인터뷰라는 것을 알 수 있다. 또한 전체적으로 질문보다는 전문가가 하는 대답 속에서 모든 정답이 언급될 것이라는 것도 알 수 있다.

대본

女: ①'今年的大学毕业生就业招聘高峰期即将到来，除了按部就班地参加招聘会外，还有部分大学生选择了自主创业，我们从媒体的报道了解到，大学生创业热情很高，而且政府也提供了很多扶持政策，似乎创业前景不错。周老师，您怎么看呢？

男: 客观地说，大学生的创业前景不错，但现实是不很乐观，从近几年的统计数据来看，②'创业者中有30%能够达到目标就很不错了。③²我想对大学生朋友说的是，创业想要成功，重要的是提升自主创业的综合实力，光有决心是不够的。

여: '올해 대학 졸업생들의 취업 모집 절정기가 곧 다가옵니다. 순서대로 취업박람회에 참가하는 것 외에, 일부 대학생들은 스스로 창업을 하는 것을 선택하기도 합니다. 우리는 매스컴의 보도로부터 대학생들의 창업 열정이 높고, 게다가 정부도 많은 지원 정책을 제공하여 마치 창업 전망이 괜찮은 것 같다고 알고 있습니다. 주 선생님, 선생님께선 어떻게 보십니까?

남: 객관적으로 말해서, 대학생들의 창업 전망은 괜찮습니다. 그러나 현실은 매우 낙관적이지는 않은데, 최근 몇 년의 통계수치로 볼 때, '창업자들 중 30%가 목표에 도달할 수 있다면 매우 괜찮은 것입니다. ²제가 대학생 친구들에게 말하고 싶은 것은, 창업을 해서 성공하는 데 중요한 것은 스스로 창업을 하는 종합적인 실력을 향상시켜야지, 단지 결심만 있는 것은 부족하다는 것입니다.

女：很多大学生朋友苦于找不到创业的头绪，他们有知识、有文化、有热情，但缺乏社会经验和对市场的调研，您认为怎样才能让他们很好地迈出第一步呢？

男：创业大学生朋友们，④³首先要根据个人实际情况，制定一个切实可行的创业计划。俗话说："凡事预则立，不预则废。"创业也应当如此。创业计划要包括定期目标、市场前景、管理方式、风险预测等等，应尽量详细，并且在实际实施中不断地对计划中不适用的部分进行修订。

女：您认为选择项目时，应当考虑的首要因素是什么？

男：⑤⁴选项目主要根据个人兴趣、行业前景等因素来确定，而且一定要选自己最熟悉的项目。行业的话要做未来发展前景好、回旋空间大的行业。

女：如果把创业项目比作一个人的肢体，资金则好比赖以生存的血液。为了保证创业项目的正常启动，怎样能够筹措资金也是大学生创业者十分关注的一个问题。您认为怎样才能把握好资金呢？

男：创业必须具有创业启动资金，资金的多少视项目需求而定，通常所说的大投入大收获、小投入小收获就是这个道理。资金不足时要用好、用足了创业扶持政策，则相当于降低或减少了创业成本。⑥⁵当然，也可以实行联合创业，也叫加盟创业，就是利用别人的技术资金进行自主创业。这也是解决启动资金问题的一个办法。

여：많은 대학생 친구들은 창업의 실마리를 찾을 수 없어 괴로워합니다. 그들은 지식, 교육 수준, 열정은 있지만 사회 경험과 시장에 대한 조사와 연구가 부족한데, 어떻게 해야 그들이 첫걸음을 잘 내디딜 수 있게 할 수 있을 거라고 생각하십니까?

남：창업하는 대학생 친구들은 ³먼저 개인적인 실제 상황에 따라 적절하고 실질적인 창업 계획을 세워야 합니다. 속담에서 '무슨 일이든 준비하면 성공하고, 준비하지 않으면 실패한다'고 했습니다. 창업도 당연히 이러합니다. 창업 계획은 정기적인 목표, 시장 전망, 관리 방식, 위험 예측 등을 포함해야 하며, 가능한 한 상세해야 하고 또한 실제로 실시하는 과정에서 끊임없이 계획에 적합하지 않은 부분에 대해 수정해야 합니다.

여：창업 종목을 선택할 때 고려해야 할 우선적인 요소는 뭐라고 생각하십니까?

남：⁴창업 종목의 선택은 주로 개인의 흥미, 업계 전망 등의 요소에 따라 확정해야 하고 게다가 반드시 자신이 가장 익숙한 종목을 선택해야 합니다. 업종의 경우 미래 발전 전망이 좋고 선회 공간이 큰 업종을 해야 합니다.

여：만약 창업 종목을 사람의 사지에 비유한다면, 자금은 생존에 필요한 혈액과 같습니다. 창업 종목의 정상적인 시작을 보증하기 위해, 어떻게 자금을 마련할 수 있을지도 대학생 창업자들이 매우 관심을 가지는 문제입니다. 어떻게 해야만 자금을 잡을 수 있다고 생각하십니까?

남：창업은 반드시 창업 시작 자금이 있어야 하며, 자금의 많고 적음은 창업 종목의 수요를 보고 결정합니다. 통상적으로 말하는 큰 투자에 큰 수확, 작은 투자에 작은 수확이 바로 이러한 이치입니다. 자금이 부족할 때 창업 지원 정책을 잘 이용하고 충분히 이용하는 것은 창업 원가를 떨어뜨리거나 감소시키는 것과 같습니다. ⁵물론 연합 창업을 실행해도 됩니다. 가맹 창업이라고도 하는데, 다른 사람의 기술과 자금을 이용해서 자주적인 창업을 하는 것입니다. 이것 또한 창업의 시작 자금 문제를 해결하는 하나의 방법입니다.

단어 **招聘** zhāopìn 圖 모집하다, 초빙하다 | ★ **高峰** gāofēng 圖 절정, 피크 | **即将** jíjiāng 圓 곧, 장차, 머지않아 | **按部就班** ànbù jiùbān 圖 조리 있게 순서대로 일하다 | ★ **自主** zìzhǔ 圖 스스로 처리하다 | ★ **媒体** méitǐ 圖 매스컴, 매체 | **扶持** fúchí 圖 ① 부축하다 ② 도와 주다 | **政策** zhèngcè 圖 정책 | **似乎** sìhū 圓 마치 ~인 것 같다 | ★ **前景** qiánjǐng 圖 전경, 전망 | **乐观** lèguān 圖 낙관적이다 | **数据** shùjù 圖 데이터, 수치 | **提升** tíshēng 圖 끌어올리다, 진급시키다 | **苦于** kǔyú 圖 (~로 인해) 괴로워하다 | **头绪** tóuxù 圖 두서, 단서, 실

마리 | **调研** diàoyán 图 조사 연구하다 | ★ **迈** mài 图 큰 걸음으로 걷다, 성큼 앞으로 나아가다 | **实际** shíjì 图 ① 실제적이다 ② 구체적이다 | ★ **切实** qièshí 图 확실하다, 꼭 알맞다, 적절하다 | ★ **可行** kěxíng 图 실제적이다, 실행 가능하다 | **凡是预则立，不预则废** fánshì yù zé lì, bùyù zé fèi 图 무슨 일이든 준비를 해야 성공하고, 준비를 하지 않으면 실패한나 | **如此** rúcǐ 때 이러하다, 이와 같다 | ★ **定期** dìngqī 回합 기한을 정하다 图 정기적인 | **风险** fēngxiǎn 圀 (발생할지도 모르는) 위험 | **尽量** jǐnliàng 回 되도록, 가능한 한 | **详细** xiángxì 图 상세하다, 자세하다 | ★ **实施** shíshī 图 실시하다 | **适用** shìyòng 图 (사용하기에) 적합하다 | **因素** yīnsù 圀 요소, 조건, 원인 | **行业** hángyè 圀 직업, 업계, 업무 분야 | **回旋** huíxuán 图 ① 선회하다 ② 협상할 수 있다 | **比作** bǐzuò 图 비교하다, 견주다 | **肢体** zhītǐ 圀 사지 | **好比** hǎobǐ 图 마치 ~와 같다 | **赖以** làiyǐ 图 의지하다, 믿다 | **血液** xuèyè 圀 혈액 | **启动** qǐdòng 图 ① (기계 등을) 작동하다, 부팅하다 ② (계획·방안 등을) 시행하다 ③ 개척하다 | **筹措** chóucuò 图 (자금·식량 등을) 조달하다, 마련하다 | **投入** tóurù 图 ① 뛰어들다, 참가하다 ② 집중하다, 몰입하다 ③ 투입하다, 넣다 圀 투자한 자금 | **相当** xiāngdāng 图 ① 엇비슷하다, 맞먹다 ② 적당하다, 알맞다 回 상당히, 매우, 퍽 | ★ **成本** chéngběn 圀 원가, 생산 비용 | **加盟** jiāméng 图 (어떤 단체나 조직에) 가입하다, 가맹하다

1. A 成功的例子不多   A 성공한 예가 많지 않다
   B 就业高峰期即将来临   B 취업의 절정기가 곧 다가온다
   C 太多的学生创业   C 너무 많은 학생이 창업을 한다
   D 有30%能够达到目标   D 30%가 목표에 도달할 수 있다

   问：男的为什么说大学生创业现状不容乐观？   질문: 남자는 왜 대학생 창업의 현황을 낙관해서는 안 된다고 말하나?

해설 보기의 내용이 주로 부정적이므로 현재 존재하는 문제에 대한 전문가의 분석을 잘 체크해야 한다.
▶ 여자의 첫 질문 문장 ①에서 '올해 대학 졸업생들의 취업 모집 절정기가 곧 다가온다'고 했지만 그것은 질문자인 여자의 이야기이지 남자의 의견은 아니다. 따라서 B는 답이 될 수 없다.
▶ 남자의 첫 번째 대답 문장 ②의 '창업자들 중 30%가 목표에 도달할 수 있다면 괜찮은 것입니다'라는 부분을 통해 답이 A라는 것을 알 수 있다.
▶ 숫자 '30%'가 지문과 보기에 똑같이 나왔다고 해서 방심하면 안 된다. 앞뒤 문맥을 보면 '30%가 목표에 도달할 수 있다면 괜찮다'는 가정이지 30%가 목표에 이미 도달한 것이 아니므로 내용 상의 차이로 답이 아니라는 것을 할 수 있다.

단어 **来临** láilín 图 오다, 이르다, 도래하다 | **不容** bùróng 图 불허하다, ~해서는 안 된다

2. A 提高综合实力   A 종합적인 실력을 향상시켜야 한다
   B 要下决心   B 결심을 해야 한다
   C 充满热情   C 열정으로 가득해야 한다
   D 依靠政府的扶持   D 정부의 지원에 의지해야 한다

   问：男的给大学生的建议是什么？   질문: 남자가 대학생들에게 하는 건의는 무엇인가？

해설 보기를 통해 전문가의 건의임을 알 수 있다.
▶ 전문가가 하는 말 문장 ③에서 '제가 대학생 친구들에게 말하고 싶은 것은, 창업을 해서 성공하는 데 중요한 것은 스스로 창업을 하는 종합적인 실력을 향상시켜야지, 단지 결심만 있는 것은 부족하다는 것이다'라고 했으므로 답은 A이다.

단어 **充满** chōngmǎn 图 가득 차다, 충만하다

3. A 等待合适的时机

  B 看准目标后不放弃

  C 根据个人的实际情况

  D 制定合理的计划

| A 적합한 시기를 기다려야 한다 |
| B 목표를 정확히 본 후 포기하지 않아야 한다 |
| C 개인의 실제 상황에 근거한다 |
| **D 합리적인 계획을 세워야 한다** |

问: "凡事预则立"强调什么?

질문: '凡是预则立'는 무엇을 강조하는 것인가?

해설 문제 2번과 마찬가지로 역시 전문가의 건의임을 알 수 있다.

▶ 전문가가 하는 말 중, 문장 ④에서 '먼저 개인의 실제 상황에 따라 적절하고 실질적인 창업 계획을 세워야 한다'라는 말 뒤에 속담이 나와 있으므로, 이 속담 역시 계획을 잘 세우는 것과 관련이 있음을 알 수 있다. 따라서 답은 D이다.

▶ 실제로 '凡是预则立, 不预则废'는 '무슨 일이든 준비하면 성공하고, 준비하지 않으면 실패한다'는 뜻의 속담이다. 간혹 속담이나 명언이 듣기나 독해의 지문에 등장할 수도 있으니, 미리 여러 가지를 숙지해두는 것이 좋다.

단어 ★等待 děngdài 통 기다리다 | 看准 kànzhǔn 통 똑바로 보다, 정확히 보다 | 制定 zhìdìng 통 (법률·규정·정책 등을) 제정하다, 세우다

해석

4. A 很受欢迎的

  B 是自己喜欢的

  C 有计划性的

  D 条件、待遇好的

| A 매우 환영 받는 것 |
| **B 자신이 좋아하는 것** |
| C 계획성 있는 것 |
| D 조건과 대우가 좋은 것 |

问: 男的认为选项目首先考虑的是什么?

질문: 남자는 창업 종목을 선택할 때 먼저 고려해야 하는 것이 무엇이라고 생각하나?

해설 보기의 내용으로 볼 때 직업 혹은 업종의 선택에 대한 전문가의 건의임을 알 수 있다.

▶ 전문가가 하는 말, 문장 ⑤에서 '창업 종목의 선택은 주로 개인의 흥미, 업계 전망 등의 요소에 따라 확정해야 한다'라고 했으므로 답은 B이다.

단어 待遇 dàiyù 통 대우하다 명 대우

해석

5. A 用自己的技术资金

  B 要尽量加大投入

  C 也叫加盟创业

  D 要降低或减少成本

| A 자신의 기술 자본을 사용한다 |
| B 가능한 한 투자를 늘린다 |
| **C 가맹 창업이라고 부르기도 한다** |
| D 원가를 낮추거나 감소시키려고 한다 |

问: 关于联合创业, 下面哪项正确?

질문: 연합 창업에 관해 다음 중 옳은 것은?

해설 보기 C의 '也叫'와 같은 표현으로 볼 때 어떤 새로운 개념에 대한 설명 부분에서 답을 찾아야 한다. 옳은 것을 묻게 될지, 아니면 틀린 것을 묻게 될지 모르므로 펜으로 체크하면서 들어야 한다.

▶ 전문가가 하는 말 문장 ⑥에서 '물론 연합 창업을 실행해도 된다. 가맹 창업이라고도 하는데, 다른 사람의 기술과 자금을 이용해서 자주적인 창업을 하는 것이다. 이것 또한 창업의 시작 자금 문제를 해결하는 하나의 방법이다'라고 하면서 '연합 창업'에 대해 주로 설명하고 있다. 옳은 것을 찾아야 하므로 답은 C이다.

1 인터뷰 대상자를 소개할 때

01 下面请A谈谈… : 지금부터 A를 모시고 ~에 대해 얘기 나누어 보겠습니다.

02 请A给我们介绍一下… : A께서 ~에 대해 소개해주시기를 부탁 드리겠습니다.

03 今天的话题是… : 오늘의 화제는 ~입니다.

04 …是大家关心的话题，请A给我们讲一讲… : ~은 모두가 관심을 가지는 화제입니다. A를 모시고 ~에
대해 말씀해주시기를 부탁 드리겠습니다.

2 건의를 할 때

01 首先A其次… : 먼저 A, 다음으로 ~

02 第一A第二… : 첫 번째 A, 두 번째 ~

03 A的关键是… : A의 관건은 ~입니다.

04 关于A(问题)，最重要的是… : A(문제)에 관해 가장 중요한 것은 ~입니다

05 我想对大家说的是… : 제가 여러분께 말씀 드리고 싶은 것은 ~입니다

DAY 19 ▶ 02-08

1. A 应该相信
   B 不够充分
   C 符合规律
   D 不真实的

2. A 能增强自信心
   B 能让自己变得有价值
   C 要跟比自己更棒的人比较
   D 不要总是进行比较

3. A 无条件地接受自己
   B 要想办法应对
   C 少参加同学聚会
   D 要对着镜子大喊

4. A 很有个性
   B 是很好的办法
   C 不能总是依赖时间
   D 完全没有用

5. A 要珍惜时间
   B 如何减轻自卑感
   C 如何对着镜子说话
   D "最棒"是获得自信的最佳方法

DAY 20 ▶ 02-09

1. A 技能娴熟
   B 喜欢收藏工艺品
   C 长期从事养殖业
   D 拥有很多产品专利

2. A 敢于打破常规
   B 注重专业知识学习
   C 技术与修为相结合
   D 具备超凡脱俗的精神品格

3. A 严谨的做事风格
   B 匠人默默的付出
   C 手工艺品华丽的外表
   D 匠人刻苦钻研的态度

4. A 加强宣传
   B 建档保存
   C 提高入行标准
   D 引进先进技术

5. A 不赞成继承传统
   B 鼓励手艺人创业
   C 手工艺品的技术很容易还原
   D 培养年轻学艺人的文化认同感

04 홍보 인터뷰

DAY 21-22

홍보 인터뷰 유형은 모 기업이나 기구에 대해 선전, 광고, 홍보하는 것을 목적으로 한다. 따라서 기자나 진행자의 질문 및 인터뷰 대상의 대답은 대부분이 긍정적이고 발전적인 방면의 내용을 주로 한다.

듣기 시크릿 백전백승

1 기획(창업) 의도와 목적을 체크하라!

일반적으로 어떤 기업이나 기구의 사업에 대해 홍보 인터뷰를 진행할 때 처음으로 묻게 되는 것이 기획이나 창업 의도이다. 홍보 인터뷰의 문제에서도 빠지지 않는 부분이니, 처음에 언급되는 이 부분을 놓치지 말자.

2 인터뷰 대상자의 자랑을 놓치지 마라!

홍보이니만큼 당연히 장점들을 내세워 대중의 시선을 모으게 되는데, 그렇다면 반드시 자신들만의 우위, 장점 및 특색 등의 내용을 빼놓을 수가 없다. 기자나 진행자의 유도에 따라 언급하게 되는 인터뷰 대상자가 제시하는 이러한 자신들만의 장점도 문제에서 중점이 되는 내용이다.

3 같은 업종의 기업 및 기구와의 비교에 주의하라!

자신들의 장점에 대해 언급하는 과정에서, 종종 같은 업종의 다른 기업 및 기구와의 비교를 통해 자신들만의 특색을 드러내게 된다. 단순히 자신들에 대한 장점의 나열과, 다른 기업과의 비교를 통한 특색을 지문을 듣는 과정에서 구분해서 체크해두도록 하자.

4 앞으로의 전략, 계획을 찾아내라!

이 부분의 내용은 일반적으로 지문의 가장 마지막 부분에서 언급되는 경우가 많다. 홍보를 위해서는 기업이나 기구가 지금의 수준에 머물러 있는 것이 아니라, 앞으로 더 발전할 가능성이 있음을 제시해야 한다. 따라서 인터뷰가 마무리 될 때 앞으로의 전략이나 계획, 목표를 언급한다면 반드시 문제에도 나타나므로 꼭 주의 깊게 들어야 한다.

문제 1

▶ 02-10

1. A 参与性强

　B 娱乐性强

　C 观赏性强

　D 综合性强

2. A 北京的公园太少

　B 北京缺少时尚公园

　C 北京是首都

　D 北京的旅游景点过多

3. A 设备

　B 景观

　C 表演

　D 主题活动

4. A 100多

　B 200多

　C 20多

　D 300

5. A 为游客提供导游

　B 为游客提供主题表演

　C 为游客提供时间表和导游图

　D 为游客提供完善的设备项目

🔍 **문제 분석**　2번 보기에서 '公园', '旅游景点', 5번 보기에서 '游客' 등이 언급되는 것으로 보아 공원이나 놀이동산 등의 책임자가 자신들에 대해 홍보하는 것을 목적으로 하는 인터뷰임을 알 수 있다. 또한 5번 보기 모두 인터뷰 대상자의 대답에서 답이 나오게 될 것임을 알 수 있다.

대본

女: 大家好，欢迎来到我们的访谈室，现在坐在我身边是北京欢乐谷的副总经理郑维先生，你好。

男: 您好。

女: 欢乐谷是在主题公园建立受挫的背景下兴建的，它的建立初衷是什么?

男: 96年全国到处兴建主题公园，但整体经营情况不太好，我们对此进行了调查发现当时的主题公园都是观赏性的，而随着经济的发展和人们需求的变化，①'大众群体更需要一种参与性强的公园，所以我们提出"生活就是体验，体验就是生活"，基于这个理念我们便开始策划欢乐谷。

여: 안녕하십니까? 우리 스튜디오에 오신 것을 환영합니다. 지금 제 옆에 앉아계신 분은 베이징 환러구의 부사장 정웨이 선생이십니다. 안녕하세요?

남: 안녕하십니까?

여: 환러구는 테마공원 건립이 좌절 당한 배경 하에서 지어진 것인데, 환러구의 건립 구상은 무엇입니까?

남: 96년 전국 곳곳에서 테마공원을 지었지만 전체적인 경영 상황은 그다지 좋지 않았습니다. 우리는 이에 대해 조사를 해서 당시의 테마공원이 모두 감상용이라는 것을 발견하게 되었죠. 경제의 발전과 사람들의 요구의 변화에 따라, '대중은 참여성이 강한 공원을 필요로 하고 있습니다. 그래서 우리는 '생활이 체험이고, 체험이 생활이다'를 내세워, 이 이념에 근거하여 환러구를 구상하기 시작했습니다.

女：②²欢乐谷为什么要建在北京？

男：③²因为北京是中国的首都，作为大都市，如果从旅游这个领域来讲呢，北京更多是一些传统文化的旅游景点，时尚娱乐的东西比较少，而纵观全世界各个类似的大都市，都有现代化的时尚公园相配套，北京恰恰缺这一个。

女：欢乐谷相对于嘉年华有什么特色？

男：我们公园由四个部分构成的，④³一个是娱乐设备，这个方面，跟嘉年华有点类似，但是我们跟嘉年华设备方面的不同，就是我们设备大型的和超大型的比较多。第二就是我们的景观，我们将巨额的资金投入到整个景观的建设上，包括建筑、雕塑、园林等等。第三是表演，我们拥有庞大的演艺系统，⑤⁴整个欢乐谷演艺队伍有200多人，我们每天给游客奉献20多场表演。第四是主题活动，我们每隔一段时间会根据市场推出不同的活动，暑假我们刚刚搞了梦想狂欢节，十一过后我们会推出时尚狂欢节。

女：游乐设施、观赏景观、主题表演还有主题活动，会不会让游客觉得眼花缭乱，分不清楚主次了？

男：在进入欢乐谷之前，⑥⁵我们会给每位游客一个时间表，和一张导游图，清楚标明当天有哪些设备项目，有哪些表演，游客可以根据自己的喜好和时间规划好自己的游玩线路，所以，相信每位游客可以很好享受一天的快乐。

여：²환러구는 왜 베이징에 세워졌나요?

남：²베이징이 중국의 수도이기 때문이죠. 대도시로서 만약 여행이라는 영역에서 말하자면, 베이징에 더 많은 것은 전통 문화의 여행 명소들이고, 유행에 맞거나 오락적인 요소들은 비교적 적습니다. 전 세계 각 유사한 대도시들을 관찰해보면, 모두 현대화된 유행에 맞는 공원들과 서로 짝을 이루고 있는데, 베이징은 바로 이것이 부족했습니다.

여：환러구는 자니엔화와 상대적으로 어떤 특색이 있습니까?

남：우리 공원은 네 부분으로 구성되어 있습니다. ³하나는 오락설비로 이 방면에서는 자니엔화와 조금 유사합니다. 하지만 우리가 자니엔화와 설비 방면에서 다른 것은 우리 설비에는 대형과 초대형이 비교적 많다는 것입니다. 두 번째는 우리의 경관입니다. 우리는 거액의 자금을 전체 경관의 건설에 투입했습니다. 건축, 조소, 원림 등을 포함해서죠. 세 번째는 공연입니다. 우리는 방대한 공연 조직을 보유하고 있으며, ⁴전체 공연단은 200명이 넘습니다. 우리는 매일 여행객들께 20회가 넘는 공연을 보여드리고 있습니다. 네 번째는 테마 활동입니다. 우리는 시간 간격을 두고 시장 상황에 따라 다른 활동을 선보이고 있습니다. 여름 방학 때 우리는 막 '꿈' 카니발을 했고, 국경절이 지나면 '유행' 카니발을 내놓게 될 것입니다.

여：놀이기구 시설, 경관 감상, 테마 공연, 그리고 테마 활동까지 여행객들을 복잡하게 해서 주된 것과 부차적인 것을 분간해내지 못하는 것은 아닐까요?

남：환러구에 입장하기 전, ⁵우리는 모든 여행객들에게 시간표와 가이드 지도를 드리고, 그날 어떤 설비항목이 있고 어떤 공연이 있는지 정확하게 명시해 놓아, 여행객 자신의 흥미와 시간에 따라 자신이 놀게 될 노선을 계획할 수 있습니다. 따라서 모든 여행객들이 하루 동안의 즐거움을 아주 잘 누리실 수 있을 거라 믿습니다.

단어 访谈 fǎngtán 圐 방문하여 이야기를 나누다, 탐방하다 | 受挫 shòucuò 圐 좌절 당하다, 패하다 | 兴建 xīngjiàn 圐 건설하다, 짓다, 세우다 | 初衷 chūzhōng 圐 초심, 처음에 먹은 마음 | 到处 dàochù 圐 도처에, 곳곳에 | 观赏 guānshǎng 圐 관상하다, 구경하고 감상하다 | 参与 cānyù 圐 참여하다, 관여하다 | ★需求 xūqiú 圐 수요, 필요, 요구 | 基于 jīyú 圐 ~에 근거하다, ~에 따르다 | ★策划 cèhuà 圐 계획하다, 기획하다, 구상하다 | 景点 jǐngdiǎn 圐 명소 | 时尚 shíshàng 圐 유행 圐 유행에 맞다 | 娱乐 yúlè 圐 오락, 레크리에이션 圐 즐겁게하다 | 纵观 zòngguān 圐 시야를 넓혀 관찰하다 | ★类似 lèisì 圐 유사하다, 비슷하다 | ★配套 pèitào 합 세트를 만들다, 조립하다, 짜맞추다 | 恰恰 qiàqià 분 바로, 마침, 꼭 | 设备 shèbèi 圐 설비, 시설 圐 설비하다 | 景观 jǐngguān 圐 경관 | 巨额 jù'é 圐 거

액의 | ★ **雕塑** diāosù 图 조소하다 图 조소, 조각과 소조 | ★ **园林** yuánlín 图 조경 풍치림 | ★ **拥有** yōngyǒu 图 보유하다, 소유하다 | ★ **庞大** pángdà 图 엄청나게 많고 크다, 방대하다 | **演艺** yǎnyì 图 연기 예술, 공연 예술 | **系统** xìtǒng 图 체계, 시스템, 조직 图 체계적이다 | ★ **队伍** duìwǔ 图 ① 군대 ② 단체 ③ 행렬, 줄 | ★ **奉献** fèngxiàn 图 바치다 | **隔** gé 图 ① 차단하다, 막다 ② 간격을 두다, 거리를 두다 | **推出** tuīchū 图 내놓다, 선보이다 | ★ **梦想** mèngxiǎng 图 ① 망상하다, 몽상하다 ② 갈망하다 图 꿈 | **狂欢节** kuánghuānjié 图 카니발, 사육제 | **游乐** yóulè 图 재미있게 놀다, 놀며 즐기다 | **设施** shèshī 图 시설 | **眼花缭乱** yǎnhuā liáoluàn 图 눈이 휘둥그래지다, 사물이 복잡하여 분간해낼 수 없다 | **主次** zhǔcì 图 주된 것과 부차적인 것, 경중 | **导游** dǎoyóu 图 관광 가이드 图 (관광객·여행객을) 안내하다 | **标明** biāomíng 图 (부호나 글로) 표시하다, 명시하다 | ★ **规划** guīhuà 图 (전면적이고 장기적인) 계획 图 기획하다, 계획을 짜다 | **游玩** yóuwán 图 ① 놀다, 장난치다 ② 한가히 거닐다, 유람하다 | **线路** xiànlù 图 ① 회로 ② 레일, 노선 | **享受** xiǎngshòu 图 만족을 얻다, 누리다 图 향수, 향락

해석

1. **A 参与性强**
   B 娱乐性强
   C 观赏性强
   D 综合性强

   问: 男的筹划欢乐谷的原因是什么?

   A 참여성이 강하다
   B 오락성이 강하다
   C 감상성이 강하다
   D 종합성이 강하다

   질문: 남자가 환러구를 기획한 원인은 무엇인가?

해설 자신의 기업 및 사업에 대한 객관적인 평가나 기획 의도 등을 물어보는 문제임을 알 수 있다. 이렇게 '~性强'이라고 공통적인 표현이 나와 있을 경우, 지문에서도 똑같이 언급했을 가능성이 크다.
▶ 테마공원의 기획 의도를 묻는 질문이다. 문장 ①에서 '대중은 참여성이 강한 공원을 필요로 하고 있다. (그래서 ~)'라고 했으므로 답은 A이다.

단어 **筹划** chóuhuà 图 ① 방법을 생각하다, 계획을 정하다 ② (자금·식량 등을) 마련하다, 조달하다

해석

2. A 北京的公园太少
   B 北京缺少时尚公园
   C 北京是首都
   D 北京的旅游景点过多

   问: 为什么欢乐谷要建在北京?

   A 베이징의 공원은 너무 적다
   B 베이징은 유행에 맞는 공원이 부족하다
   C 베이징은 수도이다
   D 베이징의 여행 명소는 지나치게 많다

   질문: 왜 환러구는 베이징에 세워졌나?

해설 베이징에 관해 설명하는 부분을 유의해서 들어야 한다. 단 옳은 말을 찾게 될지 틀린 말을 찾게 될지 모르므로, 들으면서 옆에 체크를 해보도록 하자.
▶ 주로 베이징의 상황에 대해 언급하는 부분을 찾아야 한다. 여자의 말 문장 ②에서 '환러구는 왜 베이징에 세워졌나'라는 부분에서부터 집중해서 듣고, 남자의 말 중 문장 ③ '베이징이 중국의 수도이기 때문이다'에서 바로 답이 C라는 것을 알 수 있다.

3. **A** 设备　　　　　B 景观　　　　　　**A** 설비　　　　　　B 경관

　　C 表演　　　　　D 主题活动　　　　C 공연　　　　　　D 테마 활동

　　问：欢乐谷的哪个方面与嘉年华相似？　　질문: 환러구의 어떤 방면이 자니엔화와 비슷한가？

보기에 있는 단어의 성격으로 볼 때 자신들의 특징이나 장점 등이 나올 가능성이 크다. 이렇게 간단한 단어가 보기로 나와 있을 때는, 2번 문제와 마찬가지로 옳은 것을 찾거나 틀린 것을 찾을 가능성이 모두 있으므로, 들으면서 체크를 하는 것이 좋다.

▶ 문장 ④에서 '하나는 오락설비로 이 방면에서는 자니엔화와 조금 유사하다'라고 했으므로 답은 A이다.

4. A 100多　　　　　**B 200多**　　　　A 1000이 넘는다　　　　**B 200이 넘는다**

　　C 20多　　　　　D 300　　　　　　C 200이 넘는다　　　　D 3000이다

　　问：欢乐谷的演艺队伍有多少人？　　질문: 환러구의 공연단은 몇 명인가？

이렇게 숫자가 나와 있는 경우 숫자와 양사에 주의해서 들어야 한다. 단, 지문 전체에서 숫자가 딱 한 번만 나온다면 문제가 되지 않겠지만, 여러 가지 정보와 관련된 숫자가 나온다면 단지 체크만 하는 것으로는 나중에 그 정보와 관련된 숫자를 찾을 수 없다. 따라서 이러한 숫자 보기는 옆에 간단하게 '사람', '시설 수', '여행객' 등과 같이 이 숫자가 가리키는 대상을 메모하도록 하자. 물론 자신만 알아보면 되므로 아주 간단하게 한 글자나 자음만 적어도 상관없다.

▶ 이 글에서 숫자가 언급되는 곳은 문장 ⑤의 '전체 공연단은 200명이 넘는다'와 '우리는 매일 여행객들에게 20회가 넘는 공연을 보여드리고 있다'라는 곳에 두 번 등장하는데, 질문은 공연단원의 숫자를 묻는 것이므로 B가 맞다.

5. A 为游客提供导游　　　　　　　　　A 여행객을 위해 가이드를 제공한다

　　B 为游客提供主题表演　　　　　　　B 여행객을 위해 테마 공연을 제공한다

　　C 为游客提供时间表和导游图　　　　**C 여행객을 위해 시간표와 가이드 지도를 제공한다**

　　D 为游客提供完善的设备项目　　　　D 여행객을 위해 완벽한 설비 항목을 제공한다

　　问：如何使游客更好地在欢乐谷游玩？　　질문: 어떻게 하면 여행객들이 환러구에서 더 잘 놀 수 있는가？

네 개의 보기 모두 '为游客提供'이라고 시작하는 것으로 보아 이 문제는 자신들이 고객을 위해 제공하는 서비스에 대해 홍보하는 부분에서 답을 찾을 수 있다. 뒷부분에 줄을 쳐두고 들으면서 바로 체크해내자.

▶ '游客'가 많이 언급되는 문장 ⑥의 '우리는 모든 여행객들에게 시간표와 가이드 지도를 준다'에서 답이 C라는 것을 알 수 있다.

完善 wánshàn 혱 완벽하다 됭 완벽하게 하다

시크릿 보물상자   홍보 인터뷰에 자주 출현하는 표현들

1 기획 의도와 목적을 나타낼 때

- **기획 및 창업 의도**

  定位 : 위치를 정하다, 객관적이 평가를 내리다

  初衷 chūzhōng : 처음의 지향과 소망, 맨 처음에 먹은 생각

  出发点 : 출발점

- **기획 및 창업 목적**

  旨(zhǐ)在… : 목적(의의, 취지)이 ~에 있다

  目的是… : 목적은 ~이다

  为的是… : 목적은 ~이다

  基于…考虑 : ~에 근거하여 고려하다, ~을 기초로 하여 생각하다

2 장점을 나타낼 때

优势 yōushì : 우세, 우위

优点 yōudiǎn : 장점, 우수한 점

特色 tèsè : 특색, 특징

亮点 liàngdiǎn : 돋보이는 장점, 두드러지는 장점

看点 kàndiǎn : 볼거리

王牌 wángpái : 가장 강력한 수단, 최후의 수단, 비장의 무기 또는 그런 인물

主打 zhǔdǎ : 주가 되는, 메인이 되는, 주도적인 역할을 하는

拳头产品 quántóu chǎnpǐn : 경쟁력 있는 제품

DAY 21 ▶ 02-11

1. A 节目总监
   B 导演
   C 主持人
   D 企业家

2. A 2006年
   B 2007年
   C 2008年
   D 2009年

3. A 以宣传北京文化为主
   B 以儿童故事片为主
   C 以文艺片节目为主
   D 以纪录片节目为主

4. A 符合导向
   B 以海外大的纪录片为主
   C 以纪录片为主
   D 具有较深厚的人文内涵

5. A "太阳花"行动计划
   B 建立一个播出计划网站
   C 增加新节目
   D 举办大型晚会

DAY 22 ▶ 02-12

1. A 奢侈的五星级消费
   B 风格独特的享受
   C 在经济型酒店和五星级酒店之间
   D 非常体面的消费

2. A 高价位
   B 实用
   C 服务和美食
   D 方便

3. A 能提供100种中国传统菜式
   B 客户在酒店里就可以宴请宾客
   C 配备了高温消毒设备
   D 有一套成熟的安全系统

4. A 一百块钱
   B 二、三百块钱
   C 五百块钱
   D 一千块钱

5. A 坚持"人本思想"
   B 尽量从中获得利润
   C 以酒店发展为中心
   D 五星体验、二星消费

MEMO

듣기 제3부분 장문 듣기
기출문제 탐색전

MP3 바로 듣기

문제 ▶ 03-00

31. A 能经过自己思考后解决
    B 能创造性地解决
    C 能主动地解决问题
    D 只能被动地解决问题

32. A 计算机会不会思考
    B 人会不会思考
    C 思考是什么
    D 计算机的缺点

---

❶ 예전 HSK와 달리 新HSK에는 각 부분의 듣기 앞에 풀이방법을 설명해주는 부분이 없다. 간단하게 '第31~50题，请选出正确答案(31~50번 문제에서는 맞은 답을 선택하세요)'이라고 말하는 것이 전부다. 따라서 문제의 보기를 미리 읽는 것은 불가능하다. 일단은 31번을 보면서 시작하자.

❷ 3부분에서 가장 중요한 것은 처음에 녹음에서 나오는 문제의 범위를 반드시 체크하는 것이다. 1, 2부분과는 달리 3부분은 녹음마다 문제의 개수가 다르다. 따라서 정확히 문제의 범위를 체크해야만 그 문제와 관계된 보기를 보면서 동시에 정확한 정보를 찾아낼 수 있다.

❸ 일반적으로 문제의 순서는 녹음의 순서와 일치한다. 따라서 녹음을 들음과 동시에 번호의 순서에 따라 시선을 옮겨가며 들어야 한다.

❹ 녹음과 일치하거나 유사한 내용이 있는 단어나 보기에는 바로 √ 체크해둔다. 만약 네 개의 보기 중 한 개에만 체크가 된다면 맞는 내용을, 세 개의 보기에 모두 체크가 된다면 틀린 내용을 찾는 문제가 될 것이다.

❺ 듣기 제1부분은 문제마다 녹음이 바뀌는 형태이므로 반드시 문제 사이에 주어지는 12초의 시간 중 상당 부분을 다음 문제의 보기를 보는 데 할애해야 한다. 하지만 제3부분은 제2부분과 마찬가지로 녹음을 다 듣고 몇 개의 문제를 연이어 푸는 문제이므로 앞의 문제를 충분히 생각하고 답을 판단한 뒤, 다음 문제의 질문을 정확히 들으면 된다.

듣기 제3부분은 31~50번까지 모두 20문제로 이루어져 있다. 몇 개의 단락으로 된 녹음이 나오고 매 녹음당 2~4문제가 출제되는데, 보통 5~6개의 녹음 지문이 출제된다. 3부분의 지문은 이야기, 설명문, 논설문, 신문 보도 및 조사 등을 포함한다. 2부분과 마찬가지로 아무리 어렵고 긴 지문이 나오더라도 결국 보기에 언급된 정보들만 맞추면 되므로, 정확한 학습 방법을 배운다면 결코 정복할 수 없는 부분이 아니다.

녹음 지문

第31~32题，请选出正确答案。

　　计算机会思考吗？这就看你说的思考是指什么了。人们常说计算机能够解决问题，仅仅是因为给它们输入了解决问题的程序，它们只能做到人们让它们做的事。然而我们的"程序"要复杂得多，因此，我们想要把"思考"定义为创作伟大戏剧、谱写伟大乐章的创造力。从这种意义上讲，计算机肯定不会思考，大多数人也不能做到这一点。

31. 问：在解决问题方面说话人认为计算机怎么样？
32. 问：这段话主要谈什么？

❶ 매 지문의 길이는 일정하지가 않다. 짧은 것은 200자 정도, 긴 것은 400자 정도 된다. 그러나 2부분에 비하면 확실히 짧은 편이다.

❷ 지문의 길이에 따라 문제 수도 일정하지 않다. 적을 때는 두 문제, 많을 때는 네 문제가 출제된다. 3~4문제가 출제되는 경우가 가장 많다.

❸ 녹음 속도는 분당 270자 정도이다.

❹ 녹음은 남자와 여자가 번갈아 낭독하며, 문제는 주로 여자가 낭독한다. 문제와 문제 사이에 마찬가지로 약 12초의 시간이 주어진다.

01 이야기형

이 유형의 듣기 지문은 짧은 이야기로 되어 있다. 흔히 말하는 옛날 이야기나 어떤 사람이 일상 생활에서 겪은 이야기, 혹은 위인의 어린 시절 이야기 등을 모두 포함한다. 이런 이야기 속에 주로 교훈이나 메시지가 들어 있는 경우가 많다. 다른 유형에 비해 단어가 비교적 간단한 장점이 있는 반면, 논리성이 떨어지므로 오히려 더 집중해서 이야기의 흐름을 잃지 않도록 주의해야 한다. 보통 전체 녹음 5~6편 중 3~4편의 녹음이 이야기형으로 이루어지므로 출제 빈도가 매우 높은 유형이라고 할 수 있다.

듣기 시크릿 백전백승

❶ 이야기 속에 숨어 있는 육하원칙을 찾아라!

시간, 장소, 인물, 사건의 원인, 사건의 경과와 결과, 이 여섯 가지는 이야기형에서 빠질 수 없고, 또한 우리가 이야기 속에서 꼭 찾아내야 하는 육하원칙이다.

❷ 모든 글에는 주제가 있다!

아무리 이야기라도 그 안에 항상 주제나 주요 메시지 혹은 교훈이 있기 마련이며, 그것은 또 항상 문제의 포인트가 된다. 직접 녹음 지문의 끝부분에서 주제를 말하는 경우도 있고, 직접적인 언급은 없지만 이야기 속에 함축되어 있는 경우도 있다. 하지만 이 이야기를 통해 우리가 어떤 점을 배울 수 있는지, 이 이야기가 어떤 점을 일깨우기 위한 글인지 꼭 찾아내야 한다.

❸ 보기에 숨어 있는 이야기의 힌트들을 찾아내라!

많은 경우 보기 속에는 이야기에 출현할 인물, 장소, 시간 및 사건에 대한 힌트가 될 만한 단어들이 숨어 있게 된다. 특히 사람 이름과 같이 보기 속에 반복되어 나오는 단어들은 미리 알고 듣는 것이 좋으므로 발음 등을 유추해두어야 한다.

문제 1 　　　　　　　　　　　　　　　　　　　　　　　　▶ 03-01

1. A 钱不够了

　 B 油太贵了

　 C 油已经卖完了

　 D 油被订光了

3. A 不要着急

　 B 做事应该果断

　 C 要自己拿主意

　 D 商人的聪明机智

2. A 卖油桶的小贩

　 B 附近的农民

　 C 订购油的商人

　 D 卖油的商人

🔍 **문제 분석** 1번 보기에 반복되어 나오는 '油(기름)', 2번 보기에 나오는 인물들을 통해 지문이 이야기형이라는 것을 알 수 있다.

대본

一百多年前，有一个商人去四川北部收购油，①¹没想到油还没榨出，就已经被先到的商人订购一空。他什么也没有买到。正当他颓废沮丧没有办法的时候，②²一个叫卖着推销油桶的小商贩经过他身边，这突然引发了他的灵感。他四处向农民们打听，了解到今年油料作物获得了大丰收，因此对油桶的需求量也相应增加了。此时油还没榨出，还没有人注意到油桶市场，于是他把计划用来买油的钱，全部用来订购油桶，占有了四川北部所有的油桶货源，因而③³获得了丰厚的利润。

100여 년 전, 한 상인이 쓰촨 북부에 기름을 대량으로 구입하기 위해 갔으나, ¹뜻밖에 기름을 채 짜내기도 전에 이미 먼저 도착한 상인에 의해 하나도 남김없이 주문되어 그는 아무것도 사지 못했다. 그가 방법이 없어 막 의기소침하고 풀이 죽어 있을 때, ²소리지르며 기름통을 파는 한 행상이 그의 곁을 지나갔고, 이것이 갑자기 그의 영감을 불러 일으켰다. 그는 사방의 농민들에게 물어 올해 기름을 얻을 수 있는 작물들이 대풍년을 거두었고, 따라서 기름통에 대한 수요량도 상응해서 증가되었다는 것을 알게 되었다. 이때 기름은 아직 짜내지 않아 기름통 시장에 주의하는 사람은 없었다. 그래서 그는 기름을 사려고 계획했던 돈을 모두 사용해서 기름통을 예약했으며, 쓰촨 북부의 모든 기름통 공급원을 차지했고, 따라서 ³많은 이윤을 얻었다.

단어 收购 shōugòu ⑧ 사들이다. (대량으로) 구입하다 | 榨 zhà ⑧ (물체 내의 즙·액체를) 짜다 | 订购 dìnggòu ⑧ 주문하다 | 一空 yīkōng ⑱ 조금도 남지 않다. 아무것도 없다 | 颓废 tuífèi ⑱ 의기소침하다 | ★ 沮丧 jǔsàng ⑱ 풀이 죽다. 실망하다 ⑧ 기를 꺾다, 실망시키다. 사기를 꺾다 | 叫卖 jiàomài ⑧ 크게 소리 지르며 팔다 | ★ 推销 tuīxiāo ⑧ 판로를 확장하다. 널리 팔다 | 油桶 yóutǒng ⑱ 드럼통, 기름통 | 商贩 shāngfàn ⑱ 장사꾼, 행상 | 引发 yǐnfā ⑧ (병·감정·현상·폭발 등을) 일으키다. 자아내다. 야기하다. 유발하다 | ★ 灵感 línggǎn ⑱ 영감 | 四处 sìchù ⑱ 사방, 여러 곳, 도처 | 打听 dǎtīng ⑧ 알아보다. 물어보다 | 油料作物 yóuliào zuòwù ⑱ 기름을 얻기 위해 재배하는 작물 | 获得 huòdé ⑧ 획득하다. 얻다 | ★ 丰收 fēngshōu ⑧ 풍성하게 수확하다. 풍년 | ★ 需求 xūqiú ⑱ 수요, 필요, 요구 | ★ 相应 xiāngyìng ⑧ 상응하다. 호응하다 | 此时 cǐshí 이 때 | ★ 占有 zhànyǒu ⑧ ① 점유하다. 점거하다. 차지하다 ②(지위를) 차지하다 | 货源 huòyuán ⑱ (화물·상품의) 공급원 | 丰厚 fēnghòu ⑲ ① 두툼하다 ② 풍부하다. 풍성하다 | 利润 lìrùn ⑱ 이윤

1. A 钱不够了	A 돈이 부족했다
B 油人贵了	B 기름이 너무 비싸다
C 油已经卖完了	C 기름이 이미 다 팔렸다
D 油被订光了	**D 기름이 다 예약되었다**
问: 这个商人为什么没买到油?	질문: 이 상인은 왜 기름을 사지 못했나?

해설 주로 부정적인 내용의 보기이다. 따라서 녹음에서 주인공이 맞닥뜨린 어려움을 주의해서 듣도록 하자.

▶ 문장 ①에서 '뜻밖에 기름을 채 짜내기도 전에 이미 먼저 도착한 상인에 의해 하나도 남김없이 주문되어, 그는 아무것도 사지 못했다.'라고 했으므로 답은 D이다.

해석

2. **A 卖油桶的小贩**	**A 기름통을 파는 소상인**
B 附近的农民	B 부근의 농민
C 订购油的商人	C 기름을 주문한 상인
D 卖油的商人	D 기름을 파는 상인
问: 谁给了这个商人启发?	질문: 누가 이 상인에게 깨달음을 주었나?

해설 인물에 관한 문제라는 것을 알 수 있다. 따라서 녹음에서 누가 어떤 행동을 했는지 잘 구분하며 들어야 한다.

▶ 문장 ②에서 '소리지르며 기름통을 파는 한 행상이 그의 곁을 지나갔고, 이것이 갑자기 그의 영감을 불러 일으켰다'라고 했으므로 답은 A이다.

단어 小贩 xiǎofàn 몡 소상인 | 启发 qǐfā 동 일깨우다. 깨닫게 하다. 계몽하다

해석

3. A 不要着急	A 조급해하지 마라
B 做事应该果断	B 일을 할 때 과단성 있어야 한다
C 要自己拿主意	C 스스로 결정해야 한다
D 商人的聪明机智	**D 상인의 총명함과 기지**
问: 这段话主要介绍什么?	질문: 이 글이 주로 소개하는 것은?

해설 보기의 내용으로 볼 때 이야기의 주제를 찾는 문제임을 알 수 있다. 따라서 이 이야기가 우리에게 알리고자 하는 교훈이 무엇인지 체크해야 한다.

▶ 이 문제는 지문에서 직접적으로 교훈이나 메시지를 얘기하고 있지는 않다. 하지만 마지막 문장에서 '많은 이윤을 얻었다'라고 했으므로 즉, 어려운 상황에서 이윤을 얻게 된 상인의 이야기이므로 답은 D이다.

단어 ★果断 guǒduàn 혱 과단성이 있다. 결단성이 있다. 주저하지 않다 | 拿主意 ná zhǔyi 생각을 정하다. 결정하다 | ★机智 jīzhì 혱 머리 회전이 빠르다. 임기응변에 능하다. 기지가 있다

DAY **23** ▶ 03-02

1. A 出租车司机
   B 我
   C 银白色小汽车司机
   D 对面车的司机

2. A 消极情绪
   B 行李
   C 没有用的东西
   D 人们扔掉的废弃物

3. A 违反了交通规则
   B 心态很好
   C 很懦弱
   D 受伤了

DAY **24** ▶ 03-03

1. A 注重捕捉灵感
   B 会进行实地考察
   C 将诗写在陶罐表面
   D 常抒发对田园生活的向往

2. A 放笔墨
   B 充当摆设
   C 装废弃的稿纸
   D 收集创作素材

3. A 白居易写了上千首诗歌
   B 白居易有"诗鬼"之称
   C 那些陶罐被收藏在博物馆中
   D 《白氏长庆集》由多位诗人编撰

02 설명문형(지식)

설명문은 어떤 방면에 대한 지식을 전달하는 글이다. 다른 유형에 비해 단어의 수준이 비교적 높다는 단점이 있지만, 그 대신 글의 흐름이나 전개가 매우 논리적이라는 장점도 있다. 따라서 글의 흐름만 놓치지 않는다면 어려운 내용에 비해 3~4문제의 답을 찾는 것이 그렇게 어렵다고 할 수는 없다. 보통 전체 녹음 5~6편 중 1~2편의 녹음이 설명문에 해당한다.

듣기 | 시크릿 백전백승

1 설명의 핵심을 잡아라!

설명문의 핵심은 바로 설명의 대상이다. 설명문은 전체 내용이 이 설명 대상에 대해 여러 가지 각도로 설명을 하는 것으로 이루어진다. 설명 대상은 녹음의 제일 처음과 제일 끝에서 파악할 수 있다. 특히 제일 첫 부분을 절대 놓치지 말자.

2 하나의 정보에 속지 마라!

녹음을 들으면서 어떤 보기와 일치하는 내용이 나오면 바로 답이라고 생각해버리고 그 문제에 더 이상 주의하지 않는 경우가 있다. 하지만 앞의 S1에서도 말했듯이 설명문은 설명 대상에 대한 여러 가지 각도의 설명으로 이루어진다. 따라서 언급되지 않는 내용이나 일치하지 않는 내용을 찾는 문제일 수도 있으므로 다른 보기의 내용이 언급되는지 끝까지 주의를 기울이자.

3 주제는 글 전체를 감싸 안아야 한다!

이것 또한 여러 각도로 진행되는 설명문의 특징과 관계되는 점이다. 주제나 글의 제목으로 적합한 것을 찾는 문제에서도 그 중 한 가지 각도만 언급하는 것이 아니라 글 전체의 여러 가지 각도를 모두 포괄할 수 있는 보기를 찾아야 한다.

④ 짧은 보기일수록 메모가 간절하다!

가끔 보기를 보지 않고 빈 공간에 들은 내용을 계속 적어가면서 듣는 경우가 있는데, 이것
은 아예 문제지를 보지 않고 먼 곳을 보면서 듣는 것보다 더 위험한 행동이다. 예를 들어
실컷 열심히 이것저것 가능한 건 모두 메모했는데, 막상 질문에 관련된 정보가 없다면 얼마
나 낭패일까? 이렇게 생각하자. 긴 문장으로 되어 있는 보기는 메모가 그렇게 필요치 않다.
보기가 길다는 것은 어떤 내용 전체를 체크하는 문제라는 뜻이므로 집중해서 듣는다면 충
분히 맞출 수 있다. 하지만 짧은 보기, 명사성 보기, 숫자로 되어 있는 보기는 들으면서 동
시에 옆에 체크하거나 간단한 메모를 해야 한다. 짧은 보기일수록 기억과 관계되는 문제일
가능성이 커서, 설령 녹음이 나올 때는 다 이해했던 부분이라도 막상 질문을 할 때는 생각
이 나지 않을 수 있기 때문이다.

문제 1 ▶ 03-04

1. A 请原谅
   B 我们能和睦相处
   C 非常感谢
   D 你太棒了

2. A 笑能加深友谊
   B 笑能使身体更健康
   C 笑能帮助渡过难关
   D 笑能获得尊重

3. A 几天
   B 4个星期
   C 4个月
   D 半年

4. A 笑与健康的关系
   B 笑的积极作用
   C 笑对记忆力的影响
   D 笑与教学的关系

🔍 **문제 분석** 2번과 4번 보기에 '笑'가 반복되어 나오는 것으로 보아 웃음에 관한 설명문임을 알 수 있다.

대본

①¹不论身在何处，微笑都能传递这样的信息：我很友好，我们能和睦相处。有人曾说过："只要能笑，什么都能挺过来"，②²欢笑能让我们与失败保持距离。笑作为一种不由自主的情绪反应，③³在婴儿出生后4个月就开始了。随着科学研究的深入，笑使身心更健康这一功能也更明确了。笑能加速心跳，增加对大脑的供氧量，提高大脑的工作效率，笑的人常常都有好心情，因为面部肌肉的各种变化，会在大脑中引发各种有积极意义的情感信号。有趣的故事能帮助儿童记忆，如果老师能以令人愉悦的方式授课，学生会学得更好。

¹어디에 있든 관계없이, 미소는 항상 '저는 우호적이고, 우리는 화목하게 지낼 수 있습니다'라는 이러한 정보를 전달할 수 있다. 누군가 일찍이 '웃을 수만 있다면 무엇이든지 견딜 수 있다'라고 말한 적이 있다. ²환한 웃음은 우리가 실패와 거리를 유지하게 만들 수 있다. 웃음은 일종의 자신도 모르게 나오는 정서적 반응으로, ³영아는 출생한 후 4개월 때부터 시작한다. 과학 연구가 깊어짐에 따라, 웃음이 심신을 더 건강하게 만드는 이 작용도 더욱 명확해졌다. 웃음은 심장 박동을 빠르게 하고, 대뇌에 대한 산소공급량을 증가시키며, 대뇌의 업무 효율을 향상시킬 수 있다. 웃는 사람은 종종 모두 좋은 감정을 갖고 있는데, 왜냐하면 얼굴 근육의 각종 변화는 대뇌에서 각종 긍정적인 의미를 가지는 감정 신호를 불러 일으키기 때문이다. 재미있는 이야기는 아동들의 기억을 도와준다. 만약 선생님이 유쾌한 방식으로 수업을 한다면, 학생은 더 잘 배우게 될 것이다.

단어 何处 héchù 때 어디, 어느 곳 | 微笑 wēixiào 통 미소 짓다 명 미소 | 传递 chuándì 통 전달하다, 전하다 | 信息 xìnxī 명 ① 소식, 뉴스 ② 정보 | 友好 yǒuhǎo 형 우호적이다 | ★和睦 hémù 형 화목하다 | 相处 xiāngchǔ 통 함께 지내다, 함께 살다 | 挺 tǐng 통 ①(몸이나 몸의 일부분을) 곧게 펴다 ② 억지로 버티다, 견디다, 지탱하다 분 매우, 아주 | 欢笑 huānxiào 통 즐겁게 웃다, 환하게 웃다 | 不由自主 bùyóu zìzhǔ 성 제 마음대로 되지 않다, 자기도 모르게 | 情绪 qíngxù 명 정서, 기분 | ★婴儿 yīng'ér 명 영아, 젖먹이, 유아 | 功能 gōngnéng 명 기능, 효능, 작용 | 明确 míngquè 형 명확하다 통 명확하게 하다 | 氧 yǎng 명 산소 | 肌肉 jīròu 명 근육 | 引发 yǐnfā 통 (병·감정·현상·폭발 등을) 일으키다, 자아내다, 야기하다, 유발하다 | 积极 jījí 형 ① 긍정적이다 ② 적극적이다 | 情感 qínggǎn 명 감정, 마음, 기분 | 有趣 yǒuqù 형 흥미롭다, 재미있다 | 愉悦 yúyuè 형 기쁘다, 즐겁다, 유쾌하다 | 授课 shòu kè 이합 수업을 하다, 강의를 하다

1. A 请原谅

   B 我们能和睦相处

   C 非常感谢

   D 你太棒了

问: 根据这段话，微笑传递了什么信息?

A 용서해주세요

B 우리는 화목하게 지낼 수 있습니다

C 매우 감사합니다

D 당신 정말 대단해요

질문: 이 글에 따르면, 미소는 어떤 정보를 전달하나?

해설 보기의 내용과 인칭으로 보아 '웃음'의 의미에 대해 묻는 문제라는 것을 알 수 있다. 따라서 녹음에서 웃음이 뜻하는 것이나 전달하는 의미에 대한 설명 부분을 자세히 들어야 한다.

▶ 문장 ①에서 '어디에 있든 관계없이, 미소는 항상 '저는 우호적이고, 우리는 화목하게 지낼 수 있습니다'라는 이러한 정보를 전달할 수 있다'라고 했으므로 답은 B이다.

단어 原谅 yuánliàng 통 용서하다, 양해하다 | 棒 bàng 명 막대기 형 강하다, 좋다

해석

2. A 笑能加深友谊

   B 笑能使身体更健康

   C 笑能帮助渡过难关

   D 笑能获得尊重

问: "只要能笑，什么都能挺过来" 主要是什么意思?

A 웃음은 우정을 깊어지게 할 수 있다

B 웃음은 몸을 건강하게 할 수 있다

C 웃음은 난관을 건너가게 도울 수 있다

D 웃음은 존중을 얻을 수 있다

질문: '只要能笑，什么都能挺过来'는 주로 어떤 뜻인가?

해설 처음이 모두 '笑能'으로 시작한다. 즉 웃음의 효과나 작용에 대해 설명하는 부분에서 답을 찾을 수 있다.

▶ '只要能笑，什么都能挺过来'는 '웃을 수만 있다면 무엇이든지 견딜 수 있다'는 의미인데, 여기에서 동사 '挺'은 '견디다, 버티다'의 뜻을 나타낸다. 동시에 문장 ②의 '환한 웃음은 우리가 실패와 거리를 유지하게 만들 수 있다'라는 말을 통해 답은 C임을 알 수 있다.

단어 加深 jiāshēn 통 깊어지다, 심화하다 | 渡过 dùguò 통 ① 보내다, 겪다, 지내다 ② 건너가다 | 难关 nánguān 명 난관, 어려움

해석

3. A 几天　　　　B 4个星期

   C 4个月　　　D 半年

问: 婴儿出生后多久开始会笑?

A 며칠　　　　B 4주

C 4개월　　　D 반년

질문: 영아는 출생하고 얼마가 지난 후부터 웃을 수 있나?

해설 보기만 봐서는 정확한 정보를 알 수 없지만, 시간과 관련이 있음은 알 수 있다. 녹음에서 시간이 제시되면 펜을 들고 바로 옆에 체크하거나 메모하면서 들어야 한다.

▶ 전체 지문을 통틀어 시간 표현은 딱 한 번 나온다. 문장 ③에서 '영아는 출생 후 4개월 때부터 (웃기) 시작한다'라고 했으므로 답은 C이다.

해석	4. A 笑与健康的关系		A 웃음과 건강의 관계
	B 笑的积极作用		**B 웃음의 긍정적인 작용**
	C 笑对记忆力的影响		C 웃음의 기억력에 대한 영향
	D 笑与教学的关系		D 웃음과 교육의 관계
	问: 这段话主要谈什么?		질문: 이 글은 주로 무엇을 이야기하는가?

해설 　모두 끝이 명사로 끝나는 보기이다. 보기의 형식과 내용으로 볼 때 듣게 될 설명문의 제목, 혹은 주제를 찾는 문제임을 알수 있다.

▶ 주제를 찾는 문제이다. 보기 중 A, C, D는 '웃음'에 대한 여러 가지 각도의 설명 중 하나일 뿐이다. 전체 내용을 다 포괄하는 보기를 찾아야 하므로 답은 B이다.

DAY **25** ▶ 03-05

1. A 运费全免
   B 价格优惠
   C 商品种类齐全
   D 产品质量有保障

2. A 团购售后维权难
   B 消费者在团购中获利最大
   C 团购网站会向卖家收中介费
   D 有法律机构保护团购者利益

3. A 团购存在的风险
   B 团购的主要渠道
   C 如何破解商场骗局
   D 团购没落的主要原因

DAY **26** ▶ 03-06

1. A 容易爆炸
   B 产生毒物质
   C 保温性太差
   D 生产时耗能大

2. A 耐压
   B 透气
   C 便携
   D 安全

3. A 无色透明
   B 不易分解
   C 对光很敏感
   D 本身有臭味

4. A 啤酒的加工与存放
   B 如何防止啤酒变质
   C 玻璃瓶的多种用途
   D 用玻璃瓶装啤酒的原因

03 논설문형(견해)

논설문은 자신의 관점을 제시하는 것을 목적으로 하는 글이다. 또한 이 관점은 일반적으로 글의 제일 앞이나 제일 뒤에 나타나며, 가운데 부분은 자신의 관점을 뒷받침할 만한 논거를 제시한다. 논거를 제시하는 방법은 여러 가지가 있는데, 주로 이야기를 하거나 예를 드는 경우가 많다. 보통 전체 녹음 5~6편 중 1~2편의 녹음이 논설문에 해당한다.

듣기 시크릿 백전백승

1 화자의 관점을 찾아라!

논설문의 주요 목적이 바로 화자의 관점을 제시하는 것이다. 또한 이러한 핵심 관점은 문제로 출제될 가능성이 아주 크다. 관점은 논설문의 구조 상 처음이나 뒤에 제시되는 경우가 많다. 이것만은 절대 놓쳐선 안 된다.

2 논설문의 구조적 특징을 알아두자!

듣기 제3부분에 등장하는 논설문의 길이는 그다지 길지 않다. 따라서 구조도 크게 복잡한 편이 아니다. 보통 다음과 같이 두 가지 경우가 많이 나타난다.

① 이야기나 자료를 이용한 논설문

이야기나 관련 자료를 먼저 제시한 다음 그 이야기를 통해 자신의 관점을 제시하는 경우이다. 특히 이야기를 이용한 논설문의 경우 이야기 자체보다는 뒤에 제시되는 관점이 글의 주제임에 주의해야 한다.

② 반박을 이용한 논설문

자신의 관점과는 맞지 않는 다른 사람의 의견을 먼저 제시한 뒤 그것에 대해 반박하며 주요 관점을 제시하는 경우이다. 다른 사람의 관점을 글의 주제로 오인하지 않게 주의해야 한다.

3 메모보다는 녹음을 듣는 것에 집중하라!

논설문은 화자의 생각을 전달하는 글이니만큼 크게 메모를 필요로 하는 경우는 드물다. 많은 것을 적으려고 하기보다는 녹음에 집중해서 내용을 이해하는 데 노력한다면 답을 찾는 것은 크게 어렵지 않을 것이다.

문제 1 ▶ 03-07

1. A 很正确
   B 中立
   C 不符合实际
   D 不够明确

2. A 放几天假
   B 经过十天
   C 过一段时间
   D 休息几天

3. A 脾气无法改变
   B 生气时应压抑自己
   C 生气是可以避免的
   D 要学会发泄怨气

문제 분석 특히 3번의 보기를 통해 '生气(화 내기)'에 대한 견해를 이야기하는 논설문임을 알 수 있다.

대본

　　生气既不利于身体健康，也不利于建立和谐的人际关系。那么，①³我们就应当学会控制自己，万一碰上生气的事，要自己给自己"消气"使不良情绪得到疏导，不致于气出病来。有人认为"江山易改，本性难移"，脾气不好是无法改变的。②¹这种观点不符合实际，也十分有害。一个人容易动怒，固然与其本性有关，但是如果在长期的自我反省与努力下是可以改变的。只要心胸开阔、宽宏大量，凡事要想远点想开点，不斤斤计较区区小事，做到善于控制和调整自己的情绪，从而③²/³有意识地加以克服和改进，假以时日就一定会取得成效。千万不可以认为爱生气是"正直"、"坦率"的表现，甚至是值得炫耀的"豪放"，那样就放纵自己，害人害己，影响和谐。

　　화를 내는 것은 신체 건강에도 이롭지 않고, 조화로운 인간관계를 맺는 데도 이롭지 않다. 그렇다면 ³우리는 자신을 억제하는 법을 배워, 만일 화가 나는 일을 만나면 자신이 자신에게 '화를 풀어' 좋지 않은 정서가 뚫리게 하여서 화로 인해 병이 나지 않도록 해야 한다. 어떤 사람은 '강산은 쉽게 바뀌어도 본성은 움직이기 어렵다'며, 성격이 좋지 않은 것은 바꾸기가 어렵다고 생각한다. ¹이런 관점은 실제에 부합하지 않고, 또한 매우 해롭다. 한 사람이 쉽게 화를 낸다면 물론 그의 본성과 관계가 있겠지만, 만약 장기간의 자기반성과 노력이 있다면 바뀔 수 있는 것이다. 마음을 열고, 도량을 크게 가지며, 모든 일을 멀리 또 넓게 생각하고, 사소한 일을 따지지 않아 자신의 정서를 통제하고 조절하는 데 능숙해지고, 따라서 ²/³의식적으로 극복하고 개선하기만 한다면, 일정 기간이 지나면 반드시 효과를 얻을 것이다. 절대 화내기 좋아하는 것을 '정직'과 '솔직함'의 표현이라고 여기거나, 심지어는 과시할 만한 '호방함'이라고 생각해서는 안 된다. 그러면 자신을 방임하여 다른 사람과 자신을 해치고 조화에 악영향을 끼칠 것이다.

단어 ★ **和谐** héxié 圈 어울리다, 조화롭다, 화목하다 | **控制** kòngzhì 통 제어하다, 통제하다, 억제하다 | **消气** xiāo qì 이합 (화·노여움 등을) 풀다, 가라앉히다, 진정시키다 | **疏导** shūdǎo 통 ① (막힌 물길을 터서 물의 흐름을) 원활하게 하다 ② 소통시키다, 뚫리게 하다 | **不致于** búzhìyú 통 (어느 정도까지) 이르지 않다, ~하지는 않다 | **脾气** píqi 몡 성격, 기질, 성깔 | **无法** wúfǎ ~할 수 없다, ~힐 빙빕이 없다 | **符合** fúhé 통 부합하다, 일치하다 | **实际** shíjì 圈 ① 실제적이다 ② 구체적이다 | **动怒** dòng nù 이합 화내다, 분개하다 | ★ **固然** gùrán 囲 물론 ~이지만, 비록 ~이지만 | **反省** fǎnxǐng 통 반성하다 | **心胸** xīnxiōng 몡 ① 마음 속 ② 마음, 아량, 도량 ③ 야망, 포부 | ★ **开阔** kāikuò 圈 ① (면적이나 공간 등의 범위가) 넓다, 광활하다 ② (생각이나 마음이) 넓다 통 넓히다 | **宽宏大量** kuānhóng dàliàng 젱 도량이 넓고 크다, 아량이 넓고 크다 | **凡事** fánshì 몡 모든 일, 만사 | **斤斤计较** jīnjīn jìjiào 젱 별일도 아닌 것을 지나치게 따지다 | **区区小事** qūqū xiǎoshì 아주 사소한 일 | **善于** shànyú ~을 잘하다, ~에 뛰어나다 | **调整** tiáozhěng 통 조정하다, 조절하다 | **情绪** qíngxù 몡 정서, 기분 | **加以** jiāyǐ 통 ~을 가하다, ~하다 | **改进** gǎijìn 통 개선하다 | **假以时日** jiǎyǐ shírì 일정 기간이 지나다 | **成效** chéngxiào 몡 효과, 보람 | **坦率** tǎnshuài 圈 솔직하다, 정직하다 | **炫耀** xuànyào 통 ① (강렬한 광선이 어떤 대상을) 비추다 ② (능력·공로·지위 등을) 뽐내다, 자랑하다, 과시하다 | **豪放** háofàng 圈 호방하다 | **放纵** fàngzòng 통 방임하다, 내버려두다, 구속하지 않다 圈 방종하다

해석

1. A 很正确	A 맞다
B 中立	B 중립이다
C 不符合实际	**C 실제에 부합하지 않다**
D 不够明确	D 충분히 명확하지 않다
问: 说话人对"江山易改, 本性难移"是什么看法?	**질문: 화자는 '江山易改, 本性难移'라는 말에 대해 어떤 견해인가?**

해설 보기의 내용으로 보아 어떤 것에 대한 화자의 관점이나 태도를 찾는 문제이다. 무엇에 대한 것인지 보기만으로 정확히 알 수 없지만, 주로 다른 사람의 견해나 일반적인 생각에 대한 화자의 관점일 가능성이 크다.

▶ '江山易改, 本性难移'는 '강산은 쉽게 바뀌어도 본성은 움직이기 어렵다'는 뜻인데, 문장 ②에서 '이런 관점은 실제에 부합하지 않고, 또한 매우 해롭다'라고 했으므로 답은 C이다.

단어 ★ **中立** zhōnglì 통 중간에 서다, 중립하다

해석

2. A 放几天假	A 며칠 휴가를 지내다
B 经过十天	B 열흘이 지나다
C 过一段时间	**C 일정 시간을 거치다**
D 休息几天	D 며칠 동안 휴식하다
问: "假以时日"的意思是什么?	**질문: '假以时日'의 뜻은 무엇인가?**

해설 보기만으로는 정확한 질문 포인트를 알 수 없지만 시간과 관계되는 정보임에는 틀림없다. 시간적 개념이 나오면 귀를 쫑긋 세우고 들어보자.

▶ 이 문제는 정확한 설명이 있다기보다는 앞뒤 내용을 통해 유추해서 답을 찾아내야 하는 문제이다. 문장 ③의 '의식적으로 극복하고 개선하기만 한다면, 일정 기간이 지나면 반드시 효과를 얻을 것이다'라는 말을 통해 어떤 구체적인 기간을 제시하는 것이 아니라는 것을 알 수 있다. 따라서 답은 C이다.

3. A 脾气无法改变　　　　　　　　　　A 성격은 바꿀 수 없다
　　B 生气时应压抑自己　　　　　　　　B 화날 때 자신을 억제해야 한다
　　C 生气是可以避免的　　　　　　　**C 화내는 것은 피할 수 있는 것이다**
　　D 要学会发泄怨气　　　　　　　　　D 분노를 발산하는 법을 배워야 한다

问: 这段话主要告诉我们什么?　　　　　질문: 이 글이 주로 우리에게 알려주는 것은?

해설 보기의 내용으로도, 그리고 논설문에서 빠질 수 없는 문제라는 점에서도 3번은 이 글의 주요 관점을 찾는 문제이다.

▶ 이 글은 앞부분과 뒷부분에서 모두 화자의 주요 관점을 찾아낼 수 있다. 문장 ①의 '우리는 자신을 억제하는 법을 배워, 만일 화가 나는 일을 만나면 자신이 자신에게 화를 풀어 좋지 않은 정서가 뚫리게 하여서 화로 인해 병이 나지 않도록 해야 한다'라는 말과 문장 ③의 '의식적으로 극복하고 개선하기만 한다면, 일정 기간이 지나면 반드시 효과를 얻을 것이다'라는 말을 통해 답이 C라는 것을 알 수 있다.

단어 ★压抑 yāyì 용 억압하다, 억제하다 형 (가슴이나 마음이) 갑갑하다, 답답하다 | 避免 bìmiǎn 용 피하다, 모면하다 | 发泄 fāxiè 용 (불만이나 감정을) 털어놓다, 발산하다, 분출하다 | 怨气 yuànqì 명 미움, 분노, 불평, 원한

NEW 단어 + TIP

- **透露** tòulù 동 (정보나 상황을) 누설하다, 흘리다

  예 据相关人士透露，新产品会在下个月面市。

  관련인사가 누설한 바에 따르면, 신상품은 다음 달에 출시될 것이다.

  [고정격식] 透露 + 信息/情报

- **明智** míngzhì 형 총명하다, 현명하다

  예 这真是太明智的选择了。이것은 정말 너무나도 현명한 선택이다.

  [고정격식] 明智的 + 选择/判断

- **炫耀** xuànyào 동 뽐내다, 자랑하다, 과시하다

  예 她总是向大家炫耀她新买的名牌商品。그녀는 항상 모두에게 그녀가 새로 산 명품 제품을 자랑한다.

- **吞吞吐吐** tūntūn tǔtǔ 형 말을 얼버무리다, 우물쭈물하다, 더듬거리다

  예 他说话吞吞吐吐的，好像很为难。그는 말을 우물쭈물하는 것이 마치 난처한 것 같다.

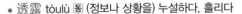

DAY **27** ▶ 03-08

1. A 羡慕
   B 好奇
   C 崇拜
   D 同情

2. A 头脑聪明的人
   B 意志坚强的人
   C 有好奇心的人
   D 受人尊敬的人

3. A 别人没有做过的
   B 别人不重视的
   C 不被人们认可的
   D 不能被重复的

DAY **28** ▶ 03-09

1. A 与鲨鱼近距离接触
   B 见到鲨鱼自己先害怕
   C 遇到攻击性强的鲨鱼
   D 触到鲨鱼的身体

2. A 鲨鱼的攻击性强
   B 鲨鱼是非常可怕的动物
   C 被鲨鱼发现了就不能逃生了
   D 鲨鱼不吃死的动物

3. A 快点逃命
   B 尖声惊叫
   C 应该心情坦然
   D 穿潜水衣

4. A 鲨鱼是凶险的动物
   B 不要接近鲨鱼
   C 解决不了就应该放弃
   D 应该坦然面对凶险

04 실용문형(보도, 조사)

DAY 29-30

이 유형은 주로 신문 보도, 실험이나 조사 보고 등을 포함한다. 개인의 주관적 관점이나 의견이 아닌 객관적인 사실과 진실만을 전달한다는 특징이 있다. 글의 특성 상 자세한 내용이나 함축적인 뜻을 찾는 문제보다는 표면적인 수치나 중점적인 내용을 체크하는 문제 위주로 출제되는 경우가 많다. 따라서 부분적으로 어려운 표현이나 단어가 있더라도 보기만 잘 이용한다면 문제를 맞추기 어려운 유형은 아니다. 보통 전체 녹음 5~6편 중 1편 정도의 녹음이 실용문형에 해당한다.

듣기 시크릿 백전백승

1 첫 부분을 잡아라!

실용문형은 그 어떤 문형보다도 처음 부분이 중요하다. 처음 부분에 앞으로 듣게 될 보도나 조사의 주제가 정확하게 제시되기 때문이다. 특히 조사나 실험의 경우 어떤 것에 대한 조사나 실험인지 정확하게 체크해야만 뒤에 나오는 수치들과 결과에 대해 정확하게 이해할 수 있다.

2 메모가 생명이다!

다른 유형에 비해 실용문형은 통계나 조사, 실험 결과에 대한 수치가 많이 제시된다. 즉 가장 메모가 필요한 유형이다. 반드시 보기를 이용해서 이미 나와 있는 숫자 옆에 간단한 메모를 하며 듣는 것이 중요하다. 반대로 보기에 숫자가 많이 언급되는 경우 실용문형일 가능성이 크므로 펜을 손에서 놓지 말자.

3 논리적으로 들어라!

앞에서도 말했지만 실용문형은 숫자가 많이 나오는 유형이다. 하지만 설령 모든 숫자를 시험지에 열심히 기록했다고 하더라도 막상 문제에서 질문하는 포인트와 관계되는 숫자를 찾아내지 못하는 경우가 허다하다. 따라서 나열되는 숫자 간의 논리적인 관계를 정확히 찾아내며 들어야 한다.

❹ 평소 다양한 문장에 관심을 가져라!

실용문형에는 대게 객관적인 사실과 진실이 담긴 다양한 주제와 관련된 문장이 등장하게 된다. 교육, 사회, 과학, 건강, 시사, 정치 등 다방면에 걸쳐 보도와 조사가 이루어질 수 있으므로 평소에 많은 중국어 문장을 접하여 독해 학습과 병행한다면 큰 도움이 될 수 있다. 시간이 날 때마다 중국 인터넷이나 신문, 방송 등을 통해 이런 방면의 지식을 쌓아두자.

NEW 단어 + TIP

- 克制 kèzhì 동 억제하다, 억누르다, 자제하다
  예 此时此刻，他再也克制不住心中的愤怒了。 바로 이 때, 그는 더 이상 마음 속의 분노를 억누르지 못했다.

- 狼吞虎咽 lángtūn hǔyàn 성 게걸스럽게 먹다, 게 눈 감추듯 먹다
  예 他狼吞虎咽地一口气把一大碗饭都吃了。 그는 게걸스럽게 단번에 큰 그릇의 밥을 모두 먹어버렸다.

- 唾弃 tuòqì 동 돌아보지 않고 버리다, 혐오하다, 경멸하다
  예 我最唾弃你这种卑鄙小人了。 나는 너와 같은 비열한 인간을 가장 경멸해.

- 无辜 wúgū 형 무고하다, 죄가 없다
  예 事实证明他是无辜的。 사실은 그가 무고하다는 것을 증명한다.

- 物业 wùyè 명 가옥 등의 부동산
  예 我家小区的物业管理服务特别好。 우리 집 단지의 부동산 관리 서비스는 매우 좋다

- 陷阱 xiànjǐng 명 ① 함정 ② 속임수
  예 猎人在森林里设了十几处陷阱。 사냥꾼은 숲에 열 군데 이상의 함정을 설치했다.
  고정격식 设/掉进 + 陷阱

- 岳母 yuèmǔ 명 장모
  예 岳母对女婿总是很好。 장모는 사위에게 항상 잘해준다.

문제 1 ▶ 03-10

1. A 很聪明
   B 懂得克制
   C 缺乏耐心
   D 喜欢挑战

2. A 20分钟
   B 一天
   C 十几年
   D 几十年

3. A 自信心
   B 注意力
   C 适应能力
   D 自控能力

🔍 **문제 분석** 이 문제의 경우 보기를 통해 듣게 될 지문의 유형을 파악하기가 쉽지 않다. 그러나 지문의 첫 번째 문장을 들음으로써 대략 어떤 내용으로 이야기가 전개될지 알 수 있고, 그후에는 각 문제에 대한 정보만 정확히 찾아내면 된다.

대본

心理学家曾做过一个有趣的实验，给4岁的儿童每人一颗很好吃的软糖，同时告诉孩子们，①¹如果马上吃，只能吃一颗；如果等20分钟后再吃，就可以吃两颗。②¹ᶜ有的孩子急不可待，马上就把糖吃掉了；而另一些孩子则耐住性子，闭上眼睛或头枕双臂作睡觉状；也有的孩子用自言自语或唱歌来转移注意力消磨时光，以③³克制自己的欲望，最后获得了两颗糖。研究人员进行了跟踪研究，发现那些获得软糖的孩子到上中学表现出较强的适应性、自信心和独立自主精神，而④³那些经不住软糖诱惑的孩子则往往屈服于压力而逃避挑战。⑤²后来几十年的跟踪观察也证明，那些有耐心等待吃两颗糖果的孩子，事业上更容易获得成功。

심리학자들이 일찍이 재미있는 실험을 하나 한 적이 있다. 4세 아동들에게 매 사람당 한 개의 맛있는 젤리를 주고, 동시에 아이들에게 ¹만약 바로 먹으면 오직 하나만 먹을 수 있고, 20분을 기다렸다가 먹으면 두 개를 먹을 수 있다고 알려주었다. ¹ᶜ어떤 아이들은 기다리지 못하고 바로 사탕을 먹어 버린 반면, 또 다른 아이들은 성질을 참고 눈을 감거나 두 팔을 베고 자는 척을 했다. 또 어떤 아이들은 혼잣말을 하거나 노래를 부르는 것으로 주의력을 옮기며 시간을 소모하여 ³자신의 욕망을 억제함으로써 결국 두 개의 사탕을 얻었다. 연구자들은 추적 조사를 하여 젤리를 얻어낸 아이들은 중고등학교에 가서 매우 강한 적응력, 자신감 그리고 자주 독립의 정신을 드러내는 반면, ³젤리의 유혹을 참지 못했던 아이들은 종종 스트레스에 굴복하고 도전을 피한다는 것을 발견했다. ²후에 몇십 년간의 추적 관찰에서도 인내심을 가지고 두 개의 사탕을 기다린 아이들은 사업에서도 더 쉽게 성공을 거둔다는 것을 증명했다.

단어 有趣 yǒuqù 휑 흥미롭다, 재미있다 ㅣ 实验 shíyàn 몡 실험 동 실험하다 ㅣ 颗 kē 얭 알갱이를 세는 양사 ㅣ 软糖 ruǎntáng 몡 젤리 ㅣ 急不可待 jíbù kědài 쎙 조급해서 기다릴 수 없다 ㅣ 耐 nài 동 참다, 견디다, 인내하다 ㅣ 性子 xìngzi 몡 ① 성격, 성질 ② (술·약 등의) 자극성 ㅣ 枕 zhěn 동 (머리를 베개나 기타 물건에) 받치다, 베다 ㅣ ★ 臂 bì 몡 팔 ㅣ 自言自语 zìyán zìyǔ 쎙 혼잣말하다, 혼자 중얼거리다 ㅣ ★ 转移 zhuǎnyí 동 (위치를) 바꾸다, 옮기다, 전이하다 ㅣ 消磨 xiāomó 동 ① (의지·정력 등을) 소모시키다 ② (시간·세월 등을) 헛되이 보내다, 허비하다 ㅣ ★ 时光 shíguāng 몡 ① 세월, 시간 ② 시기, 시절 ㅣ 克制 kèzhì 동 (감정을) 억제하다, 자제하다, 억누르다 ㅣ ★ 欲望 yùwàng 몡 욕망 ㅣ 获得 huòdé 동 획득하다, 얻다 ㅣ ★ 跟踪 gēnzōng 동 (뒤로 쫓거나 감시하기 위해 바짝 뒤를) 따르다, 미행하다, 추적하다 ㅣ 适应 shìyìng 동 적응하다 휑 적합하다, 알맞다 ㅣ ★ 自主 zìzhǔ 동 (다른 사람에게 의지하지 않거나 도움을 받지 않고) 스스로 처리하다 ㅣ 经不住 jīngbuzhù 견디지 못하다 ㅣ ★ 诱惑 yòuhuò 동 ① 유혹하다 ② 매료시키다, 사로잡다 ㅣ ★ 屈服 qūfú 동 복종하다, 굴복하다 ㅣ 压力 yālì 몡 ① 압력 ② 정신적 부담, 스트레스 ㅣ 逃避 táobì 동 도피하다 ㅣ 挑战 tiǎo zhàn 이합 도전하다 ㅣ 耐心 nàixīn 휑 참을성 있다, 인내심 있다 몡 참을성, 인내심 ㅣ 等待 děngdài 동 (행동을 취하지 않고 사람·사물·상황을) 기다리다

해석

1. A 很聪明	A 총명하다 → 긍정적
B 懂得克制	B 억제할 줄 안다 → 긍정적
C 缺乏耐心	**C 인내심이 부족하다** → 부정적
D 喜欢挑战	D 도전을 좋아한다 → 긍정적
问: 得到一颗糖的孩子有什么特点?	질문: 한 개의 사탕을 얻은 아이들은 어떤 특징이 있나?

해설 보기의 내용으로 보아 어떤 사람의 특징들임을 알 수 있다. A, B, D는 비교적 긍정적인 특징을, C는 부정적인 특징을 나타낸다는 것을 미리 체크해두는 것이 좋다. 지문에서 시람에 대한 묘사를 귀 기울여 들어야 하겠다.
▶ 문장 ①에서 '만약 바로 먹으면 오직 하나만 먹을 수 있고, 20분을 기다렸다 먹으면 두 개를 먹을 수 있다'라는 조건을 말한 뒤, 문장 ②에서 '어떤 아이들은 기다리지 못하고 바로 사탕을 먹어 버렸다'고 했으므로 답은 C이다.

단어 懂得 dǒngde 동 (의미·방법 등을) 이해하다, 알다 ㅣ 缺乏 quēfá 동 부족하다, 모자라다

해석

2. A 20分钟	A 20분
B 一天	B 하루
C 十几年	C 십여 년
D 几十年	**D 몇십 년**
问: 这项研究持续了多长时间?	질문: 이 연구는 얼마 동안 지속되었나?

해설 보기만으로 정확한 질문 포인트를 알 수는 없지만 시간과 관계되는 정보임에는 틀림없다. 시간적 개념이 나오면 무조건 펜을 들고 체크하면서 들어야 한다.
▶ 문장 ⑤에서 '후에 몇십 년간의 추적 관찰에서도 ~을 증명했다'라고 했으므로 답은 D이다.

단어 持续 chíxù 동 지속하다, 이어지다

3. A 自信心	A 자신감
B 注意力	B 주의력
C 适应能力	C 적응 능력
D 自控能力	**D 스스로 억제하는 능력**
问：这项研究关注孩子的什么？	질문: 이 연구는 아이들의 무엇에 관심을 가지나?

해설 역시 보기만으로는 정확한 질문 포인트를 알 수 없지만 사람의 능력에 대한 내용인 것은 확실하다. 보기를 보면서 지문을 듣는다면 분명히 이런 능력에 대한 내용이 언급될 것이므로 쉽게 체크해낼 수 있을 것이다.

▶ 문장 ③의 '자신의 욕망을 억제하다'와 문장 ④의 '젤리의 유혹을 참지 못하는 아이들'을 통해 모두 아이들의 자신을 억제하는 능력에 관심을 가지는 조사라는 것을 알 수 있다. 따라서 답은 D이다.

단어 自控 zìkòng 동 (자신의 감정이나 기분 등을) 억제하다, 조절하다 | 关注 guānzhù 동 관심을 가지다

NEW 단어 + TIP

- 排练 páiliàn 동 리허설을 하다
  예 春晚快到了，演员们都在紧张而又积极地进行排练。
  춘절대축제가 다가와, 연기자들은 모두 긴장해서 적극적으로 리허설을 하고 있다.
  [고정격식] 排练 + 节目/舞蹈

- 视频 shìpín 명 동영상
  예 我经常从网站上下载一些好玩儿的视频。 나는 종종 인터넷에서 재미있는 동영상들을 다운받는다.
  [고정격식] 拍/上传/下载 + 视频

- 主义 zhǔyì 명 주의
  예 他是一个完美主义者。 그는 완벽주의자이다.
  [고정격식] 完美/经验/个人/资本/社会/共产 + 主义

- 招标 zhāobiāo 이합 입찰 공고하다
  예 我们公司也参加这次招标活动。 우리 회사도 이번 입찰 공고 활동에 참가한다.

- 致力 zhìlì 동 힘쓰다, 애쓰다
  예 他一生都致力于慈善事业。 그는 일생을 자선 사업에 힘썼다.
  [고정격식] 항상 '致力于'의 형식으로 사용

- 滋润 zīrùn 형 촉촉하다
  　　　　　　동 촉촉하게 적시다
  예 秋天如何保持皮肤滋润? 가을에 어떻게 피부를 촉촉하게 유지할 수 있을까?
  春雨滋润着春苗。 봄비가 새싹을 촉촉하게 적시고 있다.

1 과학 기술, 교육, 문화, 위생 보도에 자주 사용되는 단어

01 **学术界** xuéshùjiè : 학술계

02 **人才外流** réncái wàiliú : 인재의 외부 유출

03 **讨论式教学** tǎolùnshì jiàoxué : 토론식 수업

04 **填鸭式教学法** tiányāshì jiàoxuéfǎ : 주입식 교육법

05 **计算机辅助教学** jìsuànjī fǔzhù jiàoxué : 컴퓨터 지원 교육

06 **硬件** yìngjiàn / **软件** ruǎnjiàn : 하드웨어/소프트웨어

07 **视听教具** shìtīng jiàojù : 시청각 교구

08 **男女同校** nánnǚ tóngxiào : 남녀공학

09 **药房** yàofáng : 약국, 약방

10 **实验室** shíyànshì : 실험실

11 **注射** zhùshè : 주사하다

12 **预防针** yùfángzhēn : 예방주사

13 **血型** xuèxíng : 혈액형

14 **贫血** pínxuè : 빈혈

15 **安乐死** ānlèsǐ : 안락사

16 **职业病** zhíyèbìng : 직업병

17 **艾滋病** / **爱滋病** àizībìng : 에이즈

18 **救护车** jiùhùchē : 구급차, 앰뷸런스

19 **外科** wàikē / **内科** nèikē : 외과/내과

20 **原子能** yuánzǐnéng : 원자력

21 **天文学家** tiānwénxuéjiā : 천문학자

22 **星座** xīngzuò : 별자리

2 문화, 오락, 스포츠에 자주 사용되는 단어

01 **纪录保持者** jìlù bǎochízhě : 기록 보유자

02 **裁判员** cáipànyuán : 심판

03 **守门员** shǒuményuán : 골키퍼

04 **和局** héjú : 무승부

05 **金牌** jīnpái / **银牌** yínpái / **铜牌** tóngpái : 금메달/은메달/동메달

06 **冠军** guànjūn / **亚军** yàjūn / **季军** jìjūn : 1위/2위/3위

07 **预赛** yùsài / **半决赛** bànjuésài / **决赛** juésài : 예선전/준결승/결승

08 **淘汰赛** táotàisài : 토너먼트 경기, 승자 진출전

09 **接力赛** jiēlìsài : 릴레이 경기

118

10 **假动作** jiǎdòngzuò : 페인트, 트릭 플레이, 할리우드 액션

11 **中场休息** zhōngchǎng xiūxi : 하프타임

12 **收视率** shōushìlǜ : 시청률

13 **黄金时间** huángjīn shíjiān : 황금 시간대

14 **转播** zhuǎnbō : 중계 방송하다

15 **电视频道** diànshì píndào : 텔레비전 채널

16 **杂技** zájì : 서커스, 곡예

17 **序曲** xùqǔ : 서곡

18 **交响曲** jiāoxiǎngqǔ : 교향곡

19 **排练** páiliàn : 리허설을 하다, 무대 연습을 하다

20 **电影节** diànyǐngjié : 영화제

③ 조사에 자주 사용되는 단어

01 **为…做调查** wèi…zuòdiàochá / **实验** shíyàn : ~에 대해 조사하다/실험하다

02 **通过表格提问** tōngguò biǎogé tíwèn / **调查** diàochá : 표로 질문하다/조사하다

03 **受试者** shòushìzhě / **被调查者** bèidiàocházhě / **被问卷调查者** bèiwènjuàn diàocházhě : 실험 대상자/피조사자/설문지조사 대상자

04 **专业人士** zhuānyè rénshì : 전문가

05 **姓名** xìngmíng / **年龄** niánlíng / **地址** dìzhǐ : 이름/연령/주소

06 **生意** shēngyì : 영업, 장사

07 **薪水** xīnshuǐ : 임금, 급여

08 **平均** píngjūn : 평균

09 **面试** miànshì : 면접 시험(을 치다)

10 **访谈** fǎngtán : 탐방하다

DAY **29** ▶ 03-11

1. A 40多万
   B 50多万
   C 60多万
   D 70多万

2. A 40多
   B 50多
   C 60多
   D 70多

3. A 网络、视频招聘力度加大
   B 活动的实效性增强
   C 活动的保安工作加强
   D 录用人数大幅度增加

DAY **30** ▶ 03-12

1. A 顺德
   B 成都
   C 澳门
   D 重庆

2. A 人口过百万
   B 与广东省相隔很远
   C 被人们誉为"创意之都"
   D 餐饮业已成为支柱产业

3. A 旅游业的发展
   B 对外贸易的兴盛
   C 当地人的饮食习惯
   D 民间美食家的提倡

4. A 澳门面积广阔
   B 粤菜馆在澳门十分普遍
   C 澳门外来务工者日益减少
   D 陈皮鸭是澳门有名的小吃

第 一 部 分

第1-15题：请选出与所听内容一致的一项。

1. A 北极熊不会伤害人类

   B 北极熊是白鲸的食物

   C 北极熊力气很大

   D 北极熊很胆小

2. A 体重秤不准

   B 丈夫视力很差

   C 妻子决定减肥

   D 丈夫的肚子挡住了数字

3. A 心态影响成败

   B 要避免盲目乐观

   C 玫瑰花有很多种

   D 希望越大，失望越大

4. A 鲸鱼的视力不好

   B 通常把鲸鱼分为三类

   C 鲸鱼大多生活在淡水里

   D 齿鲸有须有齿

5. A 漫画的内容很简单

   B 漫画是专门给孩子看的

   C 漫画有较强的社会性

   D 漫画全是纯娱乐的

6. A 管理者的情商都不很高

   B 成功的决定因素包括情商

   C 情商比智商重要

   D 智商高的人不易成功

7. A 肯干是合格员工的基本标准

   B 能干是合格员工的一种态度

   C 工作态度很重要

   D 能胜任工作的人并不多

8. A 要重视理财

   B 应咨询理财顾问

   C 应避免大额开支

   D 超前消费不理性

9.　A　人际关系好是命运安排的

　　B　人际关系好的人受人嫉妒

　　C　自私的行为引来别人的帮助

　　D　热心助人是人际关系好的重要法则

　　B　团队成员要牺牲自我

　　C　团队成员允许各有特点

　　D　团队中需要放弃个人兴趣

10.　A　男人的钱包一直都是秘密

　　B　女人的年龄已经不是秘密了

　　C　有人喜欢在网上公布自己的收入

　　D　很多人喜欢在网上购物

15.　A　铜镜造型多样

　　B　铜镜历史悠久

　　C　铜镜价格昂贵

　　D　铜镜在3800年前被发现

11.　A　《围城》是一部电影

　　B　鸡蛋比鸡肉好吃

　　C　钱钟书接受了3次采访

　　D　钱钟书很幽默

12.　A　碰杯是为了照顾耳朵

　　B　碰杯是一种礼仪

　　C　碰杯是为了眼睛的需要

　　D　碰杯是为了品尝味道

13.　A　儿子长得更像母亲

　　B　父亲是儿子人生的老师

　　C　母亲是儿子人生的老师

　　D　儿子更喜欢母亲

14.　A　团队成员不能挥洒个性

第 二 部 分

第16-30题：请选出正确答案。

16. A 未来5年内会实现
    B 强调规模和出口量
    C 在冰箱领域掌握了话语权
    D 历经从跟随到创造的过程

17. A 盲目自信
    B 顾虑太多犹豫不决
    C 安于现状不求进步
    D 追求不切实际的目标

18. A 企业文化
    B 突破自我
    C 同行竞争
    D 产品结构

19. A 定期升职
    B 加强企业文化建设
    C 营造健康公平的环境
    D 和员工分享企业发展成果

20. A 格力将重点研发智能装备
    B 善于学习是格力的成长基因
    C 格力拥有多项世界先进技术
    D 格力是很多企业的追捧对象

21. A 书法
    B 绘画
    C 电影和电视广告
    D 图片摄影

22. A 交流摄影经验
    B 发展地方旅游经济
    C 向中国介绍国外的摄影师
    D 向国外介绍中国摄影师

23. A 和专家讨论
    B 注重摄影实践
    C 组织摄影比赛
    D 白天拍摄，晚上上课

24. A 非常好

    B 不怎么样

    C 离生活较远

    D 还可以

25. A 没去过山西

    B 以前是一位导演

    C 刚开始学习摄影

    D 觉得自己有一些艺术天分

26. A 高深莫测

    B 门槛很高

    C 不是很容易的事情

    D 人人都可以有创意

27. A 大家都不发言

    B 引导人们冷静

    C 引起人们不满

    D 导致分歧严重

28. A 埋在书里一个人想

    B 多学习新理论知识

    C 多思考、观察和交流

    D 平时增加阅读量

29. A 医学

    B 经济

    C 美食

    D 教育

30. A 胆小怕事

    B 动手能力强

    C 对生活要求高

    D 不喜欢动手做吃的

第 三 部 分

第31-50题：请选出正确答案。

31. A 挥发

    B 形成大雾

    C 变成水滴

    D 使天气闷热

32. A 云朵会变大

    B 空中会出现彩虹

    C 散射所有波长的光

    D 会吸收强烈的紫外线

33. A 降雨的好处

    B 乌云的成因

    C 光的折射定律

    D 植物的光合作用

34. A 同学表现得不好

    B 同学当时很紧张

    C 同学生了大病

    D 同学参加了唱歌比赛

35. A 怕失去朋友

    B 不希望比别人好

    C 怕丢面子

    D 不想说心里话

36. A 不要急于求成

    B 要多关心别人

    C 要富有责任心

    D 别太在意别人的看法

37. A 马病死了

    B 带的钱不够

    C 没找到千里马

    D 主人不愿意卖

38. A 责骂大臣去得太晚了

    B 觉得大臣上当了

    C 很欣赏大臣

    D 很不高兴，认为不值得

39. A 钱不是万能的

B 要用行动证明诚心

C 行动要及时

D 一分价钱一分货

40. A 看着所有的听众

B 与一个听众长时间目光接触

C 挑选一两个听众

D 在不同的位置挑选听众

41. A 说一些幽默的话语

B 声音放大一些

C 观察听众视觉反馈

D 使用话筒

42. A 让听众听得见

B 增强自信心

C 让演讲更有说服力

D 提醒听众认真听

43. A 演讲的技巧

B 社交的技巧

C 聊天的技巧

D 获取信息的技巧

44. A 基因缺陷

B 遗传疾病增多

C 病情反复发作

D 出现超级细菌

45. A 以真菌为食

B 会种植树木

C 长有多层保护壳

D 会分泌有毒物质

46. A 预报天气

B 识别同类

C 抵抗病菌

D 迷惑天敌

47. A 切叶蚁是濒危物种

B 切叶蚁身上有未知抗生素

C 新型细菌覆盖在蚂蚁背部

D 科学家研究了500多种蚂蚁

48. A 步行上下山

B 坐缆车上下山

C 坐缆车上山、步行下山

D 步行上山、坐缆车下山

49. A 是悲观主义者

    B 是个积极的人

    C 坐缆车下了山

    D 和丙感受相似

50. A 要有快乐的心

    B 要追求效率

    C 上天赐予我们快乐

    D 现在旅游业进步了

독해

독해 제1부분 틀린 문장 고르기
기출문제 탐색전

문제 51

A 本杂志的对象，主要是面向中小学语文教师及其他语文工作者。

B 芭蕾舞团在首都剧场的演出，博得了全场观众的热烈掌声。

C 于纺织工人努力提高产品质量，我国的出口棉布受到各国顾客欢迎。

D 在贵重物品展览期间，如何免遭盗窃，是组织者最头疼的事。

---

❶ 총 10문제가 출제되며 전체 독해 영역의 20%를 차지한다.

❷ 독해는 전체 문항수가 50문제이고 50분의 시간이 주어진다. 즉 평균적으로 볼 때 한 문항당 주어지는 시간이 1분이라고 할 수 있다. 나머지 독해 부분을 아무리 빨리 풀 수 있다고 하더라도 독해 1부분에서 문항당 1분 30초 이상의 시간을 보내는 것은 좋지 않다.

❸ 네 개의 문장이 제시되며, 서로 간에 전혀 내용의 연관성이 없다. 따라서 네 개의 문장을 하나씩 살펴보아야 한다.

❹ 해석에 의존해서는 안 된다. 많은 학생들이 1부분의 문제를 풀면서 일단 해석부터 해보려고 한다. 하지만 이 것은 크게 두 가지 문제를 갖는다. 먼저 뜻을 모르는 단어가 나오면 그 문장을 포기하게 되어 버린다. 두 번째로 설령 문장에 어법적인 오류가 있다 하더라도 해석에는 별 영향을 끼치지 않을 수도 있다. 따라서 해석만으로 문제를 풀게 되면 시간도 많이 걸리고, 의미만 통하면 맞는 문장으로 오인하는 상황도 발생하게 된다.

51~60번은 독해 제1부분이다. 매 문제 당 ABCD 네 개의 문장이 제시되며, 문제가 있는 틀린 문장을 찾아내야 한다. 구 HSK에도 비슷한 문형이 있었지만 한 문장을 네 개의 부분으로 나누어 놓고 틀린 부분을 찾아내는 식이었다. 新HSK에서는 ABCD가 각각 네 개의 다른 문장으로 되어 있어서 상대적으로 시간도 좀 더 걸리고 난이도도 어려워졌다고 할 수 있다. 독해 제1부분은 모든 6급을 준비하는 수험생들에게 가장 어려운 부분이기도 하다. 하지만 어법 기초와 어휘에 대한 올바른 학습과 정확한 지식이 있다면 반드시 정복할 수 있는 부분이므로 절대 포기하지 말자!

🧭 정답 찾기

각 문장은 다음과 같은 순서에 따라 살펴본다.

❶ 가장 먼저 관련사가 있는지 살펴본다. 관련사는 문장의 흐름을 나타내는 접속사와 부사로, 서로 짝이 맞지 않거나 문장에 흐름에 맞지 않는 관련사를 사용한 경우 틀린 문장이 된다. 구체적인 관련사에 대해서는 뒤에서 다시 살펴보자.

❷ 관련사에 문제가 없다면 문장의 주요 핵심 성분(주어, 서술어, 목적어)을 위주로 구조 분석을 해 본다. 그런 다음 서술어와 목적어가 맞지 않는지와 같은 큰 흐름에 문제가 있는지 살펴보아야 한다. 이렇게 하면 어려운 단어들을 패스하고 중요한 내용만 체크할 수 있어 시간을 절약할 수 있다. 또한 아주 어려운 단어의 용법이 틀리는 문제는 거의 출제되지 않으므로 모르는 단어가 나와도 안심해라.

❸ 만약 큰 흐름에 문제가 없다면 마지막으로 문장의 주요 성분들을 수식하는 성분들을 살펴보아야 한다. 전혀 맞지 않는 수식 성분이 문장의 주어나 서술어 등을 수식하는 경우도 자주 출제된다.

01 품사의 오용

중국어는 다른 어떠한 언어보다 단어의 품사가 중요한 외국어이다. 한국어는 단어 뒤에 조사나 어미가 매우 발달해서 그 자체가 문법적인 기능을 명확하게 드러내지만, 중국어의 단어는 단순히 한자만으로 이루어져 있기 때문에 품사를 알아야만 그 품사에 맞게 사용할 수 있다. 또한 각 품사에 맞는 정확한 용법으로 사용해야 한다. 한자의 뜻으로는 문제가 없어 보이지만 품사가 맞지 않는 단어를 잘못 사용하거나, 혹은 적합한 품사를 사용했으나 그 품사의 용법에 맞지 않게 사용한 경우가 바로 '품사의 오용'에 해당한다.

독해 시크릿 백전백승

1 중국어 단어는 품사가 우선이다!

단어를 외울 때 학생들이 소홀히 하는 것 중 하나가 바로 품사이다. 한국어 뜻만 알고 넘어가거나 단어의 한자를 한국식 발음으로 읽고 유추하는 경우가 많다. 하지만 중국어 단어는 품사가 모든 것을 결정한다. 문장에서 어떤 위치에 있을지, 주변에 어떤 단어들과 함께 사용해야 할지를 나타내는 것이 바로 품사이다. 한자를 읽는 것만으로는 품사를 유추할 수 없으므로 평소 단어 학습에서부터 품사를 암기하는 습관을 기르는 것이 중요하다.

2 품사별로 정확한 용법을 익혀라!

품사를 알아도 그 품사의 정확한 용법을 모른다면 무용지물이다. 각 품사별로 문장에서 가능한 문장성분, 수식할 수 있는 품사나 수식 받을 수 있는 품사 등이 모두 다르다. 시크릿 보물상자에서 다루게 될 각 품사의 정확한 용법을 알아두어야만 문제에서 용법에 맞지 않는 품사를 쓴 보기를 찾아낼 수 있을 것이다.

3 펜을 들어라!

문제를 풀 때 그냥 눈으로만 보는 습관은 좋지 않다. 모든 문제를 풀 때 펜을 들고 여러 가지 표시를 하면서 푸는 것이 시간도 훨씬 절약되고 정답도 더 빨리 찾아낼 수 있는 효과적인 방법이다. 특히 독해 1부분은 모든 학생들이 가장 어려워하는 파트이다. 그냥 눈으로 봐서는 보통 틀린 점을 찾아내기가 어려운 경우가 대부분이다. 따라서 반드시 펜을 들고 관련사들에 동그라미를 친다든지, 주어–서술어–목적어를 표시한다든지 흐름을 체크해야만 틀린 문장을 찾아낼 수 있을 것이다.

문제 1

A 我这件事不急，如果明天没有时间，那么就后天吧。只要你能给我办就行。

B 户外运动的着装不是以美观为主，而是首先要考虑到实用性。

C 我在中国留学期间，你们无微不至地关心我。借此机会，我衷心地道谢你们的帮助。

D 在许多家庭中，父母和孩子之间的话题就是学习。好像除此之外，就没有什么好说的了。

문제 분석

❶ 먼저 관련사가 있는지, 그 짝은 맞는지, 이 문장에 적합한 관련사인지 살펴본다.

A 如果…, 那么 (주어) 就…: 만약 ～라면 ～하다

　　只要…, 就…: ～하기만 하면 ～하다

B 不是…, 而是…: ～가 아니라 ～다

❷ 문장 분석을 통해 큰 흐름에 문제가 있는지 체크해본다.

A 这件事不急，如果…没有时间，那么就后天吧。只要你能…办…就行。

B …着装，不是以美观为主，而是…考虑到实用性。

C …, 你们…关心我。…, 我…道谢…帮助。

D …, …话题 …是学习。好像…。

해석

A 저의 이 일은 급하지 않습니다. 만약 내일 시간이 없으면 모레로 하죠. 저에게 처리해 주시기만 하면 됩니다.

B 야외 활동의 옷차림은 미관이 주가 될 것이 아니라, 먼저 실용성을 고려해야 한다.

C 제가 중국에서 유학하는 기간에, 여러분께서 세심하게 저를 돌봐주셨습니다. 이 기회에 진심으로 여러분의 도움에 감사드립니다.

D 많은 가정에서 부모와 자녀 간의 화제는 바로 공부이다. 마치 이것 이외에는 별로 할 얘기가 없는 것 같다.

해설

▶ 문장 C의 '道谢'는 '동사 + 목적어' 구조로 되어 있는 이합동사이다. 따라서 더는 뒤에 다른 목적어를 가져서는 안 된다. C의 문장에서는 '道谢'가 '你们的帮助'라는 목적어를 갖고 있다. 따라서 목적어를 가질 수 있는 동사 '感谢'를 사용해야 한다.

단어

着装 zhuózhuāng 통 (옷이나 모자 등을) 입다, 신다, 착용하다 명 옷차림, 복장 | ★ 美观 měiguān 형 (장식이나 외관 등이) 보기 좋다, 아름답다 명 미관 | ★ 无微不至 wúwēi búzhì 성 (배려와 보살핌이) 매우 세심하다 | ★ 衷心 zhōngxīn 형 충심의, 진심의 | 道谢 dàoxiè 통 감사의 말을 하다

문제 2

> A 女儿除了吃饭的时间有点儿自由，其余的时间都让作业给占满了。
>
> B 名人创作和刚毕业的学生创作完全是两回事。
>
> C 没有钱并不代表连零花钱都拿不出手。
>
> D 我一直觉得，无论别人这么看，咱们自己要看得起自己。

🔍 문제 분석

❶ 먼저 관련사가 있는지, 그 짝은 맞는지, 이 문장에 적합한 관련사인지 살펴본다.

A 除了…, 都…: ~을 제외하고는 모두 ~하다

D 无论…, …: ~에 관계없이 ~하다

❷ 문장 분석을 통해 큰 흐름에 문제가 있는지 체크해본다.

A 女儿除了…时间…自由，…时间都(让作业)给占满了。

→ 'A 让 B 给 + 동사' 구문은 'A가 B에 의해 동사 당하다'라는 뜻을 나타내는 피동 구조이다.

B …和…是两回事。

→ 'A 和 B 是两回事'는 'A와 B는 전혀 다른 것이다'의 뜻을 나타내는 구문이다.

C 没有钱…不代表连…都拿不出手。

D 我…觉得，无论别人这么看，咱们自己要看得起自己。

해석
A 딸은 식사 시간이 조금 자유로운 것을 제외하고는, 나머지 시간은 모두 숙제로 점령당했다.

B 유명인의 창작과 막 졸업한 학생의 창작은 완전히 다른 것이다.

C 돈이 없다는 것이 자투리 돈조차도 내놓을 수 없다는 것을 뜻하는 것은 결코 아니다.

D 나는 줄곧 다른 사람이 어떻게 보든 관계없이 우리 스스로는 자신을 중요하게 생각해야 한다고 생각한다.

해설 ▶ 문장 D의 '无论'은 '不管', '不论'과 같은 뜻을 가진 접속사로, 뒤에 반드시 ① 의문사, ② 还是나 或者, ③ 선택의문문, ④ 명사의 나열, ⑤ 양면사, 이렇게 다섯 가지 조건 중 하나는 반드시 갖추어야 한다. 보물상자에서도 자세하게 언급되어 있다. 지금 D의 문장에서는 '无论' 뒤에 다섯 가지 조건에 하나도 부합하지 않는 '别人这么看'이 나와 있다. 따라서 의문사를 사용하여 '别人怎么看'으로 고쳐야 한다.

단어 ★其余 qíyú 몡 남은 것, 나머지, 기타, 여분 | 零花钱 línghuāqián 몡 자투리로 쓰는 돈, 용돈 | 拿不出手 nábuchūshǒu 다른 사람 앞에 내놓을 수 없다, 보여줄 만한 것이 없다, 볼품없다 | 看得起 kàndeqǐ 중시하다, 중요하게 여기다

1 수사

핵심포인트 ① 숫자+方位名词

수사와 자주 사용되는 방위사는 '以上、以下、以内、以外、上下、左右' 등이 있다. 이러한 방위사들은 수사의 뒤에서 불확정적인 어림수를 나타낸다.

例 这些石头距今已有将近5000年以上的历史了。（×）

'将近5000'이라는 표현은 5,000에 가깝지만 5,000은 아니라는 뜻이다. '5000以上'은 5,000이 넘는다는 뜻이다. 따라서 이 두 가지 표현을 함께 사용해서는 안 된다.

➡ 这些石头距今已有将近5000年的历史了。（○）

이 돌들은 지금으로부터 거의 5,000년의 역사를 갖고 있다.

이외에도 어림수 개념과 함께 사용할 수 없는 표현에는 '超过、至少、最多、最高、最低、近、约、大约、大概、起码' 등이 있다.

핵심포인트 ② 숫자+多

수량의 초과를 나타내는 '多'는 숫자의 특징에 따라 위치가 다르다.
① 일의 자리가 '0'인 숫자 : '수사 + 多 + 양사'
② 일의 자리가 '0'이 아닌 숫자 : '수사 + 양사 + 多'

例 这所职业学校开设了60个多适合妇女的专业。（×）

'60'은 일의 자리가 '0'인 숫자이다. 따라서 '수사 + 多 + 양사' 어순에 따라 '60多个'로 사용해야 한다.

➡ 这所职业学校开设了60多个适合妇女的专业。（○）

이 직업학교는 여성에게 적합한 전공 60여 개를 개설했다.

例 虽然我和她已经分手15多年了，但她依然忘不了我。（×）

'15'는 일의 자리가 '0'이 아닌 숫자이다. 따라서 '수사 + 양사 + 多'의 어순에 따라 '15年多'으로 사용해야 한다.

➡ 虽然我和她已经分手15年多了，但他依然忘不了我。（○）

비록 그녀와 나는 이미 헤어진 지 15년 이상 되었지만 그녀는 여전히 나를 잊지 못한다.

배수를 나타낼 때는 '倍'와 '番'을 사용하며, 증가함을 나타낸다. 중국어의 '增加'와 한국어에서의 '증가하다'는 다소 차이가 있다. 중국에서 '增加'는 순수하게 증가한 양을 나타낸다. 예를 들어 5에서 15로 증가했다면 한국어로는 '3배 증가했다'라고 말할 수 있지만, 중국어로는 증가한 양인 10을 나타내어 '2배 증가했다'라고 해야 한다. 만약 수량이 감소했음을 나타낸다면 분수나 퍼센트, '半'을 사용해야 한다. 감소를 나타내는 표현에는 '减少、降低、缩小'등이 있다.

例 这个工厂今年的产量比去年减少了2倍。(×)

> '减少(감소하다)'에는 '倍'를 사용할 수 없다.

➡ 这个工厂今年的产量比去年减少了百分之二十。(○)

> 이 공장의 올해 생산량은 작년보다 20% 감소했다.

例 我市每千户人家的录像机拥有量，从五年前的50台，到今年的200台，增加了四倍。(×)

> 50에서 200으로 증가한 것을 중국어 '增加'로 표현하려면 순수하게 증가한 양인 150을 나타내야 한다. 따라서 50과 비교할 때 3배 증가한 것이 된다.

➡ 我市每千户人家的录像机拥有量，从五年前的50台，到今年的200台，增加了三倍。(○)

> 우리 시의 1,000가구 당 비디오 보유량은 5년 전 50대에서부터 올해 200대로 3배 증가했다.

2 형용사

형용사의 중첩 : '매우 ～하다'라는 더 강한 뜻을 나타낸다.

	1음절 형용사	2음절 형용사	
		AABB 대부분의 형용사	A里AB 일부 형용사
중첩형	AA(儿)		
발음 변화	**구어체** '儿化'하고 두 번째 음절은 1성으로 읽을 수 있다.	**구어체** • 첫 번째 음절: 변화 X • 두 번째 음절: 경성 • 세 번째 음절: 1성 • 네 번째 음절: 1성 + 儿化 **정식장소** • 첫 번째 음절: 변화 X • 두 번째 음절: 경성 • 세 번째 음절: 변화 X • 네 번째 음절: 변화 X	변화 없음

예	好好儿 [hǎohāor]	漂漂亮亮 [piàopiaoliāngliāngr]	糊里糊涂 [húlihútú]
	慢慢儿 [mànmānr]	[piàopiaoliàngliàng]	傻里傻气 [shǎlishǎqì]

주요 상태사 :

보통 사전에서는 형용사로 표기되어 있지만 이미 자체에 정도를 나타내는 의미가 있어 더는 부사의 수식을 받을 수 없는 품사이다. 주로 다음의 세 가지가 있다.

① 형용사의 중첩형
② ABB형: 红彤彤、绿油油 등
③ AB형: 'A처럼 B하다'의 의미구조로 A가 형용사 B를 수식하는 구조로 되어 있으며 중첩이 가능한데, 형용사와는 달리 'ABAB'로 중첩해야 한다는 것에 주의하자. 주요 AB형 상태사는 다음과 같다.
  漆黑、通红、火红、笔直、雪白、蔚蓝、湛蓝、嫩绿、碧绿、金黄、冰凉、稀烂、滚烫、贼亮…

핵심포인트 ① 한 형용사에 두 가지 이상의 수식 성분을 사용하는 경우

형용사는 주로 앞에 정도부사(很、非常、十分 등)나 뒤에 정도보어(极了、死了、透了、坏了 등)의 수식을 받는 경우가 많다. 하지만 이 두 가지를 함께 사용하면 안 된다.

예 晚会的气氛很热烈，就连平日不苟言笑的总经理此时也显得十分兴奋极了。(×)
'兴奋'이라는 형용사 앞에는 이미 정도부사 '十分'을 사용하고 있다. 따라서 뒤에 다시 '极了'를 사용해서는 안 된다.

➡ 晚会的气氛很热烈，就连平日不苟言笑的总经理此时也显得十分兴奋(혹은 兴奋极了)。(○)
파티의 분위기가 뜨거워서, 평소에 말하거나 웃는 것이 전혀 경솔하지 않은 사장님조차도 이때는 매우 흥분되어 보였다.

핵심포인트 ② 형용사의 중첩형에 부사를 사용하는 경우

형용사는 중첩하게 되면 '매우 ～하다'라는 강한 뜻을 갖게 된다. 따라서 더는 앞에 부사를 사용하여 수식할 수 없게 된다.

예 她的宿舍很小，但是很整洁，无论你什么时候去，都是非常干干净净、一尘不染。(×)
'干干净净'이라는 중첩형 앞에 다시 '非常'과 같은 정도부사를 사용해서는 안 된다.

➡ 她的宿舍很小，但是很整洁，无论你什么时候去，都是干干净净 (혹은 非常干净)、一尘不染。
(○)
그녀의 숙소는 작지만 깔끔해서, 당신이 언제 가든 항상 매우 깨끗하고 청결하다.

핵심포인트 ③ 상태사의 중첩형

AB형 상태사의 중첩은 형용사와는 달리 'ABAB형'이라는 것에 주의하자.

예 "现在我就要升空了！"他大叫起来，同时把身体挺得笔笔直直的。（×）

> '펜처럼 곧다'는 의미를 가진 '笔直'는 이미 형용사 '直' 앞에 '笔'라는 수식어가 있는 상태사이다. 따라서 '笔直笔直'형으로 중첩해야 한다.

➡ "现在我就要升空了！"他大叫起来，同时把身体挺得笔直笔直的。（○）

> "이제 난 날아오를 거야!" 그는 크게 소리치고, 동시에 몸을 곧게 폈다.

3 동사

동사의 중첩 : '한번 ～해보다'라는 가벼운 뜻을 나타내며, '동사 + 一下'와 같은 뜻이다.

	1음절 동사	2음절 동사
중첩형	A 一 A	ABAB
예	看 (一) 看、听 (一) 听	休息休息、介绍介绍

동사를 중첩할 수 없는 경우 :

A. 동태조사 '着'와 '过'가 있는 경우, 단 '了'는 1음절 동사의 중첩형에 한해 가운데에 끼워 사용 가능

　　예 看看了（×）　　看了看（○）

B. 진행을 나타내는 문장

> 正、在、正在 + 동사 + 着 …… 呢
> 　부사　　　　동태조사　어기조사

　　예 他们看一看书呢。（×）
　　　　我正在听听音乐。（×）

C. 동시에 진행되는 두 개 이상의 동작

　　예 他一边吃吃饭，一边看看电视。（×）

D. 동사 뒤에 보어가 있는 경우

　　예 我写写错了地址。（×）[错: 결과보어] ➡ 我写错了地址。（○）
　　　　他汉语说说得很好。（×）[很好: 정도보어] ➡ 他汉语说得很好。（○）
　　　　请等等一会儿。（×）[一会儿: 시량보어] ➡ 请等一会儿。（○）

E. 수식어로 쓰이는 동사

예 你穿穿的那件衣服挺漂亮的。(×)

你穿的那件衣服挺漂亮的。(○) [동사 '穿'은 '衣服'를 수식]

F. 연동문과 겸어문의 1번 동사

예 我要去图书馆看书。➡ 我要去去图书馆看书。(×)

➡ 我要去图书馆看看书。(○)

주요 이합동사 :

帮忙 돕다	毕业 졸업하다	操心 신경쓰다	吃惊 놀라다
吃亏 손해보다	抽烟 담배피다	出差 출장하다	唱歌 노래하다
吵架 언쟁하다	辞职 사직하다	打架 싸우다	道歉 사죄하다
动身 출발하다	罚款 벌금 물리다	鼓掌 박수치다	滑冰 스케이트 타다
滑雪 스키 타다	见面 만나다	结婚 결혼하다	开会 회의를 열다
看病 진찰하다	离婚 이혼하다	理发 이발하다	聊天 이야기하다
跑步 달리다	签名 서명하다	请客 초대하다	请假 휴가 신청하다
散步 산책하다	上班 출근하다	上课 수업하다	生病 병이 나다
生气 화나다	睡觉 잠자다	谈话 대화하다	跳舞 춤추다
问好 안부 묻다	洗澡 샤워하다	下班 퇴근하다	下课 수업을 마치다
游泳 수영하다	照相 사진을 찍다	做梦 꿈을 꾸다	

일반적인 사전에는 주로 '동사'라고 표기 되어 있지만, 사실 '동사 + 목적어' 구조로 되어 있는 경우로, 뒤에 더는 목적어를 써서는 안 된다. 목적어가 있는 경우 다음과 같이 세 가지 방법 중 하나를 써야 한다.

A. 가운데에 끼워 쓰기('的' 사용 가능)

帮他(的)忙 (○)   问他(的)好 (○)

B. 적합한 전치사 사용하기

(跟朋友)见面 (○)   (向他)问好 (○)   (从北京大学)毕业 (○)

C. 이합동사 뒤에 전치사 '于' 사용하기

毕业(于北京大学) (○)

핵심포인트 ① 중첩형을 잘못 사용한 경우

동사의 중첩에 다시 '一下'를 붙이는 경우와 동사를 중첩할 수 없는 경우임에도 중첩형을 사용한 경우이다.

예 来这儿之前，我不止一次地去找过她，让她再考虑考虑一下。(×)

동사 중첩형과 '동사 + 一下'는 같은 뜻을 나타내므로, 두 가지를 모두 사용해서는 안 된다.

➡ 来这儿之前，我不止一次地去找过她，让她再考虑考虑 (혹은 考虑一下)。(○)

여기 오기 전에 나는 한 번 이상 그녀를 찾아가서 그녀에게 다시 잘 고려해보게 했다.

例 《烛光里的微笑》这部影片充满喜怒哀乐，我看后很受感动，最近又看一看一遍。（×）

'看' 뒤에 동량보어 '一遍'이 있다. 보어가 있을 경우 동사는 중첩할 수 없다.

➡ 《烛光里的微笑》这部影片充满喜怒哀乐，我看后很受感动，最近又看了一遍。（○）

《촛불 속의 미소》라는 이 영화는 희로애락으로 가득하다. 나는 보고 난 후 매우 감동 받아서, 최근 한 번 더 봤다.

핵심포인트 ② 이합동사 뒤에 목적어를 사용하는 경우

이합동사는 이미 목적어가 들어 있는 형식이므로, 뒤에 또 다른 목적어를 직접 써서는 안 된다.

例 如果你辞职这家公司，能找到更好的工作岗位吗？（×）

'辞职(사직하다)'는 이합동사이다. 따라서 뒤에 '这家公司'라는 목적어를 가져서는 안 된다.

➡ 如果你辞这家公司(혹은 从这家公司辞职)，能找到更好的工作岗位吗？（○）

만약 네가 이 회사를 그만둔다면, 더 좋은 일자리를 찾을 수 있겠어?

4 전치사

주요 전치사

시간이나 장소	从、自、自从、打、由、离、于、在、当、朝、向、往、随着、沿着、顺着
대상이나 범위	对、对于、关于、至于、就、给、向、为、和、跟、同、与、把、将、替、比
피동	被、给、让、叫
근거	按、按照、依照、照、据、根据、依据、凭、凭借、本着、以
원인이나 목적	为、为了、由于、由、为着
제외나 추가	除了、除了…以外
경과	通过、经过

주요 전치사의 고정 격식

在	在…上、在…下、在…中、在…方面、在…之间、在…期间、在…时期、在…范围内、在…基础上、在很大程度上、在…看来
从	从…起、从…的角度、从…中、从…到…、从…着眼、从…上说
当	当…时/的时候/之时
由	由…到…、由…组成、由…构成
向	向…道歉（问好、学习、表示、表达、发表、发布…）
对	对…满意（热情、冷淡、关心、重视…） 对…感兴趣（充满希望/信心、对…失望） 对…有帮助（有启发、有意见、有看法、有教育意义）
为	为…高兴（骄傲、自豪、难受、担心、操心、庆幸、分担忧愁、排忧解难）
以	以…为…、以…领先…、以…自居、以…的话来说、以…而论
居	居…前列、居…之首/之冠
本着	本着…原则/精神/态度/方针/意思/指示
来说	拿…来说、对…来说、就…来说/而言/而论

핵심포인트 ① 주어가 없는 경우

전치사구가 문장 앞에 나와 있고, 그 뒤에 주어 없이 서술어만 나오는 경우이다. 이런 경우 전치사구 뒤의 명사를 주어로 처리해야 하므로 전치사를 생략해야 한다. 문제를 풀 때 좀 더 잘 보이게 하기 위해, 전치사구는 괄호를 쳐서 묶어주도록 하자.

예 (经过班主任再三解释)，才使他平息了怒气。（×）

이 문장은 '经过…解释'라는 전치사구가 문장 앞에 제시되어 있고, 뒤의 사동동사 '使'는 주어가 없다. 따라서 전치사를 제거하여 주어를 만들어줘야 한다.

➡ 班主任再三解释，才使他平息了怒气。（○）

담임 선생님의 거듭된 설명이 그제서야 그로 하여금 노기를 가라앉히게 만들었다.

例 (在这部作品中)，并没有给人们多少正面的鼓励和积极的启示。(×)

이 문장은 '在…中'이라는 전치사구가 문장 앞에 제시되어 있고, 뒤의 동사 '给'의 주어가 없다. 따라서 다음과 같이 전치사를 삭제하여 주어의 역할을 할 수 있게 고쳐야 한다.

➡ 这部作品，并没有给人们多少正面的鼓励和积极的启示。(○)

이 작품은 결코 사람들에게 좋은 격려와 긍정적인 깨달음을 주지 않았다.

핵심포인트 ② 위치가 잘못된 경우

주어와 전치사구에 들어가야 할 내용이 바뀌었거나, 문장 전체에서 전치사의 위치가 잘못되어 의미가 맞지 않는 경우이다.

例 (在扶贫助教期间)，农民(向我们)吐露了心声，农民的话(对我们)很有感触。(×)

마지막 문장을 보자. 주어는 '农民的话', 전치사구 '对我们', 서술어는 '有', 목적어는 '感触'이다. 핵심만 정리해보면 '农民的话有感触(농민의 말이 감동했다)'가 된다. 감동하는 주체는 '농민의 말'이 아닌 '우리'가 되어야 한다.

➡ (在扶贫助教期间)，农民(向我们)吐露了心声，我们(对农民的话)很有感触。(○)

빈곤지역 지원 조교 기간 동안, 농민들을 우리에게 마음속의 말을 토로했고, 우리는 농민들의 말에 감동했다.

例 建筑设计师莱伊恩(在死了300多年以后)，市政官员才发现他当年的"弄虚作假"。(×)

괄호 안의 '在…以后'로 인해 앞의 '建筑设计师莱伊恩'이 주어가 되어 버렸다. 그런데 뒤의 문장에서 다시 '市政官员'이라는 주어가 다시 나오게 되어, 전체적으로 앞의 주어에 대해 호응하는 내용이 없는 문장이 되어 버린다. 따라서 전치사의 위치를 옮겨야 한다.

➡ (在建筑设计师莱伊恩死了300多年以后)，市政官员才发现他当年的"弄虚作假"。(○)

건축 설계사 라이언이 죽은 지 300여 년이 된 후, 시정부의 관원은 그제서야 그가 당시 '속임수로 속인 것'을 발견했다.

핵심포인트 ③ 고정격식의 짝이 맞지 않는 경우

전치사의 고정격식에서의 짝은 함부로 바꿀 수 없고 고정적으로 사용된다. 이러한 짝이 잘못 사용되어 틀린 경우이다.

例 (根据水平能见度的不同来看)，雾可分为重雾、浓雾、大雾、中雾和轻雾。(×)

'根据…来看'이라는 고정식은 없다. '来看'은 반드시 '从…来看'으로 사용해야 한다.

➡ (从水平能见度的不同来看)，雾可分为重雾、浓雾、大雾、中雾和轻雾。(○)

수평시정의 차이로 볼 때, 안개는 심한 안개, 진한 안개, 짙은 안개, 중간 안개, 그리고 가벼운 안개로 나눌 수 있다.

例 科学家们(在心理学和梦幻的角度)(对死亡体验)进行实验研究。(×)

'在…角度'라는 짝은 없다. '角度'는 반드시 '从…角度'로 사용해야 한다.

➡ 科学家们(从心理学和梦幻的角度)(对死亡体验)进行实验研究。(○)

과학자들은 심리학과 몽환의 각도에서 사망 체험에 대해 실험과 연구를 한다.

핵심포인트 ④ 전치사나 방위명사가 빠진 경우

이 유형의 문제는 주로 전치사 '在'와 방위명사로 이루어진 구문과 관련해서 출제된다. '在'는 뒤에 주로 장소나 시간이 나오는 전치사이다. 하지만 장소와 시간이 아닌 그 외 명사와 사용할 때는 반드시 적합한 방위명사와 함께 사용해야 한다. '在'와 함께 사용되는 방위명사는 다음과 같다.

1음절 방위명사	2음절 방위명사				
	…边	…面	以…	之…	其他
上	上边	上面	以上	之上	上下
下	下边	下面	以下	之下	底下
前	前边	前面	以前	之前	前后
后	后边	后面	以后	之后	
左	左边	左面			左右
右	右边	右面			
里	里边	里面			
外	外边	外面	以外		
中					当中
内			以内		内外
间				之间	中间
旁	旁边				
东	东边	东面	以东		东北
南	南边	南面	以南		东南
西	西边	西面	以西		西南
北	北边	北面	以北		西北

독해

시험에 자주 출제되는 몇 가지 용법을 자세히 알아보자.

(1) 在…上 　① 방면 (주의할 겟! '在…方面'의 경우에는 '上'을 붙여서는 안 된다.)
　　　　　　　在这个问题上，我们俩的看法不同。 이 문제에 있어 우리 둘의 견해는 다르다.
　　　　　② 기초
　　　　　　　在这个基础上，再进一步研究。 이러한 기초 위에 다시 한층 더 연구한다.

(2) 在…中 　① 범위 (~중에)
　　　　　　　在我所有的朋友中，小王是最了解我的。 내 모든 친구 중, 샤오왕이 가장 나를 잘 안다.
　　　　　② 과정
　　　　　　　在写论文的过程中，我们遇到了很多问题。
　　　　　　　논문을 쓰는 과정에서 우리는 많은 문제를 만났다.

(3) 在…下 　① (어떤 일을 해낼 수 있는 바탕이 되었던) 조건
　　　　　　　在老师的指导下，我取得了好成绩。 선생님의 지도로 나는 좋은 성적을 거두었다.
　　　　　② 상황이나 상태
　　　　　　　手机电池在一般情况下能用多长时间？
　　　　　　　휴대진화 배터리는 일반적인 상황에서 얼마 동안 사용할 수 있습니까?

(4) 在…看来 　① 어떤 사람의 각도에서 봤을 때
　　　　　　　在我看来，咱们所做的一切都是毫无意义的。
　　　　　　　내가 볼 때 우리가 한 모든 것은 아무런 의의도 없는 것이다.

예 爸爸对我的要求很高，他的希望全部寄托我身上。(×)

뒤의 문장만 보도록 하자. 주어 '他的希望'과 동사 '寄托(걸다, 품다)'로 이루어진 문장이다. 이때 동사 뒤에는 장소를 나타내는 '我身上'이 있다. '我身上'은 목적어가 아니라 '寄托'의 장소를 나타내는 전치사구가 되어야 한다. 따라서 전치사를 추가해야 한다.

➡ 爸爸对我的要求很高，他的希望全部寄托(在我身上)。(○)
아빠는 나에 대한 요구가 높다. 그의 희망은 전부 나에게 걸었다.

예 由于人们(在日常生活)要大量接触各种物品，如果(在饮食上)不讲究卫生，就很容易得甲型肝炎。(×)

'在日常生活'만 보자. '일상생활'은 장소도 시간도 아닌 명사로, '在'와 함께 쓰려면 반드시 뒤에 적합한 방위명사를 사용해야 한다. 여기서는 범위를 나타내는 '在…中'을 넣어야 한다. 반면 '在饮食上'은 방면을 나타내는 표현으로 정확하게 잘 사용되어 있다.

➡ 由于人们(在日常生活中)要大量接触各种物品，如果(在饮食上)不讲究卫生，就很容易得甲型肝炎。(○)
사람들은 일상 생활 중에 각종 물품을 대량으로 접촉하기 때문에, 만약 음식에서 위생에 주의하지 않으면 쉽게 A형 간염에 걸리게 된다.

5 관련사

주요 관련사

A. 병렬의 표현

표현	해설	예제
既/又 A，又/又 B	A하기도 하고 B하기도 하다 → A, B는 동사나 형용사 → 같은 주어	她既漂亮，又聪明。
既/也 A，也/也 B	A하기도 하고 B하기도 하다 → A, B는 동사 → 다른 주어도 가능	他既学习，也工作。 他既没去过，我也没去过。
(一)边 A，(一)边 B	A하면서 B하다 → A, B는 동작동사	我一边吃饭，一边看电视。 我们边走边说。
(1) A 和/跟/同/与/及 B (2) A 而 B (3) A 并 B	⑴ 명사의 연결 ⑵ 형용사의 연결 ⑶ 동사의 연결	(1) 老师和学生 (2) 聪明而漂亮 (3) 研究并分析

B. 점층의 표현

표현	해설	예제
不但/不仅/不光/不只/不单 A， 而且 주어 也/还 B	A할 뿐만 아니라 B하다	他不但会说英语， 也会说汉语。
不但不/不但没(有) A， 주어 反而/反倒 B	A하지 않을 뿐만 아니라 오히려 B하다	这样做不但不会解决矛盾， 反而会增加矛盾。
(1) 连 A 都/也…，更不用说 B 了 (2) 连 A 都/也…，何况 B 呢? (3) 不用说 B 了，连 A 都/也…	⑴ A조차 ~한데, B는 말할 것도 없다 ⑵ A조차 ~한데, 하물며 B는? ⑶ B는 말할 것도 없고, A조차 ~하다	(1) 这个问题连小学生都知道，更不用说大学生了。 (2) 这个问题连小学生都知道，何况大学生呢? (3) 这个问题不用说大学生了，连小学生都知道。

C. 전환의 표현

표현	해설	예제
虽然/虽说/尽管 A， 但是 + 주어 + 却/还是 B	비록 A하지만, 그러나(그래도) B하다	虽然我们见过面， 但还是不熟。
固然 A， 但是 + 주어 + 也 B	물론 A하지만, 그러나(또한) B하다 ※固然은 부사로 반드시 주어 뒤!	学习固然重要， 但不能忽视身体健康。

D. 가정과 가설의 표현

표현	해설	예제
如果/要是/万一/假如/假使/假若/ 若(是)/倘若 A, 那(么) + 주어 + 就 B	[가정] 만약 A한다면 B하다 → A는 발생하지 않았거나 현실에 부합되지 않는 일 → B는 A로 인한 변화를 강조	如果明天下雨， 我们就不去了。
即使/即便/就是/就算/哪怕/纵然 A, 주어 + 也 B	[가설] 설령 A해도 B하다 → A는 발생하지 않았거나 현실에 부합되지 않는 일 → B는 변화하지 않음을 강조	即使明天下雨， 我们也要去。
要不是 A，那(么) + 주어 + 就 B	만약 A하지 않았다면 B하다	要不是你提醒我， 我就忘了。
幸亏 A, 要不然/要不然的话/不然 的话/要不/不然/否则 + 주어 + B	A해서 다행이지, 그렇지 않으면 B할 뻔하다 → B가 가정. 발생하지 않았거나 현실에 부합되지 않는 일	幸亏你提醒我， 要不然我就忘了。

E. 조건의 표현

표현	해설	예제
(1) 只有/除非/唯有/惟有 A， 주어 + 才 B (2) 除非 A，要不然/否则 주어 B	⑴ 오직 A해야만 B하다 ⑵ 오직 A해야지, 　 그렇지 않으면 B하다 → 유일조건을 나타냄	(1) 只有努力学习， 　 才能成功。 (2) 除非努力学习， 　 要不然不能成功。
只要 A，주어 + 就 B	A하기만 하면 B하다 → 충분조건을 나타냄	只要努力学习，就能成功。
不管/无论/不论 A，주어 + 都/也 B	A에 관계없이 B하다 → A에는 반드시 다음 중 한 가지 표현이 있어야 함 ① 의문사 ② 还是 혹은 或者 ③ 정반의문문 ④ 양면사 　 (好坏、高低、大小) ⑤ 명사의 나열	(1) 不管怎么样，我都得去。 (2) 不管大人还是小孩，都要来帮忙。 (3) 不论这个菜好不好吃，你都得吃。 (4) 不管天气好坏，我们都得去。 (5) 不管春夏秋冬，各种蔬菜都很新鲜。
凡是 A，주어 + 都/没有不/一律 B	무릇 A한 것은 모두 B하다	凡是你看过的电影，我都看过。

F. 인과의 표현

표현	해설	예제
因为 A，所以 + 주어 + B 由于 A，所以/因此/因而 주어 B	A하기 때문에 B하다 → 원인 + 결과	因为身体不好，所以他没来上课。
之所以 B，是因为 A	B한 것은 A하기 때문이다 → 결과 + 원인	他之所以没来上课，是因为身体不好。
A，以至(于)B	A로 인해 B의 결과를 가져오다 → B는 긍정적, 부정적 결과 모두 가능	他的汉语学得很好，以至(于)能说一口地道的汉语。

表현	해설	예제
A，以致(于)B	A로 인해 B의 결과를 가져오다 → B는 부정적 결과만 가능	他的汉语学得不好，以致(于)一句汉语也说不出来。
既然 A，那(么) + 주어 + 就 B	기왕 A한 바에야 B하다	既然你一定要去，那就去吧。

G. 선택의 표현

표현	해설	예제
是 A，还是 B	A이냐 B이냐?	你是学生，还是老师?
或者 A，或者 B 要么 A，要么 B	A이거나 B이다	或者你去，或者我去。 要么你去，要么我去。
(1) 不是 A，就是 B (2) 不是 A，(而)是 B	(1) A 아니면 B이다 (2) A 아니고 B이다	(1) 他上班不是骑车就是步行。 (2) 他上班不是骑车而是步行。
宁可/宁肯/宁愿 A，也不 B	차라리 A할지언정 B하지 않다 → A를 선택	宁可在家睡觉，也不想看那样的电影。
与其 A，不如/宁可/宁肯/宁愿 B	A할 바에는 차라리 B하다 → B를 선택	与其看那样的电影，不如在家睡觉。

H. 목적의 표현

표현	해설	예제
为(了) A，B	A를 위해서 B하다 → 목적 + 행동	为了取得好成绩，他拼命地学习。
A，是为了/为的是 B	A하는 것은 B를 위해서이다 → 행동 + 목적	他拼命地学习，是为了取得好成绩。
A，好让 B	A하는 것은 B하기 위해서이다	我们在碑上记下他的名字，好让后来人记住他们。

| A，以免/免得/省得 B | B하지 않기 위해 A하다 | 自行车不要乱放，以免影响交通。 |
| A，以便 B | B하기 편리하기 위해 A하다 | 准备些零钱，以便上车买票。 |

핵심포인트 ① 짝이 맞지 않는 경우

관련사의 짝이 맞지 않거나, 관련사의 의미 자체가 맞지 않는 경우이다.

예 不管遇到很大的困难，我们都没有理由低头，而必须用坚定的意志战胜它。(×)

먼저 위의 표에서 '不管' 뒤에 반드시 와야 하는 문장의 형식을 잘 살펴보자. '不管' 뒤에는 ① 의문사, ② 还是 혹은 或者, ③ 정반의문문, ④ 양면사, ⑤ 명사의 나열 중 하나는 있어야 한다. 하지만 '遇到很大的困难'은 조건에 전혀 부합되지 않는다. 따라서 의문사 '多'를 사용해서 다음과 같이 고쳐야 한다.

➡ 不管遇到多大的困难，我们都没有理由低头，而必须用坚定的意志战胜它。(○)

얼마나 큰 어려움을 만나든지 관계없이, 우리는 고개를 숙일 이유가 없고 반드시 확고한 의지로 그것을 이겨내야 한다.

예 他们虽说是亲兄弟，所以算起账来还是很清楚。(×)

'虽说'는 '虽然(비록 ~일지라도)'과 같은 뜻의 접속사로, 주로 '但是'와 같이 전환의 뜻을 나타내는 접속사와 짝을 지어 사용한다. 결과를 나타내는 '所以'는 맞지 않다.

➡ 他们虽说是亲兄弟，但是算起账来还是很清楚。(○)

그들은 비록 친형제이지만, 그러나 계산을 할 때는 정확하다.

핵심포인트 ② 위치가 맞지 않는 경우

뒷 절의 관련사는 크게 접속사와 부사로 나뉜다. 접속사는 반드시 주어 앞에, 부사는 반드시 주어 뒤에 써야 한다.

앞 절의 경우 상황에 따라 주어의 위치가 매우 중요하다. 특히 점층을 나타내는 접속사(不但、不仅、不光、不只、不单)는 특히 앞 절 주어의 위치에 주의해야 한다. 앞뒤 두 개 문장의 주어가 일치할 경우는 문장 전체의 주어를 앞 절 접속사보다 앞에, 두 개 문장의 주어가 일치하지 않는 경우에는 앞 문장의 주어를 앞 절 접속사 뒤에 사용해야 한다.

(1) 앞뒤 문장의 주어가 일치할 경우

　　주어 + 접속사 … ， 접속사 + (주어생략) + 부사

(2) 앞뒤 문장의 주어가 다를 경우

　　접속사 + 주어1 … ， 접속사 + 주어2 + 부사

例 虽然很多人都喜欢在清晨跑步、锻炼身体，但是，却(从医学的角度看)，老年人的晨练要慎重。
(×)

먼저 앞 절의 주어는 '很多人', 뒷 절의 주어는 '老年人的晨练'으로 각각 주어가 다르다. 뒷 절에는 '그러나'라는 전환의 뜻을 가지는 접속사 '但是'와 부사 '却'를 모두 사용하고 있다. '却'는 부사이므로 반드시 뒷 절의 주어 뒤에 사용해야 한다.

➡ 虽然很多人都喜欢在清晨跑步、锻炼身体，但是，(从医学的角度看)，老年人的晨练却要慎重。
(○)

비록 많은 사람들이 이른 아침에 달리기하고 운동하기를 좋아하지만, 그러나 의학적 각도에서 볼 때 노인들의 아침 운동은 신중해야 한다.

例 不仅他出色地完成了拍摄任务，还为自己赢得一个大特写镜头呢。(×)

뒷 문장의 부사 '还' 앞에 주어가 없는 것으로 보아 앞뒤 문장의 주어가 모두 '他'라는 것을 알 수 있다. 따라서 반드시 '他'를 '不仅' 앞에 사용해야 한다.

➡ 他不仅出色地完成了拍摄任务，还为自己赢得一个大特写镜头呢。(○)

그는 훌륭하게 촬영 임무를 완성했을 뿐만 아니라, 또한 자신에게 큰 클로즈업 기회를 가져왔다.

6 부정의 의미를 나타내는 단어

부정의 의미를 나타내는 주요 단어들

부정부사	不、没、非、勿、未
동사	无、避免、防止、禁止、忌、忘、否认、拒绝、杜绝、阻挡、反对
접속사	以防、以免

핵심포인트 ① 否定＋否定＋否定

위에 나열된 부정의 단어들이 세 번 나올 경우 3중 부정이 된다. 3중 부정은 결과적으로 한 번의 부정과 같은 뜻이 된다.

例 不能否认中国不是一个发展中国家。(×)

'不能否认(부인할 수 없다)'은 두 번의 부정으로 결국 '应该肯定(긍정해야 한다)'이라는 긍정의 뜻을 나타낸다. 따라서 뒤의 부정만 살펴보면 '중국은 개발도상국이 아니다'가 되어 버린다.

➡ 不能否认中国是一个发展中国家。(○)

중국이 개발도상국이라는 것은 부인할 수 없다.

📖 近几年来，麦克无时无刻不忘练习汉语口语，为了将来能和中国女朋友更好地沟通。（×）

'无时无刻不 + 동사(~하지 않는 순간이 없다)'는 두 번의 부정으로 결국 '每时每刻都(항상 ~하다)'라는 긍정의 뜻을 나타낸다. 문제는 부정의 의미를 나타내는 동사 '忘'까지 연결할 경우 '无时无刻不忘'은 '每时每刻都忘(항상 잊어버리다)'과 같은 뜻을 나타내게 되어버린다는 것이다.

➡ 近几年来，麦克每时每刻不忘练习汉语口语，为了将来能和中国女朋友更好地沟通。（○）

근래 들어 마이크는 중국어 회화 연습을 항상 잊지 않고 있는데, 이는 앞으로 중국 여자친구와 더 잘 소통하기 위해서이다.

핵심포인트 ② 避免＋不

'避免(피하다)'은 그 자체로 부정의 의미를 갖고 있는 동사이다. '避免'처럼 부정의 의미를 갖는 동사나 접속사는 뒤에 오는 표현이 본래 전달하려는 의미와 맞는지 주의해서 보아야 한다.

📖 为了防止失窃事件不再发生，保安部门采取了切实有效的措施。（×）

'防止' 뒤에는 방지에 걸맞는 부정적인 내용이 나와야 한다. 하지만 지금 문장에는 '失窃事件不再发生(도난 사건이 더 이상 발생하지 않는다)'이라고 이미 부정이 되어 있어 '防止'와 맞지 않는다. 이렇게 되면 결과적으로 '让失窃事件再发生(도난 사건이 다시 발생되게 하다)'과 같은 뜻이 되어 버린다.

➡ 为了防止失窃事件再发生，保安部门采取了切实有效的措施。（○）

도난 사건이 또 다시 발생하는 것을 방지하기 위해, 보안부서에서는 확실하고 효과적인 조치를 취했다.

📖 只有你一个人在家时，听见有人按门铃，切忌不要马上开门。（×）

'忌(피하다, 금기하다)'는 역시 그 자체가 부정의 의미를 갖는 동사이다. 지금 문장에서는 뒤에 '不要马上开门(바로 문을 열지 마라)'이라는 부정이 나왔기 때문에 결과적으로 2중 부정이 되어 긍정의 뜻, 즉 '一定要马上开门(바로 문을 열어라)'이라는 뜻을 나타내게 된다.

➡ 只有你一个人在家时，听见有人按门铃，切忌马上开门。（○）

너 혼자만 집에 있을 때에는 누군가 초인종을 누르는 것을 듣게 되더라도, 절대 바로 문을 열지 말아라.

핵심포인트 ③ 否定＋反问词

항상 표면적인 뜻과 정반대의 뜻을 나타내는 것이 반어문의 특징이다. 반어문에 부정을 나타내는 단어를 잘못 사용하면 정반대의 뜻을 나타내는 반어문을 다시 부정하게 되어 원래 표현하려던 뜻과 결국 반대가 되어 버리게 된다. 따라서 반어문은 부정을 나타내는 단어와의 사용을 주의해서 살펴보아야 한다.

📖 没有谁能够否认全球气候变暖正在严重威胁着地球上的生物呢？（×）

'谁能够否认…呢？(누가 ~을 부인할 수 있겠는가?)'라는 말 자체가 반어문으로 '应该承认(인정해야 한다)'이라는 뜻을 나타낸다. 따라서 문장 앞의 '没有'가 있을 필요도 없고, 있어서도 안 된다.

➡ 谁能够否认全球气候变暖正在严重威胁着地球上的生物呢？（○）

누가 전 세계 기후 온난화가 지금 지구 상의 생물들을 심각하게 위협하고 있다는 것을 부인할 수 있겠는가?

예 没有人怎么能随意砍伐树木，破坏绿化呢？（×）

'怎么能'이라는 반어문은 '不能'의 뜻을 나타낸다. 그 앞에 '没有人'이 붙으면 '没有人不能(못할 사람이 없다)', 즉 '所有人都能(누구나 다 할 수 있다)'의 뜻이 되어 전체 문장에 맞지 않다.

➜ 人们怎么能随意砍伐树木，破坏绿化呢？（○）

사람들이 어떻게 함부로 나무를 베고 녹화를 파괴할 수 있단 말인가？

▌ **핵심포인트 ④** 反问＋否定＋否定

역시 반어문과 관련된 경우이다. 반어문 뒤에 다시 2중 부정이 나타날 경우에도 전체적인 의미를 잘 파악해야 한다.

예 现在"小皇帝"越来越多，谁能否认这不是由某些父母溺爱孩子造成的呢？（×）

'谁能否认…呢？(누가 ~을 부인할 수 있겠는가？)'라는 말 자체가 반어문으로 '应该承认(인정해야 한다)'이라는 뜻을 나타낸다. 이 경우 문장의 뜻이 '应该承认不是由某些父母溺爱孩子造成的(일부 부모가 아이를 지나치게 사랑해서 초래된 것이 아니라는 것을 인정해야 한다)'가 되어 버린다.

➜ 现在"小皇帝"越来越多，谁能否认这是由某些父母溺爱孩子造成的呢？（○）

지금 '소황제'가 갈수록 많아지고 있다. 이것이 일부 부모가 아이를 지나치게 사랑해서 초래된 것이라는 것을 누가 부인할 수 있겠는가？

예 该公司赤字已经持续一年了，难道能否认他们没有破产的可能性吗？（×）

'难道能否认(부인할 수 있겠는가)'이라는 반어문은 '不能否认(부인할 수 없다)', 즉 '应该承认(인정해야 한다)'의 뜻을 나타낸다. 따라서 전체적으로 '应该承认他们没有破产的可能性(그들은 파산의 가능성이 없다는 것을 인정해야 한다)'의 뜻이 되어 버린다. 하지만 앞에 '적자가 1년 동안 지속되었다'라고 했으므로 앞뒤가 맞지 않게 된다.

➜ 该公司赤字已经持续一年了，难道能否认他们有破产的可能性吗？（○）

이 회사 적자가 이미 1년 동안 지속되었는데, 그들이 파산할 가능성이 있음을 부인할 수 있겠는가？

NEW 단어 + TIP

- **砍伐** kǎnfá [동] (톱, 도끼 등으로) 나무를 베다
  예 政府禁止盲目地砍伐树木。 정부는 맹목적으로 벌목하는 것을 금한다.
  [고정격식] 砍伐 ＋ 树木/森林/林木

- **蔚蓝** wèilán [형] 짙푸른, 쪽빛의, 짙은 남색의
  예 望着蔚蓝的天空，我的心情格外好。 쪽빛의 하늘을 바라보면 내 마음이 유난히 좋다.
  [고정격식] 蔚蓝的 ＋ 天空/大海

- **庄稼** zhuāngjia [명] 농작물
  예 今年发生了旱灾，他家的庄稼都死了。 올해 가뭄이 발생해서, 그의 집 농작물이 모두 죽었다.

- **玉** yù [명] 옥
  예 玉是中国传统宝石之一，是富贵吉祥的象征。 옥은 중국 전통 보석 중의 하나이며, 부귀와 행운의 상징이다.

MEMO

DAY 1

1. A 有的家长甚至一分钱也不给孩子，杜绝孩子与钱有任何的接触。
   B 我们不侵略别人，也坚决反对任何人的侵略行为。
   C 初次交谈切忌打听对方的收入、家产、年龄和婚姻。
   D 为了防止煤矿安全事故不再发生，我们加大了对非法小煤窑的打击力度。

2. A 研究表明，今日大学生阅读的主要目的，除了提高修养外，就是多掌握一门技能。
   B 只有靠自己转变观念，充分发挥自己的主观性和创造性，才能立于不败之地。
   C 现在社会上有些父母对孩子娇生惯养，放在嘴里怕化了，捧在手里怕摔了，这样做其实不是疼爱孩子，就是害孩子。
   D 春节期间，人们去雍和宫观光的时候，不妨多走几步，顺便去国子监看看。

3. A 她深深地理解了小王的苦衷，并且不能不佩服他的机智和耐性，这是她所不具备的。
   B 封建的宗法、家庭、伦理观念具体反映在汉民族的家庭、亲戚的称谓关系。
   C 在大多数人眼里，山里人的生活是寂寞和清苦的。
   D 已经有二十年没有回远在千里之外的故乡了。

DAY 2

1. A 去过西藏的人都知道，西藏的天空总是蔚蓝蔚蓝的。
   B 昔日一望无际的森林和绿油油的牧场，已有1/4以上化为灰烬。
   C 无论男女老少，都尽情娱乐，红红火火辞旧岁,欢欢喜喜迎新年。
   D 外边下着鹅毛大雪，那个菜贩子不停地跺着脚，脸被冻得通通红红的。

2. A 银河系还不算最大的，今天已经发现10亿多个和银河系同样庞大的恒星系统，我们叫它"河外星系"。
   B 这个炼钢车间，由十天开一炉，变为五天开一炉，时间缩短了一倍。
   C 出场费的多少因人而异，像许多名模，一场时装秀的出场费起码两万元。
   D 天文学研究表明，太阳目前正处于精力旺盛的主序星阶段，它至少还可以稳定地燃烧50亿年之久。

3. A 恐龙属于爬行动物，对于后来地球动物的形成有重要影响，因此研究恐龙的意义
      十分重大。
    B 几年来，李国丰共无偿为乡亲提供树苗一万株，给本村外村的乡亲义务嫁接树苗
      五千四百株多。
    C 老李一屁股坐在了小沙发上，闭了一会儿眼，脑子里五光十色的想法如潮水般涌
      来。
    D 客家人的服饰图案朴实精美而寓意深刻，这也是南迁客家人与原住少数民族交流
      融合的结果。

DAY **3**

1. A 无论多有能耐的家长，在孩子面前往往束手无策。
    B 她的宿舍很小，但是很整洁，无论你什么时候去，都是非常干干净净、一尘不
      染。
    C 蜗牛生活在陆地上，喜欢潮湿，爱吃菜叶和一些草，如牵牛花的叶子，所以它对
      植物有害。
    D 中国是多民族的国家，很多少数民族都曾经用自己独特的文字记载过古老而神秘
      的生活和信仰。

2. A 茶楼坚持每天清晨五时半到八时半为老茶客营业。
    B 如果你辞职这家公司，能找到更好的工作岗位吗？
    C 听着听着，我的泪水就不由得滑落了下来。
    D 户外运动的着装不是以美观为主，而是首先要考虑到实用性。

3. A 一旦一票难求得问题解决了，票贩子就没有市场了，火车票实名制也就没有必要
      了。
    B 现在地球周围已经有数不清的垃圾需要处理了，若不及时进行处理它们，宇宙航
      行的悲剧就会发生。
    C 但也有一些业内人士认为，指导规则毕竟缺乏强制性，能起到多大效果还存在疑
      问。
    D 这也是人类第一次有能力在宇宙深处探索恒星周围的可居住带，它有可能带领我
      们发现另一个地球。

02 문장 성분의 오용

중국어는 '주어(主语), 서술어(谓语), 목적어(宾语)' 이렇게 세 개의 기본 성분과 '관형어(定语), 부사어(状语), 보어(补语)' 이렇게 세 개의 수식 성분의 문장 성분을 갖고 있다. 문장 성분이 부족하거나 중복되어 사용된 경우, 혹은 어순에 맞지 않게 사용된 경우가 모두 문장 성분의 오용에 해당한다.

독해 시크릿 백전백승

① 그림을 그려라!

주어, 서술어, 목적어와 같은 기본 문장 성분은 문장을 보면서 표시하는 습관을 기르는 것이 좋다. 아무리 어려운 단어를 사용한 긴 문장이라 하더라도, 이 세 가지 성분만 표시해내면 훨씬 간단해 보여 문장의 문제점을 찾아내기 쉽게 된다. 주어를 '주' 혹은 영어식으로 'S'라고 표시하거나, 서술어를 '술' 혹은 영어식으로 동사인 경우 'V', 형용사인 경우 '형' 혹은 영어식으로 'Λ'라고 표시하거나, 목적어를 '목' 혹은 영어식으로 'O'라고 표시해보자. 이떤 식이어도 좋으니 자신만의 표시법을 꼭 정해두자.

② 수식 성분들은 어순이 관건이다!

관형어, 부사어, 보어와 같은 수식 성분들은 반드시 정해진 어순에 따라 사용해야 한다. 이것이 한국학생들에게는 비교적 어려운 부분이 될 것이다.

예를 들어 이야기해보자. 한국어로는 '예쁜 아가씨 한 명', '예쁜 한 명의 아가씨', '한 명의 예쁜 아가씨' 이 세 가지 모두 틀린 표현이라고 할 수 없다. 한국어는 조사가 매우 발달된 언어이기 때문에 어순이 조금 바뀌어도 각 단어가 가지는 어법적 기능이 매우 명확하기 때문이다.

하지만 이 표현들을 중국어로 바꾸어볼까?

　　A　漂亮的小姐一个

　　B　漂亮的一个小姐

　　C　一个漂亮的小姐

이 세 가지가 중국어에서도 모두 가능할까? 그렇지 않다. 중국어에서는 오직 C의 어순만 어법적으로 맞는 표현이다. 따라서 다음 보물상자에서 설명하는 수식 성분들의 어순을 잘 학습해 두어야만 이와 관련된 문제를 무난히 풀 수 있을 것이다.

문제 1

> A 学校研究了关于在改革开放形势下如何做好思想政治工作。
>
> B 明天是一年一度的春节，家家户户都在忙着准备过年的东西。
>
> C 这是一场80年一遇的特大暴风雪，所有出行的人都感到非常不方便。
>
> D 气象专家说，明天白天最高温将达到10℃，晚间的温度将会回到0℃。

문제 분석

먼저 각 문장의 기본 성분인 주어, 서술어, 목적어를 찾아내보자.

A 学校 … 研究了 … ___?___ 。
　　주어 　　서술어 　　목적어

B 明天 　 是 … 春节， 家家户户 准备 东西。
　 주어 　서술어　목적어 　　주어 　 서술어 목적어

C 这 是 … 暴风雪， … 人 感到 不方便。
　주어 서술어 　목적어 　　주어 서술어 목적어

　　　　　　　　　　　주어　서술어　목적어　　주어　서술어 목적어
D 气象专家 说 [… 最高温 达到 10℃， … 温度 回到 0℃]。
　　주어 　서술어 　　　　　　　　　　목적어

해석

A 학교는 개혁 개방의 형세하에 어떻게 사상 정치 업무를 잘할 수 있을 것인지에 관한 문제를 연구했다.
B 내일은 일 년에 한 번 있는 설이다. 집집마다 바쁘게 새해를 맞이할 것들을 준비하고 있다.
C 이것은 80년에 한 번 만날 수 있는 눈보라로 외출하는 사람 모두 매우 불편하다고 느끼고 있다.
D 기상 전문가는 내일 낮의 최고 온도는 10℃에 달할 것이며, 밤의 온도는 0℃로 돌아올 것이라고 말했다.

해설 ▶ A는 기본 문장 성분 분석만 해도 목적어가 빠져 있음을 알 수 있다. '关于在改革开放形势下如何做好思想政治工作'
는 모두 뒤의 목적어를 수식하는 '关于' 전치사구이며, 그 안에서 이미 완벽한 구조를 가지고 있다.

(在改革开放形势下) 如何 做好 思想政治工作
　　　　　　　　　　　　　서술어 　목적어

따라서 문장 뒤에 '的问题'라는 목적어를 만들어주어야 한다.

단어 改革 gǎigé 됭 개혁하다 | 开放 kāifàng 됭 ① (꽃이) 피다 ② 개방하다 혱 (성격이) 낙관적이다, 명랑하다 | 形势 xíngshì 똉 ① 지세, 지형
② (어떤 사물의) 발전 상황, 형세, 형편 | 一年一度 yìnián yídù 솅 일 년에 한 번 | 家家户户 jiājiā hùhù 가가호호, 집집마다 | 暴风雪
bàofēngxuě 똉 눈보라, 폭풍설 | 出行 chūxíng 됭 외지로 나가다 | ★气象 qìxiàng 똉 기상

A 花园里盛开的美丽的红玫瑰都被人摘走了。

B 他上个月在某杂志生活栏目上发表的那篇深奥难懂的英文文章受到了很多
人的批评。

C 在美国家庭中，汉语已成为继英语和西班牙语之后又一种得到广泛使用的
语言。

D 大厅里陈列着各式各样的他生前用的衣物、书籍与批阅过的文件。

🔍 **문제 분석**

❶ 먼저 각 문장의 기본 성분인 주어, 서술어, 목적어를 찾아내보자.

A 玫瑰 … 摘走了。
　 주어　　서술어

B 文章 … 受到了 … 批评。
　 주어　　서술어　　목적어

C 汉语 … 成为 … 语言。
　 주어　　서술어　목적어

D 大厅里　陈列着 … 书籍与 … 文件。
　 주어　　서술어　　　　　목적어

❷ 먼저 각 수식 성분(관형어, 부사어, 보어)이 있는 경우 순서가 맞는지 체크해보자. 이 네 개의 문장은 모두 긴 관형어를 갖고 있으므로 관형어의 어순을 체크해보도록 하자.

> 소속이나 소유적 의미의 관형어 ➡ 시간이나 장소 ➡ 주술 구조 ➡ 전치사구/동사나 동사구
> ➡ (지시대사 +) 수량사구조 ➡ 2음절 형용사나 형용사구 ➡ 1음절 형용사/명사나 명사구

A 목적어 '玫瑰'를 수식하는 관형어의 어순
　 花园里　盛开的　美丽的　红　玫瑰
　 장소　　동사　2음절 형용사　1음절 형용사

B 주어 '文章'을 수식하는 관형어의 어순
　 在某杂志生活栏目上发表的　那篇　深奥难懂的　英文　文章
　 동사구　　　　　지시대사+수량사구조　2음절 형용사구　명사

C 목적어 '语言'을 수식하는 관형어의 어순
　 继英语和西班牙语之后又一种得到广泛使用的　语言
　 동사구

D 목적어 '衣物、书籍'와 '文件'을 수식하는 관형어의 어순
　 各式各样的　他生前用的　衣物、书籍　与　批阅过的　文件
　 형용사　　주술 구조　　　　　　　　동사

A 화원에 활짝 피어 있는 아름다운 붉은 장미는 모두 누군가가 떼어 갔다.

B 그가 지난 달에 모 잡지의 생활란에 발표한 그 심오하고 이해하기 어려운 영문 글은 많은 사람들의 비판을 받았다.

C 미국 가정에서, 중국어는 이미 영어와 스페인어를 잇는 또 하나의 광범위하게 사용되는 언어가 되었다.

D 홀에는 그가 생전에 사용한 가지각색의 옷가지와 수정한 적이 있는 문서가 진열되어 있다.

해설 ▶ D에서 목적어 '衣物'를 수식하는 관형어의 어순에 문제가 있다. 주술구조인 '他生前用的'가 먼저 앞에 오고, 그 뒤에 형용사의 성질을 가진 성어 '各式各样'이 와야 한다. 따라서 '他生前用的各式各样的衣物'의 어순이 되어야 한다.

단어 ★ **盛开** shèngkāi 图 (꽃이) 활짝 피다, 만개하다 | **玫瑰** méigui 图 장미 | **摘** zhāi 图 ① (식물의 잎, 꽃 등을) 따다 ② 발췌하다 ③ (모자, 안경 등을) 벗다 | ★ **栏目** lánmù 图 란, 칸 | ★ **深奥** shēn'ào 图 깊고 오묘하다, 심오하다 | ★ **陈列** chénliè 图 진열하다 | **各式各样** gèshì gèyàng 图 가지각색이다 | ★ **书籍** shūjí 图 서적, 책 | **批阅** pīyuè 图 읽고 지시하거나 수정하다 | **文件** wénjiàn 图 문건, 공문서, 파일

NEW 단어 + TIP

- 波涛 bōtāo 图 파도

  예 此刻，大海上狂风四起，波涛汹涌。이 때, 바다에는 광풍이 사방에서 불고 파도가 거세게 불었다.

  [고정격식] 波涛 + 汹涌

- 巢穴 cháoxué 图 ① (새나 짐승의) 집 ② 소굴, 은신처, 아지트, 거점

  예 蜜蜂的巢穴是六方形的。 꿀벌의 둥지는 육각형이다.

  警方查获了作案分子的巢穴。 경찰 측이 범죄를 저지른 사람들의 아지트를 추적하여 찾아냈다.

- 矿产 kuàngchǎn 图 광산물

  예 中国有丰富的矿产资源。 중국은 풍부한 광산자원을 갖고 있다.

- 礼尚往来 lǐshàng wǎnglái 图 오는 정이 있으면 가는 정이 있다

  예 春节他送我一箱苹果，我也礼尚往来地送去了一些土特产给他。

  춘절에 그는 나에게 사과 한 상자를 선물했고, 나도 오는 정이 있으면 가는 정이 있다고 지역 특산품들을 그에게 보내주었다.

- 冒犯 màofàn 图 (상대에게) 무례하다, 실례하다, 불쾌하게 하다

  예 若有冒犯，请多包涵。 만약 불쾌하셨더라도 많이 양해해주세요.

- 素食 sùshí 图 채식 图 채식하다

  예 她是个素食主义者。 그녀는 채식주의자이다.

  [고정격식] 素食 + 主义

1 문장 성분의 부족이나 중복

핵심포인트 ① 주어의 부족이나 중복

만약 몇 개의 단문이 연이어 하나의 주어를 사용하는 경우, 혹시 뒤의 단문에 필요한 주어가 부족한 것은 아닌지 잘 살펴보아야 한다. 만약 주어에서 두 개의 단어의 뜻이 중복된다면 그 중 하나는 반드시 생략해야 한다.

例 他是位好干部，得到了人民的拥戴，并安排他担任了县长的职务。(×)
　　앞 두 개 단문에서 서술어(是와 得到)의 주어는 모두 '他'이다. 하지만 마지막 단문의 서술어(安排)는 다른 주어가 필요하다.

➡ 他是位好干部，得到了人民的拥戴，上级安排他担任了县长的职务。(○)
　　그는 좋은 간부로, 인민들의 추대를 얻어서 상급자는 그에게 현장의 직무를 맞도록 배치했다.

例 德育教育关系到培养什么人的问题，要高度重视。(×)
　　'德育'에서 '育'가 곧 '教育'라는 뜻이다. 따라서 '教育'는 중복되어 사용된 표현이다.

➡ 德育关系到培养什么人的问题，要高度重视。(○)
　　도덕교육은 어떤 사람을 양성하는지의 문제와 관계되므로 매우 중시해야 한다.

핵심포인트 ② 서술어의 부족

서술어가 빠진 경우는 문장 분석을 했을 때 목적어에 맞는 서술어가 없는 경우이다.

例 旧社会，劳动人民吃不饱、穿不暖的生活。(×)
　　'劳动人民'은 주어 '(吃不饱、穿不暖的)生活'는 목적어이다. 즉 '生活'에 맞는 서술어가 부족하다.

➡ 旧社会，劳动人民过着吃不饱、穿不暖的生活。(○)
　　예전 사회에서 노동인민들은 배불리 먹을 수 없고 따뜻하게 입을 수 없는 생활을 지내고 있었다.

핵심포인트 ③ 목적어의 부족

목적어가 빠진 경우가 많은데 문장 분석을 했을 때 서술어에 맞는 목적어가 없는 경우이다.

例 只要有勤奋、肯吃苦，什么样的难题都难不倒你。(×)
　　서술어 '有' 뒤에는 '勤奋、肯吃苦(근면하고 고생을 잘 참는)'라는 수식할 만한 표현만 있을 뿐 정확한 목적어가 없다.

➡ 只要有勤奋、肯吃苦的精神，什么样的难题都难不倒你。(○)
　　근면하고 고생을 잘 참는 정신만 있으면, 어떤 어려운 문제도 너를 힘들게 할 수 없을 거야.

2 문장 성분의 어순 오류

* 관형어의 기본 어순 : 단 '(지시대사 +) 수량사 구조'는 형용사(구) 앞이기만 하면 강조하고자 하는
포인트에 따라 현재의 순서에서 더 앞으로도 올 수 있다.

> 소속이나 소유 의미의 관형어 ➡ 시간이나 장소 ➡ 주술 구조 ➡ 전치사구/동사나 동사구 ➡
> (지시대사 +) 수량사 구조 ➡ 2음절 형용사나 형용사구 ➡ 1음절 형용사/명사나 명사구

他 是 　我们班　 成绩最好的　 　一个　 　学生。
주어 서술어 　(소유)　 (주술 구조)　 (수량사 구조)　 목적어

그는 우리반에서 성적이 가장 좋은 한 명의 학생이다.

我 　最　 喜欢 　去年　 在北京买的　 　那件　 　漂亮的　 大衣。
주어 부사어 서술어 (시간)　 (동사구)　 (지시대사 + 수량사)　 (형용사)　 목적어

나는 작년에 베이징에서 산 그 예쁜 외투를 가장 좋아한다.

* 부사어의 기본 어순 : 단 동작 묘사 형용사는 동작자를 묘사하는 형용사가 없을 경우 전치사구 앞으
로 올 수 있다.

> 시간명사 ➡ 부사 ➡ 동작자 묘사(주로 심리나 감정을 나타냄) 형용사 ➡ 전치사구 ➡
> 동작 묘사(주로 속도나 방식을 나타냄) 형용사

她 　兴奋地　 　从哥哥手里　 　很快地　 抢过 那封信 来。
주어 (동작자 묘사 형용사)　 (전치사구)　 (동작 묘사 형용사)　 서술어 목적어

그녀는 흥분해서 오빠의 손에서 빨리 그 편지를 빼앗아왔다.

你们 　从前　 到底 　在那儿　 共同 生活了多久?
주어 (시간명사)　 (부사)　 (전치사구)　 (동작 묘사 형용사)　 서술어

너희는 예전에 도대체 그곳에서 공동으로 얼마 동안 생활한 거니?

* 보어의 기본 어순 : 보어는 각 보어에 따라 정해진 어순이 있다. 그 중 시험에 잘 나오는 몇 가지
보어를 살펴보자.

1. 방향보어
  ⑴ 단순방향보어

  > 동사 + 来/去

  ① 목적어가 장소인 경우
  동사 + 장소목적어 + 来/去
  　进　　 教室　　 去

② 목적어가 장소가 아닌 경우

　동사 + 일반목적어 + 来/去　　　　　동사 + 来/去 + 일반목적어
　　帯　　　書　　　来　　　　　　　帯　　　来　　　書

(2) 복합방향보어

　① 목적어가 장소인 경우

　　동사 + 방향보어1(上/下/进/出/回/过/起/开/到) + 장소목적어 + 방향보어2(来/去)
　　　走　　　　　　　　进　　　　　　　　教室　　　　　去

　② 목적어가 장소가 아닌 경우

　　동사 + 방향보어1(上/下/进/出/回/过/起/开/到) + 일반목적어 + 방향보어2(来/去)
　　　买　　　　　　　　回　　　　　　　一本书　　　　来

　　동사 + 방향보어1(上/下/进/出/回/过/起/开/到) + 방향보어2(来/去) + 일반목적어
　　　买　　　　　　　　回　　　　　　　　来　　　一本书

　※ 단 동사와 목적어의 관계가 이합동사일 때는 목적어는 반드시 '방향보어2' 앞에 위치한다.
　　下雨起来 (×)　　下起雨来 (○)

2. 정도보어

주어 + (동사) + 목적어 + 동사 + 得 + 정도보어 (첫 번째 동사는 생략 가능)

他　(说)　汉语　说　得　很好。

3. 시량보어

(1) 지속형 : ~동안 ~하다 (동태조사 '了'와 함께 사용)

　① 주어 + (동사) + 목적어 + 동사 + 시량보어

　　他　(学)　汉语　学了　两年。

　② 주어 + 동사 + 시량보어(的) + 목적어

　　他　学了　两年(的)　汉语。

　※ 단, 목적어가 사람일 때

　　주어 + 동사 + 목적어 + 시량보어

　　我　等了　他　两个小时。

(2) 발생형 : ~한 지 ~되다 (어기조사 '了'와 함께 사용)

　주어 + 동사 + 목적어 + 시량보어

　他　来　中国　两年了。

4. 동량보어

(1) 목적어가 대사일 때

　주어 + 동사 + 목적어 + 동량보어

　我　见过　他　一次。

(2) 목적어가 대사가 아닐 때

① 주어 + 동사 + 목적어 + 동량보어

　我　　去过　　长城　　　一次。

② 주어 + 동사 + 동량보어 + 목적어

　我　　去过　　一次　　　长城。

※ 단 동사와 목적어의 관계가 이합동사나 관용표현일 때는 반드시 ②번의 어순을 채택한다.

　我游过泳一次。(×) ➡ 我游过一次泳。(○)

　我打过电话一次。(×) ➡ 我打过一次电话。(○)

■ 핵심포인트 ①　관형어의 어순이 틀린 경우

주어나 목적어를 수식하는 관형어가 정해진 어순에 맞지 않는 경우이다.

예 玛丽说她最喜欢那件时髦的昨天在当代商场买的大衣。(×)

'玛丽说' 뒷부분을 보자. '她'가 주어, '喜欢'이 서술어, '大衣'가 목적어이다. 따라서 '大衣' 앞은 모두 관형어이다. 어순에 맞는지 살펴보자.

那件　　　时髦的　　昨天　　在当代商场买的　　大衣
수량사 구조　형용사　시간　　　동사구

전혀 순서에 맞지 않음을 알 수 있다. 관형어의 기본 어순에 맞게 다음과 같이 고쳐야 한다.

➡ 玛丽说她最喜欢昨天在当代商场买的那件时髦的大衣。(○)

메리는 어제 땅따이 상점에서 산 그 세련된 외투를 가장 좋아한다고 말했다.

■ 핵심포인트 ②　부사어의 어순이 틀린 경우

서술어를 앞에서 수식하는 부사어가 정해진 어순에 맞지 않는 경우이다.

예 中国古代文化艺术展正式已经向观众在美国开放。(×)

'中国古代文化艺术展'이 주어, '开放'이 서술어이다. 따라서 '开放' 앞은 모두 부사어이다. 어순에 맞는지 살펴보자.

正式　　　已经　　向观众　　　在美国　　　开放。
동작묘사 형용사　부사　전치사구(대상)　전치사구(장소)

전혀 순서에 맞지 않음을 알 수 있다. 부사어의 기본 어순에 맞게 고쳐야 한다. 단 전치사구가 여러 개라면 '목적 + 장소 + 대상' 순으로 나열한다.

➡ 中国古代文化艺术展已经在美国向观众正式开放。(혹은 已经正式在美国向观众开放)。(○)

중국고대문화예술전이 이미 미국에서 관중들에게 정식으로 개방되었다.

서술어를 뒤에서 수식하는 보어가 정해진 어순에 맞지 않는 경우이다.

> 예 许多中国年轻人普通话不说得标准，这跟小学老师的普通话水平也有关系。(×)
>
> '普通话不说得标准'은 정도보어를 사용한 표현이다. 하지만 정도보어를 가지는 동사(즉 이 문장에서 '说')는 절대 부정해서는
> 안 된다. 만약 동사 자체를 하지 않았다면 정도보어 또한 사용할 수 없기 때문이다. 따라서 부정은 정도보어에 해야 한다. 위에서
> 배운 정도보어의 어순에 맞게 '동사 + 목적어 + 동사 + 得 + 정도보어' 어순으로 다시 정리해보자. 이 때 첫 번째 동사는 생략할 수
> 있다.

说	普通话	说	得	不标准
(동사)	목적어	동사		정도보어

➡ 许多中国年轻人(说)普通话说得不标准，这跟小学老师的普通话水平也有关系。(○)

많은 중국 젊은이들이 표준적으로 표준말을 말하지 않는데, 이것은 초등학교 선생님의 표준어 수준과도 관계가
있다.

NEW 단어 + TIP

- 潇洒 xiāosǎ 형 자연스럽고 품위가 있다, 멋스럽다, 스마트하다, 자유스럽고 얽매이지 않다, 거리낌이 없다
  예 他是个潇洒的公子哥，从不为情所困。 그는 자유로운 부잣집 도련님으로, 여태껏 사랑에 얽매인 적이 없다.

- 首饰 shǒushi 명 장신구, 액세서리
  예 在中国，拍证件照时不能佩戴任何首饰。
  중국에서는 증명서 사진을 찍을 때 어떠한 액세서리도 착용해서는 안 된다.
  고정격식 佩戴 + 首饰

- 疏远 shūyuǎn 형 (관계나 감정적으로) 소원하다, 멀다
  동 소원하게 되다, 멀리하다, 멀어지다
  예 我和好友虽然远隔重洋，但我们的关系并未疏远。
  나는 친구는 비록 아득히 먼 곳에 떨어져있지만, 우리의 관계는 결코 소원하지 않다.
  고정격식 疏远 + 关系/距离

- 陶醉 táozuì 동 도취하다
  예 周末，我经常一个人在家开着音响，陶醉在音乐声中。
  주말에 나는 종종 혼자 집에서 음향기기를 켜고 음악소리에 도취된다.

DAY 4

1. A 自1993年北京大学生电影节诞生以来，已经有100多万人次参与了影片的观摩。
   B 这篇文章介绍了传统相声所用的详细的语言技巧和表达效果等知识。
   C 纵观科学史，科学的发展与全人类的文化是分不开的。
   D 每当遇到挫折时，他最先想到的就是回去家，与妻子一起吃一顿好吃的，再喝点酒。

2. A 在许多科技工作者的共同努力下，一种新型太阳能手机终于问世了。
   B 在质量月活动中，他们以提高产品质量为中心，进行了综合治理。
   C 文学经典是历史的回声，是审美体验的延伸。
   D 随着经济的发展，现在大家都过着吃得饱穿得暖的美好。

3. A 做人首先要相信别人，相信别人的善良，恶人恶事毕竟是少数。
   B 老师不住地叮嘱我们说："考试时一定要把题目仔细地看一遍再回答。"
   C 尽管人们的社会经历不同，走过的道路不同，然而人们的过失却往往很相近。
   D 尽管来中国还不到两年，我跟中国人已经能自由地交流了。

DAY 5

1. A 王府井商圈历史悠久、交通便捷，北京的核心商圈。
   B 上海越剧院举办了主题交响音乐会《她在丛中笑》。
   C 三希堂位于故宫养心殿的西暖阁，那里曾是乾隆皇帝的书房。
   D 中国国内首个全面基于数据的博物馆数字化管理平台即将投入使用。

2. A 古时候人们会通过自然现象、谚语和生活经验来预测天气变化。
   B 准葛尔盆地降水较多，农牧业发达，享有"塞外江南"的美誉。
   C 看到这些消逝的胡同照片，都会产生怀旧的情绪，甚至十分伤感。
   D 他在文章中系统地阐述了"世界是个不可分割的整体"这一观点。

3. A 每个人看问题的角度不同，想法自然也不一样，所以存在分歧也是正常现象。
   B 他曾经在养老院工作过，所以对老人这一系列反常的举动倒是见怪不怪。
   C 虽然是初次见面，但是两个人志同道合，聊天儿起来竟如同交往多年的朋友。
   D 大学给了我们一个学习的大舞台，其中核心的内容就是培养我们的专业素质。

DAY **6**

1. A 我从小晕车得厉害，现在还不敢坐长途汽车。
   B 一把牙刷不能长期使用，如果发现刷毛弯曲就应该及时更换牙刷。
   C 1908年，源于太平洋岛屿的冲浪运动正式传到英国和欧美很多国家。
   D 网络的普及和数字出版物的增加，对人们特别是青少年的阅读习惯产生很大影响。

2. A 他乘兴又到长江去游泳，这次一气游泳了两个小时，其意态潇洒，悠然游姿，更胜昨天。
   B 农民不堪重负，这个问题已经到了非解决不可的程度了。
   C 耍花招要比诚实容易得多，只是到头来聪明反被聪明误。
   D 我觉得自己的知识储备还不够，还需要进一步充实。

3. A 印尼的食物种类繁多，尤其是印尼各地的小吃，更多得不可胜数。
   B 即使重大的自然灾害也磨灭不了四川人建设好四川的强烈愿望。
   C 在工作繁忙的时候如果能小睡片刻，更有助于提高工作效率。
   D 从早上到公司开始，老板就让我打打电话跟售后部门联系，可我打电话十几次也没打通。

03 호응의 오용

지금까지의 학습이 주로 단어의 사용에 문제가 있었다면, 호응의 오용은 전체 문장의 흐름에서 틀린 점을 찾아내는 부분이다. 주로 '양면사'와 전체 문장의 내용이 맞지 않거나, 문장 성분 간의 호응이 맞지 않는 경우가 많다. 따라서 문장의 구조 분석을 기초로 하여 앞뒤 문장의 흐름을 잘 살펴야만 답을 찾을 수 있다.

독해 시크릿 백전백승

1 크게 호흡하라!

독해 1부분을 푸는 과정에서 학생들은 각 문장을 앞에서 뒤로 읽어가며 단어 하나하나를 쪼개어서 살펴보는 경우가 많다. 물론 문장 전체에서 단어 하나가 명확하게 틀린 경우라면 이렇게 해서도 답을 찾아낼 수 있을 것이다. 하지만 호응의 오용과 같이 전체 문장의 흐름과 관련이 있는 경우 이런 식으로는 답을 찾기 어렵다. 문장에 관련사가 있다면 먼저 관련사부터, 그리고 문제가 없다면 문장의 기본 성분(주어-서술어-목적어)을 분석해보고, 그런 다음 여전히 문제가 없다면 수식 성분, 이런 식으로 큰 호흡에서 작은 호흡으로 찾아 들어가는 것이 모든 문제 유형에서 가장 좋은 방법이다.

2 양면사에 민감해져라!

양면사란 서로 반대되는 의미를 가진 두 한자가 한 단어를 이루는 경우를 뜻한다. 예를 들어 '好坏', '大小', '是否', '能否' 등이 대표적이다. 이런 단어는 주변 환경 또한 이러한 플러스(+) 마이너스(-)의 의미 구조에 맞아야 한다. 양면사는 시험에 아주 잘 출제되는 포인트이므로, 문장에 이러한 양면사가 보인다면 반드시 문장 전체의 의미가 양면사에 맞는지 체크해보아야 한다.

3 관건은 그림 그리기이다!

호응의 오용에서 또 한 가지 중요한 것이 문장 성분의 호응이 맞지 않는 경우이다. 이러한 문장 성분의 호응 오류를 찾아내는 가장 좋은 방법은 결국 그림 그리기이다. 앞에서도 말했지만 적어도 문장의 주요 성분인 '주어-서술어-목적어'에 자신만의 표시를 하며 그림을 그린다면 충분히 찾아낼 수 있는 부분이지만, 그냥 밑줄을 치면서 앞에서 뒤로 읽어가는 방법으로는 절대 찾아낼 수 없다. 이번 파트에서도 계속 그림을 그리는 연습을 해보도록 하자.

문제 1

A 圆珠笔的好坏取决于笔尖上的圆珠质量。

B 是否解放思想，关系到改革开放的进程。

C 做好生产救灾工作，决定于干部作风是否深入。

D 2004年经济发展能否保持这一势头，已经成为各方关注的焦点。

문제 분석

각 문장에서 양면사의 사용이 주위 내용과 적합한 지 살펴보자.

A … 好坏   取决于   质量。
      주어   서술어   목적어

→ 좋은 것도 품질에 달려 있고, 나쁜 것도 품질에 달려 있다.

B 是否解放思想   关系到   …   进程。
      주어   서술어   목적어

→ 사상을 해방해도 진행 과정에 관계되고, 사상을 해방하지 않아도 진행 과정에 관계된다.

C 做好…工作   决定于   [… 是否深入]。
      주어   서술어   목적어

→ 업무를 잘하는 것이 철저한 것에 의해 결정되는 것은 맞지만, 업무를 잘하는 것이 철저하지 않은 것에도 결정되는 것은 맞지 않다.

D [… 能否保持 …]   成为   …   焦点。
        주어   서술어   목적어

→ 유지할 수 있는 것도 초점이 될 수 있고, 유지할 수 없는 것도 초점이 될 수 있다.

해석

A 볼펜의 좋고 나쁨은 펜촉 볼의 품질에 달려 있다.

B 사상을 해방할 수 있는지 없는지는 개혁 개방의 진행 과정에 관계된다.

C 생산 재해 방지 업무를 잘할 수 있느냐 없느냐는 간부의 태도가 철저한지 그렇지 않은지에 결정된다.

D 2004년 경제발전이 이 형세를 유지할 수 있을지 없을지는 이미 각 방면에서 관심을 가지는 초점이 되었다.

해설 ▶ 다른 보기의 경우 주어나 목적어 중 한 쪽에만 양면사가 있어도 상관없는 의미 구조이지만, C는 반드시 앞뒤가 모두 양면사 구조여야 한다. 그렇지 않으면 '생산 재해 방지 업무'를 잘하는 것이 '간부의 태도가 철저하지 않음'에 의해 결정된다는 의미구조가 생겨버리기 때문이다. 따라서 '能否做好生产救灾工作，决定于干部作风是否深入'라고 고쳐야 한다.

단어 保持 bǎochí 동 (원래 상태를) 유지하다 | 势头 shìtóu 명 형세, 형편 | 关注 guānzhù 동 관심을 가지다 | ★ 焦点 jiāodiǎn 명 초점 | 圆珠笔 yuánzhūbǐ 명 볼펜 | 取决于 qǔjuéyú 동 ~에 달려 있다. ~에 결정되다(=决定于) | 笔尖 bǐjiān 명 펜촉 | 质量 zhìliàng 명 품질, 질 | 解放 jiěfàng 동 해방하다 | 进程 jìnchéng 명 (사물의) 경과, 발전 과정, 진행 과정 | 救灾 jiùzāi 동 ① 이재민을 구하다 ② 재해를 없애다, 재해를 막다 | ★ 作风 zuòfēng 명 (사상, 업무, 생활 상에서 보이는) 태도, 행위, 기풍, 행태 | 深入 shēnrù 동 깊이 들어가다, 깊이 파고들다 형 심각하다, 투철하다, 깊다, 철저하다

A 每当我遭受挫折时，总会从朋友那儿得到鼓励和支持。

B 在交流中，丁教授对我的艺术天分及领悟能力颇为赞赏。

C 中国画基本上可以分为三类：人物画、山水画、花鸟画。

D 今年春节期间，这个市的210辆消防车和3000多名消防官兵放弃了休假。

문제 분석

각 문장에서 양면사의 사용이 주위 내용과 적합한 지 살펴보자.

A (每当…时), (从…)　得到　…　鼓励和支持。
　　　　　　　　　　　　서술어　　　　목적어

B (在…中), 丁教授　(对…)　赞赏。
　　　　　　　주어　　　　　서술어

C 中国画 … 分为　三类。
　　주어　　서술어　목적어

D …消防车和…消防官兵　放弃　休假。
　　　　　　주어　　　　　　서술어　목적어

해석

A 매번 내가 좌절을 당할 때, 항상 친구로부터 격려와 지지를 얻을 수 있었다.

B 교류 중에, 띵 교수님은 나의 예술적 소질과 깨닫는 능력에 대해 매우 높이 평가하셨다.

C 중국화는 기본적으로 세 가지로 나뉘는데 인물화, 산수화, 화조화이다.

D 올해 춘절에는 이 시의 3,000여 명의 소방대원들은 휴가를 포기했다.

해설 ▶ D는 '소방차'와 '소방대원'이라는 두 개의 주어가 '휴가를 포기했다'라는 한 가지 서술구조를 갖고 있다. 하지만 주어 중 하나인 '소방차'가 휴가를 포기할 수는 없다. 따라서 '소방대원'만이 이 문장의 주어가 될 수 있으므로, '今年春节期间，这个市的3000多名消防官兵放弃了休假'라고 고쳐야 한다.

단어 ★ 遭受 zāoshòu 통 (불행한 일이나 손해를) 입다, 당하다, 받다 | ★ 挫折 cuòzhé 통 ① 좌절시키다, 꺾다 ② 실패하다, 지다, 패배하다 | 天分 tiānfèn 명 타고난 자질, 천부적인 소질 | ★ 领悟 lǐngwù 통 깨닫다, 이해하다, 납득하다 | 颇为 pōwéi 분 제법, 꽤, 어지간히 | 赞赏 zànshǎng 칭찬하다, 높이 평가하다 | ★ 消防 xiāofáng 통 소방하다 | 官兵 guānbīng 명 장교와 사병

1 단문의 호응 오류

> 주요 양면사 : 단문의 호응에 오류가 있는 경우는 주로 양면사의 사용과 관련이 있다. 양면사는 긍정과
> 부정, 혹은 정반대의 두 개의 뜻을 모두 갖고 있는 표현을 뜻한다.
> 能否、是否、与否、有没有、是不是、成败、高低、优劣、好坏…

핵심포인트 ① … 양면사…, …

앞에서 양면사를 사용하며 정반(正反)의 두 가지 면을 다 언급해놓고, 뒤에서는 오직 한 가지 면만을 얘기하는 경우이다.

예 能否取得好成绩，关键在于努力学习。(×)

'能否取得好成绩(좋은 성적을 취득할 수 있는지 없는지)'의 관건이 모두 '努力学习'에 있을 수는 없다. 왜냐하면 '能取得好成绩'의 관건은 노력하는 데 있겠지만, '不能取得好成绩'의 관건이 노력하는 데 있다고 말할 수는 없기 때문이다. 따라서 뒤의 내용도 정반(正反)을 모두 언급해야 한다.

➡ 能否取得好成绩，关键在于是否努力学习。(○)

좋은 성적을 취득할 수 있는지 없는지의 관건은 열심히 공부하는지 그렇지 않은지에 있다.

예 在任用职员时，要掌握一定的标准，因为人员素质的优劣，关系到项目的成功。(×)

'素质的优劣(소양의 우열)'가 모두 '项目的成功'에 관계될 수는 없다. 왜냐하면 '素质的优'는 성공에 관계될 수 있겠지만, '素质的劣'가 성공에 관계된다고 말할 수는 없기 때문이다. 따라서 뒤의 내용도 정반(正反)을 모두 언급해야 한다.

➡ 在任用职员时，要掌握一定的标准，因为人员素质的优劣，关系到项目的成功与否。(○)

직원을 임용할 때 규정된 기준을 잡아야 한다. 왜냐하면 직원들 소양의 우열이 프로젝트의 성공 여부와 관계되기 때문이다.

핵심포인트 ② …, …양면사…

앞에서는 오직 한 가지 방면만 얘기하고, 뒤에서는 양면사를 사용해서 정반(正反)의 두 가지 면을 모두 언급하는 경우이다.

예 赢得观众的青睐是一部戏剧成功与否的标志。(×)

'成功与否(성공 여부)'는 '成功不成功'의 뜻이다. '赢得观众的青睐(관중들의 호감을 얻다)'는 '成功'의 지표이지, '不成功'의 지표가 아니다. 따라서 앞 부분에서도 정반(正反)을 모두 언급해야 한다.

➡ 能否赢得观众的青睐是一部戏剧成功与否的标志。(○)

관중의 호감을 얻을 수 있는지 없는지는 한 연극의 성공 여부의 지표이다.

例 一家企业经营得好，首先要看其营业额高低。(×)

'经营得好(경영을 잘하다)'의 기준은 '营业额高'이지 '营业额低'가 아니다. 따라서 앞 부분에서도 정반(正反)을 모두 언급해야 한다.

➡ 一家企业经营得好不好，首先要看其营业额高低。(○)

한 기업이 경영을 잘하는지 못하는지는 먼저 그 영업액의 높고 낮음을 봐야 한다.

2 문장 성분의 호응 오류

핵심포인트 ① 두 개의 주어 + 한 개의 서술어

두 개 이상의 주어가 하나의 서술어와 호응할 때, 그 중 하나의 주어가 서술어와 호응이 되지 않는 경우이다.

例 我的汉语知识和水平越来越丰富了。(×)

'知识丰富'는 서로 호응이 되지만, '水平丰富'는 말이 되지 않는다. 따라서 두 개의 주어를 각각 자신에게 맞는 서술어와 따로 써야 한다.

➡ 我的汉语知识越来越丰富，汉语水平越来越高了。(○)

나의 중국어 지식은 갈수록 풍부해지고, 중국어 수준은 갈수록 높아진다.

例 在厂长的管理下，这个工厂的生产规模和发展速度越来越大了。(×)

'生产规模大'는 서로 호응이 되지만, '发展速度大'는 말이 되지 않는다. 따라서 두 개의 주어를 각각 자신에게 맞는 서술어와 따로 써야 한다.

➡ 在厂长的管理下，这个工厂的生产规模越来越大，发展速度越来越快了。(○)

공장장의 관리 하에, 이 공장의 생산규모는 갈수록 커지고, 발전 속도는 갈수록 빨라진다.

핵심포인트 ② 한 개의 서술어 + 두 개의 목적어

두 개 이상의 목적어가 하나의 서술어와 호응할 때, 그 중 하나의 목적어가 서술어와 호응이 되지 않는 경우이다.

例 公司领导的正确决策加快了公司的<u>发展速度</u>和公司规模。（×）

'加快发展速度'는 서로 호응이 되지만, '加快公司规模'는 말이 되지 않는다. 따라서 두 개의 목적어를 각각 자신에게 맞는 서술어와 따로 써야 한다.

➡ 公司领导的正确决策加快了公司的发展速度，扩大了公司规模。（○）

회사 지도자의 올바른 결정은 회사의 발전 속도를 가속화시켰고, 회사의 규모를 확대시켰다.

例 现在我又<u>看到</u>了阔别多年的<u>乡亲</u>和熟悉可爱的<u>乡音</u>。（×）

'看到乡亲'은 서로 호응이 되지만, '看到乡音'은 말이 되지 않는다. 따라서 두 개의 목적어를 각각 자신에게 맞는 서술어와 따로 써야 한다.

➡ 现在我又看到了阔别多年的乡亲，听到了熟悉可爱的乡音。（○）

지금 난 또 오랫동안 헤어져 있었던 고향사람들을 만났고, 익숙하고 사랑스러운 고향 말투를 듣게 되었다.

핵심포인트 ③ 두 개의 서술어 + 한 개의 목적어

두 개 이상의 서술어가 하나의 목적어와 호응할 때, 그 중 하나의 서술어가 목적어와 호응이 되지 않는 경우이다.

例 我们应该<u>推进</u>和<u>挖掘</u>特色文化内涵。（×）

'挖掘内涵(속뜻을 찾아내다)'은 서로 호응이 되지만, '推进内涵(속뜻을 추진하다)'은 말이 되지 않는다. 따라서 목적어에 맞는 서술어만 사용해야 한다.

➡ 我们应该挖掘特色文化内涵。（○）

우리는 특색 있는 문화의 속뜻을 찾아내야 한다.

例 蒙古族人随身携带的小刀可以用来<u>宰杀</u>和<u>切割</u>牛羊的肉。（×）

'切割肉(고기를 자르다)'는 서로 호응이 되지만, '宰杀肉(고기를 도살하다)'는 말이 되지 않는다. 따라서 목적어에 맞는 서술어만 사용해야 한다.

➡ 蒙古族人随身携带的小刀可以用来宰杀牛羊，切割牛羊的肉。(○)

　몽고족은 몸에 휴대하고 다니는 작은 칼로 소와 양을 잡고 소와 양의 고기를 자르는 데 사용한다.

핵심포인트 ④ 한 개의 전치사 + 두 개의 동사

하나의 전치사구 뒤에 두 개 이상의 동사가 있을 때, 그 중 하나가 앞 전치사구와 호응이 되지 않는 경우
이다.

예 我喜欢(跟他)见面、征求意见。(×)

　'(跟他)见面(그와 만나다)'은 서로 호응이 되지만, '(跟他)征求意见(그와 의견을 구하다)'은 말이 되지 않는다. '征求意
见'에 맞는 전치사구를 따로 사용해야 한다.

➡ 我喜欢跟他见面，向他征求意见。(○)

　나는 그를 만나서 그에게 의견을 구하는 것을 좋아한다.

핵심포인트 ⑤ 한 개의 서술어 + 두 개의 목적어

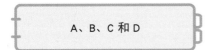

여러 개의 단어가 병렬되어 있는 경우, 논리적으로 맞지 않거나 그 중 하나가 나머지를 다 포함하는 관계
가 되어 버리는 경우이다.

예 我们应该及时分析、发现和解决问题。(×)

　논리적으로 볼 때 먼저 '발견'하고 그런 다음 '분석'하여 문제를 '해결'해야 한다.

➡ 我们应该及时发现、分析和解决问题。(○)

　우리는 문제를 즉시 발견하고 분석하여 해결해야 한다.

예 我们的报刊、杂志和一切出版物都应该作出表率。(×)

　'一切出版物(모든 출판물)'가 '신문과 간행물'과 '잡지'를 모두 포함한다. 이런 경우 병렬 관계로 사용할 수 없다.

➡ 我们的报刊、杂志等一切出版物都应该作出表率。(○)

　우리의 신문과 간행물, 잡지 등 모든 출판물은 본보기가 되어야 한다.

DAY **7**

1. A 演员们过去一贯遭白眼，如今受到青睐，在这白眼与青睐之间，他们体味着人间的温暖。

   B 有无灵感思维，取决于知识积累的状况。

   C 事业上的成败完全看一个人为人的态度。

   D 姚明就像悬崖边的一块石头，只要稍微推一下就行了，无需费多少力气。

2. A 我在最无助的时候开始怀疑我这辈子是否有前程。

   B 服务质量的优劣、职员素质的高低，都是地区经济健康发展的重要保证。

   C 我只喜欢做自己喜欢的事，并且努力把它做好，能否得到肯定并不重要。

   D 哈萨克人热情好客，来客不论认识与否，都待如上宾。

3. A 有氧运动可以有效地锻炼呼吸系统和心血管系统吸收、输送氧气的能力。

   B 让老百姓吃饱、吃好、吃得安全，永远是农业发展的根本任务。

   C 现在的形势要求我们必须尽快提高和培养一批专业技术人员。

   D 一旦确定了某个特定节日的纪念物，企业、商家 就可以设计、生产、经营相关的物品。

DAY **8**

1. A 人的眼球是通过改变焦距来观察远近不同的物体的。

   B 按照信息保持时间的长短，可以把人的记忆分为瞬时记忆、短时记忆和长时记忆三种类型。

   C 电子工业能否迅速发展，关键在于培养一批专门技术人才。

   D 对一些重大问题，要权衡对全局的利弊得失，最后做出正确决策。

2. A 会议围绕促进教风和学风建设等议题布置了今年评教评学的主要工作。

   B 书中的爱国心、人生观、事业心以及爱情观让我非常喜欢。

   C 事实证明，电子工业能迅速发展，并广泛渗透到各行各业中去。

   D 无论我走到哪里，仿佛都能听到他布满笑容的脸和爽朗的笑声。

3. A 长辈们一再告诫我们，要好好学习、努力工作。

   B 无论遇到什么事，我总是喜欢和他聊聊天、征求意见。

   C 儿童应该是儿童的样子，应该拥有这个年龄段里一切的欢笑、快乐、天真和无忧无虑玩耍的权利。

   D 大人的一言一行都在给孩子树立榜样，都在孩子的精神世界烙上了永远的印记。

DAY 9

1. A 莫言的小说充满了乡土气息，因此被称为"寻根文学"作家。

   B 汉代匡衡凿壁借光、勤奋苦读的故事可谓家喻户晓。

   C 侗族大歌起源于春秋战国时期，至今已有2500多年的历史。

   D 遇到困难时，不要一味寄希望于他人，很多时候"求人不如求己"。

2. A 黄山位于安徽省南部，是中国著名的游览胜地之一。

   B 能否保持为政清廉，是关系到政府取得广大群众信任的重大问题。

   C 曹禺先生是著名的剧作家，被誉为"中国的莎士比亚"。

   D 苹果富含维生素和微量元素，不仅能够提高免疫力，而且可以改善心血管功能。

3. A 速度的提高，带来的不仅是运行时间的缩短，更重要的是人的观念的更新。

   B 婚姻最坚韧的纽带不是孩子，也不是金钱，而是精神上的共同成长。

   C 观点正确、论据充分、结构完整，是衡量一篇议论文好坏的重要标准。

   D 家长必须对孩子多一些正面的指导和评价，这样才有利于孩子自信心的建立，才有利于孩子的健康成长。

04 구문의 오용

중국어는 특별한 단어를 사용했거나 특별한 구조를 가지는 문장의 경우 '～문'이라고 이름을 붙여 부르는 경우가 많다. 대표적으로 '把자문', '被자문', '比자문', '是자문' 등이 있다. 각 문형 별로 정해진 격식과 구조가 있으므로, 시험에서는 그것에 어긋나는 문장을 찾아내게 된다.

독해 시크릿 백전백승

1 전치사구는 괄호 표시를 하자!

'把자문', '被자문', '比자문'과 같은 대부분의 문형은 전치사 '把、被、比'를 사용한다. 특히 문장 속에서 이러한 전치사구의 위치, 그리고 이 전치사구를 기준으로 부사나 조동사의 위치 등이 문제의 핵심이 되므로, 전치사구는 잘 보일 수 있도록 괄호 표시를 하는 것이 크게 도움이 된다.

2 '被자문'은 '把자문'으로 바꿔 생각하라!

한국인에게 '피동문' 혹은 영어의 '수동태'는 의미가 잘 와 닿지 않는 경우가 많다. 예를 들어 '내가 사과를 먹었다'는 자연스럽지만, '사과가 나에게 먹혔다'는 한국어로 어색하기 그지없다. 따라서 중국어의 '被자문'을 이해하기 어려운 경우에는 '把자문'으로 바꿔서 생각해보고, '把자문'으로 바꿨을 때 의미가 자연스럽다면 '被자문'도 가능하다고 판단할 수 있다. 예를 들면 다음과 같다.

A (被 B) + 동사 → B (把 A) + 동사 → B + 동사 + A

我的苹果(被他)抢走了。　　他(把我的苹果)抢走了。　　他抢走了我的苹果。

나의 사과가 그에 의해 빼앗겨졌다.　　그가 나의 사과를 빼앗아갔다.　　그가 나의 사과를 빼앗아갔다.

3 '比자문'은 폐쇄문형이다!

'比자문'은 내가 쓰고 싶은 표현을 마음껏 사용할 수 있는 문형이 아니다. 서술어 앞에서 수식할 수 있는 성분, 뒤에서 보충할 수 있는 성분이 명확하게 딱 정해져 있는 폐쇄문형이다. 따라서 '比자문'은 반드시 함께 쓸 수 있는 표현들을 외워두고, 거기서 벗어나는 표현이 나온다면 틀렸다고 판단할 수 있어야 한다.

문제 1

A 老师让我把明天要学的资料全部带去。

B 朋友们把她男朋友送来的礼物全给瓜分了。

C 小张的一番话差点儿把老李给气晕过去。

D 当上帝把一扇门关的时候，另一扇门将会打开。

🔍 **문제 분석**

❶ 먼저 각 문장의 기본 성분인 주어, 서술어, 목적어를 찾아내보자.

A 老师 ⋯ 让　我　(把⋯)　带去。
　　주어　　서술어1　겸어　　　　서술어2

B 朋友们　(把⋯)　瓜分了。
　　주어　　　　　　서술어

C ⋯一番话 ⋯(把⋯)　气晕过去。
　　　주어　　　　　　서술어

D 当　上帝　(把⋯)　关　的时候，另一扇门 ⋯ 打开。
　　　주어　　　　서술어　　　　　주어　　　서술어

❷ 모두 '把자문'으로 되어 있는 문장이다. '把자문'의 자세한 용법은 보물상자에서 언급하겠지만, 가장 중요한 몇 가지, ① '전부'의 의미를 가지는 부사를 제외한 나머지 부사는 반드시 '把' 앞에, ② 동사는 단독으로 사용하지 말고 뒤에 반드시 기타 성분 사용하기 등이 맞는지 체크해보자.

A (把 ⋯)　**全部**　**带去**。
→ '전부'의 의미를 가지는 부사는 '把자구' 뒤에, 동사 뒤에는 방향보어 '去'가 있다.

B (把 ⋯)　**全 给**　**瓜分了**。
→ '전부'의 의미를 가지는 부사는 '把자구' 뒤에, 동사 뒤에는 동태조사 '了'가 있다. '把'자문'의 동사 앞에 쓰는 조사 '给'는 주로 구어에서 많이 나타나며 생략해도 의미적 변화가 없다.

C **差点儿** (把⋯)　**给**　**气晕过去**。
→ 부사 '差点儿'은 '把' 앞에, 동사 뒤에는 방향보어 '过去'가 있다.

D (把⋯)　**关**。
→ 동사 뒤에 기타 성분이 없다.

해석
A 선생님은 나에게 내일 배워야 할 자료를 모두 가지고 가게 했다.
B 친구들은 그녀의 남자친구가 보내온 선물을 전부 나누었다.
C 샤오장의 말은 하마터면 라오리를 화가 나서 기절하게 할 뻔 했다.
D 하느님이 한 쪽 문을 닫을 때, 다른 한 쪽 문은 열어 둘 것이다. (사람이 어떠한 능력이 없다면 다른 쪽의 능력을 갖고 있을 것이다)

▶ D에서 '当…的时候'는 '~할 때'의 뜻을 나타내는 구문이다. 그것을 배제하고 문장만 본다면 '把전치사구' 뒤에 있는 동사 '关'은 기타 성분이 없이 단독으로 사용한 것이 된다. 따라서 '关'에 어울리는 접촉이나 부착을 나타내는 보어 '上'과 함께 '关上'으로 사용해야 한다.

단어 ┃ 瓜分 guāfēn 통 분할하다, 나누다, 분배하다 ┃ 差点儿 chàdiǎnr 부 하마터면, 자칫하면 ┃ 晕 yūn 형 (머리가) 어지럽다 통 의식을 잃다, 혼미하나 ┃ 扇 shàn 양 분이나 창를 세는 단위

문제 2

A 每在科学发达的近代，大量气体燃料和液体燃料被广泛应用。

B 小云滴轻，很容易被上升的气流带到云的上部。

C 这个学期，他由于品学兼优，被学校评"三好学生"。

D 岛上出产一种透明的晶体，被人们称为"冰洲石"。

🔍 **문제 분석**

❶ 먼저 각 문장의 기본 성분인 주어, 서술어, 목적어를 찾아내어 보자.

A （在 … ），气体燃料和液体燃料 …被 应用。
　　　　　　　　주어　　　　　　　　　서술어

B 小云 滴轻 ，（被 … ） 带到 …。
　　주어　　　　　　　　　　서술어

C …他 …，（被 … ） 评 "三好学生"。
　　주어　　　　　　서술어　　목적어

D 岛上 出产 晶体，（被人） 称为 "冰洲石"。
　　주어　서술어　목적어　　　　서술어　　목적어

❷ 모두 '被자문'으로 되어 있는 문장이다. '被자문'의 자세한 용법은 보물상자에서 언급하겠지만, 'A + (被 B) + 동사' 구문은 'B + (把A) + 동사' 구문으로 호환될 수 있어야 한다.

A B가 생략되어 있는 피동문이다.
→ (把气体燃料和液体燃料)广泛应用。 기체 연료와 액체 연료를 광범위하게 응용한다.

B 小云 + (被上升的气流) + 带到云的上部。
→ 上升的气流(把小云)带到云的上部。 상승하는 기류가 작은 구름을 구름의 상부로 데리고 올라간다.

C 他 + (被学校) + 评"三好学生"。
→ 学校(把他)评"三好学生"。 학교는 그를 '모범학생'으로 평가했다.

D 晶体 + (被人们) + 称为"冰洲石"。
→ 人们(把晶体)称为"冰洲石"。 사람들은 결정을 '冰洲石'라고 부른다.

해석

A 과학이 발달한 근대에, 대량의 기체 연료와 액체 연료는 광범위하게 응용된다.

B 작은 구름은 물방울이 가벼워서, 쉽게 상승하는 기류에 의해 구름의 상부로 매달려 올라가진다.

C 이번 학기에 그는 품행과 학업이 모두 우수하여, 학교에 의해 '모범학생'으로 평가되었다.

D 섬에서 투명한 결정을 생산하는데, 사람들에 의해 '冰洲石'라고 불려진다.

해설 ▶ 'A를 B라고 부르다'라고 하려면 '把A称为B' 구문을 사용해야 한다. 단독으로 '称'을 사용하면 뒤에 부르는 대상이 나와야 하므로, 호칭이 나오기 위해서는 반드시 '称为' 구조로 써야 한다. 마찬가지로 'A를 B라고 평가하다'라는 표현도 반드시 '把A评为B' 구문을 사용해야 한다. 따라서 '把자문'과 서로 호응되는 '被자문'을 사용한 C도 반드시 '评为'라고 사용해야 한다.

단어 燃料 ránliào 명 연료, 땔감 | 液体 yètǐ 명 액체 | 品学 pǐnxué 명 품행과 학업 | 出产 chūchǎn 동 (천연적으로 또는 인공적으로) 생산하다, 제조하다 명 생산품, 제조품 | 透明 tòumíng 형 투명하다 | 晶体 jīngtǐ 명 결정, 크리스털

NEW 단어 + TIP

- **节制** jiézhì 동 절제하다, 제한하다, 조절하다
  예 要想减肥，首先必须节制饮食。 다이어트 하려면 먼저 반드시 음식을 절제해야 한다.

- **截止** jiézhǐ 동 마감하다
  예 活动日期截止到本月30号。 활동일자는 이번 달 30일까지 마감이다.

- **敬业** jìngyè 동 자기의 일에 최선을 다하다, 직업 의식이 투철하다
  예 他这个人十分敬业。 그는 매우 직업 의식이 투철하다.

- **君子** jūnzǐ 명 군자, 학식과 덕망이 높은 사람
  예 君子要心胸宽广。 군자는 도량이 넓어야 한다.

- **侃侃而谈** kǎnkǎn'értán 성 당당하고 차분하게 말하다
  예 他平时不爱讲话，但一说起中国历史来，他便侃侃而谈起来。
  그는 평소에 말하기를 좋아하지 않으나, 중국 역사에 대해 말하기 시작하면 그는 당당하고 차분하게 말하기 시작한다.

- **苦涩** kǔsè 형 ① 씁쓸하고 떫다 ②괴롭다
  예 初恋就像青苹果，是苦涩的。 첫사랑은 마치 풋사과처럼 쓰고 떫은 것이다.

1 把자문

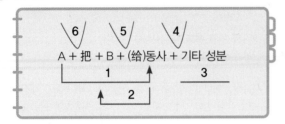

A + 把 + B + (给)동사 + 기타 성분

핵심포인트 ① 1, 2번 관련

A는 동작의 주체, 즉 동작의 시행자(施动者)여야 한다. B는 동사의 목적어로, 한국어의 해석으로 '～을(를)'의 뜻을 가지는 동작의 대상이다. 이 두 가지의 위치가 정확한 지 체크해야 한다.

例 有一次我去外地旅游回来的时候，竟然发现家里的东西(把小偷)偷了。(×)

'家里的东西把小偷偷了(집안 물건이 도둑을 훔쳐갔다)'는 주체와 목적어가 완전히 바뀐 표현이다.

→ 有一次我去外地旅游回来的时候，竟然发现小偷(把家里的东西)偷了。(○)

한 번은 내가 외지에 여행 갔다 돌아왔을 때, 뜻밖에 도둑이 집안 물건을 훔쳐간 것을 발견했다.

例 小王(把这突如其来的变故)吓傻了，他半天才反应过来，发出一声惊叫。(×)

'小王把这突如其来的变故吓傻了(샤오왕은 이 갑작스럽게 찾아온 변고를 놀라 멍하게 했다)'는 주체와 목적어가 완전히 바뀐 표현이다.

→ 这突如其来的变故(把小王)吓傻了，他半天才反应过来，发出一声惊叫。(○)

이 갑작스럽게 찾아온 변고가 샤오왕을 놀라 멍하게 했다. 그는 한참 만에서야 정신이 들어 놀라 소리쳤다.

핵심포인트 ② 3, 4번 관련

동사 뒤에는 보어, 동태조사, 중첩 등 기타 성분이 있어야 한다. 만약 결과보어의 의미를 함께 갖고 있는 동사라면 단독으로 사용이 가능하다. 기타 성분이 필요치 않은 주요 동사는 다음과 같다.

> 扩大、克服、揭穿、解放、延长、降低、约定、取消、完成、缩小、提高、改正、看破、看透、
> 放大、打开、打倒、打通、打破、推动、说明、证明、升高、分开、减少、抓紧、放松、端正…

특히 위치의 이동, 관계의 전이, 상황의 변화 등을 나타낼 때 동사 뒤에는 종종 '在、到、给、成、做、为' 등을 사용해야 한다. 바꾸어 말해서 '동사 + 在、到、给、成、做、为 + 목적어' 구조가 '～을(를)'의 뜻의 다른 목적어를 가지려고 할 경우 반드시 '把자문'을 사용해야 한다.

例 小偷(把我的钱包)偷。(×)

동사 '偷'에게는 기타 성분이 없다. '偷'와 어울리는 결과보어와 동태조사를 써야 한다.

→ 小偷把我的钱包偷走了。(○)

도둑이 내 지갑을 훔쳐가 버렸다.

🔲 世人把王羲之称"书圣"，他的作品几乎都是珍品。（×）

'주어는 A를 B라고 부르다'라는 뜻을 나타내려면 '주어 + (把 A) + 称为 B' 구문을 사용해야 한다. 단독으로 '称'을 쓰게 되면 '~을 부르다'의 뜻이 된다. 하지만 이미 '~을'에 대한 대상은 '把'를 사용해서 앞에 있다.

➡ 世人把王羲之称为"书圣"，他的作品几乎都是珍品。（○）

세상 사람들은 왕희지를 '서성'이라고 부르며, 그의 작품은 거의 다 진품이다.

▌핵심포인트 ③　5, 6번 관련

시간명사, 부사, 조동사는 반드시 '把' 앞, 즉 6번 자리에 두어야 한다. 단, 전체를 나타내는 범위부사(🔲 全、都、统统…)인 경우 '把전치사구' 뒤, 즉 5번 자리에 두어야 한다. 또한 '把전치사구'가 있는 문장의 동사 앞에는 처리의 의미를 더 강조하는 조사 '给'를 사용할 수 있다. 생략해도 전체 의미에 전혀 영향을 끼치지 않는다.

🔲 一直到深夜，我(把喝得满身酒气的小王)才等了回来。（×）

'把전치사구'에 괄호를 해보면 더 명확해진다. 동사 '等'을 수식하는 부사 '才'는 '把' 앞에 써야 한다.

➡ 一直到深夜，我才(把喝得满身酒气的小王)等了回来。（○）

깊은 밤이 되어서야, 나는 온 몸에 술 냄새가 진동하도록 많이 마신 샤오왕을 기다려 데리고 돌아왔다.

🔲 为了取得好成绩，他统统(把以前学过的知识)复习了一遍。（×）

'统统(모두, 전부)'은 전체를 나타내는 범위부사로 '把전치사구' 뒤, 즉 동사 바로 앞에 사용해야 한다.

➡ 为了取得好成绩，他(把以前学过的知识)统统复习了一遍。（○）

좋은 성적을 얻기 위해, 그는 이전에 배운 지식을 모두 한 번 복습했다.

2 被자문

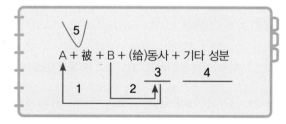

▌핵심포인트 ①　1, 2번 관련

A는 동작의 목적어이고, B는 동작의 주어, 즉 동작의 시행자(施动者)여야 한다. '把자문'과 정반대의 의미 구조를 갖는다. 따라서 '把자문'의 A와 B의 위치를 바꾸면 '被자문'이 된다.

例 那个人给了她很多钱，她(被这件事)处理得非常漂亮。(×)

'她被这件事处理得非常漂亮(그녀는 이 일에 의해 매우 멋지게 처리되었다)'은 주체와 목적어가 완전히 바뀌어진 표현이다. 사람이 일에 의해 처리되는 것은 말이 안 된다. 사람이 일을, 즉 일이 사람에 의해 처리되어야 한다.

➡ 那个人给了她很多钱，这件事被她处理得非常漂亮。(○)

그 사람은 그녀에게 많은 돈을 주었다. 이 일이 그녀에 의해 매우 멋지게 처리되었기 때문이다.

▌핵심포인트 ②　3, 4번 관련

전체적으로 볼 때 피동문의 동사는 부정적인 뜻을 가진 동사(例 批评、骂、打、拒绝、偷…)가 오는 경우가 훨씬 많다. 또한 동사 뒤에는 '把자문'의 동사와 마찬가지로 보어, 동태조사 등 기타 성분이 있어야 한다. 단 '被전치사구' 앞에 부사나 조동사가 있고, 동사 자체가 2음절인 경우 다른 기타 성분이 없어도 상관없다. (例 我没被他拒绝。)

例 后来他们几个都(被警察)抓。(×)

1음절 동사를 '被전치사구' 뒤에 단독으로 사용해서는 안 된다. '抓'와 어울리는 보어를 써야 한다.

➡ 后来他们几个都被警察抓住了。(○)

나중에 그들 몇 명은 모두 경찰에 붙잡혔다.

▌핵심포인트 ③　5번 관련

시간명사, 부사, 조동사는 반드시 '被' 앞, 즉 5번 자리에 두어야 한다.
먼저 피동문의 문형을 알아보자.

> 피동문의 네 가지 문형
> ⑴ A＋被、给＋동사 : B가 생략된 경우
> ⑵ A＋被、给、让、叫＋B＋동사
> ⑶ A＋被、让、叫＋B＋给＋동사 : ⑵와 같은 뜻, 주로 구어에서 사용
> ⑷ A＋被、为＋B＋所＋동사 : ⑵와 같은 뜻, 주로 서면어에서 사용

'被전치사구'가 있는 문장의 동사 앞에는 처리의 의미를 더 강조하는 조사 '给'를 사용할 수 있다. 또한 생략해도 전체 의미에 전혀 영향을 끼치지 않는다. 이때 피동 전치사는 '被、让、叫'를 사용할 수 있다. ('给'는 조사 '给'와 겹치므로 사용할 수 없다.)
서면어에서는 동사 앞에 조사 '所'를 사용할 수 있다. 단, 서면어에 사용하는 피동 전치사 '为'는 주로 조사 '所'가 있는 경우에 사용 가능하다.

例 南极大陆(被厚厚的冰雪)几乎完全所覆盖。(×)

'被전치사구'에 괄호 표시를 해보면 더 명확해진다. 동사 '覆盖'를 수식하는 부사 '几乎'와 '完全'은 '被' 앞에 써야 한다.

➡ 南极大陆几乎完全被厚厚的冰雪所覆盖。(○)

남극 대륙은 거의 완전히 두꺼운 얼음과 눈에 뒤덮였다.

예 他的毛遂自荐精神、取信于民的战略思想，历来(为世人)称道。(×)

문장의 주어는 '精神과 思想'이고, 서술어는 '称道(칭찬하다)'이다. 정신과 사상이 칭찬받는 것이므로 이 문장의 '为'는 피동 전치사임을 알 수 있다. 하지만 피동을 나타내는 '为'는 동사 앞에 '所'가 있어야 한다.

➡ 他的毛遂自荐精神、取信于民的战略思想，历来为世人所称道。(○)

그의 자기가 주동적으로 일을 책임지는 정신과 국민의 신임을 얻는 전략 사상은 역대로 세상 사람들에 의해 칭찬을 받아왔다.

3 比자문

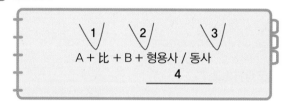

핵심포인트 ① 1번 관련

부사(**예** 不、没(有)、已经、一直…)는 '比전치사구' 앞에 두어야 한다.

예 这孩子长得真快，(比她妈妈)已经高出一个头了。(×)

'比전치사구'에 괄호 표시를 해보면 더 명확해진다. 부사 '已经'은 '比' 앞에 써야 한다.

➡ 这孩子长得真快，已经(比她妈妈)高出一个头了。(○)

이 아이는 정말 빨리 자라서, 이미 그녀의 엄마보다 머리 하나 만큼 더 크다.

예 这个公司销售额不仅(比过去)没减少，反而增加了。(×)

역시 마찬가지로 부정부사 '没'는 '比' 앞에 써야 한다.

➡ 这个公司销售额不仅没(比过去)减少，反而增加了。(○)

이 회사의 판매액은 과거보다 감소하지 않았을 뿐 아니라, 오히려 증가했다.

단 '더(욱)'의 뜻을 나타내는 부사 '更、还、再'는 '比전치사구' 뒤 시술어 앞에 두어야 한다. 이때 일반적인 정도를 나타내는 정도부사(예 很、非常、十分、特别、太…)는 '比자문'에 사용할 수 없다.
'更、还、再'의 구체적인 용법은 다음과 같다.

> 更 : 객관적인 비교를 나타냄
>   这件衣服(比那件)更漂亮。➡ 객관적으로 볼 때 이 옷이 저 옷보다 더 예쁘다는 뜻
> 还 : 주관이고 감정적인 비교이며, B도 인정하는 느낌을 나타냄
>   这件衣服(比那件)还漂亮。➡ 주관적인 느낌으로 다른 사람들과 다를 수도 있으며, '저 옷'도
>   예쁘다는 것을 인정하지만 이 옷이 더 예쁘다는 뜻
> 再: 주로 의문이나 부정에 사용
>   有(比这件衣服)再大的吗? ➡ 의문 (이 옷보다 더 큰 것 있나요?)
>   没有(比这件衣服)再大的。 ➡ 부정 (이 옷보다 더 큰 것은 없습니다.)

예 由于(比以前)特别忙，我已经很久没有给父母打电话了。(×)
   '比자문'에 정도부사 '特别'를 사용해서는 안 된다.

➡ 由于比以前更忙，我已经很久没有给父母打电话了。(○)
   예전보다 더 바쁘기 때문에 나는 이미 오랫동안 부모님께 전화를 드리지 않았다.

'比자문'의 서술어 뒤에 올 수 있는 표현은 다음의 세 가지가 있다.

> (1) A가 B보다 조금 더 ~하다 : (一)点儿、(一)些
>   今天(比昨天)冷一点儿。오늘이 어제보다 조금 더 춥다.
> (2) A가 B보다 많이/훨씬 더 ~하다 : 得多、多了
>   今天(比昨天)冷得多。오늘이 어제보다 많이 더 춥다.
> (3) 수량사
>   今天(比昨天)冷三度。오늘이 어제보다 3도 더 춥다.

'比자문'의 서술어 뒤에는 정도보어 '极了', '得很', '得不得了' 등을 사용할 수 없다.

예 海水吸收热量的本领要(比陆地)强得不得了。(×)
   '比자문'의 서술어 뒤에 쓸 수 있는 표현은 제한적이다. 정도보어 '得不得了'는 쓸 수 없다.

➡ 海水吸收热量的本领要(比陆地)强得多。(○)
   해수가 열량은 흡수하는 능력은 육지보다 훨씬 강하다.

예 现代社会的人类每天摄入的食盐量(比权威机构建议的摄入量)高极了。(×)
   마찬가지로 정도보어 '极了'도 사용할 수 없다.

➡ 现代社会的人类每天摄入的食盐量比权威机构建议的摄入量高得多。(○)
   현대사회의 인류가 매일 섭취하는 식염량은 권위 있는 기구가 건의하는 섭취량보다 훨씬 높다.

핵심포인트 ④ 4번 관련

'比자문'의 서술어(형용사나 동사)는 확실하게 성질을 구분 지을 수 있는 것이어야 한다. 따라서 '差不多', '(不)相同', '(不)一样' 등을 사용해서는 안 된다. 또한 원래 비교의 의미를 나타내는 동사 '不如'도 사용할 수 없다.

예 我对家乡的感情(比他对家乡的感情)差不多。(×)

　'差不多'는 'A跟/和B差不多'의 구문으로 사용한다. '比'와는 사용할 수 없다.

➡ 我对家乡的感情比他对家乡的感情深。(○)

　나의 고향에 대한 감정은 그의 고향에 대한 감정보다 깊다.

예 今天的学习气氛(比昨天)大不相同了。(×)

　'相同'도 마찬가지로 'A跟/和B(不)相同'의 구문으로 사용한다.

➡ 今天的学习气氛和昨天大不相同了。(○)

　오늘의 수업 분위기는 어제와는 많이 달라졌다.

예 他的口语水平(比同事)根本就不如。(×)

　'不如'는 'A不如B(A는 B만 못하다)'라는 구문으로 쓰며 원래 비교를 나타내는 동사이다. 따라서 '比'와 함께 쓸 필요도 없고, 써서도 안 된다.

➡ 他的口语水平根本就不如同事。(○)

　그의 회화 수준은 전혀 동료만 못하다.

4 是자문

핵심포인트 ①

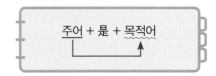

주어 + 是 + 목적어

주어와 목적어가 '是'로 연결될 수 있는 동등관계인지 따져봐야 한다.

예 中等教育是开发人的能力的最好时期。(×)

　'중등교육'과 '시기'는 동등관계가 될 수 없다.

➡ 中等教育是开发人的能力的最好教育。(○)

　중등교육은 사람의 능력을 개발하는 가장 좋은 교육이다.

예 春天的北京是一年中风沙最大的季节。(×)

'베이징'과 '계절' 또한 동등관계가 될 수 없다.

➡ 北京的春天是一年中风沙最大的季节。(○)

베이징의 봄은 일 년 중 황사가 가장 심한 계절이다.

핵심포인트 ②

주어 + 是 + 동 / 형 + 的

이러한 구문은 다음과 같이 두 가지 경우가 있다.

(1) 동사 '是' 다음 목적어 자리에 형용사나 동사가 온 경우에는 이것을 명사화하기 위해서 반드시 '的'를 사용해야 한다. **예** 这是最好的。

(2) 동작이 발생한 장소, 시간, 방식, 조건, 원인, 목적 등을 강조하기 위해 '是…的' 강조구문을 사용할 수 있다. 이때 '是'는 상황에 따라 생략할 수 있지만 '的'는 반드시 써야 한다. '是'는 강조하고자 하는 내용 앞에, '的'는 '동사 + 的 + 목적어' 또는 '동사 + 목적어 + 的' 두 가지 어순이 모두 가능하다. **예** 他是昨天来的中国。 / 他是昨天来中国的。

예 根据我的经验来说，多说对学习外语是很有用。(×)

'是' 뒤에 바로 형용사 '有用'을 사용할 수 없다. 반드시 '的'를 써서 명사화시켜야 한다.

➡ 根据我的经验来说，多说对学习外语是很有用的。(○)

내 경험에 근거해서 말하건데, 말을 많이 하는 것은 외국어를 학습하는 데 매우 유용한 것이다.

예 我是从三年前开始学习汉语，因为那时经常与中国人打交道，因此非学好汉语不可。(×)

지금 이 문장은 '从三年前(3년 전부터)'이라는 시간을 강조하기 위해 '是'를 사용했다. 그렇지 않으면 굳이 '是'를 쓸 필요가 없는 문장이다. 강조구문에서 '是'는 생략하더라도 '的'는 반드시 써야 한다.

➡ 我是从三年前开始学习汉语的，因为那时经常与中国人打交道，因此非学好汉语不可。(○)

나는 3년 전부터 중국어를 배우기 시작했는데, 그때 자주 중국인과 왕래해야 했으므로 중국어를 잘 배우지 않으면 안 되었기 때문이다.

DAY 10

1. A 小娜在数百名竞争者中过五关斩六将，被终于录取了。
   B "羊吃人" 是一个形象的比喻，因为圈占土地是为了养羊，所以被 认为是羊 "吃" 掉了人。
   C 他骁勇善战，酷爱自由，曾多次从部队开小差，但又被抓回。
   D 他被自己的好朋友出卖，被迫接受了协定。

2. A 学这玩艺儿真是比学外语还难。
   B 这个学校的教学水平还行，反正比一般的中学校要强得多。
   C 他虽然比我大两、三岁，可个头却和我一样高。
   D "胜利2号" 钻井船的船体结构和 "胜利1号" 复杂得多。

3. A 他小声地嘀咕："你问我我问谁? 我也不知道是怎么搞的。"
   B 白白请中介人吃饭不说，精神上的折磨和煎熬才是最大的。
   C 大家千万不要上当受骗，这个人所使用的手段，只不过是个江湖骗子。
   D 受苦受累都不怕，最让我们受不了的，是他们瞧我们的眼光。

4. A 当今社会，人们越来越重视团队合作精神。
   B 丝绸之路的起点在汉唐古都长安，即今天的西安。
   C 这里降水量少，常有羚羊、犀牛等动物出没。
   D 小漏洞常常会造成大灾难，忽视细节往往会导致失败的原因。

DAY 11

1. A 知识是无止境的，人一生把所有的知识都不可能掌握。
   B 他发誓不把心仪的她追到手决不罢休。
   C 他的身体实在吃不消，就把居委会的工作给推了。
   D 我开始变得成熟起来，不再把模特这一行看做是单纯的走台。

2. A 生活就像一场旅行，不在乎目的地，而在乎沿途的风景和心情。
   B 中药很讲究煎药的方法和服药的时间，有的药还有禁忌。
   C 大部分人失败与其说他们是在与别人的竞争中失利，不如说他们败给了自己不成熟的心态。
   D 我很珍惜这个荣誉，但我一定把获奖的证书不放在办公室里，以免看久了会骄傲。

3. A 许多看似平凡的事物却蕴藏了无限的奥秘。

B 新能源汽车正在以前所未有的速度进入公共交通领域。

C 经过短暂的交谈，大家都把他流畅的汉语和幽默的谈话风格所吸引。

D "放弃" 二字15笔，"坚持" 二字16笔。可见，它们之间只有一笔之差。

4. A 商业广告显然不同于公益广告，因为它带有明显的功利色彩。

B 在能力相当的情况下，做学问其实就靠一个人的态度了。

C 天安门广场今年的庆祝活动比往年还要盛大极了。

D 以适合您生理和心理的方式生活，别浪费时间，以免落在他人之后。

독해 제2부분 빈칸 채우기

기출문제 탐색전

문제 61

　　九寨沟＿＿＿＿四川省南坪县中南部，素有"人间仙境、童话世界"的美誉，它以翠海瀑布、彩林、云峰等奇观＿＿＿＿，在九寨沟原始森林中还栖息着人熊猫、小熊猫、金丝猴等珍贵动物，1992年被列入世界自然＿＿＿＿名录。因慕名前来旅游的中外游客＿＿＿＿，九寨沟不得不对游客数量进行限制。

A　处于　　　举世闻名　　风景　　滔滔不绝
B　位于　　　闻名于世　　遗产　　络绎不绝
C　介于　　　家喻户晓　　遗迹　　车水马龙
D　坐落　　　赫赫有名　　现象　　川流不息

❶ 총 10문제가 출제되며 전체 독해 영역의 20%를 차지한다.

❷ 독해는 전체 문항수가 50문제이고 50분의 시간이 주어진다. 즉 평균적으로 볼 때 한 문항당 주어지는 시간이 1분이라고 할 수 있다. 하지만 독해 1부분을 푸는 데 상대적으로 긴 시간이 필요하므로, 독해 2부분은 10문제를 8분 내외로 해결할 수 있도록 하자.

❸ 보통 61~63번은 세 개의 빈칸, 66~69번은 네 개의 빈칸, 70번은 5개의 빈칸으로 되어 있는 경우가 많다.

❹ 어려운 단어나 사자성어로 되어 있는 보기보다는 내가 잘 아는 단어 위주로 되어 있는 빈칸부터 먼저 공략하는 것이 효율적이다.

❺ 해석 문제가 아니므로 자세한 해석보다는 빈칸의 짝이 되는 단어와 주요 문장 성분 위주로 큰 흐름을 체크하는 것이 좋다.

독해 제2부분은 61~70번까지 모두 10문제로 이루어져 있다. 이 부분은 구HSK의 종합 3부분과 비슷한 유형이다. 이 부분의 매 문제는 짧은 한 단락의 글이 제시되고, 3개에서 5개의 빈칸이 주어진다. 수험생은 앞뒤 내용을 잘 파악하여 각 빈칸에 들어가기 적합한 단어나 성어로만 되어 있는 보기를 찾아내야 한다.

정답 찾기

각 문제는 다음과 같은 순서에 따라 해결한다.

❶ 빈칸과 짝을 이루는 부분을 찾아낸다.
문제를 풀 때 무작정 빈칸만 보고 답을 찾으려 해서는 안 된다. 반드시 앞뒤 내용을 잘 살펴보고 빈칸과 짝을 이루는 단어를 찾아내야 한다. 짝을 이루는 단어는 의미적으로 짝을 이룰 수도 있고 어법적으로 짝을 이룰 수도 있으며, 관용 표현일 수도 있다. 짝을 이루는 단어를 정확하게 판단해야만 빈칸의 답을 모두 정확하게 찾아낼 수 있다.

❷ 단어의 뜻, 품사, 감정 어감을 체크한다.
빈칸과 짝을 이루는 부분을 찾아내면 빈칸에 들어갈 단어의 품사 및 뜻을 파악할 수 있다. 이때 보기에서 품사나 뜻에 적합하지 않은 것은 답에서 제외시키도록 한다.

❸ 내가 익숙한 단어나 짝이 있는지 찾아본다.
독해 제2부분의 경우 모든 빈칸을 다 살펴보지 않고서도 자기가 확실하게 아는 단어나 짝을 이용해서 바로 답을 찾아낼 수 있는 경우가 꽤 있는 편이다. 따라서 문제를 보자마자 자신이 잘 아는 단어나 짝이 있는지 빠르게 체크해내는 것이 좋다.

❹ 답이 아닌 것은 기호로 반드시 표시해둔다.
각 빈칸에 무조건 하나씩만 답이 있는 것이 아니다. 어떤 빈칸은 A, B, C, D 모두 답이 되기도 한다. 따라서 빈칸 순서대로 답이 되는 것을 찾다 보면 시간은 시간대로 가고 계속 엇갈려서 답을 찾기가 더욱 힘들게 된다. 이 파트는 답을 찾는 것만큼이나 소거법이 효과적이다. 일단 '절대 아니다'라고 확신이 드는 보기는 X 표시를 하고 두 번 다시 쳐다보지 말자.

❺ 마지막으로 다시 한 번 검사해본다.
답을 찾은 다음 각 빈칸에 단어를 연속적으로 하나씩 넣어 의미에 맞는지 빠른 속도로 체크해보도록 하자.

01 어의 파악형

시험에서 보기의 단어가 모두 생소한 경우도 있을 것이다. 그렇다고 문제를 포기할 수는 없다. 이런 경우에는 단어의 뜻을 파악하는 방법을 사용해서 유추하는 방법을 익혀두어야 할 것이다.

독해 시크릿 백전백승

1 형태소 분석법으로 어의를 파악해라!

현대 중국어의 단어는 语素(형태소 : 주로 한자 하나가 语素가 되는 경우가 많음)로 이루어져 있다. 따라서 语素의 뜻을 먼저 파악한 뒤 그 뜻을 합쳐서 이해하면 단어의 대략적인 뜻을 파악할 수 있는 경우가 많다. 예를 들어 '微不足道'라는 성어를 살펴보자. 먼저 '微'는 '미미하다, 사소하다'라는 뜻을, '不足'는 '부족하다, 모자라다', '道'는 '说'의 뜻을 나타낸다. 따라서 전체적인 뜻은 '매우 작아서 말할 가치도 없다'라는 의미를 나타내게 된다.

2 접두사를 이용해서 어의를 파악해라!

시험에 자주 등장하는 접두사(前缀)는 다음과 같다.

反: 뒤바뀌거나 전도됨을 나타냄

　　예 反话 [형] 반어, 아이러니　　反面 [명] 뒷면 [형] 나쁜, 부정적인　　反作用 [명] 반작용, 역효과

非: 어떤 범위에 속하지 않음을 나타냄

　　예 非法 [형] 비합법적인, 불법의　　非卖品 [명] 비매품

无: 없음을 나타냄

　　예 无理 [형] 비합리적이다, 상식을 벗어나다　　无效 [형] 효과가 없다　　无条件 [형] 아무 조건도 없다

准: 정도 상으로 완전히 충분하지는 않으나 그에 비길 만한 자격 또는 능력을 가지고 있음을 나타냄

　　예 准女婿 [명] 준사위

基: 처음이나 근본을 나타냄

　　예 基金 [명] 기금　　基地 [명] 기지

3 접미사를 이용해서 어의를 파악해라!

시험에 자주 등장하는 접미사(后缀)는 다음과 같다.

度: 정도를 나타냄

> 예 知名度 명 지명도, 이름이 알려진 정도   透明度 명 투명도, 투명한 정도

率: 백분율을 나타냄

> 예 出生率 명 출생률   死亡率 명 사망률

化: 변화를 나타냄

> 예 温暖化 통 온난화하다   人性化 통 인성화하다

力: 힘이나 능력을 나타냄

> 예 理解力 명 이해력   说服力 명 설득력

迷: 어떤 사물에 심취해 있는 사람을 나타냄

> 예 影迷 명 영화팬   球迷 명 축구팬

感: 느낌이나 감정을 나타냄

> 예 安全感 명 안전한 느낌, 안도감   责任感 명 책임감

观: 견해를 나타냄

> 예 世界观 명 세계관   人生观 명 인생관

热: 열기나 붐을 나타냄

> 예 出国热 출국 열, 출국 붐   汉语热 중국어 열풍

型: 유형을 나타냄

> 예 小型 형 소형의, 작은   节能型 에너지 절약형

性: 성질을 나타냄

> 예 良性 형 양성의   恶性 형 악성의

界: 직업, 일 또는 성별 등이 서로 같은 사회 구성원의 총체를 나타냄

> 예 文学界 명 문학계   商界 명 상업계

坛: 오락, 체육과 관련된 사회 구성원의 총체를 나타냄

> 예 体坛 명 체육계   歌坛 명 가요계

星: 유명한 연기자나 선수를 나타냄

> 예 歌星 명 유명 가수   球星 명 스타 플레이어

手: 어떤 기능이나 기술을 가진 사람을 나타냄

> 예 歌手 명 가수   棋手 명 바둑이나 장기를 두는 사람

문제 1

　人口老龄__1__是全世界将面临的共同问题。一些经济学家视之为__2__，认为它将使国家财政不堪__3__，一些具有先锋意识的科研和企业__4__则认为其中蕴含巨大商机，正试图说服政府和产业__5__重视开发针对老年人需求的产品和技术。

A 化	危机	重负	人士	界
B 样	危险	重罪	先生	坛
C 型	幸运	重量	专家	星
D 式	机会	重力	老板	热

🔍 **문제 분석**　각 빈칸에 순서대로 번호를 붙여 살펴보도록 하자.

1번 빈칸 : '人口老龄__1__' 전체가 문장의 주어가 되고 있다.

2번 빈칸 : '视之为__2__'라는 표현은 '～라고 여기다'라는 표현으로 2번 빈칸에는 동사 '为(wéi)'의 목적어가 될 수 있는 명사가 필요하다.

3번 빈칸 : 빈칸에는 동사 '不堪(견딜 수 없다, 참을 수 없다)'의 목적어가 필요하다.

4번 빈칸 : '科研和企业__4__' 전체가 문장의 주어가 되고 있다.

5번 빈칸 : '政府和产业__5__'는 동사 '重视'의 목적어가 되고 있다.

해석

　　인구 노령**화**는 전세계가 앞으로 직면하게 될 공통적인 문제이다. 일부 경제학자들은 **위기**라고 여기며 그것이 국가 재정으로 하여금 **무거운 부담**을 견딜 수 없게 만들 것이라고 생각한다. 일부 선봉적인 의식을 가진 과학 연구와 기업 **인사**들은 반면 그 속에 엄청난 상업적 기회가 내포되어 있다고 생각하고, 정부와 산업**계**가 노인들의 요구를 겨냥한 제품과 기술을 개발하는 것을 중시할 것을 설득하려고 시도하고 있다.

해설　1번 빈칸

　　A 化 huà 명사나 형용사 뒤에 붙어 동사나 명사를 이루며 다른 성질이나 상태로 변화함을 나타냄

　　B 样 yàng 구체적인 모습을 드러냄을 나타냄

　　C 型 xíng 유형을 나타냄

　　D 式 shì 같은 양식을 가진 사물에 대한 분류를 나타냄

　　▶ 인구의 나이가 많아지는 변화를 나타내므로, 이 빈칸만으로도 답은 A이다. 하지만 조금 더 살펴보도록 하자.

　2번 빈칸

　　A 危机 wēijī 몡 위기

　　B 危险 wēixiǎn 혱 위험하다 몡 위험

　　C 幸运 xìngyùn 몡 행운 혱 운이 좋다, 행운이다

　　D 机会 jīhuì 몡 기회

　　▶ 내용의 흐름 상 적어도 C와 D는 절대 답이 아니다. 따라서 C와 D에 반드시 ×표시를 해두자.

3번 빈칸

    A 重负 zhòngfù 몡 무거운 부담

    B 重罪 zhòngzuì 몡 중죄

    C 重量 zhòngliàng 몡 중량, 무게

    D 重力 zhònglì 몡 중력, 인력

    ▶ 내용의 흐름 상 B, C, D는 절대 답이 아니다. 또한 2번 빈칸에서 C와 D는 이미 소거한 상황이다. 따라서 답은 A이다.

4번 빈칸

    A 人士 rénshì 몡 인사, 사회적으로 영향력이 있는 인물

    B 先生 xiānsheng 몡 ① 선생, 성인 남자에 대한 존칭 ② 남편, 바깥 양반

    C 专家 zhuānjiā 몡 전문가

    D 老板 lǎobǎn 몡 사장, 주인

5번 빈칸

    5번에 대한 해설은 시크릿 백전백승에 자세하게 나와 있다.

정답 A

단어 老龄 lǎolíng 혱 노령의 | 面临 miànlín 동 (문제나 상황 등에) 직면하다 | ★ 财政 cáizhèng 몡 재정 | ★ 不堪 bùkān 동 ① 견딜 수 없다, 참을 수 없다 ② ~할 수 없다 | 先锋 xiānfēng 몡 선봉, 앞장 | ★ 意识 yìshí 몡 의식 동 의식하다, 깨닫다, 느끼다 | 科研 kēyán 몡 과학 연구 | 企业 qǐyè 몡 기업 | 蕴含 yùnhán 동 내포하다, 포함하다 | 巨大 jùdà 혱 거대하다, 엄청나게 크다 | 商机 shāngjī 몡 상업적 기회 | ★ 试图 shìtú 동 시도하다 | 说服 shuōfú 동 설득하다 | 针对 zhēnduì 동 대하다, 겨누다, 겨냥하다 | ★ 需求 xūqiú 몡 수요, 필요, 요구

DAY 12

1. 在"六四"过去十多年后的今天，中国开始出现"归国＿＿"。现在越来越多的海外留学人员在完成学业后选择回国＿＿，将他们在外国学到的知识和接受的观念＿＿同他们所了解的美国、欧洲和日本存在很大＿＿的国家、政府和文化当中。

   A 热　　创业　　带入　　差异
   B 率　　留学　　带到　　差别
   C 度　　生活　　带来　　相同
   D 迷　　创业　　带去　　异同

2. 律师知名＿＿的高低，既取决于社会，也取决于律师本身。在一个法制＿＿的社会中，律师有宽广的职业天地。但在一个司法＿＿独立的社会中，真正的律师必须不畏＿＿，只服从真理与良知。

   A 界　　健全　　尚未　　强权
   B 率　　健康　　已经　　强力
   C 度　　健全　　尚未　　强权
   D 迷　　强健　　还未　　强势

3. 仰慕伟大，＿＿得到承认，追求人生的成就＿＿，是文明社会每一个人的＿＿心理诉求。人生在世，不希望自己能够有所成就，＿＿能创出一＿＿事业，能得到他人、社会的认可与肯定？

   A 渴求　　热　　通常　　都　　个
   B 渴望　　感　　正常　　谁　　番
   C 希望　　率　　普通　　你　　回
   D 期待　　度　　当然　　他　　件

4. 美国劳工部发布的就业数据____，至7月底美国失业____下降0.1个百分点至9.4%。这一超出市场预期的结果____美国政经各界大为振奋。但分析人士____，单月数据难以改变美国经济"无就业复苏"的____。

A 表示　　度　　　叫　　　说　　　情况
B 显示　　率　　　令　　　称　　　趋势
C 表现　　范围　　让　　　分析　　现象
D 展现　　领域　　使　　　表明　　迹象

5. 本土的创作上的起步，____了一批歌手的发展，邓丽君，凤飞飞等当年都当年风光一时。此外，当时集创作演唱于一身的刘家昌更是备受歌____们的____。《云河》、《月满西楼》、《爱的路上千万重》____是当时深植人心的佳作。

A 引起　　坛　　关爱　　也
B 启动　　手　　喜欢　　都
C 带来　　星　　热爱　　只
D 带动　　迷　　喜爱　　均

02 유의어 분석

유의어 분석은 독해 2부분에서 가장 많이 출제되는 문제 유형이다. 한국어 뜻으로는 거의 비슷한 뜻이지만 미묘한 차이가 있는 단어들을 빨리 효과적으로 분석해내는 방법을 배워보자.

독해 시크릿 백전백승

1 유의어 속에 있는 다른 단어의 차이를 분석해라!

대부분의 유의어들은 공통된 语素(형태소)를 갖고 있다. 예를 들어 '收集'와 '搜集'는 모두 '集'라는 语素를 갖고 있다. 이런 경우 '集'는 일단 제쳐놓고 서로 다른 语素인 '收'와 '搜'를 통해 두 단어의 차이를 분석할 수 있다.

> 예 他将书桌上已经看过的资料_____起来。
>
> A 收集　　B 搜集

'收'는 '널리거나 흩어져 있는 것을 거두어들이다, 간수하다, 간직하다'의 뜻을 나타내고, '搜'는 '찾다, 구하다'라는 뜻을 나타낸다. '搜集'는 '收集'보다 '找'의 뜻을 하나 더 가진다는 것을 알 수 있다. 따라서 정답은 A이다.

2 단어의 어법적 기능과 의미적 기능에 주의해라!

때로 이러한 유의어들은 간단한 비교를 통해서는 차이를 발견하기 힘든 경우가 있다. 이럴 때는 그 단어들이 갖고 있는 어법적 기능과 의미적 기능을 알아야 한다.

예를 들어 동사인 경우는 어떤 단어를 목적어로 갖는지, 형용사인 경우는 어떤 명사를 수식 하는지 등이다.

> 예 有些妈妈母乳不足，需要部分或全部用牛奶或配方奶喂养新生儿时，无论选择什么 样的奶具，都要按照_____规定进行消毒。
>
> A 严格　　B 严密　　C 严厉

'严格', '严密', '严厉'는 모두 비슷한 뜻을 가진 형용사들이다. '严格(엄격하다)'는 '规定(규 정), 要求(요구), 训练(훈련), 限制(제한)' 등을 준수하고 지킴에 있어서 매우 진지하고 절대 로 대충하지 않는다는 뜻을 나타낸다. '严密(빈틈없다, 치밀하다)'는 '组织(조직), 纪律(기 율)' 등이 주도면밀하고 빠뜨림이 없다는 뜻이다. '严厉(호되다, 매섭다)'는 '态度(태도), 批 评(비판), 话语(말)' 등이 무섭고 관대하지 않다는 뜻이다. 따라서 A가 정답이다.

3 단어의 색채에 주의해라!

단어는 뜻을 갖는 것 외에 일정한 색채를 갖고 있고, 감정색채와 문체색채로 나눌수 있다. 감정색채는 '褒义(긍정적인 뜻)', '贬义(부정적인 뜻)', '中性(중성적인뜻)'으로 나뉘고, 문체 색채는 '口语(구어체)'와 '书面语(서면어체)'로 나뉜다.

例 长期使用抗生素，不仅会使病菌产生耐药性，而且会带来许多_____。

　　A 结果　　B 效果　　C 后果　　D 成果

A와 B는 '中性词'로 앞에 있는 수식어에 따라 좋은 결과와 나쁜 결과를 모두 나타낼 수 있다. D는 '褒义词'로 긍정적이고 발전적인 성과만을 나타낸다. 지금은 '许多'말고는 다른 수식어 없이 부정적인 결과를 나타내고 있으므로 '贬义词'인 C가 정답이다.

문제 1

对大多数男人__1__, 赞赏和鼓励比辱骂更能让他有奋斗的力量。爱他一定
要__2__他。再生气也不可以出口伤人, 言语的__3__有时一生都会流血的。
身体的伤害很容易治愈, 精神的伤害__4__是可怕的。

A 来说	尊重	伤口	后果
B 说来	尊敬	伤痛	结果
C 来讲	孝敬	伤心	结尾
D 讲来	恭敬	伤害	结束

🔍 **문제 분석** 각 빈칸에 순서대로 번호를 붙여 살펴보도록 하자.

1번 빈칸 : '对'와 고정격식을 이루는 표현을 찾아야 한다.

2번 빈칸 : '他'를 목적어로 가짐과 동시에 글 전체의 의미에 맞는 동사를 찾아야 한다.

3번 빈칸 : '流血'를 서술어로 하는 주어가 될 명사를 찾아야 한다.

4번 빈칸 : 서술어구인 '是可怕的'와 맞는 주어가 될 명사를 찾아야 한다.

해석 대다수의 남자들**에게 있어서** 칭찬과 격려는 욕을 하는 것보다 더욱 그들로 하여금 분투할 힘을 내게 한다. 그를
사랑한다면 반드시 그를 **존중해야** 한다. 아무리 화가 나도 말로 상처를 주어서는 안 된다. 말의 **상처**는 일생 동안
피가 흐를 수 있다. 신체의 상처는 쉽게 치유되지만, 정신적인 상처**의 결과**는 무서운 것이다.

해설 1번 빈칸

'对'와 고정격식을 이룰 수 있는 A(来说), B(说来), C(来讲)는 모두 답이 될 수 있다.

2번 빈칸

A 尊重 zūnzhòng 통 존중하다, 중시하다

B 尊敬 zūnjìng 통 존경하다

C 孝敬 xiàojìng 통 효도하다

D 恭敬 gōngjìng 형 공손하다, 정중하다, 예의가 바르다

▶ 먼저 '他'를 목적어로 가지는 동사를 찾아야 하므로 D는 가장 먼저 답이 될 수 없다. C는 비록 동사이지만 글의 내
용과 맞지 않다. B는 주로 상급자나 웃어른을 대상으로 하므로 역시 내용과 맞지 않다. 따라서 정답은 A이다.

3번 빈칸

A 伤口 shāngkǒu 명 상처

B 伤痛 shāngtòng 명 아픔, 괴로움, 슬픔, 고통

C 伤心 shāngxīn 통 상심하다, 슬퍼하다, 마음 아파하다

D 伤害 shānghài 통 ① (몸을) 상하게 하다, 해치다, 상처를 주다

② (정신, 감정 등을) 상하게 하다, 다치게 하다, 상처를 주다

명 (몸이나 감정에게 끼친) 상처

▶ 서술어가 '流血'이므로 A와 D가 가능하다.

4번 빈칸

A 后果 hòuguǒ 명 (안 좋은) 결과, 뒷일

B 结果 jiéguǒ 명 결과, 결실, 결론

C 结尾 jiéwěi 명 (글의) 마무리 단계, 결말

D 结束 jiéshù 동 끝나다, 마치다, 종결하다

▶ 서술어구인 '是可怕的'의 주어를 찾아야 하므로 D는 가장 먼저 답이 될 수 없다. 글의 내용상 부정적인 결과를 나타냄으로 답은 A이다.

정답 A

단어 赞赏 zànshǎng 동 칭찬하며 높이 평가하다 | 辱骂 rǔmà 동 욕설을 퍼붓다 | 奋斗 fèndòu 동 (일정한 목적을 달성하기 위해) 분투하다 | 出口伤人 chūkǒu shāngrén 성 말로 남을 해치다, 말로 남을 상처 주다, 말이 거칠다 | 流血 liúxiě 동 피가 나다, 피가 흐르다 | 治愈 zhìyù 동 치유하다, 완치하다

NEW 단어 + TIP

- 尚且 shàngqiě 접 ~조차 ~한데
  예 圣人尚且有错处，何况你我呢? 성인조차 잘못이 있는데, 하물며 우리야 어떻겠는가?

- 枯萎 kūwěi 형 시들다, 마르다
  예 秋天来了，很多花儿都枯萎了。가을이 오자 많은 꽃들이 모두 시들어 버렸다.

- 力求 lìqiú 동 온갖 노력을 다하다, 힘써 추구하다
  예 我们公司力求精益求精。우리 회사는 더 완벽을 기하기 위해 힘써 노력하고 있다.

- 心甘情愿 xīngān qíngyuàn 성 기꺼이 원하다
  예 为了心爱的人，让他做什么事都心甘情愿。
  사랑하는 사람을 위해 그에게 무슨 일을 하라고 해도 모두 기꺼이 한다.

1 安置 / 安排 / 安顿

01 **安置** ānzhì : [통] (사람이나 사물 등에게) 적절한 위치를 찾아주다, 제지리에 놓다[통]
➡ 사람에게 쓸 경우 주로 적절한 위치를 배치해주는 것을 뜻하고, 사물에게 쓸 경우 제자리에 둔다는 뜻을 나타낸다.

02 **安排** ānpái : [통] (인원, 시간 등을) 안배하다, 준비하다
➡ 일이나 생활 방면에서 사람이나 사물에 대해 조리 있고 순서 있게 처리해주는 것을 뜻한다.

03 **安顿** āndùn : [통] (사람이나 사물을) 적절히 배치하다, (생활이) 안착되다
➡ 의식주에 있어 적절히 안배되는 것을 뜻한다.

2 黯然 / 岸然

01 **黯然** ànrán : [형] ① 어두침침한 모양 ② 우울한 모양
➡ 어둡기니 심리적으로 불편하고 정서적으로 저서서 힘이 없는 상황을 묘사한나.

02 **岸然** ànrán : [형] 엄숙한 모양 ➡ 엄숙한 상황을 묘사한다.

3 按照 / 依照 / 遵照

01 **按照** ànzhào : [전] ～에 따라, ～에 의해 ➡ 동작이나 행위에서 의지하거나 근거로 하는 것을 이끌어낸다.
02 **依照** yīzhào : [전] ～에 따라, ～에 의해
➡ 주로 어떤 일을 어떤 근거에 완전히 따라야 함을 나타내며, 주로 법률 조항에서 많이 사용한다.

03 **遵照** zūnzhào : [통] ～에 따르다, ～대로 하다
➡ 주로 행위가 근거로 하는 중요한 원칙, 지시, 정신 등을 소개할 때 많이 사용한다.

4 包含 / 包涵

01 **包含** bāohán : [통] 포함하다 ➡ 속에 함유하거나 담고 있음을 나타낸다.
02 **包涵** bāohan : [통] 양해하다, 용서하다 ➡ 용서하고 관용을 베푸는 것을 나타낸다.

5 爆发 / 暴发

01 **爆发** bàofā : [통] ① (화산이) 폭발하다
② (상황이) 갑자기 터져 나오다, 발발하다
➡ 상황이 갑작스럽게 발생하는 것을 나타내며, 주로 추상적인 개념에 사용한다.

爆发 + 革命、战争、起义、运动、力量、情绪、掌声

02 **暴发** bàofā : 图 ① 벼락부자가 되다, 갑자기 득세하다 ➡ 贬义(부정적인 색채)를 가진다.

② (상황이) 갑자기 발생하다, 돌발하다, 터지다

➡ 주로 홍수, 질병 등이 갑자기 발생하는 것을 나타낸다.

> 暴发 + 山洪、大水、疾病、地震

6 卑鄙 / 卑劣

01 **卑鄙** bēibǐ : 혱 (언행, 인품이) 비열하다, 졸렬하다, 저질이다
➡ 언행과 행위가 나쁘고 도덕적이지 않은 것으로 정신적인 면이 추악한 것에 좀 더 포인트가 있다. 서면어체와 구어체에 모두 사용하며 뜻이 비교적 가볍다.

02 **卑劣** bēiliè : 혱 비열하다
➡ 주로 행동이 저질이고 악랄한 것에 포인트가 있다. 서면어체에 주로 사용하며 뜻이 비교적 무겁다.

7 辨别 / 辨认 / 辨析

01 **辨别** biànbié : 图 판별하다, 구별하다, 식별하다
➡ 사물의 서로 다른 특징을 근거로 하여 인식 상에서 구별하는 것을 나타내며, '别'에 포인트가 있다.

02 **辨认** biànrèn : 图 식별해내다
➡ 어떤 대상을 찾아내고 확신하기 위해 사물의 특징을 근거로 하여 판단하는 것을 나타내며, '认'에 포인트가 있다.

03 **辨析** biànxī : 图 판별하고 분석하다, 변별하고 분석하다, 분석하고 식별하다
➡ '析'에 포인트가 있으므로 '분석한다'는 뜻에 있어 다른 두 단어와 다르다.

8 辩驳 / 辩论 / 辩白

01 **辩驳** biànbó : 图 변박하다, 논박하다, 반박하다
➡ 이유나 근거를 내세워 상대방의 의견을 부정하는 것이다.

02 **辩论** biànlùn : 图 변론하다, 논쟁하다, 토론하다
➡ 서로 이유를 내세워 자신의 견해를 설명하고 상대방의 모순을 폭로하여 공동된 의견에 도달하는 것을 목표로 하는 것이다.

03 **辩白** biànbái : 图 해명하다, 변명하다 ➡ 사실의 진상을 설명하여 오해나 질책을 받는 것을 피하는 것이다.

9 不止 / 不只

01 **不止** bùzhǐ : 통 (일정한 수량이니 범위를 초과하여) ~에 그치지 않다
➡ 주로 수량사와 함께 쓰여 범위나 수량을 초과함을 나타내는 동사이다.

02 **不只** bùzhǐ : 접 ~뿐만이 아니라
➡ 점층관계를 나타내는 접속사로, 주로 뒤에 부사 '也、还、甚至' 등을 갖는다.

10 筹划 / 筹备 / 筹措

01 **筹划** chóuhuà : 통 기획하다, 계획하다, 대책을 궁리하다 ➡ 방법을 생각하고 계획을 세우는 것을 뜻한다.

02 **筹备** chóubèi : 통 기획하고 준비하다
➡ 일을 진행하거나 사업을 창립하고 기구를 설립하기 위해 사전에 준비하는 것을 뜻한다.

03 **筹措** chóucuò : 통 조달하다, 마련하다 ➡ 방법을 도모하여 돈이나 식량 등을 마련하는 것을 뜻한다.

11 传播 / 传递

01 **传播** chuánbō : 통 전파하다, 널리 퍼뜨리다, 널리 보급하다
➡ 주로 사상, 경험, 소식, 사적, 꽃가루, 병균 등이 넓은 범위로 퍼지는 것을 뜻한다.

02 **传递** chuándì : 통 (차례차례) 전달하다, 전하다, 건네다
➡ 한 쪽에서 한 쪽으로 손을 거쳐 전해지는 것을 뜻한다.

12 大力 / 大举 / 大肆

01 **大力** dàlì : 부 강력하게, 힘껏, 대대적으로
➡ 최대한의 힘을 사용한다는 뜻으로 사용범위가 넓고 褒义(긍정적인 색채)를 가진다.

02 **大举** dàjǔ : 부 대거, 대대적으로, 대규모로 ➡ 주로 군사적 활동에 사용된다.

03 **大肆** dàsì : 부 제멋대로, 함부로, 마구, 거리낌없이
➡ 앞뒤 가리지 않고 함부로 행동하는 것을 나타내며 贬义(부정적인 색채)를 가진다.

13 典型 / 典范

01 **典型** diǎnxíng : 명 전형 ➡ 대표적인 성격을 가진 인물이나 일을 가리킨다.

02 **典范** diǎnfàn : 명 모범, 본보기 ➡ 학습이나 일에 있어 기준이나 본보기가 될 만한 사람이나 사물을 가리킨다.

14 督促 / 敦促

01 **督促** dūcù : 통 재촉하다, 독촉하다

➡ 윗사람이 아랫사람에게, 상급자가 하급자에게 감독하고 재촉하는 것을 뜻한다.

02 **敦促** dūncù : 통 재촉하다, 독촉하다 ➡ 주로 외교적인 상황에 사용한다.

15 度 / 渡

01 **度** dù : 양 도(호 · 각의 계산 단위, 경도 · 위도의 단위) 통 (시간이) 경과하다, (시간을) 보내다

➡ 어떤 시간이나 시간을 지내거나 보냄을 나타낸다.

02 **渡** dù : 통 (물을) 건너다 ➡ 강, 하천, 바다 등을 건너 다른 기슭으로 가는 것을 나타낸다.

16 而后 / 尔后

01 **而后** érhòu : 접 연후(에), 이후(에)

➡ 두 가지 동작 사이에서 뒤의 동작은 앞 동작이 발생한 이후에 발생한 것임을 나타낸다.

02 **尔后** ěrhòu : 명 이후, 그 후 ➡ 지금 이후를 나타낸다.

17 遏止 / 遏制

01 **遏止** èzhǐ : 통 힘껏 저지하다 ➡ 주로 전쟁에서의 공격이나 폭동에 사용한다.

02 **遏制** èzhì : 통 저지하다, 억제하다 ➡ 주로 정서, 적, 힘 등을 저지하는 데 사용한다.

18 反映 / 反应

01 **反映** fǎnyìng : 통 ① 반영하다 ➡ 객관적인 사물의 본질이 드러나는 것을 나타낸다.

② (상황이나 의견 등을 상급 기관이나 관련 부서에) 보고하다, 전달하다

➡ 객관적인 사실이나 다른 사람의 의견을 상급자나 관련 부서에 보고하는 것을 뜻한다.

02 **反应** fǎnyìng : 명 ① 반응 ➡ 유기체가 자극을 받아 일으키는 활동이나 화학에서 한 물질이 다른 물질과 작용을 발생시키는 것을 나타낸다.

② 반응 ➡ 외부 영향을 받아 생기게 되는 의견, 태도, 행동을 가리킨다.

통 반응하다 ➡ 의견, 태도, 행동이 외부 영향을 받아 일으키게 되는 사상활동을 가리킨다.

19 范围 / 范畴

01 范围 fànwéi : 몡 범위 ➡ 구체적인 사물에 사용한다.

02 范畴 fànchóu : 몡 범주 ➡ 이론 개념 등 추상적인 개념에 사용한다.

20 妨碍 / 妨害

01 妨碍 fáng'ài : 통 지장을 주다, 방해하다, 저해하다 ➡ 사물이나 일이 순조롭게 진행되지 않게 하는 것이다.

> 妨碍 + 交通、政策的实施

02 妨害 fánghài : 통 ~에 해가 되다, ~에 지장을 주다

➡ 사물의 발전에 해로움을 끼치는 것으로 정도가 비교적 심하다.

> 妨害 + 健康、要表达的义理

21 防止 / 防备

01 防止 fángzhǐ : 통 방지하다 ➡ 미리 방법을 마련하여 나쁜 일이 생기는 것을 제지한다는 뜻이다.

02 防备 fángbèi : 통 방비하다, 대비하다 ➡ 준비를 잘해서 공격에 대응하거나 피해를 피한다는 뜻이다.

22 分辨 / 分辩

01 分辨 fēnbiàn : 통 분별하다, 구분하다

➡ '辨'의 부수는 '刀'이다. 따라서 사물의 특징에 근거해서 인식에 있어 구별해내는 것을 나타낸다.

02 分辩 fēnbiàn : 통 변명하다, 해명하다 ➡ '辩'의 부수는 '言'이다. 따라서 말하는 것에 포인트가 있다.

23 干涉 / 干预

01 干涉 gānshè : 통 간섭하다

➡ 지나치게 묻거나 제지하는 것을 뜻한다. 난폭하고 강압적인 느낌을 가지며 간섭해서는 안 되는 것에 간섭한 경우를 주로 나타낸다.

02 干预 gānyù : 통 관여하다, 간섭하다, 방해하다, 개입하다, 참견하다

➡ 다른 사람의 일을 지나치게 묻는 것으로, 주로 다른 사람의 프라이버시에 많이 쓰인다.

24 给以 / 给予

01 **给以** gěiyǐ : [동] ~을 주다, ~을 당하게 하다

➡ 목적어로는 주는 사물만 제시하고 받는 사람을 제시할 수 없다. 게다가 목적어는 주로 추상적인 개념이다.

02 **给予** jǐyǔ : [동] 주다, 부여하다 ➡ 서면어체이며, '给与'라고 쓰기도 한다.

25 更加 / 越发

01 **更加** gèngjiā : [부] 더욱, 훨씬, 한층 더

➡ 정도에 있어서 한층 더 깊어지거나 수량에서 있어서 한층 더 증가되고 감소되는 것을 가리킨다. 같은 대상이나
서로 다른 대상 간의 비교에 사용한다.

02 **越发** yuèfā : [부] 더욱 더, 한층

➡ 같은 대상 간의 비교에 사용하며, 두 개 혹은 더 많은 문장이 앞뒤로 호응할 때 사용한다.

26 固然 / 纵然

01 **固然** gùrán : [접] 물론 ~지만, 물론 ~이거니와 ➡ 어떤 사실을 인정하고 뒤의 문장에서 전환이 제시된다.

02 **纵然** zòngrán : [접] 설령 ~하더라도, 설령 ~일지라도 ➡ 가설을 나타낸다. '既使'와 같다.

27 规划 / 计划

01 **规划** guīhuà : [동] 기획하다, 계획하다   [명] 계획, 기획

➡ 전체적인 국면에 초점을 맞추고 내용도 비교적 개괄적이며 비교적 긴 시간을 목표로 먼 비전에 착안한 것이다.

02 **计划** jìhuà : [동] 계획하다, 기획하다   [명] 계획, 방안

➡ 내용이 비교적 상세하고 구체적이며 시간은 길어도 되고 짧아도 된다. 일반적으로 가까운 시기에 실현될 수 있
는 것이다.

28 过程 / 进程

01 **过程** guòchéng : [명] 과정 ➡ 일이 진행되거나 사물이 발전하면서 겪은 모든 단계를 뜻한다.

02 **进程** jìnchéng : [명] 과정, 진행 과정, 코스, 발전 과정 ➡ 사물이 발전 변화하거나 진행된 과정을 뜻한다.

29 过度 / 过渡

01 **过度** guòdù : 휑 과도하다, 지나치다 ➡ 형용사로 직당한 한계를 넘어섰음을 나타낸다.

02 **过渡** guòdù : 통 (사물이) 한 단계에서 점점 발전하여 다음 단계로 바뀌어가다, 과도하다, 넘어가다
➡ 사물이 어떤 단계에서 점차 발전해서 다른 단계로 접어드는 것을 나타낸다.

30 忽视 / 忽略

01 **忽视** hūshì : 통 소홀히하다, 등한시하다, 경시하다, 주의하지 않다
➡ 의식하면서도 중시하지 않거나 주의하지 않는 것을 뜻한다.

02 **忽略** hūlüè : 통 소홀히하다, 등한시하다, 부주의하다
➡ 무의식 중에 주의하지 않았거나 소홀히 하게 되는 경우를 뜻한다.

31 焕发 / 激发

01 **焕发** huànfā : 휑 환하게 빛나다, 반짝이다 ➡ 빛이 사방으로 비춰지는 것을 뜻한다.
통 분기하다, 분출하다, 진작하다 ➡ 자신이 갖고 있는 것을 밖으로 분출하는 것을 뜻한다.

02 **激发** jīfā : 통 (감정을) 불러일으키다, 끓어오르게 하다
➡ 외부의 자극을 받아 감정적으로 흥분하게 만들거나 감정을 불러일으키는 것을 뜻한다.

32 会合 / 汇合

01 **会合** huìhé : 통 합류하다, 한데 모이다 ➡ 사람들이 한 곳에 모이는 것을 뜻한다.

02 **汇合** huìhé : 통 한데 모으다, 합치다 ➡ 추상적인 개념(의지, 힘 등)을 모으는 것을 뜻한다.

33 激励 / 鼓励

01 **激励** jīlì : 통 격려하다, 북돋워주다 ➡ 격려의 주체는 정신이지 사람이 아니다.

02 **鼓励** gǔlì : 통 격려하다, (용기를) 북돋우다 ➡ 격려의 주체가 사람이다.

34 艰辛 / 艰难 / 艰苦

01 **艰辛** jiānxīn : 휑 고생스럽다 ➡ 일을 하는 어려움 때문에 고생하는 것을 강조한다.

02 **艰难** jiānnán : 휑 곤란하다, 어렵다, 힘들다 ➡ 사물이나 행위의 어려움을 강조한다.

03 **艰苦** jiānkǔ : 혱 어렵고 고달프다, 가난하고 고생스럽다
  ➡ 환경, 생활, 세월 등 객관적인 조건이 고생스럽고 어려움을 강조한다.

35 揭穿 / 揭发 / 揭露

01 **揭穿** jiēchuān : 동 폭로하다, 까발리다, 들추어내다
  ➡ 내막을 벗겨 그것의 허위성을 밝혀내는 것을 강조한다. 대상은 주로 사람을 속이는 일인 경우가 많다.

    揭穿 + 虚伪、骗局、谎言、花招

02 **揭发** jiēfā : 동 (나쁜 사람, 나쁜 일을) 들추어내다, 적발하다, 폭로하다
  ➡ 들추어내고 고발하여 사람들로 하여금 실제로 존재함을 알게 하는 것을 강조한다. 대상은 주로 나쁜 사람이나 나쁜 일이다.

03 **揭露** jiēlù : 동 폭로하다, 까발리다, 들추어 내다
  ➡ 은폐되어 있는 사물을 드러내보이는 것을 강조한다. 대상은 나쁜 사람과 나쁜 일일 수도 있고, 일반적인 사물일 수도 있다.

36 接受 / 接收 / 接洽

01 **接受** jiēshòu : 동 받아들이다, 수락하다
  ➡ 추상적인 것을 거절하지 않고 용납하여 받아들이는 것을 나타낸다.

02 **接收** jiēshōu : 동 받다, 받아들이다 ➡ 사물이나 사람을 받아들이는 것을 나타낸다.

03 **接洽** jiēqià : 동 (접촉하여) 상담하다, 상의하다, 절충하다
  ➡ 관련 사항을 서로 연계하여 협의하는 것을 뜻하는 동사로, 사실 위의 두 동사와는 전혀 다른 동사이다.

37 界限 / 界线

01 **界限** jièxiàn : 명 경계, 한도 ➡ 사상과 같은 추상적인 개념에 사용한다.

02 **界线** jièxiàn : 명 경계선, (사물의) 테두리, 가장자리
  ➡ 두 지역의 경계나 구체적 사물의 가장자리에 사용한다.

38 精致 / 精细

01 **精致** jīngzhì : 혱 정교하고 치밀하다, 섬세하다
  ➡ 제작이 정교하고 세밀한 것을 나타낸다. 즉 동작을 묘사한다.

02 **精细** jīngxì : 혱 정교하고 섬세하다 ➡ 제작한 사물이 정교한 것을 나타낸다.

39 开辟 / 开拓

01 **开辟** kāipì : 통 통하게 하다, 개발하다, 개척하다

➡ 길을 개통하거나 새로운 영역을 개척하는 것을 나타낸다. 없던 것을 새롭게 만드는 것을 강조한다.

02 **开拓** kāituò : 통 개척하다, 확장하다

➡ 어떤 영역을 더 발전시키고 확대하는 것을 나타낸다. 원래 있던 것이 더 커지는 것을 강조한다.

40 流传 / 留传

01 **流传** liúchuán : 통 유전하다, 유전되다, 대대로 전해 내려오다, 세상에 널리 퍼지다

➡ 서적, 작품, 소식, 이야기 등이 전해 내려오거나 널리 퍼지는 것을 뜻한다.

02 **留传** liúchuán : 통 후세에 물려주다, 후세까지 대대로 전해지다

➡ 구체적인 사물이 남겨져 후대로 전해지는 것을 뜻한다.

41 流露 / 透露 / 吐露 / 批露

01 **流露** liúlù : 통 (생각, 감정을) 무의식 중에 나타내다, 무심코 드러내다

➡ 무의식 중에 자연스럽게 자신의 사상, 감정, 뜻을 드러내는 것을 뜻한다.

02 **透露** tòulù : 통 (정보, 상황, 의중 등을) 넌지시 드러내다, 누설하다, 흘리다

➡ 의식적으로 소식, 소문, 상황, 진상을 드러내는 것을 뜻한다.

03 **吐露** tǔlù : 통 (사실이나 진심을) 말하다, 토로하다, 털어놓다

➡ 의식적으로 진심이나 내막을 말하는 것을 뜻하며, 오직 말하는 동작만 가리킨다.

04 **批露** pīlù : 통 비준을 받아 발표하다 ➡ 공식적으로 공포하거나 발표하는 것을 뜻한다.

42 弥补 / 填补 / 添补

01 **弥补** míbǔ : 통 메우다, 보충하다, 보완하다 ➡ 종종 결함, 손실, 약점과 함께 사용한다.

02 **填补** tiánbǔ : 통 (비거나 모자란 것을) 메우다, 보충하다 ➡ 종종 결원, 적자, 부족액과 함께 사용한다.

03 **添补** tiānbu : 통 (용구, 의류 등을) 보충하다, 보태다 ➡ 종종 용구, 옷과 함께 사용한다.

43 难道 / 莫非

01 **难道** nándào : 부 설마 ～란 말인가? 설마 ～하겠는가? 그래 ～란 말인가?

➡ 의문의 형식으로 반문하는 어감을 나타낸다.

02 **莫非** mòfēi : 부 혹시 ～이 아닐까? 아마 ～일 것이다 ➡ 의문문에 쓰여서 의문이나 추측의 어감을 나타낸다.

44 努力 / 竭力

01 **努力** nǔlì : 통 노력하다, 힘쓰다, 열심히 하다 ➡ 열심히 한다는 뜻으로 의미가 비교적 가볍다.

02 **竭力** jiélì : 통 전력하다, 있는 힘을 다하다, 전력을 기울이다 ➡ 모든 힘을 다한다는 뜻으로 의미가 무겁다.

45 品位 / 品味

01 **品位** pǐnwèi : 명 품위, 품격과 지위 ➡ 문예작품이나 학문의 수준, 혹은 제품의 수준이나 품질을 나타낸다.

02 **品味** pǐnwèi : 통 맛을 보다, 음미하다 ➡ 동사로 맛, 느낌, 재미 등을 감상하고 깊이 새겨보는 것을 뜻한다.

46 期间 / 其间

01 **期间** qījiān : 명 기간, 시간

➡ 어떤 시간 속을 뜻하며 단독으로 사용할 수 없고 반드시 '…时期' 형식으로 수식어가 있어야 한다.

02 **其间** qíjiān : 대 그 사이, 그 가운데, 그 기간 ➡ 어떤 시간을 가리키며 단독으로 사용할 수 있다.

47 轻率 / 草率

01 **轻率** qīngshuài : 형 경솔하다, 신중하지 못하다

➡ 말을 하거나 행동을 함에 있어 신중하게 고려하지 않고 함부로 하는 것을 뜻한다.

02 **草率** cǎoshuài : 형 적당히 하다, 대강하다, 건성으로 하다

➡ 일을 함에 있어 열심히 하지 않고 대충하는 것을 뜻한다.

48 缺点 / 缺陷

01 **缺点** quēdiǎn : 명 결점, 단점, 부족한 점

➡ 부족하거나 완벽하지 못한 점을 나타내며, '优点'과 상반되는 뜻으로 좋지 않음(不好)을 강조한다.

02 **缺陷** quēxiàn : 명 결함, 결점, 부족한 점

➡ 부족하거나 완벽하지 못한 점을 나타내며, 가지고 있지 못함(没有)을 강조한다.

49 融化 / 熔化 / 溶化

01 **融化** rónghuà : 통 녹다, 융해되다 ➡ 얼음이나 눈이 물로 변하는 것을 나타낸다.

02 **熔化** rónghuà : 명 녹다, 융해하다 ➡ 고체에 열을 가하여 액체로 변화시키는 것을 나타낸다.

03 **溶化** rónghuà : 명 녹다, 융해되다 ➡ '融化'의 뜻도 있고, 그 밖에 고체가 융해된다는 뜻도 가진다.

50 擅长 / 善于

01 **擅长** shàncháng : 图 (어떤 방면에) 뛰어나다, 잘하다, 정통하나 　图 장기, 재간
➡ 어떤 한 분야에 대해 특수한 기능과 전문 지식을 갖고 있음을 나타낸다.

02 **善于** shànyú : 图 ~을 잘하다, ~에 능숙하다 ➡ 단순히 어떤 동작을 잘한다는 뜻을 나타낸다.

51 商量 / 商榷

01 **商量** shāngliàng : 图 상의하다, 의논하다, 협의하다
➡ 일반적인 문제에 대해 의견을 교환하는 것으로, 구어체의 느낌이 강하다.

02 **商榷** shāngquè : 图 논의하다, 협의 검토하다, 토의하다
➡ 주로 학술적인 문제에 대해 의견을 교환하고 서로 연구하는 것으로, 서면어체의 느낌이 강하다.

52 尚且 / 姑且

01 **尚且** shàngqiě : 젭 ~조차 ~한데
➡ 뒤에 정도가 더 깊거나 심한 것을 이끌어내는 데 사용한다. 보통 뒤에 '何况(하물며)'과 함께 사용하는 경우가 많다.

02 **姑且** gūqiě : 图 잠시, 잠깐, 우선
➡ 잠깐 동안의 시간을 나타낸다. 사실상 '尚且'와는 뜻에 있어서 특별한 연관성이 없다.

53 树立 / 竖立 / 确立

01 **树立** shùlì : 图 수립하다, 세우다 ➡ 주로 추상적이고 긍정적인 것을 세울 때 사용한다.

02 **竖立** shùlì : 图 똑바로 세우다, 곧게 세우다, 똑바로 서다 ➡ 구체적인 사물을 위로 향해 바로 세울 때 사용한다.

03 **确立** quèlì : 图 확립하다, 확고하게 세우다
➡ '确'라는 한자가 사용되어 '树立'보다 더 확실하고 견고하게 세우는 것을 뜻한다.

54 探究 / 探求

01 **探究** tànjiū : 图 탐구하다, 파고들어 깊이 연구하다
➡ '究'가 '연구하다, 규명하다'라는 뜻을 나타내므로, 탐색하고 연구하는 것을 뜻한다.

02 **探求** tànqiú : 图 탐구하다, 탐색하여 찾다
➡ '求'가 '추구하다'의 뜻을 나타내므로, 탐색하고 추구하는 것을 뜻한다.

55 体现 / 表现 / 呈现

01 体现 tǐxiàn : 图 구현하다, 체현하다, 구체적으로 드러내다
➡ 성질이나 현상을 어떤 사물에 구체적으로 드러내는 것을 뜻한다.

02 表现 biǎoxiàn : 图 ① 나타내다, 표현하다 ➡ 사람이 자신의 태도, 행위, 능력 등을 드러내는 것을 뜻한다.
② (의도적으로 자신을) 드러내 보이다, 과시하다 ➡ 贬义(부정적인 색채)가 강하다.

03 呈现 chéngxiàn : 图 나타나다, 드러나다 ➡ 주로 색깔, 형태, 성질과 같은 것을 겉으로 드러내는 것을 뜻한다.

56 体验 / 体味 / 体察

01 体验 tǐyàn : 图 체험하다 图 체험 ➡ 실제 경험을 통해 객관적인 사물에 대해 인식하게 되는 것을 뜻한다.

02 体味 tǐwèi : 图 직접 체득하다, 직접 느끼다, 직접 맛보다
➡ '味'가 '맛보다'의 뜻을 나타내므로, 단순히 '体验'에 그치지 않고 좀 더 자세하게 느끼고 깨닫는 것을 강조한다.

03 体察 tǐchá : 图 체험하고 관찰하다 ➡ '体验 + 观察'가 합쳐진 단어이다.

57 完备 / 完美 / 完善

01 完备 wánbèi : 图 완비되어 있다, 모두 갖추다
➡ '备'를 강조하여 있어야 할 것이 모두 있다는 뜻을 나타낸다. 어감은 비교적 가벼운 편이며 주로 자료, 조건, 논거 등에 많이 사용한다.

02 完美 wánměi : 图 매우 훌륭하다, 완전하여 흠잡을 데가 없다, 완전무결하다
➡ '美'를 강조하여 아주 아름다운 정도에 이르렀음을 나타낸다. 어감이 비교적 무거운 편이며 주로 예술 형식, 언어, 구조, 이미지 등에 많이 사용한다.

03 完善 wánshàn : 图 완벽하다, 완전하다, 나무랄 데가 없다, 흠잡을 데가 없다 图 완벽하게 하다
➡ '善'을 강조하여 있어야 할 것이 다 있으며 동시에 좋기도 하다는 것을 나타내어, 위의 두 단어의 뜻을 합친 느낌이다. 주로 설비, 조직, 제도, 공식 등에 많이 사용한다.

58 顽强 / 顽固 / 固执

01 顽强 wánqiáng : 图 완강하다, 억세다, 드세다
➡ 中性词(중성적인 단어)로 긍정적인 경우에는 어려움을 두려워하지 않고 굴하지 않는다는 뜻을, 부정적인 경우에는 잘못된 것을 끝까지 고집하는 것을 나타낸다.

02 顽固 wángù : 图 완고하다, 고집스럽다, 보수적이다, 수구적이다
➡ 贬义(부정적인 색채)로 사상이 보수적이어서 새로운 것을 받아들이려 하지 않거나 변화하려고 하지 않는 것을 나타낸다.

03 固执 gùzhí : 휑 완고하다, 고집스럽다, 집요하다

➡ 贬义(부정적인 색채)로 자신의 의견만 고집하고 바꾸려 하지 않는 것을 나타낸다.

59 违反 / 违犯

01 违反 wéifǎn : 통 위반하다, 위배하다, 어기다

➡ 규칙, 규정, 원칙, 규율, 진리, 습관, 이론, 정신, 이익 등에 부합되지 않음을 뜻한다.

02 违犯 wéifàn : 통 위반하다, 위배하다, 어기다

➡ 법률이나 법규에 저촉되거나 위배되는 행동을 하는 것을 뜻한다. '违反'보다 무거운 뜻을 나타낸다.

60 维护 / 维持

01 维护 wéihù : 통 유지하고 보호하다, 지키다, 수호하다

➡ 온 힘을 다해서 어떤 대상이 침해되거나 파괴되지 않게 보호하는 것을 뜻하며 주로 정의, 권익, 평화, 통일 등 추상적이고 중대한 일에 사용한다.

02 维持 wéichí : 통 유지하다, 지키다

➡ 원래 상태가 더는 악화되지 않고 그대로 존재하게 유지하는 것을 뜻하며 주로 건강, 생활, 생명 등에 사용한다.

61 稳固 / 稳定

01 稳固 wěngù : 휑 튼튼하다, 견고하다, 안정적이다 ➡ 안정되고 튼튼함을 동시에 나타낸다.

02 稳定 wěndìng : 휑 안정되다, 안정적이다 ➡ 안정되어 큰 변화나 변동이 없음을 나타낸다.

62 细心 / 悉心

01 细心 xìxīn : 휑 (생각이나 일 처리가) 세심하다, 면밀하다 ➡ 마음을 씀에 있어 자세하고 꼼꼼하다는 뜻이다.

02 悉心 xīxīn : 휑 온 마음으로, 전심전력으로 ➡ 모든 마음을 다한다는 뜻으로, 동사 수식에 사용한다.

63 享受 / 享用

01 享受 xiǎngshòu : 통 누리다, 향유하다, 즐기다

➡ 물질적 혹은 정신적인 만족을 얻는다는 뜻으로, 주로 추상적인 목적어를 갖는다.

02 享用 xiǎngyòng : 통 누리다, 향유하다, 즐기다, 맛보다

➡ 어떤 사물을 사용하여 물질적 혹은 정신적인 만족을 얻는다는 뜻으로, 주로 구체적인 사물을 목적어로 갖는다.

64 消失 / 消逝 / 消释

01 消失 xiāoshī : 통 사라지다, 소실되다, 없어지다

➡ 존재하던 사물이 점차 줄어들어 결국 없어지는 것을 뜻하며 사라지는 과정을 강조한다. 목적어를 가질 수 없다.

02 消逝 xiāoshì : 통 (시간이) 흘러가다, (사물이) 사라지다, 없어지다

➡ 어떤 사물이 시간이 흘러감에 따라 더는 존재하지 않게 되었다는 뜻으로 사라져버린 결과를 강조한다. 목적어를 가질 수 없다.

03 消释 xiāoshì : 통 없어지다, 해소되다, 제거하다

➡ 의심, 원망, 고민, 오해 등을 목적어로 가지며, 이런 것들이 풀리거나 없어지는 것을 뜻한다.

65 效率 / 效益 / 效力 / 效应

01 效率 xiàolǜ : 명 능률, 효율 ➡ 단위 시간 내에 완성하는 업무량을 뜻한다.

02 效益 xiàoyì : 명 효익, 이익, 이득, 성과 ➡ '效果 + 利益'가 합쳐진 단어이다.

03 效力 xiàolì : 명 효력, 효과, 효능 ➡ 사물이 일으키는 이로운 작용을 뜻한다.

04 效应 xiàoyìng : 명 효과와 반응

➡ 어떤 인물의 언행이나 사물의 발생이 사회적으로 일으키게 되는 반응과 효과를 뜻한다.

66 喧闹 / 喧嚷 / 喧腾

01 喧闹 xuānnào : 형 떠들썩하다, 시끄럽다 ➡ 광경이나 분위기가 시끌벅적한 것을 나타낸다.

02 喧嚷 xuānrǎng : 통 떠들어 대다, 시끄럽게 굴다, 소란을 피우다

➡ 여러 명의 사람이 큰 소리로 소리치거나 말하는 동작을 나타낸다.

03 喧腾 xuānténg : 형 시끌시끌하다, 요란하다

➡ '喧闹'의 뜻을 나타냄과 동시에 분위기나 감정이 끓어오르는 것을 나타낸다.

67 严格 / 严厉 / 严谨 / 严紧 / 严整 / 严正

01 严格 yángé : 형 엄격하다 통 엄격히 하다, 엄하게 하다

➡ 어떤 표준을 지키거나 제도를 준수함에 있어 대충하지 않고 진지한 태도로 임하는 것을 뜻한다. 유일하게 동사로 사용할 수 있다.

02 严厉 yánlì : 형 호되다, 매섭다

➡ 사람의 태도, 언어, 눈빛이나 정책, 수단 등이 두려움을 느끼게 할 만큼 엄중하고 심하다는 것을 뜻한다.

03 严谨 yánjǐn : 형 엄격하다, 신중하다, 빈틈없다, 치밀하다

➡ 일 처리가 신중하거나 구성, 구조가 빈틈없고 치밀함을 나타낸다.

04 严紧 yánjǐn : 형 빈틈없다, 치밀하다, 긴밀하다 ➡ 구체적인 사물이 꽉 끼거나 견고함을 나타낸다.

05 **严整** yánzhěng : 혱 엄격하고 정연하다, 질서 있다 ➡ 대열이나 행렬이 질서 있는 모습을 나타낸다.

06 **严正** yánzhèng : 혱 엄정하다, 공명정대하다, 정정당당하다 ➡ 태도가 엄숙하고 정당함을 나타낸다.

68 沿用 / 采用

01 **沿用** yányòng : 동 계속하여 사용하다, 따르다 ➡ 과거의 방법, 제도, 법령 등을 계속 사용한다는 뜻이다.

02 **采用** cǎiyòng : 동 적합한 것을 골라 쓰다

➡ '采'는 선택한다는 뜻을 나타낸다. 따라서 자신이 적합하다는 것을 골라 사용하는 것을 뜻한다.

69 营利 / 盈利

01 **营利** yínglì : 동 이윤을 추구하다, 영리를 꾀하다 ➡ 이윤을 목적으로 함을 나타낸다.

02 **盈利** yínglì : 명 이윤, 이익 동 이윤을 얻다, 이익을 보다

➡ '赢利'라고 써도 된다. 명사로 사용할 때는 기업이나 회사의 이윤을 뜻하고, 동사로 사용할 때는 이윤을 얻었음을 뜻한다.

70 应对 / 应付

01 **应对** yìngduì : 동 응답하다, 대답하다, 대처하다, 대응하다

➡ 대답을 하거나 일에 대해 조치를 취하는 것을 뜻한다.

02 **应付** yìngfu : 동 ① 대응하다, 대처하다 ➡ 사람이나 일에 대해 조치를 취하는 것을 뜻한다.

② 대강대강하다, 얼버무리다 ➡ 일을 무성의하게 대강대강 해버리는 것을 뜻한다.

71 赞美 / 赞叹 / 赞扬

01 **赞美** zànměi : 동 찬미하다, 찬양하다

➡ 아름답다고 여겨 칭찬하는 것을 뜻하며, 사용범위는 '赞扬'보다 좁고 감정 색채는 '赞扬'보다 강하다.

02 **赞叹** zàntàn : 동 찬탄하다, 감탄하며 찬미하다

➡ 칭찬도 하고 감탄도 하는 것을 뜻한다. '叹'은 소리를 내는 것을 뜻하므로 감정 색채는 '赞美'보다 강하고 사용범위는 '赞美'보다 좁다.

03 **赞扬** zànyáng : 동 찬양하다, 찬송하다 ➡ 칭찬하여 널리 알림을 뜻한다. 사용범위가 가장 넓다.

72 战果 / 成果 / 结果 / 后果 / 恶果

01 **战果** zhànguǒ : 圆 전과, 성과 ➡ 적과의 전투나 상대와의 투쟁 중에서 획득한 성과이다.

02 **成果** chéngguǒ : 圆 성과 ➡ 업무나 사업, 연구에서의 성과이다. 褒义(긍정적인 색채)가 강하다.

03 **结果** jiéguǒ : 圆 결과, 결실

➡ 일정 단계에서 사물이 발전하여 이르게 되는 가장 마지막 상태를 뜻한다. 中性词(중성적인 단어)로 긍정적인 결과와 부정적인 결과를 모두 나타낼 수 있다.

04 **后果** hòuguǒ : 圆 (안 좋은) 결과, 뒷일 ➡ 좋지 않은 결과로 贬义(부정적인 색채)가 강하다.

05 **恶果** èguǒ : 圆 나쁜 결과, 나쁜 결말 ➡ 나쁜 행동을 해서 맞게 되는 나쁜 결과나 말로를 뜻한다.

73 侦察 / 侦查

01 **侦察** zhēnchá : 圄 정찰하다

➡ 군사 용어로 적의 상황, 지형 및 기타 전쟁과 관련된 상황에 대해 관찰하는 활동을 뜻한다.

02 **侦查** zhēnchá : 圄 법에 따라 조사하다, 수사하다

➡ 경찰 용어로 범죄 사실이나 범죄자를 확정하기 위해 조사하는 활동을 뜻한다.

74 珍视 / 珍惜

01 **珍视** zhēnshì : 圄 소중하게 여기다, 귀중하게 여기다

➡ 아끼고 중시(重视)한다는 뜻으로 주로 우정, 생활 등에 사용한다.

02 **珍惜** zhēnxī : 圄 진귀하게 여겨 아끼다, 소중히 여기다

➡ 소중하게 여겨 아낀(爱惜)다는 뜻으로 주로 시간, 생명, 건강, 기회, 자연자원 등에 사용한다.

75 镇定 / 镇静

01 **镇定** zhèndìng : 圈 침착하다, 냉정하다, 차분하다 ➡ 긴급 상황을 만나도 당황하지 않는다는 뜻이다.

02 **镇静** zhènjìng : 圈 침착하다, 냉정하다, 차분하다 ➡ 정서적으로 안정되고 차분하다는 뜻이다.

76 整理 / 整治 / 整顿 / 整改

01 **整理** zhěnglǐ : 圄 정리하다 ➡ 구체적인 사물을 질서 있게 치우거나 순서에 맞춘다는 뜻이다.

02 **整治** zhěngzhì : 圄 혼내다, 본때를 보여주다 ➡ 단속하거나 벌을 주거나 기를 꺾는 것을 뜻한다.

03 **整顿** zhěngdùn : 圄 정비하다, 바로잡다, 재건하다

➡ 주로 조직, 기율, 기풍 등을 바로잡고 온전하게 하는 것을 뜻한다.

04 **整改** zhěnggǎi : 圄 정리 개혁하다 ➡ '改革'의 뜻이 더 강조된다.

77 指示 / 指使 / 支使

01 指示 zhǐshì : 图 지시하다, 명령을 내리다

➡ 상급자가 하급자에게, 윗사람이 아랫사람에게 어떤 문제를 처리할 수 있는 원칙이나 방법을 말하는 것을 뜻한다.

02 指使 zhǐshǐ : 图 사주하다, 교사하다, 조종하다

➡ 주로 비정식적이거나 정당하지 못한 방법으로 다른 사람에게 어떤 활동을 하게 보내는 것을 뜻한다. 贬义(부정적인 색채)가 강하다.

03 支使 zhīshǐ : 图 일을 시키다, 심부름을 보내다, 부리다

➡ 다른 사람에게 어떤 일을 하라고 명령하는 것을 뜻한다.

78 中止 / 终止

01 中止 zhōngzhǐ : 图 중지하다, 중단하다 ➡ 일을 하던 도중에 멈추는 것을 나타낸다.

02 终止 zhōngzhǐ : 图 마치나, 정지하다, 끝내다 ➡ 끝내거나 정지시키는 것을 나타낸다.

79 逐步 / 逐渐

01 逐步 zhúbù : 图 한 걸음 한 걸음, 점차

➡ '步'는 발걸음을 나타낸다. 즉 영어로 표현하자면 'step by step'으로 단계를 밟아서 점차 변화하는 것을 뜻한다. 주로 사람의 계획적인 노력이나 과정이 비교적 긴 활동에 사용한다. 형용사를 수식할 수 없다.

02 逐渐 zhújiàn : 图 점점, 점차

➡ 명확한 단계성이 없는 사물의 자연적인 변화를 뜻한다. 형용사를 수식할 수 있다.

80 阻止 / 阻碍 / 阻挡 / 阻拦 / 阻挠

01 阻止 zǔzhǐ : 图 저지하다, 가로막다 ➡ 전진하지 못하게 하거나 행동을 정지시키는 것을 뜻한다.

02 阻碍 zǔ'ài : 图 방해하다, 지장이 되다

➡ 방해(妨碍)를 해서 순조롭게 통과하거나 쉽게 발전하지 못하게 하는 것을 뜻하며 주로 교통, 생산, 혁명, 진보 등과 함께 사용한다.

03 阻挡 zǔdǎng : 图 저지하다, 가로막다

➡ 막아서(妨碍) 발전하거나 진보하지 못하게 하는 것을 뜻하며 주로 사람이나 중대한 추상적 개념과 사용한다.

04 阻拦 zǔlán : 图 저지하다, 억제하다

➡ 길을 가로막아(拦截) 통과하지 못하게 하는 것을 뜻하며 주로 사람이나 동물의 행동과 함께 사용한다.

05 阻挠 zǔnáo : 图 방해하다, 억제하다

➡ 몰래 파괴하며 발전이나 성공을 못하게 하는 것을 뜻하며 주로 중대한 행동이나 사물과 함께 사용한다.

📅 DAY 13

1. 高中生与初中生相比，在做出判断和决定前能更多地____各种事实和可能性，
    ____行动的各种可能后果，决定一旦做出也能更____地见诸行动。

    A 考验　　预料　　充分
    B 考虑　　预计　　迅速
    C 考察　　预算　　明显
    D 考查　　预测　　显著

2. 随着科学技术的进步，人们可以应用现代科学技术____生产条件，提高资源的利
    用____，还可以不断____资源利用的范围，使资源____更大的作用。

    A 改善　　率　　扩大　　发挥
    B 改革　　化　　增加　　发生
    C 改良　　性　　减少　　发动
    D 改进　　度　　降低　　发扬

3. 火山以其巨大的破坏力而____，它其实也会给人类带来一定的好处。火山爆发会
    为我们提供____的宝石、矿物和建筑材料，像已经被____出来的珍珠岩，它可用
    来____肥皂和家用清洁剂中的研磨剂。

    A 闻名　　珍贵　　开采　　制作
    B 知名　　宝贵　　挖掘　　创作
    C 著名　　无限　　开发　　制造
    D 出名　　奢侈　　开辟　　生产

4. 心理学家认为，____学生学习的基本动机有两种：一种是社会交往动机，另一种是____动机。前者表现为学生愿意为他所喜欢的老师努力学习，从而获得老师的称赞、____师生感情等；后者则表现为希望通过学习赢得别人对自己的尊重、获得他人____等。

A 调动　　名誉　　增添　　认可
B 促进　　声誉　　增长　　鼓励
C 鞭策　　信誉　　增加　　信任
D 驱使　　荣誉　　增进　　肯定

5. 下雨时，汽车司机的____会受到影响，____是下暴雨时雨刷器不能有效地刮净挡风玻璃上的雨水，令司机眼前____不清。____，因为气温降低，挡风玻璃上会有雾气。这时，要打开冷气和后挡风玻璃加热器以尽快____雾气。

A 眼睛　　甚至　　含糊　　反而　　消耗
B 视野　　特别　　混乱　　总之　　消失
C 眼神　　甚至　　疲倦　　因而　　消化
D 视线　　尤其　　模糊　　同时　　消除

03 사자성어

독해 2부분을 풀다 보면 반드시 사자성어를 만나게 된다. 무조건 사자성어만 보면 포기하게 된다면 만약 사자성어가 결정적인 역할을 하는 문제라면 낭패를 보게 된다. 고대 역사적 이야기를 배경으로 하는 성어는 그 이야기를 알아야만 성어의 뜻을 완벽하게 이해할 수 있다. 하지만 일부 성어는 그 뜻을 추측해낼 수 있는 예도 있다. 이런 방법을 알아두면 우리가 문제에서 성어를 맞닥뜨렸을 때 크게 도움이 될 것이다.

독해 시크릿 백전백승

1 형태소 분석법으로 어의를 파악해라!

성어는 语素(형태소: 주로 한자 하나가 语素가 되는 경우가 많음)로 이루어져 있다. 따라서 语素의 뜻을 먼저 파악한 뒤 그 뜻을 합쳐서 이해하면 성어 전체의 대략적인 뜻을 파악할 수 있는 경우가 많다. 예를 들어 '爱不释手'라는 성어를 살펴보자. '释'는 '放下(내려놓다)'라는 뜻을 나타낸다. 따라서 전체적인 뜻은 '좋아해서(爱) 손(手)에서 내려놓으려고 하지 않다(不释)'라는 의미를 나타내게 된다.

2 AABC식의 성어

성어의 구성방식은 여러 가지가 있는데, 그중에서도 우리가 가장 뜻을 유추하기에 좋은 성어가 바로 AABC식으로 구성된 성어이다. 이 경우 일반적으로 BC 두 글자가 전체 성어의 뜻을 나타내게 된다. 예를 들어 '彬彬有礼'라는 성어는 전체적으로 '有礼貌'의 뜻을 나타낸다는 것을 알 수 있다.

3 ABCC식의 성어

이 형식의 성어 역시 우리가 뜻을 쉽게 유추할 수 있다. 이 경우 일반적으로 AB 두글자가 전체 성어의 뜻을 나타내게 된다. 예를 들어 '小心翼翼'라는 성어는 전체적으로도 '小心'의 뜻을 나타낸다는 것을 알 수 있다.

문제 1

宜兴紫砂陶有悠久的历史和很高的艺术__1__，并以其__2__的原料材质、精湛的 __3__技艺、古朴的自然色泽和__4__的造型艺术，在工艺美术苑林中独树一帜， 经久不衰。

A 成果	罕见	人工	物美价廉
B 财富	坚固	制作	喜闻乐见
C 风格	特殊	操作	朝气蓬勃
D 成就	独特	手工	千姿百态

🔍 **문제 분석**　각 빈칸에 순서대로 번호를 붙여 살펴보도록 하자.

1번 빈칸 : '艺术__1__' 전체가 '有'의 목적어가 되고 있고, 동시에 '很高'의 수식을 받을 수 있어야 한다.

2번 빈칸 : '原料材质'를 수식할 수 있는 단어가 필요하다.

3번 빈칸 : '__3__技艺' 전체가 '精湛'의 수식을 받고 있다.

4번 빈칸 : '造型艺术'를 수식할 수 있는 성어를 찾아야 한다.

해석　의흥자사 도자기는 유구한 역사와 높은 예술적 **성취**를 갖고 있으며, 또한 그것의 **독특한** 원료재질, 뛰어난 **수공** 기술, 소박하고 고풍스러운 자연적인 색깔과 광택, **다양한** 조형예술로써 공예미술 분야에서 독자적으로 한 파를 형성하여 오랫동안 사라지지 않고 있다.

해설　1번 빈칸

　　A 成果 chéngguǒ 명 성과

　　B 财富 cáifù 명 재산, 자산

　　C 风格 fēnggé 명 풍격, 작품, 기풍

　　D 成就 chéngjiù 명 성취, 성과, 업적

　　▶ '很高'의 수식을 받을 수 있는 명사는 C와 D이다. A와 B는 '大'나 '多'와 함께 사용한다.

　2번 빈칸

　　A 罕见 hǎnjiàn 형 보기 드물다

　　B 坚固 jiāngù 형 견고하다, 튼튼하다, 견실하다

　　C 特殊 tèshū 형 특수하다, 특별하다

　　D 独特 dútè 형 독특하다, 특별하다, 특이하다

　　▶ '原料材质'를 수식할 수 있는 형용사를 찾는 문제로 B를 제외한 나머지로는 정답을 찾아내기 어렵다.

　3번 빈칸

　　A 人工 réngōng 명 수공, 인력　형 인공적이다

　　B 制作 zhìzuò 동 ① 제작하다, 제조하다, 만들다 ② 창작하다, 저작하다

　　C 操作 cāozuò 동 조작하다, 다루다

D 手工 shǒugōng 몡 ① 수공, 손으로 하는 일 ② 수공예인 툉 수공으로 하다, 손으로 만들다

► 전체적으로 도자기를 만드는 것에 대해 설명하는 글이다. 따라서 B와 D가 정답이 될 수 있다.

4번 빈칸

A 物美价廉 wùměi jiàlián 셩 상품의 질이 좋고 값도 저렴하다('美'는 '好'의 뜻을, '廉'은 '便宜'의 뜻을 나타낸다.)

B 喜闻乐见 xǐwén lèjiàn 셩 기쁜 마음으로 듣고 보다, 즐겨 듣고 즐겨 보다 ('闻'은 '听'의 뜻을, '见'은 '看'의 뜻을 나타낸다.)

C 朝气蓬勃 zhāoqì péngbó 셩 생기가 넘쳐흐르다, 생기발랄하다, 씩씩하다 ('朝气'는 '早上的空气'라는 뜻을 나타내지만 파생되어 '새롭게 생겨나 노력을 통해 앞으로 나아가는 기상'을 나타낸다.
蓬勃'는 '旺盛(왕성하다)'의 뜻을 나타낸다.)

D 千姿百态 qiānzī bǎitài 셩 모양이 제각각이고 서로 다르다 ('千'과 '百'는 '多'의 뜻을 나타내며, '姿态'는 '자태, 모습, 모양'의 뜻을 나타낸다.)

► '造型艺术'를 수식하기에 적합한 성어는 D밖에 없다.

정답 D

단어 精湛 jīngzhàn 혱 (기예가) 뛰어나다, 훌륭하다, 우수하다, (학문이) 깊다, 심오하다 | 古朴 gǔpǔ 혱 소박하고 예스럽다,수수하면서 고풍스럽다 | 色泽 sèzé 몡 색깔과 광택 | 苑林 yuànlín 몡 원림 | 独树一帜 dúshù yìzhì 셩 독자적으로 한 파를 형성하다 | 经久不衰 jīngjiǔ bùshuāi 셩 오랫동안 시들지 않다

NEW 단어 + TIP

- 从容 cóngróng 혱 침착하다, 허둥대지 않다
  예 每次到紧要关头，他总是能从容不迫，镇定自若。
  매번 중대한 고비에서 그는 항상 침착하고 차분할 수 있다.
  고정격식 从容 + 不迫

- 坠 zhuì 통 추락하다, 떨어지다, 낙하하다
  예 泰坦尼克号最终坠入了海底。 타이타닉 호는 결국 바다 밑으로 침몰했다.

- 锦上添花 jǐnshàng tiānhuā 셩 금상첨화이다, 더없이 좋다
  예 如果再画上几朵鲜花，那么你这幅画就锦上添花了。
  만약 꽃 몇 송이를 더 그린다면, 그럼 당신의 이 그림은 금상첨화가 될 거예요.

- 俯视 fǔshì 통 굽어보다, 내려다보다
  예 我来到山顶向下俯视，我的心一颤，太高了！
  산 정상에 와서 아래를 내려다보니, 너무 높아서 마음이 두근거리는구나!

1 자주 쓰이는 형태소와 성어의 뜻

01 释 shì : ① 풀다, 놓다 ② 해석하나, 설명하다 ③ 제거하다, 풀어지다 ④ 석방하다 ⑤ 놓다, 떼다

爱不释手 àibú shìshǒu : 아껴서 손에서 놓을 수 없다. 손에서 뗄 수 없을 정도로 매우 아끼다

如释重负 rúshì zhòngfù : 마치 무거운 짐을 벗어버린 것 같다

02 顾 gù : ① 되돌아보다, 돌이켜보다, 바라보다 ② 돌보다, 보살펴주다 ③ 탐방하다, 방문하다
　　　　　　 ④ 그리워하다, 생각하다, 불쌍히 여기다

不屑一顾 búxiè yígù : 일고의 가치도 없다. 생각해볼 가치도 없다. 거들떠보지도 않다

相顾一笑 xiānggù yíxiào : 서로 약속이나 한 듯 마주 보며 웃다

四顾无人 sìgù wúrén : 주위에 의지할 만한 사람이 아무도 없다

左顾右盼 zuǒgù yòupàn : 좌우를 두리번거리다

顾此失彼 gùcǐ shībǐ : 나를 돌보다가 다른 것을 놓치다

顾名思义 gùmíng sīyì : 명칭을 보고 그 뜻을 짐작할 수 있다

奋不顾身 fènbú gùshēn : 자신을 돌보지 않고 용감하게 나아가다

顾影自怜 gùyǐng zìlián : 자신의 그림자를 보면서 스스로 불쌍히 여기다. 고독하고 실의한 모양

顾全大局 gùquán dàjú : 모든 국면을 두루 살펴 손해를 보지 않게 하다. 전체를 두루 살피다

后顾之忧 hòugù zhīyōu : 뒷걱정, 뒷근심

03 喻 yù : ① 설명하다, 일깨우다 ② 알다, 이해하다 ③ 비유하다

家喻户晓 jiāyù hùxiǎo : 어느 집이나 다 잘 알고 있다. 사람마다 모두 알다

不言而喻 bùyán éryù : 말하지 않아도 안다. 말할 필요까지 없다.

04 息 xī : ① 쉬다, 휴식하다 ② 멈추다, 정지하다, 중지하다, 그치다, 그만두다

偃旗息鼓 yǎnqí xīgǔ : 군기를 내리고 북을 멈추다. 휴전하다

川流不息 chuānliú bùxī : 사람이나 차의 행렬이 흐르는 물처럼 끊이지 않다

息事宁人 xīshì níngrén : 분쟁을 수습하여 사람들을 안정시키다. 분쟁을 그치고 서로 편안하게 지내다

05 迫 pò : ① 다가오다, 임박하다 ② 억지로 시키다, 강요하다, 핍박하다 ③ 급박하다, 긴급하다

从容不迫 cóngróng búpò : 매우 침착하다, 매우 느긋하다

迫不及待 pòbù jídài : 일이나 사정이 절박하여 잠시도 지체할 수 없다. 급박하여 잠시도 기다릴 여유가 없다

迫不得已 pòbù déyǐ : 절박하여 어쩔 수 없다. 절박하여 이렇게 하지 않을 수 없다

迫在眉睫 pòzài méijié : 눈썹에 불이 붙다. 발등에 불이 떨어지다. 상황이 매우 긴박하다

06 厚 hòu : ① 두껍다 ② 감정이 두텁다 ③ 이윤이 크다 ④ 가치가 높다 ⑤ 재산이 부유하다
　　　　　　 ⑥ 너그럽다, 관대하다, 친절하다 ⑦ 중시하다, 우대하다, 떠받들다

无可厚非 wúkě hòufēi : 지나치게 나무랄 것이 없다. 크게 비난할 바가 못 된다

厚古薄今 hòugǔ bójīn : 학술 연구 분야에서 옛것을 중시하고 현재의 것을 경시하다

厚今薄古 hòujīn bógǔ : 학술 연구 분야에서 현재의 것을 중시하고 옛것을 대수롭지 않게 여기다

厚此薄彼 hòucǐ bóbǐ : 한쪽은 우대하고 다른 한쪽은 냉대하다

厚颜无耻 hòuyán wúchǐ : 후안무치하다. 뻔뻔스러워 부끄러움을 모르다

得天独厚 détiān dúhòu : 특별히 뛰어난 조건을 갖추다. 처한 환경이 유달리 좋다

深情厚谊 shēnqíng hòuyì : 깊고 돈독한 정

07 举 jǔ : ① 들어올리다 ② 일어나다, 일으키다 ③ 추천하다, 선발하다 ④ 제기하다, 제시하다 ⑤ 모두, 전부, 온

举棋不定 jǔqí búdìng : 바둑알을 들고 어디에 둘지 결정하지 못하다. 어찌할 바를 모르다

举国上下 jǔguó shàngxià : 전국 각지 각 계층. 모든 국민

举案齐眉 jǔ'àn qíméi : 남편에게 밥상을 올릴 때 눈썹까지 끌어올리다. 부부가 서로 공경하다

举世闻名 jǔshì wénmíng : 전 세계에 이름이 알려지다. 명성이 아주 크다

举世瞩目 jǔshì zhǔmù : 전 세계 사람들이 주목하다

08 穷 qióng : ① 빈곤하다, 가난하다 ② 다하다, 끝나다

无穷无尽 wúqióng wújìn : 끝이 없고 다함이 없다. 무궁무진하다

层出不穷 céngchū bùqióng : 끝도 없이 출현하다. 끊임없이 나타나다

穷凶极恶 qióngxiōng jí'è : 극도로 잔인하고 악독하다. 극악무도하다

09 竭 jié : ① 다 써버리다, 다하여 없어지다 ② 몸이나 마음을 다하다

竭尽全力 jiéjìnquánlì : 모든 힘을 다 기울이다. 전력을 다하다 = 不遗余力

精疲力竭 jīngpí lìjié : 기진맥진하다. 극도로 피로하다 = 精疲力尽

10 及 jí : ① 도달하다, 이르다, 미치다 ② 대등하다, 필적하다, 비할 수 있다

力所能及 lìsuǒ néngjí : 자신의 능력으로 해낼 수 있다.

11 然 rán : ① 옳다, 맞다, 그렇다 ② 이와 같다, 이러하다

一目了然 yīmù liǎorán : 한 번 보고도 훤히 알 수 있을 만큼 분명하다. 일목요연하다

井然有序 jǐngrán yǒuxù : 질서가 정연하다

庞然大物 pángrán dàwù : 대단히 거대한 물건. 외견 상 거대해 보이지만 실상 내실은 없는 것

焕然一新 huànrán yìxīn : 면모가 아주 새로워지다. 몰라보게 달라지다

恍然大悟 huǎngrán dàwù : 갑자기 각성하다. 문득 크게 깨닫다

迥然不同 jiǒngrán bùtóng : 서로 완전히 다르다. 서로 현저하게 차이가 나다

2 자주 출제되는 AABC식 성어

01 **彬彬有礼** bīnbīn yǒulǐ : 점잖고 예의 바르다

02 **嗷嗷待哺** áoáo dàibǔ : 새끼 새가 먹이를 달라고 짹짹 울다, 이재민들이 구호를 기다리다

03 **楚楚可怜** chǔchǔ kělián : 치지가 에처롭고 가련하다

04 **比比皆是** bǐbǐ jiēshì : 어느 것이나 모두 그렇다, 무척 많다

05 **蠢蠢欲动** chǔnchǔn yùdòng : 벌레가 꿈틀거리며 움직이려 하다, 악인이 나쁜 일을 하려고 하다

06 **绰绰有余** chuòchuò yǒuyú : 다 쓰지 못할 정도로 넉넉하다, 여유만만하다, 충분하다

07 **喋喋不休** diédié bùxiū : 재잘재잘 끊임없이 지껄이다. 쫑알쫑알 쉴 새 없이 지껄이다

08 **咄咄逼人** duōduō bīrén : 기세가 등등하여 사람을 짓누르다

09 **高高在上** gāogāo zàishàng : 지도자가 현실에 깊이 들어가지 못하고 군중과 동떨어지다

10 **格格不入** gégé búrù : 서로 뜻이 맞지 않다, 마음이 일치하지 않다

11 **赫赫有名** hèhè yǒumíng : 명성이 매우 높다, 명성이 자자하다

12 **昏昏欲睡** hūnhūn yùshuì : 정신이나 의식이 몽롱하고 졸리다

13 **津津有味** jīnjīn yǒuwèi : 음식이 매우 맛있다, 이야기가 매우 흥미 있다, 흥미진진하다

14 **津津乐道** jīnjīn lèdào : 흥미진진하게 이야기하다

15 **斤斤计较** jīnjīn jìjiào : 별것도 아닌 것을 지나치게 따지다, 작은 이익이나 사소한 일을 지나치게 따지다

16 **井井有条** jǐngjǐng yǒutiáo : 조리 정연하다, 질서 정연하다

17 **面面俱到** miànmiàn jùdào : 모든 방면을 주도면밀하게 고려하여 빈틈없게 하다

18 **闷闷不乐** mènmèn búlè : 마음이 답답하고 울적하다, 몹시 우울해하다, 의기소침하다

19 **岌岌可危** jíjí kěwēi : 매우 위험하다, 아슬아슬하다

20 **落落大方** luòluò dàfāng : 솔직담백하고 거리낌이 없다, 도량이 넓고 대범하다

21 **姗姗来迟** shānshān láichí : 꾸물꾸물 늦게 오다, 어슬렁어슬렁 늦게 오다

22 **息息相关** xīxī xiāngguān : 관계가 아주 밀접하다, 밀접하게 관련되어 있다

23 **栩栩如生** xǔxǔ rúshēng : 예술 작품 등이 마치 살아있는 것 같이 생생하다

24 **牙牙学语** yáyá xuéyǔ : 아기가 옹알옹알하며 말을 배우다

25 **洋洋得意** yángyáng déyì : 뜻을 이루거나 원하던 바를 얻어 기쁜 표정이 얼굴에 가득하다, 득의양양하다

26 **遥遥无期** yáoyáo wúqī : 기약도 없이 아득하다

27 **摇摇欲坠** yáoyáo yùzhuì : 흔들거려 곧 떨어질 것 같다, 정세가 아주 위급하거나 지위가 든든하지 못하다

28 **依依不舍** yīyī bùshě : 차마 떠나지 못하다, 헤어지기 서운해하다

29 **沾沾自喜** zhānzhān zìxǐ : 득의양양해하며 스스로 즐거워하다, 우쭐거리며 뽐내다

30 **孜孜不倦** zīzī bújuàn : 조금도 게을리하지 않고 열심히 하다

31 **滔滔不绝** tāotāo bùjué : 말이 끝이 없다, 쉴 새 없이 말하다

DAY 14

1. 集邮是以邮票及其他邮品为主要对象的收集、＿＿＿与研究活动。邮票有"世界＿＿＿"之称，每个国家都会在邮票上＿＿＿最具本国代表性的东西，所以小小的邮票成为了＿＿＿的博物馆。通过收集、研究各种邮品，集邮者不仅可以学到很多知识，还能＿＿＿一定的情操。

A 鉴赏	名片	展示	包罗万象	培养
B 评估	图案	印制	名副其实	塑造
C 鉴定	符号	刊登	博大精深	陶冶
D 修复	文物	发行	众所周知	培植

2. 眼见为实，我们＿＿＿相信自己亲眼看到的东西，认为只有亲眼＿＿＿见，才是真实＿＿＿的。然而有时候我们亲眼看到的却常常与真实相悖，视觉上的错觉常常会欺骗许多＿＿＿的头脑。

A 总是	所	可靠	自以为是
B 常常	可	依赖	一丝不苟
C 往往	亦	踏实	称心如意
D 曾经	愈	周密	有条不紊

3. 周文王姬昌有一次出外＿＿＿，在渭水南＿＿＿遇到了一个正在钓鱼的老人，那老人＿＿＿地阐述了治国安邦的见解，周文王认为这是一个奇才，就封他为太师。这个老人就是带有传奇＿＿＿的姜子牙。他后来辅佐周武王姬发灭商，建立了周朝。

A 打猎	岸	滔滔不绝	色彩
B 捕猎	边	络绎不绝	特色
C 游玩	旁	津津有味	特点
D 视察	后	井井有条	特征

4. 慢餐主义者认为，食物的____只有在细细咀嚼后才能得到充分体现,而快餐使人们的口味____，更使很多具有浓郁地方特色的传统食物逐渐消失。在快____的今天，我们或许应该稍作停顿，慢慢去品味生活中的美味，让那些____消失的传统食物重新回到餐桌上。

    A 风味　　　层出不穷　　　步伐　　　即将
    B 滋味　　　千篇一律　　　节奏　　　濒临
    C 奥秘　　　精益求精　　　模式　　　面临
    D 精华　　　不相上下　　　频率　　　倾向

5. 凡事需讲究适可而止、____。这就好比喝茶，茶叶放多了会苦，放少了无味，适量最好。永不满足只会不停地____着人们追求更高的物质享受，而过度地追逐往往会使人____生活的方向。因此，人要学会____。

    A 恰到好处　　　支援　　　抛弃　　　反思
    B 量力而行　　　诱惑　　　迷失　　　知足
    C 力所能及　　　逼迫　　　更正　　　约束
    D 循序渐进　　　引导　　　失去　　　将就

04 허사

지금까지는 实词(실사: 구체적인 의미가 있는 단어) 분석법에 대해 배워봤다. 이 부분에서는 虚词(허사 : 실질적인 뜻은 없고 문장의 구성을 돕는 품사로 '介词(전치사)', '连词(접속사)', '助词(조사)'가 있음)를 이용해서 문제를 해결하는 방법들을 배워보도록 하자. 물론 虚词를 이용하려면 자주 나오는 虚词들을 잘 외워두는 것이 우선적이다.

독해 시크릿 백전백승

1 관련사 정답 찾기

(1) 관련사의 짝 이용하기

만약 보기가 관련사인 경우라면 먼저 짝이 맞지 않는 보기는 정답에서 제외시킬 수 있다. 따라서 관련사의 짝을 다 외워두는 것이 중요하다. (자세한 관련사 표는 독해 제1부분의 143p를 참조하자)

예 今天我们把教室打扫得干干净净，＿＿累了一点，＿＿感到很快乐。

　　A 虽然　　但是　　　　B 既然　　但是

문제에서 두 개의 빈칸은 관련사 짝으로 되어있다. 하지만 B의 '既然(기왕 ~한 바에는)'은 접속사 '那么'나 부사 '就'와 사용해야 한다. 따라서 A가 정답이다.

(2) 해석을 통해 관련사 선택하기

만약 보기에 제시된 관련사의 짝이 모두 문제가 없다면, 문장의 뜻을 분석하여 글의 흐름에 적합한 관련사를 선택해야 한다.

예 人的一生，＿＿奋斗，＿＿能成功。

　　A 只要　　就　　　　　B 只有　　才

문제에서 두 개의 빈칸은 관련사 짝으로 되어있다. 보기의 관련사 짝에는 문제가 없지만 '奋斗(분투하다)'는 '成功'의 유일한 조건이므로 B가 정답이다.

(3) 어법적 기능을 통해 관련사 선택하기

만약 보기에 제시된 관련사의 짝이 모두 문제가 없고 뜻 또한 모두 가능하다면, 어법적 환경을 통해 적합한 관련사를 선택해야 한다. 특히 이 경우는 '不管、无论、不论'의 용법과 관련된 상황을 가리킨다.

	A에 관계없이 B하다 → A에는 반드시 다음 중 한가지 표현이 있어야 함 ① 의문사
不管 / 无论 / 不论 A, 주어 都 / 也 B	② 还是 혹은 或者 ③ 정반의문문 ④ 양면사 (好坏、高低、大小) ⑤ 명사의 나열

例 妈妈____吃多少苦，____不会动摇她供我上大学的念头。

　　A 不管　都　　　　　B 尽管　都

문제에서 두 개의 빈칸은 관련사 짝으로 되어있다. 보기의 관련사 짝에는 문제가 없다. 하지만 첫 번째 빈칸에 의문사 '多少'가 있으므로 이 어법적 환경에 맞는 A가 정답이다.

(4) 위치를 통해 관련사 선택하기

만약 보기에 제시된 관련사의 짝이 모두 문제가 없고 뜻에서도 특별히 문제가 없는데다 특별한 어법적 환경조차 발견하지 못했다면, 두 번째 빈칸의 위치를 통해 관련사를 선택해야 한다. 즉 접속사는 주어 앞에 와야 하며, 부사는 주어 뒤에 와야 한다는 것을 이용해야 한다.

例 ____很累，____他还是坚持了下来。

　　A 虽然　但　　　　　B 尽管　却

문제에서 두 개의 빈칸은 관련사 짝으로 되어있다. 보기의 관련사 짝에는 문제가 없다. '虽然'과 '尽管'은 같은 뜻의 접속사이다. 하지만 뒤의 짝의 경우 '但'은 접속사, '却'는 부사이다. 두 번째 빈칸이 주어 앞에 있으므로 정답은 A이다.

② 전치사 정답 찾기

(1) 고정격식 이용하기

전치사와 관련된 상당부분의 문제가 고정격식으로 답을 찾는 경우이다. 따라서 평소에 이러한 고정격식을 많이 외워두어야 한다.

例 这个公司的待遇还真不错，____子女教育经费____，公司是全额支付。

　　A 拿　　来说　　　　B 关于　　来说

두 번째 빈칸의 '来说'는 '对(于)…来说', '拿…来说', '就…来说'라는 고정격식으로 사용한다. 따라서 A가 정답이다.

(2) 어법적 의미를 통해 전치사 선택하기

고정격식 외에 전치사의 어법적 의미를 통해 정답을 찾을 수도 있다.

예 学生们＿＿老师的帮助＿＿顺利通过了考试。

A 在　　上　　　　　　B 在　　下

'在…上'은 방면과 기초를, '在…下'는 조건과 상황을 나타낸다. 여기서는 '老师的帮助'가 학생들이 시험을 통과하게 만든 조건이므로 B가 정답이다.

③ 부사 정답 찾기

부사는 부사의 어법적 의미를 통해 정답을 찾아야 한다.

예 "咬文嚼字"有时是一个坏习惯，所以这个成语的含义＿＿不是很好。

A 通常　　　　B 经常

'通常'은 일반적인 상황을 가리킬 때, '经常'은 행동이나 상황의 나타나는 횟수가 잦고 빈도가 높아서 습관적인 성격을 가지고 있음을 가리킬 때 사용하는 부사이다. 지금은 성어의 일반적인 뜻을 설명하고 있으므로 A가 정답이다.

NEW 단어 + TIP

- 衬托 chèntuō 통 부각시키다, 돋보이게 하다
  예 绿叶把鲜花衬托得格外美丽。녹색 잎이 꽃을 유난히 아름답게 부각시킨다.

- 慈善 císhàn 형 자선을 베풀다
  예 他总是出席一些慈善活动。그는 항상 몇몇 자선활동에 참가한다.
  고정격식 慈善 + 活动/机构/基金会

- 废寝忘食 fèiqǐn wàngshí 통 전심전력하다, 매우 몰두하다
  예 他学习十分刻苦，终日废寝忘食。그는 공부를 매우 열심히 해서, 온종일 전심전력한다.

- 抚摸 fǔmō 통 어루만지다, 쓰다듬다
  예 妈妈抚摸着我的头说 "孩子，别怕！" 엄마는 내 머리를 쓰다듬으며 말씀하셨다. "애야, 두려워하지 말거라!"

문제 1

___1___学生而言，并非分数就是一切。只不过在现有国情和教育体制__2__，不得不采用分数来划分。好在国家还是认识到这一点，__3__各地录取的分数线有差别，__4__上大学的估计会有一半是考试专业户，考试分数高其他方面能力差。

A	由	上	使	不然
B	就	内	叫	那么
C	对	下	让	否则
D	向	中	被	尤其

문제 분석 각 빈칸에 순서대로 번호를 붙여 살펴보도록 하자.

1번 빈칸 : '而言'과 고정격식을 이루는 전치사를 찾아야 한다.

2번 빈칸 : 이 글의 내용에 맞는 어법적 의미를 나타낼 수 있는, 전치사 '在'와 함께 쓸 방위명사를 선택해야 한다.

3번 빈칸 : 보기로 볼 때 사동이나 피동 중 한 가지가 정답이 될 것이다.

4번 빈칸 : 문장과 문장을 연결하는 곳에 빈칸이 있으므로, 글의 해석을 통해 적합한 허사를 찾아내야 한다.

해석   학생들**에게 있어서** 점수는 결코 모든 것이 아니다. 단지 현재 국정과 교육 체계 **하에서** 어쩔 수 없이 점수를 사용해서 구분짓는 것이다. 다행인 것은 국가가 아직은 이 점을 인식하고 각지로 **하여금** 합격 커트라인에 차이를 두게 **했는데, 만약 그렇지 않으면** 대학에 들어가는 학생은 예측하기로 절반이 시험만을 전문적으로 준비한 가정으로, 시험 점수는 높지만 기타 방면의 능력이 떨어질 것이다.

해설 1번 빈칸

'而言'과 고정격식을 이루는 전치사는 '就'와 '对'이다. 따라서 B와 C가 정답이 될 수 있다.

2번 빈칸

'国情和教育体制'는 뒤의 내용이 발생하게 된 조건과 상황을 제시하고 있으므로 C가 정답이다.

3번 빈칸

정부가 각 지역에게 시킨 것이므로 사동동사인 '使、叫、让'이 모두 답이 될 수 있다.

4번 빈칸

앞과 뒤의 해석을 통해 만약 그렇지 않았을 때의 상황을 제시하고 있음을 알 수 있다. 따라서 '만약 그렇지 않으면'의 같은 뜻을 가진 접속사 A와 C가 모두 답이 될 수 있다.

정답 C

단어 国情 guóqíng 圆 국정. 나라의 정세 | 体制 tǐzhì 圆 체제, 제도, 체계 | 采用 cǎiyòng 통 채용하다, 채택하다 | 划分 huàfēn 통 (전체를 여러 부분으로) 나누다 | ★录取 lùqǔ 통 (시험 등을 통해) 채용하다, 고용하다, 뽑다 | ★估计 gūjì 통 추측하다, 예측하다

1 자주 출제되는 전치사

01 本着 běnzhe : ～에 입각하여, ～에 의거하여 (+ 精神 / 态度 / 原则 / 方针 / 意思 / 指示)

02 趁着 chènzhe : 때, 기회를 이용하여, ～을 틈타

03 根据 gēnjù : ～에 근거하여

04 关于 guānyú : ～에 관하여

05 鉴于 jiànyú : ～에 비추어, ～을 감안하여

06 论 lùn : ～로 말하자면, ～을 논하자면 (= 从…方面来说 = 就…来说)

07 凭着 píngzhe : ～에 의거하여, ～에 근거하여, ～에 따라

08 随着 suízhe : ～을 따라 (+ 발전, 개선, 변화)

09 沿着 yánzhe : ～을 따라 (+ 노선)

10 通过 tōngguò : ～을 거쳐, ～을 통해

11 替 tì : ～을 위해, ～을 대신하여

2 자주 출제되는 부사

01 毕竟 bìjìng : ① 결국, 끝내 ② 역시, 아무래도, 필경, 그래도

02 究竟 jiūjìng : ① 도대체, 대관절 ② 역시, 아무래도, 필경, 그래도

03 到底 dàodǐ : ① 결국, 끝내 ② 도대체, 대관절 ③ 역시, 아무래도, 필경, 그래도

04 不妨 bùfáng : ～하는 것도 괜찮다, 무방하다

　　[참고] A. 뒤에 동사 중첩을 사용해도 된다

　　　　　 B. 뒤에 동사구를 사용해도 된다

　　　　　 C. 문장의 맨 뒤에 놓을 수 있지만 앞에 '也'를 사용해야 한다

　　　　　 [예] 不妨试试。 / 你直说也不妨。

05 不禁 bùjīn : 자기도 모르게, 저절로, 자연히 (= 不由得)

06 不时 bùshí : ① 자주, 늘, 종종 ② 수시로, 불시에, 갑자기

07 重新 chóngxīn : ① 다시, 재차 ② (방식이나 내용을 바꾸어) 새로

08 的确 díquè : 확실히, 분명히, 정말, 참으로 (= 确实)

09 顿时 dùnshí : 갑자기, 바로, 문득

10 凡是 fánshì : 대강, 대체로, 무릇, 모든

　　[참고] 뒤에 종종 '都、就、一律、没有不、无不、总是' 등의 부사와 함께 사용한다

　　　　　 [예] 凡是有生命的，都免不了死亡。

11 反而 fǎn'ér : 반대로, 도리어, 오히려, 거꾸로 (앞 문장과 상반되거나 뜻밖임을 나타냄)

12 反正 fǎnzhèng : ① 아무튼, 어떻든, 어쨌든 (여하튼 어떤 상황에서도 결과가 같음을 나타냄)

　　　　　　　　　　 ② 좌우지간, 여하간, 아무튼, 어쨌든 (단호하게 긍정하는 어기를 나타냄)

　　　　　　　　　　 ③ 어차피 (이유가 충분함을 나타냄)

13 **仿佛** fǎngfú : 마치 ～인 것 같다, 마치 ～인 듯하다

　　참고 뒤에 종종 '似的、一样'과 함께 사용한다

　　　예 他仿佛已经明白了似的。

14 **姑且** gūqiě : 잠시, 잠깐, 우선

15 **果然** guǒrán : 과연, 아니나다를까, 생각한 대로

16 **何必** hébì : 구태여 ～할 필요가 있는가, ～할 필요가 없다

17 **何尝** hécháng : 언제 ～한 적 있는가, 결코 ～가 아니다

18 **连连** liánlián : 줄곧, 계속해서, 끊임없이

19 **明明** míngmíng : 분명히, 명백히

　　참고 뒤에 이어지는 문장은 전환의 뜻을 나타내야 한다

　　　예 明明是你的错, 你怎么不承认?

20 **莫非** mòfēi : 혹시 ～이 아닐까?, 설마 ～란 말인가?, 설마 ～는 아니겠지?

　　참고 추측이나 반문의 어기를 나타내며, 종종 '不成'과 함께 쓰인다

　　　예 莫非我听错了不成?

21 **日益** rìyì : 날로, 나날이 더욱

22 **索性** suǒxìng : 차라리, 아예 (= 干脆)

23 **未免** wèimiǎn : ① 불가피하게 꼭 ～하게 되다, ～을 면할 수 없다

　　　　　　　　② ～하다고 하지 않을 수 없다, 아무래도 ～하다

24 **无从** wúcóng : 갈피를 못 잡겠다, 어떤 일을 하는데 ～할 길이 없다, ～할 방법이 없다

25 **无非** wúfēi : 단지 ～에 지나지 않는다, ～밖에 없다, ～에 불과하다, ～뿐이다

26 **向来** xiànglái : 본래부터, 줄곧, 종래, 여태까지, 지금까지

27 **一再** yízài : 수차, 거듭, 반복해서

28 **再三** zàisān : 재삼, 거듭, 여러 번

29 **照样** zhàoyàng : 여전히, 변함없이

30 **逐步** zhúbù : 한 걸음 한 걸음, 점차

DAY **15**

1. 九寨沟____四川省南坪县中南部，素有"人间仙境、童话世界"的美誉。它____翠海瀑布、彩林、云峰等奇观闻名于世，在九寨沟原始森林中____栖息着大熊猫、小熊猫、金丝猴等珍贵动物，1992年____列入世界自然遗产名录。

   A 处于　　由　　　更　　　令
   B 介于　　为　　　也　　　叫
   C 位于　　以　　　还　　　被
   D 坐落　　对　　　且　　　把

2. 我们看到星星闪烁不定，这不是因为星星本身的光度出现变化，____与大气的遮挡有关。大气隔在我们____星星之间，当星光通过大气层时，会受到大气的____和厚薄影响。大气不是____的透明，它的透明度会根据密度的不同____产生变化。

   A 而是　　与　　　密度　　　绝对　　　而
   B 就是　　跟　　　浓度　　　相对　　　又
   C 也是　　同　　　厚度　　　特别　　　再
   D 不是　　和　　　重度　　　尤其　　　但

3. 遵义____贵州省境内,北倚重庆，西接四川，____是大西南通江达海的重要通道。遵义旅游____丰富，拥有世界自然遗产赤水丹霞____世界文化遗产古军事城堡海龙屯，是中国为数不多的同时拥有两个世界遗产的城市之一。

   A 附属　　一向　　　风光　　　况且
   B 属于　　一度　　　资产　　　连同
   C 位于　　历来　　　资源　　　以及
   D 分布　　始终　　　物资　　　另外

4. 白领精英，＿＿＿衣领洁白、收入高、福利好，是令人羡慕的职业。＿＿＿令人羡慕的白领也有自己的苦恼，有很多白领阶层有　＿＿＿"白领"发展的趋向，每月刚发完薪水，还完房贷＿＿＿信用卡，添置些衣物，和同事朋友潇洒一回，一番冲动之后发现这个月的工资＿＿＿"白领"了。

A	通常	而且	对	和	再
B	平常	可是	朝	与	还
C	一般	但是	向	及	又
D	常常	不是	往	跟	更

5. 每一个捕捉昆虫的人＿＿＿知道，＿＿＿昆虫有保护色，要找到它们＿＿＿困难。你不妨试着去捉在你脚边的草地＿＿＿吱吱叫着的绿色蚱蜢——在掩护着它的绿色背景里，你＿＿＿看不清蚱蜢在哪里。

A	更	因为	格外	下	尤其
B	还	所以	非常	内	特别
C	也	因此	比较	中	直接
D	都	由于	十分	上	简直

05 단어의 기능

여기서 말하는 단어의 기능은 단어의 어법적 기능과 의미적 기능을 포함한다. 어법적 기능은 서로 다른 품사의 단어들이 어떤 단어와 함께 사용되는지를 뜻하고, 의미적 기능은 의미적으로 어떤 단어와 어울리는지를 뜻한다. 따라서 평소 단어를 암기할 때 단순히 뜻만 암기하지 말고, 품사와 주변에 종종 같이 쓰이는 단어들을 함께 알아두는 습관이 중요하다.

독해 시크릿 백전백승

1 형용사 + 명사

예 我喜欢背着简单的行囊，走在_____的大街上，与大街愉快地融为一体。

　　A 繁多　　B 繁华

빈칸에는 '大街'를 수식할 형용사가 필요하다. '繁多'는 '(종류가) 많다, 다양하다'라는 뜻을, '繁华'는 '(도시나 거리가) 번화하다'라는 뜻을 나타내는 형용사이다. 따라서 B가 정답이다.

2 명사 + 형용사

예 研究发现，核辐射更易伤害羽毛_____的鸟类。

　　A 鲜艳　　B 彩色

'伤害…鸟类'는 문장에서 '서술어…목적어' 구조를 이루고 있다. 빈칸에는 '羽毛'를 묘사하는 형용사가 필요하다. '鲜艳'은 '(색이) 산뜻하고 아름답다'라는 뜻의 형용사이고 '彩色'는 '채색, 컬러'라는 뜻의 명사이다. 따라서 A가 정답이다.

3 동사 + 명사

예 我们用热血_____和平。

　　A 保卫　　B 保守

빈칸에는 '和平'을 목적어로 가질 수 있는 동사가 필요하다. '保卫'는 '보위하다, 지키다'라는 뜻의 동사로 주로 '祖国、和平、领土、主权' 등을 목적어로 가져 침범 당하지 않게 한다는 뜻을 나타낸다. '保守'는 '고수하다, 지키다'라는 뜻의 동사로 주로 '秘密、机密' 등을 목적어로 갖는다. 따라서 A가 정답이다.

문제 1

我们要学会__1__自己的心情，而不是让别人决定你的心情，要__2__自己对别人坏情绪的"免疫力"。只有这样才能每天__3__一份好心情。

A 支配　　减少　　得到

B 控制　　加强　　拥有

C 限制　　增强　　享受

D 掌握　　减弱　　充满

🔍 **문제 분석**　각 빈칸에 순서대로 번호를 붙여 살펴보도록 하자.

1번 빈칸 : 빈칸에는 '心情'을 목적어로 가지기에 적합한 동사가 필요하다.

2번 빈칸 : 앞에 조동사 '要'가 있으므로 빈칸에는 '免疫力'를 목적어로 가지기에 적합한 동사가 필요하다.

3번 빈칸 : 앞에 조동사 '能'이 있으므로 빈칸에는 '好心情'을 목적어로 가지기에 적합한 동사가 필요하다.

해석　우리는 자신의 감정을 **통제하는** 것을 배워야 한다. 다른 사람으로 하여금 당신의 기분을 결정하게 하지 말고, 자신이 다른 사람의 나쁜 정서에 대한 '면역력을' **강화시켜야** 한다. 이렇게 해야만 매일 좋은 기분을 **가질 수** 있다.

해설　1번 빈칸

　　　A 支配 zhīpèi 图 ① 안배하다, 분배하다 ② 지배하다, 지휘하다

　　　B 控制 kòngzhì 图 ① 통제하다, 제어하다 ② 억제하다, 억누르다, 조절하다

　　　C 限制 xiànzhì 图 제한하다, 한정하다, 규제하다 图 제한, 한정, 규제

　　　D 掌握 zhǎngwò 图 ① 숙달하다, 정통하다 ② 장악하다, 통제하다, 지배하다

　　　▶ '心情'을 목적어로 갖기에 적합한 동사는 B밖에 없다.

　　2번 빈칸

　　　A 减少 jiǎnshǎo 图 감소하다, 줄이다

　　　B 加强 jiāqiáng 图 강화하다

　　　C 增强 zēngqiáng 图 증강하다, 강화하다

　　　D 减弱 jiǎnruò 图 (힘, 기세 등이) 약해지다, 약화되다, 쇠약해지다

　　　▶ 목적어인 '免疫力'는 강약 개념으로 나타낼 수 있는 단어이므로 A는 답이 될 수 없다. 또한 내용 상 D는 답이 아니다. 따라서 B와 C가 답이 될 수 있다.

　　3번 빈칸

　　　A 得到 dédào 图 얻다, 획득하다

　　　B 拥有 yōngyǒu 图 보유하다, 소유하다, 가지다

　　　C 享受 xiǎngshòu 图 누리다, 향유하다, 즐기다

　　　D 充满 chōngmǎn 图 충만하다, 넘치다, 가득 차다

　　　▶ A를 제외한 나머지 동사는 모두 '心情'을 목적어로 가질 수 있다.

정답　B

단어　情绪 qíngxù 图 정서, 감정, 마음, 기분 | 免疫力 miǎnyìlì 图 면역력

1 자주 출제되는 동사와 그 목적어

01 摆脱 bǎituō : (부정적인 것에서) 벗어나다, 빠져 나오다

摆脱 + 烦恼、负累、窘境、旧习、困境、贫困、束缚

02 扮演 bànyǎn : ~역을 맡아 하다, 출연하다

扮演 + 角色、小丑、主角

03 保卫 bǎowèi : 보위하다, 지키다

保卫 + 国家、疆土、领空、领土、祖国、国家政权、和平

04 保障 bǎozhàng : (생명, 재산, 권리 등을) 보장하다, 보증하다

保障 + 财源、供电、自由、收益率、人身安全、人权

05 布置 bùzhì : ① (각종 물건을 적절히) 배치하다, 진열하다 ② (어떤 활동을) 계획하다, 안배하다

布置 + 作业、任务、兵力、教室、客厅、家具

06 采集 cǎijí : 채집하다, 수집하다

采集 + 标本、昆虫、植物

07 采纳 cǎinà : (건의, 의견, 요구 등을) 받아들이다, 수락하다

采纳 + 意见、建议

08 阐述 chǎnshù : 상세히 논술하다, 명백하게 논술하다

阐述 + 观点、思想

09 处于 chǔyú : (어떤 지위, 상태, 환경, 시간에) 처하다, 놓이다

处于 + 低潮、境地、困境、顺境、逆境、险境、劣势、优势、位置、状态、地位、情况

10 调动 diàodòng : (인원, 일 등을) 교환하다, (맞)바꾸다, 변동하다, 옮기다, 이동하다

调动 + 工作、部队、兵力、积极性

11 颠倒 diāndǎo : (상하, 전후의 위치가 원래와 달리) 뒤바뀌다, 전도되다

颠倒 + 黑白、是非、顺序

12 发扬 fāyáng : (전통, 미풍 등을) 더욱 더 발전시키다, 드높이다, 발양하다

发扬 + 精神、民主、作风、传统、个性、美德、优势、光大

13 攻克 gōngkè : ① (적의 거점 등을) 점령하다, 함락시키다 ② (난제나 난관을) 극복하다, 뛰어넘다

攻克 + 难点、难关、要塞、城市、据点、关口、科学堡垒

14 辜负 gūfù : (호의, 기대, 도움 등을) 헛되게 하다, 저버리다

辜负 + 期望、希望、信任、教育、培养

15 攀登 pāndēng : ① 등반하다 ② (어려움을 두려워하지 않고) 나아가다

攀登 + 高山、科学高峰、山峰、顶峰

16 树立 shùlì : 수립하다, 세우다

树立 + 榜样、权威、校风、战功、风气、理想、威信、世界观

17 损坏 sǔnhuài : (원래의 기능, 효과 등을) 손상시키다, 훼손시키다, 파손시키다

损坏 + 器具、机器、设备、牙齿

18 **吸取** xīqǔ : ① 흡수하다, 빨아들이다, 섭취하다 ② (교훈이나 경험 등을) 받아들이다, 얻다

吸取 + 教训、优点、营养、水分、意见、经验、力量

19 **响应** xiǎngyìng : (호소, 제안 등에) 호응하다, 응하다

响应 + 号召、倡议、建议

20 **消除** xiāochú : 없애다, 해소하다, 풀다, 제거하다

消除 + 弊病、顾虑、敌意、腐败、后果、孽障、偏见、疲劳、误会、矛盾、烦恼、影响

21 **引进** yǐnjìn : (인원, 자금, 기술, 설비 등을 외국이나 외지에서) 도입하다, 끌어들이다

引进 + 资金、技术、人才、设备、材料、产品、项目、文化

22 **增进** zēngjìn : 증진하다, 증진시키다

增进 + 健康、食欲、友谊、感情、了解、信任、团结

23 **增强** zēngqiáng : 증강하다, 강화하다

增强 + 国力、兵力、力量、实力、体质、信心、表现力

24 **占有** zhànyǒu : ① 점유하다 ② (어떤 유리한 위치를) 차지하다 ③ 장악하다, 소유하다

占有 + 优势、地位、位置、主动权、市场、劳动力、第一手材料

② 자주 출제되는 형용사와 수식하는 명사

01 **安定** āndìng : (사회, 생활 등이) 안정되다

人心、局势、神态、表情、政治、情况、生活 + 安定

02 **安详** ānxiáng : 침착하다, 차분하다, 점잖다

面容、态度、性格、举止、神态、老人 + 安详

03 **傲慢** àomàn : 거만하다, 오만하다, 거드름 부리다

态度、模样、举止、语气 + 傲慢

04 **饱满** bǎomǎn : 충만하다, 가득차다

激情、果实、情绪、精力、形象 + 饱满

05 **薄弱** bóruò : 박약하다, 취약하다, 약하다

经济、精神、力量、管理、防守、意志、观念 + 薄弱

06 **沉静** chénjìng : ① 고요하다, 잠잠하다 ② (마음, 성격, 표정 등이) 조용하다, 안정되다, 평온하다

山林、夜晚、心情、神情、外表 + 沉静

07 **持久** chíjiǔ : 오래 유지되다, 지속되다

工作、效用、耐力、活动力、战斗、攻势 + 持久

08 **充沛** chōngpèi : 넘쳐 흐르다, 충족하다, 왕성하다

精力、气力、雨量、精神、生命力、感情、阳光 + 充沛

09 **纯洁** chúnjié : 순결하다, 순수하고 맑다, 티없이 깨끗하다, 사심이 없다

心灵、灵魂、友情、语言、思想 + 纯洁

10 **慈祥** cíxiáng 자애롭다, 자상하다

态度、神情、目光 + 慈祥

11 **脆弱** cuìruò : 연약하다, 취약하다, 무르다

身体、心灵、感情、意志、性格、精神 + 脆弱

12 **端正** duānzhèng : 단정하다, 올바르다

品行、外貌、五官、姿势、字迹、行为、作风、态度 + 端正

13 **高明** gāomíng : (견해, 기예 등이) 빼어나다, 뛰어나다, 출중하다, 특출나다, 굉장하다

见解、手段、技术、艺术、手法、策略、做事 + 高明

14 **果断** guǒduàn : 과단성이 있다, 결단성이 있다

处事、领导、指挥、办事、处理、决策 + 果断

15 **和蔼** hé'ǎi : 상냥하다, 부드럽다

面孔、态度、神态、语气 + 和蔼

16 **和谐** héxié : 잘 어울리다, 조화롭다, 잘 맞다

关系、色彩、气氛、节奏、动作、生活 + 和谐

17 **尖锐** jiānruì : 날카롭다, 예리하다

斗争、批判、批评、矛盾、问题、意见、言论 + 尖锐

18 **空洞** kōngdòng : (말이나 문장에) 내용이 없다, 요지가 없다, 공허하다

内容、思想、理论、材料、讲课 + 空洞

19 **空虚** kōngxū : 공허하다, 텅 비다

思想、精神、灵魂、生活、理论 + 空虚

20 **枯燥** kūzào : 무미건조하다, 지루하다

内容、语言、工作、生活、讲解、上课、训练 + 枯燥

21 **锐利** ruìlì : (칼날, 말, 문장 등이) 날카롭다, 예리하다

目光、武器、眼光、文笔、思想、攻势 + 锐利

22 **妥善** tuǒshàn : 나무랄 데 없다, 알맞다, 적절하다, 타당하다

方法、做法、对策、处理 + 妥善

23 **完善** wánshàn : 완벽하다, 완전하다, 흠잡을 데가 없다

制度、设施、法律、政策、体系、措施 + 完善

24 **鲜明** xiānmíng : 분명하다, 뚜렷하다, 명확하다, 선명하다

立场、目标、旗帜、色彩、颜色、图案、画面、态度 + 鲜明

25 **严峻** yánjùn : ① 중대하다, 심각하다 ② 엄숙하다, 위엄이 있다

事态、神色、形势、表情、现实 + 严峻

26 **严密** yánmì : 빈틈없다, 치밀하다, 세밀하다

逻辑、思维、措施、结构、推理、设计、计划、防守 + 严密

27 **优越** yōuyuè : 우월하다, 우량하다, 우수하다

条件、环境、生活、地位、制度、政策、体制、社会 + 优越

28 **扎实** zhāshi : 튼튼하다, 견고하다

基础、理论、内容、论据、基本功、学问 + 扎实

DAY **16**

1. 雪地对紫外线的反射较强，当____的紫外线射入眼睛后，会发生光化作用，经过6至8小时的____期，眼睛就会出现严重的畏光、流泪、灼烧感等症状，这就是"雪盲症"。因此，在雪地时需要____注意保护眼睛。

   A 强烈　　潜伏　　格外
   B 频繁　　免疫　　万分
   C 浓厚　　防御　　特意
   D 持久　　滞留　　极其

2. 不把自己的幸福____在别人的痛苦上；爱祖国、爱人民、爱真理、爱正义；____多数人牺牲自己；人不是单____吃米活着；人活着也不是为了个人的享受。我在作品中____的就是这样的思想。

   A 建筑　　给　　凭　　记叙
   B 建立　　为　　靠　　阐述
   C 建设　　向　　借　　描述
   D 建造　　朝　　由　　叙述

3. 爸爸在孩子成长过程中通常代表的是严肃、谨慎的____。千万不要以为孩子的____只需要妈妈的关心与爱护，好爸爸扮演的____对您的孩子来说也起着至关____的作用。

   A 形象　　长大　　主演　　要紧
   B 样子　　长高　　配角　　紧要
   C 形象　　成长　　角色　　重要
   D 模样　　成熟　　作用　　严重

4. 古籍保护主要有两种方式，一是原生态保护，指在不＿＿原件载体的情况下，对古籍进行＿＿、加固以及改善藏书环境；二是再生性保护，指通过技术、数字化＿＿将古籍内容复制或转移到其他载体上，以＿＿对古籍进行长期保护与有效利用的目的。

A 更改	改进	形式	力求
B 破坏	修复	手段	达到
C 调动	还原	途径	达成
D 改变	更新	手艺	确保

5. 《科学进展》最新报告＿＿，2012年至2016年，地球在夜间被人工照亮的室外区域的亮度和面积每年增加大约2%，地球越来越亮了。一位＿＿学家说，人工白昼现象不仅会影响人类的睡眠，还会影响夜行动物、植物及微生物的＿＿或迁徙模式，从而对生物多样性构成＿＿。

A 表明	生物	孕育	恐吓
B 显示	生态	繁殖	威胁
C 证明	地理	生存	戒备
D 表态	昆虫	培植	迫害

독해 제3부분 문장 채우기
기출문제 탐색전

문제 51

　　1911年4月，利比里亚商人哈桑在挪威买了12000吨鲜鱼，运回利比里亚首府后，一过秤，<u>鱼竟一下少了47吨</u>！哈桑回想购鱼时他是亲眼看着鱼老板过秤的，一点儿也没少秤啊，归途上平平安安，(71)_____B_____。那么这47吨鱼的重量上哪儿去了呢？哈桑百思不得其解。

　　后来，这桩奇案终于大白于天下。(72)_____D_____。地球重力是指地心引力与地球离心力的合力。地球的重力值会随地球纬度的增加而增加，赤道处最小，两极最大。同一个物体若在两极重190公斤，拿到赤道，就会减少1公斤。挪威所处纬度高，靠近北极；利比里亚的纬度低，靠近赤道，(73)_____A_____。哈桑的鱼丢失了分量，就是因不同地区的重力造成的。

　　(74)_____E_____也为1981年墨西哥奥运会连破多项世界纪录这一奇迹找到了答案。墨西哥城在北纬不到20度、海拔2240米处，(75)_____C_____，正因地心引力相对较小，运动健儿们奇迹般地一举打破了男子100米、200米、400米、4×400接力赛、男子跳远和三级跳远等项世界纪录，1981年也因此成为奥运会史上的最辉煌的年代之一。

A 地球的重力值也随之减少

B 无人动过鱼

C 比一般城市远离地心1500米以上

D 原来这是地球重力"偷"走了鱼的重量

E 地球重力的地区差异

독해 제3부분은 71~80번까지 모두 10문제, 두 편의 글로 이루어져 있다. 한 편의 글에는 각각 다섯 개의 빈칸이 있다. 수험생은 글의 흐름을 근거로 주어지는 A, B, C, D, E 5개의 문장(혹은 문장의 일부분) 중 적합한 문장을 순서에 맞게 나열하면 된다. 사실 이 부분은 정확한 방법을 익히기만 하면 한꺼번에 다섯 문제를 맞출 수 있는, 독해에서 가장 효율성이 높은 부분이다. 따라서 실제 시험에서 점수를 얻을 수 있는 부분이므로 절대 이 부분을 놓쳐서는 안 된다. 독해의 4개 부분 중 제3부분을 먼저 푸는 것도 좋다.

❶ 총 10문제가 출제되며 전체 독해 영역의 20%를 차지한다.

❷ 독해는 전체 문항수가 50문제이고 50분의 시간이 주어진다. 즉 평균적으로 볼 때 한 문항당 주어지는 시간이 1분이라고 할 수 있다. 독해 3부분은 한 편의 글만 읽으면 5문제를 한꺼번에 풀 수 있으므로 4분 내외로 해결할 수 있도록 하자.

❸ 전체 글의 내용을 알지도 못하는 상태에서 너무 성급하게 빈칸 주변만 보고 답을 찾으려고 하다가는 쉽게 답을 찾기 어렵거나 잘못된 답을 고르는 경우가 많다. 한 번 잘못된 답을 고르면 전체적으로 꼬여버려 한꺼번에 점수를 잃을 수도 있다. 따라서 빈칸이 없는 문장은 속독으로 대충의 내용을 훑으면서 보고, 빈칸이 나오는 부분의 앞 문장부터는 아주 정확하게 정독하면서 읽어가며 전체 내용의 흐름을 느껴야 한다.

❹ 마지막 다섯 번째 빈칸의 답을 찾으면 남은 부분은 읽지 않아도 상관없다.

정답 찾기

❶ 미리 다섯 개의 보기를 살펴보도록 하자. 일반적으로 밑에 주어지는 보기는 길이가 비교적 짧은 문장이나 문장의 일부분이다. 따라서 보는 데 크게 시간이 걸리지 않을 것이다. 보기의 내용에서 핵심이 되는 단어에는 줄을 쳐두거나, 관련사(글의 흐름을 나타내는 접속사나 부사 등)가 보일 경우 앞 뒤에 그 짝이 있을 가능성이 크므로 모두 체크해두도록 하자.

❷ 처음부터 읽어 내려오면서 빈칸 주변은 좀 더 자세하게 앞뒤 환경을 살피도록 하자. 특히 첫 번째 빈칸은 두세 개가 한꺼번에 답일 수 있다고 느껴지는 경우가 있다. 내가 가능하다고 느끼는 답 몇 개를 모두 적어 놓고 일단 넘어가자. 뒤의 빈칸들을 채우다 보면 저절로 정답이 남게 될 것이다.

❸ 다섯 개의 보기를 나열했다면 전체 글의 내용에 맞는지 빠르게 검사하도록 하자. 한 번에 다섯 문제를 맞출 수 있는 기회가 아닌가!

01 관련사 이용하기

주어지는 다섯 개의 보기나 지문 속 빈칸 주변의 관련사, 즉 문장의 흐름을 나타내는 접속사나 부사가 있는 경우 함께 사용되는 관련사를 이용하거나 앞뒤 문맥의 흐름을 파악하여 쉽게 답을 찾아낼 수 있다. 다섯 개의 문제를 모두 관련사를 이용해서 풀 수 있는 경우는 드물지만, 일반적으로 그 중 적어도 한 개 이상의 보기는 관련사와 연관이 있게 된다. 따라서 절대 놓쳐서는 안 되는 중요한 유형이라고 할 수 있다.

독해 시크릿 백전백승

1 관련사는 HSK 모든 파트와 관련된다!

주로 접속사와 부사로 이루어진 관련사는 문장의 흐름을 나타내는 역할을 한다. 듣기에서도 관련사를 알아야 글의 흐름을 잘 파악하며 들을 수 있다. 독해 1부분에서도 관련사의 짝이 맞지 않거나 의미에 맞지 않는 관련사를 사용해서 틀린 경우가 허다하다. 독해 2부분에서도 빈칸에 알맞은 관련사를 찾는 문제가 종종 출제된다. 쓰기에서도 각 문장을 부드럽게 연결하며 작문하기 위해서는 관련사가 필수적이다. 지금 우리가 공부하고 있는 독해 3부분에서도 관련사는 역시 몰라서는 안 되는 중요한 포인트이다. 독해 제1부분 141p에 정리된 관련사를 다시 한번 잘 익혀놓자!

2 보기에 등장하는 관련사에 미리 표시를 해두자!

보기를 먼저 읽고 다시 글을 읽다가 빈칸이 나오면, 아까 읽은 보기의 내용이 생각이 나지 않아서 다시 또 보기를 보게 되는 경우가 있다. 이건 그야말로 시간 낭비다! 처음 보기를 볼 때 관련사에는 네모나 동그라미를, 그 외 핵심 단어에는 줄을 쳐서 나중에 다시 보기를 볼 때 빨리 내용이 체크될 수 있도록 하자.

3 빈칸을 비우지 말아라!

빈칸의 답을 명확히 몰라 그냥 넘어가는 경우가 있다. 그러다 보면 나중에 그 빈칸의 답을 위해 또 글을 읽어야 하는 경우가 허다하다. 동시에 몇 개의 보기가 모두 빈칸에 적합하다고 생각되면 일단 그 몇 개를 모두 적어놓고 넘어가면 된다. 뒤의 빈칸들을 채우다 보면 자연히 그 중 답 하나만 제외하고 나머지 보기들은 더 적합한 곳을 찾아가서 자리 잡게 될 것이다. 하지만 그냥 패스하고 넘어가면 나중에 다시 이 답을 찾기 위해 빈칸 주변을 읽어야 하므로 시간이 너무 많이 걸린다.

문제 1

从前，印度有个国王，国王有个小公主，最受国王喜爱。国王总嫌小公主长得太慢。这天，他派人找来了一个医生，命令医生："你给公主一种药，让她吃了马上长大。办到了，我重重赏赐；(1)＿＿＿＿＿＿＿＿，我就杀了你。"医生寻思了一阵，说："这种药我从前有过，只是年深日久，早已用完。不过，我可以立即去找。只是用这种药，必须遵守一个条件：在我去找药期间，你必须同公主分开，相互不能见面。不然，公主就是吃了这种药，(2)＿＿＿＿＿＿＿＿。"国王虽不愿和女儿分开，(3)＿＿＿＿＿＿＿＿，也就答应了。医生到远方去找药，一去就是12年。医生把带回的药给公主服上，然后领着她去见国王。大殿里，一个长得高高大大又十分美丽的姑娘站在国王面前。国王拉着公主的手，从头看到脚，乐得合不拢嘴。国王连声夸奖医生有本事，还赏给他很多珍珠宝贝呢。人的身体有许多感觉器官，它们分别感受刺激物的不同属性。人体的感觉器官的这种对刺激物的感觉能力在心理学上叫感受性。故事中的那位印度国王，因为每天都和心爱的小女儿在一起，(4)＿＿＿＿＿＿＿＿。那位医生改变了刺激国王视觉的时间和空间模式，使国王的感受性发生了变化，12年的继时对比，(5)＿＿＿＿＿＿＿＿，但国王的差别感受性却提高了。

A 可他巴望着公主快快长大

B 如果办不到

C 所以对小公主的成长变化的差别感受性就很小

D 虽是同一个刺激物，作用于同一感受器官

E 也不见效

🔍 **문제 분석** 각 보기에 나오는 관련사들과 핵심 단어를 미리 체크해두자.

A분석 : 可他巴望着公主快快长大 그러나 그는 딸이 빨리 자라기를 간절히 바랐다

▶ 접속사 '可(그러나)'가 있다. 따라서 빈칸 앞에 '그러나'와 연결될 표현이 있는지 잘 살펴봐야 한다. 또한 '他'라는 대사도 주의해서 글의 흐름에서 누구를 나타낼 수 있는지 파악해야 한다.

B분석 : 如果办不到 만약 해내지 못한다면

▶ 접속사 '如果 (만약 ～라면)'가 있다. 따라서 빈칸 뒤에는 해내지 못했을 때의 결과가 제시되어야 한다.

C분석 : 所以对小公主的成长变化的差别感受性就很小 그래서 어린 공주의 성장 변화의 차이에 대해 민감성이 작았다

▶ 접속사 '所以 (그래서)'가 있다. 따라서 빈칸 앞에 원인이나 이유를 설명하는 표현이 있어야 한다. 또한 '感受性 (민감성, 감수성)'과 같이 우리가 평소에 잘 쓰지 않는 전문 용어가 등장한다면 주변에도 역시 이 단어가 나올 가능성이 크다.

D분석 : 虽是同一个刺激物，作用于同一感受器官 비록 같은 자극물이 같은 감각 기관에 작용하지만

▶ 접속사 '虽 비록 ~지만'가 있다. 따라서 빈칸 뒤에 '그러나'의 의미를 나타내는 접속사(但是、可是 등)나 부사(却、倒 등)가 나올 가능성이 매우 크다.

E분석 : 也不见效 그래도 효과를 볼 수 없다

▶ 부사 '也'가 있다. 따라서 빈칸 앞에 '也'와 연결될 표현이 있는지 잘 살펴보아야 한다.

해석

　　옛날에 인도에 국왕이 하나 있었고, 국왕에게는 어린 공주가 한 명 있었는데 가장 국왕의 사랑을 받았다. 국왕은 항상 어린 공주가 너무 늦게 자라서 불만이었다. 이날 그는 사람을 보내어 한 의사를 찾아와 그에게 명령했다. "너는 공주에게 약을 주어 그녀가 먹으면 바로 자랄 수 있게 하여라. 해낸다면 내가 많은 상을 하사하겠지만, **(1)B 만약 해내지 못한다면** 내가 너를 죽일 것이다." 의사는 한참을 생각하고는 말했다. "이 약은 제가 예전에 갖고 있었습니다. 단지 세월이 오래 지나 이미 다 사용했습니다. 하지만 제가 즉시 찾으러 갈 수 있습니다. 단지 이 약을 사용하려면 반드시 한 가지 조건은 지켜야 합니다. 제가 약을 찾으러 간 기간 동안, 왕께서는 반드시 공주와 떨어져 계시고 서로 만나서는 안 됩니다. 그렇지 않으면 공주는 설령 이 약을 먹는다 해도, **(2)E효과를 볼 수 없을 겁니다.**" 국왕은 비록 딸과 헤어지고 싶지 않았지만, **(3)A그러나 딸이 빨리 자라기를 간절히 바랐기에** 동의했다. 의사는 멀리 약을 찾으러 갔고, 한 번 가는 데 12년이 걸렸다. 의사는 가지고 돌아온 약을 공주에게 복용시켰고, 그런 다음 그녀를 이끌고 국왕을 만나러 갔다. 대전에는 키가 크고 또 매우 아름다운 아가씨가 국왕 앞에 서 있었다. 국왕은 공주의 손을 잡고 머리에서 발끝까지 보고서는 기뻐 입을 다물지 못했다. 국왕은 잇달아 의사가 능력이 있다고 칭찬했으며, 그에게 많은 진주와 보배를 상으로 주었다. 사람의 신체에는 많은 감각 기관이 있고, 그것들은 각각 자극물의 서로 다른 속성을 느끼게 된다. 인체의 감각 기관의 이러한 자극물에 대한 감각 능력은 심리학에서 민감성이라고 부른다. 이야기 속의 그 인도 국왕은 매일 사랑하는 어린 딸과 함께 있었고, **(4)C그래서 어린 공주의 성장 변화의 차이에 대해 민감성이 작았다.** 그 의사는 국왕의 시각을 자극하는 시간과 공간 패턴을 바꾸어 국왕의 민감성에 변화가 생기게 했으며, 12년의 세월이 시간으로 대비했을 때, **(5)D비록 같은 자극물이 같은 감각 기관에 작용했지만**, 그러나 국왕의 차이에 대한 민감성은 높아졌다.

해설　(1)번 : '办到了，我重重赏赐(해낸다면 내가 많은 상을 하사하겠지만)'이라는 말 뒤에 병렬을 나타내는 문장부호 '；(分号)'가 있다. 그렇다면 빈칸에는 '해내지 못한다면'이라는 표현이 필요하다. 또한 접속사 '如果'는 일반적으로 접속사 '那么'나 부사 '就'와 호응하므로, 뒤의 '我就杀了你'와도 잘 맞게 된다. 따라서 B(如果办不到)가 가장 적합하다.

(2)번 : 빈칸 앞에 가설의 접속사 '就是(설령 ~일지라도)'가 있다. 가설의 접속사는 일반적으로 부사 '也'와 함께 쓰인다. 따라서 E(也不见效)가 가장 적합하다.

(3)번 : 빈칸 앞에 전환의 접속사 '虽(비록 ~일지라도)'가 있다. 전환의 접속사는 일반적으로 '그러나'의 뜻을 나타내는 접속사(可是、但是 등)나 부사(却、倒 등)와 함께 쓰인다. 따라서 A(可他巴望着公主快快长大)가 가장 적합하다.

(4)번 : 빈칸 앞에 원인을 나타내는 접속사 '因为(~때문에)'가 있다. 주로 뒤에는 결과를 나타내는 접속사 '所以(그래서)'가 필요하다. 따라서 C(所以对小公主的成长变化的差别感受性就很小)가 가장 적합하다.

(5)번 : 빈칸 뒤에 역접을 나타내는 접속사 '但(그러나)'이 있다. 이 경우 앞에는 주로 전환을 나타내는 접속사가 온다. 따라서 '虽'가 포함되어 있는 D(虽是同一个刺激物，作用于同一感受器官)가 가장 적합하다.

정답　1. B　　　2. E　　　3. A　　　4. C　　　5. D

단어 从前 cóngqián 몡 이전, 예전 | 嫌 xián 동 싫어하고 미워하다, 만족스럽게 생각지 않다 | 命令 mìnglìng 몡 명령 동 명령하다 | 重重 chóngchóng 톙 층층의, 겹겹의, 많다 | 赏赐 shǎngcì 동 (지위가 높은 사람이나 윗사람이 금품이나 재물을) 하사하다 몡 하사품 | 寻思 xúnsī 동 깊이 생각하다, 사색하다 | 年深日久 niánshēn rìjiǔ 톙 세월이 오래되다, 오랜 시간이 흐르다 | 立即 lìjí 뷔 즉시, 즉각, 바로 | 遵守 zūnshǒu 동 준수하다, 지키다 | 分开 fēnkāi 동 ① (사람이나 사물이) 떨어지다, 헤어지다 ② 나누다, 가르다 | 领 lǐng 동 ① 이끌다, 인도하다 ② 받다, 수령하다, 받아들이다 | 大殿 dàdiàn 몡 대전, 본당, 대웅전 | 拢 lǒng 동 다물다, 모으다 | 连声 liánshēng 뷔 연거푸, 잇달아 | 夸奖 kuājiǎng 동 칭찬하다, 찬양하다 | ★本事 běnshi 몡 재능, 능력, 수완, 재주 | 赏 shǎng 동 상을 주다 몡 상 | ★珍珠 zhēnzhū 몡 진주 | 宝贝 bǎobèi 몡 보배(진귀한 물건) | 分别 fēnbié 동 이별하다, 헤어지다 뷔 각각, 각자 | 感受 gǎnshòu 동 (영향을) 받다, 느끼다 몡 체험, 감상, 인상 | ★器官 qìguān 몡 기관 | 刺激 cìjī 동 자극하다, 자극시키다 몡 자극 톙 자극적이다 | 属性 shǔxìng 몡 속성 | 心爱 xīn'ài 동 진심으로 사랑하다, 애지중지하다 | 视觉 shìjué 몡 시각 | ★模式 móshì 몡 표준양식, 패턴, 유형 | 差别 chābié 몡 차이, 다른점 | 巴望 bāwàng 동 간절히 바라다, 열망하다 | 同一 tóngyī 톙 같다, 동일하다 | 见效 jiànxiào 동 효력이 생기다, 효과가 나타나다

DAY **17**

1-5.

　第二次世界大战期间，一艘日本潜艇在海滩搁浅，(1)＿＿＿＿＿＿＿＿，这就意味着几分钟后会有轰炸机飞来，潜艇将被炸毁。日本潜艇艇员一时谁也拿不出脱险的办法，一种绝望的气氛笼罩了全艇。

　艇长这时也傻了，不知如何是好，但他没有慌乱。(2)＿＿＿＿＿＿＿，但没什么效果，于是他掏出香烟点燃，坐在一边吸了起来。他的这一举动感染了艇员，他们想，艇长现在还抽烟，一定是没什么问题了，于是艇员们镇静了下来。这时，艇长才让大家想脱险的办法。

　由于不再慌乱，(3)＿＿＿＿＿＿＿：大家迈着整齐的步伐，一起从左舷跑到右舷，再从右舷跑到左舷，就这样，搁浅的潜艇很快就左右摆动起来，终于在天边出现美国轰炸机时，脱离浅滩，潜进了深海。

　潜艇搁浅又被敌机发现，官兵产生恐惧情感，这是一种常态。(4)＿＿＿＿＿＿＿，其精神和身体往往就像能源被冻结一般，只有消除恐惧，(5)＿＿＿＿＿＿＿。而消除恐惧，领导者现身说法的模范作用则是至关重要的。

A　但是人们在恐惧状态下

B　被美国侦察机发现

C　才能找到处理或摆脱可怕情景的力量

D　所以办法很快就想出来了

E　虽然他让艇员们镇静

📅 DAY **18**

1-5.

　　在非洲的乌干达卡津加河岸，生物种群众多，到处是一派生机勃勃的景象。和其他地区一样，在这里生活的野生大象，(1)＿＿＿＿＿＿＿＿，都达到了十分惊人的地步。为了满足大象自身的食物需求，凡是被象群相中的灌木丛都不可避免地要享受"整容服务"：大象所到之处，不但树叶遭到"洗劫"，树枝被折毁，(2)＿＿＿＿＿＿＿＿。

　　然而，大象的破坏举动其实也惠及了当地的许多其他生物。正是由于大象的吞食和破坏，(3)＿＿＿＿＿＿＿＿，从而能留出相当大的空地来长草。由此一来，河马、水牛等以草为食的动物也得以在这里生存和繁衍。

　　除此此外，对于树木本身，大象的破坏行为也不无益处。不少树木的种子种皮坚厚，必须经过大象的消化道后才能生根发芽，(4)＿＿＿＿＿＿＿＿。特别是金合欢树，营养丰富的金合欢树种荚是大象的最爱，而钻入种荚中的一种小甲虫却对种子构成了致命的威胁。好在大象的消化液就是极好的杀虫剂，可以杀死这些可恶难缠的小甲虫。因此，被吞食的金合欢树种子不仅能因此远离虫害，(5)＿＿＿＿＿＿＿＿，开辟出新的生存空间。

A 树木才不至于长得过于茂密

B 无论是摄食量还是破坏力

C 而且有些树木还可能会被连根拔起

D 一头移动的大象简直就是一台天然的播种机

E 还能被带到几公里之外的地带

02 대사 이용하기

대사는 그 어법적 역할에 따라 인칭대사(앞에 언급된 사람을 다시 지칭할 때 쓰는 대사), 지시대사(앞에 언급된 일이나 사물을 다시 지칭할 때 쓰는 대사), 의문대사(의문의 대상을 나타내는 대사)로 나뉜다. 보기에 이러한 대사가 포함되어 있다면 이 대사가 나타내는 실제 단어를 지문에서 찾아내기만 하면 쉽게 문제를 풀 수 있다. 다섯 문제 중 적어도 한 문제 이상은 대사를 이용해서 풀 수 있는 문제형일 가능성이 높다.

독해 시크릿 백전백승

1 대사는 반드시 앞의 배경이 존재한다!

대사가 무엇인가? 말 그대로 대신하는(代) 말(词)이다. 보기에 대사가 나와 있다면 반드시 체크하고, 인칭대사와 지시대사의 경우 지문에서 그 대사가 가리키는 사람이나 사물을 찾아낸다면 쉽게 문제를 풀 수 있다. 보기에 의문대사가 있다면 더 감사할 일이다. 지문에서 질문이 들어가야 하는 빈칸을 찾아내기만 하면 된다. 문장의 순서를 배열하는 문제형인 독해 3부분에서 대사는 문제를 쉽게 풀 수 있는 가장 큰 힌트가 될 것이다.

2 대사의 뜻을 정확하게 알아두자!

'我(们)', '你(们)', '他(们)', '这', '那'와 같은 간단한 대사의 경우 6급에 응시하는 학생이 모를 리 없을 것이다. 하지만 몇 가지 대사, 예를 들어 '其', '之', '此' 등은 많은 학생들이 정확한 뜻을 모르는 경우가 많다. 보물상자에서 이러한 대사들의 뜻을 정확하게 알아두어 이렇게 좋은 힌트를 놓치게 되는 일이 없도록 하자.

3 다시 한번 살펴보자!

독해 3부분은 효율성으로 따져볼 때 독해의 네 부분 중 한 번에 가장 많은 점수를 얻을 수 있는 파트이다. 그러나 바꿔 말하면 자칫해서 보기의 순서가 하나만 잘못되어도 나머지 보기들의 순서도 틀릴 가능성이 높아 한꺼번에 많은 점수를 잃을 수도 있다는 뜻이다. 보기를 나열한 다음 반드시 빠른 속도로 다시 한 번 살펴보아서 반드시 독해 3부분은 만점이 나올 수 있도록 하자.

문제 1

　　从前，有一个算命的道士，对于占卜吉凶、推演因果很有一套。当地的许多人有事的时候，(1)＿＿＿＿＿＿，算上一卦。

　　有一次，有三个进京赶考的书生路过此地，他们听说这个道士算命非常灵验，就一同道士那里，虔诚地向道士说："我们三个人要去进京赶考，劳驾你给我们算一下谁能考中。"道士听后眼都没有睁一下，嘴里不停地叨念了一会儿，(2)＿＿＿＿＿＿，但没有说什么。书生中有一个着急地问："(3)＿＿＿＿＿＿?"道士依旧伸出一只手指，还是一言不发。三个书生见道士迟迟不肯开口讲话，以为是天机不可泄露，只好心怀疑虑地走了。

　　三个书生走后，道士身边的小童好奇地问："师傅，他们三人到底有几个能考中呢?"道士说："几个能考中我都已经告诉他们了。"道童问："(4)＿＿＿＿＿＿? 是一个中?"道士说："对。"道童还是有些不解，又问："那如果两个人考中了呢?"道士答道："那就是有一个不中。"道童说："他们三人要是都中了呢?"道士说："那就是一齐中。"道童又问："要是三人都没考中呢?"道士说："这个指头就是一个也没中。"

　　小道童这才恍然大悟，原来师傅所谓的"天机"就是钻"语句歧义"的空子。同一语句常常可以表达不同的意思、不同的判断，可以根据某种需要做出不同的解释，(5)＿＿＿＿＿＿。

A 我们三人谁能考中

B 然后向他们伸出一个手指

C 都会去找道士

D 所以他的话总是"灵验"的

E 你这一个指头是什么意思

🔍 **문제 분석** 각 보기에 나오는 대사들과 관련사 및 핵심 단어를 미리 체크해두자.

A분석 : 我们三人谁能考中 우리 세 사람 중 누가 합격합니까

▶ 인칭대사 '我们'이 있다. 그렇다면 직접화법에 등장할 가능성이 크다. 또한 의문대사 '谁'가 있으니 의문형에 사용해야 한다.

B분석 : 然后向他们伸出一个手指 그런 다음 그들에게 손가락 하나를 펼쳐 보였다

▸ 인칭대사 '他们'이 있고, 주어는 빠져 있다. 따라서 누가 하는 행동인지, 그리고 '그들'이 가리키는 대상이 누구인지 흐름을 파악해야 한다. 또한 접속사 '然后(그런 다음)'가 있으므로, 앞에 다른 어떤 동작을 먼저 한 다음 이어지는 행동임에 주의해야 한다.

C분석 : 都会去找道士 모두들 도사를 찾아간다

▸ 부사 '都'가 있다. 따라서 앞의 주어에는 복수의 사람을 나타내는 명사가 와야 한다.

D분석 : 所以他的话总是 "灵验" 的 그래서 그의 말은 항상 '영험'한 것이었다

▸ 접속사 '所以'가 있으므로 빈칸 앞에는 원인을 설명하는 내용이 필요하다. 또한 인칭대사 '他'가 가리키는 대상에도 주의해야 한다.

E분석 : 你这一个指头是什么意思 당신의 이 손가락 하나는 무슨 뜻입니까

▸ 인칭대사 '你'와 의문대사 '什么'가 있다. 그렇다면 역시 직접화법으로 상대방에게 묻는 말을 찾아야 한다.

해석

옛날에 점을 치는 도사가 한 명 있었는데, 길흉을 점치고 인과를 이끌어내는 데 매우 능력이 뛰어났다. 현지의 많은 사람들은 일이 있을 때 (1)**C모두 도사를 찾아가서**, 점을 한 번 봤다.

한 번은 세 명의 과거를 치르려고 상경하는 서생들이 이곳을 지나가게 되었다. 그들은 이 도사의 점이 매우 영험하다는 말을 듣고 함께 도사가 있는 곳으로 가서 경건한 태도로 도사에게 말했다. "저희 세 명은 과거를 치르려고 상경하고 있습니다. 죄송하지만 저희 중 누가 합격할 수 있을지 봐주십시오." 도사는 들은 뒤 눈도 깜빡하지 않고, 입으로는 끊임없이 잠시 중얼거리고는, (2)**B그런 다음 그들에게 손가락 하나를 펼쳐 보였지만**, 아무런 말도 하지 않았다. 서생 중 한 명이 조급해하며 물었다. "(3)**A우리 세 사람 중 누가 합격할 수 있습니까?**" 도사는 여전히 손가락 하나를 펴고 한 마디도 말하지 않았다. 세 서생은 도사가 지체하며 입을 열어 말을 하려고 하지 않는 것을 보고, 천기는 누설할 수 없는 것이라고 생각하며 어쩔 수 없이 의심을 품고 떠났다.

세 서생이 떠난 후, 도사 옆에 있던 아이가 궁금해하며 물었다. "스승님, 그들 세 사람 중 도대체 몇 명이 합격할 수 있습니까?" 도사가 말했다. "몇 명이 합격할 수 있는지 난 이미 그들에게 알려주었다." 어린 도사가 물었다. "(4)**E스승님의 이 손가락 하나는 무슨 뜻입니까**? 한 명이 합격한다는 건가요?" 도사가 말했다. "그렇다." 어린 도사는 여전히 이해가 가지 않아 또 물었다. "그럼 만약 두 명이 합격하면요?" 도사가 대답했다. "그럼 하나가 합격하지 못하는 것이다." 어린 도사가 말했다. "그들 세 사람이 만약 모두 합격하면요?" 도사가 말했다. "그럼 한꺼번에 합격하는 것이지." 어린 도사가 또 물었다. "만약 세 사람이 모두 불합격하면요?" 도사가 말했다. "이 손가락이 바로 한 명도 합격하지 못한다는 뜻이지."

어린 도사는 이제서야 문득 깨달았다. 알고 보니 스승의 소위 '천기'는 바로 '어구가 가지는 두 개 이상의 뜻'의 틈을 관통한 것이었다. 같은 말이 종종 다른 뜻과 다른 판단을 나타내며, 모종의 필요에 따라 서로 다른 해석을 내놓게 된다. (5)**D그래서 그의 말은 항상 '영험'한 것이었다.**

해설 (1)번: 빈칸 앞에 '当地的许多人有事的时候(현지의 많은 사람들은 일이 있을 때)'라는 말이 있다. 그렇다면 주어 '许多人'에 어울리는 흐름이 필요하다. 따라서 C(都去找道士)가 가장 적합하다.

(2)번: 빈칸 앞에 '道士听完眼都没有睁一下，嘴里不停地叨念了一会儿(도사는 들은 뒤 눈도 깜빡하지 않고, 입으로는 끊임없이 잠시 중얼거리고는)'이라는 말이 있다. 따라서 빈칸에는 주어인 '도사'가 앞 동작에 이어서 하게 된 동작이 필요하다. 따라서 B(然后向他们伸出一个手指)가 가장 적합하다.

(3)번: 빈칸의 위치가 인용부호 속이므로 직접화법으로 되어 있는 보기를 찾아야 한다. 일단 보기 중 A와 E가 가능하다. 내용으로 볼 때 A, E 모두 흐름 상 가능하므로 두 가지 모두 가능성을 두고 다음 문제로 넘어가자.

(4)번: 역시 빈칸의 위치가 인용부호 속이다. 따라서 역시 A와 E가 가능하다. 하지만 (3)번은 앞에 '书生中有一个着急地问

(서생 중 한 명이 조급해하며 물었다)', (4)번은 앞에 '道童问(어린 도사가 물었다)'이라는 말이 있다. 따라서 (3)번에는 복수를 나타내는 인칭대사가 있는 A(我们三人谁能考中)가, (4)번에는 E(你这一个指头是什么意思)가 적합하다. (5)번: 빈칸 앞에 이 도사가 점을 잘 보는 이유에 대해 설명하고 있다. 따라서 이 글의 결론을 나타내는 D(所以他的话总是"灵验"的)가 적합하다.

<table>
<tr><td>정답</td><td>1. C</td><td>2. B</td><td>3. A</td><td>4. E</td><td>5. D</td></tr>
</table>

단어 算命 suànmìng ⑧ 운명을 점치다 | 道士 dàoshì ⑲ 도사 | 占卜 zhānbǔ ⑧ 점치다 | 吉凶 jíxiōng ⑲ 길흉 | 推演 tuīyǎn ⑧ 미루어 판단하여 결론을 이끌어내다 | 套 tào ⑲ ① 커버, 덮개 ② 수법, 식, 관습 ⑧ (커버를) 씌우다 ⑱ 세트를 세는 양사 | 算卦 suànguà ⑧ 괘로 (길흉을) 점치다 | 赶考 gǎnkǎo ⑧ 과거를 보러 가다 | 路过 lùguò ⑧ (도중에 어떤 곳을) 지나가다, 거치다 | 此地 cǐdì 이 곳, 여기 | 灵验 língyàn ⑲ ① (방법이나 약물이) 신통한 효과가 있다 ② (예언이) 들어맞다, 적중하다 | 一同 yìtóng ⑨ 같이, 함께 | 虔诚 qiánchéng ⑲ (종교나 신앙 등이) 경건하다, 독실하다 | 劳驾 láojià ⑧ 실례합니다 | 考中 kǎozhòng ⑧ (시험에) 합격하다, 통과하다 | 睁 zhēng ⑧ (눈을) 뜨다 | 叨念 dāoniàn ⑧ 중얼중얼하다 | 一言不发 yìyán bùfā ⑱ 한 마디도 말하지 않다 | 迟迟 chíchí ⑨ 꾸물거리며, 느릿느릿 | 肯 kěn ⑤ 기꺼이 ~하다, ~하길 원하다 | 只好 zhǐhǎo ⑨ 어쩔 수 없이, 부득이 | ★ 泄露 xièlòu ⑧ (비밀이나 기밀 등을) 누설하다, 폭로하다 | 心怀 xīnhuái ⑧ 마음에 품다 | 疑虑 yílǜ ⑧ 의심하다, 염려하다 | 小童 xiǎotóng ⑲ 어린 아이 | 好奇 hàoqí ⑲ 호기심이 많다, 궁금하다 | 一齐 yìqí ⑨ 동시에, 일제히, 한꺼번에 | ★ 恍然大悟 huǎngrán dàwù ⑱ 문득 크게 깨닫다 | 原来 yuánlái ⑨ ① 원래 ② 알고 보니 | 钻 zuān ⑧ ① (물체를) 뚫다 ② 관통하다, 뛰어들다, 통과하다 | 歧义 qíyì ⑲ (말이나 글의) 두 가지 뜻, 여러 가지 뜻 | 空子 kòngzi ⑲ ① 틈, 틈새, 사이, 빈 자리 ② 짬, 겨를 | 表达 biǎodá ⑧ (생각이나 감정을) 나타내다, 드러내다, 표현하다 | 解释 jiěshì ⑧ ① 해석하다, 해설하다 ② (이유, 뜻, 원인을) 설명하다, 해명하다, 변명하다 | 伸出 shēnchū ⑧ 펼치다, 펴다 | 手指 shǒuzhǐ ⑲ 손가락

1 其

01 3인칭 대사의 단수와 복수 : 他(们)、她(们)、它(们)

> 淞沪铁路在上海的城市经济发展中发挥过重要作用。但上海市政府决定将其拆除。
>
> [将其＝把它(把淞沪铁路)]
>
> 송호철로는 상하이의 도시경제 발전 과정에서 중요한 작용을 발휘한 적이 있다. 그러나 상하이시는 정부는 그것을 철거하기로 했다.

02 3인칭 대사의 소유격 : 他(们)的、她(们)的、它(们)的

> 《离合词及其用法》[其＝它的(离合词的)] 〈이합사 및 그것의 용법〉

2 之

3인칭 대사의 단수와 복수 : 他(们)、她(们)、它(们)

> 人们发现，把蝙蝠的双眼蒙住，或使之失明，它仍能完全正常地飞行。
>
> [之 = 它(蝙蝠的双眼)]
>
> 사람들은 박쥐의 두 눈을 가리거나 그것을 실명시키더라도, 그것은 여전히 완전히 정상적으로 비행할 수 있음을 발견했다.

3 此

01 这(个)

> 父亲得知此消息后，非常难过。[此消息 = 这个消息] 아버지는 이 소식을 안 뒤 매우 괴로워했다.

02 这儿、这里

> "好了，我们就此分手吧。" "좋아, 우리 여기에서 헤어지자."

03 这样

> 我也希望如此。[如此 = 像这样] 나도 이러하길 바라.

DAY 19

1-5.

罗马尼亚杂技演员奥里尔在一次空中飞人表演中，被一位妇女的狂笑声杀死。

这位名叫玛莉安的妇女是奥里尔的妻子，(1)_____。一天，奥里尔表演蒙面空中飞人，(2)_____，在空中旋转180度，再去抓另一只秋千架时，全场屏息静气，异常紧张。坐在观众席上的玛莉安即突然发出一阵狂笑，奥里尔被笑声惊得失常，从高空摔下毙命，(3)_____。

这位罗马尼亚妇女运用心理学的知识谋害了她的丈夫。像表演空中飞人这样的工作，对注意力的要求是很高的，是不能随便分心和转移的，(4)_____，后果就将不堪设想。心理学上，人们把这种心理活动对一定对象的指向和集中的现象，叫做"注意"。人们自觉地把自己的注意从一个对象调到另一个对象上去，叫做"注意力转移"。客观环境是千变万化的，要想使自己的活动得以成功，(5)_____。

A 正当他从一个秋千架上脱手飞出

B 警察逮捕了她，并控之以谋杀罪

C 丈夫一贯在外拈花惹草使她又妒又恨

D 注意力必须与之相适应

E 如果注意力不集中，注意力转移失当

DAY **20**

1-5.

　科学家认为，从严格意义上来说，地球表面是不会有黄金出现的。(1)＿＿＿＿＿＿，毕竟人类目前大约拥有16万吨黄金，如果说这些黄金不是地球馈赠的，那么它们又是从哪里来的呢？

　有人推断它们是那些造访地球的天外来客——陨石带来的，而这仅仅是一种猜测。令人兴奋的是，(2)＿＿＿＿＿＿＿，证明了天上掉馅饼是假，但掉金子却是真——我们目前所拥有的黄金，几乎都是天外来客带来的。

　科学家分析了格陵兰岛的古老岩石，很快就发现了其中的奥秘。(3)＿＿＿＿＿＿，而这正好处在地核形成后和天外陨石大规模"轰炸"地球之前。这样看来，那段时间无疑是地球的"和平时期"，而这段时间的岩石相对来说要"纯洁"很多。

　科学家还将格陵兰岛的岩石样本与地球其他地方岩石中的同位素进行了比较分析，结果发现，(4)＿＿＿＿＿＿＿＿。这种差别表明，地球表面的铁、镍、铂、金等重金属含量是天外陨石大规模地"轰炸"地球之后才多了起来，这也恰恰说明了人类拥有的多数重金属，其实都是天外来客带来的。以地表现存的重金属数量来看，那时"轰炸"地球的陨石质量可能达到了2000亿亿吨，(5)＿＿＿＿＿＿，可能都是天外来客带来的"礼物"。

A　这些古老岩石中的重金属含量比其他岩石低很多

B　但这个说法与现实相矛盾

C　科学家最近还真的找到了相关依据

D　这些格陵兰岛岩石距今已有约40亿年的历史

E　这也就解释了目前人类所发现的这么多黄金

03 문장 성분 이용하기

보기에 나와 있는 문장은 대부분 지문의 한 문장에서 일부분인 경우가 많다. 따라서 이미 지문에서 언급된 주어나 목적어는 보기에서 생략된 경우가 많다. 반대로 보기에서 생략되어 있는 주어나 목적어를 지문의 흐름에서 찾아낸다면 답을 쉽고 빠르게 찾는 데 크게 도움이 된다.

독해 시크릿 백전백승

1 주어가 빠졌는지 체크하라!

보기에 주어가 없는 경우 지문의 흐름에서 그 주어를 언급하고 있는 문장이 빈칸 앞에 있어야 한다.

　　第二天，天生倔强的我没有问您一声，也没有看您一眼。您匆匆上班去了。(1)＿＿＿＿＿＿＿。我看到桌子上的试卷，还多了一个本子。我打开本子一看，啊，令我吃惊的是本子里全是整整齐齐的解题，试卷上也已签了名，原来是您昨晚在为我分析错了的题目。蓦地，一瓶药、一个水杯映入我的眼帘。我心一酸，(2)＿＿＿＿＿＿＿。妈妈她开会去了，偶然间我发现相架里摆着我儿时的照片，无知地笑着。顿时，一股从来没有的内疚一下子涌进我的心头，令我无所遁形。我剖开灵魂深处，看到一个丑陋的我。妈妈为了我，不辞劳苦地工作，可怜天下父母心，其实妈妈的心也在痛呢!是我，是我的错，是我不理解妈妈，是我不配做妈妈的孩子……

A 拿着药向妈妈的办公室冲去

……

보기분석　'약을 들고 엄마의 사무실로 뛰어 갔다'에 대한 주어가 없다.

문제풀이　(1)번: 단독으로 한 문장이 들어가야 한다. 따라서 A가 들어가기에 적합하지 않다.
　　　　　　(2)번: 빈칸 앞의 '我心一酸'이라는 표현에 이미 '我'라는 주어가 있다. 따라서 A가 들어가기에 적합하다.

2 목적어가 빠졌는지 체크하라!

이 경우 보기에는 '주어 + 서술어'만 있고 목적어가 없게 된다. 그렇다면 빈칸 뒤에는 보기에 있는 서술어만 짝을 이룰 수 있는 적합한 목적어가 나와야 한다.

他知道此刻即便下命令要求部队加快速度也无济于事。(1)_____，想到了一个好办法，他一夹马肚子，快速赶到队伍前面，用马鞭指着前方说："士兵们，我知道前边有一大片梅林，那里的梅子又大又好吃，我们快点赶路，绕过这个山丘就到梅林了！"士兵们一听，(2)_____，精神大振，步伐不由得加快了许多。

A 仿佛已经吃到嘴里

......

보기분석 '마치 이미 입안에 먹은 것 같았다'라는 문장은 주어와 목적어가 모두 없다. 특히 목적어는 반드시 동사 '吃'와 짝을 이룰 수 있어야 한다. 빈칸 주변에서 먹을 수 있는 대상을 찾아내자.

문제풀이 (1)번: 앞뒤 내용에 '吃'의 대상이 될 만한 음식이 언급되지 않고, 또한 먹을 주체도 확실하지 않다. 따라서 A가 들어가기에 적합하지 않다.

(2)번: 빈칸 앞에 '那里的梅子又大又好吃……士兵们一听'이라는 표현에는 먹을 주체는 '사병들'이며 먹는 것의 목적어는 '매실'이라는 것을 알 수 있다. 따라서 A가 들어가기에 적합하다.

NEW 단어 + TIP

● 倔强 juéjiàng 휑 (성격이) 강하고 고집이 세다

예 他这个人十分倔强，决定了的事谁也改不了！ 그는 매우 고집이 세서, 결정해버린 일은 누구도 바꿀 수 없다!

● 摊 tān 명 노점

동 늘어 놓다, 펼쳐 놓다, 벌이다

예 旧书摊就是指贩卖旧书等二手书籍的摊位。 헌책 노점은 바로 헌책 등 중고서적을 판매하는 노점이다.

他把钱都摊在桌子上问够不够。 그는 돈을 모두 탁자 위에 늘어 놓고 충분한지 물었다.

● 执著 zhízhuó 휑 집착하다, 끝까지 추구하다

예 正是他的执着打动了我。 바로 그의 집착이 나를 감동시켰다.

문제 1

　　清朝时期，通山县有个叫谭振兆的人。(1)＿＿＿＿＿＿＿＿＿，父亲给他定了亲，亲家是同村的乐进士。后来，谭父死了，谭家渐渐衰退，(2)＿＿＿＿＿＿＿＿，乐进士便想退婚。

　　一天，谭振兆卖菜路过岳父家，(3)＿＿＿＿＿＿＿＿。乐进士对他说："我做了两个阄，一个写着'婚'字，另一个写着'罢'字。你拿到'婚'，就把女儿嫁给你；拿到'罢'字，咱们就退婚，从此谭乐两家既不沾亲也不带故。不过，两个阄你只看一个就行了。"(4)＿＿＿＿＿＿＿。

　　谭振兆心想："这两个阄分明都是"罢"字，我不能上他的当。"想到这儿，他立刻拿了一个阄吞在腹中，指着另一个对乐进士说："你把那个阄打开看看，如果是'婚'字，我马上就离开这儿，咱们退婚；若是'罢'字，那就说明我吞下的是'婚'字，这门亲事算定了。"乐进士煞费苦心制造出的骗局却被谭振兆识破，(5)＿＿＿＿＿＿＿。

　　人的思维空间是无限的，至少有亿万种可能的变化。也许我们正在被困在一个看似走投无路的境地。这时一定要明白，一定能够找到不止一条跳出困境的出路。

A　经济条件远不如以前

B　没办法只好把女儿嫁给谭振兆

C　就进去拜见岳父

D　小时候因为家里比较富裕

E　说完就把阄摆出来

🔍 **문제 분석**　각 보기에 나오는 핵심 단어나 표현을 미리 체크해두자.

A분석 : 经济条件远不如以前 경제상황이 예전만 못하다
　　▶ 이 보기는 누구의 경제상황이 안 좋아졌다는 것인지 주어가 명확하지 않다. 따라서 지문에서 그 주체를 찾아냄과 동시에 앞에 경제상황이 좋지 않게 될 만한 배경이 제시되는지 체크해야 한다.

B분석 : 没办法只好把女儿嫁给谭振兆 방법이 없어 어쩔 수 없이 딸을 담진조에게 시집 보냈다
　　▶ 마찬가지로 누가 딸을 시집 보냈는지 주어가 명확하지 않다. 따라서 지문에서 그 주체가 될 만한 사람을 찾아내야 한다.

C분석 : 就进去拜见岳父 장인을 찾아 뵙기 위해 들어갔다

▶ 역시 누가 장인을 만나러 갔는지 주어를 찾아내고, 그 뒤의 흐름에 연결되는 빈칸에 들어가야 한다.

D분석 : 小时候因为家里比较富裕 어렸을 때 집이 비교적 부유했기 때문에

▶ 일단 누가 어렸을 때 집이 부유했는지 역시 주어를 체크해야 한다. 동시에 접속사 '因为'가 있으므로 빈칸 뒤에는 그에 따르는 결과가 나오게 될 것이다.

E분석 : 说完就把阄摆出来 말을 미치고 제비를 늘어놓았다

▶ 마찬가지로 주어를 찾아야 한다. 동시에 '말을 마치고'라고 했으므로 빈칸의 앞에는 말의 내용이 직접 화법으로 제시되게 될 것이다.

해석

　　청나라 시기 통산현에 담진조라는 사람이 있었다. (1)**D어렸을 때 집이 비교적 부유했기 때문에** 아버지는 그에게 약혼을 하게 했는데, 사돈은 같은 마을의 악진사였다. 후에 담진조의 아버지가 돌아가시고 담진조의 집은 점점 쇠퇴하여 (2)**A경제상황이 예전만 못하게 되어** 악진사는 바로 파혼을 하고 싶었다.

　　하루는 담진조가 채소를 팔러 장인의 집을 지나가게 되어, (3)**C장인을 찾아 뵙기 위해 들어갔다.** 악진사는 그에게 말했다. "내가 두 개의 제비를 만들었네. 하나에는 '혼'자가 적혀있고, 다른 하나에는 '파'자가 적혀있다네. 자네가 '혼'자를 갖게 되면 딸을 자네에게 시집 보내겠네. '파'자를 고르면 우리는 파혼하고 지금부터 두 집안은 친분도 없고 인연도 없는 거네. 하지만 두 개의 제비 중 자네는 하나만 볼 수 있다네." (4)**E말을 마치고 제비를 늘어놓았다.**

　　담진조는 마음속으로 생각했다. '이 두 개의 제비는 분명 모두 '파'일 거야. 난 그에게 속아서는 안 돼.' 여기까지 생각하자 그는 즉시 한 개의 제비를 배 속에 삼키고, 나머지 하나를 가리키며 악진사에게 말했다. "장인어른이 저 제비를 열어 보십시오. 만약 '혼'자이면 저는 바로 이곳을 떠나고 우리는 파혼하겠습니다. 만약 '파'자이면 제가 삼킨 것이 '혼'자라는 것을 증명하는 것이니 이 혼사는 정해지는 것입니다." 악진사가 심혈을 기울여 만들어낸 속임수가 담진조에 의해 간파당했고, (5)**B방법이 없어 어쩔 수 없이 딸을 담진조에게 시집 보냈다.**

　　사람의 사유 공간은 무한한 것이고, 적어도 억만 가지 가능성의 변화가 있다. 어쩌면 우리는 지금 보기에 궁지에 몰린 지경에 빠져있을지도 모른다. 이 때는 반드시 한 개 이상의 곤경을 뛰쳐나올 수 있는 출로를 찾을 수 있다는 것을 꼭 알아야 한다.

해설

(1)번: 빈칸 뒤에 '父亲给他定了亲(아버지는 그에게 약혼을 하게 했고)'이라는 말이 있다. 그렇다면 빈칸에는 약혼을 하게 된 배경을 설명할 수 있는 내용이 필요하다. 따라서 D(小时候因为家里比较富裕)가 가장 적합하다. 동시에 보기 C의 주어는 빈칸 앞에 있는 '담진조'라는 것을 알 수 있다.

(2)번: 빈칸 앞에 '谭父死了，谭家渐渐衰退(담진조의 아버지가 돌아가시고 담진조의 집은 점점 쇠퇴하여)'라는 말이 있다. 그렇다면 빈칸에는 그 뒤에 이어지기에 적합한 흐름이 필요하다. 따라서 A(经济条件远不如以前)가 가장 적합하다. 동시에 보기 A의 주어는 '담진조의 집'이라는 것을 알 수 있다.

(3)번: 빈칸 앞에 '一天，谭振兆卖菜路过岳父家(하루는 담진조가 채소를 팔러 장인의 집을 지나가게 되어)'라는 말이 있다. 그렇다면 빈칸에는 주어인 '담진조'가 이어서 하게 될 동작이 필요하다. 따라서 C(就进去拜见岳父)가 가장 적합하다.

(4)번: 빈칸 앞에는 '乐进士对他说(악진사가 그에게 말했다)'라는 말이 있고, 뒤에 직접화법으로 말한 내용이 나와 있다. 그렇다면 빈칸에는 '악진사'가 말을 마친 뒤 하게 될 동작이 필요하다. 따라서 E(说完就把阄摆出来)가 가장 적합하다

(5)번: 빈칸 앞에는 '乐进士煞费苦心制造出的骗局却被谭振兆识破(악진사가 심혈을 기울여 만들어낸 속임수가 담진조에 의해 간파당했고)'라는 말이 있다. 그렇다면 빈칸에는 악진사가 이어서 하게 될 동작이 필요하다. 따라서 B(没办法只好把女儿嫁给谭振兆)가 가장 적합하다.

정답　1. D　　　2. A　　　3. C　　　4. E　　　5. B

단어 定亲 dìngqīn 图 약혼하다 | 亲家 qìngjia 圆 사돈 | 渐渐 jiànjiàn 凰 점점, 차차 | ★ 衰退 shuāituì 图 ① (신체, 정신, 능력 등이) 쇠퇴하다 ② (정치, 경제, 문화 등이) 쇠퇴하다 | 退婚 tuìhūn 图 파혼하다 | ★ 岳父 yuèfù 圆 장인 | 嫁 jià 图 시집가다, 출가하다 | 从此 cóngcǐ 凰 이때부터, 이로부터 | 沾亲 zhānqīn 图 친분이 있다 | 带故 dàigù 예부터 친숙한 관계가 있다, 인연이 있다 | 上当 shàngdàng 图 속다, 속임수에 빠지다 | 立刻 lìkè 凰 즉시, 당장, 바로 | 吞 tūn 图 (통째로) 삼키다 | 腹 fù 圆 배 | 若是 ruòshì 젭 만약 ~라면 | 亲事 qīnshì 圆 혼사 | 煞费苦心 shàfèi kǔxīn 図 애를 몹시 쓰다, 심혈을 기울이다 | 制造 zhìzào 图 ① 제조하다, 만들다 ② (부정적인 분위기나 국면을) 조장하다, 조성하다 | 骗局 piànjú 圆 꿍꿍이수작, 속임수, 사기 수단 | 识破 shípò 图 (다른 사람의 비밀, 속임수 등을) 간파하다, 알아 차리다 | ★ 思维 sīwéi 圆 사유 | 无限 wúxiàn 図 무한하다, 끝이 없다 | 至少 zhìshǎo 凰 최소한, 적어도 | 困 kùn 图 곤경에 처하다, 궁지에 빠지다 | 走投无路 zǒutóu wúlù 図 앞 길이 막히다, 궁지에 몰리다, 막다른 골목에 이르다 | 境地 jìngdì 圆 경지, 지경, 상황 | ★ 不止 bùzhǐ 图 ~에 그치지 않다, ~을 넘다 | 困境 kùnjìng 圆 곤경 | ★ 出路 chūlù 圆 ① 출로, 출구 ② 활로, 전도 ③ 판로 | 不如 bùrú 图 ~만 못하다 | 只好 zhǐhǎo 凰 부득이, 어쩔 수 없이 | 拜见 bàijiàn 图 방문하여 만나다 | ★ 富裕 fùyù 図 넉넉하다, 부유하다 图 넉넉하게 하다, 부유하게 하다 | 摆 bǎi 图 ① 놓다, 벌이다, 배열하다 ② 드러내다, 뽐내다 ③ 흔들다, 젓다

NEW 단어 + TIP

- 削 xiāo 图 (칼로) 깎다, 벗기다
  例 吃苹果最好不要削皮吃。 사과를 먹을 때는 껍질을 벗기지 않고 먹는 것이 가장 좋다.

- 鄙视 bǐshì 图 깔보다, 얕보다, 경시하다
  例 我最鄙视那些自以为是的家伙了。 나는 자신이 잘났다고 생각하는 놈들을 가장 경시한다.

- 宽容 kuānróng 图 관용을 베풀다
  例 善待别人的最好方法是宽容别人。

    다른 사람들을 잘 대하는 가장 좋은 방법은 다른 사람에게 관용을 베푸는 것이다.

- 哭泣 kūqì 图 흐느끼다, 훌쩍이다
  例 面对困难不要哭泣，要勇敢。 어려움에 맞닥뜨리면 울지 말고 용감해져라.

- 汹涌 xiōngyǒng 図 물이 용솟음치다, 세차게 일어나다
  例 一望无际的大海，波涛汹涌。 끝이 보이지 않는 바다의 파도가 거세다.

    听着他声情并茂的演说，我的内心汹涌澎湃。 그의 감동적인 연설을 들으며, 내 마음이 세차게 두근거렸다.

    [고정격식] 波涛 + 汹涌

        汹涌 + 澎湃

- 鸦雀无声 yāquè wúshēng 図 쥐 죽은 듯이 조용하다
  例 老师提完问题后，教室里鸦雀无声，没一个人能答得出来。

    선생님이 질문을 한 다음, 교실은 쥐 죽은 듯이 조용했고, 아무도 대답을 하지 못했다.

DAY 21

1-5.

　　有一所医院，院长花钱很吝啬。一次护士把洗面盆上面的镜子打破了，(1)_____
_____，但是院长没批。

　　这位护士灵机一动，重写了一份报告，把镜子写成了"人体反映器"，(2)_____
_____。

　　美国军方在军人住宿问题上常受到国内女权运动者的批评，说军方重男轻女。于是
军方把"单身汉宿舍"一律改成"无人陪伴人员宿舍"。果然，批评声从此没有了。

　　1840年2月，英国维多利亚女王和撒克斯·科巴格·戈萨公爵的儿子阿尔巴特结婚。
他俩同年出生，又是表亲。虽然阿尔巴特对政治不感兴趣，但在女王潜移默化的影响
下，阿尔巴特也渐渐地关心起国事来，(3)_____。

　　有一天，两人为一件小事吵嘴，阿尔巴特一气之下跑进卧室，紧闭房门。女王理事
完毕，(4)_____，怎奈阿尔巴特余怒未消，故意漫不经心地问："谁？"

　　"英国女王。"

　　屋里寂静无声，房门紧闭如故。维多利亚女王耐着性子又敲了敲门。

　　"谁？"

　　"维多利亚！"女王威严地说。

　　房门仍旧未开。维多利亚徘徊半晌，又敲门。

　　"谁？"阿尔巴特又问。

　　"我是您的妻子，阿尔巴特。"女王温柔地答道。

　　门立刻开了，丈夫双手把她拉了进去。这次，女王不仅敲开了门，(5)_____。

A 终于成了女王的得力助手

B 打报告请求换一个

C 院长很快就批准了

D 也敲开了丈夫的心扉

E 很是疲惫，急于进房休息

DAY **22**

1-5.

　　有一个心理学家做了一个很有意思的实验，他要求一群实验者在周日晚上，把未来7天所有烦恼的事情都写下来，(1)＿＿＿＿＿＿＿。

　　到了第三周的星期天，他在实验者面前打开这个箱子，(2)＿＿＿＿＿＿＿，结果发现其中有九成烦恼并未真正发生。

　　接着，他又要求大家把那剩下的字条重新丢入纸箱中，等过了三周，再来寻找解决之道。结果到了那一天,他开箱后，(3)＿＿＿＿＿＿＿。

　　烦恼是自己找来的，这就是所谓的"自找麻烦"。据统计，一般人的忧虑有40%是属于现在，而92%的忧虑从未发生过，(4)＿＿＿＿＿＿＿。

　　有一个秘密是医生都知道的，那就是：大多数疾病都可以不治而愈。同样的,大多数的烦恼都会在第二天早晨好很多。克服忧虑的秘诀是养成一种超然的态度,把心头泛滥的愁烦看作流过去的江水，不任凭自己沉溺在里面，常常把心神集中在现实和身边的事物，并且务必养成凡事感恩的习惯。有时我们的心如置身在严冬的黑夜中，(5)＿＿＿＿＿＿＿，可以引导我们快速地从忧愁的迷宫中脱身。

A　发现那些烦恼也不再是烦恼了

B　逐一与成员核对每一项"烦恼"

C　要求自己把值得快乐的理由一一写下来

D　剩下的8%则是你能够轻易应付的

E　然后投入一个大型的"烦恼箱"

기출문제 탐색전

문제 81-84

　　齐白石是我国近代杰出的画家。白石老人尤以画虾而闻名。他画的虾，通体透明，富有动感。在他的笔下，一只只空灵通透的虾跃然于纸上。虽然虾只是在水中浮游的活泼玲珑的小生灵，白石老人却只用寥寥数笔赋予了它们无尽的朝气与生命力。

　　据说，齐白石一开始画的虾太重写真，形似而神不足。后来他意识到了"删繁就简三秋树"，画的虾越来越简练，以简练的笔墨表现最丰富的内容，却越发有神，以少胜多，获得了成功。这其中，将虾的后腿由开始的10只减为8只，再到后来的6只，虾眼也由原来的两点变成两横笔。关键的一点是，在对头、胸部位的处理上，淡墨表现立意又加了一笔浓墨，更显出虾躯干的透明。由此，我们看到，齐白石并不是以非常精确的手法描绘具体物象，他的观察点和绘画手法是介于似与不似之间，这就是艺术的魅力所在。

　　细细数来，我们可以发现，从旧石器时代出现的洞窟壁画、彩陶纹等以来，艺术形式往往多为纯感性的形象出现，模糊而又简单是这一时期艺术的特点。随着生产力的逐渐提高，绘画渐渐从生产劳动中分离开来，人们开始有了理性的认识，有了独立的理论，在审美标准上要求做到形似，逐渐要求描绘形象"逼真、明晰"，也就是说要"精确"不要"模糊"。古人说："狗马最难，鬼魅最易。"因为狗马是人们常见的，一定要画"像"了，不"像"就不好，而鬼魅没有形，当然最容易了，这其实反映出的是当时人们崇尚"精确"的审美观。而东晋的顾恺之也曾提出"以形写神"的理论。到了宋徽宗时代，因宋徽宗崇尚形似，追求细节的真实，所谓院体画的状形之风甚盛，如崔白的《寒雀图》、李嵩的《花篮图》等都是"精确"的审美观，体现了当时绘画创作上的一种时尚。

　　而从南宋开始，这种时尚渐渐退去，取而代之的是一种诗情画意的描绘，

독해 제4부분은 81~100번까지 모두 20문제이고, 일반적으로 다섯 편의 글로 이루어져 있다. 즉, 한 편의 글에 보통 네 개의 문제가 출제된다. 지문은 일반적으로 500 ~ 800자 정도이다. 독해 3부분과는 달리 명확한 문제가 제시되므로, 문제를 먼저 읽어 문제의 핵심을 이용해서 답을 찾는 것이 관건이다. 또한 독해 3부분이 하나의 지문에 다섯 문제를 풀 수 있어서 독해 파트 중 시간당 효율성이 가장 높은 부분이라면, 그 다음이 바로 독해 4부분이라고 할 수 있다. 따라서 실제 시험에서는 독해 3부분을 먼저 풀고, 그 다음 독해 4부분, 그리고 독해 1, 2부분을 푸는 것이 가장 효과적이다.

画幅虽小却富有诗意，如南宋四大家之一马远的作品《寒江独钓图》，把"千山鸟飞绝，万径人踪灭，孤舟蓑笠翁，独钓寒江雪"的意境描绘得淋漓尽致。一叶扁舟，一个老翁坐在小舟上垂钓，画上除了这一处笔墨，其余都是空白，这些留白不是真正的空白，而是水，或是水天相接，计白以当黑，这就是画的妙处。

81. 齐白石后期画的虾的特点是：
　　A 注重写真
　　B 头和胸加一道浓黑
　　C 虾眼变成两点
　　D 趋向于复杂化

82. 齐白石后期画风：
　　A 介于有形和无形之间
　　B 非常逼真、明晰
　　C 非常精确
　　D 形似而神不足

83. 下列正确的是：
　　A 南宋后期崇尚形似
　　B 作画从一开始就追求形似
　　C 狗马难画是因为要求形似
　　D 宋徽宗作画注重模糊

84. 关于《寒江独钓图》正确的是：
　　A 没有留白
　　B 富有诗情画意
　　C 全是空白
　　D 画幅非常大

❶ 총 20문제가 출제되며 전체 독해 영역의 40%를 차지한다.

❷ 독해는 전체 문항수가 50문제이고 50분의 시간이 주어진다. 즉 평균적으로 볼 때 한 문항당 주어지는 시간이 1분이라고 할 수 있다. 하지만 독해 1부분과 2부분을 푸는 데 상대적으로 긴 시간이 필요하므로, 독해 4부분은 한 편의 글, 즉 네 문제를 3분 내외로 해결할 수 있도록 하자.

❸ 반드시 문제를 먼저 읽은 다음, 문제의 핵심을 파악한 뒤 지문에서 문제에 해당하는 내용을 찾아내는 것이
훨씬 효과적이고 시간을 절약할 수 있다.

❹ 어려운 단어에 대해 두려워할 필요가 없다. 그 단어가 글에서 정말 핵심적이고 중요한 단어라면 분명 그 단
어가 여러 번 등장하면서 우리가 충분히 유추할 기회를 제공할 것이고, 그 단어가 글에서 그다지 중요하지
않다면 우리가 몰라도 글의 내용을 이해하는 데 전혀 문제가 되지 않을 것이다.

❺ 지문 전체의 내용과 관련되거나 답을 찾기가 비교적 어려운 문제를 가장 마지막에 풀도록 하자. 다른 문제
를 푸는 과정에서 지문 전체의 내용을 대략적으로 파악할 수 있게 되기 때문이다.

🧭 정답 찾기

문제의 유형별로 정답을 찾는 공략법을 알아두도록 하자.

1 주제나 제목을 찾는 문제

❶ 자주 보이는 문제 유형

适合上文的标题是什么? 윗글의 제목으로 적합한 것은 무엇인가?

上文主要告诉我们什么? 윗글은 주로 우리에게 무엇을 알려주는가?

上文主要介绍了什么? 윗글은 주로 무엇을 소개했나?

作者对…的感情是什么? 작가의 ~에 대한 감정은 무엇인가?

作者对…的态度是什么? 작가의 ~에 대한 태도는 무엇인가?

❷ 고득점 공략법

이러한 문제의 핵심은 지문의 주요 내용을 찾는 것으로, 일반적으로 이러한 주제는 지문의 가장 앞 부분이
나 가장 뒤에서 찾아낼 수 있는 경우가 많다.

문제

有一天，鲁班到山上去砍树，一不小心，被丝茅草划破了手。他觉得很奇怪，一棵小草怎么这样厉害呢？他放下手里的活儿，仔细观察起来。结果，他发现丝茅草叶子边缘上的许多锋利细齿是划破手的元凶。鲁班受到启发，发明了木工用的锯子。

……

人是地球上最聪明的动物，靠着智慧的头脑和灵巧的双手，造出了种种工具，使自己对世界的征服与改造步步深入，成为万物之灵。但大自然虽然默默无语，却也蕴藏着无穷无尽的智慧，人再聪明，比起动植物身体的巧妙构造来，仍有许多望尘莫及之处。所以，人类就得像木工的祖师爷鲁班那样，虚心向动植物学习，从生物界这个巨大的博物馆中搜寻几乎是无所不有的技术设计蓝图。

上文主要告诉我们什么？

A 鲁班发明锯子的故事　　　　　　B 人类需要向大自然学习

C 人是地球上最聪明的动物　　　　D 人其实一点也不聪明

풀이 주제를 묻는 문제이므로 글의 시작 부분과 끝 부분을 잘 살펴보아야 한다.
먼저 첫 번째 단락 첫 번째 문장은 '有一天，鲁班…'으로 시작되는 것으로 보아 구체적인 이야기가 시작되는 것을 알 수 있다. 따라서 주제를 찾기는 힘들다.
마지막 문장은 접속사 '所以'로 시작한다. '그래서'라는 접속사의 앞의 내용은 원인을 나타낼 뿐 본격적인 결과와 핵심 내용은 뒤에 나타나게 된다. 따라서 이 글의 주제는 '所以' 뒤의 문장인 '人类就得像木工的祖师爷鲁班那样，虚心向动植物学习(인류는 목공의 창시자인 鲁班처럼 겸허하게 동식물을 배워야 한다)'라는 것을 알 수 있다.

정답 B

阅读

② 단어나 문장의 뜻을 찾는 문제

❶ 자주 보이는 문제 유형

文中划线词语的意思是: 글에서 줄 쳐진 단어이 뜻은?

与文中划线词语意思相近的是: 글에서 줄 쳐진 단어의 뜻과 비슷한 것은?

文中划线句子的意思是: 글에서 줄 쳐진 문장의 뜻은?

与文中划线句子意思相近的是: 글에서 줄 쳐진 문장의 뜻과 비슷한 것은?

❷ 고득점 공략법

이러한 문제는 다음과 같이 두 가지 공략법을 사용하여 해결할 수 있다.

(1) 유추법

① 한자 구성을 이용해서 유추하기

小张想借市民紧急疏散之机，发上一笔"灾难财"。谁知他这个"歪主意"刚开始付诸行动，就被巡逻的武警官兵逮了个正着。

文中"歪主意"的意思是:

A 好主意　　　　　　　　　　　　B 不正当的想法

C 聪明的办法　　　　　　　　　　D 奇怪的想法

풀이 단어 '歪主意'에서 '歪'는 '不'와 '正'으로 이루어진 한자이다. 따라서 '바르지 않은, 옳지 않은'과 같은 부정적인 뜻을 나타낸다는 것을 알 수 있다.

정답 B

---

② 한자의 뜻을 이용해서 유추하기

小在韩国，教汉语赚来了一定数量的外汇和亲善关系。

与文中划线词语意思相近的是:

A 亲人　　　　　　B 善良　　　　　　C 友好　　　　　　D 金钱

풀이 한자 '亲'은 '친근하다'는 뜻을, '善'은 '사이 좋다'는 뜻을 나타낸다. 또한 '관계'를 수식하고 있다는 것도 힌트가 될 수 있다.

정답 C

③ 주변 내용을 이용해서 유추하기

> 她1米74的个头，在队员中已属高个了，教练提起自己的<u>高足</u>，连连称赞说："这个队员，真没说的。"

文中划线词语的意思是：

A 优秀学生　　　　　B 高脚　　　　　C 很长的腿　　　　　D 非常满足

풀이 '教练(코치)', '自己的(자신의)', '称赞(칭찬하다)', '没说的(나무랄 것이 없다)'와 같은 표현들을 통해 좋은 학생을 나타내는 단어임을 알 수 있다.

정답 A

(2) 비교법

글에서 비교적 어려운 단어를 사용할 때는 종종 주변에 그것과 의미가 비슷하거나 상반되는 단어를 사용해서 설명하는 경우가 많다. 이런 설명법을 잘 이용해서 그 중 한 단어의 뜻을 알면, 나머지 단어의 뜻은 쉽게 추측해낼 수 있다.

> 车前草是一种路边草地上常见的小草，近年来却<u>名声大振</u>。

文中划线词语的意思是：

A 声音很大　　　　　　　　　B 名声变坏了

C 名声一直很好　　　　　　　D 知名度大大提高

풀이 부사 '却'는 접속사 '但是'와 마찬가지로 앞의 내용과 상반되는 뜻을 나타낸다. 따라서 '名声大振'은 앞의 내용인 '路边草地上常见的小草(길가 풀밭에서 자주 볼 수 있는 작은 풀)'와 상반되는 의미임을 알 수 있다.

정답 D

③ 옳고 그름을 판단하는 문제

① 자주 보이는 문제 유형

关于…，下列哪项正确？ ~에 관해 다음 중 옳은 것은?

关于…，下列哪项不正确？ ~에 관해 다음 중 옳지 않은 것은?

下列哪项符合文章的描述？ 다음 중 글의 묘사에 부합하는 것은?

下列哪项不符合文章的描述？ 다음 중 글의 묘사에 부합하지 않는 것은?

根据上文，正确的是： 윗글에 근거하여 옳은 것은?

根据上文，错误的是： 윗글에 근거하여 틀린 것은?

② 고득점 공략법

이런 유형의 문제에서 가장 중요한 것은 보기를 먼저 읽고 각각의 핵심을 파악한 뒤, 글에서 하나하나 관련 내용을 체크하는 것이다.

> 这部小说描写的是四位农家少年，各自怀着不同的意愿，进入繁华而陌生的省城后，演出的一幕幕令人感慨的活剧。正直善良的红叶，为了替饱受欺凌的秦家老人告状而独闯省城；性格刚烈的天虎，为了争一口气达到求学目的而漂泊省城；憨厚沉静的米娃，为了替奶奶治病挣一笔住院费而吆喝叫卖于省城；伶牙俐齿的黄毛，则是为了好吃好喝发财致富而迷恋于省城。为了生存，为了实现进城的意愿，红叶当起了保姆，天虎摆过棋摊打过短工，米娃执着于兜售他的花苗，黄毛则死皮赖脸地乞讨……围绕着他们命运的轨迹，小说展开了一个个耐人寻味的故事。
>
> 下面哪种说法符合这段文字的内容？
>
> A 红叶为当保姆而进城　　　　　　B 天虎为打短工而进城
>
> C 米娃为卖花苗而进城　　　　　　D 黄毛为发财致富而进城
>
> ----
>
> **풀이** 보기는 모두 '为…而进城(~을 위해 도시로 가다)'의 구조로 되어있다. 따라서 각 사람이 도시로 간 목적을 하나씩 체크하면 된다. 먼저 红叶가 도시로 간 목적은 '为了替饱受欺凌的秦家老人告状'이라는 말로 제시되어 있다. 모르는 단어가 많겠지만 '的' 앞은 어차피 수식 성분이므로 결국 핵심은 '为了告状(고소하기 위해서)'이므로 A는 잘못된 내용이다. 두 번째로 天虎가 도시로 간 목적은 '为了争一口气达到求学目的'라는 말로 제시되어 있다. 결국 핵심은 '为了求学(공부하기 위해서)'이므로 B는 잘못된 내용이다.
>
> 세 번째로 米娃가 도시로 간 목적은 '为了替奶奶治病挣一笔住院费'라는 말로 제시되어 있다. 결국 핵심은 '为了挣住院费(입원비를 벌기 위해서)'이므로 C는 잘못된 내용이다.
>
> 네 번째로 黄毛가 도시로 간 목적은 '为了好吃好喝发财致富'라는 말로 제시되어 있다. 결국 핵심은 '为了发财致富(돈을 벌어 부자가 되기 위해서)'이므로 D가 맞는 내용이다.
>
> **정답** D

4 세부내용을 찾는 문제

1 자주 보이는 문제 유형

为什么…? 왜 ~한가?

…的原因是什么? ~의 원인은 무엇인가?

…的目的是什么? ~의 목적은 무엇인가?

2 고득점 공략법

이렇게 원인이나 목적과 같이 세부적인 내용을 찾는 문제는 먼저 문제에서 핵심적인 표현을 찾아내어 글에서 같거나 비슷한 표현을 찾아낸 다음, 주변에서 원인이나 목적을 나타내는 '因为', '所以', '因此', '旨在', '…以…' 등을 체크해내는 것이 가장 좋은 방법이다. 만약 원인이나 목적을 나타내는 표현이 없다면, 문제에서 찾아낸 핵심적인 표현의 앞뒤를 잘 살펴보는 것도 좋은 방법이 될 수 있다.

　　许多人都有过无法集中注意力的苦恼，一件两三个钟头就能搞定的工作偏偏耗费了一整天都无法专注。那么，怎样才能保持较高的注意力水平呢？科学研究发现，当大脑的前额叶皮层被合适的化学物质刺激时，集中注意力的行为就产生了。尤其是多巴胺这类"愉悦性化学物质"的水平升高，更能促使注意力集中。当多巴胺水平升高时，你的潜意识就会希望获得更多的它带来的美妙感觉，这促使你更专注于正在做的事情。

根据上文，注意力集中的原因是：

A 产生饥饿感　　　　　　　　　　B 受到外界诱惑

C 多巴胺水平降低　　　　　　　　D 大脑被某些化学物质刺激

풀이　문제의 핵심 표현은 '注意力集中'이다. 따라서 먼저 글에서 이와 같거나 비슷한 표현을 찾아내어야 한다. 글에서 '集中注意力的行为就产生了(주의력을 집중시키는 행위가 생기게 된다)'라는 말을 찾아낼 수 있다. 따라서 원인은 그 앞의 내용인 '大脑的前额叶皮层被合适的化学物质刺激'와 일치하는 보기를 찾아내면 된다.

정답　D

01 이야기형

이야기형은 독해 4부분에서 결코 빠질 수 없는 시험 문형으로, 일반적으로 사건의 이야기, 인물의 이야기, 풍경 이야기, 사물 이야기 등의 유형으로 나뉜다. 앞으로 배우게 될 논설문형, 설명문형, 신문조사형에 비해 단어의 수준이 비교적 낮고 이해하기 쉬운 편이다. 하지만 마치 드라마를 볼 때처럼 이야기의 흐름을 정확히 파악해야만 답을 잘 찾아낼 수 있다. 절대 피할 수 없는 문형이니만큼 이야기형을 정복할 수 있는 공략법을 배워보도록 하자.

독해 시크릿 백전백승

1 지문의 주인공을 파악해라!

이야기형은 '시간, 장소, 인물, 사건의 발생 원인, 사건의 경과, 사건의 결과'라는 6개의 요소가 있다. 하지만 가장 먼저 파악해야 할 것은 지문의 주인공이다. 인물을 파악해야만 그가 언제 어디서 왜 무슨 일을 겪게 되었고 어떤 결과가 생겼는지 다른 요소들을 다 파악해낼 수 있기 때문이다.

一天，一只老狐狸无意间经过一个被围墙围住的葡萄园。凭着经验，它闻出了这个园子里的葡萄是自己从未吃过的极品。

这只老狐狸曾吃过无数种好葡萄，它曾向自己的同伴吹嘘过："这世上还不曾有我没吃过的葡萄呢！"面对这一园自己没有品尝过的葡萄，它的食欲和好胜心都被挑逗起来了。

······

经过三天绝食，这只老狐狸真的瘦了下来，它可以进入葡萄园了。如它所料，这里的葡萄是迄今为止它所吃过的最好的。于是，它放开肚子，整整地吃了三天。

这时问题出现了：由于吃了太多的葡萄，它又胖了，无法再从那个小洞出去。无奈，它只好再次绝食，这次比上次花的时间还多了一天。等身体终于变得和刚进来时一样瘦小，它又从那个小洞钻了出去。

回来后，它把这次经历告诉了另外两只老狐狸······

1. 根据文章，知道老狐狸：

A 以前没吃过葡萄   B 吃过很多种葡萄

C 吃过这个园子里的葡萄   D 觉得葡萄很酸

풀이 문제를 통해 주인공 '老狐狸'와 관련되는 내용이며, 보기의 '以前', '吃过'와 같은 표현을 통해 '늙은 여우'의 처음 상황을 찾아야 함을 알 수 있다. 두 번째 단락의 '这只老狐狸曾吃过无数种好葡萄(이 늙은 여우는 일찍이 무수한 종류의 좋은 포도를 먹은 적이 있다)'라는 말을 통해 A는 틀렸고, B가 정답임을 알 수 있다.

2. 那只老狐狸回来时:

A 很瘦 　　　　 B 很胖 　　　　 C 带了很多葡萄 　　　　 D 死了

풀이 문제를 통해 주인공 '老狐狸'와 관련되는 내용이며, '돌아올 때'의 상황, 즉 마지막 상황을 찾아야 함을 알 수 있다. 지문 마지막 부분의 '等身体终于变得和刚进来时一样瘦小，它又从那个小洞钻了出去(몸이 마침내 들어올 때와 마찬가지로 마르고 왜소해졌을 때 그는 또 그 작은 구멍으로부터 뚫고 나올 수 있었다)'라는 말을 통해 A가 정답임을 알 수 있다.

❷ 사건의 의미와 그것이 나타내는 사상을 놓치지 말아라!

이야기형의 가장 큰 특징은 바로 '以情动人(감정으로 사람을 감동하게 하다)'이다. 즉 독자에게 작가의 사상과 감정을 전달하게 되며, 이러한 사상과 감정은 일반적으로 교육적, 도덕적 의미를 지니고 있는 경우가 많다. 이러한 의미와 사상을 잘 파악한다면 글의 주제나 적합한 제목을 찾는 문제에 크게 도움이 될 수 있다.

那张稚气的圆脸，是我曾经伤害过的。

这件事，发生在7年前的9月3日，我走上讲台的第一堂课。

……

从这以后，我才真正明白了"教师"这个词的含义。他不只是"教书"，更重要的是"教人"，而要"教人"，首要的是先教自己，教自己去理解学生，这样才可能教好人，教好书。

这件事虽然已经过去7年了，但那张永远抹不去的圆脸，那双哀怨的眼睛，时时在提醒我，即使在离开讲台的今天，仍然如此。

适合作本文标题的是:

A 我走上讲台的第一堂课　　　　 B "教师"的真正含义

C 难忘的圆脸　　　　 D 怎样教好人、教好书

풀이 적합한 제목을 찾는 문제는 글의 앞뒤를 보면 알 수 있다. 처음 부분의 '那张稚气的圆脸，是我曾经伤害过的(그 어린 티가 나는 둥근 얼굴은 내가 일찍이 상처를 준 적이 있다)'라는 말과, 마지막 단락의 '这件事虽然已经过去7年了，但那张永远抹不去的圆脸(이 일은 비록 이미 7년이 지났지만, 그 영원히 지울 수 없는 둥근 얼굴…)'이라는 말을 통해 C가 정답임을 알 수 있다.

当我刚呱呱出生时，护士就不让妈妈见到我，悄悄地把我抱到哺婴室去。医生们告诉她，我的左肘以下没有手。

　　有一天，7岁的我走出厨房嘀咕道："妈妈，我不会削土豆皮，我只有一只手。"妈妈在做针线活，她头也不抬地说："你回厨房去削土豆皮，今后再也不许用这个借口拒绝干活了。"我当然能削土豆皮，用我的右手持刀削皮，左上臂帮着托一下就行了。妈妈知道办法总会有的，她常说："只要你尽最大的努力，就没有你不会做的事。"

　　在我读小学二年级时，一天，老师要求我们从猴架这边荡到那边去。轮到我时，我摇头示意不会荡。有些孩子在背后笑我，我哭着回家。当晚，我告诉了妈妈。她拥抱我一下，并做出"让我想想办法"的表情。第二天下午她下班后，把我带回到学校去。她教我先用右手抓住杠棒，用力引体向上，再用左上臂夹住杠棒。当我费力地照她说的做时，她始终站在一边鼓励我。以后每天她都带我去练习。我永远不会忘记老师第二次把我们全体同学带到猴架处的情景。我在猴架上熟练地荡来荡去，曾经取笑过我的孩子们都目瞪口呆。

　　这就是妈妈对待我的办法：她不代替我做什么，不宽容我，而是坚决认为我能找到办法自己干。有一次我参加一个舞会，没有一个男同学来邀请我跳舞。我回家后哭了，妈妈久久不发一言，然后说："喔！亲爱的，总有一天那些男孩子和你跳舞时会跟不上你的拍子的，你会看到的。"她声音虚弱嘶哑，我撕开蒙着头部的被子窥见她在流泪。于是我懂得妈妈为我忍受了多少痛苦。她从来不让我看到她哭泣，因为她不愿我感到内疚呀。

　　如今当我有不顺心的事时，总感到妈妈仍在我身旁，仍在对我说：勇敢地面对困难，没有解决不了的事。

1. 根据文章前三段，"我"怎么了？

　　A "我"有先天性残疾

　　B "我"与妈妈失散了

　　C 护士没有好好照顾"我"

　　D 妈妈不喜欢"我"

2. "我"削土豆皮的时候，妈妈为什么不帮"我"？

    A 妈妈不愿意帮助"我"

    B 妈妈当时太忙了

    C 因信任我能独立完成

    D 妈妈觉得我在偷懒

3. 在本文中，"目瞪口呆"的意思是：

    A 由于担心而害怕的样子

    B 由于后悔而伤心的样子

    C 由于鄙视而嘲笑的样子

    D 由于吃惊而发愣的样子

4. 这篇文章想告诉我们什么？

    A 我悲惨的遭遇

    B 我伟大的母亲

    C 应该面对困难

    D 我是残疾人

🔍 문제 분석 문제를 통해 원하는 대답이 무엇인지, 지문에서 찾아야 할 핵심 표현은 무엇인지 파악해야 한다.

1번 : 앞의 세 단락에 근거할 때, '나'는 어떠한가?

    A '나'는 선천적인 장애가 있다

    B '나'와 엄마는 헤어졌다

    C 간호사는 '나'를 잘 돌보지 않았다

    D 엄마는 '나'를 좋아하지 않는다

    ▶ '앞의 세 단락'이라고 범위가 정해진 것은 우리에게 아주 유리하다. 이 범위 안에서 나에 대한 묘사를 잘 살펴
      보도록 하자.

2번 : '내'가 감자 껍질을 벗길 때, 엄마는 왜 '나'를 도와주지 않았나?

    A 엄마는 '나'를 돕길 원하지 않는다

    B 엄마는 그때 너무 바빴다

    C 내가 혼자서 완성할 수 있을 거라고 믿었기 때문에

    D 엄마는 내가 게으름 피운다고 생각했다

    ▶ 문제에서 가장 핵심적인 표현은 '削土豆皮'이다. 따라서 글에서 이 표현이 나오는 부분을 찾아내고, 주변에서
      엄마가 나를 돕지 않은 원인을 체크해내야 한다.

3번 : 앞글에서 '目瞪口呆'의 뜻은?

    A 걱정되어 두려워하는 모습

    B 후회되어 상심하는 모습

    C 얕봐서 비웃는 모습

    D 놀라서 멍해진 모습

    ▶ 뜻을 유추하는 문제이다. 일단 글에서 이 표현이 있는 곳을 찾아내고, 앞뒤 내용을 읽어 그 뜻을 유추해야 한다. 지금은 글에서 '目瞪口呆'가 세 번째 단락의 마지막 부분에 있으므로, 앞의 내용을 읽는 것이 중요하겠다.

4번 : 이 글은 우리에게 무엇을 알려주고 싶어하는가?

    A 나의 비참한 경험

    B 나의 위대한 어머니

    C 어려움에 직면해야만 한다

    D 나는 장애인이다

    ▶ 주제를 찾는 문제이다. 글의 제일 처음이나 마지막을 살펴보면 쉽게 찾을 수 있을 것이다.

단어 先天性 xiāntiānxìng 📷 선천적인 | 残疾 cánjí 📷 불구, 장애 | 失散 shīsàn 📷 흩어지다, 이산하다 | 护士 hùshi 📷 간호사 | 削 xiāo 📷 (칼로) 깎다, 벗기다 | 土豆 tǔdòu 📷 감자 | 信任 xìnrèn 📷 신임하다 📷 신임 | 偷懒 tōulǎn 📷 꾀부리다, 게으름 부리다 | 目瞪口呆 mùdèng kǒudāi 📷 놀라서 멍하다, 아연실색하다 | 鄙视 bǐshì 📷 깔보다, 얕보다, 경시하다 | ★ 嘲笑 cháoxiào 📷 조소하다, 비웃다 | 发愣 fālèng 📷 넋을 놓다, 넋을 잃다, 멍해지다 | ★ 悲惨 bēicǎn 📷 비참하다 | ★ 遭遇 zāoyù 📷 (불행한 일, 여의치 못한 일을 우연히) 만나다, 부닥치다 📷 경우, 경험 | 伟大 wěidà 📷 위대하다 | 面对 miànduì 📷 직면하다, 부닥치다, 맞닥뜨리다

해석

    ① 내가 막 응애응애 태어났을 때, 간호사는 엄마에게 나를 보여주지 않고 몰래 나를 안고 신생아실로 가버렸다. ① 의사들은 그녀에게 나의 왼쪽 팔꿈치 아래에는 손이 없다고 말해주었다.

    어느 날, 7살의 나는 주방에서 나와 투덜거리며 말했다. "엄마, 난 감자 껍질을 못 벗기겠어요. 손이 하나밖에 없잖아요." 엄마는 바느질을 하고 계셨는데, 고개도 들지 않고 말씀하셨다. "주방으로 돌아가서 감자 껍질을 벗기렴. 오늘 이후로 이런 핑계로 일하는 걸 거절하는 건 허락하지 않을 거야." 나는 당연히 감자 껍질을 벗길 수 있었다. 오른손으로 껍질 벗기는 칼을 들고, 왼쪽 팔이 도와서 받쳐주기만 하면 되었다. ② 엄마는 결국은 방법이 있다는 것을 알고 있었다. 그녀는 항상 말했다. "네가 최대의 노력을 하기만 하면 네가 할 수 없는 일은 없단다."

    내가 초등학교 2학년일 때, 하루는 선생님이 우리에게 구름사다리의 이쪽에서 저쪽으로 타고 가라고 요구했다. 내 차례가 되었을 때, 나는 고개를 저어 탈 수 없다는 뜻을 나타냈다. 어떤 아이들이 뒤에서 나를 비웃었고, 나는 울면서 집에 돌아왔다. 그날 저녁, 나는 엄마에게 이 일을 이야기했다. 그녀는 나를 안아주고, '방법을 생각해 보자꾸나'라는 표정을 했다. 다음날 오후 엄마가 퇴근한 뒤 나를 데리고 학교로 돌아갔다. 그녀는 나에게 먼저 오른손으로 봉을 잡고 힘을 써서 몸을 위로 끌어 올린 다음 왼쪽 위의 팔을 사용해서 봉을 끼우는 것을 가르쳐주었다. 내가 힘을 다해 엄마가 말한 대로 할 때, 그녀는 한결같이 옆에 서서 나를 격려해주었다. 이후 매일 그녀는 나를 데리고 가서 연습을 했다. 나는 선생님이 두 번째로 우리 전체 학우들을 구름사다리가 있는 곳에 데려갔던 상황을 영원히 잊을 수가 없다. 나는 사다리 위에서 숙련되게 왔다 갔다 했고, 예전에 나를 비웃었던 아이들은 놀라서 멍해 있었다.

    이것이 바로 엄마가 나를 대하는 방법이다. 그녀는 나를 대신해서 무언가를 해주지 않았으며, 나에게 관용을 베풀지 않았고, 내가 스스로 할 방법을 찾아낼 수 있을 거라고 굳게 믿었다. 한 번은 무도회에 참가했는데, 나에게 춤을 추기를 청하는 남학생이 한 명도 없었다. 나는 집에 돌아와 울었고, 엄마는 오랫동안 한마디도 하지 않다가,

이렇게 말했다. "오! 사랑하는 우리 딸. 언젠가는 그 남학생들이 너와 춤출 때 네 박자를 따라올 수 없을 거란다. 넌 (그 광경을) 보게 될 거야." 그녀의 목소리는 약하고 잠기어 있었다. 나는 머리 쪽을 가리고 있는 이불을 벗겨 내고 그녀가 눈물을 흘리고 있는 것을 알게 되었다. 그래서 나는 엄마가 나를 위해 얼마나 많은 고통을 견뎠는지 알게 되었다. 그녀는 여태껏 나로 하여금 그녀가 우는 것을 보지 못하게 했다. 내가 가책을 느끼길 원하지 않았기 때문이었다.

③ 요즘 내가 마음먹은 대로 되지 않는 일이 있을 때면, 항상 엄마가 여전히 내 옆에 있고, 여전히 나에게 말하고 있는 것처럼 느낀다. "용감하게 어려움에 맞서렴. 해결할 수 없는 일은 없단다."

해설 **1번**

①번의 '내가 막 응애응애 태어났을 때, 의사들은 엄마에게 나의 왼쪽 팔꿈치 아래에는 손이 없다고 말해주었다'라는 표현을 통해 태어나자마자 장애가 있었음을 알 수 있다. 따라서 A("我"有先天性残疾)가 정답이다.

2번

'削土豆皮'와 관련된 내용은 두 번째 단락에만 나온다. ②번의 '엄마는 결국은 방법이 있다는 것을 알고 있었다. 그녀는 항상 말했다. "네가 최대의 노력을 하기만 하면 네가 할 수 없는 일은 없단다."라는 표현을 통해 정답은 C(因信任我能独立完成)라는 것을 알 수 있다.

3번

'目瞪口呆'는 세 번째 단락 마지막에 나온다. 따라서 그 앞의 내용을 살펴보아야 한다. 세 번째 단락의 주요 내용은 엄마와 함께 연습을 한 뒤 내가 구름사다리를 타는 모습을 보고 예전에 주인공을 놀렸던 친구들이 놀랐다는 내용이다. 따라서 D(由于吃惊而发愣的样子)가 정답이다.

4번

주제를 찾는 문제이다. 글의 처음은 이야기가 시작되는 부분이므로 주제를 찾기 힘들다. 따라서 글의 마지막에서 주제를 찾을 수 있다. ③번의 '요즘 내가 마음먹은 대로 되지 않는 일이 있을 때면, 항상 엄마가 여전히 내 옆에 있고, 여전히 나에게 말하고 있는 것처럼 느낀다. "용감하게 어려움에 맞서렴. 해결할 수 없는 일은 없단다."라는 말을 통해 정답은 B(我伟大的母亲)라는 것을 알 수 있다.

정답 1. A 2. C 3. D 4. B

단어 呱呱 gūgū 통 갓난아이가 울 때 내는 소리 | 悄悄 qiāoqiāo 뷔 은밀히, 살짝, 조용히 | 嘀咕 dígu 통 ① 소곤거리다 ② 중얼거리다. 투덜거리다 | 针线 zhēnxiàn 몡 바느질 | 借口 jièkǒu 통 핑계로 삼다 몡 구실, 핑계 | ★臂 bì 몡 팔 | 托 tuō 통 ① 받치다. 괴다 ② 맡기다, 부탁하다 | 猴架 hóujià 몡 구름사다리 | 荡 dàng 통 요동하다, 흔들리다 | 轮 lún 통 ~할 차례가 되다 | 摇头 yáotóu 통 (부정, 거부, 제지의 뜻으로) 고개를 젓다 | ★示意 shìyì 통 (표정, 동작, 함축적인 말 등으로) 의사를 표하다, 뜻을 나타내다 | 拥抱 yōngbào 통 포옹하다, 껴안다 | 杠棒 gàngbàng 몡 멜대, 막대기 | 费力 fèilì 통 애쓰다, 힘들이다 | 熟练 shúliàn 톙 숙련되어 있다, 능숙하다 | 取笑 qǔxiào 통 비웃다, 놀리다 | 对待 duìdài 통 (어떤 태도로 사람이나 사물을) 대하다 | 代替 dàitì 통 대신하다, 대체하다 | 宽容 kuānróng 톙 관용을 베풀다 | 坚决 jiānjué 톙 (태도, 주장, 행동 등이) 결연하다, 단호하다 | 跟不上 gēnbushàng ① 따라갈 수 없다 ② 비교가 되지 않다, 미치지 못하다 | 拍子 pāizi 몡 ① 라켓, 채 ② 박자 | 虚弱 xūruò 톙 허약하다, 약하다 | 嘶哑 sīyǎ 톙 (목이) 쉬다, 잠기다 | 撕开 sīkāi 통 찢어버리다, 두 갈래로 찢다 | ★蒙 méng 통 덮다, 가리다 | 窥见 kuījiàn 통 엿보다, 알아내다, 감지하다 | ★忍受 rěnshòu 통 (고통, 어려움, 불행 등을) 견디다, 참다, 버티다 | 哭泣 kūqì 통 흐느끼다, 훌쩍이다 | 内疚 nèijiù 톙 (마음속으로) 부끄럽다, 가책을 느끼다

DAY **23**

1-4.

几年前，在荷兰一个渔村里，一个年轻男孩教会全世界懂得无私奉献的报偿。

由于整个村庄都靠渔业维生，自愿紧急救援队成为重要的组织。在一个月黑风高的晚上，海上的暴风吹翻了一条渔船，在紧要关头，船员们发出SOS的信号。救援队的船长听到了警讯，村民们也都聚集在小镇广场上望着海港。当救援的划艇与汹涌的海浪搏斗时，村民们也毫不懈怠地在海边举起灯笼，照亮他们回家的路。

过了一个小时，当救援船穿过迷雾出现时，欢欣鼓舞的村民们跑上前去迎接。当他们精疲力尽地抵达沙滩后，自愿救援队的队长说，救援船无法载走所有的人，留下了一个，要是再多装一个，救援船就会翻覆，所有的人都活不了。

忙乱中，队长要另一队自愿救援者去搭救最后留下的那个人。16岁的汉斯也应声而出。他的母亲抓着他的手臂说："求求你不要去，你的父亲10年前在船难中丧生，你的哥哥保罗3个礼拜前就出海了，现在音讯全无。汉斯，你是我唯一的依靠呀！"

汉斯回答："妈，我必须去。如果每个人都说：'我不能去，总有别人去！'那会怎么样？妈，这是我的责任。当有人要求救援，我们就得轮流扮演我们的角色。"汉斯吻了他的母亲，加入队伍，消失在黑暗中。

又过了一个小时，对汉斯的母亲来说，比永久还久。最后，救援船驶过迷雾，汉斯正站在船头。队长把手围成筒状，向汉斯叫道："你找到留下来的那个人了吗？"汉斯高兴地大声回答："有！我们找到他了。告诉我妈，他是我哥保罗！"

1. 根据文章内容，"一个年轻男孩教会"的是：

   A 整个村庄如何靠渔业维生

   B 如何自愿参加紧急救援队

   C 全世界懂得无私奉献的报偿

   D 船员们如何发出SOS的信号

2. 第一个救援队怎么了？

   A 留下了一个人没有救援

   B 所有的人都被救回来了

   C 救援船被打翻了

   D 所有人都没有活下来

3. 第五段中"扮演我们的角色"中的"角色"是指：
   A 电影里的英雄
   B 自愿救援队员
   C 家庭里的成员
   D 不太清楚

4. 第六段中，为什么"对汉斯的母亲来说，比永久还久"？
   A 汉斯没有回来
   B 母亲等了很长时间
   C 时间过了很久很久
   D 母亲担心汉斯回不来

DAY 24

1-4.

　　小客厅里鸦雀无声，几名美术爱好者目不转睛地望着墙上挂着的那幅油画。

　　画很小，用一个精致、镶有金边的画框嵌着。这是一幅很奇怪的画，画面上看不到山岗、树林、河流和人物，只有一团团黄黄绿绿的色彩。可是油画的主人、美术学院的苏老师却一再说明，这是一幅世界名画。

　　画的主题究竟是什么呢？大家都在思索着……

　　风度潇洒的吕林对这幅画表现出了强烈的兴趣。他是一个西方画派的崇拜者。只见他一只手抱在胸前，另一只手托着下巴，不时地点点头，发出啧啧啧的声音。他发现大伙都在注意自己，便得意地坐在沙发上，悠闲地点燃一支烟。

　　"谁能谈谈体会？"苏老师问，眼睛里闪耀着狡黠的光芒。

　　没人回答。大家把目光移向卢华，他是颇有成就的美院学生。

　　卢华涨红了脸，讷讷地说："我还没有看出什么来。"他镇静了一下，又坦然地说："真的，我没看懂，——我甚至有点怀疑这是不是幅画……"

　　"什么，这不是幅画？"吕林几乎从沙发上跳起来。

　　"那就请你谈谈对这幅画的理解。"卢华诚恳地说。

　　"外国人有惊人的想象力和表现能力……"

　　"我只请你谈谈这幅画！"卢华截断吕林的话。

　　"这是一幅新印象派的画，"吕林滔滔不绝地说着，"这幅画色彩之灿烂、强烈远远超过了自然界的颜色，这就充满了想象。这是一幅绝妙的画。真是太美了，多么深刻的思想呀!"

　　"我还是看不懂。"卢华轻轻地说。

　　苏老师微微一笑，走上前去，不慌不忙地取下画，倒过来再挂上。这时众人才恍然大悟。那并不是什么"新印象派"，而是大家熟悉的世界名画：《狂风中的橡树》。

1.　关于这幅画不正确的是：
　　A 这是一幅世界名画
　　B 只有一团团黄黄绿绿的色彩
　　C 不是新印象派的画
　　D 这幅画是苏老师画的

2.　关于吕林，错误的是：
　　A 他对这幅画很感兴趣
　　B 他是西方画派的崇拜者
　　C 他看懂了这幅画
　　D 他是一位美术爱好者

3.　关于卢华正确的是：
　　A 看懂了画
　　B 是美院学生
　　C 不懂装懂
　　D 是画的主人

4.　这篇文章告诉了我们什么道理？
　　A 人不要不懂装懂
　　B 人不要随便发表意见
　　C 不能随便说自己不懂
　　D 要仔细观察

02 논설문형

논설문은 어떤 문제에 대해 자신의 생각이나 주장을 조리 있고 논리적으로 증명하는 글이다. 글은 크게 논거 부분과 논점 부분으로 나뉜다. 문제를 읽고 논거 부분에서 정답을 찾아야 하는 문제와 논점 부분에서 정답을 찾아야 하는 문제(즉 주제를 찾는 문제)를 구분해서 접근할 필요가 있다. 논거의 성격에 따라 이야기형처럼 이해하기 쉬운 경우도 있고, 또 서면어체로 읽기 어려운 경우도 있지만, 정확한 공략법을 익혀 어떠한 논설문도 정복할 수 있도록 하자.

독해 시크릿 백전백승

1 논점을 파악해라!

논점이란 글쓴이가 어떤 사물이나 현상에 대해 갖고 있는 자신만의 관점, 태도, 주장을 뜻한다. 논점은 종종 글의 가장 앞이나 뒤에 나타나는 경우가 많지만, 때에 따라 글의 중간 부분에 등장하기도 한다. 따라서 논설문의 논점을 찾는 문제를 만나면, 먼저 글의 가장 앞과 뒤에 주요 관점을 나타내는 문장이 있는지 살펴보아야 한다. 만약 없으면 각 단락의 앞과 뒤를 보고 그 내용을 종합해야 한다.

一个年轻人和一个老人同时坐在岸边垂钓。

到了傍晚，年轻人的鱼筐里空空如也，老人却收获颇丰，鱼筐里装满了大大小小的"战利品"。

……

有时候，投资失败并非是输于外在的客观条件上，甚至在客观条件很好的情况下，有人仍然会"颗粒无收"或者"功亏一篑"，其主要原因就在于我们浮躁的心态，捂不住手里的牌，轻易地就"甩"了出去，结果往往是追悔莫及。

大凡成功的投资者，都是"戒骄戒躁"的高手，他们每逢大事有静气，善于控制自己的情绪，以稳健又不失迅速的行动追求结果。

上文主要讲了什么？

A 投资者应该"戒骄戒躁"　　　　　B 两个人钓鱼的故事

C 怎样才能获得成功　　　　　　　D 怎样才能成为打牌的高手

문제를 통해 글의 주요 관점을 찾는 문제임을 알 수 있다. 따라서 글의 처음과 마지막을 먼저 잘 살펴보아야 한다. 글의 처음 시작은 '一个年轻人和一个老人(한 젊은이와 한 노인)'으로 시작한다 자신의 주장을 뒷받침하기 위한 논거로서 이야기를 제시하는 부분이므로, B는 틀린 보기이다. 이런 경우 이야기가 모두 끝난 뒤 가장 마지막에 자신의 논점을 제시하게 된다. 마지막 부분의 '大凡成功的投资者，都是"戒骄戒躁"的高手(대개 성공한 투자자들은 모두 '자만과 조급함을 경계하는' 고수들이다)'라는 말을 통해 A가 정답임을 알 수 있다.

2 논거를 파악해라!

논설문의 논거는 소견 논거와 사실 논거로 나뉜다. 소견 논거는 경험이나 사실에 근거한 자신의 생각을 논리적으로 표현하거나, 전문가의 말(명언, 속담, 격언)을 인용하여 자신의 생각을 뒷받침하는 것으로 사람들에 의해 공인받는 것이어야 한다. 사실 논거는 구체적이고 객관적인 사실에 바탕을 둔 논거로 주로 일반적인 상식이나 역사적 사건, 통계적 수치, 자연 법칙 등을 많이 사용한다.

따라서 시험에서 어떤 문장이나 이야기가 무엇을 설명하기 위해 사용되었는지 묻는다면 그 문장이나 이야기가 있는 곳의 앞과 뒤의 내용을 잘 살펴보는 것이 좋다.

科普与流行文化之间就真的那么水火不容吗？当然不是。科普作品与严格的科学研究著作之间的主要差别，在于前者的受众主要是科学界之外的公众，而后者则是科学共同体中的专家。对于专家，当然不必更多地考虑通俗、普及和喜闻乐见的形式问题，但当面向公众时，这些问题却是不可回避的。……其实，流行文化也并非只顾流行而不负载任何理念。相对来说，在人文社会科学领域中，情况要稍好一些，至少我们还可以看到像蔡志忠对古典人文作品的漫画演绎，看到对艰深的哲学的图说等。

作者举蔡志忠的例子是为了说明什么？

A 科普与流行文化水火不容　　　　B 人文社会科学领域也有成功案例

C 流行文化只顾流行　　　　　　　D 人文社会科学领域做得不太好

전체 글의 흐름으로 볼 때 '蔡志忠'의 예는 사실 논거에 해당한다. 그렇다면 이 예가 설명하는 것은 글의 논점이 될 것이다. 글의 처음 부분부터 살펴보자. '科普与流行文化之间就真的那么水火不容吗？当然不是(과학의 보급과 유행 문화의 관계가 정말 서로 상극일까? 당연히 아니다)'라는 말을 통해 글쓴이의 관점은 과학의 보급과 유행 문화는 서로 보완하고 협력하는 관계라고 생각하는 것임을 알 수 있다. 마지막을 살펴보자. '在人文社会科学领域中，情况要稍好一些(인문사회과학 영역에서는 상황이 조금 더 낫다)'라는 말을 통해 과학의 보급과 유행 문화 방면에 있어, 인문사회과학 영역에서 비교적 성공적으로 잘 되어가고 있음을 알 수 있다. 따라서 B가 정답이다.

　　老师走上讲台的原因很多，每一个老师都有他们自己的动机。如果把老师的内在动机排一排队，可以发现大致上老师有以下几种不同的类型。

　　第一种老师，"以谋生为目的"。这种老师视教书为谋生的手段，认为教书是一种赚钱的、用以养家糊口的职业。只要能把饭菜放在家庭的饭桌上，什么学生、学校、教书都是次要的。在美国这个充满竞争的社会里，这种动机可以理解。

　　第二种老师，"以教育为己任"。他们把教书看成是自己的社会责任，并以此为动力。在教书的过程中很注重用自己的人格力量去改造人。他们不仅向学生传授知识，更注重告诉学生怎样做人。他们往往以能影响、改变学生的生活轨道为乐趣。例如，亨利克先生常常会把正常的课停一停，讲一些世界名人的社会生活之类的东西。当从亨利克先生的最后一节课里走出来时，我意识到，我这一年中最大的收获就是知道了：人活着的每一天不是为了悲伤，无论面对什么样的困难，都需要愉快地去生活。

　　第三种老师，"以爱为根本"。他们在重压之下还是不断地去做一件自己爱做的事。他们很努力地工作，一次又一次地遭难，都没有得到任何的利益。就好比父母生养孩子一样，他们任劳任怨地为孩子干这干那，却从来不企盼得到一丝回报。以一种养育自己孩子的心态去教育学生的老师，是有着强烈天赋爱心的老师。他们是那种可以让你像信任父母那样去信赖的人。这种老师应该说是最难能可贵的。

　　总之，无论哪种老师以什么动机走上讲台，都应注重自己的教学效果，赢得学生的喜爱。

1. 第一种老师：

　　A 认为教书是自己的责任

　　B 认为教书是为了赚钱

　　C 认为学生是最重要的

　　D 是有着强烈爱心的老师

2. 文章第三段举"亨利克先生"的例子是为了说明什么?

　　A 亨利克先生上课上得很好

　　B 亨利克先生上了最后一课

　　C 有的教师把教书看作自己的责任

　　D 人需要愉快地去生活

3. 根据本文，作者最喜欢哪种老师?

　　A 第一种

　　B 第二种

　　C 第三种

　　D 没提到

4. 本文主要告诉我们什么?

　　A 老师走上讲台的原因很多

　　B 老师应该注重教学效果

　　C 亨利克先生是位好老师

　　D 人需要愉快地去生活

🔍 **문제 분석**　문제를 통해 원하는 대답이 무엇인지, 지문에서 찾아야 할 핵심 표현은 무엇인지 파악해야 한다.

1번 : 첫 번째 선생님은?

　　A 교육이 자신의 책임이라고 생각한다

　　B 교육은 돈을 벌기 위한 것이라고 생각한다

　　C 학생이 가장 중요하다고 생각한다

　　D 강렬한 사랑의 마음을 갖고 있는 선생님이다

　▶ '第一', '第二'과 같은 서수의 표현이 있는 것은 우리에게 아주 유리하다. 글에서 그 순서에 맞게 내용이 나열
　　되어 있기 때문이다. 글에서 '第一种老师'를 그대로 찾아내기만 하자.

2번 : 세 번째 단락에서 '헨리 선생님'의 예를 든 것은 무엇을 설명하기 위해서인가?

　　A 헨리 선생님은 수업을 잘하셨다

　　B 헨리 선생님은 마지막 수업을 하셨다

　　C 어떤 교사는 교육을 자신의 책임이라고 생각한다

　　D 사람은 유쾌하게 생활할 필요가 있다

　▶ '헨리 선생님'은 글쓴이의 논점을 뒷받침하기 위한 사실논거이다. 따라서 논거의 목적은 당연히 논점을 뒷받
　　침하는 것이 될 것이다. 전체 글이 아닌 '헨리 선생님'이 등장한 세 번째 단락에서 가장 앞뒤를 잘 살펴보면 그
　　단락의 논점을 찾아낼 수 있을 것이다.

3번 : 이 글에 따르면 글쓴이는 어떤 유형의 선생님을 가장 좋아하는가?

    A 첫 번째   B 두 번째

    C 세 번째   D 언급하지 않음

   ▶ 글쓴이의 관점을 찾는 문제이다. 각 유형별 선생님에 대한 글쓴이의 태도나 관점을 나타내는 문장을 찾아보자.

4번 : 이 글은 주로 우리에게 무엇을 알려주는가?

    A 선생님이 강단에 오르는 원인은 많다

    B 선생님은 교육 효과를 중시해야 한다

    C 헨리 선생님은 좋은 선생님이다

    D 사람은 유쾌하게 생활할 필요가 있다

   ▶ 전체 글의 주제를 찾는 문제이다. 글의 가장 마지막을 살펴보자.

단어   讲台 jiǎngtái 몡 교단, 강단 | 注重 zhùzhòng 동 중시하다

해석

    선생님이 강단에 올라가는 원인은 많다. 모든 선생님은 그들 자신의 동기를 갖고 있다. 선생님의 내재적인 동기를 나열해보면, 대체로 선생님은 아래 몇 가지 서로 다른 유형이 있음을 발견할 수 있다.

    첫 번째 선생님은 생계를 목적으로 한다. ① **이런 선생님은 교육을 생계의 수단으로 삼고, 교육은 돈을 벌어 가족을 부양하고 입에 풀칠하는 직업이라고 생각한다.** 음식을 가정의 식탁 위에 놓을 수만 있다면, 학생, 학교, 교육은 모두 부차적인 것이다. 미국처럼 경쟁이 치열한 사회에서 ② **이러한 동기는 이해할 수 있다.**

    두 번째 선생님은 교육을 자신의 임무로 여긴다. ③ **그들은 교육을 자신의 사회적 책임이라고 여기며, 또한 이것을 동력으로 삼는다.** 교육을 하는 과정에서 자신의 인격의 힘으로 사람을 변모시키는 것을 매우 중시한다. 그들은 학생에게 지식을 전수할 뿐만 아니라, 학생들에게 어떤 사람이 되어야 할지 알려주는 것을 더욱 중요시한다. 그들은 종종 학생들의 생활 궤도에 영향을 주고 그것을 바꾸는 것을 즐거움으로 삼는다. 예를 들어 헨리 선생님은 종종 정상적인 수업을 잠시 멈추고, 세계적인 유명인들의 사회 생활과 같은 것들을 이야기해주었다. 헨리 선생님의 마지막 수업에서 걸어나올 때 나는 나의 이 일년 동안의 가장 큰 수확은 바로 사람이 살고 있는 매일은 슬프기 위해서가 아니라 어떠한 어려움을 만나더라도 즐겁게 생활해야 한다는 것을 알았다는 점이라는 것 깨달았다.

    세 번째 선생님은 사랑을 근본으로 한다. 그들은 중압 아래에서도 끊임없이 자신이 좋아하는 일을 한다. 그들은 열심히 일하며, 계속해서 어려움을 당하지만 어떠한 이익도 얻지 않는다. 마치 부모님이 아이를 낳아 기르는 것과 마찬가지로, 그들은 고생과 다른 사람의 원망을 두려워하지 않고 아이들을 위해 이런 저런 일을 하지만, 여태껏 조금의 보답을 얻기를 기대한 적이 없다. 자신의 아이를 기르는 마음으로 학생을 교육하는 선생님은 강렬하고 타고난 사랑의 마음을 갖고 있는 선생님이다. 그들은 당신이 부모님을 믿듯이 신뢰해도 되는 사람이다. ④ **이런 선생님은 가장 소중한 사람이라고 말할 수 있다.**

    요컨대, ⑤ **어떤 선생님이 무슨 동기로 강단에 오르든 관계없이 모두 자신의 교육 효과를 중요시하고 학생들의 사랑을 얻어야 한다.**

해설   **1번**

두 번째 단락의 시작이 명확하게 '第一种老师'이므로, 그 뒤의 내용을 잘 살펴보면 쉽게 답을 찾을 수 있다. 1번의 '이런 선생님은 교육을 생계의 수단으로 삼고, 교육은 돈을 벌어 가족을 부양하고 입에 풀칠하는 직업이라고 생각한다'라는 표현을 통해 정답은 B(认为教书是为了赚钱)라는 것을 알 수 있다.

2번

헨리 선생님이 나오는 세 번째 단락의 논점을 찾아보자. 단락의 끝부분은 헨리 선생님의 이야기로 끝이 나므로, 이 단락의 주요 논점은 단락의 앞에서 찾을 수 있다. 3번의 '그들은 교육을 자신의 사회적 책임이라고 여기며, 또한 이것을 동력으로 삼는다'라는 말을 통해 정답은 C(有的教师把教书看作自己的责任)라는 것을 알 수 있다.

3번

각 선생님 별로 글쓴이의 태도나 관점을 찾아보아야 한다. 첫 번째 선생님에 대한 관점은 2번의 '이런 동기는 이해할 수 있다'라는 말에서 느낄 수 있다. 두 번째 선생님에 대해서는 직접적이거나 주관적인 견해에 대한 언급이 없다. 세 번째 선생님에 대한 관점은 4번의 '이런 선생님은 가장 소중한 사람이라고 할 수 있다'라는 말에 드러나 있다. 따라서 C(第三种)가 정답이다.

4번

주제를 찾는 문제이다. 글의 처음과 끝을 살펴보면 된다. 이 글의 처음 부분은 화제를 이끌어내는 서론 부분임을 알 수 있다. 특히 글의 마지막 부분에 결론을 이끌어내는 접속사 '总之'가 있으므로, 글의 마지막에서 주제를 찾을 수 있다. 5번의 '어떤 선생님이 무슨 동기로 강단에 오르든 관계없이 모두 자신의 교육 효과를 중요시하고 학생들의 사랑을 얻어야 한다'라는 말을 통해 정답은 B(老师应该注重教学效果)라는 것을 알 수 있다.

| 정답 | 1. B | 2. C | 3. C | 4. B |

단어 ★ 动机 dòngjī 몡 동기 | ★ 内在 nèizài 혱 내재하는 | 排队 páiduì 동 정렬하다 | ★ 大致 dàzhì 혱 대체적인, 기본적인 뙤 대체로 | 谋生 móushēng 동 생계를 찾다, 살 방도를 찾다 | 视为 shìwéi 동 ~로 보다, ~로 여기다 | 教书 jiāoshū 동 (학생에게) 공부를 가르치다 | 养家 yǎngjiā 동 가족을 먹여 살리다, 부양하다 | 糊口 húkǒu 동 입에 풀칠하다, 어렵게 생계를 유지하다 | 次要 cìyào 혱 부차적인, 별로 중요하지 않은 | 充满 chōngmǎn 동 충만하다, 가득하다 | 己任 jǐrèn 몡 자신의 임무 | 改造 gǎizào 동 개조하다, 변모시키다 | ★ 传授 chuánshòu 동 (학문, 기예를 남에게) 가르치다, 전수하다 | ★ 轨道 guǐdào 몡 궤도, 레일 | ★ 乐趣 lèqù 몡 즐거움, 재미 | 收获 shōuhuò 동 수확하다, 추수하다 몡 수확, 성과, 소득 | 悲伤 bēishāng 혱 슬프다, 서럽다 | 遭难 zāonàn 동 어려움을 당하다, 재난을 만나다 | ★ 生育 shēngyù 동 (아이를) 낳다, 출산하다 | 任劳任怨 rènláorènyuàn 젱 고생을 마다하지 않고 다른 사람의 원망을 두려워하지 않는다 | 企盼 qǐpàn 동 절실히 기대하다, 간절히 바라다, 희망하다 | 一丝 yìsī 윙 한 오라기, 한 가닥, 아주 조금 | ★ 回报 huíbào 동 ① 보고하다 ② 보답하다 ③ 사례하다 | 养育 yǎngyù 동 양육하다, 기르다 | ★ 心态 xīntài 몡 심리 상태 | 天赋 tiānfù 혱 (선천적으로) 타고 나다 몡 천부적인 소질 | 爱心 àixīn 몡 사랑하는 마음, 아끼는 마음 | 信任 xìnrèn 동 신임하다 몡 신임 | ★信赖 xìnlài 동 신뢰하다, 믿고 의지하다 | ★ 难能可贵 nánnéng kěguì 젱 어려운 일을 해내어 귀중하게 생각할 만하다 | 总之 zǒngzhī 젭 한마디로 말하면, 요컨대 | 赢得 yíngdé 동 얻다, 취득하다, 획득하다

NEW 단어 + TIP

- 天赋 tiānfù 혱 타고난 소질, 천부적인 자질

  예 这孩子从小就在艺术方面很有天赋。

  이 아이는 어렸을 때부터 예술 방면에서 천부적인 소질이 있다.

- 骚扰 sāorǎo 동 소란을 피우다, 훼방 놓다, 폐를 끼치다

  예 他总打电话骚扰我。 그는 항상 전화를 걸어 내게 훼방을 놓는다.

- 生肖 shēngxiāo 몡 (사람의) 띠

  예 中国有十二生肖。 중국에는 12개의 띠가 있다.

- 失事 shīshì 이합 의외의 사고가 발생하다

  예 昨日凌晨北美一架飞机在起飞时失事，无一人生还。

  어제 새벽 북미의 비행기 한 대가 이륙할 때 사고가 발생하여, 한 명도 생환하지 못했다.

DAY **25**

1-4.

　　在一个青黄不接的初夏，一只饥肠辘辘的老鼠不小心掉进一个还有大半缸米的米缸里。面对如此丰盛的美餐，老鼠高兴得不得了，它先是警惕地看了一下四周，确定没有危险之后，接下来便是一顿猛吃，吃完倒头便睡。

　　老鼠就这样在米缸里吃了又睡、睡了又吃。日子在不愁吃穿的休闲中过去了。有时，老鼠也曾为是否要跳出米缸进行过思想斗争与痛苦抉择，但最终还是未能摆脱白花花大米的诱惑，它把这个米缸当做自己的"家"。直到有一天它吃光了米缸里的米，才发现以米缸现在的高度，自己就是想跳出去，也无能为力了。

　　对于老鼠而言，这半缸米就是一块试金石。如果它想全部据为己有，其代价就是他自己的生命。因此，管理学家把老鼠能跳出缸外的高度称为"生命的高度"。而这高度就掌握在老鼠自己的手里，它多留恋一天，多贪吃一粒，就离死亡近了一步。

　　在现实生活中，多数人都能够做到在明显有危险的地方止步，但清醒地认识潜在的危机并及时跨越"生命的高度"，就没那么容易了。

　　比如人力资源管理与开发在企业管理中的重要性，是任何一名企业高层领导都知道的。但通过培训或其他手段来不断提高员工，尤其是管理人员、技术人员的专业技能素质，毕竟要投入时间、人力和财力，且经常和生产相矛盾。于是人才的开发也便成了"说起来重要，干起来次要，忙起来不要"的摆设。

1.　老鼠为什么高兴得不得了？
　　A 找到了一个米缸
　　B 找到了许多米
　　C 找到了各种食物
　　D 发现附近没有猫

2.　第三段中"试金石"的意思最可能是：
　　A 可以检验真金的石头
　　B 一个深刻的道理
　　C 一次有意义的尝试
　　D 可靠的检验方法

3. 根据上文，公司存在的问题是：
   A 没有有能力的领导
   B 缺少培训员工的条件
   C 忽视对员工的培训
   D 忽视了管理的重要性

4. 最适合做上文标题的是：
   A 生命的高度
   B 可悲的老鼠
   C 生命的代价
   D 成功的标准

DAY 26

1-4.

　　美国科研人员进行过一项有趣的心理学实验，名叫"伤痕实验"。他们向参与其中的志愿者宣称，该实验旨在观察人们对身体有缺陷的陌生人作何反应，尤其是面部有伤痕的人。

　　每位志愿者都被安排在没有镜子的小房间里，由好莱坞的专业化妆师在其左脸做出一道血肉模糊、触目惊心的伤痕。志愿者被允许用一面小镜子照照化妆的效果后，镜子就被拿走了。关键的是最后一步，化妆师表示需要在伤痕表面再涂一层粉末，以防止它被不小心擦掉。实际上，化妆师用纸巾偷偷抹掉了化妆的痕迹，让志愿者带着本来的面目出门去。对此毫不知情的志愿者，带着"伤痕"出门，他们被派往各医院的候诊室，他们的任务就是观察人们对其面部伤痕的反应。规定的时间到了，返回的志愿者都无一例外地叙述了相同的感受：感受到人们惊诧的眼神、恐惧的目光，以及对他们比以往粗鲁无理、不友好，而且总是盯着自己的脸看！

　　其实他们的脸上什么也没有，是不健康的自我认知影响了他们的判断。与脸上的伤痕相比，一个人心灵的伤痕虽然隐蔽得多，但同样会通过自己的言行显示出来。如果我们自认为有缺陷、不可爱、没有价值，也往往会以同样的怀疑、缺乏爱心、令人气馁的态度对待别人，从而很难建立起互信互利的人际关系。

　　人的心灵就像一面镜子，你感知到的是什么样的世界，取决于你如何看待自己。这面镜子其实是哈哈镜，外面的世界是客观的，客观的外在映射到我们的内心，就会加上我们的主观意念，从而变得凹凸不平了。

1. 化妆师抹掉伤痕是因为:
   A 他犯了错误
   B 他不了解实验
   C 实验的需要
   D 伤痕的效果不好

2. 志愿者在候诊室时:
   A 脸上有伤痕
   B 被很多人盯着看
   C 中途放弃了
   D 有差不多的感受

3. 关于"伤痕实验",下列哪项正确?
   A 关注人的自我认知
   B 实验最终失败了
   C 有的志愿者身体有缺陷
   D 化妆师破坏了实验

4. 最适合做上文标题的是:
   A 愚蠢的化妆师
   B 心中的伤痕
   C 缺陷也是美
   D 有趣的实验

03 설명문형

설명문은 어떤 지식이나 사실 등을 독자들이 이해할 수 있도록 알기 쉽게 풀어서 쓴 글이다. 설명할 필요가 있다는 사실 자체가 비교적 어려운 개념이 등장한다는 뜻이며, 문체 상으로도 서면어체에 속하기 때문에 글의 수준이 높은 편이다. 하지만 시험에서 높은 출제율을 차지하므로 반드시 정복해야 하는 문형이기도 하다. 정확한 공략법을 안다면 결코 풀기 어려운 문형은 아니므로 겁먹지 말고 해결 방법을 함께 배워보도록 하자.

독해 시크릿 백전백승

1 설명의 대상을 파악해라!

설명문의 목적 자체가 설명이다. 그렇다면 글에서 가장 핵심적인 것이 바로 설명의 대상이다. 설명의 대상을 찾는 가장 간단한 방법은 글의 가장 앞과 뒤를 살펴보거나, 글에서 가장 많이 언급되는 단어를 찾는 것이다.

　　我国是一个动物资源极其丰富的国家，仅兽类就有400多种。在种类繁多的动物中，有些还是举世公认的珍稀动物，要问在这些举世公认的珍稀动物中哪种动物"知名度"最高，大家一定会异口同声地说：大熊猫。

　　大熊猫是一种非常古老的动物，至少在300万年前已经形成现在的模样了。它曾经在地球上分布很广，和凶猛的剑齿象是同时代的动物。后来，地球的气候越来越冷，进入了"第四纪冰川"时期，许多动植物都被冻死和饿死了，剑齿象就是这个时期灭绝的，可是唯有大熊猫却躲进了食物较多、避风而又与外界隔绝的高山深谷里去，顽强地活了下来。几百万年来许多动物都在不断地进化，与原样相比早已面目全非了，可是熊猫却几乎没有变化，成为动物界的"遗老"和珍贵的"活化石"了。

上文主要介绍了什么？

A 中国的珍稀动物 　　　　　　　　B 大熊猫

C 中国的动物资源 　　　　　　　　D 中国的活化石

풀이 첫 번째 단락의 마지막 단어도, 두 번째 단락의 첫 번째 단어도, 그리고 글 전체에서 가장 많이 언급되는 단어도 '大熊猫'이다. 따라서 B가 정답임을 알 수 있다.

② 설명 대상의 특징을 파악해라!

(1) 설명 대상의 특징을 설명하는 문장 찾아내기

金丝猴这一雅号，顾名思义是源于它那与众不同的金黄色体毛。然而与其独特的形体特征相关的雅号还有两个：它长着一副蓝色的面孔，因此它又被称为蓝面猴；它那蓝色的脸上又长着一只鼻孔朝天翻着的鼻子，所以它又有了一个仰鼻猴的雅号。

下面哪项不是金丝猴的特征：

A 金黄色体毛   B 蓝色的面孔

C 猴子中最聪明   D 鼻孔朝天翻着的鼻子

> **풀이**　특징이 아닌 것을 찾는 문제이다. 이런 경우 각 보기를 하나씩 체크해나가야 한다. 강조한 부분들을 보면 A, B, D는 있지만 C는 찾을 수가 없다. 따라서 정답은 C이다.

(2) 설명 대상의 특징을 종합하기

먼저 중심 문장을 찾아내고, 특징을 나열하는 데 사용된 '首先、其次、还、也、此外'와 같은 접속사나 부사를 체크해내야 한다.

真皮这一层则很复杂，它含有大量的弹性纤维和胶原纤维，还有淋巴管、血管、感觉神经末梢，并有皮脂腺、汗腺和毛根等等。所以它管的事情也比较多，像皮肤割破了、出血、疼痛以至伤口愈合，都属它的管辖范围。

概括地说，皮肤有以下作用：

皮肤首先有保护作用。皮肤的表皮能防止病菌侵入，真皮很有弹性和韧性，能耐受一定的摩擦和挤压，皮下脂肪组织能缓冲机械压力，正常情况下，皮肤呈酸性（PH5.5左右），具有很强的杀菌能力。

皮肤还有调节体温的作用。环境寒冷时，皮肤血管多数收缩，血液流量小，皮肤散热少；天气炎热时，皮肤血管多数舒张，血液流量大，皮肤直接散热多。同时，汗腺分泌汗液，汗液蒸发则散失的热量也显著增多。这样，维持了体温的相对恒定。

由于皮肤含有丰富的感觉神经末梢，因此，能感受冷、热、触、痛等刺激，通过神经调节，做出相应的反应，避免了对身体的损伤，俗话说的"十指连心"正是这个道理。

皮肤还有排泄的功能。汗腺分泌的汗液，主要成分是水，还有少量的无机盐、尿素等废物。

皮肤还有一定的吸收功能，有时人体生病了，医生会给你开一些外用药贴在皮肤上，让皮肤慢慢地吸收进人体内部，达到预期的治疗效果。

文中共提到了皮肤的几种作用？

A 3种　　　　　　　B 4种　　　　　　　C 5种　　　　　　　D 6种

> **풀이**　먼저 피부 작용에 관한 중심 문장 '概括地说，皮肤有以下作用(종합적으로 말해서, 피부는 다음과 같은 작용을 갖고 있다)'을 찾아낸다. 그런 다음 '首先…还有…还有…还有…'를 볼 수 있다. 다섯 번째 단락은 특별한 접속사나 부사가 없지만, 단독으로 한 단락으로써 한 가지 특징을 설명하고 있다. 따라서 정답은 C이다.

❸ 설명 방법을 이용해서 답을 찾아내라!

설명문에서 설명을 하는 방법은 다양하다. 예시 들기, 분류하기, 숫자 나열하기, 비교하기, 정의하기, 비유하기, 묘사하기, 자료 인용하기 등이 있다. 이런 설명 방법을 잘 이용하면 답을 찾는 것도 어렵지 않은 경우가 많다.

(1) 정의를 이용해서 답 찾기

　직접적으로 정의를 내리거나 설명을 하는 문장을 찾아 문제를 해결하는 방법이다. 자주 사용하는 문형은 '是指…(~은 ~을 가리킨다)', '所谓的…，是…(소위 ~란 ~이다)' 등이다.

> 自然资源就是天然存在的可以直接用于人类社会生产和生活的物质，包括土地资源、森林资源、水资源、气候资源、生物资源、矿物资源以及以山水自然风光为主的旅游资源等。
>
> 自然资源是自然环境的重要组成部分，人类的生产、生活都离不开自然环境，离不开自然资源。自然资源为工农业生产提供了基础、原料、动力，是经济建设不可缺少的物质保证。但是，人类活动又在同时影响着自然环境和自然资源，特别是由于人口的迅猛增长和科技的进步，人类对自然资源的需求和影响越来越大。因此，合理开发利用自然资源和保护自然资源，已经是摆在人类面前的重大课题。
>
> 以下不属于自然资源的是：
>
> A 人力资源　　　　B 土地资源　　　　C 森林资源　　　　D 气候资源

> **풀이**　첫 번째 줄에서 '自然资源就是…'라고 정의를 내리는 부분을 찾을 수 있고, 그 뒤에 '包括'라는 표현을 이용해 여러 가지 '자연자원'을 나열하고 있다. 언급되지 않는 것을 찾으면 되므로, 정답은 A이다.

(2) 예시나 인용 자료를 이용해서 답 찾기

자주 보이는 문형은 '文中举…的例子是为了说明什么? (글에서 ～라는 예시를 든 것은 무엇을 설명하기 위한 것인가?)', '文中引用的话是为了说明什么? (글에서 인용된 말은 무엇을 설명하기 위한 것인가?)', '文中所引用的资料是为了说明什么? (글에서 인용한 자료는 무엇을 설명하기 위한 것인가?)' 등이다. 이런 문제는 먼저 문제에 언급된 예시나 자료를 글에서 빨리 찾아낸다. 그러면 정답은 종종 그 예시나 자료의 앞이나 뒤에 있는 경우가 많다.

黑猩猩有没有学习的能力呢? 科学家做了许多实验，说明它们能够学会使用符号语言和手势来表达简单的意思，还可以用不同颜色和形状的塑料板，拼出"苹果"、"香蕉"、"水桶"、"放入"等词组成的句子。有一只叫萨拉赫的黑猩猩，经过训练能按照用塑料板拼成的句子，准确地把苹果放进桶里，把香蕉放到盘子里。80年代中，美国亚特兰大市岳克斯灵长类研究所举行了一场轰动一时的考试，参试的是两头经过训练的黑猩猩山姆和奥斯汀。让它俩分别坐在两间与外界隔绝的计算机房间里，只见屏幕依次显示一个个它们学过的象形文字：香蕉、莱果、杯子等等，要求每显示一个文字图像，就按一下标有"食物"或"用具"的按钮，把主考官出的这些象形文字题加以归类。结果17道题的考试，奥斯汀全对，山姆错了一题，它把"调羹"归入了"食物"类。大概这是因为山姆平时特别喜欢用调羹吃东西，弄不清它和食物有什么区别了。这个实验说明黑猩猩已经有了极简单的归纳能力。科学家还发现黑猩猩在4岁以前，学习能力比同龄小孩要强些。但4岁以后，黑猩猩由于没有语言，就无法进一步学习更多东西了。

文中举"萨拉赫黑猩猩"的例子是为了说明什么?

A 黑猩猩很聪明　　　　　　　　　B 黑猩猩有思考的能力

C 黑猩猩有学习的能力　　　　　　D 黑猩猩的最佳训练时间

풀이　먼저 글에서 '萨拉赫黑猩猩'을 찾아낸 다음 앞뒤의 문장을 주의해서 살펴보자. 넷째줄에서 처음으로 '萨拉赫黑猩猩'이 언급되는 곳이다. 그 앞의 문장의 제일 첫 부분에 '黑猩猩有没有学习的能力呢? (침팬지는 학습할 능력이 있을까?)'라는 말을 통해 '萨拉赫黑猩猩'은 이를 설명하기 위해 든 예임을 알 수 있다. 따라서 정답은 C이다.

---

(3) 분류를 이용해서 답 찾기

분류를 이용한 설명 방법은 사물의 특성에 따라 분류를 히여 부분별로 설명히는 방법이다. 이런 글은 각 분류의 위치를 이용해서 빠르게 답을 찾아낼 수 있다.

据统计，人体内共有206块骨。它们通过骨连结，构成骨骼，才将人的身体支撑起来，并保护着重要的内脏器官。

根据骨的形态可以把骨分为长骨、短骨、扁骨和不规则骨。大腿骨、上臂骨都是长骨；短骨则分布在灵活运动又承受压力的部位，如手腕骨；肋骨则属于扁骨；不规则骨如椎骨。它们都是由骨膜、骨质和骨髓构成的。

骨膜在骨的表面，骨膜内含有丰富的血管和神经，对骨有营养作用，还对骨的生长和再生有重要作用，这是因为骨膜内有一种特殊的成骨细胞。例如骨折后骨的愈合，就要依靠骨膜的作用。

骨髓充满于长骨的骨髓腔和骨松质的空隙。幼年人的骨髓全都是具有造血功能的红骨髓，随着年龄增长，骨髓腔中的红骨髓逐渐变为由脂肪细胞构成的黄骨髓，失去了造血功能。而骨松质中终生保持着具有造血功能的红骨髓。

头骨包括8块脑颅骨和15块面颅骨。脑颅骨围成的颅腔保护着脑。头骨仅下颌骨能活动，其余的骨都连结得很紧密，不能活动，利于保护脑、眼等器官。此外，两侧中耳内各有3块听小骨。

躯干骨包括脊柱、肋骨和胸骨。成年人的脊柱由26块椎骨构成，椎骨上有椎孔，全部椎骨的椎孔连在一起构成椎管，里面有脊髓。椎骨自上而下有7块颈椎、12块胸椎、5块腰椎、5块骶椎合成的1块骶骨和4块尾椎合成的1块尾骨。肋骨共12对，胸骨1块。肋骨、胸骨和胸椎共同围成胸廓，保护着肺和心脏等器官。

……

根据上文，具有造血功能的是：

A 骨膜   B 骨髓

C 头骨   D 躯干骨

풀이 이 글은 보기의 네 단어로 분류를 통해 설명한 글이다. 따라서 '造血功能'이라는 단어가 나오는 분류만 찾아내면 된다. 따라서 정답은 B이다.

4 문제에 사용된 단어를 이용해서 답을 찾아내라!

(1) 특정 단어를 이용해서 질문하는 경우

문제 자체에 구체적인 특정 단어를 사용하는 경우이다. 이런 경우 먼저 글에서 그 단어를 찾아내는 것이 중요하다.

(2) 지시대사를 이용해서 질문하는 경우

이런 문제는 일반적으로 지시대사(这, 那) 앞의 문장이나 가장 가까운 문장을 보면 답을 찾아낼 수 있다.

　　人的皮肤由表皮、真皮和皮下组织三部分组成。指纹就是表皮上凸起的纹线。由于人的遗传特性，虽然指纹人人皆有，但各不相同。伸出你的手仔细观察，就可以发现指纹也分好几种类型：有同心圆或螺旋形纹线，看上去像水中旋涡的，叫斗形纹；有的纹线是一边开口的，就像簸箕似的，叫箕型纹；有的绞像弓一样，叫弓型纹。据说，全世界50多亿人，还没有发现有两个指纹完全相同的呢。

　　正因为指纹的这一特征，它很早就引起了人们的兴趣。在古代，人们把指纹当作"图章"，印在公文上。据说，在一百多年前，警察就开始借助指纹破案。近年来，指纹又和电脑成了好朋友。科学家己研制出一种"指纹锁"，这种锁的钥匙就是指纹。当人们开门时，只要用手按一下设在门上的电脑开关，电脑就能很快识别开门的人是不是主人，如果是的话，门马上就会自动打开了。

　　小小的指纹将来究竟还会有哪些新的用途？新的迷宫等着我们去探索、去寻求。

第二段中"这一特征"在文中指代什么？

A 指纹分好几种类型

B 指纹可以当作"图章"使用

C 可以借助指纹破案

D 指纹人人都有，但各不相同

풀이 먼저 '这一特征'이라는 말을 글에서 찾아내자. '这'가 지칭하는 내용을 찾으려면 그 앞의 문장을 살펴봐야 한다. '据说，全世界50多亿人，还没有发现有两个指纹完全相同的呢(듣기로 전 세계 50억이 넘는 사람 중 두 명의 지문이 완전히 같은 경우를 아직 발견하지 못했다고 한다)'라는 말이 바로 '指纹的这一特征(지문의 이러한 특징)'임을 알 수 있다. 따라서 정답은 D이다.

문제 1

　　一提起生物进化，映入人们脑海的多半是"物竞天择，适者生存"这八个字。在漫长的进化历史过程中，唯有战胜对手的幸运儿才能赢得大自然的青睐，拿到参加下一场物种角力的入场券。然而，大自然并不只是沿着单一的路线前行。"合则双赢，争则俱败"，体现互助与合作精神的共生或许是影响历史进程的另一重大因素。

　　从表面上看，共生关系只是存在于残酷竞争中的权宜之计，是在特定条件下的偶合而已。然而，生物学的研究成果却发现，这种生存战略同样是大自然的选择，是另一条进化道路——共生进化的产物。它提供了共生双方的任何一方都不能产生的物质，带来了任何一方都不能产生的效率。

　　共生形态多种多样，不拘一格。它存在于各层次、各种类生物的互动之中。海葵虾，顾名思义，对美丽的海葵(腔肠动物)情有独钟，它总是夹着海葵浪迹于海底世界。一遇危险，自有长着含毒触角的海葵出面摆平。这样一来，海葵虾可以放心觅食，不必为安全多费心机；而生性慵懒、喜静不喜动的海葵只要从共生伙伴的食物中分一杯羹就足以果腹。

　　动物之间的共生现象是这样，植物与动物共生的现象也不少见。生活在墨西哥的一种蚂蚁把巢筑在刺槐中空的树干中，享用刺槐叶柄部位分泌的富含糖分的汁液。作为回报，蚂蚁则负责植物的安全工作，一旦刺槐的敌人——食叶昆虫及其幼虫、草食动物——靠近时，盛怒的蚁群就会蜂拥而出，与入侵者作殊死搏斗，直到把它们赶走。除此之外，蚂蚁还可以清除对刺槐造成威胁的寄生植物。当这些植物靠近时，蚂蚁就会毫不客气地上前啃掉它们的藤条和嫩芽。

　　高等植物与真菌的共生早已为人类所熟知。在这种共生关系中，真菌的菌丝体长在植物的根部，吸收植物光合作用的产物，而植物则可以从真菌的分解物中吸取养料。

　　其实，在生物界发展的初期，不确定和不平衡因素充斥于物种之间，它们的关系表现出高度的对抗性。对抗越激烈，对自身乃至生物界造成的破坏就越大。这不仅破坏了生物之间的平衡，而且对生态发展造成危害。要保持生态平衡，就要依靠生物共生所带来的正面作用。

　　同样，共生现象也给人类很好的启示。

1. 根据本文，关于生物进化，正确的是：

  A 物竞天择   B 共同双赢

  C 弱肉强食   D 路线单一

2. 关于海葵虾正确的是：

  A 它们的主要食物是海葵

  B 它们喜静不喜动

  C 海葵一直保护着它们

  D 它们一直保护着海葵

3. 根据上文，蚂蚁是怎么帮助刺槐的？

  A 蚂蚁赶走刺槐的敌人

  B 吸掉刺槐的有毒物质

  C 把巢筑在刺槐的树干中

  D 给刺槐提供必需的养料

4. 上文主要谈了什么？

  A 海葵虾与海葵

  B 蚂蚁与刺槐

  C 保持生态平衡

  D 生物界的共生现象

문제 분석   문제를 통해 원하는 대답이 무엇인지, 지문에서 찾아야 할 핵심 표현은 무엇인지 파악해야 한다.

1번 : 이 글에 따르면 생물진화에 관해 옳은 것은?

  A 생물은 서로 경쟁한다

  B 양쪽이 함께 승리한다

  C 약육강식하다

  D 노선이 단일하다

  ▶ 문제에서 가장 핵심이 되는 표현은 '生物进化'이다. 따라서 글에서 일단 '生物进化'를 찾아내어 그 주변에서
     답을 찾아야 한다.

2번 : 말미잘새우에 관해 옳은 것은?

  A 말미잘새우의 주요 먹이는 말미잘이다

  B 말미잘새우는 조용한 것을 좋아하고 움직이는 것을 싫어한나

  C 말미잘이 계속 말미잘새우를 보호해준다

  D 말미잘새우는 계속 말미잘을 보호해준다

  ▶ 문제에서 가장 핵심이 되는 표현은 '海葵虾'이다. 따라서 글에서 일단 '海葵虾'를 찾아내어 그 주변에서 답을 찾아야 한다.

3번 : 이 글에 따르면 개미는 어떻게 아카시아를 돕는가?

  A 개미가 아카시아의 적을 쫓아낸다

  B 아카시아의 유독 물질을 흡입한다

  C 둥지를 아카시아의 나무줄기에 짓는다

  D 아카시아에 반드시 필요한 양분을 제공한다

  ▶ 문제에서 가장 핵심이 되는 표현은 '蚂蚁'와 '刺槐'이다. 따라서 글에서 일단 이 두 단어를 찾아내어 그 주변에서 답을 찾아야 한다.

4번 : 이 글은 주로 무엇을 이야기하는가?

  A 말미잘새우와 말미잘

  B 개미와 아카시아

  C 생태평형을 유지하다

  D 생물계의 공생현상

  ▶ 주제를 찾는 문제이다. 글의 제일 처음이나 마지막을 살펴보면 쉽게 찾을 수 있을 것이다.

단어 ★进化 jìnhuà 图 진화하다 | 物竞天择 wùjìngtiānzé 생물은 서로 경쟁한다 | 双赢 shuāngyíng 图 양쪽 다 승리하다, 윈윈하다 | 弱肉强食 ruòròu qiángshí 図 약육강식하다 | 路线 lùxiàn 图 노선 | 单一 dānyī 图 단일하다 | 海葵 hǎikuí 图 말미잘 | 蚂蚁 mǎyǐ 图 개미 | 赶走 gǎnzǒu 쫓아내다, 내쫓다 | 刺槐 cìhuái 図 아카시아 | 巢 cháo 図 둥지, 보금자리, 집 | 筑 zhù 图 짓다, 쌓다, 건축하다 | 树干 shùgàn 図 나무줄기 | 赢得 yíngdé 图 얻다, 획득하다, 갖다 | 必需 bìxū 图 반드시 있어야 하다, 꼭 필요로 하다 | 养料 yǎngliào 図 자양분, 양분 | 保持 bǎochí 图 (원래의 상태를) 유지하다 | ★生态 shēngtài 図 생태 | 平衡 pínghéng 图 균형이 맞다, 평형하다 図 평형되게 하다 | 共生 gòngshēng 图 공생하다

해석

  생물의 진화에 대해 언급하면, 사람들의 머릿속에 반영되는 것은 아마도 '物竞天择，适者生存(생물은 서로 경쟁하고, 적응하는 자만이 살아남는다)'이라는 여덟 글자일 것이다. 기나긴 진화 역사의 과정에서, 오직 상대를 이긴 행운아만이 대자연의 중시를 받고, 다음 종의 힘겨루기의 입장권을 따낼 수 있다. 그러나 대자연이 하나의 노선으로만 나아가는 것은 결코 아니다. '① **화합하면 쌍방이 이기고, 다투면 모두 패한다**'라는 말과 같이, 서로 돕고 협력하는 정신을 드러내는 ② **공생이야말로 어쩌면 역사 발전 과정에 영향을 주는 또 다른 중대한 요소일지도 모른다.**

  겉으로 볼 때 공생관계는 단지 잔혹한 경쟁 속에서의 일시적인 방편이고, 주어진 조건에서의 우연의 일치일 뿐이다. 그러나 생물학의 연구 성과는 이러한 생존전략 역시 대자연의 선택이며, 또 다른 진화의 길, 즉 공생진화의 산물이라는 것을 발견했다. 그것은 공생하는 쌍방의 어떠한 한 쪽도 모두 만들 수 없는 물질을 제공했고, 어떠한 한 쪽도 모두 만들 수 없는 효율을 가져왔다.

  공생의 형태는 다양하여 한 가지 방법만 있는 것이 아니다. 그것은 각 단계와 각종 생물의 상호작용 속에 존재한다. 말미잘새우는 말 그대로 아름다운 말미잘(강장동물)에 대해 애정을 가지고, 항상 말미잘을 몸에 끼우고 해저 세계를 떠돌아다닌다. ③ **위험을 만나면 독이 있는 더듬이가 나 있는 말미잘이 스스로 나서서 사태를 해결한다.**

이렇게 하면 말미잘새우는 안심하고 먹이를 구할 수 있어 안전을 위해 마음을 쓸 필요가 없고, 천성이 게으르고 조용한 것을 좋아하고 움직이는 것을 싫어하는 말미잘은 공생 동료의 음식에서 나눠 먹기만 하면 충분히 배부를 수 있다.

　　동물간의 공생 현상은 이러하지만, 식물과 동물의 공생 현상도 드물지 않다. 멕시코에서 생활하는 한 개미는 둥지를 아카시아의 속이 비어있는 나무줄기에 짓고, 아카시아 잎자루 부위에서 분비되는 당분이 풍부하게 함유되어 있는 즙을 즐긴다. 부담으로써 ④ **개미는 식물의 안전 업무를 책임지는데, 일단 아카시아의 적인 잎을 먹는 곤충 및 유충이나 초식동물이 접근할 때, 크게 화가 난 개미 무리는 벌떼처럼 몰려나와 그들을 내쫓을 때까지 침입자들과 필사적으로 싸운다.** 이 밖에 개미는 또한 아카시아에 위협을 가하는 기생식물들을 모조리 제거한다. 이러한 식물들이 접근할 때, 개미는 조금도 개의치 않고 앞으로 가서 그들의 줄기와 새싹을 갉아 먹어 버린다.

　　고등식물과 진균의 공생은 이미 인류가 숙지 하고 있다. 이러한 공생관계에서 진균의 균사체는 식물의 뿌리 부위에 자라 식물 광합성 작용의 결과물을 흡수하고, 반면 식물은 진균의 분해물로부터 양분을 섭취한다.

　　사실 생물계 발전의 초기에는 불확정적이고 평형이 맞지 않는 요소들이 종들간에 가득했고, 그들의 관계는 고도의 대항성을 드러냈다. 대항이 격렬해질수록, 자신과 더 나아가서 생물계에 초래하는 파괴성이 커져갔다. 이것은 생물 간의 평형을 파괴했을 뿐만 아니라, 생태 발전에 훼손을 초래했다. 생태 평형을 유지하려면 생물 공생이 가져오는 긍정적인 작용에 의지해야만 한다.

　　마찬가지로, ⑤ **공생현상은 인류에게도 좋은 계시를 주었다.**

해설　**1번**

먼저 글에서 '生物进化'를 찾아낸다. 이 표현은 글이 시작하자마자 찾을 수 있다. 뒤에 '物竞天择，适者生存'이라는 말이 있지만, 뒤에서 '然而(그러나)'이라는 접속사를 찾을 수 있다. 따라서 그 뒤에서 본격적인 내용을 찾아야 한다. ①번의 '화합하면 쌍방이 이기고, 다투면 모두 패한다'와 ②번의 '공생은 어쩌면 역사 발전 과정에 영향을 주는 또 다른 중대한 요소일지도 모른다'라는 말을 통해 정답은 B(共同双赢)라는 것을 알 수 있다.

2번

먼저 글에서 '海葵虾'가 나오는 세 번째 단락을 찾아간다. ③번의 '위험을 만나면 독이 있는 더듬이가 나 있는 말미잘이 스스로 나서서 사태를 해결한다'라는 말을 통해 정답은 C(海葵一直保护着它们)라는 것을 알 수 있다.

3번

먼저 글에서 '蚂蚁'와 '刺槐'가 나오는 네 번째 단락을 찾아간다. ④번의 '개미는 식물의 안전 업무를 책임지는데, … 그들을 내쫓을 때까지 침입자들과 필사적으로 싸운다'라는 말을 통해 정답은 A(蚂蚁赶走刺槐的敌人)라는 것을 알 수 있다.

4번

주제를 찾는 문제이다. 글의 첫 단락의 마지막 문장 ②번의 '공생은 어쩌면 역사의 발전 과정에 영향을 주는 또 다른 중대한 요소일지도 모른다'와 글의 가장 끝 부분 ⑤번의 '공생현상은 인류에게도 좋은 계시를 주었다'라는 말을 통해 정답은 D(生物界的共生现象)라는 것을 알 수 있다.

정답　1. B　　2. C　　3. A　　4. D

단어　提起 tíqǐ 图 말하다, 언급하다 | 脑海 nǎohǎi 图 머리, 뇌리 | 多半 duōbàn 图 아마, 대략 | ★ 漫长 màncháng 图 (시간, 길 등이) 길다, 멀다, 아득하다, 끝이 없다 | 战胜 zhànshèng 图 이기다, 승리하다 | 对手 duìshǒu 图 ① (시합) 상대 ② 적수 | 幸运儿 xìngyùn'ér 图 행운아 | 赢得 yíngdé 图 얻다, 획득하다, 갖다 | 青睐 qīnglài 图 흥미를 가지다, 호감을 가지다, 주목하다, 중시하다 | 物种 wùzhǒng 图 종 | 角力 juélì 图 힘을 겨루다 | 入场券 rùchǎngquàn 图 입장권 | 体现 tǐxiàn 图 구현하다, 체현하다 | 互助 hùzhù 图 서로 돕다 | 合作 hézuò 图 협력하다, 협조하다, 합작하다 | ★ 或许 huòxǔ 图 아마, 어쩌면 | 进程 jìnchéng 图 발전 과정, 진행 과정 | 因素 yīnsù 图 요소, 원인, 조건 | 表面 biǎomiàn 图 표면, 겉 | ★ 残酷 cánkù 图 잔혹하다, 잔혹하다, 냉혹하다 | 竞争 jìngzhēng 图 경쟁하다 | 权宜之计 quányí zhījì 图 일시적인 대책 | ★ 特定 tèdìng 图 ① 특정한 ② 일정한, 주어진 | 偶合 ǒuhé 图 우연히 서로 일치하다 | ★ 而

已 éryǐ 丕 다만 ~일 뿐이다 | ★ 战略 zhànlüè 몡 전략 | 同样 tóngyàng 혱 같다, 다름없다, 마찬가지다 | 产物 chǎnwù 몡 결과, 산물 | 任何 rènhé 때 어떠한, 어느 | 效率 xiàolǜ 몡 효율, 능률 | ★ 形态 xíngtài 몡 형태 | 不拘一格 bùjiūyìgé 솅 한 가지 방법이나 규격에만 구애되지 않다 | ★ 层次 céngcì 몡 ① 내용의 순서 ② 제각기, 제각각 ③차원 | 互动 hùdòng 동 서로 영향을 주다, 상호 작용하다 | 顾名思义 gùmíngsīyì 솅 명칭을 보면 그 뜻이 생각나다, 글자 그대로 | 腔肠动物 qiāngchángdòngwù 몡 강장동물 | 情有独钟 qíngyǒudúzhōng 솅 관심을 보이다, 애정을 가지다 | 夹 jiā 동 끼우다, 고정시키다, 집다 | 浪迹 làngjì 동 정처 없이 떠돌다, 유랑하다, 방랑하다 | 海底 hǎidǐ 몡 해저 | 触角 chùjiǎo 몡 더듬이, 촉각 | 出面 chūmiàn 동 직접 나서다 | 摆平 bǎipíng 동 ① 고르게 놓다 ② 공평하게 처리하다 ③ 처벌하다, 수습하다 | 觅食 mìshí 동 먹이를 구하다 | 费心机 fèixīnjī 머리를 짜서 생각하다, 계책을 쓰다 | 生性 shēngxìng 몡 천성 | 慵懒 yōnglǎn 혱 게으르다 | 伙伴 huǒbàn 몡 동료, 동업자 | 分一杯羹 fēnyìbēigēng 이익을 나누다 | ★ 足以 zúyǐ 충분히 ~할 수 있다, ~하기에 족하다 | 果腹 guǒfù 동 배불리 먹다 | 植物 zhíwù 몡 식물 | 墨西哥 Mòxīgē 몡 멕시코 | 享用 xiǎngyòng 동 누리다, 맛보다, 즐기다 | 叶柄 yèbǐng 몡 잎자루 | ★ 分泌 fēnmì 동 분비하다 | 糖分 tángfèn 몡 당분 | 汁液 zhīyè 몡 즙 | ★ 回报 huíbào 동 ① 보고하다 ② 보답하다, 사례하다 ③ 보복하다 | 负责 fùzé 동 책임지다 | 一旦 yídàn 몡 일단 | 敌人 dírén 몡 적 | ★ 昆虫 kūnchóng 몡 곤충 | 幼虫 yòuchóng 몡 애벌레, 유충 | 草食动物 cǎoshídòngwù 몡 초식동물 | 靠近 kàojìn 동 가까이 다가가다, 접근하다 | 盛怒 shèngnù 동 격노하다, 크게 노하다 | 蜂拥 fēngyōng 동 벌떼처럼 북적거리다 | 入侵 rùqīn 동 침입하다 | 殊死 shūsǐ 혱 필사적이다 | ★ 搏斗 bódòu 동 싸우다, 투쟁하다 | 赶走 gǎnzǒu 동 내쫓다, 쫓아내다 | 除此之外 chúcǐzhīwài 이 밖에, 이외에 | ★ 清除 qīngchú 동 모조리 제거하다, 완전히 없애다 | 威胁 wēixié 동 위협하다, 위험에 빠뜨리다 | 寄生 jìshēng 동 기생하다, 더부살이하다 | 靠近 kàojìn 동 가까이 다가가다, 접근하다 | 毫不 háibù 조금도 ~하지 않다 | 上前 shàngqián 동 앞으로 나아가다 | ★ 啃 kěn 동 갉아먹다 | 藤条 téngtiáo 몡 등나무 덩굴, 등나무 줄기 | 嫩芽 nènyá 몡 새싹, 어린순 | 真菌 zhēnjūn 몡 진균 | 早已 zǎoyǐ 뮈 오래전에, 이미, 벌써 | A 为 B 所 A wéi B suǒ~ 동사 A가 B에 의해 ~당하다 | 熟知 shúzhī 동 숙지하다, 분명히 알다 | 菌丝体 jūnsītǐ 몡 균사체 | 产物 chǎnwù 몡 결과, 산물 | ★ 分解 fēnjiě 동 분해하다 | ★ 吸取 xīqǔ 동 (추상적인 것을) 흡수하다, 받아들이다, 섭취하다 | 确定 quèdìng 동 확정하다 혱 분명하다, 확실하다, 확정적이다 | 充斥 chōngchì 동 (부정적인 것이) 넘치다, 충만하다 | ★ 对抗 duìkàng 동 대항하다, 맞서다 | 激烈 jīliè 혱 격렬하다, 치열하다 | 乃至 nǎizhì 젭 심지어, 더 나아가서 | 危害 wēihài 동 손상시키다, 해치다 몡 위해, 손상, 손해 | ★ 依靠 yīkào 동 의지하다, 기대다 몡 의지가 되는 사람이나 물건 | 正面 zhèngmiàn 몡 정면 혱 좋은 면의, 긍정적인 면의 | ★ 启示 qǐshì 동 알려주다, 깨닫게 하다, 시사하다 몡 계시, 계몽, 시사

NEW 단어 + TIP

- 蚂蚁 mǎyǐ 몡 개미
  예 一群小蚂蚁正在觅食。한 무리의 작은 개미들이 먹이를 찾고 있다.

- 窍门 qiàomén 몡 (문제를 해결할) 방법, 요령, 비결
  예 生活中有许多小窍门可学。생활 속에는 작은 요령으로도 배울 수 있는 많은 것들이 있다.

DAY **27**

1-4.

随着《中国诗词大会》的圆满落幕，人们在惊叹选手诗词涉猎之广的同时，也不禁好奇节目中的热门环节"飞花令"究竟是什么。

"飞花令"本是中国古代人们喝酒时用来罚酒助兴的一种酒令，出自于唐代诗人韩翃《寒食》诗中的名句"春城无处不飞花"。不过，它比一般的民间酒令难多了，它需要参与者具备深厚的诗词功底，所以这种酒令成了文人墨客们的最爱。最基本的飞花令要求诗句中必须有"花"字，并且对"花"字出现的位置有严格要求。行令人可背诵前人诗句，也可现场吟诗作句，一个接一个；如果作不出诗、背不出诗或作错、背错了，则由酒令官命其喝酒。

酒令的历史由来已久。早在春秋战国时期，就有在宴会上对诗唱歌的饮酒风俗。秦汉时期，承袭前人遗风，文人在酒席间吟诗作对，此唱彼和，久而久之，作为游戏的酒令也就产生了。唐宋时，酒令的种类愈加丰富多样。据《醉乡日月》记载，当时的酒令已有"骰子令""小酒令""改令""手势令"等名目了，酒令的规则也更多了。

中国历史上的酒令虽品类繁多，但大致可分为雅令和通令两类，其中雅令最受欢迎。清代小说《红楼梦》中就有关于当时上层社会喝酒行雅令的生活场景。行雅令时，需要引经据典，当场构思，即席应对，这就要求行令者既要有才华与文采，又要足够机智敏捷，所以它是酒令中最能展示饮者才思的项目。

毫无疑问，酒令是中国古代流传至今的酒文化中一朵别有风姿的奇葩，是劝酒行为的文明化和艺术化，可称为酒席间的"笔会"。

1. 关于飞花令，可以知道：
   A 是韩翃命名的　　　　　　　　B 赢了的人才能喝酒
   C 难度比民间酒令低　　　　　　D 有严格的行令规则

2. 第3段主要谈的是什么？
   A 酒令的地域差异　　　　　　　B 酒令的发展历程
   C 酒令的名目　　　　　　　　　D 酒令对文人的影响

3. 雅令要求行令者具备什么特点?
   A 精读《红楼梦》　　　　　　B 善于品酒
   C 会玩游戏　　　　　　　　　D 才思敏捷

4. 根据上文,可以知道:
   A 唐宋酒令种类繁多　　　　　B《醉乡日月》专门记录酒令
   C 酒令促进了唐诗的繁荣　　　D 通令最受人们欢迎

DAY **28**

1-4.
　　一提到飞机结冰,大家想到的或许是这样的一副景象:雨雪天气里,停机坪上的飞机都"穿"上了一层冰衣。其实,多数情况下飞机结冰并不是发生在地面,而是在空中。

　　在大气对流层下半部的云层中,存在着很多过冷水滴,即温度低于冰点却仍未凝固的液态水滴。过冷水滴的状态十分不稳定,只要稍微受到外界的扰动,就会迅速凝结成冰。当飞机在云层中高速飞行时,如果飞机部件的表面温度低于冰点,过冷水滴就会很快在上面聚积成冰。这种现象被称为"水滴积冰",它是导致飞机结冰的罪魁祸首。

　　飞机结冰有诸多危害,它可能会改变飞机的气动外形。当机翼和尾翼结冰后,其表面粗糙度会变大,从而增加了飞行阻力,减小了升力。另外,飞机结冰还会严重影响飞机的操纵性,增加飞机的起降距离,降低发动机的工作效率和有效推力,干扰正常的通讯导航信息。这些情况都有可能酿成重大的飞行事故。

　　既然飞机结冰贻害无穷,那有没有办法避免呢?答案是肯定的。在设计现代飞机时一般都会在机翼、尾翼、发动机进气道前缘等易结冰的部位安装加热装置,以保证飞机无论在何种气象条件下飞行,这些部位都不会结冰。

　　近年来,一些科学家还从荷叶上找到了新的防冰灵感。生活中我们常会看到,水滴落到荷叶表面时,并不会粘附在荷叶上,而是聚成球状滚落,这就是"荷叶效应"。如果能制造出像荷叶那样不粘水滴的飞机表面,那无疑是最直接有效的防冰手段。不过,这种防冰技术目前还只存在于实验室中,距离实际应用仍很遥远。

1. 第2段主要谈的是什么?
   A 飞机结冰的主要原因　　　　B 过冷水滴的形成过程
   C 对流层中水滴的状态　　　　D 飞机表面温度的变化情况

2. 下列哪项不属于飞机结冰造成的危害?
   A 损坏飞机零件　　　　　　　B 减弱发动机效能
   C 干扰飞行信号　　　　　　　D 增加飞行阻力

3. 关于"荷叶效应",可以知道什么?
   A 荷叶吸水能力强　　　　　　B 是一种防水手段
   C 在生活中得到广泛运用　　　D 对防止飞机结冰有借鉴作用

4. 根据上文,下列哪项正确?
   A 飞行事故大多是由结冰引起　B 机翼通常装有加热装置
   C 飞机结冰多发生在降落后　　D 过冷水滴的状态较稳定

04 신문조사형

신문조사형은 신문보도문이나 조사보고형의 글을 가리킨다. 신문조사형은 네 가지 문형 중 가장 서면어체에 속하는 글이기 때문에 글의 수준이 비교적 높은 편이다. 하지만 또한 가장 논리적이고 명료한 글이기도 하다. 즉 그만큼 답을 찾기가 쉬울 수 있다는 뜻이다. 신문조사형은 시험에 출제되는 빈도가 그렇게 높은 문형은 아니다. 하지만 생각보다 쉽게 답을 찾을 수 있는 만큼 정확한 공략법을 익혀두어 대비하도록 하자.

독해 시크릿 백전백승

1 글의 주요 목적을 파악해라!

신문조사형은 글을 쓴 명확한 목적이 있는 글이다. 그리고 그 목적은 보통 글의 제일 앞에 제시되는 경우가 많다. '本文主要说了什么? (이 글은 주로 무엇을 얘기했는가?)', '这是一篇关于什么的文章? (이것은 무엇에 관한 글인가?)'과 같은 문제형은 글을 쓴 목적, 즉 주요 내용을 잘 파악해야만 해결할 수 있다.

　　作为全国14所试点高校之一，清华从2007级研究生新生中开始试点研究生培养机制改革。昨天，清华大学公布改革细则，约九成的新生可通过申请获得"三助"（助教、助研、助管）岗位的方式免除学费。

　　清华大学研究生院副院长高策理介绍，研究生培养机制改革在本学期开始试点，在下学期全面铺开，针对的是除去委托定向和自筹经费外的其他研究生，涉及3000多人。

　　……

这篇文章主要说了什么?

A 清华新生可以免学费

B 清华研究生可获三助免学费

C 清华有14个人可以免学费

D 清华从2007年开始收研究生

풀이 첫 번째 단락의 내용 '전국 14곳 시험 대학 중의 하나로서, 칭화대학은 2007년 대학원 신입생으로부터 시험적으로 대학원생 양성 매커니즘 개혁을 시작할 것이다. 어제 칭화대학은 세칙을 발표했는데, 약 90%의 신입생은 三助(조교, 보조 연구원, 보조 관리원)의 직위를 얻는 것을 신청하는 방식을 통해 학비를 면제받을 수 있다'를 통해 B가 정답임을 알 수 있다.

② 글의 출처를 파악해라!

신문조사형은 다른 문형들과는 달리 글의 출처를 묻는 문제가 자주 출제된다. 답의 힌트는 글의 단어나 표현에서 찾을 수 있는 경우가 많다.

　　您支持孩子高考复读吗？针对本报上周推出的公众调查，八成受访者表示：如果高考成绩不理想，那就支持孩子高考复读。

　　上周，575位市民接受了本报公众调查中心网络、电话和手机短信的调查。其中，460位受访者选择了"会，为了孩子的理想和未来，支持他再努力"；109位家长选择了"不会，高考并不是人生唯一的出路"；6位市民选择了"其他想法"。

　　……

本文最有可能选自：

A 杂志　　　　　　　　　　　B 课本

C 报刊　　　　　　　　　　　D 邮件

풀이　'本报(본지)'라는 말을 통해 C가 정답임을 알 수 있다.

---

③ 세부 내용을 잡아라!

신문조사형은 다른 문형과는 달리, 단어의 선택과 내용의 흐름이 간결명료하며 단도직입적이다. 따라서 세부적인 내용을 묻는 문제를 만나면 내가 찾아야 하는 정보를 설명하는 곳까지 '跳读', 즉 관계 없는 내용은 걸러가면서 읽는 것이 좋다.

　　您支持孩子高考复读吗？针对本报上周推出的公众调查，八成受访者表示：如果高考成绩不理想，那就支持孩子高考复读。

　　上周，575位市民接受了本报公众调查中心网络、电话和手机短信的调查。其中，460位受访者选择了"会，为了孩子的理想和未来，支持他再努力"；109位家长选择了"不会，高考并不是人生唯一的出路"；6位市民选择了"其他想法"。

　　市民高宏宇发来短信称："孩子今年高考只上了一般本科线。我虽然不太赞成复读，但孩子太倔，非上名牌大学，我没有办法，只能帮他找好学校、好的班级、好的老师，再赌一把。"

市农业局工作的林女士在本报网站上留言："孩子再读一年，承受的各方面压力很大，作为母亲我很心疼；但是，好的大学和好的专业，等于未来成功的一半，我只有收起所有的不忍，再跟孩子苦一年。"

接受调查的市民中：

A 575位的孩子复读了

B 109位愿意让孩子复读

C 6位不愿意让孩子复读

D 460位愿意让孩子复读

> **풀이** 보기에 숫자가 언급되고 있다. 지문에서 이러한 숫자가 언급된 단락은 두 번째 단락이다. 두 번째 단락에 따르면 575명의 시민이 조사를 받았으며 460명이 '会', 109명이 '不会', 6명이 다른 대답을 했다고 되어 있다. 따라서 D가 정답임을 알 수 있다.

---

4 관점과 태도를 파악해라!

신문조사형에도 가끔씩 보도나 조사를 기반으로 글쓴이의 관점과 태도를 제시하는 경우가 있다. 이 경우 다른 문형과 마찬가지로 글의 가장 앞이나 뒤에서 주요 관점을 찾을 수 있는 경우가 많다.

......

"家长应理性对待孩子复读。"一高三复读班班主任何老师打来电话说，并非所有考生都适合复读。何老师指出，一般而言，学习潜力大的考生适合复读。对于高分考生来说，分数提升空间较小，复读不是最好的选择。另外，复读生的心理压力会比应届生更大，心理承受力强、会自我调节的考生比较适合复读。

去年的落榜生小李通过自学网络知识，已经在高新区一软件公司找到不错的工作，他打进本报966988热线，鼓励今年的失意者："高考失意并不意味着人生理想的终结，事实上，成功的路从来就不是只有一条。"

本文作者对孩子复读的观点是：

A 应理性对待　　　B 必须复读　　　C 不用复读　　　D 无所谓

> **풀이** 글쓴이의 관점은 가장 마지막의 '高考失意并不意味着人生理想的终结, 事实上, 成功的路从来就不是只有一条(대학입시에서 뜻을 이루지 못한 것이 인생에서의 이상의 종결을 뜻하는 것은 결코 아니다. 사실 성공의 길은 지금까지 단지 하나인 것만은 아니었다)'라는 말에 드러나 있다. 따라서 A(이치에 맞게 대해야 한다)가 정답이다.

문제 1

　　研究发现，吵闹的铃声现在已经成为最烦人的噪音。调查显示，人们主要对下列移动电话的使用行为不满意：打手机时声音过大；在餐馆使用手机；在其他不合时宜的时候使用手机；在谈话中接听手机。这项研究的对象既有手机使用者，又有非手机使用者，62%的被调查者认为在过去的几年中，顾及社交礼仪的手机使用者越来越少了。

　　调查还发现，在一些场合，发送短信息往往比打手机更合适一些。95%接受调查的人认为，在看电影时或在剧院打手机是极其不合适的。另外，83%接受调查的手机用户反对在诸如婚礼等这样的场合使用手机，而只有50%的用户认为发送短信息同样是无礼的，这些被调查者都使用短信消息服务。

　　在一些国家的公交车里可以看到许多标记，除了"禁烟"标记外，还能看到"请大家不要使用手机"的警讯。在英国一位名叫约翰的艺术家就建立了一个网站，在网上宣传以反对手机吼叫为主题的内容，提倡文明使用手机。他认为有很多人喜欢对着手机大声讲话，而且声音大得完全没有必要，不知不觉地把周围的陌生人都卷进了自己的私事之中。业内人士把这种现象称为"手机吼叫"。

　　这就要求我们在使用手机时要注意礼仪，就是要尊重人，爱护人，关心人，体谅人。比如公众场合要养成手机改成振动或者静音甚至关机的习惯。不要让手机在大庭广众频频地响起，更不要在人多之处接听电话。

1. 有多少被调查者认为手机使用者越来越不讲礼貌了？

　　A 超过一半　　　　　　　　　　B 95%

　　C 83%　　　　　　　　　　　　D 50%

2. 关于发短信，下面哪项正确？

　　A 比打手机方便　　　　　　　　B 比打手机文明

　　C 比打手机更受欢迎　　　　　　D 也得注意场合

3. 约翰建立网站，反对：

    A 在公交车上使用手机

    B 在公开场合发送短信

    C 使用手机时声音太大

    D 让别人知道自己的私事

4. 上文主要说什么？

    A 怎样提高手机的普及率

    B 怎样安全使用手机

    C 应该文明使用手机

    D 手机的利与弊

🔍 **문제 분석**   문제를 통해 원하는 대답이 무엇인지, 지문에서 찾아야 할 핵심 표현은 무엇인지 파악해야 한다.

1번 : 얼마나 많은 피조사자들이 휴대전화 사용자가 갈수록 예의를 중시하지 않게 되었다고 생각하는가?
    A 반 이상
    B 95%
    C 83%
    D 50%
    ▶ 문제에서 가장 핵심이 되는 '예의'가 언급되는 부분을 찾아내고, 주변에 나오는 퍼센트를 잘 살펴보도록 하자.

2번 : 문자 메시지 발송에 관해 다음 중 옳은 것은?
    A 휴대전화를 거는 것보다 편리하다
    B 휴대전화를 거는 것보다 교양 있다
    C 휴대전화를 거는 것보다 더 환영 받는다
    D. 이것 또한 상황에 주의해야 한다
    ▶ 문제에서 가장 핵심적인 표현은 '문자 메시지'이다. 글에서 주로 문자 메시지에 관해 서술하는 부분을 찾아내
      야 한다.

3번 : 존은 웹 사이트를 만들어 무엇을 반대하나?
    A 버스에서 휴대전화를 사용하는 것
    B 공개적인 장소에서 문자 메시지를 보내는 것
    C 휴대전화를 사용할 때 소리가 너무 큰 것
    D 다른 사람들이 자신의 프라이버시를 알게 하는 것
    ▶ 문제에서 가장 핵심적인 표현은 두말할 필요 없이 '존'이다. 글에서 '존'이 나오는 곳을 빠르게 찾아낸다면 답
      도 쉽게 찾아낼 수 있을 것이다.

4번 : 위의 글이 주로 이야기하는 것은?
    A 어떻게 휴대전화의 보급률을 높일 것인가
    B 어떻게 휴대전화를 안전하게 사용할 것인가

C 예의 있게 휴대전화를 사용해야 한다

D 휴대전화의 이로움과 해로움

▶ 주제를 찾는 문제이다. 글의 제일 처음이나 마지막을 살펴보면 쉽게 찾을 수 있을 것이다.

단어 文明 wénmíng 몡 문명 톙 교양이 있는, 예의가 있는 | ★ 场合 chǎnghé 몡 시간, 장소, 상황, 경우 | 网站 wǎngzhàn 몡 웹 사이트 | 私事 sīshì 몡 개인적인 일, 사적인 일, 프라이버시 | 弊 bì 몡 해, 단점, 결점

해석

연구에서는 시끄러운 벨소리가 지금 이미 가장 짜증나는 소음이 되었다는 사실이 드러났다. 조사에서는 사람들이 주로 다음 이동전화 사용 행위에 대해 만족하지 못한다는 사실을 보여준다. 휴대전화를 걸 때 소리가 지나치게 큰 것, 식당에서 휴대전화를 사용하는 것, 기타 시기 적절하지 않을 때 휴대전화를 사용하는 것, 얘기를 나누던 중 휴대전화를 받는 것이다. 이 연구의 대상은 휴대전화 사용자도 있고, 휴대전화 비사용자도 있었는데, ① **62%의 피조사자는 과거 몇 년간 사교 예의를 고려하는 휴대전화 사용자가 갈수록 줄어들고 있다고 생각했다.**

조사에서는 또한 ② **일부 장소에서 문자 메시지를 보내는 것이 종종 휴대전화를 거는 것보다 더 적합하다**는 것을 발견했다. 95%의 조사 대상자들은 영화를 볼 때나 극장에서 휴대전화를 거는 것이 매우 적합하지 않다고 생각했다. 그 밖에, 83%의 조사를 받아들인 휴대전화 사용자들은 예를 들어 결혼식 등과 같은 이러한 상황에서 휴대전화를 사용하는 것을 반대했으며, ③ **겨우 50%의 사용자들은 문자 메시지를 보내는 것도 마찬가지로 무례한 것으로 생각했고,** 이러한 피조사자들은 모두 문자 메시지 서비스를 사용하고 있었다.

일부 국가의 버스에서는 많은 표지를 볼 수 있다. '흡연 금지'라는 표지 외에도 '모두 휴대전화를 사용하지 말아주세요'라는 경고를 볼 수 있다. 영국에서 존이라는 한 예술가는 웹 사이트를 열고, 인터넷 상에서 휴대전화의 고함소리를 반대하는 것을 주제로 하는 내용을 선전하며, 예의 바르게 휴대전화를 사용할 것을 주장하고 있다. ④ **그는 많은 사람들이 휴대전화에 대고 큰 소리로 이야기하는 것을 좋아하며, 게다가 소리가 완전히 필요 없을 정도로 커서** 자신도 모르는 사이에 주위의 낯선 사람들은 자신의 프라이버시 속으로 끌어들인다고 생각한다. 업계 내의 인사들은 이런 현상을 '휴대전화 고함소리'라고 부른다.

⑤ **이것은 우리에게 휴대전화를 사용할 때 예의에 주의할 것을 요구한다.** 즉 사람을 존중하고, 사람을 아끼고 보호하며, 사람에게 관심을 가지고, 사람을 양해하는 것이다. 예를 들어 공중 장소에서는 휴대전화를 진동이나 무음으로 바꾸고, 심지어는 휴대전화를 끄는 습관을 길러야 한다. 휴대전화가 사람들이 많은 곳에서 빈번하게 울리지 않게 해야 하고, 더욱이 사람들이 많은 곳에서 받지 말아야 한다.

해설 **1번**

첫 번째 단락의 끝부분에 '예의'와 관련된 내용이 언급되고 있다. 1번의 '62%의 피조사자는 과거 몇 년간 사교 예의를 고려하는 휴대전화 사용자가 갈수록 줄어들고 있다고 생각했다'라는 표현을 통해 A(超过一半)가 가장 적합한 정답임을 알 수 있다.

2번

문자 메시지와 관련된 내용은 두 번째 단락에서만 언급되므로 두 번째 단락만 잘 체크하면 된다. 2번에서는 '일부 장소에서 문자 메시지를 보내는 것이 종종 휴대전화를 거는 것보다 더 적합하다'라고 했지만, 또한 3번에서는 '겨우 50%의 사용자들은 문자 메시지를 보내는 것도 마찬가지로 무례한 것으로 생각했다'라고 했으므로, 정답은 D(也得注意场合)라는 것을 알 수 있다.

3번

문제의 핵심이 '존의 웹 사이트'가 언급되는 곳은 세 번째 단락이다. 4번에서 '그는 많은 사람들이 휴대전화에 대고 큰 소리로 이야기하는 것을 좋아하며, 게다가 소리가 완전히 필요 없을 정도로 크다고 생각한다'라고 했으므로, 정답은 C(使用手机时声音太大)라는 것을 알 수 있다.

4번

주제를 찾는 문제이다. 글의 처음은 조사 결과를 하나씩 나열하고 있으므로 주제를 찾기 힘들다. 따라서 글의 마지막에서 주제를 찾을 수 있다. 마지막 단락의 5번의 '이것은 우리에게 휴대전화를 사용할 때 예의에 주의할 것을 요구한다'라는 말을 통해 정답은 C(应该文明使用手机)라는 것을 알 수 있다.

정답 　1. A 　　2. D 　　3. C 　　4. C

단어 　吵闹 chǎonào 혱 시끄럽다, 소란하다 | 铃声 língshēng 몡 벨소리 | 烦人 fánrén 혱 귀찮다, 질리다, 번거롭다, 짜증스럽다 | ★ 噪音 zàoyīn 몡 소음 | 显示 xiǎnshì 동 나타내 보이다, 드러내 보이다 | 移动电话 yídòngdiànhuà 몡 이동전화, 모바일 | 不合时宜 bùhéshíyí 시기에 적합하지 않다, 시기가 적절하지 않다 | 接听 jiētīng 동 (걸려 온) 전화를 받다 | 顾及 gùjí 동 보살피다, 고려하다, 주의하다 | 社交 shèjiāo 몡 사교 | 礼仪 lǐyí 몡 예의 | 发送 fāsòng 동 보내다, 부치다, 발송하다 | 剧院 jùyuàn 몡 극장 | 极其 jíqí 부 극히, 매우, 아주 | ★ 用户 yònghù 몡 사용자, 가입자, 고객 | 诸如 zhūrú 예컨대, 예를 들자면 | ★ 标记 biāojì 몡 기호, 표지, 마크, 라벨 | 禁烟 jìnyān 동 흡연을 금하다, 금연하다 | 警讯 jǐngxùn 몡 경고 신호 | 宣传 xuānchuán 동 선전하다 | 吼叫 hǒujiào 동 고함치다, 소리치다, 으르렁거리다 | 提倡 tíchàng 동 제창하다, 부르짖다 | 不知不觉 bùzhībùjué 솅 무의식 중에, 자기도 모르는 사이에 | 陌生 mòshēng 혱 낯설다, 생소하다 | 卷 juǎn 동 ① (물건을 원통형으로) 감다, 말다 ② (큰 힘으로) 휩쓸다, 휩쓸다 | 业内 yènèi 업계 내 | 爱护 àihù 동 아끼고 보호하다 | ★ 体谅 tǐliàng 동 (타인의 입장에서) 알아주다, 이해하다, 양해하다 | 振动 zhèndòng 동 진동하다 | 大庭广众 dàtíng guǎngzhòng 솅 사람들이 많이 모인 (공개적인) 자리 | 频频 pínpín 부 자주, 빈번히, 종종 | 响 xiǎng 동 (소리가) 울리다, 나다, (소리를) 내다

NEW 단어 + TIP

- **种植** zhòngzhí 동 씨를 뿌리고 묘목을 심다, 재배하다
  예 植树节到了，大家都到山上来种植小树苗。식목일이 되자, 모두들 산에 올라 와서 작은 묘목을 심는다.

- **直径** zhíjìng 몡 직경
  예 这个圆的直径是1厘米。이 원의 직경은 1센티미터이다.

- **侄子** zhízi 몡 조카
  예 我们称呼兄弟的儿子为侄子。우리는 형제의 아들을 조카라고 부른다.

- **正宗** zhèngzōng 혱 정통의, 진정한
  예 这家饭馆的菜味道很正宗。이 식당의 음식 맛은 정통이다.

- **悬殊** xuánshū 혱 차이가 크다, 동떨어져 있다
  예 这两个人的条件相差也太悬殊了吧！이 두 사람의 조건의 차이가 너무 크잖아요!

  [고정격식] 相差/比例/对比 + 悬殊

- **喧哗** xuānhuá 혱 떠들썩하다, 시끌시끌하다 동 떠들다, 소란을 피우다
  예 不要在公共场所大声喧哗。공공장소에서 큰 소리로 떠들지 마세요.

DAY **29**

1-4.

调查机构正望咨询日前披露的《中国2006年度网上购物调查报告》显示，京沪穗三大城市里，有超过400万人在网上购物。与此同时，京沪穗有近半(48.6%)的网上卖家2006年度实现了盈利，盈利卖家平均月净赚2,230元。

新鲜出炉的对"网络买家"的调查数据显示，在京沪穗2006年度超过400万人的网购人群中，近290万人在淘宝上有过购物，90余万人在易趣有过购物，近30万人在拍拍有过购物。在当当网有过购物的人数90余万，在卓越有过购物的近80万人。

各家网站的市场份额调查结果显示出竞争的"残酷性"：淘宝网在被调查的北京、上海、广州、武汉和成都五个重点城市C2C买家中，所占市场份额超过80%，易趣为15%左右，而拍拍网的市场份额不足3%。对此，本次调查报告的撰写者、中国互联网资深分析师吕伯望说，淘宝在五个重点城市的C2C市场份额超过80%，易趣在C2C市场大幅下滑，拍拍网市场份额不到3%。

有意思的是，大约每五个C2C的买家中就有一个是C2C卖家。2006年度，在京沪穗三个城市，平均每个淘宝卖家的成交金额为33,300元；平均每个易趣卖家的成交金额为20,970元；平均每个拍拍卖家的成交金额为6,790元。

值得注意的是，在京沪穗网络卖家中，已有超过10%是全职经营。

在很多卖家关注的网上开店的盈利问题上，分别有48.6%的京沪穗卖家是盈利的，平均月盈利2,230元。3.4%还在亏损运营，15.9%的卖家不赔不赚。另有25.3%的卖家对经营情况选择了"不确定"，另有约6%的人拒绝回答这个敏感问题。

据了解，正望咨询本次调查通过电话访问共获得了4,089份有效问卷。

1. 本文主要说了什么?
   A 2006年京沪穗近半网店盈利
   B 市场竞争是充满残酷性的
   C 全国有400万人在网上购物
   D 中国人平均月净赚2,230元

2. 根据本文，在被调查过的城市中，占市场份额最大的是:
   A 拍拍网   B 淘宝网
   C 易趣网   D 因特网

3. 根据本文，2006年度，在京沪穗三个城市中：
   A 平均每个淘宝卖家的成交金额为33,300元
   B 平均每个易趣卖家的成交金额为6,790元
   C 平均每个拍拍卖家的成交金额为20,970元
   D 平均每个淘宝卖家的成交金额为20,970元

4. 在本次调查中，关于盈利问题：
   A 3.4%是盈利的
   B 48.6%是不盈利的
   C 15.9%的不赔不赚
   D 25.3%是盈利的

DAY 30

1-4.

今年，中国大学毕业生预计将达到820万人。面对严峻的就业形势，有部分毕业生以"慢就业"为由，选择"不就业"或者"懒就业"。这种逃避就业的现象饱受社会质疑。

为加强高校对毕业生就业的重视，教育部门要求高校统计毕业生的初次就业率，并将其作为考核高校工作的重要指标，这造成了高校特别重视初次就业率的情况。但也出现了一系列问题，比如很多高校喊出"先就业，后择业"的口号，要求毕业生先有一份工作再说。另外，不少高校还把毕业这一年作为"就业年"。在这期间，教育教学要为毕业生实习、赶招聘会让路，这导致大学教育严重缩水。统计初次就业率这一举措助长了就业急功近利的风气，不利于大学生理性选择适合自己的职业。

大学毕业生"慢就业"现象的出现，体现了要求高校淡化初次就业率，关注学生中长期就业发展的需求。高校对毕业生的就业关注应从在校阶段延长到毕业之后，这是做好毕业生就业服务工作的必然选择。

目前，社会舆论普遍担心的是，"慢就业"会变成中国部分高校推卸就业服务责任的理由，导致高校既不关注初次就业率，也不关注毕业生的中长期就业情况。这就需要教育部门和高校有切实作为。教育部门应将由高校统计初次就业率调整为由专业的第三方机构跟踪、统计毕业生的中长期就业率，评价毕业生中长期就业的质量而不只是数量。另外，高校要加强大学生职业生涯规划教育，多开展个性化就业指导服务活动等。

1. 大众对"慢就业"现象普遍持什么态度?
   A 质疑　　　　　　　　B 鼓励
   C 支持　　　　　　　　D 嘲讽

2. 高校为什么十分重视毕业生的初次就业率?
   A 可以扩大学校的影响力
   B 为了完成考核工作
   C 为了与其他高校竞争
   D 受到社会舆论的影响

3. 根据上文, 高校应该重点关注什么?
   A 政府教育部门的政策
   B 毕业生就业率的攀升幅度
   C 毕业生的心理健康状况
   D 毕业生中长期就业发展情况

4. 下列哪项最适合做上文的标题?
   A 大学生的就业抉择
   B 如何改进大学生的教育理念
   C 高校扩招的利与弊
   D 如何看待和应对"慢就业"

第 一 部 分

第 51-60题：请选出有语病的一项。

51. A 《菜根谭》是一部论述修身养性、为人处世的语录集。

    B 为了防止此类事件再次发生，我们应加快完善相关规章制度。

    C 人生不可能一帆风顺，前一秒刚获得掌声，下一秒有可能就遭遇挫折。

    D 这部电影是在全剧组人员的不懈努力完成的。

52. A 随着冬季雨水的减少，山涧瀑布的水流相对小了很多。

    B 据不完全统计，中国的网络作家已达到超过1400万人。

    C 大数据的充分应用，大大缩短了生产与消费间的距离。

    D 睡眠不足会带来许多危害，比如判断力下降、免疫功能失调等。

53. A 近年来，各地纷纷推行垃圾分类，然而收效甚微。

    B 这场大火将该国许多珍贵文化遗产吞噬一空。

    C 中国租房群体主要由流动人口及高校毕业生构成，数量庞大。

    D 街舞属于一种中低强度的有氧运动，一定的瘦身功

54. A 尽管如此，我们要说，开凿运河是害在一时，而利在后代，利在民族。

    B 不管大家强烈反对，我都要坚持我自己的主张。

    C 1973年，考古工作者在浙江省余姚县河姆渡新石器文化遗址中，发现了一口水井。

    D 都江堰位于岷江中游，它是公元前250年左右，由蜀郡守李冰率百姓修筑的。

55. A 张老师亲切的面孔与和蔼的笑容，不时浮现在我的脑海中。

B 只有去过那儿的人，才能真正体会到那种美妙的感觉。

C 在进行高温洗涤或甩干程序时，切勿碰触机门玻璃，以免防止烫伤。

D 我躺在床上，望着窗外那轮皎洁的圆月，想起了故乡，久久不能入睡。

56. A 五千年来，黄河见证了中华民族的兴衰荣辱，好像一位饱经沧桑的老人，睿智安详。

B 春节将至，全国上上下下掀起一场春运抢票热潮，到处都弥漫着"一票难求"。

C 电动升降式晾衣杆高度可以调节，挂取衣物十分方便，而且操作简单，只需按一下按钮即可。

D 虎刺梅是一种花期很长的多肉植物。它非常耐旱，基本上不用浇水，只要环境适宜，它可以四季开花。

57. A 这个问题你应该原原本本解释清楚，否则不可能不让人产生怀疑。

B 虽然文章内容很精彩，但是语言朴实无华，几近口语。

C 巴金对我的接近文学和爱好文学，有着多么有益的影响。

D 由于计算机应用技术的普及，为各级各类学校开展多媒体教学工作提供了良好的条件。

58. A 同学们观看电影《雷锋》后，受到了深刻的教育。

B 现在科学发达，移植记忆也许不是完全不可能的事。

C 一个人有没有远大的目标和脚踏实地的精神，是取得成功的关键。

D 感冒退热冲剂主要是用大青叶、板蓝根、草河车配制而成的。

59. A 深秋的香山，是登高远眺、游览的好时候。

B 快乐有助于长寿，有助于增加食欲，有助于提高工作效率。

C 草原上的天气变幻莫测，刚刚还是晴空万里，转眼间便乌云密布了。

D 重新认识农业，开拓农业新的领域，已成为当今世界农业发展的新趋势。

60. A 倘若一个人能在任何情况下都可以感受到快乐，因为他便会成为世上最幸福的人。

B 大约在公元11世纪的时候，宋朝人开始玩儿一种叫做"蹴鞠"的游戏，它很像现代的足球。

C 金子可能就埋在你的脚下，就在离你不远处闪烁着诱人的光芒，关键在于你有没有善于发现金子的眼光。

D 冰箱的低温环境并不能杀死由空气、食物等带入冰箱的微生物，而是能抑制部分微生物的生长速度。

第 二 部 分

第 61-70题：选词填空。

61. 争吵时，你最应该做的并不是用_____或态度上的强硬来压倒对方。你需要
   的是冷静和克制，冷静地把对方的话听完，不用担心没有机会把道理全说出
   来。即使_____都在你这边，你也不要用比对方更高的_____来征服他；你
   越想征服他，他_____越大。

   A 口气　　真理　　语调　　抵制
   B 表情　　情理　　强调　　力气
   C 语气　　道理　　声调　　反抗
   D 气势　　心理　　声音　　抵抗

62. 十字绣是一种_____于欧洲的手艺，具有悠久的历史。 由于它是一项易学
   易懂的手艺嗜好，因此流传非常_____。您只需花一点点时间、一点点的耐
   心，再加上一点点用心，_____能完成一幅_____你自己也觉得很有成就感
   的十字绣作品了。

   A 起源　　广泛　　就　　令
   B 发源　　普遍　　才　　使
   C 来源　　普及　　也　　让
   D 源于　　普通　　还　　叫

63. 绿茶是所有茶类种种历史最悠久的一种茶类。绿茶中含有_____的钾，有利尿的_____。绿茶的叶酸_____较高，可以预防贫血。绿茶富含氟元素，能有效地_____龋齿的发生。

A 繁多　　作用　　比率　　预防

B 众多　　影响　　容量　　妨碍

C 充足　　效果　　比例　　阻碍

D 丰富　　功能　　含量　　防止

64. 5月1号，2010年上海世博会正式开幕，我们盼望的这一天_____到来了。早上大家精神饱满地来到甘肃馆，做_____一切准备工作后，大家面带自信的微笑，准备迎接来自世界各地的游客。随着时间的推移，游客_____走进省区市馆，_____地人开始多了起来。

A 终于　　好　　陆陆续续　　渐渐

B 刚好　　上　　三三两两　　缓缓

C 恰巧　　出　　接二连三　　慢慢

D 总算　　满　　断断续续　　匆匆

65. 你是一块磁铁，当你身心愉悦，对世界_____善意，美好东西就自然地被你吸引。相反，当你_____、郁闷，什么都不对劲，负面的一切就相继_____。所以快乐的你就吸引让你快乐的人、事、烦忧的你_____吸引让你烦忧的人、事。

A 充足　　悲悼　　报道　　就　　　B 充满　　悲观　　报到　　则

C 充分　　悲剧　　报名　　便　　　D 布满　　悲伤　　来到　　而

66. 礼仪是_____的东西，它既是人类间交际不可或缺的，也是不可过于_____的。如果把礼仪看得高于一切，结果就会_____人与人真诚的信任。因此在语言交际中要_____找到一种分寸，使之既直爽又不失礼。这是最难又是最好的。

A 重要　　衡量　　忘记　　改善

B 奇妙　　计算　　得到　　擅长

C 微小　　比较　　消失　　特长

D 微妙　　计较　　失去　　善于

67. 读物理学家的传记时，我们可以发现一个十分有趣的_____：很多物理学家大都是音乐爱好者。我们知道，物理学研究要运用_____思维和数学语言，而音乐活动则主要运用形象思维和艺术语言，这两种思维_____迥然不同，可是它们竟如此_____地统一在那些物理学家身上。

A 场景　抽象　形式　神秘　　　B 特征　复杂　过程　巧妙

C 现象　逻辑　方式　神奇　　　D 事实　全面　方法　奇妙

68. 有抱负的人都忽视了积少才能成多的道理，一心只想_____，而不去埋头耕耘。直到有一天，他们看到比自己开始晚的，比自己天资差的，都已经有了_____的收获，才发现自己这片园地上还是_____，这时他们才明白，不是上天没有给他们理想，而是他们一心只等待丰收，却忘了_____。

A 一蹴而就　　可喜　　不劳而获　　耕耘

B 一步登天　　可怜　　劳劳无功　　种地

C 一鸣惊人　　可观　　一无所获　　播种

D 一手遮天　　可口　　一无所有　　传播

69. 花样游泳是女子体育项目，原为游泳赛间歇时的水中＿＿＿＿项目，是游泳、舞蹈和音乐的完美＿＿＿＿，有"水中芭蕾"之称，它是一项艺术性很强的＿＿＿＿的体育运动，但也需要力量和＿＿＿＿，需要多年的＿＿＿＿。

A 表演　　结合　　优雅　　技巧　　训练
B 比赛　　配合　　优美　　方法　　培训
C 演出　　联合　　美丽　　捷径　　体会
D 演技　　组合　　精致　　手段　　学习

70. 由于我国经济的高速发展，汽车＿＿＿＿步伐越来越快，城市交通拥堵问题＿＿＿＿严重，我们＿＿＿＿现阶段城市交通的现实状况，结合实际工作＿＿＿＿＿，制定了一系列措施＿＿＿＿交通拥堵。

A 度　　渐渐　　面向　　经历　　解决
B 率　　日渐　　面对　　过程　　摆脱
C 热　　慢慢　　应对　　经过　　减缓
D 化　　日益　　针对　　经验　　缓解

第 三 部 分

第 71-80题：选句填空。

71-75.

在2017年12月举办的第四届世界互联网大会上，搜狗公司首次对外展示了他们的"唇语识别"技术。

唇语识别是一项集机器视觉与自然语言处理于一体的技术，系统使用机器视觉技术，从图像中连续识别出人脸，判断其中正在说话的人，(71)＿＿＿＿＿＿；随即将连续变化的特征输入到唇语识别模型中，识别出讲话人口型对应的发音；随后根据识别出的发音,计算出可能性最大的自然语言语句。

搜狗的唇语识别技术诞生于其语音交互中心。最初，该中心的语音交互团队是想要找办法解决语音识别里的噪音问题，(72)＿＿＿＿＿＿。

据语音技术部负责人陈伟介绍，语音识别主要是做多模态的输入，包括了视觉和音频的结合，(73)＿＿＿＿＿＿。陈伟说的补充效果主要体现在两种场景下：第一种场景是噪声环境。如果在相对安静的场景下，语音识别准确率能达到97%，但在实际的车载、房间等环境嘈杂的场景下，(74)＿＿＿＿＿＿。第二种场景是摄像头下的语言获取。现阶段，大部分的场景下只有摄像头没有麦克风，摄像头获取的只是图像数据，很难知道现场这个人在讲什么。陈伟认为，(75)＿＿＿＿＿＿，但在很多场景中可以落地，比如在安防、助残、甚至一些电影中发挥用武之处。

A 语音识别的准确率会急剧下降

B 并提取出此人连续的口型变化特征

C 尽管目前唇语识别技术还不完善

D 随后才衍生出了做唇语识别的念头

E 唇语是一个很好的补充

76-80.

休闲方式就是人们工作以后使自己得到休息的方法。(76)_____，逐渐变化。

以前，中国人的休闲方式很少。在农村，因为经济条件不好，农民家里很少有电视机，又因为文化水平不高，认识的字不多，读书、看报纸的人也很少，(77)_____。农民经过一天的劳动，觉得很累，又没有其它合适的休息方式，只好早点睡觉。在城市，虽然有的家庭有电视机，有的家庭有收音机，认识字的人也比农村多，但是这些休闲活动都是在家里进行的，到外面去的活动比较少。

现在，中国人的休闲方式变得很丰富了。无论是在城市，还是在农村，人们的业余生活都越来越有意思了。尤其是在城市，跑步、游泳、爬山、钓鱼这些简单的活动非常受欢迎；骑马、滑冰、打高尔夫球也开始流行。还有许多收入高、工作竞争激烈的年轻人，年轻人很喜欢到酒吧、咖啡屋去度过他们的业余时间。(78)_____，在与朋友聊天的时候得到休息。

休闲方式变多，休闲生活变普遍，增加了人们的需要，扩大了消费，(79)_____。为了鼓励人们多走出家门，到外面去体会世界的精彩，同时促进

经济发展，中国政府在每年的"五·一"、"十·一"都要放七天长假。(80)____
_____，去远一点的地方旅行，去学习自己不会的东西，或者就在家里好好休
息。经过假日的休息，人们又以愉快的心情开始新的工作。

A 他们喜欢边听音乐边喝酒

B 人们可以在这几天里去看朋友

C 中国人的休闲方式正在由少变多

D 他们大多数是通过广播来了解国内外最新发生的大事的

E 给国家带来了大量的收入

第 四 部 分

第 81-100题：请选出正确答案。

81-84.

著名作家严歌苓已经有十几部小说被搬上大银幕，多位知名导演都跟她有过合作。严歌苓的作品为何如此受捧？这还要从她的小说本身说起。

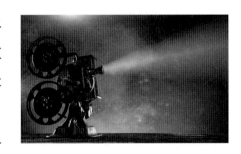

一直自许为小说家的严歌苓，最初的身份其实是剧作家。早在上个世纪80年代，严歌苓就发表了文学剧本《无词的歌》。剧本被上海电影制片厂选中，拍成了电影《心弦》。于是，二十出头的严歌苓便声名鹊起。此后，她又写了不少剧本。剧本写作过程中的影像思维、镜头技巧等逐渐内化为严歌苓的创作本能。在学界，严歌苓的小说被冠以"视觉化小说"、"电影化小说"的名头。因为严歌苓擅长运用镜头语言讲故事，文字叙述多用白描手法，具有丰富的画面感。有人总结道，"读严歌苓的小说不用仔细品析字句，将其想象成电影画面就行了"。

受过系统写作训练的严歌苓，小说技巧运用娴熟，对故事节奏的把握也恰到好处。她的中短篇小说往往人物个性鲜明，情节安排紧凑，故事完成度高。而这些都是严歌苓的小说适合拍成电影的原因——好看、流畅，挑不出毛病。严歌苓自身丰富的履历也为她的小说创作添色不少，作协大院的童年时光、青少年时期的军旅生涯、三十而立之后的留学生活，以及作为大使夫人四处游历的日子，都让她的生命体验不断丰满、充盈。从小到大的所见所闻为她提供了宝贵的写作素材。

一个好剧本是电影成功的开端，故事讲不好，<u>再华丽的演员阵容与布景，也</u>

仅仅是<u>金玉其外</u>。严歌苓小说本身的特点，使其具备了改编为电影剧本的先天优势。

81. 关于《无词的歌》，下列哪项正确？

    A 获过很多奖   B 是严歌苓的成名作

    C 写作时间长达20年   D 被改编成了相声剧本

82. 严歌苓的小说有什么特点？

    A 以人物对话为主   B 有大量心理描写

    C 有丰富的画面感   D 结局往往是开放式的

83. 最后一段中划线句子说明了什么？

    A 电影拍摄过程很艰难   B 电影需要完整的故事

    C 电影十分注重演员阵容   D 好剧本对电影极其重要

84. 关于严歌苓，可以知道什么？

    A 是外交学院毕业的   B 是一名导演兼小说家

    C 受过专业的写作训练   D 作品已被翻译成多国语言

85-88.

海鳗生活在太平洋和印度洋较浅的水域内。成年的海鳗体长60至70厘米，重1至2千克。它们牙齿尖锐，身体柔软，游动灵活，喜欢捕食虾、蟹、小型鱼类和乌贼。

小型鱼类大都喜欢生活在密密麻麻的珊瑚丛中，因此，尽管它们体型小，但大的鱼类要想靠近捕食并不容易。而且珊瑚丛里有很多四通八达的孔，小鱼一旦察觉到有捕食者靠近，很容易就能从另一边溜走。

因此，捕食小鱼时，聪明的海鳗从不单独行动，它会选择石斑鱼作为自己的帮手。石斑鱼也是肉食性鱼类，体长20至30厘米，体重和海鳗差不多，常以突袭的方式捕食。由于石斑鱼也喜欢捕食小鱼，所以它很乐意做海鳗的帮手。

每次捕食之前，海鳗都会来到石斑鱼生活的地方，对着一条石斑鱼摇摇头，摆摆尾。这条石斑鱼随即便会跟着鳗向珊瑚丛中游去。来到珊瑚丛旁边，石斑鱼会围着珊瑚丛转圈，里面藏着的小鱼看到凶猛的石斑鱼就不敢出来了。这时，海鳗会凭着柔软的身体钻到缝隙里去捕食，而那些受到惊吓溜出来的小鱼，就会被外围的石斑鱼逮个正着。通过这种合作，海鳗和石斑鱼能把捕食的成功率提高4倍以上，它们的合作堪称海洋世界跨物种合作的典范。

85. 第2段主要讲的是什么？

　　A 海鳗的天敌　　　　　　B 怎么养殖小鱼

　　C 捕食小鱼难度大　　　　D 珊瑚的外形特征

86. 石斑鱼有什么特点?

    A 擅长突袭　　　　　　　　B 全身呈灰色

    C 体长跟海鳗差不多　　　　D 成年石斑鱼重约5千克

87. 关于海鳗和石斑鱼的合作过程,可以知道什么?

    A 海鳗会在外围堵截　　　　B 石斑鱼负责潜入珊瑚丛

    C 石斑鱼会捕食海鳗的天敌　D 捕食前海鳗会主动找石斑鱼

88. 根据上文,下列哪项正确?

    A 海鳗是肉食性鱼类　　　　B 石斑鱼摆尾表示拒绝

    C 海鳗生活在大西洋中　　　D 石斑鱼和海鳗同属一个物种

89-92.

众所周知，"足迹"这个词最近很热门。在环保领域，"足迹"指某种东西对地球环境的影响。比如"碳足迹"，就是指某人或者某工厂的二氧化碳净排放量。作为最主要的温室气体，二氧化碳是全球气候变化的罪魁祸首。

从某种意义上讲，农业是人类在地球上留下的最大的"足迹"。农业就是人类对大自然的"改良"。农业这只大脚所到之处，森林变成了农田，湿地变成了牧场，野花、野草被斩尽杀绝，野生动物被逼无奈远走他乡。可是，没有农业，人类就不可能有现在的繁荣。

虽然农产品本质上都属"人造"物种，但经过多年种植，这些农作物已经和大自然达成了一种新的平衡。20世纪开始的科学进步打破了这一平衡。化肥、杀虫剂和除草剂等新技术的出现，在短时间内对大自然进行了又一轮新"改良"，其后果已经凸显。

进入21世纪，又掀起了一场新的农业技术革命，首当其冲的就是赫赫有名的转基因，其次是能源作物的大面积种植。所说的"能源作物"指的是能用来代替石油和煤炭等化石能源，为人类提供新能源的农作物。这些农业革新都需要进行严格的环境影响试验，才可能被允许大面积实施。

因为全球气候变化，以及化石能源的枯竭，能源作物的大规模种植已经不可避免。同时，利用农作物生产有机化学材料（以前这些材料大都来自石油，比如塑料）也是未来农业所面临的不可避免的挑战。这些农业革新几乎不可能离开转基因技术的支持。因此必须改变观念，对这项新技术进行深入而公正的研究。

由于绿色和平等非政府环保组织的不懈努力，国内公众对转基因普遍持怀疑态度。转基因作物对环境和人类的影响还有待进一步研究。

89. 根据上文，农业的发展造成了：

    A 森林面积减少　　　　　　　B 野生动物大量死亡

    C 湿地面积阔　　　　　　　　D 二氧化碳排放量增加

90. 未来，生产塑料的原材料是：

    A 新化石能源　　　　　　　　B 有机化学材料

    C 农作物　　　　　　　　　　D 核能源

91. 关于转基因作物，下列哪项正确？

    A 已成为新能源作物　　　　　B 受到很多人的质疑

    C 环保组织十分推崇　　　　　D 已被大面积种植

92. 下列哪项最适合做上文的标题？

    A 环保组织的不懈努力　　　　B 全球气候变化的罪魁祸首

    C 科技改变生活　　　　　　　D 农业的"足迹"

93-96.

英国著名诗人济慈认为，当牛顿用三棱镜把白色光分解成七色光谱时，彩虹那诗歌般的美也就永远一去不复返了。科学居然是如此的冷酷吗？ 千百年来，人类超然于自然而存在，我们拥有那么多美丽的传说，拥有那么深刻的对生命的敬畏与神秘感。然而似乎仅仅在一夜之间，我们的遗传秘密大白于天下，你我都成了生物学家眼里"透明的人"。

千百年来人类超越于自然高高在上的"做人"感觉，被与猩猩、老鼠、蝴蝶、果蝇等具有类似的基因组这一事实，撕扯得支离破碎。

其实，我们大可不必为自然奥秘的暂时丧失而忧心忡忡。相反的是，当你看清了挡在眼前的一片叶子，一棵未知的大树将会占据你的视野，而当你了解了这棵大树， 眼前出现的又将是一片未知的莽莽丛林。人类对世界的认识就像一个半径不断延伸的圆，随着我们科学知识之圆的拓疆辟壤，我们所接触的未知世界也在不断拓展，它们无疑会激发我们更加丰富的诗意体验和神秘想像！当阿姆斯特朗走出登月舱，迈出他那"个人一小步，人类一大步"的时候，当他怀着满腔喜悦极目远眺，或者以一个全新的视角回望我们的蓝色家园时，那种视觉和心灵的冲击该是何等强烈。

人类应该坚信，当科学家测定了人类基因组的所有序列后，我们对生命的敬畏和神秘感丝毫不会减退。 科学之于人类并非冷酷的冰凉，不会损毁我们对美好生活和多彩世界的诗意感悟。相反，如果虚无的信仰和蒙昧的神秘感可以让我们在无知和麻木中碌碌无为地消磨时光的话，这种虚幻的美丽不要也罢。有些后现代主义者打着人文精神的旗帜反对科学，其实科学精神与人文精神并不矛盾。科学的发展产生过核弹威胁、生态问题，而今又产生了基因恐惧和基因绝望，但这些并不是科学本身造成的，其根源，恰恰是人文精神的匮乏。

93. 作者为什么说你我都成了"透明人"？

    A 人们认同科学研究　　　　　B 人类基因序列被发现

    C 人与人变得坦诚了　　　　　D 牛顿发现了七色光谱

94. 关于未知世界，下列哪项正确？

    A 会激发人类探索精神　　　　B 秘密越来越少

    C 是一种泡沫般的美丽　　　　D 会给人类带来恐惧

95. 作者认为科学：

    A 是在不断扩展的　　　　　　B 冷酷无情

    C 让生命失去神秘感　　　　　D 让生命失去诗歌美

96. 上文主要谈的是：

    A 人类基因的秘密　　　　　　B 生物学的发展过程

    C 对科学的认识　　　　　　　D 自然的奥秘

97-100.

心理年龄并不是一个"固定值"，它是可以变化的。经常听到有人说，我老了，但心年轻，有些人则是身体还年轻，心已苍老。所谓心"老"，大约说的就是心理年龄超过了生理年龄。也的确有专业测试的结果表明，很多人的心理年龄就是大于生理年龄的。

其实这个现象在全世界都普遍存在，极少有人的心理年龄和生理年龄是完全一样的，而前者高出后者，也是正常的现象。即使相差很多，也并非病态。所以大可不必因为心理年龄的"老"而忧虑。

心理年龄的高低，和一个人的遗传、性格、经历、环境等等因素密切相关，甚至受到近期的心情等多变因素的影响。它本身并不是一个"病理名词"，而只是一个心理发展的"时间参数"。它并不是一个固定值，是可以变化的。如果在错综复杂的人际关系环境中，擅长利用这种变化，将十分有利于人际关系的处理，而此时的心理年龄就是改善各种沟通阻力的"滑动变阻器"。

比如，对待小孩，我们可能都会自然而然地和他们用孩子的口吻来交流，因为对方是小孩，只有这样才能比较顺利地与他们进行对话沟通。这个时候，就是我们在把自身的心理年龄不自觉地下调到了与对方接近的尺度，所以不会觉得有沟通障碍。其实这种方法，如果稍加用心地普遍应用，将会成为人际交往的润滑剂。

最简单的，和父母之间，成年后会觉得沟通困难。那是因为，在父母心目中，我们永远都是天真烂漫的小孩子。不管在外面，是多么大的公司、多么高的地位，那些"附加值"在父母看来，都不过是"皇帝的新装"。用"社会面孔"去对待父母，你不自知，可父母会感到极端不舒服。

一个人的心理年龄与实际年龄相吻合应该是一种相对理想的境界。当我们了解各阶段心理年龄的优缺点后，自然可以像了解任何事物那样地加以利用，取长补短，如同很多年前提倡的"换位思考"那样，心理年龄是一个新的参数帮助我们在人际关系中游刃有余，得到最佳的发展环境。

97. 心理年龄"老"：

    A 说明心情不好   B 受遗传的影响

    C 是病态心理   D 是一个固定值

98. 用小孩子的口吻交流是为了：

    A 消除沟通障碍   B 让孩子有爱心

    C 富于幽默   D 安慰父母

99. 交际中应该怎样利用心理年龄？

    A 确定一个固定值   B 展现真实的心理年龄

    C 根据不同对象进行调整   D 使实际年龄与心理年龄相吻合

100. 上文主要介绍了心理年龄的：

    A 形成过程   B 判断方法

    C 构成因素   D 应用价值

书写

쓰기

요약 쓰기

기출문제 탐색전

실전 모의고사

기출문제 탐색전

　　第一次参加家长会，幼儿园的老师说："你的儿子有多动症，在板凳上连三分钟都坐不了，你最好带他去医院看一看。"回家的路上，儿子问妈妈，老师都说了些什么，她鼻子一酸，差点流下泪来。因为全班30位小朋友，只有她的儿子表现最差；唯有对他，老师表现出不屑。然而她还是告诉她的儿子："老师表扬你了，说宝宝原来在板凳上坐不了一分钟，现在能坐三分钟了。其他的妈妈都非常羡慕你的妈妈，因为全班只有宝宝进步了。"那天晚上，她儿子破天荒吃了两碗米饭，并且没让她喂。

　　儿子上小学了。家长会上，老师说："全班50名同学，这次数学考试，你儿子排在第40名，我们怀疑他智力上有些障碍，你最好能带他去医院查一查。"走出教室，她流下了泪。然而，当她回到家里，却对坐在桌前的儿子说："老师对你充满了信心。他说了，你并不是个笨孩子，只要能细心些，会超过你的同桌，这次你的同桌排在第21名。"说这话时，她发现，儿子黯淡的眼神一下子充满了光亮，沮丧的脸也一下子舒展开来。她甚至发现，从这以后，儿子温顺得让她吃惊，好像长大了许多。第二天上学时，去得比平时都要早。

　　孩子上了初中，又一次家长会。她坐在儿子的座位上，等着老师点她儿子的名字，因为每次家长会，她儿子的名字总是在差生的行列中被点到。然而，这次却出乎她的预料，直到家长会结束，都没听到他儿子的名字。她有些不习惯，临别去问老师，老师告诉她："按你儿子现在的成绩，考重点高中有点危险。"听了这话，她惊喜地走出校门，此时，她发现儿子在等她。走在路上，她扶着儿子的

101번은 쓰기 부분이다. 6급의 쓰기는 요약 쓰기로, 비교적 높은 독해 실력이 있어야 한다. 좋은 성적을 얻기 위해서는 먼저 문제를 읽고 이해할 수 있어야 한다. 하지만 이해하는 것만으로는 부족하다. 많은 학생이 문제를 읽고 난 뒤 자신이 이해했다고 생각하지만, 막상 요약해서 써내지 못하는 경우가 많다. 문제의 중점적인 내용과 핵심 단어를 정리하고 기억해서 새롭게 써야 하는 만큼 나름의 난이도가 있어 그에 대처할 기술과 요령이 필요하다. 또한 듣기가 총 3부분에 100점, 독해가 총 4부분에 100점인 것과 비교할 때 쓰기 한 부분이 100점이라는 것은 점수적으로도 차지하는 비중이 크다고 할 수 있다.

肩膀，心里有一种说不出的甜蜜，她告诉儿子："班主任对你非常满意，他说了，只要你努力，很有希望考上重点高中。"

　　高中毕业了。第一批大学录取通知书下达时，学校打电话让她儿子到学校去一趟。她有一种预感，她儿子被第一批重点大学录取了，因为在报考时，她对儿子说过，相信他能考取重点大学。儿子从学校回来，把一封印有清华大学招生办公室的特快专递交到她的手里，突然，就转身跑到自己的房间里大哭起来，儿子边哭边说："妈妈，我知道我不是个聪明的孩子，可是，这个世界上只有你能欣赏我……"听了这话，妈妈悲喜交加，再也按捺不住十几年来凝聚在心中的泪水，任它流下，打在手中的信封上……

❶ 쓰기 부분은 먼저 학생들에게 1,000자 정도 되는 문제를 10분 동안 읽도록 한다. 문제를 읽는 10분 동안은 펜을 들고 기록을 할 수 없다.

❷ 쓰기에 나오는 문제는 대부분 특정한 주제를 중심으로 사건이 전개되는 이야기형인 경우가 많다.

❸ 문제의 모든 내용을 10분 안에 그대로 암기할 수는 없다. 단락별로 핵심 문장이 무엇인지, 요약 쓰기 시 꼭 사용해야 할 단어는 무엇인지 잘 체크해놓도록 한다. 특히 반드시 사용해야 하는 단어가 있다면 그 한자를 잘 기억해두도록 하자.

❹ 꼭 사용해야 할 핵심 문장에 모르는 단어가 있다면 문장의 주요성분인 '주어 + 서술어 + (목적어)' 위주로 외워두면 된다.

❺ 10분 후 감독관이 문제 자료를 다시 거두어 가면 문제의 내용을 400자 정도의 단문으로 35분 동안 요약 쓰기한다.

101.

只有你能欣赏我

　　第一次参加家长会，幼儿园老师说她的儿子有多动症，全班只有她的儿子表现最差。回家的路上，儿子问妈妈老师说了什么，妈妈忍着泪说全班只有儿子进步了，老师表扬了儿子，那天晚上，她儿子破天荒吃了两碗米饭，并且没让她喂。

　　儿子上小学了，家长会上老师说她儿子在全班50名同学中排在第40名，老师们怀疑儿子智力上有些障碍，然而回到家，她却告诉儿子老师说只要他能细心些，会超过他排在第21名的同桌。从这以后，儿子温顺得让她吃惊，好像长大了许多。

　　孩子上了初中，又一次家长会。可是这一次老师却没有点儿子的名，她去问老师，老师说她儿子考重点高中有点危险。走在路上，她告诉儿子班主任说只要他努力，很有希望考上重点高中。

　　高中毕业了，第一批大学录取通知书下达时，学校让她儿子去一趟，她预感儿子被第一批重点大学录取了，因为她对儿子说过，相信他能考取重点大学。儿子从学校回来，把清华大学里的录取通知书交到她手里，突然跑到房间里大哭起来，边哭边说：只有你能欣赏我……妈妈再也按捺不住泪水，任它流下……

오직 당신만이 나를 좋아합니다

첫 번째 학부모 회의에서, 유치원 선생님은 그녀의 아들이 과다 활동 증상이 있고 반 전체에서 표현이 제일 떨어진다고 말했다. 집에 돌아오는 길에 아들은 엄마한테 선생님께서 무슨 얘기를 했는지 물었다. 엄마는 눈물을 참고 반 전체에서 아들만 향상해 선생님께서 칭찬하셨다고 말했다. 그날 저녁, 아들은 처음으로 밥 두 공기를 먹었고 게다가 엄마에게 달라고 하지 않았다.

아들이 초등학교에 올라갔고, 학부모 회의에서 선생님은 그녀의 아들이 반 전체 50명 중에서 40등을 한다고 말했다. 선생님들은 아들의 지능에 조금 장애가 있는 것이 아닌지 의심했다. 하지만 집에 돌아오고 나서, 그녀는 오히려 아들에게 선생님께서 아들이 조금 세심하기만 하면 21등을 한 짝꿍을 뛰어넘을 수 있다고 했다고 알려주었다. 이날 이후, 아들은 매우 많이 자란 듯 그녀가 놀랄 정도로 온순해졌다.

아이가 중학교에 올라갔고, 또 한 번의 학부모 회의가 있었다. 그러나 이번에는 선생님이 오히려 아들의 이름을 부르지 않자, 그녀는 선생님에게 가서 물었다. 선생님은 그녀의 아들이 고등학교 시험을 보기에는 조금 위험하다고 말했다. 길을 걷다가, 그녀는 아들에게 담임 선생님께서 열심히만 하면 고등학교 시험을 볼 희망이 있다고 말했다고 하였다.

고등학교를 졸업하고 첫 번째 유명 대학들의 합격 통지서를 받을 때, 학교에서 그녀의 아들을 오라고 하였다. 그녀는 아들이 첫 번째 유명 대학들의 시험에 합격했을 거라고 예감했다. 왜냐하면, 그녀는 아들에게 유명 대학 시험에 합격할 것을 믿는다고 얘기를 했었기 때문이다. 아들은 학교에서 돌아와 칭화대학의 합격 통지서를 그녀의 손에 건네주었고, 갑자기 자기 방안으로 뛰어들어가 크게 울기 시작하더니 훌쩍이며 말했다. "오직 엄마만이 저를 좋아해요…" 그녀는 더 이상 멈추지 않는 눈물을 참지 못하고 흘러 내리도록 내버려 두었다…

❶ 스스로 적절한 제목을 정해야 한다. 어차피 정해진 내용이 있기 때문에 제목을 어떻게 정하느냐에 따라 요약문의 내용이 바뀌는 것은 아니다. 따라서 당장 제목이 생각나지 않는다면 요약 쓰기 하는 과정에서 좋은 제목이 떠오를 수 있으므로 한 줄을 띄워놓고 시작하자.

❷ 문제의 내용만을 요약해서 써야 하며, 자신의 개인적인 의견이나 주장이 들어가서는 안 된다.

❸ 단락의 구분을 잘 활용해보자. 제시된 문제는 대부분 총 네 개의 단락으로 되어 있으므로, 단락별로 주요 내용을 요약한다는 생각으로 쓰는 것도 효과적이다. 만약 문제의 전체 내용에 크게 영향을 주지 않는 짧은 단락이라면 요약 쓰기 시 아예 생략하는 것도 괜찮다. 혹은 비교적 긴 단락이고 그 안에 두 개 이상의 내용이 들어 있다면 요약 쓰기 할 때 각각 하나의 단락으로 풀어 쓰는 것도 무방하다.

❹ 문제에서 표현이나 단어가 어려웠다면 자신이 쓸 수 있는 단어를 사용해 쉽게 바꾸어 의미 전달을 해도 괜찮다. 문제에서의 표현이 그대로 생각나지 않는다고 해서 핵심 문장을 빼는 것은 좋지 않다.

书写

01 시간의 실마리 + 사건

DAY 1-5

시간의 변화를 실마리로 사건이 발생하거나 인물의 감정이나 행동에 변화가 생기는 경우를 뜻한다. 만약 문제에서 시간의 변화를 찾아냈다면, 각 시간내에 발생하는 사건 등을 표시하여 잘 정리하는 것만으로도 요약 쓰기가 훨씬 쉬워질 수 있다. 또한 시간을 나타내는 단어나 표현들은 주로 ', (쉼표)'로 끊어져 있는 경우가 많기 때문에 쉽게 찾아낼 수 있다.

쓰기 시크릿 백전백승

1 시간의 흐름을 잡아라!

주로 인물의 일생이나 생활에 대한 글은 시간을 실마리로 이야기를 풀어 가는 경우가 많다. 짧게는 하루(예를 들어, 아침-오전-오후-저녁)가 될 수도 있고, 크게는 일생의 시기(예를 들어, 아동기-청소년기-중년기-노년기)가 될 수도 있다. 이러한 시간이나 시기별로 일어나는 사건이나 인물에게 일어나는 일, 그에 따른 인물의 감정 변화 등을 잘 정리하면서 읽고 핵심 문장을 찾아내어 기억한다면 멋진 요약 쓰기를 할 수 있다.

2 독해 실력이 관건이다!

6급 쓰기는 짧은 10분이라는 시간 안에 문제를 읽고 내용을 파악하고 중요 표현들을 암기해야 하는 파트이다. 게다가 요약 쓰기를 할 때 원래 제시된 글의 내용에 근거해야 하며, 자신의 개인적인 견해가 들어가서는 안 되는 만큼 문제를 정확하게 읽지 못하면 요약 쓰기는 거의 불가능하다고 할 수 있다. 따라서 평소에 독해 3, 4부분을 열심히 공부하는 것이 쓰기를 위해서도 반드시 필요하다.

3 손가락을 사용해라!

요약 쓰기 부분의 가장 큰 어려움은 문제를 읽을 때 펜을 들 수 없다는 점이다. 그렇다고 눈으로만 봐서는 내용이 잘 정리되지 않는다. 이가 없으면 잇몸으로! 손가락을 사용하면서 문제를 읽고, 꼭 외워야 하는 한자는 손가락으로 책상에 써 가면서 암기하도록 하자.

문제 1

　　后来恐怕很多人都已经记不清自己儿时的梦想了吧。但有个女孩却一直坚持着自己儿时要做世界冠军的梦。为此，她每天都早早起床跑步，课余时间除了帮父母做家务就是参与各种体育活动。

　　后来，她不得不忙于学业；再后来，她又结婚、生子；然后要照顾孩子。孩子长大后，婆婆又瘫痪了，她又要照看婆婆。接下来，她又要照顾孙子……转眼间，她已经六十多岁了。总算没有什么让她分心的事情了，她又开始锻炼身体，想实现童年的梦想。她的丈夫开始总是笑她，说他没见过一个六十多岁的人还能当冠军的。后来他却被她的执著感动，开始全力支持她，并陪她一起锻炼。三年后，她参加了一项老年组的长跑比赛。本来就要实现她的冠军梦了，谁知就在她即将到达终点的时候，不小心摔了一跤，她的手臂和脚踝都受伤了。与冠军失之交臂的她痛惜不已。

　　等伤好了，医生却警告她，以后不适合再参加长跑比赛了。她沮丧极了，多年的心血白费了。难道冠军梦就永远也实现不了了吗？这时，丈夫鼓励她说："冠军有很多种，你做不了长跑比赛的冠军，可以做别的项目的冠军啊。"从此，她开始练习推铅球。

　　允许老年人参加的比赛并不多。七年后，她才等到了机会，报名参加国外一场按年龄分组的铅球比赛。但就在出国前夕，她的丈夫突然病倒了。一边是等待了多年的得冠军的机会，一边是陪伴了自己大半生的丈夫，她最终放弃了比赛的机会。

　　多年后，她终于等到了世界大师锦标赛。这场大赛不仅包括铅球比赛，而且参赛选手的年龄不限，并按年龄分组比赛。不过，这项比赛却是在加拿大举办，离她的国家太远了。她的儿孙都不让她去。因为当时的她已经快八十岁了。虽然不能去，但她依然坚持锻炼。她坚信，自己有一天一定能当上冠军。

　　转眼，又二十多年过去了。2009年10月份，世界大师锦标赛终于在她的家乡举办了。来自全世界95个国家和地区的28,292名"运动健将"参加了本届全球规模最大的体育赛事。虽然当时她已经年过百岁，但没有人能再阻止她的冠军梦了。

　　那一天是10月10日，阳光明媚。她走上赛场后，举重若轻地捡起八斤多重的铅球放在肩头、深呼吸，然后用力一推，铅球飞出4米多远。这一整套流畅的动作让现场的观众们惊呼不已，都纷纷站起来给她鼓掌。她也凭此一举夺得了世界大师锦标赛女子100岁至104岁年龄组的铅球冠军。

记者问她："您这么大年纪还能举得起这么重的铅球，真是令人惊叹。您是怎么锻炼的？"她骄傲地回答说："我每周5天定期进行推举杠铃训练，我推举的杠铃足有80磅（约36.29公斤）。虽然我知道，只要我参赛就一定能获得冠军（在这个年龄段，能举得起这个重量，还能来这里参赛的人只有她一人），但那样对我来说太没意义了。我要向所有人证明，我不是靠幸运，而是靠实力夺取冠军的。"她的话赢来了众人热烈的鼓掌。

她就是澳大利亚的百岁老太——鲁思·弗里思。

一个将梦想坚持了百年的人，魔鬼也许可以阻挡她实现梦想的脚步，却无法阻挡她梦想成真！

문제 분석 시간대에 발생하는 핵심이 되는 사건을 찾는다.

지문해석

아마 많은 사람이 이미 자신의 어렸을 때의 꿈이 무엇인지 정확히 기억하지 못할 것이다. 그러나 한 여자아이는 줄곧 자신의 어렸을 적 세계 챔피언이 되겠다는 꿈을 지키고 있었다. 이를 위해 그녀는 매일 아침마다 일어나서 달리고, 수업 외 시간에는 부모님을 도와 집안일을 하지 않으면 각종 체육 활동에 참여했다.

후에 그녀는 어쩔 수 없이 학업으로 바빴고, 또 이후에 그녀는 결혼해서 자식을 낳은 후에는 아이를 돌봐야 했다. 아이가 자란 후에는, 시어머니가 또 마비되어 그녀는 또 시어머니를 돌봐야 했다. 이어 그녀는 또 손자를 돌봐야 했다… 눈 깜짝할 사이에 그녀는 이미 60세가 넘어버렸다. 마침내 그녀가 걱정할 어떤 일도 없게 되었을 때, 그녀는 또 운동하기 시작했고, 어린 시절의 꿈을 이루고 싶었다. 그녀의 남편은 처음에 그녀를 비웃었고, 그는 60세가 넘은 사람이 챔피언이 되는 것은 보지 못했다고 말했다. 그러나 후에 그는 그녀의 집착에 감동하여 온 힘을 다해 그녀를 지지하기 시작했고, 또한 그녀와 함께 운동했다. 3년 후, 그녀는 노인 장거리 달리기에 참가했다. 본래는 그녀의 챔피언 꿈이 실현되려고 했다. 하지만 그녀가 막 결승점에 도착하려고 할 때 부주의하여 넘어졌고, 그녀의 팔과 복사뼈가 부상을 당하리라고 누가 알았겠는가. 챔피언이 될 기회를 눈앞에서 놓친 그녀는 애석해 마지않았다.

부상이 나은 뒤 의사는 그녀에게 앞으로 또다시 장거리 달리기에 참가하는 것은 적합하지 않다고 경고했다. 그녀는 너무나도 실망했다. 수년간의 노력이 다 헛된 것이었다. 그럼 챔피언의 꿈은 영원히 실현될 수 없단 말인가? 이때 남편이 그녀를 격려하며 말했다. "챔피언은 여러 가지가 있어. 당신이 장거리 달리기의 챔피언이 될 수 없다면, 다른 종목의 챔피언이 될 수도 있지." 이때부터, 그녀는 투포환 던지기를 연습하기 시작했다.

노인들의 참가를 허락하는 경기는 결코 많지 않았다. 7년 뒤, 그녀는 그제야 기회를 잡았고, 나이별로 열린 국외 투포환 경기에 참가 신청을 했다. 그러나 출국 바로 전날 밤, 그녀의 남편이 갑자기 병이나 쓰러졌다. 한쪽은 몇 년 동안 기다렸던 챔피언을 따낼 기회였고, 한쪽은 자신과 반평생 동안 함께한 남편이었다. 그녀는 결국 경기의 기회를 포기했다.

몇 년 후, 그녀는 마침내 세계 마스터토너먼트에 참가하기를 기다렸다. 이 경기는 투포환 경기를 포함할 뿐 아니라 경기 참가 선수의 나이에도 제한이 없었고, 게다가 나이별로 조를 나누어 경기했다. 그러나 이 경기는 캐나다에서 열려 그녀의 나라에서 너무 멀었다. 그녀의 아들과 손자가 모두 못 가게 했다. 당시의 그녀는 이미 80세가 되어가고 있었기 때문이다. 비록 갈 수는 없었지만, 그녀는 여전히 훈련을 계속했다. 그녀는 자신이 챔피언이 될 날이 있을 거라고 굳게 믿었다.

눈 깜짝할 사이에 또 20년이 지나갔다. 2009년 10월, 세계 마스터토너먼트가 드디어 그녀의 고향에서 열렸다. 전 세계 95개 국가와 지역에서 온 28,292명의 '운동의 고수'가 이번 전 세계에서 규모가 가장 큰 체육 경기에 참가했다. 비록 당시의 그녀는 이미 100살이 넘었지만, 절대 그녀의 챔피언 꿈을 막는 사람은 없었다.

그날은 10월 10일이었고, 햇빛은 밝고 아름다웠다. 그녀는 경기장에 걸어나간 뒤, 가볍게 4kg의 투포환을 들어 어깨에 올리고, 깊게 숨을 쉬고 힘을 써 던지자, 투포환은 4m 넘게 날아갔다. 이 완벽한 막힘 없는 동작은 현장에 있는 관중을 놀라게 했고 모두 연이어 일어나 그녀에게 박수를 쳤다. 그녀는 이것으로 단번에 세계 마스터토너먼트 여자 100~104세 연령 조의 투포환 챔피언을 차지했다.

기자가 그녀에게 물었다. "당신은 이렇게 많은 나이에 이렇게 무거운 투포환을 여전히 들 수 있다니 정말 놀랍고 감탄스럽습니다. 어떻게 훈련하신 겁니까?" 그녀는 자랑스럽게 대답했다. "저는 매주 5일 동안 정기적으로 추상 바벨 훈련을 했습니다. 제가 드는 바벨은 족히 80파운드(약 36.29kg)가 되죠. 저는 비록 제가 경기에 참가하기만 하면 챔피언을 차지하리라는 것(이 연령대에 이러한 중량을 들 수 있고, 또한 이곳 경기에 참가하러 온 사람은 오직 그녀 한 사람이었다)을 알고 있었지만, 그런 식은 저에게 아무런 의미가 없었어요. 저는 모든 사람에게 제가 행운에 기댄 것이 아니라 실력으로 챔피언을 차지했다는 것을 증명하려고 했어요." 그녀의 말은 많은 사람들의 열렬한 박수를 얻었다.

그녀는 바로 오스트레일리아의 100세 노인 루스 프리스이다.

꿈을 100년 동안 지켜온 사람은, 사탄이 아마도 그녀가 꿈을 이루는 발걸음을 막을 수는 있겠지만, 그녀가 꿈을 이루는 것을 막을 수는 없었다!

단어 恐怕 kǒngpà 통 두려워하다, 걱정하다, 염려하다 ｜ 부 아마 ｜ 冠军 guànjūn 명 챔피언, 우승자 ｜ 家务 jiāwù 명 가사, 집안 일 ｜ 忙于 mángyú 통 ~에 바쁘다 ｜ 婆婆 pópo 명 시어머니 ｜ ★ 瘫痪 tānhuàn 통 마비되다 ｜ 照看 zhàokàn 통 돌보다, 보살피다 ｜ 转眼间 zhuǎnyǎnjiān 명 눈 깜짝할 사이, 순식간 ｜ 分心 fēnxīn ① 주의력을 분산시키다, 한눈을 팔다 ② 걱정하다, 염려하다 ｜ 童年 tóngnián 명 어린 시절 ｜ 执著 zhízhuó 집착하다, 매달리다, 집요하다 ｜ ★ 即将 jíjiāng 머지않아, 장차 ｜ 摔 shuāi ① 내던지다 ② 떨어뜨려 부수다 ③ 넘어지다 ｜ 手臂 shǒubì 명 팔 ｜ 脚踝 jiǎohuái 명 복사뼈 ｜ 失之交臂 shīzhī jiāobì 성 눈 앞에 있는 좋은 기회를 놓치다 ｜ 痛惜 tòngxī 통 (가슴이 저밀 정도로) 애석해하다 ｜ 不已 bùyǐ 통 ~해 마지않다 ｜ ★ 沮丧 jǔsàng 풀이 죽다, 실망하다 기를 꺾다, 실망시키다 ｜ ★ 心血 xīnxuè 명 심혈, 온갖 힘 ｜ 白费 báifèi 통 헛되이 쓰다, 허비하다 ｜ 推铅球 tuīqiānqiú 명 포환 던지기 ｜ 前夕 qiánxī 명 전 날, 전날 밤 ｜ 陪伴 péibàn 통 함께하다, 모시다, 동반하다 ｜ 大师 dàshī 명 대가 ｜ 锦标赛 jǐnbiāosài 명 선수권 대회, 토너먼트 ｜ 坚信 jiānxìn 굳게 믿다, 확실히 믿다 ｜ 健将 jiànjiàng 명 달인, 고수, 실력자 ｜ 届 jiè 명 회, 기, 차 ｜ 阻止 zǔzhǐ 통 저지하다, 가로막다 ｜ 明媚 míngmèi 형 맑고 아름답다 ｜ 举重若轻 jǔzhòng ruòqīng 성 어려운 문제를 아주 쉽게 해결하다 ｜ 捡 jiǎn 통 줍다, 습득하다 ｜ 肩头 jiāntóu 명 어깨 위 ｜ 整套 zhěngtào 완전한, 완전히 갖추어진 ｜ 流畅 liúchàng 형 막힘이 없다, 유창하다, 거침없다 ｜ 惊呼 jīnghū 통 놀라 부르짖다 ｜ 纷纷 fēnfēn 형 많다 부 잇달아, 쉴 새 없이 ｜ 一举 yìjǔ 부 단번에, 한 번에 ｜ 夺得 duódé 통 쟁취하다, 따다, 차지하다 ｜ 惊叹 jīngtàn 통 놀라고 감탄하다 ｜ 推举 tuījǔ 통 들다 ｜ 杠铃 gànglíng 명 바벨 ｜ ★ 磅 bàng 명 파운드 ｜ 幸运 xìngyùn 형 운이 좋다 ｜ 夺取 duóqǔ 노력하여 얻다, 노력하여 쟁취하다 ｜ ★ 魔鬼 móguǐ 명 ① 마귀, 사탄 ② 사악한 사람, 사악한 세력 ｜ 阻挡 zǔdǎng 통 가로막다, 저지하다, 차단하다

해설 ▶ ❶ 글의 구성을 파악한다.
주인공은 어린 시절의 꿈을 포기하지 않고, 60세가 넘어서 다시 연습을 했다. 하지만, 부상을 당하고, 남편이 쓰러지고, 몇 년 후엔 가는 길이 너무 멀어서 경기에 참가하지 못하는 등 여러가지 우여곡절이 있었다. 이런 과정을 통해 100년을 지켜온 챔피언의 꿈은 마침내 실현되었다. 따라서 이 글의 시간적 맥락을 다음과 같이 정리할 수 있다.

儿时 → 后来 → 六十多岁了 → 三年后 → 等伤好了 → 七年后 → 多年后 → 又二十多年过去了

▶ ❷ 각 시간별로 중요한 핵심이 되는 사건과 그것을 묘사하는 단어나 표현을 찾아낸다.
주인공은 어린 시절 세계 챔피언이 되겠다는 꿈을 갖고 있었고, 시간이 흘러감에 따라 그 시간마다 사건이 발생했다. 이러한 사건들은 그녀가 챔피언이 될 수 없게 만들었지만, 결국 100세 때 세계 챔피언이 되고야 말았다. 이것이 바로 시간 변화에 따른 모든 사건의 발전 맥락이며 다음과 같이 정리할 수 있다.

시간	사건
儿时	要做世界冠军 세계 챔피언이 되려고 했다
后来	忙 바빴다
六十多岁了	又开始锻炼身体，想实现童年的梦想。 또 운동을 시작했고, 어린 시절의 꿈을 실현하고 싶어했다.

시간	사건
三年后	她参加了一项老年组的长跑比赛。不小心摔了一跤，与冠军失之交臂。 그녀는 노인 장거리 달리기 대회에 참가했다. 부주의로 넘어져, 챔피언이 될 기회를 눈 앞에서 놓쳤다.
等伤好了	医生警告她，以后不适合再参加长跑比赛了。从此，开始练习推铅球。 의사가 그녀에게 앞으로 또다시 장거리 달리기 대회에 참가하는 것은 적합하지 않다고 경고했다. 이 때부터 투포환 던지기를 연습하기 시작했다.
七年后	报名参加国外一场按年龄分组的铅球比赛，但丈夫突然病倒了，她最终放弃了比赛的机会。 나이별로 열린 국외 투포환 던지기 대회에 참가 신청을 했지만 남편이 갑자기 병이 나 쓰러져, 그녀는 결국 대회의 기회를 포기했다.
多年后	她终于等到了世界大师锦标赛，不过离她的国家太远了，她的儿孙都不让她去。 그녀는 마침내 세계 마스터토너먼트에 참가하기를 기다렸다. 그러나 그녀의 나라에서 너무 멀어 아들과 손자가 모두 못 가게 했다.
又二十多年过去了	世界大师锦标赛终于在她的家乡举办了，她一举夺得了女子100岁至104岁年龄组的铅球冠军。 세계 마스터토너먼트가 마침내 그녀의 고향에서 열렸고, 그녀는 단번에 여자 100~104세 연령조의 투포환 던지기 챔피언을 차지했다.

▶ ❸ 글의 내용을 풍부하게 한다.
한 편의 글을 쓰기 위해서는 각 시간의 흐름별로 중요한 단어나 표현을 이용해 주변에 좀 더 내용을 보충하여 사건들이 연결될 수 있도록 해야 한다. 가장 좋은 방법은 육하원칙(누가, 무엇을, 언제, 어디서, 어떻게, 왜)에 해당하는 내용 위주로 보는 것이다.

시간	사건
(有一个女孩儿一直坚持着自己) 儿时	要做世界冠军(的梦。)
(可是)后来	(她很)忙(，没能实现自己的梦想。)
(转眼间，她已经) 六十多岁了	(终于没有让她分心的事情了，她)又开始锻炼身体，想实现童年的梦想。
三年后	她参加了一项老年组的长跑比赛(，可就在快要到终点的时候，)不小心摔了一跤(受了伤)，与冠军失之交臂。
等伤好了	医生警告她，以后不适合再参加长跑比赛了(，她沮丧极了。丈夫鼓励她争取当别的项目的冠军，)从此(她)开始练习推铅球。
七年后	(她)报名参加国外一场按年龄分组的铅球比赛，但(就在出国前夕，)丈夫突然病倒了，她最终放弃了比赛的机会。
多年后	她终于等到了世界大师锦标赛，不过(那项比赛在加拿大举办，)离她的国家太远了，她的儿孙都不让她去。
又二十多年过去了	世界大师锦标赛终于在她的家乡举办了，(那一天是10月10日，阳光明媚。)她一举夺得了女子100岁至104岁年龄组的铅球冠军。(记者采访她时，她说她要向所有人证明自己是靠实力夺取冠军的。她就是澳大利亚的百岁老太——鲁思·弗里思。)

▶ ❹ 제목을 정한다.

제목은 자유롭게 만들 수 있다. 이 글은 첫 번째 단락에 '梦想(꿈)'이, 마지막 단락에 '将梦想坚持了百年(꿈을 100년 동안 간직했다)'이라는 표현이 나온다. 이 두 가지 표현을 이용해서 '坚持了百年的梦想(100년을 간직해 온 꿈)', '百岁冠军梦(100세 우승의 꿈)'이라는 제목을 만들 수 있다.

모범 답안

　　　　坚持了百年的梦想

　有一个女孩儿一直坚持着自己儿时要做世界冠军的梦。可是后来，她忙这忙那，没能实现自己的梦想。

　转眼间，她已经六十多岁了，终于没有让她分心的事情了，她又开始锻炼身体，想实现她童年的梦想。 **100**

　三年后，她参加了一项老年组的长跑比赛，可就在快要到终点的时候，不小心摔了一跤受了伤，与冠军失之交臂。 **200**

　等伤好了，医生警告她，以后不适合再参加长跑比赛了，她沮丧极了。丈夫鼓励她争取当别的项目的冠军，从此她开始练习推铅球。

　七年后，她报名参加国外一场按年龄分组的铅球比赛，但就在出国前夕，丈夫突然病倒了，她最终放弃了比赛的机会。 **300**

　多年后，她终于等到了世界大师锦标赛，不过那项比赛在加拿大举办，离她的国家太远了，她的儿孙都不让她去。

　又二十多年过去了，世界大师锦标赛终于 **400** 在她的家乡举办了，那一天是10月10日，阳光明媚。她一举夺得了女子100岁至104岁年龄组的铅球冠军。记者采访她时，她说她要向所有人证明自己是靠实力夺取冠军的。她就是澳大利亚的百岁老太——鲁思·弗里思。 **500**

쓰기

100년을 간직해온 꿈

한 여자아이가 줄곧 자신의 어렸을 때 세계 챔피언이 되겠다는 꿈을 지키고 있었다. 그러나 후에, 그녀는 이런 저런 일로 바빠 자신의 꿈을 이루시 못했다.

눈 깜짝할 사이에 그녀는 이미 60세가 넘었고, 마침내 그녀가 걱정할 어떤 일도 없게 되었을 때, 그녀는 또 운동을 하기 시작했고, 어린 시절의 꿈을 이루고 싶었나.

3년 후, 그녀는 노인 장거리 달리기에 참가했다. 하지만 그녀가 막 결승점에 도착하려고 할 때 부주의하여 넘어졌고, 챔피언이 될 기회를 눈앞에서 놓쳤다.

부상이 나은 뒤 의사는 그녀에게 앞으로 또다시 장거리 달리기에 참가하는 것은 적합하지 않다고 경고했다. 그녀는 너무나도 실망했다. 남편은 그녀에게 다른 종목의 챔피언이 되기 위해 노력하면 된다고 격려했으며, 이때부터 그녀는 투포환 던지기를 연습하기 시작했다.

7년 뒤, 그녀는 나이별로 열린 국외 투포환 경기에 참가 신청을 했다. 그러나 출국 바로 전날 밤, 그녀의 남편이 갑자기 병이나 쓰러졌고, 그녀는 결국 경기의 기회를 포기했다.

몇 년 후, 그녀는 마침내 세계 마스터토너먼트에 참가하기를 기다렸다. 그러나 이 경기는 캐나다에서 열려 그녀의 나라에서 너무 멀었고, 그녀의 아들과 손자가 모두 못 가게 했다.

또 20년이 지나갔다. 세계 마스터토너먼트가 드디어 그녀의 고향에서 열렸고, 그날은 10월 10일이었으며, 햇빛은 밝고 아름다웠다. 그녀는 단번에 세계 마스터토너먼트 여자 100~104세 연령조의 투포환 챔피언을 차지했다. 기자가 그녀를 취재할 때, 그녀는 자신의 실력으로 챔피언을 차지했다는 것을 증명하려고 했다고 말했다. 그녀는 바로 오스트레일리아의 100세 노인 루스 프리스이다.

NEW 단어 + TIP

- 喂 wèi 통 먹이다, 먹이를 주다
  예 我家的小狗一天要喂三次。우리 집 강아지는 하루에 세 번 먹이를 줘야 한다.

  [고정격식] 喂 + 奶/孩子/猫/狗/动物

- 花蕾 huālěi 명 꽃봉오리, 꽃망울
  예 那羞涩的女孩犹如含苞待放的花蕾，美丽极了！

  그 수줍은 여자아이는 마치 막 피려고 하는 꽃봉오리처럼 너무나도 예쁘네!

- 报警 bàojǐng 이합 경찰에 신고하다
  예 遇到危急状况时应该先打110报警。위급상황을 만났을 때는 먼저 110에 전화해서 경찰에 신고해야 한다.

- 炊烟 chuīyān 명 밥 짓는 연기
  예 村庄里炊烟四起。마을에서 밥 짓는 연기가 사방에서 피어 오른다.

다음 글을 이용해서 단락별로 중요한 내용을 선택해서 줄이는 방법, 좀 더 쉽게 바꾸는 방법, 꼭 외워야 할 단어나 표현을 미리 체크하는 방법을 자세하게 알아보자.

예

(1) 命运是如此的残酷，它让两朵朝气蓬勃的花蕾还未来得及绽放，他们的青春与活力就要过早地凋谢了；而命运又是仁慈的，它让两颗已经濒临绝望的心重新燃起了希望的火花。

(2) 在一个阳光明媚的下午，男孩和女孩在医院的走廊上相遇了，在四目相触的那一刹那，两颗年轻的心灵都被深深震撼了，他们都从彼此的眼睛中读出了那份悲凉。也许是同病相怜的缘故吧，到了傍晚，他俩仿佛已成了相识多年的老朋友了。从此以后，男孩和女孩相伴度过了一个又一个日出日落，昼夜晨昏，两人都不再感觉孤独而无助了。

(3) 终于有一天，男孩和女孩被告知他们的病情已到了无法医治的地步。男孩和女孩都被接回了各自的家，他们的病情一天比一天严重，但男孩和女孩谁也没有忘记他们之间曾经有过一个约定，他们唯有通过写信这种方式来交换着彼此的关心与祝福，那每一字每一句对他们来说都是一种莫大的鼓舞。

(4) 就这样，日子过得飞快。转眼已经过了三个月了，在一个下午，女孩手中握着男孩的来信，安详地合上了双眼，嘴角边带着一抹淡淡的微笑。她的母亲在她的身边静静地哭了，她默默地拿过男孩的信，一行行有力的字跃入眼帘："……当命运捉弄你的时候，不要害怕，不要彷徨，因为还有我，还有很多关心你，爱你的人在你身边，我们都会帮助你，保护你，你绝不是孤单一人……"女孩的母亲拿信的手颤抖了，信纸在她的手中一点点润湿了。

(5) 女孩就这么走了，她走后的第二天，母亲在女孩的抽屉中发现了一叠写好封好但尚未寄出的信，最上面一封写的是"妈妈收"。女孩的母亲疑惑地拆开了信，是熟悉的女儿的字迹，上面写道："妈妈，当您看到这封信的时候，也许我已经离开您了，但我还有一个心愿没有完成。我和一个男孩曾有一个约定，我答应他要与他共同度过人生的最后旅程，可我知道也许我无法履行我的诺言了。所以，在我走了之后，请您替我将这些信陆续寄给他，让他以为我还坚强地活着，相信这些信能多给他一些活下去的信心……女儿。"望着女儿努力写完的遗言，母亲的眼眶再一次湿润了，她无法再克制自己的感情，她觉得有一种力量在促使她要去见一见这个男孩，是的，她要去见他，她要告诉他有这么一个女孩要他好好活下去。

(6) 女孩的母亲拿着女儿的信按信封上的地址找到了男孩的家。她看到了桌子正中镶嵌在黑色镜框中的照片里是一个生气勃勃的男孩。女孩的母亲怔住了，当她转眼向那位开门的妇人望去时，那位母亲早已泪流满面。她缓缓地拿起桌上的一叠信，哽咽地说："这是我儿子留下的，他一个月前就已经走了，但他说，还有一个与他相同命运的女孩在等着他的信，等着他的鼓舞，所以，这一个月来，是我代他发出了那些信……"说到这儿，男孩的母亲已经泣不成声。这时女孩的母亲走了过去，紧紧地抱住了另一位母亲，喃喃地念道："为了一个美丽的约定……"

1 기본 규칙

1. 일단 글을 보는 10분의 시간 중 4분 정도를 이용하여 글의 전체 내용을 대충 파악하도록 하자. 글의 전체적인 흐름을 알아야만 각 단락에서 중요한 표현이나 단어도 판단할 수 있다.

2. 먼저 단락별로 번호를 붙여보자. 실제 시험에서는 펜을 쓸 수 없지만, 눈으로 몇 개의 단락으로 이루어진 글인지 체크하면 된다.

3. 단락별로 가장 핵심이 되는 문장을 찾아내보자. 요약 쓰기를 할 때 주변의 배경이 되는 문장에 욕심을 내다보면 뒤의 내용을 제대로 적기도 전에 주어진 원고지 글자 수를 넘기게 된다.

4. 글에 큰 영향을 주지 않는 짧은 단락은 과감하게 생략하고, 너무 긴 단락은 다시 몇 개의 단락으로 나누어 쓴다.

5. 글에 있는 고급 표현을 그대로 쓰면 좋겠지만 그렇지 못할 때에는 자신이 아는 쉬운 표현으로 대체해서 쓴다.

6. 1,000자를 400자로 줄이는 요약 쓰기이므로, 각 단락별로 40% 정도의 내용만 남긴다는 생각으로 핵심 표현을 찾는다.

2 단락별 핵심 문장 찾기

(1)번 단락

命运是如此的残酷，它让两朵朝气蓬勃的花蕾还未来得及绽放，他们的青春与活力就要过早地凋谢了；而命运又是仁慈的，它让两颗已经濒临绝望的心重新燃起了希望的火花。	운명은 이렇게도 잔혹한 것이다. 그것은 활력이 넘치는 두 송이의 꽃봉오리가 아직 채 피기도 전에, 그들의 청춘과 활력이 너무 빨리 시들어 떨어지게 했다. 하지만 운명은 또 인자한 것이다. 그것은 절망을 눈앞에 둔 두 마음에 다시 희망의 불꽃이 타오르게 하였다.

➡ **선택할 문장** : 이 단락은 글이 본격적으로 시작되기 전 암시를 하는 역할을 하고 있다. 특별히 줄여 쓰기도 애매하고, 또 글의 핵심 내용이 아니므로 이런 단락은 과감하게 패스한다.

(2)번 단락

①在一个阳光明媚的下午，男孩和女孩在医院的走廊上相遇了，②在四目相触的那一刹那，两颗年轻的心灵都被深深震撼了，他们都从彼此的眼睛中读出了那份悲凉。③也许是同病相怜的缘故吧，到了傍晚，他俩仿佛已成了相识多年的老朋友了。④从此以后，男孩和女孩相伴度过了一个又一个日出日落，昼夜晨昏，两人都不再感觉孤独而无助了。	햇빛이 찬란한 어느 오후, 남자아이와 여자아이는 병원의 복도에서 서로 만났다. 두 눈이 마주치는 그 순간, 두 젊은 영혼은 깊게 흔들렸다. 그들은 모두 서로의 눈에서 그 슬픔을 읽어냈다. 아마도 동병상련의 이유 때문일까. 저녁 무렵 그들은 이미 마치 오랫동안 알고 지낸 듯한 친구가 되었다. 이때부터 남자아이와 여자아이는 하루 또 하루, 일출과 일몰, 낮과 밤, 아침과 저녁을 함께 보냈고, 두 사람은 다시는 외롭고 도움을 받을 수 없다고 느끼지 않게 되었다.

➡️ **선택할 문장**: '在一个阳光明媚的下午'와 '到了傍晚'이라는 시간 변화에 따른 가장 핵심적인 사건과 감정 변화를 선택해야 한다.

①번 선택 : 在一个阳光明媚的下午，男孩和女孩在医院的走廊上相遇了，

★ 더 쉽게 바꾸기:

→ 在一个下午，男孩和女孩在医院的走廊上相遇了。

→ 在一个下午，男孩在医院的走廊上见到了女孩。

②번은 앞으로의 글의 흐름을 통해 충분히 알 수 있는 부분이므로 생략!

③번 선택 : 也许是同病相怜的缘故吧，到了傍晚，他俩已成了仿佛相识多年的老朋友了。

★ 더 쉽게 바꾸기:

→ 可能是同病相怜的原因吧，到了傍晚，他俩已成了好像相识多年的老朋友了。

→ 可能是同病相怜，到了傍晚，他俩已成了认识多年的朋友了。

④번은 ③번을 통해 충분히 유추할 수 있는 내용이므로 생략!

➡️ **외워야 할 단어나 표현** : 반드시 사용해야 하는, 하지만 한자가 복잡하거나 처음 보는 핵심 표현이나 단어는 미리 열심히 외워둔다.　走廊 / 相遇 / 同病相怜 / 缘故 / 傍晚

⑶번 단락

　　①终于有一天，男孩和女孩被告知他们的病情已到了无法医治的地步。男孩和女孩都被接回了各自的家，②他们的病情一天比一天严重，但男孩和女孩谁也没有忘记他们之间曾经有过一个约定，③他们唯有通过写信这种方式来交换着彼此的关心与祝福，④那每一字每一句对他们来说都是一种莫大的鼓舞。

마침내 어느 날, 남자아이와 여자아이는 그들의 병세가 이미 치료를 할 수 없는 지경에 이르렀다는 것을 알게 되었다. 남자아이와 여자아이는 모두 각자의 집으로 데려가 졌다. 그들의 병세는 나날이 심각해졌다. 그러나 남자아이와 여자아이 누구도 그들 사이에 일찍이 있었던 약속을 잊지 않았다. 그들은 오직 편지라는 방식을 통해 서로의 관심과 축복을 주고받았고, 그 한 글자 한 문장은 그들에게 있어 모두 더할 수 없이 큰 힘이 되었다.

➡️ **선택할 문장**: '终于有一天'이라는 시간 변화에 따른 가장 핵심적인 사건을 선택해야 한다.

①번 선택 : 终于有一天，男孩和女孩被告知他们的病情已到了无法医治的地步。男孩和女孩都被接回了各自的家，

★ 더 쉽게 바꾸기:

→ 终于有一天，男孩和女孩被告知他们的病已经无法医治，他们都被接回了各自的家。

→ 终于有一天，他们的病已经不能治疗了，他们都被接回了家。

②번에서 '병세가 나날이 심각해졌다'는 내용은 ①번을 통해 충분히 유추할 수 있는 내용이고, '약속을 잊지 않았다'는 내용은 바로 뒤에 설명이 나오므로 생략!

③번 선택 : 他们唯有通过写信这种方式来交换着彼此的关心与祝福，

★ 더 쉽게 바꾸기:

→ 他们只有通过写信的方式来交换着彼此的关心与祝福。

→ 他们只有通过写信交换着相互的关心和祝福。

④번은 ③번에 대한 보충 내용이므로 생략!

➡️ **외워야 할 단어나 표현** : 반드시 사용해야 하는, 하지만 한자가 복잡하거나 처음 보는 핵심 표현이나 단어는 미리 열심히 외워둔다.　病情 / 医治 / 被接回 / 交换 / 彼此 / 祝福

(4)번 단락

①就这样，日子过得飞快。②<u>转眼已经过了三个月了，在一个下午，女孩手中握着男孩的来信，安详地合上了双眼，嘴角边带着一抹淡淡的微笑。</u>③她的母亲在她的身边静静地哭了，她默默地拿过男孩的信，一行行有力的字跃入眼帘："……当命运捉弄你的时候，不要害怕，不要彷徨，因为还有我，还有很多关心你、爱你的人在你身边，我们都会帮助你，保护你，你绝不是孤单一人……"④女孩的母亲拿信的手颤抖了，信纸在她的手中一点点润湿了。

이렇게 시간은 쏜살같이 지나갔다. 눈 깜짝할 사이에 이미 3개월이 지나갔고, 어느 오후, 여자아이는 손에 남자아이의 편지를 쥐고 편안하게 눈을 감았다. 입가에는 옅은 미소를 띠고 있었다. 그녀의 어머니는 그녀의 곁에서 조용히 울었다. 그녀는 아무 말 없이 남자아이의 편지를 가져왔고, 한 줄 한 줄 힘 있는 글자가 눈에 들어왔다. '…운명이 너를 농락할 때, 두려워하지 말고 방황하지 마. 내가 있으니까. 그리고 너에게 관심을 두고 너를 사랑하는 많은 사람들이 네 곁에 있으니까. 우리는 모두 너를 돕고 너를 보호할 거야. 넌 절대 고독한 사람이 아니야…' 여자아이 어머니의 편지를 쥔 손은 떨렸고, 편지지는 그녀의 손에서 조금씩 젖어갔다.

➡ **선택할 문장** : '转眼已经过了三个月了，在一个下午'라는 시간 변화에 따른 가장 핵심적인 사건을 선택해야 한다.
①번은 뒤의 '转眼(눈 깜짝할 사이에)'이라는 표현과 의미상 겹치는 문장이므로 생략!
②번 선택 : 이 단락에서 가장 핵심적인 의미가 담겨 있는 문장이므로 반드시 써야 한다.
> 转眼已经过了三个月了，在一个下午，女孩手中握着男孩的来信，安详地合上了双眼，嘴角边带着一抹淡淡的微笑。

★ 더 쉽게 바꾸기:
→ 很快过了三个月了，在一个下午，女孩手中握着男孩的信，安详地合上了双眼，嘴角边带着微笑。
→ 在三个月后的一个下午，女孩手中拿着男孩的信，合上了双眼，带着微笑。

③번처럼 글의 내용이나 인물의 말을 인용해야 하는 경우 그대로 암기해서 쓸 수도 없고, 긴 문장을 그대로 써서도 안 된다. 글 전체의 내용을 통해 유추할 수 있는 내용이라면 생략하고, 필요하다면 간략하게 줄여서 언급하도록 하자.

★ 간접화법으로 줄이기:
> 她的母亲在她的身边静静地哭了，她默默地拿过男孩的信。男孩在信中对她说，很多关心她、爱她的人在身边，让她不要害怕。

④번은 ③번에 대한 보충 역할을 하는 내용이므로 생략!

➡ **외워야 할 단어나 표현** : 반드시 사용해야 하는, 하지만 한자가 복잡하거나 처음 보는 핵심 표현이나 단어는 미리 열심히 외워둔다. 转眼 / 握 / 安详 / 合上了双眼 / 一抹淡淡的微笑 / 静静地哭 / 默默地拿过

(5)번 단락

①女孩就这么走了，②<u>她走后的第二天，母亲在女孩的抽屉中发现了一叠写好封好但尚未寄出的信，最上面一封写的是"妈妈收"。</u>③女孩的母亲疑惑地拆开了信，是熟悉的女儿的字迹，④上面写道："妈妈，当您看到这封信的时候，也许我已经离开您了，但我还有一个心愿没有完成。我和一个男孩曾有一个约定，我答应他要与他共同度过人生的最后旅程，可我知道也许无法履行我的诺言。所

여자아이는 이렇게 떠났다. 그녀가 떠난 다음 날, 어머니는 그녀의 서랍에서 다 쓰이고 봉해졌지만, 아직 부치지 않은 편지 더미를 발견했고, 가장 위에 있는 편지에 쓰인 것은 '엄마 보세요'였다. 여자아이의 어머니가 이상해서 편지를 뜯어보자, 익숙한 딸의 필적이었고, 위에는 이렇게 쓰여 있었다. '엄마, 엄마가 이 편지를 보게 될 때 아마 난 이미 엄마를 떠났을 거예요. 하지만 저는 아직도 이루지 못한 염원이 있어요. 저는 한 남자아이와 약속 했어요. 난 그에게 그와 함께 인생의 마지막 여정을 보내겠다고 약속했어요. 하지만 난 아마도 내가 약속을 이행할 수 없을 거라는 걸 알아요. 그래서 제가 떠난 다음 엄마가 나를 대신해서 이 편지를 계속 그

以，在我走了之后，请您替我将这些信陆续寄给他，让他以为我还坚强地活着，相信这些信能多给他一些活下去的信心……女儿。" ⑤望着女儿努力写完的遗言，母亲的眼眶再一次湿润了，她无法再克制自己的感情，⑥<u>她觉得有一种力量在促使她要去见一见这个男孩</u>，⑦是的，她要去见他，她要告诉他有这么一个女孩要他好好活下去。

에게 부쳐서, 그가 내가 아직도 꿋꿋하게 살아 있다고 생각하게 해주세요. 이 편지들이 그에게 살아갈 자신감을 좀 더 줄 수 있을 거라고 믿으니까요… 딸 올림.' 딸이 열심히 쓴 유언을 바라보며, 어머니의 눈가는 다시 한 번 축축해졌다. 그녀는 자신의 감정을 억누를 수가 없었다. 그녀는 어떤 힘이 그녀로 하여금 이 남자아이를 만나러 가도록 재촉하고 있다고 느꼈다. 그랬다. 그녀는 그를 만나러 가야 했다. 그녀는 그에게 그가 잘살아가기를 원하는 이러한 여자아이가 있다는 것을 알려야 했다.

➡ **선택할 문장 :** '她走后的第二天'이라는 시간 변화에 따른 가장 핵심적인 사건을 선택해야 한다.
①번은 앞 단락과 이번 단락을 연결하는 역할을 할 뿐, 중요한 표현이 아니므로 생략!
②번 선택 : 이 단락에서 가장 핵심적인 의미가 담겨 있는 문장이므로 반드시 써야 한다.

> 她走后的第二天，母亲在女孩的抽屉中发现了一叠写好封好但尚未寄出的信，最上面一封写的是"妈妈收"。

> ★ 더 쉽게 바꾸기 :

> → 她走后的第二天，母亲在女孩的抽屉中发现了一叠写好封好但还没寄出的信，最上面一封是写给妈妈的。

> → 她走后的第二天，母亲发现了一叠信，最上面一封是写给妈妈的。

③번은 편지 내용을 보기 전에 대한 묘사이다. 편지 내용에 비해 크게 중요하지 않으므로 생략!
④번처럼 글의 내용이나 인물의 말을 인용해야 하는 부분은 간략하게 간접화법으로 줄여서 언급하도록 하자.

> ★ 간접화법으로 줄이기 :

> 信中，女孩说她和男孩约好共同度过人生的最后旅程，所以她拜托妈妈把自己写好的信陆续寄给男孩，让男孩以为自己还活着，她相信这些信能多给男孩一些活下去的信心。

⑤번은 편지를 읽고 난 후 어머니의 감정에 대한 묘사이다. 그것보다는 어머니가 그다음에 취한 행동이나 결심이 더 중요하므로 생략!
⑥번 선택 : 다음 단락으로 연결되기 위한 중요한 문장이므로 반드시 써야 한다.

> 她觉得有一种力量在促使她要去见一见这个男孩，

> ★ 더 쉽게 바꾸기 :

> → 她决定去见一见这个男孩。

⑦번은 ⑥번에 대한 보충 역할을 하는 내용이므로 생략!

➡ **외워야 할 단어나 표현 :** 반드시 사용해야 하는, 하지만 한자가 복잡하거나 처음 보는 핵심 표현이나 단어는 미리 열심히 외워둔다.   抽屉 / 一叠 / 旅程 / 陆续

(6)번 단락

①<u>女孩的母亲拿着女儿的信按信封上的地址找到了男孩的家。</u>②她看到了桌子正中镶嵌在黑色镜框中的照片里是一个生气勃勃的男孩女孩的母亲怔住了，当她转眼向那位开门的妇人望去时，那位母亲早已泪流满脸。③她缓缓地拿起桌上的一叠信，哽咽地说："这是我儿子留下的，他一个月前就已经走了，但他说，

여자아이의 어머니는 딸의 편지를 들고 편지 봉투의 주소에 따라 남자아이의 집을 찾아냈다. 그녀는 탁자 가운데에 검은 테두리로 된 액자 속에 끼워져 있는 사진 속에 생기발랄한 남자아이가 있는 것을 보게 되었다. 여자아이의 어머니는 멍해졌다. 그녀가 눈을 돌려 문을 여는 부인을 바라보았을 때, 그 어머니는 이미 온 얼굴이 눈물범벅이었다. 그녀는 천천히 탁자 위의 편지 더미를 들고 오열하며 말했다. "이것은 내 아들이 남긴 겁니다. 그는 한 달 전에 이미 떠났어요.

還有一个与他相同命运的女孩在等着他的信，等着他的鼓舞，所以，这一个月来，是我代他发出了那些信……"④说到这儿，男孩的母亲已经泣不成声。⑤这时女孩的母亲走了过去，紧紧地抱住了另一位母亲，喃喃地念道："为了一个美丽的约定……"

그러나 그는 아직 그와 같은 운명의 여자아이가 자신의 편지를 기다리고 있고, 그의 격려를 기다리고 있다고 말했어요. 그래서 한 달 동안 제가 그를 대신해서 그 편지들을 부쳤어요." 여기까지 말하고, 남자아이의 어머니는 이미 울다가 목이 메어 버렸다. 이때 여자아이의 어머니는 다가가 그 어머니를 꼭 껴안고, 중얼거리며 말했다. "아름다운 약속 하나를 위해…"

➡ **선택할 문장** : 남자아이의 집에 찾아간 뒤에 일어난 일 중 가장 핵심적인 사건을 선택해야 한다.

①번 선택 : 먼저 남자아이의 집에 갔다는 것을 이야기해야 그 다음을 연결할 수 있으므로 반드시 써야 한다.

女孩的母亲拿着女儿的信按信封上的地址找到了男孩的家。

★ 더 쉽게 바꾸기:

→ 女孩的母亲按信封上的地址找到了男孩的家。

②번은 남자아이의 어머니를 만나기 전의 묘사이므로 생략!

③번은 인물의 말을 그대로 인용해야 하는 부분이다. 간접 화법으로 간략하게 줄여서 언급하도록 하자.

★ 간접화법으로 줄이기:

男孩的妈妈说男孩一个月前就已经走了，这一个月来，是男孩的妈妈代男孩发出了那些信。

④번, ⑤번 선택 : 이 부분은 글이 마무리되는 부분으로 반드시 써야 한다.

说到这儿，男孩的母亲已经泣不成声。这时女孩的母亲走了过去，紧紧地抱住了另一位母亲，喃喃地念道："为了一个美丽的约定……"

★ 더 쉽게 바꾸기:

→ 男孩的母亲已经泣不成声。这时女孩的母亲紧紧地抱住了另一位母亲，喃喃地念道："为了一个美丽的约定……"

→ 女孩的母亲紧紧地抱住已经泣不成声的男孩的母亲，喃喃地念道："为了一个美丽的约定……"

→ 女孩的母亲紧紧地抱住男孩的母亲，喃喃地念道："为了一个美丽的约定……"

➡ **외워야 할 단어나 표현** : 반드시 사용해야 하는, 하지만 한자가 복잡하거나 처음 보는 핵심 표현이나 단어는 미리 열심히 외워둔다.   泣不成声 / 紧紧地抱住 / 喃喃地念道 / 美丽的约定

③ 요약 쓰기

(1) 제목 정하기

주로 제목의 힌트가 될 만한 단어들은 글의 가장 앞이나 뒤에서 찾을 수 있는 경우가 많다. 이 글은 가장 마지막에 여자아이의 어머니가 한 말을 그대로 인용해서 '为了一个美丽的约定(아름다운 약속 하나를 위해)' 혹은 '一个美丽的约定(아름다운 약속 하나)'이라고 하면 훌륭한 제목이 될 수 있다.

(＊ 제목 짓는 방법은 '2장 감정의 실마리 + 사건의 보물상자'에 자세하게 언급되어 있다.)

(2) 각 단락별로 선택한 핵심 문장들을 잘 배열하면 훌륭한 요약 쓰기가 된다.

					一	个	美	丽	的	约	定				
		一	个	阳	光	明	媚	的	下	午	，	男	孩	和	女	孩	在	医	院
的	走	廊	上	相	遇	了	，	也	许	是	同	病	相	怜	的	缘	故	吧	，
到	了	傍	晚	，	他	俩	仿	佛	已	成	了	相	识	多	年	的	老	朋	友。
	终	于	有	一	天	，	男	孩	和	女	孩	被	告	知	他	们	的	病	100

情已到了无法医治的地步，他们都被接回了各自的家，但男孩和女孩谁也没有忘记他们之间曾经有过一个约定，他们唯有通过写信这种方式来交换着彼此的关心与祝福。

在三个月后的一个下午，女孩手中握着男孩的来信，安详地合上了双眼，嘴角边带着一抹淡淡的微笑。她的母亲在她的身边静静地哭了，她默默地拿过男孩的信。男孩在信中对她说，很多关心她、爱她的人在身边，让她不要害怕。

她走后的第二天，母亲在女孩的抽屉中发现了一叠写好封好但尚未寄出的信，最上面一封是写给妈妈的。信中，女孩说她和男孩约好共同度过人生的最后旅程，所以她拜托妈妈把自己写好的信陆续寄给男孩，让男孩以为自己还活着，希望这些信能多给男孩一些活下去的信心。女孩的母亲很受感动，她决定去见一见这个男孩。

她拿着女儿的信按信封上的地址找到了男孩的家，男孩的妈妈说男孩一个月前就已经走了，这一个月来，是男孩的妈妈代男孩发出了那些信。女孩的母亲紧紧地抱住已经泣不成声的男孩的母亲，喃喃地念到："为了一个美丽的约定……"

NEW 단어 + TIP

- 讨好 tǎohǎo 통 잘 보이다, 환심을 사다, 기분을 맞추다, 비위를 맞추다
  예 他这个人特爱拍马屁，总是想讨好老板。 그는 아부하기를 좋아해서, 항상 .사장의 비위를 맞추고 싶어한다.

- 扣 kòu 통 ① 채우다, 걸다 ② 구류하다, 억류하다, 유치하다 ③ 공제하다, 빼다　　고정격식 扣 + 纽扣/扣子
  예 ① 你的扣子没扣好。 당신의 단추가 잘 채워지지 않았어요.
  ② 嫌疑犯被扣押到了法庭。 혐의범은 법정으로 유치되었다.
  ③ 迟到三次就扣工资。 지각을 세 번 하면 월급을 공제한다.

- 瞬间 shùnjiān 명 순간, 눈 깜짝하는 사이
  예 他向我告白的那一瞬间，我的脑子一片空白。 그가 나에게 고백하는 그 순간, 내 머리 속이 하얘졌다.

1.   几年前有那么一段时间，我去苏北的一个小镇支教，小孩子对新老师有着天然的热情：课前课后围着我，怯怯地问一些海阔天空的问题。但有一个小男孩，一直安静地坐在南边靠窗户的地方，手撑着头，眼睛散漫地望着窗外空荡荡的天空。他的伙伴私下里告诉我，他是班级里成绩最差的一名学生，孤傲，霸道。一个女孩子狠狠地补充一句："没有人喜欢他的。"

    一天下午，他迟到了，裤管儿、袖口全是泥，左手上还有一个鲜红的小口子，气喘吁吁地喊"报告"。我看看表，已经上课一刻多钟了，真是气愤，便严肃地问："到哪儿去玩了？为什么迟到？"他扭扭衣角，犹豫了半天，就是说不出什么理由。我更坚信了自己的判断，便决然地说："好，既然迟到，先站到教室后面去听讲！"这是我第一次"体罚"学生。课后我安慰自己：是他做得太过分了。

    下班后，我和同事一起推车回宿舍，竟然发现车篓里多了一堆橘子，红红黄黄的，不好看，青涩的叶子还在，但个头很大。也没想出来是谁的好心，回来就被大家瓜分了。从那次之后，他又打了一次架，我更是被气得很少喊他回答问题。有一次，他终于忍不住来问我："老师，你是不是不喜欢我？"我说："是的，又迟到又打架，没有人会喜欢你……"我的本意是先批评他一顿，再和他交流的，哪知我话还没说完，他就走了。

    第二天体育课，练单杠时，他摔伤了，躺在地上死活就是不肯去卫生所，谁的话也不听。我很着急，"谁去给我把他爸妈叫来。"班上的"机灵鬼"很快就找来了他的家长——一个穿着打补丁的中山装的爷爷。爷爷推着小车来的，一车的橘子，红红黄黄的，急急地扔下小车就来搀他，心疼地帮他拍打身上的尘土，连声问"要紧不？"，他撒娇地说："不大疼，用热水敷敷就好了。"我说："还是去看看医生吧。"他终于骄傲地回了我一句话："不要紧，爷爷会喜欢我的！"我愣了。

    在办公室，他爷爷问我："你就是那个外地来的老师吧，毛毛说你的课上得好，他很喜欢你的，我种了几亩橘子，前几天，他非得让我给你送。我说人家外地老师不稀罕的，他就搬了个小凳子去摘，还弄得划了道小口子，呵呵……"我忽然觉得自己犯了一个天大的错误。

    在后来的课堂上，我一直讨好他，他还是对我爱理不理的。临了，我要走了，他哭得一塌糊涂，弄得其他学生都特惊讶，他还给我写了一封长长的信。我终于知道了这个为我摘橘子而迟到的孤儿，知道了因为别的学生说我"坏话"被他"教训"的经过，知道了他赌气故意摔坏自己证明这世界还有人真心喜欢他的"报复"……看着看着，早已泪流满面，我忽然觉得这封信是我这一段时光最大的感动和最深的遗憾。

    他说："无论老师你喜不喜欢我，我都喜欢你的课。"信的末尾是这样一句："老师，记住吧，总会有人喜欢你的，就像爷爷那么那么喜欢我一样……"

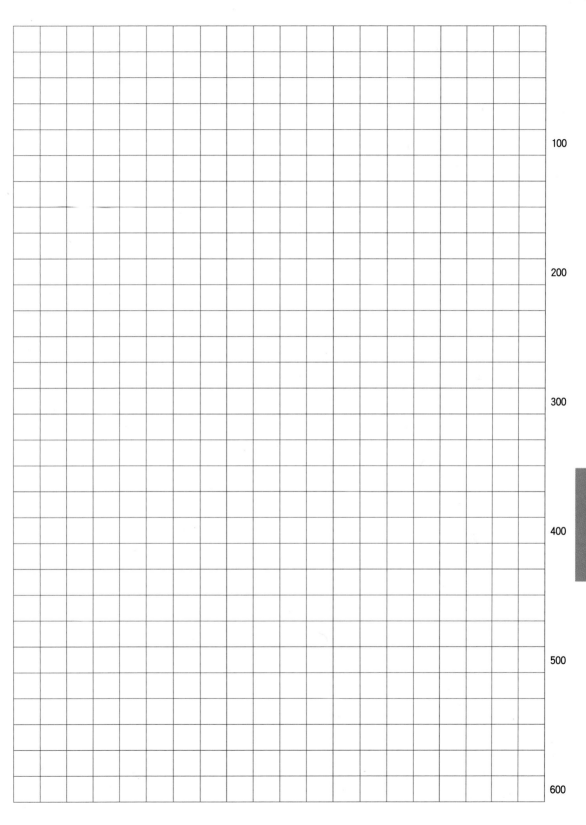

2. 　在悉尼大学访学那半年，我寄宿在语言学系一位女讲师家里。她名叫朱莉亚，跟丈夫离婚有一年多了，和她一起生活的是她的宝贝女儿莫妮卡。

我刚住进来的第二个月，莫妮卡就要过10岁生日了。朱莉亚跟我谈起生日礼物的事情，她说今年想给女儿一个特别的礼物，以前买的礼物，虽然她当时很喜欢，可过不了多久，就被她丢到一边儿，不玩了。我点点头说："是呀，在中国，10象征一个整体，特别受重视。"朱莉亚笑笑说："我想我该有我自己的方式。"

没过两天，我们一起吃早餐的时候，朱莉亚玩魔术般地拿出一只用红绸布包裹着的小盒子递到女儿眼前：

"莫妮卡，这是妈妈送给你的生日礼物！"

"可还有三天才是我的生日呀！"莫妮卡很惊讶。

"因为10岁生日很重要呀！从此你的人生就进入两位数的年龄了。今年的是一样非常特别的礼物，所以我决定要提前三天送给你。"朱莉亚解释说，"不过，你必须答应我，不到生日那天，绝对不可以打开看！"莫妮卡似乎思索了一下，点点头，同意了。

接过礼物，莫妮卡感觉它好轻。她凑到耳边摇了摇，什么声音也没听到；又用手指按了按，盒子的薄纸板并没有凹下去，触不出里面的东西是什么形状。莫妮卡仔细端详起这神秘的礼品盒来：究竟是什么特别的东西呢？

"好了，不要老盯着看了，你把它放好，上学去吧！"朱莉亚打断莫妮卡的思绪。

第二天莫妮卡放学一到家就冲进了自己的房间，去找那特别的生日礼物。她小心地把它捧在手里，感觉还是那么轻，这时朱莉亚过来了："还记得你答应过我什么吗？"

莫妮卡无奈地点点头："记得，妈妈，到生日那天才能打开……那你现在就告诉我里面装的是什么，可以吗？""当然不可以，那样的话，这礼物的意义就大打折扣了。"朱莉亚拒绝得很干脆。

晚上8点多，我和朱莉亚正在看肥皂剧，突然从莫妮卡的房间里传出哇哇的哭声。

"莫妮卡，怎么啦？"朱莉亚很快地跑进了莫妮卡的房间，我也迅速地跟了过去。莫妮卡实在憋不住，拆开了盒子，却发现里面什么也没有。"你是个大骗子，这里头什么东西也没有！"她伤心地抽泣着。

我站在一边，看愣了。

朱莉亚双手抱在胸前，深深地叹了一口气："10岁生日是属于你的一个很特殊的日子。我问我自己，该给我的小莫妮卡送什么生日礼物呢？什么东西不仅仅是给她瞬间的快乐，而是能够陪她一辈子，以后每当有什么问题出现的时候，妈妈送给她的礼物都能拿出来派上用场。"她停顿了片刻，"我绞尽脑汁地想呀，想呀，最后我终于想到了，生活是需要耐心的……本想让你生日那天打开这份特殊的生日礼物，然后告诉你，你已学会了这条能让你受益终生的处世之道，再为你开个大派对好好庆祝……我想或许得到明年了吧！"

到莫妮卡11岁生日的时候，我已经回国了。朱莉亚在电子邮件中很骄傲地说："看来去年'耐心'这件礼物算是给送出去了，今年我又得想个新的了！"

해설서 216p

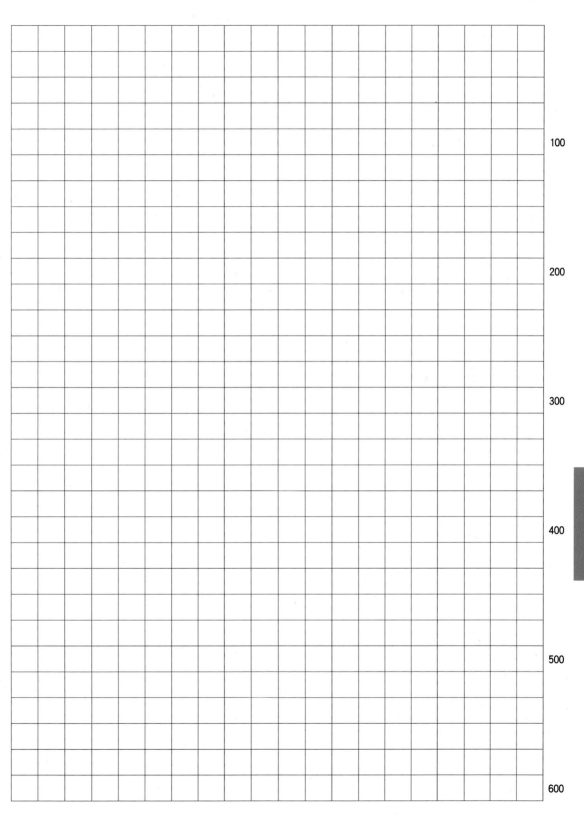

3. 刘国梁的父亲刘占胜年少时喜爱打乒乓球，但由于爷爷的阻挠，刘占胜在乒乓球台前止步了。直到1973年，刘占胜才如愿调入市体委从事乒乓球教练工作。

1974年，刘国梁的哥哥刘国栋出生，三年后，刘国梁出生。这对儿未来中国的"乒坛栋梁"从小就接受了父亲刘占胜系统的培养。

刘国梁回忆说："从孩提起，我们就站在乒乓桌边接受熏陶。童年对我和哥哥来说，只有一件事，那就是练乒乓球。家里除了球拍和乒乓球，什么玩具也没有。一年365天，我们全勤训练，没有节假日。平时，我和哥哥常常吃着吃着饭就为打球急眼了，'我能赢你，走着瞧！'我们放下饭碗直奔训练馆，父亲就兴冲冲地给我们当裁判。当然，那时候我是输多赢少。"

刘国梁四五岁的时候，父亲专程带他去北京拜访了前世界女子乒乓球冠军张立。在张立家，小国梁望着冠军家里一排金光闪闪的金牌和奖杯，眼睛一眨也不眨。父亲问他："金牌好不好看？"小国梁会意地点了点头。父亲接着问："你知道这些金牌是用什么做的吗？"小国梁脱口而出："金子。"父亲说："只说对了一半儿。儿子，记住了，这里面还有汗水和心血。这都是练出来的！只要苦练，你也能得到它！"此后，刘国梁训练也更加主动了。

刘国梁说："父亲管教严厉是远近闻名的，他言语不多，却字字铿锵有力。在训练馆，一旦我们练球不认真，或是教过的技术动作反应迟钝，就会受到严厉的批评。有一次，我突发高烧，身体虚弱，母亲背我去医院打吊瓶，从医院出来后母亲要领我回家，我却坚持去训练馆。而父亲也像往常一样安排我训练，仿佛不知道我生病发烧，母亲则站在一旁心疼得掉眼泪。"

1992年，中国乒乓球大奖赛在成都举行，许多外国名将前来参加。16岁的刘国梁长得又瘦又小，赛前谁都没有注意他。不料他竟奇迹般将排名世界第二的乒坛名将斩于马下。

对刘国梁来说，1999年8月8日是个值得纪念的日子。这一天，他实现了中国乒乓史上一个新的突破———个人拿到了"大满贯"。关于那次比赛，刘国梁说："作为乒乓球运动员，我曾多次站在世界冠军的领奖台上，但那天，对我特意非凡。从体育馆回到宾馆，我第一件事就是给家里打电话，母亲在电话那头儿对我说，'你爸下楼去了，他知道比赛结果了。'那时已是深夜一点多钟了。我那时想和父亲说两句话，但是他故意回避了我。后来，我才知道他是怕自己流泪，在我面前，他要永远保持严父的形象。"

刘国梁说，父亲一生之中想要做的事情都做了，比如他想把孩子培养成世界冠军。而现在看来，一个基层教练能有那么长远的眼光，真的很难得。

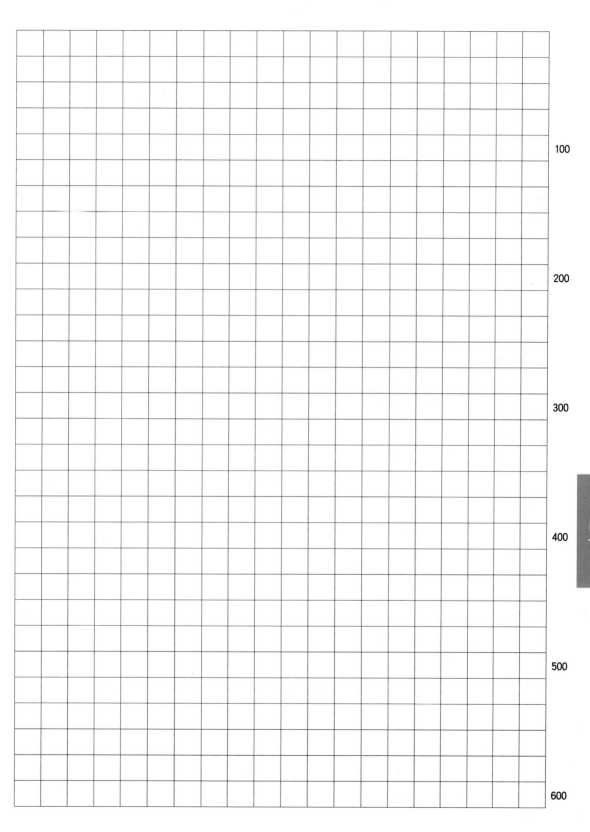

02 감정의 실마리 + 사건

감정의 변화를 실마리로 글이 전개되는 경우를 뜻한다. 이런 경우 인물의 감정 변화에 따라 사건이 발생하고 변하게 된다. 민약 글에서 감정의 변화를 찾아냈다면, 각 감정에 따라 발생하는 사건이나 인물의 행동 변화 등을 체크해내어 잘 정리하는 것만으로도 요약 쓰기가 훨씬 쉬워질 수 있다.

쓰기 시크릿 백전백승

1 감정의 변화를 잡아라!

인물을 중심으로 하는 모든 글은 인물의 감정 변화가 나타나게 된다. 하지만 글 전체의 흐름이 시간이나 장소의 뚜렷한 변화 없이 오직 인물의 감정 변화를 중심으로 해서 전개된다면 이것을 실마리로 해서 글을 정리하는 것이 좋다. 왜 화가 났는지, 또 왜 화가 풀렸는지 등의 감정을 중심으로 해서 정리하다 보면 다른 사건이나 행동들도 저절로 함께 정리될 것이다.

2 한자를 미리 기억해라!

분명히 아는 단어라고 생각했는데 막상 쓰려고 하니 한자가 떠오르지 않는 경우가 많다. 따라서 반드시 사용해야 하는 핵심 단어라면 원문을 읽는 시간을 이용해서 반드시 암기해야 한다. 요즘은 컴퓨터를 이용하는 IBT HSK에도 응시할 수 있지만, 이 경우 컴퓨터로 한자를 입력하기 위해서는 오히려 정확한 발음을 알아야 한다는 단점이 있다. 따라서 평소에 단어를 외울 때 발음과 한자 모두를 정확하게 암기하는 습관도 쓰기를 위해서는 반드시 필요하다.

3 과감하게 생략해라!

많은 학생의 요약 쓰기를 보면 글의 처음 부분은 너무 자세하게 썼다가, 막상 글의 주제가 제시되는 뒷부분은 간단하고 급하게 마무리 지어버리는 경우가 종종 많다. 즉 앞의 내용에서 너무 많은 표현들에 대해 미련을 버리지 못하고 쓰다가, 막상 원고지의 양이 얼마 남지 않아 뒤의 내용을 제대로 적지 못하게 되는 것이다. 겹치는 표현이나 지나치게 자세한 묘사는 미련을 갖지 말고 과감하게 버리자. 우리가 써야 하는 것은 요약 쓰기임을 잊지 말자.

문제 1

　　男人自从和妻子离婚后，就一个人带着女儿生活，每天早出晚归，辛苦工作，养活女儿。而女儿也乖巧听话，每天中午放学回家，总是按照父亲的吩咐，煮好两碗面条，一碗给父亲，一碗留给自己。只是，父亲爱吃煎蛋，而女儿喜欢吃煮鸡蛋。于是，在父亲的那碗面条上，总是放着一个煎好的鸡蛋，而自己的这碗面里，总是埋着一个煮好的鸡蛋。

　　这天，男人在工地挨了老板的骂，带着一肚子的气回到家里。女儿见父亲回来了，赶紧迎上来，递给父亲一条毛巾。男人擦好脸，就端起女儿放在桌上的面条，大口大口地吃起来。突然他觉得不对劲，一看，发现碗里的那煎蛋煎得有些煳了，怪不得他觉得嘴巴发苦。男人在工地上被老板骂心情不好，现在女儿又把蛋煎煳了，这下，他更生气了。

　　他狠狠地放下大碗，"啪"的一声把筷子摔在了桌子上，然后，凶巴巴地对女儿骂道："我说小叶子啊，你都读小学五年级了，怎么连个鸡蛋都煎不好！我不吃了！"说完，他气呼呼地回里屋去了。

　　来到里屋，男人心里有点儿后悔了，他想，自老婆离去后，女儿每天洗衣做饭，还要读书写作业，已经是够辛苦了，现在她煎煳了鸡蛋，自己竟然这样骂她，真是不该啊！想到这，他满怀愧疚地走到外面，想安慰安慰女儿。这时的女儿，正含着眼泪，坐在屋外的一块石头上扒拉着她的那一碗面条呢。男人见女儿碗里的那个煮鸡蛋还没剥壳，就走到女儿面前，微笑着对女儿说："小叶子，刚才爸爸生气不对，来，我帮你把鸡蛋壳剥了吧！"

　　谁知，女儿一听，赶紧站起来，支支吾吾地说："不要，爸爸，这鸡蛋很烫，还是我自己来吧！""这孩子！"男人笑着按下女儿的小碗，然后，他从碗里拈出那个鸡蛋。男人见那鸡蛋非常干净，只是握在手里有些奇轻。他正想给鸡蛋去皮，突然被烫得大叫一声，原来，从鸡蛋的一个小孔里流出了一股热水，把男人的手掌烫红了。

　　男人愣住了，他看着鸡蛋上面的那个小孔，终于明白了。每天煮面的时候，是女儿在一个鸡蛋上打了个孔，然后把里面的蛋黄蛋白弄出来，煎蛋给父亲吃，而她自己却把空蛋壳放到开水里煮，然后再放到自己的碗里，为的就是让父亲以为她也在吃鸡蛋啊。

　　男人一把搂住了女儿，哽咽着问道："好孩子，家里没有鸡蛋了，你可以叫我买啊，你怎么吃起鸡蛋壳了呢？"

　　"爸爸，我看您工作太辛苦了，我想为咱家省下点儿钱啊……"女儿哭着说道。

　　"好孩子！"男人搂着女儿，号啕大哭起来……

인물의 감정 변화에 따라 발생하는 핵심이 되는 사건을 찾는다.

지문해석

남자는 아내와 이혼한 후, 혼자 딸을 데리고 생활하고 있었다. 매일 아침 일찍 나가서 늦게 들어오며 힘들게 일을 해서 딸을 키웠다. 딸은 영리하고 말을 잘 들어서, 매일 정오에 하교해서 집에 돌아오면 항상 아버지의 분부대로 두 그릇의 국수를 삶아, 한 그릇은 아버지에게 드리고 한 그릇은 자신에게 남겨 놓았다. 그러나 아버지는 계란후라이를 좋아하고, 딸은 삶은 계란을 좋아했다. 그래서 아버지의 국수 위에는 항상 계란후라이를 놓고, 자신의 국수 속에는 항상 삶은 계란을 묻어 놓았다.

이날, 남자는 현장에서 사장에게 욕을 듣고 화를 꾹 참고 집에 돌아왔다. 딸은 아버지가 돌아온 것을 보고 얼른 맞이하며 아버지에게 수건을 건네주었다. 남자는 얼굴을 닦고 딸이 탁자에 놓아둔 국수를 받쳐 들고 한 입 한 입 먹기 시작했다. 갑자기 그는 이상하다고 느껴져 봤더니, 그릇 속의 계란후라이가 조금 타 있다는 것을 발견했다. 어쩐지 그는 맛이 쓰다고 느꼈다. 남자는 현장에서 사장에게 욕을 먹어 기분이 안 좋았던 데다가, 지금은 딸이 또 계란을 태워서 더 화가 났다.

그는 무섭게 그릇을 내려놓고, '퍽' 하는 소리와 함께 젓가락을 탁자 위에 던진 다음 무섭게 딸에게 욕을 했다. "샤오예즈야, 넌 벌써 초등학교 5학년이 어떻게 계란조차도 제대로 못 부치니! 못 먹겠다!" 말을 마치고 그는 화가 나 씩씩대며 방으로 돌아갔다.

방에 와서 남자는 마음속으로 조금 후회가 되었다. 그는 아내가 떠난 후로부터 딸이 매일 빨래하고 밥하고, 게다가 공부하고 숙제도 해야 해서 이미 충분히 고생하는데, 지금 그 아이가 계란을 부치다가 태웠다고 자신이 뜻밖에 이렇게 그녀를 욕하다니, 정말 해서는 안 되는 행동이라고 생각했다! 여기까지 생각하니 그는 부끄러워져서 밖으로 나가 딸을 위로해주려 했다. 이때 딸은 눈물을 머금고 집 밖의 돌 위에 앉아 그녀의 국수를 깨작거리고 있었다. 남자는 딸이 그릇 속의 삶은 계란을 아직 껍질도 벗기지 않은 것을 보고, 딸 앞에 걸어가 웃으며 딸에게 말했다. "샤오예스, 방금 아빠가 화낸 건 잘못했다. 줘봐, 내가 계란 껍질을 벗겨줄게!"

딸은 듣더니 뜻밖에 얼른 일어나 얼버무리며 말했다. "아니에요, 아빠, 이 계란은 뜨거워요. 그냥 제가 할게요!" "녀석!" 남자는 웃으며 딸의 그릇을 붙잡고, 그런 다음 그릇에서 계란을 끄집어내었다. 남자는 그 계란이 매우 깨끗해 보였다. 단지 손에 쥐었을 때 조금 이상했다. 그가 막 계란 껍질을 벗기려 할 때, 갑자기 화상을 당해 큰 소리를 질렀다. 알고 보니 계란의 작은 구멍에서 뜨거운 물이 흘러나와 남자의 손바닥이 붉게 데었다.

남자는 멍해졌다. 그는 계란 위의 그 작은 구멍을 보고 마침내 알게 되었다. 매일 국수를 삶을 때 딸은 계란에 작은 구멍을 뚫고 안에 있는 노른자와 흰자를 부쳐서 아버지를 드시게 하고, 딸 자신은 빈 껍질을 뜨거운 물에 삶은 다음 자신의 그릇 속에 둔 것이다. 이것은 아버지가 자신도 계란을 먹는다고 생각하게 하기 위해서였다.

남자는 딸을 껴안고 목메어 울며 물었다. "착한 우리 딸, 집에 계란이 없으면 나더러 사오라고 하면 되지, 어째서 계란 껍데기를 먹은 거니?"

"아빠, 아빠가 힘들게 일하는 것을 보고, 저는 우리 집을 위해 돈을 아끼고 싶었어요…" 딸이 울며 말했다.

"착한 우리 딸!" 남자는 딸을 껴안고, 큰 소리로 울기 시작했다…

단어 **早出晚归** zǎochū wǎnguī 성 아침 일찍 나가서 저녁 늦게 돌아오다, 힘들게 일하다 | **养活** yǎnghuó 동 부양하다, 기르다 | **乖巧** guāiqiǎo 형 ① (말과 행동이) 사랑스럽다, 호감을 사다 ② 영리하다, 총명하다 | ★**吩咐** fēnfù 동 분부하다, 시키다 | **煮** zhǔ 동 삶다, 끓이다 | **面条** miàntiáo 명 국수 | **煎** jiān 동 ① (음식을 기름에) 지지다, 부치다 ② (약이나 차를) 졸이다, 달이다 | **埋** mái 동 묻다, 덮다, 파묻다 | **工地** gōngdì 명 (건축, 개발, 생산 등을 하는) 현장 | **挨骂** ái mà 이합 야단 맞다, 욕을 얻어먹다 | **递** dì 동 전하다, 건네주다, 전달하다 | ★**端** duān 동 (물건의 바닥을 평평하게) 받쳐 들다 | **不对劲** búduìjìn ① 문제가 있다, 맞지 않다 ② 마음이 맞지 않다 ③ 비정상적이다 | **湖** hú (음식이나 옷 등이) 타다, 눋다 | **发苦** fā kǔ 이합 맛이 쓰다 | **摔** shuāi 동 ① 내던지다 ② 떨어뜨려 부수다 ③ 넘어지다 | **凶巴巴** xiōngbābā 형 흉악한 모양, 사나운 모양 | **气呼呼** qìhūhū 형 화가 나 호흡이 거친 모양 | **满怀** mǎnhuái 동 (마음속에) 가득하다, 꽉 차다 | **愧疚** kuìjiù 형 (양심의 가책을 느껴) 부끄럽다 | **安慰** ānwèi 형 마음이 편하다 위안하다 | **扒拉** pála 동 젓가락으로 음식을 깨작이다 | **剥** bāo 동 (껍질이나 피부를) 벗기다, 까다 | **壳** ké 명 (단단한) 껍데기, 껍질 | **支吾** zhīwu 동 (모호한 말로) 얼버무리다, 둘러대다 | **烫** tàng 동 데다, 화상을 입다 형 뜨겁다 | **按** àn 동 ① 누르다 ② (마음이나 기분을) 억제하다 ③ 쥐다, 잡다 전 ~에 따라 | **拈** niān 동 (손가락으로) 집다 | **握** wò 동 (손으로) 잡다, 쥐다 | **去皮** qù pí 이합 껍질을 벗기다 | **小孔** xiǎokǒng 명 작은 구멍, 바늘 구멍 | **手掌** shǒuzhǎng 명 손바닥 | ★**愣** lèng 동 멍해지다, 어리둥절하다 | ★**搂** lǒu 동 (양팔로) 안다, 껴안다 | **哽咽** gěngyè 동 목메어 울다, 흐느껴 울다, 오열하다 | **省下** shěngxià 동 절약해 남기다 | **号啕** háotáo 동 큰 소리로 울다

364

▶ ❶ 글의 구성을 파악한다.

이 글은 아버지의 감정 변화가 전체 이야기의 흐름을 나타내고 있다. 처음에는 화가 잔뜩 나서 집에 왔는데, 결국 딸이 계란을 부치다가 태운 것 때문에 더 화가 났다. 후회했을 때 그는 딸아이가 먹고 있는 것이 빈 계란 껍질이라는 것을 알게 되었고, 모든 상황을 이해한 뒤 매우 감동하게 된다. 이러한 감정 변화를 정리하면 다음과 같다.

一肚子的气 → 更生气了 → 有点儿后悔了 → 明白了

▶ ❷ 인물의 감정 변화를 일으키는 사건과 그것을 묘사하는 단어나 표현을 찾아낸다.

아버지의 감정 변화를 일으킨 일들이 전체 이야기를 구성하고 있으며, 다음과 같이 정리할 수 있다.

사건	감정 변화
男人在工地挨了老板的骂。 남자는 일하는 곳에서 사장에게 욕을 들었다.	一肚子的气
女儿又把蛋煎煳了。 딸이 또 계란을 부치다가 태웠다.	更生气了
他想，自老婆离去后，女儿每天洗衣做饭，还要读书写作业，已经是够辛苦了，现在她煎煳了鸡蛋，自己竟然这样骂她，真是不该啊！ 그는 아내가 떠난 후 딸이 매일 빨래하고 밥하고 게다가 공부하고 숙제도 해야 해서 이미 충분히 고생하는데, 지금 계란을 부치다가 태웠다고 자신이 뜻밖에 그녀를 욕하다니, 정말 해서는 안 되는 행동이라고 생각했!	有点儿后悔了
明白了女儿把空蛋壳放到开水里煮，然后再放到自己的碗里，为的就是让爸爸以为她也在吃鸡蛋。 딸이 빈 계란 껍질을 뜨거운 물에 삶은 다음 다시 자신의 그릇에 놓았고, 이것은 아버지가 그녀도 계란을 먹고 있다고 생각하게 하기 위해서라는 것을 깨달았다.	明白了(感动)

▶ ❸ 글의 내용을 풍부하게 한다.

이 글의 가장 핵심적인 부분은 남자가 어떻게 딸이 먹고 있는 것이 빈 계란 껍질인지를 발견하는가를 서술하는 부분이다. 따라서 우리는 이 부분을 좀 더 상세하게 서술해야 하며, 각 감정의 흐름 별로 중요한 단어나 표현을 좀 더 보충해 글의 연결이 부드러울 수 있게 해주면 된다.

사건	감정 변화
(这天，)男人在工地挨了老板的骂。	(带着)一肚子的气(回到家里)
(男人大口大口地吃面时，发现)女儿把蛋煎(得有些)煳了。	(于是他)更生气了。(他凶巴巴地骂了女儿几句后就气呼呼地回里屋去了。)
(来到里屋男人想到)女儿每天(又要做家务，又要学习)，已经够辛苦的了，现在煎煳了鸡蛋，自己不该那样骂她(。)	(他)有点儿后悔了(，满怀愧疚地走到外面，想安慰安慰女儿。)
(男人看见女儿碗里的鸡蛋还没有剥壳，他想帮女儿剥鸡蛋，谁知女儿却紧张了起来。他不顾女儿的反对拈出女儿碗里的鸡蛋，正要给鸡蛋去皮时，一股烫开水从鸡蛋壳上的一个小孔里流了出来，把他的手都烫红了。男人这才发现女儿的煮鸡蛋是空的。原来，女儿为了给爸爸省钱，每天煮面的时候，在一个鸡蛋上打一个孔，把里面的蛋黄蛋白弄出来，煎蛋给爸爸吃，而自己却)把空蛋壳放到开水里煮(了以后)再放到自己的碗里，让爸爸以为她也在吃鸡蛋。	(男人)感动(极了，搂着女儿号啕大哭起来。)

　제목은 자유롭게 만들 수 있다. 이 글은 전체적으로 계란을 둘러싸고 일어나는 주인공의 감정 변화와 사건을 담고 있다. 따라서 '空空的煮鸡蛋(비어 있는 삶은 계란)', '没有薄壳的鸡蛋(껍질이 얇은 계란은 없다)' 등과 같은 제목을 만들 수 있다.

모범 답안

					空	空	的	煮	鸡	蛋				
	男	人	自	从	离	异	后	，	一	个	人	辛	苦	工	作	养	活	女
儿	。	女	儿	很	是	乖	巧	听	话	，	总	是	按	照	父	亲	的	吩	咐 ，
每	天	煮	好	两	碗	面	条	，	并	在	爸	爸	的	面	条	上	放	一	个
爸	爸	爱	吃	的	煎	鸡	蛋	，	而	在	自	己	的	面	条	里	，	埋	一
个	煮	鸡	蛋	。

100

	这	天	，	男	人	在	工	地	挨	了	老	板	的	骂	，	带	着	一
肚	子	的	气	回	到	家	里	。	他	大	口	大	口	地	吃	面	时	，	发
现	女	儿	把	蛋	煎	煳	了	，	于	是	他	更	生	气	了	。	他	凶	巴
巴	地	骂	了	女	儿	几	句	后	就	气	呼	呼	地	回	里	屋	去	了	。

200

	来	到	里	屋	，	男	人	想	到	女	儿	每	天	又	要	做	家	务 ，
又	要	学	习	，	已	经	够	辛	苦	的	了	，	现	在	煎	煳	了	鸡	蛋 ，
自	己	不	该	那	样	骂	她	。	他	有	点	儿	后	悔	了	，	满	怀	愧
疚	地	走	到	外	面	，	想	安	慰	安	慰	女	儿	。

	男	人	看	见	女	儿	碗	里	的	鸡	蛋	还	没	有	剥	壳	，	他
想	帮	女	儿	剥	蛋	壳	，	谁	知	女	儿	却	紧	张	了	起	来	。	他

300

不	顾	女	儿	的	反	对	抠	出	女	儿	碗	里	的	鸡	蛋	，	正	要	给
鸡	蛋	去	皮	时	，	一	股	烫	开	水	从	鸡	蛋	壳	上	的	一	个	小
孔	里	流	了	出	来	，	把	他	的	手	都	烫	红	了	。	男	人	这	才
发	现	女	儿	的	煮	鸡	蛋	是	空	的	。	原	来	，	女	儿	为	了	给

400

爸	爸	省	钱	，	每	天	煮	面	的	时	候	，	在	一	个	鸡	蛋	上	打
一	个	孔	，	把	里	面	的	蛋	黄	蛋	白	弄	出	来	煎	给	爸	爸	吃 ，
而	自	己	却	把	空	蛋	壳	放	到	开	水	里	煮	了	以	后	再	放	到
自	己	的	碗	里	，	让	爸	爸	以	为	她	也	在	吃	鸡	蛋	。

	男	人	感	动	极	了	，	搂	着	女	儿	号	啕	大	哭	起	来	。

500

비어 있는 삶은 계란

남자는 이혼한 후, 혼자 힘들게 일하며 딸을 부양하고 있었다. 딸은 영리하고 말을 잘 들어서, 항상 아버지의 분부대로 매일 두 그릇의 국수를 삶았다. 또한 아버지의 국수 위에는 아버지가 좋아하는 계란후라이를 놓고, 자신의 국수 속에는 삶은 계란 하나를 묻어 놓았다.

이날, 남자는 현장에서 사장에게 욕을 듣고 화를 꾹 참고 집에 돌아왔다. 그가 한 입 한 입 국수를 먹을 때 딸이 계란을 부치다가 태운 것을 발견해서 더욱 화가 났다. 그는 무섭게 딸에게 몇 마디 욕을 하고는 화가 나 씩씩대며 방으로 돌아갔다.

방에 와서 남자는 딸이 매일 집안일도 해야 하고 공부도 해야 해서 이미 충분히 고생하는데, 지금 그 아이가 계란을 부치다가 태웠다고 자신이 이렇게 그 아이에게 욕해서는 안 된다고 생각했다. 그는 조금 후회가 되어 미안해하며 밖으로 나가 딸을 위로해주려 했다.

남자는 딸의 그릇 속에 삶은 계란이 아직 껍질도 벗겨지지 않은 것을 보고, 딸을 위해 껍질을 벗겨주려 했는데, 뜻밖에도 딸은 긴장하기 시작했다. 그는 딸의 반대에 아랑곳하지 않고 딸 그릇 속의 계란을 끄집어내어 막 계란 껍질을 벗기려 할 때, 계란의 작은 구멍에서 뜨거운 물이 흘러나와 남자의 손이 붉게 데었다. 남자는 그제야 딸의 삶은 계란이 비어 있는 것이라는 것을 알게 되었다. 알고 보니, 딸은 아빠의 돈을 아껴 드리기 위해 매일 국수를 삶을 때 계란에 작은 구멍을 뚫고 그 안에 있는 노른자와 흰자를 부쳐서 아버지를 드시게 하고, 자신은 빈 껍질을 뜨거운 물에 삶은 다음 자신의 그릇 속에 두어, 아버지가 자신도 계란을 먹는다고 생각하게 한 것이었다.

남자는 감동하여 딸을 껴안고 큰 소리로 울기 시작했다.

NEW 단어 + TIP

- 拨 bō 통 ① (전화를) 걸다 ② 밀다, 젖히다, 헤치다

  예 您拨打的用户已关机。 당신이 전화한 사용자의 (전화기) 전원이 이미 꺼져 있습니다.

  把汤上面的沫拨出去。 탕 위의 거품을 밀어 내세요.

- 屏幕 píngmù 명 영사막, 스크린

  예 我的电脑屏幕坏了。 내 컴퓨터의 스크린이 망가졌다.

- 索取 suǒqǔ 통 요구하다, 달라고 하다, 얻어내다, 받아내다

  예 我们不应该只知索取而不知付出。

  우리는 얻어내는 것만 알고 내놓는 것을 몰라서는 안 된다.

쓰기의 제목은 채점관에게 보여질 수 있는 첫인상으로, 엄청나게 많은 분량의 쓰기를 채점해야 하는 지친 채점 관들에게 있어서 신선한 제목은 시선을 끌 수 있는 가장 중요한 수단이기도 하다.

또한 제목은 각 글의 성격에 따라 적합한 제목이 있으므로 본문에 나와있는 단어를 활용해야 한다. 따라서 이번 보물상자에서는 '문장형 제목', '명사형 제목', '의문형 제목'으로 나누어 제목 만들기를 살펴보자.

우선 앞의 '시크릿 확인학습'에 나왔던 글을 이용해서 멋있는 제목을 만드는 방법을 배워보자!

예

男人自从和妻子离婚后，就一个人带着女儿生活，每天早出晚归，辛苦工作，养活女儿。而女儿也乖巧听话，每天中午放学回家，总是按照父亲的吩咐，煮好两碗面条，一碗给父亲，一碗留给自己。只是，父亲爱吃煎蛋，而女儿喜欢吃煮鸡蛋。于是，在父亲的那碗面条上，总是放着一个煎好的鸡蛋，而自己的这碗面里，总是埋着一个煮好的鸡蛋。

这天，男人在工地挨了老板的骂，带着一肚子的气回到家里。女儿见父亲回来了，赶紧迎上来，递给父亲一条毛巾。男人擦好脸，就端起女儿放在桌上的面条，大口大口地吃起来。突然他觉得不对劲，一看，发现碗里的那煎蛋煎得有些煳了，怪不得他觉得嘴巴发苦。男人在工地上被老板骂心情不好，现在女儿又把蛋煎煳了，这下，他更生气了。

他狠狠地放下大碗，"啪"的一声把筷子摔在了桌子上，然后，凶巴巴地对女儿骂道："我说小叶子啊，你都读小学五年级了，怎么连个鸡蛋都煎不好! 我不吃了!"说完，他气呼呼地回里屋去了。

来到里屋，男人心里有点儿后悔了，他想，自老婆离去后，女儿每天洗衣做饭，还要读书写作业，已经是够辛苦了，现在她煎煳了鸡蛋，自己竟然这样骂她，真是不该啊! 想到这，他满怀愧疚地走到外面，想安慰安慰女儿。这时的女儿，正含着眼泪，坐在屋外的一块石头上扒拉着她的那一碗面条呢。男人见女儿碗里的那个煮鸡蛋还没剥壳，就走到女儿面前，微笑着对女儿说："小叶子，刚才爸爸生气不对，来，我帮你把鸡蛋壳剥了吧!"

谁知，女儿一听，赶紧站起来，支支吾吾地说："不要，爸爸，这鸡蛋很烫，还是我自己来吧!""这孩子!"男人笑着按下女儿的小碗，然后，他从碗里拈出那个鸡蛋。男人见那鸡蛋非常干净，只是握在手里有些奇轻。他正想给鸡蛋去皮，突然被烫得大叫一声，原来，从鸡蛋的一个小孔里流出了一股热水，把男人的手掌烫红了。

男人愣住了，他看着鸡蛋上面的那个小孔，终于明白了。每天煮面的时候，是女儿在一个鸡蛋上打了个孔，然后把里面的蛋黄蛋白弄出来，煎蛋给父亲吃，而她自己却把空蛋壳放到开水里煮，然后再放到自己的碗里，为的就是让父亲以为她也在吃鸡蛋啊。

男人一把搂住了女儿，哽咽着问道："好孩子，家里没有鸡蛋了，你可以叫我买啊，你怎么吃起鸡蛋壳了呢?"

"爸爸，我看您工作太辛苦了，我想为咱家省下点儿钱啊……"女儿哭着说道。

"好孩子!"男人搂着女儿，号啕大哭起来……

1 문장형 제목

'주어 + 서술어' 혹은 '서술어 + 목적어' 구조로 제목을 만드는 경우이다. 주로 글에서 제시하는 주제나 교훈, 혹은 핵심 동작 등을 제목으로 표현하는 경우가 많다. 특히 마지막 문장에 주제가 명확하게 제시되는 글이라면, 그 문장을 그대로 활용해서 '문장형 제목'을 만들 수 있다.

'시크릿 확인학습'에 나온 글은 마지막에 주제가 한 문장으로 제시되지 않고 함축되어 있는 글이기 때문에 문장형 제목을 다양하게 만들기에는 별로 적합하지 않다. 하지만 굳이 만든다면 다음과 같이 몇 가지가 가능할 것이다.

    ① 煮空鸡蛋(비어있는 계란을 삶다)

    ② 为了父亲(아버지를 위하다)

2 명사형 제목

'관형어 + 명사' 구조로 제목을 만드는 경우이다. 주로 글의 내용을 이끌어가는 명확한 인물이나 사물이 있을 때 '명사형 제목'을 쓰는 것이 좋다.

⑴ 글이 비록 아버지의 감정 변화에 따라 서술되고 있지만, 글의 주제를 이끌어내는 가장 핵심적인 인물은 딸이다. 따라서 딸을 중심으로 하여 명사형 제목을 만들 수 있다.

    ① 女儿的爱(딸의 사랑)

    ② 一心为父的女儿(온 마음으로 아버지를 위하는 딸)

⑵ 전체 글을 이끌어 가는 핵심적인 사물은 속이 비어 있는 삶은 계란이다. 이 계란을 이용해서 제목을 만들 수 있다.

    ① 空煮鸡蛋(비어있는 삶은 계란)

    ② 没有蛋心的鸡蛋(속이 비어있는 계란)

3 의문형 제목

의문문을 사용한 제목은 독자의 주의와 호기심을 불러 일으키는 데 효과적이다. 즉, 대답이 글 전체의 줄거리나 주제를 나타내는 의문형 제목을 만들면 된다. 이 글에 비교적 적합한 의문형 제목은 다음과 같다.

    ① 为什么鸡蛋是空的? (계란은 왜 비어있는가?)

    ② 鸡蛋里怎么只有水? (계란 안에는 왜 물만 있는가?)

1. 他和她的相识是在一个宴会上，那时的她年轻美丽，身边有很多的追求者，而他却是一个很普通的人。因此，当宴会结束，他邀请她一块去喝咖啡的时候，她很吃惊。然而，出于礼貌，她还是答应了。

坐在咖啡馆里，两人之间的气氛很是尴尬，没有什么话题。她只想尽快结束，好早点回去。但是当小姐将咖啡端上来的时候，他却突然说："麻烦您拿点儿盐过来，我喝咖啡习惯放一点儿盐。"当时，她愣了，小姐也愣了。大家的目光都集中到了他身上，以致于他的脸都有些红了。

小姐把盐拿了过来，他放了点儿进去，慢慢地喝着。她是个好奇心很重的女子，于是不禁问了一句："你为什么要加盐呢？"他沉默了一会儿，很慢的，几乎是一字一顿地说道："小时候，家住在海边。我老是在海里泡着，海浪打来，海水涌进嘴里，又苦又咸。现在，很久没回家了，在咖啡里加点儿盐，算是想家的一种表现吧，可以把距离拉近一些。"

她忽然被打动了。因为，这是她第一次听到男人在她面前说想家。她认为，想家的男人必定是顾家的男人，而顾家的男人必定是爱家的男人。她忽然有一种倾诉的欲望，和他说起了千里之外的故乡，气氛渐渐变得融洽起来了。两个人聊了许久，并且，她没有拒绝他送她回家。

从那以后，他们开始了约会。她发现他其实是一个很好的男人，大度、细心、体贴，符合她所欣赏的优秀男士所具备的特性。她暗自庆幸，幸亏当时的礼貌，才没和他擦肩而过。她带他去遍了城市中的每一家咖啡馆，每次都是她说："请拿些盐来好吗？我朋友喜欢在咖啡里加点儿盐。"

再后来，就像童话书里写的一样，"英俊的王子和美丽的公主举行了盛大的婚礼，他们从此过上了幸福愉快的生活。"他们确实生活得很幸福，而且一过就是五十多年。直到前不久他不幸病逝了。

故事似乎应该结束了，如果没有那封信的话……

那封信是他临终前写的，是写给她的："原谅我一直都欺骗了你！还记得第一次我请你喝咖啡吗？当时气氛差极了，我很尴尬，也很紧张。不知怎么想的，竟然对小姐说拿点儿盐来，其实我喝咖啡是不加盐的。可当时既然说了，只有将错就错了，没想到竟然引起了你的好奇心。这一下，让我喝了大半辈子的加盐咖啡。有好多次，我都想告诉你，可我怕你会生气，更怕你会因此离开我……现在，我终于不怕了，因为我就要死了。死人总是很容易被原谅的，对不对？今生得到你是我最大的幸福。如果有来生，我希望还能娶到你，只是，我可不想再喝加盐的咖啡了。咖啡里加盐，你不知道，那味道，有多难喝……"

信的内容让她吃惊。然而，他不知道，她多想告诉他，有人对她做出了这样的一生一世的欺骗，她是多么高兴，因为这是为了她，为了所爱的人……

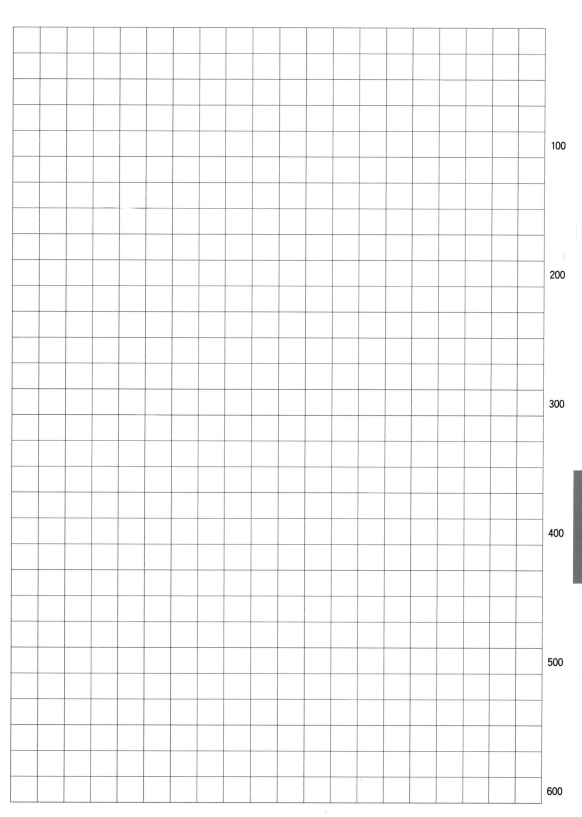

100

200

300

400

500

600

2.   每次坐长途汽车，落座后就闭目遐想：今天总应该会有位美女坐我旁边，起码是个赏心悦目的异性！但是，每次都让我失望，几乎都是与老弱病残在一起，运气很不好。这次也一样，眼巴巴看着一个个美女持票鱼贯上车，硬是没有一个坐我身旁。最后，来了个提大包小包的乡下老太，我看得出她要进城做饭去，因为其中一个蛇皮袋里装着铁锅，露出把柄，然后"当"一声就落在我脚边。我终于明白，她是我今天有缘同车的同座。

我欠了欠身子，表示虚伪的欢迎。她开始说话，说是第一次出远门，要去省城福州看二儿子，是读土木建筑的，领导很看重他；现在儿子要请她过去做饭，但是她的原话是"他很孝顺，要我去享清福"。

她不会讲普通话，可万分健谈，不断地问我"十万个为什么"，用的是我们老家土话，我也尽量陪聊，并且努力夸她提到的人、捧她提到的事。我渐渐习惯而且理解一个纯朴母亲的慈爱心。

虽然，看着前后有情侣或分吃一串糖葫芦，或两人耳朵里各塞一耳机分享MP3，我好惆怅。

两个小时后，眼看福州就要到了，我看出老太太的不安，她心虚地问我："我是要在北站下车的，你是到哪个站？"经过一段时间的闭目养神，我心情好多了，于是我诚恳主动地安慰她，不要紧张，请她放心，我跟她是在同一站下车，我会带她下车的……

眼看车子已经出了高速路，进城了。老太太不停地整理东西，可见她还是慌；我突然想，对了，下车后，她怎么与她儿子联系？我再次关切地问她："你儿子的电话是多少？我帮你给他打个电话，告诉他在车站哪个出口等你！"

她赶紧从口袋里掏出一张纸，上面写着一个手机号码。我随即拨通了她儿子的电话，通了，更奇妙的是，我手机屏幕上马上显示出一个前几天刚刚新添到通讯录上的名字，某工程的项目经理。这真是太奇妙了，眼前老太太的儿子居然就是我要找的人，而且是我需要他帮忙的人……

接电话的是个年轻人的声音，我把手机递给那兴奋的老太太："我快到了，阿狗(老家土语，宝贝的意思)，还好有这个好心人照顾我……"哦，我就是那个好心人！我欣慰而庆幸。

下车的时候，他们母子相见，场面感人；然后，老太太拖住我，一定要她那个有些羞涩的儿子感谢我："还好是这小兄弟一路帮我，你们都在同一个城市，一定要像兄弟一样做朋友！"她儿子频频点头。我也微笑致意。

几天后，我信心十足地去找这个年轻的经理。在他办公室，他抬头看我，一愣，原来之前多次与他电话咨询的人就是一路照顾他妈妈的"贵人"。在感慨"世界真小"之后，他爽快地在我需要他签字的工程合作单子上签了大名……

原来，我的运气一点也不坏。遇见一个需要我小小帮助的老太太，她不是美人，更不年轻，但是，她居然是货真价实的"机遇女神"。

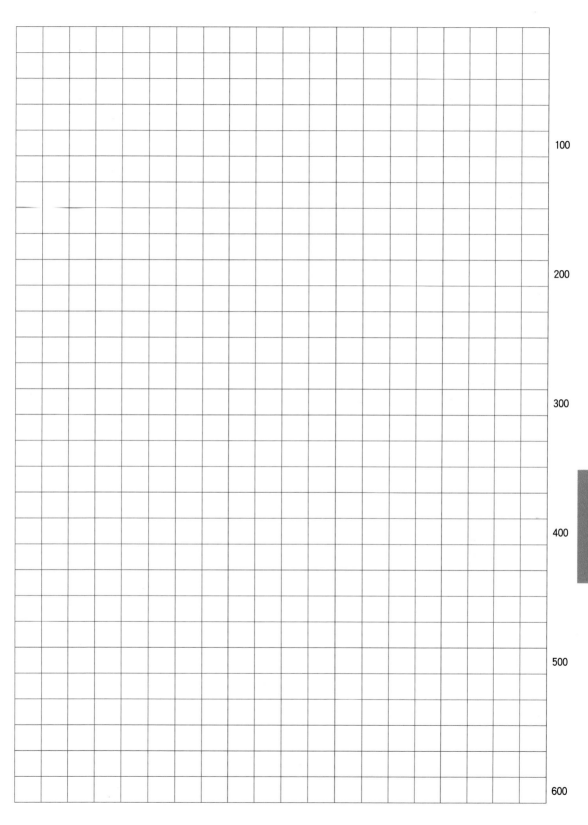

3. 张良是汉高祖刘邦的重要谋臣，在他年轻时，曾有过这么一段故事。

那时的张良还只是一名很普通的青年。一天，他漫步来到一座桥上，对面走过来一个衣衫破旧的老头。那老头走到张良身边时，忽然脱卜脚上的破鞋子丢到桥下，还对张良说："去，把鞋给我捡回来！"张良当时感到很奇怪又很生气，觉得老头是在侮辱自己。可是他又看到老头年岁很大，便只好忍着气下桥给老头捡回了鞋子。谁知这老头得寸进尺，竟然把脚一伸，吩咐说："给我穿上！"张良更觉得奇怪，简直是莫名其妙。尽管张良已很有些生气，但他想了想，还是决定干脆帮忙就帮到底，他还是跪下身来帮老头将鞋子穿上了。

老头穿好鞋，踩踩脚，哈哈笑着扬长而去。张良看着头也不回、连一声道谢都没有的老头的背影，正在纳闷，忽见老头转身又回来了。他对张良说："小伙子，我看你有深造的价值。这样吧，5天后的早上，你到这儿来等我。"张良深感玄妙，就诚恳地跪拜说："谢谢老先生，愿听先生指教。"第5天一大早，张良来到桥头，只见老头已经先在桥头等候。他见到张良，很生气地责备张良说："同老年人约会还迟到，这像什么话呢？"说完他就起身走了。走出几步，又回头对张良说："过5天早上再会吧。"张良有些懊悔，可也只有等5天后再来。到第5天，天刚亮，张良就来到了桥上，可没料到，老头又先他而到。看见张良，老头这回可是严厉地责骂道："为什么又迟到呢？实在是太不像话了！"说完，十分生气地一甩手就走了。临了依然丢下一句话，"还是再过5天，你早早就来吧。"张良惭愧不已。又过了5天，张良刚刚躺下睡了一会，还不到半夜，就摸黑赶到桥头，他不能再让老头生气了。过了一会儿，老头来了，见张良早已在桥头等候，他满脸高兴地说："就应该这样啊！"然后，老头从怀中掏出一本书来，交给张良说："读了这部书，就可以帮助君王治国平天下了。"说完，老头就走了。

等到天亮，张良打开手中的书，他惊奇地发现自己得到的是《太公兵法》。这可是天下早已失传的极其珍贵的书呀，张良惊异不已。从此后，张良捧着《太公兵法》日夜攻读，勤奋钻研。后来真的成了大军事家，做了刘邦的得力助手，为汉王朝的建立，立下了卓著功勋，名噪一时，功盖天下。张良能宽容待人，至诚守信，所以才能成就一番大事业。

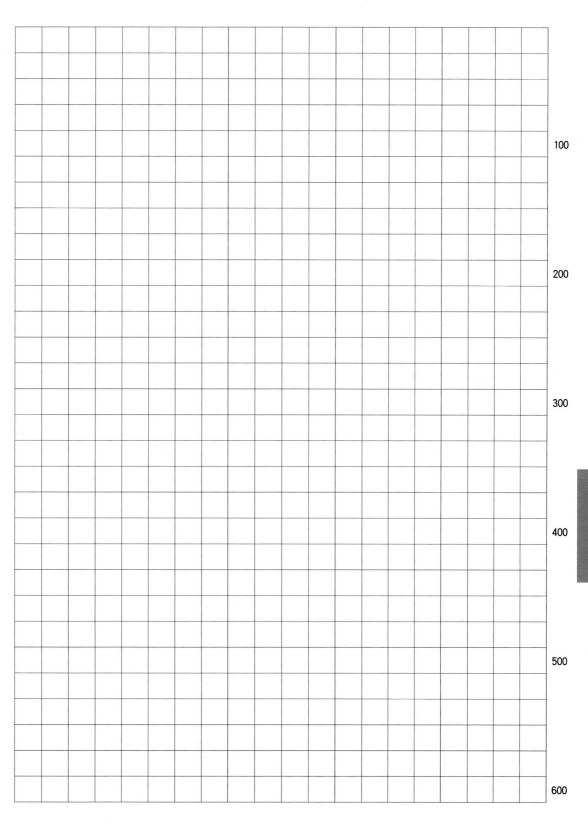

100

200

300

400

500

600

03 사물의 실마리 + 사건

DAY 13-17

사물의 실마리란 글에서 처음부터 끝까지 몇 가지 사물이 등장하고, 이러한 사물에 대한 처리 및 이 사물이 사건에 끼친 영향 등을 중심으로 글이 전개되는 경우를 뜻한다. 이런 경우 각 사물을 잘 체크하고 이에 따라 생기는 사건과 감정의 변화를 잘 정리하는 것만으로도 요약 쓰기가 훨씬 쉬워질 수 있다.

쓰기 시크릿 백전백승

1 사물 간의 차이와 특징을 잡아라!

사물이 실마리가 되는 글은 금방 눈치챌 수가 있다. 일단 여러 가지 사물들이 등장하고, 이러한 글을 사물들이 전체 사건의 흐름을 이어가는 중요한 매개체가 되는 경우가 많기 때문이다. 따라서 각 사물 간의 차이와 특징, 각 사물이 의미하거나 상징하는 것, 그리고 그로 인해 생겨나는 사건의 핵심을 꼭 찾아내야 한다.

2 시간 분배를 잘해라!

10분이라는 시간 안에 우리가 해야 할 일이 너무 많다. 먼저 4분 동안 글의 전반적인 내용과 주제를 파악해야 한다. 그런 다음 글의 흐름과 실마리를 찾아 단락별로 핵심적인 내용을 선별하여 암기해야 한다. 여기에도 4분 정도의 시간을 할애한다. 마지막으로 꼭 써야 하는 표현임에도 한자를 잘 모르는 단어가 있다면 열심히 2분 동안 암기해 두었다가 원고지를 받으면 바로 빈 공간에 연필로 적어두자.

3 직접화법은 간접화법으로!

큰따옴표(" ")로 인물의 말을 그대로 인용한 장문의 직접화법이 원문에 등장한다면 그대로 쓰는 것보다는 간접화법으로 바꾸는 것이 좋다. 일단 직접화법 상태의 인물의 말은 요약을 하는 것 자체가 좋지 않다. 말 그대로 직접 말한 것을 함부로 바꿔버리는 것이 되기 때문이다. 따라서 이런 경우 될 수 있으면 간접화법으로, 혹은 인물의 말을 설명식의 문장으로 바꿔서 요약하는 것이 좋다.

　　一天，女儿满腹牢骚地向父亲抱怨生活没有想像中那么美好，抱怨事情怎么如此难做，抱怨生活太艰难。她说："我真不知道该怎么去应付生活，刚刚处理好一件事，又冒出来一件需要我去处理的事。生活压力太大，已经超出了我的承受能力，我都要受不了了，简直想自暴自弃。"

　　父亲是一位著名的厨师。他平静地听完女儿的抱怨后，微微一笑，把女儿带进了厨房。父亲往三只同样大小的锅里倒进了一样多的水，然后把一根胡萝卜放进了第一只锅里，将一个鸡蛋放进了第二只锅里，又将一把咖啡豆放进了第三只锅里。最后他把三只锅放到火力一样大小的三个炉子上烧。

　　女儿站在一边，疑惑地望着父亲，弄不清他的用意。

　　20分钟后，父亲关掉了火，让女儿拿来两个盘子和一个杯子。父亲将煮好的胡萝卜和鸡蛋分别放进了两个盘子里，然后将咖啡豆煮出的咖啡倒进了杯子。他指着盘子和杯子问女儿："孩子，说说看，你见到了什么？"

　　女儿回答说："还有什么，当然是胡萝卜、鸡蛋和咖啡了。"

　　父亲说："你不妨碰碰它们，看看有什么变化。"

　　女儿拿起一把叉子碰了碰胡萝卜，发现胡萝卜已经变得很软。她又拿起鸡蛋，感觉到了蛋壳的坚硬。她在桌子上把蛋壳敲破，仔细地用手摸了摸里面的蛋白。然后她又端起杯子，喝了一口里面的咖啡。做完这些以后，女儿开始回答父亲的问题："这个盘子里是一根已经变得很软的胡萝卜；那个盘子里是一个壳很硬，蛋白也已经凝固了的鸡蛋；杯子里则是香味浓郁、口感很好的咖啡。"说完，她不解地问父亲，"亲爱的爸爸，您为什么要问我这么简单的问题？"

　　父亲严肃地看着女儿说："你看见的这三样东西是在一样大的锅里、一样多的水里、一样大的火上和用一样多的时间煮过的。可它们的反应却迥然不同。胡萝卜生的时候是硬的，煮完后却变得那么软，甚至都快烂了；生鸡蛋是那样的脆弱，蛋壳一碰就碎，可是煮过后连蛋白都变硬了；咖啡豆没煮之前也是很硬的，虽然煮了一会儿就变软了，但它的香气和味道却溶进水里变成了可口的咖啡。"父亲说完之后接着问女儿："你像它们中的哪一个？"

　　现在，女儿更是有些摸不着头脑了，只是怔怔地看着父亲，不知如何回答。父亲接着说："我想问你的是，面对生活的煎熬，你是像胡萝卜那样变得软弱无力还是像鸡蛋那样变硬变强，抑或像一把咖啡豆，身受损而不堕其志，无论环境多么的恶劣，都向四周散发出香气、用美好的感情感染周围所有的人。简而言之，你应该成为生活道路上的强者，让你自己和周围的一切变得更好，更漂亮、更有意义。"

🔍 **문제 분석** 사물과 관련된 핵심이 되는 사건을 찾는다.

🔒 지문해석

어느 날, 딸이 불평불만으로 가득해서 아버지에게 생활이 상상만큼 아름답지 않다고 불평하고, 일이 어째서 이렇게 하기 힘든지 불평하고, 생활이 너무 어렵다고 불평했다. 그녀가 말했다. "나는 정말 어떻게 생활에 대처해야 할지 모르겠어요. 방금 한 가지 일을 처리하고 나면 또 제가 처리해야 할 일이 생겨나요. 생활의 스트레스가 너무 커서 이미 저의 감당 능력을 넘어섰어요. 전 이미 견딜 수가 없어서, 그야말로 자포자기하고 싶어요."

아버지는 유명한 요리사였다. 그는 차분하게 딸의 불평을 듣고 난 뒤 미소를 짓고 딸을 주방으로 데려갔다. 아버지는 세 개의 크기가 같은 솥에 같은 양의 물을 부어 넣고, 그런 다음 당근 하나를 첫 번째 솥에 넣고, 계란 하나를 두 번째 솥에 넣었으며, 또 커피 원두 한 움큼을 세 번째 솥에 넣었다. 마지막으로 그는 세 솥을 불의 세기가 같은 세 개의 스토브 위에서 가열했다.

딸은 한 쪽에 서서 이상하다는 듯이 아버지를 바라봤으나, 그 의도를 알 수가 없었다.

20분 후, 아버지는 불을 끄고 딸에게 두 개의 쟁반과 한 개의 컵을 가져오게 했다. 아버지는 다 익은 당근과 계란을 각각 두 개의 쟁반에 놓았고, 그런 다음 커피 원두를 끓여서 생겨난 커피를 컵에 부었다. 그는 쟁반과 컵을 가리키며 딸에게 물었다. "얘야, 말해보렴, 넌 무엇을 보았니?"

딸이 대답했다. "뭐가 있겠어요, 당연히 당근, 계란 그리고 커피죠."

아버지가 말했다. "그것들을 만져보아도 괜찮단다. 무슨 변화가 있는지 보렴."

딸은 포크를 하나 들고 당근을 건드려보고서 당근이 이미 부드럽게 변했다는 것을 발견했다. 그녀는 또 계란을 집어 들고, 계란 껍질의 딱딱함을 느꼈다. 그녀는 탁자 위에 계란 껍질을 쳐서 깬 다음 손으로 안의 흰자를 자세히 만져보았다. 그런 다음 또 컵을 받쳐 들고 안의 커피를 한 모금 마셨다. 이런 행동을 한 다음, 딸은 아버지의 질문에 대답하기 시작했다. "이 쟁반에는 이미 부드럽게 변한 당근이 있어요. 저 쟁반에는 껍질이 단단하고 흰자도 이미 응고된 계란이 있고요. 컵에는 오히려 향기가 진하고 맛이 좋은 커피가 있어요." 말을 마치고 그녀는 이해가 가지 않는다는 듯 아버지에게 물었다. "사랑하는 아빠, 왜 저에게 이렇게 간단한 질문을 하신거죠?"

아버지는 엄숙하게 딸을 바라보며 말했다. "네가 본 이 세 가지 물건은 같은 크기의 솥 안에서, 같은 양의 물에서, 같은 세기의 불로 그리고 같은 시간을 사용해서 끓인 것들이란다. 하지만 그것들의 반응은 판이하게 다르지. 당근은 생것일 때는 단단했지만 끓이고 난 뒤 부드럽게 변했고, 심지어는 흐물흐물해지려고 했지. 날계란은 연약해서 계란 껍질을 건드리기만 하면 부서지지만, 삶은 다음엔 흰자조차도 단단하게 변했지. 커피 원두는 끓이기 전엔 역시 단단했단다. 비록 끓이고 난 뒤 부드러워졌지만, 그것의 향기와 맛은 물에 녹아 들어가 맛있는 커피가 되었지." 아버지는 말을 마치고 이어 딸에게 물었다. "너는 그것들 중의 어느 것과 닮았니?"

이제 딸은 더 영문을 모르게 되어, 단지 멍하게 아버지를 쳐다보며 어떻게 대답해야 할지 몰랐다. 아버지가 이어서 말했다. "내가 너에게 묻고 싶은 것은, 생활의 괴로움에 직면했을 때 너는 당근처럼 약하고 무력하게 변하는지, 아니면 계란처럼 단단하고 강하게 변하는지, 아니면 커피 원두처럼 몸은 상처 입지만 그 뜻은 굽히지 않고 환경이 얼마나 열악한지에 관계없이 사방으로 향기를 퍼뜨리고 아름다운 감정으로 주위의 모든 사람들에게 영향을 주는지란다. 간단하게 말해서, 너는 삶의 길에서 강자가 되어, 네 자신과 주위의 모든 것이 더 좋고, 더 아름답고, 더 의미 있게 변하도록 해야 한다."

단어 满腹牢骚 mǎnfùláosāo 불평과 불만으로 가득하다 | ★ 抱怨 bàoyuàn ⑧ 불평하다, 투덜거리다 | 美好 měihǎo ⑱ (주로 추상적인 것이) 아름답다, 행복하다 | ★ 艰难 jiānnán ⑲ 곤란하다, 어렵다, 힘들다 | 应付 yìngfu ⑧ ① 대응하다, 대처하다 ② 대강대강 해치우다, 적당히 일을 얼버무리다 | 冒 mào ⑧ ① 나오다, 발산하다 ② (위험한 상황 등을) 개의치 않다, 무릅쓰다 | 承受 chéngshòu ⑧ ① 참다, 견디다, 감당하다 ② (재산, 권리 등을) 계승하다, 이어받다 | 自暴自弃 zìbào zìqì ⑳ 자포자기하다 | 平静 píngjìng ⑲ (마음이나 환경 등이) 평온하다, 차분하다, 여유롭다 | 锅 guō ⑱ 솥, 냄비 | 把 bǎ ⑳ (손으로) 잡다, 쥐다 ① 자루가 있거나 손으로 잡을 수 있는 사물 ② 주먹, 움큼 | 炉子 lúzi ⑱ 아궁이, 난로, 스토브 | 烧 shāo ⑧ 가열하다, 끓이다, 굽다 | ★ 疑惑 yíhuò ⑧ 의혹하다, 수상하게 여기다 | 用意 yòngyì ⑱ 용의, 의도, 속

셈, 저의 | 煮 zhǔ 동 삶다, 끓이다 | ★ 不妨 bùfáng 부 ~해도 무방하다, 괜찮다 | 叉子 chāzi 명 포크 | 蛋壳 dànké 명 알 껍데기, 알 껍질 | ★ 坚硬 jiānyìng 형 굳다, 단단하다 | ★ 凝固 nínggù 동 응고하다, 굳다 | 香味 xiāngwèi 명 향기, 좋은 냄새 | 浓郁 nóngyù 형 ① (향기가) 짙다, 깊다, 그윽하다 ② (색채, 감정, 분위기 등이) 강렬하다 | 不解 bùjiě 동 이해하지 못하다 | 严肃 yánsù 형 (말, 태도, 표정, 분위기 등이) 엄숙하다 | 迥然 jiǒngrán 형 현격하다, 판이하다, 현저하다 | 烂 làn 형 ① 흐물흐물하다 ② 부식되다, 썩다 ③ 너덜너덜하다, 헐다 | ★ 脆弱 cuìruò 형 연약하다, 나약하다 | 碎 suì 동 깨지다, 부서지다 형 자질구레하다 | 溶 róng 동 융해되다, 녹다 | 摸不着头脑 mōbuzháo tóunǎo 영문을 모르다 | 怔怔 zhèngzhèng 형 넋을 잃은 모양, 멍한 모양 | 面对 miànduì 동 직면하다, 맞닥뜨리다, 부닥치다 | 煎熬 jiān'áo 동 고통을 받다, 괴로움을 당하다 | 软弱 ruǎnruò 형 ① (몸이) 약하다 ② (의지가) 약하다 | 抑或 yìhuò 접 혹은, 그렇지 않으면 | 不堕其志 búduòqízhì 그 뜻을 굽히지 않다 | 恶劣 èliè 형 매우 나쁘다, 열악하다 | ★ 散发 sànfā 동 ① 배포하다, 뿌리다, 나누어 주다 ② 발산하다, 내뿜다 | ★ 感染 gǎnrǎn 동 감염시키다, 영향을 주다, 물들게 하다

해설 ▶ ❶ 글의 구성을 파악한다.

사물이 사건의 발전 과정과 계속 연관되어 나타나는 글이라면, 이러한 사물들을 실마리로 삼아 사물과 관련되는 사건들을 잘 간추려내는 것이 좋다. 이 글에서는 아버지가 당근, 계란, 커피 원두라는 이 세 가지 사물로 딸을 격려하고 있다. 따라서 이 세 가지 사물을 글의 실마리로 정리할 수 있다.

胡萝卜，鸡蛋，咖啡豆

▶ ❷ 사건을 정리한다.

전체 이야기는 딸이 생활에 대해 불평하는 것에서 시작되며, 아버지가 딸을 격려하기 위해 세 가지 사물을 꺼내어 끓이게 된다.

사건	女儿满腹牢骚地向父亲抱怨起生活的艰难。 父亲用胡萝卜，鸡蛋，咖啡豆来说明面对生活的煎熬。 딸은 불만으로 가득 차서 아버지에게 생활의 어려움을 불평했다. 아버지는 당근, 계란, 커피 원두를 이용해서 생활의 괴로움에 직면했을 때를 말했다.

▶ ❸ 글의 내용을 풍부하게 한다.

아버지는 어떤 사물을 꺼내어 솥에 넣고 삶았으며, 이 세 가지 사물은 어떤 변화가 생겼는지, 아버지는 이런 변화를 딸에게 어떻게 설명했으며, 딸은 어떻게 격려를 받았는지, 이런 내용들을 세 가지 사물을 기준으로 실마리를 나열하면 전체 글의 요약 쓰기가 될 것이다.

	사물 및 사건		
	胡萝卜	鸡蛋	咖啡豆
[첫 번째] **同样大小的锅、一样多的水放到火力一样大小的炉子上烧。** 같은 크기의 솥, 같은 양의 물을 같은 세기 불의 스토브에 놓고 끓였다.	第一只锅	第二只锅	第三只锅
[두 번째] **20分钟后** 끓인 지 20분 후	**分别放在两个盘子里。** 각각 두 개의 쟁반에 놓았다.		**把煮好的咖啡倒进杯子。** 우려 나온 커피를 컵에 부었다.
[세 번째] **女儿说。** 딸이 (스스로 만져보고) 말했다.	**变软了。** 부드럽게 변했다.	**壳很硬，蛋白凝固了。** 껍질은 매우 단단해졌고, 흰자도 응고되었다.	**香味很浓，口感很好。** 향기가 진하고, 맛이 좋다.

	사물 및 사건		
	胡萝卜	鸡蛋	咖啡豆
[네 번째] 父亲说。 (아버지의 뜻을 이해하지 못하는 딸에게) 아버지가 말했다.	是硬的(生) → 变软了, 甚至都快烂了 (煮了以后) 딱딱했음 → 부드럽게 변하고, 심지어는 흐물흐물해짐	是那样的脆弱(生) → 连蛋白都硬了(煮了以后) 약했음 → 흰자 조차도 딱딱해졌음	是很硬的(生) → 虽然变软了, 但香气和味道溶进了水里(煮了以后) 딱딱했음 → 비록 부드러워졌지만, 향기와 맛이 물 속에 녹아 들어갔음
[다섯 번째] 父亲接着说面对生活的煎熬。 (영문을 모르는 딸에게) 아버지가 계속해서 생활의 괴로움에 직면했을 때를 (세 가지 사물에 빗대어) 말했다.	变得软弱无力。 연약하고 힘이 없게 변한다.	变硬变强。 단단하고 강하게 변한다.	身受损而不堕其志, 向四周散发出香气、用美好的感情感染周围所有的人。 몸은 상처 입더라도 그 뜻은 굽히지 않고, 사방으로 향기를 내뿜고, 아름다운 감정으로 주위 모든 사람들을 물들인다.

▶ ❹ 제목을 정한다.

제목은 자유롭게 만들 수 있다. 이 글에서 아버지가 가장 하고 싶은 말을 인용해서, '做生活的强者(생활의 강자가 되어라)', '咖啡似的生活(커피 같은 생활)' 등과 같은 제목을 만들 수 있다.

👍 **모범 답안**

					做	生	活	的	强	者					
		一	天	，	女	儿	满	腹	牢	骚	地	向	父	亲	抱	怨	起	生	活
的	艰	难	。		父	亲	是	一	位	著	名	的	厨	师	，	平	静	地	听	完
女	儿	的	抱	怨	后	，	他	把	女	儿	带	进	了	厨	房	。				
		父	亲	往	三	只	同	样	大	小	的	锅	里	倒	进	了	同	样	多	100
的	水	，	然	后	把	一	根	胡	萝	卜	、	一	个	鸡	蛋	和	一	把	咖
啡	豆	依	次	放	进	了	三	只	锅	里	。	最	后	，	他	把	三	只	锅
放	到	火	力	一	样	大	小	的	三	个	炉	子	上	烧	。				
		20	分	钟	后	，	父	亲	把	煮	好	的	胡	萝	卜	和	鸡	蛋	分	200
别	放	在	两	个	盘	子	里	，	接	着	把	咖	啡	豆	煮	出	来	的	咖
啡	倒	进	一	个	杯	子	里	。	他	让	女	儿	看	看	这	三	样	东	西
有	什	么	变	化	。	女	儿	发	现	胡	萝	卜	变	软	了	；	鸡	蛋	的
壳	很	硬	，	蛋	白	也	变	硬	了	；	咖	啡	豆	煮	出	来	的	咖	啡
香	味	浓	郁	，	口	感	很	好	。										

		父	亲	严	肃	地	说	，	生	胡	萝	卜	是	硬	的	，	煮	完	后	300
却	变	得	那	么	软	，	甚	至	都	快	烂	了	；	生	鸡	蛋	是	那	样	
的	脆	弱	，	可	是	煮	过	后	连	蛋	白	都	变	硬	了	；	咖	啡	豆	
没	煮	之	前	也	是	很	硬	的	，	虽	然	煮	了	一	会	就	变	软	了	
但	它	的	香	气	和	味	道	却	溶	进	了	水	里	变	成	了	可	口	的	
咖	啡	。																		400
		父	亲	接	着	问	女	儿	，	遇	到	困	难	时	，	是	像	胡	萝	
卜	一	样	变	得	软	弱	，	还	是	像	鸡	蛋	一	样	变	硬	变	强	，	
抑	或	是	像	咖	啡	豆	那	样	身	受	损	而	不	堕	其	志	。	最	后	
父	亲	告	诉	女	儿	应	该	成	为	生	活	道	路	上	的	强	者	，	让	
自	己	和	周	围	的	一	切	变	得	更	好	、	更	漂	亮	、	更	有	意	500
义	。																			

해석

생활의 강자가 되어라

어느 날, 딸은 불만으로 가득차서 아버지에게 생활의 어려움을 불평했다. 아버지는 유명한 요리사였고, 차분하게 딸의 불평을 듣고 난 뒤 딸을 주방으로 데려갔다.

아버지는 세 개의 크기가 같은 솥에 같은 양의 물을 부어 넣고, 그런 다음 당근 하나, 계란 하나 그리고 커피 원두 한 움큼을 순서대로 세 개의 솥에 넣었다. 그는 세 솥을 불의 세기가 같은 세 개의 스토브 위에서 가열했다.

20분 후, 아버지는 다 익은 당근과 계란을 각각 두 개의 쟁반에 놓았고, 이어서 커피 원두를 끓여서 생겨난 커피를 컵에 부었다. 그는 딸에게 이 세 가지 사물에게 어떤 변화가 있는지 보게 했다. 딸은 당근은 부드럽게 변했고, 계란의 껍질은 단단하고 흰자도 단단해졌으며, 커피 원두에서 끓여 나온 커피는 향기가 진하고 맛이 좋다는 것을 발견했다.

아버지는 엄숙하게 생 당근은 단단하지만 끓이고 난 뒤 오히려 부드럽게 변해 심지어는 흐물흐물해지려고 했으며, 날계란은 연약하지만 삶은 다음 흰자 조차도 단단하게 변했고, 커피 원두는 끓이기 전엔 역시 단단했고 비록 끓이고 난 뒤 부드러워졌지만 그것의 향기와 맛은 물에 녹아 들어가 맛있는 커피가 되었다고 말했다.

아버지가 이어서 딸에게 어려움을 만났을 때 당근처럼 약하고 무력하게 변하는지, 아니면 계란처럼 단단하고 강하게 변하는지, 그렇지 않으면 커피 원두처럼 몸은 상처 입지만 그 뜻은 굽히지 않는지 물었다. 마지막으로 아버지는 딸에게 삶의 길에서 강자가 되어, 네 자신과 주위의 모든 것이 더 좋고, 더 아름답고, 더 의미 있게 변하도록 해야 한다고 알려주었다.

新HSK 시험에서 응시자는 10분만에 제시된 글을 읽어야 한다. 긴장 속에서 이렇게 짧은 시간에 글의 내용을 기억할 수 있는지가 가장 어려운 문제일 것이다. 또한 자신의 중국어 실력으로 요약 쓰기를 하는 과정에서 어떻게 틀린 표현을 쓰지 않을 것인가는 또 다른 문제이다.

그러나 글을 읽을 때 글 속의 문장을 줄여서 암기할 수 있다면 결과는 달라질 것이다. 먼저 글의 내용을 빨리 암기할 수 있을 것이고, 두 번째로 요약 쓰기를 할 때 줄여놓은 문장을 쓰면 시간과 힘을 아낄 수 있고, 세 번째는 잘못된 표현을 쓸 확률이 크게 낮아질 것이다. 따라서 문장의 요약 쓰기를 하는 능력을 기르는 것이 매우 중요하다고 할 수 있다.

다음 몇 가지 방법을 통해 구조가 비교적 복잡하고 길이가 긴 문장을 수식 성분과 보충 성분은 생략하고 주요성분은 남겨서 핵심적인 뜻이 바뀌지 않도록 요약 쓰기하는 방법을 배워보도록 하자.

1 '的' 앞의 수식 성분을 생략하라!

예를 들어 '美丽的蝴蝶飞走了。(아름다운 나비가 날아갔다.)'라는 문장이라면 '蝴蝶'를 수식하는 '美丽'는 생략하고 '蝴蝶飞走了。(나비가 날아갔다.)'라고 요약할 수 있다.

2 '地' 앞의 수식 성분을 생략하라!

예를 들어 '人们都忍不住惊讶地呼喊起来。(사람들은 모두 놀라 소리치지 않을 수 없었다.)'라는 문장이라면 '呼喊'을 수식하는 '都忍不住惊讶地'를 생략하고 '人们呼喊起来。(사람들은 소리쳤다.)'로 요약할 수 있다.

3 '得' 뒤의 보충 성분을 생략하라!

예를 들어 '海力布着急得没办法。(하이리부는 아무런 방법이 없을 정도로 조급했다.)'라는 문장이라면 '着急'를 보충하는 '没办法'를 생략하고 '海力布着急。(하이리부는 조급했다.)'로 요약할 수 있다.

4 수량사를 생략하라!

예를 들어 '罗丹塑了一座女像。(루어단은 여자 조각상 하나를 빚었다.)'이라는 문장이라면 '女像'을 수식하는 수량사 '一座'를 생략하고 '罗丹塑了女像。(루어단은 여자 조각상을 빚었다.)'으로 요약할 수 있다.

5 문장 생략시 주의사항!

(1) 수식 성분을 생략할 때는 모두 생략하고, 일부만 남기는 것은 좋지 않다.

> 예 他非常详细地向大家讲述了事情的详细经过。
>
> 그는 매우 상세하게 모두에게 일의 상세한 과정을 이야기했다.
>
> → 他讲述了经过。(○)
>
> → 他向大家讲述了经过。(×)

➡ 두 번째 문장으로 요약하게 되면 수식어가 남아 있는 동사에 비해 목적어가 너무 간단해서 완전한 문장으로 느껴지지 않게 된다. 하지만 어떤 문장은 이러한 수식 성분을 생략할 수 없는 경우가 있다. 예를 들어 '我班同学陈玉梅的妈妈是王叔叔的妹妹。'라는 문장을 수식 성분을 모두 생략하고 '妈妈是妹妹。'라고 요약한다면 이상한 문장이 되어버린다. 따라서 수식 성분을 생략할 때는 문장의 내용을 잘 보고 판단해야 한다.

(2) 문장에서 '不, 无, 没有'와 같은 부정사는 요약할 때 생략하면 안 된다. 부정사를 잘못 생략할 경우 문장의 원래 뜻과 완전히 상반된 뜻으로 변할 수 있기 때문이다.

> 예 我在屋里没有找到那个装书的包。
>
> 나는 방에서 그 책이 담긴 가방을 찾지 못했다.
>
> → 我没有找到包。(○)
>
> → 我找到包。(×)

➡ 두 번째 문장처럼 요약하면 원래 문장의 뜻과 완전히 다른 뜻이 되어버린다.

(3) 문장에서 동태조사 '了, 着, 过'와 어기조사 '啊, 吗, 呢, 把' 등은 요약할 때 생략하면 안된다. 이러한 조사를 잘못 생략할 경우 동사의 태나 문장이 원래 갖고 있는 어감, 감정 등을 잃어버리게 된다.

> 예 平静的水面霎时漾起了一圈圈波纹。
>
> 평온한 수면에 순식간에 원을 그리는 물결이 출렁이기 시작했다.
>
> → 水面漾起了波纹。(○)
>
> 예 昨天晚上下的这场大雨真是一场及时雨啊！
>
> 어젯밤에 내린 이 비는 정말이지 제때 내린 비구나!
>
> → 这场大雨真是及时雨啊！(○)

■ 문장 요약 연습

01 打柴的孩子吃力地背着满满一背篓柴火。

나무꾼 아이는 힘겹게 땔감이 가득한 광주리를 메고 있다.

➡ 孩子背着柴火。아이는 땔감을 메고 있다.

02 微风吹拂着千万条才展开嫩叶的柳丝。

산들바람이 일천만의 나뭇가지에 새로 돋아난 잎이 만개한 버드나무 가지를 스쳐 지나간다.

➡ 微风吹拂着柳丝。산들바람이 버드나무 가지를 스쳐 지나간다.

03 清脆悦耳的鸟叫声从远处的山林里传来。

낭랑하고 듣기 좋은 새소리가 먼 숲에서 들려온다.

➡ 鸟叫声传来。새소리가 들려온다.

04 我热情地拦住一个额前披着短发的男孩子。

나는 이마 앞까지 짧은 머리를 헝클어트린 한 남자아이를 열정적으로 막았다.

➡ 我拦住一个男孩子。나는 한 남자아이를 막았다.

05 缝纫鸟辛勤纺织成的几十个窝都被一场风雨刮倒在附近的草丛中。

봉제 조류가 열심히 짜놓은 몇십 개의 둥지가 모두 비바람에 의해 근처 풀숲으로 날라갔다.

➡ 窝被风雨刮在草丛中。둥지가 비바람에 의해 풀숲으로 날라갔다.

06 身处于青松、翠竹、垂柳的环抱之中的小拱桥突然出现在我眼前。

청송, 청죽, 수양버들에 둘러싸여 있는 작은 아치형 다리가 갑자기 내 눈앞에 나타났다.

➡ 小拱桥出现在我眼前。작은 아치형 다리가 내 눈앞에 나타났다.

07 轰隆轰隆的火车来来回回地运载着成千上万吨沙石。

쿵쾅쿵쾅 기차가 왔다갔다하며 수천수만 톤의 모래와 자갈을 실어나르고 있다.

➡ 火车运载着沙石。기차가 모래와 자갈을 실어나르고 있다.

08 我们班教室的墙报上画着一个个充满浓郁民族特色的红灯笼。

우리 반 교실 벽보에 강한 민족 특색의 홍등롱이 하나하나 가득 그려져 있다.

➡ 我们班墙报上画着灯笼。우리 반 벽보에 등롱이 그려져 있다.

09 教我们语言的王老师一丝不苟地批改着我们的作业。

우리에게 언어를 가르치시는 왕 선생님은 조금의 빈틈도 없이 우리의 숙제를 고쳐주신다.

➡ 王老师批改着作业。왕 선생님은 숙제를 고쳐주신다.

10 天上的星星怕冷似的钻进厚厚的云絮里。

하늘의 별이 두꺼운 구름 솜 안으로 추위를 두려워하듯이 파고들어갔다.

➡ 星星钻进云絮里。별이 구름 솜 안으로 파고들어 갔다.

NEW 단어 + TIP

- 晃 huàng 통 흔들다, 젓다

  예 你别老在我面前晃来晃去的，烦！너 계속 내 앞에서 흔들거리며 왔다갔다 하지마, 짜증나!

  huǎng 통 번개같이 스쳐 지나가다

  예 时间一晃，二十年过去了。시간이 번개같이 스쳐 지나가서 20년이 지나갔다.

- 砖 zhuān 명 벽돌

  예 孩子把砖一块一块地垒起来。아이가 벽돌을 하나 하나씩 쌓아 올린다.

1. 那只是一条非常普通的围巾，可对于贫困的玛娅和她的妈妈来说，它是那么的漂亮，那么的可望而不可即。

每次进到店里，玛娅都会情不自禁地盯着那条围巾看一会儿，眼睛里闪烁着异样的光芒。店主是位慈祥的老人，他和蔼地问："小姑娘，你想买下它吗？我可以便宜一点儿卖给你。"玛娅摇摇头窘迫地跑开了，因为她口袋里连一个硬币也没有。

那年的冬天越来越冷了，寒风凛冽，雪花漫天。望着妈妈劳作时肩上披着的雪花，玛娅心疼极了。要是妈妈的脖子上有条围巾，也许就不会那么冷了。

玛娅手里紧紧地攥着妈妈送给她的那串珍珠项链，在雪地里跑了很远很远的山路。听妈妈说，那串项链是祖传下来的宝贝，能值不少钱。

玛娅颤抖着双手把那串珍珠项链放到店主老人手里，说："我想要那条围巾，因为妈妈实在是太需要它了。我把项链押在您这儿，等我有钱了，再把它赎回去行吗？"

"要是让你妈妈知道了你把这么贵重的项链押给我了，她会伤心的。你知道吗？"店主老人说。

玛娅急了："那您赊给我那围巾吧，求求您了，我有钱了一定会把钱送来的。"说完，她用可怜的目光盯着老人，等待着他的怜悯。

老人轻轻地抚摸着她的脑袋，和蔼地微笑着说："爷爷知道你是个很有爱心的好姑娘。可是，这围巾我还是不能赊给你。不过我答应你，这条围巾会一直为你留着，等你凑够钱了再来买走它。"

玛娅走出小店，风暴般的忧伤充斥着她的心，眼泪一下子就流了出来。她开始有一点儿恨那个货主老人。他真的是太小气了。

整个漫长的寒假，玛娅都非常忙碌，忙着在垃圾堆里找那些塑料和旧报纸，忙着在山坡上采一些可以做药材的野草。可冬天过完了，她攒的钱还是不能把它买回来。

第二年春天，上初一的玛娅意外地收到了一个包裹。里面是那条让她魂牵梦萦的美丽的围巾，还有一封信。信是老人的孙女写来的，她在信里说：

给你寄这条围巾和写这封信是我爷爷临终前的遗愿，爷爷说他不是不想赊给你一条围巾，他只是想让你明白，要想得到自己梦寐以求的东西或实现自己的理想，应该靠自己的双手，而不是靠别人廉价的怜悯或者施舍。爷爷说希望你能原谅他的无情。

看完信，玛娅潸然泪下。她终于明白，其实谁也不能施舍给我们未来，除了自己。

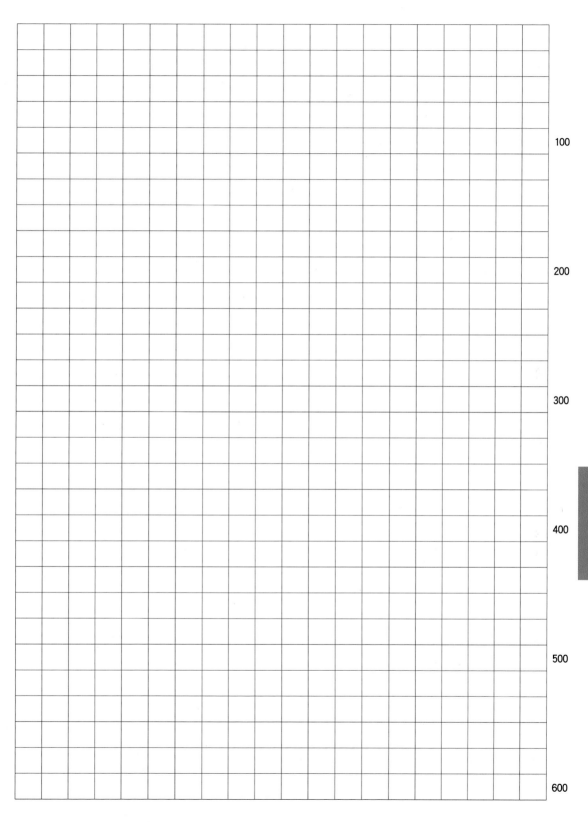

100

200

300

400

500

600

쓰기

2. 人才交流会现场人山人海。我拿了三个版本的简历在人群中挤来挤去，一份简历上标明的是博士文凭，一份是硕士文凭，一份是本科文凭。挤了大半天，不是用人单位不要我，就是我看不上人家，这个累啊！

远远地看见一个招聘台前围满了好多人。走近一看，是一家不错的医院。旁边的招聘启事上写着"博士，年薪十万；硕士，年薪七万；本科，年薪五万。"看得我心里怦怦直跳，转悠了这么久，就这家待遇最好了。不错，就是它了，今天一定要搞定这家单位。

胳膊左右一晃，我一下挤到台前，非常利索地把博士文凭简历掏出来砸在桌子上。坐在桌子后面的一个胖子头也不抬，翻一翻："博士？"我大声说："对！""能不能做胃癌根治手术？"我一愣，心想刚刚博士毕业谁有那个能耐，声音不自觉低了一个调："不会，但能做胃大切手术。""哦，留下一份资料吧，有消息我会通知你的。"不用多想，我知道他这是委婉的拒绝，看来是没戏了。

在旁边转悠了一会，我觉得有些不甘心，就跑到厕所用水把头发胡乱搅一搅，把领带取掉，外衣披开，心想这回胖子不会认出我来了吧。

我又挤到招聘台前，慢慢把硕士文凭简历掏出来放桌子上。胖子翻了翻："硕士？"我轻声说："是。""能不能做胃癌根治手？"还是那个问题！我轻声说："不会，但能做胃大切手术。""还可以，不过硕士都招满了，不好意思。"我这个气，招满了还啰嗦个什么？

我越发觉得不爽，就越发不信搞不定这个胖子。我又来到厕所，把头发全部打湿，用手往后捋成一个大奔头，然后把眼镜取掉，干脆把外套也脱掉，心想胖子肯定认不出我了。

我又回到招聘台前，颤悠悠地把本科文凭简历掏出来小心翼翼地放在桌子上。胖子翻了翻："本科？"我点点头。"能不能做胃癌根治手术？"碰上什么人都是这个问题！这胖子！本科毕业如果能做胃癌根治手术那不神了？！我压低了声音说："不会，但能做胃大切手术。"胖子马上抬起头来，看了我好久，语气也好了许多："不错，厉害！好，就是你了，一会签合同。"我重重地舒了一口气，心想总算把自己卖出去了，累了这一整天，真是够呛！

正高兴着呢，不知什么时候一起来找工作的几个同学也过来了，叫一声："柯博……"我连忙打断他们的话，低声说："千万别叫我博士！"

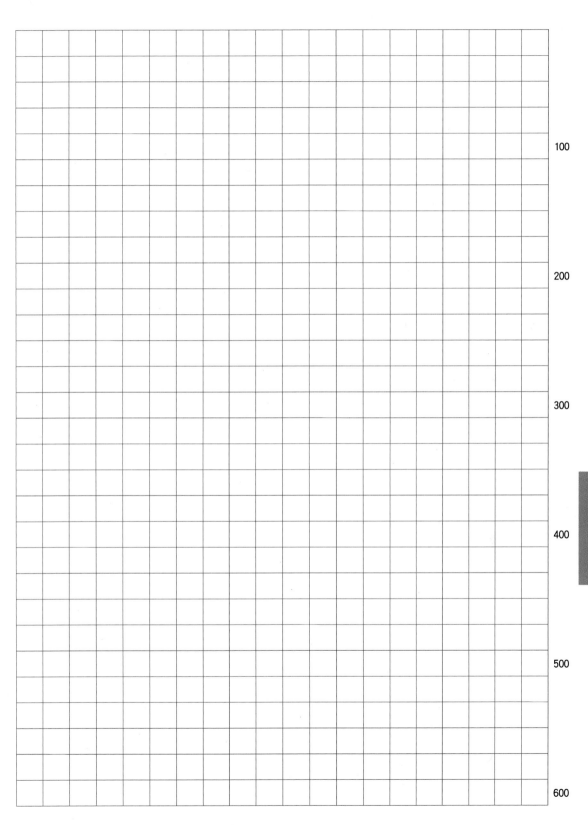

100

200

300

400

500

600

3.　　一个乞丐来到我家门口，向母亲乞讨。这个乞丐很可怜，他的右手连同整条手臂都断掉了，空空的袖子晃荡着，让人看了很难受。我以为母亲一定会慷慨施舍的，可是母亲却指着屋前一堆砖对乞丐说："你帮我把这堆砖搬到屋后去吧。"乞丐生气地说："我只有一只手，你还忍心叫我搬砖。不愿意给就不给，何必刁难我？"

　　母亲并不生气，俯身搬起砖来。她故意用一只手搬，搬了一趟才说："你看，一只手也能干活。我能干，你为什么不能干呢？"乞丐愣住了，他用异样的眼光看着母亲，终于俯下身子，用他的左手搬起砖来，一次只能搬两块。他整整搬了两个小时，才把砖搬完，累得气喘如牛，脸上有很多灰尘。

　　母亲递给乞丐一条雪白的毛巾。乞丐接过去，很仔细地把脸和脖子擦了一遍，白毛巾变成了黑毛巾。母亲又送给20元钱。乞丐接过钱，很感激地说："谢谢你。"母亲说："你不用谢我，这是你自己凭力气挣的工钱。"乞丐说："我不会忘记你的。"他对母亲深深地鞠了一躬，就上路了。过了很多天，又有一个乞丐来到我家门前，向母亲乞讨。母亲让乞丐把屋后的砖搬到屋前。照样给了他20元钱。

　　我不解地问："上次你叫乞丐把砖从屋前搬到屋后，这次你又叫乞丐把砖从屋后搬到屋前。你到底想把砖放到屋后，还是放在屋前？"母亲说："这堆砖放在屋前和屋后都一样。"我嘟着嘴说："那就不要搬了。"母亲摸摸我的头说："对乞丐来说，搬和不搬就大不相同了。"此后又来过几个乞丐，我家那堆砖就被屋前屋后地搬来搬去。

　　几年后，有个很体面的人来到我家。他西装革履，气度非凡，跟电视上的大老板一模一样。美中不足的是，这个大老板只有一只左手，右边一条空空的衣袖。老板用一只手握住母亲的手，俯下身子说："如果没有你，我现在还是个乞丐。因为你当年叫我搬砖，今天我才成为一家公司的董事长。"母亲说："这是你自己干出来的。"独臂的董事长要把母亲连同我们一家人搬到城里去住，做城里人，过好日子。母亲说："我们不能接受你的照顾。""为什么？""因为我们一家人都有两只手。"董事长坚持说："我已经替你们买好房子了。"母亲笑一笑说："那你就把房子送给连一只手都没有的人吧。"

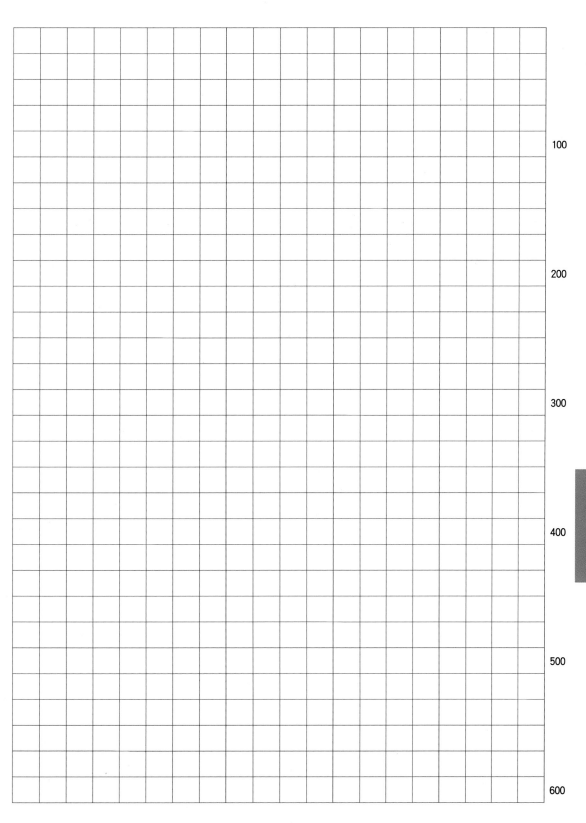

04 장소의 실마리 + 사건

장소의 실마리란 장소의 변화에 따라 인물의 감정이 변하게 되거나, 또한 그에 따라 사건이 발생하게 되는 경우를 뜻한다. 이런 경우 글에서 나타나는 장소를 잘 정리하고 그에 따른 사건 등을 체크해내어 정리하는 것만으로도 요약 쓰기가 훨씬 쉬워질 수 있다.

쓰기 시크릿 백전백승

1 장소의 변화를 잡아라!

장소를 실마리로 글을 풀어나가는 경우, 그 장소는 인물의 심경 변화나 사건 발생에 가장 결정적인 역할을 하게 된다. 이런 경우 요약 쓰기에서 이 장소들을 반드시 언급해야 하므로 글을 읽을 때 장소를 나타내는 단어의 한자와 표현을 반드시 기억해 두어야 한다.

2 머릿속에 그림을 그려라!

원문을 수거하고 원고지가 배부되는 시간 동안 자칫하면 힘들게 기억한 핵심 내용과 한자들을 잊어버릴 수 있다. 차분하게 눈을 감고 글의 흐름과 실마리를 기억하고, 그에 따른 핵심 내용을 다시 한 번 떠올려보는 것이 좋다. 그리고 원고지를 받으면 바로 필요한 내용이나 단어들을 빈 공간에 연필로 적어두는 것이 좋다.

3 내가 아는 표현으로 바꿔 써라!

원문에 있는 수준 높고 멋있는 표현, 특히 성어나 관용어를 그대로 쓸 수 있다면 정말 좋겠지만, 10분이라는 짧은 시간 안에 그런 것들을 모두 암기한다는 것은 힘든 일이다. 글에서 반드시 필요한 핵심 표현이라면 꼭 암기해야겠지만, 수식어나 묘사로 나온 것이라면 생략하거나 내가 알 수 있는 간단한 표현으로 바꾸어 쓰는 것이 좋다. 이것저것 욕심부리다 보면 진짜 중요한 표현을 암기하지 못할 수도 있다.

　　满五十岁的时候，他差不多快成为这座城市最有钱的人了，但他感到失去了快乐。每当挣得一大笔钱的时候，他惊奇于自己的平静和无动于衷，他已经不会兴奋也不会激动了。于是他停下来不挣钱了，但他发现自己更加地不快乐，看见那些数着几百块钱就眉飞色舞的年轻人，他羡慕得要死。经高人指点，他把事业交给了儿子，开始寻找快乐。

　　他来到街上，看见一个三十多岁的中年人领着一个脏兮兮的小姑娘走过来说："大哥，给两块钱吧，小孩饿得慌，买几个馒头吃。"这是一个出门落难的人，他边掏钱边对中年人说："今后出门在外多带些钱。""大哥，我的钱让小偷摸去了。"中年男人可怜巴巴地说。他给了中年人100块钱。父女俩千恩万谢，他带着快乐的心情走了。他突然感觉到，原来快乐如此简单，快乐就是给予。

　　转过街口，那个三十多岁的中年人领着脏兮兮的小姑娘又出现了，中年人对他说："大哥，给两块钱吧，小孩饿得慌，买几个馒头吃。"他吃惊地望着中年人，不知说什么。中年人说："大哥，我的钱让小偷摸去了……"短暂的快乐消失得无影无踪。他闷闷不乐。

　　又经高人指点，他开着"奔驰"回到县上。县上的陪同人员把他引到一家福利院。老人们生活得很悠闲，有的在晒太阳，有的在玩牌。他和陪同人员从车上拿出准备好的大米、干面、食用油，一一分发给老人们，又给每位老人分发100块钱。院长和老人们诚惶诚恐、小心翼翼地表示感谢。他感到十分快乐。他上车时，听见一个老人对另一个老人说："怎么样？昨天的报纸上说马上要选人民代表了，我说过，我们敬老院就要热闹一阵的。"他愣了片刻，闷闷不乐地钻进"奔驰"走了。

　　正是一年一度高考揭榜的日子，几家欢乐几家愁。每年都有许多贫困家庭的孩子考上大学却读不起大学。县上每年都要组织资助贫困大学生活动。或许，这才是最有意义的资助活动，他想。一个大型资助活动定在8月中旬开校之前。县上几大班子领导部坐上主席台，当然，他坐在最显眼的位置。领导讲话之后，是贫困大学生代表发言。看见眼前这些穿着朴素，却难掩青春热血的青年人，他激动地想起了自己年轻时的打工岁月，那些虽然艰苦却是快乐充实的日子！于是他的讲话格外动情，也特别感人。最后，他宣布资助二十万，帮助他们圆大学梦，全场立即响起经久不息的掌声。快乐又回到了他身上。

　　会议结束，大家都拥挤着往外走。他听见一个学生对另一个学生说：

> "他才小学文化都挣这么多钱，我们大学毕业那该挣多少啊！"他心里咯噔一下，直往下沉，差点跌落在地上。第二天，他回到家，仍然闷闷不乐。
>
> 后来，又有高人指点他：人间处处有烦恼，人间处处有快乐。

🔍 **문제 분석** 장소에 따라 발생하는 사건을 찾는다.

📖 지문해석

만 50세가 되었을 때, 그는 거의 이 도시에서 가장 돈이 있는 사람이 되어 가고 있었다. 그러나 그는 즐거움을 잃었다고 느꼈다. 매번 많은 돈을 벌 때마다, 그는 자신의 차분함과 무관심함에 이상하다고 느꼈고, 그는 이미 흥분할 수도 감동할 수도 없었다. 그래서 그는 멈추고 돈을 벌지 않았다. 그러나 그는 자신이 더욱 즐겁지 않다는 것을 발견했고, 몇 백 위안을 세면서 희색이 만연한 젊은이들을 보면 부러워 죽을 것 같았다. 명인의 가르침을 통해 그는 사업을 아들에게 물려주고 즐거움을 찾기 시작했다.

그가 거리에 왔을 때, 30세가 넘은 중년의 남자가 지저분한 꼬마 아가씨를 데리고 걸어와서 말했다. "형님, 2위안만 주세요, 아이가 너무 배고파해요. 찐빵 몇 개만 사 먹게요." 이 사람은 외출했다 곤경에 처한 사람이었다. 그는 지갑을 꺼내면서 중년의 남자에게 말했다. "오늘 이후로 외출할 때는 돈을 많이 가지고 다니세요." "형님, 제 돈은 도둑이 훔쳐 갔어요." 중년의 남자는 불쌍하게 말했다. 그는 중년의 남자에게 100위안을 주었다. 부녀는 거듭 고맙다고 말했고, 그는 즐거운 마음을 갖고 갔다. 그는 갑자기 알고 보니 즐거움이 이렇게 간단하며, 즐거움이란 바로 베푸는 것이라는 것을 느꼈다.

길 입구로 돌아왔을 때, 그 30세 넘은 중년 남자가 지저분한 꼬마 아가씨를 데리고 또 나타났다. 중년 남자가 그에게 말했다. "형님, 2위안만 주세요. 아이가 너무 배고파해요. 찐빵 몇 개만 사 먹게요." 그는 놀라서 중년 남자를 바라봤고, 무슨 말을 해야 할지 몰랐다. 중년 남자가 말했다. "형님, 제 돈은 도둑이 훔쳐 갔어요…" 짧은 즐거움은 흔적도 없이 사라졌다. 그는 답답하고 즐겁지 않았다.

다시 또 명인의 가르침을 통해 '벤츠'를 몰고 현으로 돌아왔다. 현의 수행원들은 그를 복지원에 데려갔다. 노인들은 여유롭게 생활하고 있었다. 어떤 사람은 태양을 쬐고 있었고, 어떤 사람은 카드를 치고 있었다. 그는 수행원들과 차에서 준비해온 쌀, 밀가루, 식용유를 꺼내어, 하나하나 노인들에게 나누어주었고, 또한 모든 노인들에게 100위안씩 나누어주었다. 원장과 노인들은 황공하여 몸 둘 바를 모르며, 매우 조심스럽게 감사를 표현했다. 그는 매우 즐겁다고 느꼈다. 그가 차에 탈 때, 한 노인이 다른 노인에게 말하는 것을 들었다. "어때? 어제 신문에서 곧 인민대표를 선발할 거라고 했잖아. 내가 말했지. 우리 양로원이 한바탕 시끌벅적해질 거라고." 그는 잠깐 멍해졌고, 답답하고 즐겁지 않은 마음으로 '벤츠'를 타고 갔다.

마침 일 년에 한 번 대입 시험의 결과를 발표하는 날이었다. 어떤 집은 즐거웠고 어떤 집은 걱정하고 있었다. 매년 많은 가난한 가정의 아이들은 대학에 합격해도 돈이 없어 대학을 다닐 수가 없었다. 현에서는 매년 가난한 대학생들을 지원해주는 활동을 조직했다. 어쩌면 이것이야말로 가장 의미 있는 지원 활동일 수 있을 거라고 그는 생각했다. 대형 지원 활동은 8월 중순 개학 전으로 정해졌다. 현의 몇 개 큰 조직의 대표자들은 귀빈석에 앉았다. 물론 그는 가장 눈에 띄는 곳에 앉았다. 대표자의 연설이 끝난 뒤에는 가난한 대학생 대표의 발언이었다. 눈 앞의 옷차림이 소박하지만 청춘의 열정을 감출 수 없는 청년들을 보자, 그는 흥분이 되어 자신이 젊었을 때 아르바이트 하던 세월들이 생각났다. 그 고생스러웠지만 즐겁고 알찼던 날들이! 그래서 그의 연설은 유난히 격해졌고, 매우 감동적이었다. 마지막으로 그는 20만 위안을 지원하여 그들이 대학의 꿈을 이룰 수 있도록 돕겠다고 발표했고, 장내는 곧 오래도록 사라지지 않는 박수소리가 울려 퍼졌다. 즐거움이 또다시 그에게 돌아왔다.

회의가 끝나고 모두 혼잡하게 밖으로 나가고 있었다. 그는 한 학생이 다른 학생에게 말하는 것을 들었다. "그는 겨우 초등학교 교육 수준인데 이렇게 많은 돈을 벌었으니, 우리 대학생들은 졸업 후 얼마나 벌 수 있을까?" 그는 마음이 덜컥 밑으로 내려 앉아, 하마터면 바닥에 넘어질 뻔 했다. 다음날, 그는 집으로 돌아와 여전히 답답하고 즐겁지 않았다.

후에 또 명인이 그에게 가르침을 주었다. 인간 세상의 모든 곳에 번뇌가 있고, 인간 세상의 모든 곳에 즐거움이 있습니다.

단어 失去 shīqù 통 잃다, 잃어버리다 | 挣 zhèng 통 (일하여 돈을) 벌다 | ★ 惊奇 jīngqí 형 이상하게 여기다, 의아해하다 | ★ 无动于衷 wúdòng yúzhōng 성 조금도 마음이 끌리지 않는다, 조금의 동요도 없다, 무관심하다 | 兴奋 xīngfèn 형 흥분하다, 감격하다, 감동하다 통 흥분시키다 | 激动 jīdòng 통 (감정이) 흥분하다, 감격하다, 감동하다 | 眉飞色舞 méifēi sèwǔ 성 희색이 만연하다, 의기양양하다 | 羡慕 xiànmù 통 흠모하다, 선망하다, 부러워하다 | 指点 zhǐdiǎn 통 ① 제시하다, 가리키다 ② 트집잡다, 비방하다, 헐뜯다 | 脏兮兮 zāngxīxī

휑 더러운 모양, 지저분한 모양 | **落难** luò nàn 이합 재난을 당하다, 곤경에 처하다 | ★ **掏** tāo 동 ① (물건을) 꺼내다, 끄집어내다 ② 파내다, 후비다 | **可怜巴巴** kěliánbābā 휑 매우 가련한 모양, 매우 불쌍한 모양 | **千恩万谢** qiān'ēn wànxiè 성 거듭 고마움을 표시하다, 거듭 고맙다고 말하다 | ★ **给予** jǐyǔ 동 주다, 베풀다 | **短暂** duǎnzàn 휑 (시간이) 짧다 | **无影无踪** wúyǐng wúzōng 성 완전히 사라지다, 종적을 감추다 | **闷闷不乐** mènmèn búlè 성 뜻대로 되지 않아 답답하고 즐겁지 않다 | **陪同** péitóng 동 수행하다, 동반하다 | ★ **福利** fúlì 명 복리 | 복리를 증진시키다 | **悠闲** yōuxián 휑 한가롭다, 여유롭다 | **晒** shài 동 (태양이) 비추다, 쬐다 | **干面** gānmiàn 명 ① 밀가루 ② 말린 국수가락 | **诚惶诚恐** chénghuáng chéngkǒng 성 황공하여 몸둘 바를 모르다 | ★ **小心翼翼** xiǎoxīn yìyì 성 (행동이) 매우 신중하고 소홀함이 없다, 매우 조심스럽다 | **热闹** rènao 휑 떠들썩하다, 시끌벅적하다 동 활기차게 하다, 신나게 하다 | ★ **愣** lèng 동 멍해지다, 어리둥절하다 | ★ **片刻** piànkè 명 잠깐, 잠시 | **钻** zuān 동 ① (뾰족한 물체로 다른 물체를) 뚫다 ② (뚫고) 들어가다 ③ 깊이 연구하다 | **一年一度** yìnián yídù 일 년에 한 번 | ★ **高考** gāokǎo 명 대입 시험 | **揭榜** jiē bǎng 이합 (시험 후 합격자의) 명단을 게시하다 | ★ **欢乐** huānlè 휑 즐겁다, 유쾌하다, 흥겹다 | **愁** chóu 동 걱정하다, 근심하다 명 걱정, 근심 | ★ **贫困** pínkùn 휑 빈곤하다, 가난하다 | ★ **资助** zīzhù 동 경제적으로 돕다 | ★ **或许** huòxǔ 부 아마, 어쩌면 | **显眼** xiǎnyǎn 휑 눈에 띄다, 두드러지다, 이목을 끌다 | **穿着** chuānzhuó 명 복장, 옷차림, 차림새 | **朴素** pǔsù 휑 소박하다, 화려하지 않다, 검소하다 | **掩** yǎn 동 덮다, 숨기다, 가리다 | **热血** rèxuè 명 열정, 열의 | **艰苦** jiānkǔ 휑 고생스럽다, 고달프다 | ★ **充实** chōngshí 휑 (내용, 인원, 물자 등이) 충실하다, 풍부하다, 충분하다 동 충실하게 하다 | **格外** géwài 부 특히, 더욱이, 유달리 | **动情** dòng qíng 이합 감정이 격해지다, 흥분하다 | **感人** gǎnrén 휑 감동적이다, 감격적이다 | **宣布** xuānbù 동 선포하다, 공표하다, 발표하다 | **圆梦** yuán mèng 이합 꿈을 실현하다, 이상을 실현하다 | **立即** lìjí 부 즉시, 바로 | **响** xiǎng 동 (소리가) 울리다, 나다 | **拥挤** yōngjǐ 휑 붐비다, 혼잡하다 | **咯噔** gēdēng 의성 구두 발자국 소리, 물체가 부딪히는 소리 | **跌落** diēluò 동 ① (아래로) 떨어지다 ② (가격, 생산량이) 떨어지다, 하락하다 | **处处** chùchù 부 ① 도처에 ② 각 방면에, 각 분야에 | **烦恼** fánnǎo 휑 걱정스럽다, 괴롭다, 짜증스럽다, 애타다

해설 ▶ ❶ 글의 구성을 파악한다.

주인공은 부유하지만 즐겁지 않았다. 그래서 그는 즐거움을 찾으려고 많은 곳을 가게 되었고, 모든 장소에서 각각의 경험을 하지만 결국 자신의 목적을 이루지 못한다. 따라서 그가 다닌 장소를 중심으로 실마리를 정리할 수 있다.

来到街上 → 转过街口 → 回到县上 → 资助贫困大学生活动 → 回到家

▶ ❷ 각 장소별로 중요한 핵심이 되는 사건과 그것을 묘사하는 단어나 표현을 찾아낸다.

각각의 장소에서 발생한 일이 전체의 이야기를 이루고 있다. 따라서 각 장소별로 일어난 사건과 주인공의 상황을 좀 더 보충해서 연결하면 훌륭한 요약 쓰기가 된다.

장소	사건
他想寻找快乐，去了很多地方找快乐。 그는 즐거움을 찾고 싶어서 많은 곳에 가서 즐거움을 찾으려 했다.	
来到街上 거리에서	给一个带着小姑娘的说自己被偷了钱的中年人施舍了100块钱，他感觉到快乐就是给予。 어린 딸을 데리고 자신의 돈을 도둑맞았다고 말하는 중년 남자에게 100위안을 주고, 그는 즐거움은 바로 베푸는 것이라고 느꼈다.
转过街口 길 입구로 돌아와서	看见先前的那个中年人用同样的方法又问他要钱，他闷闷不乐。 앞 전의 그 중년 남자가 똑같은 방법으로 또 그에게 돈을 요구하는 것을 보고, 그는 우울해졌다.
回到县上 현으로 돌아와서	去福利院给老人们送食物，还给每位老人分发了100块钱，他感到十分快乐。 복지원에 가서 노인들에게 음식을 주고, 또 모든 노인들에게 100위안씩 나누어 주고는 매우 즐겁다고 느꼈다.
	上车时，听到有老人误解了他的举动，他闷闷不乐地走了。 차에 탈 때 어떤 노인이 그의 행동을 오해하는 것을 듣고, 그는 우울해졌다.

장소	사건
资助贫困大学生活动 가난한 대학생 지원 활동에서	他宣布资助二十万，快乐又回到了他的身上。 그가 20만 위안을 지원하겠다고 발표하자, 즐거움이 또 그에게 돌아왔다. 会议结束，他听见一个学生对另一个学生说："他才小学文化都挣这么多钱，我们大学毕业那该挣多少啊！"他的心情又不好了。 회의가 끝나고 그는 어떤 학생이 다른 학생에게 "그는 겨우 초등학교 교육 수준인데 이렇게 많은 돈을 벌었으니, 우리 대학생들은 졸업 후에 얼마나 벌겠어!"라고 말하는 걸 듣고 그의 기분은 또 안 좋아졌다.
回到家 집에 돌아와서	仍然闷闷不乐。 여전히 우울했다.

高人指点：人间处处有烦恼，人间处处有快乐。
명인은 그에게 가르침을 주었다. 인간 세상의 모든 곳에 번뇌가 있고, 인간 세상의 모든 곳에 즐거움이 있습니다.

▶ ❸ 제목을 정한다

제목은 자유롭게 만들 수 있다. 이 글에 나오는 여러 장소에서는 주인공이 즐거움을 찾기 위해 돌아다니며 나타나는 감정 변화와 사건을 담고 있다. 따라서 '人间处处有烦恼和快乐(인간 세상의 모든 곳에 번뇌와 즐거움이 있다)', '寻找快乐(즐거움을 찾기)' 등과 같은 제목을 만들 수 있다.

모범 답안

							寻	找	快	乐							
	满	五	十	岁	的	时	候	，	他	非	常	有	钱	，	但	感	到	失
去	了	快	乐	。	于	是	他	开	始	寻	找	快	乐	。				
	他	来	到	街	上	，	一	个	带	着	小	姑	娘	的	中	年	人	说
自	己	的	钱	被	小	偷	偷	了	，	他	给	了	那	个	中	年	人	10 0
块	，	父	女	俩	千	恩	万	谢	，	他	突	然	感	觉	原	来	快	乐 是
如	此	简	单	。	转	过	街	口	，	那	个	中	年	人	又	领	着	那 个
小	姑	娘	出	现	了	，	对	他	说	了	同	样	的	话	。	他	非	常 吃
惊	，	短	暂	的	快	乐	消	失	得	无	影	无	踪	。				
	他	回	到	县	上	，	去	了	一	家	福	利	院	。	他	和	陪	同
人	员	把	大	米	等	食	物	一	一	分	发	给	老	人	们	，	又	给 每
位	老	人	分	发	10	0	块	钱	。	院	长	和	老	人	们	向	他	表 示
感	谢	，	他	感	到	十	分	快	乐	。	上	车	时	却	发	现	有	人 误
会	他	，	以	为	他	这	样	做	是	为	了	当	选	人	民	代	表	。 他
闷	闷	不	乐	地	走	了	。											
	后	来	他	又	参	加	了	县	上	组	织	的	资	助	贫	困	大	学

生活动，他坐在主席台最显眼的位置，最后，他宣布资助二十万，帮助贫困大学生圆大学梦全场的掌声经久不息，快乐又回到了他身上。

　　会议结束，他听见一个学生对另一个学生 **400** 说："他才小学文化都挣这么多钱，我们大学毕业那该挣多少啊！他的心情又不好了。第二天他回到家，仍然闷闷不乐。

　　后来，有高人指点他：人间处处有烦恼，人间处处有快乐。 **500**

해석

즐거움 찾기

　　만 50세가 되었을 때, 그는 매우 돈이 많았지만 즐거움을 잃었다고 느꼈다. 그래서 그는 즐거움을 찾기 시작했다.

　　그가 거리에 왔을 때, 한 꼬마 아가씨를 데리고 있는 중년 남자가 자신의 돈을 도둑맞았다고 말하여, 그는 그에게 100위안을 주었다. 부녀는 거듭 고맙다고 했고, 그는 갑자기 알고 보니 즐거움이 이렇게 간단한 것이라는 것을 느꼈다. 길 입구로 돌아왔을 때, 그 중년 남자가 꼬마 아가씨를 데리고 또 나타나서 그에게 똑같은 말을 했다. 그는 매우 놀랐고, 짧은 즐거움은 흔적도 없이 사라졌다.

　　그는 현으로 돌아와 한 복지원에 갔다. 그와 수행원들은 쌀 등의 음식을 하나하나 노인들에게 나누어주었고, 또한 모든 노인들에게 100위안씩 나누어주었다. 원장과 노인들은 감사를 표현했고, 그는 매우 즐겁다고 느꼈다. 차에 탈 때 누군가가 그를 오해하여 그가 이렇게 하는 것은 인민대표에 당선되기 위한 것이라고 생각한다는 것을 발견했다. 그는 답답하고 즐겁지 않게 떠났다.

　　후에 그는 또 현에서 조직한 가난한 대학생들을 지원해주는 활동에 참가했고, 그는 귀빈석에서 가장 눈에 띄는 곳에 앉았다. 마지막으로 그는 20만 위안을 지원하여 대학생들이 대학의 꿈을 이룰 수 있도록 돕겠다고 발표했다. 장내의 박수소리는 오래도록 사라지지 않았고, 즐거움이 또다시 그에게 돌아왔다.

　　회의가 끝나고 그는 한 학생이 다른 학생에게 말하는 것을 들었다. "그는 겨우 초등학교 교육 수준인데 이렇게 많은 돈을 벌었으니, 우리 대학생들은 졸업 후 얼마나 벌 수 있을까!" 그의 마음은 또다시 안 좋아졌다. 다음날, 그는 집으로 돌아와 여전히 답답하고 즐겁지 않았다.

　　후에 또 명인이 그에게 가르침을 주었다. 인간 세상의 모든 곳에 번뇌가 있고, 인간 세상의 모든 곳에 즐거움이 있습니다.

1 제목의 격식

제목은 첫 줄의 가운데에 써야 한다.

예

							寻	找	快	乐							
		满	五	十	岁	的	时	候	,	他	非	常	有	钱	,	但	感	到	失
去	了	快	乐	。	他	开	始	寻	找	快	乐	。					

2 본문의 격식

본문은 두 번째 줄부터 쓰기 시작해야 하며, 단락의 첫 부분은 두 칸을 띄어 써야 한다.

예

							寻	找	快	乐							
		满	五	十	岁	的	时	候	,	他	非	常	有	钱	,	但	感	到	失
去	了	快	乐	。	他	开	始	寻	找	快	乐	。					
		他	来	到	街	上	,	一	个	带	着	小	姑	娘	的	中	年	人	说
自	己	的	钱	被	小	偷	偷	了	,	他	给	了	那	个	中	年	人	…	…

3 문장부호

(1) 문장부호의 이름과 용법

。 마침표(句号)는 평서문의 문미에 쓰인다.　예 北京是中华人民共和国的首都。

, 쉼표(逗号)는 문장 속에서 쉼을 나타낸다.　예 关于这个问题，我写了一篇论文。

、 모점(顿号)은 단어나 구의 병렬에 쓰인다.　예 她是一个美丽、健康、活泼的姑娘。

; 쌍반점(分号)은 절의 병렬에 쓰인다.

　　예 语言，人们用来抒情达意；文字，人们用来记言记事。

? 물음표(问号)는 의문문의 문미에 쓰인다.　예 他叫什么名字？

! 느낌표(叹号)는 감탄문이나 명령문의 문미에 쓰인다.　예 你给我出去！

: 쌍점(冒号)은 뒤에 구체적 보충이나 설명이 나올 때 쓰인다.

　　예 关注的都是这一类的女孩：高个、圆脸。

| " " | ' ' | 따옴표(引号)는 인용에 쓰인다. 예 他说："这是怎么回事？" |

책 이름표(书名号)는 책이나 글의 제목에 쓰인다.

예 张良打开手中的书是《太公兵法》。

| ——— | 줄표(破折号)는 해설에 쓰인다. 예 喝茶又多了一个好处 —— 使大脑更敏捷。 |

| (　) | 괄호(括号)는 주석에 쓰인다. 예 明天组织二年级(2班除外)去参观故宫。 |

말줄임표(省略号)는 생략할 때 쓰인다.

예 "一、二、三……"数呀，数呀，后来就糊涂了。

⑵ 문장부호의 격식

말줄임표(……)와 줄표(——) 외에는 한 개의 문장부호가 한 칸을 사용한다.

예

		他	非	常	有	钱	，	但	感	到	失	去	了	快	乐	。			
		在	这	个	城	市	有	很	多	外	国	人	，	比	如	美	国	人	、
英	国	人	…	…															
		首	尔	——	—	韩	国	的	首	都	，								

따옴표(" ")가 다른 부호와 함께 있을 때는 두 개의 부호를 모두 한 칸에 써야 한다.

예

		记	者	说	： "	摔	在	地	上	，	会	碎	的	。"					

따옴표(" "), 책 이름표(《 》), 괄호((　))에서 앞의 부호(", 《, ( )는 원고지의 첫 번째 칸에 쓸 수 있다. 하지만 이를 제외한 나머지 부호는 올 수 없다.

예

"	歪	主	意	"	刚	付	诸	行	动	就	被	逮	了	个	正	着	。		
《	红	楼	梦	》	是	中	国	四	大	名	著	之	一	。					
(	轻	手	轻	脚	地	)	走	出	了	房	间								

따옴표(" "), 책 이름표(《 》), 괄호((　))에서 앞의 부호는 줄의 마지막 칸에 써서는 안 된다.

예

											记	者	说	：					
"	摔	在	地	上	会	碎	的	。"											

4 숫자의 격식

두 개의 숫자를 한 칸에 쓰는 것이 기본이다.

예

12	34	56	78																

5 영문 알파벳의 격식

대문자는 한 글자에 한 칸씩, 소문자는 두 글자를 한 칸에 쓴다.

예

H	S	K			ea	sy													

NEW 단어 + TIP

- 上进 shàngjìn 동 향상하다, 진보하다
  예 他是个上进的小伙子。 그는 진보하는 청년이다.

  고정격식 有 + 上进心

- 儒家 rújiā 명 유가
  예 至今，儒家思想还影响着中国的文化。 지금까지도 유가사상은 중국의 문화에 영향을 주고 있다.

  고정격식 儒家 + 思想

- 冷落 lěngluò 동 냉대하다, 푸대접하다
  　　　　　형 쓸쓸하다, 조용하다, 적막하다
  예 战争过后，市场一片冷落萧条。 전쟁이 지난 다음, 시장은 조용하고 불황이다.

  　不能冷落远道而来的客。 먼 곳에서 온 손님을 냉대하면 안 된다.

- 启蒙 qǐméng 동 계몽하다
  예 准确来说，父母才是孩子的第一个启蒙老师。

  　정확히 말해서 부모님이야말로 아이들의 첫 번째 계몽 교사이다.

  고정격식 启蒙 + 教育/老师

MEMO

1. 从乡下过完年回城，我带回了一蛇皮袋的青菜。那青菜嫩嫩的，苍翠欲滴，是真正的绿色食品。

这么多青菜，一时吃不完，时间长了就会枯黄，浪费了。我把青菜分成几捆，打算送给邻居们一些。我搬进这个小区时间不长，和左邻右舍还很陌生，正好可以借此机会与大家熟悉一下。

我捧着青菜，摁响了对面301室的门铃。屋内传来一个男孩子稚嫩的声音："谁呀？"

"我是对面302的，麻烦你开一下门好吗？"

男孩子很老练地说："我妈说了，陌生人来了绝对不能开门，有事你就在外面说吧！"

我怕男孩误会我，赶紧诚恳地说："我想送一些青菜给你们尝尝，你开一下门，我放下就走。"

男孩子还是不开门，说："我妈说了，不能随便接受别人的东西。你还是走吧！"随后，门后传来"啪"的一声，是男孩子给门锁上保险的声音。

我只好捧着青菜上楼，来到402室。开门的是个年轻貌美的少妇。我向她表明来意，递上那捧青菜，说这绝对是没有污染的蔬菜。少妇很高兴，她伸出手接那捧青菜的时候，站在她身后的丈夫重重地干咳了一声，少妇的手马上缩了回去。她搓着手说："这菜你还是留着自己吃吧。"她丈夫的眼睛直直地盯着我，仿佛我是个不怀好意的人。我赶紧转身离去。

我叹了一口气，又上五楼。501室的男主人在某实权部门工作，大家都叫他刘主任。刘主任一点都没有架子，有时在楼道里碰面，他会主动向我点头问好。正巧，这会儿刘主任在家，他一眼就看到了我手里的青菜，说："你这是干嘛呢？是不是有什么事让我帮忙？你就直说吧，何必带东西呢？"我告诉他没什么事，只是给他送些青菜。他不信，说什么也不肯收我的青菜。

我沮丧地下了楼，来到102室门口，刚好碰到下班回家的女孩子阿紫。"我从乡下带些青菜来，挺好的……"我的话还没说完，阿紫就接过青菜，到底是白领，素质就是高。阿紫拿着青菜，仔细地检查了一下菜叶，满意地说："很好，多少钱一斤？"我忙说不要钱的，阿紫却坚持要给，说："一手交钱，一手交货，咱俩清！"见我坚持不要钱，阿紫把青菜往我怀里一扔，走了。

看着手里送不出去的青菜，我的心里像打翻了五味瓶，真不是滋味。罢了，放在家里会枯掉，不如直接送垃圾箱吧。我捧着青菜，来到楼下垃圾房，一狠心，扔了进去。回头没走几步，一个捡破烂的汉子打开了垃圾房的门。他看到了青菜，露出了惊喜的表情。他把青菜一棵棵捡起来，小心地装进一只旧马甲袋里，挂在三轮车的手把上，哼着小曲，欢快地离去了。

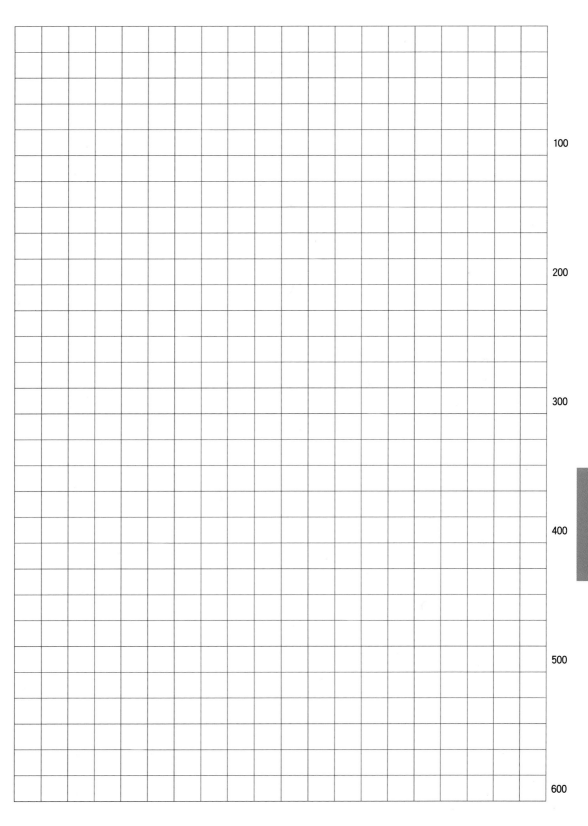

100

200

300

400

500

600

쓰기

2.　孟子是战国时期的大思想家。孟子名轲，从小丧父，全靠母亲倪氏一人日夜纺纱织布，挑起生活重担。倪氏是个勤劳而有见识的妇女，她希望自己的儿子读书上进，早日成才。但小时候的孟轲天性顽皮好动，不想刻苦学习。他整天跟着左邻右舍的孩子爬树捉鸟，下河摸鱼，田里偷瓜。孟母开始又骂又打，什么办法都用尽了，还是不见效果。她后来一想：儿子不好好读书，与附近的环境不好有关。于是，就找了一处邻居家没有贪玩的小孩的房子，第一次搬了家。

但搬家以后，孟轲还是坐不住。一天，孟母到河边洗衣服，回来一看，孟轲又脚底板揩了油。孟母心想，这周围又没有小孩，他又会到哪里去呢？找到邻居院子里，见那儿支着个大炉子，几个满身油污的铁匠师傅在"丁丁当当"地打铁。孟轲呢，正在院子的角落里，用砖块做铁砧，用木棍做铁锤，模仿着铁匠师傅的动作，玩得正起劲呢！孟母一想，这里环境还是不好，于是又搬了家。

这次她把家搬到了荒郊野外，周围没有邻居，门外是一片坟地。孟母想，这里再也没有什么东西吸引儿子了，他总会用心念书了吧！但转眼间，清明节来了，坟地里热闹起来，孟轲又溜了出去。他看到一溜穿着孝服的送葬队伍，哭哭啼啼地抬着棺材来到坟地，几个精壮小伙子用锄头挖出墓穴，把棺材埋了。他觉得挺好玩，就模仿着他们的动作，也用树枝挖开地面，认认真真地把一根小树枝当作死人埋了下去。直到孟母找来，才把他拉回了家。

孟母第三次搬家了。这次的家隔壁是一所学堂，有个胡子花白的老师教着一群大大小小的学生。老师每天摇头晃脑地领着学生念书，那拖腔拖调的声气就像唱歌，调皮的孟轲也跟着摇头晃脑地念了起来。孟母以为儿子喜欢念书了，高兴得很，干脆拿了两条干肉做学费，把孟轲送去上学。

可是有一天，孟轲又逃学了。孟母知道后伤透了心。等孟轲玩够了回来，孟母问他："你最近书读得怎么样？"孟轲说："还不错。"孟母一听，气极了，骂道："你这不成器的东西，逃了学还有脸撒谎骗人！我一天到晚苦苦织布为了什么！"说着，揪着他的耳朵拖到织布机房，抄起一把雪亮的剪刀，"哗"的一声，把织机上将要织好的布全剪断了。

孟轲吓得愣住了，不明白母亲为什么这样做。孟母把剪刀一扔，厉声说："你贪玩逃学不读书，就像剪断了的布一样。织不成布，就没有衣服穿；不好好读书，你就永远成不了人才。"

这一次，孟轲心里真正震动了。他认真地思考了很久，终于明白了真理，从此专心读起书来。由于他天资聪明，后来又专门跟孔子的孙儿子思学习，终于成了儒家学说的主要代表人物。

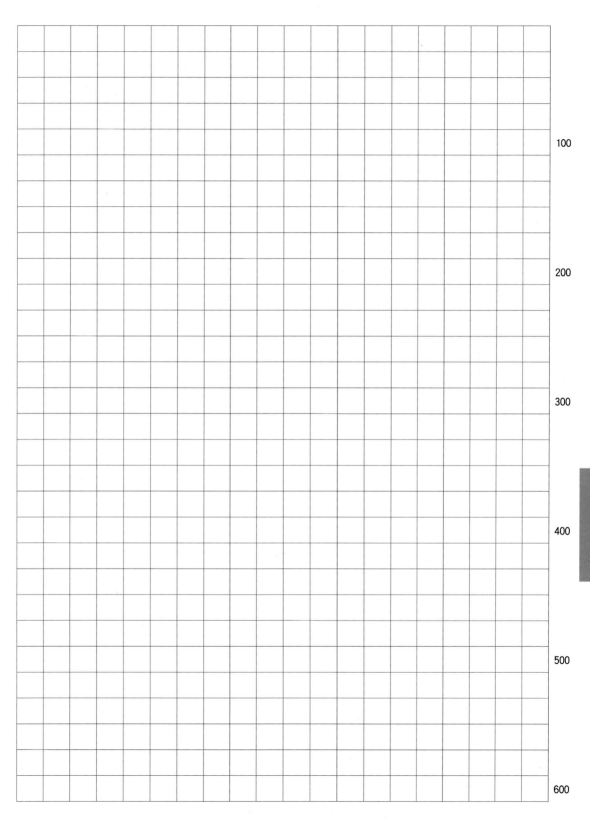

3.　星期天中午，朋友们约我吃火锅，刚进火锅店，雨便倾盆而下。我们吃着火锅喝着啤酒惬意地闲聊着。

这时，一个老人从玻璃门外走了进来，浑身上下淋得透湿，衣服和裤子都往下滴着水。老人头发花白，异常瘦弱，在火锅店豪华的大厅里，他的身子瑟瑟发抖，眼里露着怯怯的光。他在那里站了很久，终于鼓足了勇气，试探着靠近火锅桌，向人们推销他提篮里的鸡蛋，嘴里不停地说："这是土鸡蛋，真正的土鸡蛋，我一个一个攒了很久……"但吃火锅的人们显然没兴趣听完他的广告，一挥手把他呵斥开，像呵斥一个乞丐。

在他推销了一圈之后，鸡蛋依然原封不动地躺在篮里。

当他向坐在角落的我们走来时，店里的小工跑过来，将他推回了大雨中。我从他的眼中看出了深深的绝望，或许他家正有一个急需用钱的理由使他不得不在这个雨天里出来卖鸡蛋。老伴病了？孩子要交学费？或者仅仅是为了能给小孙子买几颗糖？

我偷偷溜出去，将他的鸡蛋全部买了下来，我用15元买了一个老人的感激。

当我拿着一包鸡蛋回到桌旁时，朋友们都笑我善良得幼稚。桌上的话题就转为对我的批评教育。他们讲卖假货的小贩如何用可怜的外表欺骗人们的善良；讲自己好心得到的恶报；讲乞丐们的假可怜和真富裕。

我没想到自己会受到如此隆重的批判，憋了很久终于忍不住大吼一声："就算被骗，也不过15元钱。但如果他真需要钱，这该是多么大的一个安慰啊！"

我很想给他们讲讲自己几年前在重庆的一次经历。那次，我到白公馆玩，钱包丢了，手中只剩一盒100元买来的纪念币。在街头，我想以50元卖出去，以便能搭车回去。但我在大街上拦了近百人，纪念币价格降到5元，可人们都很漠然，甚至怀疑我是骗子，一个要将100元买来的东西用5元钱卖出去的骗子！最后，是一个老婆婆给了我5元钱，但没有要我的纪念币。她是那天唯一一个相信我的人，她用5元钱，拯救了我对人心的看法。

我想把这个故事讲给朋友们听，但见朋友们的模样，也就忍了。事后的几天，我煮蛋的时候生怕有一个坏蛋冒出来，刺伤我对善良的信心。很多日子，我甚至不敢再到火锅店，怕碰到那个老人又在那儿卖鸡蛋。如果他真是职业贩子的话，足以挫断我的神经。

想不到，我怀着善良的愿望做了一笔正常的交易，竟背上了如此沉重的精神负担，但我从不后悔。

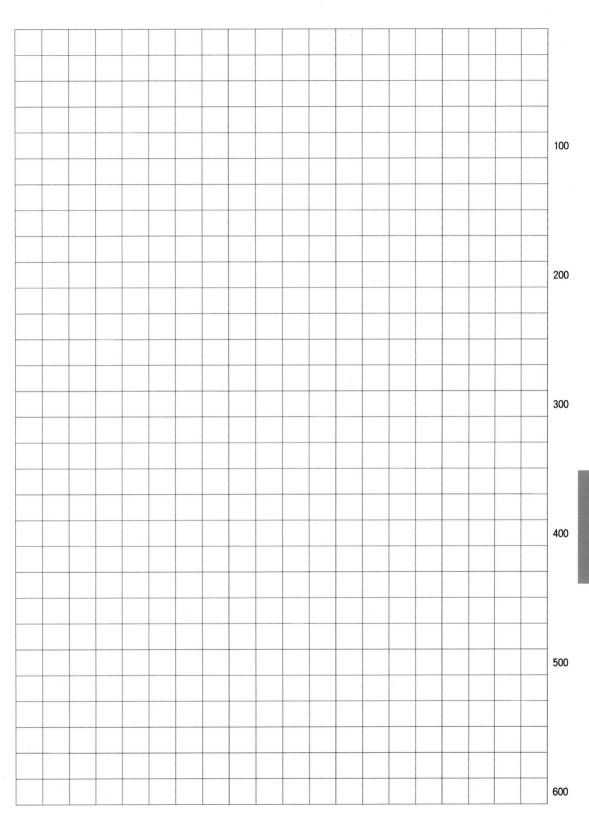

어떠한 사건의 발달, 전개, 절정은 등장인물 없이는 일어날 수 없으며, 등장인물은 사건 전개의 주도권을 갖고 있다. 따라서 요약 쓰기를 할 때 주인공이나 등장인물의 행동과 상태를 각 단락에서 잘 잡아내는 것이 매우 중요하다.

쓰기 시크릿 백전백승

1 주인공과 주요 등장인물을 찾아내라!

글을 속독한 후 주인공은 누구인지, 주요 등장인물은 누구인지, 주변 등장인물은 누구인지 찾아내야 한다. 그런 다음 주인공과 주요 등장인물과 관련된 사건들을 정리해야 하며, 주변 등장인물과 관련된 사건들은 생략해도 된다.

2 핵심을 잡아라!

주인공과 주요 등장인물을 찾아냈더라도 그들이 하는 말과 행동 및 감정 변화를 모두 기억할 필요는 없다. 그 중 가장 중요한 사건, 가장 중요한 말, 가장 중요한 심리 활동만 기억하면 된다. 이러한 것들은 글의 주제와 가장 관련이 크고, 주제를 가장 잘 드러내는 요소들이될 수 있다.

3 주제를 놓치지 말아라!

일반적인 글은 앞이나 뒤에 종종 주제가 제시된다. 하지만 6급 쓰기 시험에서는 지금까지 출제 경향으로 볼 때 앞에 먼저 이야기가 제시되고 마지막에 그 이야기를 통해 주제가 될 수 있는 도리나 교훈을 제시하는 경우가 가장 많다. 요약 쓰기는 응시자의 개인적인 느낌이나 관점이 들어가서는 안 된다. 하지만 이미 글에 제시되어 있는 주제는 반드시 요약 쓰기에서도 명확하게 제시해야 한다.

人的一生中常常会发生许多有趣的现象。

丁家林从小就爱好书法，整整学了一辈子的书法。这辈子的最大愿望就是想做一个书法家。为此，他几十年含辛茹苦，没早没晚，伏案写字，用的墨大概几十水缸，用的纸大概要用几个火车才能拉完。天下有名的书法大师，李爷，王爷、赵爷、郭爷他拜了一堆，天下有名的书法帖子他买了无数本。可他万万没想到，写到最后，书法没练成，竟然于无意中学会了作诗，结果成了一个公认的诗人，多次获奖的不是他的书法作品，而是他的诗作。人们都知道他是一个诗人，没有人知道他还会书法。都真是出人意料。

吕达文从中学时代，就抱定要做一名伟大的摄影家，最终的目的是要在省里拿一个一等奖。他这是深受一位同乡的影响，那位同乡就是因为拿了一个一等奖，从此命运被变得翻天覆地，从一个乡村的普通人，不但成了专业摄影家，还做了省摄影协会的主席。因此吕达文走遍了祖国的大江南北，摄影器材更换了好几次，每次买器材他都不会眨一下眼，器材费用几乎让他倾家荡产。

12年过后，吕达文果然在全省拿了摄影一等奖。他的摄影技术，绝对在当初的同乡之上。可惜，12年过去，社会上已经无人再拿这种奖项当回事了。天下有的是一等奖、特等奖、金奖银奖。得了又怎样？无人再为此惊讶、为此喝彩，更无人认为这有什么了不起。因此，谁也不会再因得奖而飞黄腾达，没有那事了。吕达文用12年的时间达到了他的目的，可他的人生却没有因此有一丝一毫的改变。12年的光阴不算短，人生有几个12年？可他还是普通人。

林浩一直想娶一个高个子、圆脸的女孩儿为妻。他从青春期开始，直到24岁，8年的时间里，他从人群中、画报上、影视作品里、大街上，关注的都是这一类的女孩：高个、圆脸。别的不看！绝不看！谁想，到了结婚的时候，他竟娶了一个小个子、尖脸庞的女孩儿，与8年的心思满拧。他吃惊事情怎么会是这样，自己竟然否定了自己8年来的爱好。结婚那天，他还没有琢磨透，还在呆呆地盯着这个小个子、尖脸庞的女人。那女人还以为丈夫太爱自己了，没有看够，其实他是没有琢磨透他自己。琢磨不透的，谁也琢磨不透的，这就是生活。

人生经常就是这样的。你曾经精心计算过的，细细准备过的，认定了多年的事情，到头来往往南辕北辙，总是对不上号。人一辈子，到处都是这种现象，结局总是始料不及。人们为之苦苦奋斗的那个将来，那个确定，到头来，总是没有想到的另一面，另一种。

📖 지문해석

사람의 일생에는 종종 많은 재미있는 현상들이 발생한다.

딩지아린은 어렸을 때부터 서예를 좋아하셔, 평생 동안 서예를 배웠다. 일생 동안 가장 큰 바람이 서예가가 되는 것이었다. 이를 위해 그는 몇십 년의 온갖 고생을 참고 견디었으며, 아침 저녁 없이 책상 앞에 앉아서 글을 썼다. 사용한 먹이 대략 몇십 통의 항아리 정도였으며, 사용한 종이는 대략 몇 대의 기차를 사용해야만 다 담길 수 있을 정도였다. 세상에 유명하다는 서예 대가들이라면 이 선생님, 왕 선생님, 조 선생님, 곽 선생님 할 것 없이 그는 많은 사람을 찾아 뵈었고, 세상에 유명한 서예 견본을 그는 무수하게 샀다. 그러나 그가 결코 생각지도 못하게 글을 쓰다 마지막에 서예도 다 배우지 못하고 뜻밖에 무의식중에 시를 쓰는 것을 배우게 되었다. 결과적으로 공인 받는 시인이 되었으며, 여러 번 상을 탄 것은 그의 서예 작품이 아니라 그의 시 작품이었다. 사람들은 모두 그가 시인이라는 것은 알았지만, 그가 서예를 할 줄 안다는 것을 아는 사람은 없었다. 모든 것들이 정말 뜻밖이었다.

뤼다위안은 중학교 시절부터 위대한 사진작가가 될 것이라고 결심했고, 최종 목적은 성에서 1등 상을 타는 것이었다. 그가 이렇게 된 것은 고향 사람의 영향을 깊게 받은 것이다. 그 고향 사람은 1등 상을 받아서 이때부터 운명이 완전히 바뀌게 되었고, 시골의 보통 사람에서 전문 사진작가가 되었을 뿐만 아니라 성의 촬영협회 의장이 되었다. 그래서 뤼다위안은 조국의 방방곡곡을 돌아다녔고, 촬영 기자재를 몇 번이나 바꾸었으며, 매번 기자재를 살 때 그는 눈도 깜박하지 않아서 기자재 비용으로 거의 가산을 다 탕진시켰다.

12년이 지난 후, 뤼다위안은 생각한대로 전 성에서 1등 사진상을 탔다. 그의 촬영 기술은 절대적으로 그때 당시 고향 사람의 위에 있었다. 안타깝게도 12년이 지났고 사회적으로 이미 이런 상을 타는 것을 대단하다고 생각하는 사람이 없게 되었다. 세상에 남는 것이 1등 상, 특등 상, 금상, 은상이었다. 이런 상을 타면 뭐하겠는가? 이것으로 놀라거나 이것으로 갈채를 보내는 사람은 더 이상 없었으며, 이것이 대단하다고 생각하는 사람은 더군다나 없었다. 따라서 누구도 상을 받았기 때문에 벼락출세를 하지 못했고, 그런 일도 없었다. 뤼다위안은 12년의 시간을 사용해서 그의 목적에 이르렀지만, 그의 인생은 이것으로 인해 조금의 변화도 생기지 않았다. 12년의 세월은 짧다고 할 수 없다. 인생에 몇 번의 12년이 있는가? 하지만 그는 여전히 보통 사람이었다.

린하오는 줄곧 큰 키에 동그란 얼굴의 여자를 아내로 맞고 싶었다. 그는 사춘기 때부터 시작해서 24살 때까지 8년간의 시간 동안 사람들 속에서, 화보에서, 영화나 텔레비전에서, 길거리에서, 관심을 가지는 사람은 모두 큰 키에 동그란 얼굴형을 가진 여자들이었다. 다른 사람은 보지 않았다! 절대 보지 않았다! 누가 생각이나 했겠나. 결혼할 때가 되어서 그는 뜻밖에 작은 키에 뾰족한 얼굴형의 여자를 아내로 맞게 되어, 8년간의 생각과 정반대가 되었다. 그는 일이 어떻게 이렇게 되었는지, 자신이 의외로 8년간의 이상형을 부정한 것에 놀라웠다. 결혼하는 날, 그는 아직도 이해가 되지 않아서 여전히 멍하게 이 작은 키에 뾰족한 얼굴의 여인을 뚫어져라 쳐다보고 있었다. 여자는 남편이 자신을 너무 사랑해서 충분히 보지 못해 그런 것이라고 생각했지만, 사실 그는 아직도 스스로를 이해하지 못한 것이었다. 이해할 수 없는 것, 아무도 이해하지 못하는 것, 이것이 바로 삶이다.

인생은 종종 이러하다. 당신이 일찍이 정성을 기울여 계산하고 세심하게 준비해 놓고 다년간 확정적으로 생각해오던 일이 결국 종종 목적과 서로 상반되고, 항상 서로 맞지 않는다. 사람의 이 일생은 온통 이런 현상들이며, 결말은 항상 처음의 예상에 이르지 못한다. 사람들이 그것을 위해 고생스럽게 분투한 그 미래, 그 확정들은 결국 항상 생각하지 못한 다른 면과 다른 종류가 된다.

단어 含辛茹苦 hánxīn rúkǔ [성] 온갖 고생을 참고 견디다 | 伏案 fú'àn [동] 책상 앞에 앉다, 책상에 엎드리다 | 水缸 shuǐgāng [명] 물독, 물항아리 | 拜 bài [동] 방문하다, 찾아뵙다 | 出人意料 chūrén yìliào [성] 예상밖이다, 뜻밖이다 | 抱定 bàodìng [동] (어떤 생각을) 끝까지 견지하다 | 摄影 shèyǐng ① 사진을 찍다 ② 촬영하다 | 同乡 tóngxiāng [명] 동향(인), 한 고향(사람) | 翻天覆地 fāntiān fùdì [성] 완전히 바뀌다, 천지가 개벽되다 | ★协会 xiéhuì [명] 협회 | 大江南北 dàjiāngnánběi [명] 전 중국, 전 세계 | ★器材 qìcái [명] 기자재, 기재, 기구 | 更换 gēnghuàn [동] 바꾸다, 교환하다, 새 것으로 갈다 | 眨眼 zhǎ yǎn [이합] 눈을 깜박거리다, 눈을 깜짝이다 | 倾家荡产 qīngjiā dàngchǎn [성] 가산을 모두 탕진하다 | 当回事 dānghuíshì 중시하다, 문제삼다, 진지하게 여기다 | ★惊讶 jīngyà [형] 의아스럽다, 놀랍다 [동] 의아해하다, 놀라다 | 喝彩 hècǎi [동] 갈채하다, 큰 소리로 좋다고 외치다 | 飞黄腾达 fēihuáng téngdá [성] 벼락출세하다 | 一丝一毫 yìsī yìháo [성] 털끝만큼, 추호, 아주 조금 | 光阴 guāngyīn [명] 시간, 세월 | 娶 qǔ [동] 아내를 얻다, 장가들다 | 影视 yǐngshì [명] 영화와 텔레비전 | 脸庞 liǎnpáng [명] 얼굴, 용모, 얼굴 생김새 | 心思 xīnsī ① 생각, 염두 ② 심정, 마음, 기분 | 满拧 mǎnnǐng 완전히 뒤바뀌다, 정반대이다 | 琢磨 zuómo 깊이 생각하다, 사색하다, 궁리하다 | ★精心 jīngxīn [형] 정성을 들이다 | ★认定 rèndìng [동] ① 인정하다, 확신하다 ② 확정적으로 여기다 | 到头来 dàotóulái 마침내, 결국 | 南辕北辙 nányuán běizhé [성] 하는 행동과 목적이 상반되다 | 对不上号 duìbúshànghào ① 번호가 서로 맞지 않다 ② 서로의 말이 맞지 않다 ③ 서로 엇갈리다, 일치하지 않다 | ★结局 jiéjú [명] 결말, 결과 | 始料不及 shǐliào bùjí [성] 결과가 당초 예상에 이르지 못하다, 당초에 예상하지 못하다 | 奋斗 fèndòu [동] (일정한 목적을 달성하기 위해) 분투하다

▶ ❶ 글의 구성을 파악한다.

이 글은 세 인물의 인생 변화에 대해 서술하는 글이며, 그것을 통해 주제를 이끌어내고 있다. 따라서 이 세 명의 인물을 실마리로 구성을 파악하면 된다.

丁家林，吕达文，林浩

▶ ❷ 각 인물별로 중요한 핵심이 되는 사건과 그것을 묘사하는 단어나 표현을 찾아낸다.

이 글은 세 인물에게 발생한 사건들이 전체 글을 구성하고 있다. 따라서 각 인물들에게 일어난 사건과 상황을 좀 더 보충해서 연결한 다음 주제를 간략하게 표현하면 훌륭한 요약 쓰기가 된다.

인물	사건
丁家林	练了一辈子的书法，一直想做书法家。没想到书法家没做成，在练字的过程中学会了作诗，结果成了一位诗人。 평생 동안 서예를 배웠고, 줄곧 서예가가 되고 싶었다. 생각지도 못하게 서예가는 되지 못하고 글자를 연습하는 과정에서 시를 쓰는 것을 배워 결국 시인이 되었다.
吕达文	一位同乡摄影作品得了省一等奖，从此命运得到翻天覆地的变化。受其影响，他花了12年时间终于也获得了省一等奖。然而时代不同了，社会上到处都是各种各样的奖项，他的人生并没有因此有一丝一毫的改变，他还是一个普通人。 한 고향 사람의 촬영작품이 성에서 1등 상을 탔고, 이때부터 운명이 완전히 바뀌는 변화가 생겼다. 그 영향을 받아 그는 12년이라는 시간을 써서 마침내 성에서 1등 상을 탔다. 하지만, 시대가 달라져 사회적으로 모든 것에 여러 종류의 상이 생겨서, 그의 인생은 이로 인해 조금의 변화도 생기지 않았으며, 그는 여전히 보통 사람이었다.
林浩	从青春期起就想娶一个高个子、圆脸的女孩子为妻，8年的时间里他关注的都是这一类女孩。但到结婚的时候，他竟娶了一个小个子、尖脸庞的女孩，他自己也琢磨不透。 사춘기 때부터 큰 키에 둥근 얼굴의 여자를 아내로 맞고 싶었고, 8년이란 시간 동안 그가 관심을 가진 것은 모두 이런 류의 여자들이었다. 그러나 결혼할 때 그는 뜻밖에도 작은 키에 뾰족한 얼굴형의 여자를 아내로 맞았고, 그 자신도 이해되지 않았다.

人生中认定了多年的事情，到头来往往南辕北辙，结局总是始料不及。
인생에서 다년간 확정적으로 생각한 일이 결국 종종 목적과 서로 상반되고, 결말은 항상 처음의 예상에 이르지 못한다.

▶ ❸ 제목을 정한다.

이 글에서 나온 세 사람은 자신의 이상과 마지막의 결과가 모두 달라졌다. 따라서 그것을 나타낼 수 있는 말이 제목으로 가장 적합하다. 마지막 주제에서 나오는 '人生就是这样(인생은 바로 이러하다)' 혹은 '始料不及的人生(처음의 예상에 이르지 못하는 인생)'과 같은 제목이 비교적 적합하다.

모범 답안

						始	料	不	及	的	人	生							
		丁	家	林	练	了	一	辈	子	的	书	法	，	一	心	一	意	想	做
书	法	家	，	儿	十	年	他	没	早	没	晚	，	伏	案	写	字	，	天	下
有	名	的	书	法	大	师	他	拜	了	一	堆	，	天	下	有	名	的	书	法
帖	子	他	买	了	无	数	本	。	没	想	到	书	法	家	没	做	成	，	在
练	字	的	过	程	中	学	会	了	作	诗	，	结	果	成	了	一	位	诗	人
多	次	获	奖	的	不	是	他	的	书	法	作	品	，	而	是	他	的	诗	作
		吕	达	文	的	一	位	同	乡	摄	影	作	品	得	了	省	一	等	奖
从	此	命	运	得	到	翻	天	覆	地	的	变	化	。	受	其	影	响	，	吕
达	文	花	了	12	年	时	间	走	遍	了	祖	国	的	大	江	南	北	，	摄
影	器	材	更	换	了	好	几	次	。	终	于	其	摄	影	作	品	也	获	得
了	省	一	等	奖	，	然	而	时	代	不	同	了	，	社	会	上	到	处	都
是	各	种	各	样	的	奖	项	，	谁	也	不	会	再	因	得	了	奖	而	飞
黄	腾	达	。	他	的	人	生	并	没	有	因	此	有	一	丝	一	毫	的	改
变	，	12	年	光	阴	，	他	依	旧	还	是	一	个	普	通	人	。		
		林	浩	自	少	年	起	就	想	娶	一	个	高	个	子	、	圆	脸	的
女	孩	子	为	妻	，	8	年	的	时	间	里	他	关	注	的	都	是	这	一
类	女	孩	。	别	的	绝	不	看	！	谁	曾	想	，	到	结	婚	的	时	候
他	竟	娶	了	一	个	小	个	子	、	尖	脸	庞	的	女	孩	，	他	自	己
也	琢	磨	不	透	。														
		人	生	中	认	定	了	多	年	的	事	情	，	到	头	来	往	往	南
辕	北	辙	。	人	一	辈	子	，	到	处	都	是	这	种	现	象	，	结	局
总	是	始	料	不	及	。													

100 (5번째 줄), 200 (10번째 줄), 300 (15번째 줄), 400 (20번째 줄)

해석

처음의 예상에 이르지 못하는 인생

딩지아린은 평생 동안 서예를 배웠고, 오로지 줄곧 서예가가 되고 싶었다. 몇십 년간 그는 아침 저녁 없이 책상에 앉아 글을 썼고, 세상에 유명한 서예가들이라면 그는 많은 사람들을 찾아 뵈었으며, 세상에 유명한 서예 견본을 그는 무수하게 샀다. 생각지도 못하게 서예가는 되지 못하고 글자를 연습하는 과정에서 시를 쓰는 것을 배워 결국 시인이 되었다. 여러 번 상을 탄 것은 그의 서예 작품이 아니라 그의 시 작품이었다.

뤼다원의 한 고향 사람의 촬영작품이 성에서 1등 상을 탔고, 이때부터 운명은 완전히 바뀌는 변화가 생겼다. 그 영향을 받아 뤼다원은 12년 동안 조국의 방방곡곡을 돌아다녔고, 촬영 기자재를 몇 번이나 바꾸었다. 마침내 그 촬영작품도 성에서 1등 상을 탔지만, 시대가 달라졌고 사회적으로 모든 것에 여러 종류의 상이 생겨서 누구도 상을 받았기 때문에 벼락출세를 할 수 없었다. 그의 인생은 이로 인해 조금의 변화도 생기지 않았으며, 12년의 세월에도 그는 여전히 보통 사람이었다.

　린하오는 사춘기 때부터 큰 키에 둥근 얼굴의 여자를 아내로 맞고 싶었고, 8년이란 시간 동안 그가 관심을 가진 것은 모두 이런 류의 여자들이었다. 다른 사람은 절대 보지 않았다! 누가 미리 생각이나 했겠나. 결혼할 때, 그는 뜻밖에도 작은 키에 뾰족한 얼굴의 여자를 아내로 맞았고, 그 자신도 이해되지 않았다.

　인생에서 다년간 확정적으로 생각한 일이 결국 종종 목적과 서로 상반된다. 사람의 일생은 온통 이런 현상들이며, 결말은 항상 처음의 예상에 이르지 못한다.

NEW 단어 + TIP

- 南辕北辙 nányuán běizhé 〔성〕 하는 행동과 목적이 상반되다
  〔예〕 他说的和他做的完全是南辕北辙。그가 말하는 것과 그가 행동하는 것은 완전히 상반된다.

- 斑 bān 〔명〕 얼룩, 반점
  〔예〕 斑马因身上黑白相间的斑纹而得名。
  얼룩말은 몸에 흑백이 번갈아 있는 얼룩무늬 때문에 이름을 얻게 되었다.
  〔고정격식〕 斑 + 纹/点/马/马线

- 气质 qìzhì 〔명〕 ① 기질, 성질 ② 자질, 풍채, 품격, 풍격
  〔예〕 她独特的气质深深地吸引了我。그녀의 독특한 품격이 나를 깊게 사로잡았다.
  〔고정격식〕 有/独特的/优雅的/贵族 + 气质

- 修养 xiūyǎng 〔명〕 수양, 교양
  〔예〕 他是一个很有修养的人。그는 매우 교양 있는 사람이다.

- 方圆 fāngyuán 〔명〕 주위, 주변
  〔예〕 他一直是方圆百里最好的木匠。
  그는 줄곧 주변 100리 안에서 가장 좋은 목수이다.

- 插座 chāzuò 〔명〕 콘센트, 소켓
  〔예〕 把插头插在插座上。플러그를 콘센트에 꽂으세요.

- 迟钝 chídùn 〔형〕 (생각, 감각, 행동, 반응 등이) 둔하다, 느리다
  〔예〕 他这个人反应迟钝，总是比别人慢半拍。
  그 사람은 반응이 느려서 항상 다른 사람보다 반 박자 느리다.
  〔고정격식〕 反应/动作 + 迟钝

1 직접화법을 간접화법으로 바꿔라!

6급 쓰기에서 제시되는 글은 종종 많은 직접화법을 포함한다. 하지만 요약 쓰기를 할 때는 이러한 직접화법을 간접화법으로 바꾸는 것이 좋은 경우가 많다. 그러면 어떻게 직접화법을 간접화법으로 바꿔야 할지 세 가지 방법을 배워보도록 하자.

(1) 원문에서 1인칭이 한 말을 다른 사람의 입장에서 요약 쓰기를 할 때는 1인칭을 3인칭으로 바꿔야 한다. 또한 직접화법 속에 있는 1인칭도 3인칭으로 바꿔야 한다.

> 예 我说：“从今天起我要努力学习，取得好成绩。”
> 나는 "오늘부터 열심히 공부해서, 좋은 성적을 얻을 것이다."라고 말했다.
>
> ➡ 他说，从今天起他要努力学习，取得好成绩。
> 그는 오늘부터 열심히 공부해서, 좋은 성적을 얻을 것이라고 말했다.

(2) 원문에서 3인칭이 1인칭에게 한 말을 1인칭의 입장에서 그대로 요약 쓰기를 할 때는 직접화법 속의 1인칭을 3인칭으로 바꿔야 한다.

> 예 爸爸对我说：“我今天加班，晚上要晚些回来。”
> 아버지는 나에게 "내가 오늘 야근해서, 저녁에 조금 늦게 귀가한다."라고 말씀하셨다.
>
> ➡ 爸爸对我说，他今天加班，晚上要晚些回来。
> 아버지는 나에게 그가 오늘 야근을 해서, 저녁에 조금 늦게 귀가한다고 말씀하셨다.

(3) 원문에서 3인칭이 1인칭에게 한 말을 다른 사람의 입장에서 요약 쓰기를 할 때는 1인칭을 3인칭으로 바꿔야 한다. 또한 직접화법 속의 1인칭도 명확한 3인칭으로 바꿔야 한다.

> 예 爸爸对我说：“我今天加班，晚上要晚些回来。”
> 아버지는 나에게 "내가 오늘 야근해서, 저녁에 조금 늦게 귀가한다."라고 말씀하셨다.
>
> ➡ 爸爸对他说，他爸爸今天加班，晚上要晚些回来。
> 아버지는 그에게 그의 아버지께서 오늘 야근을 하셔서, 저녁에 조금 늦게 귀가한다고 말씀하셨다.

■ 직접화법을 간접화법으로 바꿀 때 주의사항!

이렇게 화법을 전환하는 과정에서 구체적으로 어떻게 1인칭을 3인칭으로 바꿀 것인지는 주변 내용을 잘 살핀 다음 결정해야 한다.

01 OOO说：“我……。”
> 예 鲁迅说：“我的信如果要发表，且有发表的地方，我可以同意。”
> 노신은 "나의 편지를 만약 발표하는 데에 있어 발표할 장소가 있다면, 나는 동의할 수 있다."고 말했다.

→ 鲁迅说，他的信如果要发表，且有发表的地方，他可以同意。

　　노신은 그의 편지를 만약 발표하는 데에 있어 발표할 장소가 있다면, 그는 동의할 수 있다고 말했다.

➡ 직접화법 속의 '我'를 3인칭인 '他'로 바꾼 다음, '따옴표(" ")'를 생략하고 '쌍점(:)'을 '쉼표(,)'로 바꾸기만 하면 된다.

02　OOO对OOO说：" 我……，你……。 "

　例 张明对王芳说：" 我今天中午要到商店去买东西，回去可能要迟一点，请你告诉我妈妈。 "

　　장밍은 왕팡에게 "나 오늘 낮에 상점에 물건 사러 가서 조금 늦게 올 수도 있어, 네가 우리 엄마한테 전해줘."라고 말했다.

　　→ 张明对王芳说，他今天中午要到商店买东西，回去可能要迟一点，请告诉他妈妈。

　　장밍은 왕팡에게 그는 오늘 낮에 상점에 물건 사러 가서 조금 늦게 오니 그의 엄마한테 전해달라고 말했다.

➡ 직접화법 속의 '我'는 '张明'을, '你'는 '王芳'을 가리킨다. 따라서 '我'를 '他'로 바꾼 다음 '你'는 당연히 말하는 대상이므로 생략하면 된다.

03　OOO对OOO说：" 我……，你……，他……。 "

　例 张老师对小明说：" 我今天中午有事情，不能到公园去了，请你告诉张春，叫他不要等我了。 "

　　장 선생님은 샤오밍에게 "내가 오늘 낮에 일이 있어서 공원에 갈 수 없으니, 네가 장춘한테 나를 기다리지 말라고 전해줘."라고 말했다.

　　→ 张老师对小明说，他今天中午有事情，不能到公园去了，请告诉张春，叫张春不要等他了。

　　장 선생님은 샤오밍에게 그가 오늘 낮에 일이 있어서 공원에 갈 수 없으니, 장춘한테 그를 기다리지 말라고 전해달라고 말했다.

➡ 직접화법 속의 '我'는 '张老师'를, '你'는 '小明'을, '张春'은 '张春'을 가리킨다. 그러므로 '我'를 '他'로, '你'는 말하는 대상이므로 생략하고, '张春'은 그대로 사용하면 된다.

04　OOO对OOO说：" 你的……，我……。 "

　例 小明对小芳说：" 你的书包非常漂亮，我非常喜欢。 "

　　샤오밍은 샤오팡에게 "네 책가방 정말 예쁘구나, 나도 정말 마음에 들어."라고 말했다.

　　→ 小明对小芳说，小芳的书包非常漂亮，他非常喜欢。

　　샤오밍은 샤오팡에게 샤오팡의 책가방이 정말 예뻐서 그도 정말 마음에 든다고 말했다.

➡ 직접화법 속의 '你'는 대상을 가리키기 위한 것이 아니라 '书包'를 수식하기 위한 것이므로 생략할 수가 없다. 따라서 '你'가 가리키는 '小芳'을 그대로 사용해야 한다.

2 가능한 한 자신이 익숙한 단어나 쉬운 단어를 사용해라!

요약 쓰기를 하는 과정에서 자신이 익숙한 단어를 사용하면 의미나 용법에서 틀리지 않을 것이다. 하지만 문제에 있는 자신이 잘 모르는 단어를 무리해서 사용하다가 용법이 틀린다면 오히려 더 크게 감점당하게 된다. 따라서 어려운 단어는 자신이 잘 아는 동의어로 바꿔서 사용하는 것이 좋다.

> 有(있다) 〈 具有(가지고 있다) 〈 占有(소유하다) 〈 拥有(소유하다)
> 羡慕(부럽다) 〈 佩服(감탄하다) 〈 欣赏(감상하다) 〈 赏识(감상하다)
> 大概(대략) 〈 也许(아마도) 〈 恐怕(대략) 〈 大约(아마)

이 단어들은 거의 비슷하지만 표시한 것처럼 난이도에 차이가 있다. 물론 자세히 분석하면 뜻에도 미묘한 차이가 있지만, 기본적으로 비슷한 단어들이므로 네 번째에 있는 단어가 문제에 나온다면 첫 번째에 있는 단어로 대체해서 요약 쓰기할 수 있다.

> 中国拥有大约5000年的历史，勤劳的中国人民所创造的灿烂的中华文化，为世界其他国家的人民所欣赏。
>
> 중국은 대략 5,000천 년의 역사를 소유하고 있다. 열심히 일한 중국 인민이 창조한 찬란한 중화문화는 세계 다른 나라 국민에게 감상된다.
>
> ➡ 中国有大概5000年的历史，勤劳的中国人民所创造的灿烂的中华文化，让其他国家的人民很羡慕。
>
> 중국은 대략 5,000천 년의 역사를 가지고 있다. 열심히 일한 중국 인민이 창조한 찬란한 중화문화는 세계 다른 나라 국민이 매우 부러워한다.

3 비슷한 한자에 주의해라!

실제 수험생들의 요약 쓰기를 보면 비슷한 한자를 잘못 쓰는 경우가 매우 많다. 이런 경우 좋은 성적을 기대하기 어려우므로 주의하도록 하자. 수험생들이 자주 틀리는 비슷한 한자는 다음과 같다.

兔子 tùzi 몡 토끼 / 避免 bìmiǎn 통 피하다, 모면하다

丝毫 sīháo 몡 극히 적은 수량, 추호 / 亳州市 Bózhōushì 몡 박주시

荷兰 Hélán 몡 네델란드 / 菏泽市 Hézéshì 몡 하택시

作用 zuòyòng 몡 작용 / 甩开 shuǎikāi 통 뿌리치다, 떨쳐 버리다

堤坝 dībà 몡 댐과 둑 / 提倡 tíchàng 통 제창하다

洗衣机 xǐyījī 몡 세탁기 / 冼 Xiǎn 사람의 성

不得已 bùdéyǐ 혱 부득이하다 / 自己 zìjǐ 몡 자기, 자신 / 巳 sì 몡 사(십이지의 여섯째)

挺拔 tǐngbá 혱 우뚝하다, 강력하다 / 拨打 bōdǎ 통 전화를 걸다

拱璧 gǒngbì 몡 큰 옥 / 隔壁 gébì 몡 이웃집, 옆집

笘子 gǎzi 몡 장난꾸러기, 개구쟁이 / 生产 shēngchǎn 통 생산하다

锒铛 lángdāng 몡 쇠사슬 / 银行 yínháng 몡 은행

休息 xiūxi 통 휴식하다, 쉬다 / 身体 shēntǐ 몡 신체, 몸, 건강

宫廷 gōngtíng 몡 궁궐, 궁전 / 延长 yáncháng 통 연장하다, 늘이다

扁 biǎn 톙 평평하다, 납작하다 / 长篇 chángpiān 몡 장편

篮球 lánqiú 몡 농구 / 蓝色 lánsè 몡 파랑, 남색

辨别 biànbié 통 변별하다 / 辩论 biànlùn 통 변론하다

辫子 biànzi 몡 땋은 머리 / 花瓣 huābàn 몡 꽃잎

一眨眼 yìzhǎyǎn 몡 눈 깜짝할 사이 / 贬低 biǎndī 통 얕잡아 보다

狠心 hěnxīn 톙 모질다, 잔인하다 / 狼狈 lángbèi 톙 난처하다, 곤란하다

衔接 xiánjiē 통 맞물리다, 이어지다 / 街道 jiēdào 몡 대로, 큰길

斑纹 bānwén 몡 얼룩 무늬 / 班主任 bānzhǔrèn 몡 담임 교사

稞麦 kēmài 몡 쌀보리 / 棵 kē 톙 그루, 포기 / 颗 kē 톙 알, 과립

大阪 Dàbǎn 몡 오사카 / 出版 chūbǎn 통 출판하다

幼稚 yòuzhì 톙 유치하다 / 幻想 huànxiǎng 몡 공상, 환상, 몽상

锻炼 duànliàn 통 단련하다 / 练习 liànxí 통 연습하다 몡 연습 문제

锦标 jǐnbiāo 몡 우승패, 우승 트로피 / 纯棉 chúnmián 몡 순면

耍 shuǎ 통 놀리다, 장난하다 / 要求 yāoqiú 통 요구하다

沫 huì 통 얼굴을 씻다 / 泡沫 pàomò 몡 거품

薄 báo 톙 얇다 / 电话簿 diànhuàbù 몡 전화번호부

丛 cóng 몡 덤불, 수풀 / 从 cóng 젠 ~로부터

厉害 lìhai 톙 무섭다, 엄하다 / 历史 lìshǐ 몡 역사

矫正 jiǎozhèng 통 교정하다 / 娇嫩 jiāonèn 톙 여리다, 가냘프다

迁徙 qiānxǐ 통 옮겨 가다 / 徒弟 túdì 몡 제자 / 陡峭 dǒuqiào 톙 험준하다, 가파르다

遗矢 yíshǐ 통 대변을 보다 / 失败 shībài 통 실패하다

愚昧 yúmèi 톙 어리석고 사리에 어둡다 / 滋味 zīwèi 몡 ① 맛 ② 심정, 기분

鸟 niǎo 몡 새 / 乌鸦 wūyā 몡 까마귀

诸侯 zhūhóu 몡 제후 / 时候 shíhou 몡 때, 시간

账户 zhànghù 몡 계좌 / 帐篷 zhàngpeng 몡 천막, 텐트

桨 jiǎng 몡 노, jiāng 몡 반죽 / 酱油 jiàngyóu 몡 간장 / 奖励 jiǎnglì 통 장려하다

冶 yě 통 (금속을) 제련하다 / 治疗 zhìliáo 통 치료하다

侍候 shìhòu 통 시중들다 / 期待 qīdài 통 기대하다

呜咽 wūyè 통 훌쩍이다, 흐느껴 울다 / 共鸣 gòngmíng 몡 공명

官吏 guānlì 몡 관리 / 历史 lìshǐ 몡 역사

1. 有三只年轻的驴子，在一家看起来不错的农场找到了一份拉磨的工作。驴子们都很高兴也很开心。无论是酷暑还是寒冬它们每天拼命地拉磨，拼命地工作。它们的表现马上就得到了主人的好评。

但是，过了一段时间一只驴子开始觉得自己的工作既辛苦又无聊，自己很辛苦地工作但生活依旧是没有什么改变。刚刚开始的那份拉磨的激情已经荡然无存，驴子的工作慢慢地松散了。主人及时发现了驴子的变化，马上做出了一个决定，要改变驴子的生活。于是主人就用钓鱼竿在驴子的前面挂了一把嫩嫩的青草。

驴子看到了久违的青草干劲又来了，拼命地向前奔跑着拼命地想吃到前面的那把青草。却发现不管它怎么拼命跑也追不到，也无法享受到主人给它改善生活的那把青草。但驴子没有放弃，它想总有一天我会吃到那美味青草的，不管怎么样我总是有了希望。驴子奔跑得更加拼命了，磨盘在飞速的转动着，主人脸上又恢复了往日的笑容。

过了几天，农场里的工人突然跑来报告主人，说是驴死在了磨的旁边。

另外一只驴子不但磨拉得好，还通过自己的努力学会了一些管理农场的方法。后来抓住了一个机会好好地在主人面前表现了一翻。主人很意外，主人也很高兴并夸奖驴子有才能，前途无可限量。问驴子有什么愿望，驴子说出了蓄谋已久做人的愿望。主人为了表现自己爱惜人才的决心，当众宣布驴子从今天起成为"人"，享受人的待遇，并发给了驴子一套发旧的西装以做奖励。

它一改往日的驴态，真的就人模人样起来。在人的面前大谈农场的的管理、发展。在其他驴子的面前大谈希望，大谈未来，并用自己来作为鲜活的例子来激励其他驴子好好工作。主人听到了驴子的叫声，很是满意。驴子很骄傲，很自豪，很得意。甚至忘记了自己是头驴子。开始有些目中无驴了。

过了不久，不知道是什么原因，农场的人们召开了一次会议。就在会议结束的当天驴子成了人们饭桌上的美餐。

第三只驴子很清楚自己是头驴子，它有着自己的奋斗目标。它同样努力地完成着主人交给自己的每项工作，并提出了许多自己独到的改进方案。就因为它是驴子，它的方案总是不被采纳或是被别人剽窃或是被人嘲笑。它没有因此而灰心、放弃。它的工作比以往更出色了，它对自己充满了希望，它不断地学习专业知识，不断地从实践中总结经验。它坚信自己总有一天会出驴头地。但农场人、驴分明的陈旧体制注定将永远不会给它发挥才能的机会。

终于有一天它离开了农场。它不是不爱农场，只是不愿看到自己伤心的未来。它是在对农场失望后才离开的，因为在这里它找不到真正属于驴子的希望。它在离开的时候给主人提供了自己最后的方案。

过了不久一家叫驴子的强大的公司迅速垄断了世界的磨房业，同时也收购了主人的农场。当记者访问驴子为何如此成功的时候，驴子说："我只是走了一条属于驴子的路。"

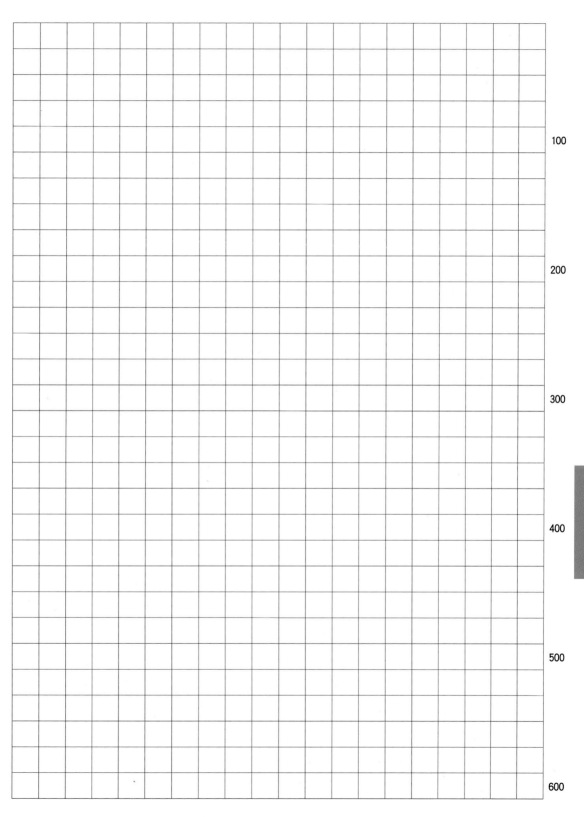

2.   一家大花店因为信誉好，顾客日益增加，原来的员工明显人手不够用。老板于是想以高薪聘请一位售花小姐，就在当地一家报纸的人才招聘专栏里刊登了广告，除了列出了丰厚的报酬之外，对应聘者的要求仅仅是：年轻女性。

招聘广告张贴出去后，前来应聘的人很多，如过江之鲫，每个人都非常在乎那丰厚的报酬到底是多少。经过几番口试，老板留下了三位女孩，让她们每人经营花店一周，以便从中挑选一人。这三个女孩长的都如花一样美丽。一人曾经在花店插过花、卖过花，一人是花艺学校的应届毕业生，其余一人是一个待业女青年。

插过花的女孩一听老板要让她们以一周的实践成绩为应聘条件心中窃喜，毕竟插花、卖花对于她来说是轻花熟路，她觉得这个职位已经非她莫属。每次一见顾客进来，她就不停地介绍各类花的象征意义，以及给什么样的人送什么样的花。几乎每一个人进花店，她都能说得让人买去一束花或一篮花，一周下来她的成绩不错。她向老板汇报业绩的时候，老板满脸笑容，但是最后只说了一句："一周以来辛苦你了，回去等消息吧！"

花艺女生经营花店，她充分发挥从书中学到的知识。从插花的艺术到插花的成本，都精心琢磨，她甚至联想到把一些断枝的花朵用牙签连接花枝夹在鲜花中，用以降低成本。对每个进来的顾客，她除了热情接待外，还积极向他们教授插花的技术，插花的美学知识等等。她的知识和她的聪明为她一周的鲜花经营也带来了不错的成绩。她向老板汇报业绩的时候，老板同样满脸笑容，但是最后同样只说了一句："一周以来辛苦你了，回去等消息吧！"

待业女青年经营起花店，则有点放不开手脚，然而她置身于花丛中的微笑就像一朵花，她的心情也如花一样美丽。一些残花她总舍不得仍掉，而是修剪修剪，免费送给路边行走的小学生，而且每一个从她手中买去花的人，都能得到她一句甜甜的话语——"鲜花送人，余香留己。"这听起来既像女孩为自己说的，又像是为花店讲的，也像为买花人讲的，简直是一句心灵默契的心语。尽管女孩努力地珍惜着她一周的经营时间，但她的成绩跟前两个女孩相差很大。

出人意料的是，老板竟留下了那个待业女孩。人们不解——为何老板放弃为他挣钱的女孩，而偏偏选中这个缩手缩脚的待业女孩？就有很多好事的老员工去问老板，老板说："用鲜花挣再多的钱也只是有限的，用如花的心情去挣钱是无限的。花艺可以慢慢学的，因为这里面包含着一个人的气质、品德以及情趣爱好、艺术修养……人都有这样那样的专长，这无疑会给人带来极大的帮助。但人更要有如花的心情，因为这心情能感染人，让人领悟到生命的纯真和美好。"

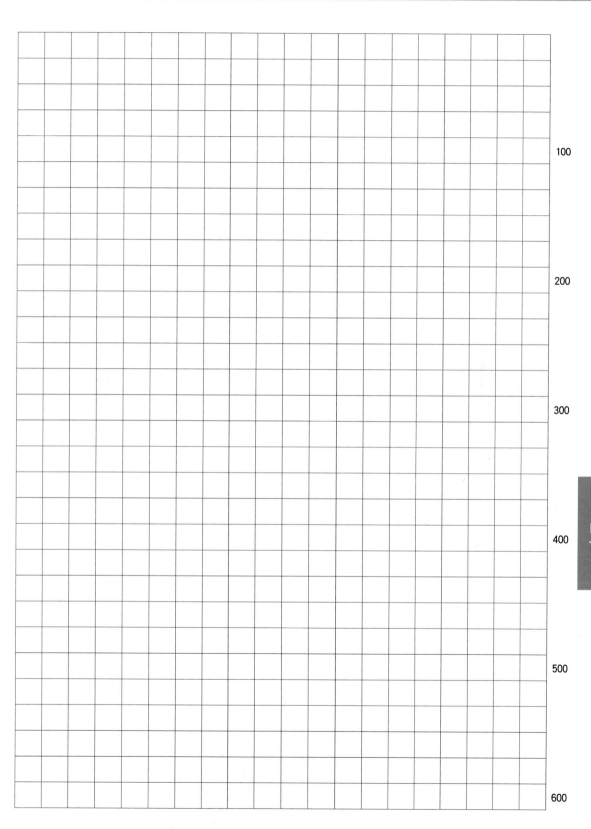

3. 一位印度的小伙子，有一次，在山中迷了路，眼看天色已晚，不知何处得以容身。黑夜中，他在崎岖的山路上徘徊，遇到一位乞丐。他向乞丐请教，到什么地方可以借宿一夜。乞丐对他说："这里是荒郊野外，方圆几里都没有人家。如果你愿意和一个乞丐住在一起的话，你就跟我走。"于是，他就跟了乞丐去，一待就是一个月。每天早上，小伙子随乞丐一起上路乞讨。乞丐的生活漂泊不定，常常食不果腹、居无定所，可他总是非常快乐，从未有过失望。每天晚上睡觉前，他总是对小伙子说："感谢上天的眷顾，相信明天会更好。"后来小伙子出家修行。小伙子日复一日、年复一年，都在坚持冥思苦修。他觉得自己的生活就像那位乞丐一样，时常陷入困顿之中。于是，小伙子开始感到绝望，失去信心，甚至要放弃自己的功课。每每在这样的时候，小伙子都会想起那个乞丐，想起乞丐每天晚上那句话，"感谢上天的眷顾，相信明天会更好。"后来小伙子成为了印度最高的智者——古鲁。

一位年轻的猎人，他不敢一个人去虎豹经常出没的大山深处，虽然他知道里面的猎更加肥美。但是又得抚养刚刚出生的孩子，给卧病在床的母亲治病。有一天，他因为口渴来到河边，碰巧，有一条狗也来到河边喝水。狗朝水中望去，突然发现水里也有一条狗——它自己的倒影。那条狗感到非常恐慌，它狂吠着落荒而逃。可口渴难耐，那条狗又不得不回到河边。尽管非常害怕，它还是一跃，跳进了水里，立刻，水中的那条狗不见了。由此猎人感悟到这是上天给他的一个启示：尽管你会感到害怕，可你一定要跳到水里去。于是他不再害怕，拿起自己的猎枪进入到了大山里，从此他每次都会满载而归。

一位老人，以智慧著称。方圆几百里的人，遇到问题都会来找他询问，他也自乐其中。一天傍晚，老人在一个小镇上遇到一个小男孩。他的手里捧着一根点燃的蜡烛，他要到寺里去敬献他的蜡烛。老人对小男孩说："这蜡烛是你自己点的吗？"小孩回答："是的，先生。"老人又问他："点燃的时候，蜡烛就会发出光，而在未燃之前，蜡烛却不会发光。你能告诉我，这光是从哪里来的吗？"小男孩咯咯地笑着，并不急着回答，而是一口气吹灭了蜡烛，然后问老人："你看，我现在把蜡烛吹灭了。你能告诉我，那蜡烛的光跑到哪里去了吗？"老人顿觉自视渊博的学问顿时化为乌有。老人后来说："那一刻，我真切地感受到自己的无知浅薄、愚蠢迟钝。"

其实，人无常师，可这并不意味着我们没有学习的机会。天上的云朵，地上的树木，自然万物皆可为我师。

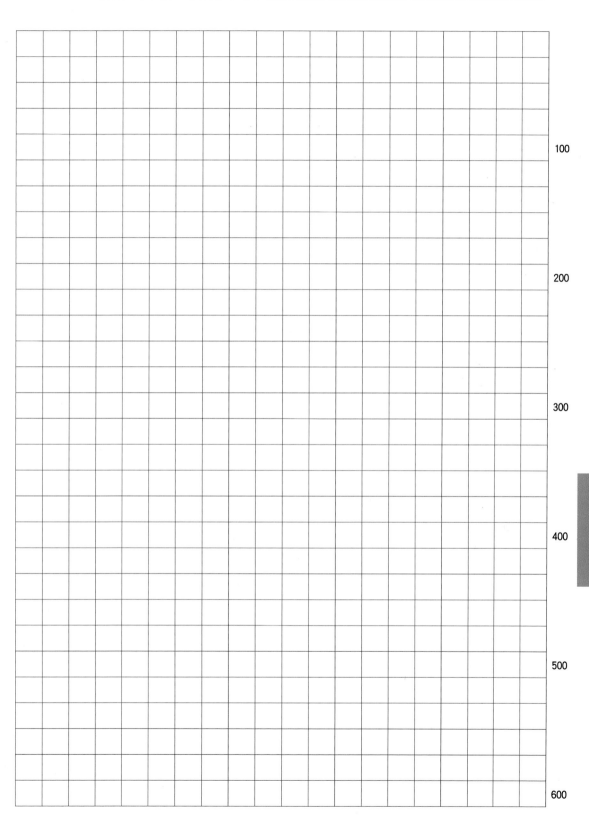

쓰기

第101题：缩写。

(1) 仔细阅读下面这篇文章，时间为10分钟，阅读时不能抄写、记录。
(2) 10分钟后，临考收回阅读材料，请你将这篇文章缩写成一篇短文，时间为35分钟。
(3) 标题自拟。只需复述文章内容，不需加入自己的观点。
(4) 字数为400左右。
(5) 请把作文直接写在答题卡上。

　　是朋友，才敢放心把钱借给他。想不到，那钱，却迟迟不见还。借条有两张，一张五千，一张两千，已经在他这儿，存放了两三年。

　　那次朋友找到了他，向他借钱。最终，他还是把钱借给了朋友。朋友郑重地写下一张借条，借条上写着，一年后还钱。可是一年过去，朋友却没能把这五千块钱还上。朋友常常去找他聊天，告诉他自己的钱有些紧，暂时不能够还钱，请他谅解。

　　可是突然有一天，朋友再次提出跟他借钱，仍然是五千块，仍然许诺一年以后还钱。于是他有些不高兴，他想难道朋友不知道"讲借讲还，再借不难"的道理？可是最后他仍然借给了朋友两千块钱，然后收好朋友写下的借条。为什么还借？因为他相信那份珍贵的友谊。

　　往后的两个月里，朋友再也没来找过他。他有些纳闷，去找朋友，却不见了他的踪影。朋友的同事告诉他，朋友暂时辞了工作，回了老家，也许他还会回来，也许永远不会。

　　他等了两年，也没有等来他的朋友。他有些急了。之所以急，更多的是因为他的窘迫与贫穷。他想就算他的朋友永远不想再回这个城市，可是难道他不能给自己写一封信吗？不写信给他，就是躲着他；躲着他，就是为了躲掉那七千块钱。这样想着，他不免有些伤心。难道十几年建立起来的这份友谊，在朋友看来，还不如这七千块钱？

　　好在他有朋友的老家地址。他揣着朋友为他打下的两张借条，坐了近一天的汽车，去了朋友从小生活的村子。他找到朋友的家，那是三间破败的草房。那天他只见到了朋友的父母。他没有对朋友的父母提钱的事。他只是向他们打听朋友的消息。

　　"他走了。"朋友的父亲说。

　　"走了？"他竟没有听明白。

　　"从房顶上滑下来……村里的小学，下雨天房子漏雨，他爬上房顶盖油毡纸，脚下一滑……"

　　"他为什么要冒雨爬上房顶？"

　　"他心里急。他从小就急，办什么事都急，比如要帮村里盖小学……"

"您是说他要帮村里盖小学?"

"是的，已经盖起来了。听他自己说，他借了别人很多钱。可是那些钱仍然不够。这样，有一间房子上的瓦片，只好用了旧房拆下来的碎瓦。他也知道那些瓦片不行，可是他说很快就能够筹到钱，换掉那些瓦片……为这个小学，他悄悄地准备了很多年，借了很多钱……他走得急，没有留下遗言……我不知道他到底欠了谁的钱，到底欠下多少钱……他向你借过钱吗？你是不是来讨债的?"

他的眼泪，终于流下来。他不敢相信他的朋友突然离去，更不敢相信他的朋友原来一直在默默地为村子里建一所小学。他想起朋友曾经对他说过："现在我只能向你借钱。"现在他终于理解这句话的意思了。朋友分两次借走他七千块钱，原来只是想为自己的村子建一所小学；而之所以不肯告诉他，可能只是不想让他替自己着急。

"你是他什么人?"朋友的父亲问。

"我是他的朋友。"他说，"我这次，只是来看看他，却想不到，他走了……还有，我借过他几千块钱，一直没有还。我回去就想办法把钱凑齐了寄过来，您买些好的瓦片，替他把那个房子上的旧瓦片换了。"

朋友的父亲老泪纵横。老人握着他的手说："能有你这样的朋友，他在地下，也会心安。"

回去的汽车上，他掏出那两张借条，想撕掉，终又小心翼翼地揣好。他要把这两张借条一直保存下去，为他善良的朋友，为他对朋友恶毒的猜测。

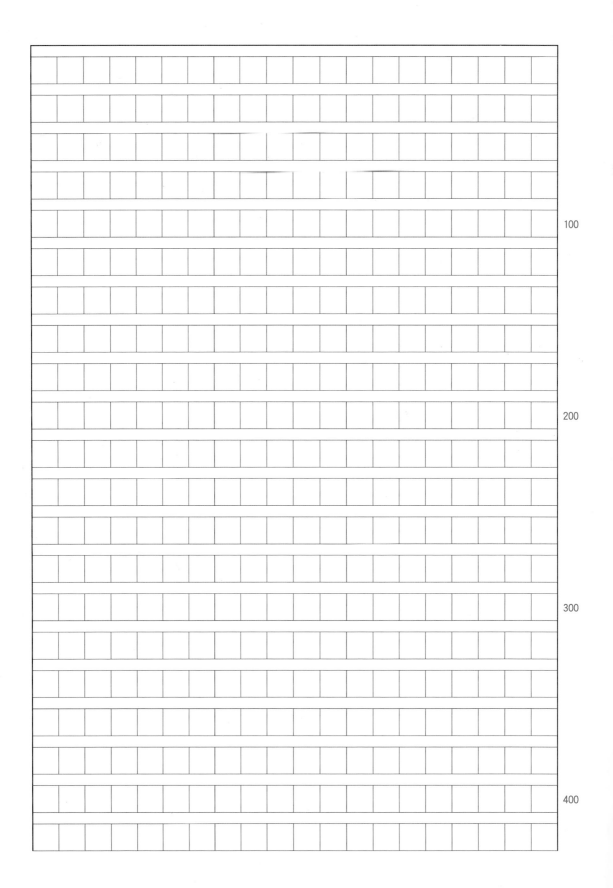

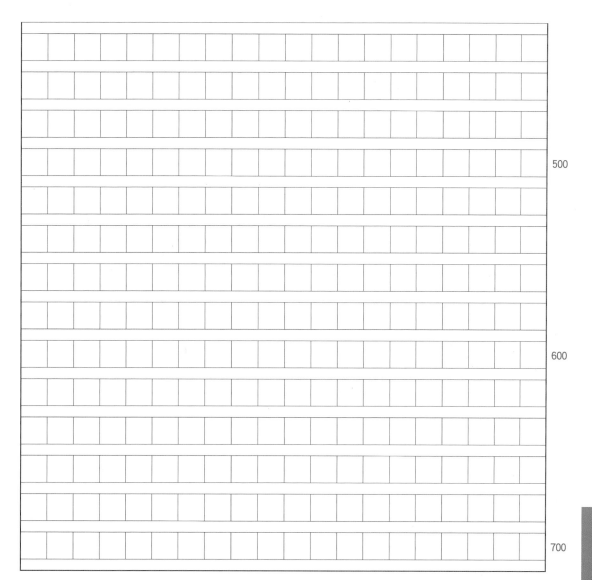

500

600

700

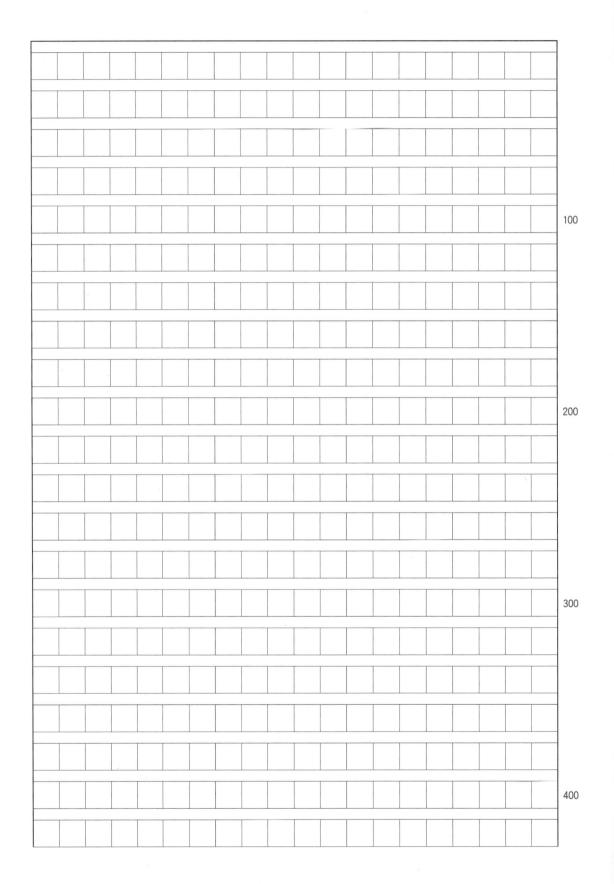

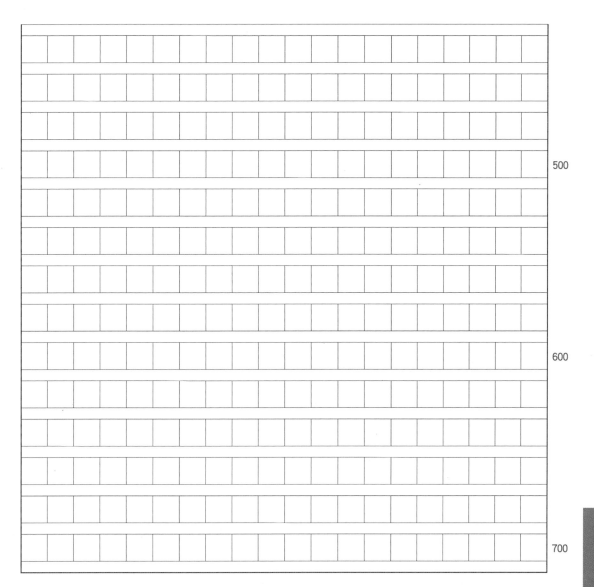

500

600

700

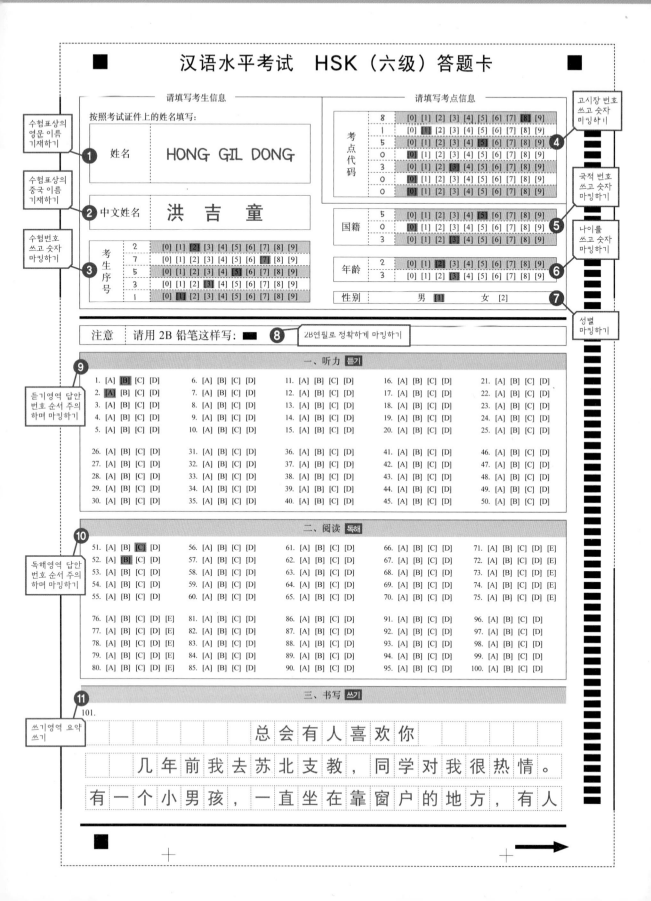

告诉我没有人喜欢他。……

国家汉办/孔子学院总部
Hanban/Confucius Institute Headquarters

新 汉 语 水 平 考 试
Chinese Proficiency Test

HSK（六级）成绩报告
HSK (Level 6) Examination Score Report

姓名：_____
Name

性别：_____ 国籍：_____
Gender　　　　　　Nationality

考试时间：_____ 年 _____ 月 _____ 日
Examination Date　　　　　　Year　　　Month　　　Day

编号：_____
No.

	满分（Full Score）	你的分数（Your Score）
听力（Listening）	100	
阅读（Reading）	100	
书写（Writing）	100	
总分（Total Score）	300	

总分180分为合格（Passing Score：180）

主任　_____
Director

国家汉办
Hanban
HANBAN

中国 • 北京
Beijing • China

新HSK 6급

정답

듣기 听力

제1부분 단문 듣기

DAY 1	1 B	2 C	3 B	4 C
DAY 2	1 D	2 B	3 A	4 B
DAY 3	1 A	2 D	3 C	4 D
DAY 4	1 A	2 D	3 B	4 D
DAY 5	1 C	2 D	3 C	4 D
DAY 6	1 A	2 B	3 C	4 D
DAY 7	1 C	2 D	3 B	4 C
DAY 8	1 B	2 C	3 C	4 B
DAY 9	1 D	2 B	3 A	4 D
DAY 10	1 D	2 B	3 D	4 A
DAY 11	1 B	2 D	3 D	4 D
DAY 12	1 D	2 C	3 C	4 A
DAY 13	1 D	2 D	3 A	4 C
DAY 14	1 D	2 C	3 D	4 B

제2부분 인터뷰 듣기

DAY 15	1 D	2 B	3 C	4 C	5 D
DAY 16	1 C	2 D	3 B	4 D	5 A
DAY 17	1 B	2 C	3 A	4 B	5 B
DAY 18	1 D	2 B	3 C	4 A	5 D
DAY 19	1 D	2 D	3 A	4 C	5 B
DAY 20	1 A	2 C	3 B	4 B	5 D
DAY 21	1 A	2 C	3 D	4 B	5 A
DAY 22	1 C	2 C	3 B	4 B	5 D

제3부분 장문 듣기

DAY 23	1 C	2 A	3 B	
DAY 24	1 A	2 D	3 A	
DAY 25	1 B	2 A	3 A	
DAY 26	1 B	2 A	3 C	4 D
DAY 27	1 C	2 B	3 A	
DAY 28	1 B	2 A	3 C	4 D
DAY 29	1 C	2 A	3 D	
DAY 30	1 D	2 D	3 A	4 B

실전 모의고사

제1부분

1 C	2 D	3 A	4 A	5 C	6 B
7 C	8 A	9 D	10 C	11 D	12 A
13 B	14 C	15 B			

제2부분

16 D	17 C	18 B	19 A	20 C	21 C
22 B	23 D	24 A	25 D	26 D	27 A
28 C	29 C	30 D			

제3부분

31 C	32 C	33 B	34 B	35 C	36 D
37 A	38 D	39 B	40 D	41 C	42 A
43 A	44 D	45 A	46 C	47 B	48 C
49 A	50 A				

독해 阅读

제1부분 틀린 문장 찾기

DAY 1	1 D	2 C	3 B	
DAY 2	1 D	2 B	3 B	
DAY 3	1 B	2 B	3 B	
DAY 4	1 D	2 D	3 D	
DAY 5	1 A	2 C	3 C	
DAY 6	1 A	2 A	3 D	
DAY 7	1 A	2 B	3 C	
DAY 8	1 C	2 D	3 B	
DAY 9	1 A	2 B	3 C	
DAY 10	1 A	2 D	3 C	4 D
DAY 11	1 A	2 D	3 C	4 C

제2부분 빈칸 채우기

DAY 12	1 A	2 C	3 B	4 B	5 D
DAY 13	1 B	2 A	3 A	4 D	5 D
DAY 14	1 A	2 A	3 A	4 B	5 B
DAY 15	1 C	2 A	3 C	4 C	5 D
DAY 16	1 A	2 B	3 C	4 B	5 B

제3부분 문장 채우기

DAY 17	1 B	2 E	3 D	4 A	5 C
DAY 18	1 B	2 C	3 A	4 D	5 E
DAY 19	1 C	2 A	3 B	4 E	5 D
DAY 20	1 B	2 C	3 D	4 A	5 E
DAY 21	1 B	2 C	3 A	4 E	5 D
DAY 22	1 E	2 B	3 A	4 D	5 C

제4부분 장문 독해

DAY 23	1 C	2 A	3 B	4 D
DAY 24	1 D	2 C	3 B	4 A
DAY 25	1 B	2 D	3 C	4 A
DAY 26	1 C	2 D	3 A	4 B
DAY 27	1 D	2 B	3 D	4 A
DAY 28	1 A	2 A	3 D	4 B
DAY 29	1 A	2 B	3 A	4 C
DAY 30	1 A	2 B	3 D	4 D

실전 모의고사

제1부분

51 D	52 B	53 D	54 C	55 B	56 B
57 D	58 C	59 A	60 A		

제2부분

61 C	62 A	63 D	64 A	65 B	66 D
67 C	68 C	69 A	70 D		

제3부분

71 B	72 D	73 E	74 A	75 C	76 C
77 D	78 A	79 E	80 B		

제4부분

81 B	82 C	83 D	84 C	85 C	86 A
87 D	88 A	89 C	90 C	91 B	92 D
93 B	94 D	95 A	96 C	97 B	98 A
99 C	100 D				

쓰기 书写

요약 쓰기

DAY 1

1. 总会有人喜欢你

　　几年前我去苏北支教，学生对我很热情。有一个小男孩，一直坐在靠窗户的地方，有人告诉我没有人喜欢他。

　　一天下午，他迟到了，左手上还有一个小口子，但是说不出什么理由。我很生气，让他站到教室后面去听讲。下班后车篓里多了一堆橘子，我没想出来是谁的好心，就和同事们分了。从那次之后他又打了一次架，我就很少喊他回答问题。有一次他问我"老师，你是不是不喜欢我？"，我说："又迟到又打架，没有人会喜欢你……"他就走了。

　　第二天体育课上他摔伤了，不肯去卫生所，找来了他的家长——他爷爷。爷爷告诉我，男孩很喜欢我，他非得让爷爷给我送橘子，爷爷怕我不稀罕，他就搬个小凳子去摘，还弄得划了道小口子。

　　在后来的课堂上，我一直讨好他，他都不爱理我。临了，我要走了，他哭得一塌糊涂，他还给我写了一封长长的信。我通过那封信知道了他是为了给我摘橘子而迟到，是为了教训说我"坏话"的孩子打架的，是为了证明世界上还有人真心喜欢他而故意摔伤的。他说他喜欢我的课，不管我喜欢不喜欢他。说总会有人喜欢我，就像爷爷喜欢他那样。

DAY 3

2. 生活需要耐心

　　在悉尼大学访学那半年，我寄宿在一位女讲师朱莉亚家里，还有她的宝贝女儿莫妮卡。

　　第二个月，莫妮卡要过10岁生日了。朱莉亚想给女儿一个特别的礼物，以前她给女儿买的生日礼物，刚开始女儿很喜欢，不过过了一段时间就扔在一边了。她觉得应该有自己的方式。

　　没过两天，茱莉亚拿出小盒子递到女儿眼前，说是送给她的礼物，但是不到生日那天，绝对不可以打开看。

第二天晚上8点多，从莫妮卡的房间里传出哭声。原来莫妮卡实在憋不住，拆开了盒子，却发现里面什么也没有。她哭着说妈妈是个骗子。朱莉亚告诉她，10岁生日是一个很特殊的日子，妈妈问自己，什么东西不仅仅是给女儿瞬间的快乐，而是能够陪她一辈子，以后每当有问题的时候，妈妈送的礼物都能拿出来派上用场。最后终于想到了，生活是需要耐心的。本来想让女儿耐心等待到生日那天再打开那个特殊的生日礼物，然后再告诉她那个让她终身受益的处世之道，现在看来或许得到明年了吧。

莫妮卡11岁生日的时候，朱莉亚告诉我，"耐心"这件礼物算是给送出去了，今年又得想个新的了。

DAY 5

3. 世界冠军刘国梁

1973年，年少时喜爱打乒乓球，但被爷爷阻挠而止步的父亲刘占胜开始如愿从事乒乓球教练的工作。

1974年，刘国栋出生，三年后，刘国梁出生。他们从小就接受父亲系统的培养，童年时期每天都在认真地训练。

刘国梁四五岁的时候，父亲带他拜访了前世界女子乒乓球冠军张立。在张立家，刘国梁看到了一排金牌和奖杯。父亲告诉他，金牌不仅是金子做的，里面也有汗水和心血，只要苦练，他也能得到它。此后，刘国梁训练更主动了。而且父亲对兄弟两个人的管教和训练一直非常严格。

1992年刘国梁16岁时，无人注意的他在中国乒乓球大赛中打败了世界第二名。1999年8月8日，刘国梁一个人拿到了"大满贯"。他给家里打电话时，父亲故意回避了他，原来父亲要永远保持严父的形象。

刘国梁说自己的父亲想做的事都做了，比如把孩子培养成世界冠军。一个基层教练能有那么长远的眼光，真的很难得。

DAY 7

1. 幸福的咸咖啡

他是一个普通的人，而她很美。一次宴会结束后，他邀请她一块去喝咖啡。她很吃惊，但是答应了。

喝咖啡的时候，气氛很尴尬，她想早点儿结束早点儿回去。但是当小姐端来咖啡的时候，他突然说自己喝咖啡习惯放一点儿盐。她愣了，就问他原因。他说，小时候自己住在海边，在咖啡里加点儿盐，算是想家的一种表现吧，可以把距离拉近一些。

她被打动了。她觉得想家的男人必定顾家，顾家的男人必定爱家。后来他们就开始约会。她发现他符合她所欣赏的优秀男士所具备的特性。就暗自庆幸，幸亏当时没有拒绝他。每次他们一起喝咖啡的时候，她都会让服务员拿一些盐来。

后来他们举行了盛大的婚礼，婚后他们生活得很幸福。不久前他病逝了，给她写了一封信，告诉她："我一直都欺骗了你，其实我喝咖啡是不加盐的。有好多次，我都想告诉你，可我怕你会生气，更怕你会因此离开我……今生得到你是我最大的幸福。如果有来生，我希望还能娶到你，只是，我可不想再喝加盐的咖啡了。"她看完信很高兴，因为有人为了她喝了一生的咸咖啡。

DAY 9

2. 我的运气一点也不坏

每次坐长途汽车，我都希望坐旁边的是一个美女，但是每次都失望。这次我旁边的座位上来了个乡下老太太，老太太万分健谈。她说儿子请她去城里享清福，这是她第一次出远门，还说她的儿子是读土木建筑的，领导很看重他。我努力陪着她聊天，渐渐理解了这个淳朴的母亲的爱心。看着前后的一对对情侣，而我却很惆怅。

眼看福州就要到了，老太太很不安，问我是不是在北站下车。当时我心情好多了。告诉她，不要紧张，我跟她在一个站下车，我会带她下车。车子出了高速路，老太太很慌张，我突然想到下车后她怎么和儿子联系？就问了她儿子的电话是多少，她掏出一张纸给我。我拨通了她儿子的电话，发现她儿子竟然是我要找的某工程的项目经理。我正好需要他的帮忙。

母子见面后非常高兴，老太太告诉她儿子是我帮了她大忙，一定要她儿子感谢我，要我们一定要像兄弟一样做朋友。我欣慰而庆幸。

几天后，我信心十足地去找这个年轻的经理。他这时才发现，那个多次通过电话咨询他的人，就是一路照顾他妈妈的"贵人"。他爽快地在我需要他签字的工程合作单子上签了大名。

原来，我的运气一点也不坏。我帮助过的一个不是美女的农村老太太，居然是我的"机遇女神"。

DAY 11

3. 张良的故事

一天，张良来到一坐桥上，对面走来一个老头。老头走到张良身边时，突然脱下鞋丢到桥下，老头让张良"把鞋给我捡回来！"。张良很生气，但是看到老头年岁很大，忍着气，给老头捡回了鞋。但是老头又吩咐说："给我穿上！"张良觉得莫名其妙，但还是跪下来给老头穿上了鞋。

老头连一声道谢都没有，扬长而去。张良正在纳闷时候，忽见老头又转身回来了，对张良说："我看你有深造的价值，5天后的早上，你到这儿来等我。"张良诚恳地跪拜。5天后，张良来到桥头，见老头已经先在桥头等着，老头责备张良同老年人约会不该迟到，让张良过5天早上再来。张良有些懊悔。

又过了5天，天刚亮，张良就来到了桥上，老头又先他而到，老头十分生气地一甩手就走了。让张良再过5天后再来，张良惭愧不已。

又过了5天，还不到半夜，张良就摸黑赶到桥头。 过了一会儿，老头来了，见张良早已在桥头等候，很高兴就给了张良一本《太公兵法》，并告诉他"读了这部书，就可以帮助君王治国平天下了。"张良惊异不已，后来他勤奋钻研那本书，成了大军事家，为汉王朝的建立，立下了大功。

DAY 13

1. 谁也不能施舍你的未来

玛娅和妈妈都很喜欢一条围巾，但是她们没有钱买。每次到店里，玛娅都会盯着那条围巾看，店主说可以便宜卖给玛娅，但是玛娅买不起。冬天越来越冷了，玛娅想：要是妈妈的脖子上有条围巾，也许就不会那么冷了。

玛娅拿着那条祖传下来的宝贝——一串珍珠项链来到店里。她跟店主说把珍珠项链押在这儿，等有钱了，再赎回去。店主说："要是让你妈妈知道了你把这么贵重的项链押给我了，她会伤心的。"玛娅要求店主赊给她那条围巾，但是店主不答应。不过说："这条围巾会一直为你留着，等你凑够钱了再来买走它。"

寒假玛娅很忙碌，冬天过完了，玛娅攒的钱还是不能把围巾买回来。

第二年春天，玛娅收到了一个包裹。包裹里面是那条围巾，还有一封信。信是店主的孙女写来的。她告诉玛娅，寄那条围巾和信给玛娅是爷爷临终的遗愿。爷爷不是不想赊给她围巾，是想让她明白：要想得到自己梦寐以求的东西或实现自己的理想，应该靠自己的双手，而不是靠别人廉价的怜悯或者施舍。

玛娅终于明白，其实谁也不能施舍给我们未来，除了自己。

DAY 15

2. 千万别叫我博士！

我拿着三个版本的简历去参加人才交流会，三份简历上分别标明博士文聘、硕士文聘和本科文聘。但是一整天，不是用人单位不要我，就是我看不上人家。看到一家医院的待遇很不错，我心想一定要搞定这家单位。

我把博士文凭的简历砸在桌子上，负责招聘的胖子说："博士？"，我大声说："对！"然后问我能否做胃癌根治手术，我说不能，但是能做胃大切手术。胖子让我留一份资料，有消息通知我。我知道他这是委婉的拒绝。

我跑到厕所把头发胡乱一搅，领带取掉，外衣披开，又来到那家的招聘台。然后把硕士文凭的简历放在桌子上，负

责招聘的胖子问了我同样的问题，我轻声做了同样的回答。胖子说：硕士都招满了，我很生气。

我把头发梳成背头，取下眼镜，脱掉外套，又走到那家招聘台。我把本科文凭的简历放在桌子上，负责招聘的胖子又问了我同样的问题，我压低了声音又做了同样的回答。胖子抬起头来，看了我好久，说：不错，就是你了，一会签合同。

我重重地舒了一口气，心想总算把自己卖出去了。恰好同学喊我博士，我低声说："千万别叫我博士！"

DAY 17

3. 高贵的施舍

一个一只手臂的乞丐来我家乞讨。我以为母亲一定会慷慨施舍。

母亲没有慷慨施舍，而是让乞丐把屋前的砖搬到屋后。乞丐很生气，说自己只有一只手，让母亲不要刁难他。母亲就用一只手，搬了一趟，然后说："你看，一只手也能干活。我能干，你为什么不能干呢？"后来乞丐用两个小时把砖搬完了。母亲给了乞丐20元钱，乞丐很感激。母亲告诉他那是他自己凭力气挣的工钱。乞丐说："我不会忘记你的。"

又有一个乞丐来乞讨，母亲让他把屋后的砖搬到屋前，并且同样给了他20元钱。我问母亲上次让乞丐把砖从屋前搬到屋后，这次又让乞丐把砖从屋后搬到屋前，到底想把砖放在屋后还是屋前。母亲说都一样，但是对乞丐来说，搬和不搬就大不相同了。

几年后，有一个体面的一只手臂的老板来到我家。他告诉我母亲："如果没有你，我现在还是个乞丐。因为你当年叫我搬砖，今天我才成为一家公司的董事长。"母亲说："这是你自己干出来的。"他说给母亲在城里买了房子，让我们搬到城里去住。母亲说我们不能接受他的照顾，因为我们一家人都有两只手。那个人坚持说已经替我们买好了房子。母亲说让他把房子送给连一只手都没有的人。

DAY 19

1. 送不出去的青菜

我从下乡带回了青菜，一时吃不完，时间长了就浪费了。就打算送给邻居一些。正好可以借此机会与大家熟悉一下。

301室的小男孩说：妈妈说了，陌生人来了绝对不能开门，让我在外面说。我说明来意后，他说：妈妈说了，不能随便接受别人的东西。随后男孩给门锁上了保险，我只好离开。

402室的美丽的少妇看到青菜后很高兴，伸出手接那捧青菜的时候，站在她身后的丈夫重重地干咳了一声，少妇的手马上缩了回去。她丈夫的眼睛盯着我，好像我是个不怀好意

的人。我赶紧转身离去。

501室的男主人在某实权部门工作，一点都没有架子，在楼道里碰面，会主动向我点头问好。看到我拿着青菜就说："是不是有什么事让我帮忙？你就直说吧，何必带东西呢？"我说只是送他菜，他不信，说什么都不肯收下。

102室的做白领的阿紫检查了菜叶后，非要给我钱说："一手交钱，一手交货，咱两清！"，我说不要，她就把青菜往我怀里一扔，走了。

我只好把青菜扔进了垃圾房。一个捡破烂的汉子，看到了青菜，露出了惊喜的表情，把青菜一棵棵捡起来，放到马甲袋里，欢快地离去了。

DAY 21

2. 孟母三迁

孟子从小丧父，全靠母亲一人日夜纺纱织布，挑起生活重担。孟母是个有见识的妇女，她希望孟子读书上进，早日成才。但小时候的孟子天性顽皮好动，不刻苦学习。

孟子整天跟邻居的孩子玩，孟母什么办法都用尽了，还是不见效果。孟母就带着他搬家去了一处邻居家没有贪玩的小孩子的房子。

新住处的邻居是铁匠。一天孟母回到家，没见到孟子，就找到了铁匠的家里，看到孟子正在模仿铁匠的动作，学打铁。孟母只好又搬家了。

孟母搬家去了荒郊野外，周围没有邻居，门外是一片坟地。清明节来了，坟地里热闹起来了，孟子就模仿送葬的小伙子用树枝挖开地面，认真地把一根小树枝当死人埋下去。孟母只好把家搬到了一个学堂的旁边。

孟子见老师每天摇头晃脑地领着学生念书，也跟着念了起来。孟母很高兴，就把孟子送去上学。但是有一天孟子又逃学了。孟母很伤心，就把他带到了织布机房。

孟母把织布机上将要织好的布全剪断了。孟子很惊讶。孟母告诉孟子剪断了的布做不成衣服，不好好读书，永远成不了人才。

孟子明白了这道理，专心读起书来，成了儒家学说的主要代表人物。

DAY 23

3. 你会买小贩的东西吗？

一个雨天，我和朋友们边吃火锅边聊天，一个老人走了进来。老人浑身上下淋得透湿，头发花白，和大厅的气氛很不协调，眼里露着怯怯的光。他鼓足了勇气靠近火锅桌，向人们推销篮子里的鸡蛋，告诉人们那是土鸡蛋，是他自己攒的。但是人们都把他呵斥开了，像呵斥一个乞丐。

他向我们推销鸡蛋的时候，店里的小工把他推回大大雨中。我从他的眼中看出了绝望，或许他家里正有一个急需用钱的理由，让他不得不在这个雨天里出来卖鸡蛋。我到外面把他的鸡蛋全部买了下来。

朋友都笑我幼稚，说很多小贩利用外表欺骗人们的善意。我说即使被骗也仅仅是15元钱，"但如果他真需要钱，这该是多么大的一个安慰啊！"。

有一次去重庆玩，我丢了钱包，手中只剩一盒100元买的纪念币。我想卖掉纪念币，以便搭车，但是人们都怀疑我是骗子，纪念币价格降到5元，没有人肯买。最后一个老太太给了我5元钱，但是没有要我纪念币。她是那天唯一相信我的人，她用5元钱，拯救了我对人心的看法。

但是我煮鸡蛋的时候害怕有坏蛋，也不再敢到那家火锅店，怕老人真是职业贩子。我怀着善良的欲望做了一笔交易，但是竟背上了沉重的精神负担，但我从不后悔。

DAY 25

1. 我只是走了一条属于自己的路

三只年轻的驴子，在一家农场找到了工作。它们的表现得到了主人的好评。

过了一段时间一只驴子开始觉得自己的工作既辛苦又无聊，激情荡然无存，工作慢慢地松散了。主人就用钓鱼竿在驴子的前面挂了一把青草。驴子看到了青草干劲又来了，拼命地想吃到前面的那把青草。但是怎么拼命跑也追不到。驴子奔跑得更加拼命了，最后死在了磨的旁边。

另外一只驴子不但磨拉得好，还努力学会了管理农场的方法。主人夸奖它有才能，前途无可限量，宣布它从今天起成为"人"。它真的人模人样起来。在人的面前大谈农场的管理、发展。在其他驴子面前大谈希望，大谈未来。主人很满意，驴子很骄傲。过了不久，它成了人们饭桌上的美餐。

第三只驴子很清楚自己是头驴子，它有着自己驴子的奋斗目标。它努力完成着主人交给的工作，提出改进方案。它不断地学习专业知识，不断地总结经验。但农场人、驴分明的陈旧体制没有给它发挥才能的机会。终于有一天它离开了农场，过了不久它组建了自己的强大的公司，迅速垄断了世界的磨房业，收购了主人的农场。当记者访问它为何如此成功时，它说："我只是走了一条属于驴子的路。"

DAY 27

2. 用如花的心情经营

　　一家大花店聘请售花小姐，经过几番口试后，老板留下了三位女孩，让她们每人经营花店一周。一人曾经在花店插过花、卖过花，一人是花艺学校的应届毕业生，其余一人是待业女青年。

　　插过花的女孩向每位顾客介绍各类花的象征意义，以及给什么样的人送什么样的花，因此一周下来她的成绩不错。但是她汇报一周的业绩的时候，老板只是微笑着和她说："辛苦了，回去等消息吧！"

　　花艺女生充分发挥从书中学到的知识加上她的聪明，使得她一周经营也带来了不错的成绩。但是她汇报一周的业绩的时候，老板也只是微笑着和她说："辛苦了，回去等消息吧！"

　　待业女青年虽然放不开手脚，然而她的微笑就像一朵花，她的心情也如花一样美丽。她修剪残花免费送给路边行走的小学生，她对每个买花的人都说："鲜花送人，余香留己。"但她的成绩跟前两个女孩相差很大。

　　出人意料的是，老板竟留下了那个待业女孩。老板说"人都有这样那样的专长，但人更要有如花的心情，因为这心情能感染人，让人领悟到生命的纯真和美好。"

DAY 29

3. 自然万物皆为我师

　　一位印度小伙子，在山中迷了路，向一个乞丐请教，到什么地方可以借宿一夜。乞丐说，如果他愿意和乞丐住在一起的话，可以跟他走。于是，他就跟乞丐待了一个月。乞丐的生活漂泊不定，常常食不果腹、居无定所，可他总是非常快乐，从未有过失望。每天晚上睡觉前，乞丐总是说："感谢上天的眷顾，相信明天会更好。"后来小伙子出家修行。感到绝望时，都会想起那个乞丐每天晚上的那句话。后来小伙子成为了印度最高的智者——古鲁。

　　一位年轻的猎人，不敢一个人去大山深处打猎，有一天，他来到河边，有一条狗也来到河边喝水。狗朝水中望去，发现自己的倒影，非常恐慌，落荒而逃。可口渴难耐，又不得不回到河边。尽管非常害怕，它还是跳进了水里，立刻，水中的那条狗不见了。猎人感悟：尽管我会感到害怕，可我一定要跳到水里去。他不再害怕，进入到了大山里，从此他每次都会满载而归。

　　一位智慧的老人，别人遇到问题都会来找他询问。一天傍晚，老人遇到一个捧着一个点燃的蜡烛的小男孩，老人问男孩："你能告诉我，蜡烛光是从哪里来的吗？"小男孩一口气吹灭了蜡烛，然后问老人："那蜡烛的光跑到哪里去了吗？"老人顿觉自视渊博的学问顿时化为乌有。

　　其实，人无常师。自然万物皆为我师。

실전 모의고사

101. 朋友的借条

　　是朋友才把钱借给他，可是他却一直没有还钱，一张五千的和一张两千的借条在他这儿已经放了两三年了。

　　那次朋友向他借五千块，写了借条说一年后还钱，可是一年后没有还。突然有一天，朋友又提出向他借五千块，也说一年后还。他有些不高兴，但是还是借给了朋友两千块。

　　往后的两个月里，朋友再也没有来找过他。他去找朋友，朋友的同事告诉他朋友辞职回老家了，也许会回来，也许不会回来。

　　他等了两年也没等来他的朋友，他有些伤心，难道十几年建立起来的这份友谊，在朋友看来，还不如这七千块钱？

　　他坐了近一天的车找到朋友的老家，却从朋友父亲那儿听说朋友为了盖小学借了很多钱，下雨天为了给小学房顶盖油毡纸不小心滑下来离开了这个世界。他的眼泪，终于流下来。朋友分两次借走他七千块钱，原来只是想为自己的村子建一所小学。

　　朋友父亲问他是不是来讨债的。他说他欠了朋友几千块钱，回去就想办法把钱寄过去，好买些好瓦片替朋友把房子上的旧瓦片换了。

　　在回去的汽车上，他决定把借条好好保存下去，为他善良的朋友，为他对朋友恶毒的猜测。

MEMO

최 | 신 | 개 | 정

일단 합격

新 **HSK**

한 권이면 끝!

최은정 지음

6급 필수 VOCA
쓰기노트

6급

동양북스

일단 합격

新HSK
한 권이면 ——끝!

6급 필수 VOCA

6급

동양북스

A

0001 ☑	挨 ái	图 ~을 당하다, 어렵게 살아가다	挨
0002 ☐	癌症 áizhèng	图 암, 암의 통칭	癌症
0003 ☐	爱不释手 àibú shìshǒu	성 너무나 좋아하여 차마 손에서 떼어 놓지 못하다	爱不释手
0004 ☐	爱戴 àidài	图 우러러 섬기다, 추대하다	爱戴
0005 ☐	暧昧 àimèi	웹 애매하다, (남녀 관계가) 그렇고 그런 사이다	暧昧
0006 ☐	安宁 ānníng	웹 평온하나, 안정되다	安宁
0007 ☐	安详 ānxiáng	웹 침착하다, 차분하다	安详
0008 ☐	安置 ānzhì	图 배치하다	安置
0009 ☐	按摩 ànmó	图 안마하다	按摩
0010 ☐	案件 ànjiàn	웹 (법률상의) 사건, 안건	案件
0011 ☐	案例 ànlì	웹 사례	案例
0012 ☐	暗示 ànshì	图 암시하다	暗示
0013 ☐	昂贵 ángguì	웹 비싸다	昂贵
0014 ☐	凹凸 āotū	웹 울퉁불퉁하다	凹凸
0015 ☐	熬 áo	图 푹 삶다, (통증·생활고 등을) 참다	熬
0016 ☐	奥秘 àomì	웹 신비, 비밀	奥秘

B

0017 ☑	巴不得 bābudé	동 간절히 원하다	巴不得
0018 ☐	巴结 bājie	동 아첨하다, 빌붙다	巴结
0019 ☐	扒 bā	동 파내다, (옷·껍질 따위를) 벗기다	扒
0020 ☐	疤 bā	명 상처, 흉집	疤
0021 ☐	拔苗助长 bámiáo zhùzhǎng	성 일을 급게 이루려고 하다가 도리어 일을 그르치다	拔苗助长
0022 ☐	把关 bǎguān	동 책임을 지다, 엄격히 심사하다	把关
0023 ☐	把手 bǎshou	명 손잡이	把手
0024 ☐	罢工 bàgōng	동 동맹 파업(하다)	罢工
0025 ☐	霸道 bàdào	형 횡포하다, 포악하다	霸道
0026 ☐	掰 bāi	동 떼어내다, 뜯어내다	掰
0027 ☐	摆脱 bǎituō	동 (어려움에서) 벗어나다, 빠져나오다	摆脱
0028 ☐	败坏 bàihuài	동 손상시키다, 망치다	败坏
0029 ☐	拜访 bàifǎng	동 방문하다	拜访
0030 ☐	拜年 bàinián	동 세배하다, 새해 인사를 드리다	拜年
0031 ☐	拜托 bàituō	동 부탁드리다	拜托
0032 ☐	颁布 bānbù	동 공포하다, 포고하다	颁布

0033 ☑	颁发 bānfā	동 (증서·상장을) 수여하다, (정책·명령을) 공포하다	颁发
0034 ☐	斑 bān	명 얼룩, 반점	斑
0035 ☐	版本 bǎnběn	명 판본	版本
0036 ☐	半途而废 bàntú érfèi	성 일을 중도에 그만두다	半途而废
0037 ☐	扮演 bànyǎn	동 ~역을 맡아 출연하다	扮演
0038 ☐	伴侣 bànlǚ	명 배우자, 동반자, 짝	伴侣
0039 ☐	伴随 bànsuí	동 따라가다, 함께가다	伴随
0040 ☐	绑架 bǎngjià	동 납치하다, 인질로 잡다	绑架
0041 ☐	榜样 bǎngyàng	명 모범, 본보기	榜样
0042 ☐	磅 bàng	양 파운드(중량의 단위)	磅
0043 ☐	包庇 bāobì	동 은폐시키다, 두둔하다	包庇
0044 ☐	包袱 bāofu	명 짐, 보따리, 부담	包袱
0045 ☐	包围 bāowéi	동 포위하다, 둘러싸다	包围
0046 ☐	包装 bāozhuāng	동 포장하다 명 포장	包装
0047 ☐	饱和 bǎohé	동 최고조에 달하다, 포화 상태에 이르다	饱和
0048 ☐	饱经沧桑 bǎojīng cāngsāng	성 세상만사의 변화를 실컷 경험하다	饱经沧桑
0049 ☐	保管 bǎoguǎn	동 보관하다	保管

0050 ☑	保密 bǎomì	동 비밀을 지키다	保密
0051 ☐	保姆 bǎomǔ	명 보모, 가정부	保姆
0052 ☐	保守 bǎoshǒu	동 고수하다, 지키다 형 보수적이다	保守
0053 ☐	保卫 bǎowèi	동 보위하다	保卫
0054 ☐	保养 bǎoyǎng	동 수리하다, 보양하다	保养
0055 ☐	保障 bǎozhàng	동 보장하다, 보증하다	保障
0056 ☐	保重 bǎozhòng	동 건강에 유의하다	保重
0057 ☐	报仇 bàochóu	동 복수하다	报仇
0058 ☐	报酬 bàochou	명 보수, 사례금	报酬
0059 ☐	报答 bàodá	동 보답하다	报答
0060 ☐	报复 bàofù	동 보복하다	报复
0061 ☐	报警 bàojǐng	동 경찰에 신고하다	报警
0062 ☐	报销 bàoxiāo	동 (사용 경비를) 청구하다	报销
0063 ☐	抱负 bàofù	명 포부, 큰 뜻	抱负
0064 ☐	暴力 bàolì	명 폭력, 강제적 힘	暴力
0065 ☐	暴露 bàolù	동 폭로하다	暴露
0066 ☐	曝光 bàoguāng	동 폭로되다, 노출되다	曝光

0067 ☑	爆发 bàofā	동 폭발하다, 발발하다	爆发
0068 ☐	爆炸 bàozhà	동 폭발하다, 폭증하다	爆炸
0069 ☐	卑鄙 bēibǐ	형 비열하다, 졸렬하다	卑鄙
0070 ☐	悲哀 bēi'āi	형 슬프고 애통하다	悲哀
0071 ☐	悲惨 bēicǎn	형 비참하다, 처참하다	悲惨
0072 ☐	北极 běijí	명 북극	北极
0073 ☐	贝壳 bèiké	명 조가비	贝壳
0074 ☐	备份 bèifèn	동 백업하다, 카피하다 명 예비(분)	备份
0075 ☐	备忘录 bèiwànglù	명 비망록	备忘录
0076 ☐	背叛 bèipàn	동 배반하다	背叛
0077 ☐	背诵 bèisòng	동 암송하다	背诵
0078 ☐	被动 bèidòng	형 수동적이다, 소극적이다	被动
0079 ☐	被告 bèigào	명 피고(인)	被告
0080 ☐	奔波 bēnbō	동 분주히 뛰어다니다, 바쁘다	奔波
0081 ☐	奔驰 bēnchí	동 질주하다, 폭주하다	奔驰
0082 ☐	本能 běnnéng	명 본능	本能
0083 ☐	本钱 běnqián	명 밑천, 자본	本钱

0084 ☑	本人 běnrén	때 본인, 당사자	本人
0085 ☐	本身 běnshēn	때 자신, 그 자체	本身
0086 ☐	本事 běnshì	명 능력, 재능	本事
0087 ☐	笨拙 bènzhuō	형 멍청하다, 굼뜨다	笨拙
0088 ☐	崩溃 bēngkuì	동 붕괴하다, 와해되다	崩溃
0089 ☐	甭 béng	부 ~하지 마라	甭
0090 ☐	迸发 bèngfā	동 솟아나다, 내뿜다	迸发
0091 ☐	蹦 bèng	동 튀어오르다, 껑충 뛰다	蹦
0092 ☐	逼迫 bīpò	동 핍박하다, 강요하다	逼迫
0093 ☐	鼻涕 bítì	명 콧물	鼻涕
0094 ☐	比方 bǐfang	동 비유하다, 예를 들다	比方
0095 ☐	比喻 bǐyù	동 비유하다	比喻
0096 ☐	比重 bǐzhòng	명 비중	比重
0097 ☐	鄙视 bǐshì	동 경멸하다, 무시하다	鄙视
0098 ☐	闭塞 bìsè	형 아는 것이 적다, (교통이) 불편하다	闭塞
0099 ☐	弊病 bìbìng	명 문제점, 결함	弊病
0100 ☐	弊端 bìduān	명 폐단, 폐해	弊端

7

0101 ☑	臂 bì	명 팔, 앞다리	臂
0102 ☐	边疆 biānjiāng	명 변경, 변방	边疆
0103 ☐	边界 biānjiè	명 경계선, 국경선	边界
0104 ☐	边境 biānjìng	명 국경 지대, 변경	边境
0105 ☐	边缘 biānyuán	명 가장자리 부분, 끝자락	边缘
0106 ☐	编织 biānzhī	동 엮다, 편직하다	编织
0107 ☐	鞭策 biāncè	동 독려하고 재촉하나, 채찍질하나	鞭策
0108 ☐	贬低 biǎndī	동 얕잡아 보다	贬低
0109 ☐	贬义 biǎnyì	명 부정적이거나 혐오적인 의미	贬义
0110 ☐	扁 biǎn	형 편평하다, 납작하다	扁
0111 ☐	变故 biàngù	명 변고, 재난	变故
0112 ☐	变迁 biànqiān	동 변천하다	变迁
0113 ☐	变质 biànzhì	동 변질되다	变质
0114 ☐	便利 biànlì	형 편리하다	便利
0115 ☐	便条 biàntiáo	명 메모, 쪽지	便条
0116 ☐	便于 biànyú	동 (~하기에) 편하다	便于
0117 ☐	遍布 biànbù	동 널리 분포하다	遍布

0118 ☑	辨认 biànrèn	동 식별해내다	辨认
0119 ☐	辩护 biànhù	동 변론하다, 변호하다	辩护
0120 ☐	辩解 biànjiě	동 해명하다, 변명하다	辩解
0121 ☐	辩证 biànzhèng	형 변증법적이다	辩证
0122 ☐	辫子 biànzi	명 땋은 머리, 변발	辫子
0123 ☐	标本 biāoběn	명 표본	标本
0124 ☐	标记 biāojì	명 표기	标记
0125 ☐	标题 biāotí	명 표제, 제목	标题
0126 ☐	表决 biǎojué	동 표결하다	表决
0127 ☐	表态 biǎotài	동 태도를 표명하다, 입장을 밝히다	表态
0128 ☐	表彰 biǎozhāng	동 표창하다	表彰
0129 ☐	憋 biē	동 숨막히게 하다, 억제하다	憋
0130 ☐	别墅 biéshù	명 별장	别墅
0131 ☐	别致 biézhì	형 색다르다, 별나다	别致
0132 ☐	别扭 bièniu	형 어색하다, 부자연스럽다	别扭
0133 ☐	濒临 bīnlín	동 인접하다, 가까이 가다	濒临
0134 ☐	冰雹 bīngbáo	명 우박	冰雹

0135 ☑	丙 bǐng	명 병(천간의 셋째), 세 번째	丙
0136 ☐	并非 bìngfēi	동 결코 ~이 아니다	并非
0137 ☐	并列 bìngliè	동 병렬하다	并列
0138 ☐	拨 bō	동 움직이다, 밀다, 나누어 주다	拨
0139 ☐	波浪 bōlàng	명 파도, 물결	波浪
0140 ☐	波涛 bōtāo	명 파도	波涛
0141 ☐	剥削 bōxuē	동 착취하다	剥削
0142 ☐	播种 bōzhòng	동 파종하다, 씨를 뿌리다	播种
0143 ☐	伯母 bómǔ	명 큰어머니, 아주머니	伯母
0144 ☐	博大精深 bódà jīngshēn	성 사상·학식이 넓고 심오하다	博大精深
0145 ☐	博览会 bólǎnhuì	명 박람회	博览会
0146 ☐	搏斗 bódòu	동 격렬하게 싸우다, 격투하다	搏斗
0147 ☐	薄弱 bóruò	형 박약하다, 취약하다	薄弱
0148 ☐	补偿 bǔcháng	동 보충하다, 보상하다	补偿
0149 ☐	补救 bǔjiù	동 보완하다, 만회하다	补救
0150 ☐	补贴 bǔtiē	동 보조하다, 보태주다 명 보조금, 수당	补贴
0151 ☐	捕捉 bǔzhuō	동 잡다, 포착하다	捕捉

0152 ☑	哺乳 bǔrǔ	图 젖을 먹이다	哺乳
0153 ☐	不得已 bùdéyǐ	图 어쩔 수 없이, 부득이하다	不得已
0154 ☐	不妨 bùfáng	图 괜찮다, 무방하다	不妨
0155 ☐	不敢当 bùgǎndāng	图 천만의 말씀입니다, 황송합니다	不敢当
0156 ☐	不顾 búgù	图 고려하지 않다	不顾
0157 ☐	不禁 bùjīn	图 자기도 모르게, 절로	不禁
0158 ☐	不堪 bùkān	图 감당할 수 없다	不堪
0159 ☐	不可思议 bùkě sīyì	图 불가사의하다	不可思议
0160 ☐	不愧 búkuì	图 ~라고 할만하다, 손색이 없다	不愧
0161 ☐	不料 búliào	图 뜻밖에, 의외에	不料
0162 ☐	不免 bùmiǎn	图 면할 수 없다	不免
0163 ☐	不时 bùshí	图 자주, 수시로	不时
0164 ☐	不惜 bùxī	图 아끼지 않다	不惜
0165 ☐	不相上下 bùxiāng shàngxià	图 막상막하, 우열을 가릴 수 없다	不相上下
0166 ☐	不像话 búxiànghuà	图 말이 안 된다	不像话
0167 ☐	不屑一顾 búxiè yígù	图 거들떠볼 가치도 없다	不屑一顾
0168 ☐	不言而喻 bùyán éryù	图 말하지 않아도 안다	不言而喻

0169 ☑	不由得 bùyóude	부 저절로	不由得
0170 ☐	不择手段 bùzé shǒuduàn	성 목적을 달성하기 위하여 수단 방법을 가리지 않다	不择手段
0171 ☐	不止 bùzhǐ	부 끊임없이	不止
0172 ☐	布告 bùgào	명 게시문	布告
0173 ☐	布局 bùjú	동 (장기나 바둑에서) 포석하다 명 구도, 짜임새	布局
0174 ☐	布置 bùzhì	동 배치하다, 진열하다, 계획하다	布置
0175 ☐	步伐 bùfá	명 발걸음, (일이 진행되는) 순서	步伐
0176 ☐	部署 bùshǔ	동 배치하다, 안배하다	部署
0177 ☐	部位 bùwèi	명 부위	部位

C

0178 ☐	才干 cáigàn	명 능력, 재간	才干
0179 ☐	财富 cáifù	명 부, 재산	财富
0180 ☐	财务 cáiwù	명 재무	财务
0181 ☐	财政 cáizhèng	명 재정	财政
0182 ☐	裁缝 cáifeng	명 재봉사	裁缝
0183 ☐	裁判 cáipàn	명 심판	裁判

0184 ☑	裁员 cáiyuán	图 (기관·기업 등에서) 인원을 줄이다	裁员
0185 ☐	采购 cǎigòu	图 구매하다	采购
0186 ☐	采集 cǎijí	图 채집하다, 수집하다	采集
0187 ☐	采纳 cǎinà	图 수락하다, 채택하다	采纳
0188 ☐	彩票 cǎipiào	图 복권	彩票
0189 ☐	参谋 cānmóu	图 조언하다, 권하다	参谋
0190 ☐	参照 cānzhào	图 참조하다, 참고하다	参照
0191 ☐	残疾 cánjí	图 불구, 장애인	残疾
0192 ☐	残酷 cánkù	图 잔혹하다, 참혹하다	残酷
0193 ☐	残留 cánliú	图 잔류하다, 남아있다	残留
0194 ☐	残忍 cánrěn	图 잔인하다, 악랄하다	残忍
0195 ☐	灿烂 cànlàn	图 찬란하다, 눈부시다	灿烂
0196 ☐	仓促 cāngcù	图 촉박하다, 황급하다	仓促
0197 ☐	仓库 cāngkù	图 창고, 곳간	仓库
0198 ☐	苍白 cāngbái	图 창백하다, 생기가 없다	苍白
0199 ☐	舱 cāng	图 객실, 선실	舱
0200 ☐	操劳 cāoláo	图 애써 일하다, 수고하다	操劳

0201 ☑	操练 cāoliàn	동 훈련하다, 연마하다	操练
0202 ☐	操纵 cāozòng	동 제어하다, 조작하다	操纵
0203 ☐	操作 cāozuò	동 다루다, 일하다	操作
0204 ☐	嘈杂 cáozá	형 떠들썩하다, 시끌벅적하다	嘈杂
0205 ☐	草案 cǎo'àn	명 초안	草案
0206 ☐	草率 cǎoshuài	형 대강하다, 건성으로 하다	草率
0207 ☐	侧面 cèmiàn	명 옆면, 어떤 방면	侧面
0208 ☐	测量 cèliáng	동 측량하다	测量
0209 ☐	策划 cèhuà	동 계획하다, 기획하다	策划
0210 ☐	策略 cèlüè	명 책략, 전술	策略
0211 ☐	层出不穷 céngchū bùqióng	성 끊임없이 나타나다	层出不穷
0212 ☐	层次 céngcì	명 단계, 순서	层次
0213 ☐	插座 chāzuò	명 콘센트, 소켓	插座
0214 ☐	查获 cháhuò	동 수사하여 체포하다, 압수하다	查获
0215 ☐	岔 chà	동 어긋나다, 빗나가다 명 분기점, 갈림길	岔
0216 ☐	刹那 chànà	명 찰나, 순간	刹那
0217 ☐	诧异 chàyì	형 의아하게 여기다	诧异

0218 ☑	柴油 cháiyóu	몡 중유, 디젤유	柴油
0219 ☐	搀 chān	동 부축하다, 혼합하다	搀
0220 ☐	馋 chán	혱 게걸스럽다, 부러워하다	馋
0221 ☐	缠绕 chánrào	동 얽히다, 귀찮게 굴다	缠绕
0222 ☐	产业 chǎnyè	몡 산업, 공업	产业
0223 ☐	阐述 chǎnshù	동 상세히 논술하다	阐述
0224 ☐	颤抖 chàndǒu	동 부들부들 떨다	颤抖
0225 ☐	昌盛 chāngshèng	혱 흥성하다, 번창하다	昌盛
0226 ☐	尝试 chángshì	동 시도해 보다, 테스트하다	尝试
0227 ☐	偿还 chánghuán	동 상환하다, 갚다	偿还
0228 ☐	场合 chǎnghé	몡 상황, 장면	场合
0229 ☐	场面 chǎngmiàn	몡 장면, 정경	场面
0230 ☐	场所 chǎngsuǒ	몡 장소	场所
0231 ☐	敞开 chǎngkāi	동 활짝 열다	敞开
0232 ☐	畅通 chàngtōng	혱 원활하다, 잘 통하다	畅通
0233 ☐	畅销 chàngxiāo	동 매상이 좋다, 잘 팔리다	畅销
0234 ☐	倡导 chàngdǎo	동 선도하다, 앞장서서 제창하다	倡导

0235 ☑	倡议 chàngyì	동 제의하다, 제안하다	倡议
0236 ☐	钞票 chāopiào	명 지폐, 돈	钞票
0237 ☐	超越 chāoyuè	동 넘어서다, 능가하다	超越
0238 ☐	巢穴 cháoxué	명 둥지, 은신처	巢穴
0239 ☐	朝代 cháodài	명 왕조의 연대, 왕조	朝代
0240 ☐	嘲笑 cháoxiào	동 비웃다, 놀리다	嘲笑
0241 ☐	潮流 cháoliú	명 추세, 풍조	潮流
0242 ☐	撤退 chètuì	동 철수하다, 물러가다	撤退
0243 ☐	撤销 chèxiāo	동 없애다, 취소하다	撤销
0244 ☐	沉淀 chéndiàn	동 침전하다, 가라앉다	沉淀
0245 ☐	沉闷 chénmèn	형 침울하다, 우울하다	沉闷
0246 ☐	沉思 chénsī	동 심사숙고하다	沉思
0247 ☐	沉重 chénzhòng	형 마음이 무겁다, 심각하다	沉重
0248 ☐	沉着 chénzhuó	형 침착하다	沉着
0249 ☐	陈旧 chénjiù	형 낡다, 오래 되다	陈旧
0250 ☐	陈列 chénliè	동 진열하다	陈列
0251 ☐	陈述 chénshù	동 진술하다	陈述

0252 ☑	衬托 chèntuō	동 부각시키다, 받쳐주다	衬托
0253 ☐	称心如意 chènxīn rúyì	성 마음에 꼭 들다	称心如意
0254 ☐	称号 chēnghào	명 칭호, 호칭	称号
0255 ☐	成本 chéngběn	명 원가, 자본금	成本
0256 ☐	成交 chéngjiāo	동 거래가 성립하다	成交
0257 ☐	成天 chéngtiān	부 하루 종일, 온종일	成天
0258 ☐	成效 chéngxiào	명 효능, 효과	成效
0259 ☐	成心 chéngxīn	부 고의로, 일부러	成心
0260 ☐	成员 chéngyuán	명 성원, 구성원	成员
0261 ☐	呈现 chéngxiàn	동 나타나다, 양상을 띠다	呈现
0262 ☐	诚挚 chéngzhì	형 성실하고 진실하다, 진지하다	诚挚
0263 ☐	承办 chéngbàn	동 맡아 처리하다	承办
0264 ☐	承包 chéngbāo	동 도맡다, 책임지고 떠맡다	承包
0265 ☐	承诺 chéngnuò	동 승낙하다, 대답하다	承诺
0266 ☐	城堡 chéngbǎo	명 작은 성	城堡
0267 ☐	乘 chéng	동 (교통 수단·가축 등에) 타다, 곱셈하다	乘
0268 ☐	盛 chéng	동 물건을 담다, 수용하다	盛

0269 ☑	惩罚 chéngfá	동 징벌하다	惩罚
0270 ☐	澄清 chéngqīng	동 분명하게 밝히다	澄清
0271 ☐	橙 chéng	명 오렌지, 오렌지 나무	橙
0272 ☐	秤 chèng	명 저울	秤
0273 ☐	吃苦 chīkǔ	동 고생하다	吃苦
0274 ☐	吃力 chīlì	형 힘들다, 고달프다	吃力
0275 ☐	迟钝 chídùn	형 둔하다, 굼뜨다	迟钝
0276 ☐	迟缓 chíhuǎn	형 느리다, 완만하다	迟缓
0277 ☐	迟疑 chíyí	형 망설이다, 주저하다	迟疑
0278 ☐	持久 chíjiǔ	형 오래 유지되다, 지속되다	持久
0279 ☐	赤道 chìdào	명 적도	赤道
0280 ☐	赤字 chìzì	명 적자, 결손	赤字
0281 ☐	冲动 chōngdòng	형 격해지다, 흥분하다	冲动
0282 ☐	冲击 chōngjī	동 충돌하다, 돌격하다	冲击
0283 ☐	冲突 chōngtū	동 충돌하다, 싸우다	冲突
0284 ☐	充当 chōngdāng	동 (어떤 직무·역할을) 맡다, 담당하다	充当
0285 ☐	充沛 chōngpèi	형 넘쳐흐르다, 충족하다	充沛

0286 ☑	充实 chōngshí	형 충분하다, 넘치다	充实
0287 ☐	充足 chōngzú	형 충족하다, 충분하다	充足
0288 ☐	重叠 chóngdié	동 중첩되다, 중복되다	重叠
0289 ☐	崇拜 chóngbài	동 숭배하다	崇拜
0290 ☐	崇高 chónggāo	형 숭고하다, 고상하다	崇高
0291 ☐	崇敬 chóngjìng	동 숭경하다, 추앙하다	崇敬
0292 ☐	稠密 chóumì	형 조밀하다, 촘촘하다	稠密
0293 ☐	筹备 chóubèi	동 기획하고 준비하다	筹备
0294 ☐	丑恶 chǒu'è	형 추악하다, 더럽다	丑恶
0295 ☐	出路 chūlù	명 출구, (상품의) 판로	出路
0296 ☐	出卖 chūmài	동 판매하다, (개인의 이익을 위해) 팔아 먹다	出卖
0297 ☐	出身 chūshēn	동 어떤 신분을 갖고 있다	出身
0298 ☐	出神 chūshén	동 넋을 잃다	出神
0299 ☐	出息 chūxi	명 전도, 장래성	出息
0300 ☐	初步 chūbù	형 처음 단계의, 초보적인	初步
0301 ☐	除 chú	동 제거하다, 나누다	除
0302 ☐	处分 chǔfèn	동 처벌하다, 처분하다	处分

0303 ☑	处境 chǔjìng	몡 처지, 환경, 상태	处境
0304 ☐	处置 chǔzhì	동 처치하다, 징벌하다	处置
0305 ☐	储备 chǔbèi	동 비축하다, 저장하다	储备
0306 ☐	储存 chǔcún	동 모아 두다, 쌓아두다	储存
0307 ☐	储蓄 chǔxù	몡 저금, 예금	储蓄
0308 ☐	触犯 chùfàn	동 범하다, 위반하다	触犯
0309 ☐	川流不息 chuānliú bùxī	성 (행인·차량 등이) 냇물처럼 끊임없이 오가다	川流不息
0310 ☐	穿越 chuānyuè	동 넘다, 통과하다	穿越
0311 ☐	传达 chuándá	동 전달하다, 표현하다	传达
0312 ☐	传单 chuándān	몡 전단지	传单
0313 ☐	传授 chuánshòu	동 전수하다, 가르치다	传授
0314 ☐	船舶 chuánbó	몡 배, 선박	船舶
0315 ☐	喘气 chuǎnqì	동 호흡하다, 헐떡거리다	喘气
0316 ☐	串 chuàn	양 꿰미(꿴 물건을 세는 단위)	串
0317 ☐	床单 chuángdān	몡 침대보, 침대 시트	床单
0318 ☐	创立 chuànglì	동 창립하다, 창설하다	创立
0319 ☐	创新 chuàngxīn	동 옛 걸을 버리고 새 것을 창조하다	创新

0320 ☑	创业 chuàngyè	통 창업하다	创业
0321 ☐	创作 chuàngzuò	통 창작하다	创作
0322 ☐	吹牛 chuīniú	통 허풍을 떨다, 큰소리치다	吹牛
0323 ☐	吹捧 chuīpěng	통 (지나치게) 치켜세우다	吹捧
0324 ☐	炊烟 chuīyān	명 밥 짓는 연기	炊烟
0325 ☐	垂直 chuízhí	통 수직이다	垂直
0326 ☐	锤 chuí	명 추, 쇠망치, 해머	锤
0327 ☐	纯粹 chúncuì	부 순전히, 완전히	纯粹
0328 ☐	纯洁 chúnjié	형 순결하다, 순수하고 맑다	纯洁
0329 ☐	慈善 císhàn	형 동정심이 많다, 남을 배려하다	慈善
0330 ☐	慈祥 cíxiáng	형 자상하다, 인자하다	慈祥
0331 ☐	磁带 cídài	명 자기 테이프	磁带
0332 ☐	雌雄 cíxióng	명 승패, 우열	雌雄
0333 ☐	次品 cìpǐn	명 질이 낮은 물건, 불량품	次品
0334 ☐	次序 cìxù	명 차례, 순서	次序
0335 ☐	伺候 cìhou	통 시중들다, 모시다	伺候
0336 ☐	刺 cì	통 찌르다, 뚫다	刺

0337 ☑	从容 cóngróng	형 침착하다, 태연하다	从容
0338 ☐	丛 cóng	양 수풀을 세는 단위	丛
0339 ☐	凑合 còuhe	동 한데 모으다, 함께 모이다	凑合
0340 ☐	粗鲁 cūlǔ	형 거칠고 우악스럽다, 교양이 없다	粗鲁
0341 ☐	窜 cuàn	동 마구 뛰어다니다, 달아나다	窜
0342 ☐	摧残 cuīcán	동 손상을 주다, 학대하다	摧残
0343 ☐	脆弱 cuìruò	형 연약하다, 취약하다	脆弱
0344 ☐	搓 cuō	동 비비다, 비벼 꼬다	搓
0345 ☐	磋商 cuōshāng	동 협의하다, 상세하게 논의하다	磋商
0346 ☐	挫折 cuòzhé	명 좌절, 실패	挫折

D

0347 ☐	搭 dā	동 널다, 걸치다	搭
0348 ☐	搭档 dādàng	명 협력자, 짝, 파트너	搭档
0349 ☐	搭配 dāpèi	동 배합하다, 조합하다	搭配
0350 ☐	达成 dáchéng	동 달성하다, 도달하다	达成
0351 ☐	答辩 dábiàn	동 답변하다	答辩

0352 ☑	答复 dáfù	동 회답하다, 답변하다	答复
0353 ☐	打包 dǎbāo	동 포장하다, 짐을 묶다	打包
0354 ☐	打官司 dǎ guānsi	소송하다	打官司
0355 ☐	打击 dǎjī	동 타격을 주다, 공격하다	打击
0356 ☐	打架 dǎjià	동 (때리며) 싸우다, 다투다	打架
0357 ☐	打量 dǎliang	동 훑어보다, 짐작하다	打量
0358 ☐	打猎 dǎliè	동 사냥하다, 수렵하다	打猎
0359 ☐	打仗 dǎzhàng	동 전투하다, 싸우다	打仗
0360 ☐	大不了 dàbuliǎo	부 기껏해야, 고작	大不了
0361 ☐	大臣 dàchén	명 대신, 중신	大臣
0362 ☐	大伙儿 dàhuǒr	대 모두, 여러분	大伙儿
0363 ☐	大肆 dàsì	부 제멋대로, 함부로	大肆
0364 ☐	大体 dàtǐ	부 대체로, 대략	大体
0365 ☐	大意 dàyi	형 부주의하다, 소홀하다	大意
0366 ☐	大致 dàzhì	형 대략적인, 대체적인 부 대략, 아마	大致
0367 ☐	歹徒 dǎitú	명 악당, 나쁜 사람	歹徒
0368 ☐	代价 dàijià	명 물건값, 가격, 대금	代价

0369 ☑	代理 dàilǐ	동 대리하다, 대행하다	代理
0370 ☐	带领 dàilǐng	동 인솔하다, 인도하다	带领
0371 ☐	怠慢 dàimàn	동 냉대하다, 푸대접하다	怠慢
0372 ☐	逮捕 dàibǔ	동 체포하다, 붙들다	逮捕
0373 ☐	担保 dānbǎo	동 보증하다, 담보하다	担保
0374 ☐	胆怯 dǎnqiè	형 겁내다, 위축되다	胆怯
0375 ☐	诞辰 dànchén	명 탄신, 생일	诞辰
0376 ☐	诞生 dànshēng	동 탄생하다, 태어나다	诞生
0377 ☐	淡季 dànjì	명 비성수기	淡季
0378 ☐	淡水 dànshuǐ	명 담수, 민물	淡水
0379 ☐	蛋白质 dànbáizhì	명 단백질	蛋白质
0380 ☐	当场 dāngchǎng	부 당장, 그 자리에서	当场
0381 ☐	当初 dāngchū	명 당초, 애초	当初
0382 ☐	当代 dāngdài	명 당대, 그 시대	当代
0383 ☐	当面 dāngmiàn	부 직접 마주하여, 맞대면하여	当面
0384 ☐	当前 dāngqián	명 현재, 당면	当前
0385 ☐	当事人 dāngshìrén	명 관계자, 당사자	当事人

0386 ☑	当务之急 dāngwù zhījí	성 당장 급히 처리해야 하는 일	当务之急
0387 ☐	当选 dāngxuǎn	동 당선되다	当选
0388 ☐	党 dǎng	명 당, 정당	党
0389 ☐	档案 dàng'àn	명 문서, 서류	档案
0390 ☐	档次 dàngcì	명 등급, 차등	档次
0391 ☐	导弹 dǎodàn	명 유도탄, 미사일	导弹
0392 ☐	导航 dǎoháng	동 유도하다, 인도하다	导航
0393 ☐	导向 dǎoxiàng	명 인도하는 방향	导向
0394 ☐	捣乱 dǎoluàn	동 교란하다, 소란을 피우다	捣乱
0395 ☐	倒闭 dǎobì	동 도산하다, 파산하다	倒闭
0396 ☐	盗窃 dàoqiè	동 도둑질하다	盗窃
0397 ☐	稻谷 dàogǔ	명 벼	稻谷
0398 ☐	得不偿失 débù chángshī	성 얻는 것보다 잃는 것이 더 많다	得不偿失
0399 ☐	得力 délì	형 유능하다	得力
0400 ☐	得天独厚 détiān dúhòu	성 특별히 좋은 조건을 갖추다	得天独厚
0401 ☐	得罪 dézuì	동 미움을 사다, 죄를 짓다	得罪
0402 ☐	灯笼 dēnglong	명 등롱, 초롱	灯笼

0403 ☑	登陆 dēnglù	동 상륙하다, 상품 등이 시장에 진출하다	登陆
0404 ☐	登录 dēnglù	동 등록하다, 로그인하다	登录
0405 ☐	蹬 dēng	동 밟다, 뻗다	蹬
0406 ☐	等候 děnghòu	동 기다리다	等候
0407 ☐	等级 děngjí	명 등급, 계급	等级
0408 ☐	瞪 dèng	동 눈을 부릅 뜨다, 부라리다	瞪
0409 ☐	堤坝 dībà	명 댐과 둑	堤坝
0410 ☐	敌视 díshì	동 적대시하다, 적대하다	敌视
0411 ☐	抵达 dǐdá	동 도착하다	抵达
0412 ☐	抵抗 dǐkàng	동 저항하다, 대항하다	抵抗
0413 ☐	抵制 dǐzhì	동 억제하다, 배척하다	抵制
0414 ☐	地步 dìbù	명 지경, 처지	地步
0415 ☐	地势 dìshì	명 지세, 땅의 형세	地势
0416 ☐	地质 dìzhì	명 지질(학)	地质
0417 ☐	递增 dìzēng	동 점점 늘다, 점차 증가하다	递增
0418 ☐	颠簸 diānbǒ	동 흔들리다, 요동하다	颠簸
0419 ☐	颠倒 diāndǎo	동 뒤바뀌다, 뒤섞여 어수선하다	颠倒

0420 ☑	典礼 diǎnlǐ	몡 의식, 행사	典礼
0421 ☐	典型 diǎnxíng	몡 전형	典型
0422 ☐	点缀 diǎnzhuì	동 단장하다, 꾸미다, 장식하다	点缀
0423 ☐	电源 diànyuán	몡 전원	电源
0424 ☐	垫 diàn	동 받치다, 깔다	垫
0425 ☐	惦记 diànjì	동 늘 생각하다, 항상 마음에 두다	惦记
0426 ☐	奠定 diàndìng	동 다지다, 닦다	奠定
0427 ☐	叼 diāo	동 입에 물다	叼
0428 ☐	雕刻 diāokè	동 조각하다	雕刻
0429 ☐	雕塑 diāosù	몡 조소품	雕塑
0430 ☐	吊 diào	동 걸다, 매달다, 내려놓다	吊
0431 ☐	调动 diàodòng	동 교환하다, 자극하다	调动
0432 ☐	跌 diē	동 쓰러지다, 넘어지다	跌
0433 ☐	丁 dīng	몡 성년남자, 인구, 식구 수	丁
0434 ☐	叮嘱 dīngzhǔ	동 신신당부하다, 거듭 부탁하다	叮嘱
0435 ☐	盯 dīng	동 주시하다, 응시하다	盯
0436 ☐	定期 dìngqī	형 정기의, 정기적인	定期

0437 ☑	定义 dìngyì	명 정의	定义
0438 ☐	丢人 diūrén	동 체면을 잃다, 창피를 당하다	丢人
0439 ☐	丢三落四 diūsān làsì	성 이것저것 빠뜨리다, 잘 빠뜨리다	丢三落四
0440 ☐	东道主 dōngdàozhǔ	명 주인, 주최측	东道主
0441 ☐	东张西望 dōngzhāng xīwàng	성 여기저기 두리번거리다	东张西望
0442 ☐	董事长 dǒngshìzhǎng	명 대표이사, 회장	董事长
0443 ☐	动荡 dòngdàng	형 불안하다, 동요하다	动荡
0444 ☐	动机 dòngjī	명 동기	动机
0445 ☐	动静 dòngjing	명 동태, 인기척	动静
0446 ☐	动力 dònglì	명 동력	动力
0447 ☐	动脉 dòngmài	명 동맥	动脉
0448 ☐	动身 dòngshēn	동 출발하다, 떠나다	动身
0449 ☐	动手 dòngshǒu	동 시작하다, 손찌검하다	动手
0450 ☐	动态 dòngtài	명 동태, 동작	动态
0451 ☐	动员 dòngyuán	동 전시 체제화하다, 동원하다	动员
0452 ☐	冻结 dòngjié	동 동결하다, 얼다	冻结
0453 ☐	栋 dòng	양 동, 채(건물을 세는 단위)	栋

0454 ☑	兜 dōu	통 싸다, 품다 명 호주머니	兜
0455 ☐	陡峭 dǒuqiào	형 험준하다, 가파르다	陡峭
0456 ☐	斗争 dòuzhēng	통 투쟁하다, 싸우다	斗争
0457 ☐	督促 dūcù	통 감독하다, 독촉하다	督促
0458 ☐	毒品 dúpǐn	명 마약	毒品
0459 ☐	独裁 dúcái	통 독재하다, 독자적으로 판단하다	独裁
0460 ☐	堵塞 dǔsè	통 막히다, 가로막다	堵塞
0461 ☐	赌博 dǔbó	통 노름하다, 도박하다	赌博
0462 ☐	杜绝 dùjué	통 제지하다, 철저히 막다, 없애다	杜绝
0463 ☐	端 duān	통 받들다, 받쳐 들다	端
0464 ☐	端午节 Duānwǔ Jié	명 단오절	端午节
0465 ☐	端正 duānzhèng	형 단정하다, 똑바르다	端正
0466 ☐	短促 duǎncù	형 매우 급하다, 촉박하다	短促
0467 ☐	断定 duàndìng	통 단정하다, 결론을 내리다	断定
0468 ☐	断绝 duànjué	통 단절하다, 끊다, 차단하다	断绝
0469 ☐	堆积 duījī	통 쌓이다, 퇴적되다	堆积
0470 ☐	队伍 duìwu	명 대열, 집단	队伍

0471 ☑	对策 duìcè	몡 대책	对策
0472 ☐	对称 duìchèn	혱 대칭이다	对称
0473 ☐	对付 duìfu	동 대처하다, 대응하다	对付
0474 ☐	对抗 duìkàng	동 대항하다, 저항하다	对抗
0475 ☐	对立 duìlì	동 대립하다, 대립되다	对立
0476 ☐	对联 duìlián	몡 대련, 주련	对联
0477 ☐	对应 duìyìng	동 대응하다	对应
0478 ☐	对照 duìzhào	동 대조하다, 비교하다	对照
0479 ☐	兑现 duìxiàn	동 현금으로 바꾸다	兑现
0480 ☐	顿时 dùnshí	뷔 갑자기, 곧바로	顿时
0481 ☐	多元化 duōyuánhuà	혱 다원화하다	多元化
0482 ☐	哆嗦 duōsuo	동 떨다	哆嗦
0483 ☐	堕落 duòluò	동 타락하다, 부패하다	堕落

E

0484 ☐	额外 éwài	혱 초과의, 정액 외의	额外
0485 ☐	恶心 ěxin	혱 역겹다, 혐오감을 일으키다	恶心

0486 ☑	恶化 èhuà	동 악화되다, 악화시키다	恶化
0487 ☐	遏制 èzhì	동 저지하다, 억제하다	遏制
0488 ☐	恩怨 ēnyuàn	명 은혜와 원한	恩怨
0489 ☐	而已 éryǐ	조 ~일 뿐이다	而已
0490 ☐	二氧化碳 èryǎng huàtàn	명 이산화탄소	二氧化碳

F

0491 ☐	发布 fābù	동 선포하다, 발포하다	发布
0492 ☐	发财 fācái	동 큰돈을 벌다, 부자가 되다	发财
0493 ☐	发呆 fādāi	동 멍하다, 얼이 빠지다	发呆
0494 ☐	发动 fādòng	동 시동을 걸다, 발발시키다	发动
0495 ☐	发觉 fājué	동 발견하다, 알아차리다, 깨닫다	发觉
0496 ☐	发射 fāshè	동 쏘다, 발사하다, 방출하다	发射
0497 ☐	发誓 fāshì	동 맹세하다	发誓
0498 ☐	发行 fāxíng	동 발행하다, 배급하다	发行
0499 ☐	发炎 fāyán	동 염증이 생기다	发炎
0500 ☐	发扬 fāyáng	동 발전시키다, 발휘하다	发扬

0501 ☑	发育 fāyù	동 발육하다, 자라다, 성장하다	发育
0502 ☐	法人 fǎrén	명 법인	法人
0503 ☐	番 fān	양 회, 차례, 번	番
0504 ☐	凡是 fánshì	접 ~하기만 하면	凡是
0505 ☐	繁华 fánhuá	형 번화하다	繁华
0506 ☐	繁忙 fánmáng	형 일이 많고 바쁘다	繁忙
0507 ☐	繁体字 fántǐzì	명 번체자	繁体字
0508 ☐	繁殖 fánzhí	동 번식하다, 증가하다, 불어나다	繁殖
0509 ☐	反驳 fǎnbó	동 반박하다	反驳
0510 ☐	反常 fǎncháng	형 이상하다, 정상이 아니다	反常
0511 ☐	反感 fǎngǎn	명 반감, 불만 형 반감을 가지다	反感
0512 ☐	反抗 fǎnkàng	동 반항하다, 저항하다	反抗
0513 ☐	反馈 fǎnkuì	동 (정보나 반응이) 되돌아오다	反馈
0514 ☐	反面 fǎnmiàn	명 이면, 뒷면 형 부정적이다, 소극적이다	反面
0515 ☐	反射 fǎnshè	동 반사하다	反射
0516 ☐	反思 fǎnsī	동 돌이켜 사색하다	反思
0517 ☐	反问 fǎnwèn	동 반문하다	反问

0518 ☑	反之 fǎnzhī	젭 이와 반대로, 바꾸어서 말하면	反之
0519 ☐	泛滥 fànlàn	동 범람하다	泛滥
0520 ☐	范畴 fànchóu	명 범주, 유형	范畴
0521 ☐	贩卖 fànmài	동 사들여 판매하다	贩卖
0522 ☐	方位 fāngwèi	명 방향과 위치	方位
0523 ☐	方言 fāngyán	명 방언	方言
0524 ☐	方圆 fāngyuán	명 주위, 주변	方圆
0525 ☐	方针 fāngzhēn	명 방침	方针
0526 ☐	防守 fángshǒu	동 수비하다, 방어하다	防守
0527 ☐	防御 fángyù	동 방어하다	防御
0528 ☐	防止 fángzhǐ	동 방지하다	防止
0529 ☐	防治 fángzhì	동 예방 치료하다	防治
0530 ☐	访问 fǎngwèn	동 방문하다, 회견하다, 취재하다	访问
0531 ☐	纺织 fǎngzhī	동 방직하다	纺织
0532 ☐	放大 fàngdà	동 확대하다, 크게 하다	放大
0533 ☐	放射 fàngshè	동 방사하다, 발사하다	放射
0534 ☐	飞禽走兽 fēiqín zǒushòu	명 금수, 조수	飞禽走兽

0535 ☑	飞翔 fēixiáng	동 하늘을 빙빙 돌며 날다, 비상하다	飞翔
0536 ☐	飞跃 fēiyuè	동 비약하다	飞跃
0537 ☐	非法 fēifǎ	형 불법적인	非法
0538 ☐	肥沃 féiwò	형 비옥하다	肥沃
0539 ☐	诽谤 fěibàng	동 비방하다, 중상모략하다	诽谤
0540 ☐	肺 fèi	명 폐, 허파	肺
0541 ☐	废除 fèichú	동 취소하다, 폐지하다	废除
0542 ☐	废寝忘食 fèiqǐn wàngshí	성 전심전력하다	废寝忘食
0543 ☐	废墟 fèixū	명 폐허	废墟
0544 ☐	沸腾 fèiténg	동 비등하다, 들끓다	沸腾
0545 ☐	分辨 fēnbiàn	동 분별하다, 구분하다	分辨
0546 ☐	分寸 fēncùn	명 조금, 근소, 약간	分寸
0547 ☐	分红 fēnhóng	동 이익을 분배하다	分红
0548 ☐	分解 fēnjiě	동 분해하다, 화해시키다	分解
0549 ☐	分裂 fēnliè	동 분열하다, 결별하다	分裂
0550 ☐	分泌 fēnmì	동 분비하다	分泌
0551 ☐	分明 fēnmíng	형 명확하다, 분명하다 부 명백히, 확실히	分明

0552 ☑	分歧 fēnqí	명 불일치, 차이	分歧
0553 ☐	分散 fēnsàn	동 분산시키다	分散
0554 ☐	吩咐 fēnfù	동 분부하다, 명령하다	吩咐
0555 ☐	坟墓 fénmù	명 무덤	坟墓
0556 ☐	粉末 fěnmò	명 가루, 분말	粉末
0557 ☐	粉色 fěnsè	명 분홍색	粉色
0558 ☐	粉碎 fěnsuì	동 분쇄하다, 가루로 만들다	粉碎
0559 ☐	分量 fènliàng	명 중량, 무게, 분량	分量
0560 ☐	愤怒 fènnù	형 분노하다	愤怒
0561 ☐	丰满 fēngmǎn	형 풍만하다, 풍족하다	丰满
0562 ☐	丰盛 fēngshèng	형 풍성하다, 성대하다	丰盛
0563 ☐	丰收 fēngshōu	동 풍작을 이루다, 풍년이 들다	丰收
0564 ☐	风暴 fēngbào	명 폭풍우, 어려운 사태	风暴
0565 ☐	风度 fēngdù	명 품격, 기품, 태도	风度
0566 ☐	风光 fēngguāng	명 풍경, 경치	风光
0567 ☐	风气 fēngqì	명 (사회나 집단의) 풍조, 기풍	风气
0568 ☐	风趣 fēngqù	형 유머러스하다, 해학적이다	风趣

0569 ☑	风土人情 fēngtǔ rénqíng	명 지방의 특색과 풍습	风土人情
0570 ☐	风味 fēngwèi	명 맛, 색채, 기분	风味
0571 ☐	封闭 fēngbì	동 밀봉하다, 폐쇄하다	封闭
0572 ☐	封建 fēngjiàn	형 봉건적인	封建
0573 ☐	封锁 fēngsuǒ	동 폐쇄하다, 봉쇄하다	封锁
0574 ☐	锋利 fēnglì	형 날카롭다, 예리하다	锋利
0575 ☐	逢 féng	동 만나다, 마주치다	逢
0576 ☐	奉献 fèngxiàn	동 바치다, 공헌하다	奉献
0577 ☐	否决 fǒujué	동 부결하다, 거부하다, 기각하다	否决
0578 ☐	夫妇 fūfù	명 부부	夫妇
0579 ☐	夫人 fūrén	명 부인	夫人
0580 ☐	敷衍 fūyǎn	동 자세히 서술하다, 부연 설명하다	敷衍
0581 ☐	服从 fúcóng	동 따르다, 복종하다	服从
0582 ☐	服气 fúqì	동 진심으로 탄복하다	服气
0583 ☐	俘虏 fúlǔ	동 포로로 잡다 명 포로	俘虏
0584 ☐	符号 fúhào	명 기호, 표기	符号
0585 ☐	幅度 fúdù	명 정도, 폭, 너비	幅度

0586 ☑	辐射 fúshè	图 복사하다, 방사하다	辐射
0587 ☐	福利 fúlì	명 복지, 복리	福利
0588 ☐	福气 fúqi	명 복, 행운	福气
0589 ☐	抚摸 fǔmō	图 어루만지다, 쓰다듬다	抚摸
0590 ☐	抚养 fǔyǎng	图 부양하다, 정성들여 기르다	抚养
0591 ☐	俯视 fǔshì	图 굽어보다, 내려다보다	俯视
0592 ☐	辅助 fǔzhù	图 거들어주다, 돕다, 협조하다	辅助
0593 ☐	腐败 fǔbài	형 진부하다, 부패하다	腐败
0594 ☐	腐烂 fǔlàn	图 부패하다, 부식하다	腐烂
0595 ☐	腐蚀 fǔshí	图 부식하다, 타락시키다	腐蚀
0596 ☐	腐朽 fǔxiǔ	형 진부하다, 케케묵다	腐朽
0597 ☐	负担 fùdān	图 부담하다, 책임지다 명 부담, 책임	负担
0598 ☐	附和 fùhè	图 남의 언행을 따르다	附和
0599 ☐	附件 fùjiàn	명 부품, 관련 문서	附件
0600 ☐	附属 fùshǔ	형 부속의, 부설의	附属
0601 ☐	复活 fùhuó	图 부활하다, 소생하다	复活
0602 ☐	复兴 fùxīng	图 부흥하다	复兴

0603 ☑	副 fù	영 조, 벌, 쌍	副
0604 ☐	赋予 fùyǔ	동 부여하다, 주다	赋予
0605 ☐	富裕 fùyù	형 부유하다	富裕
0606 ☐	腹泻 fùxiè	동 설사하다	腹泻
0607 ☐	覆盖 fùgài	동 덮다, 뒤덮다	覆盖

G

0608 ☐	改良 gǎiliáng	동 개량하다	改良
0609 ☐	钙 gài	명 칼슘	钙
0610 ☐	盖章 gàizhāng	동 도장을 찍다, 날인하다	盖章
0611 ☐	干旱 gānhàn	형 가물다	干旱
0612 ☐	干扰 gānrǎo	동 방해하다	干扰
0613 ☐	干涉 gānshè	동 간섭하다	干涉
0614 ☐	干预 gānyù	동 관여하다, 개입하다	干预
0615 ☐	尴尬 gāngà	형 입장이 곤란하다	尴尬
0616 ☐	感慨 gǎnkǎi	동 감격하다, 감개무량하다	感慨
0617 ☐	感染 gǎnrǎn	동 감염되다, 전염되다	感染

0618 ☑	干劲 gànjìn	몡 의욕, 열정, 열의	干劲
0619 ☐	纲领 gānglǐng	몡 강령, 지도 원칙	纲领
0620 ☐	岗位 gǎngwèi	몡 직장, 부서	岗位
0621 ☐	港口 gǎngkǒu	몡 항구, 항만	港口
0622 ☐	港湾 gǎngwān	몡 항만	港湾
0623 ☐	杠杆 gànggǎn	몡 지레, 지렛대	杠杆
0624 ☐	高超 gāochāo	휑 출중하다, 특출나다	高超
0625 ☐	高潮 gāocháo	몡 고조, 절정, 클라이맥스	高潮
0626 ☐	高峰 gāofēng	몡 절정, 극치, 정점	高峰
0627 ☐	高明 gāomíng	휑 고명하다, 빼어나다, 출중하다	高明
0628 ☐	高尚 gāoshàng	휑 고상하다, 우아하다	高尚
0629 ☐	高涨 gāozhǎng	동 급증하다, 급상승하다	高涨
0630 ☐	稿件 gǎojiàn	몡 원고, 작품	稿件
0631 ☐	告辞 gàocí	동 이별을 고하다, 하직하다	告辞
0632 ☐	告诫 gàojiè	동 훈계하다, 타이르다	告诫
0633 ☐	疙瘩 gēda	몡 종기, 덩어리, 매듭	疙瘩
0634 ☐	鸽子 gēzi	몡 비둘기	鸽子

0635 ☑	搁 gē	통 방치하다, 내버려 두다	搁
0636 ☐	割 gē	통 절단하다, 분할하다, 포기하다	割
0637 ☐	歌颂 gēsòng	통 찬양하다, 찬미하다, 칭송하다	歌颂
0638 ☐	革命 gémìng	통 혁명하다	革命
0639 ☐	格局 géjú	명 짜임새, 구조, 구성	格局
0640 ☐	格式 géshì	명 격식, 양식, 규칙	格式
0641 ☐	隔阂 géhé	명 틈, 간격, 거리	隔阂
0642 ☐	隔离 gélí	통 분리시키다, 단절시키다	隔离
0643 ☐	个体 gètǐ	명 개체, 개인	个体
0644 ☐	各抒己见 gèshū jǐjiàn	성 각자 자기의 의견을 발표하다	各抒己见
0645 ☐	根深蒂固 gēnshēn dìgù	성 기초가 튼튼하여 쉽게 흔들리지 않다	根深蒂固
0646 ☐	根源 gēnyuán	명 근원	根源
0647 ☐	跟前 gēnqián	명 곁, (어떤 시기에) 가까운 때	跟前
0648 ☐	跟随 gēnsuí	통 따르다, 동행하다	跟随
0649 ☐	跟踪 gēnzōng	통 바짝 뒤를 따르다, 추적하다	跟踪
0650 ☐	更新 gēngxīn	통 경신하다, 새롭게 바뀌다	更新
0651 ☐	更正 gēngzhèng	통 정정하다, 잘못을 고치다	更正

0652 ☑	耕地 gēngdì	동 논밭을 갈다	耕地
0653 ☐	工艺品 gōngyìpǐn	명 공예품	工艺品
0654 ☐	公安局 gōng'ānjú	명 공안국, 경찰국	公安局
0655 ☐	公道 gōngdao	형 공평하다, 공정하다, 정의롭다	公道
0656 ☐	公告 gōnggào	동 공포하다, 공고하다	公告
0657 ☐	公关 gōngguān	명 공공관계, 섭외, 홍보	公关
0658 ☐	公民 gōngmín	명 국민, 공민	公民
0659 ☐	公然 gōngrán	부 공개적으로, 거리낌없이	公然
0660 ☐	公认 gōngrèn	동 공인하다, 모두가 인정하다	公认
0661 ☐	公式 gōngshì	명 공식, 일반 법칙	公式
0662 ☐	公务 gōngwù	명 공무	公务
0663 ☐	公正 gōngzhèng	형 공정하다, 공명정대하다	公正
0664 ☐	公证 gōngzhèng	동 공증하다	公证
0665 ☐	功劳 gōngláo	명 공로	功劳
0666 ☐	功效 gōngxiào	명 효능, 효과	功效
0667 ☐	攻击 gōngjī	동 공격하다, 비난하다	攻击
0668 ☐	攻克 gōngkè	동 점령하다, 극복하다	攻克

0669 ☑	供不应求 gōngbù yìngqiú	성 공급이 수요를 따르지 못하다	供不应求
0670 ☐	供给 gōngjǐ	동 공급하다, 대다	供给
0671 ☐	宫殿 gōngdiàn	명 궁전	宫殿
0672 ☐	恭敬 gōngjìng	형 공손하다, 정중하다	恭敬
0673 ☐	巩固 gǒnggù	동 견고하게 하다, 튼튼히 다지다	巩固
0674 ☐	共和国 gònghéguó	명 공화국	共和国
0675 ☐	共计 gòngjì	동 합계하다, 함께 계획하다	共计
0676 ☐	共鸣 gòngmíng	동 공감하다, 동감하다	共鸣
0677 ☐	勾结 gōujié	동 결탁하다, 내통하다	勾结
0678 ☐	钩子 gōuzi	명 갈고리 혹은 갈고리 모양의 물건	钩子
0679 ☐	构思 gòusī	동 구상하다	构思
0680 ☐	孤独 gūdú	형 고독하다, 외롭다, 쓸쓸하다	孤独
0681 ☐	孤立 gūlì	형 고립되어 있다	孤立
0682 ☐	姑且 gūqiě	부 잠시, 잠깐	姑且
0683 ☐	辜负 gūfù	동 헛되게 하다, 저버리다	辜负
0684 ☐	古董 gǔdǒng	명 골동품	古董
0685 ☐	古怪 gǔguài	형 괴상하다, 괴이하다	古怪

0686 ☑	股东 gǔdōng	몡 주주, 출자자	股东
0687 ☐	股份 gǔfèn	몡 주권, 주식	股份
0688 ☐	骨干 gǔgàn	몡 골간, 주요 역할을 하는 사람 또는 사물	骨干
0689 ☐	鼓动 gǔdòng	동 선동하다, 부추기다, 흔들다	鼓动
0690 ☐	固然 gùrán	접 물론 ~하지만	固然
0691 ☐	固体 gùtǐ	몡 고체	固体
0692 ☐	固有 gùyǒu	형 고유의	固有
0693 ☐	固执 gùzhi	형 완고하다, 고집스럽다	固执
0694 ☐	故乡 gùxiāng	몡 고향	故乡
0695 ☐	故障 gùzhàng	몡 고장, 결함	故障
0696 ☐	顾虑 gùlǜ	몡 고려, 염려	顾虑
0697 ☐	顾问 gùwèn	몡 고문	顾问
0698 ☐	雇佣 gùyōng	동 고용하다	雇佣
0699 ☐	拐杖 guǎizhàng	몡 지팡이	拐杖
0700 ☐	关怀 guānhuái	동 관심을 가지고 보살피다, 배려하다	关怀
0701 ☐	关照 guānzhào	동 돌보다, 보살피다, 배려하다	关照
0702 ☐	观光 guānguāng	동 관광하다, 참관하다	观光

0703 ☑	官方 guānfāng	몡 정부 당국, 정부측	官方
0704 ☐	管辖 guǎnxiá	동 관할하다	管辖
0705 ☐	贯彻 guànchè	동 관철시키다, 철저하게 실현하다	贯彻
0706 ☐	惯例 guànlì	몡 관례, 관행, 상규	惯例
0707 ☐	灌溉 guàngài	동 논밭에 물을 대다, 관개하다	灌溉
0708 ☐	罐 guàn	몡 단지, 항아리	罐
0709 ☐	光彩 guāngcǎi	몡 빛, 광채, 빛깔 혱 영예롭다, 영광스럽다	光彩
0710 ☐	光辉 guānghuī	혱 찬란하다, 밝게 빛나다	光辉
0711 ☐	光芒 guāngmáng	몡 광망, 빛살, 빛	光芒
0712 ☐	光荣 guāngróng	혱 영광스럽다, 영예롭다	光荣
0713 ☐	广阔 guǎngkuò	혱 넓다, 광활하다	广阔
0714 ☐	归根到底 guīgēn dàodǐ	셩 근본으로 돌아가다	归根到底
0715 ☐	归还 guīhuán	동 돌려주다, 반환하다	归还
0716 ☐	规范 guīfàn	혱 규범에 맞는	规范
0717 ☐	规格 guīgé	몡 표준, 규격	规格
0718 ☐	规划 guīhuà	동 기획하다, 계획하다	规划
0719 ☐	规章 guīzhāng	몡 규칙, 규정	规章

0720 ☑	轨道 guǐdào	몡 궤도, 철로, 선로	轨道
0721 ☐	贵族 guìzú	몡 귀족	贵族
0722 ☐	跪 guì	동 무릎을 꿇다, 꿇어앉다	跪
0723 ☐	棍棒 gùnbàng	몡 막대기, 방망이	棍棒
0724 ☐	国防 guófáng	몡 국방	国防
0725 ☐	国务院 guówùyuàn	몡 국무원(중국의 최고 행정 기관)	国务院
0726 ☐	果断 guǒduàn	형 과단성이 있다	果断
0727 ☐	过度 guòdù	형 과도하다, 지나치다	过度
0728 ☐	过渡 guòdù	동 넘다, 건너다	过渡
0729 ☐	过奖 guòjiǎng	동 지나치게 칭찬하다	过奖
0730 ☐	过滤 guòlǜ	동 거르다, 여과하다	过滤
0731 ☐	过失 guòshī	몡 잘못, 실수	过失
0732 ☐	过问 guòwèn	동 참견하다, 따져 묻다	过问
0733 ☐	过瘾 guòyǐn	동 만족하다, 유감없다	过瘾
0734 ☐	过于 guòyú	뷔 지나치게, 너무, 과도하게	过于

H

0735 ☑	嗨 hāi	감 어!, 어이!(남을 부르거나 주의를 환기시킴)	嗨
0736 ☐	海拔 hǎibá	명 해발	海拔
0737 ☐	海滨 hǎibīn	명 해변, 바닷가	海滨
0738 ☐	含糊 hánhu	형 모호하다, 소홀하다, 경솔하다	含糊
0739 ☐	含义 hányì	명 함의, 내포된 뜻	含义
0740 ☐	寒暄 hánxuān	동 (상투적인) 인사말을 나누다	寒暄
0741 ☐	罕见 hǎnjiàn	형 보기 드물다, 희한하다	罕见
0742 ☐	捍卫 hànwèi	동 지키다, 수호하다	捍卫
0743 ☐	行列 hángliè	명 행렬	行列
0744 ☐	航空 hángkōng	명 항공	航空
0745 ☐	航天 hángtiān	명 우주 비행	航天
0746 ☐	航行 hángxíng	동 항해하다, 운항하다	航行
0747 ☐	毫米 háomǐ	양 밀리미터(mm)	毫米
0748 ☐	毫无 háowú	조금도 ~이 없다	毫无
0749 ☐	豪迈 háomài	형 용감하고 아량이 있다	豪迈
0750 ☐	号召 hàozhào	동 호소하다	号召

0751 ☑	耗费 hàofèi	동 들이다, 낭비하다	耗费
0752 ☐	呵 hē	동 입김을 불다, 꾸짖다	呵
0753 ☐	合并 hébìng	동 합병하다, 합병증을 일으키다	合并
0754 ☐	合成 héchéng	동 합성하다, 합쳐 ~이 되다	合成
0755 ☐	合伙 héhuǒ	동 한패가 되다, 동료가 되다	合伙
0756 ☐	合算 hésuàn	형 수지가 맞다	合算
0757 ☐	和蔼 hé'ǎi	형 상냥하다, 부드럽다	和蔼
0758 ☐	和解 héjiě	동 화해하다, 화의하다	和解
0759 ☐	和睦 hémù	형 화목하다, 사이가 좋다	和睦
0760 ☐	和气 héqi	형 온화하다, 부드럽다, 화목하다	和气
0761 ☐	和谐 héxié	형 잘 어울리다, 조화롭다	和谐
0762 ☐	嘿 hēi	감 어이, 여보시오(남을 부르거나 주의를 환기시킴)	嘿
0763 ☐	痕迹 hénjì	명 흔적, 자취	痕迹
0764 ☐	狠心 hěnxīn	형 모질다, 잔인하다	狠心
0765 ☐	恨不得 hènbude	동 ~하지 못해 한스럽다	恨不得
0766 ☐	哼 hēng	동 끙끙거리다, 콧노래 부르다	哼
0767 ☐	横 héng	동 가로로 하다, 가로놓다 형 가로의, 횡의	横

0768 ☑	轰动 hōngdòng	동 뒤흔들다, 들끓게 하다	轰动
0769 ☐	烘 hōng	동 (불에) 말리다, 부각시키다	烘
0770 ☐	宏观 hóngguān	형 거시적, 매크로	宏观
0771 ☐	宏伟 hóngwěi	형 웅장하다, 웅대하다, 장대하다	宏伟
0772 ☐	洪水 hóngshuǐ	명 홍수, 물사태	洪水
0773 ☐	哄 hǒng	동 어르다, 비위를 맞춰주다	哄
0774 ☐	喉咙 hóulóng	명 목구멍, 인후	喉咙
0775 ☐	吼 hǒu	동 고함치다, 포효하다	吼
0776 ☐	后代 hòudài	명 후대, 후세	后代
0777 ☐	后顾之忧 hòugù zhīyōu	성 뒷걱정, 뒷근심	后顾之忧
0778 ☐	后勤 hòuqín	명 후방 근무, 물자 관리 업무	后勤
0779 ☐	候选 hòuxuǎn	동 선발을 기다리다, 입후보하다	候选
0780 ☐	呼唤 hūhuàn	동 외치다, 부르다	呼唤
0781 ☐	呼啸 hūxiào	동 날카롭고 긴 소리를 내다	呼啸
0782 ☐	呼吁 hūyù	동 구하다, 청하다, 호소하다	呼吁
0783 ☐	忽略 hūlüè	동 소홀히 하다, 그냥 넘어가다	忽略
0784 ☐	胡乱 húluàn	부 함부로, 대충대충	胡乱

0785 ☑	胡须 húxū	몡 수염	胡须
0786 ☐	湖泊 húpō	몡 호수	湖泊
0787 ☐	花瓣 huābàn	몡 꽃잎	花瓣
0788 ☐	花蕾 huālěi	몡 꽃봉오리, 꽃망울	花蕾
0789 ☐	华丽 huálì	혱 화려하다, 아름답다	华丽
0790 ☐	华侨 huáqiáo	몡 화교	华侨
0791 ☐	化肥 huàféi	몡 화학비료	化肥
0792 ☐	化石 huàshí	몡 화석	化石
0793 ☐	化验 huàyàn	동 화학 실험을 하다	化验
0794 ☐	化妆 huàzhuāng	동 화장하다	化妆
0795 ☐	划分 huàfēn	동 나누다, 구획하다	划分
0796 ☐	画蛇添足 huàshé tiānzú	솅 쓸데없는 짓을 하여 도리어 일을 잘못 되게 하다	画蛇添足
0797 ☐	话筒 huàtǒng	몡 마이크, (전화기의) 송수화기	话筒
0798 ☐	欢乐 huānlè	혱 즐겁다, 유쾌하다	欢乐
0799 ☐	还原 huányuán	동 원상 회복하다	还原
0800 ☐	环节 huánjié	몡 환절, 고리마디	环节
0801 ☐	缓和 huǎnhé	동 완화시키다, 누그러뜨리다	缓和

0802 ☑	患者 huànzhě	명 환자, 병자	患者
0803 ☐	荒凉 huāngliáng	형 황량하다, 쓸쓸하다	荒凉
0804 ☐	荒谬 huāngmiù	형 엉터리이다, 터무니없다	荒谬
0805 ☐	荒唐 huāngtáng	형 황당하다, 방탕하다	荒唐
0806 ☐	皇帝 huángdì	명 황제	皇帝
0807 ☐	皇后 huánghòu	명 황후	皇后
0808 ☐	黄昏 huánghūn	명 황혼, 해질 무렵	黄昏
0809 ☐	恍然大悟 huǎngrán dàwù	성 문득 모든 것을 깨치다	恍然大悟
0810 ☐	晃 huàng	동 흔들다, 젓다, 요동하다	晃
0811 ☐	挥霍 huīhuò	동 돈을 헤프게 쓰다, 돈을 물 쓰듯 하다	挥霍
0812 ☐	辉煌 huīhuáng	형 휘황찬란하다, 눈부시다	辉煌
0813 ☐	回报 huíbào	동 보고하다, 보답하다, 보복하다	回报
0814 ☐	回避 huíbì	동 회피하다	回避
0815 ☐	回顾 huígù	동 회고하다, 회상하다	回顾
0816 ☐	回收 huíshōu	동 회수하다, 되찾다	回收
0817 ☐	悔恨 huǐhèn	동 뼈저리게 뉘우치다	悔恨
0818 ☐	毁灭 huǐmiè	동 괴멸하다, 박멸하다	毁灭

0819 ☑	汇报 huìbào	图 종합하여 보고하다	汇报
0820 ☑	会晤 huìwù	图 만나다, 회견하다	会晤
0821 ☐	贿赂 huìlù	图 뇌물을 주다	贿赂
0822 ☐	昏迷 hūnmí	图 혼미하다, 의식불명이다	昏迷
0823 ☐	荤 hūn	图 생선이나 육류로 만든 요리	荤
0824 ☐	浑身 húnshēn	图 전신, 온몸	浑身
0825 ☐	混合 hùnhé	图 혼합하다	混合
0826 ☐	混乱 hùnluàn	图 혼란하다, 문란하다, 어지럽다	混乱
0827 ☐	混淆 hùnxiáo	图 뒤섞이다, 헷갈리다	混淆
0828 ☐	混浊 hùnzhuó	图 혼탁하다	混浊
0829 ☐	活该 huógāi	图 ~꼴을 당해도 싸다, 고소하다	活该
0830 ☐	活力 huólì	图 활력, 생기	活力
0831 ☐	火箭 huǒjiàn	图 로켓, 불화살	火箭
0832 ☐	火焰 huǒyàn	图 화염, 불꽃	火焰
0833 ☐	火药 huǒyào	图 화약	火药
0834 ☐	货币 huòbì	图 화폐	货币

J

0835 ☐	讥笑 jīxiào	동 비웃다, 조롱하다	讥笑
0836 ☐	饥饿 jī'è	형 배고프다, 굶주리다	饥饿
0837 ☐	机动 jīdòng	형 기계로 움직이는, 기민한	机动
0838 ☐	机构 jīgòu	명 기구	机构
0839 ☐	机灵 jīling	형 영리하다, 똑똑하다	机灵
0840 ☐	机密 jīmì	형 기밀이다, 극비이다	机密
0841 ☐	机械 jīxiè	명 기계	机械
0842 ☐	机遇 jīyù	명 기회, 시기	机遇
0843 ☐	机智 jīzhì	형 기지가 넘치다	机智
0844 ☐	基地 jīdì	명 근거지, 본거지, 거점	基地
0845 ☐	基金 jījīn	명 기금, 기본금	基金
0846 ☐	基因 jīyīn	명 유전자	基因
0847 ☐	激发 jīfā	동 (감정을) 불러일으키다, 끓어오르게 하다	激发
0848 ☐	激励 jīlì	동 격려하다, 복돋워 주다	激励
0849 ☐	激情 jīqíng	명 격정, 열정, 정열	激情
0850 ☐	及早 jízǎo	부 미리, 일찌감치, 서둘러서	及早

0851 ☑	吉祥 jíxiáng	형 상서롭다, 길하다, 운수가 좋다	吉祥
0852 ☐	级别 jíbié	명 등급, 단계, 계급	级别
0853 ☐	极端 jíduān	명 극단 형 극단적인, 극도의	极端
0854 ☐	极限 jíxiàn	명 극한, 궁극의 한계, 최대 한도	极限
0855 ☐	即便 jíbiàn	접 설령 ~하더라도	即便
0856 ☐	即将 jíjiāng	부 곧, 머지않아	即将
0857 ☐	急功近利 jígōng jìnlì	성 눈앞의 성공과 이익에만 급급하다	急功近利
0858 ☐	急剧 jíjù	형 급격하다, 급속하다	急剧
0859 ☐	急切 jíqiè	형 절박하다, 다급하다	急切
0860 ☐	急于求成 jíyú qiúchéng	성 객관적인 조건을 무시하고 서둘러 목적을 달성하려 하다	急于求成
0861 ☐	急躁 jízào	형 조바심내다, 초조해하다	急躁
0862 ☐	疾病 jíbìng	명 병, 질병	疾病
0863 ☐	集团 jítuán	명 집단, 단체, 무리	集团
0864 ☐	嫉妒 jídù	동 질투하다, 시기하다	嫉妒
0865 ☐	籍贯 jíguàn	명 본적, 출생지, 고향	籍贯
0866 ☐	给予 jǐyǔ	동 주다, 부여하다	给予
0867 ☐	计较 jìjiào	동 따지다, 계산하여 비교하다	计较

0868 ☑	记性 jìxing	몡 기억력	记性
0869 ☐	记载 jìzǎi	통 기재하다, 기록하다	记载
0870 ☐	纪要 jìyào	몡 기요, 요록	纪要
0871 ☐	技巧 jìqiǎo	몡 기교, 기예	技巧
0872 ☐	忌讳 jìhuì	통 금기하다, 꺼리다	忌讳
0873 ☐	季度 jìdù	몡 사분기, 분기	季度
0874 ☐	季军 jìjūn	몡 (운동 경기 등에서) 3등	季军
0875 ☐	迹象 jìxiàng	몡 흔적, 자취, 형적	迹象
0876 ☐	继承 jìchéng	통 상속하다, 계승하다	继承
0877 ☐	寄托 jìtuō	통 기탁하다, 의탁하다, 맡기다	寄托
0878 ☐	寂静 jìjìng	혱 조용하다, 고요하다	寂静
0879 ☐	加工 jiāgōng	통 가공하다	加工
0880 ☐	加剧 jiājù	통 격화되다, 악화되다	加剧
0881 ☐	夹杂 jiāzá	통 혼합하다, 뒤섞다	夹杂
0882 ☐	佳肴 jiāyáo	몡 맛있는 요리	佳肴
0883 ☐	家常 jiācháng	몡 가정의 일상 생활, 일상적인 일	家常
0884 ☐	家伙 jiāhuo	몡 놈, 녀석	家伙

0885 ☑	家属 jiāshǔ	몡 가족	家属
0886 ☐	家喻户晓 jiāyù hùxiǎo	솅 집집마다 다 알다	家喻户晓
0887 ☐	尖端 jiānduān	몡 첨단, 물체의 뾰족한 끝 휑 첨단의	尖端
0888 ☐	尖锐 jiānruì	휑 날카롭다, 예리하다	尖锐
0889 ☐	坚定 jiāndìng	휑 확고부동하다, 결연하다	坚定
0890 ☐	坚固 jiāngù	휑 견고하다, 튼튼하다, 견실하다	坚固
0891 ☐	坚韧 jiānrèn	휑 단단하고 질기다, 완강하다	坚韧
0892 ☐	坚实 jiānshí	휑 견고하다, 건장하다	坚实
0893 ☐	坚硬 jiānyìng	휑 단단하다, 견고하다	坚硬
0894 ☐	艰难 jiānnán	휑 곤란하다, 어렵다	艰难
0895 ☐	监督 jiāndū	동 감독하다	监督
0896 ☐	监视 jiānshì	동 감시하다	监视
0897 ☐	监狱 jiānyù	몡 교도소, 감옥	监狱
0898 ☐	煎 jiān	동 부치다, 지지다	煎
0899 ☐	拣 jiǎn	동 간택하다, 줍다	拣
0900 ☐	检讨 jiǎntǎo	동 검토하다, 깊이 반성하다	检讨
0901 ☐	检验 jiānyàn	동 검증하다, 검사하다	检验

0902 ☑	剪彩 jiǎncǎi	동 (개막식·개통식 등에서) 테이프를 끊다	剪彩
0903 ☐	简化 jiǎnhuà	동 간소화하다, 간략하게 만들다	简化
0904 ☐	简陋 jiǎnlòu	형 초라하다, 조촐하다, 허술하다	简陋
0905 ☐	简体字 jiǎntǐzì	명 간화자, 간체자	简体字
0906 ☐	简要 jiǎnyào	형 간요하다, 간단명료하다	简要
0907 ☐	见多识广 jiànduō shíguǎng	성 보고 들은 것이 많고 식견도 많다	见多识广
0908 ☐	见解 jiànjiě	명 견해, 소견	见解
0909 ☐	见闻 jiànwén	명 견문, 문견	见闻
0910 ☐	见义勇为 jiànyì yǒngwéi	성 정의로운 일을 보고 용감하게 뛰어들다	见义勇为
0911 ☐	间谍 jiàndié	명 간첩	间谍
0912 ☐	间隔 jiàngé	동 간격을 두다, 띄우다 명 간격, 사이	间隔
0913 ☐	间接 jiànjiē	형 간접적인	间接
0914 ☐	剑 jiàn	명 검, 큰 칼	剑
0915 ☐	健全 jiànquán	형 건강하고 온전하다, 완벽하다	健全
0916 ☐	舰艇 jiàntǐng	명 함정	舰艇
0917 ☐	践踏 jiàntà	동 밟다, 디디다	践踏
0918 ☐	溅 jiàn	동 (액체가) 튀다	溅

0919 ☑	鉴别 jiànbié	图 감별하다, 변별하다	鉴别
0920 ☐	鉴定 jiàndìng	图 감정하다, 평가하다	鉴定
0921 ☐	鉴于 jiànyú	刑 ~에 비추어 보아	鉴于
0922 ☐	将近 jiāngjìn	早 거의 ~에 이르다	将近
0923 ☐	将就 jiāngjiu	图 우선 아쉬운 대로 참고 견디다	将就
0924 ☐	将军 jiāngjūn	명 장군, 장성	将军
0925 ☐	僵硬 jiāngyìng	형 뻣뻣하다, 융통성이 없다	僵硬
0926 ☐	奖励 jiǎnglì	图 장려하다, 표창하다	奖励
0927 ☐	奖赏 jiǎngshǎng	图 상을 주다, 포상하다	奖赏
0928 ☐	奖 jiǎng	명 상	奖
0929 ☐	降临 jiànglín	图 도래하다, 일어나다	降临
0930 ☐	交叉 jiāochā	图 교차하다	交叉
0931 ☐	交代 jiāodài	图 설명하다, 인계하다	交代
0932 ☐	交涉 jiāoshè	图 교섭하다, 협상하다	交涉
0933 ☐	交易 jiāoyì	图 교역하다, 매매하다	交易
0934 ☐	娇气 jiāoqì	형 여리다, 유약하다	娇气
0935 ☐	焦点 jiāodiǎn	명 초점, 집중	焦点

0936 ☑	焦急 jiāojí	형 초조하다, 조급해하다	焦急
0937 ☐	角落 jiǎoluò	명 구석, 모퉁이	角落
0938 ☐	侥幸 jiǎoxìng	형 요행하다, 뜻밖에 운이 좋다	侥幸
0939 ☐	搅拌 jiǎobàn	동 휘저어 섞다, 반죽하다	搅拌
0940 ☐	缴纳 jiǎonà	동 납부하다, 납입하다	缴纳
0941 ☐	较量 jiàoliàng	동 겨루다, 대결하다, 경쟁하다	较量
0942 ☐	教养 jiàoyǎng	명 교양	教养
0943 ☐	阶层 jiēcéng	명 층, 계층	阶层
0944 ☐	皆 jiē	부 모두, 전부, 다	皆
0945 ☐	接连 jiēlián	부 연거푸, 연이어	接连
0946 ☐	揭露 jiēlù	동 폭로하다, 까발리다	揭露
0947 ☐	节制 jiézhì	동 지휘 통솔하다, 통제 관리하다	节制
0948 ☐	节奏 jiézòu	명 리듬, 박자	节奏
0949 ☐	杰出 jiéchū	형 남보다 뛰어난, 출중한	杰出
0950 ☐	结晶 jiéjīng	명 결정, 소중한 성과	结晶
0951 ☐	结局 jiéjú	명 결말, 결과	结局
0952 ☐	结算 jiésuàn	동 결산하다	结算

0953 ☑	截止 jiézhǐ	동 마감하다, 일단락짓다	截止
0954 ☐	截至 jiézhì	동 ~까지 마감이다, ~에 이르다	截至
0955 ☐	竭尽全力 jiéjìn quánlì	성 모든 힘을 다 기울이다	竭尽全力
0956 ☐	解除 jiěchú	동 없애다, 제거하다, 해소하다	解除
0957 ☐	解放 jiěfàng	동 해방하다, 속박에서 벗어나다	解放
0958 ☐	解雇 jiěgù	동 해고하다	解雇
0959 ☐	解剖 jiěpōu	동 해부하다	解剖
0960 ☐	解散 jiěsàn	동 해산하다, 흩어지다	解散
0961 ☐	解体 jiětǐ	동 해체하다, 붕괴하다	解体
0962 ☐	戒备 jièbèi	동 경비하다, 경계하다	戒备
0963 ☐	界限 jièxiàn	명 경계	界限
0964 ☐	借鉴 jièjiàn	동 참고로 하다, 본보기로 삼다	借鉴
0965 ☐	借助 jièzhù	동 도움을 빌다, ~의 힘을 빌리다	借助
0966 ☐	金融 jīnróng	명 금융	金融
0967 ☐	津津有味 jīnjīn yǒuwèi	성 흥미진진하다	津津有味
0968 ☐	紧迫 jǐnpò	형 급박하다, 긴박하다	紧迫
0969 ☐	锦上添花 jǐnshàng tiānhuā	성 좋은 일에 또 좋은 일이 더해지다	锦上添花

0970 ☑	进而 jìn'ér	접 더 나아가, 진일보하여	进而
0971 ☐	进攻 jìngōng	동 공격하다, 진공하다	进攻
0972 ☐	进化 jìnhuà	동 진화하다	进化
0973 ☐	进展 jìnzhǎn	명 진전	进展
0974 ☐	近来 jìnlái	명 근래, 요즘, 최근	近来
0975 ☐	晋升 jìnshēng	동 승진하다, 진급하다	晋升
0976 ☐	浸泡 jìnpào	동 담그다, 잠그다	浸泡
0977 ☐	茎 jīng	명 식물의 줄기	茎
0978 ☐	经费 jīngfèi	명 경비, 비용	经费
0979 ☐	经纬 jīngwěi	명 경도와 위도	经纬
0980 ☐	惊动 jīngdòng	동 놀라게 하다, 시끄럽게 하다	惊动
0981 ☐	惊奇 jīngqí	형 놀라며 의아해하다	惊奇
0982 ☐	惊讶 jīngyà	형 의아스럽다, 놀랍다	惊讶
0983 ☐	兢兢业业 jīngjīng yèyè	성 근면하고 성실하게 업무에 임하다	兢兢业业
0984 ☐	精打细算 jīngdǎ xìsuàn	성 세밀하게 계산하다, 면밀하게 계획하다	精打细算
0985 ☐	精华 jīnghuá	명 정화, 정수	精华
0986 ☐	精简 jīngjiǎn	동 간소화하다, 정밀하게 골라 뽑다	精简

0987 ☑	精密 jīngmì	형 정밀하다	精密
0988 ☐	精确 jīngquè	형 정확하다	精确
0989 ☐	精通 jīngtōng	동 정통하다, 통달하다	精通
0990 ☐	精心 jīngxīn	형 정성을 들이다	精心
0991 ☐	精益求精 jīngyì qiújīng	성 훌륭하지만 더욱 완벽을 추구하다	精益求精
0992 ☐	精致 jīngzhì	형 정교하고 치밀하다	精致
0993 ☐	井 jǐng	명 우물	井
0994 ☐	颈椎 jǐngzhuī	명 경추, 목등뼈	颈椎
0995 ☐	警告 jǐnggào	동 경고하다	警告
0996 ☐	警惕 jǐngtì	동 경계하다, 경계심을 갖다	警惕
0997 ☐	竞赛 jìngsài	동 경쟁하다, 경기하다	竞赛
0998 ☐	竞选 jìngxuǎn	동 선거운동을 하다	竞选
0999 ☐	敬礼 jìnglǐ	동 경례하다	敬礼
1000 ☐	敬业 jìngyè	동 자기의 일에 최선을 다하다, 직업 의식이 투철하다	敬业
1001 ☐	境界 jìngjiè	명 경계	境界
1002 ☐	镜头 jìngtóu	명 렌즈, 장면	镜头
1003 ☐	纠纷 jiūfēn	명 다툼, 분쟁, 분규	纠纷

1004 ☑	纠正 jiūzhèng	图 교정하다, 고치다, 바로잡다	纠正
1005 ☐	酒精 jiǔjīng	명 알코올	酒精
1006 ☐	救济 jiùjì	图 구제하다	救济
1007 ☐	就近 jiùjìn	閉 가까운 곳에, 근방에	就近
1008 ☐	就业 jiùyè	图 취직하다, 취업하다	就业
1009 ☐	就职 jiùzhí	图 부임하다, 취임하다	就职
1010 ☐	拘留 jūliú	图 구류하다	拘留
1011 ☐	拘束 jūshù	형 거북하다, 어색하다	拘束
1012 ☐	居民 jūmín	명 주민, 거주민	居民
1013 ☐	居住 jūzhù	图 거주하다	居住
1014 ☐	鞠躬 jūgōng	图 허리를 굽혀 절하다	鞠躬
1015 ☐	局部 júbù	명 일부분	局部
1016 ☐	局面 júmiàn	명 국면, 형세	局面
1017 ☐	局势 júshì	명 국세, 국면	局势
1018 ☐	局限 júxiàn	图 국한하다, 한정하다, 제한하다	局限
1019 ☐	咀嚼 jǔjué	图 씹다	咀嚼
1020 ☐	沮丧 jǔsàng	형 낙담하다, 풀이 죽다	沮丧

1021 ☑	举动 jǔdòng	몡 거동, 행동, 동작	举动
1022 ☐	举世瞩目 jǔshì zhǔmù	셍 전세계 사람들이 주목하다	举世瞩目
1023 ☐	举足轻重 jǔzú qīngzhòng	셍 일거수일투족이 전체에 중대한 영향을 끼치다	举足轻重
1024 ☐	剧本 jùběn	몡 극본, 각본, 대본	剧本
1025 ☐	剧烈 jùliè	혱 극렬하다, 격렬하다	剧烈
1026 ☐	据悉 jùxī	동 아는 바에 의하면 ~라고 하다	据悉
1027 ☐	聚精会神 jùjīng huìshén	셍 정신을 집중하다	聚精会神
1028 ☐	卷 juǎn	얭 두루마리로 된 것을 세는 단위	卷
1029 ☐	决策 juécè	몡 결정된 책략	决策
1030 ☐	觉悟 juéwù	동 깨닫다, 자각하다 몡 각오, 의식, 각성	觉悟
1031 ☐	觉醒 juéxǐng	동 각성하다, 깨닫다	觉醒
1032 ☐	绝望 juéwàng	동 절망하다	绝望
1033 ☐	倔强 juéjiàng	혱 고집이 세다	倔强
1034 ☐	军队 jūnduì	몡 군대	军队
1035 ☐	君子 jūnzǐ	몡 군자, 학식과 덕망이 높은 사람	君子

K

1036 ☐	卡通 kǎtōng	몡 만화, 카툰	卡通
1037 ☐	开采 kāicǎi	동 채굴하다, 발굴하다	开采
1038 ☐	开除 kāichú	동 해고하다, 제명하다, 자르다	开除
1039 ☐	开阔 kāikuò	형 넓다, 광활하다	开阔
1040 ☐	开朗 kāilǎng	형 트이다, 명랑하다, 활달하다	开朗
1041 ☐	开明 kāimíng	형 진보적이다, (생각이) 깨어있다	开明
1042 ☐	开辟 kāipì	동 개통하다, 개발하다	开辟
1043 ☐	开拓 kāituò	동 개척하다, 개간하다	开拓
1044 ☐	开展 kāizhǎn	동 전개하다, 펼치다, 넓히다	开展
1045 ☐	开支 kāizhī	몡 지출, 비용, 지불	开支
1046 ☐	刊登 kāndēng	동 게재하다, 싣다, 등재하다	刊登
1047 ☐	刊物 kānwù	몡 간행물, 출판물	刊物
1048 ☐	勘探 kāntàn	동 탐사하다, 조사하다	勘探
1049 ☐	侃侃而谈 kǎnkǎn értán	성 당당하고 차분하게 말하다	侃侃而谈
1050 ☐	砍伐 kǎnfá	동 나무를 베다, 벌목하다	砍伐
1051 ☐	看待 kàndài	동 대하다, 다루다, 취급하다	看待

1052 ☑	慷慨 kāngkǎi	혱 강개하다, 후하다, 아끼지 않다	慷慨
1053 ☐	扛 káng	동 (어깨에) 메다	扛
1054 ☐	抗议 kàngyì	동 항의하다	抗议
1055 ☐	考察 kǎochá	동 정밀히 관찰하다, 시찰하다	考察
1056 ☐	考古 kǎogǔ	동 고고학을 연구하다	考古
1057 ☐	考核 kǎohé	동 심사하다	考核
1058 ☐	考验 kǎoyàn	동 시험하다, 검증하다	考验
1059 ☐	靠拢 kàolǒng	동 (간격을) 좁히다, 접근하다	靠拢
1060 ☐	科目 kēmù	명 과목, 항목	科目
1061 ☐	磕 kē	동 부딪치다, 털다	磕
1062 ☐	可观 kěguān	혱 대단하다, 굉장하다	可观
1063 ☐	可口 kěkǒu	혱 맛있다, 입에 맞다	可口
1064 ☐	可恶 kěwù	혱 밉다, 밉살스럽다, 싫다	可恶
1065 ☐	可行 kěxíng	혱 실행할 만하다, 가능하다	可行
1066 ☐	渴望 kěwàng	동 갈망하다, 간절히 바라다	渴望
1067 ☐	克制 kèzhì	동 억제하다, 자제하다	克制
1068 ☐	刻不容缓 kèbù rónghuǎn	성 잠시도 늦출 수 없다	刻不容缓

1069 ☑	客户 kèhù	몡 거래처, 바이어	客户
1070 ☐	课题 kètí	몡 과제, 프로젝트	课题
1071 ☐	恳切 kěnqiè	혭 간절하다, 간곡하다	恳切
1072 ☐	啃 kěn	동 물어뜯다, 뜯어먹다	啃
1073 ☐	坑 kēng	몡 구멍, 구덩이, 웅덩이	坑
1074 ☐	空洞 kōngdòng	혭 내용이 없다, 공허하다	空洞
1075 ☐	空前绝后 kōngqián juéhòu	셩 전무후무하다	空前绝后
1076 ☐	空想 kōngxiǎng	동 공상하다	空想
1077 ☐	空虚 kōngxū	혭 공허하다, 텅 비다	空虚
1078 ☐	孔 kǒng	몡 구멍	孔
1079 ☐	恐怖 kǒngbù	혭 공포를 느끼다, 무섭다	恐怖
1080 ☐	恐吓 kǒnghè	동 으르다, 위협하다, 협박하다	恐吓
1081 ☐	恐惧 kǒngjù	혭 겁먹다, 두려워하다	恐惧
1082 ☐	空白 kòngbái	몡 공백, 여백	空白
1083 ☐	空隙 kòngxì	몡 틈, 간격, 공간	空隙
1084 ☐	口气 kǒuqì	몡 어조, 말투	口气
1085 ☐	口腔 kǒuqiāng	몡 구강	口腔

1086 ☑	口头 kǒutóu	형 구두로 표현하다, 말로 나타내다	口头
1087 ☐	口音 kǒuyīn	명 어투, 말투	口音
1088 ☐	扣 kòu	동 걸다, 압류하다, 공제하다	扣
1089 ☐	枯萎 kūwěi	형 (꽃·잎이) 메말라 있다	枯萎
1090 ☐	枯燥 kūzào	형 무미건조하다	枯燥
1091 ☐	哭泣 kūqì	동 흐느껴 울다	哭泣
1092 ☐	苦尽甘来 kǔjìn gānlái	성 고생 끝에 낙이 온다	苦尽甘来
1093 ☐	苦涩 kǔsè	형 씁쓸하고 떫다, 괴롭다	苦涩
1094 ☐	挎 kuà	동 (팔에) 걸다, 끼다	挎
1095 ☐	跨 kuà	동 뛰어넘다, 건너뛰다	跨
1096 ☐	快活 kuàihuo	형 즐겁다, 유쾌하다	快活
1097 ☐	宽敞 kuānchang	형 넓다, 드넓다	宽敞
1098 ☐	宽容 kuānróng	형 너그럽다, 포용력이 있다	宽容
1099 ☐	款待 kuǎndài	동 환대하다, 정성껏 대접하다	款待
1100 ☐	款式 kuǎnshì	명 스타일, 타입, 양식	款式
1101 ☐	筐 kuāng	명 광주리, 바구니	筐
1102 ☐	旷课 kuàngkè	동 무단 결석하다, 수업을 빼먹다	旷课

1103 ☑	况且 kuàngqiě	접 게다가, 더구나	况且
1104 ☐	矿产 kuàngchǎn	명 광산물	矿产
1105 ☐	框架 kuàngjià	명 뼈대, 구조	框架
1106 ☐	亏待 kuīdài	동 푸대접하다, 부당하게 대하다	亏待
1107 ☐	亏损 kuīsǔn	동 결손나다, 쇠약하다	亏损
1108 ☐	捆绑 kǔnbǎng	동 줄로 묶다	捆绑
1109 ☐	扩充 kuòchōng	동 확충하다, 늘리다	扩充
1110 ☐	扩散 kuòsàn	동 확산하다, 퍼뜨리다	扩散
1111 ☐	扩张 kuòzhāng	동 확장하다, 넓히다	扩张

L

1112 ☐	喇叭 lǎba	명 나팔	喇叭
1113 ☐	蜡烛 làzhú	명 양초	蜡烛
1114 ☐	啦 la	조 문장 끝에서 사건의 완성, 변화 등을 나타냄	啦
1115 ☐	来历 láilì	명 경력, 배경, 내력	来历
1116 ☐	来源 láiyuán	동 기원하다, 유래하다 명 근원, 출처	来源
1117 ☐	栏目 lánmù	명 항목	栏目

1118 ☑	懒惰 lǎnduò	형 게으르다, 나태하다	懒惰
1119 ☐	狼狈 lángbèi	형 매우 난처하다, 공모하다	狼狈
1120 ☐	狼吞虎咽 lángtūn hǔyàn	성 게걸스럽게 먹다	狼吞虎咽
1121 ☐	捞 lāo	동 건지다, (부정한 수단으로) 얻다	捞
1122 ☐	牢固 láogù	형 견고하다, 든든하다, 탄탄하다	牢固
1123 ☐	牢骚 láosāo	명 불평, 불만, 넋두리	牢骚
1124 ☐	唠叨 láodao	동 잔소리하다, 되풀이하여 말하다	唠叨
1125 ☐	乐趣 lèqù	명 즐거움, 기쁨, 재미	乐趣
1126 ☐	乐意 lèyì	동 기꺼이 ~하다 형 만족하다, 유쾌하다	乐意
1127 ☐	雷达 léidá	명 레이더, 전파 탐지기	雷达
1128 ☐	类似 lèisì	동 유사하다, 비슷하다	类似
1129 ☐	冷酷 lěngkù	형 냉혹하다, 잔인하다	冷酷
1130 ☐	冷落 lěngluò	동 냉대하다, 푸대접하다	冷落
1131 ☐	冷却 lěngquè	동 냉각하다, 냉각되다	冷却
1132 ☐	愣 lèng	동 멍해지다, 얼빠지다	愣
1133 ☐	黎明 límíng	명 여명, 동틀 무렵	黎明
1134 ☐	礼节 lǐjié	명 예절	礼节

1135 ☑	礼尚往来 lǐshàng wǎnglái	성 오는 정이 있으면 가는 정이 있다	礼尚往来
1136 ☐	里程碑 lǐchéngbēi	명 이정표, 기념비적 사건	里程碑
1137 ☐	理睬 lǐcǎi	동 상대하다, 거들떠보다	理睬
1138 ☐	理所当然 lǐsuǒ dāngrán	성 도리로 보아 당연하다	理所当然
1139 ☐	理直气壮 lǐzhí qìzhuàng	성 이유가 충분하여 하는 말이 당당하다	理直气壮
1140 ☐	理智 lǐzhì	형 냉정하다, 침착하다	理智
1141 ☐	力求 lìqiú	동 온갖 노력을 디하다, 몹시 애쓰다	力求
1142 ☐	力所能及 lìsuǒ néngjí	성 자기 능력으로 해낼 수 있다	力所能及
1143 ☐	力争 lìzhēng	동 매우 노력하다, 격렬하게 논쟁하다	力争
1144 ☐	历代 lìdài	명 역대, 대대	历代
1145 ☐	历来 lìlái	부 줄곧, 항상, 언제나	历来
1146 ☐	立场 lìchǎng	명 입장, 태도, 관점	立场
1147 ☐	立方 lìfāng	양 세제곱	立方
1148 ☐	立交桥 lìjiāoqiáo	명 입체 교차로	立交桥
1149 ☐	立体 lìtǐ	형 입체의	立体
1150 ☐	立足 lìzú	동 발붙이다, 몸을 의탁하다	立足
1151 ☐	利害 lìhai	명 이해, 이익과 손해	利害

1152 ☑	例外 lìwài	몡 예외, 예외적인 상황	例外
1153 ☐	粒 lì	양 알, 톨, 발	粒
1154 ☐	连年 liánnián	동 여러 해 동안 계속되다	连年
1155 ☐	连锁 liánsuǒ	혱 연쇄적이다, 이어지다	连锁
1156 ☐	连同 liántóng	접 ~과 함께, ~과 같이	连同
1157 ☐	联欢 liánhuān	동 함께 모여 즐기다, 친목을 맺다	联欢
1158 ☐	联络 liánluò	동 연락하다, 접촉하다	联络
1159 ☐	联盟 liánméng	몡 연맹, 동맹	联盟
1160 ☐	联想 liánxiǎng	동 연상하다	联想
1161 ☐	廉洁 liánjié	혱 청렴결백하다	廉洁
1162 ☐	良心 liángxīn	몡 양심	良心
1163 ☐	谅解 liàngjiě	동 양해하다, 이해하여 주다	谅解
1164 ☐	晾 liàng	동 말리다	晾
1165 ☐	辽阔 liáokuò	혱 아득히 멀고 광활하다	辽阔
1166 ☐	列举 lièjǔ	동 열거하다	列举
1167 ☐	临床 línchuáng	동 치료하다	临床
1168 ☐	淋 lín	동 젖다, 끼얹다	淋

71

1169 ☑	吝啬 lìnsè	혱 인색하다, 쩨쩨하다	吝啬
1170 ☐	伶俐 línglì	혱 영리하다, (말주변이) 뛰어나다	伶俐
1171 ☐	灵感 línggǎn	명 영감	灵感
1172 ☐	灵魂 línghún	명 영혼, 정신	灵魂
1173 ☐	灵敏 língmǐn	혱 영민하다, 재빠르다	灵敏
1174 ☐	凌晨 língchén	명 새벽녘, 이른 아침	凌晨
1175 ☐	零星 língxīng	혱 자질구레하다, 자잘하다	零星
1176 ☐	领会 lǐnghuì	동 깨닫다, 이해하다, 파악하다	领会
1177 ☐	领事馆 lǐngshìguǎn	명 영사관	领事馆
1178 ☐	领土 lǐngtǔ	명 영토, 국토	领土
1179 ☐	领悟 lǐngwù	동 깨닫다, 이해하다, 납득하다	领悟
1180 ☐	领先 lǐngxiān	동 앞장서다, 선두에 서다	领先
1181 ☐	领袖 lǐngxiù	명 영수, 지도자, 영도인	领袖
1182 ☐	溜 liū	동 미끄러지다, 활강하다	溜
1183 ☐	留恋 liúliàn	동 차마 떠나지 못하다, 미련을 두다	留恋
1184 ☐	留念 liúniàn	동 기념으로 남기다, 기념으로 삼다	留念
1185 ☐	留神 liúshén	동 주의하다, 조심하다	留神

1186 ☑	流浪 liúlàng	동 유랑하다, 방랑하다	流浪
1187 ☐	流露 liúlù	동 무심코 드러내다	流露
1188 ☐	流氓 liúmáng	명 건달, 깡패, 불량배	流氓
1189 ☐	流通 liútōng	동 유통하다, 널리 퍼지다	流通
1190 ☐	聋哑 lóngyǎ	형 귀가 먹고 말도 못하다	聋哑
1191 ☐	隆重 lóngzhòng	형 성대하다, 성대하고 장중하다	隆重
1192 ☐	垄断 lǒngduàn	동 농단하다, 독점하다, 마음대로 하다	垄断
1193 ☐	笼罩 lǒngzhào	동 덮어 씌우다, 뒤덮다	笼罩
1194 ☐	搂 lǒu	동 (두 팔로) 껴안다	搂
1195 ☐	炉灶 lúzào	명 부뚜막	炉灶
1196 ☐	屡次 lǚcì	부 여러 번, 누차	屡次
1197 ☐	履行 lǚxíng	동 이행하다, 실행하다	履行
1198 ☐	掠夺 lüèduó	동 빼앗다, 강탈하다, 약탈하다	掠夺
1199 ☐	轮船 lúnchuán	명 증기선	轮船
1200 ☐	轮廓 lúnkuò	명 윤곽, 테두리	轮廓
1201 ☐	轮胎 lúntāi	명 타이어	轮胎
1202 ☐	论坛 lùntán	명 논단, 칼럼	论坛

1203 ☑	论证 lùnzhèng	통 논증하다	论证
1204 ☐	啰唆 luōsuo	형 말이 많다, 수다스럽다	啰唆
1205 ☐	络绎不绝 luòyì bùjué	성 왕래가 잦아 끊이지 않다	络绎不绝
1206 ☐	落成 luòchéng	통 준공되다, 낙성되다	落成
1207 ☐	落实 luòshí	통 실현되다, 구체화되다	落实

M

1208 ☐	麻痹 mábì	통 마비되다	麻痹
1209 ☐	麻木 mámù	형 마비되다, 저리다	麻木
1210 ☐	麻醉 mázuì	통 마취하다	麻醉
1211 ☐	码头 mǎtou	명 부두, 선창	码头
1212 ☐	蚂蚁 mǎyǐ	명 개미	蚂蚁
1213 ☐	嘛 ma	조 서술문 뒤에 쓰여 당연함을 나타냄	嘛
1214 ☐	埋伏 máifú	통 잠복하다, 숨다	埋伏
1215 ☐	埋没 máimò	통 매몰하다, 묻다	埋没
1216 ☐	埋葬 máizàng	통 (시체를) 묻다, 매장하다	埋葬
1217 ☐	迈 mài	통 내딛다	迈

1218 ☑	脉搏 màibó	몡 맥박, 변화 상태나 상황	脉搏
1219 ☐	埋怨 mányuàn	동 탓하다, 불평하다	埋怨
1220 ☐	蔓延 mànyán	동 만연하다	蔓延
1221 ☐	漫长 màncháng	혱 (시간·공간이) 길다, 지루하다	漫长
1222 ☐	漫画 mànhuà	몡 만화	漫画
1223 ☐	慢性 mànxìng	혱 만성의	慢性
1224 ☐	忙碌 mánglù	혱 바쁘다, 눈코 뜰 새 없다	忙碌
1225 ☐	盲目 mángmù	혱 맹목적인, 무작정	盲目
1226 ☐	茫茫 mángmáng	혱 아득하다, 망망하다	茫茫
1227 ☐	茫然 mángrán	혱 망연하다, 막연하다	茫然
1228 ☐	茂盛 màoshèng	혱 (식물이) 우거지다, 번창하다	茂盛
1229 ☐	冒充 màochōng	동 사칭하다, 가장하다	冒充
1230 ☐	冒犯 màofàn	동 (상대에게) 무례하다, 실례하다	冒犯
1231 ☐	枚 méi	양 매, 장, 개(비교적 작은 조각으로 된 사물을 세는 단위)	枚
1232 ☐	媒介 méijiè	몡 매개물, 매개체	媒介
1233 ☐	美观 měiguān	혱 (형식·구성 등이) 보기 좋다	美观
1234 ☐	美满 měimǎn	혱 아름답고 원만하다	美满

1235 ☑	美妙 měimiào	형 아름답다, 훌륭하다	美妙
1236 ☐	萌芽 méngyá	동 싹트다, 움트다, 발아하다	萌芽
1237 ☐	猛烈 měngliè	형 맹렬하다, 세차다	猛烈
1238 ☐	眯 mī	동 실눈을 뜨다, 눈을 가늘게 뜨다	眯
1239 ☐	弥补 míbǔ	동 메우다, 보충하다	弥补
1240 ☐	弥漫 mímàn	동 자욱하다, 가득하다	弥漫
1241 ☐	迷惑 míhuò	형 구별하시 못하다	迷惑
1242 ☐	迷人 mírén	형 사람을 홀리다, 마음이 끌리다	迷人
1243 ☐	迷信 míxìn	동 미신을 믿다	迷信
1244 ☐	谜语 míyǔ	명 수수께끼	谜语
1245 ☐	密度 mìdù	명 밀도	密度
1246 ☐	密封 mìfēng	동 밀봉하다, 밀폐하다	密封
1247 ☐	棉花 miánhuā	명 목화의 통칭, 솜	棉花
1248 ☐	免得 miǎnde	접 ~하지 않도록, ~않기 위해서	免得
1249 ☐	免疫 miǎnyì	동 면역이 되다	免疫
1250 ☐	勉励 miǎnlì	동 면려하다, 고무하다, 격려하다	勉励
1251 ☐	勉强 miǎnqiǎng	형 간신히 ~하다, 내키지 않다	勉强

1252 ☑	面貌 miànmào	몡 용모, 생김새	面貌
1253 ☐	面子 miànzi	몡 체면, 면목	面子
1254 ☐	描绘 miáohuì	동 베끼다, 그리다, 묘사하다	描绘
1255 ☐	瞄准 miáozhǔn	동 겨냥하다, 조준하다	瞄准
1256 ☐	渺小 miǎoxiǎo	혱 매우 작다, 보잘것없다	渺小
1257 ☐	藐视 miǎoshì	동 경시하다, 얕보다, 깔보다	藐视
1258 ☐	灭亡 mièwáng	동 멸망하다	灭亡
1259 ☐	蔑视 mièshì	동 멸시하다, 깔보다, 업신여기다	蔑视
1260 ☐	民间 mínjiān	몡 민간, 비공식적	民间
1261 ☐	民主 mínzhǔ	혱 민주적이다	民主
1262 ☐	敏捷 mǐnjié	혱 민첩하다, 빠르다	敏捷
1263 ☐	敏锐 mǐnruì	혱 빠르다, 예민하다	敏锐
1264 ☐	名次 míngcì	몡 석차, 순위, 등수	名次
1265 ☐	名额 míng'é	몡 정원, 인원 수	名额
1266 ☐	名副其实 míngfù qíshí	젱 명성과 실상이 서로 부합되다	名副其实
1267 ☐	名誉 míngyù	몡 명예, 명성	名誉
1268 ☐	明明 míngmíng	뷔 분명히, 명백히	明明

1269 ☑	明智 míngzhì	혱 총명하다, 현명하다	明智
1270 ☐	命名 mìngmíng	동 명명하다, 이름짓다	命名
1271 ☐	摸索 mōsuǒ	동 모색하다, 탐색하다	摸索
1272 ☐	模范 mófàn	혱 모범적인, 모범이 되는	模范
1273 ☐	模式 móshì	명 모식, 양식, 패턴	模式
1274 ☐	模型 móxíng	명 모형, 모본	模型
1275 ☐	膜 mó	명 막, 막과 같이 얇은 불질	膜
1276 ☐	摩擦 mócā	동 마찰하다, 비비다	摩擦
1277 ☐	磨合 móhé	동 길들다, 조화하다	磨合
1278 ☐	魔鬼 móguǐ	명 마귀, 악마, 사탄	魔鬼
1279 ☐	魔术 móshù	명 마술	魔术
1280 ☐	抹杀 mǒshā	동 말살하다, 없애다, 지우다	抹杀
1281 ☐	莫名其妙 mòmíngqímiào	성 영문을 알 수 없다	莫名其妙
1282 ☐	墨水 mòshuǐ	명 먹물, 잉크	墨水
1283 ☐	默默 mòmò	부 묵묵히, 말없이, 소리 없이	默默
1284 ☐	谋求 móuqiú	동 강구하다, 모색하다	谋求
1285 ☐	模样 múyàng	명 모양, 모습, 형상	模样

1286 ☑	母语 mǔyǔ	몡 모국어, 모어	母语
1287 ☐	目睹 mùdǔ	동 직접 보다	目睹
1288 ☐	目光 mùguāng	몡 시선, 눈길	目光
1289 ☐	沐浴 mùyù	동 목욕하다, 혜택을 입다	沐浴

N

1290 ☐	拿手 náshǒu	형 뛰어나다, 능하다, 자신있다	拿手
1291 ☐	纳闷儿 nàmènr	동 답답하다, 갑갑해하다	纳闷儿
1292 ☐	耐用 nàiyòng	형 오래 쓸 수 있다, 질기다	耐用
1293 ☐	南辕北辙 nányuán běizhé	성 하는 행동과 목적이 상반되다	南辕北辙
1294 ☐	难得 nándé	형 얻기 어렵다, 하기 쉽지 않다	难得
1295 ☐	难堪 nánkān	형 난감하다, 난처하다	难堪
1296 ☐	难能可贵 nánnéng kěguì	성 쉽지 않은 일을 해내어 대견스럽다	难能可贵
1297 ☐	恼火 nǎohuǒ	형 견딜 수 없다, 짜증나다	恼火
1298 ☐	内涵 nèihán	몡 내포, 의미	内涵
1299 ☐	内幕 nèimù	몡 내막, 속사정	内幕
1300 ☐	内在 nèizài	형 내재적인, 내재하는	内在

1301 ☑	能量 néngliàng	명 (사람이 가지고 있는) 능력, 역량	能量
1302 ☐	拟定 nǐdìng	동 입안하다, 초안을 세우다	拟定
1303 ☐	逆行 nìxíng	동 역행하다	逆行
1304 ☐	年度 niándù	명 연도	年度
1305 ☐	捏 niē	동 손가락으로 집다, 빚어 만들다	捏
1306 ☐	凝固 nínggù	동 응고하다, 굳어지다	凝固
1307 ☐	凝聚 níngjù	동 맺히다, 응집하다	凝聚
1308 ☐	凝视 níngshì	동 주목하다, 눈여겨보다	凝视
1309 ☐	拧 nǐng	동 틀다, 뒤바뀌다	拧
1310 ☐	宁肯 nìngkěn	부 차라리 ~할지언정, 설령 ~할지라도	宁肯
1311 ☐	宁愿 nìngyuàn	부 차라리 ~할지언정, 설령 ~할지라도	宁愿
1312 ☐	扭转 niǔzhuǎn	동 교정하다, 바로잡다, 시정하다	扭转
1313 ☐	纽扣 niǔkòu	명 단추	纽扣
1314 ☐	农历 nónglì	명 음력	农历
1315 ☐	浓厚 nónghòu	형 (기체 따위가) 짙다, 농후하다	浓厚
1316 ☐	奴隶 núlì	명 노예	奴隶
1317 ☐	虐待 nüèdài	동 학대하다	虐待

1318 ☑	挪 nuó	동 옮기다, 움직이다, 변경하다	挪

O

1319 ☐	哦 ò	감 아!, 오!(어떤 사실이나 상황을 깨달았음을 나타냄)	哦
1320 ☐	殴打 ōudǎ	동 구타하다	殴打
1321 ☐	呕吐 ǒutù	동 구토하다	呕吐
1322 ☐	偶像 ǒuxiàng	명 우상, 미신 등의 대상물	偶像

P

1323 ☐	趴 pā	동 엎드리다	趴
1324 ☐	排斥 páichì	동 배척하다	排斥
1325 ☐	排除 páichú	동 제거하다, 없애다	排除
1326 ☐	排放 páifàng	동 배출하다, 방류하다	排放
1327 ☐	排练 páiliàn	동 무대 연습을 하다, 리허설을 하다	排练
1328 ☐	徘徊 páihuái	동 배회하다, 주저하다	徘徊
1329 ☐	派别 pàibié	명 파, 파벌	派别
1330 ☐	派遣 pàiqiǎn	동 파견하다	派遣

1331 ☑	攀登 pāndēng	통 등반하다, 타고 오르다	攀登
1332 ☐	盘旋 pánxuán	통 선회하다, 빙빙 돌다, 맴돌다	盘旋
1333 ☐	判决 pànjué	통 판결하다, 선고하다	判决
1334 ☐	畔 pàn	명 가, 가장자리	畔
1335 ☐	庞大 pángdà	형 매우 크다, 방대하다, 거대하다	庞大
1336 ☐	抛弃 pāoqì	통 버리다, 포기하다	抛弃
1337 ☐	泡沫 pàomò	명 거품, 포말	泡沫
1338 ☐	培育 péiyù	통 기르다, 재배하다, 육성하다	培育
1339 ☐	配备 pèibèi	통 배치하다, 배분하다	配备
1340 ☐	配偶 pèi'ǒu	명 배필, 배우자, 반려자	配偶
1341 ☐	配套 pèitào	통 하나의 세트로 만들다, 조립하다	配套
1342 ☐	盆地 péndì	명 분지	盆地
1343 ☐	烹饪 pēngrèn	통 요리하다	烹饪
1344 ☐	捧 pěng	통 두 손으로 받쳐 들다, 남에게 아첨하다	捧
1345 ☐	批发 pīfā	통 도매하다	批发
1346 ☐	批判 pīpàn	통 비판하다, 지적하다, 질책하다	批判
1347 ☐	劈 pī	통 (도끼 등으로) 쪼개다, 금가다	劈

1348 ☑	皮革 pígé	몡 피혁, 가죽	皮革
1349 ☐	疲惫 píbèi	혱 대단히 피곤하다, 대단히 지치다	疲惫
1350 ☐	疲倦 píjuàn	혱 피곤하다, 늘어지다	疲倦
1351 ☐	屁股 pìgu	몡 엉덩이, (뒤)꽁무니	屁股
1352 ☐	譬如 pìrú	동 예를 들다	譬如
1353 ☐	偏差 piānchā	몡 편차, 오차, 잘못	偏差
1354 ☐	偏见 piānjiàn	몡 편견, 선입견	偏见
1355 ☐	偏僻 piānpì	혱 외지다, 궁벽하다, 구석지다	偏僻
1356 ☐	偏偏 piānpiān	뷔 기어코, 일부러, 굳이	偏偏
1357 ☐	片断 piànduàn	몡 토막, 도막, 단편	片断
1358 ☐	片刻 piànkè	몡 잠깐, 잠시	片刻
1359 ☐	漂浮 piāofú	동 (물이나 액체 위에) 뜨다, 표류하다	漂浮
1360 ☐	飘扬 piāoyáng	동 (바람에) 펄럭이다, 휘날리다	飘扬
1361 ☐	撇 piě	동 던지다, (밖으로) 기울다	撇
1362 ☐	拼搏 pīnbó	동 전력을 다해 분투하다, 끝까지 싸우다	拼搏
1363 ☐	拼命 pīnmìng	동 기를 쓰다, 죽을힘을 다하다	拼命
1364 ☐	贫乏 pínfá	혱 빈궁하다, 가난하다	贫乏

1365 ☑	贫困 pínkùn	혱 빈곤하다, 곤궁하다	贫困
1366 ☐	频繁 pínfán	혱 잦다, 빈번하다	频繁
1367 ☐	频率 pínlǜ	명 빈도(수), 주파수	频率
1368 ☐	品尝 pǐncháng	동 맛보다, 시식하다	品尝
1369 ☐	品德 pǐndé	명 인품과 덕성	品德
1370 ☐	品质 pǐnzhì	명 품질, 인품, 자질	品质
1371 ☐	品种 pǐnzhǒng	명 제품의 종류, 품종	品种
1372 ☐	平凡 píngfán	혱 평범하다, 보통이다, 일반적이다	平凡
1373 ☐	平面 píngmiàn	명 평면	平面
1374 ☐	平坦 píngtǎn	혱 (도로·지대 등이) 평평하다	平坦
1375 ☐	平行 píngxíng	혱 동시에 일어나는, 평행인	平行
1376 ☐	平庸 píngyōng	혱 평범하다, 보통이다, 그저 그렇다	平庸
1377 ☐	平原 píngyuán	명 평원	平原
1378 ☐	评估 pínggū	동 평가하다	评估
1379 ☐	评论 pínglùn	동 평론하다, 논의하다 명 평론, 논평	评论
1380 ☐	屏幕 píngmù	명 영사막, 스크린	屏幕
1381 ☐	屏障 píngzhàng	명 장벽, 보호벽	屏障

1382 ☑	坡 pō	몡 비탈, 언덕	坡
1383 ☐	泼 pō	동 (물 등의 액체를) 뿌리다, 붓다	泼
1384 ☐	颇 pō	뷔 꽤, 상당히, 자못	颇
1385 ☐	迫不及待 pòbù jídài	셩 잠시도 늦출 수 없다	迫不及待
1386 ☐	迫害 pòhài	동 박해하다, 학대하다	迫害
1387 ☐	破例 pòlì	동 상례를 깨다	破例
1388 ☐	魄力 pòlì	몡 박력, 패기	魄力
1389 ☐	扑 pū	동 돌진하여 덮치다, 갑자기 달려들다	扑
1390 ☐	铺 pū	동 (물건을) 깔다, 펴다	铺
1391 ☐	朴实 pǔshí	혱 소박하다, 정직하다, 성실하다	朴实
1392 ☐	朴素 pǔsù	혱 화려하지 않다, 알뜰하다	朴素
1393 ☐	普及 pǔjí	동 보급되다, 확산되다	普及
1394 ☐	瀑布 pùbù	몡 폭포(수)	瀑布

Q

| 1395 ☐ | 凄凉
qīliáng | 혱 처량하다, 쓸쓸하다 | 凄凉 |
| 1396 ☐ | 期望
qīwàng | 동 기대하다, 바라다, 소망하다 | 期望 |

1397 ☑	期限 qīxiàn	몡 기한, 시한	期限
1398 ☐	欺负 qīfu	동 얕보다, 괴롭히다, 능욕하다	欺负
1399 ☐	欺骗 qīpiàn	동 속이다, 사기치다, 기만하다	欺骗
1400 ☐	齐全 qíquán	형 완전히 갖추다, 완비하다	齐全
1401 ☐	齐心协力 qíxīn xiélì	성 한마음 한뜻으로 함께 노력하다	齐心协力
1402 ☐	奇妙 qímiào	형 기묘하다, 신기하다	奇妙
1403 ☐	歧视 qíshì	동 경시하다, 차별 대우하다	歧视
1404 ☐	旗袍 qípáo	몡 치파오	旗袍
1405 ☐	旗帜 qízhì	몡 깃발, 본보기	旗帜
1406 ☐	乞丐 qǐgài	몡 거지	乞丐
1407 ☐	岂有此理 qǐyǒu cǐlǐ	성 언행이 도리나 이치에 어긋나다	岂有此理
1408 ☐	企图 qǐtú	동 의도하다, 도모하다, 계획하다 몡 의도	企图
1409 ☐	启程 qǐchéng	동 출발하다, 길을 나서다	启程
1410 ☐	启蒙 qǐméng	동 계몽하다	启蒙
1411 ☐	启示 qǐshì	동 계시하다, 시사하다 몡 계시	启示
1412 ☐	启事 qǐshì	몡 광고, 공고	启事
1413 ☐	起草 qǐcǎo	동 기초하다, 글의 초안을 작성하다	起草

1414 ☑	起初 qǐchū	몡 처음, 최초	起初
1415 ☐	起伏 qǐfú	동 기복을 이루다, 변동되다	起伏
1416 ☐	起哄 qǐhòng	동 놀리다, 조롱하다, 희롱하다	起哄
1417 ☐	起码 qǐmǎ	혱 최소한의, 기본적인	起码
1418 ☐	起源 qǐyuán	몡 기원	起源
1419 ☐	气概 qìgài	몡 기개	气概
1420 ☐	气功 qìgōng	몡 기공	气功
1421 ☐	气魄 qìpò	몡 패기, 기세	气魄
1422 ☐	气色 qìsè	몡 안색, 혈색, 얼굴빛	气色
1423 ☐	气势 qìshì	몡 기세	气势
1424 ☐	气味 qìwèi	몡 냄새, 성격과 취향	气味
1425 ☐	气象 qìxiàng	몡 기상, 기세	气象
1426 ☐	气压 qìyā	몡 대기압	气压
1427 ☐	气质 qìzhì	몡 기질, 성미, 자질	气质
1428 ☐	迄今为止 qìjīn wéizhǐ	성 (이전 어느 시점부터) 지금에 이르기까지	迄今为止
1429 ☐	器材 qìcái	몡 기자재, 기재, 기구	器材
1430 ☐	器官 qìguān	몡 (생물체의) 기관	器官

1431 ☑	掐 qiā	통 (손가락으로) 꼬집다, 끊다	掐
1432 ☐	洽谈 qiàtán	통 협의하다, 상담하다	洽谈
1433 ☐	恰当 qiàdàng	형 알맞다, 타당하다, 적당하다	恰当
1434 ☐	恰到好处 qiàdào hǎochù	성 (말·행동 등이) 꼭 들어맞다, 아주 적절하다	恰到好处
1435 ☐	恰巧 qiàqiǎo	부 때마침, 공교롭게도	恰巧
1436 ☐	千方百计 qiānfāng bǎijì	성 갖은 방법을 다 써 보다	千方百计
1437 ☐	迁就 qiānjiù	통 옮겨 기다, 벗어나다, 빗나가다	迁就
1438 ☐	迁徙 qiānxǐ	통 옮겨가다	迁徙
1439 ☐	牵 qiān	통 끌다, 연루되다	牵
1440 ☐	牵扯 qiānchě	통 연루되다, 관련되다	牵扯
1441 ☐	牵制 qiānzhì	통 견제하다	牵制
1442 ☐	谦逊 qiānxùn	형 겸손하다	谦逊
1443 ☐	签署 qiānshǔ	통 정식 서명하다	签署
1444 ☐	前景 qiánjǐng	명 (가까운) 장래, 앞날	前景
1445 ☐	前提 qiántí	명 전제 조건	前提
1446 ☐	潜力 qiánlì	명 잠재 능력, 잠재력	潜力
1447 ☐	潜水 qiánshuǐ	통 잠수하다	潜水

1448 ☑	潜移默化 qiányí mòhuà	성 모르는 사이에 감화하다	潜移默化
1449 ☐	谴责 qiǎnzé	동 비난하다, 질책하다, 견책하다	谴责
1450 ☐	强制 qiángzhì	동 강제하다, 강요하다, 강압하다	强制
1451 ☐	抢劫 qiǎngjié	동 강도짓하다, 강탈하다, 약탈하다	抢劫
1452 ☐	抢救 qiǎngjiù	동 서둘러 구호하다, 구출하다	抢救
1453 ☐	强迫 qiǎngpò	동 강요하다, 강제로 시키다	强迫
1454 ☐	桥梁 qiáoliáng	명 교량, 매개	桥梁
1455 ☐	窍门 qiàomén	명 방법, 비결, 요령	窍门
1456 ☐	翘 qiào	동 (한쪽 끝이 위로) 들리다, 휘다, 비틀리다	翘
1457 ☐	切实 qièshí	형 실용적이다, 성실하다	切实
1458 ☐	锲而不舍 qiè'ér bùshě	성 인내심을 갖고 일을 계속하다	锲而不舍
1459 ☐	钦佩 qīnpèi	동 경복하다, 탄복하다	钦佩
1460 ☐	侵犯 qīnfàn	동 침범하다	侵犯
1461 ☐	侵略 qīnlüè	동 침략하다	侵略
1462 ☐	亲密 qīnmì	형 관계가 좋다, 사이가 좋다	亲密
1463 ☐	亲热 qīnrè	동 친밀하고 다정한 태도를 보이다 형 친밀하고 다정스럽다	亲热
1464 ☐	勤俭 qínjiǎn	형 근검하다, 부지런하고 알뜰하다	勤俭

1465 ☑	勤劳 qínláo	형 열심히 일하다, 부지런히 일하다	勤劳
1466 ☐	倾听 qīngtīng	동 귀를 기울여 듣다, 경청하다	倾听
1467 ☐	倾向 qīngxiàng	동 기울다, 쏠리다 명 경향, 추세, 성향	倾向
1468 ☐	倾斜 qīngxié	동 경사지다, 편향되다	倾斜
1469 ☐	清澈 qīngchè	형 맑고 투명하다	清澈
1470 ☐	清晨 qīngchén	명 일출 전후의 시간, 이른 아침	清晨
1471 ☐	清除 qīngchú	동 깨끗이 없애다	清除
1472 ☐	清洁 qīngjié	형 깨끗하다, 청결하다	清洁
1473 ☐	清理 qīnglǐ	동 깨끗이 정리하다	清理
1474 ☐	清晰 qīngxī	형 또렷하다, 분명하다	清晰
1475 ☐	清醒 qīngxǐng	형 (정신이) 맑다, 또렷하다	清醒
1476 ☐	清真 qīngzhēn	형 이슬람교의	清真
1477 ☐	情报 qíngbào	명 (주로 기밀성을 띤) 정보	情报
1478 ☐	情节 qíngjié	명 줄거리, 경과	情节
1479 ☐	情理 qínglǐ	명 이치, 도리, 사리	情理
1480 ☐	情形 qíngxing	명 정황, 상황, 형편	情形
1481 ☐	晴朗 qínglǎng	형 쾌청하다, 구름 한 점 없이 맑다	晴朗

1482 ☑	请柬 qǐngjiǎn	몡 청접장, 초대장	请柬
1483 ☐	请教 qǐngjiào	통 가르침을 청하다	请教
1484 ☐	请示 qǐngshì	통 (윗사람이나 상부에) 지시를 바라다	请示
1485 ☐	请帖 qǐngtiě	몡 청첩장, 초대장	请帖
1486 ☐	丘陵 qiūlíng	몡 구릉, 언덕	丘陵
1487 ☐	区分 qūfēn	통 구분하다, 분별하다	区分
1488 ☐	区域 qūyù	몡 구역, 지역	区域
1489 ☐	曲折 qūzhé	혱 구불구불하다, 곡절이 많다	曲折
1490 ☐	驱逐 qūzhú	통 쫓아내다, 몰아내다	驱逐
1491 ☐	屈服 qūfú	통 굴복하다	屈服
1492 ☐	渠道 qúdào	몡 관개 수로, 방법	渠道
1493 ☐	曲子 qǔzi	몡 노래, 가곡, 악보	曲子
1494 ☐	取缔 qǔdì	통 금지를 명하다	取缔
1495 ☐	趣味 qùwèi	몡 재미, 흥미, 흥취	趣味
1496 ☐	圈套 quāntào	몡 올가미, 계략	圈套
1497 ☐	权衡 quánhéng	통 무게를 달다, 가늠하다, 평가하다	权衡
1498 ☐	权威 quánwēi	몡 권위, 권위자 혱 권위적인	权威

1499 ☑	全局 quánjú	몡 전체 국면, 대세	全局
1500 ☐	全力以赴 quánlì yǐfù	솅 전력투구하다, 최선을 다하다	全力以赴
1501 ☐	拳头 quántóu	몡 주먹	拳头
1502 ☐	犬 quǎn	몡 개	犬
1503 ☐	缺口 quēkǒu	몡 결함, 흠집, 부족한 부분	缺口
1504 ☐	缺席 quēxí	동 결석하다	缺席
1505 ☐	缺陷 quēxiàn	몡 결함, 결점, 부족한 점	缺陷
1506 ☐	瘸 qué	동 절뚝거리다, 절름거리다	瘸
1507 ☐	确保 quèbǎo	동 확보하다, 확실히 보장하다	确保
1508 ☐	确立 quèlì	동 확립하다, 수립하다	确立
1509 ☐	确切 quèqiè	혱 확실하다, 적절하다	确切
1510 ☐	确信 quèxìn	동 확신하다	确信
1511 ☐	群众 qúnzhòng	몡 대중, 군중	群众

R

1512 ☐	染 rǎn	동 염색하다, 감염되다	染
1513 ☐	嚷 rǎng	동 큰 소리로 부르다, 고함을 치다	嚷

1514 ☑	让步 ràngbù	동 양보하다	让步
1515 ☐	饶恕 ráoshù	동 면해 주다, 용서하다	饶恕
1516 ☐	扰乱 rǎoluàn	동 혼란시키다, 어지럽히다	扰乱
1517 ☐	惹祸 rěhuò	동 화를 초래하다, 일을 저지르다	惹祸
1518 ☐	热泪盈眶 rèlèi yíngkuàng	성 뜨거운 눈물이 눈에 그렁그렁하다	热泪盈眶
1519 ☐	热门 rèmén	명 인기 있는 것, 유행하는 것	热门
1520 ☐	人道 réndào	명 인간성, 인간애	人道
1521 ☐	人格 réngé	명 인격, 품격	人格
1522 ☐	人工 réngōng	형 인위적인, 인공의	人工
1523 ☐	人家 rénjiā	대 남, 그 사람	人家
1524 ☐	人间 rénjiān	명 인간 사회, 세상	人间
1525 ☐	人士 rénshì	명 인사, 명망 있는 사람	人士
1526 ☐	人为 rénwéi	형 인위적인	人为
1527 ☐	人性 rénxìng	명 인성, 인간의 본성	人性
1528 ☐	人质 rénzhì	명 인질	人质
1529 ☐	仁慈 réncí	형 인자하다	仁慈
1530 ☐	忍耐 rěnnài	동 인내하다, 참다, 견디다	忍耐

1531 ☑	忍受 rěnshòu	동 이겨 내다, 참다	忍受
1532 ☐	认定 rèndìng	동 인정하다, 확신하다, 굳게 믿다	认定
1533 ☐	认可 rènkě	동 승낙하다, 인가하다, 허락하다	认可
1534 ☐	任命 rènmìng	동 임명하다	任命
1535 ☐	任性 rènxìng	형 제멋대로 하다, 마음 내키는 대로 하다	任性
1536 ☐	任意 rènyì	부 마음대로, 제멋대로	任意
1537 ☐	任重道远 rènzhòng dàoyuǎn	성 맡은 바 책임은 무겁고, 갈 길은 멀기 만 하다	任重道远
1538 ☐	仍旧 réngjiù	부 여전히, 변함없이	仍旧
1539 ☐	日新月异 rìxīn yuèyì	성 나날이 새로워지다, 발전이 매우 빠르다	日新月异
1540 ☐	日益 rìyì	부 날로, 나날이, 더욱	日益
1541 ☐	荣幸 róngxìng	형 매우 영광스럽다	荣幸
1542 ☐	荣誉 róngyù	명 명예, 영예	荣誉
1543 ☐	容貌 róngmào	명 용모, 생김새	容貌
1544 ☐	容纳 róngnà	동 수용하다, 용납하다	容纳
1545 ☐	容器 róngqì	명 용기	容器
1546 ☐	容忍 róngrěn	동 용인하다, 참고 견디다	容忍
1547 ☐	溶解 róngjiě	동 용해하다	溶解

1548 ☑	融化 rónghuà	동 융해되다, 녹다	融化
1549 ☐	融洽 róngqià	형 사이가 좋다, 조화롭다, 융화하다	融洽
1550 ☐	柔和 róuhé	형 연하고 부드럽다, 맛이 순하다	柔和
1551 ☐	揉 róu	동 비비다, 반죽하다	揉
1552 ☐	儒家 Rújiā	명 유가, 유학자	儒家
1553 ☐	若干 ruògān	대 약간, 조금, 소량	若干
1554 ☐	弱点 ruòdiǎn	명 약점, 단점	弱点

S

1555 ☐	撒谎 sāhuǎng	동 거짓말을 하다, 허튼소리를 하다	撒谎
1556 ☐	散文 sǎnwén	명 산문	散文
1557 ☐	散布 sànbù	동 퍼져 있다, 유포하다	散布
1558 ☐	散发 sànfā	동 발산하다, 퍼지다, 배포하다	散发
1559 ☐	丧失 sàngshī	동 잃어버리다, 상실하다	丧失
1560 ☐	骚扰 sāorǎo	동 소란을 피우다, 교란하다, 훼방놓다	骚扰
1561 ☐	嫂子 sǎozi	명 형수, 친구의 아내에 대한 통칭	嫂子
1562 ☐	刹车 shāchē	동 브레이크를 걸다, 제동을 걸다 명 브레이크	刹车

1563 ☑	啥 shá	때 무엇, 무슨	啥
1564 ☐	筛选 shāixuǎn	통 체로 치다, 선별하다	筛选
1565 ☐	山脉 shānmài	명 산맥	山脉
1566 ☐	闪烁 shǎnshuò	통 반짝이다, 번쩍거리다	闪烁
1567 ☐	擅长 shàncháng	통 뛰어나다, 잘하다, 정통하다	擅长
1568 ☐	擅自 shànzì	부 제멋대로, 독단적으로	擅自
1569 ☐	伤脑筋 shāng nǎojīn	골치를 앓다, 애를 먹다	伤脑筋
1570 ☐	商标 shāngbiāo	명 상표	商标
1571 ☐	上级 shàngjí	명 상급, 상부, 상사	上级
1572 ☐	上进 shàngjìn	통 향상하다, 진보하다	上进
1573 ☐	上任 shàngrèn	통 부임하다, 취임하다	上任
1574 ☐	上瘾 shàngyǐn	통 중독되다	上瘾
1575 ☐	上游 shàngyóu	명 (강의) 상류, 앞장	上游
1576 ☐	尚且 shàngqiě	접 그럼에도 불구하고 , 여전히	尚且
1577 ☐	捎 shāo	통 가는 김에 지니고 가다	捎
1578 ☐	梢 shāo	명 (가늘고 긴 물건의) 끝부분, 결과	梢
1579 ☐	哨 shào	명 호루라기	哨

1580 ☑	奢侈 shēchǐ	형 사치하다, 낭비하다	奢侈
1581 ☐	舌头 shétou	명 혀	舌头
1582 ☐	设立 shèlì	동 설립하다, 건립하다	设立
1583 ☐	设想 shèxiǎng	동 가상하다, 고려하다, 생각하다	设想
1584 ☐	设置 shèzhì	동 설치하다, 설립하다, 세우다	设置
1585 ☐	社区 shèqū	명 지역 사회, 공동체	社区
1586 ☐	涉及 shèjí	동 관련되다, 연관되다	涉及
1587 ☐	摄氏度 shèshìdù	양 섭씨	摄氏度
1588 ☐	申报 shēnbào	동 (상급·관련 기관에) 서면으로 보고하다	申报
1589 ☐	呻吟 shēnyín	동 신음하다	呻吟
1590 ☐	绅士 shēnshì	명 신사	绅士
1591 ☐	深奥 shēn'ào	형 심오하다, 깊다	深奥
1592 ☐	深沉 shēnchén	형 내색하지 않다, 침착하고 신중하다	深沉
1593 ☐	深情厚谊 shēnqíng hòuyì	성 깊고 돈독한 정	深情厚谊
1594 ☐	神经 shénjīng	명 신경	神经
1595 ☐	神奇 shénqí	형 신기하다, 기묘하다	神奇
1596 ☐	神气 shénqì	형 활기차다, 생기가 넘치다	神气

1597 ☑	神圣 shénshèng	형 신성하다, 성스럽다	神圣
1598 ☐	神态 shéntài	명 표정과 태도, 기색과 자태	神态
1599 ☐	神仙 shénxiān	명 신선, 선인	神仙
1600 ☐	审查 shěnchá	동 심사하다, 검열하다	审查
1601 ☐	审理 shěnlǐ	동 심사하여 처리하다	审理
1602 ☐	审美 shěnměi	동 아름다움을 감상하고 평가하다	审美
1603 ☐	审判 shěnpàn	동 심판하다, 재판하다	审判
1604 ☐	渗透 shèntòu	동 스며들다, 투과하다	渗透
1605 ☐	慎重 shènzhòng	형 신중하다	慎重
1606 ☐	生存 shēngcún	동 생존하다	生存
1607 ☐	生机 shēngjī	명 활력, 생명력, 생기	生机
1608 ☐	生理 shēnglǐ	명 생리(학)	生理
1609 ☐	生疏 shēngshū	형 생소하다, 친하지 않다	生疏
1610 ☐	生态 shēngtài	명 상태	生态
1611 ☐	生物 shēngwù	명 생물(학)	生物
1612 ☐	生肖 shēngxiào	명 사람의 띠	生肖
1613 ☐	生效 shēngxiào	동 효과가 나타나다, 효력이 발생하다	生效

1614 ☑	生锈 shēngxiù	통 녹슬다	生锈
1615 ☐	生育 shēngyù	통 출산하다, 아이를 낳다	生育
1616 ☐	声明 shēngmíng	통 성명하다, 공개적으로 선언하다 명 성명서, 성명문	声明
1617 ☐	声势 shēngshì	명 성세, 명성과 위세, 위엄과 기세	声势
1618 ☐	声誉 shēngyù	명 명성, 명예	声誉
1619 ☐	牲畜 shēngchù	명 가축	牲畜
1620 ☐	省会 shěnghuì	명 성 정부 소재지	省会
1621 ☐	胜负 shèngfù	명 승부, 승패	胜负
1622 ☐	盛产 shèngchǎn	통 많이 나다, 대량으로 생산하다	盛产
1623 ☐	盛开 shèngkāi	통 활짝 피다, 만발하다	盛开
1624 ☐	盛情 shèngqíng	명 두터운 정, 후의	盛情
1625 ☐	盛行 shèngxíng	통 성행하다, 널리 유행하다	盛行
1626 ☐	尸体 shītǐ	명 시체	尸体
1627 ☐	失事 shīshì	통 의외의 사고가 발생하다	失事
1628 ☐	失误 shīwù	명 실수, 실책	失误
1629 ☐	失踪 shīzōng	통 실종되다, 종적이 묘연하다	失踪
1630 ☐	师范 shīfàn	명 모범, 본보기	师范

1631 ☑	施加 shījiā	동 (압력이나 영향 등을) 주다, 가하다	施加
1632 ☐	施展 shīzhǎn	동 발휘하다, (수단을) 취하다	施展
1633 ☐	十足 shízú	형 충분하다, 충족하다, 넘쳐흐르다	十足
1634 ☐	石油 shíyóu	명 석유	石油
1635 ☐	时常 shícháng	부 늘, 자주, 항상	时常
1636 ☐	时而 shí'ér	부 때때로, 이따금	时而
1637 ☐	时光 shíguāng	명 시기, 세월	时光
1638 ☐	时机 shíjī	명 시기, 기회, 때	时机
1639 ☐	时事 shíshì	명 시사	时事
1640 ☐	识别 shíbié	동 식별하다, 변별하다, 가려내다	识别
1641 ☐	实惠 shíhuì	명 실리, 실익 형 실속 있다, 실용적이다	实惠
1642 ☐	实力 shílì	명 실력, (정치·경제적인) 힘	实力
1643 ☐	实施 shíshī	동 실시하다, 실행하다	实施
1644 ☐	实事求是 shíshì qiúshì	성 사실을 토대로 하여 진리를 탐구하다	实事求是
1645 ☐	实行 shíxíng	동 실행하다	实行
1646 ☐	实质 shízhì	명 실질, 본질	实质
1647 ☐	拾 shí	동 줍다, 정리하다	拾

1648 ☑	使命 shǐmìng	명 사명, 중대한 책임	使命
1649 ☐	示范 shìfàn	동 시범하다, 모범하다	示范
1650 ☐	示威 shìwēi	동 시위하다	示威
1651 ☐	示意 shìyì	동 의사를 나타내다, 뜻을 표시하다	示意
1652 ☐	世代 shìdài	명 세대, 대대	世代
1653 ☐	势必 shìbì	부 반드시, 꼭, 필연코	势必
1654 ☐	势力 shìlì	명 세력	势力
1655 ☐	事故 shìgù	명 사고	事故
1656 ☐	事迹 shìjì	명 사적	事迹
1657 ☐	事件 shìjiàn	명 사건	事件
1658 ☐	事态 shìtài	명 사태, 정황	事态
1659 ☐	事务 shìwù	명 일, 사무, 업무	事务
1660 ☐	事项 shìxiàng	명 사항	事项
1661 ☐	事业 shìyè	명 사업	事业
1662 ☐	试图 shìtú	동 시도하다	试图
1663 ☐	试验 shìyàn	동 시험하다, 실험하다	试验
1664 ☐	视力 shìlì	명 시력	视力

101

1665 ☑	视频 shìpín	명 동영상	视频
1666 ☐	视线 shìxiàn	명 시선, 주의력	视线
1667 ☐	视野 shìyě	명 시야	视野
1668 ☐	是非 shìfēi	명 시비, 옳고 그름	是非
1669 ☐	适宜 shìyí	형 알맞다	适宜
1670 ☐	逝世 shìshì	동 서거하다, 세상을 떠나다	逝世
1671 ☐	释放 shìfàng	동 석방하다, 방출하다	释放
1672 ☐	收藏 shōucáng	동 소장하다, 보관하다	收藏
1673 ☐	收缩 shōusuō	동 긴축하다, 축소하다	收缩
1674 ☐	收益 shōuyì	명 수익, 이득, 수입	收益
1675 ☐	收音机 shōuyīnjī	명 라디오	收音机
1676 ☐	手法 shǒufǎ	명 기교, 수법, 솜씨	手法
1677 ☐	手势 shǒushì	명 손짓, 손동작	手势
1678 ☐	手艺 shǒuyì	명 손재간, 솜씨	手艺
1679 ☐	守护 shǒuhù	동 지키다, 수호하다	守护
1680 ☐	首饰 shǒushì	명 장신구	首饰
1681 ☐	首要 shǒuyào	형 가장 중요하다	首要

1682 ☑	受罪 shòuzuì	통 고생하다, 혼나다	受罪
1683 ☐	授予 shòuyǔ	통 수여하다, 주다	授予
1684 ☐	书法 shūfǎ	명 서도, 서예의 필법	书法
1685 ☐	书籍 shūjí	명 서적, 책	书籍
1686 ☐	书记 shūjì	명 서기	书记
1687 ☐	书面 shūmiàn	형 문자로 표시하다	书面
1688 ☐	舒畅 shūchàng	형 상쾌하다, 유쾌하다	舒畅
1689 ☐	疏忽 shūhu	통 소홀히 하다, 등한히 하다	疏忽
1690 ☐	疏远 shūyuǎn	통 멀리하다	疏远
1691 ☐	束 shù	양 묶음, 다발	束
1692 ☐	束缚 shùfù	통 구속하다, 속박하다	束缚
1693 ☐	树立 shùlì	통 수립하다, 세우다	树立
1694 ☐	竖 shù	통 똑바로 세우다 형 수직의	竖
1695 ☐	数额 shù'é	명 일정한 수, 정액, 액수	数额
1696 ☐	耍 shuǎ	통 놀리다, 장난하다	耍
1697 ☐	衰老 shuāilǎo	형 노쇠하다, 늙어 쇠약해지다	衰老
1698 ☐	衰退 shuāituì	통 쇠약해지다, 쇠퇴하다	衰退

1699 ☑	率领 shuàilǐng	동 거느리다, 이끌다, 인솔하다	率领
1700 ☐	涮火锅 shuàn huǒguō	중국식 샤부샤부를 먹다	涮火锅
1701 ☐	双胞胎 shuāngbāotāi	명 쌍둥이	双胞胎
1702 ☐	爽快 shuǎngkuai	형 시원시원하다, 유쾌하다	爽快
1703 ☐	水利 shuǐlì	명 수리	水利
1704 ☐	水龙头 shuǐlóngtóu	명 수도꼭지	水龙头
1705 ☐	水泥 shuǐní	명 시멘트	水泥
1706 ☐	瞬间 shùnjiān	명 눈 깜짝하는 사이, 순식간	瞬间
1707 ☐	司法 sīfǎ	동 법에 의하여 사건을 처리하다	司法
1708 ☐	司令 sīlìng	명 사령, 사령관	司令
1709 ☐	私自 sīzì	부 비밀리에, 사적으로	私自
1710 ☐	思念 sīniàn	동 그리워하다, 보고 싶어하다	思念
1711 ☐	思索 sīsuǒ	동 사색하다, 깊이 생각하다	思索
1712 ☐	思维 sīwéi	명 사유	思维
1713 ☐	斯文 sīwen	형 우아하다, 고상하다, 점잖다	斯文
1714 ☐	死亡 sǐwáng	동 죽다, 사망하다	死亡
1715 ☐	四肢 sìzhī	명 사지, 팔다리	四肢

1716 ☑	寺庙 sìmiào	뗑 사원, 절	寺庙
1717 ☐	饲养 sìyǎng	동 먹이다, 기르다	饲养
1718 ☐	肆无忌惮 sìwú jìdàn	성 제멋대로 굴고 전혀 거리낌이 없다	肆无忌惮
1719 ☐	耸 sǒng	동 치솟다, 주의를 불러일으키다	耸
1720 ☐	艘 sōu	양 척(선박을 세는 단위)	艘
1721 ☐	苏醒 sūxǐng	동 되살아나다, 소생하다	苏醒
1722 ☐	俗话 súhuà	뗑 속담, 옛말	俗话
1723 ☐	诉讼 sùsòng	동 소송하다, 고소하다	诉讼
1724 ☐	素食 sùshí	뗑 소식, 채식	素食
1725 ☐	素质 sùzhì	뗑 소양, 자질	素质
1726 ☐	塑造 sùzào	동 빚어서 만들다, 조소하다	塑造
1727 ☐	算数 suànshù	동 숫자를 세다, 한 말을 책임지다	算数
1728 ☐	随即 suíjí	부 바로, 즉각, 즉시	随即
1729 ☐	随意 suíyì	형 뜻대로 하다, 생각대로 하다	随意
1730 ☐	岁月 suìyuè	뗑 세월	岁月
1731 ☐	隧道 suìdào	뗑 굴, 터널	隧道
1732 ☐	损坏 sǔnhuài	동 손상시키다, 훼손시키다	损坏

| 1733 ☑ | 索取
suǒqǔ | 동 요구하다, 달라고 하다, 구하다 | 索取 |
| 1734 ☐ | 索性
suǒxìng | 부 차라리, 아예 | 索性 |

T

1735 ☐	塌 tā	동 꺼지다, 움푹 패다, 붕괴하다	塌
1736 ☐	踏实 tāshi	형 마음이 놓이다, 착실하다	踏实
1737 ☐	塔 tǎ	명 탑	塔
1738 ☐	台风 táifēng	명 태풍	台风
1739 ☐	太空 tàikōng	명 우주, 높고 드넓은 하늘	太空
1740 ☐	泰斗 tàidǒu	명 권위자, 대가	泰斗
1741 ☐	贪婪 tānlán	형 매우 탐욕스럽다	贪婪
1742 ☐	贪污 tānwū	동 탐오하다, 횡령하다	贪污
1743 ☐	摊 tān	동 늘어놓다, 벌이다, 펴다	摊
1744 ☐	瘫痪 tānhuàn	동 반신불수가 되다, 마비 되다	瘫痪
1745 ☐	弹性 tánxìng	명 탄성, 탄력성	弹性
1746 ☐	坦白 tǎnbái	동 솔직하게 말하다	坦白
1747 ☐	叹气 tànqì	동 탄식하다, 한숨짓다	叹气

1748 ☑	探测 tàncè	동 탐측하다, 관측하다	探测
1749 ☐	探索 tànsuǒ	동 탐색하다, 찾다	探索
1750 ☐	探讨 tàntǎo	동 연구 토론하다, 탐구하다	探讨
1751 ☐	探望 tànwàng	동 방문하다, 문안하다	探望
1752 ☐	倘若 tǎngruò	접 만일 ~한다면	倘若
1753 ☐	掏 tāo	동 꺼내다, 후비다	掏
1754 ☐	滔滔不绝 tāotāo bùjué	성 끊임없이 계속되다	滔滔不绝
1755 ☐	陶瓷 táocí	명 도자기	陶瓷
1756 ☐	陶醉 táozuì	동 도취하다	陶醉
1757 ☐	淘汰 táotài	동 도태하다, 추려내다	淘汰
1758 ☐	讨好 tǎohǎo	동 환심을 사다, 기분을 맞추다	讨好
1759 ☐	特长 tècháng	명 특기, 장기	特长
1760 ☐	特定 tèdìng	형 특정한, 일정한, 주어진	特定
1761 ☐	特意 tèyì	부 특별히, 일부러	特意
1762 ☐	提拔 tíbá	동 발탁하다, 등용하다	提拔
1763 ☐	提炼 tíliàn	동 추출하다, 다듬다, 향상시키다	提炼
1764 ☐	提示 tíshì	동 일러주다, 힌트를 주다	提示

1765 ☑	提议 tíyì	통 제의하다	提议
1766 ☐	题材 tícái	명 제재, 소재	题材
1767 ☐	体裁 tǐcái	명 체재, 장르	体裁
1768 ☐	体积 tǐjī	명 체적	体积
1769 ☐	体谅 tǐliàng	통 알아주다, 이해하다, 양해하다	体谅
1770 ☐	体面 tǐmiàn	형 아름답다, 예쁘다	体面
1771 ☐	体系 tǐxì	명 체계	体系
1772 ☐	天才 tiāncái	명 천재, 천부적인 재능	天才
1773 ☐	天赋 tiānfù	명 타고난 자질	天赋
1774 ☐	天伦之乐 tiānlún zhīlè	성 가족이 누리는 단란함	天伦之乐
1775 ☐	天然气 tiānránqì	명 천연 가스	天然气
1776 ☐	天生 tiānshēng	형 타고난, 선천적인	天生
1777 ☐	天堂 tiāntáng	명 천당, 천국	天堂
1778 ☐	天文 tiānwén	명 천문(학)	天文
1779 ☐	田径 tiánjìng	명 육상경기	田径
1780 ☐	田野 tiányě	명 논밭과 들판	田野
1781 ☐	舔 tiǎn	통 핥다	舔

1782 ☑	挑剔 tiāoti	동 지나치게 트집잡다, 지나치게 책망하다	挑剔
1783 ☐	条款 tiáokuǎn	명 조항, 조목	条款
1784 ☐	条理 tiáolǐ	명 조리, 순서, 짜임새	条理
1785 ☐	条约 tiáoyuē	명 조약	条约
1786 ☐	调和 tiáohé	동 알맞게 배합하다	调和
1787 ☐	调剂 tiáojì	동 조절하다, 조제하다	调剂
1788 ☐	调节 tiáojié	동 조절하다	调节
1789 ☐	调解 tiáojiě	동 조정하다, 중재하다, 화해시키다	调解
1790 ☐	调料 tiáoliào	명 조미료, 양념	调料
1791 ☐	挑拨 tiǎobō	동 충동질하다, 부추기다	挑拨
1792 ☐	挑衅 tiǎoxìn	동 도전하다, 도발하다	挑衅
1793 ☐	跳跃 tiàoyuè	동 뛰어오르다, 도약하다	跳跃
1794 ☐	亭子 tíngzi	명 정자	亭子
1795 ☐	停泊 tíngbó	동 정박하다, 머물다	停泊
1796 ☐	停顿 tíngdùn	동 머물다, 묵다, 멈추다	停顿
1797 ☐	停滞 tíngzhì	동 정체되다, 막히다, 침체하다	停滞
1798 ☐	挺拔 tǐngbá	형 우뚝하다, 곧추솟다, 강력하다	挺拔

1799 ☑	通货膨胀 tōnghuò péngzhàng	몡 통화팽창, 인플레이션	通货膨胀
1800 ☐	通缉 tōngjī	동 지명수배하다	通缉
1801 ☐	通俗 tōngsú	혱 통속적이다	通俗
1802 ☐	通讯 tōngxùn	몡 통신, 뉴스, 기사	通讯
1803 ☐	通用 tōngyòng	동 보편적으로 사용하다, 통용되다	通用
1804 ☐	同胞 tóngbāo	몡 동포, 겨레, 친형제자매	同胞
1805 ☐	同志 tóngzhì	몡 동지	同志
1806 ☐	铜 tóng	몡 동, 구리	铜
1807 ☐	童话 tónghuà	몡 동화	童话
1808 ☐	统筹兼顾 tǒngchóu jiāngù	성 여러 방면의 일을 통일적으로 계획하고 두루 돌보다	统筹兼顾
1809 ☐	统计 tǒngjì	동 통계하다, 합산하다	统计
1810 ☐	统统 tǒngtǒng	閈 전부, 모두, 다	统统
1811 ☐	统治 tǒngzhì	동 통치하다, 통제하다	统治
1812 ☐	投机 tóujī	동 투기하다	投机
1813 ☐	投票 tóupiào	동 투표하다	投票
1814 ☐	投诉 tóusù	동 호소하다, 고발하다	投诉
1815 ☐	投降 tóuxiáng	동 투항하다, 항복하다	投降

1816 ☑	投掷 tóuzhì	동 던지다, 투척하다	投掷
1817 ☐	透露 tòulù	동 넌지시 드러내다, 누설하다, 흘리다	透露
1818 ☐	秃 tū	형 머리카락이 없다, 민둥민둥하다	秃
1819 ☐	突破 tūpò	동 돌파하다	突破
1820 ☐	图案 tú'àn	명 도안	图案
1821 ☐	徒弟 túdì	명 도제, 제자	徒弟
1822 ☐	途径 tújìng	명 방법, 방도, 과정	途径
1823 ☐	涂抹 túmǒ	동 칠하다, 마음대로 갈겨쓰다	涂抹
1824 ☐	土壤 tǔrǎng	명 토양, 흙	土壤
1825 ☐	团结 tuánjié	동 단결하다, 뭉치다	团结
1826 ☐	团体 tuántǐ	명 단체	团体
1827 ☐	团圆 tuányuán	동 한 자리에 모이다	团圆
1828 ☐	推测 tuīcè	동 추측하다, 헤아리다	推测
1829 ☐	推翻 tuīfān	동 뒤집어엎다, 전복시키다, 뜯어고치다	推翻
1830 ☐	推理 tuīlǐ	동 추리하다, 추론하다	推理
1831 ☐	推论 tuīlùn	동 추론하다	推论
1832 ☐	推销 tuīxiāo	동 판로를 확장하다, 마케팅하다	推销

1833 ☑	吞吞吐吐 tūntūn tǔtǔ	형 얼버무리다, 우물쭈물하다	吞吞吐吐
1834 ☐	托运 tuōyùn	동 탁송하다, 운송을 위탁하다	托运
1835 ☐	拖延 tuōyán	동 (시간을) 끌다, 연기하다	拖延
1836 ☐	脱离 tuōlí	동 벗어나다, 떠나다	脱离
1837 ☐	妥当 tuǒdàng	형 타당하다, 알맞다	妥当
1838 ☐	妥善 tuǒshàn	형 나무랄 데 없다, 적절하다	妥善
1839 ☐	妥协 tuǒxié	동 타협하다, 타결되다	妥协
1840 ☐	椭圆 tuǒyuán	명 타원	椭圆
1841 ☐	唾弃 tuòqì	동 돌아보지 않고 버리다, 혐오하다	唾弃

W

1842 ☐	挖掘 wājué	동 파내다, 발굴하다	挖掘
1843 ☐	哇 wā	조 'u·ao·ou'로 끝나는 앞 음절의 뒤에서 '啊'의 역할을 함	哇
1844 ☐	娃娃 wáwa	명 아기, 인형	娃娃
1845 ☐	瓦解 wǎjiě	동 와해되다, 붕괴하다	瓦解
1846 ☐	歪曲 wāiqū	동 왜곡하다	歪曲
1847 ☐	外表 wàibiǎo	명 겉모습, 표면, 바깥	外表

1848 ☑	外行 wàiháng	몡 문외한, 비전문가 혱 문외한이다, 경험이 없다	外行
1849 ☐	外界 wàijiè	몡 외부, 외계, 바깥 세계	外界
1850 ☐	外向 wàixiàng	혱 외향적이다	外向
1851 ☐	丸 wán	몡 작고 둥근 물건, 알약	丸
1852 ☐	完备 wánbèi	혱 완비되어 있다, 모두 갖추다	完备
1853 ☐	完毕 wánbì	됭 끝내다, 마치다, 종료하다	完毕
1854 ☐	玩弄 wánnòng	됭 희롱하다, 우롱하다, 놀리다	玩弄
1855 ☐	玩意儿 wányìr	몡 장난감, 곡예, 묘기	玩意儿
1856 ☐	顽固 wángù	혱 완고하다, 고집스럽다	顽固
1857 ☐	顽强 wánqiáng	혱 완강하다, 억세다, 드세다	顽强
1858 ☐	挽回 wǎnhuí	됭 만회하다, 회수하다, 되찾다	挽回
1859 ☐	挽救 wǎnjiù	됭 구해내다, 구제하다	挽救
1860 ☐	惋惜 wǎnxī	혱 애석해하다, 안타까워하다	惋惜
1861 ☐	万分 wànfēn	믠 대단히, 극히	万分
1862 ☐	往常 wǎngcháng	몡 평소, 평상시	往常
1863 ☐	往事 wǎngshì	몡 지난 일, 옛일	往事
1864 ☐	妄想 wàngxiǎng	됭 망상하다, 공상하다	妄想

1865 ☑	危机 wēijī	몡 위기, 위험한 고비	危机
1866 ☐	威风 wēifēng	몡 위풍, 위엄 혱 당당하다, 늠름하다	威风
1867 ☐	威力 wēilì	몡 위력	威力
1868 ☐	威望 wēiwàng	몡 명망, 명성과 인망	威望
1869 ☐	威信 wēixìn	몡 위신, 신망, 체면	威信
1870 ☐	微不足道 wēibù zúdào	솅 하찮아서 말할 가치도 없다	微不足道
1871 ☐	微观 wēiguān	혱 미시의, 미시적이다	微观
1872 ☐	为难 wéinán	혱 난처하다, 곤란하다	为难
1873 ☐	为期 wéiqī	동 기한으로 하다, 약속 날짜로 삼다	为期
1874 ☐	违背 wéibèi	동 위반하다, 위배하다, 어기다	违背
1875 ☐	唯独 wéidú	뷔 오직, 홀로, 유독	唯独
1876 ☐	维持 wéichí	동 유지하다, 지지하다	维持
1877 ☐	维护 wéihù	동 유지하고 보호다, 지키다	维护
1878 ☐	维生素 wéishēngsù	몡 비타민	维生素
1879 ☐	伪造 wěizào	동 위조하다, 날조하다	伪造
1880 ☐	委托 wěituō	동 위탁하다, 의뢰하다	委托
1881 ☐	委员 wěiyuán	몡 위원	委员

1882 ☑	卫星 wèixīng	명 위성	卫星
1883 ☐	未免 wèimiǎn	부 꼭 ~하게 되다, ~를 면할 수 없다	未免
1884 ☐	畏惧 wèijù	동 두려워하다, 무서워하다	畏惧
1885 ☐	喂 wèi	동 기르다, 사육하다	喂
1886 ☐	蔚蓝 wèilán	형 짙은 남색의	蔚蓝
1887 ☐	慰问 wèiwèn	동 위문하다, 위로하고 안부를 묻다	慰问
1888 ☐	温带 wēndài	명 온대	温带
1889 ☐	温和 wēnhé	형 따뜻하다, 온화하다, 부드럽다	温和
1890 ☐	文凭 wénpíng	명 공문서, 자격증, 졸업장	文凭
1891 ☐	文物 wénwù	명 문물	文物
1892 ☐	文献 wénxiàn	명 문헌	文献
1893 ☐	文雅 wényǎ	형 품위가 있다, 우아하다	文雅
1894 ☐	文艺 wényì	명 문예, 문학	文艺
1895 ☐	问世 wènshì	동 세상에 나오다, 출품되다	问世
1896 ☐	窝 wō	명 둥지, 은신처, 잠복처	窝
1897 ☐	乌黑 wūhēi	형 새까맣다, 아주 검다	乌黑
1898 ☐	污蔑 wūmiè	동 모독하다, 중상하다, 더럽히다	污蔑

115

1899 ☑	诬陷 wūxiàn	동 무함하다, 사실을 날조하여 모함하다	诬陷
1900 ☐	无比 wúbǐ	동 더 비할 바가 없다, 아주 뛰어나다	无比
1901 ☐	无偿 wúcháng	형 무상의, 대가를 바라지 않는	无偿
1902 ☐	无耻 wúchǐ	형 염치 없다, 부끄러움을 모르다	无耻
1903 ☐	无动于衷 wúdòng yúzhōng	성 마음에 전혀 와닿지 않다	无动于衷
1904 ☐	无非 wúfēi	부 단지 ~에 지나지 않는다	无非
1905 ☐	无辜 wúgū	형 무고하다, 죄가 없다	无辜
1906 ☐	无精打采 wújīng dǎcǎi	성 풀이 죽다	无精打采
1907 ☐	无赖 wúlài	명 무뢰한 형 무례하다, 막돼먹다	无赖
1908 ☐	无理取闹 wúlǐ qǔnào	성 고의로 소란을 피우다	无理取闹
1909 ☐	无能为力 wúnéng wéilì	성 능력이 없다	无能为力
1910 ☐	无穷无尽 wúqióng wújìn	성 무궁무진하다	无穷无尽
1911 ☐	无微不至 wúwēi búzhì	성 사소한 데까지 신경을 쓰다	无微不至
1912 ☐	无忧无虑 wúyōu wúlǜ	성 아무런 근심이 없다	无忧无虑
1913 ☐	无知 wúzhī	형 무지하다, 아는 것이 없다	无知
1914 ☐	武器 wǔqì	명 무기, 병기	武器
1915 ☐	武侠 wǔxiá	명 무협, 협객	武侠

1916 ☑	武装 wǔzhuāng	동 무장하다, 무장시키다	武装
1917 ☐	侮辱 wǔrǔ	동 모욕하다	侮辱
1918 ☐	舞蹈 wǔdǎo	명 춤, 무용	舞蹈
1919 ☐	务必 wùbì	부 반드시, 꼭, 기필코	务必
1920 ☐	物美价廉 wùměi jiàlián	성 상품의 질이 좋고 값도 저렴하다	物美价廉
1921 ☐	物业 wùyè	명 산업, 부동산	物业
1922 ☐	物资 wùzī	명 물자	物资
1923 ☐	误差 wùchā	명 오차	误差
1924 ☐	误解 wùjiě	동 오해하다 명 오해	误解

X

1925 ☐	夕阳 xīyáng	명 석양, 노년, 늘그막	夕阳
1926 ☐	昔日 xīrì	명 옛날, 이전	昔日
1927 ☐	牺牲 xīshēng	동 대가를 치르다, 희생하다	牺牲
1928 ☐	溪 xī	명 시내, 개천	溪
1929 ☐	熄灭 xīmiè	동 (등이나 불이) 꺼지다, 소멸하다	熄灭
1930 ☐	膝盖 xīgài	동 무릎	膝盖

1931 ☑	习俗 xísú	몡 풍속, 습속	习俗
1932 ☐	袭击 xíjī	통 기습하다	袭击
1933 ☐	媳妇 xífù	몡 마누라, 며느리	媳妇
1934 ☐	喜闻乐见 xǐwén lèjiàn	성 기쁜 마음으로 듣고 보다	喜闻乐见
1935 ☐	喜悦 xǐyuè	휑 기쁘다, 즐겁다, 유쾌하다	喜悦
1936 ☐	系列 xìliè	몡 계열, 시리즈	系列
1937 ☐	细胞 xìbāo	몡 세포	细胞
1938 ☐	细菌 xìjūn	몡 세균	细菌
1939 ☐	细致 xìzhì	휑 정교하다, 세밀하다, 정밀하다	细致
1940 ☐	峡谷 xiágǔ	몡 협곡	峡谷
1941 ☐	狭隘 xiá'ài	휑 좁다	狭隘
1942 ☐	狭窄 xiázhǎi	휑 비좁다, 협소하다	狭窄
1943 ☐	霞 xiá	몡 노을	霞
1944 ☐	下属 xiàshǔ	몡 부하, 하급 직원	下属
1945 ☐	先进 xiānjìn	휑 선진의, 진보적인, 남보다 앞선	先进
1946 ☐	先前 xiānqián	몡 이전, 예전	先前
1947 ☐	纤维 xiānwéi	몡 섬유	纤维

1948 ☑	掀起 xiānqǐ	동 열다, 들어올리다	掀起
1949 ☐	鲜明 xiānmíng	형 분명하다, 명확하다	鲜明
1950 ☐	闲话 xiánhuà	명 험담, 험구, 뒷말	闲话
1951 ☐	贤惠 xiánhuì	형 어질고 총명하다, 품성이 곱다	贤惠
1952 ☐	弦 xián	명 (악기에서 음을 내는) 줄, 선, 현	弦
1953 ☐	衔接 xiánjiē	동 맞물리다, 잇다	衔接
1954 ☐	嫌 xián	동 싫어하다, 역겨워하다	嫌
1955 ☐	嫌疑 xiányí	명 혐의, 의심	嫌疑
1956 ☐	显著 xiǎnzhù	형 현저하다, 뚜렷하다, 두드러지다	显著
1957 ☐	现场 xiànchǎng	명 (사건이나 사고의) 현장, 현지	现场
1958 ☐	现成 xiànchéng	형 원래부터 있는, 이미 갖추어져 있는	现成
1959 ☐	现状 xiànzhuàng	명 현상, 현황	现状
1960 ☐	线索 xiànsuǒ	명 줄거리, 구성	线索
1961 ☐	宪法 xiànfǎ	명 헌법	宪法
1962 ☐	陷害 xiànhài	동 모함하다, 모해하다	陷害
1963 ☐	陷阱 xiànjǐng	명 함정, 악계, 속임수	陷阱
1964 ☐	陷入 xiànrù	동 (불리한 지경에) 빠지다, 몰입하다	陷入

1965 ☑	陷儿 xiànr	몡 함정, 소(만두 등에 넣는 재료)	陷儿
1966 ☐	乡镇 xiāngzhèn	몡 규모가 작은 지방 도시	乡镇
1967 ☐	相差 xiāngchà	동 서로 차이가 나다, 서로 다르다	相差
1968 ☐	相等 xiāngděng	동 같다, 대등하다	相等
1969 ☐	相辅相成 xiāngfǔ xiāngchéng	성 서로 보완하고 도와서 일을 완성하다	相辅相成
1970 ☐	相应 xiāngyìng	동 상응하다, 어울리다	相应
1971 ☐	镶嵌 xiāngqiàn	동 끼워 넣다, 박아 넣다	镶嵌
1972 ☐	响亮 xiǎngliàng	형 (소리가) 크고 맑다, 울려 퍼지다	响亮
1973 ☐	响应 xiǎngyìng	동 응답하다, 호응하다	响应
1974 ☐	想方设法 xiǎngfāng shèfǎ	성 온갖 방법을 다 생각하다	想方设法
1975 ☐	向导 xiàngdǎo	몡 가이드, 길 안내자	向导
1976 ☐	向来 xiànglái	부 본래부터, 줄곧	向来
1977 ☐	向往 xiàngwǎng	동 열망하다, 동경하다	向往
1978 ☐	巷 xiàng	몡 골목, 좁은 길	巷
1979 ☐	相声 xiàngsheng	몡 만담, 재담	相声
1980 ☐	消除 xiāochú	동 해소하다, 제거하다	消除
1981 ☐	消毒 xiāodú	동 소독하다	消毒

1982 ☑	消防 xiāofáng	동 소방하다	消防
1983 ☐	消耗 xiāohào	동 소모하다	消耗
1984 ☐	消灭 xiāomiè	동 소멸하다	消灭
1985 ☐	销毁 xiāohuǐ	동 소각하다, 불태워 없애다	销毁
1986 ☐	潇洒 xiāosǎ	형 품위가 있다, 멋스럽다	潇洒
1987 ☐	小心翼翼 xiǎoxīn yìyì	성 매우 조심스럽다	小心翼翼
1988 ☐	肖像 xiàoxiàng	명 사진, 화상	肖像
1989 ☐	效益 xiàoyì	명 효과와 수익	效益
1990 ☐	效应 xiàoyìng	명 효응, 효과와 반응	效应
1991 ☐	协会 xiéhuì	명 협회	协会
1992 ☐	协商 xiéshāng	동 협상하다, 협의하다	协商
1993 ☐	协调 xiétiáo	동 어울리게 하다, 조화롭게 하다	协调
1994 ☐	协议 xiéyì	명 협의, 합의	协议
1995 ☐	协助 xiézhù	동 협조하다, 보조하다	协助
1996 ☐	携带 xiédài	동 휴대하다, 이끌어 주다	携带
1997 ☐	泄露 xièlòu	동 누설하다, 폭로하다	泄露
1998 ☐	泄气 xièqì	동 공기가 새다, 분풀이하다, 낙담하다	泄气

1999 ☑	屑 xiè	명 부스러기, 찌꺼기	屑
2000 ☐	谢绝 xièjué	동 사절하다, 정중히 거절하다	谢绝
2001 ☐	心得 xīndé	명 느낌, 소감, 체득, 심득	心得
2002 ☐	心甘情愿 xīngān qíngyuàn	성 내심 만족해하며 달가워하다	心甘情愿
2003 ☐	心灵 xīnlíng	명 심령, 정신, 영혼	心灵
2004 ☐	心态 xīntài	명 심리 상태	心态
2005 ☐	心疼 xīnténg	동 아까워하다, 몹시 아끼다	心疼
2006 ☐	心血 xīnxuè	명 심혈	心血
2007 ☐	心眼儿 xīnyǎnr	명 내심, 기지	心眼儿
2008 ☐	辛勤 xīnqín	형 부지런하다	辛勤
2009 ☐	欣慰 xīnwèi	형 기쁘고 안심이 되다	欣慰
2010 ☐	欣欣向荣 xīnxīn xiàngróng	성 (초목이) 무럭무럭 자라다, (사업이) 번창하다	欣欣向荣
2011 ☐	新陈代谢 xīnchén dàixiè	성 신진대사, 낡은 것이 없어지고 새 것이 대신 생겨나는 일	新陈代谢
2012 ☐	新郎 xīnláng	명 신랑	新郎
2013 ☐	新娘 xīnniáng	명 신부	新娘
2014 ☐	新颖 xīnyǐng	형 새롭다, 참신하다	新颖
2015 ☐	薪水 xīnshui	명 봉급, 급여	薪水

2016 ☑	信赖 xìnlài	동 신뢰하다, 신임하다	信赖
2017 ☐	信念 xìnniàn	명 신념, 믿음	信念
2018 ☐	信仰 xìnyǎng	동 신앙하다, 숭배하다 명 신앙	信仰
2019 ☐	信誉 xìnyù	명 평판, 신용, 위신	信誉
2020 ☐	兴隆 xīnglóng	형 흥성하다, 번창하다	兴隆
2021 ☐	兴旺 xīngwàng	형 흥성하다, 번창하다	兴旺
2022 ☐	腥 xīng	형 비린내가 나다	腥
2023 ☐	刑事 xíngshì	형 형사상의	刑事
2024 ☐	行政 xíngzhèng	명 행정	行政
2025 ☐	形态 xíngtài	명 형태	形态
2026 ☐	兴高采烈 xìnggāo cǎiliè	성 매우 기쁘다	兴高采烈
2027 ☐	兴致勃勃 xìngzhì bóbó	성 흥미진진하다	兴致勃勃
2028 ☐	性感 xìnggǎn	형 섹시하다, 야하다	性感
2029 ☐	性命 xìngmìng	명 목숨, 생명	性命
2030 ☐	性能 xìngnéng	명 성능	性能
2031 ☐	凶恶 xiōng'è	형 흉악하다	凶恶
2032 ☐	凶手 xiōngshǒu	명 살인범, 흉악범	凶手

2033 ☑	汹涌 xiōngyǒng	동 세차게 위로 치솟다, 용솟음치다	汹涌
2034 ☐	胸怀 xiōnghuái	명 가슴, 흉부	胸怀
2035 ☐	胸膛 xiōngtáng	명 가슴, 흉부	胸膛
2036 ☐	雄厚 xiónghòu	형 풍부하다, 충족하다	雄厚
2037 ☐	雄伟 xióngwěi	형 웅대하고 위세가 넘치다	雄伟
2038 ☐	修复 xiūfù	동 원상 복구하다	修复
2039 ☐	修建 xiūjiàn	동 건설하다, 건축하다	修建
2040 ☐	修养 xiūyǎng	명 수양	修养
2041 ☐	羞耻 xiūchǐ	형 부끄럽다, 수치스럽다	羞耻
2042 ☐	绣 xiù	동 수놓다, 자수하다	绣
2043 ☐	嗅觉 xiùjué	명 후각	嗅觉
2044 ☐	须知 xūzhī	명 주의 사항, 숙지 사항	须知
2045 ☐	虚假 xūjiǎ	형 거짓의, 허위의, 속임수의	虚假
2046 ☐	虚荣 xūróng	명 허영, 헛된 영화	虚荣
2047 ☐	虚伪 xūwěi	형 허위의, 거짓의, 속임수의	虚伪
2048 ☐	需求 xūqiú	명 수요, 필요	需求
2049 ☐	许可 xǔkě	동 허가하다, 승낙하다	许可

2050 ☑	序言 xùyán	몡 서문, 서언, 머리말	序言
2051 ☐	畜牧 xùmù	몡 축산, 목축	畜牧
2052 ☐	酗酒 xùjiǔ	동 무절제하게 술을 마시다, 주정하다	酗酒
2053 ☐	宣誓 xuānshì	동 선서하다	宣誓
2054 ☐	宣扬 xuānyáng	동 선양하다, 널리 알리다	宣扬
2055 ☐	喧哗 xuānhuá	동 떠들다, 소란을 피우다	喧哗
2056 ☐	悬挂 xuánguà	동 걸다, 매달다	悬挂
2057 ☐	悬念 xuánniàn	몡 서스펜스	悬念
2058 ☐	悬殊 xuánshū	혱 차이가 크다	悬殊
2059 ☐	悬崖峭壁 xuányá qiàobì	셩 깎아지른 듯한 절벽	悬崖峭壁
2060 ☐	旋律 xuánlǜ	몡 선율, 멜로디	旋律
2061 ☐	旋转 xuánzhuǎn	동 돌다, 회전하다	旋转
2062 ☐	选拔 xuǎnbá	동 (인재를) 선발하다	选拔
2063 ☐	选举 xuǎnjǔ	동 선거하다, 선출하다	选举
2064 ☐	选手 xuǎnshǒu	몡 선수	选手
2065 ☐	炫耀 xuànyào	동 밝게 비추다, 눈부시게 빛나다	炫耀
2066 ☐	削 xuē	동 제거하다, 줄이다	削

2067 ☑	削弱 xuēruò	동 약화되다, 약해지다	削弱
2068 ☐	学说 xuéshuō	명 학설	学说
2069 ☐	学位 xuéwèi	명 학위	学位
2070 ☐	雪上加霜 xuěshàng jiāshuāng	성 엎친 데 덮친 격이다	雪上加霜
2071 ☐	血压 xuèyā	명 혈압	血压
2072 ☐	熏陶 xūntáo	동 훈도하다	熏陶
2073 ☐	寻觅 xúnmì	동 찾다	寻觅
2074 ☐	巡逻 xúnluó	동 순찰하다, 순시하다	巡逻
2075 ☐	循环 xúnhuán	동 순환하다	循环
2076 ☐	循序渐进 xúnxù jiànjìn	성 순차적으로 진행하다	循序渐进

Y

2077 ☐	压迫 yāpò	동 억압하다, 압박하다	压迫
2078 ☐	压岁钱 yāsuìqián	명 세뱃돈	压岁钱
2079 ☐	压缩 yāsuō	동 압축하다, 축소하다	压缩
2080 ☐	压抑 yāyì	동 억누르다, 억제하다, 억압하다	压抑
2081 ☐	压榨 yāzhà	동 압착하다, 착취하다	压榨

2082 ☑ 压制 yāzhì	동 억제하다, 압착하여 만들다	压制
2083 □ 鸦雀无声 yāquè wúshēng	성 매우 고요하다	鸦雀无声
2084 □ 亚军 yàjūn	명 제2위, 준우승(자)	亚军
2085 □ 烟花爆竹 yānhuā bàozhú	불꽃놀이의 폭죽	烟花爆竹
2086 □ 淹没 yānmò	동 잠기다, 침몰되다	淹没
2087 □ 延期 yánqī	동 (기간을) 연장하다, 늘리다	延期
2088 □ 延伸 yánshēn	동 펴다, 확장하다	延伸
2089 □ 延续 yánxù	동 계속하다, 연장하다	延续
2090 □ 严寒 yánhán	형 추위가 심하다	严寒
2091 □ 严禁 yánjìn	동 엄격하게 금지하다	严禁
2092 □ 严峻 yánjùn	형 중대하다, 심각하다	严峻
2093 □ 严厉 yánlì	형 호되다, 단호하다	严厉
2094 □ 严密 yánmì	형 빈틈없다, 치밀하다	严密
2095 □ 言论 yánlùn	명 언론, 의견	言论
2096 □ 岩石 yánshí	명 암석, 바위	岩石
2097 □ 炎热 yánrè	형 (날씨가) 무덥다, 찌는 듯하다	炎热
2098 □ 沿海 yánhǎi	명 바닷가 근처 지방	沿海

2099 ☑	掩盖 yǎngài	동 위에서 덮어 씌우다, 숨기다	掩盖
2100 ☐	掩护 yǎnhù	동 몰래 보호하다, 엄호하다	掩护
2101 ☐	掩饰 yǎnshì	동 덮어 숨기다, 감추다	掩饰
2102 ☐	眼光 yǎnguāng	명 선견지명, 통찰력, 안목	眼光
2103 ☐	眼色 yǎnsè	명 윙크, 눈짓	眼色
2104 ☐	眼神 yǎnshén	명 눈매, 눈빛	眼神
2105 ☐	演变 yǎnbiàn	동 변화 발전하다, 변천하다	演变
2106 ☐	演习 yǎnxí	동 훈련하다, 연습하다	演习
2107 ☐	演绎 yǎnyì	동 전개하다, 밝히다	演绎
2108 ☐	演奏 yǎnzòu	동 연주하다	演奏
2109 ☐	厌恶 yànwù	동 혐오하다, 몹시 싫어하다	厌恶
2110 ☐	验收 yànshōu	동 검수하다, 검사하여 받다	验收
2111 ☐	验证 yànzhèng	동 검증하다	验证
2112 ☐	氧气 yǎngqì	명 산소	氧气
2113 ☐	样品 yàngpǐn	명 샘플, 견본(품)	样品
2114 ☐	谣言 yáoyán	명 유언비어	谣言
2115 ☐	摇摆 yáobǎi	동 흔들거리다	摇摆

2116 ☑	摇滚 yáogǔn	몡 로큰롤, 록	摇滚
2117 ☐	遥控 yáokòng	동 (기계 등을) 원격 조종하다	遥控
2118 ☐	遥远 yáoyuǎn	혱 요원하다, 아득히 멀다, 까마득하다	遥远
2119 ☐	要点 yàodiǎn	몡 요점, 근거지	要点
2120 ☐	要命 yàomìng	동 목숨을 빼앗다, 죽을 지경이다	要命
2121 ☐	要素 yàosù	몡 요소	要素
2122 ☐	耀眼 yàoyǎn	혱 눈부시다	耀眼
2123 ☐	野蛮 yěmán	혱 야만적이다, 미개하다, 흉포하다	野蛮
2124 ☐	野心 yěxīn	몡 야심	野心
2125 ☐	液体 yètǐ	몡 액체	液体
2126 ☐	一度 yídù	뷘 한때, 한동안	一度
2127 ☐	一帆风顺 yìfān fēngshùn	셩 일이 순조롭게 진행되다	一帆风顺
2128 ☐	一贯 yíguàn	혱 한결같다, 일관적이다	一贯
2129 ☐	一举两得 yìjǔ liǎngdé	셩 일거양득, 일석이조	一举两得
2130 ☐	一流 yīliú	혱 같은 부류의, 한 부류의	一流
2131 ☐	一目了然 yímù liǎorán	셩 일목요연하다, 한눈에 환히 알다	一目了然
2132 ☐	一如既往 yìrú jìwǎng	셩 지난날과 다름없다	一如既往

2133 ☑	一丝不苟 yìsī bùgǒu	성 조금도 소홀히 하지 않다	一丝不苟
2134 ☐	一向 yíxiàng	부 줄곧, 내내	一向
2135 ☐	衣裳 yīshang	명 의상, 의복	衣裳
2136 ☐	依旧 yījiù	부 여전히	依旧
2137 ☐	依据 yījù	명 근거 개 ~에 의거하여	依据
2138 ☐	依靠 yīkào	동 의존하다, 의지하다	依靠
2139 ☐	依赖 yīlài	동 의지하다, 기대다	依赖
2140 ☐	依托 yītuō	동 의지하다, (어떤 명의를) 빌다	依托
2141 ☐	仪器 yíqì	명 측정기	仪器
2142 ☐	仪式 yíshì	명 의식	仪式
2143 ☐	遗产 yíchǎn	명 유산	遗产
2144 ☐	遗传 yíchuán	동 유전하다	遗传
2145 ☐	遗留 yíliú	동 남겨 놓다, 남기다	遗留
2146 ☐	遗失 yíshī	동 유실하다, 분실하다	遗失
2147 ☐	疑惑 yíhuò	명 의혹, 의심	疑惑
2148 ☐	以便 yǐbiàn	접 ~하기 위하여	以便
2149 ☐	以免 yǐmiǎn	접 ~하지 않기 위하여	以免

2150 ☑	以往 yǐwǎng	몡 이전, 과거	以往
2151 ☐	以至 yǐzhì	젭 ~까지, ~때문에	以至
2152 ☐	以致 yǐzhì	젭 ~이 되다, ~을 가져오다	以致
2153 ☐	亦 yì	뷔 ~도 역시	亦
2154 ☐	异常 yìcháng	톙 심상치 않다, 예사롭지 않다 뷔 특히, 대단히	异常
2155 ☐	意料 yìliào	동 예상하다, 예측하다	意料
2156 ☐	意识 yìshí	동 깨닫다, 의식하다 몡 의식	意识
2157 ☐	意图 yìtú	동 의도가 있다 몡 의도, 타산	意图
2158 ☐	意味着 yìwèizhe	동 의미하다, 뜻하다	意味着
2159 ☐	意向 yìxiàng	몡 의향, 의도, 의사	意向
2160 ☐	意志 yìzhì	몡 의지, 의기	意志
2161 ☐	毅力 yìlì	몡 완강한 의지	毅力
2162 ☐	毅然 yìrán	뷔 의연히, 결연히	毅然
2163 ☐	翼 yì	몡 날개, 깃	翼
2164 ☐	阴谋 yīnmóu	몡 음모	阴谋
2165 ☐	音响 yīnxiǎng	몡 음향, 음향 기기	音响
2166 ☐	引导 yǐndǎo	동 인도하다, 유도하다	引导

2167 ☑	引擎 yǐnqíng	똉 엔진	引擎
2168 ☐	引用 yǐnyòng	동 인용하다, 임용하다	引用
2169 ☐	饮食 yǐnshí	똉 음식	饮食
2170 ☐	隐蔽 yǐnbì	동 은폐하다, 가리다 혱 은폐된, 가려진	隐蔽
2171 ☐	隐患 yǐnhuàn	똉 잠복해 있는 병, 겉에 드러나지 않은 폐해	隐患
2172 ☐	隐瞒 yǐnmán	동 (진상을) 숨기다, 속이다	隐瞒
2173 ☐	隐私 yǐnsī	똉 사적인 비밀, 사생활	隐私
2174 ☐	隐约 yǐnyuē	혱 희미하다, 어렴풋하다	隐约
2175 ☐	英明 yīngmíng	혱 영명하다	英明
2176 ☐	英勇 yīngyǒng	혱 매우 용감하다	英勇
2177 ☐	婴儿 yīng'ér	똉 영아, 갓난아기, 젖먹이	婴儿
2178 ☐	迎面 yíngmiàn	뷔 얼굴을 마주하고	迎面
2179 ☐	盈利 yínglì	똉 이윤, 이익	盈利
2180 ☐	应酬 yìngchou	동 응대하다, 접대하다 똉 연회, 파티	应酬
2181 ☐	应邀 yìngyāo	동 초청에 응하다, 초청을 받아들이다	应邀
2182 ☐	拥护 yōnghù	동 옹호하다, 지지하다	拥护
2183 ☐	拥有 yōngyǒu	동 보유하다, 소유하다	拥有

2184 ☑	庸俗 yōngsú	형 비속하다, 저속하다	庸俗
2185 ☐	永恒 yǒnghéng	형 영원히 변하지 않다	永恒
2186 ☐	勇于 yǒngyú	동 용감하게 ~하다	勇于
2187 ☐	涌现 yǒngxiàn	동 한꺼번에 나타나다	涌现
2188 ☐	踊跃 yǒngyuè	형 열렬하다	踊跃
2189 ☐	用户 yònghù	명 사용자, 아이디(ID)	用户
2190 ☐	优胜劣汰 yōushèng liètài	성 강한 자는 번성하고 약한 자는 쇠멸 하다	优胜劣汰
2191 ☐	优先 yōuxiān	동 우선하다	优先
2192 ☐	优异 yōuyì	형 특히 우수하다, 특출나다	优异
2193 ☐	优越 yōuyuè	형 우월하다, 우량하다	优越
2194 ☐	忧郁 yōuyù	형 우울하다, 침울하다	忧郁
2195 ☐	犹如 yóurú	동 마치 ~와 같다	犹如
2196 ☐	油腻 yóunì	형 기름지다, 느끼하다	油腻
2197 ☐	油漆 yóuqī	명 페인트	油漆
2198 ☐	有条不紊 yǒutiáo bùwěn	동 (말·행동이) 조리 있고 질서 정연하 다	有条不紊
2199 ☐	幼稚 yòuzhì	형 유치하다, 어리다	幼稚
2200 ☐	诱惑 yòuhuò	동 꾀다, 유혹하다, 매료 시키다	诱惑

2201 ☑	渔民 yúmín	몡 어민	渔民
2202 ☐	愚蠢 yúchǔn	혱 어리석나, 우둔하다	愚蠢
2203 ☐	愚昧 yúmèi	혱 우매하나, 어리석고 사리에 어둡다	愚昧
2204 ☐	舆论 yúlùn	몡 여론	舆论
2205 ☐	与日俱增 yǔrì jùzēng	성 날이 갈수록 많아지다	与日俱增
2206 ☐	宇宙 yǔzhòu	몡 우주	宇宙
2207 ☐	羽绒服 yǔróngfú	몡 다운 재킷, 오리털 재킷	羽绒服
2208 ☐	玉 yù	몡 옥	玉
2209 ☐	预料 yùliào	동 예상하다, 전망하다	预料
2210 ☐	预期 yùqī	동 예기하다, 미리 기대하다	预期
2211 ☐	预算 yùsuàn	몡 예산	预算
2212 ☐	预先 yùxiān	부 사전에, 미리	预先
2213 ☐	预言 yùyán	동 예언하다 몡 예언	预言
2214 ☐	预兆 yùzhào	몡 전조, 조짐	预兆
2215 ☐	欲望 yùwàng	몡 욕망	欲望
2216 ☐	寓言 yùyán	몡 우언, 우화	寓言
2217 ☐	愈 yù	부 ~하면 할수록 ~하다	愈

2218 ☑	冤枉 yuānwang	동 억울한 누명을 씌우다 형 억울하다	冤枉
2219 ☐	元首 yuánshǒu	명 군주, 임금	元首
2220 ☐	元素 yuánsù	명 원소, 요소	元素
2221 ☐	元宵节 Yuánxiāo Jié	명 원소절, 정월 대보름	元宵节
2222 ☐	园林 yuánlín	명 원림, 정원	园林
2223 ☐	原告 yuángào	명 원고	原告
2224 ☐	原理 yuánlǐ	명 원리	原理
2225 ☐	原始 yuánshǐ	형 원시의, 원래의	原始
2226 ☐	原先 yuánxiān	명 이전, 최초	原先
2227 ☐	圆满 yuánmǎn	형 원만하다, 완벽하다	圆满
2228 ☐	缘故 yuángù	명 연고, 원인	缘故
2229 ☐	源泉 yuánquán	명 원천	源泉
2230 ☐	约束 yuēshù	동 단속하다, 규제하다	约束
2231 ☐	乐谱 yuèpǔ	명 악보	乐谱
2232 ☐	岳母 yuèmǔ	명 장모	岳母
2233 ☐	孕育 yùnyù	동 낳아 기르다	孕育
2234 ☐	运行 yùnxíng	동 운행하다	运行

2235 ☑	运算 yùnsuàn	동 연산하다, 운산하다	运算
2236 ☐	酝酿 yùnniàng	동 술을 빚다, 사전에 미리 준비하다	酝酿
2237 ☐	蕴藏 yùncáng	동 잠재하다, 매장되다	蕴藏
2238 ☐	熨 yùn	동 다림질하다	熨

Z

2239 ☐	杂技 zájì	명 잡기, 곡예, 서커스	杂技
2240 ☐	杂交 zájiāo	동 교배하다, 교잡하다	杂交
2241 ☐	砸 zá	동 눌러 으스러뜨리다, 박다	砸
2242 ☐	咋 zǎ	대 어째서, 어떻게	咋
2243 ☐	灾难 zāinàn	명 재난, 재해	灾难
2244 ☐	栽培 zāipéi	동 심어 가꾸다, 인재를 기르다	栽培
2245 ☐	宰 zǎi	동 주관하다, 주재하다, 도살하다	宰
2246 ☐	再接再厉 zàijiē zàilì	성 더욱더 힘쓰다	再接再厉
2247 ☐	在意 zàiyì	동 마음에 두다	在意
2248 ☐	攒 zǎn	동 쌓다, 모으다, 저축하다	攒
2249 ☐	暂且 zànqiě	부 잠시, 잠깐, 당분간	暂且

2250 ☑	赞叹 zàntàn	图 찬탄하다, 감탄하며 찬미하다	赞叹
2251 ☐	赞助 zànzhù	图 찬조하다, 지지하다	赞助
2252 ☐	遭受 zāoshòu	图 (불행 또는 손해를) 입다, 당하다	遭受
2253 ☐	遭殃 zāoyāng	图 재난을 입다, 불행을 당하다	遭殃
2254 ☐	遭遇 zāoyù	图 (불행·불리한 일을) 조우하다 图 처지, 경우	遭遇
2255 ☐	糟蹋 zāotà	图 낭비하다, 못 쓰게 하다	糟蹋
2256 ☐	造型 zàoxíng	图 (만들어 낸 물체의) 이미지, 형상	造型
2257 ☐	噪音 zàoyīn	图 소음	噪音
2258 ☐	责怪 zéguài	图 원망하다, 나무라다, 책망하다	责怪
2259 ☐	贼 zéi	图 도둑, 반역자, 악인	贼
2260 ☐	增添 zēngtiān	图 더하다, 늘리다, 보태다	增添
2261 ☐	赠送 zèngsòng	图 증정하다, 선사하다	赠送
2262 ☐	扎 zhā	图 (뾰족한 물건으로) 찌르다	扎
2263 ☐	扎实 zhāshí	图 견실하다, 견고하다	扎实
2264 ☐	渣 zhā	图 찌꺼기, 침전물, 부스러기	渣
2265 ☐	眨 zhǎ	图 (눈을) 깜빡거리다	眨
2266 ☐	诈骗 zhàpiàn	图 속이다, 갈취하다, 편취하다	诈骗

137

2267 ☑	摘要 zhāiyào	몡 적요, 개요	摘要
2268 ☐	债券 zhàiquàn	몡 재권	债券
2269 ☐	沾光 zhānguāng	동 은혜를 입나, 신세를 지다	沾光
2270 ☐	瞻仰 zhānyǎng	동 우러러보다, 참배하다	瞻仰
2271 ☐	斩钉截铁 zhǎndīng jiétiě	성 맺고 끊다, 언행이 단호하다	斩钉截铁
2272 ☐	展示 zhǎnshì	동 드러내다, 전시하다	展示
2273 ☐	展望 zhǎnwàng	동 먼 곳을 보다, 전망하다	展望
2274 ☐	展现 zhǎnxiàn	동 드러내다, 나타나다	展现
2275 ☐	崭新 zhǎnxīn	형 참신하다, 아주 새롭다	崭新
2276 ☐	占据 zhànjù	동 점거하다, 점유하다	占据
2277 ☐	占领 zhànlǐng	동 점령하다, 점거하다	占领
2278 ☐	战斗 zhàndòu	동 전투하다, 교전하다	战斗
2279 ☐	战略 zhànlüè	몡 전략	战略
2280 ☐	战术 zhànshù	몡 전술	战术
2281 ☐	战役 zhànyì	몡 전역	战役
2282 ☐	章程 zhāngchéng	몡 방법, 방도	章程
2283 ☐	帐篷 zhàngpeng	몡 장막, 천막, 텐트	帐篷

2284 ☑	障碍 zhàng'ài	명 장애물, 방해물	障碍
2285 ☐	招标 zhāobiāo	동 입찰 공고하다, 청부 입찰자를 모집하다	招标
2286 ☐	招收 zhāoshōu	동 모집하다, 받아들이다	招收
2287 ☐	朝气蓬勃 zhāoqì péngbó	성 생기가 넘쳐흐르다, 생기발랄하다, 씩씩하다	朝气蓬勃
2288 ☐	着迷 zháomí	동 몰두하다, 사로잡히다, 정신이 팔리다	着迷
2289 ☐	沼泽 zhǎozé	명 소택, 소택지	沼泽
2290 ☐	照样 zhàoyàng	부 여전히, 변함없이	照样
2291 ☐	照耀 zhàoyào	동 밝게 비추다	照耀
2292 ☐	折腾 zhēteng	동 잠자리에서 뒤치락거리다, 되풀이하다	折腾
2293 ☐	遮挡 zhēdǎng	동 막다, 차단하다, 가리다	遮挡
2294 ☐	折 zhé	동 꺾다, 부러뜨리다, 요절하다	折
2295 ☐	折磨 zhémó	동 괴롭히다, 학대하다	折磨
2296 ☐	侦探 zhēntàn	명 탐정, 간첩	侦探
2297 ☐	珍贵 zhēnguì	형 진귀하다, 귀중하다	珍贵
2298 ☐	珍稀 zhēnxī	형 진귀하고 드물다	珍稀
2299 ☐	珍珠 zhēnzhū	명 진주	珍珠
2300 ☐	真理 zhēnlǐ	명 진리	真理

2301 ☑	真相 zhēnxiàng	몡 진상, 실상	真相
2302 ☐	真挚 zhēnzhì	혱 성실한, 참된, 진실의	真挚
2303 ☐	斟酌 zhēnzhuó	동 헤아리다, 짐작하다	斟酌
2304 ☐	枕头 zhěntou	몡 베개	枕头
2305 ☐	阵地 zhèndì	몡 진지, 일선	阵地
2306 ☐	阵容 zhènróng	몡 한 단체의 구성원들의 짜임새, 라인업	阵容
2307 ☐	振奋 zhènfèn	동 용기를 복돋우다, 고무하다 혱 분기하다, 분발하다	振奋
2308 ☐	振兴 zhènxīng	동 진흥시키다	振兴
2309 ☐	震撼 zhènhàn	동 진동시키다, 뒤흔들다	震撼
2310 ☐	震惊 zhènjīng	동 놀라게 하다	震惊
2311 ☐	镇定 zhèndìng	혱 침착하다, 냉정하다	镇定
2312 ☐	镇静 zhènjìng	혱 냉정하다, 침착하다	镇静
2313 ☐	正月 zhēngyuè	몡 정월	正月
2314 ☐	争端 zhēngduān	몡 쟁단, 분쟁의 실마리	争端
2315 ☐	争夺 zhēngduó	동 쟁탈하다, 다투다	争夺
2316 ☐	争气 zhēngqì	동 잘 하려고 애쓰다, 명예를 세우다	争气
2317 ☐	争先恐后 zhēngxiān kǒnghòu	셩 뒤질세라 앞을 다투다	争先恐后

2318 ☑	争议 zhēngyì	동 쟁의하다, 논의하다, 쟁론하다	争议
2319 ☐	征服 zhēngfú	동 정복하다, 굴복시키다	征服
2320 ☐	征收 zhēngshōu	동 징수하다	征收
2321 ☐	挣扎 zhēngzhá	동 발버둥치다, 몸부림치다	挣扎
2322 ☐	蒸发 zhēngfā	동 증발하다, 종적이 없이 사라지다	蒸发
2323 ☐	整顿 zhěngdùn	동 정비하다, 바로잡다, 통합하다	整顿
2324 ☐	正当 zhèngdàng	형 정당하다, (인품이) 바르고 곧다	正当
2325 ☐	正负 zhèngfù	명 양전자와 음전자	正负
2326 ☐	正规 zhèngguī	형 정규의, 표준의	正规
2327 ☐	正经 zhèngjing	형 정직하다, 곧다, 정당하다	正经
2328 ☐	正气 zhèngqì	명 공명정대한 태도, 바른 기풍	正气
2329 ☐	正义 zhèngyì	명 정의 형 정의로운	正义
2330 ☐	正宗 zhèngzōng	형 정통의, 진정한	正宗
2331 ☐	证实 zhèngshí	동 실증하다, 사실을 증명하다	证实
2332 ☐	证书 zhèngshū	명 증명서, 증서	证书
2333 ☐	郑重 zhèngzhòng	형 정중하다, 점잖고 엄숙하다	郑重
2334 ☐	政策 zhèngcè	명 정책	政策

2335 ☑	政权 zhèngquán	명 정권	政权
2336 ☐	症状 zhèngzhuàng	명 증상, 증후	症状
2337 ☐	之际 zhījì	명 때, 즈음	之际
2338 ☐	支撑 zhīchēng	동 버티다, 받치다	支撑
2339 ☐	支出 zhīchū	동 지출하다 명 지출	支出
2340 ☐	支流 zhīliú	명 지류	支流
2341 ☐	支配 zhīpèi	동 안배하다, 통제하다	支配
2342 ☐	支援 zhīyuán	동 지원하다	支援
2343 ☐	支柱 zhīzhù	명 지주, 받침대, 기둥	支柱
2344 ☐	枝 zhī	양 자루, 대	枝
2345 ☐	知觉 zhījué	명 지각, 감각	知觉
2346 ☐	知足常乐 zhīzú chánglè	만족함을 알면 항상 즐겁다	知足常乐
2347 ☐	脂肪 zhīfáng	명 지방	脂肪
2348 ☐	执行 zhíxíng	동 집행하다, 수행하다	执行
2349 ☐	执着 zhízhuó	형 집착하다, 고집스럽다, 융통성이 없다	执着
2350 ☐	直播 zhíbō	동 직접 파종하다, 직접 중계하다	直播
2351 ☐	直径 zhíjìng	명 직경	直径

352 ☑	侄子 zhízi	몡 조카	侄子
353	值班 zhíbān	통 당번이 되다, 당직을 맡다	值班
354	职能 zhínéng	몡 직능, 직책과 기능	职能
355	职位 zhíwèi	몡 직위	职位
356	职务 zhíwù	몡 직무	职务
357	殖民地 zhímíndì	몡 식민지	殖民地
358	指标 zhǐbiāo	몡 지표, 수치, 목표	指标
359	指定 zhǐdìng	통 지정하다, 확정하다	指定
360	指甲 zhǐjia	몡 손톱	指甲
361	指令 zhǐlìng	몡 지령	指令
362	指南针 zhǐnánzhēn	몡 나침반, 지침	指南针
363	指示 zhǐshì	통 가리키다, 지시하다 몡 지시, 명령	指示
364	指望 zhǐwàng	통 기대하다, 바라다 몡 기대, 가망, 희망	指望
365	指责 zhǐzé	통 지적하다, 질책하다	指责
366	志气 zhìqì	몡 패기, 기개, 향상심, 진취성	志气
367	制裁 zhìcái	통 제재하다	制裁
368	制服 zhìfú	몡 제복	制服

2369 ☑	制约 zhìyuē	동 제약하다	制约
2370 ☐	制止 zhìzhǐ	동 제지하다	制止
2371 ☐	治安 zhì'ān	명 치안	治安
2372 ☐	治理 zhìlǐ	동 통치하다, 다스리다	治理
2373 ☐	致辞 zhìcí	동 인사말을 하다, 축사를 하다	致辞
2374 ☐	致力 zhìlì	동 힘쓰다, 전력하다	致力
2375 ☐	致使 zhìshǐ	동 ~를 초래하다, ~를 야기하다	致使
2376 ☐	智力 zhìlì	명 지력, 지능	智力
2377 ☐	智能 zhìnéng	형 지능이 있는, 지능을 갖춘	智能
2378 ☐	智商 zhìshāng	명 지능 지수, IQ	智商
2379 ☐	滞留 zhìliú	동 ~에 머물다	滞留
2380 ☐	中断 zhōngduàn	동 중단하다, 끊기다	中断
2381 ☐	中立 zhōnglì	동 중립하다	中立
2382 ☐	中央 zhōngyāng	명 중앙, 정부의 최고 기관	中央
2383 ☐	忠诚 zhōngchéng	형 충성하다, 충실하다, 성실하다	忠诚
2384 ☐	忠实 zhōngshí	동 충실하다 형 진실하다, 참되다	忠实
2385 ☐	终点 zhōngdiǎn	명 종착점, 골인점	终点

2386 ☑	终究 zhōngjiū	뷔 결국, 어쨌든	终究
2387 ☐	终身 zhōngshēn	몡 일생, 평생, 종신	终身
2388 ☐	终止 zhōngzhǐ	동 마치다, 정지하다	终止
2389 ☐	衷心 zhōngxīn	혱 충심의	衷心
2390 ☐	肿瘤 zhǒngliú	몡 종양	肿瘤
2391 ☐	种子 zhǒngzi	몡 종자, 열매, 어떤 방면에 특별한 인물	种子
2392 ☐	种族 zhǒngzú	몡 종족, 인종	种族
2393 ☐	众所周知 zhòngsuǒ zhōuzhī	셩 모든 사람이 다 알고 있다	众所周知
2394 ☐	种植 zhòngzhí	동 종식하다, 재배하다	种植
2395 ☐	重心 zhòngxīn	몡 중심, 무게 중심	重心
2396 ☐	舟 zhōu	몡 배	舟
2397 ☐	州 zhōu	몡 자치주	州
2398 ☐	周边 zhōubiān	몡 주변, 주위	周边
2399 ☐	周密 zhōumì	혱 주도면밀하다, 꼼꼼하다	周密
2400 ☐	周年 zhōunián	몡 주년	周年
2401 ☐	周期 zhōuqī	몡 주기	周期
2402 ☐	周折 zhōuzhé	몡 곡절	周折

2403 ☑	周转 zhōuzhuǎn	동 돌리다, 융통하다, (자금을) 회전시키다	周转
2404 ☐	粥 zhōu	명 죽	粥
2405 ☐	昼夜 zhòuyè	명 낮과 밤	昼夜
2406 ☐	皱纹 zhòuwén	명 주름, 주름살	皱纹
2407 ☐	株 zhū	양 그루	株
2408 ☐	诸位 zhūwèi	대 여러분, 제위	诸位
2409 ☐	逐年 zhúnián	부 해마다	逐年
2410 ☐	主办 zhǔbàn	동 주최하다	主办
2411 ☐	主导 zhǔdǎo	동 주도하다	主导
2412 ☐	主管 zhǔguǎn	동 주관하다, 주무하다 명 주관자, 팀장	主管
2413 ☐	主流 zhǔliú	명 주류, 주요 추세	主流
2414 ☐	主权 zhǔquán	명 주권	主权
2415 ☐	主义 zhǔyì	명 주의	主义
2416 ☐	拄 zhǔ	동 (지팡이로) 몸을 지탱하다, 짚다	拄
2417 ☐	嘱咐 zhǔfù	동 분부하다, 당부하다	嘱咐
2418 ☐	助理 zhùlǐ	명 비서, 보좌인, 보좌관	助理
2419 ☐	助手 zhùshǒu	명 조수	助手

2420 ☑	住宅 zhùzhái	몡 주택	住宅
2421 ☐	注射 zhùshè	동 주사하다	注射
2422 ☐	注视 zhùshì	동 주시하다, 주목하다	注视
2423 ☐	注释 zhùshì	동 주해하다, 주석하다 몡 주석	注释
2424 ☐	注重 zhùzhòng	동 중시하다, 중점을 두다	注重
2425 ☐	驻扎 zhùzhā	동 주둔하다, 주재하다	驻扎
2426 ☐	著作 zhùzuò	몡 저서, 작품	著作
2427 ☐	铸造 zhùzào	동 주조하다	铸造
2428 ☐	拽 zhuài	동 잡아당기다, 세차게 끌다	拽
2429 ☐	专长 zhuāncháng	몡 특기, 특수 기능	专长
2430 ☐	专程 zhuānchéng	閈 특별히	专程
2431 ☐	专利 zhuānlì	몡 특허, 특허권	专利
2432 ☐	专题 zhuāntí	몡 전제, 특정한 제목	专题
2433 ☐	砖 zhuān	몡 벽돌	砖
2434 ☐	转达 zhuǎndá	동 전달하다, 전하다	转达
2435 ☐	转让 zhuǎnràng	동 양도하다, 넘겨주다	转让
2436 ☐	转移 zhuǎnyí	동 전이하다, 바꾸다	转移

2437 ☑	转折 zhuǎnzhé	동 방향이 바뀌다, 전환하다	转折
2438 ☐	传记 zhuànjì	명 전기, 일대기	传记
2439 ☐	庄稼 zhuāngjia	명 농작물	庄稼
2440 ☐	庄严 zhuāngyán	형 장엄하다, 장중하고 엄숙하다	庄严
2441 ☐	庄重 zhuāngzhòng	형 장중하다, 위엄이 있다	庄重
2442 ☐	装备 zhuāngbèi	명 장비	装备
2443 ☐	装卸 zhuāngxiè	동 조립하고 해체하다, 하역하다	装卸
2444 ☐	壮观 zhuàngguān	형 장관이다	壮观
2445 ☐	壮丽 zhuànglì	형 장려하다, 웅장하고 아름답다	壮丽
2446 ☐	壮烈 zhuàngliè	형 장렬하다	壮烈
2447 ☐	幢 zhuàng	양 동, 채(건물을 세는 단위)	幢
2448 ☐	追悼 zhuīdào	동 추모하다, 추도하다	追悼
2449 ☐	追究 zhuījiū	동 추궁하다, 규명하다	追究
2450 ☐	坠 zhuì	동 떨어지다, 아래로 늘어지다	坠
2451 ☐	准则 zhǔnzé	명 준칙, 규범	准则
2452 ☐	卓越 zhuóyuè	형 탁월하다, 출중하다	卓越
2453 ☐	着手 zhuóshǒu	동 착수하다, 시작하다	着手

2454 ☑	着想 zhuóxiǎng	동 생각하다, 고려하다	着想
2455 ☐	着重 zhuózhòng	동 힘을 주다, 강조하다	着重
2456 ☐	姿态 zītài	명 자태, 모습	姿态
2457 ☐	资本 zīběn	명 자본, 밑천	资本
2458 ☐	资产 zīchǎn	명 재산, 자산	资产
2459 ☐	资深 zīshēn	형 경력이 오랜, 베테랑의	资深
2460 ☐	资助 zīzhù	동 (재물로) 돕다	资助
2461 ☐	滋润 zīrùn	동 촉촉하게 적시다, 축이다	滋润
2462 ☐	滋味 zīwèi	명 좋은 맛, 속마음	滋味
2463 ☐	子弹 zǐdàn	명 탄알, 총알	子弹
2464 ☐	自卑 zìbēi	형 스스로 남보다 못하다고 느끼다, 열등감이 있다	自卑
2465 ☐	自发 zìfā	형 자발적인, 스스로 발생한	自发
2466 ☐	自力更生 zìlì gēngshēng	성 자력갱생하다	自力更生
2467 ☐	自满 zìmǎn	형 자만하다	自满
2468 ☐	自主 zìzhǔ	동 자주적이다, 자주적으로 한다	自主
2469 ☐	宗教 zōngjiào	명 종교	宗教
2470 ☐	宗旨 zōngzhǐ	명 취지, 목적	宗旨

2471 ☑	棕色 zōngsè	명 갈색, 다갈색	棕色
2472 ☐	踪迹 zōngjì	명 종적, 행적, 발자취	踪迹
2473 ☐	总而言之 zǒng'ér yánzhī	성 총괄적으로 말하면	总而言之
2474 ☐	总和 zǒnghé	명 총계, 총수, 총화	总和
2475 ☐	纵横 zònghéng	동 거침없이 내닫다, 종횡무진하다 형 자유자재하다	纵横
2476 ☐	走廊 zǒuláng	명 복도, 회랑	走廊
2477 ☐	走漏 zǒulòu	동 (정부를) 누설하다, 밀수로 탈세하다	走漏
2478 ☐	走私 zǒusī	동 밀수하다	走私
2479 ☐	揍 zòu	동 때리다, 치다	揍
2480 ☐	租赁 zūlìn	동 임차하다, 빌리다	租赁
2481 ☐	足以 zúyǐ	동 충분히 ~할 수 있다	足以
2482 ☐	阻碍 zǔ'ài	동 가로막다	阻碍
2483 ☐	阻拦 zǔlán	동 저지하다, 방해하다, 막다	阻拦
2484 ☐	阻挠 zǔnáo	동 가로막다, 방해하다	阻挠
2485 ☐	祖父 zǔfù	명 조부, 할아버지	祖父
2486 ☐	祖国 zǔguó	명 조국	祖国
2487 ☐	祖先 zǔxiān	명 선조, 조상	祖先

2488 ☑	钻研 zuānyán	동 깊이 연구하다, 심혈을 기울이다	钻研
2489 ☐	钻石 zuànshí	명 다이아몬드	钻石
2490 ☐	嘴唇 zuǐchún	명 입술	嘴唇
2491 ☐	罪犯 zuìfàn	명 범인, 죄인	罪犯
2492 ☐	尊严 zūnyán	명 존엄, 존엄성	尊严
2493 ☐	遵循 zūnxún	동 따르다	遵循
2494 ☐	琢磨 zuómo	동 사색하다, 음미하다	琢磨
2495 ☐	作弊 zuòbì	동 부정 행위를 하다, 속임수를 쓰다	作弊
2496 ☐	作废 zuòfèi	동 폐기하다	作废
2497 ☐	作风 zuòfēng	명 기풍, 태도, 풍격	作风
2498 ☐	作息 zuòxī	동 일하고 휴식하다	作息
2499 ☐	座右铭 zuòyòumíng	명 좌우명	座右铭
2500 ☐	做主 zuòzhǔ	동 주인이 되다, 책임지고 결정하다	做主

MEMO

외국어 출판 40년의 신뢰
외국어 전문 출판 그룹
동양북스가 만드는 책은 다릅니다.

40년의 쉼 없는 노력과 도전으로 책 만들기에 최선을 다해온 동양북스는
오늘도 미래의 가치에 투자하고 있습니다.
대한민국의 내일을 생각하는 도전 정신과 믿음으로 최선을 다하겠습니다.

📖 동양북스 추천 교재

일본어 교재의 최강자, 동양북스 추천 교재

회화 코스북

일본어뱅크 다이스키
STEP 1 · 2 · 3 · 4 · 5 · 6 · 7 · 8

일본어뱅크
좋아요 일본어 1 · 2 · 3 · 4 · 5 · 6

일본어뱅크 도모다찌
STEP 1 · 2 · 3

분야서

일본어뱅크
좋아요 일본어 독해 STEP 1 · 2

일본어뱅크
일본어 작문 초급

일본어뱅크
사진과 함께하는
일본 문화

일본어뱅크
항공 서비스 일본어

가장 쉬운 독학
일어 현지회화

수험서

일취월장 JPT
독해 · 청해

일취월장 JPT
실전 모의고사 500 · 700

일단 합격하고 오겠습니다
JLPT 일본어능력시험
N1 · N2 · N3 · N4 · N5

일단 합격하고 오겠습니다
JLPT 일본어능력시험
실전모의고사 N1 · N2 · N3 · N4/5

단어 · 한자

특허받은
일본어 한자 암기박사

일본어 상용한자 2136
이거 하나면 끝!

일본어뱅크
좋아요 일본어 한자

가장 쉬운 독학
일본어 단어장

일단 합격하고 오겠습니다
JLPT 일본어능력시험
단어장 N1 · N2 · N3

중국어 교재의 최강자, 동양북스 추천 교재

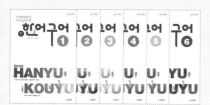

중국어뱅크 북경대학 신한어구어
1·2·3·4·5·6

중국어뱅크 스마트중국어
STEP 1·2·3·4

중국어뱅크 집중중국어
STEP 1·2·3·4

중국어뱅크
뉴! 버전업 사진으로
보고 배우는 중국문화

중국어뱅크
문화중국어 1·2

중국어뱅크
관광 중국어 1·2

중국어뱅크
여행실무 중국어

중국어뱅크
호텔 중국어

중국어뱅크
판매 중국어

중국어뱅크
항공 실무 중국어

정반합 新HSK
1급·2급·3급·4급·5급·6급

일단 합격 新HSK 한 권이면 끝
3급·4급·5급·6급

버전업! 新HSK
VOCA 5급·6급

가장 쉬운 독학
중국어 단어장

중국어뱅크
중국어 간체자 1000

특허받은
중국어 한자 암기박사

📖 동양북스 추천 교재

기타외국어 교재의 최강자, 동양북스 추천 교재

중고급 학습

첫걸음 끝내고 보는
프랑스어
중고급의 모든 것

첫걸음 끝내고 보는
스페인어
중고급의 모든 것

첫걸음 끝내고 보는
독일어
중고급의 모든 것

첫걸음 끝내고 보는
태국어
중고급의 모든 것

첫걸음 끝내고 보는
베트남어
중고급의 모든 것

단어장

버전업! 가장 쉬운
프랑스어 단어장

버전업! 가장 쉬운
스페인어 단어장

버전업! 가장 쉬운
독일어 단어장

가장 쉬운 독학
베트남어 단어장

여행 회화

NEW 후다닥
여행 중국어

NEW 후다닥
여행 일본어

NEW 후다닥
여행 영어

NEW 후다닥
여행 독일어

NEW 후다닥
여행 프랑스어

NEW 후다닥
여행 스페인어

NEW 후다닥
여행 베트남어

NEW 후다닥
여행 태국어

수험서 · 교재

한 권으로 끝내는 DELE
이휘 · 쓰기 · 관용구편 (B2~C1)

수능 기초 베트남어
한 권이면 끝!

비진입!
스마트 프랑스어

일단 합격하고 오겠습니다
독일어능력시험
A1 · A2 · B1 · B2

무료 MP3 바로 듣기

최|신|개|정

일단 합격

新HSK
한 권이면 끝!

최은정 지음

해설서

HSK 최신
경향 반영!
시크릿 비법으로
고득점 공략

6급

원스쿨 강의 교재 www.siwonschool.com

 비법서   해설서   mp3 음원   6급 필수 voca

 동양북스

새로운 도서,
다양한 자료
동양북스
홈페이지에서
만나보세요!

www.dongyangbooks.com
m.dongyangbooks.com

홈페이지 도서 자료실에서 학습자료 및 MP3 무료 다운로드

PC

❶ 홈페이지 접속 후 **도서 자료실** 클릭
❷ 하단 검색 창에 **검색어 입력**
❸ MP3, 정답과 해설, 부가자료 등 첨부파일 다운로드
  * 원하는 자료가 없는 경우 '요청하기' 클릭!

MOBILE

* 반드시 '인터넷, Safari, Chrome' App을 이용하여 홈페이지에 접속해주세요. (네이버, 다음 App 이용 시 첨부파일의 확장자명이 변경되어 저장되는 오류가 발생할 수 있습니다.)

❶ **홈페이지 접속 후 ☰ 터치**

❷ **도서 자료실 터치**

❸ **하단 검색창에 검색어 입력**
❹ MP3, 정답과 해설, 부가자료 등 첨부파일 다운로드
  * 압축 해제 방법은 '다운로드 Tip' 참고

미래와 통하는 책

가장 쉬운 독학
일본어 첫걸음
14,000원

버전업! 굿모닝
독학 일본어 첫걸음
14,500원

일단 합격하고 오겠습니다
JLPT 일본어능력시험 N3
26,000원

일본어 100문장 암기하고
왕초보 탈출하기
13,500원

가장 쉬운 독학
중국어 첫걸음
14,000원

가장 쉬운 중국어
첫걸음의 모든 것
14,500원

일단 합격 新HSK
한 권이면 끝! 4급
24,000원

중국어
지금 시작해
14,500원

영어를 해석하지 않고
읽는 법
15,500원

미국식
영작문 수업
14,500원

세상에서 제일 쉬운
10문장 영어회화
13,500원

영어회화
순간패턴 200
14,500원

가장 쉬운 독학
베트남어 첫걸음
15,000원

가장 쉬운 독학
프랑스어 첫걸음
16,500원

가장 쉬운 독학
스페인어 첫걸음
15,000원

가장 쉬운 독학
독일어 첫걸음
17,000원

동양북스 베스트 도서

THE
GOAL 1
22,000원

인스타
브레인
15,000원

직장인, 100만 원으로
주식투자 하기
17,500원

당신의 어린 시절이
울고 있다
13,800원

놀면서 스마트해지는 두뇌 자극
플레이북 딴짓거리 EASY
12,500원

죽기 전까지
병원 갈 일 없는 스트레칭
13,500원

가장 쉬운 독학
이세돌 바둑 첫걸음
16,500원

누가 봐도 괜찮은 손글씨 쓰는
법을 하나씩 하나씩 알기 쉽게
13,500원

가장 쉬운 초등 필수 파닉스
하루 한 장의 기적
14,000원

가장 쉬운 알파벳 쓰기
하루 한 장의 기적
12,000원

가장 쉬운 영어 발음기호
하루 한 장의 기적
12,500원

가장 쉬운 초등한자 따라쓰기
하루 한 장의 기적
9,500원

세상에서 제일 쉬운
엄마표 생활영어
12,500원

세상에서 제일 쉬운
엄마표 영어놀이
13,500원

창의쑥쑥 환이맘의
엄마표 놀이육아
14,500원

 동양북스
www.dongyangbooks.com
m.dongyangbooks.com

최 | 신 | 개 | 정

일단 합격

新HSK
한 권이면 ──끝!

최은정 지음

해설서

6급

동양북스

일단 합격

新**HSK** 6급

한 권이면 —— 끝! 해설서

개정 2판 2쇄 발행 | 2022년 1월 10일

지은이 | 최은정
발행인 | 김태웅
기획 편집 | 신효정
디자인 | 남은혜, 신효선
마케팅 | 나재승
제　작 | 현대순

발행처 | (주)동양북스
등　록 | 제 2014-000055호
주　소 | 서울시 마포구 동교로22길 14 (04030)
구입 문의 | 전화 (02)337-1737　팩스 (02)334-6624
내용 문의 | 전화 (02)337-1762　dybooks2@gmail.com

목차

听力

듣기 해설

DAY 1

✓ 정답　　1. B　　　　2. C　　　　3. B　　　　4. C

▶ 01-03-1

01

p. 27

A 《红楼梦》的续作作者是曹雪芹
B 《红楼梦》是长篇小说
C 《红楼梦》是中国唯一的名著
D 《红楼梦》共有200回

A 《홍루몽》의 속편 작가는 조설근이다
B 《홍루몽》은 장편소설이다
C 《홍루몽》은 중국 유일의 명작이다
D 《홍루몽》은 모두 200회가 있다

❶ ᶜ《红楼梦》是我国古代四大名著之一，成书于1784年，ᴮ是我国古代最伟大的长篇小说，也是世界文学经典巨著之一，作者曹雪芹。❷ 由于种种原因，曹雪芹的《红楼梦》只留下前八十回，ᴬ/ᴰ现通行的续作是由高鹗续全的一百二十回。

ᶜ《홍루몽》은 중국 고대 4대 명작 중의 하나로, 1784년에 쓰여졌고, ᴮ중국 고대의 가장 위대한 장편소설이며, 또한 세계 문학 고전 대작 중의 하나이고, 작가는 조설근이다. 여러 가지 원인 때문에 조설근의 《홍루몽》은 앞의 80만 남겨졌으며, ᴬ/ᴰ지금 유통되는 속편은 고악이 완성한 120회이다.

해설 ▶ 문장 ❶에서 '《홍루몽》은 중국 고대 4대 명작 중의 하나'라고 했으므로 C는 X이다.
　　　🄃ᴵᴾ '唯一'와 같이 절대적인 뜻을 가진 단어는 답이 되는 경우가 드물다.
　　　▶ 문장 ❶에서 '중국 고대의 가장 위대한 장편소설'이라고 했으므로 B가 정답이다.
　　　▶ 문장 ❷에서 '지금 유통되는 속편은 고악이 완성한 120회이다'라고 했으므로 A와 D는 X이다.

단어 名著 míngzhù 몡 명저, 훌륭한 저서 | 成书 chéng shū 이합 책을 쓰다 | 伟大 wěidà 혱 크게 뛰어나다, 위대하다 | 经典 jīngdiǎn 몡 경전, 고전 | 巨著 jùzhù 몡 대작 | 通行 tōngxíng 동 ① (행인이나 차량이) 통행하다 ② 통용되다, 유통되다

▶ 01-03-2

02

p. 27

A 学术论文很难发表
B 那本期刊是竖排版
C 那本期刊形式新颖
D 那本期刊发行量高

A 학술논문은 발표하기 어렵다
B 그 간행물은 세로 조판이다
C 그 간행물은 형식이 새롭다
D 그 간행물은 발행 부수가 많다

❶ 学术期刊给人的印象多是严肃、枯燥，甚至古板，让人生畏。❷ 而ᶜ这本期刊则对形式进行了探索和创新，以其明快清新的封面和艺术化的内容，使读者眼前一亮。

학술 간행물이 사람에게 주는 인상은 대다수가 엄숙하고 무미건조하고, 심지어는 진부한 것이어서, 사람들을 두렵게 만든다. 그러나 ᶜ이 간행물은 형식에 대해 탐색과 창조를 하여, 명료하고 참신한 표지와 예술화된 내용은 독자로 하여금 눈이 번쩍 뜨이게 했다.

해설 ▶ 문장 ❷에서 '이 간행물은 형식에 대해 탐색과 창조를 하여'라고 했으므로 C가 정답이다.
　　　▶ A, B, D는 모두 언급되지 않았다.

01-03-3

03
p. 27

A 她82岁时卖掉了所有的房子
B 她65岁决定去旅游
C 她所有的钱都被花光了
D 她去世时没花一分钱

A 그녀는 82세 때 모든 집을 팔아버렸다
B 그녀는 65세에 여행을 가기로 결정했다
C 그녀는 모든 돈을 다 써버렸다
D 그녀는 세상을 떠날 때 한 푼의 돈도 쓰지 않았다

❶ "ᶜ我最大的错误是没有花光所有的钱。 ❷ 林海音把工作赚来的钱，全部买成了房子，ᴮ65岁时她决定去云游四海。 ❸ ᴰ每当钱花光了，她就卖掉一套房子，ᴬ82岁去世时还留下数套房子，于是留下上述遗言。

"ᶜ나의 가장 큰 실수는 모든 돈을 다 써버리지 못한 것이다'. 린하이인은 일을 해서 번 돈으로 전부 집을 샀는데, ᴮ65세 때 그녀는 구름처럼 각지를 떠돌아다니기로 결정했다. ᴰ매번 돈을 다 쓸 때마다 그녀는 집 한 채를 팔아버렸고, ᴬ82세로 세상을 떠날 때도 수채의 집을 남겨놓았다. 그래서 위와 같은 유언을 남겼다.

해설 ▶ 문장 ❶에서 '나의 가장 큰 실수는 모든 돈을 다 써버리지 못한 것이다'라고 했으므로 C는 X이다.
▶ 문장 ❷에서 '65세 때 그녀는 구름처럼 각지를 떠돌아다니기로 결정했다'라고 했으므로 B가 정답이다.
▶ 문장 ❸에서 '매번 돈을 다 쓸 때마다 그녀는 집 한 채를 팔아버렸다'라고 했으므로 D는 X이다.
▶ 문장 ❸에서 '82세로 세상을 떠날 때도 수채의 집을 남겨놓았다'라고 했으므로 A는 X이다.

단어 去世 qùshì 圐 (사람이) 세상을 떠나다, 서거하다 | 赚 zhuàn 圐 (이윤을) 얻다 | 云游四海 yúnyóu sìhǎi 圐 구름처럼 각지를 떠돌아 다니다 | 上述 shàngshù 圐 (글의 위나 앞에서) 말하다, 상술하다 | 遗言 yíyán 圐 유언

01-03-4

04
p. 27

A 黄酒是一种黄色的酒
B 黄酒是用大米酿成的
C 黄酒可用作烹饪调料
D 黄酒的度数很高

A 황주는 노란색 술이다
B 황주는 쌀로 빚은 것이다
C 황주는 요리의 조미료로 사용할 수 있다
D 황주의 도수는 높다

❶ ᴮ黄酒用糯米酿成，它既是一种男女老少皆宜的ᴰ低度饮料，ᶜ也是理想的烹饪调料。 ❷ 据分析，黄酒含18种氨基酸，人们称它为"液体蛋糕"。 ❸ 经医学研究证明，黄酒具有健脾、益胃、舒筋、活血的功效。

ᴮ황주는 찹쌀로 빚어 만든 것으로, 남녀노소 모두에게 적합한 ᴰ낮은 도수의 음료이며, ᶜ또한 이상적인 요리 조미료이다. 분석에 따르면 황주는 18가지 아미노산을 함유하고 있어, 사람들은 그것을 '액체 케이크'라고 부른다. 의학 연구를 통해 황주는 비장을 건강하게 하고 위를 이롭게 하며, 근육을 풀어주고 혈액 순환을 좋게 하는 효능을 갖고 있음이 증명됐다.

해설 ▶ 문장 ❶에서 '황주는 찹쌀로 빚어 만든 것'이라고 했으므로 B는 X이다.
▶ 문장 ❶에서 '낮은 도수의 음료'라고 했으므로 D는 X이다.
▶ 문장 ❶에서 '또한 이상적인 요리 조미료'라고 했으므로 C가 정답이다.
▶ A는 언급되지 않았다.

大米 dàmǐ 몡 쌀 | 酿 niàng 동 (술을) 빚다, 양조하다 | ★烹饪 pēngrèn 동 요리하다 몡 요리 | ★调料 tiáoliào 몡 양념, 조미료 | 度数 dùshù 몡 (술의) 도수 | 糯米 nuòmǐ 몡 찹쌀 | 男女老少 nánnǚ lǎoshào 몡 남녀노소 | ★皆 jiē 倶 모두, 전부 | 宜 yí 휑 알맞다, 적합하다 | 饮料 yǐnliào 몡 음료 | 氨基酸 ānjīsuān 몡 아미노산 | 液体 yètǐ 몡 액체 | 蛋糕 dàngāo 몡 케이크 | 脾 pí 몡 비장 | 舒筋 shūjīn 동 근육을 풀어주다 | 活血 huóxuè 동 혈액 순환을 좋게 하다 | ★功效 gōngxiào 몡 효능

DAY 2

✓ 정답   1. D   2. B   3. A   4. B

▶ 01-04-1

01
p. 27

A 《大话捧逗》是"春晚"第二个节目
B 贾玲是一匹黑马的名字
C 贾玲是80年登上"春晚"舞台的
D 贾玲是说相声的

A 《대화봉두》는 '춘절대축제'의 두 번째 프로그램이다
B 지아링은 검은색 말의 이름이다
C 지아링은 80년에 '춘절대축제' 무대에 올랐다
D 지아링은 만담을 하는 사람이다

❶ ᴬ"春晚"零点报时后的第二个节目《大话捧逗》，让观众们记住了一匹"黑马"——贾玲。❷ ᶜ/ᴰ这个说相声的80后女孩儿，师从冯巩后开创了新方向"酷口相声"，和搭档白凯南合作4年就登上了"春晚"舞台。

ᴬ'춘절대축제'의 자정을 알린 뒤의 두 번째 프로그램인 《대화봉두》는 시청자들에게 '다크호스' 지아링(贾玲)을 기억하게 만들었다. ᶜ/ᴰ이 만담을 하는 80년대 출생의 아가씨는 펑공(冯巩)에게 사사받은 뒤, 새로운 방향의 '쿠커우 만담(酷口相声)'을 새로 만들어냈고, 파트너 바이카이난(白凯南)과 4년을 함께 한 뒤 '춘절대축제'의 무대에 올랐다.

해설 ▶ 문장 ❶에서 '춘절대축제의 자정을 알린 뒤의 두 번째 프로그램'이라고 했으므로 A는 X이다.
▶ 문장 ❷에서 '이 만담을 하는 80년대 출생의 아가씨'라고 했으므로 C는 X이고, D가 정답이다.
▶ B는 '黑马'라는 단어에 대한 잘못된 설명이다. '黑马'는 '다크호스, 복병'이라는 뜻이다.

단어 匹 pǐ 양 말을 세는 양사 | 黑马 hēimǎ 몡 다크호스, 복병 | 相声 xiàngsheng 몡 만담 | 零点 língdiǎn 몡 자정, 0시 | 报时 bào shí 이합 시간을 알리다 | 师从 shīcóng 동 (학술·기예에서 어떤 이를) 스승으로 삼다 | 开创 kāichuàng 동 처음으로 열다, 처음으로 세우다, 창설하다 | ★搭档 dādàng 동 협력하다, 협동하다 몡 파트너, 콤비

▶ 01-04-2

02
p. 27

A 小虎队是一个歌手的名字
B 小虎队深受大家的喜爱
C 小虎队是一个新红起来的组合
D 小虎队喜欢模仿别人的动作

A 샤오후뚜이는 한 가수의 이름이다
B 샤오후뚜이는 모두의 사랑을 깊이 받는다
C 샤오후뚜이는 새로 인기가 생긴 그룹이다
D 샤오후뚜이는 다른 사람들의 동작을 모방하길 좋아한다

❶ 小虎队的同台表演，当主持人喊出"小虎队"时，真的有一种心潮澎湃的感觉。❷ 当ᴬ他们三个出现在高高的舞台上的那一刻，ᴮ/ᶜ/ᴰ往日那熟悉的动作，那个曾经让我们在KTV里无数次唱响的歌曲，不断模仿的动作，仿佛我们又找到了那曾经的青春岁月。

샤오후뚜이(小虎队)의 합동 공연에서 사회자가 '小虎队'를 외쳤을 때, 정말이지 설레는 느낌이 들었다. ᴬ그들 세 명이 높은 무대에 나타난 그 순간, ᴮ/ᶜ/ᴰ예전의 그 익숙했던 동작, 우리가 노래방(KTV)에서 무수하게 큰 소리로 불렀던 그 노래, 끊임없이 따라 했던 동작은 마치 우리가 그때 예전의 젊었던 세월을 다시 찾은 것만 같았다.

▶ 문장 ❷에서 '그들 세 명'이라고 했으므로 A는 X이다.

▶ 문장 ❷에서 '예전의 그 익숙했던 동작, 우리가 노래방에서 무수하게 큰 소리로 불렀던 그 노래, 끊임없이 따라 했던 동작'이라고 했으므로 C와 D는 X, B가 정답이다.

단어 红 hóng 휑 ① 빨갛다 ② 성공적이다, 인기 있다 | 组合 zǔhé 동 조합하다 명 ① 조합 ② 그룹 | 模仿 mófǎng 동 모방하다, 흉내 내다 | 主持人 zhǔchírén 명 사회자, 진행자 | 喊 hǎn 동 소리치다, 큰 소리로 부르다 | 心潮澎湃 xīncháo péngpài 성 매우 흥분하여 마음이 울렁거리다 | 往日 wǎngrì 명 예전, 과거 | 熟悉 shúxī 휑 익숙하다 동 잘 알다, 숙지하다 | 响 xiǎng 동 (소리가) 울리다, 나다 휑 (소리가) 높고 크다, 우렁차다 | 仿佛 fǎngfú 부 마치

▶ 01-04-3

03
p. 27

A "脸谱"是指彩色化妆
B "脸谱"是一种面具
C "脸谱"是现代的新生物
D "脸谱"没有什么意义

A 리엔푸는 컬러 화장을 가리킨다
B 리엔푸는 일종의 마스크이다
C 리엔푸는 현대의 새로운 생물이다
D 리엔푸는 특별한 의미가 없다

❶ A/B"脸谱"是指中国传统戏剧里男演员脸部的彩色化妆。❷ 内行的观众从脸谱上就可以分辨出这个角色是英雄还是坏人，聪明还是愚蠢，受人爱戴还是使人厌恶。❸ 京剧那迷人的脸谱在中国戏剧无数脸部化妆中D占有特殊的地位。

A/B'리엔푸(脸谱)'는 중국 전통 희극에서 남자 연기자들의 얼굴 컬러 화장을 가리킨다. 노련한 관중들은 리엔푸에서 이 배역이 영웅인지 나쁜 사람인지, 똑똑한지 어리석은지, 사람들의 추대를 받는지 혐오하게 만드는지 구별할 수 있다. 경극의 그 매력적인 리엔푸는 중국 희극의 무수한 얼굴 화장 중 D특수한 지위를 차지한다.

해설 ▶ 문장 ❶에서 '리엔푸는 컬러 화장을 가리킨다'라고 했으므로 B는 X이고 A가 정답이다.

▶ 문장 ❸에서 '특수한 지위를 차지한다'라고 했으므로 D는 X이다.

▶ C는 언급되지 않았다.

단어 ★化妆 huà zhuāng 이합 화장하다 명 화장 | 面具 miànjù 명 마스크, 가면 | 内行 nèiháng 휑 (어떤 일이나 업무에) 경험이 풍부하다, 노련하다 명 노련한 사람, 숙련가 | ★分辨 fēnbiàn 동 판별하다, 구별하다 | ★角色 juésè 명 배역 | ★英雄 yīngxióng 명 영웅 휑 영웅적인 | ★愚蠢 yúchǔn 휑 어리석다, 우둔하다, 미련하다 | ★爱戴 àidài 동 추대하다, 지지하다, 받들다 | ★厌恶 yànwù 동 혐오하다, 싫어하다 | ★迷人 mírén 휑 매혹적이다, 매력적이다, 마음을 끌다 | 戏剧 xìjù 명 연극, 희극 | 特殊 tèshū 휑 특수하다, 특별하다

▶ 01-04-4

04
p. 27

A 绘本上绝对不允许出现文字
B 绘本主要通过绘画来讲故事
C 绘本阅读应由孩子独立进行
D 绘本注重培养孩子的绘画技能

A 그림책에는 절대 문자가 나타나는 것을 허락하지 않는다
B 그림책은 주로 그림을 통해 이야기를 한다.
C 그림책을 읽는 것은 아이가 독립적으로 해야 한다
D 그림책은 아이들의 회화 기능을 기르는 것을 중요시한다.

❶ 绘本顾名思义就是画出来的书，A/B是指以绘画为主，并附有少量文字的故事书。❷ 绘本是世界公认的最适合幼儿阅读的图书。❸ 它不仅能让孩子学到知识，而且有助于他们构建精神世界，促进他们的心智发展。

그림책은 이름에서 알 수 있듯 그림으로 그려낸 책이고, A/B그림을 위주로 하며 또한 소량의 문자가 부가적으로 있는 이야기책을 가리킨다. 그림책은 세계가 공인하는 유아들이 읽기에 가장 적합한 도서이다. 그것은 아이들로 하여금 지식을 배우게 할 뿐만 아니라, 게다가 그들이 정신세계를 세우는 데 도움을 주고, 그들의 심리 발전을 촉진시킨다.

해설 ▶ 문장 ❶에서 '그림을 위주로 하며 또한 소량의 문자가 부가적으로 있는 이야기책을 가리킨다'고 했으므로 A는 X이고, B가 정답이다.
　　 ▶ C와 D는 언급되지 않았다.

단어 顾名思义 gùmíng sīyì 젱 이름을 보면 그 뜻을 알 수 있다 | 绘画 huìhuà 동 그림을 그리다 명 회화,그림 | ★ 公认 gōngrèn 동 공인하다 | 幼儿 yòu'ér 명 유아 | 构建 gòujiàn 동 세우다 | 心智 xīnzhì 명 심리, 마음

DAY 3

✓ 정답			
1. A	2. D	3. C	4. D

▶ 01-07-1

01
p. 33

A 绵阳是中国的科技城
B 绵阳位于四川西南部
C 绵阳是四川最大的城市
D 绵阳是一座新城市

A 멘양은 중국의 과학 기술 도시이다
B 멘양은 쓰촨 서남부에 위치해 있다
C 멘양은 쓰촨에서 가장 큰 도시이다
D 멘양은 신도시이다

❶ ᴮ绵阳市位于四川盆地西北部，ᶜ是四川省的第二大城市。ᴰ它建城已有2200多年的历史，是座名副其实的历史文化名城。❷ 素有"西部硅谷"美誉的ᴬ绵阳是中国唯一的科技城，是中国重要的国防科研和电子工业生产基地。

ᴮ멘양시는 쓰촨 분지 서북부에 위치해 있고, ᶜ쓰촨성에서 두 번째로 큰 도시이다. ᴰ멘양은 도시로 지어진 지 이미 2,200여 년의 역사를 갖고 있고, 명실상부한 역사 문화의 유명 도시이다. 전부터 '서부의 실리콘밸리'라는 명성을 갖고 있는 ᴬ멘양은 중국 유일의 과학 기술 도시이고, 중국의 중요 국방 과학 연구와 전자 공업 생산 기지이다.

해설 ▶ 문장 ❶에서 '멘양시는 쓰촨 분지 서북부에 위치해 있다'라고 했으므로 B는 X이다.
　　 ▶ 문장 ❶에서 '쓰촨성에서 두 번째로 큰 도시이다'라고 했으므로 C는 X이다.
　　 ▶ 문장 ❶에서 '멘양은 도시로 지어진 지 이미 2,200여 년의 역사를 갖고 있다'라고 했으므로 D는 X이다.
　　 ▶ 문장 ❷에서 '멘양은 중국 유일의 과학 기술 도시이다'라고 했으므로 A가 정답이다.

단어 科技 kējì 명 과학 기술 | ★ 盆地 péndì 명 분지 | ★ 名副其实 míngfù qíshí 젱 명실상부하다, 이름과 실제가 서로 부합되다 | 名城 míngchéng 명 유명한 도시, 이름난 도시 | ★ 素 sù 부 전부터, 원래 | 硅谷 guīgǔ 명 실리콘밸리 | 美誉 měiyù 명 좋은 명성 | ★ 国防 guófáng 명 국방 | 科研 kēyán 명 과학연구 | ★ 基地 jīdì 명 기지

▶ 01-07-2

02
p. 33

A 希腊四面临海
B 希腊全是希腊人
C 希腊是雅典的首都
D 希腊是欧洲的文明古国

A 그리스는 사면이 바다에 접해있다
B 그리스는 전부 그리스인이다
C 그리스는 아테네의 수도이다
D 그리스는 유럽의 역사가 오래된 문명 국가이다

❶ 希腊位于巴尔干半岛南部，ᴬ三面临海，面积131990平方公里，海岸线长为一万五千多公里。❷ 人口1035万，ᴮ希腊人占98%，信东正教，讲希腊语。❸ ᴰ希腊是欧洲的文明古国，有三千多年有文字记载的历史，ᶜ首都雅典。

그리스는 발칸반도 남부에 위치해 있고, ᴬ삼면이 바다에 접해있으며, 면적은 131,990km²이고, 해안선의 길이는 15,000여km이다. 인구는 1,035만으로, ᴮ그리스인이 98%를 차지하고, 정교를 믿고 그리스어를 말한다. ᴰ그리스는 유럽의 역사가 오래된 문명국가로, 3,000여 년의 문자로 기록된 역사를 갖고 있고, ᶜ수도는 아테네이다.

▶ 문장 **❶**에서 '삼면이 바다에 접해있다'라고 했으므로 A는 X이다.

▶ 문장 **❷**에서 '그리스인이 98%를 차지한다'라고 했으므로 B는 X이다.

> **❗Tip** 특히 '全'과 같이 절대적인 뜻을 가진 단어는 답이 되는 경우가 드물다.

▶ 문장 **❷**에서 '그리스는 유럽의 역사가 오래된 문명 국가이다'라고 했으므로 D가 정답이다.

▶ 문장 **❷**에서 '수도는 아테네이다'라고 했다. 그리스의 수도가 아테네이지, 아테네의 수도가 그리스는 아니므로 C는 X이다.

단어 希腊 Xīlà 몡 그리스 | 临 lín 통 ~에 맞대다. ~에 면하다 | 雅典 Yǎdiǎn 몡 아테네 | ★ 欧洲 Ōuzhōu 몡 유럽 | 文明 wénmíng 몡 문명 혱 ① 교양이 있다. 수준이 있다 ② 현대식의, 새로운, 최신의 | 巴尔干半岛 Bā'ěrgān bàndǎo 발칸반도 | 面积 miànjī 몡 면적 | 海岸线 hǎi'ànxiàn 몡 해안선 | 东正教 dōngzhèngjiào 몡 정교 | ★ 记载 jìzǎi 통 (어떤 일을) 기재하다. 기록하다 몡 (어떤 일을 써 놓은) 문장, 기록 | 首都 shǒudū 몡 수도

▶ 01-07-3

03

p. 33

A 张家界位于湖北省西北部
B 张家界的山水甲天下
C 张家界的山很有特色
D 张家界的风景很奇怪

A 장자제는 후베이성의 서북부에 위치한다
B 장자제의 산수는 천하제일이다
C 장자제의 산은 매우 특색 있다
D 장자제의 풍경은 이상하다

❶ ᴬ张家界市位于湖南省西北部，ᶜ它的地层复杂多样，造化了当地的特色景观。❷ 张家界市境内山峦重叠，地表起伏很大，最高点海拔1890.4米，最低点海拔75米。❸ ᴰ张家界有四奇，即奇声、奇月、奇影和奇光。

ᴬ장자제시는 후난성 서북부에 위치하는데, ᶜ지층이 복잡 다양하여 현지의 특색 있는 경관을 창조해냈다. 장자제시 지역 내의 산들은 이어져 서로 겹쳐 있고 지표면의 기복이 커서, 가장 높은 지점은 해발 1,890.4m, 가장 낮은 지점은 해발 75m이다. ᴰ장자제에는 '4기(四奇, 네 가지 신기한 것)'가 있는데, 즉 신기한 소리, 신기한 달, 신기한 그림자와 신기한 빛이다.

▶ 문장 **❶**에서 '장자제시는 후난성 서북부에 위치한다'라고 했으므로 A는 X이다.

▶ 문장 **❶**에서 '지층이 복잡 다양하여 현지의 특색 있는 경관을 창조해냈다'라고 했으므로 C가 정답이다.

▶ 문장 **❸**에서 '장자제에는 4기(四奇)가 있다'라고 했지 풍경을 뜻하는 것이 아니므로 D는 X이다.

▶ B는 언급되지 않았다.

단어 甲天下 jiǎtiānxià 천하제일이다 | 造化 zàohuà 몡 창조주 통 창조하다 | 当地 dāngdì 몡 현지 | 景观 jǐngguān 몡 경관 | 山峦 shānluán 몡 이어져 있는 산 | ★ 重叠 chóngdié 통 중첩하다, 겹치다 | 地表 dìbiǎo 몡 지표 | ★ 起伏 qǐfú 통 높아졌다 낮아졌다 하다, 기복하다, 물결치다, 변화하다 | ★ 海拔 hǎibá 몡 해발

04

p. 33

A 每年的1月1号是春节
B 汉族过春节时间较短
C 正月十五是春节
D 过春节一般要装点居所

A 매년 1월 1일은 설날이다
B 한족이 설을 쇠는 시간은 비교적 짧다
C 정월 15일은 설날이다
D 설을 쇨 때는 보통 사는 곳을 단장한다

---

❶ ^A农历正月初一是春节，俗称"过年"。❷ 这是中国民间历史最悠久、最隆重、最热闹的一个古老传统节日。❸ ^B汉族过春节，时间较长，一般从农历腊月初八开始，到^C正月十五元宵节为止。❹ 过春节，燃放鞭炮，在门窗上张贴字画祈福、^D装点居所，是这个节日最普遍的习俗。

^A음력 정월 초하루는 설날로, 속칭 '설을 쇠다'라고 한다. 이는 중국 민간에서 역사가 가장 오래되고, 가장 장중하고, 가장 떠들썩한 오래된 전통 명절이다. ^B한족은 설을 쇠는 시간이 비교적 길고, 일반적으로 음력 12월 8일부터 시작해서 ^C정월 15일 대보름이 되어야 끝이 난다. 설을 쇨 때, 폭죽을 터뜨리고 문과 창에 서화를 붙여 복을 빌며, ^D사는 곳을 단장하는 것은 이 명절의 가장 보편적인 풍속이다.

해설 ▶ 문장 ❶에서 '음력 정월 초하루는 설날'이라고 했으므로 A는 X이다.
▶ 문장 ❸에서 '한족은 설을 쇠는 시간이 비교적 길다'라고 했으므로 B는 X이다.
▶ 문장 ❸에서 '정월 15일 대보름'이라고 했으므로 C는 X이다.
▶ 문장 ❹에서 '사는 곳을 단장하는 것은 이 명절의 가장 보편적인 풍속'이라고 했으므로 D가 정답이다.

단어 装点 zhuāngdiǎn 图 장식하다, 꾸미다, 단장하다 | 居所 jūsuǒ 명 거처, 사는 곳 | 农历 nónglì 명 음력 | 俗称 súchēng 명 속칭 图 통속적으로 부르다, 속칭하다 | 过年 guò nián 이합 설을 지내다, 설을 쇠다 | 悠久 yōujiǔ 형 유구하다 | ★ 隆重 lóngzhòng 형 성대하고 엄숙하다, 장중하다 | 热闹 rènao 형 떠들썩하다, 번화하다, 활기차다 图 활기차게 하다, 신나게 하다 | 古老 gǔlǎo 형 오래되다 | 腊月 làyuè 섣달(음력 12월) | ★ 元宵节 yuánxiāojié 명 정월 대보름(음력 1월 15일) | 为止 wéizhǐ 图 ~까지 이르다, ~을 끝으로 하다 | 燃放 ránfàng 图 (폭죽을) 터뜨리다 | 鞭炮 biānpào 명 폭죽 | 张贴 zhāngtiē 붙이다 | 字画 zìhuà 명 서화 | 祈福 qífú 图 복을 기원하다 | 普遍 pǔbiàn 형 보편적이다, 일반적이다, 널리 퍼져 있다 | ★ 习俗 xísú 명 습관과 풍속

 DAY 4

✔ 정답			
1. A	2. D	3. B	4. D

01

p. 33

A 泼水节是傣族的新年
B 傣族的新年和汉族的一样
C 傣族是中国人口最多的少数民族
D 泼水节一般举行一个月

A 발수절은 다이족의 새해이다
B 다이족의 새해는 한족과 같다
C 다이족은 중국에서 인구가 가장 많은 소수민족이다
D 발수절은 일반적으로 한 달 동안 거행된다

---

❶ 中国傣族是一支有着悠久文化传统的少数民族，^C人口近百万，主要居住在云南南部西双版纳。❷ ^A泼水节是傣族的新年佳节，也是傣族最重要的节庆，每年农历四月（相当于傣历五月）举行，^D一般为期三至四天。

중국의 다이족은 유구한 문화 전통을 갖고 있는 소수민족으로 ^C인구는 100만에 달하고, 주로 윈난성 남부 시솽반나에 거주하고 있다. ^A발수절은 다이족의 새해 명절이고, 다이족의 가장 중요한 명절이기도 하다. 매년 음력 4월(다이족 역서의 5월과 같다)에 거행되며 ^D일반적으로 3~4일을 기한으로 한다.

해설 ▶ 문장 ❶에서 '인구가 100만에 달한다'라는 말만 있으므로 C는 X이다.
▶ 문장 ❷에서 '발수절은 다이족의 새해 명절이다'라고 했으므로 A가 정답이다.
▶ 문장 ❷에서 '일반적으로 3~4일을 기한으로 한다'라고 했으므로 D는 X이다.
▶ B는 자세히 언급되지 않았다.

단어 泼水节 pōshuǐjié 몡 발수절 | 傣族 dǎizú 다이족(중국 윈난성에 거주하는 소수민족) | 举行 jǔxíng 통 (어떤 행사나 활동을) 열다, 개최하다, 거행하다 | 悠久 yōujiǔ 유구하다 | ★居住 jūzhù 통 거주하다 | 西双版纳 Xīshuāngbǎnnà 시솽반나(다이족의 자치주) | 佳节 jiājié 몡 좋은 시절, 좋은 계절 | 节庆 jiéqìng 명절, 경축일 | ★农历 nónglì 몡 음력 | 相当 xiāngdāng 휑 서로 비슷하다, 맞먹다 囝 꽤, 매우, 상당히 | ★为期 wéiqī 통 ~을 약속한 날짜로 삼다, 기한으로 하다

▶ 01-08-2

02
p. 33

A 重阳节有扫墓的习俗
B 每年的九月九日是重阳节
C 重阳节是个不吉利的节日
D 重阳节又叫菊花节

A 중양절에는 성묘를 하는 풍속이 있다
B 매년 9월 9일은 중양절이다
C 중양절은 길하지 못한 명절이다
D 중양절은 국화절이라고도 부른다

❶ ^B农历九月九日，为传统的重阳节，又称"老人节"。❷ 重阳节首先有登高的习俗，金秋九月，天高气爽，这个季节登高远望可达到心旷神怡、健身祛病的目的。❸ 重阳节，还有赏菊花的风俗，所以古来^D又称"菊花节"。

^B음력 9월 9일은 전통적인 중양절로, '노인절'이라고 부른다. 중양절은 먼저 높은 곳에 올라가는 풍속이 있는데, 가을인 9월은 하늘이 높고 기후가 상쾌하여, 이 계절에 높이 올라가 먼 곳을 바라보면 기분이 상쾌해지고 몸을 건강하게 하며 병을 물리치는 목적에 이를 수 있다. 중양절은 또 국화를 감상하는 풍속도 있어서 예로부터 ^D국화절이라고도 부른다.

해설 ▶ 문장 ❶에서 '음력 9월 9일'이라고 했으므로 B는 X이다.
▶ 문장 ❸에서 '국화절이라고도 부른다'라고 했으므로 D가 정답이다.
▶ A는 언급되지 않았다.
▶ C는 글의 전체적인 내용과 반대된다.

단어 扫墓 sǎo mù 이합 성묘하다 | 吉利 jílì 휑 길하다 | 菊花 júhuā 몡 국화 | 登高 dēnggāo 통 높은 곳에 오르다 | ★习俗 xísú 몡 습관과 풍속 | 金秋 jīnqiū 몡 가을 | 天高气爽 tiāngāo qìshuǎng 가을 하늘이 높고 기후가 시원하고 상쾌하다 | 心旷神怡 xīnkuàng shényí 셍 기분이 상쾌하고 정신적으로 유쾌하다 | 健身 jiànshēn 통 몸을 건강하게 하다 | 祛病 qūbìng 통 병을 물리치다 | 赏 shǎng 통 ① 상을 주다 ② 감상하다 | 风俗 fēngsú 몡 풍속

▶ 01-08-3

03
p. 33

A 都江堰修建于唐朝
B 成都地区农业十分发达
C 秦朝前成都鲜少出现旱涝
D 成都因海拔高被称作"天府"

A 都江堰은 당나라에 지어졌다
B 成都 지역은 농업이 매우 발달했다
C 진나라 전 成都는 가뭄과 장마가 드물게 나타났다
D 成都는 해발이 높기 때문에 '天府'라 불린다

❶ 成都地处四川盆地，土地肥沃，但^C旱涝灾害严重。❷ ^A秦朝修建了都江堰水利工程以后，成都平原旱涝灾害明显减少，百姓不再遭受饥饿之苦。❸ 由于农业和手工业都十分发达，^D成都成了中央王朝的主要粮食供给基地和赋税的主要来源区域，故被称作"天府"。

成都는 쓰촨 분지에 위치하고 토지가 비옥하지만, 그러나 ^C가뭄과 장마의 재해가 심각했다. ^A진나라가 都江堰 수리공사를 시공한 이후, 成都 평원의 가뭄과 장마 재해가 뚜렷이 감소했고, 백성들은 더 이상 기아의 고통을 당하지 않게 되었다. ^B농업과 수공업이 모두 매우 발달했기 때문에, ^D成都는 중앙 왕조의 주요 식량공급기지와 세금의 주요 출처가 되었고, 예로부터 '天府'라 불린다.

▶ 문장 ❶에서 '가뭄과 장마의 재해가 심각했다'라고 했으므로 C는 X이다.

▶ 문장 ❷에서 '진나라가 都江堰 수리 공사를 시공한 이후'라고 했으므로 A는 X이다.

▶ 문장 ❸에서 '농업과 수공업이 모두 매우 발달했기 때문에'라고 했으므로 B가 정답이다.

▶ 문장 ❸에서 '成都는 중앙 왕조의 주요 식량공급기지와 세금의 주요 출처가 되었고, 예로부터 '天府'라 불린다'라고 했으므로 D는 X이다.

단어 ★修建 xiūjiàn 통 건설하다, 시공하다, 부설하다 | 鲜少 xiǎnshǎo 형 적다, 드물다 | 旱涝 hànlào 명 가뭄과 장마 | 地处 dìchù 통 ~에 위치하다 | ★盆地 péndì 명 분지 | ★肥沃 féiwò 형 비옥하다 | 灾害 zāihài 명 재해 | ★水利 shuǐlì 명 수리 | 工程 gōngchéng 명 공사, 공정 | ★平原 píngyuán 명 무미건조하다 | ★遭受 zāoshòu 통 (불행 또는 손해를) 만나다, 입다, 당하다 | ★饥饿 jī'è 형 배가 고프다 명 굶주림, 기아 | ★中央 zhōngyāng 명 ① 중앙 ② 정부의 최고 기관 | ★供给 gōngjǐ 명 공급 통 공급하다 | ★基地 jīdì 명 기시 | 赋税 fùshuì 명 옛날 각종 세금의 총칭 | ★来源 láiyuán 명 근원, 출처 통 ~로부터 오다('来源于'형식으로 사용) | ★区域 qūyù 명 구역, 지역 | 天府 tiānfǔ 땅이 비옥하고 천연자원이 풍부한 지역

04 p.33

▶ 01-08-4

A 苗族人热情好客
B 苗族服装制作精良
C "四月八"每两年举办一次
D "四月八"是苗族传统节日

A 묘족 사람은 친절하고 손님 접대를 좋아한다
B 묘족의 옷은 제작이 정교하고 우수하다
C '四月八'는 매 2년마다 한 번 개최한다
D '四月八'는 묘족의 전통 명절이다

❶ ᴰ"四月八"是苗族的传统节日。❷ ᶜ每年农历四月初八这天，苗族百姓都会身穿民族服装，唱苗族山歌，跳苗家舞蹈来欢度节日。❸"四月八"还被列入了国家级非物质文化遗产名录。

ᴰ'四月八'는 묘족의 전통 명절이다. ᶜ매년 음력 4월 초 8일에, 묘족 사람들은 모두 민족 복장을 입고, 묘족의 민가를 부르고, 묘족 사람들의 춤을 추어 명절을 즐겁게 보낸다. '四月八'는 또한 국가급 무형문화재 명단에 포함되었다.

해설 ▶ 문장 ❶에서 "四月八"는 묘족의 전통 명절이다'라고 했으므로 D가 정답이다.

▶ 문장 ❷에서 '매년 음력 4월 초8일에'라고 했으므로 C는 X이다.

▶ A, B는 모두 언급되지 않았다.

단어 好客 hàokè 형 손님 접대를 좋아하다 | 精良 jīngliáng 형 정교하고 우수하다 | ★农历 nónglì 명 음력 | ★舞蹈 wǔdǎo 명 춤, 무도 통 춤추다 | 欢度 huāndù 통 즐겁게 보내다 | 列入 lièrù 통 넣다, 들어가다 | ★遗产 yíchǎn 명 유산 | 名录 mínglù 명 명부, 명단

▶ 01-11-1

01

p. 40

A 健康和财富一样重要
B 有了财富、感情人生才会幸福
C 人身体健康最重要
D 财富、感情、事业都没有意义

A 건강과 재산은 똑같이 중요하다
B 재산, 애정이 있어야만 인생이 행복할 수 있다
C 사람은 신체 건강이 가장 중요하다
D 재산, 애정, 사업은 모두 의미 없다

❶ 人的身体健康是1，而财富、感情、事业、家庭等，都是1后面的0，ᴰ只有依附于这个1，0才会有意义，如果没有这个1，一切都将不存在。❷ 因此ᴬ/ᶜ人生最重要的是拥有一个健康的身体。

사람의 신체 건강이 1이라면 재산, 애정, 사업, 가정 등은 모두 1 뒤의 0이다. ᴰ오직 이 1에 의지해야만 0도 의미가 있는 것이며, 만약 이 1이 없다면 모든 것은 존재하지 않게 될 것이다. 따라서 ᴬ/ᶜ인생에서 가장 중요한 것은 건강한 신체를 갖는 것이다.

해설 ▶ 문장 ❶에서 '오직 1(건강)에 의지해야만 0(재산, 애정, 사업, 가정 등)도 의미가 있다'라고 했지, 모두 의미 없다고 한 것이 아니므로 D는 X이다.
▶ 문장 ❷에서 '인생에서 가장 중요한 것은 건강한 신체를 갖는 것'이라고 했으므로 A는 X이고, C가 정답이다.
▶ B의 행복과 관련된 내용은 언급되지 않았다.

단어 ★财富 cáifù 몡 가치가 있는 물건, 재산, 자원, 부 | 感情 gǎnqíng 몡 ① 감정 ② 애정, 호감 | ★事业 shìyè 몡 ① 영업, 사업 ② 비영리적 사회활동 | 依附 yīfù 통 ① 붙다 ② 기대다, 의지하다, 종속하다 | ★拥有 yōngyǒu 통 (토지·인구·재산 등을) 가지다, 보유하다, 소유하다

▶ 01-11-2

02

p. 40

A 要鼓励孩子创新
B 奖励比批评更有用
C 家长要多和孩子沟通
D 父母不应过度夸奖孩子

A 아이가 새로운 것을 창조하는 것을 칭찬해야 한다
B 칭찬이 비판보다 더 유용하다
C 학부형은 아이와 많이 소통해야 한다
D 부모는 과도하게 아이를 칭찬해서는 안 된다

❶ 赏识教育就是不停地夸奖孩子，这其实是一种误解。❷ 它更大程度上是理解和鼓励孩子，ᴰ过度的夸奖只会使孩子骄傲自满。❸ 从小听惯了父母夸大其词的赞扬，等孩子们步入社会后，很可能听不进反面意见，也易遭受挫折。

칭찬 교육은 끊임없이 아이를 칭찬하는 것인데, 이것은 사실 일종의 오해이다. 그것은 더 큰 정도에서 아이를 이해하고 격려하는 것인데, ᴰ과도한 칭찬은 단지 아이를 오만하고 자만하게 만들 뿐이다. 어렸을 때부터 부모의 과장된 찬양을 듣는 것에 익숙해지면, 아이가 사회에 들어간 후, 부정적인 의견을 받아들이지 않고, 쉽게 좌절을 당하게 될 것이다.

해설 ▶ 문장 ❷에서 '과도한 칭찬은 단지 아이를 오만하고 자만하게 만들 뿐이다'라고 했으므로 D가 정답이다.
▶ A, B, C는 모두 언급되지 않았다.

단어 ★创新 chuàngxīn 통 옛 것을 버리고 새롭게 창조하다 | ★奖励 jiǎnglì 몡 장려, 표창, 칭찬 통 장려하다, 표창하다, 칭찬하다 | 沟通 gōutōng 통 교류하다, 소통하다 | ★过度 guòdù 혱 지나치다, 과도하다 | 夸奖 kuājiǎng 통 칭찬하다 | 赏识 shǎngshí 몡 높은 평가, 총애 통 알아주다, 찬양하다 | ★误解 wùjiě 몡 오해 통 오해하다 | 夸大其词 kuādà qící 솅 말을 과장하다 | 赞扬 zànyáng 몡 찬양 통 찬양하다 | ★反面 fǎnmiàn 몡 부정적인 면 | ★遭受 zāoshòu 통 (불행 또는 손해를) 만나다, 입다, 당하다 | ★挫折 cuòzhé 몡 좌절, 패배, 실패 통 좌절하다, 좌절시키다

03

p. 40

A 孤独寂寞时，应该和别人聊天
B 有才干的话没有知识也行
C 知识非常重要
D 有实际经验的人能把握整体

A 고독하고 외로울 때는 다른 사람과 이야기를 해야 한다
B 재능이 있다면 지식은 없어도 된다
C 지식은 매우 중요하다
D 실제적인 경험이 있는 사람은 전체를 파악할 수 있다

❶ ᴬ孤独寂寞时，阅读可以消遣，高谈阔论时，知识可供装饰。处世行事时，ᴮ正确运用知识，意味着才干。❷ ᴰ有实际经验的人，虽然能够处理个别性的事务，但若要把握整体规划全局，就ᶜ唯有知识才能办到。

ᴬ고독하고 외로울 때 책을 읽는 것으로 시간을 보낼 수 있고, 고상하고 깊은 이론을 주고 받을 때 지식은 장식적인 역할을 제공할 수 있다. 처세하고 일을 할 때 ᴮ정확하게 지식을 활용하는 것은 일을 처리하는 능력을 의미한다. ᴰ실제적인 경험이 있는 사람은 비록 개별적인 사무는 처리할 수 있지만, 그러나 만약 전체를 잡아 총체적으로 계획을 세우려면 ᶜ오직 지식이 있어야만 해낼 수 있다.

해설 ▶ 문장 ❶에서 '고독하고 외로울 때 책을 읽는 것으로 시간을 보낼 수 있다'라고 했으므로 A는 X이다.
▶ 문장 ❶에서 '정확하게 지식을 활용하는 것은 일을 처리하는 능력을 의미한다'라고 했으므로 B는 X이다.
▶ 문장 ❷에서 '실제적인 경험이 있는 사람은 비록 개별적인 사무는 처리할 수 있다'고 했으므로 D는 X이다.
▶ 문장 ❷에서 '오직 지식이 있어야만 해낼 수 있다'고 하여 지식의 중요성을 말하고 있으므로 C가 정답이다.

단어 ★孤独 gūdú 혭 고독하다, 쓸쓸하다, 외롭다 | 寂寞 jìmò 혭 ① 외롭다, 쓸쓸하다 ② 조용하다, 고요하다 | ★才干 cáigàn 몡 일을 처리하는 능력, 수완, 재능, 재주 | 实际 shíjì 혭 실제적이다, 현실적이다 | 把握 bǎwò 동 (손으로 꽉 움켜) 쥐다, (추상적인 것을) 붙잡다 몡 성공의 가능성, 확신 | 整体 zhěngtǐ 몡 (집단이나 사물의) 전체 | 阅读 yuèdú 동 (출판물을) 읽다, 보다 | 消遣 xiāoqiǎn 동 소일하다, 심심풀이하다 | 高谈阔论 gāotán kuòlùn 졍 고상하고 오묘한 이론을 장황하게 주고 받다 | 供 gōng 동 공급하다, 제공하다 | 装饰 zhuāngshì 동 (신체 또는 물체의 표면에) 장식하다 몡 장식, 장식품, 장식물 | 处世 chǔshì 동 처세하다 | 行事 xíngshì 몡 행위 동 일을 처리하다, 일을 하다 | 运用 yùnyòng 동 활용하다, 응용하다 | ★意味着 yìwèizhe 동 (어떤 뜻을) 의미하다, 뜻하다 | 个别 gèbié 혭 ① 개별적인, 개개의 ② 일부의, 극소수의 | ★事务 shìwù 몡 사무 | 若 ruò 젭 만약 ~한다면 | ★规划 guīhuà 몡 (전면적이고 장기적인) 계획 동 기획하다, 계획을 짜다 | ★全局 quánjú 몡 대세, 전체의 국면, 대체적인 형세 | 唯有 wéiyǒu 졉 오직 ~해야만

04

p. 40

A 我们应该坚持自己的意见
B 要多帮别人开窗
C 人总是在伤害别人
D 宽容别人就是善待自己

A 우리는 자신의 의견을 지켜야 한다
B 다른 사람이 창문을 여는 것을 많이 도와주어야 한다
C 사람은 항상 다른 사람을 해친다
D 다른 사람에게 관용을 베푸는 것이 자신을 잘 대하는 것이다

❶ 人与人之间ᴬ/ᶜ常常因为一些彼此无法释怀的坚持，而造成永远的伤害。❷ 如果我们都能从自己做起，ᴰ开始宽容地看待他人，相信你一定能收到许多意想不到的结果。❸ ᴮ帮别人开启一扇窗，也就是让自己看到更完整的天空。

사람과 사람 간에는 ᴬ/ᶜ종종 서로 마음속에서 지울 수 없는 고집때문에 영원한 상처가 초래된다. 만약 우리가 자신부터 시작해서 ᴰ관용을 베풀어 타인을 대하기 시작한다면, 당신은 분명 많은 예상치 못한 결과를 얻게 될 것이라고 믿는다. ᴮ다른 사람을 위해 창문을 열어주는 것은 또한 스스로 하여금 더 완전한 하늘을 보게 하는 것이기도 하다.

해설 ▶ 문장 ❶에서 '종종 서로 마음속에서 지울 수 없는 고집 때문에 영원한 상처가 초래된다'라고 했으므로 A와 C는 X이다.
🔔Tip 특히 C의 '总是'와 같이 절대적인 뜻을 가진 단어는 답이 되는 경우가 드물다.
▶ 문장 ❷에서 '관용을 베풀어 타인을 대하기 시작한다면, 당신은 분명 많은 예상치 못한 결과를 얻게 될 것이라고 믿는다'라고 했으므로 D가 정답이다.

16

▶ 문장 ❸에서 '다른 사람을 위해 창문을 열어주는 것'은 실제 창문을 여는 것이 아니라 자신의 마음을 여는 것을 비유하는 말이
다. 따라서 B는 X이다.

단어 释怀 shìhuái ⑧ 마음속에서 지우다, 마음에서 없애다 | 坚持 jiānchí ⑧ (어떤 태도나 주장 등을) 굳게 지키다, 견지하다, 고수하다 |
伤害 shānghài ⑧ (신체나 감정 등을) 손상시키다, 해치다 | 宽容 kuānróng ⑧ 관용하다 | 善待 shàndài ⑧ 다정하게 대하다,
잘 대하다 | 彼此 bǐcǐ ⑭ 피차, 서로 | 释怀 shìhuái ⑧ (애정·희비·그리움 등의) 감정을 마음속에서 없애다, 생각을 지우다 | 造成
zàochéng ⑧ 조성하다, 야기하다, 초래하다 | ★ 看待 kàndài ⑧ 대하다, 취급하다, 대우하다 | 意想 yìxiǎng ⑧ 예상하다, 추측하
다 | 开启 kāiqǐ ⑧ ① 풀다, 열다, 개방하다 ② (기틀·기풍 등을) 열다, 세우다, 창립하다 | 扇 shàn ⑧ 문이나 창문을 세는 단위 | 完
整 wánzhěng ⑱ 완전하다, 완전히 갖추어져 있다

✓ 정답
1. A   2. B   3. C   4. B

▶ 01-12-1

01
p. 40

A 遵循成功法则不一定能成功
B 越来越多的人成功了
C 跟着成功人士学就一定能成功
D 成功是可以复制的

A 성공 법칙을 따른다고 해서 반드시 성공하는 것은 아
니다
B 갈수록 많은 사람들이 성공한다
C 성공인사를 따라 배우면 반드시 성공할 수 있다
D 성공은 복제할 수 있는 것이다

❶ ᴰ成功是不可复制的，每个人都有自己的
成功方式。❷ 现在，ᴮ越来越多的人走进了成功
的误区，ᴬ/ᶜ怀抱着所谓的成功法则，踩着成功
人士的脚印，小心翼翼地向前迈进，ᴬ/ᶜ结果没
有靠近理想，反而越走越远。

ᴰ성공은 복제할 수 없는 것이며, 모든 사람들이 자신만의
성공 방식을 가지고 있다. 지금 ᴮ갈수록 많은 사람들이 성공
의 잘못된 영역으로 걸어 들어가, ᴬ/ᶜ소위 성공법칙을 마음
에 품고 성공한 인사들의 발자국을 밟으며 조심스럽게 앞을
향해 전진하지만, ᴬ/ᶜ결과적으로 이상에 다가가지 못하고 오
히려 갈수록 멀어지게 된다.

해설 ▶ 문장 ❶에서 '성공을 복제할 수 없는 것'이라고 했으므로 D는 X이다.
▶ 문장 ❷에서 '갈수록 많은 사람들이 성공의 잘못된 영역으로 걸어 들어간다'라고 했으므로 B는 X이다.
▶ 문장 ❷에서 '소위 성공 법칙을 마음에 품고 성공한 인사들의 발자국을 밟지만, 결과적으로 이상에 다가가지 못하고 오히려
갈수록 멀어지게 된다'라고 했으므로 C는 X이고, A가 정답이다.
⚠Tip 특히 '一定'과 같이 절대적인 뜻을 가진 단어는 답이 되는 경우가 드물다.

단어 ★ 遵循 zūnxún ⑧ 따르다 | 法则 fǎzé ⑱ 규칙, 법칙 | 跟着 gēnzhe ⑧ 따르다, 뒤따르다 | ★ 人士 rénshì ⑱ 인사(사회적으
로 영향력이 있는 인물) | 复制 fùzhì ⑧ 복제하다 | 误区 wùqū ⑱ 잘못된 영역, 오류가 있는 부분 | 怀抱 huáibào ⑧ ① 품에 안
다 ② (마음속에) 품다 | 所谓 suǒwèi ⑱ ① ~라는 것은, ~란 ② 소위, 이른바 | 踩 cǎi ⑧ (발바닥으로) 밟다 | 脚印 jiǎoyìn ⑱ 발자
국 | ★ 小心翼翼 xiǎoxīn yìyì ⑱ 매우 신중하고 소홀함이 없다, 매우 조심스럽다 | 迈进 màijìn ⑧ 큰 걸음으로 전진하다 | 靠近
kàojìn ⑧ 가까이 다가가다, 접근하다, 근접하다 | 反而 fǎn'ér ⑲ 오히려, 도리어

02

p. 40

A 换个角度看自己让我们避免犯错误
B 换个角度看自己让我们坦然地面对生活
C 别人总是拿错误来惩罚我们
D 人生很痛苦

A 각도를 바꾸어 자신을 보는 것은 우리가 실수하는 것을 피하게 한다
B 각도를 바꾸어 자신을 보는 것은 우리가 편안하게 생활에 직면하게 한다
C 다른 사람은 항상 잘못으로 우리를 처벌한다
D 인생은 고통스럽다

❶ ^{A/B/C}换个角度看自己，你就会从容坦然地面对生活，再也不会拿别人的错误来惩罚自己了。❷ ^D当痛苦向你袭来的时候，不妨换个角度看自己，勇敢地面对人生，寻找痛苦的成因、教训及战胜痛苦的方法，去寻找人生的成熟。

^{A/B/C}각도를 바꾸어 자신을 바라보면, 당신은 여유있고 편안하게 생활에 직면하게 되고, 다시는 다른 사람의 잘못으로 자신을 처벌하지 않게 될 것이다. ^D고통이 당신을 향해 엄습해올 때는 각도를 바꾸어 자신을 보고, 용감하게 인생에 직면하여 고통의 원인과 교훈 및 고통을 이기는 방법을 찾고, 인생의 성숙함을 찾아보는 것도 괜찮다.

해설 ▶ 문장 ❶에서 '각도를 바꾸어 자신을 바라보면 당신은 여유 있고 편안하게 생활에 직면하게 되고, 다시는 다른 사람의 잘못으로 자신을 처벌하지 않게 될 것이다'라고 했으므로 A와 C는 X이고, B가 정답이다.

　　　🔊Tip 특히 C의 '总是'와 같이 절대적인 뜻을 가진 단어는 답이 되는 경우가 드물다.

　　▶ 문장 ❷에서 '고통이 당신을 향해 엄습해올 때'라고 했지 인생이 고통스럽다는 뜻은 아니므로 D는 X이다.

단어 避免 bìmiǎn 동 피하다, 모면하다 | 坦然 tǎnrán 형 (마음이) 평온하고 걱정이 없다 | 面对 miànduì 동 직면하다, 맞닥뜨리다, 부닥치다 | ★ 惩罚 chéngfá 동 처벌하다, 징벌하다 | 痛苦 tòngkǔ 형 고통스럽다, 괴롭다 | 从容 cóngróng 형 ① 침착하다, 서두르지 않다 ② (시간적·경제적으로) 여유가 있다, 넉넉하다 | 袭 xí 기습하다, 습격하다 | ★ 不妨 bùfáng 부 무방하다, 괜찮다 | 勇敢 yǒnggǎn 형 용감하다 | 寻找 xúnzhǎo 동 찾다 | 成因 chéngyīn 형성된 원인 | 教训 jiàoxun 동 훈계하다, 꾸짖다, 교육하다 명 교훈 | 战胜 zhànshèng 이기다, 승리하다 | 成熟 chéngshú 동 (과일·곡식·열매 등이) 익다 형 (정도·조건 등이) 성숙하다, 완전하다

03

p. 40

A 女性喜欢别人夸自己可爱
B 可爱意味着不漂亮
C 有些女性不喜欢别人说自己可爱
D 女人因为美丽而可爱

A 여성은 다른 사람이 자신을 귀엽다고 칭찬하는 것을 좋아한다
B 귀엽다는 것은 예쁘지 않다는 것을 의미한다
C 어떤 여성들은 다른 사람이 자신을 귀엽다고 말하는 것을 좋아하지 않는다
D 여자는 예쁘기 때문에 귀엽다

❶ 都说女人^D不是因为美丽而可爱，而是因为可爱而美丽。❷ 不知道从什么时候起，大家都喜欢夸奖女性可爱了。❸ 但是^{A/B/C}有些女性认为，夸她可爱就意味着你认为她不够漂亮，所以赞美女性的时候可要注意了。

모두 여자는 ^D예쁘기 때문에 귀여운 것이 아니라, 귀엽기 때문에 예쁘다고 말한다. 언제부터인지 모르지만, 모두 여성을 귀엽다고 칭찬하는 것을 좋아한다. 그러나 ^{A/B/C}어떤 여성들은 그녀를 귀엽다고 칭찬하는 것은 당신이 그녀가 그다지 예쁘지 않다고 생각한다는 것을 의미한다고 생각하므로, 그래서 여성을 칭찬할 때 주의해야 한다.

해설 ▶ 문장 ❶에서 '예쁘기 때문에 귀여운 것이 아니다'라고 했으므로 D는 X이다.

　　▶ 문장 ❸에서 '어떤 여성들은 그녀를 귀엽다고 칭찬하는 것은 당신이 그녀가 그다지 예쁘지 않다고 생각한다는 것을 의미한다고 생각한다'라고 했으므로 A는 X이다. 또한 일부 여성들의 생각이므로 B도 X이고 C가 정답이다.

단어 夸 kuā 图 ① 과장하다, 큰소리치다, 허풍치다 ② 칭찬하다, 찬양하다 | 可爱 kě'ài 형 귀엽다, 사랑스럽다 | ★ 意味着 yìwèizhe 图 (어떤 것을) 의미하다, 뜻하다 | 夸奖 kuājiǎng 图 칭찬하다, 찬양하다 | 不够 búgòu 형 부족하다, 모자라다 보 그다지, 그리 | 赞美 zànměi 图 찬미하다, 찬양하다

04
p. 40

A 人生需要寻找寄托
B 幸福生活需要平淡
C 做任何事都要竭尽全力
D 不甘平凡才会激发斗志

A 인생은 의지할 곳을 찾을 필요가 있다
B 행복한 생활은 평범할 필요가 있다
C 어떠한 일을 하든 최선을 다해야 한다
D 평범함을 원하지 않아야만 투지를 불러일으킬 수 있다

❶ 大文学家托尔斯泰曾经说过，欲望越小，人生就越幸福，不切实际的欲望只会让我们感到痛苦和无奈。❷ ^{B/D}安于平淡可以说是治疗许多精神疾病的一副良方，也是我们通向幸福彼岸的一叶轻舟。

대문학가 톨스토이는 일찍이 욕망이 작을수록 인생은 행복해진다고 했다. 현실에 부합되지 않는 욕망은 우리들로 하여금 고통스럽고 어쩔 수 없다고 느끼게 할 뿐이다. ^{B/D}평범함에 만족하는 것은 많은 정신 질병을 치료하는 좋은 처방이라고 말할 수 있고, 또한 우리가 행복이라는 맞은편 기슭으로 통하는 작은 배이기도 하다.

해설 ▶ 문장 ❷에서 '평범함에 만족하는 것은 많은 정신 질병을 치료하는 좋은 처방이라고 말할 수 있고'라고 했으므로 D는 X이고 B가 정답이다.
▶ A, C는 모두 언급되지 않았다.

단어 ★ 寄托 jìtuō 图 (기대, 희망, 감정 등을) 걸다, 두다 명 의지할 만한 사물이나 사람 | 平淡 píngdàn 형 평범하다, 수수하다 | 竭尽全力 jiéjìn quánlì 성 최선을 다하다 | 不甘 bùgān 图 ~을 달가워 하지 않다, 원하지 않다 | ★ 平凡 píngfán 형 평범하다 | ★ 激发 jīfā 图 (감정을) 불러일으키다 | 斗志 dòuzhì 명 투지, 투혼 | 托尔斯泰 Tuō'ěrsītài 톨스토이 | ★ 欲望 yùwàng 명 욕망 | 不切实际 búqiè shíjì 현실에 부합되지 않다 | 无奈 wúnài 图 어찌할 도리가 없다, 부득이하다 | 安于 ānyú 图 ~에 만족하다 | 良方 liángfāng 명 좋은 처방 | 彼岸 bǐ'àn 명 맞은편 기슭 | 轻舟 qīngzhōu 명 가볍고 작은 배

DAY 7

✓ 정답
1. C   2. D   3. B   4. C

01
p. 44

A 500元的戒指质量更好
B 服务员很羡慕那个中年妇女
C 中年妇女上当了
D 中年妇女捡了便宜

A 500위안의 반지가 품질이 더 좋다
B 종업원은 그 중년 부인을 매우 부러워한다
C 중년 부인은 속았다
D 중년 부인은 대가 없이 이익을 얻었다

❶ 有一个中年妇女在首饰店里看到两枚一模一样的戒指，一枚标价500元，另一枚却只标价250元。❷ 她大为欣喜，^D立刻买下250元的戒指，得意洋洋地走向店门。❸ 临出去前，她听到里面的店员悄悄对另一个店员说：“^C你看吧，这一招屡试不爽”。

한 중년 부인이 액세서리 가게에서 똑같은 모양의 반지 두 개를 보게 되었는데, 하나는 표시 가격이 500위안이고, 다른 하나는 표시 가격이 겨우 250위안이었다. 그녀는 크게 기뻐하며 ^D바로 250위안의 반지를 사고 득의양양하게 가게 문으로 걸어갔다. 막 나가려고 하기 전, 그녀는 안에 있는 점원이 몰래 다른 점원에게 말하는 것을 들었다. “^C봐, 이 방법은 언제가 효과가 있다니까.”

해설 ▶ 문장 ❷에서 '바로 250위안의 반지를 샀다'라고 했으므로 D는 X이다.

▶ 문장 ❸에서 종업원이 하는 말 '이 방법은 언제나 효과가 있다'를 통해 C가 답이라는 것을 알 수 있다.

▶ A와 B는 언급되지 않았다.

단어 戒指 jièzhi 몡 반지 | 质量 zhìliàng 몡 품질, 질 | 羡慕 xiànmù 통 선망하다, 부러워하다, 동경하다 | 妇女 fùnǚ 몡 부녀자, 여성 | 上当 shàng dàng 이합 속다, 속임수에 빠지다 | 捡便宜 jiǎn piányi 힘들이지 않고 이익을 얻다, 노동의 대가 없이 이득을 취하다 | 首饰 shǒushi 몡 장신구, 액세서리 | ★ 枚 méi 앵 작고 둥근 모양의 물체를 세는 양사 | 一模一样 yìmú yíyàng 졩 모양이나 생김새가 완전히 같다 | 标价 biāo jià 이합 가격을 표시하다 몡 표시 가격 | 大为 dàwéi 児 크게, 대단히 | 欣喜 xīnxǐ 졩 기뻐하다, 유쾌하다, 만족하다 | 立刻 lìkè 児 즉시, 당장, 바로 | 得意洋洋 déyì yángyáng 졩 득의양양하다 | 悄悄 qiāoqiāo 児 은밀하게, 살짝, 조용히 | 招 zhāo 몡 방법, 계책, 수단 | 屡试不爽 lǚshì bùshuǎng 졩 몇 번을 테스트해도 언제나 효과가 있다

▶ 01-15-2

02

p. 44

A 他们去动物园了	A 그들은 동물원에 갔다
B 他们遇到了大黑熊	B 그들은 큰 흑곰을 만났다
C 小李吓晕了	C 샤오리는 놀라 쓰러졌다
D 小王一直在跑	**D 샤오왕은 계속 달렸다**

❶ ᴬ小李和小王在树林中散步，ᴮ突然碰到一只大老虎。❷ 小王扭头就跑，ᶜ小李说："别跑了，咱们跑不过老虎的。"❸ 而ᴰ小王一边拼命地跑一边回头说："我虽然跑不过老虎，可我跑得过你。"

ᴬ샤오리와 샤오왕이 숲에서 산책을 하다가 ᴮ갑자기 큰 호랑이 한 마리를 만났다. 샤오왕은 고개를 돌려 뛰기 시작했다. ᶜ샤오리가 말했다. "도망가지 마, 우리는 뛰어서 호랑이를 이길 수 없어." 하지만 ᴰ샤오왕은 필사적으로 뛰면서 고개를 돌리고 말했다. "난 비록 호랑이를 뛰어서 이길 수 없지만, 너는 이길 수 있어."

해설 ▶ 문장 ❶에서 '샤오리와 샤오왕이 숲에서 산책을 하다가'라고 했으므로 A는 X이다.

▶ 문장 ❶에서 '갑자기 큰 호랑이 한 마리를 만났다'라고 했으므로 B는 X이다.

▶ 문장 ❷에서 '샤오리가 말했다'라고 했으므로 C는 X이다.

▶ 문장 ❸에서 '샤오왕은 필사적으로 뛰면서 고개를 돌리고 말했다'라고 했으므로 D가 정답이다.

단어 遇到 yùdào 통 만나다, 마주치다 | 熊 xióng 몡 곰 | 吓 xià 통 놀래다, 놀라게 하다 | 晕 yūn 혱 (머리가) 어지럽다 통 의식을 잃다, 혼미하다 | 树林 shùlín 몡 수풀, 숲 | 只 zhī 앵 ① 동물을 세는 단위 ② 쌍을 이루는 물건 중 하나를 세는 단위 ③ 배를 세는 단위 | 扭头 niǔ tóu 이합 머리를 돌리다(= 回头) | ★ 拼命 pīn mìng 이합 목숨을 내걸다, 필사적으로 하다, 죽을힘을 다하다

▶ 01-15-3

03

p. 44

A 书店老板邀请作家来参观	A 서점의 사장이 작가가 참관하러 오도록 초대했다
B 作家发现书店只卖自己的书	**B 작가는 서점에서 자신의 책만 파는 것을 발견했다**
C 别的书都卖完了	C 다른 책은 다 팔렸다
D 书店里只卖那个作家的书	D 서점 안에는 오직 그 작가의 책만 판다

❶ 一个很有名的作家要来书店参观。❷ ᴬ书店老板受宠若惊，ᶜ/ᴰ连忙把所有的书撤下，全部换上作家的书。❸ 作家来到书店后，心里非常高兴，问道："ᴮ贵店只售本人的书吗？""当然不是。"❹ 书店老板回答，"别的书销路很好，都卖完了。"

한 유명한 작가가 서점에 참관하러 왔다. ᴬ서점 사장은 뜻밖의 일에 기쁘고 놀라 ᶜ/ᴰ얼른 모든 책을 치우고 전부 작가의 책으로 바꿨다. 작가가 서점에 온 후, 마음속으로 매우 기뻐하여 물었다. "ᴮ귀 서점에서는 제 책만 파십니까?" "당연히 아닙니다." 서점 사장이 대답했다. "다른 책은 잘 팔려서 모두 다 팔렸습니다."

해설 ▶ 문장 ②에서 '서점 사장은 뜻밖의 일에 기쁘고 놀랐다'라고 했으므로 A는 X이다.
▶ 문장 ②에서 '얼른 모든 책을 치웠다'라고 했으므로 C와 D는 X이다. 마지막에 서점 사장이 하는 말은 말실수일 뿐 사실이 아니다.
▶ 문장 ③에서 '귀 서점에서는 제 책만 파십니까'라는 작가의 말을 통해 정답은 B라는 것을 알 수 있다.

단어 **邀请** yāoqǐng 통 초대하다, 초청하다 | **受宠若惊** shòuchǒng ruòjīng 젱 뜻밖의 과분한 총애와 대우를 받고 기뻐 놀라다 | **连忙** liánmáng 뷔 서둘러, 급히, 황급히 | **撤** chè 통 제거하다, 없애다 | **售** shòu 통 팔다 | **销路** xiāolù 몡 (상품이) 팔려 나가는 길, 판로

04
p. 44

A 学者会按时赴约
B 学者打算周末加班
C 学者认为富人傲慢
D 学者没看懂那条短信

A 학자는 시간에 맞춰 약속한 장소로 갈 것이다
B 학자는 주말에 초과 근무를 할 계획이다
C 학자는 부자가 오만하다고 생각한다
D 학자는 그 문자를 이해하지 못했다

❶ 有个富人想邀请一位著名学者来家里做客，于是给学者发了条短信：礼拜天下午三点我在家，你来吧。❷ ᶜ学者嫌那个富人太傲慢，ᴬ不想去，他马上给那个富人回了条短信：我也是。

어떤 부자가 한 유명한 학자를 초대해 자신의 집에 손님이 되어 오라고 초청하고 싶었고, 그래서 학자에게 문자를 하나 보냈다. '일요일 오후 3시에 저는 집에 있으니 당신이 오세요.' ᶜ학자는 그 부자가 너무 오만한 것이 싫어서 ᴬ가고 싶지 않았다. 그는 바로 그 부자에게 문자로 답장했다. '저도 그렇습니다.'

해설 ▶ 문장 ②에서 '학자는 그 부자가 너무 오만한 것이 싫어서'라고 했으므로 C가 정답이다.
▶ 문장 ②에서 '가고 싶지 않았다'라고 했으므로 A는 X이다.
▶ B, D는 모두 언급되지 않았다.

단어 **赴约** fùyuē 통 약속한 장소로 가다 | **傲慢** àomàn 혱 오만하다 | ★**嫌** xián 통 싫어하다, 불만스럽게 생각하다

DAY 8

✔ 정답			
1. B	2. C	3. C	4. B

01
p. 44

A 乘客在后边追这辆公共汽车
B 公共汽车上没有司机
C 公共汽车上只有一位乘客
D 公共汽车的速度很慢

A 승객이 뒤에서 이 버스를 쫓고 있다
B 버스에는 기사가 없다
C 버스에는 승객이 한 명밖에 있다
D 버스의 속도가 느리다

❶ 一辆载满乘客的ᴰ公共汽车沿着下坡路快速前进着，ᴬ有一个人在后面紧紧追赶着这辆车子。❷ ᶜ一个乘客从车窗中伸出头来对这位追车子的人说："老兄，算了，你追不上的!" ❸ "我必须追上它，"这个人气喘吁吁地说："ᴬ/ᴮ我是这辆车的司机!"

승객을 가득 실은 ᴰ버스 한 대가 내리막길을 따라 빠르게 내려가고 있고, ᴬ한 사람이 뒤에서 이 차를 바싹 쫓고 있었다. ᶜ한 승객이 차창으로 고개를 내밀고 이 차를 쫓는 사람에게 말했다. "형님, 관둬요. 당신은 못 따라잡아요!" "전 반드시 따라잡아야 해요." 이 사람은 숨을 헐떡거리며 말했다. "ᴬ/ᴮ전 이 차의 기사예요!"

해설 ▸ 문장 ❶에서 '버스 한 대가 내리막길을 따라 빠르게 내려가고 있다'라고 했으므로 D는 X이다.

▸ 문장 ❶에서 '한 사람이 뒤에서 이 차를 바싹 쫓고 있었다'라고 했고, 문장 ❸에서 '전 이 차의 기사예요'라고 했으므로 A는 X이고, B가 정답이다.

▸ 문장 ❷에서 '한 승객이' 말을 했다고 했지, 승객이 한 명이라는 뜻은 아니므로 C는 X이다.

단어 乘客 chéngkè 몡 승객 | 追 zhuī 통 쫓다, 뒤따르다 | 载满 zàimǎn 통 가득 싣다 | 沿着 yánzhe 젠 ~을 따라서 | 下坡路 xiàpōlù 몡 내리막길 | 紧紧 jǐnjǐn 뷔 바짝, 꽉, 단단히 | 伸 shēn 통 (신체나 물체의 일부분을) 펴다, 펼치다, 내밀다 | 气喘吁吁 qìchuǎn xūxū 혱 숨이 가빠서 헐떡이는 모양

▶ 01-16-2

02

p. 44

A 一家啤酒店门前有个大酒桶	A 맥주 가게 문 앞에 큰 술통이 있다
B 大酒桶里什么也没有	B 큰 술통 안에는 아무것도 없다
C 大酒桶里写着一个广告	**C 큰 술통 안에는 광고가 쓰여져 있다**
D 这桶酒一共卖5元钱	D 이 통의 술은 모두 5위안에 판다

❶ ᴬ有一家餐饮店在门口摆了一个很大的啤酒桶，上面写着"不可偷看"四个大字。❷ 路过的行人很好奇，走过来弯下腰，把脑袋伸到桶里看个究竟，ᴮ桶里写着："ᶜ我店啤酒与众不同，ᴰ5元一杯，请您品尝。"

ᴬ한 음식점 입구에 큰 맥주통이 놓여져 있고, 그 위에 '몰래 보지 마세요'라는 네 글자가 쓰여 있었다. 지나가던 행인이 궁금해서 걸어와 허리를 굽히고 머리를 통 속에 밀어 넣고 어떻게 된 일인지 봤더니, ᴮ통 안에 이렇게 쓰여져 있었다. ᶜ우리 가게의 맥주는 다른 것들과는 다릅니다. ᴰ한 잔에 5위안이니 맛보세요.'

해설 ▸ 문장 ❶에서 '한 음식점 입구에 큰 맥주통이 놓여져 있다'라고 했으므로 A는 X이다.

▸ 문장 ❷에서 '통 안에 이렇게 쓰여져 있었다'라고 했으므로 B는 X이다.

▸ 문장 ❷에서 통 안에 쓰여져 있는 '우리 가게의 맥주는 다른 것들과는 다릅니다'라는 말을 통해 C가 정답임을 알 수 있다.

▸ 문장 ❷에서 '한 잔에 5위안'이라고 했으므로 D는 X이다.

단어 桶 tǒng 몡 통 | 餐饮 cānyǐn 몡 (식당·음식점·주점에서의) 음식 판매, 요식 | 摆 bǎi 통 ① 놓다, 벌이다 ② 흔들다, 젓다 ③ 드러내다, 뽐내다 | 路过 lùguò 통 (도중에 어떤 곳을) 지나다, 지나치다, 거치다 | 好奇 hàoqí 혱 호기심이 많다, 궁금하다 | 弯腰 wān yāo 이합 허리를 굽히다 | 脑袋 nǎodài 몡 ① 머리 ② 두뇌 | 究竟 jiūjìng 몡 결과, 결말 뷔 ① 도대체, 대관절 ② 어쨌든, 역시, 아무튼 | 与众不同 yǔzhòng bùtóng 혱 남들과 다르다 | ★ 品尝 pǐncháng 통 (맛을) 보다, 시식하다

▶ 01-16-3

03

p. 44

A 画家想换个房间	A 화가는 방을 바꾸고 싶었다
B 画画儿需要灵感	B 그림을 그리려면 영감이 필요하다
C 朋友并不认可画家的画技	**C 친구는 화가의 그림 기술을 결코 인정하지 않았다**
D 朋友认为刷墙是画蛇添足	D 친구는 벽을 칠하는 것이 쓸데없는 짓을 하는 것이라고 생각한다

❶ 有一位画家自以为画技高超，一天他的朋友来家里做客，画家说："我打算把这间房的墙壁粉刷一下，然后再画些画。你有什么建议吗？"❷ 朋友说："我建议你最好先在墙上画画儿，然后再粉刷墙壁。"

한 화가는 스스로 그림 기술이 우수하다고 착각했다. 하루는 그의 친구가 집에 손님으로 왔고, 화가는 말했다. "나는 이 방의 벽을 칠하고, 그런 다음 다시 그림을 좀 그리려고 해. 너는 무슨 제안이 있니?" 친구가 말했다. "나는 네가 먼저 벽에 그림을 그리고, 그런 후에 다시 벽을 칠하는 것이 가장 좋을 거라고 제안해."

해설 ▶ 문장 ❷에서 친구의 '나는 네가 먼저 벽에 그림을 그리고, 그런 후에 다시 벽을 칠하는 것이 가장 좋을 거라고 제안해'라는 말을 통해 그림을 가려버리라는 뜻을 파악할 수 있으므로 C가 정답이다.

▶ A, B, D는 모두 언급되지 않았다.

단어 ★灵感 línggǎn 몡 영감 | ★认可 rènkě 몡 승낙, 허가, 인정 동 승낙하다, 허가하다, 인정하다 | 刷墙 shuā qiáng 벽을 칠하다 | ★画蛇添足 huà shé tiān zú 셩 쓸데없는 짓을 하다 | ★高超 gāochāo 혱 우수하다, 출중하다 | 墙壁 qiángbì 몡 벽, 담 | 粉刷 fěnshuā 동 석회를 칠하다

04
p. 44

▶ 01-16-4

A 飞机上有一个超人
B 那个乘客自以为了不起
C 空姐请那位乘客下飞机
D 那位乘客一直没有系安全带

A 비행기에는 슈퍼맨이 있다
B 그 승객은 자신이 대단하다고 생각한다
C 스튜어디스는 그 승객에게 비행기에서 내려달라고 청했다
D 그 승객은 계속 안전벨트를 매지 않았다

❶ 有一个名人乘坐一架航班，空姐要求每位乘客系好自己的安全带，他并未按空姐的要求去做。❷ ᶜ空姐再次要求他系好安全带。❸ ᴬ/ᴮ他自负地说："超人是不需要系安全带的。"❹ 空姐平静地微笑着对他说："超人用得着坐飞机吗？"❺ 那个人愣了一下，ᴰ乖乖地系好了自己的安全带。

한 유명인이 비행기를 탔다. 스튜어디스가 모든 승객에게 자신의 안전벨트를 맬 것을 요구했지만, 그는 결코 스튜어디스의 요구대로 하지 않았다. ᶜ스튜어디스가 재차 그에게 안전벨트를 맬 것을 요구했다. ᴬ/ᴮ그는 잘난 척하며 말했다. "슈퍼맨은 안전벨트를 맬 필요가 없어요." 스튜어디스는 차분하게 미소 지으며 그에게 말했다. "슈퍼맨이 비행기를 탈 필요가 있나요?" 그는 잠시 멍해있다가 ᴰ얌전히 자신의 안전벨트를 맸다.

해설 ▶ 문장 ❷에서 '스튜어디스가 재차 그에게 안전벨트를 맬 것을 요구했다'라고 했으므로 C는 X이다.
▶ 문장 ❸에서 '그가 잘난 척하며 슈퍼맨은 안전벨트를 맬 필요가 없다'라고 했으므로 A는 X이고, B가 정답이다.
▶ 문장 ❺에서 '얌전히 자신의 안전벨트를 맸다'라고 했으므로 D는 X이다.

단어 超人 chāorén 동 일반인을 뛰어넘다 몡 초인, 슈퍼맨 | 了不起 liǎobuqǐ 혱 ① 대단하다, 뛰어나다 ② 중대하다, 심각하다 | 空姐 kōngjiě 몡 스튜어디스 | 系 jì 동 매듭을 짓다, 묶다 | 安全带 ānquándài 몡 안전벨트 | 乘坐 chéngzuò 동 (차·배 등을) 타다 | 架 jià 옝 받침대가 있는 물건이나 기계를 세는 단위 | 航班 hángbān 몡 (여객기나 여객선의) 정기편 | 未 wèi 튄 ~하지 않다 | 再次 zàicì 튄 다시, 재차 | 自负 zìfù 혱 (자신이) 대단하다고 여기다, 자부하다 | 微笑 wēixiào 동 미소를 짓다 몡 미소 | 用得着 yòngdezháo 쓸모 있다, 필요하다 | ★愣 lèng 동 멍해지다, 어리둥절하다 | 乖 guāi 혱 얌전하다, 말을 잘 듣다

✔ 정답

1. D   2. B   3. A   4. D

▶ 01-19-1

01

p. 49

A 肥胖儿童都喜欢看电视
B 儿童看电视时间应该为70分钟
C 大人在吃饭时可以看电视
D 吃饭时不要看电视

A 비만 아동은 모두 TV 보는 것을 좋아한다
B 아동이 TV를 보는 시간은 70분이어야 한다
C 어른은 식사할 때 TV를 봐도 된다
D 식사할 때 TV를 봐서는 안 된다

❶ 研究儿童肥胖和收视习惯的学者发现，ᴬ儿童在吃饭的时候看电视，通常会容易导致肥胖，ᴮ且会将收看电视的时间延长到70分钟。❷ 所以 ᶜ/ᴰ不管大人或小孩，吃饭时，最好关掉电视，专心地吃饭，好好享受桌上的食物。

아동 비만과 TV 시청 습관을 연구하는 학자는 ᴬ아동들이 식사할 때 TV를 보면 통상적으로 비만을 초래하기 쉽고, ᴮ게다가 TV를 보는 시간을 70분까지 연장한다는 사실을 발견했다. 따라서 ᶜ/ᴰ어른이든 아이든 관계없이 식사를 할 때 가장 좋은 것은 TV를 끄고 집중해서 밥을 먹고 식탁 위의 음식을 잘 즐기는 것이다.

해설 ▶ 문장 ❶에서 '아동들이 식사할 때 TV를 보면 통상적으로 비만을 초래하기 쉽다'라고 했지, 비만 아동이 모두 TV 보는 것을 좋아한다는 뜻은 아니므로 A는 X이다.

🔴Tip 특히 '都'와 같이 절대적인 뜻을 가진 단어는 답이 되는 경우가 드물다.

▶ 문장 ❶에서 '게다가 TV를 보는 시간을 70분까지 연장한다'는 것은 부정적인 영향에 대해 얘기하는 것이다. 따라서 B는 X이다.

▶ 문장 ❷에서 '어른이든 아이든 관계없이 식사를 할 때 가장 좋은 것은 TV를 끄는 것'이라고 했으므로 C는 X이고, D가 정답이다.

단어 肥胖 féipàng ⑱ 뚱뚱하다 | 儿童 értóng ⑲ 아동, 어린이 | 收视 shōushì ⑧ (텔레비전을) 보다, 시청하다(= 收看) | 导致 dǎozhì ⑧ 야기하다, 초래하다 | 延长 yáncháng ⑧ 늘이다, 연장하다 | 专心 zhuānxīn ⑱ 열중하다, 몰두하다 | 享受 xiǎngshòu ⑧ (물질이나 정신적으로) 만족을 얻다, 누리다, 즐기다 ⑲ 향수, 향락

▶ 01-19-2

02

p. 49

A 在家居设计中不常用黄色
B 黄色能加强人的行动力
C 暖黄色让人紧张
D 人应该多吃黄色食物

A 실내 디자인에서 노란색은 자주 사용하지 않는다
B 노란색은 사람의 행동력을 강화시킬 수 있다
C 따뜻한 노란색은 사람을 긴장시킨다
D 사람은 노란색 음식을 많이 먹어야 한다

❶ ᴮ黄色不仅能刺激人的消化系统，还有益于加强人的行动力，所以在家居设计中，ᴬ厨房常用暖黄色。❷ 这样不仅让整个空间显得明朗开阔，还带来一种舒适松弛的氛围，让人充分享受烹饪美食的乐趣。

ᴮ노란색은 사람의 소화기 계통을 자극할 수 있을 뿐만 아니라, 사람의 행동력을 강화시키는 데에 이롭다. 그래서 실내 디자인에서 ᴬ주방은 따뜻한 노란색을 자주 사용한다. 이렇게 하면 전체 공간으로 하여금 밝고 넓게 보이게 할 뿐만 아니라, 편안하고 긴장이 풀어지는 분위기를 가져와 사람들이 맛있는 음식을 요리하는 즐거움을 충분히 누릴 수 있게 해준다.

해설 ▶ 문장 ❶에서 '노란색은 사람의 행동력을 강화시키는 데에 이롭다'라고 했으므로 B가 정답이다.
▶ 문장 ❶에서 '주방은 따뜻한 노란색을 자주 사용한다'라고 했으므로 A는 X이다.
▶ C와 D는 언급되지 않았다.

단어
단어 设计 shèjì 동 설계하다, 디자인하다 | 加强 jiāqiáng 동 강화하다, 보강하다 | 刺激 cìjī 동 자극하다, 자극시키다 형 자극적이다 명 (정신적인) 자극 | 消化 xiāohuà 동 ① (음식을) 소화하다 ② (배운 지식을) 자기 것으로 익혀 소화하다 | 系统 xìtǒng 명 계통, 체계, 시스템, 조직 형 체계적이다, 조직적이다 | 显得 xiǎnde 동 (어떤 상황이) 드러나다, ~처럼 보이다 | 明朗 mínglǎng 형 ① 밝다, 환하다 ② (마음이나 태도 등이) 확실하다, 뚜렷하다, 분명하다 | ★ 开阔 kāikuò 형 ① (면적이나 공간이) 넓다, 광활하다 ② (생각이나 마음이) 넓다, 크다 | 舒适 shūshì 형 기분이 좋다, 쾌적하다 | 松弛 sōngchí 형 헐겁다, 느슨하다 | 氛围 fēnwéi 명 분위기 | ★ 烹饪 pēngrèn 동 요리하다 명 요리 | 美食 měishí 명 (맛이 좋은) 음식, 미식 | ★ 乐趣 lèqù 명 즐거움, 재미

▶ 01-19-3

03

p. 49

A 及时发脾气给人带来健康
B 人们要学会忍耐
C 不随便发脾气使人长寿
D 有脾气就发的人都很长寿

A 즉시 화를 내는 것이 사람에게 건강을 가져다준다
B 사람은 인내하는 것을 배워야 한다
C 함부로 화를 내지 않는 것이 사람을 장수하게 한다
D 화가 나면 바로 발산하는 사람은 모두 장수한다

❶ 一项研究结果表明，^{A/B/C}当人们感到气愤而想发脾气时，如果能够及时宣泄出来，会有益于自己的身体健康，也会给长寿带来机会。❷ 研究结果显示，^D那些活得长的研究对象，基本上都属于有脾气就发的类型。

한 연구 결과에서 ^{A/B/C}사람이 분노를 느껴 화를 내고 싶을 때, 만약 즉시 분출해낼 수 있다면 자신의 신체 건강에 유익하고, 또한 장수의 기회를 가져올 수 있다는 것을 밝혀냈다. 연구 결과는 ^D오래 사는 연구 대상들은 대게 화가 나면 바로 발산하는 유형에 속한다는 것을 드러냈다.

해설 ▶ 문장 ❶에서 '사람이 분노를 느껴 화를 내고 싶을 때, 만약 즉시 분출해낼 수 있다면 자신의 신체 건강에 유익하고, 또한 장수의 기회를 가져올 수 있다'라고 했으므로 B와 C는 X이고, A가 정답이다.
▶ 문장 ❷에서 '오래 사는 연구 대상들은 대게 화가 나면 바로 발산하는 유형에 속한다'라고 했으므로 D는 X이다.
💡Tip 특히 '都'와 같이 절대적인 뜻을 가진 단어는 답이 되는 경우가 드물다.

단어 及时 jíshí 형 시기적절하다, 때에 맞다 부 즉시, 곧바로 | 发脾气 fā píqi 화를 내다, 성질을 내다 | ★ 忍耐 rěnnài 동 인내하다, 참다 | 长寿 chángshòu 형 수명이 길다, 장수하다 | 表明 biǎomíng 동 표명하다, 분명하게 나타내다 | 气愤 qìfèn 동 몹시 화를 내다, 분개하다, 분노하다 | 宣泄 xuānxiè 동 (마음에 맺힌 것들을) 분출하다, 토로하다 | 显示 xiǎnshì 동 나타내 보이다, 드러내다 | 基本上 jīběnshang 부 기본적으로, 대체로, 거의 | 属于 shǔyú 동 ~에 속하다 | 类型 lèixíng 명 유형

▶ 01-19-4

04

p. 49

A 海啸破坏力巨大
B 海浪是自发形成的
C 台风由低气压造成
D 海上无风也会有浪

A 해일은 파괴력이 거대하다
B 파도는 스스로 발생해서 형성되는 것이다
C 태풍은 저기압 때문에 야기된다
D 해상은 바람이 없어도 파도가 있다

❶ ^D海上之所以无风也有浪，是因为某海域^B在风的作用下形成的海浪，除了在原地起伏波动之外，还会源源不断地向外涌动。❷ 这就使得不仅受风直接吹刮的区域会产生风浪，无风的地方也同样有浪。

^D해상이 바람이 없어도 파도가 있는 것은, 모 해역의 ^B바람의 작용 하에 형성된 파도가 원래 자리에서 기복이 있고 출렁거리는 것을 제외하고, 끊임없이 계속해서 밖으로 세차게 흐르기 때문이다. 이것은 바람을 받아 직접 바람이 부는 지역에 풍랑이 생기게 할 뿐만 아니라, 바람이 없는 곳도 똑같이 파도가 생기게 한다.

해설 ▶ 문장 ❶에서 '해상이 바람이 없어도 파도가 있는 것은'라고 했으므로 D가 정답이다.
▶ 문장 ❶에서 '바람의 작용 하에 형성된 파도'라고 했으므로 B는 X이다.
▶ A, C는 모두 언급되지 않았다.

단어 海啸 hǎixiào 圐 해일 | 巨大 jùdà 혱 거대하다 | 海浪 hǎilàng 圐 파도 | ★ 台风 táifēng 圐 태풍 | ★ 气压 qìyā 圐 기압 | 海域 hǎiyù 圐 해역 | ★ 起伏 qǐfú 圐 기복, 변화 됭 기복이 있다. 변화하다 | 波动 bōdòng 圐 파동 됭 동요하다, 술렁거리다 | 源源不断 yuányuán búduàn 쉥 끊임없이 계속되다 | 涌动 yǒngdòng 됭 세차게 흐르다 | 吹刮 chuīguā 됭 (바람이) 불다 | ★ 区域 qūyù 圐 구역, 지역 | 风浪 fēnglàng 圐 풍랑

✓ 정답	1. D	2. B	3. D	4. A

▶ 01-20-1

01

p. 49

A 大雾有利于农业
B 大雾让所有航班都停飞了
C 光照对农作物生长的影响最大
D 大雾影响交通

A 짙은 안개는 농업에 이롭다
B 짙은 안개는 모든 여객기로 하여금 비행을 멈추게 만든다
C 빛은 농작물의 생장에 대한 영향이 가장 크다
D 짙은 안개는 교통에 영향을 준다

❶ ᴮ/ᴰ在大雾天气，很多飞机不能起飞和降落，汽车、船舶等也因能见度低而易发生事故。❷ ᴬ雾对农业生产也有一定的危害，ᶜ如果连续数天大雾，将使农作物缺乏光照，进而影响生长。

ᴮ/ᴰ짙은 안개가 있는 날씨에는 많은 비행기가 이륙하거나 착륙할 수 없고, 자동차와 선박 등도 가시거리가 짧아서 쉽게 사고가 발생한다. ᴬ안개는 농업 생산에도 상당한 피해를 가져온다. ᶜ만약 수일 동안 연속적으로 짙은 안개가 있으면 농작물로 하여금 빛을 부족하게 하고, 더 나아가 생장에도 영향을 주게 된다.

해설 ▶ 문장 ❶에서 '짙은 안개가 있는 날씨에는 많은 비행기가 이륙하거나 착륙할 수 없고, 자동차와 선박 등도 가시거리가 짧아서 쉽게 사고가 발생한다'라고 했으므로 B는 X이고, D가 정답이다.

⚠️Tip 특히 '所有'나 '都'와 같이 절대적인 뜻을 가진 단어는 답이 되는 경우가 드물다.

▶ 문장 ❷에서 '안개는 농업 생산에도 상당한 피해를 가져온다'라고 했으므로 A는 X이다.

▶ 문장 ❷에서 '만약 수일 동안 연속적으로 짙은 안개가 있으면 농작물로 하여금 빛을 부족하게 하고, 더 나아가 생장에도 영향을 주게 된다'라고 했지, 빛이 가장 큰 영향을 준다고 말하지 않았으므로 C는 X이다.

단어 雾 wù 圐 안개 | 有利 yǒulì 혱 유리하다, 이롭다 | 航班 hángbān 圐 (여객기나 여객선의) 정기편 | 光照 guāngzhào 됭 빛을 비추다, 빛이 비치다 | 农作物 nóngzuòwù 圐 농작물 | 生长 shēngzhǎng 됭 (생물체 또는 사람이) 생장하다, 성장하다 | 起飞 qǐfēi 됭 이륙하다 | 降落 jiàngluò 됭 낙하하다, 하강하다, 착륙하다 | ★ 船舶 chuánbó 圐 배(의 총칭), 선박 | 能见度 néngjiàndù 圐 가시거리, 가시도 | 一定 yídìng 혱 ① 규정된 ② 특정한 ③ 어느 정도의, 상당한 囝 반드시, 필히, 꼭 | 危害 wēihài 됭 손상시키다, 해치다 圐 위해, 손상, 훼손 | 连续 liánxù 됭 연속하다 | 缺乏 quēfá 됭 부족하다, 모자라다 | ★ 进而 jìn'ér 젭 진일보하여, 더 나아가

02

p. 49

A 不渴时不要喝水
B 平时应该多喝水
C 口渴时才需要喝水
D 每天应该喝8杯水

A 목이 마르지 않을 때는 물을 마시지 말아야 한다
B 평소에 물을 많이 마셔야 한다
C 목이 마를 때에서야 물을 마실 필요가 있다
D 매일 여덟 잔의 물을 마셔야 한다

❶ 很多人认为不渴就不用喝水。❷ 专家告诉我们，^C并不是口渴时才需要补水，刚觉得口渴时，表示身体已经是缺水的状态了。❸ 所以^{A/B}正确的喝水方式就是平常要多补充水分，等口渴再喝就来不及了。

많은 사람들은 목이 마르지 않으면 물을 마실 필요가 없다고 생각한다. 전문가는 ^C목이 마를 때에서야 물을 보충할 필요가 있는 것이 결코 아니며, 막 목이 마르다고 느낄 때는 몸이 이미 물이 부족한 상태가 되었음을 나타낸다고 알려주었다. 따라서 ^{A/B}올바른 물 마시는 방식은 평소에 수분을 많이 보충해주는 것이며, 목이 마를 때 마시는 것은 이미 늦다.

해설 ▶ 문장 ❷에서 '목이 마를 때에서야 물을 보충할 필요가 있는 것이 결코 아니다'라고 했으므로 C는 X이다.
▶ 문장 ❸에서 '올바른 물 마시는 방식은 평소에 수분을 많이 보충해주는 것이다'라고 했으므로 A는 X이고, B가 정답이다.
▶ D는 언급되지 않았다.

단어 渴 kě 형 목마르다, 갈증 나다 | 需要 xūyào 통 필요로 하다, 요구되다 명 수요, 필요, 요구 | 平常 píngcháng 명 평소, 평상시 형 평범하다, 보통이다 | 补充 bǔchōng 통 보충하다 | 来不及 láibují 통 (시간이 촉박하여) ~할 수 없다, 겨를이 없다, ~할 시간이 없다

03

p. 49

A 熬夜会损伤大脑
B 体育锻炼要循序渐进
C 青少年的新陈代谢比较快
D 大脑缺氧会导致记忆力下降

A 밤을 새우는 것은 대뇌를 손상시킨다
B 체육 단련은 점차적으로 진행해야 한다
C 청소년의 신진대사는 비교적 빠르다
D 대뇌의 산소 부족은 기억력 저하를 초래한다

❶ 大脑是人体的用氧大户，它几乎占用了人体用氧量的20%。❷ ^D如果大脑缺氧，人的记忆功能就会随之下降。❸ 因此，经常参加体育活动，多呼吸新鲜空气，对提高记忆力很有帮助。

대뇌는 인체의 산소 사용의 큰 고객이고, 그것은 거의 인체 산소 사용량의 20%를 차지한다. ^D만약 대뇌가 산소가 부족하면, 사람의 기억 기능은 이에 따라 떨어지게 된다. 따라서, 종종 체육 활동에 참가하고 신선한 공기를 많이 마시는 것이 기억력을 향상시키는 데 도움이 된다.

해설 ▶ 문장 ❷에서 '만약 대뇌가 산소가 부족하면, 사람의 기억 기능은 이에 따라 떨어지게 된다'라고 했으므로 D가 정답이다.
▶ A, B, C는 모두 언급되지 않았다.

단어 损伤 sǔnshāng 명 손상 통 손상되다, 손상시키다 | ★ 循序渐渐 xúnxù jiànjiàn 성 차례대로 한걸음 한걸음 나아가다, 점차적으로 심화시키다 | ★ 新陈代谢 xīnchén dàixiè 명 신진대사 | 缺氧 quēyǎng 통 산소가 부족하다 | 大户 dàhù 명 큰 거래처 | 随之 suízhī 이에 따라

p. 49

A 白噪音能助眠	A 백색소음은 수면을 도울 수 있다
B 雨天人容易失眠	B 비 오는 날 사람은 쉽게 잠을 이루지 못한다
C 白噪音多出现于夜晚	C 백색소음은 밤에 많이 나타난다
D 噪音污染的标准难界定	D 소음 오염의 기준은 확정하기 어렵다

❶ᴮ很多人一到下雨天就喜欢睡觉，如果周围有流水声或鸟鸣声，也会睡得很香甜。❷ 这些雨声、流水声被称为白噪音。❸ᴬ白噪音不同于普通噪音，它会产生遮蔽效应，使人忽略嘈杂的环境，睡得更香甜。

ᴮ많은 사람은 비 오는 날이면 잠자는 것을 좋아하는데, 만약 주위에 물 흐르는 소리나 새소리가 있다면 달콤하게 자게 된다. 이러한 빗소리, 물 흐르는 소리는 백색소음이라 불린다. ᴬ백색소음은 보통 소음과 다른데, 그것은 스크린 효과를 발생시켜 사람으로 하여금 시끄러운 환경을 무시하고 더 달콤하게 자게 만든다.

해설 ▶ 문장 ❶에서 '많은 사람은 비 오는 날이면 잠자는 것을 좋아하는데'라고 했으므로 B는 X이다.
▶ 문장 ❷에서 '백색소음은 …사람으로 하여금 시끄러운 환경을 무시하고 더 달콤하게 자게 만든다'라고 했으므로 A가 정답이다.
▶ C, D는 모두 언급되지 않았다.

단어 噪音 zàoyīn 뎽 잡음, 소음 | 失眠 shīmián 뎽 불면(증) 동 잠을 이루지 못하다 | 界定 jièdìng 동 범주를 확정하다 | 鸟鸣声 niǎomíngshēng 새소리 | 遮蔽 zhēbì 동 덮다, 가리다 | 效应 xiàoyìng 뎽 효과 | ★忽略 hūlüè 동 소홀히 하다, 등한시하다, 무시하다 | ★嘈杂 cáozá 뎽 떠들썩하다, 시끄럽다, 소란하다

DAY 11

✓ 정답   1. B   2. D   3. D   4. D

p. 57

A 那个商人眼睛是瞎的	A 그 상인은 눈이 멀었다
B 商人的货物质量不好	**B 상인의 상품은 품질이 좋지 않다**
C 商人的肝脑都涂在地上了	C 상인의 간과 뇌가 땅에 흩어졌다
D 消费者都上当了	D 소비자들은 모두 속았다

❶ "一败涂地" 本来是一旦破败，就要肝脑涂在地上的意思。ᶜ但后人则一直借用它说明失败之后，而至不可收拾的情势。❷ 例如，一个商人因贪图眼前之利，ᴬ/ᴮ盲目推销劣货，但ᴰ消费者却不去上当，于是这个商人货物积滞，周转不灵，而至 "一败涂地"，不可收拾。

'一败涂地'는 본래 일단 패하면 간과 뇌가 땅에 흩어진다는 뜻이었다. ᶜ그러나 후세 사람들은 줄곧 그것을 빌어 실패한 뒤 수습할 수 없는 상황에 이르렀음을 설명해왔다. 예를 들어, 한 상인이 눈앞의 이익을 탐해 ᴬ/ᴮ맹목적으로 불량품을 팔았지만, ᴰ소비자가 속지 않아 이 상인의 상품은 쌓여서 유통되지 않고, 회전이 신속하게 되지 않아, '一败涂地'에 이르게 되어 수습할 수 없게 된다.

해설 ▶ 문장 ❶에서 '그러나 후세 사람들은 줄곧 그것을 빌어 실패한 뒤 수습할 수 없는 상황에 이르렀음을 설명해왔다'라고 했으므로 성어의 직접적인 뜻을 나타내는 C는 X이다.
▶ 문장 ❷에서 '맹목적으로 불량품을 팔았다'라고 했으므로 B가 정답이다.
▶ 문장 ❷에서 '소비자가 속지 않았다'라고 했으므로 D는 X이다.
▶ A는 언급되지 않았다.

단어 瞎 xiā 통 실명하다, 눈이 멀다 부 (아무런 근거·이유 없이) 마구, 함부로, 막 | 货物 huòwù 명 물품, 상품, 화물 | 质量 zhìliàng 명 품질, 질 | 肝脑涂地 gānnǎo túdì 성 간과 뇌가 땅에 흩어지다, 전란 중에 비참하게 죽다, 목숨을 돌보지 않다 | 上当 shàng dàng 이합 속다, 속임수에 빠지다 | 一败涂地 yíbài túdì 성 패하여 다시는 일어날 수 없게 되다, 철저히 실패하여 돌이킬 수 없는 지경에 이르다 | 一旦 yídàn 부 일단 | 破败 pòbài 형 망가지다, 파손되다 통 몰락하다, 쇠퇴하다 | 借用 jièyòng 통 차용하다, 빌려 쓰다 | 至 zhì 통 ~에 이르다 | 收拾 shōushi 통 ① 수습하다, 정리하다 ② 고치다, 수리하다 | 情势 qíngshì 명 정세, 형세, 상황 | 贪图 tāntú 통 (어떤 이익을) 탐내다, 욕심부리다 | ★ 盲目 mángmù 형 맹목적인, 앞뒤를 분간 못하는 | ★ 推销 tuīxiāo 널리 팔다 | 劣货 lièhuò 명 나쁜 물건, 불량품 | 积 jī 통 쌓다, 축적하다, 모으다 | 滞 zhì 통 막히다, 정체하다, 유통하지 않다 | ★ 周转 zhōuzhuǎn 통 (자금이나 물건이) 돌다, 운용되다, 회전되다 | 不灵 bù líng 형 민첩하지 않다, 신속하지 않다

▶ 01-23-2

02
p. 57

A 下属往往不听老板的指挥
B 老板往往批评下属不务正业
C 老板们总是不务正业
D 下属往往模仿上司的行动

A 아랫사람은 종종 사장의 지휘에 따르지 않는다
B 사장은 종종 아랫사람들이 본분에 힘쓰지 않고 딴짓 하는 것을 비판한다
C 사장들은 항상 본분에 힘쓰지 않고 딴짓을 한다
D 아랫사람은 종종 상사의 행동을 모방한다

❶ "上行下效"形容ᴰ上面的人喜欢怎么做，下面的人便也跟着怎么做。❷ 例如，一家公司的老板经常在外吃喝玩乐，不理业务，他的下属也跟着不务正业，这便是"上行下效"。这成语的感情色彩是贬义的，所以它形容的也一定是不好的事情了。

'上行下效'는 ᴰ윗사람이 어떻게 하는 것을 좋아하면, 아랫사람도 따라서 하게 되는 것을 형용한다. 예를 들어, 한 회사의 사장이 종종 밖에서 먹고 마시며 놀고 즐기면서 회사 업무에 관심을 가지지 않으면, 그의 아랫사람도 따라서 본분에 힘쓰지 않고 딴짓을 하게 되는데, 이것이 바로 '上行下效'이다. 이 성어의 감정 색채는 부정적이어서 그것이 형용하는 것도 반드시 나쁜 일이다.

해설 ▶ 문장 ❶에서 '윗사람이 어떻게 하는 것을 좋아하면, 아랫사람도 따라서 하게 된다'라고 했으므로 D가 정답이다.
▶ A, B, C는 이 글의 내용과 전혀 관계없다.

단어 ★ 下属 xiàshǔ 명 아랫사람, 하급자, 하급 기관 | 指挥 zhǐhuī 통 지휘하다 명 지휘자 | 不务正业 búwù zhèngyè 명 자기 일에 힘쓰지 않다, 본분에 힘쓰지 않고 딴짓을 하다 | 模仿 mófǎng 통 모방하다, 흉내 내다 | 上司 shàngsi 명 상사, 상급자, 상관 | 上行下效 shàngxíng xiàxiào 성 윗사람이 하는 행동을 아랫사람이 보고 배우다 | 形容 xíngróng 통 묘사하다, 형용하다 | 吃喝玩乐 chīhē wánlè 성 먹고 마시며 놀고 즐기다, 향락을 추구하면서 세월을 보내다 | 理 lǐ 통 아랑곳하다, 거들떠보다, 상대하다, 관심을 가지다 | 业务 yèwù 명 업무 | ★ 色彩 sècǎi 명 ① 색채 ② 사상적 경향 | ★ 贬义 biǎnyì 명 나쁜 뜻

▶ 01-23-3

03
p. 57

A 应该道听途说
B 谣言有时是真实的
C 集体的力量很强大
D 谣言有时可以掩盖事实

A 근거 없는 말을 해야 한다
B 헛소문이 때로는 진실된 것이다
C 단체의 힘이 강대하다
D 헛소문이 때로는 사실을 가릴 수 있다

❶ "三人成虎"这句成语，是借来比喻ᴮ/ᴰ有时谣言可以掩盖真相的意思。❷ 例如：判断一件事情的真伪，必须经过细心考察和思考，ᴬ不能道听途说。❸ 否则"三人成虎"，有时会把谣言当成真实的。

'三人成虎'라는 이 성어는 ᴮ/ᴰ때로는 헛소문이 진상을 가릴 수 있다는 의미를 비유하는 데 사용된다. 예를 들어, 한 가지 일의 진위를 판단할 때는 반드시 주의 깊은 관찰과 사고를 거쳐야 하며, ᴬ근거 없는 말을 해서는 안 된다. 그렇지 않으면 '유언비어를 여러 사람이 말하면 믿게 되어', 때로는 헛소문이 진실이 될 수도 있다.

해설 ▶ 문장 ❶에서 '때로는 헛소문이 진상을 가릴 수 있다'라고 했으므로 B는 X이고, D가 정답이다.

▶ 설령 '道听途说'의 뜻을 모른다고 해도, 문장 ❷에서 '不能道听途说(근거 없는 말을 해서는 안 된다)'라고 했으므로 A는 X이다.

▶ C는 언급되지 않았다.

단어 道听途说 dàotīng túshuō 성 길에서 근거 없는 소문을 말하고 다니다 | ★ 谣言 yáoyán 명 헛소문, 유언비어, 뜬소문 | 集体 jítǐ 명 집단, 단체 | ★ 掩盖 yǎngài 동 (어떤 일에 대한 진상을) 숨기다, 덮다, 가리다 | 三人成虎 sānrén chénghǔ 성 세 사람만 우겨대면 없는 호랑이도 만들어낸다, 유언비어를 많은 사람이 되풀이해서 말하면 진실로 믿게 된다 | ★ 比喻 bǐyù 명 비유 동 비유하다 | ★ 真相 zhēnxiàng 명 진상 | 真伪 zhēnwěi 진위 | 细心 xìxīn 형 세심하다, 주의 깊다 | ★ 考察 kǎochá 동 ① 현지 조사하다, 답사하다, 시찰하다 ② 상세히 관찰하다, 고찰하다 | 否则 fǒuzé 접 만약 그렇지 않으면 | 当成 dàngchéng 동 ~로 여기다, ~로 삼다

▶ 01-23-4

 04

p. 57

A 90后是90年出生的人
B 90后给人们的印象一直很好
C 90后给人们的印象现在也不好
D 人们对90后的看法在改变

A 90后는 90년에 출생한 사람이다
B 90后가 사람들에게 주는 인상은 줄곧 좋다
C 90后가 사람들에게 주는 인상은 지금도 좋지 않다
D 사람들의 90后에 대한 견해가 바뀌고 있다

❶ 90后现在被广泛地作为ᴬ1990年1月1日～1999年12月31日出生的人群代名词。❷ 由于90后所经历的特殊历史背景，ᴮ他们在人们眼中一直没有很好的印象。❸ 然而随着时间的推移、年龄的增长，ᶜ/ᴰ人们对90后的一些看法和偏见也在逐渐改变。

90后는 ᴬ현재 1990년 1월 1일에서 1999년 12월 31일 사이에 출생한 사람들의 대명사로 광범위하게 여겨지고 있다. 90后가 경험한 특수한 역사적 배경 때문에, ᴮ그들은 사람들의 시각에서 줄곧 좋은 인상은 없었다. 그러나 시간의 추이와 연령의 증가에 따라, ᶜ/ᴰ사람들의 90后에 대한 일부 견해와 편견도 점차 바뀌고 있다.

해설 ▶ 문장 ❶에서 '1990년 1월 1일에서 1999년 12월 31일 사이에 출생한 사람'이라고 했으므로 A는 X이다.

▶ 문장 ❷에서 '그들은 사람들의 시각에서 줄곧 좋은 인상은 없었다'라고 했으므로 B는 X이다.

▶ 문장 ❸에서 '사람들의 90后에 대한 일부 견해와 편견도 점차 바뀌고 있다'라고 했으므로 C는 X이고, D가 정답이다.

단어 看法 kànfǎ 명 견해, 의견, 생각 | 改变 gǎibiàn 동 ① 변하다, 바뀌다 ② 바꾸다, 변화시키다 | 广泛 guǎngfàn 형 광범위하다, 보편적이다 | 作为 zuòwéi 명 행위 동 ~로 삼다, ~로 여기다 전 ~로서 | 经历 jīnglì 동 겪다, 경험하다, 체험하다 명 경험, 체험 | 特殊 tèshū 형 특수하다, 특별하다 | 背景 bèijǐng 명 배경 | 推移 tuīyí (시간·형세·기풍 등이) 변하다, 이동하다, 발전하다 | 年龄 niánlíng 명 연령, 나이 | 增长 zēngzhǎng 동 성장하다, 늘다, 증가하다 | ★ 偏见 piānjiàn 명 편견 | 逐渐 zhújiàn 부 점점, 조금씩

▶ 01-24-1

01

p. 57

A 在网上 "雷" 是一种自然现象
B "雷人" 会威胁生命
C "雷人" 是受重伤的人
D "雷人" 是指使人感到无语

A 인터넷에서 '雷'는 일종의 자연현상이다
B '雷人'은 생명을 위협할 수 있다
C '雷人'은 중상을 입은 사람이다
D '雷人'은 사람이 할 말이 없게 느끼게 하는 것을 가리킨다

❶ ^A在现代的网络语言中，"雷" 是指不喜欢，^D "雷人" 就是形象地说这个东西或事情让人很无语，感觉就像被雷炸到一样。❷ "雷" 也可以说成是惊吓，被吓倒了。❸ ^C其中还以受惊吓的程度分为轻伤、中伤、重伤。

^A현대의 인터넷 언어에서 '雷'는 싫어하는 것을 가리키며, ^D'雷人'은 이 물건이나 일이 사람을 할 말 없게 만들고 느낌이 마치 우레에 맞은 것 같음을 생생하게 말하는 것이다. '雷'는 또한 놀라거나 놀랄 일을 당했음을 말할 수 있다. ^C그중 놀란 정도에 따라 경상, 중간 정도의 부상, 중상으로 나뉜다.

해설 ▶ 문장 ❶에서 '현대의 인터넷 언어에서 雷는 싫어하는 것을 가리킨다'라고 했으므로 A는 X이다.
▶ 문장 ❶에서 '雷人은 이 물건이나 일이 사람을 할 말 없게 만들고… 생생하게 말하는 것이다'라고 했으므로 D가 정답이다.
▶ 문장 ❸에서 '그중 놀란 정도에 따라 경상, 중간 정도의 부상, 중상으로 나뉜다'라는 말을 통해 실제 부상을 뜻하는 것은 아니라는 것을 알 수 있다. 따라서 C는 X이다.
▶ B는 언급되지 않았다.

단어 雷 léi 몡 우레, 천둥 | 威胁 wēixié 동 협박하다, 위협하다 | 惊吓 jīngxià 동 (생각하지 못한 자극으로) 놀라다, 놀라서 두려워하다 | ★网络 wǎngluò 몡 ① 조직, 체계, 망, 시스템 ② 네트워크 | 形象 xíngxiàng 몡 형상, 이미지 혱 (묘사나 표현 등이) 구체적이다, 생생하다 | 炸 zhà 동 ① 터지다, 폭발하다 ② 폭파하다, 폭격하다 | 吓 xià 동 놀래다, 놀라게 하다 | 以 yǐ 전 ① ~로써 ② ~에 따라 접 ~하기 위해서 | 分为 fēnwéi 동 ~으로 나누다, ~으로 나누어지다

▶ 01-24-2

02

p. 57

A "宅女" 主要指家庭主妇
B "宅女" 喜欢在家里请客
C "宅女" 习惯于逃避现实生活
D "宅女" 们没有朋友

A '宅女'는 주로 가정주부를 가리킨다
B '宅女'는 집에 손님을 초대하는 것을 좋아한다
C '宅女'는 현실 생활을 도피하는 것에 익숙하다
D '宅女'들은 친구가 없다

❶ "宅女" 是指从小就好静，不喜欢人多。❷ 独生子女，家人不放心在外面跑，所以经常被关在家里。❸ 然后发现在网上比较轻松，还可以找到有相同爱好的人，^C习惯性地逃避现实生活，于是就成 "宅女" 了。

'宅女'는 어렸을 때부터 조용한 것을 좋아하고, 사람이 많은 것을 싫어하는 것을 가리킨다. 가족들은 외동 자녀가 밖에서 돌아다니는 것을 안심하지 못해서 종종 집에 가둬놓게 된다. 이후 인터넷에 있는 것이 비교적 편안하다는 것을 발견하게 되고, 또한 같은 취미를 가진 사람을 찾아낼 수 있다 보니 ^C습관적으로 현실 생활을 도피하게 되어서 '宅女'가 되어 버린다.

해설 ▶ 문장 ❸에서 '습관적으로 현실 생활을 도피하게 된다'라고 했으므로 C가 정답이다.
▶ A, B, D는 언급되지 않았다.

단어 家庭主妇 jiātíng zhǔfù 몡 가정주부 | 逃避 táobì 동 도피하다 | 好 hào 동 좋아하다 | 静 jìng 혱 조용하다, 고요하다 | 独生子女 dúshēng zǐnǚ 몡 외동 자녀 | 关 guān 동 ① (열려 있는 물체를) 닫다 ② (기계 등을) 끄다 ③ 가두다 | 轻松 qīngsōng 혱 편안하다, 홀가분하다, 가뿐하다

03

p. 57

A 人要努力学习
B 人一定要有自信
C 坚持到底才可能成功
D 好的开始是成功的一半

A 사람은 열심히 공부해야 한다
B 사람은 반드시 자신감을 가져야 한다
C 끝까지 견뎌야만이 성공할 수 있다
D 좋은 시작은 성공의 반이다

❶ "半途而废"这个成语的意思是 ᴰ做事有始无终，不能坚持到底。❷ 我们无论做什么事，都 ᶜ应该持之以恒、有始有终，否则永远都不会成功。❸ 以学习为例，ᴬ无论你多么聪明、多么勤奋，如果中途放弃，就永远得不到好成绩。

'半途而废'라는 이 성어의 뜻은 ᴰ일을 함에 있어서 시작만 하고 끝이 없으면 끝까지 버틸 수 없다는 것이다. 우리는 무슨 일을 하든 ᶜ오랫동안 견지하고, 시작했으면 끝까지 밀고 나가야 하며, 그렇지 않으면 영원히 성공할 수 없다. 공부를 예로 든다면, ᴬ당신이 얼마나 똑똑하고, 얼마나 열심히 하든지에 관계없이 만약 중도에 포기한다면 영원히 좋은 성적을 얻을 수 없다.

해설 ▶ 문장 ❶에서 '일을 함에 있어서 시작만 하고 끝이 없으면 끝까지 버틸 수 없다'라고 했으므로 D는 X이다.
▶ 문장 ❷에서 '오랫동안 견지하고, 시작했으면 끝까지 밀고 나가야 하며, 그렇지 않으면 영원히 성공할 수 없다'라고 했으므로 C가 정답이다.
▶ 문장 ❸에서 '당신이 얼마나 똑똑하고, 얼마나 열심히 하든지에 관계없이 만약 중도에 포기한다면 영원히 좋은 성적을 얻을 수 없다'라고 했으므로 A는 X이다.
▶ B는 언급되지 않았다.

단어 坚持到底 jiānchídàodǐ 끝까지 버티다 | ★ 半途而废 bàntú érfèi 〔성〕 일을 중도에 그만두다, 도중에 포기하다 | 有始无终 yǒushǐ wúzhōng 〔성〕 시작만 있고 끝이 없다, 시작만 하고 끝까지 밀고 나가지 못하다 | 持之以恒 chízhī yǐhéng 〔성〕 오랫동안 견지하다 | 有始有终 yǒushǐ yǒuzhōng 〔성〕 시작하여 끝까지 밀고 나가다 | 勤奋 qínfèn 〔형〕 꾸준하다, 부지런하다, 열심히 하다

04

p. 57

A "相濡以沫"常用于老夫妻
B 现在这个成语很少用
C "相濡以沫"带贬义
D 朋友之间不能用这个成语

A '相濡以沫'는 노부부에 자주 사용한다
B 현재 이 성어는 잘 사용하지 않는다
C '相濡以沫'는 나쁜 뜻을 가지고 있다
D 친구 간에는 이 성어를 쓸 수 없다

❶ "相濡以沫" ᶜ比喻一起在困难的处境里，用微薄的力量互相帮助，ᴬ多用于老夫老妻之间互相关心。❷ ᴮ现在这个成语已经被广泛地运用，ᴰ朋友之间和亲戚之间的互相关心也可以用 "相濡以沫" 来形容。

'相濡以沫'는 ᶜ함께 어려운 지경에 있을 때 미약한 힘으로 서로 돕는 것을 비유하며, ᴬ노부부 간에 서로 관심을 가져주는 것에 많이 사용한다. ᴮ지금 이 성어는 이미 광범위하게 활용되어, ᴰ친구 사이와 친척 간의 서로에 대한 관심도 '相濡以沫'를 사용해서 묘사할 수 있다.

해설 ▶ 문장 ❶에서 '함께 어려운 지경에 있을 때 미약한 힘으로 서로 돕는 것을 비유한다'라고 했으므로 C는 X이다.
▶ 문장 ❶에서 '노부부 간에 서로 관심을 가져주는 것에 많이 사용한다'라고 했으므로 A가 정답이다.
▶ 문장 ❷에서 '지금 이 성어는 이미 광범위하게 활용된다'라고 했으므로 B는 X이다.
▶ 문장 ❷에서 '친구 사이의 서로에 대한 관심도 相濡以沫를 사용해서 묘사할 수 있다'라고 했으므로 D는 X이다.

단어 相濡以沫 xiāngrú yǐmò 〔성〕 같이 어려운 처지에 처해 있지만 미약한 힘으로나마 서로 돕다 | 夫妻 fūqī 〔명〕 남편과 아내, 부부 | ★ 贬义 biǎnyì 〔명〕 나쁜 뜻 | ★ 比喻 bǐyù 〔명〕 비유 〔동〕 비유하다 | 困难 kùnnan 〔형〕 어렵다, 힘들다 〔명〕 곤란, 어려움 | ★ 处境 chǔjìng 〔명〕 (주로 불리한) 처지, 상태, 지경 | 微薄 wēibó 〔형〕 (수량·대우·능력·힘·질·수입 등이) 매우 적다, 미약하다, 박하다 | 运用 yùnyòng 〔동〕 활용하다, 운용하다, 응용하다 | 亲戚 qīnqī 〔명〕 친척 | 形容 xíngróng 〔동〕 형용하다, 묘사하다

✓ 정답	1. D	2. D	3. A	4. C

▶ 01-27-1

01

p.61

A 最近我的情绪非常低落
B 同事和我的感情很好
C 同事生活得非常开心
D 同事生活得不开心

A 최근 나의 기분이 매우 저조하다
B 동료와 나의 감정은 좋다
C 동료는 매우 즐겁게 생활한다
D 동료는 생활이 즐겁지 않다

❶ 最近我发现 ^A/D^同事林莉的情绪非常低落，这让我非常纳闷。❷ ^B^她和老公的感情好，两口子收入高，有房有车有孩子。❸ 平时公公婆婆帮助他们看护孩子，料理家务，让她轻松了许多。❹ 这样的舒服日子，她居然还不开心?

최근 나는 ^A/D^동료 린리의 기분이 매우 저조한 것을 발견했는데, 이것은 나를 매우 궁금하게 만들었다. ^B^그녀는 남편과의 애정도 좋고, 부부 두 사람은 수입도 많으며, 집도 있고 차도 있고 아이도 있다. 평소에 시부모님이 그들을 도와 아이를 돌봐주고 집안일을 해결해주어, 그녀를 많이 편하게 해주었다. 이러한 편안한 날을 보내는데, 그녀는 뜻밖에도 즐겁지 않단 말인가?

해설 ▶ 문장 ❶에서 '동료 린리의 기분이 매우 저조하다'라고 했으므로 A와 C는 X이고, D가 정답이다.
▶ 문장 ❷에서 '그녀는 남편과의 애정이 좋다'라고 했으므로 A는 X이다.

단어 情绪 qíngxù 몡 정서, 기분 | 低落 dīluò 혱 (사기·기분 등이) 의기소침하다 | 感情 gǎnqíng 몡 ① 감정 ② 애정, 친근감 | 纳闷 nàmèn 동 (의혹이 풀리지 않아) 답답해하다, 궁금하다 | 看护 kānhù 동 돌보다, 보살피다, 간호하다 | 料理 liàolǐ 동 (일을) 처리하다, 해결하다 | 家务 jiāwù 몡 가사, 집안일 | 轻松 qīngsōng 혱 수월하다, 편안하다, 홀가분하다 | 居然 jūrán 분 뜻밖에, 의외로

▶ 01-27-2

02

p.61

A 人生说不清有多少天
B 昨天代表过去和将来
C 昨天决定现在和将来
D 人生无一例外只有三天

A 인생이 며칠인지는 정확하게 말할 수 없다
B 어제는 과거와 미래를 대변한다
C 어제는 현재와 미래를 결정짓는다
D 인생은 예외 없이 오직 사흘만이 있다

❶ 人生到底有多少天? ❷ ^A/D^我看人的一生无一例外地只有三天: 昨天、今天、明天。❸ 经营好这三天，就经营好了一生。❹ ^B/C^昨天的日子很长，说不清有多少天。❺ 但不管有多少天，也不管是受到挫折还是取得辉煌，都只能代表过去，不能代表将来。

인생은 도대체 며칠이나 될까? ^A/D^내가 보기엔 사람의 일생은 예외 없이 어제, 오늘, 내일 오직 사흘만이 있다. 이 사흘을 잘 계획하면, 일생을 잘 경영하게 된다. ^B/C^어제의 나날은 길어서 며칠인지 정확하게 말할 수 없다. 그러나 며칠이었든, 좌절을 당했든 눈부신 성과를 거두었든 관계없이, 모두 과거를 대변할 수 있을 뿐, 미래를 대변할 수는 없다.

해설 ▶ 문장 ❷에서 '내가 보기엔 사람의 일생은 예외 없이 오직 사흘만이 있다'라고 했으므로 A는 X이고, D가 정답이다.
▶ 문장 ❹에서 '어제의 나날들은 모두 과거를 대변할 수 있을 뿐, 미래를 대변할 수 없다'라고 했으므로 B와 C는 X이다.

단어 ★ 例外 lìwài 몡 예외 동 예외로 하다 | 经营 jīngyíng 동 경영하다, 계획하고 운영하다 | ★ 挫折 cuòzhé 동 ① 좌절시키다 ② 실패하다, 지다 | ★ 辉煌 huīhuáng 혱 휘황찬란하다, 눈부시다

03

p.61

A 女孩对男的很好	A 여자는 남자에게 잘해준다
B 男人买早点给女孩	B 남자는 아침식사를 사서 여자에게 준다
C 男人不喜欢女孩	C 남자는 여자를 싫어한다
D 他们没有在一起	D 그들은 함께하지 않았다

❶ 听一个朋友讲了他的事情：^A女孩喜欢上了男人，对他很好，是很好的那种。❷ ^B女孩给男人洗衣服，收拾房间，早晨买早点给他，小鸟依人地靠在男人身边。❸ ^C男人觉得有人这样无微不至的照顾是件很惬意的事情，于是^D他们顺理成章地在一起。	친구 한 명이 그의 이야기를 들었다. ^A여자가 남자를 좋아하게 되어, 그에게 잘해주게 되고 좋은 것만 하게 되었다. ^B여자는 남자를 위해 빨래를 하고, 방을 정리하고, 아침에는 아침식사를 사서 그에게 주며 사랑스럽고 귀엽게 남자 곁에 의지했다. ^C남자는 사람의 이러한 세심한 보살핌이 있는 것은 흡족한 일이라고 생각했고, 그래서 ^D그들은 자연스럽게 함께하게 되었다.

해설 ▶ 문장 ❶에서 '여자가 남자를 좋아하게 되어 그에게 잘해주었다'라고 했으므로 A가 정답이다.
▶ 문장 ❷에서 '여자는 아침에 아침식사를 사서 그에게 주었다'라고 했으므로 B는 X이다.
▶ 문장 ❸에서 '남자는 사람의 이러한 세심한 보살핌이 있는 것은 흡족한 일이라고 생각했다'고 했으므로 C는 X이다.
▶ 문장 ❸에서 '그들은 자연스럽게 함께하게 되었다'라고 했으므로 D는 X이다.

단어 收拾 shōushi 图 ① 정리하다, 수습하다 ② 고치다, 수리하다 | 早晨 zǎochén 图 (비교적 이른) 아침 | 早点 zǎodiǎn 图 아침에 먹는 간식, 아침 식사 | 小鸟依人 xiǎoniǎo yīrén 图 (소녀 또는 여자의) 매우 사랑스럽고 귀여운 모습 | ★ 无微不至 wúwēi búzhì 图 (배려와 보살핌이) 매우 세심하다 | 惬意 qièyì 图 만족하다, 흡족하다 | 顺理成章 shùnlǐ chéngzhāng 图 이치에 맞아 자연스럽게 결과가 생기다

04

p.61

A 十年前我已经结婚了	A 10년 전 나는 이미 결혼했다
B 我和老公以前是同学	B 나와 남편은 이전에 동창이었다
C 老公一句话让我印象深刻	**C 남편의 한 마디는 내 인상에 깊게 남았다**
D 老公说他不爱我	D 남편은 그가 나를 사랑하지 않는다고 말했다

❶ ^A大约十年前，跟现在的老公刚刚认识，^B那时我们只是因为研究案而一起工作的朋友。❷ 有一天闲聊时^C他突然说了一句话，让我印象深刻。❸ 一见倾心却放手，没关系，更美好的还没遇上。❹ 他说："最后跟你在一起的，通常不是最爱的人。"	^A약 10년 전 지금의 남편과 막 알게 되었는데, ^B그때 우리는 단지 연구 안건 때문에 함께 일하는 친구였다. 어느 날 잡담을 할 때 ^C그가 갑자기 한 마디를 했는데, 내 인상에 깊게 남았다. 첫눈에 반했지만 포기하는 것은 괜찮고, 더 아름다운 것은 아직 만나지 않았다며 그는 "마지막에 당신과 함께 하는 사람은 주로 가장 사랑하는 사람이 아니에요."라고 말했다.

해설 ▶ 문장 ❶에서 '약 10년 전 지금의 남편과 막 알게 되었다'라고 했으므로 A는 X이다.
▶ 문장 ❶에서 '그때 우리는 단지 연구 안건 때문에 함께 일하는 친구였다'라고 했으므로 B는 X이다.
▶ 문장 ❷에서 '그가 갑자기 한 마디를 했는데 내 인상에 깊게 남았다'라고 했으므로 C가 정답이다.
▶ 문장 ❹의 남편이 한 말을 볼 때 D도 X이다.

단어 深刻 shēnkè 图 (인상·느낌·체험·감상 등이) 깊다 | 闲聊 xiánliáo 图 한담하다, 잡담하다 | 一见倾心 yíjiàn qīngxīn 图 첫눈에 반하다 | ★ 放手 fàng shǒu 이합 ① 손을 놓다, 손을 떼다 ② 마음을 놓다, 걱정을 놓다 | 美好 měihǎo 图 좋다, 아름답다, 행복하다

34

✓ 정답				
	1. D	2. C	3. D	4. B

▶ 01-28-1

01

p. 61

A 我哭时常常有人哄
B 我怕时常常有人陪
C 我不坚强、不勇敢
D 我是一个优秀的人

A 내가 울 때 종종 누군가 달래준다
B 내가 두려울 때 종종 누군가 함께 해준다
C 나는 강하지 않고, 용감하지 않다
D 나는 우수한 사람이다

❶ ᴬ哭的时候没人哄，ᶜ我学会了坚强；ᴮ怕的时候没人陪，ᶜ我学会了勇敢；烦的时候没人问，我学会了承受；累的时候再没人担心，我学会了自立。❷ 就这样我找到了自己，ᴰ原来我很优秀，我只有一个，只有一个我！

ᴬ울 때 달래주는 사람이 없어서 ᶜ나는 굳건함 배웠고, ᴮ두려울 때 함께 해주는 사람이 없어서 ᶜ나는 용감함을 배웠으며, 짜증날 때 묻는 사람이 없어서 나는 참는 법을 배웠고, 지칠 때 더 이상 걱정해주는 사람이 없어서 나는 자립을 배웠다. 바로 이렇게 나 자신을 찾았다. ᴰ알고 보니 난 우수했다. 난 오직 한 명이며, 한 명의 나 밖에 없음!

해설 ▶ 문장 ❶에서 '울 때 달래주는 사람이 없었다'라고 했으므로 A는 X이다.
▶ 문장 ❶에서 '나는 굳건함을 배웠고, 용감함을 배웠다'라고 했으므로 C는 X이다.
▶ 문장 ❶에서 '두려울 때 함께 해주는 사람이 없었다'라고 했으므로 B도 X이다.
▶ 문장 ❷에서 '알고 보니 난 우수했다'라고 했으므로 D가 정답이다.

단어 哄 hǒng 图 달래다, 어르다 | 坚强 jiānqiáng 혱 굳세다, 꿋꿋하다, 완강하다 图 강화하다 | 烦 fán 혱 ① 답답하다, 골치 아프다 ② 질리다, 짜증 나다 | 承受 chéngshòu 图 참다, 견디다, 감당하다

▶ 01-28-2

02

p. 61

A 我从来都不喜欢父亲
B 我一直和父亲一起住
C 我有问题就想到父亲
D 父亲已不是我的偶像

A 나는 여태껏 아버지를 싫어했다
B 나는 줄곧 아버지와 함께 산다
C 나는 문제가 생기면 아버지가 떠오른다
D 아버지는 이미 나의 우상이 아니다

❶ 读书时父亲是我的偶像，我认为他无所不知、无所不晓。❷ 成年后父亲依然是我的偶像，在我眼里他学富五车、博古通今。❸ ᴮ自从结婚后我就没和父亲住在一起了。❹ 不在父亲身边的日子，ᴬ/ᶜ/ᴰ无论遇到什么难以解决的问题，我第一个想到的便是父亲。

학교에 다닐 때 아버지는 나의 우상이었고, 나는 그가 어떤 것이든 다 알아 모르는 것이 없다고 생각했다. 성인이 된 후에도 아버지는 여전히 나의 우상이었으며, 내 눈에 그는 학식이 풍부하고 지식이 해박했다. ᴮ결혼을 하고부터 나는 아버지와 함께 지내지 않게 되었다. 아버지가 곁에 없는 생활에서 ᴬ/ᶜ/ᴰ어떠한 해결하기 어려운 문제를 만나든지 간에 내가 처음 떠올리는 사람이 바로 아버지이다.

해설 ▶ 문장 ❸에서 '결혼을 하고부터 나는 아버지와 함께 지내지 않게 되었다'라고 했으므로 B는 X이다.
▶ 문장 ❹에서 '어떠한 해결하기 어려운 문제를 만나든지 간에 내가 처음 떠올리는 사람이 바로 아버지이다'라고 했으므로 A와 D는 X이고, C가 정답이다.

단어 偶像 ǒuxiàng 몡 우상 | 无所不知 wúsuǒ bùzhī 셍 모르는 것이 없다(= 无所不晓) | 依然 yīrán 혱 여전하다 튄 변함없이, 여전히 | 学富五车 xuéfù wǔchē 셍 책을 많이 읽어 학식이 풍부하다 | 博古通今 bógǔ tōngjīn 셍 지식이 해박하다

03

p.61

A 我不喜欢读童话故事	A 나는 동화 이야기 읽는 것을 싫어한다
B 童话故事总是让我伤心	B 동화 이야기는 항상 나를 상심시킨다
C 童话故事没有教育意义	C 동화 이야기는 교육적 의의가 없다
D 童话故事给我的印象很深	**D 동화 이야기가 나에게 준 인상이 깊다**

❶ ᴬ我喜欢读具有儿童化语言的童话。❷ 因为ᴰ童话中那一个个感人的、生动的、幽默的故事深深地印在我的脑海里。❸ ᴮ有的让我读后伤心落泪；ᶜ有的让我读后掩卷沉思，催我奋进；有的让我读后捧腹大笑，又给我带来教育与启迪。	ᴬ나는 아동화된 언어가 있는 동화를 좋아한다. 왜냐하면 ᴰ동화 속의 모든 감동적이며 생동감 있고 유머러스한 이야기가 내 뇌리에 깊이 남겨지기 때문이다. ᴮ어떤 것은 내가 읽은 뒤 상심하여 눈물이 흐르게 하고, ᶜ어떤 것은 내가 읽은 뒤 책을 덮고 깊이 생각하여 앞으로 나아가도록 재촉하며, 어떤 것은 내가 읽은 뒤 포복절도하게 하지만, 또한 나에게 교육과 깨달음을 가져다준다.

해설 ▶ 문장 ❶에서 '나는 아동화된 언어가 있는 동화를 좋아한다'라고 했으므로 A는 X이다.
▶ 문장 ❷에서 '동화 속의 이야기가 내 뇌리에 깊이 남겨졌다'라고 했으므로 D가 정답이다.
▶ 문장 ❸에서 '어떤 것은 내가 읽은 뒤 상심하여 눈물이 흐르게 한다'라고 했으므로 B는 X이다.
　　 Tip 특히 '总是'와 같이 절대적인 뜻을 가진 단어는 답이 되는 경우가 드물다.
▶ 문장 ❸에서 '어떤 것은 내가 읽은 뒤 책을 덮고 깊이 생각하게 한다'라고 했으므로 C는 X이다.

단어 ★童话 tónghuà 몡 동화 | 感人 gǎnrén 혱 감동적이다 | 生动 shēngdòng 혱 생동감 있다, 생기발랄하다, 생생하다 | 幽默 yōumò 혱 유머러스하다, 해학적이다 | 印 yìn 통 흔적을 남기다 | 脑海 nǎohǎi 몡 머리, 뇌리 | 掩卷 yǎnjuàn 통 (책을) 덮다, 닫다 | ★沉思 chénsī 통 깊이 생각하다, 심사숙고하다 | 奋进 fènjìn 통 용기를 내어 나아가다 | 捧腹大笑 pěngfù dàxiào 솅 포복절도하다, 몹시 웃다 | 启迪 qǐdí 통 일깨우다, 지도하다, 계몽하다

04

p.61

A 那瓶酒是朋友送的	A 그 술은 친구가 선물한 것이다
B 女儿认为酒过期了	**B 딸은 술이 기한을 넘겼다고 생각한다**
C 她听从了女儿的建议	C 그녀는 딸의 제안에 따랐다
D 那瓶酒的生产日期标错了	D 그 술의 생산일은 잘못 표기되었다

❶ 七岁的女儿在学会看食品包装上的生产日期后，便开始关注食物的最佳食用时间。❷ 一天晚上，几个朋友到家里做客，我开了一瓶葡萄酒，女儿看到后急忙跑过来大声嚷道："ᴮ妈妈，别喝。那酒是1996年生产的！"	일곱 살의 딸은 식품 포장 위의 생산일을 배운 후, 식품의 가장 좋은 식용 시간에 관심을 가지기 시작했다. 어느 날 저녁, 몇 명의 친구가 집으로 손님이 되어 왔고, 나는 한 병의 포도주 한 병을 열었는데, 딸이 본 후 급하게 뛰어와서 큰 소리로 소리쳤다. "ᴮ엄마, 마시지 마세요. 그 술은 1996년에 생산한 것이에요!"

해설 ▶ 문장 ❷에서 딸이 포도주의 생산일을 보고 '엄마, 마시지 마세요. 그 술은 1996년에 생산한 것이에요'라고 한 것으로 보아 B가 정답이다.
▶ A, C, D는 모두 언급되지 않았다.

단어 过期 guòqī 통 기일이 지나다, 기한을 넘기다 | 听从 tīngcóng 통 따르다, 복종하다 | 包装 bāozhuāng 몡 포장 통 포장하다 | 急忙 jímáng 혱 급하다, 바쁘다 | ★嚷 rǎng 통 큰 소리로 부르다, 고함치다

제2부분 인터뷰 듣기

시크릿 기출 테스트

DAY 15

✓ 정답

1. D   2. B   3. C   4. C   5. D

[01-05]

02-02-0

女: 李安作为现在最受关注的华人导演，你的工作方法有什么特别之处吗？

男: 我有我非常个人化的工作方式，大体可以分为三个阶段：❶ ¹酝酿期、交流期和控制期。在酝酿期，我会找大量我感兴趣的资料，让心中初步的想法慢慢成型。接下来的交流期我会挑选工作伙伴、挑选演员，然后不断地与他们交流，让他们明白自己需要做什么。❷ ¹接下来就是控制期了，这也是真正开始拍摄的阶段，在这个阶段，我的控制欲非常强烈，我不会心软，不会因为什么状况就妥协。所以在第三阶段，我有一股狠劲儿。

女: 我们知道李安导演的剧本都是自己写的，这对您的电影而言非常必要吗？

男: ❸ ²我在做电影导演之前写了6年剧本，这对我而言是非常重要的经历。无论是否做导演，我认为只要想从事电影这一行业，都应该懂得剧本。现在，中文电影，普遍缺乏很强的编剧。编剧是什么，就是在纸上讲故事，构思一个故事，吸引观众的注意力。

女: ❹ ³您拍摄的影片的题材是非常多变的，跳跃性也很大，这是为什么呢？

男: 拍片就是一个冲动，电影让我活在梦想里，我有想表达的东西，所以就拍了相应的电影。好像一个走进去和走出来的过程。拍完电影后，当我宣传这部电影的时候，我会反复地讲述拍摄的初衷。当这一切都完成后，我就再也不想碰这个题材的电影，也可以说是走出来了。那么下一次，我需要新鲜感，所以又会有了个不一样的东西。

女: 作为一个成功的导演，您能给现在的学生和正在作着电影梦的人一些建议吗？

여: 리안 씨는 지금 가장 주목받는 중국인 감독으로서, 당신의 작업 방법에는 어떠한 특별한 점이 있습니까?

남: 저는 저만의 매우 개인화된 작업 방식이 있는데, 대체로 세 가지 단계, 즉 ¹준비기, 교류기, 억제기로 나눌 수 있습니다. 준비기에 저는 제가 흥미를 느끼는 대량의 자료를 찾아, 마음속의 초보적인 생각이 점차 형태를 갖추게 합니다. 이어지는 교류기에 저는 작업할 동료와 연기자를 선택하고 난 후, 끊임없이 그들과 교류하며 그들에게 자신이 무엇을 해야 할지 이해시킵니다. ¹이어지는 것은 억제기인데, 이것은 또한 진정으로 촬영을 시작하는 단계로, 이 단계에서 저의 억제욕은 매우 강렬합니다. 저는 마음이 약해지지 않으며, 어떤 상황으로 인하여도 타협하지 않습니다. 그래서 이 세 번째 단계에서 저는 온 힘을 다합니다.

여: 우리는 리안 감독님의 극본이 직접 쓰신 거라고 알고 있습니다. 이것이 당신의 영화에 있어서 매우 필요한 것입니까?

남: ²저는 영화감독을 하기 전 6년 동안 극본을 썼는데, 이것은 저에게 있어 매우 중요한 경험입니다. 감독을 하든 하지 않든 관계 없이 저는 영화라는 이 업계에 종사하고 싶다면 반드시 극본을 알아야 한다고 생각합니다. 지금 중국 영화는 강한 시나리오 작가가 보편적으로 부족합니다. 시나리오 작가가 무엇입니까? 바로 종이에 이야기를 쓰고, 이야기를 구상하고, 관중의 주의력을 사로잡는 것이죠.

여: ³감독님이 찍으시는 영화의 제재는 매우 다채롭고 가변성도 큽니다. 이것은 왜 그런 것이죠?

남: 영화를 찍는 것은 충동이고, 영화는 저를 꿈 속에서 살게 만들죠. 저는 표현하고 싶은 것이 있고, 그래서 그에 맞는 영화를 찍습니다. 마치 걸어 들어가고 걸어 나오는 것과 같은 과정이죠. 영화를 찍은 후 이 영화를 선전할 때, 저는 반복적으로 영화를 찍게 된 처음 생각을 이야기합니다. 이 모든 것이 끝난 다음, 저는 다시는 이런 제재의 영화를 시도하고 싶지 않습니다. 걸어 나왔다고도 말할 수 있죠. 그러면 다음 번에 저는 신선함을 필요로 하게 되고, 그래서 또 다른 것이 생기게 됩니다.

여: 성공한 감독으로서, 현재 학생들과 지금 영화의 꿈을 꾸고 있는 사람들에게 충고해주실 수 있으십니까?

男: ❺ ⁴拍电影是简单的事情，想讲什么才是最重要的。我想说技术是小事，道理才是更重要的。在人生中你感应到了什么？观众买票进来看电影，你要他们感受到什么？❻ ⁵一定要充实自己的文化，必须建立电影文化。

남: ⁴영화를 찍는 것은 간단한 일이지만, 무엇을 이야기하고 싶은지야말로 가장 중요한 것입니다. 저는 기술은 작은 일이지만, 도리야말로 더 중요한 것이라고 말하고 싶습니다. 인생에서 당신은 무엇을 느꼈습니까? 관중들이 표를 사서 영화를 보러 들어오면, 당신은 그들에게 무엇을 느끼게 할 것입니까? ⁵반드시 자신의 지식수준을 풍부하게 해야 하고, 반드시 영화 지식수준을 세워야 합니다.

단어 关注 guānzhù 图 관심을 가지다 | 华人 huárén 图 ① 중국인 ② 중국 혈통의 사람, 중국계 사람 | 导演 dǎoyǎn 图 (영화나 연극을) 감독하다, 감독을 맡다 图 감독 | ★ 大体 dàtǐ 图 중요한 도리, 기본 원칙 图 대체적으로 | ★ 酝酿 yùnniàng 图 ① 술을 담그다, 양조하다 ② (어떤 일이 이루어지도록) 미리 준비하다 | 控制 kòngzhì 图 통제하다, 제어하다, 규제하다, 억제하다 | 挑选 tiāoxuǎn 图 고르다, 선택하다 | 伙伴 huǒbàn 图 동료, 동업자, 동반자 | 拍摄 pāishè 图 (사진이나 영화로) 찍다, 촬영하다 | 阶段 jiēduàn 图 단계 | 心软 xīnruǎn 图 (마음이) 여리다, 약하다 | ★ 妥协 tuǒxié 图 타협하다 | 股 gǔ 图 기체, 맛, 힘 등을 세는 양사 | 狠劲儿 hěnjìnr 图 힘을 들이다 图 힘껏 | ★ 剧本 jùběn 图 대본, 각본, 스크립트 | 必要 bìyào 图 필요하다 | 经历 jīnglì 图 겪다, 경험하다, 체험하다 图 경험, 경력, 체험 | 从事 cóngshì 图 종사하다 | 行业 hángyè 图 직업, 업계, 업종 | 懂得 dǒngde 图 (의미·방법 등을) 이해하다, 알다 | 普遍 pǔbiàn 图 보편적이다, 일반적이다 | 缺乏 quēfá 图 부족하다, 모자라다 | 编剧 biānjù 图 대본을 쓰다, 시나리오를 쓰다 图 극작가, 시나리오 작가 | ★ 构思 gòusī 图 (글을 짓거나 예술 작품을 제작할 때) 구상하다 | 吸引 xīyǐn 图 끌어당기다, 매료시키다, 사로잡다 | 影片 yǐngpiàn 图 영화 | ★ 题材 tícái 图 제재 | 多变 duōbiàn 图 변하기 쉬운, 변덕스러운, 다채로운 | ★ 跳跃 tiàoyuè 图 도약하다, 뛰어오르다 | ★ 冲动 chōngdòng 图 충동 图 충동적이다 | 表达 biǎodá 图 (생각·감정을) 드러내다, 표현하다 | ★ 相应 xiāngyìng 图 상응하다, 호응하다, 서로 맞아 어울리다 | 宣传 xuānchuán 图 선전하다 | 讲述 jiǎngshù 图 (일이나 도리 등을) 이야기하다, 진술하다 | 初衷 chūzhōng 图 초심 | 新鲜 xīnxiān 图 ① (음식·꽃·공기 등이) 신선하다, 싱싱하다 ② (사물이) 새롭다, 신기하다 | 建议 jiànyì 图 건의하다 图 건의 | 感应 gǎnyìng 图 (외부의 영향에 대하여) 반응하다 | 建立 jiànlì 图 ① 건립하다, 세우다 ② 형성하다, 이루다, 맺다

▶ 02-02-1

01
p. 72

A 让心中的想法成型
B 找感兴趣的资料
C 与演员交流
D 控制欲强

A 마음속의 생각이 형태를 이루게 한다 1단계
B 흥미를 느끼는 자료를 찾는다 1단계
C 연기자와 교류한다 2단계
D 억제욕이 강하다 3단계

问：男的在第三个工作阶段表现得怎么样？

질문: 남자는 세 번째 단계에서 어떻게 행동하는가?

해설 ▶ ❶에서 작업 단계를 '준비기, 교류기, 억제기'로 나눴고, 그 뒷부분에서 각 단계에 대해 구체적인 설명을 하고 있다. '준비기'에 대한 설명을 들으면서 A와 B에 '1', '교류기'에 대한 설명을 들으면서 C에 '2', '억제기'에 대한 설명을 들으면서 D에 '3'이라고 메모해야 한다. 2에서 '이어지는 것은 억제기인데, 이것은 또한 진정으로 촬영을 시작하는 단계로, 이 단계에서 저의 억제욕은 매우 강렬합니다'라고 했으므로 답은 D이다.
🔔Tip 듣기에서 원문의 길이가 가장 긴 2부분은 보기를 이용해서 바로 메모나 체크를 하며 듣는 것이 중요하다.

단어 资料 zīliào 图 자료, 데이터 | 表现 biǎoxiàn 图 드러나다, 보이다, 나타나다 图 행위, 행동, 태도

▶ 02-02-2

02
p. 72

A 企业家 B 编剧
C 演员 D 歌手

A 기업가 **B 시나리오 작가**
C 연기자 D 가수

问：在做导演之前，男的做过什么？

질문: 감독이 되기 전에 남자는 무슨 일을 했었는가?

해설 ▶ ❸에서 '저는 영화감독 하기 전 6년 동안 극본을 썼습니다'라고 했으므로 답은 B이다.

ⓣⓘⓟ 보기를 보는 순간 신분이나 직업을 묻는 문제임을 알 수 있다. 인터뷰 대상자의 지금 직업과 예전 직업을 모두 주의해서 들으며 체크해야 한다.

단어 编剧 biānjù ⑧ 대본을 쓰다, 시나리오를 쓰다 ⑨ 극작가, 시나리오 작가

▶ 02-02-3

03
p. 72

A 武打电影较多	A 무술영화가 비교적 많다
B 科幻题材较多	B SF 소재가 비교적 많다
C 题材多变	**C 제재가 다채롭다**
D 题材重复单一	D 제재가 중복되고 단일하다

问: 男的拍摄的电影有什么特点? | 질문: 남자가 찍는 영화는 어떤 특징이 있나?

해설 ▶ ❹에서 질문자가 '감독님이 찍으시는 영화의 제재는 매우 다채롭고 가변성도 큽니다'라고 했으므로 답은 C이다.

단어 武打 wǔdǎ ⑧ 무술로 싸우다 | 科幻 kēhuàn ⑨ 공상과학, SF | ★ 题材 tícái ⑨ 제재 | 重复 chóngfù ⑧ ① 중복하다, 겹치다 ② (똑같은 일을) 반복하다, 되풀이하다

▶ 02-02-4

04
p. 72

A 拍电影是简单的事情	A 영화를 찍는 것은 간단한 일이다
B 技术很重要	B 기술이 중요하다
C 让别人知道自己要讲什么	**C 다른 사람들로 하여금 자신이 말하고자 하는 것을 알게 해야 한다**
D 要迎合观众的口味	D 관중의 입맛에 맞춰야 한다

问: 男的有什么建议? | 질문: 남자는 어떤 건의를 했나?

해설 ▶ ❺에서 '영화를 찍는 것은 간단한 일이지만, 무엇을 이야기하고 싶은지야말로 가장 중요한 것입니다'라고 했으므로 답은 C이다.

단어 迎合 yínghé 비위를 맞추다, 알랑거리다, 아첨하다, 아부하다 | 口味 kǒuwèi ⑨ ① (음식의) 맛 ② (개인의) 취향, 기호

▶ 02-02-5

05
p. 72

A 没有什么特别的工作方式	A 특별한 작업 방식이 없다
B 认为编剧不好	B 시나리오 작가는 좋지 않다고 생각한다
C 认为拍电影很难	C 영화를 찍는 것은 어렵다고 생각한다
D 认为导演应该多充实自己的文化	**D 감독은 자신의 지식수준을 풍부하게 해야 한다고 생각한다**

问: 关于男的可以知道什么? | 질문: 남자에 관해 알 수 있는 것은?

해설 ▶ ❻에서 '반드시 자신의 지식 수준을 풍부하게 해야 한다'라고 했으므로 답은 D이다.

단어 ★ 充实 chōngshí ⑱ (내용·인원·물자 등이) 알차다, 풍부하다 ⑧ 알차게 하다, 풍부하게 하다 | 文化 wénhuà ⑨ ① 문화 ② 교육 수준, 지식 수준

DAY 16

✓ 정답　　1. C　　2. D　　3. B　　4. D　　5. A

[01–05]　　　　　　　　　　　　　　　　　　　▶ 02-03-0

女: ❶ ⁴作为一名室内设计师，你想设计一个什么样的快餐店？

男: 首先，我得忘记自己是一个做设计的人，要把对快餐业的传统想法和概念统统抛掉，把自己当成一个顾客。我觉得普通的餐厅很热闹，但不温暖，和旁边的人很近，但又很疏远。所以❷ ¹我想营造的是一个带有居家氛围、不带有商业感的空间。

女: 你所说的居家氛围是如何体现的？

男: 灯光很重要，灯光不会太刺眼。同时我们把光投向了食物，让客人乐于享用。另外，❸ ²我们餐厅的桌子、椅子没有统一成一种款式，而是像家里的家具，走进餐厅，我希望大家都稍微松口气。在现在这个快节奏的时代，我们可以想一想过日子这件事。

女: 很多人走进你设计的快餐店，都会怀疑是不是走错地方了，因为它的室内装修让人感觉不太像快餐店。你自己是怎么看的？

男: 大多数快餐店都希望客人用完餐后赶快走。但是，在这里，我们只想让客人感到舒服。我觉得快或者慢都是客人自己的节奏，并不是我们考量的首要标准。我们希望进来的客人，不管坐五分钟还是一个小时，在餐厅的时间都是有质量的。脚步可以是快的，但心情一定是放慢的。

女: 一般快餐店总是有点儿嘈杂，客人容易相互打扰。你是如何创造出一个安静的环境的？

男: 我们花了很多精力在空间设计上，以便找到人与人之间最适当的距离。比如❹ ³设置隔断，以保证客人之间有一定的距离。另外，天花板的吸音，我们也考虑到了。这样就能吸收餐厅一部分的声音。

女: ❺ ⁵餐厅的主色调是米白色，是出于什么考虑的呢？

男: 米白色是一种经典的、清新的颜色。米白色的主调可以衬托所有东西，比如木门。所以以米白色为主色调，会给人一种温暖而又亲切的感觉。

여: ⁴실내 디자이너로서, 낭신은 어떤 패스트푸드점을 설계하고 싶습니까?

남: 먼저 우리는 스스로가 설계하는 사람이라는 것을 잊고 패스트푸드업에 대한 전통적인 생각과 개념을 모두 버리고, 자신을 고객이라고 생각해야 합니다. 제 생각에 일반적인 식당은 왁자지껄하지만 따뜻하지 않고, 옆 사람과 가깝지만 또 소원합니다. 그래서 ¹제가 조성하고 싶은 것은 집에 있는 분위기를 가지고 있고, 상업적인 느낌을 가지고 있지 않은 공간입니다.

여: 당신이 말하는 집에 있는 분위기는 어떻게 구체적으로 드러냅니까?

남: 조명이 중요한데, 조명이 너무 눈부시면 안 됩니다. 동시에 우리는 빛을 음식으로 비추어서 손님께서 즐겁게 드시게 합니다. 그 밖에, ²우리 식당의 탁자와 의자는 한 가지 스타일로 통일하지 않고, 마치 집의 식탁처럼 해서, 식당에 들어서면, 모두가 조금 긴장을 풀기를 희망합니다. 지금의 이 빠른 템포의 시대에, 우리는 살아가는 일에 대해 생각해 볼 수 있습니다.

여: 많은 사람이 당신이 설계한 패스트푸드점에 들어서면, 잘못 온 것이 아닌지 의심하는데, 실내 장식이 사람들로 하여금 그다지 패스트푸드점 같지 않다고 느끼게 만들기 때문입니다. 당신은 어떻게 봅니까?

남: 대다수 패스트푸드점은 모두 손님이 식사를 마친 후 빨리 가기를 희망합니다. 그러나 이곳에서 우리는 오직 고객이 편안하게 느끼게 하고 싶습니다. 제 생각에 빠르거나 느린 것은 모두 고객 스스로의 리듬이며, 그것은 결코 저희가 고려하는 우선적인 기준이 아닙니다. 5분이던 1시간이던 식당에서의 시간은 질적인 면이 있어야 합니다. 발걸음은 빠를 수 있지만, 마음은 반드시 느려져야 합니다.

여: 일반적으로 패스트푸드점은 항상 조금 시끄럽고, 손님은 서로 방해하기 쉽습니다. 당신은 어떻게 조용한 환경을 창조해냈습니까?

남: 우리는 사람과 사람 간의 가장 적당한 거리를 찾기 위해, 많은 에너지를 공간 설계에 쏟아부었습니다. 예를 들어 ³손님 간에 일정한 거리를 확보하기 위해 칸막이를 설치했습니다. 그 밖에, 천장의 소리 흡수도 우리는 고려했습니다. 이렇게 하면 식당의 일부 소리를 흡수할 수 있습니다.

여: ⁵식당의 주 색조가 아이보리색인데, 어떤 생각에서 나온 겁니까?

남: 아이보리색은 고전적이고 신선한 색입니다. 아이보리색의 기조는 모든 색, 예를 들어 나무문을 돋보이게 할 수 있습니다. 그래서 아이보리색을 주 색조로 하면 사람에게 따뜻하고 친근한 느낌을 줄 수 있습니다.

단어 ★ 统统 tǒngtǒng ❘ 된 모두, 전부 | 抛 pāo ❘ 된 던지다, 버려두다, 방치하다 | ★ 疏远 shūyuǎn ❘ 톈 소원하다 ❘ 된 소원하게 되다 | 营造 yíngzào ❘ 된 조성하다 | 居家 jūjiā ❘ 된 집에 있다 | 氛围 fēnwéi ❘ 톈 분위기 | 刺眼 cìyǎn ❘ 톈 눈을 자극하다, 눈부시다 | 乐于 lèyú ❘ 된 (어떤일을) 즐겨하다 | ★ 款式 kuǎnshì ❘ 톈 양식, 스타일, 디자인 | 松口气 sōng kǒuqì 한시름 놓다, 한숨 돌리다 | ★ 节奏 jiézòu ❘ 톈 리듬, 박자 | ★ 嘈杂 cáozá ❘ 톈 떠들썩하다, 시끄럽다, 소란하다 | 适当 shìdàng ❘ 톈 적당하다 | ★ 设置 shèzhì ❘ 된 ① 설치하다 ① 설립하다 | 隔断 géduan ❘ 톈 칸막이 | 天花板 tiānhuābǎn ❘ 톈 천장판 | 色调 sèdiào ❘ 톈 색조 | 出于 chūyú ❘ 된 ~에서 나오다 | 清新 qīngxīn ❘ 톈 신선하다, 참신하다 | 主调 zhǔdiào ❘ 톈 기조 | ★ 衬托 chèntuō ❘ 된 두드러지게 하다, 돋보이게 하다

▶ 02-03-1

01
p. 72

A 简约的
B 高档的
C 有居家氛围的
D 完全复古典雅的

A 간략한 것
B 고급의 것
C 집에 있는 분위기가 있는 것
D 완전하게 복고된 우아한 것

问: 男的想设计一个什么样的餐厅?

질문: 남자는 어떠한 식당을 설계하고 싶은가?

해설 ▶ ❷에서 '제가 조성하고 싶은 것은 집에 있는 분위기를 가지고 있고, 상업적인 느낌을 가지고 있지 않은 공간입니다'라고 했으므로 답은 C이다.

단어 简约 jiǎnyuē ❘ 톈 간략하다, 간결하다 | 高档 gāodàng ❘ 톈 고급의 | 复古 fùgǔ ❘ 된 복고하다 | 典雅 diǎnyǎ ❘ 톈 우아하다

▶ 02-03-2

02
p. 72

A 色彩较鲜艳
B 用实木制作
C 摆放很整齐
D 款式不统一

A 색채가 비교적 아름답다
B 실제 목재로 제작했다
C 가지런히 놓여있다
D 스타일을 통일하지 않다

问: 餐厅中的桌椅有什么特点?

질문: 식당의 탁자와 의자는 어떤 특징이 있나?

해설 ▶ ❸에서 '우리 식당의 탁자와 의자는 한 가지 스타일로 통일하지 않고'라고 했으므로 답은 D이다.

단어 鲜艳 xiānyàn ❘ 톈 (색이) 산뜻하고 아름답다 | 摆放 bǎifàng ❘ 된 (일정한 장소에) 두다, 놓다 | 整齐 zhěngqí ❘ 톈 가지런하다, 고르다

▶ 02-03-3

03
p. 72

A 禁止喧哗
B 设置了隔断
C 播放舒缓歌曲
D 安装了隔音玻璃

A 떠드는 것을 금지한다
B 칸막이를 설치했다
C 느린 노래를 재생한다
D 방음 유리를 설치했다

问: 餐厅是如何创造出安静的环境的?

질문: 식당은 어떻게 조용한 환경을 창조해냈나?

해설 ▶ ❹에서 '손님 간에 일정한 거리를 확보하기 위해 칸막이를 설치했습니다'라고 했으므로 답은 B이다.

단어 ★ 喧哗 xuānhuá ❘ 된 떠들다 | 播放 bōfàng ❘ 된 ① 방송하다 ② 재생하다 | 舒缓 shūhuǎn ❘ 톈 느릿느릿하다 | 隔音 géyīn ❘ 된 방음하다 ❘ 톈 방음

04
p.72

A 喜欢深色家具	A 짙은 색 가구를 좋아한다
B 拒绝食用快餐	B 패스트푸드 먹는 것을 거절한다
C 经营一家酒吧	C 한 술집을 경영한다
D 是室内设计师	**D 실내 디자이너이다**

问: 关于男的，可以知道什么? 　　질문: 남자에 관해, 무엇을 알 수 있는가?

해설 ▶ ❶에서 '실내 디자이너로서'라고 했으므로 답은 D이다.

05
p.72

A 餐厅以米白色为主	**A 식당은 아이보리색 위주이다**
B 餐厅灯光有些刺眼	B 식당의 조명은 조금 눈부시다
C 餐厅生意非常火爆	C 식당은 장사가 매우 잘된다
D 餐厅提供免费饮料	D 식당은 무료 음료를 제공한다

问: 根据对话，下列哪项正确? 　　질문: 대화에 근거하여, 다음 중 어느 것이 옳은가?

해설 ▶ ❺에서 '식당의 주 색조가 아이보리색인데'라고 했으므로 답은 A이다.

단어 　火爆 huǒbào 형 왕성하다, 한창이다

DAY 17

✓ 정답 　　1. B 　　2. C 　　3. A 　　4. B 　　5. B

[01–05]

女: 这几年古宅收藏开始热门起来，您怎么看这种
　　现象?

男: ❶ ¹这是一种回归传统的潮流。古宅具有深厚
　　的历史性和文化性，别墅是富，古宅是贵，贵
　　在文化内涵。有些人通过收藏古宅来涵养心
　　胸，追求情怀。

女: 您怎么看待古宅迁移?

男: 从古宅保护的角度，❷ ²我不赞成古物的迁
　　移。不过，由于国家投入资金不足，社会认识
　　不够，后人不珍惜等原因，古宅原址保护确实
　　很困难。比如我买这套"兆年家塾"的时候，
　　屋主的后人根本不知道这套屋的价值。其实古
　　宅的价值不在一砖一瓦，而是它的整个建筑价
　　值、历史价值、文化价值，只有在不得已的情

여: 요 몇 년간 고택 소장이 유행하기 시작했는데, 당신은 이 현상
　　을 어떻게 보십니까?

남: ¹이것은 일종의 전통으로 회귀하려는 시대의 흐름입니다. 고택
　　은 깊은 역사성과 문화성이 있는데, 별장이 부라면 고택은 가치
　　인데, 가치는 문화에 내포하고 있습니다. 어떤 사람은 고택 소장
　　을 통해 마음을 함양하고 감정을 추구합니다.

여: 당신은 고택 이전을 어떻게 보십니까?

남: 고택 보호의 각도에서, ²저는 옛 물건의 이전에 찬성하지 않습
　　니다. 그러나 국가의 지금 투입이 부족하고 사회 인식이 충분하
　　지 않으며 후대 사람들이 소중히 여기지 않는 등 원인 때문에,
　　원래의 고택 장소 보호는 확실히 힘듭니다. 예를 들어 제가 '兆
　　年家塾'를 샀을 때, 집주인의 후대 사람들은 이 집의 가치를 전
　　혀 몰랐습니다. 사실 고택의 가치는 벽돌 하나 기와 한 장에 있
　　는 것이 아니라, 그것의 전체 건축 가치, 역사 가치, 문화 가치
　　이며, 오직 부득이한 상황에서만 다른 곳에서 보호해야 합니다.

况下才进行异地保护。古宅是一个地方文化的根，如果能够在当地养大，那是最好的了。

女：收藏古宅是一种怎样的体验？

男：❸ ³这是一个学习增长见识的过程，也是享受的过程。每座古宅都有很多历史信息，我是边学边收屋，❹ ⁵目前已经收藏了30多件古屋。现在我去到一些烂屋、烂村，看过之后就大概知道它们修好后是什么样子。因为我已经了解了所有修复的过程。

女：这个过程给你印象最深的是什么？

男：感触最深的是先辈们的伟大。东方建筑尤其是中国古宅是很有特点的，历史悠久，且极具文化性。但最让我痛心的是一些古村，几年前看只是烂了一点点，现在再去看就烂了很多。现在要全面恢复传统古宅是不现实的，因为已经没有当时的工艺和材料，也没有土地条件，所以对于保留下来的古宅就必须倍加珍惜。

女：古宅的修复和保养需要注意什么？

男：一方面❺ ⁴应该制定一个保养翻新计划，像砖木结构的古宅，一般十年一小修，三十年一大修，日常维护的好，一般不会有什么大问题。另一方面缺失的东西尽量补上去，能找到原件最好。古宅的价值就在于真实性和完整性，古宅最好能保持最初的模样。但是对于普通民居来说，保持健康的状态最重要，不用刻意制造沧桑感。

고택은 지방 문화의 뿌리이며, 만약 현지에서 키워나간다면 가장 좋겠죠.

여: 고택을 소장하는 것은 일종의 어떤 체험인가요?

남: ³이것은 견문을 증가시키는 과정이며, 또한 즐기는 과정입니다. 모든 고택에는 매우 많은 역사 정보가 있고, 저는 배우면서 집을 소장하는데, ⁵현재 이미 30여 채의 고택을 소장했습니다. 지금은 낡은 집과 낡은 마을에 가게 되면, 보고 난 후 대략 그것들이 수리 후 어떤 모습일지 알 수 있습니다. 왜냐하면 저는 이미 모든 수리 복원 과정을 파악했기 때문입니다.

여: 이 과정에서 당신에게 가장 인상 깊었던 일은 무엇입니까?

남: 가장 감동적이었던 것은 선조들의 위대함입니다. 동양건축, 특히 중국의 고택은 아주 특색이 있습니다. 역사가 유구하고, 개성 있는 문화성이 있습니다. 하지만 가장 마음이 아픈 것은 몇몇의 옛 마을입니다. 몇 년 전에는 보기에 조금 낡아있을 뿐이었는데, 지금 다시 가서 보니 아주 많이 낡아졌습니다. 현재 고택을 전면적으로 복구하는 것은 현실적이지 않습니다. 왜냐하면 이미 당시의 공예와 재료가 없으며, 토지 조건 역시 안 맞기 때문입니다. 그래서 보존 되어온 고택을 더욱 소중히 여겨야 한다.

여: 고택의 복원과 정비는 무엇을 주의해야 할 필요가 있습니까?

남: 한편으로 ⁴정비 쇄신 계획을 세워야 하는데, 벽돌 목제 구조의 고택 같은 경우, 일반적으로 10년에 한 번 작게 수리하고 30년에 한 번 크게 수리하면서 일상적으로 잘 관리하면, 일반적으로 큰 문제는 없습니다. 다른 한 편으로는 결함이 있는 것은 가능한 한 보수해야 하고, 원래 부속을 찾아낼 수 있는 것이 가장 좋습니다. 고택의 가치는 진실성과 온전성에 있어서, 고택은 최초의 모습을 유지하는 것이 가장 좋습니다. 그러나 일반 민가에 대해 말하자면, 건강한 상태를 유지하는 것이 가장 중요하며, 일부러 세월의 흐름의 느낌을 만들어낼 필요는 없습니다.

단어　古宅 gǔ zhái 몡 고택 | ★ 收藏 shōucáng 동 소장하다 | ★ 热门 rèmén 몡 인기 있는 것, 유행 하는 것 혱 유행하다 | 回归 huíguī 몡 회귀 동 회귀하다 | ★ 潮流 cháoliú 몡 시대의 추세, 시대의 흐름 | ★ 别墅 biéshù 몡 별장 | ★ 内涵 nèihán 몡 내포 | 涵养 hányǎng 몡 수양, 교양 동 함양하다 | 心胸 xīnxiōng 몡 ① 도량 ② 포부, 뜻 ③ 마음, 가슴 | 情怀 qínghuái 몡 기분, 심경, 감정 | ★ 看待 kàndài 동 대하다, 다루다 | 迁移 qiānyí 동 이사하다, 이전하다 | 珍惜 zhēnxī 동 진귀하게 여겨 아끼다, 소중히 여기다 | ★ 转 zhuǎn 몡 벽돌 | 瓦 wǎ 몡 기와 | 享受 xiǎngshòu 동 향수하다, 누리다, 즐기다 | 烂 làn 혱 낡다, 헐다 | ★ 修复 xiūfù 동 (건축물을) 수리하여 복원하다 | ★ 保养 bǎoyǎng 동 정비하다, 손질하다, 관리하다 | 翻新 fānxīn 동 새롭게 하다 | ★ 维护 wéihù 동 지키다, 유지하고 보호하다 | 缺失 quēshī 몡 결함, 결점 동 결함이 생기다 | 完整 wánzhěng 혱 제대로 갖추어져 있다, 온전하다 | ★ 模样 múyàng 몡 모양, 형상, 모습 | 刻意 kèyì 뷔 일부러 | 沧桑 cāngsāng 몡 세월의 변천

01

p. 80

A 是一种盲目的行为
B 是回归传统的方式
C 需要巨大的资金投入
D 是对文化最好的传承

A 일종의 맹목적인 행위이다
B 전통으로 회귀하는 방식이다
C 거대한 자금 투입이 필요하다
D 문화에 대한 가장 좋은 계승이다

问: 男的怎么看待古宅收藏现象?

질문: 남자는 고택 소장 현상을 어떻게 대하는가?

해설 ▶ ❶에서 '이것은 일종의 전통으로 회귀하려는 시대의 흐름입니다'라고 했으므로 답은 B이다.

단어 ★盲目 mángmù 휑 맹목적인 | 传承 chuánchéng 툉 전수하고 계승하다

02

p. 80

A 漠然
B 欣慰
C 反对
D 不解

A 개의치 않는다
B 기쁘고 안심된다
C 반대한다
D 이해하지 못한다

问: 对于移动古宅的做法，男的是什么态度?

질문: 고택을 이동하는 행동에 대해, 남자는 어떤 태도인가?

해설 ▶ ❷에서 '저는 옛 물건의 이전에 찬성하지 않습니다'라고 했으므로 답은 C이다.

단어 漠然 mòrán 휑 개의치 않는 모습 | ★欣慰 xīnwèi 휑 기쁘고 안심되다

03

p. 80

A 能增长见识
B 有些脱离现实
C 不断迎接挑战
D 逐渐培养责任感

A 견문을 증가시킬 수 있다
B 조금 현실을 벗어난다
C 끊임없이 도전을 맞이한다
D 점차 책임감을 기른다

问: 收藏古宅对于男的来说是一种怎样的体验?

질문: 고택을 소장하는 것은 남자에게 있어서 일종의 어떠한 체험인가?

해설 ▶ ❸에서 '이것은 견문을 증가시키는 과정이며'라고 했으므로 답은 A이다.

단어 ★脱离 tuōlí 툉 벗어나다, 빠져나오다 | 迎接 yíngjiē 툉 맞이하다 | 挑战 tiǎozhàn 몡 도전 툉 도전하다

04

p. 80

A 加快翻新速度
B 制定维修计划
C 营造历史沧桑感
D 不必追求完整性

A 새로워지는 속도를 빠르게 한다
B 보수 계획을 세운다
C 역사적 흐름의 느낌을 만들어낸다
D 완벽성을 추구할 필요 없다

问: 男的认为古宅修护需注意什么?

질문: 남자는 고택 수리와 보호에서 무엇을 주의해야 한다고 생각하는가?

해설 ▶ ❺에서 '정비 쇄신 계획을 세워야 하는데'라고 했으므로 답은 B이다.

단어 ★维修 wéixiū 图 보수하다, 손질하다

05

p. 80

A 想建个古宅博物馆
B 已收藏30多间古屋
C 不熟悉古宅修复过程
D 认为古宅可完全复原

A 고택 박물관을 세우고 싶어 한다
B 이미 30여 개의 고택을 소장했다
C 고택의 복원 과정에 익숙하지 않다
D 고택을 완전히 복원할 수 있다고 생각한다

问: 关于男的可以知道什么?

질문: 남자에 관해 무엇을 알 수 있나?

해설 ▶ ❺에서 '현재 이미 30여 채의 고택을 소장했습니다'라고 했으므로 답은 B이다.

단어 复原 fùyuán 图 복원하다

DAY 18

✓ 정답				
1. D	2. B	3. C	4. A	5. D

[01–05]

女: 大家好，今天我们请到了我市青少年法律与心理咨询服务中心的有关人士做客我们网站，聊聊青少年犯罪预防、青少年被害预防以及青少年危机处理等问题。您好，请问目前青少年犯罪的情况多吗?

男: 据我们调查，有相当一部分的学生曾受到过不同程度的滋扰，我们每年也要接到十几例这样的案子。

女: 现在的青少年犯罪有何特点?

여: 안녕하십니까? 오늘 우리는 우리 시의 청소년 법률·심리 자문 서비스 센터의 관련 인사를 우리 사이트에 손님으로 모시고, 청소년 범죄 예방, 청소년 피해 예방 및 청소년 위기 처리 등의 문제들에 대해 이야기 나누어보도록 하겠습니다. 안녕하세요? 현재 청소년 범죄 상황이 많습니까?

남: 우리 조사에 따르면, 상당 부분의 학생이 서로 다른 정도의 영향을 받은 적이 있고, 우리도 매년 열몇 건의 이러한 사건을 접수했습니다.

여: 지금 청소년 범죄는 어떤 특징이 있습니까?

男：❶ ¹一是低龄化，犯罪的年龄越来越小；二是暴力型，动辄使用武力；三是经济类犯罪增多，由于社会的影响，青少年对物质的追求和欲望更强烈。

女：现在的青少年犯罪的主要原因是什么？

男：❷ ²最根本的一个原因是现在的孩子心理素质在下降。青少年处于一个快速成长的时期，骨骼、肌肉、性激素可以说已具备了成人的身体素质，但心理发育却是滞后的。在这种情况下，很容易受到社会的不良影响。另外青少年还好奇，具有反社会特征，在成长过程中渴望摆脱以往成年人对自己的那种束缚。应该说这种反抗是有积极意义的，它是一种独立的需要，但青少年们很难把握一个合适的程度。

女：青少年素质下降与什么有关？

男：应该说和家庭有关，也就是说青少年犯罪的根源在于家庭。我们在工作中发现，并不是家长故意把孩子引到歪路上去。他们的出发点是好的，只是他们对青少年的心理不了解，❸ ³管教方法不对，所以出现了误导。

女：那么该如何防止青少年犯罪呢？

男：一般来说青少年犯罪都有些前兆，如说谎、旷课、逃学、酗酒、抽烟、结交不三不四的朋友等。发现这些征兆后❹ ⁴一味地惩罚是没有用的，最好求助于心理医生。孩子和家长应建立起平等尊重的关系，形成良好的家庭氛围。

女：预防被侵害，您认为青少年应注意什么？

男：我们发现，有很多犯罪是可以避免的，如果被害者最大程度❺ ⁵消除了来自自身的原因。如有的中学生穿戴非常时髦，⁵拿着十分高档的玩具在学校里显富，这就给别人造成一种不满、仇视的心理。此外，中学生也要懂得保护自己的隐私，比如不要当众议论自己家的门牌号等。

남：¹첫 번째는 저령화로, 범죄의 연령이 갈수록 낮아지고 있습니다. 두 번째는 폭력성으로, 툭하면 무력을 사용한다는 것입니다. 세 번째는 경제형 범죄의 증가인데, 사회의 영향으로 인해 청소년의 물질에 대한 추구와 욕망이 더욱 강렬해졌습니다.

여: 지금 청소년 범죄의 주요 원인은 무엇입니까?

남：²가장 근본적인 원인 하나는 요즘 아이들의 심리적 자질이 떨어지고 있다는 것입니다. 청소년은 빠르게 성장하는 시기에 놓여 있어 골격, 근육, 성호르몬은 이미 성인의 신체 특징을 다 갖추고 있지만, 심리 발육은 정체되어 있습니다. 이런 상황에서는 사회의 좋지 않은 영향을 쉽게 받게 됩니다. 그 밖에 청소년은 호기심이 강하고 반사회적 특징을 갖고 있어, 성장 과정 중에 이전 성인들의 자신에 대한 그러한 속박에서 벗어나기를 갈망합니다. 이러한 반항은 긍정적인 의의가 있는 것이라고 말해야 하는데, 그것은 일종의 독립적인 요구이지만 청소년들은 적합한 정도를 잡기가 어렵습니다.

여: 청소년의 자질이 떨어지는 것은 무엇과 관계가 있습니까?

남: 가정과 관계가 있다고 말해야 하는데, 즉 청소년 범죄의 근원은 가정에 있습니다. 우리는 업무 중에 학부형들이 결코 고의로 아이를 그릇된 길로 이끄는 것이 아니라는 것을 발견하게 되었습니다. 그들의 출발점은 좋은 것이었지만, 단지 그들이 청소년의 심리에 대해 알지 못해 ³가르치는 방법이 잘못되었고, 그래서 그릇된 길로 이끄는 상황이 나타나게 된 것입니다.

여: 그렇다면 어떻게 청소년 범죄를 방지해야 할까요?

남: 일반적으로 말해서 청소년 범죄는 일부 징조가 있습니다. 예를 들어 거짓말을 하거나 무단결석을 하고 학교에서 도망을 가고, 폭음을 하고 담배를 피우고 함부로 친구를 사귀는 등이죠. 이러한 조짐을 발견한 뒤에는 ⁴무턱대고 처벌을 하는 것은 소용 없고, 정신과 의사에게 도움을 구하는 것이 가장 좋습니다. 아이들과 학부형은 평등하게 존중하는 관계를 맺고, 좋은 가정 분위기를 형성해야 합니다.

여: 피해를 예방하려면 청소년들이 무엇에 주의해야 한다고 생각하십니까?

남: 우리는 만약 피해자가 가장 큰 정도로 ⁵자신으로부터 오는 원인을 없앤다면 많은 범죄는 피할 수 있는 것이라는 것을 발견했습니다. 예를 들어 어떤 중고생들은 매우 세련되게 차려 입고 ⁵매우 고급스러운 완구를 들고 학교에서 잘 산다는 것을 드러내는데, 이것은 다른 사람들에게 불만과 적대시하는 심리를 초래하게 됩니다. 이 밖에 중고생은 또한 자신의 프라이버시를 보호할 줄 알아야 합니다. 예를 들어 공개적으로 자신의 집의 문패 번호 등을 이야기해서는 안 됩니다.

단어 咨询 zīxún 통 자문하다, 의견을 구하다, 컨설팅하다 | 犯罪 fàn zuì 이합 죄를 저지르다, 죄를 범하다 | 预防 yùfáng 통 예방하다 | 滋扰 zīrǎo 통 소란을 피우다, 요란을 떨다, 방해하다 | 案子 ànzi 명 사건 | 年龄 niánlíng 명 연령, 나이 | ★暴力 bàolì 명 폭력, 무력 | 动辄 dòngzhé 부 걸핏하면, 툭하면 | 武力 wǔlì 명 ① 무력 ② 군사력 | ★欲望 yùwàng 명 욕망 | 处于 chǔyú 통 (어떤 지위나 상태에) 있다 | ★素质 sùzhì 명 자질, 소양, 본질 | 骨骼 gǔgé 명 뼈대, 골격 | 肌肉 jīròu 명 근육 | 性激素 xìngjīsù 명 성호르몬 | 具备 jùbèi 통 (필요한 것을) 갖추다 | 滞后 zhìhòu 통 정체되다 | 好奇 hàoqí 형 호기심이 많다, 궁금하다 | ★渴望 kěwàng 통 갈망하다, 간절히 바라다 | ★摆脱 bǎituō 통 (좋지 못한 상황에서) 벗어나다, 빠져나오다 | ★束缚 shùfù 통 속박하다, 제한하다, 구속하다 | ★以往 yǐwǎng 명 이왕, 이전, 종전 | ★反抗 fǎnkàng 통 반항하다, 저항하다 | 积极 jījí 형 ① 긍정적이다 ② 적극적이다 | 把握 bǎwò 통 (손으로) 꽉 잡다, (추상적인 것을) 붙잡다 명 성공의 가능성, 확신 | ★根源 gēnyuán 명 ~에서 비롯되다 명 근원, 원인 | 家长 jiāzhǎng 명 학부형, 보호자 | 歪路 wāilù 명 그릇된 길, 옳지 않은 길 | 管教 guǎnjiào 통 ① 가르치다, 깨우치다 ② 통제하여 교도하다 | 教官 jiàoguān 명 교관 | 误导 wùdǎo 통 그릇된 길로 이끌다 | 前兆 qiánzhào 명 전조, 징조 | 说谎 shuō huǎng 이합 거짓말하다 | ★旷课 kuàng kè 이합 무단결석하다 | 逃学 táo xué 이합 학교를 도망치다, 무단결석하다 | ★酗酒 xùjiǔ 통 술을 무절제하게 마시다, 폭음하다 | 结交 jiéjiāo 통 친분을 맺다 | 不三不四 bùsān búsì 성 불량없다, 모양새가 아니다 | 征兆 zhēngzhào 명 징조, 조짐, 징후 | 一味 yíwèi 부 단순하게, 덮어놓고, 무턱대고 | ★惩罚 chéngfá 통 처벌하다, 징벌하다 | 求助 qiúzhù 통 도움을 구하다, 도움을 청하다 | 氛围 fēnwéi 명 분위기 | 侵害 qīnhài 통 (폭력이나 불법적인 방법으로) 손해를 끼치다, 침해하다 | 消除 xiāochú 통 (불리한 것을) 없애다, 제거하다 | 穿戴 chuāndài 통 단장하다, 꾸미다 명 (옷)차림 | 时髦 shímáo 형 유행이다, 현대적이다 | 高档 gāodàng 명 고품질의, 고급의 | 玩具 wánjù 명 완구, 장난감 | 仇视 chóushì 통 원수처럼 대하다, 적대시하다 | ★隐私 yǐnsī 명 개인적인 비밀, 프라이버시 | 当众 dāngzhòng 부 대중 앞에서, 공개적으로 | 议论 yìlùn 통 쑤군거리다, 의론하다, 비평하다 | 门牌 ménpái 명 문패

▶ 02-06-1

01
p. 80

A 犯罪年龄越来越小	A 범죄 연령이 갈수록 낮아진다
B 使用武力解决问题	B 무력을 사용해서 문제를 해결한다
C 对物质的欲望很强烈	C 물질에 대한 욕망이 강렬하다
D 受到别人的唆使	**D 다른 사람의 부추김을 받는다**

问: 关于目前青少年犯罪的发展特点，错误的是：

질문: 현재 청소년 범죄의 발전 특징에 관해 틀린 것은?

해설 ▶ ❶에서 '첫 번째는 저령화, 두 번째는 폭력성, 세 번째는 경제형 범죄의 증가'라고 했으므로 답은 D이다.

단어 唆使 suōshǐ 통 부추기다, 꼬드기다, 사주하다, 교사하다

▶ 02-06-2

02
p. 80

A 具有成人的身体素质	A 성인의 신체 조건을 갖고 있다
B 心理素质在下降	**B 심리적 자질이 떨어지고 있다**
C 对事物过于好奇	C 사물에 대해 지나치게 호기심이 강하다
D 想摆脱成人的束缚	D 성인들의 속박을 벗어나고 싶어한다

问: 青少年犯罪的主要原因是什么?

질문: 청소년 범죄의 주요 원인은 무엇인가?

해설 ▶ ❷에서 '가장 근본적인 원인 하나는 요즘 아이들의 심리적 자질이 떨어지고 있다는 것입니다'라고 했으므로 답은 B이다.

단어 ★过于 guòyú 부 지나치게, 너무

03

p. 80

A 家长的故意引导	A 학부형의 고의적인 인도
B 家长自己也犯法	B 학부형 자신도 법을 위반한다
C 家长的管教方法不对	**C 학부형의 가르치는 방법이 옳지 않다**
D 家长不管教孩子	D 학부형이 아이 가르치는 것에 신경 쓰지 않는다

问: 为什么男的认为青少年犯罪的根源在家庭?

질문: 왜 남자는 청소년 범죄의 근원이 가정에 있다고 보는가?

해설 ▶ ❸에서 '가르치는 방법이 잘못되었고, 그래서 그릇된 길로 이끄는 상황이 나타나게 된 것입니다'라고 했으므로 답은 C이다.
Tip 보기에 모두 家长(학부형)이라는 말이 들어가므로 주로 家长이 하는 행동에 대해서 주의해서 들어야 할 것이다.

단어 ★引导 yǐndǎo 동 ① 안내하다 ② 지도하다, 인도하다, 이끌다 | 犯法 fàn fǎ 이합 법을 위반하다

04

p. 80

A 要求助于心理医生	**A 정신과 의사에게 도움을 구해야 한다**
B 要严厉管教孩子	B 엄하게 아이를 가르쳐야 한다
C 要定期带孩子去体检	C 정기적으로 아이를 데리고 체력 검사를 하러 가야 한다
D 要尽量满足孩子的要求	D 최대한 아이의 요구를 만족시켜야 한다

问: 关于防止青少年犯罪，男的的建议是什么?

질문: 청소년 범죄를 방지하는 것과 관련하여 남자의 건의는 무엇인가?

해설 ▶ ❹에서 '무턱대고 처벌을 하는 것은 소용 없고, 정신과 의사에게 도움을 구하는 것이 가장 좋습니다'라고 했으므로 답은 A이다.
Tip 보기의 내용으로 볼 때 지금 조동사 '要'는 '~해야 한다'라는 필요성을 나타내고 있다. 그렇다면 인터뷰 대상자가 이 인터뷰를 듣는 사람들에게 하는 건의 부분에서 답을 찾을 수 있을 것이다. 건의 부분은 대개 대화의 뒷부분에 등장하므로 마지막까지 주의를 기울여 들어야 한다.

단어 ★严厉 yánlì 형 엄하다, 매섭다 | ★定期 dìngqī 동 기한을 정하다 형 정기적인 | 体检 tǐjiǎn 이합 체격을 검사하다, 건강을 검사하다 | 尽量 jǐnliàng 부 가능한 한, 되도록

05

p. 80

A 不要太讲究穿戴	A 옷차림에 너무 신경을 쓰지 말아야 한다
B 不要告诉别人自己的家庭住址	B 다른 사람에게 자신의 집 주소를 알리지 말아야 한다
C 要尽量消除自身的原因	C 최대한 자신의 원인을 없애야 한다
D 不要在学校玩玩具	**D 학교에서 완구를 가지고 놀아서는 안 된다**

问: 关于青少年如何防止被侵害，错误的是:

질문: 청소년이 어떻게 피해를 방지할 것인지와 관련해 틀린 것은?

해설 ▶ ❺에서 '매우 고급 완구를 가져서 학교에서 잘산다는 것을 드러내는데, 이것은 다른 사람들에게 불만과 적대시하는 심리를 초래하게 됩니다'라고 했지, 아예 완구를 가지고 놀아서는 안 된다는 뜻은 아니므로 답은 D이다.

단어 讲究 jiǎngjiu 동 중시하다, 주의하다 명 주의할 만한 것, 따져볼 만한 것 | 住址 zhùzhǐ 명 주소, 거주지

[01-05]

▶ 02-08-0

男：可能有很多人试过这招，早上一起来就对着镜子说"我是世界上最棒的！"。您提出来，这样做很可能事倍功半，还有可能适得其反，这是怎么回事呢？

女：我们每个人都不是世界上最棒的。这一点，毫无疑义，你用不着自欺欺人。这种对着镜子乱喊叫的方式，有一点像白雪公主故事中的那个狠毒而愚蠢的皇后。我想很多人这样喊叫的时候，是为了给自己增加一点自信心，然后好有力量迎接挑战。要知道，所谓"最棒"，就已经是在比较了。❶ ²人不能生活在比较中。我们有价值和有信心，不是因为我们比别人更棒，而是因为生命本身就是有价值的。你就是独一无二的存在，你的自信必定来自你的内心，而不是在和别人的比较中建立起来的。所以，❷ ¹"最棒"的说法，既不真实牢靠，也不符合规律。你如果相信了这种方法，有一天，你确知你不棒的时候，怎么办呢？万分沮丧。

男：您提出的自卑出没的几种时刻，非常有意思，尤其是说同学聚会的时候，相互比较的心理很微妙。那如何减轻这种情绪呢？

女：自卑出没的种种时刻，很多是我总结出来的，不一定全面。自卑很狡猾的，几乎无处不在。有时候，我们很多重大的失误，都是因为它神出鬼没地跳出来折腾捣乱。而我们还浑然不知，甚至沉迷于"这就是我的个性"，"这就是我的尊严"的误区之中。学着一招一式地应对自卑是没有大用的，有点像上面所说的对着镜子大喊，自欺欺人。❸ ³真正的醒悟是无条件地接受自己。

男：我们遇到悲伤的事情，经常说"让时间忘记一切"。你对此有什么看法？

女：你要主动地去处理你的悲伤，❹ ⁴不能完全依赖时间去解决问题。因为，我们没法走在时间前面。你能跟时间肩并肩走到一起，就很不错了。

남: 아마도 많은 사람들이 이런 방법을 시도해봤을 텐데요, 아침에 일어나자마자 바로 거울을 보며 "나는 세상에서 제일 대단해" 라고 말하는 거죠. 당신은 이렇게 하면 아마 효과가 적을 것이며, 아마도 결과가 바라던 바와 정반대가 될 거라고 제기하셨는데, 이것은 어떻게 된 일이죠?

여: 우리 모든 사람들이 다 세상에서 가장 대단할 수는 없습니다. 이 점은 조금의 의심할 점도 없으니 당신은 자신도 믿기 힘든 말로 남을 속일 필요가 없습니다. 이렇게 거울을 보고 제멋대로 소리치는 방식은 조금은 백설공주 이야기 속의 그 악랄하고 어리석은 황후와 닮았습니다. 저는 많은 사람들이 이렇게 소리칠 때는 자신에게 약간의 자신감을 증가시키고, 그런 다음 도전을 맞이할 힘을 얻기 위해서라고 생각합니다. 아셔야 할 것은 소위 '가장 대단하다'는 이미 비교를 하고 있다는 것입니다. ²사람은 비교 속에서 생활해서는 안 됩니다. 우리가 가치가 있고 자신감이 있는 것은 우리가 다른 사람보다 더 대단하기 때문이 아니라, 생명 자체가 가치 있는 것이기 때문입니다. 당신은 유일무이한 존재이고, 당신의 자신감은 반드시 당신의 속마음으로부터 나오는 것이지, 다른 사람과 비교하는 중에 세워지는 것이 아닙니다. 그래서 ¹'가장 대단하다'는 말은 진실되거나 믿을 만하지 못하고, 규율에도 부합하지 않습니다. 만약 당신이 이런 방법을 믿었다면, 어느 날 당신이 대단하지 않다는 걸 확실히 알게 되었을 때 어떡할까요? 매우 실망하겠죠.

남: 당신이 제기한 열등감 출몰의 몇 가지 순간이라는 것은 매우 재미있습니다. 특히 동창들이 모임을 할 때 서로 비교하는 심리는 매우 미묘합니다. 그러면 어떻게 이러한 정서를 가볍게 할 수 있을까요?

여: 열등감 출몰의 몇 가지 순간은 많은 부분 제가 총결한 것이지 보편적이지는 않습니다. 열등감은 교활한 것이고 거의 없는 곳이 없습니다. 때로 우리의 많은 중대한 실수들은 모두 그것이 신출귀몰하게 튀어나와 고통스럽게 하고 난동을 피우기 때문이죠. 우리는 여전히 전혀 모르고, 심지어는 '이것이 바로 나의 개성이야', '이것이 바로 나의 존엄성이야'라는 잘못된 생각에 빠져들게 됩니다. 하나의 방법을 배워서 열등감에 대처하는 것은 크게 소용 없습니다. 약간은 앞에서 말한 거울을 보며 큰소리쳐서 자신도 믿기 힘든 말로 다른 사람을 속이는 것과 비슷합니다. ³진정한 각성은 무조건적으로 자신을 받아들이는 것입니다.

남: 우리는 슬픈 일을 만나면 종종 '시간이 모든 것을 잊게 할 거야' 라고 말합니다. 당신은 이것에 대해 어떤 견해를 갖고 있습니까?

여: 당신이 주동적으로 당신의 슬픔을 처리해야 하며, ⁴시간이 문제를 해결하는 것에 완전히 의지해서는 안 됩니다. 왜냐하면 우리는 시간 앞에서 걸어갈 수 없기 때문입니다. 당신이 시간과 어깨를 나란히 해서 걸어갈 수만 있다면 훌륭한 겁니다.

단어 招 zhāo 몡 계책, 수단 | 棒 bàng 몡 몽둥이, 방망이 혱 (체력·능력이) 강하다, (수준·레벨이) 높다, (성적이) 높다 | 事倍功半 shìbèi gōngbàn 젱 들인 노력은 크지만 얻은 성과는 적다, 많은 노력을 들였지만 성과가 적다 | 适得其反 shìdé qífǎn 젱 결과가 바라던 바와 정반대가 되다 | ★ 毫无 háowú 조금도 ~없다, 털끝만큼도 ~없다 | 疑义 yíyì 몡 의심스러운 점, 의의 | 用不着 yòngbuzháo 필요하지 않다, 필요 없다 | 自欺欺人 zìqī qīrén 젱 자신도 믿기 힘든 말이나 수법으로 다른 사람을 속이다, 자신도 속이고 다른 사람을 속이다 | 乱 luàn 혱 어지럽다, 난잡하다 뿬 제멋대로, 마구 | 喊 hǎn 동 소리치다, 큰소리로 외치다 | 狠毒 hěndú 혱 잔인하고 악독하다, 악랄하다 | ★ 愚蠢 yúchǔn 혱 어리석다, 우둔하다, 미련하다 | 皇后 huánghòu 몡 황후 | 迎接 yíngjiē 동 영접하다, 맞이하다 | 挑战 tiǎozhàn 동 도전하다 | ★ 本身 běnshēn 몡 그 자신, 자체 | 独一无二 dúyī wú'èr 젱 유일무이하다 | ★ 必定 bìdìng 뿬 꼭, 반드시 | 牢靠 láokao 혱 ① 튼튼하다, 공고하다 ② 믿음직하다, 듬직하다, 확실하다 | ★ 确知 quèzhī 동 확실하게 알다 | ★ 万分 wànfēn 뿬 심히, 대단히, 매우, 지극히 | ★ 沮丧 jǔsàng 혱 풀이 죽다, 용기를 잃다, 실망하다, 의기소침하다 동 기를 꺾다, 실망시키다 | ★ 自卑 zìbēi 혱 스스로 낮추다, 비굴하다, 열등감을 가지다 | 出没 chūmò 동 출몰하다, 나타났다 사라지다 | 时刻 shíkè 몡 시각, 순간, 시간 뿬 시시각각, 늘, 항상, 언제나 | 聚会 jùhuì 동 (사람이) 모이다, 회합하다 몡 회합, 모임, 집회 | 微妙 wēimiào 혱 미묘하다 | 减轻 jiǎnqīng 동 (세금·부담·고통·형벌 등을) 경감하다, 덜다, 가볍게 하다 | 情绪 qíngxù 몡 정서, 기분 | 总结 zǒngjié 동 총결하다 몡 총결 | 全面 quánmiàn 몡 모든 방면, 각 방면 혱 전면적이다, 보편적이다 | 狡猾 jiǎohuá 혱 교활하다, 간사하다 | ★ 失误 shīwù 동 실수하다, 실책을 하다 몡 실수, 실책, 에러 | 神出鬼没 shénchū guǐmò 젱 신출귀몰하다, 변화가 교묘하고 신속하다 | ★ 折腾 zhēteng 동 ① (주로 잠자리에서) 뒤척거리다 ② (어떤 일을) 반복하다, 되풀이하다 ③ 고생시키다, 고통스럽게 하다 | ★ 捣乱 dǎo luàn 이합 소란을 피우다, 말썽을 피우다 | 浑然 húnrán 뿬 전혀, 완전히, 조금도, 도무지 | 沉迷 chénmí (어떤 것에 깊게) 반하다, 빠지다, 심취하다 | ★ 尊严 zūnyán 동 존엄하다 몡 존엄, 존엄성 | 误区 wùqū 몡 잘못된 영역, 오류가 있는 부분 | 醒悟 xǐngwù 동 각성하다, 깨닫다 | 遇到 yùdào 동 만나다, 부닥치다, 마주치다 | 悲伤 bēishāng 혱 슬프다, 서럽다 | ★ 依赖 yīlài 동 기대다, 의지하다 | 肩并肩 jiān bìng jiān 어깨를 나란히 하다, 서로 도와가며 함께 일하다(행동하다)

▶ 02-08-1

01
p. 87

| A 应该相信 | B 不够充分 | A 믿어야 한다 | B 충분하지 않다 |
| C 符合规律 | D 不真实的 | C 규칙에 부합한다 | **D 진실되지 않은 것이다** |

问: 女的怎么看"我是世界上最棒的"？ | 질문: 여자는 '나는 세상에서 제일 대단해'라는 말을 어떻게 보는가?

해설 ▶ ❷에서 '가장 대단하다는 말은 진실되거나 믿을 만하지 못하고, 규율에도 부합하지 않습니다'라고 했으므로 답은 D이다.

단어 符合 fúhé 동 부합하다, 일치하다 | 规律 guīlǜ 몡 규율, 법칙, 규칙

▶ 02-08-2

02
p. 87

A 能增强自信心	A 자신감을 강화할 수 있다
B 能让自己变得有价值	B 자신을 가치 있게 변화시킬 수 있다
C 要跟比自己更棒的人比较	C 자신보다 더 대단한 사람과 비교해야 한다
D 不要总是进行比较	**D 항상 비교를 해서는 안 된다**

问: 关于比较，女的是什么看法? | 질문: 비교에 관해 여자는 어떤 견해를 갖고 있나?

해설 ▶ ❶에서 '사람은 비교 속에서 생활해서는 안 됩니다'라고 했으므로 답은 D이다.

03
p. 87

A 无条件地接受自己
B 要想办法应对
C 少参加同学聚会
D 要对着镜子大喊

A 무조건적으로 자신을 받아들여야 한다
B 방법을 생각해서 대처해야 한다
C 동창들의 모임에 적게 참가해야 한다
D 거울을 보고 크게 소리쳐야 한다

问: 女的认为应该怎样面对自卑?

질문: 여자는 어떻게 열등감을 대해야 한다고 생각하나?

해설 ▶ ❸에서 '진정한 각성은 무조건적으로 자신을 받아들이는 것입니다'라고 했으므로 답은 A이다.

단어 面对 miànduì 동 직면하다, 맞닥뜨리다, 부닥치다, 앞두다

04
p. 87

A 很有个性
B 是很好的办法
C 不能总是依赖时间
D 完全没有用

A 매우 개성 있다
B 매우 좋은 방법이다
C 항상 시간에 의지해서는 안 된다
D 완전히 소용 없다

问: 关于"让时间忘记一切", 女的是什么看法?

질문: '시간이 모든 것을 잊게 할 거야'에 관해, 여자는 어떤 견해를 갖고 있는가?

해설 ▶ ❹에서 '시간이 문제를 해결하는 것에 완전히 의지해서는 안 됩니다'라고 했으므로 답은 C이다.

05
p. 87

A 要珍惜时间
B 如何减轻自卑感
C 如何对着镜子说话
D "最棒"是获得自信的最佳方法

A 시간을 아껴야 한다
B 어떻게 열등감을 가볍게 할 것인가
C 어떻게 거울을 보고 이야기할 것인가
D '가장 대단해'는 자신감을 얻는 가장 좋은 방법이다

问: 这段对话主要谈什么?

질문: 이 대화는 주로 무엇에 대해 이야기했나?

해설 ▶ 보기 A의 '시간을 아껴야 한다'는 글의 내용과 전혀 관계가 없다. 남자의 말 ❷를 통해 거울을 보고 자신이 '가장 대단하다'라고 하는 행동에 대해 부정적임을 알 수 있다. 따라서 C와 D도 X이다. 전체적인 내용으로 볼 때 B가 정답이다.

단어 珍惜 zhēnxī 동 아끼다, 아까워하다 | 获得 huòdé 동 획득하다, 얻다

[01–05]

女：您觉得在手工艺行业中什么样的人能称为匠人？

男：❶ ¹必须要具备某种技能，并能达到纯熟的境地，这样的人就可称为匠人。

女：成为匠人得有匠心，请谈一谈您对匠心的理解。

男：手艺人要是想成为匠人就必须具有匠心，但这并不容易。这让我想起成语"匠心独运"。匠心指能用巧妙的心思创造器物，❷ ²不仅仅是停留在熟练的技术层面，还要灌注匠人的修为。只有将二者结合起来，才能达到匠心独运的境界。

女：您接触过的匠人中，他们哪些地方打动了您？

男：我经常说匠人他们是用双手将物件从无到有创造出来。当一个物件呈现在你眼前的时候，你会觉得眼前一亮；当你触摸时，你也能感受到它的质地，而这些是他们耗费半生甚至一生才有的成果。所以，❸ ³能打动我的就是那些我们容易忽略的看不到的付出，我们无法亲身体会的日夜投入。

女：您觉得手工艺怎样才能得到更好的延续？

男：我认为延续手工艺的生命首先应进行适应性梳理，让手工艺的项目、技术形成一个被查询与研究的体系，这样才有被延续的可能。其次❹ ⁴采取记录的手段，将它们归档保存下来，但这种记录是极其细致的。最后，教育普及与推广是非常重要的，培养这种延续的意识是我们一直较为欠缺的部分。

女：很多手艺人缺乏职业的敬畏感，如何培养手艺人的职业灵魂呢？

男：现在是一个追求生产效率、经济效益的时代，许多手艺人都在这样的洪流当中受到了冲击，年轻的学艺人更是如此。一方面应该让已有职业敬畏意识的人竭尽地去保留、保护、发扬手工艺品。而另一方面要从教育抓起，❺ ⁵培养年轻一代学艺人对文化的认同感，在未来才有重新接续的一天。能做到这些，所谓的精神、灵魂自然会随之而来。

여: 당신은 수공예 업계에서 어떤 사람을 장인으로 부를 수 있다고 생각하십니까?

남: ¹반드시 어떤 기능을 갖추고, 또한 능수능란한 지경에 이를 수 있다면, 이런 사람은 장인이라고 부를 수 있습니다.

여: 장인이 되려면 독창성이 있어야 하는데, 당신의 장인에 대한 이해를 이야기해 주십시오.

남: 수공예인이 장인이 되려면 반드시 독창성이 있어야 하는데, 이것은 결코 쉽지 않습니다. 이것은 저로 하여금 성어 '독창적인 구상을 하다'를 떠오르게 합니다. 독창성은 기묘한 생각으로 용구를 창조하는 것을 가리키는데, ²단지 숙련된 기술 범위에 머무를 뿐만 아니라, 또한 장인의 수양에 쏟아부어야 합니다. 오직 양자를 결합해야만, 독창적인 구상을 하는 경지에 도달할 수 있습니다.

여: 당신이 접촉해 본 장인들 중, 그들의 어떤 점이 당신을 감동시켰습니까?

남: 저는 종종 장인들은 두 손으로 사물을 무에서 유로 창조해낸다고 말합니다. 한 물건이 당신 앞에 있을 때, 당신은 눈이 번쩍 뜨일 것입니다. 그것을 만질 때, 그것의 재질 또한 느낄 수 있는데, 이것들은 그들이 그들이 반평생 심지어는 일생을 써서 생긴 성과입니다. 그래서 ³저를 감동시킬 수 있는 것은 바로 우리가 쉽게 등한시하는 보이지 않는 그 노력이며, 우리가 직접 체험할 수 없는 밤낮으로 이어진 몰입입니다.

여: 당신은 수공예가 어떻게 해야만 더 잘 연장될 수 있을 거라고 생각으로 하십니까?

남: 제 생각에 수공예의 생명을 연장하려면 먼저 적절한 정리를 하여, 수공예의 항목과 기술이 조회가 되고 연구된 체계를 형성해야 하는데, 이렇게 해야만 연장될 가능성이 생깁니다. 두 번째로 ⁴기록의 수단을 취해 그것들을 분류해서 보존해야 하는데, 그러나 이러한 기록은 매우 꼼꼼한 것이어야 합니다. 마지막으로 교육 보급과 일반화가 매우 중요한 것인데, 이러한 연장 의식을 기르는 것은 우리가 줄곧 비교적 부족한 부분입니다.

여: 많은 수공예인은 직업의 경외심이 부족한데, 어떻게 수공예인들의 직업 정신을 기를 수 있을까요?

남: 지금은 생산의 효율과 경제적 효과와 이익을 추구하는 시대인데, 많은 수공예인은 이런 큰 흐름에서 충격을 받았으며, 젊은 수공예를 배우는 사람들은 더욱 그렇습니다. 한 편으로는 이미 직업적 경외 의식이 있는 사람들로 하여금 모든 것을 다해 보존하고 보호하며 수공예품을 발전시키도록 해야 합니다. 다른 방면으로는 교육으로부터 다잡아서 ⁵젊은 세대 예술학습인들의 문화에 대한 동질감을 기르면, 미래에 다시 이어지는 그 날이 있을 것입니다. 이런 것들은 해내면, 소위 성신과 영혼은 사연스럽게 이에 따라 오게 될 것입니다.

匠人 jiàngrén 몡 장인 | 具备 jùbèi 통 구비하다 | 技能 jìnéng 몡 기능, 솜씨 | 纯熟 chúnshú 톙 능수능란하다, 숙련되다 | 境地 jìngdì 몡 경지, 상황, 입장 | 独运 dú yùn 통 (생각 · 사고 등을 (독특하게 운용하다)) | 巧妙 qiǎomiào 톙 교묘하다 | 器物 qìwù 몡 각종 용구의 총칭 | 层面 céngmiàn 몡 방면, 어떤 순서의 단면 | 灌注 guànzhù 통 붓다 | 境界 jìngjiè 몡 경계, 경지 | 触摸 chùmō 통 접촉하다, 닿다 | 质地 zhìdì 몡 품질, 재질 | 耗费 hàofèi 통 낭비하다, 소모하다 | 打动 dǎdòng 통 감동시키다 | 忽略 hūlüè 통 소홀히 하다 | 体会 tǐhuì 몡 체득, 이해 통 체득하다, 이해하다 | 没入 mòrù 통 몰입하다, 몰수하다 | 延续 yánxù 통 계속하다, 연장하다 | 梳理 shūlǐ 통 정리하다 | 查询 cháxún 통 조회하다, 문의하다 | 体系 tǐxì 몡 체계, 시스템 | 采取 cǎiqǔ 통 채택하다, 취하다 | 归档 guīdàng 통 분류하여 보존하다 | 细致 xìzhì 톙 섬세하다, 꼼꼼하다 | 普及 pǔjí 통 퍼지다, 보편화시키다 | 推广 tuīguǎng 통 널리 보급화하다 | 欠缺 qiànquē 통 결핍되다, 결함이 있다 | 敬畏感 jìngwèigǎn 경외감 | 灵魂 línghún 몡 마음, 정신 | 追求 zhuīqiú 통 추구하다 | 洪流 hóngliú 몡 큰 흐름 | 竭尽 jiéjìn 통 다하다, 소모하다 | 发扬 fāyáng 통 발양하다, 발휘하다 | 认同感 rèntónggǎn 동질감 | 接续 jiēxù 통 계속하다

▶ 02-09-1

01
p. 87

A 技能娴熟	A 기능이 숙련되다
B 喜欢收藏工艺品	B 공예품을 소장하는 것을 좋아한다
C 长期从事养殖业	C 장기간 양식업에 종사한다
D 拥有很多产品专利	D 많은 제품 특허를 소유하고 있다

问: 匠人有什么特点? | 질문: 장인은 어떤 특징이 있는가?

해설 ▶ ❶에서 '반드시 어떤 기능을 갖추고, 또한 능수능란한 지경에 이를 수 있다면, 이런 사람은 장인이라고 부를 수 있습니다'라고 했으므로 답은 A이다.

단어 娴熟 xiánshú 톙 능숙하다, 숙련되다 | ★ 收藏 shōucáng 통 소장하다 | 养殖 yǎngzhí 통 양식하다 | ★ 拥有 yōngyǒu 통 보유하다, 소유하다, 가지다 | 专利 zhuānlì 몡 특허

▶ 02-09-2

02
p. 87

A 敢于打破常规	A 대담하게 관습을 타파한다
B 注重专业知识学习	B 전문적 지식 학습을 중시한다
C 技术与修为相结合	C 기술과 수양이 서로 결합한다
D 具备超凡脱俗的精神品格	D 일반 사람을 초월하는 정신과 성품을 갖춘다

问: 男的认为怎样才能达到匠心独运的境界? | 질문: 남자는 어떻게 해야만 독창적인 구상을 하는 경지에 이를 수 있다고 생각하나?

해설 ▶ ❷에서 '단지 숙련된 기술 범위에 머무를 뿐만 아니라, 또한 장인의 수양에 쏟아부어야 합니다. 오직 양자를 결합해야만, 독창적인 구상을 하는 경지에 도달할 수 있습니다'라고 했으므로 답은 C이다.

단어 敢于 gǎnyú 통 용감하게 ~하다, 대담하게 ~하다 | 打破 dǎpò 통 타파하다, 때려 부수다 | 常规 chángguī 몡 관습, 관례 | ★ 注重 zhùzhòng 통 중시하다 | 超凡脱俗 chāo fán tuō sú 톙 일반 사람을 초월하다 | 品格 pǐngé 몡 성품

03

p. 87

A 严谨的做事风格
B 匠人默默的付出
C 手工艺品华丽的外表
D 匠人刻苦钻研的态度

A 엄격한 일을 하는 풍격
B 장인의 묵묵한 노력
C 수공예품의 화려한 외관
D 장인의 노력하고 탐구하는 태도

问: 男的容易被什么打动?

질문: 남자는 쉽게 무엇에 의해 감동받는가?

해설 ▶ ❸에서 '저를 감동시킬 수 있는 것은 바로 우리가 쉽게 등한시하는 보이지 않는 그 노력이며'라고 했으므로 답은 B이다.

단어 严谨 yánjǐn 형 엄격하다, 엄밀하다 | 默默 mòmò 형 묵묵하다 | ★ 华丽 huálì 형 화려하다 | 刻苦 kèkǔ 형 매우 노력하다 | ★ 钻研 zuānyán 동 깊이 연구하다, 탐구하다

04

p. 87

A 加强宣传
B 建档保存
C 提高入行标准
D 引进先进技术

A 선전을 강화한다
B 자료로 정리하여 보존한다
C 업계에 들어가는 기준을 높인다
D 선진 기술을 도입한다

问: 下列哪项是手工艺可以获得延续的方法?

질문: 다음 중 어느 것이 수공예가 연장될 수 있는 방법인가?

해설 ▶ ❹에서 '기록의 수단을 취해 그것들을 분류해서 보존해야 하는데'라고 했으므로 답은 B이다.

단어 建档 jiàndàng 동 자료를 모아 정리하다 | 入行 rùháng 업계에 들어가다 | 引进 yǐnjìn 동 도입하다

05

p. 87

A 不赞成继承传统
B 鼓励手艺人创业
C 手工艺品的技术很容易还原
D 培养年轻学艺人的文化认同感

A 전통을 계승하는 것에 찬성하지 않는다
B 수공예인의 창업을 격려한다
C 수공예품의 기술은 쉽게 복원된다
D 젊은 예술학습인들에 대한 문화 동질감을 기른다

问: 下列哪项是男的的观点?

질문: 다음 중 어느 것이 남자의 관점인가?

해설 ▶ ❺에서 '젊은 세대 예술학습인들의 문화에 대한 동질감을 기르면'라고 했으므로 답은 D이다.

단어 赞成 zànchéng 동 찬성하다 | 继承 jìchéng 동 계승하다, 이어받다, 물려받다 | ★ 创业 chuàngyè 동 창업하다 | ★ 还原 huányuán 동 복원하다, 원상회복하다

[01-05]　　　　　　　　　　　　　　　　　▶ 02-11-0

主持人: 大家好，今天我们有幸请来了❶ ¹教育台第三套节目总监陈宏来跟我们谈谈打造人文教育频道。教育台打造建立人文教育频道，现在已经建成了，还是正在逐步推进这个举措？

陈　宏: 人文教育频道是从2006年开始策划，2007年做了一些探索性的工作。这是一个逐步推进的过程，❷ ²到2008年逐步突出人文教育的特色。

主持人: 频道是如何考虑定位，针对怎样的受众？

陈　宏: 主要是北京的受众。有这么几条理由：一个是教育台本身面对的是广大青少年观众。第二，它背靠科教文卫，纪录片的资源非常丰富。北京和地方来比纪录片需求更大。因为北京受众普遍的文化素质比较高，对具有深厚的人文底蕴的片子比较喜欢。第三，纪录片应该是中国走向世界的最好的一种节目形态。纪录片具有国际语言的特点，它是我们文化走出去战略的一种很好的形式。基于这几个方面，康宁台长及教育台的其他领导认为在北京❸ ³办一个以纪录片节目形态为主要内容的频道，是恰逢其时的，也是顺理成章的。

主持人: 教育台第3套节目选定播出的原则是什么呢？

陈　宏: 原则有很多，但是❹ ⁴最主要的当然是在符合导向的前提下，形态应该以纪录片为主，内容应该以具有较深厚人文内涵为主的片子。在这个前提下，我们主要目的还是想通过这个平台，❺ ⁴ᴮ整合国内外、海内外大的纪录片资源，聚集纪录片人才。

主持人: 网友最关注的还是教育台第3套节目明年频道的播出计划，您能否提前透露一些亮点？

사회자: 안녕하십니까? 오늘 우리는 운 좋게도 ¹교육방송국 제3프로그램 총감독이신 천훙 씨를 모시고 인문교육 채널을 만드는 것에 대해 이야기 나누어보겠습니다. 교육방송국이 인문교육 채널을 만들고 있는데요. 이미 만들어진 건가요 아니면 점차 이 조치를 추진하는 중인가요?

천　훙: 인문교육 채널은 2006년부터 기획하기 시작했고, 2007년에 일부 탐색성의 작업들을 했습니다. 이것은 점차 추진해가는 과정이며, ²2008년에 이르러 점차 인문교육의 특색을 드러내기 시작했습니다.

사회자: 채널은 어떻게 위치 선정을 하며, 어떤 시청자 대상입니까?

천　훙: 주로 베이징의 시청자들입니다. 몇 가지 이유가 있는데요. 첫째, 교육방송국 자체가 대상으로 하는 것은 많은 청소년 시청자들이기 때문입니다. 둘째, 베이징은 배경적으로 과학, 교육, 문화, 위생으로 인해 다큐멘터리 영화의 자원이 매우 풍부합니다. 베이징과 지방을 비교하면 다큐멘터리의 수요는 더욱 큽니다. 베이징 시청자들의 보편적 교육 수준이 비교적 높기 때문에 깊은 인문적 내포가 있는 것을 비교적 좋아합니다. 셋째, 다큐멘터리 영화는 중국이 세계를 향해 나아가는 가장 좋은 프로그램 형태입니다. 다큐멘터리는 국제 언어의 특징을 갖고 있으며, 우리 문화가 진출하는 전략의 좋은 형식입니다. 이 몇 가지 방면에 기초하여, 캉닝 방송국장 및 교육방송국의 기타 임원들은 베이징에서 ³다큐멘터리 프로그램 형태를 주요 내용으로 하는 채널을 운영하는 것은 시기에 맞는 것이며, 아주 당연한 일이라고 생각하고 있습니다.

사회자: 교육방송국 제3프로그램을 선정하고 방송하는 원칙은 무엇입니까?

천　훙: 원칙은 많습니다. 그러나 ⁴가장 주요한 것은 당연히 발전 방향에 부합한다는 전제하에 형태는 다큐멘터리 영화를 위주로 해야 하고, 내용은 비교적 깊은 인문적 내포가 있는 것을 위주로 하는 영화이어야 합니다. 이런 전제 하에 우리의 주요 목적은 이러한 프로그램을 통해 ⁴ᴮ국내외의 큰 다큐멘터리 영화 자원을 결합시키고, 다큐멘터리 영화의 인재들을 모으는 것입니다.

사회자: 네티즌들이 가장 관심을 가지는 것은 교육방송국 제3프로그램의 내년 채널의 방송 계획인데요. 주목을 끌 만한 소식을 미리 말씀해주실 수 있으세요?

陈　宏：谈不上亮点，有一个整体的想法，❻⁵明年
教育台第3套节目各方面的工作总结起来，
起了一个名字叫"太阳花行动计划"。
"太阳花"是我们运作这个纪录片频道的
简称。这个行动计划分成三大块：第一大
块，现有的频道，就是教育台第3套节目
的编播构想。第二大块，有若干重大的项
目，就是有一些纪录片项目要推进。第三
大块，❼⁵·⁸要建立一个人文教育纪录片网
站，把好的纪录片，让所有爱好纪录片的
人都能够在网上看到。

천　홍: 주목을 끌만한 소식이라고까지 말할 것은 없지만 전체적인
생각은 하나 있는데, ⁵내년 교육방송국 제3프로그램의 각
방면의 업무를 총결해서 '태양화 행동 계획'이라고 이름을
지었습니다. '태양화'는 우리가 이 다큐멘터리 채널을 진행
하는 것의 약칭입니다. 이 행동 계획은 세 개의 큰 덩어리
루 나뉩니다. 첫 번째는 지금 있는 채넌, 즉 교육방송국 제3
프로그램의 방송 편성과 구상입니다. 두 번째는 약간의 중
대한 프로젝트가 있는데, 즉 일부 다큐멘터리 영화 프로젝
트를 추진하려고 합니다. 세 번째는 ⁶·⁸인문교육 다큐멘터리
사이트를 만들어, 좋은 다큐멘터리 영화를 모든 다큐멘터
리를 좋아하는 사람들이 인터넷에서 볼 수 있게 하는 것입
니다.

단어 总监 zǒngjiān 몡 총감독 | 频道 píndào 몡 채널 | 打造 dǎzào 통 ① 만들다, 제조하다 ② 창조하다, 양성하다 | 逐步 zhúbù 児 한 걸음씩, 점차, 단계적으로 | 推进 tuījìn 통 ① 추진하다 ② 밀고 나가다 | 举措 jǔcuò 몡 ① 행동거지, 거동 ② 대책, 조치 | ★ 策划 cèhuà 통 계획하다, 기획하다, 구상하다 | ★ 探索 tànsuǒ 통 탐색하다, 찾다 | 突出 tūchū 톙 두드러지다, 뛰어나다 통 두드러지게 하다, 돋보이게 하다 | 定位 dìng wèi 이합 자리를 정하다, 매기다, 객관적인 평가를 내리다 | 针对 zhēnduì 통 대하다, 겨누다, 겨냥하다 | 受众 shòuzhòng 몡 독자, 시청자, 청취자 | ★ 本身 běnshēn 몡 그 자신, 자체 | 面对 miànduì 통 직면하다, 맞닥뜨리다, 부딪치다 | 广大 guǎngdà 톙 ① (면적이나 공간이) 넓다 ② (사람 수가) 많다 | 科教文卫 kē jiào wén wèi 몡 과학, 교육, 문화, 위생의 줄임말 | 纪录片 jìlùpiàn 몡 다큐멘터리 영화 | ★ 需求 xūqiú 몡 수요, 필요, 요구 | ★ 素质 sùzhì 몡 자질, 소양 | 底蕴 dǐyùn 몡 상세한 내용, 내막, 속사정, 내정, 실정 | ★ 战略 zhànlüè 몡 전략 | 基于 jīyú 게 ~에 근거하다, ~에 따르다 | 恰逢其时 qiàféng qíshí 졩 어떤 일의 발생이 마침 시기에 맞다 | 顺理成章 shùnlǐ chéngzhāng 졩 이치에 맞아 자연스럽게 결과가 생기다 | 选定 xuǎndìng 통 골라서 정하다, 선정하다 | 播出 bōchū 통 ① 방송하다 ② 방영하다 | ★ 导向 dǎoxiàng 통 ① (어떤 방향으로) 발전하다 ② (어떤 지점으로) 인도하다, 유도하다 몡 인도 방향, 유도 방향 | ★ 前提 qiántí 몡 전제, 전제 조건 | 深厚 shēnhòu 톙 ① (감정이) 깊고 두텁다 ② (기초가) 튼튼하다 | ★ 内涵 nèihán 몡 ① 내포 ② (언어에 담겨 있는) 속뜻, 내용, 의미 | 片子 piānzi 몡 영화 | 整合 zhěnghé 통 조정하여 일치시키다, 조정을 거쳐 다시 합치다 | 聚集 jùjí 통 (사람이나 사물을) 모으다, 집합하다 | 网友 wǎngyǒu 몡 인터넷 친구 | 关注 guānzhù 통 관심을 가지다 | 透露 tòulù 통 누설하다, 누출하다, 폭로하다 | 亮点 liàngdiǎn 몡 ① 주목을 끌게 하는 것, 주목을 끌게 하는 사람 ② 돋보이는 장점 | 谈不上 tánbushàng (~라고까지는) 말할 수 없다 | 整体 zhěngtǐ 몡 전체, 총체 | 总结 zǒngjié 통 총결하다 몡 총결 | 运作 yùnzuò 통 (조직·기관 등이) 업무를 진행하다, 활동하다 | 大块 dàkuài 몡 큰 덩어리 | 构想 gòuxiǎng 통 구상하다 몡 구상, 생각, 계획 | ★ 若干 ruògān 때 약간, 조금, 얼마 | 项目 xiàngmù 몡 항목, 종목, 프로젝트 | 建立 jiànlì 통 ① 건립하다, 세우다 ② 이루다, 맺다 | 网站 wǎngzhàn 몡 웹사이트 | 爱好 àihào 통 애호하다, 즐기다 몡 애호, 취미

▶ 02-11-1

01
p. 94

| A 节目总监 | B 导演 |
| C 主持人 | D 企业家 |

| A 프로그램 총감독 | B 감독 |
| C 사회자 | D 기업인 |

| 问: 男的是干什么的? | 질문: 남자는 무엇을 하는 사람인가? |

해설 ▶ ❶에서 '교육방송국 제3프로그램 총감독이신 천홍 씨'라고 했으므로 답은 A이다.
　　　　⚠Tip 보기만 봐도 인터뷰 대상자의 직업을 묻는 문제임을 알 수 있다. 따라서 처음에 사회자가 하는 소개 부분을 유의해서
　　　　들어야 한다.

단어 导演 dǎoyǎn 통 감독하다 몡 감독 | 主持人 zhǔchírén 몡 사회자, 진행자

02
p. 94

| A 2006年 | B 2007年 | A 2006년 | B 2007년 |
| C 2008年 | D 2009年 | **C 2008년** | D 2009년 |

| 问: 教育台第3套节目是什么时候突出人文教育的特色的? | 질문: 교육방송국 제3프로그램은 언제 인문교육의 특색을 드러내기 시작했나? |

해설 ▶ ❷에서 '2008년에 이르러 점차 인문교육의 특색을 드러내기 시작했습니다'라고 했으므로 답은 C이다.

!Tip 보기가 네 개의 연도로 되어 있다. 문제가 나오기 전까지는 어떤 것을 물을지 모르므로, 녹음에서 보기와 일치하는 연도가 언급될 때마다 그 옆에 관련 내용을 메모해두어야 한다.

03
p. 94

A 以宣传北京文化为主	A 베이징의 문화 선전을 위주로
B 以儿童故事片为主	B 어린이 장편 영화를 위주로
C 以文艺片节目为主	C 문예 프로그램을 위주로
D 以纪录片节目为主	**D 다큐멘터리 프로그램을 위주로**

| 问: 频道的定位是什么? | 질문: 채널의 위치 선정은 무엇인가? |

해설 ▶ ❸에서 인터뷰 대상자가 '다큐멘터리 프로그램 형태를 주요 내용으로 하는 채널을 운영하는 것은 시기에 맞는 것이다'라고 했으므로 답은 D이다.

04
p. 94

A 符合导向	A 발전 방향이 부합한다
B 以海外大的纪录片为主	**B 해외 대작 다큐멘터리를 위주로 한다**
C 以纪录片为主	C 다큐멘터리를 위주로 한다
D 具有较深厚的人文内涵	D 비교적 깊은 인문적 내포가 있다

| 问: 根据这段采访, 不属于节目选定播出原则的是: | 질문: 이 인터뷰에 따르면, 프로그램을 선정하고 방송하는 원칙에 속하지 않는 것은? |

해설 ▶ ❹에서 '가장 주요한 것은 당연히 발전 방향에 부합한다는 전제 하에 형태는 다큐멘터리 영화를 위주로 해야 하고, 내용은 비교적 깊은 인문적 내포가 있는 것을 위주로 하는 영화이어야 합니다'라고 했으므로 A, C, D는 모두 맞는 내용이다. ❺에서 '국내외의 큰 다큐멘터리 영화 자원을 결합시킨다'라고 했지, 해외 다큐멘터리를 주로 하는 것은 아니므로 답은 B이다.

05

p. 94

A "太阳花"行动计划	A '태양화' 활동 계획
B 建立一个播出计划网站	B 방송 계획 홈페이지를 만든다
C 增加新节目	C 새로운 프로그램을 늘린다
D 举办大型晚会	D 대형 연회를 개최한다

问: 教育台第3套节目明年频道的播出计划是什么?	질문: 교육방송국 제3프로그램의 내년 채널 방송 계획은 무엇인가?

해설 ▶ ⑥에서 '내년 교육방송 제3프로그램의 각 방면의 업무를 총결해서 '태양화 행동 계획'이라고 이름을 지었습니다'라고 했으므로 답은 A이다. ⑦에서 '인문교육 다큐멘터리 사이트를 만들겠다'라고 했으므로 B는 X이고, C와 D는 언급되지 않았다.

단어 举办 jǔbàn ⑧ (행사나 활동을) 열다, 개최하다, 거행하다 | 大型 dàxíng ⑱ 대형의

✓ 정답					
	1. C	2. C	3. B	4. B	5. D

记 者: 黄先生, 你好。很多读者对"精品商务酒店"的这一概念不太熟悉, 能否为我们简单介绍一下?

黄先生: 精品商务酒店的目标客户群是风格务实、消费理性的商旅客户。针对客户特点, 我们提出"精品商务酒店"这一概念, 并将其❶ ¹定位在经济型酒店和五星级酒店之间。顾客只需支付比经济型酒店房价略高的费用, ❷ ⁴大概两、三百块钱, 就能享受到五星级的住宿体验, 既超值又体面。

记 者: 能否介绍一下维也纳酒店为客户提供的"五星级体验"?

黄先生: 维也纳酒店提供的❸ ² "五星级体验"主要体现在商旅住宿服务和配套健康美食方面。

记 者: 你能为我们详细地介绍一下吗?

黄先生: 商务方面, 我们为客户提供办公室、商务中心、中小型会议室等应用商务场所。客户足不出户, 便能在酒店里进行各种商务活动。住宿方面, 我们对客房细节非常重视, 如床垫、毛巾、枕头、卫浴系统、客房装修等等, 都经过我们悉心设计, 采用顶级材料制作。饮食方面, 大多数的维也

기　자: 황 선생님 안녕하십니까? 많은 독자들이 '우수 비즈니스 호텔'이라는 개념에 대해 그다지 잘 모르고 있는데, 저희를 위해 간단하게 소개해주시겠습니까?

황선생: 우수 비즈니스 호텔의 목표 고객군은 풍격이 실속 있고 소비가 이성적인 비즈니스 여행 고객입니다. 고객의 특징을 겨냥하여 저희는 '우수 비즈니스 호텔'이라는 이 개념을 내놓고, 또한 그것을 ¹경제형 호텔과 5성급 호텔 사이로 위치를 정했습니다. 고객은 경제형 호텔보다 약간 높은 비용, ⁴대략 2~300위안 정도만 지불하면 5성급의 숙박 체험을 하실 수 있으며, 비용가치를 뛰어넘을 뿐 아니라 체면도 설 수 있습니다.

기　자: 비엔나 호텔이 고객을 위해 제공하는 '5성급 체험'을 소개해주실 수 있습니까?

황선생: 비엔나 호텔이 제공하는 ²5성급 체험'은 주로 비즈니스 여행 숙박 서비스와 건강 미식을 제공하는 방면에서 드러납니다.

기　자: 저희를 위해 상세하게 소개해주시겠습니까?

황선생: 비즈니스 방면에서 저희는 고객을 위해 사무실, 비즈니스 센터, 중소형 회의실 등 응용 비즈니스 장소를 제공하고 있습니다. 고객은 호텔을 나가지 않고도 호텔 안에서 각종 비즈니스 활동을 할 수 있습니다. 숙박 방면에서 저희는 객실의 세부 부분에 대해 매우 중시합니다. 예를 들어 매트리스, 수건, 베개, 화장실과 욕실 시스템, 객실 인테리어 등은 모두 저희들의 최선의 설계를 거쳤고, 최고급 재료를 사용하여 제작했습니다. 음식 방면에서 대다수의 비엔나 우수 비

纳精品商务连锁酒店都配有"百岁村"健康美食餐饮连锁。❹ ³·ᴬ能提供100多种中外菜式，品种齐全，❺ ³·ᴮ客户在酒店里就可以宴请宾客。而维也纳咖啡厅则装修精美、格调高雅，采用"私密"式交互空间设计，非常适合商务客户沟通交流。环保方面，客房以及配套餐饮消毒清洁，❻ ³·ᶜ我们使用对人体无害无味无刺激的高温设备进行消毒清洁，确保客户住得安全健康。安全方面，维也纳酒店❼ ³·ᴰ拥有一套成熟的管理体系和先进的安全系统，已经做到18年来零安全事故。可以说，在这些方面，我们都达到甚至超过了五星级酒店的标准。

记　者：❽ ⁴"花两、三百块钱，用"二星级的消费价格"，就能享受到"五星级消费体验"，听起来有点不可思议。你们是如何做到这点，并仍能盈利？

黄先生：❾ ⁵"五星体验、二星消费"这是维也纳的核心消费价值战略，也是维也纳酒店的商业模式重要组成部分。我们始终坚持"人本思想"，实实在在以顾客为中心，以顾客需求出发，实施定制式服务。我们把节省的成本资源都投放到客户最需要的地方。因此，在节约成本、减少客户支出的同时，让客户获得完整的五星级住宿体验，同时我们也能获得一定的合理利润。

즈니스 호텔 체인은 모두 '백세촌' 건강 미식 음식판매 체인을 갖추고 있습니다. ³·ᴬ100여 가지의 중국과 외국 요리를 제공하며, 종류별로 완전히 갖추어 있어 ³·ᴮ고객은 호텔 내에서 손님을 접대할 수 있습니다. 비엔나 커피숍은 인테리어가 정교하고 아름다우며, 풍격이 우아하고 '프라이버시'식 교류 공간 설계를 사용하여, 비즈니스 고객이 소통하고 교류하기에 매우 적합합니다. 환경 보호 방면에서 객실 및 함께 제공되는 음식은 소독을 청결이 합니다. ³·ᶜ저희는 인체에 무해하고 냄새가 없으며 자극이 없는 고온 설비를 사용해서 청결하게 소독하여, 고객이 안전하고 건강하게 묵으실 수 있도록 확실하게 보증하고 있습니다. 안전 방면에서 비엔나 호텔은 ³·ᴰ성숙한 관리 체계와 선진적인 안전 시스템을 갖추고 있고, 이미 18년간 안전사고가 제로입니다. 이러한 방면에서 저희는 심지어 5성급 호텔의 기준을 넘어섰다고 말할 수 있습니다.

기　자： ⁴2~300위안을 쓰는 '2성급의 소비 가격'으로 '5성급 소비 체험'을 누릴 수 있다니. 듣기에 조금 이해가 가지 않습니다. 어떻게 이렇게 하실 수 있었으며, 여전히 이윤을 보실 수 있는 겁니까?

황선생： ⁵'5성 체험, 2성 소비', 이것은 비엔나의 핵심적인 소비 전략이며, 또한 비엔나 호텔의 상업 패턴에 중요한 구성 부분입니다. 저희는 시종일관 '인본사상'을 견지하고 있고, 확실히 고객을 중심으로 하고 고객의 요구로써 출발하는 제도식 서비스를 실시하고 있습니다. 저희는 절약한 원가 자원을 고객이 가장 필요로 하는 곳에 투자합니다. 따라서 원가를 절약하고 고객의 지출을 감소시킴과 동시에 고객이 완벽한 5성급 숙박 체험을 얻을 수 있게 하며, 또한 저희도 어느 정도는 합리적인 이율을 얻을 수 있습니다.

단어 ┃ 精品 jīngpǐn 몡 우수한 제품, 정교한 제품 ┃ 商务 shāngwù 몡 상업 상의 업무, 비즈니스 업무 ┃ ★客户 kèhù 몡 고객, 손님 ┃ 风格 fēnggé 몡 태도, 풍격, 품격 ┃ ★务实 wù shí 이합 실무에 종사하다. 구체적 사업 수행에 힘쓰다 혱 실속 있다. 실제적이다 ┃ 商旅 shānglǚ 몡 ① 행상 ② 상인과 여객 ┃ 针对 zhēnduì 동 대하다. 겨누다. 겨냥하다 ┃ 支付 zhīfù 동 (돈을) 지불하다 ┃ 享受 xiǎngshòu 동 누리다. 즐기다 몡 향수, 향락 ┃ 住宿 zhùsù 동 묵다, 숙박하다 ┃ 超值 chāozhí 혱 비용가치를 뛰어넘다 ┃ ★体面 tǐmiàn 몡 체면, 면목 혱 ① 떳떳하다. 어엿하다, 체면이 서다 ② 보기 좋다, 아름답다 ┃ 维也纳 Wéiyěnà 몡 비엔나 ┃ ★配套 pèitào 동 세트를 만들다. 조립하다. 짜맞추다 ┃ 美食 měishí 몡 맛이 좋은 음식, 미식 ┃ 详细 xiángxì 혱 상세하다. 자세하다 ┃ 足不出户 zúbùchūhù 집 밖을 나서지 않다 ┃ 客房 kèfáng 몡 객방, 거실 ┃ 细节 xìjié 몡 세부, 자세한 부분, 상세한 부분 ┃ 床垫 chuángdiàn 몡 침대 매트리스 ┃ 毛巾 máojīn 몡 타월, 수건 ┃ 枕头 zhěntou 몡 베개 ┃ 卫浴 wèiyù 몡 화장실과 욕실 ┃ 系统 xìtǒng 몡 체계, 시스템, 조직 혱 체계적이다. 조직적이다 ┃ 悉心 xīxīn 뷔 모든 정력을 바쳐, 온 힘을 다해 ┃ 顶级 dǐngjí 혱 최고급의, 가장 뛰어난 ┃ ★饮食 yǐnshí 몡 음식 동 먹고 마시다 ┃ 配有 pèiyǒu 동 배치되어 있다 ┃ 菜式 càishì 몡 ① 요리의 양식 ② 다른 지역의 요리 ┃ 餐饮 cānyǐn 몡 음식 판매, 요식 ┃ ★连锁 liánsuǒ 몡 연쇄적인 ┃ 品种 pǐnzhǒng 몡 ① 품종 ② 제품의 종류 ┃ ★齐全 qíquán 혱 완전히 갖추다, 완비하다 ┃ 宴请 yànqǐng 동 (잔치를 베풀어) 손님을 접대하다 ┃ 宾客 bīnkè 몡 손님 ┃ 精美 jīngměi 혱 정교하고 아름답다 ┃ 格调 gédiào 몡 풍격, 격조, 예술적 스타일 ┃ 高雅 gāoyǎ 혱 우아하다 ┃ 私密 sīmì 혱 은밀하다, 비밀스럽다 몡 사적인 비밀 ┃ 交互 jiāohù 뷔 ① 서로 ② 교대로 동 서로 연락하며 교류하다 ┃ 沟通 gōutōng 동 교류하다. 소통하다 ┃ ★消毒 xiāo dú 이합 소독하다 ┃ ★清洁 qīngjié 혱 청결하다, 깨끗하다 ┃ 刺激 cìjī 동 자극하다. 자극시키다 몡 자극 ┃ ★确保 quèbǎo 동 확보하다, 확실하게 보증하다 ┃ ★不可思议 bùkě sīyì 셩 불가사의하다, 이해할 수 없다, 상상할 수 없다 ┃ ★盈利 yínglì 몡 (기업의) 이윤, 이익 동 이윤을 얻다, 이익을 보다 ┃ 核心 héxīn 몡 핵심 ┃ ★战略 zhànlüè 몡 전략 ┃ ★模式 móshì 몡 표준 양식, 패턴, 유형 ┃ 实在 shízài 혱 진실하다. 참되다 뷔 확실히, 참으로 ┃ ★实施 shíshī 동 실시하다 ┃ 定制 dìngzhì 혱 확립된 제도 동 주문하여 만들다 ┃ 节省 jiéshěng 동 아끼다, 절약하다, 절감하다 ┃ ★成本 chéngběn 몡 원가, 생산 비용 ┃ 资源 zīyuán 몡 자원 ┃ 投放 tóufàng 동 (인력·자금 등을) 투자하다, 투입하다 ┃ 完整 wánzhěng 혱 완전하다. 온전하다 ┃ 体验 tǐyàn 동 (몸소) 경험하다, 체험하다 ┃ 利润 lìrùn 몡 이윤

▶ 02-12-1

01 p. 94

A 奢侈的五星级消费	A 사치스러운 5성급 소비
B 风格独特的享受	B 풍격이 독특한 향락
C 在经济型酒店和五星级酒店之间	**C 경제형 호텔과 5성급 호텔 사이**
D 非常体面的消费	D 매우 체면이 서는 소비

| 问: "精品商务酒店"的定位是什么? | 질문: '우수 비즈니스 호텔'의 위치 선정은 무엇인가? |

해설 ▶ ❶에서 '경제형 호텔과 5성급 호텔 사이로 위치를 정했습니다'라고 했으므로 답은 C이다.

단어 ★奢侈 shēchǐ 혱 사치스럽다 | 独特 dútè 혱 독특하다

▶ 02-12-2

02 p. 94

| A 高价位 | B 实用 | A 높은 가격 | B 실용성 |
| C 服务和美食 | D 方便 | **C 서비스와 미식** | D 편리함 |

| 问: 这里说的"五星级体验"体现在哪方面? | 질문: 여기서 말하는 '5성급 체험'은 어느 방면에서 구체적으로 드러나는가? |

해설 ▶ ❸에서 '5성급 체험은 주로 비즈니스와 여행 숙박 체험, 건강 미식을 제공하는 방면에서 드러납니다'라고 했으므로 답은 C이다.

ⓘTip 명사형 보기로 되어 있는 문제는 녹음을 들으면서 일치하는 내용이 나오면 반드시 바로 체크하자.

단어 价位 jiàwèi 몡 가격대

▶ 02-12-3

03 p. 94

A 能提供100种中国传统菜式	A 100가지의 중국 전통 요리를 제공할 수 있다
B 客户在酒店里就可以宴请宾客	**B 고객은 호텔 내에서 손님을 접대할 수 있다**
C 配备了高温消毒设备	C 고온의 소독 설비를 갖추었다
D 有一套成熟的安全系统	D 성숙한 안전 시스템이 있다

| 问: 根据这段采访, 维也纳酒店在饮食方面有什么特点? | 질문: 이 인터뷰에 따르면 비엔나 호텔은 음식 방면에서 어떤 특징이 있는가? |

해설 ▶ 중요한 것은 음식 방면을 묻고 있다는 것이다. 먼저 ❻에서 '인체에 무해하고 냄새가 없으며 자극이 없는 고온 설비를 사용한다'라고 한 것은 '환경 보호 방면'에 속하는 것이므로 C는 X이다. 또한 ❼에서 '성숙한 관리 체계와 선진적인 안전 시스템을 갖추고 있다'라고 한 것은 '안전 방면'에 속하는 것이므로 D도 역시 X이다. A와 B는 모두 음식 방면의 내용에 속한다. 하지만 ❹에서 '100여 가지의 중국과 외국 요리를 제공한다'라고 했으므로 A 역시 X이다. ❺의 '고객은 호텔 내에서 손님을 접대할 수 있다'라는 말을 통해 답은 B라는 것을 알 수 있다.

단어 ★配备 pèibèi 동 (인력이나 물력을) 분배하다, 배치하다, 공급하다, 제공하다

04
p. 94

A 一百块钱	B 二、三百块钱	A 100위안	**B 2~300위안**
C 五百块钱	D 一千块钱	C 500위안	D 1,000위안

问: 维也纳酒店的消费价格是多少?　　　　　질문: 비엔나 호텔의 소비 가격은 얼마인가?

해설 ▶ 이 인터뷰 전체를 통틀어 언급되는 돈 단위는 ❷의 '대략 2~300위안' ❽의 '2~300위안을 쓴다'라는 말이 나온다. 따라서 답은 B이다.

　　　　⚠️ Tip 보기에 숫자가 나왔을 때는 반드시 녹음을 들으면서 바로 체크하거나 메모해야 한다. 4번의 보기는 모두 돈의 단위이므로 돈이 나오는지 주의하며 들어야겠다.

05
p. 94

A 坚持"人本思想"	A '인본사상'을 견지한다
B 尽量从中获得利润	B 최대한 그 속에서 이윤을 얻는다
C 以酒店发展为中心	C 호텔의 발전을 중심으로 한다
D 五星体验、二星消费	**D 5성 체험, 2성 소비**

问: 维也纳的核心消费价值战略是什么?　　　질문: 비엔나의 핵심적인 소비 가치 전략은 무엇인가?

해설 ▶ ❾에서 '5성 체험, 2성 소비, 이것은 비엔나의 핵심적인 소비 전략이다'라고 했으므로 답은 D이다.

제3부분 장문 듣기

MP3 바로 듣기

DAY 23

✓ 정답

1. C   2. A   3. B

[01–03] ▶ 03-02-0

一天我坐上一辆出租车去公司，出租车正在它该行驶的车道上前行，❶ ¹突然一辆银白色小汽车从我们前面的一个停车位上冲了出来。只见出租车司机猛地踩下刹车，车子侧滑，和对面开来的一辆车擦身而过。可那辆银白色小汽车的司机却冲我们大喊大叫。出租车司机只是笑了笑，不但没有生气，相反，还友好地向那个家伙挥了挥手。我有些不解地问他："你刚才为什么那样做？那个家伙差点儿撞坏了你的车，把我们送进医院。"他解释说："❷ ²有些人就像垃圾车一样，他被装载了垃圾、挫折感、愤怒与失望四处奔跑，当他们的垃圾堆积到一定的程度后，他们需要找一个地方倾卸，有时候他们会把垃圾倾卸到你身上。❸ ³这时不要把它们接过来，笑一笑、挥挥手，祝他们好运，然后继续前行。别接受他们的垃圾，然后散布给你的同事、家人或是路人。"

하루는 내가 택시를 타고 회사에 가는데, 택시가 자신이 운행해야 할 차도로 나아가고 있을 때, ¹갑자기 은백색 소형차가 우리 앞쪽의 한 주차 자리에서 돌진해 나왔다. 택시기사가 급히 브레이크를 밟는 것이 얼핏 보였고, 차가 옆으로 기울어져 맞은 편에서 오는 차와 아슬아슬하게 스쳐 지나갔다. 그러나 그 은백색 소형차의 기사는 오히려 우리를 향해 크게 소리쳤다. 택시 기사는 웃기만 하였고, 화도 내지 않았을 뿐만 아니라 반대로 우호적으로 그 자식을 향해 손을 흔들었다. 나는 조금 이해되지 않아 그에게 물었다. "방금 왜 그렇게 하신 거죠? 그 자식이 하마터면 당신 차를 박고, 우리를 병원에 보낼 뻔 했는데 말이에요." 그는 설명하며 말했다. "²어떤 사람들은 쓰레기차처럼 쓰레기, 좌절감, 분노, 그리고 실망을 싣고 사방으로 달리다가, 그들의 쓰레기가 어느 정도 쌓이면 한쪽으로 쏟아버릴 곳을 찾아 때로는 그들의 쓰레기를 당신의 몸에 쏟아내기도 합니다. ³이때 그것들을 받지 말고, 웃으며 손을 흔들고 그들에게 행운을 빌어준 다음 계속 가야 합니다. 그들의 쓰레기를 받은 다음 당신의 동료, 가족, 혹은 행인에게 퍼뜨리지 말아야 해요."

단어 行驶 xíngshǐ 图 (차나 배 등이) 다니다, 운항하다 | 冲 chōng 图 ① 돌진하다, 돌파하다 ② 물로 씻다, (물이나 파도 등에) 부딪히다 | 只见 zhǐjiàn 图 ① 문득 보다, 얼핏 보다 ② 다만 ~만을 보다 | 猛 měng 图 ① 사납다, 맹렬하다 ② 갑자기, 돌연히 | 踩 cǎi 图 (발바닥으로) 밟다 | ★刹车 shā chē 이합 차를 세우다, 브레이크를 걸다 | 擦身而过 cāshēn'érguò 서로 닿을락 말락 지나가다 | ★友好 yǒuhǎo 우호적이다 | ★家伙 jiāhuo 图 녀석, 새끼, 자식, 놈 | 挥手 huī shǒu 이합 손을 (들어) 흔들다 | 不解 bùjiě 图 이해하지 못하다 | 差点儿 chàdiǎnr 图 하마터면, 자칫하면 | 撞 zhuàng 图 박다, 충돌하다, 치다 | 垃圾 lājī 图 쓰레기, 오물 | 装载 zhuāngzài 图 (운송도구로 사람이나 짐을) 싣다, 적재하다, 태우다 | ★挫折 cuòzhé 图 ① 좌절시키다, 꺾다 ② 실패하다, 지다 | 愤怒 fènnù 图 분노하다, 성내다 | 奔跑 bēnpǎo 图 빨리 달리다, 분주히 다니다 | ★堆积 duījī 图 (사물이 무더기로) 쌓이다 | 倾卸 qīngxiè 图 (차나 배에 실었던 물건을) 한쪽으로 기울여서 쏟다 | ★散布 sànbù 图 ① 흩어지다, 흩뜨리다, 퍼지다 ② (안 좋은 소식·소문을) 퍼뜨리다, 유포하다

▶ 03-02-1

01

p. 101

A 出租车司机
B 我
C 银白色小汽车司机
D 对面车的司机

A 택시 기사
B 나
C 은백색 소형차의 기사
D 맞은편 차의 기사

问: 是谁差点儿导致撞车?

질문: 누가 하마터면 자동차 사고를 야기시킬 뻔 했나?

❶에서 '갑자기 은백색 소형차가 우리 앞쪽의 한 주차 자리에서 돌진해 나왔다'라고 했으므로 답은 C이다.

> **Tip** 명사로 되어 있는 네 사람이 보기에 나와 있다. 이럴 경우에는 보기의 이 네 사람이 하는 동작을 잘 구분해서 들어야 한다.

단어 导致 dǎozhì 图 야기하다, 초래하다

▶ 03-02-2

02
p. 101

A 消极情绪	A 부정적인 정서
B 行李	B 짐
C 没有用的东西	C 쓸모 없는 물건
D 人们扔掉的废弃物	D 사람들이 버린 폐기물

问: 这段话中的"垃圾"指什么? | **질문: 이 글에서 '쓰레기'가 가리키는 것은?**

해설 ▶ ❷의 '어떤 사람들은 쓰레기차처럼 쓰레기, 좌절감, 분노, 그리고 실망을 싣고 사방으로 달린다'라는 말을 통해 '쓰레기'는 일종의 비유적 표현임을 알 수 있다. 따라서 답은 A이다.

단어 ★ 消极 xiāojí 圈 ① 부정적이다 ② 소극적이다 | 情绪 qíngxù 圐 정서, 기분 | 扔掉 rēngdiào 图 내버리다, 방치하다 | 废弃物 fèiqìwù 圐 폐기물

▶ 03-02-3

03
p. 101

A 违反了交通规则	A 교통 규칙을 위반했다
B 心态很好	B 심리 상태가 좋다
C 很懦弱	C 나약하다
D 受伤了	D 부상을 입었다

问: 关于出租车司机, 下面哪项正确? | **질문: 택시기사에 관해 다음 중 옳은 것은?**

해설 ▶ ❸에서 택시기사가 '이때 그것들을 받지 말고, 웃으며 손을 흔들고 그들에게 행운을 빌어준 다음 계속 가야 한다'라고 말한 것을 통해 답은 B임을 알 수 있다.

> **Tip** 보기로 볼 때 문제 1번 보기의 네 사람 중 누군가에 대한 묘사임을 알 수 있다.

단어 违反 wéifǎn 图 (법률·규정·규칙 등을) 위반하다, 지키지 않다 | ★ 心态 xīntài 圐 심리 상태 | 懦弱 nuòruò 圈 (의지가) 무르다, 나약하다, 굳세지 못하다

✓ 정답   1. A   2. D   3. A

[01-03]   ▶ 03-03-0

　　唐朝诗人白居易写诗成瘾，有"诗魔"之称，❶³一生创作了近3000首诗歌。❷¹白居易作诗注重捕捉灵感，并且有一个妙招，随时随地把捕捉到的灵感装到陶罐里。

　　他的书房中放着很多陶罐，每个陶罐上面都分门别类地贴着标签。❸²当创作灵感光顾时，他便立即写下来，然后根据其内容投到某个陶罐中，等到需要的时候，再从陶罐中取出来，细细斟酌，将素材加以修改而成诗。

　　白居易对这些陶罐视若珍宝，从不允许他人乱碰。他外出时，还会专门带上一个陶罐，将沿途捕捉到的灵感随时投入其中。这实际上成了白居易的文件夹。正是靠着这些陶罐，白居易把日常生活中碎片一样的灵感慢慢积累起来写成诗。

　　后来，这些诗作都被收录在《白氏长庆集》中，成为后世文学宝库中闪闪发光的瑰宝。

당나라 시인 바이쥐이는 시를 쓸 때 중독되어, '시벽'이라는 별명이 있고, ³일생 동안 3,000수에 가까운 시가를 창작했다. ¹바이쥐이는 시를 지을 때 영감을 포착하는 것을 중시했고, 게다가 하나의 묘수가 있었는데, 언제 어디서나 포착한 영감을 단지 안에 넣어두었다.

그의 서재에는 많은 단지가 놓여 있었고, 모든 단지 위에는 부문별로 나누어져 라벨이 붙여져 있었다. ²창작의 영감이 왔을 때 그는 즉시 써 놓고, 그 내용을 근거로 어떤 단지 속에 던져 넣고, 필요할 때가 되면 다시 단지에서 꺼내서 세세하게 숙고하고, 소재를 고쳐서 시로 만들었다.

바이쥐이는 이 단지들을 진귀한 보물처럼 보아서, 여태껏 타인이 함부로 건드리는 것을 허락하지 않았다. 그는 외출할 때 일부러 한 개의 단지를 들고 가서, 길가에서 포착한 영감을 수시로 그 속에 던져 넣었다. 이것은 실제로 바이쥐이의 문서 파일이 되었다. 바로 이러한 도자기에 의지하여, 바이쥐이는 일상생활 속의 조각과 같은 영감을 천천히 쌓아서 시로 썼다.

후에 이러한 시 작품들은 모두 《白氏长庆集》에 수록되었고, 후세 문학 보고에서 반짝반짝 빛나는 진귀한 보물이 되었다.

단어　成瘾 chéngyǐn 图 중독되다 | 魔 mó 뎽 악마, 마귀, 귀신 | ★ 创作 chuàngzuò 图 (문예 작품을) 창작하다 | ★ 注重 zhùzhòng 图 중시하다 | ★ 捕捉 bǔzhuō 图 (붙)잡다, 포착하다 | ★ 灵感 línggǎn 뎽 영감 | 妙招 miàozhāo 뎽 묘수 | 随时随地 suíshí suídì 젱 언제 어디서나 | 陶罐 táoguàn 뎽 단지 | 分门别类 fēn mén bié lèi 젱 부문 별로 나누다 | 标签 biāoqiān 뎽 라벨 | 光顾 guānggù 图 와주다, 방문하다 | ★ 斟酌 zhēnzhuó 图 헤아리다, 숙고하다, 따져보다 | 素材 sùcái 뎽 소재 | 视若 shì ruò 图 ~처럼 보다 | 珍宝 zhēnbǎo 뎽 진귀한 보물 | 沿途 yántú 뎽 길가 图 길을 따라가다 | 文件夹 wénjiànjiā 뎽 문서 파일 | 碎片 suìpiàn 뎽 조각, 단편, 부스러기 | 宝库 bǎokù 뎽 보고 | 闪闪 shǎnshǎn 톙 번쩍거리다 | 瑰宝 guībǎo 뎽 진귀한 보물

                                                                          ▶ 03-03-1

01
p. 101

A 注重捕捉灵感
B 会进行实地考察
C 将诗写在陶罐表面
D 常抒发对田园生活的向往

A 영감을 포착하는 것을 중시한다
B 현지 조사를 한다
C 시를 단지 표면에 쓴다
D 전원 생활에 대한 동경을 종종 나타냈다

问: 下列哪项是白居易作诗的特点?

질문: 다음 중 어떤 것이 바이쥐이가 시를 짓는 특징인가?

해설　▶ ❷에서 '바이쥐이는 시를 지을 때 영감을 포착하는 것을 중시했고'라고 했으므로 답은 A이다.

단어　实地 shídì 뎽 현지, 현장 | ★ 考察 kǎochá 图 현지조사하다, 고찰하다 | 抒发 shūfā 图 (감정을) 나타내다 | 田园 tiányuán 뎽 전원, 농촌 | ★ 向往 xiàngwǎng 图 동경하다, 지향하다, 그리워하다

02

p. 101

A 放笔墨
B 充当摆设
C 装废弃的稿纸
D 收集创作素材

A 붓과 먹을 둔다
B 장식품을 담당한다
C 폐기하는 원고지를 넣는다
D 창작 소재를 수집한다

问: 白居易书房中的陶罐是用来做什么的?	질문: 바이쥐이 서재의 단지는 무엇을 하는데 사용하는 것인가?

해설 ▶ ❸에서 '창작의 영감이 왔을 때 그는 즉시 써 놓고, 그 내용을 근거로 어떤 단지 속에 던져 넣고, 필요할 때가 되면 다시 단지 속에서 꺼내서 세세하게 숙고하고, 소재를 고쳐서 시로 만들었다'라고 했으므로 답은 D이다.

단어 笔墨 bǐmò 圆 붓과 먹 | ★ 充当 chōngdāng 동 (직무를) 맡다, 담당하다 | 摆设 bǎishe 圆 장식품 | 废气 fèiqì 폐기하다 | 稿纸 gǎozhǐ 圆 원고지

03

p. 101

A 白居易写了上千首诗歌
B 白居易有 "诗鬼" 之称
C 那些陶罐被收藏在博物馆中
D 《白氏长庆集》由多位诗人编撰

A 바이쥐이는 천 개가 넘는 시가를 썼다
B 바이쥐이는 '시의 귀신'이라는 별명이 있다
C 그 단지들은 박물관에 소장되었다
D 《白氏长庆集》는 여러 시인들이 편찬했다

问: 根据这段话, 下列哪项正确?	질문: 이 글에 따르면, 다음 중 어떤 것이 옳은가?

해설 ▶ ❶에서 '일생 동안 3,000수에 가까운 시가를 창작했다'라고 했으므로 답은 A이다.

단어 ★ 收藏 shōucáng 동 소장하다 | 编撰 biānzhuàn 편찬하다, 편집하다

DAY **25**

✓ 정답

1. B   2. A   3. A

[01-03]

团购是一种基于网络的商业模式, 只要通过任意一家团购网站, 凑够指定人数, 消费者便可以用优惠的价格购买商品。在这个过程中, 买家得到优惠, 卖家薄利多销。相对于传统消费来讲, ❶ ¹团购最核心的优势就体现在优惠的商品价格上。

然而, 作为一种新兴的消费方式, ❷ ³目前团购还缺乏相关法规的约束, 致使各种团购骗局屡见不鲜。例如建材、家具等行业的产品价格缺乏透明度, 有的商家暗地里抬高标价再进行打折, 这样的团购其实就是促销, 消费者并不能从中获得真正的优惠。

공동구매는 인터넷에 기반한 상업 패턴으로, 임의의 한 공동구매 사이트를 통해 지정한 사람 수를 모으기만 하면, 소비자는 할인된 가격으로 상품을 구매할 수 있다. 이 과정에서 사는 측은 혜택을 받을 수 있고, 파는 측은 박리다매하게 된다. 전통적인 소비와 상대적으로 말해서, ¹공동구매의 가장 핵심적인 우위는 상품의 가격에서 구체적으로 드러난다.

그러나 새로 생긴 소비 방식으로서, ³현재 공동구매는 아직 관련 법규의 제약이 부족하여, 각종 공동구매의 사기를 흔히 볼 수 있다. 예를 들어 건축재료나 가구 등 업계의 제품 가격은 투명도가 부족해서, 어떤 상점은 몰래 표시 가격을 올리고 다시 할인을 하는데, 이러한 공동구매는 사실 판매 촉진이며, 소비자들은 결코 그로부터 진정한 혜택을 얻을 수 없다.

❸ ³售后服务不完善也是团购一大被人诟病之处，因此消费者在参与团购时要多多关注商家的信誉、售后服务等信息。

此外，❹ ³团购的售后维权问题也值得注意。团购群体毕竟只是出于某一特定目的而临时组织起来的松散团体，一旦交易成功，团购群就解散了。倘若售后出现问题，往往很难再将他们组织起来，❺ ²这就为消费者日后的维权行动带来不少困难。因此消费者在团购前应全面考虑、谨慎交易。

³애프터서비스가 완벽하지 않은 것도 공동구매가 사람들에게 욕을 먹는 것 중 하나이고, 따라서 소비자들은 공동구매에 참여할 때 상점의 신용과 명예, 애프터서비스 등 정보에 많이 관심을 가져야 한다.

이 외에 ³공동구매의 판매 후 권익 보호 문제도 주의할 만하다. 공동구매 단체는 결국 단지 어떤 특정한 목적에서 나와 임시로 조직된 느슨한 단체이다. 일단 교역이 성공하면, 공동구매 무리도 흩어지게 된다. 만약 판매 후 문제가 생기면 종종 다시 그들을 조직하기는 매우 어렵고, ²이것은 소비자들 이후의 권익 보호 행동에 적지 않은 어려움을 가져온다. 따라서 소비자들은 공동구매 전 전반적으로 고려하고 신중하게 교역해야 한다.

단어 团购 tuángòu 图 공동구매를 하다 图 공동구매 | 基于 jīyú ~에 근거하다 | ★ 模式 móshì 图 패턴, 유형 | ★ 任意 rènyì 제멋대로, 임의대로 图 임의의 | 凑 còu 图 모으다, 모이다 | ★ 指定 zhǐdìng 图 지정하다 | 薄利多销 bólì duōxiāo 图 박리다매하다 | 体现 tǐxiàn 图 구체적으로 드러내다 | 新兴 xīnxīng 图 신흥의, 새로 일어난 | 法规 fǎguī 图 법규 | ★ 约束 yuēshù 图 단속하다, 구속하다, 제약하다 图 제약, 제한, 구속 | 骗局 piànjú 图 사기 수단, 속임수 | 屡见不鲜 lǚ jiàn bù xiān 흔히 볼 수 있다 | 行业 hángyè 图 업계, 업종 | 透明 tòumíng 图 투명하다 | 暗地里 àndì li 암암리에, 남몰래 | 促销 cùxiāo 图 판매를 촉진시키다 | 完善 wánshàn 图 완전하다, 완벽하다 图 완벽해지게 하다 | 诟病 gòubìng 图 꾸짖다, 욕을 하며 책망하다 | 信誉 xìnyù 图 신용과 명예, 신망 | 维权 wéiquán 图 권익을 보호하다 | 毕竟 bìjìng 图 그래도, 아무래도, 결국 | 出于 chūyú ~에서 나오다, ~에서 발생하다 | ★ 特定 tèdìng 图 특정한 | 松散 sōngsǎn 图 느슨하다, 산만하다 | ★ 交易 jiāoyì 图 교역 图 교역하다 | ★ 解散 jiěsàn 图 흩어지다, 해산하다 | ★ 倘若 tǎngruò 图 만약 ~한다면 | 谨慎 jǐnshèn 图 신중하다

01
p. 107

A 运费全免
B 价格优惠
C 商品种类齐全
D 产品质量有保障

A 운송비는 전부 무료이다
B 가격에 혜택이 있다
C 상품 종류가 완비되어 있다
D 제품의 질을 보장할 수 있다

问: 团购的最核心优势是什么?

질문: 공동구매의 가장 핵심 우위는 무엇인가?

해설 ▶ ❶에서 '공동구매의 가장 핵심적인 우위는 상품의 가격에서 구체적으로 드러난다'라고 했으므로 답은 B이다.

단어 运费 yùnfèi 图 운임, 운송비 | ★ 齐全 qíquán 图 완전히 갖추다, 완비하다 | ★ 保障 bǎozhàng 图 보장하다 图 보장

03-05-2

02
p. 107

A 团购售后维权难
B 消费者在团购中获利最大
C 团购网站会向卖家收中介费
D 有法律机构保护团购者利益

A 공동구매의 판매 후 권익 보호는 어렵다
B 소비자들은 공동구매에서 이익을 가장 크게 얻는다
C 공동구매 사이트는 판매측에게 중개비를 받는다
D 법률 기구가 공동구매자의 이익을 보호한다

问: 根据这段话，下面哪项正确?

질문: 이 글에 근거하여, 다음 중 어떤 것이 옳은가?

해설 ▶ ❺에서 '이것은 소비자들 이후의 권익 보호 행동에 적지 않은 어려움을 가져온다'라고 했으므로 답은 A이다.

단어 中介费 zhōngjièfèi 图 중개수수료 | 法律机构 fǎlùjīgòu 법률 기구

03
p. 107

A 团购存在的风险
B 团购的主要渠道
C 如何破解商场骗局
D 团购没落的主要原因

A 공동구매에서 존재하는 위험
B 공동구매의 주요 루트
C 어떻게 상점의 속임수를 해결할 것인가
D 공동구매가 몰락한 주요 원인

问: 这段话主要谈的是什么?

질문: 이 글이 주로 이야기하는 것은 무엇인가?

해설 ▶ 2번 단락 ❷에서 '현재 공동구매는 아직 관련 법규의 제약이 부족하여', 3번 단락 ❸에서 '애프터서비스가 완벽하지 않은 것도 공동구매가 사람들에게 욕을 먹는 것 중 하나이고', 4번 단락 ❹에서 '공동구매의 판매 후 권익 보호 문제도 주의할 만하다'라는 각 단락의 내용을 통해 전체적 흐름을 알 수 있으므로 답은 A이다.

단어 风险 fēngxiǎn 몡 위험(성), 리스크 | ★ 渠道 qúdào 몡 경로, 루트 | 破解 pòjiě 툉 어려운 문제를 해결하다 | 没落 mòluò 툉 몰락하다

✔ 정답

1. B   2. A   3. C   4. D

[01-04]

03-06-0

玻璃啤酒瓶比较笨重，在生产中耗能大，且极易发生爆炸。那么，❶ ⁴为什么人们还用玻璃瓶装啤酒，而不用相对轻便、安全的塑料瓶呢？

原来这是因为啤酒里含有酒精的有机成分，而塑料也属于有机物，如果用塑料瓶装啤酒，根据相似相溶的原理，❷ ¹塑料瓶中对人体有害的有机物就会溶于啤酒中。当人们饮用这样的啤酒时，也就将这些有毒物质摄入了体内，这样一来就会对人体造成危害。

其次，由于啤酒的特殊性，啤酒瓶必须要耐压且能够保鲜。玻璃瓶具有良好的阻气性，且使用寿命长，❸ ²耐压和保鲜性能均优于塑料瓶，所以玻璃瓶更适合用来装啤酒。

另外，使用玻璃瓶时，应尽量选择深色的瓶子，❹ ³这是因为啤酒的重要原料啤酒花对光很敏感，在紫外线的作用下会分解产生令人不快的阳光锈。而深色玻璃瓶可以在一定程度上减少这种反应的发生。

유리 맥주병은 비교적 무겁고 생산 중에 에너지 소모가 크며, 매우 쉽게 폭발한다. 그렇다면 ⁴왜 사람들은 여전히 유리병에 맥주를 담고, 상대적으로 간편하고 안전한 플라스틱병을 사용하지 않는 걸까?

알고 보니 이것은 맥주 안에는 알코올의 유기 성분이 함유되어 있고 플라스틱도 유기물에 속하기 때문에, 만약 플라스틱병을 사용하여 맥주를 담으면, 서로 닮은 성분은 서로 녹는다는 원리에 근거하여, ¹플라스틱병 속 인체에 유해한 유기물이 맥주 속에 녹게 된다. 사람들이 이러한 맥주를 마실 때 이러한 유해물질을 체내로 섭취하게 되고, 이렇게 되면 인체에 해를 초래하게 된다.

다음으로, 맥주의 특수성 때문에 맥주병은 반드시 압력을 견뎌야 하고 게다가 신선도를 유지할 수 있어야 한다. 유리병은 좋은 공기를 막는 성질이 있고, 게다가 사용 수명이 긴데, ²압력을 견디는 것과 신선도 유지성이 플라스틱병보다 우수하고, 그래서 유리병이 더욱 맥주를 담는 데 사용하기에 적합하다.

그 밖에, 유리병을 사용할 때는 가능한 한 짙은 색의 병을 선택한다. ³이것은 맥주의 중요한 원료인 홉이 빛에 민감하기 때문인데, 자외선의 작용 하에 분해되어 사람을 불쾌하게 하는 녹이 생긴다. 반면 짙은 색의 유리병은 어느 정도 이러한 반응의 발생을 감소시킬 수 있다.

단어 笨重bènzhòng 혱 육중하다, 둔하고 무겁다 | 耗能 hàonéng 툉 에너지를 소모하다 몡 에너지 소모 | ★ 爆炸 bàozhà 툉 폭발하다 몡 폭발 | 轻便 qīngbiàn 혱 (제작, 사용 등이) 간편하다, 편리하다 | ★ 酒精 jiǔjīng 몡 알코올 | 溶 róng 툉 녹다, 융해되다 | 摄入 shèrù 툉 섭취하다 | 保鲜 bǎoxiān 툉 신선도를 유지하다 | 寿命 shòumìng 몡 수명 | 优于 yōuyú ~보다 우수하다, ~보다 훌륭하다 | 尽量 jǐnliàng 囝 가능한 한, 되도록 | 啤酒花 píjiǔhuā 몡 홉 | 敏感 mǐngǎn 혱 민감하다 | 紫外线 zǐwàixiàn 몡 자외선 | ★ 分解 fēnjiě 툉 분해하다 | 锈 xiù 몡 녹 툉 녹슬다

01

p. 107

A 容易爆炸	A 쉽게 폭발한다
B 产生毒物质	**B 독 물질이 생긴다**
C 保温性太差	C 보온성이 아주 떨어진다
D 生产时耗能大	D 생산할 때 에너지 소모가 크다

问: 用塑料瓶装啤酒有什么缺点?	질문: 플라스틱 병을 사용해서 담은 맥주는 어떤 단점이 있는가?

해설 ▶ ❷에서 '플라스틱 병 속 인체에 유해한 유기물이 맥주 속에 녹게 된다'라고 했으므로 답은 B이다.

단어 **毒** dú 명 독 | **保温** bǎowēn 동 보온하다

02

p. 107

A 耐压	B 透气	**A 압력을 견딘다**	B 공기가 통한다
C 便携	D 安全	C 휴대에 간편하다	D 안전하다

问: 关于玻璃啤酒瓶的性能, 下列哪项正确?	질문: 유리 맥주병의 성능에 관해, 다음 중 어떤 것이 옳은가?

해설 ▶ ❸에서 '압력을 견디는 것과 신선도 유지성이 플라스틱병보다 우수하고, 그래서 유리병이 더욱 맥주를 담는 데 사용하기에 적합하다'라고 했으므로 답은 A이다.

단어 **透气** tòuqì 동 공기가 통하다 | **便携** biànxié 형 휴대에 간편하다 | **性能** xìngnéng 명 성능

03

p. 107

A 无色透明	A 무색에 투명하다
B 不易分解	B 쉽게 분해되지 않는다
C 对光很敏感	**C 빛에 민감하다**
D 本身有臭味	D 그 자체에 나쁜 냄새가 있다

问: 关于啤酒花可以知道什么?	질문: 홉에 관해 무엇을 알 수 있나?

해설 ▶ ❹에서 '이것은 맥주의 중요한 원료인 홉이 빛에 민감하기 때문인데'라고 했으므로 답은 C이다.

단어 **透明** tòumíng 형 투명하다 | ★ **本身** běnshēn 명 그 자신, 그 자체 | **臭味** chòuwèi 나쁜 냄새

04

p. 107

A 啤酒的加工与存放	A 맥주의 가공과 보관
B 如何防止啤酒变质	B 어떻게 맥주의 변질을 방지할 것인가
C 玻璃瓶的多种用途	C 유리병의 여러 가지 용도
D 用玻璃瓶装啤酒的原因	**D 유리병을 사용하여 맥주를 담는 원인**

问: 这段话主要谈的是什么?	질문: 이 글이 주로 이야기하는 것은 무엇인가?

해설 ▶ 전체적으로 ❶에서 '사람들은 여전히 유리병에 맥주를 담고, 상대적으로 간편하고 안전한 플라스틱병을 사용하지 않는 걸까' 라는 질문에 대답하는 내용으로 되어 있으므로 답은 D이다.

단어 ★加工 jiāgōng 통 가공하다 명 가공 | 存放 cúnfàng 통 보관하여 두다 | ★变质 biànzhì 통 변질되다 명 변질 | 用途 yòngtú 명 용도

DAY 27

✓ 정답　　　1. C　　　　　2. B　　　　　3. A

[01–03]　　　　　　　　　　　　　　　　　　　　　　　　　　　　　　　▶ 03-08-0

❶ ¹我从小就非常崇拜科学家，对自然界也充满了好奇心。我认为科学家是在为全人类探索道路，在漆黑一片的世界里，❷ ²科学家走在最前面，不畏艰辛顽强地开拓，在经历无数次的失败以后，为人类找到发展的道路。做科学家是一件很难的事情，得承受一次又一次的失败，而且❸ ³做的事情是全人类只做过一次的事情。如果是重复别人以前做过的，发现别人已经发现的，那工作就一钱不值。

¹나는 어렸을 때부터 과학자들을 매우 숭배했고, 자연계에 대해서도 호기심으로 가득했다. 나는 과학자들은 전 인류를 위해 길을 탐색하고, 어두운 세상에서 ²가장 앞에서 걸어가며 고생을 두려워하지 않고 꿋꿋하게 개척하여, 무수한 실패를 겪은 후 인류를 위해 발전할 수 있는 길을 찾아낸다고 생각한다. 과학자가 되는 것은 힘든 일이며 반복되는 실패를 견뎌야만 하고, 게다가 ³하는 일은 전 인류에서 단지 한 번만 해본 적 있는 일이다. 만약 다른 사람이 이전에 해본 적 있는 것을 중복하거나 다른 사람이 이미 발견한 것을 발견한다면, 그 일은 조금의 가치도 없게 된다.

단어 ★崇拜 chóngbài 통 숭배하다 | 充满 chōngmǎn 통 충만하다, 가득하다 | 好奇 hàoqí 형 호기심이 많다, 궁금하다 | ★探索 tànsuǒ 통 탐색하다, 찾다 | 漆黑 qīhēi 형 칠흑 같다, 새까맣다 | 畏 wèi 통 두려워하다, 겁내다 | 艰辛 jiānxīn 형 고생스럽다, 고달프다 | ★顽强 wánqiáng 형 완강하다, 굳세다, 꿋꿋하다, 강경하다 | ★开拓 kāituò 통 개척하다, 확장하다 | 经历 jīnglì 통 겪다, 경험하다 명 경험, 경력 | 承受 chéngshòu 통 참다, 견디다, 감당하다 | 重复 chóngfù 통 ① (똑같은 것이) 중복하다, 겹치다 ② (똑같은 일을) 반복하다 | 一钱不值 yìqián bùzhí 성 동전 한 푼의 가치도 없다, 조금의 가치도 없다

　　　　　　　　　　　　　　　　　　　　　　　　　　　　　　　　　　▶ 03-08-1

01
p. 112

A 羡慕　　　　B 好奇　　　　　　A 부러워한다　　　　B 호기심을 느낀다
C 崇拜　　　　D 同情　　　　　　C 숭배한다　　　　　D 동정한다

问: 说话人对科学家的态度是什么?　　　질문: 화자의 과학자에 대한 태도는 무엇인가?

해설 ▶ 보기를 먼저 보면, 어떤 것에 대한 사람의 태도를 묻는 문제임을 알 수 있다. 첫 문장 ❶에서 '나는 어렸을 때부터 과학자들을 매우 숭배했다'라고 했으므로 답은 C이다.

단어 羡慕 xiànmù 통 선망하다, 부러워하다

02

p. 112

| A 头脑聪明的人 | B 意志坚强的人 | A 머리가 똑똑한 사람 | **B 의지가 강한 사람** |
| C 有好奇心的人 | D 受人尊敬的人 | C 호기심이 있는 사람 | D 존경 받는 사람 |

| 问: 说话人认为什么样的人能成为科学家? | 질문: 화자는 어떤 사람이 과학자가 될 수 있다고 생각하나? |

해설 ▶ ❷에서 '가장 앞에서 걸어가며 고생을 두려워하지 않고 개척한다'라고 했으므로 답은 B이다.

!Tip 보기가 모두 '…的人'으로 끝나는 것으로 보아 '어떤' 사람인지를 묻는 문제임을 알 수 있다. 사람에 대한 묘사가 나오는 부분을 잘 체크해내야 한다.

단어 意志 yìzhì 명 의지 | 坚强 jiānqiáng 형 (의지나 성격 등이) 굳세다, 꿋꿋하다, 강경하다 | 尊敬 zūnjìng 동 존경하다 형 존경할 만하다

03

p. 112

A 别人没有做过的	**A 다른 사람이 해본 적이 없는 것**
B 别人不重视的	B 다른 사람이 중시하지 않는 것
C 不被人们认可的	C 사람들에 의해 인정되지 않는 것
D 不能被重复的	D 중복될 수 없는 것

| 问: 科学家做的是什么样的事情? | 질문: 과학자가 하는 것은 어떤 일인가? |

해설 ▶ ❸에서 '하는 일은 전 인류에서 단지 한 번만 해본 적 있는 일이다'라는 말을 통해 답은 A임을 알 수 있다.

단어 重视 zhòngshì 동 중시하다, 중대시하다 | ★认可 rènkě 동 인가하다, 허가하다, 승인하다

DAY 28

✓ 정답

| 1. B | 2. A | 3. C | 4. D |

[01–04]

❶ ²鲨鱼的攻击性极强，只要被鲨鱼发现，很少有人能够逃生。不过，奇怪的是，有位海洋生物学家对鲨鱼研究了多年，经常穿着潜水衣游到鲨鱼的身边，与鲨鱼近距离接触，可鲨鱼好像并不介意他的存在。他说："❷ ²˙ᴮ鲨鱼其实并不可怕。❸ ¹可怕的是你一见到鲨鱼，自己就先害怕了。"

的确如此。人在遇到鲨鱼时，心跳就会加速，正是那快速跳动的心脏引起了鲨鱼的注意。鲨鱼就是从那快速跳动的心脏在水中的感应波发现猎物的。如果在鲨鱼面前，❹ ³你能够心情坦然，毫不

²상어의 공격성은 매우 강해서 상어에게 발견되기만 하면 도망쳐서 살아남는 사람이 드물다. 그러나 이상한 것은, 한 해양 생물학자가 상어에 대해 다년간 연구하면서 종종 잠수복을 입고 상어의 곁으로 헤엄쳐 가서 상어와 근거리로 접촉하였지만, 상어는 마치 그의 존재를 신경 쓰지 않는 것 같다는 것이다. 그가 말했다. "²˙ᴮ상어는 사실 결코 무섭지 않습니다. ¹무서운 것은 당신이 상어를 보자마자 스스로 먼저 무서워하는 것이죠."

확실히 이러하다. 사람이 상어를 만났을 때 심장 박동이 빨라지는데, 바로 그 빠른 두근거림이 상어의 주의를 일깨우게 된다. 상어는 바로 그 빠르게 뛰는 심장의 물속 반응파로부터 사냥감을 발견하게 되는 것이다. 만약 상어 앞에서 ³당신이 침착하고 조금도

惊慌，那么鲨鱼对你就不构成任何威胁，哪怕它不小心触到了你的身体，也不会做任何侵犯。反之，如果你一见到鲨鱼就吓得浑身发抖，尖声惊叫，只想快点逃命，那么你注定会成为鲨鱼的一顿美餐。

❺ 看似凶险的东西，只要坦然地面对，有条有理地处理，最终都可以解决。有时，困住我们的只是我们自己。

당황하지 않는다면, 상어는 당신에게 어떠한 위험도 조성하지 않을 것이며, 설령 그것이 조심하지 않아 당신의 몸에 닿더라도 어떠한 침범도 하지 않을 것이다. 반대로 만약 당신이 상어를 보자마자 놀라서 온몸이 떨리고 날카로운 목소리로 놀라 소리치며 빨리 도망가서 목숨을 건지려고만 한다면, 당신은 상어의 맛있는 한 끼가 될 것임이 분명하다.

⁴위험하고 무서워 보이는 것도 침착하게 대하고 조리 있게 처리하기만 하면 결국 해결할 수 있다. 때로 우리를 곤경에 처하게 하는 것은 우리 자신일 뿐이다.

단어 鲨鱼 shāyú 몡 상어 | ★ 攻击 gōngjī 동 ① 공격하다 ② 비난하다 | 逃生 táoshēng 동 (위험한 환경에서) 도망쳐서 살아남다 | 海洋 hǎiyáng 몡 해양 | ★ 潜水 qiánshuǐ 동 잠수하다 | 接触 jiēchù 동 ① 닿다, 접촉하다 ② (사람 간에) 교제하다 | 介意 jièyì 마음에 두다, 개의하다 | 可怕 kěpà 톙 두렵다, 무섭다 | 害怕 hàipà 동 두려워하다, 무서워하다 | 的确 díquè 톙 확실히, 정말 | 如此 rúcǐ 떼 이와 같다, 이러하다 | 遇到 yùdào 동 만나다, 부닥치다, 마주치다 | 加速 jiāsù 동 가속하다, 빠르게 하다 | 快速 kuàisù 톙 속도가 빠른, 쾌속의 | 跳动 tiàodòng 동 (심장이) 뛰다, 고동치다, 두근거리다 | 心脏 xīnzàng 몡 심장 | 感应 gǎnyìng 동 ① 유도하다, 감응하다 ② 반응하다 | 猎物 lièwù 몡 포획물, 사냥감 | 坦然 tǎnrán 톙 (마음이) 평온하고 걱정이 없다 | 毫不 háobù 조금도 ~하지 않다 | 惊慌 jīnghuāng 톙 (놀라서) 허둥지둥하다, 당황하다 | 构成 gòuchéng 동 구성하다, 형성하다, 조성하다 몡 구성, 구조 | 威胁 wēixié 동 위협하다, 협박하다 | 哪怕 nǎpà 젭 설령 ~일지라도 | 触 chù 동 닿다, 접촉하다 | ★ 侵犯 qīnfàn 동 침범하다 | ★ 反之 fǎnzhī 젭 이와 반대로, 반대로 말하면 | ★ 浑身 húnshēn 몡 온몸, 전신 | 发抖 fādǒu 동 떨다, 떨리다 | 尖 jiān 톙 ① 날카롭다, 예리하다 ② (목소리가) 높고 날카롭다 | 惊叫 jīngjiào 동 놀라 외치다 | 逃命 táo mìng 이합 위험한 환경에서 탈출하다, 목숨을 건지다 | 注定 zhùdìng 동 미리 정해져 있다, 사전에 결정되어 있다 | 有条有理 yǒutiáo yǒulǐ 톙 조리 정연하다, 앞뒤가 들어맞고 체계가 서다 | 凶险 xiōngxiǎn 톙 위험하고 무섭다 | 面对 miànduì 동 ① 대면하다 ② 직면하다, 맞닥뜨리다, 부닥치다 | 困 kùn 동 ① 곤경에 처하다, 궁지에 빠지다 ② 가두다, 포위하다

▶ 03-09-1

01

p. 112

A 与鲨鱼近距离接触
B 见到鲨鱼自己先害怕
C 遇到攻击性强的鲨鱼
D 触到鲨鱼的身体

A 상어와 근거리에서 접촉한다
B 상어를 보고 자신이 먼저 두려워한다
C 공격성이 강한 상어를 만나게 된다
D 상어의 몸에 닿게 된다

问: 那位海洋生物学家认为什么更可怕?

질문: 그 해양 생물학자는 무엇이 더 무섭다고 생각하나?

해설 ▶ ❸에서 과학자가 '무서운 것은 당신이 상어를 보자마자 스스로 먼저 무서워하는 것이다'라고 했으므로 답은 B이다.

▶ 03-09-2

02

p. 112

A 鲨鱼的攻击性强
B 鲨鱼是非常可怕的动物
C 被鲨鱼发现了就不能逃生了
D 鲨鱼不吃死的动物

A 상어의 공격성은 강하다
B 상어는 매우 무서운 동물이다
C 상어에게 발견되면 도망가서 살 수 없다
D 상어는 죽은 동물을 먹지 않는다

问: 关于鲨鱼, 下列哪项正确?

질문: 상어에 관해 다음 중 옳은 것은?

해설 ▶ 첫 문장 ❶에서 '상어의 공격성은 매우 강하다'라고 했으므로 답은 A이다. ❷에서 과학자가 '상어는 사실 결코 무섭지 않다'라고 했으므로 B와 C는 X이고, D는 언급되지 않았다.

▶ 03-09-3

03

p. 112

A 快点逃命	A 빨리 도망가서 목숨을 건진다
B 尖声惊叫	B 날카로운 목소리로 놀라 소리친다
C 应该心情坦然	**C 마음이 침착해야만 한다**
D 穿潜水衣	D 잠수복을 입는다

问：遇到鲨鱼时，应该怎样保护自己？	질문: 상어를 만났을 때 어떻게 자신을 보호해야 하나?

해설 ▶ ❹에서 '당신이 침착하고 조금도 당황하지 않는다면, 상어는 당신에게 어떠한 위협도 조성하지 않을 것이다'라고 했으므로 답은 C이다.

▶ 03-09-4

04

p. 112

A 鲨鱼是凶险的动物	A 상어는 위험하고 무서운 동물이다
B 不要接近鲨鱼	B 상어에게 접근하지 말아라
C 解决不了就应该放弃	C 해결할 수 없으면 포기해야 한다
D 应该坦然面对凶险	**D 위험하고 무서운 것을 침착하게 대해야 한다**

问：下列哪项是说话人的观点？	실분: 다음 중 어떤 것이 화사의 관점인가?

해설 ▶ ❺에서 '위험하고 무서워 보이는 것도 침착하게 대하고 조리 있게 처리하기만 하면 결국 해결할 수 있다'라고 했으므로 답은 D이다.

⚠️Tip 논설문의 주요 관점은 일반적으로 글의 마지막 단락에서 찾을 수 있다.

단어 接近 jiējìn 동 접근하다, 가까이하다

DAY 29

✓ 정답			
	1. C	2. A	3. D

[01-03]

▶ 03-11-0

（本报广州11月4日电）记者今日从广东省教育部门了解到，❶ ¹预计2011年有超过60万高校毕业生在广东求职。从11月20日至明年7月30日，❷ ²广东省教育部门将举办43场供需见面活动，为大学毕业生提供就业服务。今年的供需见面活动，一是❸ ³·ᴬ网络招聘、视频招聘的力度将会加大；二是供需见面活动的❹ ³·ᴮ实效性将会增强，适合应届毕业生就业的岗位信息增多；三是今年适逢广州的亚运年，供需见面活动的❺ ³·ᶜ安保工作将会加强。

（본 지의 광저우발 11월 4일자 보도）기자는 오늘 광둥성 교육부로부터 ¹2011년에 60만 명이 넘는 대학교 졸업생들이 광둥에서 구직을 하게 될 것으로 예측하고 있음을 알게 되었다. 11월 20일부터 내년 7월 30일까지 ²광둥성 교육부는 43번의 취업박람회를 열어 대학 졸업생들을 위해 취업 서비스를 제공할 것이다. 올해 취업박람회는 첫째로 ³·ᴬ인터넷 모집과 동영상 모집의 힘이 커질 것이고, 둘째로 취업박람회의 ³·ᴮ실효성이 장차 강화되어, 본기 졸업생 취업에 적합한 일자리 정보가 증가될 것이다. 셋째로 올해는 때마침 광저우 아시안게임이 열리는 해로, 취업박람회의 ³·ᶜ안보 업무가 장차 강화될 것이다.

단어 预计 yùjì 등 예상하다, 전망하다, 예측하다 | 高效 gāoxiào 명 대학교 | 求职 qiú zhí 이합 직업을 찾다, 구직하다 | 举办 jǔbàn 등 (행사나 활동을) 열다, 개최하다, 거행하다 | 供需 gōngxū 명 공급과 수요 | ★ 就业 jiù yè 이합 취업하다, 직장을 얻다 | ★ 网络 wǎngluò 명 네트워크, 시스템 | 招聘 zhāopìn 등 (공모의 방식으로) 모집하다, 초빙하다 | 视频 shìpín 명 비디오, 동영상 | 力度 lìdù 명 힘의 크기, 힘의 강도 | 应届 yīngjiè 형 당해 연도의, 본기의 | ★ 岗位 gǎngwèi 명 직위, (업무상의) 자리 | 信息 xìnxī 명 ① 소식, 뉴스 ② 정보 | 适逢 shìféng 등 때마침 때를 만나다 | 安保 ānbǎo 명 안전과 보위, 안보

▶ 03-11-1

01
p. 120

| A 40多万 | B 50多万 | A 40여 만 | B 50여 만 |
| C 60多万 | B 70多万 | C 60여 만 | D 70여 만 |

问: 预计2011年有多少高校毕业生在广东求职?

질문: 2011년에 얼마나 많은 대학 졸업생이 광둥에서 구직할 것으로 예측하나?

해설 ▶ ❶에서 '2011년에 60만 명이 넘는 대학교 졸업생들이 광둥에서 구직을 하게 될 것으로 예측한다'라고 했으므로 답은 C이다.

Tip 보기에 숫자가 나왔을 때는 반드시 녹음을 들으면서 바로 체크하거나 메모해야 한다. 1번의 보기는 모두 '万'이라는 단위가 나오므로, 녹음에서 '만' 단위가 언급되는지 주의하며 들어야겠다.

▶ 03-11-2

02
p. 120

| A 40多 | B 50多 | A 40여 | B 50여 |
| C 60多 | B 70多 | C 60여 | D 70여 |

问: 广东省教育部门将举办多少场供需见面活动?

질문: 광둥성 교육부는 장차 몇 번의 취업박람회를 열 것인가?

해설 ▶ ❷에서 '광둥성 교육부는 43번의 취업박람회를 열 것이다'라고 했으므로 답은 A이다.

Tip 역시 숫자로 되어 있다. '多'가 붙어 있으므로 녹음에서 말 그대로 '多'를 사용할 수도 있고, 또 구체적인 숫자가 제시되고 그 숫자를 '얼마가 넘는다'는 의미로 찾아내야 할 수도 있다.

▶ 03-11-3

03
p. 120

A 网络、视频招聘力度加大	A 인터넷, 동영상 모집의 힘이 커진다
B 活动的实效性增强	B 활동의 실효성이 강화된다
C 活动的保安工作加强	C 활동의 보안 업무가 강화된다
D 录用人数大幅度增加	D 모집 인원수가 대폭으로 증가한다

问: 今年的供需见面活动的特点不包括以下哪一项?

질문: 올해 취업박람회의 특징에 포함되지 않는 것은?

해설 ▶ ❸에서 '인터넷 모집과 동영상 모집의 힘이 커질 것이다', ❹에서 '실효성이 장차 강화될 것이다', ❺에서 '안보업무가 장차 강화될 것이다'라고 했으므로 A, B, C는 모두 맞는 내용이다. 따라서 답은 D임을 알 수 있다.

Tip 문장으로 된 보기는 메모가 필요 없지만 일치되는 단어나 내용이 보이면 가볍게 밑줄을 치거나 체크를 하면서 들어야 한다.

단어 保安 bǎo'ān 등 치안을 유지하다 명 경비원 | 录用 lùyòng 등 (인원을) 뽑다, 임용하다, 채용하다 | 大幅度 dàfúdù 부 대폭

[01-04] ▶ 03-12-0

　　10月31日，联合国教科文组织宣布，澳门正式成为"创意城市美食之都"新成员。❶ ¹澳门成为继成都、顺德之后，第三个获此殊荣的中国城市。这座面积仅30多平方公里，人口仅60余万的海滨小城，为何能获此美誉呢？

　　澳门虽然人口不多，但作为一个旅游城市，餐饮业十分发达。据澳门特区政府统计局的数据显示，澳门的餐饮场所多达2,200家，从业人数达32,000人，❷ ²餐饮业已经成为澳门的支柱产业之一。

　　因毗邻广东，再加上400多年中西文化交融的历史渊源，澳门餐饮主打粤菜和葡式澳餐。内地各大菜系也均有代表，中餐馆遍布全城，其中❸ ⁴粤菜馆更是数不胜数，陈皮鸭、水蟹粥等传统粤菜随处可见。澳门的小吃亦驰名中外，除了耳熟能详的蛋挞、胡椒饼之外，还有很多深藏于街巷之中的特色小吃。

　　近年来，❹ ³随着旅游业的发展和外来务工人员的不断涌入，日料、韩餐、东南亚各国饮食也陆续进入澳门。美食之都是继澳门历史城区列入世界遗产名录和清代澳门地方衙门档案列入世界记忆名录之后，澳门新增的又一张靓丽的国际名片。一城兼具三项荣誉，实属不易。

10월 31일, 유네스코는 마카오를 정식으로 '창의력의 도시, 미식의 도시'의 새 구성원으로 선포했다. ¹마카오는 청두, 순더에 이어, 세 번째로 이 특별한 영예를 얻은 중국 도시가 되었다. 면적이 겨우 30여 평방미터에, 인구가 겨우 60여만의 해변 작은 도시는 어떻게 이 명성과 명예를 얻을 수 있었을까?

마카오는 비록 인구가 많지 않지만, 여행 도시로서 요식업이 매우 발달했다. 마카오 특별행정구 정부 통계국의 데이터가 밝힌 바에 따르면, 마카오의 요식 장소는 많게는 2,200곳에 이르고, 취업 인구수는 32,000명에 이르러, ²요식업은 이미 마카오의 버팀목이 되는 산업중의 하나가 되었다.

광동과 인접해 있고 게다가 400여 년 중서문화가 융합되는 역사적 근원이기 때문에, 마카오의 요식은 광동요리와 포르투갈식 마카오 요리가 주력이다. 내지의 각 큰 요리 계통도 모두 대표가 있는데, 중국식당이 전체 도시에 널리 분포하고, 그 중 ⁴마카오 요리 식당은 더욱 셀 수 없을 정도로 많아서, 진피오리와 민물게쑥 등 전동 마카오 요리는 어디서나 볼 수 있다. 마카오의 간단한 음식도 중국과 외국에서 명성을 떨치고 있는데, 귀에 익숙한 에그 타르트와 후추전을 제외하고도, 많은 큰길과 골목에 숨겨진 특색 있는 간단한 음식들도 있다.

최근 들어 ³여행업의 발전과 외부에서 온 노동자의 끊임없는 유입에 따라, 일본 요리, 한국 요리, 동남아 각국의 음식도 잇따라 마카오에 들어왔다. 미식의 도시는 마카오의 역사적 도시지역이 세계유산명단에 들어가고 청나라 시대 마카오 지역 관아의 공무서가 세계기억명단에 들어간 후 마카오에 새로 더해진 한 장의 아름다운 국제적 명함이다. 하나의 도시가 세 가지 영예를 함께 갖기는 확실히 쉽지 않은 일이다.

단어　联合国教科文组织 Liánhéguó Jiàokēwén Zǔzhī 몡 유네스코 | 宣布 xuānbù 동 선포하다, 선언하다, 발표하다 | 殊荣 shūróng 몡 특별한 영예 | ★海滨 hǎibīn 몡 해안, 해변 | 美誉 měiyù 몡 명성과 명예 | 餐饮业 cānyǐn yè 몡 요식업 | 数据 shùjù 몡 데이터, 통계수치 | 从业 cóngyè 동 취업하다, 취업하다 | ★支柱 zhīzhù 몡 지주, 버팀대, 받침대 | ★产业 chǎnyè 몡 산업 | 毗邻 pílín 동 인접하다 | 交融 jiāoróng 동 혼합되다, 융합하다, 조화되다 | 渊源 yuānyuán 동 유래하다 몡 사물의 근원 | 主打 zhǔdǎ 동 주력이다 | 粤菜 Yuècài 몡 광동요리 | 葡式 Púshì 포르투갈식 | 澳餐 ào cān 몡 마카오 요리 | ★遍布 biànbù 동 도처에 널리 분포하다 | 数不胜数 shǔ bú shèng shǔ 솅 (너무 많아서) 일일이 다 셀 수 없다 | 随处 suíchù 어디서나, 아무데나 | 驰名 chímíng 동 명성을 떨치다 | 耳熟能详 ěr shú néng xiáng 솅 여러번 들어 귀에 익어 자세하게 말할 수 있다 | 蛋挞 dàntǎ 몡 에그타르트 | 胡椒 hújiāo 몡 후추 | 深藏 shēncáng 동 깊이 감추다 | 街巷 jiēxiàng 몡 큰길과 골목 | 涌入 yǒng rù 동 쏟아져 들어오다, 몰려들다 | 陆续 lùxù 분 끊임없이, 계속하여, 잇따라 | ★遗产 yíchǎn 몡 유산 | 衙门 yámen 몡 관아, 옛날 관공서 | ★档案 dàng'àn 몡 공문서, 파일 | 靓丽 liànglì 혱 아름답다 | ★荣誉 róngyù 몡 영예, 명예 | 实属 shíshǔ 동 확실히 ~이다

01

p. 120

| A 顺德 | B 成都 | A 순더 | B 청두 |
| C 澳门 | D 重庆 | C 마카오 | **D 충칭** |

| 问: 下列哪个城市没有获得联合国教科文组织 "美食之都" 的称号? | 질문: 다음 중 어느 도시가 유네스코의 '미식의 도시' 칭호를 얻지 않았나? |

해설 ▶ ❶에서 '마카오는 청두와 순더에 이어, 세 번째로 이 특별한 영예를 얻은 중국 도시가 되었다'라고 했으므로 답은 D이다.

단어 ★称号 chēnghào 몡 칭호

02

p. 120

A 人口过百万	A 인구가 백만이 넘는다
B 与广东省相隔很远	B 광동성과 거리가 멀다
C 被人们誉为 "创意之都"	C 사람들에 의해 '창의력의 도시'라고 칭송 받는다
D 餐饮业已成为支柱产业	**D 요식업은 이미 버팀목이 되는 산업이 되었다**

| 问: 关于澳门可以知道什么? | 질문: 마카오에 관해 무엇을 알 수 있나? |

해설 ▶ ❷에서 '요식업은 이미 마카오의 버팀목이 되는 산업중의 하나가 되었다'라고 했으므로 답은 D이다.

단어 相隔 xiānggé 몡 서로 떨어진 거리 | 誉为 yùwéi 동 ~라고 칭송받다, ~라고 불리다

03

p. 120

A 旅游业的发展	**A 여행업의 발전**
B 对外贸易的兴盛	B 대외무역의 번창
C 当地人的饮食习惯	C 현지인의 음식 습관
D 民间美食家的提倡	D 민간 미식가의 제창

| 问: 亚洲多国饮食相继进入澳门，与什么有关? | 질문: 아시아 여러 국가의 음식이 잇따라 마카오에 들어온 것은 무엇과 관련이 있나? |

해설 ▶ ❹에서 '여행업의 발전과 외부에서 온 노동자의 끊임없는 유입에 따라'라고 했으므로 답은 A이다.

단어 兴盛 xīngshèng 형 흥성하다, 번창하다 | ★民间 mínjiān 몡 민간 | 提倡 tíchàng 동 제창하다 | 相继 xiāngjì 동 잇따르다, 연잇다

04
p. 120

A 澳门面积广阔
B 粤菜馆在澳门十分普遍
C 澳门外来务工者日益减少
D 陈皮鸭是澳门有名的小吃

问: 根据这段话，下列哪项正确?

A 마카오는 면적이 넓다
B 마카오 요리 식당은 마카오에서 매우 보편적이다
C 마카오의 외래 노동자는 나날이 감소한다
D 진피오리는 마카오에서 유명한 간식이다

질문: 이 글에 근거하여, 다음 중 어느 것이 옳은가?

해설 ▶ ❸에서 '마카오 요리 식당은 더욱 셀 수 없을 정도로 많아서'라고 했으므로 답은 B이다.

단어 ★广阔 guǎngkuò 혱 넓다, 광활하다 | ★日益 rìyì 혱 나날이, 날로

실전 모의고사

제1부분

✓ 정답	1. C	2. D	3. A	4. A	5. C
	6. B	7. C	8. A	9. D	10. C
	11. D	12. A	13. B	14. C	15. B

▶ 실전 모의고사 01번

01

p. 121

A 北极熊不会伤害人类
B 北极熊是白鲸的食物
C 北极熊力气很大
D 北极熊很胆小

A 북극곰은 사람을 해치지 않을 것이다
B 북극곰은 흰고래의 먹이이다
C 북극곰은 힘이 세다
D 북극곰은 겁이 많다

❶ 北极熊生活在北极，他们是名副其实的北极霸主，ᶜ双掌的力量可以破开冰面。❷ ᴮ在捕食白鲸时，由冰上向水中扑去时可以一击让白鲸受到重创。❸ ᴰ除去人类，北极熊并无天敌。

북극곰은 북극에서 생활하는데, 그들은 명실상부한 북극의 맹주로 ᶜ양 손바닥의 힘은 가히 빙판을 깰 수 있을 정도이다. ᴮ흰고래를 잡아 먹을 때나 얼음 위에서 물 속으로 달려들 때, 한 번의 공격으로도 흰고래가 중상을 입게 만들 수 있다. ᴬ/ᴰ인류를 제외하고 북극곰은 천적이 없다.

해설 ▶ 문장 ❶에서 '양 손바닥의 힘은 가히 빙판을 깰 수 있을 정도이다'라고 했으므로 C가 정답이다.
▶ 문장 ❷에서 '흰고래를 잡아 먹을 때'라고 했으므로 B는 X이다.
▶ 문장 ❸에서 '인류를 제외하고 북극곰은 천적이 없다'라고 했으므로 D는 X이다. A는 지문의 내용에서 언급되지 않았다.

단어 北极熊 běijíxióng 명 북극곰 | 白鲸 báijīng 명 고래 | 食物 shíwù 명 음식물 | 胆小 dǎnxiǎo 형 겁이 많다, 소심하다, 담이 작다 | ★ 名副其实 míngfù qíshí 성 명실상부하다 | 霸主 bàzhǔ 명 세력이 가장 큰 집단이나 사람, 맹주, 패자 | 掌 zhǎng 명 손바닥 | 捕食 bǔshí 동 (동물이 먹이를) 잡아먹다 | ★ 扑 pū 동 달려들다, 돌진하다 | 重创 zhòngchuāng 동 심각한 손상을 입히다, 중상을 입히다 명 중상 | 除去 chúqù 동 제거하다, 없애다 전 ~외에 | 天敌 tiāndí 명 천적

▶ 실전 모의고사 02번

02

p. 121

A 体重秤不准
B 丈夫视力很差
C 妻子决定减肥
D 丈夫的肚子挡住了数字

A 체중계가 정확하지 않다
B 남편의 시력이 좋지 않다
C 아내는 다이어트 하기로 결정했다
D 남편의 배가 숫자를 가렸다

❶ 一天妻子看到日益发胖的丈夫正在称体重，一边称着一边收腹。❷ 妻子以为丈夫这样做是想减轻体重，就笑道"你这样做，数字也不会变小。"❸ 丈夫忙说："不是的。ᴰ我只有收腹才能看得见体重秤上的数字。"

하루는 아내가 날로 뚱뚱해지는 남편이 체중을 재는데, 한 편으로 재면서 한 편으로는 배를 조이고 있는 것을 보게 되었다. 아내는 남편이 이렇게 하는 것이 체중을 가볍게 하고 싶어한다고 생각했고, 웃으면서 말했다. "당신이 이렇게 해도 숫자는 그래도 작아지지 않아." 남편이 급하게 말했다. "아냐. ᴰ나는 배를 조여야만 체중계 위의 숫자를 볼 수 있어."

해설 ▶ 문장 ❸에서 '나는 배를 조여야만 체중계 위의 숫자를 볼 수 있어'라고 한 것으로 보아 D가 정답임을 알 수 있다.

▶ A, B, C는 모두 언급되지 않았다.

단어 体重秤 tǐzhòngchèng 몡 체중계 | 挡 dǎng 동 막다, 차단하다, 가리다 | ★日益 rìyì 부 날로

▶ 실전 모의고사 03번

03
p. 121

A 心态影响成败
B 要避免盲目乐观
C 玫瑰花有很多种
D 希望越大，失望越大

A 심리 상태는 성패에 영향을 준다
B 맹목적이고 낙관적인 것은 피해야 한다
C 장미꽃은 여러 가지 종류가 있다
D 희망이 클수록 실망이 크다

❶ 同样是一束玫瑰，悲观者看到的是刺，乐观者看到的却是花。❷ ᴬ不一样的心态与思维模式会导致不一样的结果与命运。❸ ᴮ多数成功者的心态是积极的，ᴰ即使只有一线希望，他们也要全力以赴去争取。

같은 장미 다발이라도 비관자들이 보는 것은 가시이고, 낙관자들이 보는 것은 꽃이다. ᴬ서로 다른 심리 상태와 사유 패턴은 서로 다른 결과와 운명을 야기시킨다. ᴮ대다수 성공한 사람의 심리 상태는 긍정적이며, ᴰ설령 한 줄기의 희망밖에 없을지라도 그들은 온 힘을 다해 쟁취한다.

해설 ▶ 문장 ❷에서 '서로 다른 심리 상태와 사유 패턴은 서로 다른 결과와 운명을 야기시킨다'라고 했으므로 A가 정답이다.

▶ 문장 ❸에서 '대다수 성공한 사람이 심리 상태는 긍정적이다'라고 했으므로 B는 X이다.

▶ 문장 ❸에서 '설령 한 줄기의 희망밖에 없을지라도 그들은 온 힘을 다해 쟁취한다'라고 했으므로 D는 X이다.

▶ C는 언급되지 않았다.

단어 ★心态 xīntài 몡 심리 상태 | ★盲目 mángmù 형 맹목적인, 앞뒤를 분간 못하는 | 乐观 lèguān 형 낙관적이다 | 玫瑰 méigui 몡 장미 | ★束 shù 동 묶다, 매다 몡 묶음, 다발 | 悲观 bēiguān 형 비관적이다 | ★刺 cì 동 ① 찌르다 ② 자극하다 몡 바늘, 가시, 뾰족한 물건 | ★思维 sīwéi 몡 사유 동 사유하다 | ★模式 móshì 몡 패턴, 유형 | 命运 mìngyùn 몡 운명 | 积极 jījí 형 ① 긍정적이다 ② 적극적이다 | 即使 jíshǐ 접 설령 ~할지라도 | ★全力以赴 quánlì yǐfù 성 모든 힘을 쏟다, 온 힘을 다 기울이다 | 争取 zhēngqǔ 동 쟁취하다, 구하다, 얻다

▶ 실전 모의고사 04번

04
p. 121

A 鲸鱼的视力不好
B 通常把鲸鱼分为三类
C 鲸鱼大多生活在淡水里
D 齿鲸有须有齿

A 고래의 시력은 좋지 않다
B 통상적으로 고래는 세 가지로 나뉜다
C 고래는 대다수가 민물에서 생활한다
D 이고래는 수염과 이빨이 있다

❶ ᶜ大部分鲸鱼都生活在海洋中，只有少数生活在淡水里。❷ ᴮ一般将它们分为两类：一类口中有须无齿，称须鲸；ᴰ另一类口中有齿无须，叫齿鲸。❸ ᴬ鲸的眼睛都很小，视力较差。

ᶜ대부분 고래는 해양에서 생활하고 오직 소수만이 민물에서 생활한다. ᴮ일반적으로 고래들은 두 가지로 나뉘는데, 한 종류는 입에 수염이 있고 이빨이 없어 수염고래라고 부르며, ᴰ다른 한 종류는 입에 이빨이 있고 수염이 없어 이고래라고 부른다. ᴬ고래의 눈은 모두 작고 시력이 비교적 좋지 않다.

해설 ▶ 문장 ❶에서 '대부분 고래는 해양에서 생활한다'라고 했으므로 C는 X이다.

▶ 문장 ❷에서 '일반적으로 고래들은 두 가지로 나뉜다'고 했으므로 B는 X이다.

▶ 문장 ❷에서 '다른 한 종류는 입에 이빨이 있고 수염이 없어 이고래라고 부른다'라고 했으므로 D는 X이다.

▶ 문장 ❸에서 '고래의 눈은 모두 작고 시력이 비교적 좋지 않다'라고 했으므로 A가 정답이다.

단어 鲸鱼 jīngyú 몡 고래 | ★淡水 dànshuǐ 몡 민물, 담수 | 齿鲸 chǐjīng 몡 이고래 | 须 xū 몡 수염 | 海洋 hǎiyáng 몡 해양 | 须鲸 xūjīng 몡 수염고래

05

p. 121

A 漫画的内容很简单
B 漫画是专门给孩子看的
C 漫画有较强的社会性
D 漫画全是纯娱乐的

A 만화의 내용은 간단하다
B 만화는 전문적으로 아이들에게 보여주는 것이다
C 만화는 비교적 강한 사회성을 갖고 있다
D 만화는 전부 순전히 오락의 것이다

❶ 漫画是一种艺术形式，它是^A用简单而夸张的手法来描绘生活的图画。❷ 人们习惯把它称为"讽刺画"、"幽默画"或"滑稽画"。❸ 它常常批评或歌颂某些人和事，^C具有较强的社会性。❹ 当然^D也有纯为娱乐的作品。

만화는 일종의 예술 형식이며, 그것은 ^A간단하고 과장적인 수법으로 생활을 묘사하는 그림이다. 사람들은 습관적으로 그것을 '풍자화', '유머화' 혹은 '익살화'라고 부른다. 그것은 종종 어떤 사람과 일을 비판하거나 찬양하며, ^C비교적 강한 사회성을 가지고 있다. 물론 ^D순전히 오락적인 작품도 있다.

해설 ▶ 문장 ❶에서 '간단하고 과장적인 수법으로' 생활을 묘사한다고 했지, 내용이 간단하다는 뜻은 아니므로 A는 X이다.
▶ 문장 ❸에서 '비교적 강한 사회성을 가지고 있다'라고 했으므로 C가 정답이다.
▶ 문장 ❹에서 '순전히 오락적인 작품도 있다'라고 했으므로 D는 X이다.
　Tip 특히 '全'과 같이 절대적인 뜻을 가진 단어는 답이 되는 경우가 드물다.
▶ B는 언급되지 않았다.

단어 ★ 漫画 mànhuà 몡 만화 | 娱乐 yúlè 동 오락하다, 즐겁게 하다 몡 오락, 레크리에이션 | 夸张 kuāzhāng 혱 과장하다 몡 과장 | ★ 描绘 miáohuì 동 (생생하게) 그리다, 묘사하다 | 讽刺 fěngcì 동 풍자하다 | 幽默 yōumò 혱 익살맞다, 유머러스하다 | 滑稽 huájī 혱 익살맞다, 익살스럽다 | ★ 歌颂 gēsòng 동 (노래·시가·말·문자 등으로) 찬미하다, 찬양하다

06

p. 121

A 管理者的情商都不很高
B 成功的决定因素包括情商
C 情商比智商重要
D 智商高的人不易成功

A 관리자의 EQ는 모두 매우 높지 않다
B 성공의 결정 요소는 EQ를 포함한다
C EQ는 IQ보다 중요하다
D IQ가 높은 사람은 쉽게 성공하지 못한다

❶ 一直以来，人们喜欢把智商作为衡量人才的标准。❷ 而现代研究表明，^{B/C}人才成功的决定因素不光是智商，还有情商。❸ 那些在管理领域里的成功者中，^A有相当一部分是在学校里被认为智商并不太高的人。

지금까지 사람들은 IQ를 인재를 평가하는 기준으로 삼기를 좋아했다. 그러나 현대의 연구에서 ^{B/C}인재 성공의 결정적 요소는 IQ뿐 아니라 EQ도 있다는 사실을 밝혔다. 관리 영역의 성공한 사람들 중 ^A상당 부분은 학교에서 IQ가 결코 그다지 높지 않다고 여겨진 사람이었다.

해설 ▶ 문장 ❷에서 '인재 성공의 결정적 요소는 IQ뿐 아니라 EQ도 있다'라고 했지 EQ가 IQ보다 중요하다는 뜻은 아니므로 C는 X이고 B가 정답이다.
▶ 문장 ❸에서 '(관리자들의) 상당 부분은 학교에서 IQ가 결코 그다지 높지 않다고 여겨진 사람이었다'라고 했으므로 A는 X이다.
　Tip 특히 '都'와 같이 절대적인 뜻을 가진 단어는 답이 되는 경우가 드물다.
▶ D는 언급되지 않았다.

단어 情商 qíngshāng 몡 감성지수, EQ | ★ 智商 zhìshāng 몡 지능지수, IQ | 衡量 héngliang 동 ① 비교하다, 따지다, 평가하다 ② 고려하다, 헤아리다, 짐작하다 | 不光 bùguāng 접 ~뿐 아니라 | 领域 lǐngyù 몡 영역

07

p. 121

A 肯干是合格员工的基本标准
B 能干是合格员工的一种态度
C 工作态度很重要
D 能胜任工作的人并不多

A 스스로 일을 하려고 하는 것은 합격된 직원의 기본적인 기준이다
B 유능한 것은 합격된 직원의 일종의 태도이다
C 업무 태도는 중요하다
D 일을 감당할 수 있는 사람은 결코 많지 않다

❶ 做一项工作的前提条件是能够胜任。❷ ^A/B能干是合格员工最基本的标准，肯干则是一种态度。❸ ^D有些职位，很多人都能胜任，但^C能否把工作做得更好，就要看是否具有踏实肯干、刻苦钻研的工作态度了。

한 가지 일을 하는 전제 조건은 그 일을 감당할 수 있어야 한다. ^A/B유능한 것은 합격한 직원의 가장 기본적인 기준이고, 스스로 일을 하려고 하는 것은 일종의 태도이다. ^D어떤 직위는 많은 사람들이 모두 감당할 수 있지만, ^C일을 더 잘할 수 있는지는 성실하고 스스로 하려고 하며, 애를 써서 탐구하는 업무 태도가 있는지 여부에 달려 있다.

해설 ▶ 문장 ❷에서 '유능한 것은 합격한 직원의 가장 기본적인 기준이고, 스스로 일을 하려고 하는 것은 일종의 태도이다'라고 했으므로 A와 B는 모두 X이다.
▶ 문장 ❸에서 '어떤 직위는 많은 사람들이 모두 감당할 수 있다'라고 했으므로 D는 X이다.
▶ 문장 ❸에서 '일을 더 잘할 수 있는지는 성실하고 스스로 하려고 하며, 애를 써서 탐구하는 업무 태도가 있는지 여부에 달려있다'라고 했으므로 C가 정답이다.

단어 肯干 kěngàn 图 스스로 일을 하다 | 合格 hégé 图 합격하다, 표준에 부합되다 | 能干 nénggàn 图 유능하다, 일 처리가 뛰어나다 | 胜任 shèngrèn 图 (어떤 일이나 책임·직책·책무 등을 충분히) 감당할 수 있다, 맡을 수 있다 | ★前提 qiántí 图 전제, 전제 조건 | ★职位 zhíwèi 图 직위 | ★踏实 tāshi 图 ① (학습이나 업무 태도 등이) 착실하다, 성실하다 ② (마음이) 놓이다, 편안하다 | 刻苦 kèkǔ 图 고생을 견디다, 애를 쓰다 | ★钻研 zuānyán 图 깊이 연구하다, 깊이 파고들다, 탐구하다

08

p. 121

A 要重视理财
B 应咨询理财顾问
C 应避免大额开支
D 超前消费不理性

A 재정 관리를 중시해야 한다
B 재정 관리 고문에게 자문을 구해야 한다
C 큰 금액의 지출은 피해야 한다
D 과소비는 이성적이지 않다

❶ 如果想实现财务自由，^A你就必须拥有较强的财务管理能力。❷ 那么如何提高财务管理能力呢？❸ 首先你要珍惜金钱，重视积累的力量；其次你要学会理财，让钱生钱。

만약 재무의 자유를 실현하고 싶다면, ^A당신은 반드시 비교적 강한 재무 관리 능력을 가져야 한다. 그렇다면 어떻게 재무 관리 능력을 향상시킬 것인가? 먼저 당신은 돈을 소중히 여기고 누적의 힘을 중시해야 하며, 두 번째로 재정 관리를 배워서 돈이 돈을 만들어내게 해야 한다.

해설 ▶ 문장 ❶에서 '당신은 반드시 비교적 강한 재무 관리 능력을 가져야 한다'고 했으므로 재정 관리의 중요성을 언급하는 A가 정답이다.
▶ B, C, D는 모두 언급되지 않았다.

단어 理财 lǐcái 图 재정을 관리하다 | 咨询 zīxún 图 자문하다, 상의하다 | ★顾问 gùwèn 图 고문 | ★开支 kāizhī 图 지출 图 지출하다 | 超前消费 chāo qián xiāofèi 과소비 | ★财务 cáiwù 图 재무, 재정 | ★拥有 yōngyǒu 图 소유하다, 보유하다, 가지다 | 珍惜 zhēnxī 图 소중히 여기다

09

p. 122

A 人际关系好是命运安排的
B 人际关系好的人受人嫉妒
C 自私的行为引来别人的帮助
D 热心助人是人际关系好的重要法则

A 인간관계가 좋은 것은 운명이 안배하는 것이다
B 인간관계가 좋은 사람은 다른 사람의 질투를 받는다
C 이기적인 행위는 다른 사람의 도움을 끌어 온다
D 친절하게 남을 돕는 것은 인간관계가 좋아지는 중요한 법칙이다

❶ 人际关系好的人几乎都有些共同的特点。❷ 比如总是热心助人，愿意跟别人分享，这使得他们一直被别人喜爱。❸ °自私的行为引来众人排斥，°助人的行为得到众人帮助，可以说是处理人际关系的重要法则之一。

인간관계가 좋은 사람은 거의 모두 약간의 공통된 특징이 있다. 예를 들어 항상 남을 친절하게 돕고 다른 사람과 함께 나누길 원한다면, 이것은 그들로 하여금 다른 사람에게 줄곧 사랑 받게 만들어준다. °이기적인 행위는 많은 사람들의 배척을 불러오지만, °남을 돕는 행위는 많은 사람들의 도움을 얻을 수 있어서 인간관계를 처리하는 중요한 법칙 중의 하나라고 말할 수 있다.

해설 ▶ 문장 ❸에서 '이기적인 행위는 많은 사람들의 배척을 불러온다'라고 했으므로 C는 X이다.
▶ 문장 ❸에서 '남을 돕는 행위는 많은 사람들의 도움을 얻을 수 있어서 인간관계를 처리하는 중요한 법칙 중의 하나라고 말할 수 있다'라고 했으므로 D가 정답이다.
▶ A와 B는 언급되지 않았다.

단어 ★嫉妒 jídù 통 질투하다, 샘내다 | 自私 zìsī 형 이기적이다 | 法则 fǎzé 명 규칙, 법칙 | 分享 fēnxiǎng 통 함께 나누다, 함께 누리다 | 喜爱 xǐ'ài 통 호감을 느끼다, 좋아하다 | 众人 zhòngrén 명 모든 사람, 많은 사람 | ★排斥 páichì 통 배척하다, 몰아내다

10

p. 122

A 男人的钱包一直都是秘密
B 女人的年龄已经不是秘密了
C 有人喜欢在网上公布自己的收入
D 很多人喜欢在网上购物

A 남자의 지갑은 줄곧 모두 비밀이다
B 여자의 나이는 이미 비밀이 아니다
C 어떤 사람은 인터넷에 자신의 수입을 공개하기를 좋아한다
D 많은 사람들은 인터넷에서 구매하는 것을 좋아한다

❶ 人们把"男人的钱包、女人的年龄"视为现代职场的两大秘密。❷ ^A/B/C^不过在网上，很多人喜欢把自己的详细收入甚至日常开支都展示出来。❸ 网民们给它起了个生动的名字叫"晒工资"。

사람들은 '남자의 지갑과 여자의 나이'를 현대 직장의 2대 비밀이라고 생각한다. ^A/B/C^그러나 인터넷 상에서 많은 사람들은 자신의 상세한 수입, 심지어는 일상적인 지출을 모두 드러내는 것을 좋아한다. 네티즌들은 그것에 '晒工资(월급을 비춘다)'라 하는 생생한 이름을 붙여주었다.

해설 ▶ 문장 ❷에서 '그러나 인터넷 상에서 많은 사람들은 자신의 상세한 수입, 심지어는 일상적인 지출을 모두 드러내는 것을 좋아한다'라고 했으므로 A는 X이고 C가 정답이다. B의 '여자의 나이'를 공개한다는 말은 없으므로 B도 X이다.
▶ D는 언급되지 않았다.

단어 秘密 mìmì 형 비밀의 명 비밀 | 公布 gōngbù 통 (모든 사람이 알 수 있도록) 공포하다 | 视为 shìwéi 통 ~로 보다, ~로 여기다 | 职场 zhíchǎng 명 직장, 일터 | 详细 xiángxì 형 상세하다, 자세하다 | ★开支 kāizhī 통 지출하다, 지불하다 명 지출, 비용 | ★展示 zhǎnshì 통 전시하다, 펼쳐 보이다 | 网民 wǎngmín 명 누리꾼, 네티즌 | 晒 shài 통 (태양빛 또는 열이) 쬐다, 비추다

11
p. 122

A 《围城》是一部电影
B 鸡蛋比鸡肉好吃
C 钱钟书接受了3次采访
D 钱钟书很幽默

A 《围城》은 영화이다
B 계란은 닭고기보다 맛있다
C 첸쭝슈는 세 번의 인터뷰를 수락했다
D 첸쭝슈는 유머러스하다

❶《围城》发表以后，在国内外引起巨大轰动。❷ 有位美国记者要求采访作者钱钟书。❸ ᶜ钱钟书再三婉拒，她仍然执意要见。❹ ᴰ钱钟书幽默地对她说："ᴮ如果你吃了个鸡蛋觉得不错，何必一定要认识那只下蛋的母鸡呢？"

《围城》이 발표된 후 국내에서 엄청난 센세이션을 불러 일으켰다. 어떤 미국인 기자가 작자인 첸쭝슈에게 취재를 요구했다. ᶜ첸쭝슈는 여러 번 완곡하게 거절했으나, 그녀는 여전히 집요하게 만나려고 했다. ᴰ첸쭝슈는 유머러스하게 그녀에게 말했다. "ᴮ만약 당신이 계란을 먹고 맛있다고 느꼈다면, 왜 꼭 알을 낳은 암탉을 알려고 하죠?"

해설 ▶ 문장 ❸에서 '첸쭝슈는 여러 번 완곡하게 거절했다'라고 했으므로 C는 X이다.
▶ 문장 ❹에서 '첸쭝슈는 유머러스하게 그녀에게 말했다'고 했으므로 D가 정답이다.
▶ 문장 ❹에서 '만약 당신이 계란을 먹고 맛있다고 느꼈다면, 왜 꼭 알을 낳은 암탉을 알려고 하죠?'라는 말은 거절을 하기 위한 말로, B와는 전혀 관계 없는 말이다. 따라서 B도 X이다.
▶ A는 언급되지 않았다.

단어 幽默 yōumò 휑 익살맞다, 유머러스하다 | 巨大 jùdà 휑 거대하다, 어마어마하다 | ★轰动 hōngdòng 동 (동시에 많은 사람들을) 뒤흔들다, 동요하다 휑 센세이션 | 再三 zàisān 분 재삼, 여러 번, 거듭 | 婉拒 wǎnjù 동 완곡하게 거절하다 | 仍然 réngrán 분 여전히, 변함없이 | 执意 zhíyì 분 (의견을) 고수하며, 집요하게, 고집스럽게 | 何必 hébì 분 구태여 ~할 필요 있는가, 왜 꼭 ~하려 하는가 | 母鸡 mǔjī 휑 암탉

12
p. 122

A 碰杯是为了照顾耳朵
B 碰杯是一种礼仪
C 碰杯是为了眼睛的需要
D 碰杯是为了品尝味道

A 잔을 부딪히는 것은 귀를 고려하기 위한 것이다
B 잔을 부딪히는 것은 일종의 예의이다
C 잔을 부딪히는 것은 눈의 필요성을 위한 것이다
D 잔을 부딪히는 것은 맛을 보기 위해서이다

❶ 在饮酒时，鼻子能闻到酒的香味儿，ᶜ眼睛能看到酒的颜色，ᴰ舌头能够品尝酒的味道，ᴬ只有耳朵被排除在外，于是有人想出了碰杯的办法。❷ 当杯子发出清脆的响声，耳朵就和其他器官一样，也能享受到喝酒的乐趣了。

술을 마실 때 코는 술의 향기를 맡을 수 있고, ᶜ눈은 술의 색깔을 볼 수 있고, ᴰ혀는 술의 맛을 맛볼 수 있지만, ᴬ오직 귀는 제외되었다. 그래서 누군가가 잔을 부딪히는 방법을 생각해냈다. 잔이 맑은 소리를 낼 때 귀도 다른 기관과 마찬가지로 술을 마시는 즐거움을 누릴 수 있다.

해설 ▶ 문장 ❶에서 '눈은 술의 색깔을 볼 수 있다'라고 했으므로 C는 X이다.
▶ 문장 ❶에서 '혀는 술의 맛을 맛볼 수 있다'고 했으므로 D는 X이다.
▶ 문장 ❶에서 '오직 귀는 제외되었고, 그래서 누군가가 잔을 부딪히는 방법을 생각해냈다'라고 했으므로 A가 정답이다.
▶ B는 언급되지 않았다.

단어 碰杯 pèng bēi 이합 (술을 마실 때) 잔을 서로 부딪치다 | 礼仪 lǐyí 휑 예의 | ★品尝 pǐncháng 동 (맛을) 보다, 시식하다 | 味道 wèidao 휑 ① 맛 ② 흥미, 재미, 뜻, 느낌 | 闻 wén 동 (코로) 냄새를 맡다 | 面积 miànjī 휑 면적 | ★排除 páichú 동 없애다, 제거하다, 배제하다, 제외하다 | 清脆 qīngcuì 휑 (소리가) 맑고 듣기 좋다, 쟁쟁하다, 낭랑하다 | 响声 xiǎngshēng 휑 소리 | ★器官 qìguān 휑 기관[생물체를 형성하는 한 부분] | 享受 xiǎngshòu 동 만족을 얻다, 누리다, 즐기다 휑 향수, 향락 | ★乐趣 lèqù 휑 즐거움, 재미

13

p. 122

A 儿子长得更像母亲	A 아들은 외모가 엄마를 더 닮았다
B 父亲是儿子人生的老师	**B 아버지는 아들의 인생의 선생님이다**
C 母亲是儿子人生的老师	C 어머니는 아들의 인생의 선생님이다
D 儿子更喜欢母亲	D 아들은 어머니를 더 좋아한다

❶ ^B父亲是儿子的第一个男子汉榜样，男孩对男性的认识是从父亲开始的，从父亲身上，儿子学习如何举手投足、待人接物、观看女性。❷ 父亲很容易从儿子身上发现自己的影子，^A儿子也会发现自己越来越像父亲。

^B아버지는 아들의 첫 번째 사나이로서의 모범이다. 남자아이의 남성에 대한 인식은 아버지에서 시작되며, 아버지에게서 아들은 어떻게 일거일동을 해야 하고, 사람과 사물을 대해야 하며 여성을 바라봐야 할지를 배우게 된다. 아버지는 아들에게서 자신의 그림자를 쉽게 발견하며, ^A아들도 자신이 갈수록 아버지를 닮아간다는 것을 발견하게 된다.

해설
▶ 문장 ❶에서 '아버지는 아들의 첫 번째 사나이로서의 모범이다'라고 했으므로 B가 정답이다.
▶ 문장 ❷에서 '아들도 자신이 갈수록 아버지를 닮아간다는 것을 발견하게 된다'고 A는 X이다.
　　⚠Tip 여기서 말하는 '像(닮다)'은 외모가 아닌 내적인 부분을 말하는 것이므로 주의하여야 한다.
▶ 지문에서 어머니는 언급되지 않았으므로, D도 모두 X이다.

단어 男子汉 nánzǐhàn 몡 사나이, 대장부 | ★ 榜样 bǎngyàng 몡 본보기, 모범, 귀감 | 举手投足 jǔshǒu tóuzú 셍 일거일동, 일거수일투족 | 待人接物 dàirén jiēwù 셍 사람과 교제하고 일을 처리하다, 사람과 사물을 대하는 태도 | ★ 影子 yǐngzi 몡 그림자

14

p. 122

A 团队成员不能挥洒个性	A 단체 구성원은 개성을 표출해서는 안 된다
B 团队成员要牺牲自我	B 단체 구성원은 자신을 희생해야 한다
C 团队成员允许各有特点	**C 단체 구성원은 각자 특징을 갖는 것을 허락해야 한다**
D 团队中需要放弃个人兴趣	D 단체에서는 개인적인 취미를 포기할 필요가 있다

❶ ^D团队精神的基础是尊重个人的兴趣和成就，其核心是协同合作，最高境界是使团队具有凝聚力。❷ ^B团队精神的形成并不要求团队成员牺牲自我，相反，^{A/C}挥洒个性、表现特长才能保证成员拥有共同完成目标的动力。

^D단체 정신의 기초는 개인의 취미와 성취를 존중하는 것이고, 그 핵심은 협동하고 합작하는 것이며, 가장 높은 경지는 단체로 하여금 응집력을 갖게 하는 것이다. ^B단체 정신의 형성은 결코 단체 구성원이 자신을 희생할 것을 요구하지 않는다. 반대로 ^{A/C}개성을 표출하고 장점을 드러내야만 구성원이 함께 목표를 완성할 동력을 가지게 되는 것을 보장할 수 있다.

해설
▶ 문장 ❶에서 '단체 정신의 기초는 개인의 취미와 성취를 존중하는 것이다'라고 했으므로 D는 X이다.
▶ 문장 ❷에서 '단체 정신의 형성은 결코 단체 구성원이 자신을 희생할 것을 요구하지 않는다'라고 했으므로 B는 X이다.
▶ 문장 ❷에서 '개성을 표출하고 장점을 드러내야만 구성원이 함께 목표를 완성할 동력을 가지게 되는 것을 보장할 수 있다'라고 했으므로 A는 X이고, C가 정답이다.

단어 团队 tuánduì 단체 | ★ 成员 chéngyuán 몡 구성원 | 挥洒 huīsǎ 동 ① (눈물을) 뿌리다 ② (글을) 내키는 대로 쓰다, (그림을) 내키는 대로 그리다 | ★ 牺牲 xīshēng 동 희생하다 몡 희생 | 允许 yǔnxǔ 동 허락하다, 허가하다 | 核心 héxīn 몡 핵심, 알맹이, 중심 | 协同 xiétóng 혱 어우러지다, 맞다 동 협동하다 | ★ 境界 jìngjiè 몡 ① 경계 ② 경지 | ★ 凝聚 níngjù 동 모으다, 집합하다, 응집하다 | ★ 特长 tècháng 몡 특기 | ★ 拥有 yōngyǒu 동 가지다, 보유하다, 소유하다

15

p. 122

A 铜镜造型多样
B 铜镜历史悠久
C 铜镜价格昂贵
D 铜镜在3,800年前被发现

A 구리 거울은 모양이 다양하다
B 구리 거울은 역사가 유구하다
C 구리 거울은 가격이 비싸다
D 구리 거울은 3,800년 전에 발견되었다

❶ 在玻璃镜出现之前，中国古人使用的镜子是用铜铸造的。❷ ᴰ铜镜流行了3,800年左右的时间，ᴮ可以算是中国古代使用时间最长、范围最广的器物了。

유리 거울이 출현하기 전, 중국 고대인들이 사용한 거울은 동으로 주조한 것이었다. ᴰ구리 거울은 3,800년 정도의 시간 동안 유행했고, ᴮ중국 고대의 사용 시간이 가장 길고 범위가 가장 넓은 도구라고 할 수 있다.

해설 ▶ 문장 ❷에서 '구리 거울은 3,800년 정도의 시간 동안 유행했고'라고 했으므로 D는 X이다.
▶ 문장 ❷에서 '중국 고대의 사용 시간이 가장 길고 범위가 가장 넓은 도구라고 할 수 있다'라고 했으므로 B가 정답이다.
▶ A와 C는 언급되지 않았다.

단어 ★铜 tóng 몡 동, 구리 | ★造型 zàoxíng 몡 조형 동 조형하다 | ★昂贵 ángguì 톙 비싸다 | ★铸造 zhùzào 동 주조하다 | 器物 qìwù 몡 기물, 도구

제2부분

✓ 정답	16. D	17. C	18. B	19. A	20. C
	21. C	22. B	23. D	24. A	25. D
	26. D	27. A	28. C	29. C	30. D

[16–20]

女：过去五年格力在各方面取得了不错的成绩，你个人最看重格力哪方面的成绩呢？

男：当然是创新。以前我们只是跟随别人买别人的压缩机和电器，自己没有掌握核心技术，但是现在不一样了。自主创新让格力在空调领域有了自己的话语权，我们现在可以和别人认真探讨技术问题。可以说，从产品生产到企业文化，❶ ¹⁶格力完成了一个从跟随到创造的巨大改变，实实在在地实现了转型。

女：创新是格力的成长基因，应该怎么理解格力的创新文化？

男：近年来我们一直强调创新，但是怎样真正实现创新，我觉得大家的理解还不够深刻。过去我们总是强调规模和出口量，但其中的含金量又有多少呢？这五年来我们在制定战略时意识到，格力空调虽然已处在世界领先地位，但❷ ¹⁷我们不能固步自封，而是要进一步思考怎么用更新的技术做出更好的产品。❸ ²⁰现在格力空调有16项国际领先的技术，它们改变了人们的生活，这就是价值所在。

여：과거 5년간 格力는 각 방면에서 좋은 성취를 거두었는데, 당신 개인은 어느 방면의 성취를 가장 중시합니까？

남：당연히 창조성입니다. 예전에 우리는 단지 다른 사람을 따라 다른 사람의 압축기와 전기 제품을 사고 스스로 핵심 기술을 파악하지 못했지만, 지금은 달라졌습니다. 자주적 창조는 格力가 에어컨 영역에서 자신만의 발언권을 갖게 했으며, 우리는 지금 다른 사람과 진지하게 기술 문제를 연구 토론할 수 있습니다. 제품 생산에서 기업 문화에 이르기까지, ¹⁶格力는 모방에서 창조로 거대한 변화를 완성했으며, 진정으로 변화를 실현하였다고 말할 수 있습니다.

여：창조는 格力의 성장 요인인데, 어떻게 格力의 창조문화를 이해해야 할까요？

남：최근 몇 년 우리는 줄곧 창조를 강조하고 있지만, 그러나 어떻게 진정으로 창조를 실현할 것인지는, 제 생각에 모두의 이해가 아직 충분히 깊지 않은 것 같습니다. 과거 우리는 항상 규모와 수출량을 강조했지만, 그러나 그 중의 실질적인 가치가 얼마나 될까요？ 요 5년 간 우리는 전략을 세울 때, 格力에어컨이 비록 이미 세계를 리드하는 지위에 있지만 ¹⁷우리는 제자리 걸음을 해서는 안되며, 어떻게 새로워진 기술로 더 좋은 제품을 만들어낼지 한층 더 사고해야 한다는 것을 의식하게 되었습니다. ²⁰지금 格力 에어컨은 16개의 국제 선진 기술이 있으며, 그것들이 사람들의 생활을 바꾸었고, 이것이 바로 가치가 존재하는 곳입니다.

女: 去年你提出格力要进行多元化转型，这一年来转型进行得如何？还面临哪些挑战？

男: 挑战是永远存在的。❹ ¹⁸我认为我们真正要挑战的是自己，不断突破自己。正因如此，格力进军了模具行业、智能装备行业，而与做产品相比，做智能装备的挑战更大。所以我们需要学习，需要注重和其他企业互通有无。

女: 格力的发展离不开对创新型人才的培养，在你看来企业该如何留住和培养人才？

男: 对于留住人才，除了加薪，❺ ¹⁹企业还应该和员工一起分享它的发展成果，❻ ¹⁹更需要加强企业文化建设，就像永远追求技术进步一样，企业也需要永远拥有创新动力和创新文化。除此之外，❼ ¹⁹我们应该努力营造一个健康公平的发展环境，为更多年轻人提供施展才华的平台，这才是对人才最好的培养和保护。

여: 작년에 당신은 格力가 다원화된 변화를 해야 한다고 제기했는데, 요 1년 간 변화는 어떻게 진행되고 있습니까? 또한 어떠한 도전에 직면해 있나요?

남: 도전은 영원히 존재하는 것입니다. ¹⁸저는 우리가 진정으로 도전해야 하는 것은 자신이며, 끊임없이 자신을 뛰어넘는 것이라고 생각합니다. 바로 이렇기 때문에 格力는 주형 업계, 스마트 장비 업계에 들어가게 되었는데, 제품을 만드는 것과 비교할 때 스마트 장비를 만드는 것의 도전이 더 큽니다. 그래서 우리는 배워야 하고, 다른 기업들과 유무상통하는 것을 중시할 필요가 있습니다.

여: 格力의 발전은 창조형 인재의 양성과 뗄 수 없는데, 당신이 보기에 기업은 어떻게 인재를 붙잡고 길러야 할까요?

남: 인재를 붙잡는 것에 대해서는 임금을 올리는 것을 제외하고도 ¹⁹기업이 직원과 함께 발전 성과를 나누어야 하고, ¹⁹기업 문화 건설을 더욱 강화할 필요가 있으며, 마치 영원히 기술 진보를 추구하는 것과 마찬가지로 기업은 영원히 창조 동력과 창조 문화를 보유할 필요가 있습니다. 이 외에도 ¹⁹우리는 건강하고 공평한 발전 환경을 조성하고 더 많은 젊은이들에게 재능을 펼칠 공간을 제공하려고 노력해야 하는데, 이것이야말로 인재에 대한 가장 좋은 양성과 보호일 것입니다.

단어 格力 Gélì 중국의 에어컨 제조업체 | ★创新 chuàngxīn 동 옛 것을 버리고 새 것을 창조하다 명 창조성 | ★跟随 gēnsuí 동 뒤따르다. 따라가다 | 压缩机 yāsuōjī 압축기 | 电器 diànqì 명 전기 기구, 가전제품 | ★自主 zìzhǔ 동 자주, 자주적이다 | 话语权 huàyǔquán 발언권 | ★探讨 tàntǎo 명 연구 토론, 탐구 동 연구토론하다, 탐구하다 | 转型 zhuǎnxíng 동 형태를 바꾸다, 변화가 일어나다 | ★基因 jīyīn ① 근본원인, 기본요인 ② 유전자 | 含金量 hánjīnliàng 실질적인 가치 | ★战略 zhànlüè 명 전략 | ★意识 yìshí 명 의식 동 의식하다 | ★领先 lǐngxiān 동 선두에 서다, 리드하다 | 固步自封 gù bù zì fēng 성 제자리걸음 하다 | ★更新 gēngxīn 갱신하다, 새롭게 바뀌다 | ★多元化 duōyuánhuà 동 다원화하다, 다원화되다 | 面临 miànlín 동 (문제, 상황에) 직면하다 | 挑战 tiǎozhàn 명 도전 동 도전하다 | ★突破 tūpò 돌파하다, 타파하다 | 进军 jìnjūn 동 진군하다 | 模具 mújù 명 생산용틀, 주형 | ★智能 zhìnéng 명 지능 형 지능이 있는 | ★装备 zhuāngbèi 명 장비, 설비 | ★注重 zhùzhòng 동 중시하다 | 互通有无 hùtōng yǒuwú 동 유무상통하다, 있는 것과 없는 것을 서로 융통하다 | ★培育 péiyù 동 ① 기르다, 재배하다 ② (인재를) 기르다 | 加薪 jiāxīn 동 임금을 올리다 | 分享 fēnxiǎng 동 함께 나누다, 함께 누리다 | ★拥有 yōngyǒu 동 보유하다, 소유하다, 가지다 | ★动力 dònglì 명 동력, 원동력 | 营造 yíngzào 동 (환경이나 분위기를) 조성하다 | ★施展 shīzhǎn 동 (재능을) 발휘하다, 펼치다 | 才华 cáihuá 명 재능

▶ 실전 모의고사 16번

16

p. 123

A 未来5年内会实现
B 强调规模和出口量
C 在冰箱领域掌握了话语权
D 历经从跟随到创造的过程

A 미래 5년 내에 실현할 것이다
B 규모와 수출량을 강조한다
C 냉장고 영역에서 발언권을 가졌다
D 모방에서 창조로의 과정을 겪었다

问: 关于格力的转型，可以知道什么？

질문: 格力의 변화에 관해, 무엇을 알 수 있나?

해설 ▶ ❶에서 '格力는 모방에서 창조로 거대한 변화를 완성했으며, 진정으로 변화를 실현하였다고 말할 수 있습니다'라고 했으므로 답은 D이다.

단어 历经 lìjīng 동 겪다

17
p. 123

A 盲目自信
B 顾虑太多犹豫不决
C 安于现状不求进步
D 追求不切实际的目标

A 맹목적이고 자신감이 넘치다
B 우려가 너무 많아 주저하고 결정하지 못하다
C 현재 상황에 만족하여 진보를 추구하지 않는다
D 현실에 맞지 않는 목표를 추구한다

问: 根据对话，成语“固步自封”最可能是什么意思？

질문: 대화에 근거하면, 성어 '固步自封'은 아마도 무슨 뜻일까?

해설 ▶ ❷에서 '우리는 제자리 걸음을 해서는 안되며, 어떻게 새로워진 기술로 더 좋은 제품을 만들어낼지 한층 더 사고해야 한다'라고 했으므로 답은C이다.

단어 ★盲目 mángmù 휑 맹목적인 | ★顾虑 gùlǜ 동 염려하다, 우려하다, 근심하다 멍 염려, 우려, 근심 | 安于 ānyú ~에 만족하다 | ★现状 xiànzhuàng 멍 현 상태, 현재 상황 | 不切实际 búqiè shíjì 현실에 부합하지 않다

18
p. 123

A 企业文化
B 突破自我
C 同行竞争
D 产品结构

A 기업 문화
B 자신을 뛰어넘다
C 같은 업계와 경쟁한다
D 제품 구조

问: 在男的看来，格力最大的挑战是什么？

질문: 남자가 보기에 格力의 가장 큰 도전은 무엇인가?

해설 ▶ ❹에서 '저는 우리가 진정으로 도전해야 하는 것은 자신이며, 끊임없이 자신을 뛰어넘는 것이라고 생각합니다'라고 했으므로 답은 B이다.

단어 同行 tóngháng 멍 동종업자

19
p. 123

A 定期升职
B 加强企业文化建设
C 营造健康公平的环境
D 和员工分享企业发展成果

A 정기적으로 승진시킨다
B 기업 문화 건설을 강화한다
C 건강하고 공평한 환경을 조성한다
D 직원과 기업의 발전 성과를 함께 나눈다

问: 关于如何留住人才，下列哪项不是男的的观点？

질문: 어떻게 인재를 붙잡는지에 관해, 다음 중 남자의 관점이 아닌 것은?

해설 ▶ ❺에서 '기업이 직원과 함께 발전 성과를 나누어야 하고', ❻에서 '기업 문화 건설을 더욱 강화할 필요가 있으며', ❼에서 '우리는 건강하고 공평한 발전 환경을 조성하고'라고 했으므로 답은 A이다.

단어 ★定期 dìngqī 휑 정기의, 정기적인 | 升职 shēngzhí 동 승진하다, 진급하다

20
p. 123

A 格力将重点研发智能装备
B 善于学习是格力的成长基因
C 格力拥有多项世界先进技术
D 格力是很多企业的追捧对象

A 格力는 장차 스마트 장비를 중점적으로 연구개발할 것이다
B 학습을 잘하는 것은 格力의 성장 요인이다
C 格力는 여러 개의 세계 선진 기술을 보유하고 있다
D 格力는 많은 기업들의 추앙 대상이다

问: 根据对话，下列哪项正确？

질문: 대화에 근거하여, 다음 중 어느 것이 옳은가？

해설 ▶ ❸에서 '지금 格力 에어컨은 16개의 국제 선진 기술이 있으며'라고 했으므로 답은 C이다.

단어 善于 shànyú 통 ～을 잘하다 | 追捧 zhuīpěng 통 열광적으로 사랑하다, 추앙하다

[21–25]

男：今天作客我们访谈节目的这位嘉宾是一位女性摄影师，她是一位桃李满天下的女性摄影师。同时她在业内享有很高声望。宋老师好，欢迎您。我知道您最近很忙，最近平遥摄影大展就开始了，您是第几次参加？

女：我是第一次参加。❶ ²¹我平时的创作是电影和电视广告。❷ ²⁵图片摄影我也拍了12年，然而一直是在积累的过程。所以这次，我觉得十几年的拍摄应该总结一下。

男：您作为一个专业人士是怎样看待像平遥这样一个越来越享有国际声誉的大赛的？

女：❸ ²²平遥摄影节据我了解，他们一开始也是以地方经济、旅游为初衷开始的。我觉得现在赢取了这么大的成绩，而且在业内确定了它的权威性和全面性。对于世界来讲有一个窗口介绍中国摄影师，并且在这里面它发现了很多的中国有才华的摄影师。世界上有名的摄影师、有名的评论家来到中国，也可以知道到去一个什么地方能更深入、更全面地了解中国摄影。它是了解中国摄影和中国了解世界摄影的窗口和桥梁。

男：您也是一位很了不起的老师，学生们都很喜欢您上课的形式。您能不能给大家介绍一下？

女：❹ ²³我的教学形式是这样的，白天拍摄，晚上上课。用我们认可的纪实摄影大师的作品启发学生，用纪实摄影的理论指导学生应该怎么拍摄，告诉学生用心灵去感应。

남: 오늘 우리 인터뷰 프로그램의 손님이신 이 분은 여성 사진가입니다. 그녀는 많은 인재 중의 인재인 여성 사진가입니다. 동시에 그녀는 업계에서 높은 명망을 누리고 있습니다. 쏭 선생님, 안녕하세요？ 환영합니다. 제가 알기론 요즘 바쁘신 거 같은데요, 최근 핑야오 사진대전이 시작되었는데, 선생님께서는 몇 번째 참가하시는 거죠？

여: 저는 처음으로 참가하는 겁니다. ²¹저의 평소 창작은 영화와 TV 광고입니다. ²⁵사진 촬영도 12년 동안 했지만, 줄곧 누적해가는 과정이었습니다. 그래서 이번에 저는 십 몇 년간의 촬영을 총정리해야 한다고 생각합니다.

남: 선생님께선 전문 인사로서 갈수록 국제적인 명성을 누리는 이런 핑야오와 같은 대회를 어떻게 생각하십니까？

여: ²²핑야오 사진제는 제가 알기로 시작할 때부터 지방 경제와 여행을 초심으로 하여 시작한 겁니다. 제 생각엔 지금은 이렇게 큰 성과를 거두었고, 게다가 업계 내에서 사진제의 권위성과 보편성이 확실하게 정해졌다고 생각합니다. 세계에도 중국 사진가를 소개할만한 창이 생긴 것이고, 게다가 이 속에서 많은 중국의 재능 있는 사진가를 발견했습니다. 세계적으로 유명한 사진가와 유명한 평론가가 중국에 와서 어떤 곳에 가서 더 심도 있고 더 전면적으로 중국 촬영에 대해 이해할 수 있는지 알게 되었습니다. 사진제는 중국 촬영을 이해하고 중국이 세계 촬영을 이해하는 창과 교량입니다.

남: 쏭 선생님께선 또한 대단한 선생님으로서, 학생들은 모두 당신의 수업 형식을 좋아합니다. 모두에게 소개해주실 수 있으십니까？

여: ²³제 교육 형식은 이렇습니다. 낮에 촬영을 하고, 밤에 수업을 하는 것이지요. 우리가 인정하는 사실파 촬영 대가들의 작품으로 학생들을 깨닫게 하고, 사실 촬영의 이론으로 학생들이 어떻게 촬영을 해야 할지 지도하고, 학생들에게 마음으로 반응하라고 알려줍니다.

男：对于您的学生来讲，您的授课方式在专业上对他们来说是一个提升，在生活、眼界方面也是一个扩大。他们在这方面的收获，是不是已经超过了您的预期？

女：我觉得有这样的感觉。❺ ²⁵九八年，我带着学生去山西。因为我一直奉行艺术向生活学习，所以我开始上生活摄影课的时候，就主张应该到生活里去，让学生到那个地方，比较集中地感受生活。❻ ²⁴当我们从山西回来第一次做展览的时候，我真的觉得学生拍的东西太好了。你都不知道他们的力量有多大。

男：您是一位很有魅力的老师，我想这跟您的个人经验有关。在我们眼中，女性摄影是非常酷的专业。您是怎么开始您的职业生涯的？是从小就喜欢吗？

女：我从小学画画，然后考电影学院摄影系。当时电影学院没有图片摄影系，都是电影摄影，我就考上了这个专业。❼ ²⁵我感觉我对艺术有一点点天分，而且学得不累。

남: 선생님의 학생들의 입장에서 말하자면, 선생님의 강의 방식은 전공에 있어서는 그들에게 하나의 향상이고, 생활과 안목 방면에 있어서는 하나의 확대입니다. 그들의 이러한 방면에서의 수확이 이미 선생님의 예상을 뛰어넘지 않았나요?

여: 제 생각엔 이런 느낌이 있습니다. ²⁵98년 저는 학생들을 데리고 산시에 갔습니다. 저는 줄곧 예술은 생활을 향해 배워야 한다고 실천해왔기 때문에, 저는 생활 촬영 수업을 하기 시작할 때부터 생활 속으로 들어가야 한다고 주장했고, 학생들이 그곳에 가서 비교적 집중적으로 생활을 느끼도록 했습니다. ²⁴우리가 산시에서 돌아와 첫 번째 전람회를 열었을 때, 저는 정말 학생들이 촬영한 작품이 매우 뛰어나다고 생각했습니다. 당신은 그들의 힘이 얼마나 큰지 모르실 겁니다.

남: 당신은 매력 있는 선생님이신데, 제 생각에 이것은 선생님의 개인적인 경험과 관련이 있다고 생각합니다. 우리 눈에 여성 사진가는 매우 멋진 분야입니다. 선생님은 어떻게 이런 직업의 생애를 시작하게 되신 겁니까? 어렸을 때부터 좋아하셨나요?

여: 저는 어렸을 때부터 그림 그리기를 좋아했고, 나중에 영화대학 촬영과에 지원했습니다. 당시 영화대학에는 사진 촬영과가 없었고 모두 영화 촬영이었으며, 저는 이 전공에 합격했습니다. ²⁵제 느낌엔 제가 예술에 조금의 천부적인 소질이 있는 것 같고, 또한 지치지 않고 공부해왔습니다.

단어 摄影 shèyǐng 图 (카메라로) 촬영하다 | 桃李满天下 táolǐ mǎn tiānxià 양성한 인재들이 곳곳에 가득하다 | 享有 xiǎngyǒu 图 누리다, 즐기다, 향유하다 | 声望 shēngwàng 图 명성, 명망 | 积累 jīlěi 图 (조금씩) 쌓이다, 축적하다, 누적하다 | 拍摄 pāishè 图 찍다, 촬영하다 | 总结 zǒngjié 图 총결하다 图 총결 | 专业 zhuānyè 图 ① 전공 ② 전문, 전문 분야 | ★看待 kàndài 图 대하다, 다루다, 취급하다, 대우하다 | ★声誉 shēngyù 图 명예, 명성과 덕망 | 初衷 chūzhōng 图 초심 | 赢取 yíngqǔ 图 얻다, 획득하다 | ★权威 quánwēi 图 권위 图 권위적인 | 全面 quánmiàn 图 전면, 모든 면 图 전면적이다, 전반적이다, 보편적이다 | 才华 cáihuá 图 재능 | 深入 shēnrù 图 심각하다, 철저하다, 깊다 | ★桥梁 qiáoliáng 图 ① 교량, 다리 ② 매개, 중개 | ★认可 rènkě 图 인정하다, 허가하다, 승인하다 | 纪实 jìshí 图 실제 상황을 기록하다, 진실을 기록하다 | 大师 dàshī 图 대가 | 心灵 xīnlíng 图 정신, 영혼, 마음 | 感应 gǎnyìng 图 (외부의 영향에 대해) 반응하다 | ★授课 shòu kè 이합 수업하다, 강의를 하다 | 提升 tíshēng 图 끌어올리다, 진급시키다 | 眼界 yǎnjiè 图 ① 시야 ② 안목, 식견 | 扩大 kuòdà 图 넓히다, 확대하다 | ★预期 yùqī 图 (사전에) 기대하다, 예기하다 | 奉行 fèngxíng 图 받들어 시행하다 | 生涯 shēngyá 图 생애, 이력 | 天分 tiānfèn 图 타고난 자질, 천부적인 소질

21
p. 123

A 书法
B 绘画
C 电影和电视广告
D 图片摄影

A 서예
B 회화
C 영화와 TV광고
D 사진 촬영

问：女的平时主要从事哪方面的创作？

질문: 여자는 평소에 주로 어떤 방면의 창작에 종사하는가?

해설 ▶ ❶에서 '저의 평소 창작은 영화와 TV광고이다'라고 했으므로 답은 C이다.

22
p. 123

A 交流摄影经验
B 发展地方旅游经济
C 向中国介绍国外的摄影师
D 向国外介绍中国摄影师

A 촬영 경험을 교류한다
B 지방 여행 경제를 발전시킨다
C 중국에 외국 사진가를 소개한다
D 외국에 중국 사진가를 소개한다

问: 举办平遥摄影节最初的目的是什么?

질문: 핑야오 사진제를 개최한 처음 목적은 무엇인가?

해설 ▶ ❸에서 '핑야오 사진제는 제가 알기로 시작할 때부터 지방 경제와 여행을 초심으로 하여 시작한 것이다'라고 했으므로 답은 B 이다.

23
p. 123

A 和专家讨论
B 注重摄影实践
C 组织摄影比赛
D 白天拍摄，晚上上课

A 전문가와 토론한다
B 촬영 실천을 중요시한다
C 촬영 대회를 조직한다
D 낮에는 촬영하고 밤에 수업한다

问: 女的采取什么样的教学形式?

질문: 여자는 어떠한 교육 형식을 취하고 있나?

해설 ▶ ❹에서 '교육 형식은 낮에 촬영을 하고, 밤에 수업을 하는 것이다'라고 했으므로 답은 D이다.

단어 实践 shíjiàn 图 실천하다, 실행하다, 이행하다 冏 실천, 실행, 이행

24
p. 124

A 非常好
B 不怎么样
C 离生活较远
D 还可以

A 매우 좋다
B 그저 그렇다
C 생활에서 비교적 멀다
D 그런대로 괜찮다

问: 女的觉得学生的第一次展览怎么样?

질문: 여자는 학생들의 첫 번째 전람회가 어떠했다고 생각하는가?

해설 ▶ ❻에서 '우리가 산시에서 돌아와 첫 번째 전람회를 열었을 때, 저는 정말 학생들이 촬영한 작품이 매우 뛰어나다고 생각했다' 라고 했으므로 답은 A이다.

⚡Tip 보기의 형식이 주로 형용사로 되어 있는 것으로 보아 어떤 사물이나 사람에 대한 평가임을 알 수 있다.

단어 不怎么样 bù zěnmeyàng 그저 그렇다, 그다지 좋지 않다

25

p. 124

A 没去过山西	A 산시에 가본 적이 없다
B 以前是一位导演	B 예전에는 감독이었다
C 刚开始学习摄影	C 촬영을 막 배우기 시작했다
D 觉得自己有一些艺术天分	**D 자신이 약간의 예술적인 소질이 있다고 생각한다**

问: 关于女的，下列哪项正确?	질문: 여자에 관해 다음 중 옳은 것은?

해설 ▶ ❷에서 '사진 촬영도 12년 동안 했다'라고 했으므로 C는 X이다. ❺에서 '98년 학생들을 데리고 산시에 갔다'라고 했으므로 A도 X이다. ❼에서 '예술에 조금의 천부적인 소질이 있는 것 같다'라고 했으므로 답은 D이다. B는 언급되지 않았다.

[26–30]

▶ 실전 모의고사 26-30번

女: ❶ ²⁶说到创意，可能很多人都觉得高深莫测。比如❷ ²⁷我们平常开会策划一个项目时，往往在让大家拿出一个有创意的想法时就很容易冷场，因为总是觉得自己缺乏创意。欧阳先生，您怎么看这个问题呢?

男: 嗯，❸ ²⁶在我看来，创意是有一定的门槛的，但不是特别高。因为随着社会的发展，创意慢慢地会变成一种很职业化的产业，会有很多专门从事这方面的人员来开发不同的创意想法。可能是现在大家周围专门从事创意研究的人太少，所以就会觉得创意和自己是有距离的，其实不是这样，❹ ²⁶每个人都能让自己的头脑充满创意。创意是一件很随意的事情，不要刻意地去追求每件事都要有创意，不要把创意变成大脑的一种负担。

女: 您说创意研究会变成一种很职业化的东西，我很认同这个观点。但是现在内地的大学还都没开设专门的创意产业研究课程，目前还是我们这些学习新闻出版传播类专业出身的人员对创意的需求比较大。您能谈谈怎么样才能培养起自己独特的创意吗?

男: ❺ ²⁸我认为要多思考，多多观察生活，和周围的人多交流。因为创意最后还是要满足社会的需求，你应该多去接触社会，而不能埋在书里一个人想。我觉得培养、发掘创意必须多用头脑，不断地思考总结，能从生活中的小事中发现一些东西，并且把它们转化为创意，我觉得就很好。

여: ²⁶창의에 관해 말하면 아마도 많은 사람들이 이해하기 힘들다고 느낄 겁니다. 예를 들어 ²⁷우리가 평소에 회의를 열어 프로젝트를 기획하면서 종종 모두에게 창의적인 생각을 내놓으라고 할 때 침묵이 흐르기 십상인데, 왜냐하면 항상 자신은 창의가 부족하다고 생각하기 때문이죠. 오우양 선생님께서는 이 문제를 어떻게 보십니까?

남: 음, ²⁶제가 보기에 창의는 일정한 기준이 있지만 아주 높지는 않습니다. 사회의 발전에 따라 창의는 점점 일종의 직업화된 산업으로 변화하고 있기 때문이고, 전문적으로 이 방면에 종사하는 많은 사람이 서로 다른 창의력 있는 아이디어를 개발할 것입니다. 아마도 지금 여러분 주위에 전문적으로 창의 연구에 종사하는 사람이 너무 적어서 창의가 자신과는 거리가 있다고 생각하겠지만, 사실 그렇지 않습니다. ²⁶모든 사람은 자신의 머리가 창의로 가득 차게 할 수 있습니다. 창의는 마음대로 하면 되는 일이므로 고심해서 모든 일에 창의가 있도록 추구해서는 안 되며, 창의를 뇌의 부담으로 변화시켜서는 안 됩니다.

여: 선생님께서 창의 연구는 일종의 직업화된 것으로 변화할 것이라고 말씀하셨는데, 저는 이 관점에 매우 동감합니다. 하지만 현재 내륙의 대학은 아직 전문적인 창의 산업 연구 과정을 개설하지 않았고, 지금 우리처럼 이렇게 신문 출판 전파 관련 전공을 공부한 출신의 사람들은 창의에 대한 수요가 비교적 큽니다. 어떻게 해야만 자신의 독특한 창의력을 기를 수 있을지 말씀해주시겠습니까?

남: ²⁸제 생각엔 많이 사고하고, 생활을 많이 관찰하고, 주위 사람들과 많이 교류해야 합니다. 왜냐하면 창의는 마지막엔 사회의 요구를 만족시켜야 하므로 사회와 많이 접촉해야 하며 책 속에 파묻혀 혼자 생각해서는 안 됩니다. 창의를 키우고 캐내려면 반드시 머리를 많이 쓰고, 끊임없이 사고하고 정리해야 생활 속의 작은 일에서 무언가를 발견할 수 있습니다. 그것을 창의로 바꾸는 것이 좋습니다.

女：确实是这样。那么您能不能举一个您自己身上的事例来论证这个观点呢？

男：嗯，是这样的，❻ ²⁹我最近几年都在专注于美食的研究，因此写了很多和饮食有关的东西。我最近正在编写一本十八分钟做出一道菜的书，因为❼ ³⁰我发现现在的年轻人都不是特别喜欢动手做东西吃。如果你写本书告诉他们要三四个小时才能做出一道可吃的菜，他们听到肯定都吓跑了。于是我就开始留心收集这方面有关的材料。比如说煮饺子，擀皮很麻烦，他们可以去超市买现成的。不过吃饺子的酱汁他们就得自己做，可能也就几分钟，但是确实能做出可口的食物。这就是创意。

女：概括起来，您的意思就是说，观察生活，留心生活，通过一件小事发掘出一个点，从而培养出一个可能的创意？

男：对，就是这个意思。多观察，多动脑子，创意自然会越来越多。

여: 확실히 그렇습니다. 그렇다면 선생님 자신의 사례를 들어 이 관점을 논증해주실 수 있으십니까?

남: 음. 이렇습니다. ²⁹저는 최근 몇 년 간 미식 연구에 몰두하고 있습니다. 따라서 많은 미식과 관계되는 것들을 썼습니다. 제가 요즘 18분에 요리 하나를 만드는 책을 집필하고 있습니다. 왜냐하면 ³⁰저는 요즘 젊은이들이 모두 스스로 손을 써서 음식을 만들어 먹는 것을 별로 좋아하지 않는다는 것을 발견했기 때문이죠. 만약 당신이 책을 써서 그들에게 3~4시간이 걸려야만 먹을 수 있는 요리 하나를 만들어낼 수 있다고 말한다면 그들은 듣고서 분명 놀라 도망가버릴 겁니다. 그래서 저는 주의를 기울여 이 방면과 관계되는 자료를 수집했습니다. 예를 들어 만두를 찌고 만두피를 만드는 것은 번거롭기 때문에 그들은 슈퍼마켓에 가서 이미 만들어진 것을 살 수 있습니다. 하지만 만두를 먹는 간장은 그들이 스스로 만들어야 하며, 아마도 겨우 몇 분이지만 입에 맞는 음식을 만들 수 있을 것입니다. 이것이 바로 창의입니다.

여: 개괄해보면 선생님의 뜻은 생활을 관찰하고 생활에 주의하며 작은 일을 통해 무언가를 캐내고, 따라서 가능한 창의력을 키울 수 있다는 말씀이신 거죠?

남: 네, 바로 그런 뜻입니다. 많이 관찰하고 머리를 많이 쓴다면, 창의는 자연스럽게 많아질 것입니다.

단어 高深莫测 gāoshēn mòcè 셩 뜻이 매우 깊고 오묘하여 헤아릴 수 없다 | ★ 策划 cèhuà 동 계획하다, 기획하다, 구상하다 | 冷场 lěngchǎng 이합 ① (대사를 잊어버려서) 장면을 썰렁하게 만들다 ② (발언하는 사람이 없어서) 고요해지다, 어색해지다, 침묵이 흐르다 | 门槛 ménkǎn 명 ① 문턱, 문지방 ② 기준, 표준, 조건 | ★ 随意 suíyì 뜻대로, 마음대로 형 뜻대로 하다, 마음대로 하다 | 刻意 kèyì 마음을 다해서, 고심하여 | 接触 jiēchù 동 ① 닿다, 접촉하다 ② 교제하다 | 发掘 fājué 동 캐내다, 발굴하다 | 转化 zhuǎnhuà 동 바꾸다, 바뀌다 | 确实 quèshí 형 확실하다 부 틀림없이, 확실히 | ★ 论证 lùnzhèng 명 논증 동 논증하다 | 专注 zhuānzhù 동 (정신·정력 등을) 집중하다, 전념하다, 열중하다, 몰두하다 | 美食 měishí 명 맛이 좋은 음식, 미식 | 编写 biānxiě 동 집필하다, 편집하다 | ★ 动手 dòng shǒu 이합 ① 착수하다, 시작하다 ② 손대다, 손을 만지다 ③ 때리다, 손찌검하다 | 留心 liú xīn 이합 주의하다, 마음을 기울이다, 신경을 쓰다 | 煮 zhǔ 동 삶다, 끓이다 | 擀 gǎn 동 (반죽 등을 밀대로 얇게) 밀다, 문지르다 | ★ 现成 xiànchéng 형 이미 마련되어 있는, 이미 갖추어진, 기존의 | 概括 gàikuò 동 개괄하다, 뭉뚱그리다 형 개괄적이다, 간략하다 | 动脑筋 dòng nǎojīn 연구하다, 머리를 쓰다

26
p. 124

A 高深莫测
B 门槛很高
C 不是很容易的事情
D 人人都可以有创意

A 뜻이 깊어 이해할 수 없다
B 조건이 높다
C 쉬운 일이 아니다
D 모든 사람이 창의력이 있을 수 있다

问：关于创意，男的是什么看法？

질문: 창의에 관해 남자는 어떤 견해인가?

해설 ▶ ❶에서 '창의에 관해 말하면 아마도 많은 사람들이 이해하기 힘들다고 느낄 것이다'라는 말은 남자의 의견이 아닌 질문자가 한 말이므로 A는 X이다. ❸에서 '창의는 일정한 기준이 있지만 아주 높지는 않다'라고 했으므로 B와 C는 X이다. ❹에서 '모든 사람은 자신의 머리가 창의로 가득 차게 할 수 있다'라고 했으므로 답은 D이다.

듣기 실전 모의고사 **91**

27

p. 124

A 大家都不发言	A 모두 발언하지 않는다
B 引导人们冷静	B 사람들이 침착하도록 유도한다
C 引起人们不满	C 사람들의 불만을 일으킨다
D 导致分歧严重	D 의견의 차이가 심각한 결과를 초래한다

问： "很容易冷场" 主要是什么意思?	질문: '很容易冷场'은 주로 무슨 뜻인가?

해설 ▶ ❷에서 '우리가 평소에 회의를 열어 프로젝트를 기획하면서 종종 모두에게 창의적인 생각을 내놓으라고 할 때 침묵이 흐르기 십상인데, 왜냐하면 항상 자신은 창의가 부족하다고 생각하기 때문이다'를 통해 대략적으로 사람들이 회의 시에 말을 하지 않는 상황을 묘사하고 있음을 알 수 있다. 따라서 답은 A이다.

단어 发言 fā yán [이합] 발언하다, 말하다 [명] 발언 | ★ 引导 yǐndǎo [동] ① 안내하다 ② 지도하다, 인도하다, 이끌다, 유도하다 | 冷静 lěngjìng [형] ① 한산하다, 조용하다 ② 냉정하다, 침착하다 | ★ 分歧 fēnqí [형] (사상·의견·기록 등이) 불일치하다, 차이가 있다 [명] 불일치, 차이점

28

p. 124

A 埋在书里一个人想	A 책에 파묻혀 혼자 생각해야 한다
B 多学习新理论知识	B 새로운 이론 지식을 많이 배워야 한다
C 多思考、观察和交流	C 많이 사고하고 관찰하고 교류해야 한다
D 平时增加阅读量	D 평소에 독서량을 늘려야 한다

问： 男的认为怎样才能培养创意?	질문: 남자는 어떻게 해야만 창의력을 키울 수 있다고 생각하는가?

해설 ▶ ❺에서 '많이 사고하고, 생활을 많이 관찰하고, 주위 사람들과 많이 교류해야 한다'라고 했으므로 답은 C이다.

29

p. 124

A 医学	B 经济	A 의학	B 경제
C 美食	D 教育	C 미식	D 교육

问： 近几年男的在做哪方面的研究?	질문: 최근 남자는 어떤 방면의 연구를 하고 있나?

해설 ▶ ❻에서 '최근 몇 년 간 미식 연구에 몰두하고 있다'라고 했으므로 답은 C이다.

30

p. 124

A 胆小怕事	A 겁이 많고 시비가 일어나는 것을 싫어한다
B 动手能力强	B 손을 쓰는 능력이 강하다
C 对生活要求高	C 생활에 대한 요구가 높다
D 不喜欢动手做吃的	D 손을 써서 음식 만드는 것을 싫어한다

问： 男的认为年轻人有什么特点?	질문: 남자는 젊은이들이 어떤 특징이 있다고 생각하나?

제3부분

[31-33] ▶ 실전 모의고사 31-33번

❶ ³³要想知道乌云为什么是灰色的，就得先知道云为什么是白色的。地面温度升高，水蒸气就会上升，❷ ³¹当它升到一定高度时会凝结成小水滴，这些小水滴结合在一起就形成了云。小水滴越多，云就越大。❸ ³²当阳光穿过大量聚集的小水滴时，水滴会向各个方向散射光。由于水滴很小，足以散射所有波长的光，因此那些由小水滴组成的云看起来就是白色的。而随着水滴越聚越多，云的体积越来越大，越来越少的光能穿透云层。由于较少的光被散射到我们的眼睛里，因此我们在地面上看到的云就变暗了。当要下雨时，云层里的水滴会更多，这样散射到我们眼睛里的光就更少，云的颜色会更暗。这就是我们看到乌云的缘故。

³³먹구름이 왜 회색인지 알고 싶다면, 먼저 구름이 왜 흰색인지 알아야 한다. 지면 온도가 올라가면 수증기는 상승하게 되고, ³¹그것이 일정 높이까지 올라갔을 때 작은 물방울로 응결되는데, 이러한 작은 물방울들이 결합되어 구름을 형성한다. 작은 물방울이 많을수록 구름은 커진다. ³²햇빛이 대량으로 모인 작은 물방울을 관통할 때, 물방울은 각 방향으로 빛을 반사한다. 물방울은 작아서 모든 파장의 빛을 반사하기에 충분하고, 따라서 그러한 작은 물방울로 이루어진 구름은 보기에 흰색인 것이다. 물방울은 모일수록 많아지고, 구름의 부피가 갈수록 커지면, 갈수록 적은 빛만 구름 층을 관통할 수 있다. 비교적 적은 빛의 파장만이 우리의 눈까지 반사되기 때문에, 우리가 지면에서 보게 되는 구름은 어둡게 변하게 된다. 비가 내리려고 할 때, 구름 층 안의 물방울은 더 많게 되고, 이렇게 되면 우리 눈까지 반사되는 빛은 더욱 적어지게 되어, 구름의 색깔은 더 어둡게 된다. 이것이 바로 우리가 먹구름을 보게 되는 원인이다.

단어 乌云 wūyún 몡 먹구름 | 水蒸气 shuǐzhēngqì 몡 수증기 | 凝结 níngjié 통 응결하다, 응결되다 | 滴 dī 통 한방울씩 떨어지다 몡 물방울 | 穿过 chuān guò 통 통과하다, 관통하다 | 聚集 jùjí 통 모으다, 모이다 | 散射 sǎnshè 몡 (빛의) 난반사 통 난반사하다 | ★ 足以 zúyǐ 통 ~하기에 족하다, 충분히 ~할 수 있다 | 波长 bōcháng 몡 파장 | ★ 体积 tǐjī 몡 체적, 부피 | 穿透 chuāntòu 통 관통하다, 침투하다 | ★ 缘故 yuángù 몡 연고, 원인, 이유

▶ 실전 모의고사 31번

31

p. 125

A 挥发	B 形成大雾	A 휘발한다	B 짙은 안개를 형성한다
C 变成水滴	D 使天气闷热	**C 물방울로 변한다**	D 날씨를 무덥게 만든다

问：水蒸气上升到一定高度会怎么样？ | 질문: 수증기는 일정 높이까지 올라갔을 때 어떠한가?

해설 ▶ ❷에서 '그것이 일정 높이까지 올라갔을 때 작은 물방울로 응결되는데'라고 했으므로 답은 C이다.

단어 挥发 huīfā 통 휘발하다 | 雾 wù 몡 안개 | 闷热 mēnrè 혱 무덥다

▶ 실전 모의고사 32번

32

p. 125

A 云朵会变大	A 구름 송이가 커진다
B 空中会出现彩虹	B 공중에 무지개가 나타난다
C 散射所有波长的光	**C 모든 파장의 빛을 반사한다**
D 会吸收强烈的紫外线	D 강렬한 자외선을 흡수한다

问: 当阳光穿过聚集的小水滴时会怎么样?	질문: 햇빛이 모여 있는 작은 물방울을 관통할 때는 어떠한가?

해설 ▶ ❸에서 '햇빛이 대량으로 모인 작은 물방울을 관통할 때, 물방울은 각 방향으로 빛을 반사한다'라고 했으므로 답은 C이다.

단어 云朵 yúnduǒ 몡 구름송이 | 彩虹 cǎihóng 몡 무지개 | 紫外线 zǐwàixiàn 몡 자외선

▶ 실전 모의고사 33번

33

p. 125

A 降雨的好处	A 강우의 좋은 점
B 乌云的成因	**B 먹구름의 형성 원인**
C 光的折射定律	C 빛의 굴절 법칙
D 植物的光合作用	D 식물의 광합작용

问: 这段话主要讲的是什么?	질문: 이 글이 주로 이야기하는 것은 무엇인가?

해설 ▶ ❶에서 '먹구름이 왜 회색인지 알고 싶다면, 먼저 구름이 왜 흰색인지 알아야 한다'라고 하고, 그 뒤의 내용은 모두 이에 대한 과정을 설명하고 있으므로 답은 B이다.

단어 折射 zhéshè 몡 굴절 통 굴절하다 | 定律 dìnglǜ 몡 법칙

[34-36]

▶ 실전 모의고사 34-36번

我记得上高中时，学校有一次演讲比赛，班里推选了一位文笔好、但很羞怯的同学参加。那天，那位同学的表现非常好，并为班里赢得了荣誉。❶ ³⁴下来时，那位同学找到我问，有没有注意到他在台上浑身发抖。我当时很惊讶地摇头，他握着我的手说，那就好，那就好。我这时才注意到他的腿竟然一直抖个不停。

事实上，❷ ³⁵很多人之所以不敢当众讲话，是怕说错话被人瞧不起，丢面子。而真实情况是，几乎没有什么人能记住和关心别人丢脸的事，真正在意的只有你自己。因为在任何场合，发言表现的好与不好完全是你自己的事。只要你自己觉得没什么，别人更不会放在心上。但相反，❸ ³⁶如果你自己过分在意别人的眼光，反而会放大你在别人眼中的缺陷。

내 기억에 고등학교 때 학교에 연설 대회가 있었는데, 반에서 필력이 좋지만 수줍음이 많은 친구를 참가하도록 추천했다. 그날 그 친구는 멋지게 활약했고, 또한 우리 반에게 영예를 가져다 주었다. ³⁴내려왔을 때, 그 친구는 나를 찾아서 그가 단상에서 온 몸을 떠는 것을 신경 썼는지 물었다. 나는 당시에 놀라고 의아해서 고개를 저었고, 그는 내 손을 잡고 '그럼 됐어, 그럼 됐어'라고 말했다. 나는 그제서야 그의 다리가 뜻밖에도 줄곧 멈추지 않고 떨리고 있음을 알아차렸다.

사실 ³⁵많은 사람들이 대중 앞에서 감히 연설하지 못하는 것은 틀린 말을 해서 다른 사람들에게 무시당하고 체면을 구길까 걱정하는 것이다. 실제 상황에서는 거의 어느 누구도 다른 사람이 체면을 구긴 일을 기억하거나 관심을 가지지 않으며, 진정으로 마음에 두는 것은 오직 당신 자신이다. 왜냐하면 어떠한 상황에서든 발언 태도의 좋고 나쁨은 완전히 당신 자신의 일이기 때문이다. 당신 자신이 별 것 아니라고 느끼기만 한다면, 다른 사람은 더욱 마음에 두지 않는다. 그러나 반대로 ³⁶만약 당신이 지나치게 다른 사람의 시선에 신경을 쓴다면, 오히려 다른 사람 눈에서의 당신의 결점이 더 커질 것이다.

단어 ★ 演讲 yǎnjiǎng ⑧ 연설하다, 강연하다 | 推选 tuīxuǎn ⑧ (구두로) 추천하여 선발하다 | 文笔 wénbǐ ⑲ 문필, 필력 | 羞怯 xiūqiè ⑱ 부끄러워서 멈칫멈칫하나, 수줍어서 주춤주춤하다 | 表现 biǎoxiàn ⑧ 드러나다, 보이다, 활약하다 ⑲ 행위, 행동, 품행 | 赢得 yíngdé ⑧ 취득하다, 획득하다 | 荣誉 róngyù ⑲ 영예 | ★ 浑身 húnshēn ⑲ 온 몸, 전신 | 发抖 fādǒu ⑧ 떨다 | 毫发 háofà ⑲ 아주 적은 양, 극소량 | ★ 惊讶 jīngyà ⑲ 놀랍고 의아하다 | 摇头 yáo tóu 〔이합〕 고개를 젓다 | 当众 dāngzhòng ⑲ 대중 앞에서, 공개적으로 | 瞧不起 qiáobuqǐ 깔보다, 얕보다, 경시하다 | 丢面子 diū miànzi 체면을 잃다, 체면을 구기다 | ★ 在意 zàiyì ⑧ 마음에 두다, 거리끼다 | ★ 眼光 yǎnguāng ⑲ ① 시선 ② 안목, 눈썰미 ③ 관점 | 反而 fǎn'ér ⑨ 오히려, 도리어 | ★ 放大 fàngdà ⑧ 확대하다, 크게 하다 | ★ 缺陷 quēxiàn ⑲ 결함, 결점, 흠, 부족한 부분

▶ 실전 모의고사 34번

34
p. 125

A 同学表现得不好	A 반 친구는 능력 발휘를 못했다
B 同学当时很紧张	**B 반 친구는 당시 긴장했다**
C 同学生了大病	C 반 친구는 큰 병이 났다
D 同学参加了唱歌比赛	D 반 친구는 노래 대회에 참가했다

问: 说话人对什么感到很惊讶?　　질문: 화자는 왜 놀라고 의아해했나?

해설 ▶ 네 개의 보기의 주어가 모두 '同学'이므로 반 친구에 대한 묘사를 찾아내야 한다. ❶에서 '내려왔을 때, 그 친구는 나를 찾아서 그가 단상에서 온 몸을 떠는 것을 신경 썼는지 물었다'고 했으므로 답은 B이다.

▶ 실전 모의고사 35번

35
p. 125

A 怕失去朋友	A 친구를 잃을까 두려워한다
B 不希望比别人好	B 다른 사람들보다 잘하길 원치 않는다
C 怕丢面子	**C 체면을 구길까 걱정한다**
D 不想说心里话	D 마음 속의 이야기를 하기 싫어한다

问: 为什么有人不敢当众讲话?　　질문: 왜 누군가는 대중 앞에서 감히 연설하지 못하나?

해설 ▶ ❷에서 '많은 사람들이 대중 앞에서 감히 연설하지 못하는 것은 틀린 말을 해서 다른 사람들에게 무시당하고 체면을 구길까 걱정하는 것이다'라고 했으므로 답은 C이다.

▶ 실전 모의고사 36번

36
p. 125

A 不要急于求成	A 급하게 이루려고 하지 마라
B 要多关心别人	B 다른 사람에게 관심을 많이 가져야 한다
C 要富有责任心	C 책임감을 많이 가져야 한다
D 别太在意别人的看法	**D 다른 사람의 의견에 너무 신경을 쓰지 말아라**

问: 说话人有什么建议?　　질문: 화자는 어떠한 건의를 했나?

해설 ▶ ❸에서 '만약 당신이 지나치게 다른 사람의 시선에 신경을 쓴다면, 오히려 다른 사람 눈에서의 당신의 결점이 더 커질 것이다'라고 했으므로 답은 D이다.

> **Tip** 주로 보기가 '不要(~해서는 안 된다)' 혹은 '要(~해야 한다)'로 시작하는 것으로 보아 화자의 건의를 물어보는 문제, 즉 주제를 찾는 문제라는 것을 알 수 있다. 주제는 주로 지문 맨끝에 오는 것을 기억하자.

단어 ★ 急于求成 jíyú qiúchéng ⑱ 급하게 성공을 거두려고 하다, 급하게 이루려고 하다 | 富有 fùyǒu ⑱ 충분하다 ⑧ 많이 가지다, 충분히 가지다

　　古代有一位国王，愿意用一千两黄金高价买一匹千里马。可是三年过去了，连千里马的影子也没看到。这桩事成了国王最大的心病。这位国君手下有一位大臣，自告奋勇请求去买千里马，国王十分高兴，让他带了一千两黄金立即上路。这位大臣走遍全国，花了三个月的时间，终于打听到某处人家有一匹千里马。可是，❶ ³⁷<u>等他赶到这户人家时，不巧马已经病死了</u>。经过再三考虑，他就用五百两黄金买了马的骨头，回去献给国王。❷ ³⁸<u>国王知道用那么多黄金只买回来一堆马骨后，心里很不高兴</u>。买马骨的大臣却说，花很多钱买马骨看起来很不值，但是，❸ ³⁹<u>这样天下人就都知道大王您是真心实意地想出高价钱买马，并不是欺骗别人</u>，过不了多久肯定就会有很多人来献千里马。果然，不久就有人送来了三匹千里马。

고대에 한 국왕이 있었는데, 황금 천 냥이라는 높은 가격으로 한 필의 천리마를 사길 원했다. 그러나 3년이 지나도 천리마의 그림자조차 볼 수 없었다. 이 일은 국왕의 가장 큰 마음의 병이 되었다. 이 국왕 수하에는 한 대신이 있었는데 자진해서 용기를 내어 천리마를 사러 가겠다고 청했고, 국왕은 매우 기뻐하며 그에게 황금 천 냥을 가지고 즉시 여정에 오르게 했다. 이 대신은 전국을 다 돌아다녔고 3개월의 시간을 써서 마침내 어느 인가에 천리마가 한 필 있다는 것을 알게 되었다. 그러나 ³⁷그가 이 인가에 급히 도착했을 때, 공교롭게도 말은 이미 죽어 있었다. 고심 끝에 그는 황금 오백 냥으로 말의 뼈를 사가지고 돌아가 국왕에게 바쳤다. ³⁸국왕은 그렇게 많은 황금으로 겨우 말의 뼈를 한가득 사서 돌아온 것을 알고 기분이 매우 좋지 않았다. 하지만 말의 뼈를 사온 대신은, 많은 돈을 써서 말의 뼈를 사온 것이 가치 없어 보이지만, ³⁹이렇게 하면 천하의 사람들이 모두 대왕께서 진심으로 높은 가격으로 말을 사고 싶어하며, 결코 다른 사람을 속이는 것이 아니라는 것을 알게 되어, 얼마 지나지 않아 분명 많은 사람들이 천리마를 바치러 올 것이라고 말했다. 과연 얼마 되지 않아 누군가가 천리마 세 필을 보내왔다.

단어　桩 zhuāng 영 일을 세는 양사 | 国君 guójūn 영 국왕, 국군 | ★ 大臣 dàchén 영 대신 | 奋勇 fènyǒng 동 용기를 내다, 용기를 불러 일으키다 | 立即 lìjí 튀 즉시, 즉각, 바로 | 上路 shàng lù 이합 길에 오르다. 여정에 오르다 | 打听 dǎtīng 동 알아보다, 물어보다 | 再三 zàisān 튀 재삼, 여러 번, 거듭 | 献 xiàn 동 바치다. 올리다. 드리다 | 真心实意 zhēnxīnshíyì 진심으로, 성심성의껏 | ★ 欺骗 qīpiàn 동 속이다, 기만하다

37
p. 125

A 马病死了　　　　　　　　　A 말이 병 들어 죽었다
B 带的钱不够　　　　　　　　B 가지고 간 돈이 부족했다
C 没找到千里马　　　　　　　C 천리마를 찾지 못했다
D 主人不愿意卖　　　　　　　D 주인이 팔고 싶어하지 않았다

问：那位大臣为什么没有买到千里马?　　질문: 그 대신은 왜 천리마를 사지 못했나?

해설　▶ ❶에서 '그가 이 인가에 급히 도착했을 때, 공교롭게도 말은 이미 죽어 있었다'라고 했으므로 답은 A이다.

38
p. 125

A 责骂大臣去得太晚了　　　　A 대신에게 너무 늦게 갔다고 꾸짖었다
B 觉得大臣上当了　　　　　　B 대신이 속았다고 생각했다
C 很欣赏大臣　　　　　　　　C 대신을 마음에 들어 했다
D 很不高兴，认为不值得　　　**D 매우 기분이 나빴고, 그럴 가치가 없다고 생각했다**

问：国王看到马骨时是什么反应?　　질문: 국왕은 말의 뼈를 봤을 때 어떤 반응이었나?

해설 ▶ ❷에서 '국왕은 그렇게 많은 황금으로 겨우 말의 뼈를 한 가득 사서 돌아온 것을 알고 매우 기분이 좋지 않았다'라고 했으므로 답은 D이다.

단어 责骂 zémà 동 꾸짖으며 욕하다, 매섭게 꾸짖다 | 上当 shàng dàng 이합 속다, 속임수에 빠지다 | 欣赏 xīnshǎng 동 ① 감상하다 ② 좋아하다

39

p. 126

A 钱不是万能的	A 돈은 만능이 아니다
B 要用行动证明诚心	**B 행동으로 진실한 마음을 증명해야 한다**
C 行动要及时	C 행동은 제 때에 해야 한다
D 一分价钱一分货	D 싼 게 비지떡이다

问: 这个故事主要想告诉我们什么? | 질문: 이 이야기는 우리에게 주로 알리고 싶어하는 것은?

해설 ▶ ❸에서 '이렇게 하면 천하의 사람들이 모두 대왕께서 진심으로 높은 가격으로 말을 사고 싶어하며, 결코 다른 사람을 속이는 것이 아니라는 것을 알게 될 것이다'라는 말을 통해 말의 뼈를 사는 행동을 보여주어야 천리마에 대한 간절함을 사람들이 알 수 있게 된다는 뜻이므로, 답은 B임을 알 수 있다.

⚠Tip 보기에 '要(~해야 한다)'로 시작하는 것으로 보아 주제를 찾는 문제라는 것을 알 수 있다.

단어 诚心 chéngxīn 명 성심 형 간절하다, 진실하다 | 及时 jíshí 형 시기 적절하다, 때맞다

[40-43]

目光接触是连接演讲者与听众的纽带，如何有效地使用你的眼睛呢？

首先，与听众建立起一种个人之间的联系。听众数量不多时，可以先挑选一个人，演讲时对着他讲话。与其保持足够长时间的目光接触，以建立起一种视觉联系。这段时间，往往相当于一句话或一种想法所占用的时间，然后再把目光移向另外一个人。但是❶ ⁴⁰如果你面对成百上千听众演说，那么这一办法行不通。你可以在听众席的不同位置挑选一两位听众，并与他们建立起个人之间的联系，这样每一位听众都会觉得你在直接与他交谈。

其次❷ ⁴¹要观察视觉反馈。当你在演讲时，你的听众也在对他们的非语言信息作出反应。❸ ⁴²如果大家都不朝你看，那么他们可能没在听你的演讲，原因可能是他们也许听不到你的声音。解决的办法是，如果你没有用话筒，那么声音要放大一些，并看看那是否有效。他们也许感到厌烦了，解决的办法是，用些幽默的话语，声音多点抑扬顿挫等等。

另一方面，如果听众脸上显露出快乐、兴趣和关注，那么什么也不要改变，你做得很棒。

시선을 접촉하는 것은 강연자와 청중을 이어주는 연결 고리인데, 어떻게 효과적으로 당신의 눈을 사용할 것인가?

먼저 청중과 일종의 개인 간의 연계를 맺어야 한다. 청중의 수가 많지 않을 때는 먼저 한 명을 선택하여 연설할 때 그에게 말을 한다. 그와 충분히 긴 시간의 시선 접촉을 유지함으로써, 일종의 시각적 연계를 맺는다. 이 시간은 종종 한 마디의 말 혹은 한 가지 생각이 차지하는 시간과 비슷하며, 그런 다음 시선을 다른 사람에게 이동한다. 그러나 ⁴⁰만약 당신이 수백 수천에 달하는 청중 앞에서 연설을 한다면, 그러면 이 방법은 통하지 않는다. 당신은 청중석의 서로 다른 위치에서 한두 명의 청중을 선택하고, 그들과 개인적인 연계를 맺어야 하며, 이렇게 하면 모든 청중은 당신이 직접적으로 그와 얘기를 나누고 있다고 느낄 것이다.

두 번째로 ⁴¹시각 피드백을 관찰해야 한다. 당신이 연설할 때, 당신의 청중은 그들의 비언어적인 정보에 대해 반응을 하고 있다. ⁴²만약 모두 당신을 향해 보지 않는다면, 그들은 아마도 당신의 연설을 듣고 있지 않는 것이다. 원인은 아마도 그들이 당신의 목소리를 듣지 못하기 때문일 것이다. 해결 방법은 만약 당신이 마이크를 사용하지 않는다면 목소리를 좀 크게 해보고 효과가 있는지 살펴보아야 한다. 그들은 혹시 싫증이 났다고 느꼈을지도 모른다. 해결 방법은 유머러스한 말을 사용하거나, 목소리에 고저를 많게 하는 등을 사용해야 한다.

또 다른 방면으로, 만약 청중의 얼굴에 기쁨, 흥미, 관심이 드러난다면, 아무것도 바꾸지 마라. 당신은 잘하고 있다.

단어 ★ 目光 mùguāng 몡 ① 시선, 눈길 ② 눈빛, 눈초리 ③ 안목, 견해 | 连接 liánjiē 동 연결하다 | 纽带 niǔdài 몡 연결, 연결 고리 | 建立 jiànlì 동 ① 건립하다, 설립하다 ② 형성하다, 이루다, 맺다 | 挑选 tiāoxuǎn 동 고르다, 선택하다 | 保持 bǎochí 동 (원래의 상태를) 유지하다 | 相当 xiāngdāng 혱 ① 비슷하다, 맞먹다 ② 적당하다, 알맞다 閉 상당히, 제법, 매우 | 面对 miànduì 동 대면하다, 직면하다, 앞두다 | 成百上千 chéngbǎi shàngqiān 혱 수백 수천에 달하다 | 行不通 xíngbutōng 통할 수 없다, 통하지 않다 | ★ 反馈 fǎnkuì ① 피드백하다 ② (정보나 반응이) 되돌아오다, 반응하다 | 信息 xìnxī 몡 ① 소식, 뉴스 ② 정보 | ★ 话筒 huàtǒng 몡 ① 수화기 ② 마이크 | 厌烦 yànfán 싫다, 싫증나다, 혐오하다 | 抑扬顿挫 yìyáng dùncuò 혱 소리의 고저, 기복, 휴지 | 显露 xiǎnlù 동 보이다, 드러나다, 나타나다

▶ 실전 모의고사 40번

40
p. 126

A 看着所有的听众	A 모든 청중을 바라본다
B 与一个听众长时间目光接触	B 한 청중과 장시간 시선을 접촉한다
C 挑选一两个听众	C 한두 명의 청중을 선택한다
D 在不同的位置挑选听众	**D 서로 다른 위치에서 청중을 선택한다**

问: 听众多时，怎样选择目光交流对象?

질문: 청중이 많을 때, 어떻게 시선 교류 대상을 선택해야 하나?

해설 ▶ ❶에서 '만약 당신이 수백 수천에 달하는 청중 앞에서 연설을 한다면, 청중석의 서로 다른 위치에서 한두 명의 청중을 선택한다'라고 했으므로 답은 D이다.

Tip 보기가 모두 비교적 길이가 긴 문장으로 되어 있다. 이런 경우에는 보통 지문 전체에 대한 이해력을 필요로 하는 문제이므로, 녹음을 들으며 보기를 읽으려고 노력하다 듣기에 대한 집중력이 떨어지는 것보다는, 녹음에 집중을 해서 지문의 흐름을 잘 체크하는 것이 더 중요하다.

▶ 실전 모의고사 41번

41
p. 126

A 说一些幽默的话语	A 유머러스한 말을 좀 한다
B 声音放大一些	B 목소리를 좀 크게 한다
C 观察听众视觉反馈	**C 청중의 시각 피드백을 관찰한다**
D 使用话筒	D 마이크를 사용한다

问: 怎样判断听众是否在听你的演讲?

질문: 어떻게 청중이 당신의 연설을 듣고 있는지 여부를 판단하나?

해설 ▶ ❷에서 '시각 피드백을 관찰해야 한다. 당신이 연설할 때, 당신의 청중은 그들의 비언어적인 정보에 대해 반응을 하고 있다'라고 했으므로 답은 C이다.

▶ 실전 모의고사 42번

42
p. 126

A 让听众听得见	**A 청중이 들을 수 있게 한다**
B 增强自信心	B 자신감을 강화시킨다
C 让演讲更有说服力	C 연설이 더 설득력 있게 해준다
D 提醒听众认真听	D 청중에게 열심히 들을 것을 일깨운다

问: 把声音放大一些的目的是什么?

질문: 목소리를 크게 하는 목적은 무엇인가?

43
p. 126

A 演讲的技巧	A 연설의 기교
B 社交的技巧	B 사교의 기교
C 聊天的技巧	C 한담의 기교
D 获取信息的技巧	D 정보를 얻는 기교

问: 这段话主要谈什么?	질문: 이 글이 주로 이야기하는 것은?

해설 ▶ 네 개의 보기가 모두 '……的技巧'로 끝나고 있는 것으로 보아, 어떠한 기교에 대한 글인지 글의 핵심 화제를 찾는 문제임을 알 수 있다. 전체적인 글이 모두 '演讲'에 관해 이야기하고 있으므로 답은 A이다.

단어 ★技巧 jìqiǎo 몡 기교, 테크닉, 수법 | 获取 huòqǔ 동 얻다, 획득하다

[44-47]

现代人对抗生素的依赖越来越强，甚至到了泛滥的地步。❶ ⁴⁴这导致了超级细菌异军突起，它们对抗生素的抗药能力越来越强。现在许多医学家都在研发新型抗生素，以应对超级细菌的入侵。

最近科学家发现切叶蚁可能就是他们苦苦寻找的答案，因为切叶蚁种群身上竟然没有任何病菌存在。细菌是无处不在的，切叶蚁身上怎么会如此干净呢？原来切叶蚁会把树叶带回巢穴，然后❷ ⁴⁵在叶片上种植一种叫环柄菇的真菌作为食物。在种植真菌的过程中，一种叫诺卡氏菌属的细菌会完全覆盖在切叶蚁身上，就像是为切叶蚁披上了一层盔甲。一旦切叶蚁被某种病原体侵入，❸ ^{46/47}这种细菌就会产生抗生素，从而帮助切叶蚁抵抗入侵的病原体和霉菌。这个发现令科学家异常兴奋。目前科学家已从切叶蚁身上分离得到了多种菌株，并提取了相应的基因序列，用于检测其产生的相应抗体对人类是否有活性。他们期望能利用这些特殊的菌群，制造出新的抗生素，帮助人类更有效地治疗疾病。

현대인의 항생제에 대한 의존이 갈수록 강해져 심지어 범람하는 지경에 이르렀다. ⁴⁴이것은 슈퍼 세균이 새롭게 나타나는 결과를 초래했고, 그것들은 항생제에 대한 내성 능력이 갈수록 강해지고 있다. 지금 많은 의학자들은 모두 새로운 형태의 항생제를 연구 개발하여 슈퍼 세균의 침입에 대처하려고 한다.

최근 과학자들은 가위개미가 아마도 바로 그들이 힘들게 찾은 답일 것이라는 것을 발견했는데, 왜냐하면 가위개미 군체의 몸에는 뜻밖에 어떠한 병균도 존재하지 않기 때문이다. 세균은 어디에나 있는데, 가위개미 몸은 어떻게 이렇게 깨끗한 것일까? 알고 보니 가위개미는 나뭇잎을 둥지로 가져간 후 ⁴⁵잎 위에 环柄菇라고 불리는 진균을 심어 음식으로 삼는다. 진균을 심는 과정에서 诺卡氏균이라고 불리는 세균이 가위개미의 몸을 완전히 덮는데, 마치 가위개미에게 한 겹의 투구와 갑옷을 걸쳐놓은 것 같다. 일단 가위개미가 어떤 병원체에 침입 당하면, ^{46/47}이 세균은 항생제를 만들어냄으로써 가위개미가 침입한 병원체와 곰팡이에 대항하는 것을 도와준다. 이 발견은 과학자들을 매우 흥분시켰다. 현재 과학자들은 이미 가위개미의 몸에서 여러 종류의 균주를 분리하여 얻어냈고, 또한 상응하는 유전자 서열을 채취하여 그것이 만들어내는 항체가 인류에게 활동성이 있는지 여부를 검사 측정하는데 사용했다. 그들은 이러한 특수한 균군을 이용하여 새로운 항생제를 제조해 내고, 인류가 더 효과적으로 질병을 치료하는 것에 도움이 되기를 기대한다.

단어 抗生素 kàngshēngsù 몡 항생제 | ★依赖 yīlài 동 의지하다, 의존하다 | ★泛滥 fànlàn 동 범람하다, 나쁜 것이 제한 없이 유행하다 | ★地步 dìbù 몡 (좋지 않은) 지경, 상태, 처지 | ★细菌 xìjūn 몡 세균 | 异军突起 yìjūn tūqǐ 솅 새로운 세력이 돌연 나타나다 | 抗药 kàngyào 약물에 내성이 생기다 | 应对 yìngduì 동 대응하다, 맞서다 | 入侵 rùqīn 동 침입하다 | 切叶蚁 qièyèyǐ 몡 가위개미 | 种群 zhǒngqún 몡 군체 | 病菌 bìngjūn 몡 병(원)균 | 无处不在 wúchù búzài 없는 곳이 없다, 어디에나 있다 | ★巢穴 cháoxué 몡 (새나 짐승의) 집, 둥지 | ★种植 zhòngzhí 동 심다, 재배하다 | ★覆盖 fùgài 동 가리다, 덮다 | 披 pī 동 (겉옷을) 걸치다 | 盔甲 kuījiǎ 몡 투구와 갑옷 | 病原体 bìngyuántǐ 몡 병원체 | ★抵抗 dǐkàng 동 저항하다, 대항하다 몡 저항, 대항 | 霉菌 méijūn 몡 곰팡이 | 菌株 jūnzhū 몡 균주 | 提取 tíqǔ 동 추출하다, 뽑아내다 | ★相应 xiāngyìng 동 상응하다, 호응하다 | ★基因 jīyīn 몡 유전자 | 序列 xùliè 몡 서열 | 检测 jiǎncè 동 검사측정하다 | 抗体 kàngtǐ 몡 항체, 면역체 | 活性 huóxìng 몡 활(동)성 | ★期望 qīwàng 동 기대하다 몡 기대

▶ 실전 모의고사 44번

44

p. 126

A 基因缺陷	A 유전자 결함
B 遗传疾病增多	B 유전 질병이 증가했다
C 病情反复发作	C 병세가 반복적으로 발작한다
D 出现超级细菌	**D 슈퍼 세균이 나타났다**

问: 人类滥用抗生素导致了什么后果?

질문: 인류가 항생제를 남용한 것은 무슨 나쁜 결과를 초래했나?

해설 ▶ ❶에서 '이것은 슈퍼 세균이 새롭게 나타나는 결과를 초래했고'라고 했으므로 답은 D이다.

단어 ★缺陷 quēxiàn 몡 결함, 부족한 것 | ★遗传 yíchuán 동 유전하다 몡 유전 | 病情 bìngqíng 몡 병세 | 发作 fāzuò 동 발작하다 | 滥用 lànyòng 동 남용하다

▶ 실전 모의고사 45번

45

p. 126

A 以真菌为食	**A 진균을 먹이로 삼는다**
B 会种植树木	B 나무를 심을 수 있다
C 长有多层保护壳	C 여러 층의 보호 껍질이 있다
D 会分泌有毒物质	D 유독 물질을 분비한다

问: 关于切叶蚁, 可以知道什么?

질문: 가위개미에 관해, 무엇을 알 수 있나?

해설 ▶ ❷에서 '잎 위에 环柄菇라고 불리는 진균을 심어 음식으로 삼는다'라고 했으므로 답은 A이다.

단어 壳 ké 몡 껍데기, 껍질 | ★分泌 fēnmì 동 분비하다 몡 분비

▶ 실전 모의고사 46번

46

p. 126

A 预报天气	A 날씨를 예보한다
B 识别同类	B 같은 종류를 식별한다
C 抵抗病菌	**C 병균에 대항한다**
D 迷惑天敌	D 천적을 현혹시킨다

问: 切叶蚁身上的细菌有什么作用?

질문: 가위개미 몸의 세균은 무슨 작용이 있나?

해설 ▶ ❸에서 '이 세균은 항생제를 만들어내고, 따라서 가위개미가 침입한 병원체와 곰팡이에 대항하는 것을 도와준다'라고 했으므로 답은 C이다.

단어 ★识别 shíbié 동 식별하다, 가려내다 | ★迷惑 míhuo 동 현혹되다, 현혹시키다 | 天敌 tiāndí 몡 천적

47

p. 126

A 切叶蚁是濒危物种
B 切叶蚁身上有未知抗生素
C 新型细菌覆盖在蚂蚁背部
D 科学家研究了500多种蚂蚁

A 가위개미는 멸종위기종이다
B 가위개미 몸에는 미지의 항생제가 있다
C 새로운 형태의 세균이 개미 등을 덮고 있다
D 과학자들은 500여 종의 개미를 연구했다

问: 根据上文，下列哪项正确?

질문: 위의 글에 근거하여, 다음 중 어느 것이 옳은가?

해설 ▶ 역시 ❸에서 '이 세균은 항생제를 만들어내고'라고 했으므로 답은 B이다.

단어 濒危物种 bīnwēi wùzhǒng 멸종위기종 | 未知 wèizhī 图 아직 모르다 图 미지의

[48-50]

▶ 실전 모의고사 48-50번

现在技术发展了，旅游业也进步了，进步之一就是名山胜地都架起了缆车。❶ ⁴⁸一般的旅行都采取上山乘缆车，然后步行下山的方式，一可以省力，二可以省钱，三可以省时。登山活动，不知不觉变成了下山活动。在这个活动中，三种人产生了不同的感受。甲说："❷ ⁴⁹上山坐缆车，啥也没看到。下山下了千级台阶，腿肚子都抽筋了，找罪受！"乙说："上得太快了，只好慢慢下，也算软着陆嘛！"丙说："一边下山，一边看风景，这辈子的下坡路我全走了，今后就一定顺了！"❸ ⁴⁹同一件事，同样的行为，却有不同的感受。❹ ⁴⁹甲是悲观主义，乙是客观主义，丙是乐观主义。❺ ⁵⁰看来，天底下快乐的人，不是上帝赐予了他快乐的事，而是给了他一颗快乐的心。

요즘 기술이 발전하자 여행업도 진보하였는데, 그 진보 중의 하나는 바로 명산의 명승지에 모두 케이블카를 설치한 것이다. ⁴⁸일반적인 여행은 모두 산에 오를 때는 케이블카를 타고, 그런 다음 걸어서 산을 내려오는 방식을 취하는데, 첫 번째는 힘을 아낄 수 있고, 두 번째는 돈을 아낄 수 있으며, 세 번째는 시간을 아낄 수 있다. 등산이라는 활동은 우리도 모르는 사이에 하산 활동이 되었다. 이 활동 중에 세 종류의 사람은 각기 다른 느낌이 생겼다. 갑은 말했다. "⁴⁹산에 오를 때 케이블카를 타니 아무 것도 볼 수 없었어요. 하산할 때 천 개의 계단을 내려오니 장딴지에 다 쥐가 나서 사서 고생이더라고요!" 을이 말했다. "올라갈 때 너무 빨랐으니 어쩔 수 없이 천천히 내려와야죠. 연착륙한 셈 치는 거죠!" 병이 말했다. "하산하면서 풍경을 보며 이 평생 동안의 내리막길은 다 걸었으니 앞으로는 분명히 순조로울 거예요!" ⁴⁹같은 일과 같은 행위에 다른 느낌이 있었다. ⁴⁹갑은 비관주의이고, 을은 객관주의이고, 병은 낙관주의이다. ⁵⁰보아하니 세상이 즐거운 사람은 하느님이 그에게 즐거운 일을 부여해준 것이 아니라 그에게 즐거운 마음을 준 것이다.

단어 步行 bùxíng 图 걸어서 가다, 도보로 가다 | 缆车 lǎnchē 图 케이블카 | 不知不觉 bùzhī bùjué 图 무의식 중에, 자기도 모르는 사이에 | 台阶 táijiē 图 층계, 섬돌 | 腿肚子 tuǐdùzi 图 장딴지 | 抽筋 chōu jīn 回함 쥐가 나다, 경련을 일으키다 | 软着陆 ruǎnzhuólù 图 ① 연착륙하다 ②(중대한 문제를) 순조롭게 해결하다 | 下坡路 xiàpōlù 图 내리막길 | 主义 zhǔyì 图 주의 | 天底下 tiāndǐxià 图 세계, 세상

48

p. 126

A 步行上下山
B 坐缆车上下山
C 坐缆车上山、步行下山
D 步行上山、坐缆车下山

A 보행으로 산을 올라가고 내려간다
B 케이블카를 타고 산을 올라가고 내려간다
C 케이블카를 타고 산을 올라가고 걸어서 하산한다
D 걸어서 산을 올라가고 케이블카를 타고 하산한다

问：现在爬山，游客们一般采取什么方式?

질문: 요즘 등산할 때 여행객들은 일반적으로 어떤 방식을 취하는가?

해설 ▶ ❶에서 '일반적인 여행은 모두 산에 오를 때는 케이블카를 타고, 그런 다음 걸어서 산을 내려오는 방식을 취한다'라고 했으므로 답은 C이다.

49

p. 127

A 是悲观主义者
B 是个积极的人
C 坐缆车下了山
D 和丙感受相似

A 비관주의자이다
B 적극적인 사람이다
C 케이블카를 타고 산을 내려갔다
D 병과 느낌이 같다

问：关于甲，可以知道什么?

질문: 갑에 관해 무엇을 알 수 있는가?

해설 ▶ ❷에서 갑이 '산에 오를 때 케이블카를 타고, 하산할 때 천 개의 계단을 내려왔다'라고 했으므로 C는 X이다. ❸에서 '같은 일과 같은 행위에 다른 느낌이 있다'라고 한 것으로 보아 D도 X이다. ❹에서 '갑은 비관주의다'라고 했으므로 B는 X이고, A가 정답이다.

50

p. 127

A 要有快乐的心
B 要追求效率
C 上天赐予我们快乐
D 现在旅游业进步了

A 즐거운 마음이 있어야 한다
B 효율을 추구해야 한다
C 하느님이 우리에게 즐거움을 부여했다
D 지금 여행업은 진보했다

问：这段话主要告诉我们什么?

질문: 이 글은 주로 우리에게 무엇을 알려주는가?

해설 ▶ ❺에서 '보아하니 세상이 즐거운 사람은 하느님이 그에게 즐거운 일을 부여해준 것이 아니라 그에게 즐거운 마음을 준 것이다'라고 했으므로 답은 A이다.

ⓘ Tip 보기가 '要(~해야 한다)'로 시작하는 것으로 보아 화자의 건의를 물어보는 문제, 즉 주제를 찾는 문제라는 것을 알 수 있다.

 **MEMO**

독해 해설

DAY 1

01

p. 154

A 有的家长甚至一分钱也不给孩子，杜绝孩子与钱有任何的接触。
B 我们不侵略别人，也坚决反对任何人的侵略行为。
C 初次交谈切忌打听对方的收入、家产、年龄和婚姻。
D 为了防止煤矿安全事故不再发生，我们加大了对非法小煤窑的打击力度。

A 어떤 가장은 심지어 아이에게는 한 푼도 주지 않고, 아이가 돈과 어떠한 접촉이 있는 것도 막는다.
B 우리는 다른 사람을 침략하지 않으며, 또한 어떠한 사람의 침략 행위도 단호하게 반대한다.
C 처음 얘기를 나눌 때는 상대방의 수입, 가산, 나이, 그리고 혼인에 대해 물어보는 것을 금해야 한다.
D 탄광의 안전사고가 다시 발생하는 것을 막기 위해, 우리는 불법적인 작은 탄갱에 대한 공격의 힘을 크게 해야 한다.

해설 ▶ A '杜绝(두절하다, 막다)' 뒤에 다시 부정사가 오면 원래 전달하려던 뜻과 상반되게 되므로 주의해야 한다. 이 문장은 뒤에 '有'라는 긍정형을 막는 것이므로 의미상 문제가 없다.

▶ C '切忌(금기하다)' 뒤에 다시 부정사가 오면 원래 전달하려던 뜻과 상반되게 되므로 주의해야 한다. 이 문장은 뒤에 '打听'이라는 긍정형을 막는 것이므로 의미상 문제가 없다.

▶ D '防止(방지하다)' 뒤에 다시 부정사가 오면 원래 전달하려던 뜻과 상반되게 되므로 주의해야 한다. 이 문장은 뒤에 '不再发生'이라는 부정형을 막는 것이므로 원래 표현하려던 뜻과 상반된 뜻이 되어버렸다. 따라서 '为了防止煤矿安全事故再次发生'으로 바꿔야 한다.

단어 接触 jiēchù ⑧ ① 닿다, 접하다 ② 접촉하다, 교제하다 | 坚决 jiānjué ⑧ 결연하다, 단호하다 | 切忌 qièjì ⑧ 최대한 금기하다 | 打听 dǎtīng ⑧ 알아보다, 물어보다 | 煤矿 méikuàng ⑲ 탄광 | 煤窑 méiyáo ⑲ 탄갱 | ★打击 dǎjī ⑧ ① 치다, 때리다 ② 공격하다, 타격을 주다 | 力度 lìdù ⑲ 힘의 크기, 힘의 강도

02

p. 154

A 研究表明，今日大学生阅读的主要目的，除了提高修养外，就是多掌握一门技能。
B 只有靠自己转变观念，充分发挥自己的主观性和创造性，才能立于不败之地。
C 现在社会上有些父母对孩子娇生惯养，放在嘴里怕化了，捧在手里怕摔了，这样做其实不是疼爱孩子，就是害孩子。
D 春节期间，人们去雍和宫观光的时候，不妨多走几步，顺便去国子监看看。

A 연구에서 오늘날 대학생 독해의 주요 목적은 교양을 향상시키는 것 아니면 한 가지 기능을 더 익히는 것이라는 것을 밝혔다.
B 오직 자신에 의지해서 관념을 바꾸어 자신의 주관성과 창조성을 충분히 발휘해야만 확고한 위치에 설 수 있다.
C 요즘 사회에서 어떤 부모들은 아이에 대해 과잉보호를 하여, 입에 넣으면 녹을까 걱정이고, 손에 받쳐 들면 떨어뜨릴까 걱정인데, 이렇게 하는 것은 사실 아이를 사랑하는 것이 아니라, 아이를 해치는 것이다.
D 춘절 기간에 사람들은 옹화궁에 관광하러 갈 때 몇 걸음 더 걸어가는 김에 국자감에 구경하러 가는 것도 괜찮다.

해설 ▶ A 除了 ⓐ 就是 ⓑ : ⓐ 아니면 ⓑ → 이 문장의 흐름에 잘 맞다.

▶ B 只有 ⓐ 才 ⓑ : 오직 ⓐ해야만 ⓑ하다 → 이 문장의 흐름에 잘 맞다.

▶ C 不是 ⓐ 就是 ⓑ : ⓐ 아니면 ⓑ이다 → 이 문장의 흐름에 맞지 않다. 이 문장은 'ⓐ가 아니라 ⓑ이다'라는 뜻의 '不是 ⓐ 而是 ⓑ'를 사용해서 '这样做其实不是疼爱孩子，而是害孩子'로 바꿔야 한다.

▶ D 多 + 동사 + 수량사 : 많이 ~해라 → 어떤 동작을 권유하는 표현으로 이 문장의 흐름에 잘 맞다.

단어 ★ 技能 jìnéng 몡 기능, 기량, 솜씨 | 转变 zhuǎnbiàn 동 (어떤 상황에서 다른 상황으로) 바꾸다, 바뀌다 | 立于不败之地 lìyúbúbàizhīdì 불패의 자리에 서다, 확고부동한 위치를 점하다 | 娇生惯养 jiāoshēng guànyǎng 솅 과잉보호를 받고 자라다, 응석받이로 자라다 | 化 huà 동 녹다, 용해되다 | ★ 捧 pěng 동 (두 손으로) 받쳐들다 | 摔 shuāi 동 ① (힘껏 땅에) 내던지다 ② 떨어뜨려 부수다 ③ (몸의 균형을 잃어) 넘어지다 | 疼爱 téng'ài 동 매우 사랑하다, 애지중지하다 | ★ 不妨 bùfáng 동 무방하다, 괜찮다

03
p. 154

A 她深深地理解了小王的苦衷，并且不能不佩服他的机智和耐性，这是她所不具备的。
B 封建的宗法、家庭、伦理观念具体反映在汉民族的家庭、亲戚的称谓关系。
C 在大多数人眼里，山里人的生活是寂寞和清苦的。
D 已经有二十年没有回远在千里之外的故乡了。

A 그녀는 샤오왕의 고충을 깊게 이해했으며, 게다가 그의 기지와 인내심에 감탄하지 않을 수 없었다. 이것은 그녀는 가지고 있지 않은 것이었다.
B 봉건적인 종법, 가정, 윤리 관념은 구체적으로 한민족의 가정, 친척의 호칭 관계에 반영되어 있다.
C 대다수 사람의 눈에 산사람들의 생활은 외롭고 빈곤하다.
D 이미 20년 동안 멀리 떨어져 있는 고향에 돌아가지 않았다.

해설 ▶ B 동사 '反映(반영하다)' 뒤에 '在' 전치사구가 있다. '在' 전치사구 뒤에 장소와 시간이 오는 경우를 제외하고는 일반적으로 적합한 방위명사를 함께 사용해야 한다. 특히 동사 뒤에 '在' 전치사구가 오는 경우는 주로 '동사 + 在 + 일반명사 + 방위명사' 구조로 사용한다. 지금은 '在…关系'로 방위명사가 없으므로, '反映在…关系上'으로 바꿔야 한다.

▶ C 在 + 사람 + 的眼里 : ~의 눈에(는) → 맞는 표현이다.

단어 苦衷 kǔzhōng 몡 고충 | 佩服 pèifú 동 탄복하다, 감탄하다 | ★ 机智 jīzhì 혱 머리 회전이 빠르다, 기지가 있다 몡 기지 | 耐性 nàixìng 몡 끈기, 참을성, 인내성 | 具备 jùbèi 동 (필요한 것을) 갖추다, 구비하다 | ★ 封建 fēngjiàn 몡 봉건 혱 봉건적이다 | 伦理 lúnlǐ 몡 윤리 | 亲戚 qīnqi 몡 친척 | 称谓 chēngwèi 몡 호칭 | 寂寞 jìmò 혱 ① 외롭다, 쓸쓸하다 ② 조용하다, 고요하다 | 清苦 qīngkǔ 혱 빈곤하다, 가난하다

01

p. 154

A 去过西藏的人都知道，西藏的天空总是蔚蓝蔚蓝的。

D 昔日一望无际的森林和绿油油的牧场，已有1/4以上化为灰烬。

C 无论男女老少，都尽情娱乐，红红火火辞旧岁，欢欢喜喜迎新年。

D 外边下着鹅毛大雪，那个菜贩子不停地跺着脚，脸被冻得通通红红的。

A 티베트에 가본 적이 있는 사람이라면 모두 티베트의 하늘이 항상 쪽빛이라는 것을 안다.

B 예전 끝이 없던 삼림과 짙푸르던 목장은 이미 4분의 1 이상이 잿더미가 되었다.

C 남녀노소를 막론하고 모두 마음껏 즐기며, 흥성하게 묵은해를 보내고, 즐겁게 새해를 맞이한다.

D 밖에는 함박눈이 내리고 있고, 그 채소 장사는 끊임없이 발을 동동거리며, 얼굴이 얼어서 새빨개졌다.

해설 ▶ A '蔚蓝'은 상태사로 ABAB로 중첩해야 하므로 문제가 없다.
▶ B '绿油油'도 상태사이다.
▶ C '红火'와 '欢喜'는 형용사로 AABB로 중첩해야 하므로 문제가 없다.
▶ D '通红'은 상태사로 ABAB로 중첩해야 하므로, '脸被冻得通红通红的'라고 바꿔야 한다.

난어 西藏 Xīzàng 고 티베트 | 蔚蓝 wèilán 형 쪽빛의, 진한 푸른빛의 | ★ 昔日 xīrì 지난 날, 예전, 과거 | 一望无际 yíwàng wújì 성 아득히 멀고 넓어서 끝이 없다. 매우 광활하다 | 森林 sēnlín 명 삼림 | 绿油油 lǜyóuyōu 형 짙푸르고 윤이 나다 | 牧场 mùchǎng 명 방목지, 목장 | 灰烬 huījìn 명 재 | 尽情 jìnqíng 부 마음껏, 내키는 대로 | 娱乐 yúlè 명 오락하다, 즐겁게 하다 명 오락, 레크리에이션 | 红火 hónghuo 형 왕성하다, 번성하다, 융성하다, 흥성하다 | 欢喜 huānxǐ 형 즐겁다, 기쁘다 동 좋아하다, 즐기다 | 鹅毛大雪 émáodàxuě 명 함박눈 | 贩子 fànzi 명 행상 | 跺脚 duòjiǎo 동 발을 동동 구르다 | 冻 dòng 동 ① 얼다 ② 춥다고 느끼다 | 通红 tōnghóng 형 새빨갛다, 시뻘겋다

02

p. 154

A 银河系还不算最大的，今天已经发现10亿多个和银河系同样庞大的恒星系统，我们叫它"河外星系"。

B 这个炼钢车间，由十天开一炉，变为五天开一炉，时间缩短了一倍。

C 出场费的多少因人而异，像许多名模，一场时装秀的出场费起码两万元。

D 天文学研究表明，太阳目前正处于精力旺盛的主序星阶段，它至少还可以稳定地燃烧50亿年之久。

A 은하계가 가장 크다고는 할 수 없다. 오늘날 이미 10억여 개의 은하계와 마찬가지로 방대한 항성조직을 발견했으며, 우리는 그것을 '은하계 외 성운'이라고 부른다.

B 이 제강 현장은 10일에 한 번 용광로를 켜는 것에서 5일에 한 번 용광로를 켜는 것으로 변경해서, 시간이 반으로 줄었다.

C 출연료의 많고 적음은 사람에 따라 다른데, 많은 유명 모델의 경우는 한 번의 패션쇼 출연료가 적어도 2만위안이다.

D 천문학 연구에서 태양은 지금 막 에너지가 왕성한 주계열성 단계에 있으며, 적어도 안정적으로 50억 년간은 연소할 수 있다는 것을 밝혀냈다.

해설 ▶ A A 和 B 同样 + 형용사 : A는 B와 마찬가지로 ~하다 → 이 문장의 흐름에 잘 맞다.
▶ B '倍'는 증가를 나타낸다. 10일에서 5일로 감소를 나타낼 때는 '倍'를 사용할 수 없다. 따라서 '时间缩短了一半'으로 바꿔야 한다.
▶ C '起码'는 어림수를 나타내는 표현이므로 뒤의 숫자는 정확한 수가 제시되어야 한다. 이 문장은 문제가 없다.
▶ D '至少'는 어림수를 나타내는 표현이므로 뒤의 숫자는 정확한 수가 제시되어야 한다. 이 문장은 문제가 없다.

단어 系统 xìtǒng 몡 계통, 체계, 시스템, 조직 톙 체계적이다, 조직적이다 | 河外星系 héwàixīngxì 몡 은하계 외 성운 | 炼钢 liàngāng 통 제강하다 | 车间 chējiān 몡 (회사, 공장 등의) 작업 현장, 생산 현장 | 炉 lú 몡 아궁이, 화로, 난로, 용광로 | 缩短 suōduǎn 통 줄이다, 단축하다 | 出场费 chūchǎngfèi 몡 출연료, 출장비 | 因人而异 yīnrén éryì 졍 사람에 따라 다르다 | 名模 míngmó 몡 유명 모델 | 时装秀 shízhuāngxiù 몡 패션쇼 | ★ 起码 qǐmǎ 최저한도의, 최소한도의 | 旺盛 wàngshèng 톙 왕성하다 | 主序星 zhǔxùxīng 몡 주계열성 | 阶段 jiēduàn 몡 단계 | 至少 zhìshǎo 분 최소한, 적어도 | 稳定 wěndìng 톙 안정되다, 변동이 없다 톙 안정되게 하다, 변동이 없게 하다 | 燃烧 ránshāo 통 연소하다

03 p. 155

A 恐龙属于爬行动物，对于后来地球动物的形成有重要影响，因此研究恐龙的意义十分重大。
B 几年来，李国丰共无偿为乡亲提供树苗一万株，给本村外村的乡亲义务嫁接树苗五千四百株多。
C 老李一屁股坐在了小沙发上，闭了一会儿眼，脑子里五光十色的想法如潮水般涌来。
D 客家人的服饰图案朴实精美而寓意深刻，这也是南迁客家人与原住少数民族交流融合的结果。

A 공룡은 파충류에 속하며, 이후 지구 동물의 형성에 중요한 영향을 갖고 있다. 따라서 공룡을 연구하는 것의 의의는 매우 중대하다.
B 몇 년간 리궈펑은 무상으로 고향사람들을 위해 모두 만 그루의 묘목을 제공했으며, 자기 마을과 주변 마을의 고향사람들에게 무보수로 5,400그루가 넘는 묘목을 접붙여주었다.
C 라오리는 털썩 작은 소파 위에 앉아 잠시 동안 눈을 감았더니, 머리속에 다양한 생각이 마치 조수처럼 밀려왔다.
D 객가 사람들의 옷과 장신구의 도안은 소박하고 정교하고 아름다우며 우의가 깊은데, 이것은 또한 남쪽으로 옮긴 객가 사람들이 원래 거주하던 소수민족의 교류하고 융합한 결과이다.

해설 ▶ A '对'와는 달리 '对于'는 앞과 뒤에 모두 사람이 올 수 없다. 지금은 '爬行动物 + 对于 + 形成' 구조이므로 문제가 없다. '因此(따라서)'도 의미상 문제가 없다.
▶ B '多'는 일의 자리가 '0'으로 끝나는 숫자와 함께 사용할 때는 반드시 '수사 + 多 + 양사' 구조가 되어야 한다. 따라서 '树苗五千四百多株'로 바꿔야 한다.
▶ C '坐在了小沙发上'은 '동사 + 在 + 일반명사 + 방위명사' 구조로 문제가 없다. 또한 '~동안 ~하다'라는 지속형의 시량보어는 '동사了+ 시량보어(=的) + 목적어' 어순으로 쓰는데, '闭眼'이 '동사 + 목적어' 구조로 된 이합동사이므로, '闭了一会儿眼' 또한 정확한 표현이다.

단어 恐龙 kǒnglóng 몡 공룡 | 爬行动物 páxíngdòngwù 몡 파충류 | ★ 无偿 wúcháng 톙 무상의, 아무런 대가가 없는 | 乡亲 xiāngqīn 몡 같은 고향 사람 | 树苗 shùmiáo 몡 묘목 | ★ 株 zhū 양 그루, 포기 | 义务 yìwù 몡 의무 톙 무보수의 | 嫁接 jiàjiē 통 나무를 접붙이다 | ★ 屁股 pìgu 몡 엉덩이, 둔부 | 五光十色 wúguāng shísè 졍 색채가 산뜻하고 아름답다, 오색영롱하다, 다양하다 | 潮水 cháoshuǐ 몡 조수 | 涌 yǒng 통 (구름이나 물 등이) 피어 오르다, 솟아나다, (사람이나 사물이) 한꺼번에 나오다 | 服饰 fúshì 몡 옷과 장신구 | ★ 朴实 pǔshí 톙 소박하다, 검소하다, 꾸밈이 없다 | 精美 jīngměi 톙 정교하고 아름답다 | 寓意 yùyì 몡 우의(다른 사물에 빗대어 비유적인 뜻을 나타내거나 풍자하는 뜻) | 深刻 shēnkè 톙 (인상, 느낌, 감상, 체험 등이) 깊다 | 迁 qiān 통 옮기다, 이동하다, 이사하다 | 融合 rónghé 통 융합하다

01

p. 155

A 无论多有能耐的家长，在孩子面前往往束手无策。

B 她的宿舍很小，但是很整洁，无论你什么时候去，都是非常干干净净、一尘不染。

C 蜗牛生活在陆地上，喜欢潮湿，爱吃菜叶和一些草，如牵牛花的叶子，所以它对植物有害。

D 中国是多民族的国家，很多少数民族都曾经用自己独特的文字记载过古老而神秘的生活和信仰。

A 얼마나 능력이 있는 부모인가에 관계없이, 아이 앞에서는 종종 속수무책이다.

B 그녀의 기숙사는 작지만 매우 깨끗해서, 당신이 언제 가든 관계없이 항상 매우 깨끗하고 청결할 것이다.

C 달팽이는 육지에서 생활하고, 습한 것을 좋아하며, 채소 잎과 일부 풀, 예를 들어 나팔꽃의 잎을 먹는 것을 좋아한다. 그래서 그것은 식물에 해롭다.

D 중국은 다민족 국가로, 많은 소수민족은 일찍이 자신의 독특한 문자를 사용해서 오래되고 신비한 생활과 신앙을 기재한 적이 있다.

해설
▶ A '无论、不论、不管' 뒤에는 ① 의문사, ② 还是나 或者, ③ 정반의문문, ④ 명사의 나열, ⑤ 两面词 중 하나가 있어야 한다. 지금은 의문사 '多'가 있어서 문제가 없다.

▶ B '无论'의 사용에는 역시 문제가 없다. 하지만 형용사를 중첩하고 나면 이미 '매우 ~하다'라는 뜻을 나타내므로 더 이상 부사를 사용해서는 안 된다. 따라서 '非常干净' 혹은 '非常'을 빼고 그냥 '干干净净'으로 바꿔야 한다.

▶ C '生活在陆地上'은 '동사 + 在 + 일반명사 + 방위명사' 구조로 문제가 없다.

단어 能耐 néngnài 몡 기능, 능력, 기량, 솜씨 | 束手无策 shùshǒu wúcè 솅 속수무책이다 | 整洁 zhěngjié 혱 단정하고 깨끗하다, 말끔하다, 가지런하고 정결하다 | 一尘不染 yìchén bùrǎn 솅 (환경이) 매우 깨끗하다, 청결하다 | 蜗牛 wōniú 몡 달팽이 | 陆地 lùdì 몡 육지 | ★潮湿 cháoshī 혱 습기가 많다, 축축하다, 눅눅하다 | 牵牛花 qiānniúhuā 몡 나팔꽃 | ★记载 jìzǎi 동 기재하다, 기록하다 몡 문장, 기록 | 古老 gǔlǎo 혱 오래되다 | 神秘 shénmì 혱 불가사의하다, 신비하다 | ★信仰 xìnyǎng 동 믿다, 신뢰하다 몡 신조, 신앙

02

p. 155

A 茶楼坚持每天清晨五时半到八时半为老茶客营业。

B 如果你辞职这家公司，能找到更好的工作岗位吗？

C 听着听着，我的泪水就不由得滑落了下来。

D 户外运动的着装不是以美观为主，而是首先要考虑到实用性。

A 찻집은 매일 새벽 5시 반에서 8시 반까지 단골 손님들을 위해 영업하는 것을 꾸준히 해오고 있다.

B 만약 당신이 이 회사를 그만둔다면, 더 좋은 업무 직위를 찾을 수 있습니까?

C 듣다 보니 내 눈물이 나도 모르게 떨어졌다.

D 야외활동의 옷차림은 미관 위주가 아니라, 먼저 실용성을 고려해야 한다.

해설
▶ B '辞职(사직하다)'는 이합동사로 이미 '동사 + 목적어' 구조로 되어 있기 때문에 더는 뒤에 목적어를 가져서는 안 된다. 따라서 '这家公司'를 생략하고 '如果你辞职'로 바꿔야 한다.

▶ D 以 ⓐ 为 ⓑ : ⓐ를 ⓑ로 삼다, ⓐ를 ⓑ로 여기다 → 이 문장의 흐름에 잘 맞다.
不是 ⓐ 而是 ⓑ : ⓐ가 아니라 ⓑ이다 → 이 문장의 흐름에 잘 맞다.

단어 坚持 jiānchí 동 굳게 지키다, 견지하다, 고수하다 | ★清晨 qīngchén 몡 새벽녘, 이른 아침 | 营业 yíngyè 동 영업하다 | 辞职 cízhí 동 (회사나 자신의 직무를) 사직하다, 그만두다 | ★岗位 gǎngwèi 몡 ① 초소 ② 직위, (업무상의) 자리 | ★不由得 bùyóude 동 ~하지 않을 수 없다 부 저도 모르게, 저절로, 자연히 | 滑落 huáluò 동 미끄러져 떨어지다, 하강하다 | 着装 zhuózhuāng 몡 옷차림, 복장 | ★美观 měiguān 혱 (장식이나 외관이) 아름답다, 보기 좋다 몡 미관

03

p. 155

A 一旦一票难求的问题解决了，票贩子就没有市场了，火车票实名制也就没有必要了。

B 现在地球周围已经有数不清的垃圾需要处理了，若不及时进行处理它们，宇宙航行的悲剧就会发生。

C 但也有一些业内人士认为，指导规则毕竟缺乏强制性，能起到多大效果还存在疑问。

D 这也是人类第一次有能力在宇宙深处探索恒星周围的可居住带，它有可能带领我们发现另一个地球。

A 일단 표를 구하기가 어려운 문제를 해결하면, 암표상도 시장이 없어질 것이며, 기차표 실명제도 필요 없게 될 것이다.

B 지금 지구 주위에는 이미 셀 수 없는 정도의 쓰레기를 처리할 필요가 있으며, 만약 즉시 그것들을 처리하지 않으면 우주 비행의 비극이 발생하게 될 것이다.

C 그러나 업계 내의 인사들은 지도 규칙이 아무래도 강제성이 부족해서 얼마나 큰 효과를 일으킬 수 있을지 여전히 의문이 존재한다고 생각한다.

D 이것은 또한 인류가 처음으로 우주 깊은 곳에서 항성 주위의 거주 가능한 지대를 탐색할 수 있는 능력을 갖게 된 것이며, 그것은 아마도 우리를 또 다른 지구를 발견하도록 이끌어줄 것이다.

해설 ▶ B '进行'은 보통 동사와 명사의 성격을 동시에 가지는 2음절 단어, 예를 들어 '调查(조사, 조사하다), 研究(연구, 연구하다), 分析(분석, 분석하다), 处理(처리, 처리하다)' 등을 목적어로 가지는데, 이때 이 2음절 단어는 '进行' 뒤에 명사 목적어로 온 것이므로, 동사처럼 목적어를 가지거나 동태조사를 쓰거나 중첩을 해서는 안 된다. 따라서 '进行处理它们'을 '对它们进行处理'로 바꿔야 한다.

단어 票贩子 piàofànzi 명 암표상 | 宇宙 yǔzhòu 명 우주 | ★ 航行 hángxíng 동 (선박 또는 비행기가) 항행하다 | 悲剧 bēijù 명 ① 비극 ② 불행한 사건, 비극적인 일 | 毕竟 bìjìng 부 역시, 아무래도, 결국, 어쨌든 | 疑问 yíwèn 명 의문 | ★ 探索 tànsuǒ 동 탐색하다, 찾다 | ★ 带领 dàilǐng 동 ① 인솔하다, 데리다, 이끌다 ② 지휘하다, 통솔하다

DAY 4

✓ 정답

1. D   2. D   3. D

01

p. 165

A 自1993年北京大学生电影节诞生以来，已经有100多万人次参与了影片的观摩。

B 这篇文章介绍了传统相声所用的详细的语言技巧和表达效果等知识。

C 纵观科学史，科学的发展与全人类的文化是分不开的。

D 每当遇到挫折时，他最先想到的就是回去家，与妻子一起吃一顿好吃的，再喝点酒。

A 1993년 베이징대 학생의 영화제가 탄생한 이래로부터, 이미 100만 명이 넘는 연인원이 영화의 참관에 참여했다.

B 이 글은 전통 만담이 사용한 상세한 언어 기교와 표현 효과 등 지식을 소개했다.

C 종관과학사에서 과학의 발전과 전 인류의 문화는 떼놓을 수 없는 것이다.

D 매번 좌절을 만날 때마다 그가 처음 생각하는 것은 집에 돌아가서 아내와 함께 맛있는 것을 한 끼 먹고 술도 조금 마시는 것이다.

해설 ▶ A 自…以来 : ~이래로부터 → 이 문장의 흐름에 잘 맞다.
　　　▶ D 동사 뒤에 방향보어 '来/去'가 있는 경우 목적어가 장소일 때는 반드시 '来/去' 앞에 두어야 한다. 따라서 '回去家'를 '回家去'로 바꿔야 한다.

단어 人次 réncì 명 연인원(일정 기간 동안 사람 수의 총계) | 参与 cānyù 동 참여하다, 개입하다 | 观摩 guānmó 동 보고 배우다, 견학하다, 참관하다 | 相声 xiàngsheng 명 만담 | 详细 xiángxì 형 상세하다, 자세하다 | ★ 技巧 jìqiǎo 명 기교, 테크닉, 수법 | 纵观 zòngguān 동 (형세, 국면 등을) 시야를 넓혀 관찰하다, 종관하다 | 分不开 fēnbukāi 나눌 수 없다, 떼어놓을 수 없다 | ★ 挫折 cuòzhé 동 ① 좌절시키다, 꺾다 ② 실패하다, 지다, 패배하다

02

p. 165

A 在许多科技工作者的共同努力下，一种新型太阳能手机终于问世了。

B 在质量月活动中，他们以提高产品质量为中心，进行了综合治理。

C 文学经典是历史的回声，是审美体验的延伸。

D 随着经济的发展，现在大家都过着吃得饱穿得暖的美好。

A 많은 과학 기술 종사자들의 공통의 노력으로 신형 태양에너지 휴대전화가 마침내 세상에 나왔다.

B 품질의 달 활동에서 그들은 제품의 품질을 향상시키는 것을 중심으로 종합적인 관리를 했다.

C 문학 경진은 역사의 메아리이며, 심미적 체험의 연장이다.

D 경제 발전에 따라, 현재 모두 배불리 먹을 수 있고 따뜻하게 입을 수 있는 행복한 생활을 지내고 있다.

해설

▶ A (在…下)　手机　问　世。
전치사구　주어　서술어　목적어

→ 문장 성분 간에 문제가 없다.

▶ B (在…中)　他们　(以…)　为　中心，进行　治理。
전치사구　주어　서술어1　목적어1　서술어2　목적어2

→ 문장 성분 간에 문제가 없다.

▶ C 文学经典　是　回声，　是　延伸。
주어　서술어1　목적어1　서술어2　목적어2

→ 문장 성분 간에 문제가 없다.

▶ D (随着…)　大家　过　美好。
전치사구　주어　서술어　목적어

→ '过'는 '生活、日子'와 같은 단어를 목적어로 가지는 동사로, '美好'와는 맞지 않다. 즉, 이 문장은 목적어가 없다. 따라서 '现在大家都过着…的美好日子'로 바꿔야 한다.

단어 ★问世 wènshì 동 ① (출판물이) 발표되다, 출판되다 ② (새로운 상품이) 세상에 나오다 | ★治理 zhìlǐ 동 ① 통치하다, 다스리다, 관리하다 ② 처리하다, 손질하다 | 经典 jīngdiǎn 명 경전, 고전 | 回声 huíshēng 명 메아리, 에코 | ★审美 shěnměi 동 (사물이나 예술품의 아름다움을) 깨닫다, 식별하다, 이해하다 | ★延伸 yánshēn 동 (폭, 크기, 범위 등을) 확대하다, 늘이다, 연장하다 | 美好 měihǎo 형 좋다, 아름답다, 행복하다

03

p. 165

A 做人首先要相信别人，相信别人的善良，恶人恶事毕竟是少数。

B 老师不住地叮嘱我们说："考试时一定要把题目仔细地看一遍再回答。"

C 尽管人们的社会经历不同，走过的道路不同，然而人们的过失却往往很近。

D 尽管来中国还不到两年，我跟中国人已经能自由地交流了。

A 인간이 되려면 먼저 다른 사람을 믿고, 다른 사람의 선량함을 믿어야 한다. 나쁜 사람과 나쁜 일은 결국 소수이다.

B 선생님은 끊임없이 우리에게 당부하며 말씀하셨다. "시험을 칠 때는 반드시 문제를 자세하게 한 번 보고 그런 다음 대답하렴."

C 비록 사람들의 사회 경험이 다르고 걸어온 길이 다르지만, 사람들의 과실은 종종 서로 비슷하다.

D 비록 중국에 온 지 2년도 되지 않았지만, 나는 이미 중국인과 자유롭게 교류할 수 있게 되었다.

해설 ▶ C 尽管…, 然而…: 비록 ~지만 그러나 ~이다 → 이 문장의 흐름에 잘 맞다.

▶ D 앞 절의 문장은 아무런 문제가 없다. 뒷 절 문장의 큰 흐름을 살펴보자.

我　　交流。
주어　서술어

→ 주요 문장 성분에는 문제가 없다. 하지만 '交流'를 수식하는 부사어를 살펴보자.

(跟中国人)　已经　能　自由地　交流
전치사구　부사　조동사　동작묘사형용사

부사와 조동사는 전치사구 앞에 두어야 한다. 따라서 '已经能跟中国人自由地交流了'로 바꿔야 한다.

단어 毕竟 bìjìng 图 역시, 아무래도, 결국, 어쨌든 | ★叮嘱 dīngzhǔ 图 (재삼) 부탁하다, (간곡히) 타이르다, 권고하다, 신신당부하다 | ★过失 guòshī 图 과실

DAY 5

✓ 정답

1. A	2. C	3. C

01

p. 165

A 王府井商圈历史悠久、交通便捷，北京的核心商圈。
B 上海越剧院举办了主题交响音乐会《她在丛中笑》。
C 三希堂位于故宫养心殿的西暖阁，那里曾是乾隆皇帝的书房。
D 中国国内首个全面基于数据的博物馆数字化管理平台即将投入使用。

A 왕푸징 상업권은 역사가 유구하고 교통이 편리하며, 북경의 핵심 상권이다.
B 상하이 월극원은 테마 교향음악회《그녀가 덤불 속에서 웃고 있다》를 개최했다.
C 산시당은 고궁 양심전의 시누안각으로, 그곳은 일찍이 건륭황제의 서재였다.
D 중국 국내 최초의 전반적으로 데이터에 기반한 박물관 디지털화 관리 플랫폼이 곧 투입되어 사용될 것이다.

해설 ▶ A 王府井商圈 历史悠久、交通便捷，北京的 核心商圈。
주어　　서술어(주술술어)　　서술어2　목적어2

전체 문장의 주어는 '王府井商圈'이고, '목적어2'와 짝을 이룰 서술어2가 빠져 있음을 알 수 있다. 따라서 목적어2에 맞는 서술어를 써서 '是北京的核心商圈'으로 바꿔야 한다.

단어 圈 quān 图 범위, 권 | 便捷 biànjié 图 간편하다, 편리하다 | ★丛 cóng 图 숲, 덤불 | 阁 gé 图 누각 | 基于 jīyú 图 ~에 근거하다 | 数据 shùjù 图 통계수치, 데이터 | 平台 píngtái 图 테라스, 플랫폼 | ★即将 jíjiāng 图 곧, 머지않아 | 投入 tóurù 图 투입하다, 개시하다

02

p. 165

A 古时候人们会通过自然现象、谚语和生活经验来预测天气变化。
B 准葛尔盆地降水较多，农牧业发达，享有"塞外江南"的美誉。
C 看到这些消逝的胡同照片，都会产生怀旧的情绪，甚至十分伤感。
D 他在文章中系统地阐述了"世界是个不可分割的整体"这一观点。

A 옛날에 사람들은 자연 현상, 속담 그리고 생활 경험을 통해 날씨 변화를 예측했다.
B 정가분지는 강수가 비교적 많고, 농 목업이 발달하여, '변방의 강남'이라는 명성을 누리고 있다.
C 이러한 사라진 골목 사진을 보면, 모두 옛날을 회고하는 기분이 생기고, 심지어는 매우 감상적이 된다.
D 그는 글에서 '세계는 갈라놓을 수 없는 전체이다'라는 이 관점을 체계적으로 논술했다.

해설 ▶ A 看到这些消逝的胡同照片，都会产生怀旧的情绪，甚至十分伤感。

　　서술어1　　　　　　목적어1　　　　서술어2　　목적어2　　　　서술어3

문장에 3개의 서술어가 있지만 문장 전체의 주어가 빠져 있음을 알 수 있다. 따라서 '人们'이나 '大家'와 같은 주어를 제일 앞에 넣어야 한다.

단어 ★谚语 yànyǔ 몡 속어, 속담 | 预测 yùcè 몡 예측 동 예측하다 | ★盆地 péndì 몡 분지 | 农牧业 nóngmùyè 몡 농목업 | 塞外 sàiwài 몡 국경 밖, 변방 | 美誉 měiyù 몡 명성과 명예 | 消逝 xiāoshì 동 사라지다, 없어지다 | 怀旧 huáijiù 동 옛날을 회고하다 | 伤感 shānggǎn 동 슬퍼하다, 감상적이 되다 | 系统 xìtǒng 몡 체계, 시스템 톙 체계적이다 | ★阐述 chǎnshù 동 명백히 논술하다 | 分割 fēngē 동 분할하다, 갈라놓다

03

p. 165

A 每个人看问题的角度不同，想法自然也不一样，所以存在分歧也是正常现象。

B 他曾经在养老院工作过，所以对老人这一系列反常的举动倒是见怪不怪。

C 虽然是初次见面，但是两个人志同道合，聊天儿起来竟如同交往多年的朋友。

D 大学给了我们一个学习的大舞台，其中核心的内容就是培养我们的专业素质。

A 모든 사람이 문제를 보는 각도는 다르고, 생각도 자연히 다르다. 따라서 불일치가 존재하는 것도 정상적인 현상이다.

B 그는 일찍이 양로원에서 일한 적이 있다. 그래서 노인들의 이러한 비정상적인 일련의 행동에 대해서 오히려 조금도 놀라지 않았다.

C 비록 처음 만났지만 두 사람은 뜻이 같고 의견이 맞아서, 이야기를 나눠보니 뜻밖에 여러 해 사귄 친구 같았다.

D 대학은 우리에게 공부라는 큰 무대를 주었고, 그 중 핵심적인 내용은 바로 우리의 전문 분야의 소양을 배양한 것이다.

해설 ▶ C 虽然ⓐ，但是ⓑ: 비록 ⓐ지만 ⓑ하다 → 이 문장의 흐름에 잘 맞다. 하지만 이합동사를 복합방향보어와 함께 사용하는 경우, 반드시 이합동사의 목적어를 '来/去' 앞에 사용해야 한다. 이합동사 '聊天儿'과 복합방향보어 '起来'를 사용하고 있으므로 '聊起天儿来'로 바꿔야 한다.

단어 ★分歧 fēnqí 톙 (사상, 의견, 기록 등이) 불일치하다, 차이가 있다 몡 불일치, 차이점 | 养老院 yǎnglǎoyuàn 몡 양로원 | ★反常 fǎncháng 톙 비정상적이다 | ★举动 jǔdòng 몡 거동, 행동 | 见怪不怪 jiànguài búguài 셩 이상한 일을 겪어도 조금도 놀라지 않다, 모든 일에 침착하고 태연하게 대처하다 | 志同道合 zhìtóng dàohé 셩 의기가 투합하고 지향하는 바가 같다, 뜻이 같고 의견이 맞다 | 如同 rútóng 동 마치 ~와 같다 | 核心 héxīn 몡 핵심, 알맹이, 중심 | 专业 zhuānyè 몡 ① 전공 ② 전문 분야, 전문 | ★素质 sùzhì 몡 자질, 소양

DAY 6

✓ 정답		
1. A	2. A	3. D

01

p. 166

A 我从小晕车得很厉害，现在还不敢坐长途汽车。

B 一把牙刷不能长期使用，如果发现刷毛弯曲就应该及时更换牙刷。

C 1908年，源于太平洋岛屿的冲浪运动正式传到英国和欧美很多国家。

D 网络的普及和数字出版物的增加，对人们特别是青少年的阅读习惯产生很大影响。

A 나는 어렸을 때부터 멀미를 심하게 해서, 지금도 아직 시외버스를 감히 타지 못한다.

B 칫솔은 장기간 사용할 수 없다. 만약 칫솔의 솔이 구부러진 것을 발견하면 즉시 칫솔을 바꿔야 한다.

C 1908년 태평양 섬에서 기원한 서핑은 정식으로 영국과 유럽 아메리카의 많은 국가로 전해졌다.

D 네트워크의 보급과 디지털 출판물의 증가는 사람들, 특히 청소년의 독서 습관에 큰 영향을 발생시켰다.

▶ A 정도보어는 '(동사) + 목적어 + 동사 + 得 + 정도보어' 어순으로 사용해야 하며, 이 때 첫 번째 동사는 생략할 수 있다. '晕车'는 '동사 + 목적어' 구조로 된 이합동사이므로, '我从小晕车晕得很厉害'로 바꿔야 한다.

▶ B 如果ⓐ, 就ⓑ: 만약 ⓐ라면 ⓑ하다 → 이 문장의 흐름에 잘 맞다.

단어 **晕车** yùnchē 동 차멀미하다 | **长途汽车** chángtúqìchē 명 시외버스, 장거리버스 | **牙刷** yáshuā 명 칫솔 | **弯曲** wānqū 형 꼬불꼬불하다. 구불구불하다 | **更换** gēnghuàn 동 바꾸다. 대체하다. 변환하다. 갈다 | ★ **岛屿** dǎoyǔ 명 섬, 도서 | **冲浪** chōnglàng 동 서핑을 하다. 파도타기를 하다 | **欧美** Ōuměi 명 유럽과 아메리카 | ★ **网络** wǎngluò 명 ① 망, 시스템 ② 네트워크 | ★ **普及** pǔjí 동 ① 보급되다. 퍼지다 ② 보급시키다. 대중화시키다 | **数字** shùzì 명 숫자 형 디지털형의

02
p. 166

A 他乘兴又到长江去游泳，这次一气游泳了两个小时，其意态潇洒，悠然游姿，更胜昨天。
B 农民不堪重负，这个问题已经到了非解决不可的程度了。
C 耍花招要比诚实容易得多，只是到头来聪明反被聪明误。
D 我觉得自己的知识储备还不够，还需要进一步充实。

A 그는 신이 나서 또 양쯔강에 수영하러 갔다. 이번에는 단숨에 2시간 동안 수영했는데, 그 표정과 태도가 시원스럽고, 여유 있는 모습은 어제보다 더 나았다.
B 농민은 무거운 부담을 견딜 수 없다. 이 문제는 이미 해결하지 않으면 안 될 정도에 이르렀다.
C 잔꾀를 부리는 것이 성실한 것보다 많이 쉽지만, 결국 제 꾀에 제가 넘어갈 것이다.
D 내 생각엔 내 자신의 지식의 비축이 아직 부족해서 한 걸음 더 풍부하게 할 필요가 있을 것 같다.

해설 ▶ A '~동안 ~하다'라는 뜻의 지속형 시량보어는 다음과 같이 두 가지 어순이 가능하다.
① 동사 + 목적어 + 동사(了) + 시량보어
② 동사(了) + 시량보어(的) + 목적어
'2시간 동안 수영했다'를 이합동사인 '游泳'으로 표현하려면 '游泳游了两个小时' 혹은 '游了两个小时(的)泳'으로 바꿔야 한다.

▶ C ⓐ比 ⓑ + 형용사 + 得多: ⓐ가 ⓑ보다 많이 ~하다 → 이 문장의 흐름에 잘 맞다.

단어 **乘兴** chéngxìng 부 신이 나서, 흥이 나서 | **一汽** yìqì 부 단숨에, 한번에, 단번에 | **意态** yìtài 명 표정이나 태도 | **潇洒** xiāosǎ 형 (얼굴빛, 행동, 풍모 등이) 자연스럽고 대범하다. 시원스럽다, 소탈하다 | **悠然** yōurán 형 침착하고 여유가 있는 모양 | ★ **姿态** zītài 명 ① 자태, 모양, 모습 ② 태도, 모습 | ★ **不堪** bùkān 동 ① 견딜 수 없다. 참을 수 없다 ② ~할 수 없다 형 심하다 | **重负** zhòngfù 명 무거운 부담 | **非…不可** fēi…bùkě ~하지 않으면 안 된다 | **耍花招** shuǎhuāzhāo ① 잔꾀를 부리다. 기교를 부리다 ② 간사한 수단을 쓰다. 비열한 방법을 쓰다 | **诚实** chéngshí 형 성실하다. 진실하다 | **到头来** dàotóulái 부 결과적으로, 결국에는 | **聪明反被聪明误** cōngmíng fǎn bèi cōngmíng wù 제 꾀에 제가 넘어가다 | ★ **储备** chǔbèi 동 (급할 때 쓰려고 물자를) 비축하다 명 비축한 물건 | ★ **充实** chōngshí 형 (내용, 인원, 물자 등이) 알차다, 충실하다. 풍부하다, 충분하다 동 알차게 하다, 충실하게 하다

03
p. 166

A 印尼的食物种类繁多，尤其是印尼各地的小吃，更多得不可胜数。
B 即使重大的自然灾害也磨灭不了四川人建设好四川的强烈愿望。
C 在工作繁忙的时候如果能小睡片刻，更有助于提高工作效率。
D 从早上到公司开始，老板就让我打打电话跟售后部门联系，可我打电话十几次也没打通。

A 인도네시아의 음식 종류는 많은데, 특히 인도네시아 각지의 먹을거리는 더욱 셀 수 없을 정도로 많다.
B 설령 큰 자연재해일지라도 쓰촨 사람들이 쓰촨을 잘 건설하고자 하는 강렬한 염원을 없앨 수는 없다.
C 업무가 바쁠 때 만약 잠깐 눈을 붙일 수 있다면 업무 효율을 올리는 데 더욱 도움이 된다.
D 아침에 회사에 왔을 때부터 시작해서, 사장님은 나더러 전화를 걸어 AS부서와 연락하게 했다. 하지만 내가 열 몇 번을 전화했지만 통화가 되지 않았다.

해설 ▶ B 即使ⓐ, 也ⓑ: 설령 ⓐ일지라도 ⓑ하다 → 이 문장의 흐름에 잘 맞다.

▶ D 동량보어의 경우 동사와 목적어의 관계가 이합동사나 관용표현일 경우 동량보어를 반드시 가운데에 두어야 한다. 따라서 '可我打十几次电话也没打通'으로 바꿔야 한다.

단어 印尼 Yìnní 몡 인도네시아 | 繁多 fánduō 혱 (종류가) 많다 | 不可胜数 bùkě shèngshǔ 솅 너무 많아서 일일이 다 셀 수 없다. 부기지수이다 | 即使 jíshǐ 젭 설령 ~하더라도 | 灾害 zāihài 몡 재해 | 磨灭 mómiè 동 (흔적, 인상, 사실 등이 긴 시간을 거쳐 점차) 사라지다, 없어지다, 소멸하다 | ★ 繁忙 fánmáng 혱 (일이 많아서) 바쁘다, 여유가 없다 | ★ 片刻 piànkè 몡 잠깐, 잠시 | 效率 xiàolǜ 몡 효율, 능률

 DAY **7**

✓ 정답

1. A   2. B   3. C

 01

p. 174

A 演员们过去一贯遭白眼，如今受到青睐，在这白眼与青睐之间，他们体味着人间的温暖。
B 有无灵感思维，取决于知识积累的状况。
C 事业上的成败完全看一个人为人的态度。
D 姚明就像悬崖边的一块石头，只要稍微推一下就行了，无需费多少力气。

A 연기자들은 과거에는 한결같이 냉대를 당했지만, 지금은 호감을 받고 있다. 이러한 냉대와 호감 사이에서 그들은 세상의 차가움과 따뜻함을 느끼고 있다.
B 영감 사유가 있는지 없는지는 지식 누적의 상황에 달려있디.
C 사업 상의 성패는 완전히 한 사람의 다른 사람과 어울리는 태도에 달려있다.
D 야오밍은 마치 벼랑 끝의 돌처럼, 살짝 밀기만 하면 되고, 별 힘을 쓸 필요가 없었다.

해설 ▶ A 정반 두 가지의 의미를 가지는 단어가 있을 때는 문장 앞뒤의 내용이 그에 맞는지 잘 살펴봐야 한다. '白眼与青睐(냉대와 호감)'라는 표현이 언급되었지만, 뒤에는 '温暖(따뜻함)'만 있다. 따라서 '他们体味着人间的冷暖'으로 바꿔야 한다.

▶ B '有无'라는 '两面词'가 있고, 뒤에는 '状况(상황)'이 언급되어 있다. '状况'이 표면적으로는 정반의 형식이 아니지만, 의미상 좋은 상황과 나쁜 상황을 모두 포함할 수 있는 단어이다. 따라서 문제가 없다.

▶ C '成败'라는 '两面词'가 있고, 뒤에는 '态度(태도)'가 언급되어 있다. '态度'가 표면적으로는 정반의 형식이 아니지만, 의미상 좋은 태도와 나쁜 태도를 모두 포함할 수 있는 단어이다. 따라서 문제가 없다.

▶ D 只要ⓐ, 就ⓑ: ⓐ하기만 하면 ⓑ하다 → 이 문장의 흐름에 잘 맞다.

단어 ★ 一贯 yíguàn 혱 일관된, 한결 같은 | 遭白眼 zāo báiyǎn 따돌림을 당하다, 냉대를 당하다 | 青睐 qīnglài 동 흥미를 가지다, 호감을 느끼다, 주목하다 | 体味 tǐwèi 동 자세히 체득하다 | ★ 人间 rénjiān 몡 인간, 세간, 세상 | 温暖 wēnnuǎn 혱 따뜻하다, 온화하다 동 따뜻하게 하다, 온화하게 하다 | ★ 灵感 línggǎn 몡 영감 | ★ 思维 sīwéi 몡 사유 동 사유하다 | 取决于 qǔjuéyú 동 ~에 달려있다 | 积累 jīlěi 동 쌓다, 축적하다, 누적하다 | 为人 wéirén 동 (사람들과) 잘 사귀다, 잘 어울리다 몡 인간성, 사람 됨됨이, 인품 | 悬崖 xuányá 몡 벼랑, 낭떠러지 | 无需 wúxū 뷔 ~할 필요가 없다

A 我在最无助的时候开始怀疑我这辈子是否有前程。

B 服务质量的优劣、职员素质的高低，都是地区经济健康发展的重要保证。

C 我只喜欢做自己喜欢的事，并且努力把它做好，能否得到肯定并不重要。

D 哈萨克人热情好客，来客不论认识与否，都待如上宾。

A 나는 가장 도움을 받지 못할 때 내 일생에 앞날이 있을지 없을지 의심이 되기 시작한다.

B 서비스질의 우열과 직원 자질의 높고 낮음은 모두 지역 경제가 건강하게 발전할 수 있는지 없는지의 중요한 보증이다.

C 나는 스스로 좋아하는 일만 한다. 게다가 그것을 잘 해내려고 노력한다. 긍정적인 평가를 얻을 수 있는지 없는지는 결코 중요하지 않다.

D 카자흐인은 친절하고 손님 접대하기를 좋아한다. 손님이 오면 아는지 여부에 관계없이 모두 귀한 손님처럼 대한다.

해설 ▶ A '是否'가 있지만 그것을 '怀疑(의심하다)'라는 내용이므로 문제가 없다.

▶ B '优劣'와 '高低'라는 '两面词'가 있지만 뒤에는 '健康发展'만 언급되어 있어서 앞뒤가 맞지 않다. 따라서 '都是地区经济能否健康发展的重要保证'으로 바꿔야 한다.

▶ C '能否'가 있지만 여기서는 모든 상황이 '不重要'라는 내용이므로 문제가 없다.

▶ D 여기서의 '与否'는 '不论' 뒤에 사용된 것으로 문제가 없다.

단어 怀疑 huáiyí 통 ① 의심하다 ② 추측하다 | 辈子 bèizi 명 일생, 한평생, 생애 | 前程 qiánchéng 명 전도, 장래, 전망, 미래 | 优劣 yōuliè 명 우열 | ★素质 sùzhì 명 자질, 소양 | 地区 dìqū 명 지역, 지구 | 哈萨克 Hāsàkè 명 카자흐 | ★好客 hàokè 통 손님 접대를 좋아하다 | 与否 yǔfǒu 명 여부 | 上宾 shàngbīn 명 귀빈, 귀한 손님

A 有氧运动可以有效地锻炼呼吸系统和心血管系统吸收、输送氧气的能力。

B 让老百姓吃饱、吃好、吃得安全，永远是农业发展的根本任务。

C 现在的形势要求我们必须尽快提高和培养一批专业技术人员。

D 一旦确定了某个特定节日的纪念物，企业、商家就可以设计、生产、经营相关的物品。

A 유산소운동은 호흡계통과 심혈관계통이 산소를 흡수하고 수송하는 능력을 효과적으로 단련시킬 수 있다.

B 백성들로 하여금 배불리 먹고, 잘 먹고, 안전하게 먹게 하는 것은 영원히 농업 발전의 근본적인 임무이다.

C 지금의 형세는 우리에게 반드시 가능한 한 빨리 많은 전문 기술 인원을 키우라고 요구한다.

D 일단 어떤 특정 명절의 기념물이 확정되면, 기업, 사업가는 관련 물품을 설계하고 생산하고 경영할 수 있다.

해설 ▶ C '提高和培养一批专业技术人员' 부분을 잘 살펴보자. 동사는 '提高和培养' 두 개인데 목적어는 '人员' 하나밖에 없다. '培养人员(인원을 키우다)'은 말이 되지만 '提高人员(인원을 향상시키다)'은 말이 되지 않는다. '提高'는 '能力、水平' 등을 목적어로 가지는 동사이다. 따라서 전체문장에서 '提高和'를 생략해야 한다.

▶ D 동사 '设计、生产、经营'은 모두 목적어 '物品'과 사용할 수 있는 동사이므로 문제가 없다.

단어 有氧运动 yǒuyǎngyùndòng 명 유산소운동 | 输送 shūsòng 통 수송하다, 운송하다 | 形势 xíngshì 명 발전 상황, 형세, 형편 | ★尽快 jǐnkuài 부 되도록 빨리, 가능한 한 빨리 | 批 pī 양 대량의 물건이나 다수의 사람을 세는 양사 | 商家 shāngjiā 명 상인, 실업가, 사업가 | 经营 jīngyíng 통 경영하다 | 相关 xiāngguān 통 상관되다, 관계되다

01

p. 174

A 人的眼球是通过改变焦距来观察远近不同的物体的。

B 按照信息保持时间的长短，可以把人的记忆分为瞬时记忆、短时记忆和长时记忆三种类型。

C 电子工业能否迅速发展，关键在于培养一批专门技术人才。

D 对一些重大问题，要权衡对全局的利弊得失，最后做出正确决策。

A 사람의 안구는 초점거리를 바꾸는 것을 통해 원근의 서로 다른 물체를 관찰하는 것이다.

B 정보가 유지되는 시간의 길이에 따라, 사람들의 기억을 순간기억, 단시간 기억, 그리고 장시간 기억 세 가지 유형으로 나눌 수 있다.

C 전자공업이 신속하게 발전할 수 있는지 없는지 관건은 많은 전문 기술 인재를 키워낼 수 있는지 없는지에 있다.

D 일부 중대한 문제에 대해 전체 국면에 대한 이해와 득실을 가늠하고 마지막에 정확한 방법을 만들어내야 한다.

해설 ▶ A '远近'이 있지만 이 문장에서는 앞뒤 호응과 관련이 없으므로 문제가 없다.

▶ B '长短'이 있지만 여기서는 '긍정 + 부정'의 뜻이 아니라 단순히 '길이'라는 뜻으로 사용되었으므로 문제가 없다.

▶ C '能否'가 있으나 뒤에는 '培养'만 언급되어 있어서 앞뒤가 맞지 않다. 따라서 '关键在于能否培养一批专门技术人才'로 바꿔야 한다.

▶ D '利弊'와 '得失'가 있지만 그것을 '权衡(가늠한다)'이라는 내용이므로 문제가 없다.

단어 焦距 jiāojù 명 초점거리 | 信息 xìnxī 명 ① 소식, 뉴스 ② 정보 | 瞬时 shùnshí 명 일순간 | 迅速 xùnsù 형 신속하다, 재빠르다, 날쌔다 | ★ 权衡 quánhéng 통 따지다, 가늠하다, 비교하다, 평가하다, 고려하다 | ★ 全局 quánjú 명 대세, 전체의 국면 | 利弊 lìbì 명 이해, 이로움과 해로움 | ★ 决策 juécè 통 (방법과 정책을) 결정하다 명 결정된 방법이나 정책

02

p. 174

A 会议围绕促进教风和学风建设等议题布置了今年评教评学的主要工作。

B 书中的爱国心、人生观、事业心以及爱情观让我非常喜欢。

C 事实证明，电子工业能迅速发展，并广泛渗透到各行各业中去。

D 无论我走到哪里，仿佛都能听到他布满笑容的脸和爽朗的笑声。

A 회의는 교육 기풍과 학습 기풍 건설 등의 의제를 중심으로 올해 학생과 교사의 상호 평가의 주요 업무를 안배했다.

B 책 속의 애국심, 인생관, 사업심 및 사랑관은 내 마음에 든다.

C 실제로 전자공업은 신속하게 발전하고 또한 광범위하게 각종 분야에 침투했다는 것을 증명했다.

D 내가 어디에 가든 마치 그의 명랑한 웃음소리를 들을 수 있을 것 같다.

해설 ▶ D 동사 '听到'가 '脸'과 '笑声'이라는 두 개의 목적어를 갖고 있다. '听到笑声'은 말이 되지만 '听到脸'은 말이 되지 않는다. 따라서 '仿佛都能听到他爽朗的笑声'으로 바꿔야 한다.

단어 围绕 wéirào 통 ① (둘레나 주위 등을) 돌다, 회전하다 ② (어떤 문제나 사건을) 중심에 놓다, 초점에 맞추다 | 教风 jiàofēng 명 교육 기풍 | 议题 yìtí 명 의제 | ★ 布置 bùzhì 통 ① (물건을 진열하여 적절하게) 배치하다 ② (어떤 활동에 대해) 안배하다 | 评教评学 píngjiào píngxué 학생은 교사의 교육 방법을 비평하고, 교사는 학생의 학습을 비평하다 | ★ 渗透 shèntòu 통 ① (액체가 물체의 작은 틈으로) 잦다, 스며들다 ② (어떤 사물이나 세력이 점차적으로) 침투하다 | 各行各业 gèháng gèyè 셍 각종 직업, 각종 분야 | 仿佛 fǎngfú 부 마치 | 布满 bùmǎn 통 가득 널리다 | 爽朗 shuǎnglǎng 형 ① (날씨가) 환하다, 청량하다, 쾌청하다 ② 명랑하다, 쾌활하다

118

03

p. 175

A 长辈们一再告诫我们，要好好学习、努力工作。

B 无论遇到什么事，我总是喜欢和他聊聊天、征求意见。

C 儿童应该是儿童的样子，应该拥有这个年龄段里一切的欢笑、快乐、天真和无忧无虑玩耍的权利。

D 大人的一言一行都在给孩子树立榜样，都在孩子的精神世界烙上了永远的印记。

A 선배들은 우리에게 열심히 공부하고, 열심히 일하라고 계속 타이른다.

B 어떠한 일이 있든 간에, 나는 항상 그와 담소를 나누는 것을 좋아한다.

C 아이들은 아이들의 모습이어야 한다. 이 나이 동안에는 모든 것에 많이 즐겁게 웃고, 즐거워하고, 천진난만하고 근심걱정 없이 놀 수 있는 권리가 있다.

D 성인의 모든 말과 행동은 아이들에게 모범을 확립하게 한다. 모든 아이들의 정신세계에 영원히 기록으로 새겨진다.

해설 ▶ B 전치사구 '和他(이에)'에 '聊聊天(이야기하다)'과 '征求意见(의견을 구하다)'이라는 두 개의 동사구조가 연결되어 있다. '和他聊聊天'은 말이 되지만 '和他征求意见'은 말이 되지 않는다. 따라서 '我总是喜欢和他聊聊天、向他征求意见'으로 바꿔야 한다.

단어 ★长辈 zhǎngbèi 뗑 손윗사람, 연장자 | ★一再 yízài 뛰 수차, 거듭, 여러 차례, 반복하여 | ★告诫 gàojiè 됭 경고하다, 타이르다, 훈계하다 | 征求 zhēngqiú 됭 (서면이나 구두 질문의 형식으로) 구하다 | ★拥有 yōngyǒu 됭 가지다, 보유하다, 소유하다 | 欢笑 huānxiào 됭 즐겁게 웃다, 환하게 웃다 | 天真 tiānzhēn 뗑 ① 천진하다, 순진하다 ② 유치하다 | ★无忧无虑 wúyōu wúlǜ 셍 아무런 근심이나 걱정도 없다 | 玩耍 wánshuǎ 됭 놀다, 장난하다 | 一言一行 yìyán yìxíng 셍 모든 말과 행동 | ★树立 shùlì 됭 세우다, 수립하다, 확립하다 | ★榜样 bǎngyàng 뗑 본보기, 귀감, 모범 | 烙 lào 됭 ① (뜨겁게 데운 금속물로) 다리다, 새기다, 찍다 ② (빵, 과자 종류를) 굽다 | 印记 yìnjì 뗑 자취, 자국, 흔적

DAY 9

✓ 정답			
1. A	2. B	3. C

01

p. 175

A 莫言的小说充满了乡土气息，因此被称为"寻根文学"作家。

B 汉代匡衡凿壁借光、勤奋苦读的故事可谓家喻户晓。

C 侗族大歌起源于春秋战国时期，至今已有2,500多年的历史。

D 遇到困难时，不要一味寄希望于他人，很多时候"求人不如求己"。

A 모옌의 소설은 향토적 숨결로 가득하고, 따라서 그는 '뿌리를 찾는 문학'의 작가라고 불린다.

B 한나라 시대 쾅헝이 이웃집에서 새어 들어오는 불빛으로 힘들게 공부한 이야기는 누구나 다 안다고 말할 수 있다.

C 侗族大歌는 춘추전국시기로부터 기원하여, 지금까지 이미 2,500여 년의 역사가 있다.

D 어려움을 만났을 때, 덮어놓고 타인에게 의탁하지 말고, 많은 경우 '남에게 도움을 청하기보다 자신에게 의지하는 것이 낫다'.

해설 ▶ A 문장의 큰 흐름을 살펴보자.

莫言的小说 充满了 乡土气息， 因此被称为 "寻根文学" 作家。
　주어　서술어　목적어　　　　　서술어　　　　　목적어

앞의 문장에는 문제가 없다. 뒤의 문장은 주어가 없는데, 이런 경우 앞의 주어가 그대로 연결되어야 하고, 그럴 경우 '소설이 작가로 불린다'는 뜻이 되어 버린다. 따라서 '被称为' 앞에 주어인 '他'를 넣어주어야 한다.

단어 乡土 xiāngtǔ 몡 향토 | 气息 qìxī 몡 숨결, 기운 | 寻根 xúngēn 통 뿌리를 찾다 | 凿壁借光 záo bì jièguāng 솅 이웃집에서 새어 들어오는 불빛으로 공부하다 | 可谓 kěwèi 통 ~라고 말할 수 있다 | ★ 家喻户晓 jiā yù hù xiǎo 누구나 다 알다 | 侗族大哥 Dòngzú dàgē 소수 민족 중 하나인 동족의 민가 | ★ 起源 qǐyuán 몡 기원 통 기원하다('起源于'로사용) | 至今 zhìjīn 뷔 지금까지 | 一味 yíwèi 뷔 덮어놓고, 무턱대고 | 寄于 jìyú 통 ~에 기탁하다 | 求人不如求己 qiúrén bùrú qiújǐ 남에게 도움을 청하기 보다 자신에게 의지하는 것이 낫다

02

p. 175

A 黄山位于安徽省南部，是中国著名的游览胜地之一。
B 能否保持为政清廉，是关系到政府取得广大群众信任的重大问题。
C 曹禺先生是著名的剧作家，被誉为"中国的莎士比亚"。
D 苹果富含维生素和微量元素，不仅能够提高免疫力，而且可以改善心血管功能。

A 황산은 안휘성 남부에 위치해 있고, 중국에서 유명한 여행 명승지 중의 하나이다.
B 정치함에 있어 청렴함을 유지할 수 있는지 없는지는 정부가 많은 군중의 신임을 얻을 수 있는지 없는지에 관계되는 중대한 문제이다.
C 조우 선생은 유명한 극장가이며, '중국의 셰익스피어'라고 찬양받는다.
D 사과는 비타민과 미량원소를 풍부하게 함유하고 있어서, 면역력을 향상시킬 수 있을 뿐만 아니라, 게다가 심혈관 기능을 개선할 수 있다.

해설 ▶ A 동사1 '位于'와 동사2 '是'의 주어가 모두 '黄山'이므로 문제가 없다.
▶ B '能否'가 있으나 뒤에는 '取得信任'만 언급되어 있어서 앞뒤가 맞지 않다. 따라서 '能否保持为政清廉，是关系到政府能否取得广大群众信任的重大问题'로 바꿔야 한다.
▶ C 동사 '是'와 동사2 '(被)誉为'의 주어가 모두 '曹禺先生'이므로 문제가 없다.
▶ D 不仅…，而且…: ~할 뿐만 아니라 게다가 ~하다 → 이 문장의 흐름에 잘 맞다.

단어 游览 yóulǎn 통 (명승지나 풍경 등을) 유람하다 | 胜地 shèngdì 몡 명승지 | 清廉 qīnglián 혱 청렴하다 | 广大 guǎngdà 혱 ① (면적이나 공간이) 넓다 ② (사람수가) 많다 | 誉为 yùwéi ~라고 찬양하다, ~라고 부르다 | 莎士比亚 Shāshìbǐyà 몡 셰익스피어 | ★ 维生素 wéishēngsù 몡 비타민 | 微量元素 wēiliàngyuánsù 몡 미량원소 | ★ 免疫 miǎnyì 통 면역하다

03

p. 175

A 速度的提高，带来的不仅是运行时间的缩短，更重要的是人的观念的更新。
B 婚姻最坚韧的纽带不是孩子，也不是金钱，而是精神上的共同成长。
C 观点正确、论据充分、结构完整，是衡量一篇议论文好坏的重要标准。
D 家长必须对孩子多一些正面的指导和评价，这样才有利于孩子自信心的建立，才有利于孩子的健康成长。

A 속도의 향상이 가져온 것은 운행시간의 축소 뿐만 아니라, 더 중요한 것은 사람의 관념 갱신이다.
B 혼인의 가장 단단한 연결 고리는 아이도 아니고 돈도 아니며, 정신 상의 공동 성장이다.
C 관점이 정확한지 아닌지, 논거가 충분한지 아닌지, 구조가 완벽한지 아닌지는 한 편의 논설문이 좋은지 나쁜지를 평가하는 중요한 기준이다.
D 학부모는 반드시 아이들에게 긍정적인 지도와 평가를 많이 해주어야 하고, 이렇게 해야만 아이의 자신감을 세우는 데 이롭고, 아이의 건강한 성장에도 이롭다.

해설 ▶ B 不是 ⓐ, 也不是 ⓑ, 而是 ⓒ : ⓐ가 아니라 ⓑ도 아니라 ⓒ이다. → 이 문장의 흐름에 잘 맞다.
▶ C '观点正确、论据充分、结构完整'은 모두 좋은 점만 언급했지만, 뒤에 '好坏'가 언급되고 있어서 앞뒤가 맞지 않다. 따라서 '观点是否正确、论据是否充分、结构是否完整'으로 바꿔야 한다.

단어 ★ 运行 yùnxíng 통 (별, 차량, 선박 등이) 운행하다 | 缩短 suōduǎn 통 줄이다, 단축하다 | 观念 guānniàn 몡 관념, 의식 | ★ 更新 gēngxīn 통 업데이트하다, 갱신하다, 새롭게 바꾸다 | ★ 坚韧 jiānrèn 혱 (의지, 투지, 정신력 등이) 강인하다, (사물이) 단단하고 질기다 | 纽带 niǔdài 몡 유대, 연결 고리 | 完整 wánzhěng 혱 완전하다, 온전하다 | 衡量 héngliang 통 ① 비교하다, 따지다, 평가하다 ② 고려하다, 헤아리다, 짐작하다 | 议论文 yìlùnwén 몡 논설문 | 正面 zhèngmiàn 몡 정면 혱 좋은 면, 긍정적인 면의 | 指导 zhǐdǎo 통 지도하다, 가르치다 | 建立 jiànlì 통 ① 건립하다, 세우다 ② 형성하다, 이루다, 맺다

✓ 정답

1. A　　　　　2. D　　　　　3. C　　　　　4. D

01

p. 187

A 小娜在数百名竞争者中过五关斩六将，被
　终于录取了。
B "羊吃人"是一个形象的比喻，因为圈占土
　地是为了养羊，所以被认为是羊"吃"掉了
　人。
C 他骁勇善战，酷爱自由，曾多次从部队开
　小差，但又被抓回。
D 他被自己的好朋友出卖，被迫接受了协定。

A 샤오나는 수백 명의 경쟁자 중 많은 어려움을 극복하
　고 마침내 합격했다.
B '羊吃人'은 생생한 비유이다. 토지에 경계선을 그어
　점거하는 것은 양을 기르기 위한 것이기 때문에, 따라
　서 양이 사람을 '먹었다'라고 여겨진다.
C 그는 용감하고 전투에 능하고 자유를 매우 사랑하여,
　일찍이 여러 번 부대에서 탈영했지만 다시 붙잡혀 돌
　아왔다.
D 그는 자신의 좋은 친구에게 배반을 당해, 어쩔 수 없
　이 협정을 받아들였다.

해설 ▶ A '被字句(피동문)'에서 부사는 '被' 앞에 두어야 한다. '终于(마침내)'는 부사이다. 따라서 '终于被录取了'로 바꿔야 한다.

단어 过五关斩六将 guò wǔguān zhǎn liùjiàng 성 ① 많은 난관을 극복하다 ② 자신이 이룩한 과거의 영광이나 공적을 자랑하다 |
录取 lùqǔ 동 (시험에 합격한 사람을) 선정하다, 뽑다 | 形象 xíngxiàng 명 형상, 이미지 형 구체적이다, 생생하다 | ★ 比喻 bǐyù
명 비유 동 비유하다 | 圈占 quānzhàn 동 경계선을 그어 점거하다 | 骁勇 xiāoyǒng 형 용맹하다 | 善战 shànzhàn 동 전투에
능하다, 전투를 잘하다 | 酷爱 kù'ài 동 몹시 좋아하다, 매우 사랑하다 | 开小差 kāi xiǎochāi ① 군인이 부대를 이탈하다, 탈영하다
② 딴 생각을 하다 | ★ 出卖 chūmài 동 ① 팔다, 판매하다 ② 팔아먹다, 배반하다 | 被迫 bèipò 동 강요당하다, 어쩔 수 없이 ~하다
| 协定 xiédìng 명 협정 동 협정하다

02

p. 187

A 学这玩艺儿真是比学外语还难。
B 这个学校的教学水平还行，反正比一般的中
　学校要强得多。
C 他虽然比我大两、三岁，可个头却和我一
　样高。
D "胜利2号"钻井船的船体结构和"胜利1
　号"复杂得多。

A 이것을 배우는 것은 정말이지 외국어를 배우는 것보
　다 더 어렵다.
B 이 학교의 교육 수준은 괜찮은 편이다. 어쨌든 일반적
　인 중학교보다는 훨씬 낫다.
C 그는 비록 나보다 두세 살 많지만, 그러나 키는 나와
　똑같이 크다.
D '승리2호' 시추선의 선체 구조는 '승리1호'보다 많이
　복잡하다.

해설 ▶ A ⓐ 比 ⓑ 还 + 형용사 : ⓐ가 ⓑ보다 더 ~하다 → 이 문장의 흐름에 잘 맞다.
　　▶ B ⓐ 比 ⓑ + 형용사 + 得多 : ⓐ가 ⓑ보다 많이 ~하다 → 이 문장의 흐름에 잘 맞다.
　　▶ C ⓐ 和 ⓑ 一样 + 형용사 : ⓐ는 ⓑ와 똑같이 ~하다 → 이 문장의 흐름에 잘 맞다.
　　▶ D 'ⓐ 和 ⓑ 一样 + 형용사' 혹은 'ⓐ 比 ⓑ + 형용사 + 得多' 형식으로 써야 한다. 따라서 '"胜利2号"钻井船的船体结构
　　　和"胜利1号"一样复杂' 혹은 '"胜利2号"钻井船的船体结构比"胜利1号"复杂得多'로 바꿔야 한다.

단어 玩艺儿 wányir 명 ① 완구, 장난감 ② 잡기, 곡예 ③ 물건, 것 | 反正 fǎnzhèng 부 결국, 어차피, 어쨌든 | 个头(儿) gètóu 명 (사
람의) 키, 몸집, 체격 | 钻井船 zuānjǐngchuán 명 시추선

03

p. 187

A 他小声地嘀咕：“你问我我问谁？我也不知道是怎么搞的。”

B 白白请中介人吃饭不说，精神上的折磨和煎熬才是最大的。

C 大家千万不要上当受骗，这个人所使用的手段，只不过是个江湖骗子。

D 受苦受累都不怕，最让我们受不了的，是他们瞧我们的眼光。

A 그는 작은 소리로 투덜거리며 말했다. "네가 나한테 물으면 난 누구한테 물어? 나도 어떻게 된 건지 모르는데."

B 효과 없이 중개인에게 밥을 산 것은 그렇다 치더라도, 정신적인 고통과 괴롭힘이 가장 크다.

C 모두 절대로 속고 사기당하지 마세요. 이 사람은 단지 사기꾼일 뿐이에요.

D 고통을 겪고 고생하는 것은 모두 두렵지 않다. 가장 우리를 참기 힘들게 만드는 것은 그들이 우리를 보는 눈빛이다.

해설 ▶ B 折磨和煎熬　　是　　最大的。
　　　　　주어　　　　서술어　목적어
　→ 형용사인 '大'를 동사 '是' 뒤에 쓰려면 '的'를 사용해야 하므로 문제가 없다.

▶ C 手段　　是　　江湖骗子。
　　주어　서술어　목적어
　→ '수단이 사기꾼이다'는 당연히 잘못된 표현이다. 따라서 '这个人只不过是个江湖骗子'로 바꿔야 한다.

단어 嘀咕 dígu 图 ① 소곤거리다 ② 주저하다, 망설이다 ③ 만지작거리다 ④ 투덜거리다 ⑤ 애태우다 | 白白 báibái 囯 图 ① 헛되이, 효과 없이 ② 무상으로, 공짜로 | ★折磨 zhémó 图 (육체적, 정신적으로) 고통스럽게 하다, 괴롭히나 | 煎熬 jiān'áo 图 (육체적, 정신적으로) 고통을 당하다, 괴로움을 당하다 | 上当 shàngdàng 图 속다, 속임수에 빠지다 | 受骗 shòupiàn 图 속다, 사기당하다 | 江湖骗子 jiānghúpiànzi 명 떠돌이 사기꾼 | 受苦 shòukǔ 图 고통을 겪다, 고생을 겪다 | 受累 shòulèi 图 고생하다, 수고하다 | 瞧 qiáo 图 보다 | ★眼光 yǎnguāng 명 ① 시선 ② 안목, 눈썰미, 식견 ③ 관점

04

p. 187

A 当今社会，人们越来越重视团队合作精神。

B 丝绸之路的起点在汉唐古都长安，即今天的西安。

C 这里降水量少，常有羚羊、犀牛等动物出没。

D 小漏洞常常会造成大灾难，忽视细节往往会导致失败的原因。

A 지금 사회에서 사람들은 갈수록 단체 협력 정신을 중시한다.

B 실크로드의 기점은 한나라 당나라의 고도 장안, 즉 지금의 시안에 있다.

C 이곳은 강수량이 적고, 종종 영양, 코뿔소 등 동물이 출몰한다.

D 작은 실수는 종종 큰 재난을 초래하고, 사소한 부분을 소홀히 하는 것이 종종 실패를 초래하는 원인이다.

해설 ▶ D 문장의 큰 흐름을 살펴보자.

小漏洞　造成　大灾难，忽视细节　?　原因。
주어　서술어　목적어　　주어　서술어　목적어

앞의 문장은 문제가 없다. 하지만 뒤의 문장은 '导致失败的(실패를 초래하는)'의 수식을 받고 있는 목적어'原因'과 짝이 되는 서술어가 없는 상태이다. 따라서 서술어를 추가하여 '忽视细节往往是导致失败的原因'으로 바꿔야 한다.

단어 团队 tuánduì 명 단체 | 丝绸 sīchóu 명 비단 | 古都 gǔdū 명 고도 | 羚羊 língyáng 명 영양 | 犀牛 xīniú 명 코뿔소 | 出没 chūmò 图 출몰하다 | 漏洞 lòudòng 명 ① 구멍 ② 빈틈, 약점, 실수 | ★灾难 zāinàn 명 재난 | 忽视 hūshì 图 소홀히 하다, 경시하다, 주의하지 않다 | 细节 xìjié 명 사소한 부분

✓ 정답

| 1. A | 2. D | 3. C | 4. C |

01

p. 187

A 知识是无止境的，人一生把所有的知识都不可能掌握。

B 他发誓不把心仪的她追到手决不罢休。

C 他的身体实在吃不消，就把居委会的工作给推了。

D 我开始变得成熟起来，不再把模特这一行看做是单纯的走台。

A 지식은 끝이 없어서 사람의 일생에 모든 지식을 익히는 것이 불가능하다.

B 그는 마음속으로 사모하는 그녀를 손에 넣을 때까지 따라다니지 않고서는 결코 그만두지 않겠다고 맹세했다.

C 그의 몸이 정말이지 견딜 수가 없어서 주민 위원회의 일을 사양했다.

D 나는 성숙하게 변하기 시작했고, 더는 모델이라는 이 일을 단순히 무대에서 걷는 것으로 여기지 않는다.

해설
▶ A '把字句'에서 전체를 나타내는 범위부사(例 全、都、统统…)를 제외한 나머지 부사와 조동사는 모두 '把' 앞에 두어야 한다. 따라서 '人一生不可能把所有的知识都掌握'로 바꿔야 한다.

▶ B 부사 '不'를 '把' 앞에 두었으니 문제가 없다.

▶ C '把전치사구'가 있는 문장의 동사 앞에는 처리의 의미를 더 강조하는 조사 '给'를 사용해서 'A 把 B + 给 + 동사 + 기타성분' 형식으로 사용할 수 있으며, 생략해도 의미는 변하지 않는다.

▶ D 부사 '不再'를 '把' 앞에 두었으니 문제가 없다.

단어
止境 zhǐjìng 명 끝 | ★发誓 fāshì 동 맹세하다 | 心仪 xīnyí 동 마음속으로 사모하다 | 到手 dàoshǒu 동 손에 넣다. 손에 들어오다 | 决不 juébù 결코 ~하지 않다 | 罢休 bàxiū 동 (어떤 일을 중도에) 그만두다. 멈추다. 중지하다 | 吃不消 chībuxiāo 버틸 수 없다. 견딜 수 없다. 참을 수 없다 | 居委会 jūwěihuì 명 주민위원회 | 单纯 dānchún 형 단순하다 | 看做 kànzuò 동 ~로 보다. ~라고 여기다 | 走台 zǒutái 동 (모델이) 무대를 걷다

02

p. 187

A 生活就像一场旅行，不在乎目的地，而在乎沿途的风景和心情。

B 中药很讲究煎药的方法和服药的时间，有的药还有禁忌。

C 大部分人失败与其说他们是在与别人的竞争中失利，不如说他们败给了自己不成熟的心态。

D 我很珍惜这个荣誉，但我一定把获奖的证书不放在办公室里，以免看久了会骄傲。

A 생활은 한 번의 여행과 같아서, 목적지에 신경 쓰지 않고 가는 동안의 풍경과 마음을 중요하게 여긴다.

B 중의약은 달이는 방법과 복용하는 시간을 중요시하며, 어떤 약은 금기 사항도 있다.

C 대부분 사람들이 실패하는 것은 그들이 다른 사람과의 경쟁에서 졌다고 말하느니, 그들이 자신의 성숙하지 못한 심리 상태에 졌다고 말하는 것이 더 낫다.

D 나는 이 영예를 매우 소중하게 여긴다. 그러나 나는 오만해지지 않기 위해서 절대 상을 탄 증서를 사무실에 두지 않는다.

해설
▶ A 不 ⓐ 而 ⓑ : ⓐ가 아니라 ⓑ이다 → 이 문장의 흐름에 잘 맞다.

▶ C 与其 ⓐ 不如 ⓑ : ⓐ하느니 차라리 ⓑ하다 → 이 문장의 흐름에 잘 맞다.

▶ D '不'도 부사이므로 '把' 앞에 두어야 하다. 따라서 '但我一定不把获奖的证书放在办公室里'로 바꿔야 한다.

단어
★在乎 zàihu 동 ①~에 있다. ~에 달려 있다 ② 마음에 두다. 개의하다. 문제 삼대[주로 부정형으로 사용] | 沿途 yántú 부 길을 따라 명 가는 길 | 讲究 jiǎngjiu 동 중시하다. 주의하다. 관심을 가지다 명 주의할 만한 것. 따져볼 만한 것 형 정교하고 아름답다. 뛰어나다 | 煎药 jiānyào 동 약을 달이다 | 服药 fúyào 동 약을 복용하다 | 禁忌 jìnjì 명 금기 동 (의학 상에서) 피하다. 금하다 | 失利 shīlì 동 지다. 패하다 | ★心态 xīntài 명 심리 상태 | 珍惜 zhēnxī 동 아끼다. 아까워하다 | 荣誉 róngyù 명 영예 | ★以免 yǐmiǎn 접 ~하지 않기 위해서, ~하지 않도록 | 骄傲 jiāo'ào 형 ① 거만하다. 오만하다 ② 자랑스럽다. 자부하다 명 자랑, 긍지, 자랑거리

p. 188

03

A 许多看似平凡的事物却蕴藏了无限的奥秘。
B 新能源汽车正在以前所未有的速度进入公共交通领域。
C 经过短暂的交谈，大家都把他流畅的汉语和幽默的谈话风格所吸引。
D "放弃"二字15笔，"坚持"二字16笔。可见，它们之间只有一笔之差。

A 많은 평범해 보이는 사물에는 무한한 신비가 담겨 있다.
B 신에너지 자동차는 유례가 없는 속도로 공공 교통 영역에 들어가고 있다.
C 짧은 대화를 통해, 모두들 그의 유창한 중국어와 유머러스한 대화 스타일에 매료당했다.
D '放弃'라는 두 글자는 15획이고, '坚持'라는 두 글자는 16획이다. 그것들 사이에는 겨우 한 획의 차이만 있다는 것을 알 수 있다.

해설 ▶ C 쉼표 뒤의 문장을 보면 전치사 '把(~을, ~를)'를 사용하고 있다. 하지만 내용상 모두가 '그의 중국어와 말하는 스타일'에 의해 매료됨을 나타내야 하므로 '把' 대신 '被'를 사용해야 한다. 이러한 피동문의 동사 앞에 '所'를 쓰는 것은 서면어체의 느낌을 주게 되며 의미와는 큰 관련이 없다.

단어 ★ 平凡 píngfán 혱 평범하다 | ★ 蕴藏 yùncáng 동 간직하다, 담겨있다 | 无限 wúxiàn 혱 끝없다, 무한하다 | ★ 奥秘 àomì 몡 신비, 비밀 | 前所未有 qián suǒ wèi yǒu 솅 유례 없는, 그전에 없던 | 短暂 duǎnzàn 혱 (시간이) 짧다 | 流畅 liúchàng 혱 유창하다 | 风格 fēnggé 몡 풍격, 스타일 | 可见 kějiàn 젭 ~을 알 수 있다(주제나 결론을 이끌어냄)

04

A 商业广告显然不同于公益广告，因为它带有明显的功利色彩。
B 在能力相当的情况下，做学问其实就靠一个人的态度了。
C 天安门广场今年的庆祝活动比往年还要盛大极了。
D 以适合您生理和心理的方式生活，别浪费时间，以免落在他人之后。

A 상업광고는 명백하게 공익광고와는 다르다. 왜냐하면 그것은 뚜렷한 공리적 색채를 갖고 있기 때문이다.
B 능력이 비슷한 상황에서, 학문을 하는 것은 사실 한 사람의 태도에 달려있다.
C 천안문 광장의 올해 경축 활동은 왕년보다 더 성대하다.
D 타인의 뒤에 떨어지지 않기 위해, 당신의 생리와 심리에 적합한 방식으로 생활하고 시간을 낭비하지 마세요.

해설 ▶ C '比字句'의 형용사는 비교를 나타내는 표현을 수식 성분으로 가질 수는 있지만, 단순히 정도를 나타내는 표현은 가질 수 없다. '还要(더욱)'는 비교를 나타내지만, '极了'는 정도를 나타내는 정도보어이므로 사용할 수 없다. 따라서 '天安门广场今年的庆祝活动比往年还要盛大'로 바꿔야 한다.

단어 显然 xiǎnrán 혱 명확하다, 명백하다 | 明显 míngxiǎn 혱 뚜렷하다, 확실하다 | 相当 xiāngdāng 동 서로 비슷하다, 맞먹다 혱 적당하다, 적합하다, 알맞다 뮈 꽤, 상당히 | 学问 xuéwen 몡 ① 학문 ② 지식, 학식 | 庆祝 qìngzhù 동 축하하다, 경축하다 | 往年 wǎngnián 몡 왕년, 예전, 옛날 | 盛大 shèngdà 혱 성대하다

제2부분 빈칸 채우기

DAY 12

01

p. 196

　　在"六四"过去十多年后的今天，中国开始出现"归国＿＿"。现在越来越多的海外留学人员在完成学业后选择回国＿＿，将他们在外国学到的知识和接受的观念＿＿同他们所了解的美国、欧洲和日本存在很大＿＿的国家、政府和文化当中。

　　6·4사건이 지나간 지 10여 년 후인 오늘날, 중국에는 '귀국붐'이 나타나기 시작했다. 현재 갈수록 많은 외국 유학생들은 학업을 완성한 후 귀국해서 <u>창업하는 것</u>을 선택하고 있으며, 그들이 외국에서 배운 지식과 받아들인 관념을 그들이 이해하고 있는 미국, 유럽, 일본과 큰 <u>차이</u>가 존재하는 국가, 정부, 문화 속으로 <u>넣고 있다</u>.

A 热	创业	带入	差异
B 率	留学	带到	差别
C 度	生活	带来	相同
D 迷	创业	带去	异同

A 붐 / 창업하다 / 데리고 들어가다 / 차이
B 률 / 유학 / ～까지 데리고 가다 / 차별
C 도 / 생활 / 데리고 오다 / 같다
D 광 / 창업하다 / 데리고 가다 / 같은 점과 다른점

해설 ▶ 1번 빈칸

A 热 rè : 열기나 붐을 나타냄　　　　B 率 lǜ : 백분율을 나타냄
C 度 dù : 정도를 나타냄　　　　　　D 迷 mí : 어떤 사물에 심취해 있는 사람을 나타냄
→ '出现'의 목적어가 됨과 동시에 '归国'와 말이 맞는 것은 A밖에 없다.

▶ 2번 빈칸

A/D 创业 chuàngyè : 图 창업하다　　B 留学 liúxué : 图 유학하다
C 生活 shēnghuó : 图 생활하다, 생존하다
→ 외국에서 유학한 학생들이라는 내용의 흐름상 적어도 B는 절대 답이 아니다.

▶ 3번 빈칸

A 带入 dàirù : 图 ～속으로 데리고 들어가다　　B 带到 dàidào : 图 ～까지 데리고 가다
C 带来 dàilái : 图 데리고 오다　　　　　　　　D 带去 dàiqù : 图 데리고 가다
→ 빈칸 뒤의 목적어인 '当中'과 맞는 것은 A밖에 없다.

▶ 4번 빈칸

A 差异 chāyì : 圀 차이, 다른 점　　　　　　　　B 差别 chābié : 圀 차이, 차별, 구별, 격차
C 相同 xiāngtóng : 圐 서로 같다, 일치하다　　D 异同 yìtóng : 圀 서로 다른 점과 같은 점
→ 동사 '存在'의 목적어가 되어야 하므로 C는 아니다. 또한 내용의 흐름상 D도 적합하지 않다.

단어 ★欧洲 Ōuzhōu 圀 유럽

律师知名＿＿的高低，既取决于社会，也取决于律师本身。在一个法制＿＿的社会中，律师有宽广的职业天地。但在一个司法＿＿独立的社会中，真正的律师必须不畏＿＿，只服从真理与良知。

변호사 지명도의 정도는 사회에 달려있기도 하고, 변호사 자신에 달려있기도 하다. 법률 제도가 <u>완전한</u> 사회에서, 변호사는 넓은 직업 세계를 갖고 있어야 한다. 그러나 사법이 <u>아직</u> 독립되지 <u>않은</u> 사회에서, 진정한 변호사는 반드시 <u>강권</u>을 두려워하지 말고, 오직 진리와 양심에만 복종해야 한다.

A	界	健全	尚未	强权
B	率	健康	已经	强力
C	度	健全	尚未	强权
D	迷	强健	还未	强势

A 계 / 완전하다 / 아직 ~하지 않다 / 강권
B 률 / 건강하다 / 이미 / 강력한 힘
C 도 / 완전하다 / 아직 ~하지 않다 / 강권
D 광 / 강건하다 / 아직 ~하지 않다 / 강세

해설 ▶ 1번 빈칸
A 界 jiè : 직업, 일 또는 성별 등이 서로 같은 사회 구성원의 총체를 나타냄
B 率 lǜ : 백분율을 나타냄
C 度 dù : 정도를 나타냄
D 迷 mí : 어떤 사물에 심취해 있는 사람을 나타냄
→ '高低'와 맞는 말은 B와 C이다.

2번 빈칸
A/C 健全 jiànquán : 형 ① (병이나 탈 없이) 건전하고 온전하다 ② 완전하다, 완벽하다, 완비하다
B 健康 jiànkāng : 형 건강하다
D 强健 qiángjiàn : 형 (몸이) 건장하다, 강건하다
➡ '法制'가 어떠한지 묘사하는 형용사가 필요하다. 따라서 A와 C가 가능하다.

3번 빈칸
A/C 尚未 shàngwèi : 부 아직 ~하지 않다(=D 还未)
→ 내용의 흐름상 B 已经은 답이 아니다.

4번 빈칸
A/C 强权 qiángquán : 명 강권
B 强力 qiánglì : 명 강력한 힘 형 강력하다
D 强势 qiángshì : 명 강세
→ '不畏'의 목적어를 찾아야 하는 4번 빈칸에서는 명확히 답이 아닌 것을 찾기 어렵다.

단어 取决于 qǔjuéyú 동 ~에 달려있다 | 法制 fǎzhì 명 법제, 법률 제도 | 宽广 kuānguǎng 형 (면적이나 범위가) 넓다 | 不畏 búwèi 동 두려워하지 않다 | 服从 fúcóng 동 따르다, 복종하다 | 良知 liángzhī 명 양심

仰慕伟大，＿＿得到承认，追求人生的成就＿＿，是文明社会每一个人的＿＿心理诉求。人生在世，不希望自己能够有所成就，＿＿能创出一＿＿事业，能得到他人、社会的认可与肯定?

위대한 것은 경모하고, 인정받기를 <u>갈망하며</u>, 인생의 성취감을 추구하는 것은 문명사회 모든 사람들의 <u>정상적인</u> 심리적 요구이다. 사람이 이 세상에 살면서 자신이 성취하는 바가 있기를 희망하지 않는다면, <u>누가</u> 한 <u>차례</u> 사업을 만들어내고 타인과 사회의 인정과 긍정적인 평가를 얻을 수 있겠는가?

A	渴求	热	通常	都	个	A 갈구하다 / 열 / 보통이다 / 모두 / 개
B	渴望	感	正常	谁	番	**B 갈망하다 / 감 / 정상적인 / 누구 / 차례**
C	希望	率	普通	你	回	C 희망하다 / 률 / 보통이다 / 당신 / 회
D	期待	度	当然	他	件	D 기대하다 / 도 / 당연하다 / 그 / 건

해설 ▶ 1번 빈칸

A 渴求 kěqiú : 통 갈구하다, 간절히 바라며 구하다　　B 渴望 kěwàng : 통 갈망하다, 간절히 바라다

C 希望 xīwàng : 명 희망, 바람 통 희망하다, 바라다　　D 期待 qīdài : 통 기대하다, 고대하다

→ '得到承认'의 동사를 찾아야 하는 1번 빈칸에서는 명확히 답이 아닌 것을 찾기 어렵다.

▶ 2번 빈칸

A 热 rè : 열기나 붐을 나타냄　　B 感 gǎn : 느낌이나 감정을 나타냄

C 率 lǜ : 백분율을 나타냄　　D 度 dù : 정도를 나타냄

→ '追求'의 목적어가 됨과 동시에 '成就'와 말이 맞는 것은 B밖에 없다.

▶ 3번 빈칸

A 通常 tōngcháng : 형 보통이다, 일반적이다, 일상적이다　　B 正常 zhèngcháng : 형 정상적인

C 普通 pǔtōng : 형 보통이다, 평범하다, 일반적이다　　D 当然 dāngrán : 형 당연하다, 물론이다 부 당연히, 물론

→ 목적어 '心理诉求'를 구조조사 '的' 없이 수식할 수 있는 말이 필요한데, B와 C가 가능하다.

▶ 4번 빈칸

→ 마지막의 물음표가 중요하다. '누가 ~할 수 있겠는가?'라는 반어문이므로 B(谁)만 답이 될 수 있다.

▶ 5번 빈칸

B 番 fān : 양 ① 회, 차례, 번(동작이나 행위에 사용됨) ② 종, 종류, 가지(= 种)

C 回 huí : 양 ① 회, 차례, 번(동작이나 행위에 사용됨) ② 가지, 종류(일이나 사건에 사용됨)

D 件 jiàn : 양 일, 사건, 옷, 문서를 세는 데 사용됨

→ '事业'를 세는 양사를 찾는 문제이다. C와 D는 '事'는 가능하나 '事业'와는 사용할 수 없다.

단어 仰慕 yǎngmù 통 경모하다 | 承认 chéngrèn 통 인정하다, 승인하다, 동의하다, 긍정하다 | 诉求 sùqiú 요구를 제기하다, 요구를 말하다, 주장을 제기하다 | ★ 认可 rènkě 통 승낙하다, 허락하다, 인가하다 | 肯定 kěndìng 부 틀림없이, 확실히 통 긍정적으로 평가하다

04

p. 197

　　美国劳工部发布的就业数据＿＿，至7月底美国失业＿＿下降0.1个百分点至9.4%。这一超出市场预期的结果＿＿美国政经各界大为振奋。但分析人士＿＿，单月数据难以改变美国经济"无就业复苏"的＿＿。

미국 노동부가 발표한 취업 통계자료에서 보여주길, 7월 말까지 미국의 실업률은 0.1%가 떨어져 9.4%에 이르렀다고 한다. 이 시장의 예측을 벗어난 결과는 미국 정치 각계로 하여금 크게 고무되게 만들었다. 그러나 분석 전문가가 말하길, 한 달의 수치가 미국 경제의 '무취업회복'이라는 추세를 바꾸기는 어렵다고 했다.

A	表示	度	叫	说	情况	A 나타내다 / 도 / ~하게 하다 / 말하다 / 상황
B	显示	率	令	称	趋势	**B 보여주다 / 률 / ~하게 하다 / 말하다 / 추세**
C	表现	范围	让	分析	现象	C 표현하다 / 범위 / ~하게 하다 / 분석하다 / 현상
D	展现	领域	使	表明	迹象	D 드러내다 / 분야 / ~하게 하다 / 표명하다 / 징조

해설 ▶ 1번 빈칸

A 表示 biǎoshì : 통 ① 의미하다, 가리키다 ② (언행으로 사상이나 감정을) 나타내다, 표명하다

　　　　　　 명 (사상이나 감정을 나타내는) 표정, 기색, 동작, 태도

B 显示 xiǎnshì : 통 ① 뚜렷하게 나타내 보이다, 내보이다, 보여주다 ② 과시하다, 자랑하다

C 表现 biǎoxiàn : 툉 ① 나타내다, 표현하다 ② 과시하다 圐 태도, 품행, 행동

D 展现 zhǎnxiàn : 툉 드러내다, 나타내다 🔁 展现 + 才华/价值(추상적인 목적어)

→ 이것은 꼭 외워두자! 조사, 연구, 통계, 결과 등에서 무엇인가를 밝혔을 때는 반드시 동사 '表明'과 '显示'를 사용한다. 만약 주어가 전문가와 같은 사람일 경우에는 여러 가지 동사가 가능하겠지만 '表'로 시작되는 동사의 경우 '表明'이 아닌 '表示'라는 것도 꼭 기억해두자! 따라서 답은 B이다.

▶ 2번 빈칸

A 度 dù : 정도를 나타냄
B 率 lǜ : 백분율을 나타냄
C 范围 fànwéi : 圐 범위
D 领域 lǐngyù : 圐 ① 분야, 영역 ② (국가의 주권이 미치는) 영역

→ 동사 '下降'과도 맞아야 하고 뒤에 퍼센트가 언급되고 있으므로 R만 가능하다.

▶ 3번 빈칸

→ 모두 사동동사이므로 명확히 답이 아닌 것을 찾기 어렵다.

▶ 4번 빈칸

→ A(说)와 B(称)는 모두 '말하다'는 뜻으로 사용 가능하다. C(分析)는 이미 앞에 '分析'가 언급되어 있어 맞지 않고, D(表明)는 주어가 사람일 경우 '表明'이 아닌 '表示'를 사용해야 하므로 불가능하다.

▶ 5번 빈칸

B 趋势 qūshì : 圐 추세
D 迹象 jìxiàng : 圐 징조, 조짐, 기미

→ '难以改变'이라는 말로 미루어보아 지금 조성되어 있는 사회적인 분위기를 나타낼 만한 단어로 D는 적합하지 않다.

단어 赴约 fùyuē 툉 약속한 장소 | **数据** shùjù 圐 데이터, 통계 수치 | **超出** chāochū 툉 (일정한 수량이나 범위를) 초과하다, 넘다, 벗어나다 | ★**预期** yùqī 圐 예기하다, 미리 기대하다 | ★**振奋** zhènfèn 圐 분발하다, 진작하다 툉 용기를 북돋우다, 고무하다, 진작시키다 | **复苏** fùsū 툉 소생하다, 회복하다

05
p. 197

本土的创作上的起步，_____ 了一批歌手的发展，邓丽君，凤飞飞等当年都风光一时。此外，当时集于创作演唱一身的刘家昌更是备受歌___们的___。《云河》、《月满西楼》、《爱的路上千万重》___是当时深植人心的佳作。

본토의 창작 상에서의 시작은 여러 가수들의 발전을 <u>이끌었고</u>, 덩리쥔이나 펑페이페이 등은 당시에 모두 한 시대를 풍미했다. 이 밖에, 당시 창작과 공연을 함께 손에 쥔 리우찌아창은 가요팬의 <u>사랑</u>을 한몸에 받았다. 《云河》,《月满西楼》,《爱的路上千万重》은 <u>모두</u> 당시 사람들의 마음에 깊이 자리잡은 우수한 작품들이다.

A 引起	坛	关爱	也
B 启动	手	喜欢	都
C 带来	星	热爱	只
D 带动	迷	喜爱	均

A 야기하다 / 단 / 관심 갖고 돌보다 / ~도
B 시동을 걸다 / 기술자 / 좋아하다 / 모두
C 가져오다 / 스타 / 열애하다 / 오직
D 선도하다 / 광 / 좋아하다 / 모두

해설 ▶ 1번 빈칸

A 引起 yǐnqǐ : 툉 불러 일으키다, 야기하다
B 启动 qǐdòng : 툉 (기계, 설비 등의) 작동을 시작하다, 시동을 걸다
C 带来 dàilái : 툉 가져오다, 일으키다, 야기하다
D 带动 dàidòng : 툉 이끌어 움직이다, 선도하다

→ 목적어 '发展'에 맞는 동사를 찾아야 한다. '带动'은 '动'이라는 한자에서 알 수 있듯이 움직임이 생기게 한다는 뜻으로 '兴起、发展、增长、成长'과 같이 움직임을 내포하는 목적어와 함께 사용하는 동사이다. 따라서 가장 적합한 답이 된다.

▶ 2번 빈칸

A 坛 tán : 오락, 체육과 관련된 사회 구성원의 총체를 나타냄
B 手 shǒu : 어떤 기능이나 기술을 가진 사람을 나타냄
C 星 xīng : 유명한 연기자나 선수를 나타냄
D 迷 mí : 어떤 사물에 심취해 있는 사람을 나타냄

→ 모두 '歌' 뒤에 올 수 있는 표현들이다.

▶ 3번 빈칸

A 关爱 guān'ài : 圄 관심을 갖고 돌보다

C 热爱 rè'ài : 圄 열애하다, 뜨겁게 사랑하다

D 喜爱 xǐ'ài : 圄 좋아하다, 애호하다, 호감을 가지다

→ '备受'는 동사적인 목적어를 가질 수 있다. 하지만 글의 흐름상 A와 C는 맞지 않는다. '喜欢'은 '受喜欢'의 구문으로 사용되지 않는다. 따라서 D만 가능하다.

▶ 4번 빈칸

→ 앞 문장에 다른 작품을 언급하다가 이 문장이 나온 것이 아니므로 A(也)는 적합하지 않다. C(只)도 의미상 맞지 않다. B(都)와 D(均)는 둘 다 '모두'의 뜻으로 세 개의 작품이 나열된 이 문장에 아주 적합하다.

단어 起步 qǐbù 圄 ① (움직이기) 시작하다 ② (어떤 일을) 시작하다 | 备受 bèishòu 圄 다 받다 | 佳作 jiāzuò 圀 우수한 작품, 가작

✓ 정답				
1. B	2. A	3. A	4. D	5. D

01

p. 219

　　　　高中生与初中生相比，在做出判断和决定前能更多地＿＿＿各种事实和可能性，＿＿＿行动的各种可能后果，决定一旦做出也能更＿＿地见诸行动。

A	考验	预料	充分
B	考虑	预计	迅速
C	考察	预算	明显
D	考查	预测	显著

　　고등학생은 중학생과 비교할 때, 판단과 결정을 하기 전 더 많이 각종 사실과 가능성을 고려하며, 행동의 각종 가능한 나쁜 결과를 예측하고, 일단 하기로 결정하면 더 신속하게 행동으로 보일 수 있다.

A 시험하다 / 예상하다 / 충분하다

B 고려하다 / 예상하다 / 신속하다

C 고찰하다 / 예산하다 / 뚜렷하다

D 조사하다 / 예측하다 / 현저하다

해설 ▶ 1번 빈칸

A 考验 kǎoyàn : 圄 시험하다, 시련을 주다, 검증하다

B 考虑 kǎolǜ : 圄 ① 고려하다, 생각하다 ② 구상하다, 계획하다

C 考察 kǎochá : 圄 ① 고찰하다, 정밀히 관찰하다 ② 현지 조사하다, 시찰하다

D 考查 kǎochá : 圄 조사하다, 체크하다, 점검하다, 확인하다

→ '事实和可能性'을 목적어로 가질 수 있는 동사는 B밖에 없다.

▶ 2번 빈칸

A 预料 yùliào : 圄 예상하다, 예측하다, 전망하다 圀 예상, 예측 　B 预计 yùjì : 圄 예상하다, 전망하다, 추산하다

C 预算 yùsuàn : 圄 예산하다 圀 예산 　　　　　　　　　　D 预测 yùcè : 圄 예측하다 圀 예측, 예상

→ '后果'를 목적어로 가질 수 있는 동사를 찾아야 한다. C는 수적인 면의 예측을 의미하므로 적합하지 않고, 나머지 동사는 모두 가능하다.

▶ 3번 빈칸

A 充分 chōngfēn : 圀 (추상적인 것이) 충분하다 　　　　　B 迅速 xùnsù : 圀 신속하다, 재빠르다, 날래다

C 明显 míngxiǎn : 圀 뚜렷하다, 분명하다, 확연히 드러나다 　D 显著 xiǎnzhù : 圀 현저하다, 뚜렷하다, 두드러지다

→ '见诸行动'이라는 동작을 수식할 수 있는 표현이 필요하다. C와 D는 주로 변화나 차이를 묘사할 때 사용하며, A는 전혀 적합하지 않다. 앞 내용의 흐름으로도 B가 가장 적합하다.

단어 后果 hòuguǒ 圀 (좋지 않은) 결과, 뒷일 | 一旦 yídàn 圉 일단 ~한다면 | 见诸 jiànzhū 圄 ~에 보이다

02
p. 219

随着科学技术的进步，人们可以应用现代科学技术＿＿＿生产条件，提高资源的利用＿＿，还可以不断＿＿＿资源利用的范围，使资源＿＿更大的作用。

과학기술의 진보에 따라, 사람들은 현대 과학기술을 응용하여 생산조건을 <u>개선하고</u>, 자원의 이용률을 향상시킬 수 있으며, 또한 끊임없이 자원 이용의 범위를 <u>확대해</u>, 자원으로 하여금 더 큰 작용을 <u>발휘하게</u> 할 수 있다.

A 改善	率	扩大	发挥
B 改革	化	增加	发生
C 改良	性	减少	发动
D 改进	度	降低	发扬

A 개선하다 / 률 / 확대하다 / 발휘하다
B 개혁하다 / 하 / 증가하다 / 발생하다
C 개량하다 / 성 / 감소하다 / 발동하다
D 개선하다 / 도 / 인하하다 / 드높이다

해설 ▶ 1번 빈칸
A 改善 gǎishàn : 图 개선하다 　　B 改革 gǎigé : 图 개혁하다 图 개혁
C 改良 gǎiliáng : 图 개량하다, 개선하다 　　D 改进 gǎijìn : 图 개선하다, 개량하다
→ '生产条件'을 목적어로 가질 동사를 찾아야 한다. B가 답이 아닌 것은 쉽게 찾아낼 수 있다. A와 C의 차이는 다음과 같다.

	改善	改良
개선의 방향	坏 → 好	
개선의 성격	외부 환경에 대한 개선 图 改善工作环境 (만약 일 자체가 매우 힘든 일이라면 환경을 바꾼다고 해서 근본적으로 모든 것이 개선되지는 않음)	근본적이거나 국가 방침과 관련된 개선 图 改良植物品种 (품종 자체가 가장 근본적이나 중요한 것)
개선의 대상	주로 추상적인 것	추상적 / 구체적

A와 C 중에는 A가 '生产条件'과 맞는 동사이다. D는 '进'이라는 한자에서 알 수 있듯이 더 발전시키는 방향으로 개선하는 것으로 역시 답이 될 수 있다.

▶ 2번 빈칸
A 率 lǜ : 백분율을 나타냄 　　B 化 huà : 변화를 나타냄
C 性 xìng : 성질을 나타냄 　　D 度 dù : 정도를 나타냄
→ '提高'의 목적어가 됨과 동시에 '利用'과 함께 사용될 수 있는 표현이어야 한다. A와 D가 가능하다.

▶ 3번 빈칸
A 扩大 kuòdà : 图 (범위나 규모를) 확대하다, 넓히다
→ '范围'를 목적어로 갖는 동사를 찾아야 한다. B(增加)와 C(减少)는 수량 개념이므로 불가능하다. D(降低)는 고저 개념이므로 역시 맞지 않다. 따라서 답은 A이다.

▶ 4번 빈칸
A 发挥 fāhuī : 图 ① 발휘하다 ② (의견이나 도리를) 충분히 잘 나타내다
C 发动 fādòng : 图 ① 시동을 걸다 ② 개시하다, 발발시키다 (图 发动＋战争) ③ 행동하게 하다, 동원하다
D 发扬 fāyáng : 图 (전통, 미풍양속 등을) 드높이다, 발양하다, 더욱더 발전시키다
→ '作用'을 목적어로 갖는 동사 중 자주 쓰이는 것은 '起、发挥、发生'등이 있다. 따라서 A와 B(发生)가 가능하다.

단어 资源 zīyuán 图 천연 자원

火山以其巨大的破坏力而＿＿，它其实也会给人类带来一定的好处。火山爆发会为我们提供＿＿的宝石、矿物和建筑材料，像已经被＿＿出来的珍珠岩，它可用来＿＿肥皂和家用清洁剂中的研磨剂。

화산은 그것의 거대한 파괴력으로 <u>유명한데</u>, 그것은 사실 인류에게 일정한 좋은 점을 가져온다. 화산 폭발은 우리에게 <u>진귀한</u> 보석, 광물과 건축재료를 제공하는데, 마치 이미 <u>채굴해낸</u> 진주암과 같이 사용해서 비누와 가정용 청결제 속의 연마제를 <u>제작할 수</u> 있다.

A 闻名	珍贵	开采	制作
B 知名	宝贵	挖掘	创作
C 著名	无限	开发	制造
D 出名	奢侈	开辟	生产

A **유명하다 / 진귀하다 / 채굴하다 / 제작하다**
B 유명하다 / 귀중하다 / 발굴하다 / 창작하다
C 유명하다 / 무한하다 / 개발하다 / 제조하다
D 유명해지다 / 사치스럽다 / (길을) 열다 / 생산하다

해설 ▶ 1번 빈칸

A 闻名 wénmíng : 형동 유명하다　　B 知名 zhīmíng : 형동 유명하다, 저명하다
C 著名 zhùmíng : 형 유명하다, 저명하다　　D 出名 chūmíng : 동 이름이 나다, 유명해지다

→ '以……(而)闻名혹은 出名'은 '…으로 유명하다'라는 구문으로 A, D가 가능하다.

▶ 2번 빈칸

A 珍贵 zhēnguì : 형 진귀하다　　B 宝贵 bǎoguì : 형 귀중하다
C 无限 wúxiàn : 형 무한하다, 끝없다　　D 奢侈 shēchǐ : 형 사치스럽다

→ 일단 D는 의미상 전혀 맞지 않다. A는 '흔히 볼 수 없고 가질 수 없어(珍)' 귀함을, B는 생명이나 시간과 같이 설령 많이 볼 수 있는 것이라도 '소중해서(宝)' 귀함을 나타낸다. 일단 A, B, C가 가능하다.

▶ 3번 빈칸

A 开采 kāicǎi : 동 (지하 자원을) 발굴하다, 채굴하다　　B 挖掘 wājué : 동 파다, 캐다, 발굴하다
C 开发 kāifā : 동 개발하다　　D 开辟 kāipì : 동 (길을) 열다, 개척하다

→ 빈칸이 암석을 수식하는 동사이므로 A와 B가 적합하다. B는 그 밖에도 잠재력(潜力)과 같은 추상적 목적어를 가질 수 있다.

▶ 4번 빈칸

A 制作 zhìzuò : 동 제조하다, 제작하다　　B 创作 chuàngzuò : 형동 (문예 작품을) 창작하다
C 制造 zhìzào : 동 제조하다　　D 生产 shēngchǎn : 동 생산하다

→ '비누와 연마제'를 목적어로 가질 수 있는 동사를 찾아야 한다. 일단 B를 제외한 나머지 동사들은 모두 가능하다.

단어 ★ 爆发 bàofā 동 ① 폭발하다 ② 발발하다, 갑자기 터져나오다 | 矿物 kuàngwù 명 광물 | 珍珠岩 zhēnzhūyán 진주암 | 肥皂 féizào 명 비누 | ★ 清洁 qīngjié 형 청결하다, 깨끗하다 | 研磨 yánmó 동 연마하다, 갈다

心理学家认为，＿＿学生学习的基本动机有两种：一种是社会交往动机，另一种是＿＿动机。前者表现为学生愿意为他所喜欢的老师努力学习，从而获得老师的称赞、＿＿师生感情等；后者则表现为希望通过学习赢得别人对自己的尊重、获得他人＿＿等。

심리학자들은 학생이 공부할 수 있게 <u>부추기는</u> 기본적 동기가 두 가지가 있다고 생각한다. 한 가지는 사회 교제적 동기이고, 다른 한 가지는 <u>영예동기</u>이다. 전자는 학생들이 그가 좋아하는 선생님을 위해 열심히 공부하고, 따라서 선생님의 칭찬을 얻고, 사제간의 감정을 <u>증진하는</u> 등으로 드러난다. 후자는 반면 학습을 통해 다른 사람의 자신에 대한 존중을 얻고, 타인의 <u>긍정적인 평가</u>를 얻는 등으로 드러난다.

A 调动	名誉	增添	认可
B 促进	声誉	增长	鼓励
C 鞭策	信誉	增加	信任
D 驱使	荣誉	增进	肯定

A 북돋우다 / 명예 / 더하다 / 인가
B 촉진하다 / 명성과 명예 / 증가하다 / 격려
C 채찍질하다 / 신용 / 늘리다 / 신임
D 부추기다 / 영예 / 증진하다 / 긍정적 평가

해설 ▶ 1번 빈칸

- A 调动 diàodòng : 图 ① (인원을) 옮기다, 이동하다 ② 동원하다, 북돋우다, 불러 일으키다
- B 促进 cùjìn : 图 촉진하다, 촉진시키다
- C 鞭策 biāncè : 图 채찍질하다
- D 驱使 qūshǐ : 图 ① 마구 부리다, 혹사하다 ② 부추기다, 마음이 동하다
- → 빈칸에는 '学生学习'라는 '사람+동사' 구조를 목적어로 가질 수 있는 동사가 필요하다. A와 D가 적합하다.

▶ 2번 빈칸

- A 名誉 míngyù : 圆 명예, 명성
- B 声誉 shēngyù : 圆 명성과 명예
- C 信誉 xìnyù : 圆 신용, 신망
- D 荣誉 róngyù : 휑 영예
- → 이 빈칸에서는 특별히 답을 고를 수 없다.

▶ 3번 빈칸

- A 增添 zēngtiān : 图 더하다, 늘리다, 보태다
- B 增长 zēngzhǎng : 图 증가하다, 높아지다
- C 增加 zēngjiā : 图 증가하다, 늘리다
- D 增进 zēngjìn : 图 증진하다
- → 빈칸에는 '感情'을 목적어로 가질 수 있는 동사가 필요한데, D만 가능하다.

▶ 4번 빈칸

- A 认可 rènkě : 图 인가하다, 허락하다, 인정하다 圆 인가, 허락, 인정
- B 鼓励 gǔlì : 图 격려하다 圆 격려
- C 信任 xìnrèn : 图 신임하다 圆 신임
- D 肯定 kěndìng : 图 긍정하다, 인정하다 圆 긍정적인 평가, 인정 團 반드시, 꼭
- → 의미상 모두 정답이 될 수 있다.

단어 ★动机 dòngjī 圆 동기 | 称赞 chēngzàn 圆 칭찬 图 칭찬하다 | 赢得 yíngdé 图 (갈채, 찬사 등을) 얻다

05
p. 220

下雨时，汽车司机的＿＿会受到影响，＿＿是下暴雨时雨刷器不能有效地刮净挡风玻璃上的雨水，令司机眼前＿＿不清。＿＿，因为气温降低，挡风玻璃上会有雾气。这时，要打开冷气和后挡风玻璃加热器以尽快＿＿雾气。

비가 올 때 자동차 기사의 <u>시선</u>은 영향을 받게 되고, <u>특히</u> 폭우가 내릴 때는 와이퍼가 효과적으로 자동차 앞면 유리의 빗물을 깨끗하게 밀어낼 수 없어서, 기사의 눈앞을 <u>모호하</u>고 분명하지 않게 만든다. <u>또한</u> 기온이 내려가기 때문에 앞면 유리에 서리가 생기게 된다. 이때 에어컨과 뒷면 유리의 열선을 켬으로써 되도록 빨리 서리를 <u>없애야</u> 한다.

A 眼睛	甚至	含糊	反而	消耗
B 视野	特别	混乱	总之	消失
C 眼神	甚至	疲倦	因而	消化
D 视线	尤其	模糊	同时	消除

A 눈 / 심지어 / 애매하다 / 반대로 / 소모하다
B 시야 / 특히 / 혼란하다 / 요컨대 / 사라지다
C 눈빛 / 심지어 / 피곤하다 / 따라서 / 소화하다
D 시선 / 더욱이 / 모호하다 / 동시에 / 제거하다

해설 ▶ 1번 빈칸

- B 视野 shìyě : 圆 ① 시야, 시계 ② 시야(생각이나 식견이 영역)
- C 眼神 yǎnshén : 圆 눈빛, 눈매
- D 视线 shìxiàn : 圆 ① 시선, 눈길 ② 주의력
- → 의미상 D가 가장 적합하다.

132

▶ 2번 빈칸

→ '특히'라는 표현은 주로 '是'와 함께 사용해서 '特别是'와 '尤其是' 두 가지 표현이 가능하다. 따라서 B와 D가 가능하다. '甚至'는 흐름에 맞지 않다.

▶ 3번 빈칸

A 含糊 hánhu : 휑 ① (태도나 말이) 모호하다, 애매하다 ② (태도나 말이) 대충대충이다, 소홀하다

B 混乱 hùnluàn : 휑 (상황이) 혼란하다, 어지럽다

C 疲倦 píjuàn : 휑 ① (신체적으로) 피곤하다, 지치다 ② (어떤 일에 대해) 늘어지다, 느슨하다

D 模糊 móhu : 휑 모호하다, 분명하지 않다 동 흐리게 하다

→ 각 단어의 뜻에서 괄호 속을 보면 A, B, C는 모두 적합하지 않다는 것을 쉽게 알 수 있다.

▶ 4번 빈칸

A 反而 fǎn'ér : 튄 반대로, 도리어, 거꾸로　　　B 总之 zǒngzhī : 젭 총괄적으로 말하면, 요컨대

C 因而 yīn'ér : 젭 그러므로, 따라서　　　D 同时 tóngshí : 젭 동시에, 또한

→ 이러한 관련사 문제는 글의 흐름을 잘 살펴보고 답을 찾아야 한다. 글의 흐름상 뒤에서 또 다른 면을 한 가지 더 언급하고 있으므로 D가 가장 적합하다.

▶ 5번 빈칸

A 消耗 xiāohào : 동 (정신, 힘, 물자 등을) 소모하다

B 消失 xiāoshī : 동 자취를 감추다, 사라지다

C 消化 xiāohuà : 동 ① (음식물을) 소화하다 ② (배운 지식을) 소화하다

D 消除 xiāochú : 동 없애다, 풀다, 제거하다

→ 각 단어의 뜻에서 괄호 속을 보면 A, C는 석합하지 않다는 것을 쉽게 알 수 있다. B는 복석어를 가지지 않는 동사(不及物动词)이므로 '雾气'를 목적어로 가질 수 없다. 따라서 D가 가장 적합하다.

단어 暴雨 bàoyǔ 몡 폭우, 장대비 | 雨刷器 yǔshuāqì 몡 와이퍼 | 刮净 guājìng 동 깨끗하게 밀다 | 挡风玻璃 dǎngfēngbōlí 몡 자동차의 앞면 유리 | 雾气 wùqì 몡 안개 | ★尽快 jǐnkuài 튄 되도록 빨리

DAY 14

✓ 정답

1. A　　　　2. A　　　　3. A　　　　4. B　　　　5. B

01

p. 227

　　集邮是以邮票及其他邮品为主要对象的收集、＿＿＿与研究活动。邮票有"世界＿＿＿"之称，每个国家都会在邮票上＿＿＿最具本国代表性的东西，所以小小的邮票成为了＿＿＿的博物馆。通过收集、研究各种邮品，集邮者不仅可以学到很多知识，还能＿＿＿一定的情操。

　　우표수집은 우표 및 기타 우편 관련 물품을 주요 대상으로 수집하고 감상하고 연구하는 활동이다. 우표는 '세계의 명함'이라는 명칭이 있는데, 모든 국가는 우표 위에 가장 본국의 대표성을 가진 사물을 드러내 보이고, 그래서 작디 작은 우표는 모든 것을 갖추고 있는 박물관이 된 것이다. 각종 우표를 수집하고 연구하는 것을 통해, 우표 수집자는 지식을 배울 수 있을 뿐만 아니라, 일정한 정서를 키울 수 있다.

A 鉴赏	名片	展示	包罗万象	培养
B 评估	图案	印制	名副其实	塑造
C 鉴定	符号	刊登	博大精深	陶冶
D 修复	文物	发行	众所周知	培植

A 감상하다 / 명함 / 드러내 보이다 / 모든 것을 갖추다 / 키우다

B 평가하다 / 도안 / 인쇄 제작하다 / 명실상부하다 / 인물을 형상화하다

C 감정하다 / 부호 / 게재하다 / 사상이나 학식이 넓고 심오하다 / 수양하다

D 수리하여 복원하다 / 도안 / 발행하다 / 모든 사람이 다 알다 / 식물을 재배하다

▶ 1번 빈칸

A 鉴赏 jiànshǎng : 圄 감상하다　　　　　　B 评估 pínggū : 圄 평가하다

C 鉴定 jiàndìng : 圄 감정하다　　　　　　D 修复 xiūfù : 圄 (건축물을) 수리하여 복원하다

→ 우표 수집자가 우표를 대상으로 하는 동작으로 C와 D는 적합하지 않다.

▶ 2번 빈칸

A 名片 míngpiàn : 圀 명함　　　　　　　　B 图案 tú'àn : 圀 도안

C 符号 fúhào : 圀 부호　　　　　　　　　　D 文物 wénwù : 圀 문물

→ 우표를 비유하는 말로D는 적합하지 않다.

▶ 3번 빈칸

A 展示 zhǎnshì : 圄 드러내 보이다　　　　　B 印制 yìnzhì : 圄 인쇄 제작하다

C 刊登 kāndēng : 圄 (신문, 잡지 등에) 게재하다, 싣다　D 发行 fāxíng : 圄 (서적, 화폐, 우표 등을) 발행하다

→ 빈칸에는 전치사구 '우표 위에'의 수식을 받고, 동시에 가장 본국의 대표성을 가진 '东西'를 목적어로 가질 수 있는 동사가
필요하다. 의미상 A만 적합하다.

▶ 4번 빈칸

A 包罗万象 bāoluó wànxiàng : 圀 만상을 망라하고 있다, 두루 갖추고 있다

B 名副其实 míngfù qíshí : 圀 명실상부하다

C 博大精深 bódà jīngshēn : 圀 사상이나 학식이 넓고 심오하다

D 众所周知 zhòngsuǒ zhōuzhī : 圀 모든 사람이 다 알다

→ 의미상 A만 적합하다.

▶ 5번 빈칸

A 培养 péiyǎng : 圄 양성하다, 키우다, 기르다

B 塑造 sùzào : 圄 ① 빚어서 만들다, 조소하다 ② 인물을 형상화하다, 묘사하다

C 陶冶 táoyě : 圄 ① (인재를) 양성하다 ② (인격, 품성 등을) 연마하다, 수양하다

D 培植 péizhí : 圄 (식물을) 재배하다, 가꾸다

→ 빈칸에는 '情操'를 목적어로 가질 수 있는 동사가 필요하다. 의미상 A와 C가 가능하다.

　情操 qíngcāo 圀 정조, 정서

02

p. 227

　　眼见为实，我们＿＿＿相信自己亲眼看到的东西，认为只有亲眼＿＿＿见，才是真实＿＿＿的。然而有时候我们亲眼看到的却常常与真实相悖，视觉上的错觉常常会欺骗许多＿＿＿的头脑。

직접 보아야 믿을 수 있다고 하듯이, 우리는 <u>항상</u> 자신이 직접 본 것을 믿고, 오직 직접 본 <u>것만</u>이 진실되고 <u>믿을 만하다고</u> 생각한다. 그러나 때로는 우리가 직접 본 것이 종종 진실과 서로 어긋나며, 시각적인 착각은 종종 많은 <u>자신만이 옳다고 생각하는</u> 두뇌를 속이게 된다.

A 总是	所	可靠	自以为是
B 常常	可	依赖	一丝不苟
C 往往	亦	踏实	称心如意
D 曾经	愈	周密	有条不紊

A 항상 / ~하는 것 / 믿을 만하다 / 독선적이다

B 자주 / ~할 만하다 / 의지하다 / 빈틈이 없다

C 자주 / ~도 역시 / 편안하다 / 마음에 꼭 들다

D 이미 / ~할수록 ~하다 / 세심하다 / 조리 있고 질서
정연하다

▶ 1번 빈칸

→ 동사 '相信'을 수식하는 부사를 찾는 문제로, D(曾经)를 제외한 나머지 보기에서는 명확히 답이 아닌 것을 찾기 어렵다.

▶ 2번 빈칸

→ 문장 분석을 해보자.

只有亲眼＿＿见　是　真实＿＿的
　　　주어　서술어　목적어

'只有'와 '亲眼'은 결국 동사 '见'을 수식하고 있으므로, 결과적으로 동사 '见'이 서술어 '是'의 주어가 되어야 하는 상황이다.
조사 '所'는 동사(주로 1음절 동사) 앞에 쓰여 그 동사와 함께 명사적 성분이 될 수 있다. 따라서 A가 정답이다.

▶ 3번 빈칸

A 可靠 kěkào : 혭 믿을만하다, 믿음직스럽다

B 依赖 yīlài : 동 의지하다, 기대다

C 踏实 tāshi : 혭 ① (마음이) 놓이다, 편안하다 ② (태도가) 착실하다, 성실하다

D 周密 zhōumì : 혭 주도면밀하다, 세심하다

→ 빈칸에는 형용사 '真实(진실하다)'와 함께 병렬구조를 이룰 형용사가 필요하다. 일단 동사인 B는 탈락이다. 나머지 형용사 중 '真实'와 병렬구조를 이루어 함께 쓰기에 적합한 형용사는 A밖에 없다.

▶ 4번 빈칸

A 自以为是 zìyǐ wéishì : 셩 자신만이 옳다고 생각하다, 독선적이다

B 一丝不苟 yìsī bùgǒu : 셩 (일을 함에 있어서) 조금도 소홀히 하지 않다, 조금도 빈틈이 없다

C 称心如意 chènxīn rúyì : 셩 마음에 꼭 들다, 자기 마음에 완전히 부합되다

D 有条不紊 yǒutiáo bùwěn : 셩 (말, 행동이) 조리 있고 질서 정연하다

→ 위의 뜻을 보면 쉽게 답을 찾을 수 있을 것이다.

단어 眼见为实 yǎnjiàn wéishí 셩 친히 보아야 비로소 믿을 수 있다 | 亲眼 qīnyǎn 뷔 제 눈으로, 직접 | 相悖 xiāngbèi 동 서로 어긋나다, 위배되다 | 错觉 cuòjué 몡 착각 | ★ 欺骗 qīpiàn 동 기만하다, 속이다

03

p. 227

周文王姬昌有一次出外＿＿＿，在渭水南＿＿＿遇到了一个正在钓鱼的老人，那老人＿＿＿地阐述了治国安邦的见解，周文王认为这是一个奇才，就封他为太师。这个老人就是带有传奇＿＿＿的姜子牙。他后来辅佐周武王姬发灭商，建立了周朝。

주 문왕 희창(주 문왕 이름)이 한 번은 외출하여 사냥을 하다가, 위수 남쪽 기슭에서 낚시를 하고 있는 노인을 만났는데, 그 노인은 쉴 새 없이 나라를 잘 다스려 안정시키는 것에 관한 견해를 논술했고, 주 문왕은 이 사람이 뛰어난 능력을 가진 인재라고 여겨 태사로 봉했다. 이 노인은 바로 전기적인 색채를 가진 강자아이다. 그는 후에 주 문왕 희발(주 문왕 둘째아들)을 보좌하여 상나라를 명망시키고 주나라를 세웠다.

A 打猎	岸	滔滔不绝	色彩
B 捕猎	边	络绎不绝	特色
C 游玩	旁	津津有味	特点
D 视察	后	井井有条	特征

A 사냥하다 / 기슭 / 끊임없이 계속되다 / 색채

B 포획하다 / 가장자리 / 왕래가 빈번하다 / 특색

C 놀다 / 옆 / 흥미진진하다 / 특성

D 시찰하다 / 뒤 / 질서정연하다 / 특징

해설 ▶ 1번 빈칸

A 打猎 dǎliè : 동 사냥하다　　　　　B 捕猎 bǔliè : 동 (야생 동물을) 포획하다, 잡다

C 游玩 yóuwán : 동 놀다, 유람하며 즐기다　　D 视察 shìchá : 동 ① 시찰하다 ② 관찰하다

→ 동사를 찾는 문제로 아직은 명확한 답을 찾기 어렵다. 뒤의 내용을 좀 더 살펴보아야 한다.

▶ 2번 빈칸

A 岸 àn : 몡 물가, 해안, 기슭

→ '南'과 함께 쓸 수 있는 단어는 A(南岸)와 B(南边) 밖에 없다. 따라서 C와 D는 절대 답이 아니다.

▶ 3번 빈칸

A 滔滔不绝 tāotāo bùjué : 셩 끊임없이 계속되다, 말이 끝이 없다, 쉴 새 없이 말하다

B 络绎不绝 luòyì bùjué : 셩 (사람, 수레, 배 등의) 왕래가 빈번해 끊이지 않다

C 津津有味 jīnjīn yǒuwèi : 셩 ① 흥미진진하다 ② 아주 맛있다

D 井井有条 jǐngjǐng yǒutiáo : 셩 조리 정연하다, 질서 정연하다

→ 2번 빈칸에서 C와 D는 이미 소거한 상황에서 동사 '阐述'를 수식하기에 적합한 성어는 A이다.

단어 ★ 阐述 chǎnshù 동 (상세히) 논술하다, (명백하게) 논술하다 | 治国安邦 zhìguó ānbāng 나라를 잘 다스려 안정시키다 | ★ 见解 jiànjiě 몡 견해, 소견 | 奇才 qícái 몡 ① 뛰어난 재주 ② 뛰어난 재주를 가진 사람 | 传奇 chuánqí 몡 전기 소설 혭 전기적이다 | 辅佐 fǔzuǒ 동 (정치적으로) 도와주다, 보좌하다

慢餐主义者认为，食物的＿＿只有在细细咀嚼后才能得到充分体现，而快餐使人们的口味＿＿，更使很多具有浓郁地方特色的传统食物逐渐消失。在快＿＿的今天，我们或许应该稍作停顿，慢慢去品味生活中的美味，让那些＿＿消失的传统食物重新回到餐桌上。

슬로우푸드주의자들은 음식의 맛은 오직 세세하게 씹은 후에야 충분히 구체적으로 드러나며, 패스트푸드는 사람들의 입맛을 천편일률적으로 만들었고, 더욱이 많은 짙은 지방적 특색이 있는 전통 음식들이 점차 사라지게 했다고 생각한다. 빠른 리듬의 오늘날, 우리는 아마도 조금 멈추고, 천천히 생활 속의 맛있는 음식을 음미하여, 그러한 사라질 지경에 이른 전통 음식들로 하여금 다시 식탁 위로 돌아오게 해야 할 것이다.

A	风味	层出不穷	步伐	即将
B	滋味	千篇一律	节奏	濒临
C	奥秘	精益求精	模式	面临
D	精华	不相上下	频率	倾向

A 독특한 맛 / 끊임없이 나타나다 / 발걸음 / 머지않아
B 맛 / 천편일률적이다 / 리듬 / ~한 지경에 이르다
C 비밀 / 더 잘하려고 애쓰다 / 패턴 / 직면하다
D 정수 / 막상막하 / 빈도 / 경향이다

해설 ▶ 1번 빈칸

A 风味 fēngwèi : 몡 (음식의) 독특한 맛　　　　B 滋味 zīwèi : 몡 ① 맛 ② 기분, 심정

C 奥秘 àomì : 몡 오묘함, 비밀　　　　D 精华 jīnghuá : 몡 정화, 정수

→ A는 주로 어떤 지역 음식의 독특한 맛을 나타낸다. 이 글에서는 모든 음식의 맛을 나타냄으로 B만 가능하다.

▶ 2번 빈칸

A 层出不穷 céng chū bù qióng : 솅 끊임없이 나타나다

B 千篇一律 qiān piān yí lǜ : 솅 천편일률적이다, 모두 다 같다

C 精益求精 jīng yì qiú jīng : 솅 더 잘하려고 애쓰다

D 不相上下 bù xiāng shàng xià : 솅 막상막하, 우열을 가릴 수 없다

→ 의미상 B만 적합하다.

▶ 3번 빈칸

A 步伐 bùfá : 몡 발걸음, 걸음걸이　　　　B 节奏 jiézòu : 몡 리듬, 박자, 템포

C 模式 móshì : 몡 표준양식, 패턴　　　　D 频率 pínlǜ : 몡 ① 빈도 ② 주파수

→ 생활의 리듬이 빠른 요즘 시대를 나타낼 수 있는 표현은 B밖에 없다.

▶ 4번 빈칸

A 即将 jíjiāng : 뮈 곧, 머지않아

B 濒临 bīnlín : 동 임박하다, ~한 지경에 이르다

C 面临 miànlín : 동 (문제나 상황에) 직면하다

D 倾向 qīngxiàng : 동 ~하는 경향이다, 추세이다('倾向于'로 사용) 몡 경향, 추세

→ 빈칸에는 '消失'를 목적어로 가질 수 있는 동사가 필요한데, 부정적인 상황에 임박했거나 직면했음을 나타내는 B와 C가 가능하다.

단어 ★咀嚼 jǔjué 동 ① (음식물을) 씹다 ② (의미를) 음미하다 | 体现 tǐxiàn 동 구체적으로 드러내다 | 浓郁 nóngyù 혱 ① (향기가) 짙다 ② (색채, 감정, 분위기가) 강하다 ③ (흥미가) 크다 | 或许 huòxǔ 뮈 아마도 | ★停顿 tíngdùn 동 잠시 멈추다, 잠시 쉬다 | 品味 pǐnwèi 동 맛을 보다, 음미하다

05

p. 228

凡事需讲究适可而止、＿＿。这就好比喝茶，茶叶放多了会苦，放少了无味，适量最好。永不满足只会不停地＿＿着人们追求更高的物质享受，而过度地追逐往往会使人＿＿生活的方向。因此，人要学会＿＿。

모든 일은 적당한 정도에서 멈추고, 자신의 능력에 맞게 실행하는 것에 주의해야 한다. 이것은 차를 마시는 것과 같다. 찻잎을 많이 넣으면 쓰고 적게 넣으면 맛이 없어서, 적당량이 가장 좋다. 영원히 만족하지 못하는 것은 단지 끊임없이 사람을 유혹해서 더 높은 물질적 향락을 추구하게 하며, 과도하게 추구는 사람이 생활의 방향을 잃게 만든다. 따라서, 사람은 분수를 지키어 만족하는 것을 배워야 한다.

A 恰到好处	支援	抛弃	反思
B 量力而行	诱惑	迷失	知足
C 力所能及	逼迫	更正	约束
D 循序渐进	引导	失去	将就

A 꼭 알맞다 / 지원하다 / 버리고 돌보지 않다 / 반성하다
B 자신의 능력에 따라 실행하다 / 유혹하다 / (길, 방향을) 잃다 / 분수를 지키어 만족하다
C 스스로 할 만한 능력이 있다 / 핍박하다 / 잘못을 고치다 / 제약하다
D 점차적으로 심화시키다 / 인도하다 / 잃다 / 아쉬운 대로 참고 견디다

해설 ▶ 1번 빈칸
　A 恰到好处 qià dào hǎo chù : 성 꼭 알맞다
　B 量力而行 liàng lì ér xíng : 성 자신의 능력에 따라 실행하여야 한다
　C 力所能及 lì suǒ néng jí : 성 스스로 할 만한 능력이 있다
　D 循序渐进 xún xù jiàn jìn : 성 점차적으로 심화시키다
　→ 의미상 A와 B가 적합하다.

▶ 2번 빈칸
　A 支援 zhīyuán : 동 지원하다 명 지원　B 诱惑 yòuhuò : 동 유혹하다
　C 逼迫 bīpò : 동 핍박하다　D 引导 yǐndǎo : 동 인도하다, 이끌다
　→ 빈칸 뒤가 사람들을 부정적인 행동을 하게 만든다는 내용이므로 B만 적합하다.

▶ 3번 빈칸
　A 抛弃 pāoqì : 동 버리고 돌보지 않다, (권리를) 포기하다
　B 迷失 míshī : 동 (길, 방향 등을) 잃다
　C 更正 gēngzhèng : 동 잘못을 고치다, 정정하다
　D 失去 shīqù : 동 잃다, 잃어버리다
　→ 빈칸에는 '方向'을 목적어로 가질 수 있는 동사가 필요하다. B가 가능하고, '추상적인 것을 잃다'라는 뜻의 D도 가능하다.

▶ 4번 빈칸
　A 反思 fǎnsī : 동 돌이켜 사색하다, 반성하다 명 반성
　B 知足 zhīzú : 동 분수를 지키어 만족할 줄 알다
　C 约束 yuēshù : 동 제약하다, 구속하다
　D 将就 jiāngjiu : 동 우선 아쉬운 대로 참고 견디다
　→ 전체적인 내용상 B와 D가 적합하다.

단어 **讲究** jiǎngjiū 동 중히 여기다, 주의하다, 신경을 쓰다 | **适可而止** shì kě ér zhǐ 성 적당한 정도에서 그치다 | **享受** xiǎngshòu 동 향수하다, 누리다, 즐기다 명 향수, 향락, 즐김 | ★**过度** guòdù 형 지나치다, 과도하다 | **追逐** zhuīzhú 동 ① (추)구하다 ② 쫓다

01

p. 235

　　九寨沟＿＿＿四川省南坪县中南部，素有"人间仙境、童话世界"的美誉。它＿＿＿翠海瀑布、彩林、云峰等奇观闻名于世，在九寨沟原始森林中＿＿＿栖息着大熊猫、小熊猫、金丝猴等珍贵动物，1992年＿＿＿列入世界自然遗产名录。

구채구는 사천성 남평현 중남부에 <u>위치해 있고</u>, 예로부터 '인간 세상의 선경이고, 동화 세계'라는 명성을 갖고 있다. 구채구는 취해폭포, 재림, 운봉 등 기이한 풍경으로 세계적으로 유명하고, 구채구 원시삼림에는 <u>또한</u> 판다, 새끼 판다, 황금원숭이 등 진귀한 동물들이 서식하고 있어 1992년에는 세계자연유산 명단에 포함<u>됐다</u>.

A	处于	由	更	令
B	介于	为	也	叫
C	位于	以	还	被
D	坐落	对	且	把

A ～에 처하다 / 원인 / 더욱 / ～하게 하다
B ～에 끼다 / ～때문에 / ～도 / ～하게 하다
C ～에 위치하다 / ～에 의해 / 또한 / ～하게 하다
D 자리잡다 / ～에 대해 / 게다가 / ～를

해설 ▶ 1번 빈칸

A 处于 chǔyú : 통 (어떤 지위, 상황, 상태, 환경, 단계, 시간에) 있다, 처하다
B 介于 jièyú : 통 ～에 끼다, ～의 사이에 있다
C 位于 wèiyú : 통 ～에 위치하다
D 坐落 zuòluò : 통 ～곳에 위치하다, 자리잡다
→ 목적어가 '中南部'인 것으로 보아 C와 D가 적합하다. 하지만 D는 반드시 '坐落在 + 장소' 형식으로 사용해야 하므로 C가 정답이다.

▶ 2번 빈칸
→ '～으로 유명하다'라는 표현은 '以…闻名'의 형식으로 사용한다. 따라서 C가 정답이다.

▶ 4번 빈칸
→ 구채구가 주어라는 것을 생각하면 명단에 넣은 것이 아니라 넣어진 것이므로 피동의 전치사 '被, 给, 让, 叫'를 사용해야 한다.

단어 ★童话 tónghuà 명 동화 | ★人间 rénjiān 명 인간 사회, 세상 | 仙境 xiānjìng 명 선경, 경치가 아름다운 곳 | 美誉 měiyù 명 명성, 명예 | ★瀑布 pùbù 명 폭포 | 奇观 qíguān 명 기이한 풍경, 기관 | 栖息 qīxī 통 서식하다 | 熊猫 xióngmāo 명 판다 | 金丝猴 jīnsīhóu 명 황금원숭이, 들창코원숭이 | 列入 lièrù 통 넣다, 집어넣다 | 名录 mínglù 명 명부, 명단

02

p. 235

　　我们看到星星闪烁不定，这不是因为星星本身的光度出现变化，＿＿＿与大气的遮挡有关。大气隔在我们＿＿＿星星之间，当星光通过大气层时，会受到大气的＿＿＿和厚薄影响。大气不是＿＿＿的透明，它的透明度会根据密度的不同＿＿＿产生变化。

우리가 보는 별들이 반짝거리는 것은 별 자체의 광도의 출현의 변화 때문이 아니라, 대기의 차단과 관계가 있는 <u>것이다</u>. 대기는 우리와 별 사이에서 별빛이 대기층을 통과할 때 대기의 <u>밀도</u>와 두께의 영향을 받는다. 대기는 <u>절대적으로</u> 투명한 것이 아니다. 그것의 투명도는 밀도의 차이에 <u>따라서</u> 변화가 생긴다.

A	而是	与	密度	绝对	而
B	就是	跟	浓度	相对	又
C	也是	同	厚度	特别	再
D	不是	和	重度	尤其	但

A ～이다 / ～와 / 밀도 / 절대적이다 / 그리고
B ～이다 / ～와 / 농도 / 상대적이다 / 또한
C ～도 역시 / ～와 같이 / 두께 / 특별하다 / 다시
D 아니다 / ～와 / 무게 / 더욱이 / 그러나

해설 ▶ 1번 빈칸

→ 앞의 '不是'와 함께 쓰이는 표현은 '不是ⓐ就是ⓑ(ⓐ아니면 ⓑ)'이거나 '不是ⓐ而是ⓑ(ⓐ아니고 ⓑ)'이다. 따라서 A와 B가 답이 될 가능성이 있다.

▶2번 빈칸

→ 모두 '~와'라는 같은 뜻이다

▶3번 빈칸

A 密度 mìdù : 몡 밀도, 비중

B 浓度 nóngdù : 몡 농도

C 厚度 hòudù : 몡 두께

→ 공기는 당연히 '밀도'이다. 더군다나 5번 빈칸 바로 앞에 '密度'가 나와 있으므로 답은 A이다.

▶4번 빈칸

A 绝对 juéduì : 혱 절대적이다 톞 완전히, 절대로, 반드시

B 相对 xiāngduì : 혱 상대적이다 톞 상대적으로, 비교적

C 特别 tèbié : 혱 특별하다 톞 특히, 더군다나

D 尤其 yóuqí : 톞 더욱이, 특히

→ 목적어 '透明'을 수식해야 하므로 부사인 D는 적합하지 않다. 뒤의 내용으로 볼 때 A가 가장 적합하다.

▶5번 빈칸

→ '而'은 뜻이 서로 이어지는 성분을 연결해서 순접을 나타낼 수 있다.

단어 闪烁不定 shǎnshuòbúdìng 깜빡거리다 | ★ 本身 běnshēn 몡 그 자신, 그 자체 | ★ 遮挡 zhēdǎng 동 막다, 차단하다, 가리다 몡 차단물, 은폐물 | 隔 gé 동 ① 차단하다, 가로막다 ② (공간적, 시간적으로) 떨어져 있다 | 厚薄 hòubó 몡 두께 | 透明 tòumíng 혱 투명하다

---

03 p. 235

遵义＿＿＿贵州省境内，北倚重庆，西接四川，＿＿＿是大西南通江达海的重要通道。遵义旅游＿＿＿丰富，拥有世界自然遗产赤水丹霞＿＿＿世界文化遗产古军事城堡海龙屯，是中国为数不多的同时拥有两个世界遗产的城市之一。

遵义는 구이저우성 내에 위치해 있고, 북쪽으로는 충칭에 기대고 남쪽으로는 쓰촨에 접하고 있어, 예로부터 중국 서남부 지역 통장이 바다에 이르는 중요한 통로이다. 遵义는 여행 자원이 풍부하고, 세계 자연유산 赤水丹霞 및 세계 문화유산인 고대 군사 성곽 海龙屯을 보유하고 있어, 중국에서 그 수가 많지 않은 동시에 두 개의 세계 유산을 보유하고 있는 도시 중의 하나이다.

A 附属	一向	风光	况且
B 属于	一度	资产	连同
C 位于	历来	资源	以及
D 分布	始终	物资	另外

A 부속하다 / 줄곧 / 풍경 / 게다가
B 속하다 / 한 차례 / 자산 / ~와 함께
C 위치하다 / 예로부터 / 자원 / 및
D 분포하다 / 한결같이 / 물자 / 그밖에

해설 ▶ 1번 빈칸

A 附属 fùshǔ : 동 부속하다 몡 부속
C 位于 wèiyú : 동 ~에 위치하다

B 属于 shǔyú : 동 ~에 속하다
D 分布 fēnbù : 동 분포하다

→ 빈칸 뒤에 遵义의 위치가 나와 있으므로 C만 가능하다.

▶ 2번 빈칸

A 一向 yíxiàng : 톞 줄곧, 내내
C 历来 lìlái : 톞 예로부터, 여태까지

B 一度 yí dù : 한 차례, 한 번
D 始终 shǐzhōng : 톞 한결같이, 언제나, 늘

→ 과거에서 현재까지의 시간을 나타내는 A와 C가 적합하다.

▶ 3번 빈칸

  A 风光 fēngguāng : 몡 풍경, 경치   B 资产 zīchǎn : 몡 자산, 재산

  C 资源 zīyuán : 몡 (천연)자원   D 物资 wùzī : 몡 물자

  → 빈칸의 단어는 '旅游'의 수식을 받는 주어이며, 서술어 '丰富'와 사용되고 있다. 이 두 가지 의미에 모두 맞는 것은 C밖에 없다.

▶ 4번 빈칸

  A 况且 kuàngqiě : 쩝 하물며, 게다가, 더구나

  B 连同 liántóng : ~와 함께, ~와 같이

  C 以及 yǐjí : 쩝 및, 그리고

  D 另外 lìngwài : 쩝 그밖에

  → 세계 자연유산 赤水丹霞와 세계 문화유산 海龙屯이라는 2개의 명사를 연결할 수 있는 접속사는 C만 가능하다.

단어 境内 jìngnèi 몡 경내, 구역 | 倚 yǐ 동 기대다 | **大西南** dàxīnán 중국의 서남부 지역 | ★城堡 chéngbǎo 몡 성곽, 성루 | 为数不多 wéishù bùduō 그 수가 많지 않다

04

p. 236

白领精英，_____衣领洁白、收入高、福利好，是令人羡慕的职业。_____令人羡慕的白领也有自己的苦恼，有很多白领阶层有_____"白领"发展的趋向，每月刚发完薪水，还完房贷_____信用卡，添置些衣物，和同事朋友潇洒一回，一番冲动之后发现这个月的工资_____"白领"了。

화이트칼라 엘리트들은 <u>일반적으로</u> 옷깃이 새하얗고, 수입이 높고, 복지가 좋아서, 사람들을 부럽게 만드는 직업이다. <u>그러나</u> 사람들을 부럽게 만드는 화이트칼라도 자신의 고민이 있는데, 많은 화이트칼라 계층은 '하얀 옷깃'을 <u>향해</u> 발전하는 경향이 있어서, 매달 막 월급이 나와 주택 구입 융자금 및 신용카드를 다 갚고 옷을 더 사느라 동료나 친구들과 시원스럽게 지르고 나면, 한 번의 충동 후 이번 달의 월급이 <u>또</u> '하얀 옷깃'이 되어버렸다는 것을 발견하게 된다.

A	通常	而且	对	和	再
B	平常	可是	朝	与	还
C	一般	但是	向	及	又
D	常常	不是	往	跟	更

A 일반적이다 / 그리고 / ~에 대해 / ~와 / 재차

B 평범하다 / 그러나 / ~를 향하여 / ~와 / 여전히

C 일반적이다 / 그러나 / ~를 향하여 / ~와 / 또

D 자주 / 아니다 / ~쪽으로 / ~와 / 더욱

해설 ▶ 1번 빈칸

  A 通常 tōngcháng : 몡 평상시, 보통 톙 보통이다, 일반적이다

  B 平常 píngcháng : 몡 평소, 평상시 톙 보통이다, 평범하다, 일반적이다, 수수하다

▶ 2번 빈칸

  → 글의 흐름상 '그러나'가 적합하므로 B와 C가 정답이 될 수 있다.

▶ 3번 빈칸

  → 문장 분석을 해보자.

    白领阶层   有   趋向

      주어   서술어   목적어

  문장의 기본 구조에는 문제가 없다. 빈칸은 목적어 '趋向'을 수식하는 부분에 속해 있으므로 그 부분만 다시 분석해보자.

    (_____"白领")   发展

      전치사구   동사

  빈칸에는 발전의 방향을 나타내는 전치사가 필요하다. '朝、向、往'이 모두 방향을 나타내지만, '往'은 실제 방향만을 나타낼 수 있으므로 답이 될 수 없다.

▶ 4번 빈칸

  → 모두 명사를 연결할 수 있는 접속사이므로 패스!

▶ 5번 빈칸

  → '又、再、还'가 모두 '또, 다시'의 뜻을 나타내지만 이미 일어난 동작이나 변화를 나타낼 때는 '又'를 사용한다. 따라서 C가 정답이다.

140

단어　白领 báilǐng 圀 화이트칼라, 계층 | 精英 jīngyīng 圀 엘리트 | 衣领 yīlǐng 圀 옷깃, 칼리 | 洁白 jiébái 圀 ① 새하얗디 ② 순결하다 | ★福利 fúlì 圀 복리, 복지 | 羡慕 xiànmù 툉 부러워하다, 선망하다 | 苦恼 kǔnǎo 툉 고민하다, 고뇌하다 | ★阶层 jiēcéng 圀 계층, 계급, 부류 | 趋向 qūxiàng 圀 추세, 경향 툉 (어떤 방향으로) 발전하다, 나아가다 | ★薪水 xīnshuǐ 圀 봉급, 급여, 임금 | 房贷 fángdài 圀 주택 구입 융자금 | 添置 tiānzhì 툉 추가 구입하다, 더 사들이다 | 潇洒 xiāosǎ 圀 멋스럽다, 스마트하다, 대범하다, 시원스럽다, 거리낌이 없다 | ★冲动 chōngdòng 圀 충동 툉 격해지다, 흥분하다 | 工资 gōngzī 圀 월급, 임금

05

p. 236

每一个捕捉昆虫的人＿＿知道，＿＿昆虫有保护色，要找到它们＿＿困难。你不妨试着去捉在你脚边的草地＿＿吱吱叫着的绿色蚱蜢——在掩护着它的绿色背景里，你＿＿看不清蚱蜢在哪里。

곤충을 잡는 사람이라면 <u>모두</u> 곤충은 보호색이 있기 <u>때문</u>에 그것들은 찾아내기가 <u>매우</u> 어렵다는 걸 알고 있다. 당신은 당신 발 옆 풀밭 <u>위</u>에 찍찍 소리 내는 녹색 메뚜기를 잡아보려고 시도해보는 것도 괜찮다. 그것을 보호하는 녹색 배경에서, 당신은 <u>그야말로</u> 메뚜기가 어디있는지 정확히 볼 수도 없을 것이다.

A 更	因为	格外	下	尤其
B 还	所以	非常	内	特别
C 也	因此	比较	中	直接
D 都	由于	十分	上	简直

A 더욱 / ~때문에 / 유난히 / 아래 / 더욱이
B 여전히 / 그래서 / 매우 / 안 / 특별히
C ~도 / 그래서 / 비교적 / 중간 / 직접적이다
D 모두 / ~때문에 / 매우 / 위 / 그야말로

해설　▶ 1번 빈칸
→ '每'를 사용했을 때는 부사 '都'와 함께 사용해야 하므로 답은 D이다.

▶ 2번 빈칸
→ 원인을 나타내야 하므로 A와 D가 가능하다.

▶ 3번 빈칸
A　格外 géwài : 閏 각별히, 유난히
→ 모두 형용사 '困难'을 수식할 수 있는 정도부사이므로 패스!

▶ 4번 빈칸
→ 풀밭 '위'가 되어야 하므로 D가 가장 적합하다.

▶ 5번 빈칸
A　尤其 yóuqí : 閏 더욱이, 특히
B　特别 tèbié : 閿 특별하다 閏 특히, 더군다나
C　直接 zhíjiē : 閿 직접적이다
D　简直 jiǎnzhí : 閏 그야말로, 너무나, 전혀, 완전히, 정말로, 참으로(과장의 어기를 내포함)
→ A와 B는 앞에 제시된 범위에서 특히 한 가지를 이끌어낼 때 사용하므로 이 글에는 맞지 않다. C는 동사 '看'을 수식하기에 적합하지 않다. 따라서 답은 D이다.

단어　★捕捉 bǔzhuō 툉 잡다, 붙잡다 | ★昆虫 kūnchóng 圀 곤충 | ★不妨 bùfáng 閏 ~하는 것도 괜찮다, 무방하다 | 草地 cǎodì 圀 초원, 풀밭 | 吱 zhī 圀 끼익, 삐걱, 찍찍 | 蚱蜢 zhàměng 圀 메뚜기 | ★掩护 yǎnhù 툉 ① 몰래 보호하다 ② 엄호하다

01

p. 242

　　雪地对紫外线的反射较强，当＿＿的紫外线射入眼睛后，会发生光化作用，经过6至8小时的＿＿期，眼睛就会出现严重的畏光、流泪、灼烧感等症状，这就是"雪盲症"。因此，在雪地时需要＿＿注意保护眼睛。

　　눈이 쌓인 땅은 자외선에 대한 반사가 비교적 강해서, 강렬한 자외선이 눈에 쏘아 들어온 후 광화학 작용이 발생하게 되고, 6시간에서 8시간의 잠복기를 거치면 눈에 심각한 광선 공포, 눈물, 타들어 가는 느낌 등 증상이 나타나게 되는데, 이것이 '설맹증'이다. 따라서 눈이 쌓인 땅에 있을 때는 눈을 보호하는 것에 특별히 주의할 필요가 있다.

A 强烈	潜伏	格外
B 频繁	免疫	万分
C 浓厚	防御	特意
D 持久	滞留	极其

A 강렬하다 / 잠복하다 / 특별히
B 빈번하다 / 면역 / 매우
C 농후하다 / 방어하다 / 일부러
D 오래 지속되다 / 체류하다 / 매우

해설 ▶ 1번 빈칸

A 强烈 qiángliè : 형 (감정, 빛, 냄새, 색채 등이) 강렬하다

B 频繁 pínfán : 형 잦다, 빈번하다

C 浓厚 nónghòu : 형 ① (색채, 의식, 분위기 등이) 농후하다 ② (흥미, 관심 등이) 크다, 강하다

D 持久 chíjiǔ : 통 오래 지속되다

→ 빈칸은 '紫外线'을 수식하는 표현으로 빛을 묘사할 수 있는 A만 가능하다.

▶ 2번 빈칸

A 潜伏 qiánfú : 통 잠복하다　　　　B 免疫 miǎnyì : 명 면역

C 防御 fángyù : 통 방어하다 명 방어　　D 滞留 zhìliú : 통 체류하다

→ 일단 빈칸 뒤의 '期'와 함께 사용가능 한 표현은 A와 D 밖에 없다. 하지만 D를 사용한 '滞留期'는 주로 사람이 어떤 지역이나 장소에 머무르는 기간을 나타냄으로 A만 가능하다.

▶ 3번 빈칸

A 格外 géwài : 부 특별히, 유달리　　　B 万分 wànfēn : 부 대단히, 매우

C 特意 tèyì : 부 일부러　　　　　　　D 极其 jíqí : 부 지극히, 매우

→ 빈칸은 동사 '注意'를 수식하는 부사로, C는 의미상 맞지 않다.

단어 紫外线 zǐwàixiàn 명 자외선 | ★反射 fǎnshè 통 반사하다 명 반사 | 畏光 wèiguāng 광선 공포 | 灼烧 zhuó shāo 타들어 가다 | ★症状 zhèngzhuàng 명 증상, 증세

02

p. 242

　　不把自己的幸福＿＿在别人的痛苦上；爱祖国、爱人民、爱真理、爱正义；＿＿多数人牺牲自己；人不是单＿＿吃米活着；人活着也不是为了个人的享受。我在作品中＿＿的就是这样的思想。

　　자신의 행복을 다른 사람의 고통 위에 세우지 않는다. 조국을 사랑하고, 인민을 사랑하고, 진리를 사랑하고, 정의를 사랑한다. 대다수의 사람들을 위해 자신을 희생한다. 사람은 단지 쌀을 먹는 것에 의지해서 살아가는 것이 아니다. 사람이 사는 것은 또한 개인적인 향유를 위해서가 아니다. 내가 작품에서 논술한 것은 바로 이러한 사상이다.

A	建筑	给	凭	记叙		
B	建立	为	靠	阐述		
C	建设	向	借	描述		
D	建造	朝	由	叙述		

A 건축하다 / ~에게 / ~에 의거하여 / 기술하다
B 창설하다 / ~를 위해 / ~에 의지해서 / 상세히 논술하다
C 창립하다 / ~를 향해서 / 빌리다 / 묘사하다
D 건축하다 / ~를 향해서 / 원인 / 서술하다

해설 ▶ 1번 빈칸

A　建筑 jiànzhù : 몡 건축물 툉 건축하다, 세우다
B　建立 jiànlì : 툉 ① 창설하다, 건립하다, 세우다 ② (추상적인 것을) 맺다, 세우다, 이루다, 형성하다
　　　　　　　　　예 建立 + 关系/感情/信心/友谊
C　建设 jiànshè : 툉 (새로운 사업을) 창립하다, 세우다 예 建设 + 国家/文明
D　建造 jiànzào : 툉 (건물이나 교량을) 건조하다, 건축하다, 세우다, 짓다
→ 빈칸에 들어갈 동사의 목적어는 '把'를 사용해서 앞에 있으므로 '幸福'를 목적어로 가질 수 있는 동사를 찾아야 한다. 따라서 답은 B이다.

▶ 2번 빈칸
→ '~을 위해 희생하다'라는 의미 구조가 되어야 하므로 B가 답이다.

▶ 4번 빈칸

A　记述 jìshù : 툉 기술하다
B　阐述 chǎnshù : 툉 상세히 논술하다, 명백하게 논술하다
C　描述 miáoshù : 툉 (언어, 문자로써) 그려내다, 묘사하다
D　叙述 xùshù : 툉 서술하다
→ 글의 내용으로 볼 때 자신의 개인적인 관점을 쓴 것임을 나타내는 동사여야 한다. A는 '记'라는 한자에서 알 수 있듯이 '기록'하는 것에 포인트가 있으므로 글의 내용과 맞지 않다. C 또한 마찬가지로 답이 되기 힘들다. D는 객관적인 사실이나 사건을 그대로 서술하는 것이므로 역시 좋지 않다. B는 개인적인 관점을 논술함을 나타내므로 가장 적합한 표현이다.

단어 ★牺牲 xīshēng 툉 희생하다 | 享受 xiǎngshòu 툉 누리다, 향유하다, 즐기다

03
p. 242

爸爸在孩子成长过程中通常代表的是严肃、谨慎的＿＿＿。千万不要以为孩子的＿＿＿只需要妈妈的关心与爱护，好爸爸扮演的＿＿＿对您的孩子来说也起着至关＿＿＿的作用。

아빠가 아이들이 성장하는 과정에서 통상적으로 대표하는 것은 엄숙하고 신중한 <u>이미지</u>이다. 절대로 아이의 <u>성장</u>에 오직 엄마의 관심과 사랑만 필요하다고 생각하지 마라. 좋은 아빠가 연기하는 <u>배역</u>은 당신의 아이에게 있어서 역시 지극히 <u>중요한</u> 작용을 일으키고 있다.

A 形象	长大	主演	要紧
B 样子	长高	配角	紧要
C 形象	成长	角色	重要
D 模样	成熟	作用	严重

A 이미지 / 자라다 / 주연 / 중요하다
B 모양 / 키가 크다 / 조연 / 중요하다
C 이미지 / 성장하다 / 배역 / 중요하다
D 모양 / 무르익다 / 작용 / 심각하다

해설 ▶ 1번 빈칸

A/C　形象 xíngxiàng : 몡 인상, 이미지, 형상 톙 생동적이다, 생생하다
D　模样 múyàng : 몡 ① 모양, 모습, 형상 ② 상황, 국면, 정세
→ 실제 모양과 모습을 나타내는 것이 아니므로 B와 D는 답이 아니다.

▶ 2번 빈칸

A　长大 zhǎngdà : 툉 (생물체가) 성장하다, 자라다
B　长高 zhǎnggāo : 툉 키가 크다
C　成长 chéngzhǎng : 툉 ① 성장하다, 자라다 ② 발전하다

D 成熟 chéngshú : 휑 ① (열매 등이) 익다, 여물다 ② 완숙되다, 무르익다, 숙련되다

→ 실제로 자라거나 키가 커지는 것을 의미하는 것이 아니므로 A와 B는 답이 아니다.

▶ 3번 빈칸

A 主演 zhǔyǎn : 몡 주연, 주인공

B 配角 pèijué : 통 함께 출연하다, 공연하다 몡 조연, 상대역, 보조역

C 角色 juésè : 몡 배역, 역할

→ '扮演(~역을 맡아 하다)'의 수식을 받는 명사여야 한다. 내용의 흐름상 C가 가상 석합하다.

▶ 4번 빈칸

A 要紧 yàojǐn : 휑 ① 중요하다 ② 심각하다, 심하다   B 紧要 jǐnyào : 휑 긴요하다, 중요하다, 중대하다

C 重要 zhòngyào : 휑 중요하다   D 严重 yánzhòng : 휑 위급하다, 심각하다

→ '至关紧要'와 '至关重要'는 '지극히 중요하다, 대단히 중요하다'라는 관용 표현이다. 따라서 B와 C가 가능하다.

단어 严肃 yánsù 휑 엄숙하다, 근엄하다 | 谨慎 jǐnshèn 휑 신중하다, 조심스럽다 | 爱护 àihù 통 소중히하다, 잘 보살피다, 사랑하고 보호하다 | ★扮演 bànyǎn 통 ~역을 맡다, 출연하다

---

p. 243

古籍保护主要有两种方式，一是原生态保护，指在不＿＿＿原件载体的情况下，对古籍进行＿＿＿、加固以及改善藏书环境；二是再生性保护，指通过技术、数字化＿＿＿将古籍内容复制或转移到其他载体上，以＿＿＿对古籍进行长期保护与有效利用的目的。

고서의 보호는 두 가지 방식이 있는데, 첫 번째는 최초의 상태 보호로, 원본 매개체를 파괴하지 않는 상황 하에 고서에 대해 복원, 보강 및 소장 환경을 개선하는 것을 가리킨다. 두 번째는 재생성 부호인데, 기술, 디지털화된 수단을 통해 고서 내용을 복제하거나 기타 매개체로 이동시킴으로써 고서에 대해 장기적 보호와 효과적인 이용을 하는 목적에 도달하는 것을 가리킨다.

A 更改	改进	形式	力求
B 破坏	修复	手段	达到
C 调动	还原	途径	达成
D 改变	更新	手艺	确保

A 변경하다 / 개선하다 / 형식 / 힘써 노력하다
B 파괴하다 / 복원하다 / 수단 / 도달하다
C 이동하다 / 복원하다 / 경로 / 도달하다
D 바꾸다 / 갱신하다 / 수공 기술 / 확실히 보증하다

해설 ▶ 1번 빈칸

A 更改 gēnggǎi : 통 변경하다, 변동하다

B 破坏 pòhuài : 통 파괴하다, 훼손하다

C 调动 diàodòng : 통 ① (인원을) 옮기다, 이동하다 ② 동원하다, 북돋우다, 불러 일으키다

D 改变 gǎibiàn : 통 바뀌다, 바꾸다

→ 빈칸에는 '原件载体', 즉 고서의 원본을 목적어로 가질 수 있는 동사가 필요하다. 의미상 B와 D가 가능하다.

▶ 2번 빈칸

A 改进 gǎijìn : 통 개진하다, 개선하다   B 修复 xiūfù : 통 (건축물을) 수리하여 복원하다

C 还原 huányuán : 통 원상회복하다, 복원하다   D 更新 gēngxīn : 통 갱신하다, 새롭게 바뀌다

→ A는 '进', 더 발전되고 진보적인 방향으로 개선하는 것을 의미하므로 고서와는 맞지 않다. 글의 흐름상 유사한 뜻을 나타내는 B와 C가 가능하다.

▶ 3번 빈칸

A 形式 xíngshì : 몡 형식   B 手段 shǒuduàn : 몡 수단

C 途径 tújìng : 몡 경로, 루트   D 手艺 shǒuyì : 몡 수공 기술, 솜씨

→ 빈칸 앞의 '数字化'와의 연결성을 고려할 때 D는 절대 답이 될 수 없다.

▶ 4번 빈칸

A 力求 lìqiú : 통 힘써 노력하다, 되도록 힘쓰다   B 达到 dádào : 통 도달하다

C 达成 dáchéng : 통 달성하다, 도달하다   D 确保 quèbǎo : 통 확실히 보증하다

→ 빈칸에는 '目的'를 목적어로 가질 수 있는 동사가 필요하다. D와 D는 모두 '도달하다'라는 의미이나, D의 '达到'는 개별적으로 자신이 원하는 추상적인 것에 도달하는 것을 의미하며, 주로 '目标, 目的, 水平, 标准, 效果'등의 목적어와 함께 사용한다. C의 '达成'은 두 개 이상의 사람이나 단체가 공통된 인식에 도달하는 것을 의미하며, 가장 많이 사용하는 목적어는 '协议(협의)'이다. 따라서 B가 가장 적합하다.

단어 古籍 gǔjí 圐 고서 | 原生态 yuánshēngtài (아무런 가공이나 수식도 거치지 않은) 최초의 상태 | 原件 yuánjiàn 圐 원본 | 载体 zàitǐ 촉매, 매개체, 운반체 | 加固 jiāgù 圐 강화하다, 보강하다 | 数字 shùzì ① 숫자 ② 디지털 | 复制 fùzhì 圐 복제하다 | ★ 转移 zhuǎnyí 圐 옮기다, 이동하다

---

p. 243

《科学进展》最新报告____，2012年至2016年，地球在夜间被人工照亮的室外区域的亮度和面积每年增加大约2%，地球越来越亮了。一位____学家说，人工白昼现象不仅会影响人类的睡眠，还会影响夜行动物、植物及微生物的____或迁徙模式，从而对生物多样性构成____。

《과학진전》의 최신 보고에서는 2012년에서 2016년까지 지구에서 야간에 인공적으로 밝혀진 실외 지역의 광도와 면적이 매년 대략 2% 증가하고 있으며, 지구가 갈수록 밝아진다는 것을 <u>나타내</u> 보였다. 한 <u>생태학자</u>는, 인공적인 대낮 현상은 인류의 수면에 영향을 줄 뿐만 아니라, 야행성 동물, 식물 및 미생물의 <u>번식</u> 혹은 이동 패턴에도 영향을 주어, 생물의 다양성에 <u>위협</u>을 형성한다고 말했다.

A 表明	生物	孕育	恐吓
B 显示	生态	繁殖	威胁
C 证明	地理	生存	戒备
D 表态	昆虫	培植	迫害

A 분명하게 나타내다 / 생물 / 낳아 기르다 / 협박
B 뚜렷하게 나타내다 / 생태 / 번식하다 / 위협
C 증명하다 / 무한하다 / 지리 / 경계
D 태도를 표명하다 / 곤충 / (식물을) 재배하다 / 박해

해설 ▶ 1번 빈칸
A 表明 biǎomíng : 圐 분명하게 나타내다   B 显示 xiǎnshì : 圐 뚜렷하게 나타내 보이다
C 证明 zhèngmíng : 圐 증명하다 증명(서)   D 表态 biǎotài : 圐 태도를 표명하다
→ 조사, 연구, 통계, 결과, 보고(서), 수치 등에서 어떤 사실을 밝혔을 때 '表明'이나 '显示'를 자주 사용한다는 것은 무조건 암기해야 한다. 여기서는 주어가 사람이 되어야 하는 D를 제외한 나머지는 모두 정답이 될 수 있다.

▶ 2번 빈칸
A 生物 shēngwù : 圐 생물   B 生态 shēngtài : 圐 생태
C 地理 dìlǐ : 圐 지리   D 昆虫 kūnchóng : 圐 곤충
→ 이 빈칸은 뒤의 내용과 밀접한 관련성이 있다. 뒤에 인류, 동물, 식물, 미생물 등이 언급되므로 A와 B가 가능하다.

▶ 3번 빈칸
A 孕育 yùnyù : 圐 ① 낳아 기르다 ② 내포하다   B 繁殖 fánzhí : 圐 번식하다 圐 번식
C 生存 shēngcún : 圐 생존하다 圐 생존   D 培植 péizhí : 圐 (식물을) 재배하다, 가꾸다
→ 빈칸 앞에 동물, 식물, 미생물이 언급되고 있으므로 D를 제외한 나머지는 정답이 될 수 있다.

▶ 4번 빈칸
A 恐吓 kǒnghè : 圐 으르다, 협박하다, 공갈하다 圐 으름장, 협박
B 威胁 wēixié : 圐 위협하다 圐 위협
C 戒备 jièbèi : 圐 경계하다 圐 경계
D 迫害 pòhài : 圐 박해하다 圐 박해
→ 물론 내용상으로도 B가 가장 적합하지만 '对…构成威胁(~에 대해 위협을 형성하다)'라는 구조 또한 자주 사용하므로 암기해두도록 한다.

단어 ★ 进展 jìnzhǎn 圐 진전 圐 진전하다 | ★ 人工 réngōng 圐 인공의, 인위적인 | 照亮 zhàoliàng 圐 밝혀주다, 빛을 내다 | ★ 区域 qūyù 구역, 지역 | 亮度 liàngdù 圐 광도 | 白昼 báizhòu 圐 대낮 | ★ 迁徙 qiānxǐ 이주하다, 옮겨가다 | ★ 模式 móshì 圐 패턴, 양식

독해 제2부분 **145**

DAY 17

[01-05]

第二次世界大战期间，一艘日本潜艇在海滩搁浅，(1) _____。这就意味着几分钟后会有轰炸机飞来，潜艇将被炸毁。日本潜艇艇员一时谁也拿不出脱险的办法，一种绝望的气氛笼罩了全艇。

艇长这时也傻了，不知如何是好，但他没有慌乱。(2) _____，但没什么效果。于是他掏出香烟点燃，坐在一边吸了起来。他的这一举动感染了艇员，他们想，艇长现在还抽烟，一定是没什么问题了，于是艇员们镇静了下来。这时，艇长才让大家想脱险的办法。

由于不再慌乱，(3) _____：大家迈着整齐的步伐，一起从左舷跑到右舷，再从右舷跑到左舷，就这样，搁浅的潜艇很快就左右摆动起来，终于在天边出现美国轰炸机时，脱离浅滩，潜进了深海。

潜艇搁浅又被敌机发现，官兵产生恐惧情感，这是一种常态。(4) _____，其精神和身体往往就像能源被冻结一般，只有消除恐惧，(5) _____。而消除恐惧，领导者现身说法的模范作用则是至关重要的。

A 但是人们在恐惧状态下
B 被美国侦察机发现
C 才能找到处理或摆脱可怕情景的力量
D 所以办法很快就想出来了
E 虽然他让艇员们镇静

제2차 세계대전 기간에 한 척의 일본 잠수함이 모래톱에서 좌초되어 (1) B 미국 정찰기에 의해 발견되었다. 이것은 몇 분 후 폭격기가 날아와서 잠수함이 장차 폭발하게 된다는 것을 의미했다. 일본 잠수함의 선원들은 순간적으로 아무도 위험을 벗어날 수 있는 방법을 생각해내지 못했고, 절망적인 분위기가 잠수함 전체를 뒤덮었다.

함장도 이때 멍해져서 어떻게 해야 좋을지 알 수 없었지만 그는 당황하지 않았다. (2) E 비록 그가 선원들에게 진정하라고 했지만, 아무 효과가 없었다. 그래서 그는 담배를 꺼내어 불을 붙이고 한 쪽에 앉아 피기 시작했다. 그의 이 행동은 선원들에게 영향을 주었다. 그들은 함장이 지금도 담배를 피우는 것을 보니 분명 아무 문제 없는 거라고 생각했고, 그래서 선원들은 진정하게 되었다. 이 때서야 함상은 그들로 하여금 위험을 벗어날 방법을 생각하게 했다.

더는 당황하지 않았기 때문에 (3) D 그래서 방법을 금방 생각해내었다. 모두 가지런한 걸음걸이를 내딛으며 함께 좌현에서 우현으로 뛰어가고 또 우현에서 좌현으로 뛰어갔으며, 이렇게 좌초된 잠수함은 금방 좌우로 흔들리더니, 마침내 하늘가에서 미국의 폭격기가 나타났을 때 얕은 물에서 벗어나 깊은 바다로 잠수했다.

잠수함이 좌초되고 또 적기에 발견되면, 장교와 사병들은 두려운 감정이 생기게 되는데 이것은 정상적인 상태이다. (4) A 그러나 사람들은 두려운 상태에서 그들의 정신과 신체가 종종 에너지가 동결된 것과 같아서, 오직 두려움을 없애야만 (5) C 두려운 상황을 처리하고 벗어날 힘을 찾을 수 있다. 두려움을 없애는 데 있어, 지도자의 몸소 도리를 일깨우는 모범적인 작용이 대단히 중요하다.

단어   ★艘 sōu 양 선박을 셀 때 쓰는 단위 | 潜艇 qiántǐng 명 잠수함, 잠수정 | 海滩 hǎitān 명 (해변의) 모래사장, 모래톱 | 搁浅 gēqiǎn 동 배가 암초에 걸리다, 좌초하다 | ★意味着 yìwèizhe 동 의미하다, 뜻하다 | 轰炸机 hōngzhàjī 명 폭격기 | 炸 zhà 동 (폭약으로) 폭파하다, 터뜨리다 | 脱险 tuōxiǎn 동 위험에서 벗어나다 | ★绝望 juéwàng 동 절망하다 | 气氛 qìfēn 명 분위기 | ★笼罩 lǒngzhào 동 덮다, 뒤덮다 | 傻 shǎ 형 ① (머리가) 어리석다, 둔하다, 미련하다 ② 고지식하다, 융통성이 없다 | 慌乱 huāngluàn 형 당황스럽고 혼란하다, 어지럽고 어수선하다 | ★掏 tāo 동 ① 물건을 꺼내다, 끄집어내다 ② 파내다, 후비다 | 点燃 diǎnrán 동 불을 붙이다, 점화하다 | ★举动 jǔdòng 명 거동, 행동 | ★感染 gǎnrǎn 동 ① (병원체가) 감염되다, 옮다 ② 감염시키다, 물들게 하다, 영향을 주다 | ★镇静 zhènjìng 형 (마음, 기분이) 평온하다 동 (마음, 기분을) 가라앉히다, 진정시키다 | ★迈 mài 동 큰 걸음으로 걷다, 성큼성큼 앞으로 나아가다 | 整齐 zhěngqí 형 가지런하다, 질서가 있다, 반듯하다 동 가지런하게 하다, 맞추다 | 步伐 bùfá 명 발걸음, 걸음걸이 | 舷 xián 명 현(배나 비행기의 양쪽 가장자리 부분) | 摆动 bǎidòng 동 (왔다 갔다 하며) 흔들리다, 흔들거리다, 살랑이다 | ★脱离 tuōlí 동 (어떤 환경이나 상황 등에서) 벗어나다, 이탈하다 | 浅滩 qiǎntān 명 여울(물이 비교적 얕은 곳) | 敌机 díjī 명 적기, 적의 비행기 | 官兵 guānbīng 명 ① 장교와 사병 ② 관

군, 관병 | **常态** chángtài 몡 정상적인 상태 | **能源** néngyuán 몡 에너지원 | ★ **冻结** dòngjié 통 동결하다, 얼어붙다, 동결시키다 | ★ **消除** xiāochú 통 (불리한 것을) 없애다, 제거하다, 풀다 | ★ **恐惧** kǒngjù 휑 무섭다, 두렵다, 겁내다 | **现身说法** xiànshēnshuōfǎ 휑 몸소 경험한 것으로써 어떤 도리를 설명하다 | ★ **模范** mófàn 몡 모범 휑 모범적인, 귀감이 될 만한, 본보기가 되는 | **至关重要** zhìguānzhòngyào 대단히 중요하다 | **侦察机** zhēnchájī 몡 정찰기 | ★ **恐惧** kǒngjù 휑 무섭다, 두렵다, 겁내다 | ★ **摆脱** bǎituō 통 (좋지 못한 상황에서) 벗어나다, 빠져 나오다 | **情景** qíngjǐng 몡 (구체적인 장소에서의) 상황, 광경, 정경, 모습

01
p. 250

B 被美国侦察机发现   B 미국 정찰기에 의해 발견되었다

해설 ▶ 빈칸 뒤에 '这就意味着几分钟后会有轰炸机飞来，潜艇将被炸毁(이것은 몇 분 후 폭격기가 날아와서 잠수함이 장차 폭발하게 된다는 것을 의미했다)'라는 말이 있다. (1)번 앞의 '잠수함이 좌초되었다'는 말과 함께 '这'가 나타내는 부정적인 상황을 설명할 수 있는 표현이 필요하다. 따라서 B(被美国侦察机发现)가 가장 적합하다.

02
p. 250

E 虽然他让艇员们镇静   E 비록 그가 선원들에게 진정하라고 했지만

해설 ▶ 빈칸 뒤에 '但'이 있다. 따라서 '虽然'이 있는 E(虽然他让艇员们镇静)가 가장 적합하다.

03
p. 250

D 所以办法很快就想出来了   D 그래서 방법을 금방 생각해내었다

해설 ▶ 빈칸 앞에 원인을 나타내는 접속사 '由于(~로 인해서, ~때문에)'가 있다. 따라서 결과를 나타내는 접속사 '所以'가 있는 D(所以办法很快就想出来了)가 가장 적합하다.

04
p. 250

A 但是人们在恐惧状态下   A 그러나 사람들은 두려운 상태에서

해설 ▶ 빈칸 뒤에 3인칭을 나타내는 대사 '其'가 있다. 즉 누구의 '精神和身体'인지 나타내는 표현이 들어있어야 한다. 여기서 '其'는 '人们'이고, 따라서 A(但是人们在恐惧状态下)가 가장 적합하다.

05
p. 250

C 才能找到处理或摆脱可怕情景的力量   C 두려운 상황을 처리하고 벗어날 힘을 찾을 수 있다

해설 ▶ 빈칸 앞에 유일조건을 나타내는 '只有(오직 ~해야만)'가 있다. 주로 뒤에는 부사 '才'가 필요하다. 따라서 C(才能找到处理或摆脱可怕情景的力量)가 가장 적합하다.

[01-05]

在非洲的乌干达卡津加河岸，生物种群众多，到处是一派生机勃勃的景象。和其他地区一样，在这里生活的野生大象，(1)_____，都达到了|分惊人的地步。为了满足大象自身的食物需求，凡是被象群看中的灌木丛都不可避免地要享受"整容服务"：大象所到之处，不但树叶遭到"洗劫"，树枝被折毁，(2)_____。

然而，大象的破坏举动其实也惠及了当地的许多其他生物。正是由于大象的吞食和破坏，(3)_____，从而能留出相当大的空地来长草。由此一来，河马、水牛等以草为食的动物也得以在这里生存和繁衍。

除此之外，对于树木本身，大象的破坏行为也不无益处。不少树木的种子种皮坚厚，必须经过大象的消化道后才能生根发芽，(4)_____。特别是金合欢树，营养丰富的金合欢树种荚是大象的最爱，而钻入种荚中的一种小甲虫却对种子构成了致命的威胁。好在大象的消化液就是极好的杀虫剂，可以杀死这些可恶难缠的小甲虫。因此，被吞食的金合欢树种子不仅能因此远离虫害，(5)_____，开辟出新的生存空间。

A 树木才不至于长得过于茂密
B 无论是摄食量还是破坏力
C 而且有些树木还可能会被连根拔起
D 一头移动的大象简直就是一台天然的播种机
E 还能被带到几公里之外的地带

아프리카의 우간다 卡津加 강가에는 생물 군체가 매우 많아서, 모든 곳이 생명력이 왕성한 모습을 보인다. 다른 지역과 마찬가지로, 이곳에서 생활하는 야생 코끼리는 (1) B 섭취량이든 파괴력이든 관계없이 모두 매우 놀라운 정도에 도달했다. 코끼리 자신의 음식 수요를 만족시키기 위해 코끼리에 의해 마음에 들게 된 관목 숲은 피할 수 없이 '성형 서비스'를 누리게 되는데, 코끼리가 도달하는 곳이면 '씻은 듯 털어감'을 당하게 되고 나뭇가지는 부러져 망가뜨려지며, (2) C 게다가 일부 나무는 뿌리까지 뽑히기도 한다.

그러나 코끼리의 파괴적 행동은 사실 현지의 많은 기타 생물에게 좋은 영향도 끼쳤다. 바로 코끼리의 식성과 파괴 때문에, (3) A 나무가 지나칠 정도로 무성하게 자라지 않아, 상당히 넓은 빈 땅이 남겨져 풀이 자랄 수 있다. 이리하여 하마와 물소 등 풀이 주식인 동물도 이곳에서 생존하고 번식할 수 있다.

이를 제외하고 나무 자체에 있어서, 코끼리의 파괴 행위는 또한 유익한 점이 없지 않다. 직지 잃은 나무의 씨앗은 씨껍질이 단단하고 두꺼워서, 반드시 코끼리의 소화기관을 거친 후에서야 뿌리가 나고 싹이 틀 수 있기 때문에, (4) D 한 마리의 이동하는 코끼리는 그야말로 한 대의 천연 파종기이다. 특히 아카시아 나무의 경우, 영양이 풍부한 아카시아 씨앗 협과는 코끼리가 가장 좋아하는 것인데, 씨앗 협과를 뚫고 들어가는 것 중 하나인 소갑충은 씨앗에 치명적인 위협을 준다. 다행히 코끼리의 소화액은 아주 좋은 살충제라서, 이러한 얄밉고 성가신 소갑충을 죽일 수 있다. 따라서 삼켜진 아카시아 나무 씨앗은 병충해를 멀리할 수 있을 뿐만 아니라, (5) E 몇 킬로미터 밖의 지역으로 이동되어, 새로운 생존 공간을 개척해낸다.

단어   乌干达 Wūgāndá 고유 우간다 | ★ 生物 shēngwù 명 생물 | 种群 zhǒngqún 명 군체 | 众多 zhòngduō 형 매우 많다 | 生机勃勃 shēng jī bó bó 성 생기가 넘쳐 흐르다, 생명력이 왕성하다 | 景象 jǐngxiàng 명 상황, 광경, 경관, 모습 | ★ 地步 dìbù 명 지경, 상태, 정도 | ★ 需求 xūqiú 명 수요, 필요 | ★ 凡是 fánshì 부 무릇 | 看中 kànzhòng 동 보고 마음에 들다 | 灌木丛 guànmùcóng 관목숲 | 享受 xiǎngshòu 동 향수하다, 누리다, 즐기다 | 整容 zhěngróng 동 성형하다 | 遭到 zāodào 동 (불행한 일을) 만나다, 당하다, 입다 | 洗劫 xǐjié 동 씻은듯 긁어가다 | 树枝 shùzhī 명 나뭇가지 | ★ 折 zhé 동 꺾다, 부러뜨리다 | 毁 huǐ 동 파괴하다, 망가뜨리다 | ★ 举动 jǔdòng 명 거동, 행동, 행위 | 惠及 huìjí 은혜가 미치다 | 吞食 tūnshí 동 삼키다, 통째로 먹다 | 河马 hémǎ 명 하마 | 得以 déyǐ ~할 수 있다 | ★ 生存 shēngcún 명 생존 동 생존하다 | 繁衍 fányǎn 번식하다, 많이 퍼지다 | ★ 本身 běnshēn 그 자신, 그 자체 | 益处 yìchu 유익한점, 좋은점 | ★ 种子 zhǒngzi 명 씨, 씨앗 | 坚厚 jiānhòu 단단하고 두껍다 | 生根 shēnggēn 뿌리가 돋아나다 | 发芽 fāyá 발아하다, 싹이트다 | 荚 jiá 명 협과 | 钻 zuān 동 뚫다, 뚫고 들어가다 | 甲虫 jiǎchóng 갑충 | 威胁 wēixié 명 위협, 협박 동 위협하다, 협박하다 | 好在 hǎozài 부 다행히도, 운좋게 | 杀虫剂 shāchóngjì 살충제 | ★ 可恶 kěwù 얄밉다, 가증스럽다, 괘씸하다 | 难缠 nánchán 형 성가시다, 귀찮다 | 远离 yuǎnlí 멀리하다 | ★ 开辟 kāipì 동 (길을) 열다, 개척하다 | 不至于 búzhìyú ~에 이르지 못하다, ~까지는 안 된다 | ★ 过于 guòyú 부 지나치게, 너무 | 茂密 màomì 형 (초목이) 무성하다, 우거지다 | 摄食 shèshí (동물이) 음식물을 섭취하다 | 拔 bá 동 뽑다, 빼다 | 简直 jiǎnzhí 부 그야말로, 정말 | ★ 播种 bōzhǒng 동 파종하다, 씨를 뿌리다 | 地带 dìdài 명 지대, 지역

148

p. 251

01

B 无论是摄食量还是破坏力

B 섭취량이든 파괴력이든 관계없이

해설 ▶ 빈칸 앞에 '야생 코끼리'가 주어로 제시되어 있고, 빈칸 뒤에는 부사 '都'가 있다. 접속사 '无论(~에 관계없이)'는 주로 부사 '都'나 '也'와 함께 쓰여 어떠한 조건에서도 항상 그러함을 나타낸다. 따라서 B(无论是摄食量还是破坏力)가 가장 적합하다.

02

C 而且有些树木还可能会被连根拔起

C 게다가 일부 나무는 뿌리까지 뽑히기도 한다

해설 ▶ 빈칸 앞에 점층의 접속사 '不但(~뿐만 아니라)'이 있다. 점층의 접속사는 접속사 '而且'나 부사 '也, 还'와 함께 쓰인다. 빈칸 앞에 나무가 파괴당하는 부정적인 내용이 있으므로 역시 부정적인 내용을 추가하는 C(而且有些树木还可能会被连根拔起)가 가장 적합하다.

03

A 树木才不至于长得过于茂密

A 나무가 지나칠 정도로 무성하게 자라지 않아,

해설 ▶ 빈칸 앞은 '由于'를 사용하여 원인을 설명하고 있고, 빈칸 뒤에는 '从而'을 사용하여 결과를 설명하고 있으므로, 원인이 추가되거나 또 하나의 결과가 제시되어야 한다. '从而' 뒤의 내용이 코끼리의 식성과 파괴 때문에 생기는 좋은 결과를 말하고 있으므로 그 배경을 설명하는 A(树木才不至于长得过于茂密)가 가장 적합하다.

04

D 一头移动的大象简直就是一台天然的播种机

D 한 마리의 이동하는 코끼리는 그야말로 한 대의 천연 파종기이다

해설 ▶ 빈칸 앞에 나무의 씨앗이 코끼리를 통해야만 뿌리가 나고 싹이 틀 수 있다는 내용이 있으므로, 코끼리의 역할을 다시 설명하고 있는 D(一头移动的大象简直就是一台天然的播种机)가 가장 적합하다.

05

E 还能被带到几公里之外的地带

E 몇 킬로미터 밖의 지역으로 이동되어

해설 ▶ 빈칸 앞에 점층의 접속사 '不仅(~뿐만 아니라)'이 있다. 점층의 접속사는 접속사 '而且'나 부사 '也, 还'와 함께 쓰인다. 빈칸 앞에 나무가 병충해를 멀리할 수 있다는 긍정적인 내용이 있으므로 역시 긍정적인 내용을 추가하는 E(还能被带到几公里之外的地带)가 가장 적합하다.

✓ 정답

| 1. C | 2. A | 3. B | 4. E | 5. D |

[01-05]

罗马尼亚杂技演员奥里尔在一次空中飞人表演中，被一位妇女的狂笑声杀死。

这位名叫玛莉安的妇女是奥里尔的妻子，(1) _____。一天，奥里尔表演蒙面空中飞人，(2) _____，在空中旋转180度，再去抓另一只秋千架时，全场屏息静气，异常紧张。坐在观众席上的玛莉安即突然发出一阵狂笑，奥里尔被笑声惊得失常，从高空摔下毙命，(3) _____。

这位罗马尼亚妇女运用心理学的知识谋害了她的丈夫。像表演空中飞人这样的工作，对注意力的要求是很高的，是不能随便分心和转移的，(4) _____，后果就将不堪设想。心理学上，人们把这种心理活动对一定对象的指向和集中的现象，叫做"注意"。人们自觉地把自己的注意从一个对象调到另一个对象上去，叫做"注意力转移"。客观环境是千变万化的，要想使自己的活动得以成功，(5) _____。

A 正当他从一个秋千架上脱手飞出
B 警察逮捕了她，并控之以谋杀罪
C 丈夫一贯在外拈花惹草使她又妒又恨
D 注意力必须与之相适应
E 如果注意力不集中，注意力转移失当

루마니아의 서커스 연기자인 오리어는 한 공중그네 곡예 공연에서 한 여성의 미친듯한 웃음소리에 살해당했다.

이 마리안이라는 이름의 여성은 오리어의 아내였다. (1) C 남편이 한결같이 밖에서 여색을 밝히는 것이 그녀를 질투하고 증오하게 만들었다. 하루는 오리어가 복면을 하고 공중 곡예를 하는데, (2) A 막 그가 한 쪽 그네에서 손을 놓고 날아서, 공중에서 180도 돌아 다시 다른 한 쪽의 그네를 잡으려고 할 때, 장내 전체는 숨을 죽이고 조용하며 매우 긴장했는데, 관중석에 앉아 있던 마리안이 갑자기 미친듯한 웃음소리를 내었다. 오리어는 웃음소리에 놀라 정상적인 상태를 잃고 고공에서 떨어져 목숨을 잃었다. (3) B 경찰은 그녀를 체포하고, 살인죄로 고소했다.

이 루마니아 여성은 심리학의 지식을 활용해서 그녀의 남편을 모함했다. 공중그네 곡예 공연과 같은 일은 주의력에 대한 요구가 매우 높고, 함부로 주의력을 분산하거나 옮겨서는 안 되며, (4) E 만약 주의를 집중하지 않고, 주의 전이가 적절하지 않으면, 결과는 상상조차 할 수 없다. 심리학 상에서 사람들의 심리활동이 일정한 대상에 향하고 집중되는 현상을 '주의'라고 부른다. 사람들이 자각적으로 자신의 주의력을 한 대상에서 다른 대상으로 옮겨가는 것을 '주의전이'라고 부른다. 객관적인 환경은 변화가 다양하며, 자신의 활동이 성공할 수 있도록 하고 싶다면, (5) D 주의력이 반드시 그것과 서로 맞아야 한다.

단어 罗马尼亚 Luómǎníyà 명 루마니아 | ★杂技 zájì 명 서커스, 곡예 | 空中飞人 kōngzhōng fēirén 명 공중그네 곡예 | 狂笑 kuángxiào 동 미친 듯이 웃다 | 蒙面 méngmiàn 명 복면, 복면하다 | ★旋转 xuánzhuǎn 동 원을 그리며 돌다, 빙빙 돌다, 선회하다 | 秋千 qiūqiān 명 그네 | 屏息 bǐngxī 동 숨을 죽이다 | ★异常 yìcháng 형 이상하다, 보통이 아니다 부 매우, 대단히 | 失常 shīcháng 동 정상적인 상태를 잃다, 비정상적이다 | 摔 shuāi 동 ① (힘껏 땅에) 내던지다 ② 떨어뜨려 부수다 ③ (몸의 균형을 잃어) 넘어지다 ④ (빠른 속도로 떨어지다) | 毙命 bìmìng 동 죽다, 목숨을 잃다 | 运用 yùnyòng 동 활용하다, 운용하다, 응용하다 | 谋害 móuhài 동 모해하다, 해치기를 꾀하다 | 分心 fēnxīn 동 주의력을 분산시키다, 한눈을 팔다 | ★转移 zhuǎnyí 동 (위치를) 옮기다, 바꾸다, 전이하다 | 不堪设想 bùkān shèxiǎng 성 (어떤 일이 매우 나쁘거나 위험하게 진행될 것 같아) 결과를 상상조차 할 수 없다 | 指向 zhǐxiàng 동 가리키다, 지향하다, 향하다 | 自觉 zìjué 동 자각하다, 스스로 느끼다 형 자각적이다 | 调 diào 동 옮기다, 이동하다 | 千变万化 qiānbiàn wànhuà 성 끊임없이 변화하다 | 得以 déyǐ 조동 ~할 수 있다 | 脱手 tuōshǒu 동 손에서 벗어나다, 손을 떠나다 | ★逮捕 dàibǔ 동 (사법기관에서 피의자를) 체포하다 | 控 kòng 동 고발하다, 고소하다 | 谋杀 móushā 동 살인을 기도하다, 살인을 계획하다 | ★一贯 yíguàn 형 일관된, 한결 같은 | 拈花惹草 niānhuā rěcǎo 여색을 밝히다 | 适应 shìyìng 동 적응하다 형 적합하다, 적당하다, 알맞다 | 失当 shīdàng 형 적당하지 않다, 적절하지 않다, 적합하지 않다

p. 257

01

C 丈夫一贯在外拈花惹草使她又妒又恨　　C 남편이 한결같이 밖에서 여색을 밝히는 것이 그녀를 질투하고 증오하게 만들었다

해설 ▶ 빈칸 앞의 내용으로 볼 때, 마리안이 범죄를 저지르게 된 배경을 설명하는 표현이 필요하다. 따라서 마리안을 '她'로 언급하고 있는 C(丈夫一贯在外拈花惹草使她又妒又恨)가 가장 적합하다.

p. 257

02

A 正当他从一个秋千架上脱手飞出　　A 막 그가 한 쪽 그네에서 손을 놓고 날아서

해설 ▶ 빈칸 앞에 내용으로 볼 때, 오리어가 곡예를 하는 모습을 묘사하는 표현이 필요하다. 따라서 오리어를 '他'로 언급하고 있는 A(正当他从一个秋千架上脱手飞出)가 가장 적합하다.

p. 257

03

B 警察逮捕了她，并控之以谋杀罪　　B 경찰은 그녀를 체포하고, 살인죄로 고소했다

해설 ▶ 빈칸 앞에서 남편이 사망한 과정이 설명되었으므로, 빈칸에는 그 결과가 제시되어야 한다. 따라서 마리안을 '她'로 언급하고 있는 B(警察逮捕了她，并控之以谋杀罪)가 가장 적합하다.

p. 257

04

E 如果注意力不集中，注意力转移失当　　E 만약 주의를 집중하지 않고, 주의 전이가 적절하지 않으면

해설 ▶ 빈칸 뒤에 부사 '就'가 있다. 따라서 '如果(만약 ~라면)'가 있는 E(如果注意不集中，注意转移失当)가 가장 적합하다.

p. 257

05

D 注意力必须与之相适应　　D 주의력이 반드시 그것과 서로 맞아야 한다

해설 ▶ 빈칸 앞의 내용이 간단하게 말해서 '성공하고 싶다면'이므로, 빈칸에는 반드시 해야 할 행동이 제시되어야 한다. 따라서 앞에 나온 '自己的活动'을 가리키는 대명사 '之(여기서는 它)'가 있는 D(注意力必须与之相适应)가 가장 적합하다.

[01–05]

科学家认为，从严格意义上来说，地球表面是不会有黄金出现的。(1)_____，毕竟人类目前大约拥有16万吨黄金，如果说这些黄金不是地球馈赠的，那么它们又是从哪里来的呢？

有人推断它们是那些造访地球的天外来客——陨石带来的，而这仅仅是一种猜测。令人兴奋的是，(2)_____，证明了天上掉馅饼是假，但掉金子却是真——我们目前所拥有的黄金，几乎都是天外来客带来的。

科学家分析了格陵兰岛的古老岩石，很快就发现了其中的奥秘。(3)_____，而这正好处在地核形成后和天外陨石大规模"轰炸"地球之前。这样看来，那段时间无疑是地球的"和平时期"，而这段时间的岩石相对来说要"纯洁"很多。

科学家还将格陵兰岛的岩石样本与地球其他地方岩石中的同位素进行了比较分析，结果发现，(4)_____。这种差别表明，地球表面的铁、镍、铂、金等重金属含量是天外陨石大规模地"轰炸"地球之后才多了起来，这也恰恰说明了人类拥有的多数重金属，其实都是天外来客带来的。以地表现存的重金属数量来看，那时"轰炸"地球的陨石质量可能达到了2,000亿亿吨，(5)_____，可能都是天外来客带来的"礼物"。

A 这些古老岩石中的重金属含量比其他岩石低很多
B 但这个说法与现实相矛盾
C 科学家最近还真的找到了相关依据
D 这些格陵兰岛岩石距今已有约40亿年的历史
E 这也就解释了目前人类所发现的这么多黄金

과학자들은 엄격한 의미에서 말하자면 지구 표면은 황금이 나타나지 않을 것이라고 생각한다. (1) B 그러나 이 말은 현실과 서로 모순되는데, 그래도 인류는 지금 대략 10만 톤의 황금을 가지고 있고, 만약 이러한 황금이 지구가 선물한 것이 아니라면, 그러면 그것들은 어디서부터 온 것일까?

어떤 사람은 그것들이 지구를 방문한 외부에서 온 손님, 즉 운석이 가져온 것이라고 추정하지만, 이것은 단지 추측일 뿐이다. 사람을 흥분시키는 것은, (2) C 과학자들이 최근 정말 관련 근거를 찾아냈고, 하늘에서 떡이 떨어진다는 것은 가짜이지만 금이 떨어지는 것은 진짜라는 것을 증명했다. 즉 우리가 현재 가지고 있는 황금은 거의 외부에서 온 손님이 가져온 것이다.

과학자들은 그린란드의 오래된 암석을 분석하여, 그 속의 비밀을 빠르게 발견했다. (3) D 이러한 그린란드 암석은 지금으로부터 이미 약 40억 년의 역사를 갖고 있는데, 이것은 마치 코어가 형성된 후 외부에서 온 운석과 대규모로 지구를 '폭격'하기 전이다. 이렇게 본다면 그 시간은 의심할 바 없이 지구의 '평화로운 시기'였고, 이 시간의 암석은 상대적으로 말해서 훨씬 '순결'했다.

과학자들은 또한 그린란드의 암석 표본을 지구의 기타 지역 암석 속의 동위 원소와 비교 분석 했고, 결과에서 (4) A 이러한 오래된 암석 속의 중금속 함량이 기타 암석보다 훨씬 낮다는 것을 발견했다. 이러한 차이는 지구 표현의 철, 니켈, 백금, 금 등 중금속 함량은 외부에서 온 운석이 대규모로 지구를 '폭격'한 이후 많아지기 시작했다는 것을 분명하게 나타내며, 이것은 또한 바로 인류가 가지고 있는 대다수 중금속이 사실은 모두 외부에서 온 손님이 가져온 것이라는 것을 설명했다. 지구 표면에 현존하는 중금속 수량으로 볼 때, 그때 지구를 '폭격'한 운석의 질량은 아마도 2,000조 톤에 이르렀다. (5) E 이것은 또한 현재 인류가 발견한 이 많은 황금에 대한 설명이 되며, 아마도 모두 외부에서 온 손님의 '선물'일 것이다.

단어 毕竟 bìjìng 뿐 필경, 결국, 그래도, 역시 | ★拥有 yōngyǒu 통 가지다, 소유하다, 보유하다 | 吨 dūn 영 톤 | 馈赠 kuìzèng 통 선물하다, 선사하다 | 推断 tuīduàn 통 추정하다 | 造访 zàofǎng 통 방문하다 | 陨石 yǔnshí 명 운석 | 猜测 cāicè 통 추측, 추측하다 | 馅饼 xiànbǐng 명 떡, 파이 | 格陵兰岛 Gélínglándǎo 명 그린란드 | ★岩石 yánshí 명 암석 | ★奥秘 àomì 명 오묘함, 신비 | 地核 dìhé 명 코어 | 轰炸 hōngzhà 명 폭격, 폭격하다 | 无疑 wúyí 의심할 바 없다, 틀림없다 | ★纯洁 chúnjié 형 순결하다, 티없이깨끗하다 | 样本 yàngběn 명 견본, 표본 | 同位素 tóngwèisù 명 동위원소 | ★差别 chābié 명 차별, 차이, 격차 | 镍 niè 명 니켈 | 铂 bó 명 백금 | 恰恰 qiàqià 뷘 꼭, 바로, 마침 | ★依据 yījù 명 근거, 바탕, 증거 통 의거하다, 근거로 하다 | 距今 jùjīn 통 지금으로부터 (얼마간) 떨어져 있다 | 重金属 zhòngjīnshǔ 명 중금속

B 但这个说法与现实相矛盾　　　　　　　　B 그러나 이 말은 현실과 서로 모순되는데

해설 ▶ 빈칸 앞에는 지구에 황금이 있을 수 없다는 내용이, 빈칸 뒤에는 인류가 많은 황금을 갖고 있다는 내용이 있으므로, 빈칸에는 서로 상반되는 내용을 연결할 수 있는 전환이 필요하다. 따라서 전환의 접속사 '但'이 있는 B(但这个说法与现实相矛盾)가 가장 적합하다.

C 科学家最近还真的找到了相关依据　　　　C 과학자들이 최근 정말 관련 근거를 찾아냈고

해설 ▶ 빈칸 앞에는 사람을 흥분시킨다는 내용이, 빈칸 뒤에는 과학자들이 추측을 증명했다는 내용이 있으므로, 빈칸에는 역시 과학자들이 뒤의 증명을 위해 발견한 것을 설명하는 내용이 필요하다. 따라서 C(科学家最近还真的找到了相关依据)가 가장 적합하다.

D 这些格陵兰岛岩石距今已有约40亿年的历史　D 이러한 그린란드 암석은 지금으로부터 이미 약 40억 년의 역사를 갖고 있는데

해설 ▶ 빈칸 앞에 그린란드 암석의 비밀을 밝혔다는 내용이 있으므로, 빈칸에도 암석과 관련된 내용이 나올 가능성이 크다. 따라서 '这些格陵兰岛岩石'로 앞의 그린란드 암석을 다시 가리키고 있는 D(这些格陵兰岛岩石距今已有约40亿年的历史)가 가장 적합하다.

A 这些古老岩石中的重金属含量比其他岩石　A 이러한 오래된 암석 속의 중금속 함량이 기타 암석보
低很多　　　　　　　　　　　　　　　　다 훨씬 낮다는 것을

해설 ▶ 빈칸 앞에 비교 분석을 했다는 내용이 있으므로, 빈칸에는 비교의 표현의 나올 가능성이 크다. 따라서 A(这些古老岩石中的重金属含量比其他岩石低很多)가 가장 적합하다.

E 这也就解释了目前人类所发现的这么多黄金　E 이것은 또한 현재 인류가 발견한 이 많은 황금에 대한 설명이 되며,

해설 ▶ 빈칸 앞에는 지구에 충돌한 운석의 질량을 알려주는 내용이, 빈칸 뒤에는 이것이 선물이라는 내용이 있으므로, 빈칸에는 이 운석들이 어떤 선물을 주었는지 연결할 수 있는 내용이 필요하다. 따라서 E(这也就解释了目前人类所发现的这么多黄金)가 가장 적합하다.

[01-05]

　　有一所医院，院长花钱很吝啬。一次护士把洗面盆上面的镜子打破了，(1)_____，但是院长没批。

　　这位护士灵机一动，重写了一份报告，把镜子写成了"人体反映器"，(2)_____。

　　美国军方在军人住宿问题上常受到国内女权运动者的批评，说军方重男轻女。于是军方把"单身汉宿舍"一律改成"无人陪伴人员宿舍"。果然，批评声从此没有了。

　　1840年2月，英国维多利亚女王和撒克斯·科巴格·戈萨公爵的儿子阿尔巴特结婚。他俩同年出生，又是表亲。虽然阿尔巴特对政治不感兴趣，但在女王潜移默化的影响下，阿尔巴特也渐渐地关心起国事来，(3)_____。

　　有一天，两人为一件小事吵嘴，阿尔巴特一气之下跑进卧室，紧闭房门。女王理事完毕，(4)_____，怎奈阿尔巴特余怒未消，故意漫不经心地问："谁？"

　　"英国女王。"

　　屋里寂静无声，房门紧闭如故。维多利亚女王耐着性子又敲了敲门。

　　"谁？"

　　"维多利亚！"女王威严地说。

　　房门仍旧未开。维多利亚徘徊半晌，又敲门。

　　"谁？"阿尔巴特又问。

　　"我是您的妻子，阿尔巴特。"女王温柔地答道。

　　门立刻开了，丈夫双手把她拉了进去。这次，女王不仅敲开了门，(5)_____。

A　终于成了女王的得力助手

B　打报告请求换一个

C　院长很快就批准了

D　也敲开了丈夫的心扉

E　很是疲惫，急于进房休息

한 병원이 있었는데, 원장은 돈을 쓰는 데 있어 인색했다. 한 번은 간호사가 세면대 위의 거울이 깨져서, (1) B 보고를 작성해 하나 교환해달라고 부탁했으나, 원장은 결재해주지 않았다.

이 간호사는 영감이 떠올라 보고서를 다시 써서 거울을 '인체감응기'라고 썼고, (2) C 원장은 금방 허락해주었다.

미국 군대는 군인 숙소 문제에 있어 종종 국내 여권 운동가들의 비판을 받았고, 그들은 군대가 남자를 중시하고 여자를 무시한다고 말했다. 그래서 군대는 '독신자 숙소'를 모두 '동반자가 없는 사람 숙소'로 바꿨다. 과연 비판의 소리는 이때부터 사라졌다.

1840년 2월, 영국 빅토리아 여왕은 색스 코버그 고타가 공작의 아들 앨버트와 결혼했다. 그 둘은 같은 해 출생이었고, 사촌 간이었다. 비록 앨버트는 정치에 흥미가 없었지만, 여왕이 은연 중에 끼치는 영향 하에 앨버트도 점점 국사에 관심을 갖기 시작했고, (3) A 마침내 여왕의 능력 있는 조수가 되었다.

하루는 두 사람이 작은 일로 다투고, 앨버트는 홧김에 침실로 뛰어들어가서 방문을 잠갔다. 여왕은 일 처리를 마치고, (4) E 매우 고단해서 얼른 방에 들어가 쉬려고 했으나, 어찌하랴 앨버트는 남은 화가 아직 풀리지 않아 고의로 신경 쓰지 않는다는 듯 물었다. "누군가?"

"영국 여왕입니다."

방은 조용하고 소리가 없었으며, 방문이 여전히 굳게 닫혀 있었다. 빅토리아는 성질을 참으려 또 노크했다.

"누군가?"

"빅토리아예요!" 여왕은 위엄 있게 말했다.

방문은 여전히 열리지 않았다. 빅토리아는 한참을 왔다 갔다 하다가 또 노크를 했다.

"누군가?" 앨버트가 또 물었다.

"전 당신의 아내예요, 앨버트." 여왕은 부드럽게 대답했다.

문이 즉시 열렸고, 남편의 두 손이 그녀를 끌고 들어갔다. 이번에 여왕은 문을 두드려 열었을 뿐만 아니라, (5) D 남편의 마음도 활짝 열었다.

단어　★吝啬 lìnsè 웹 인색하다, 쩨쩨하다 | 面盆 miànpén 몡 세숫대야 | 批 pī 통 (상급자 또는 상급 기관이) 결재하다, 허가하다, 승인하다 | 灵机一动 língjī yídòng 젱 영감이 떠오르다 | 重写 chóngxiě 통 다시 쓰다 | 重男轻女 zhòngnánqīngnǚ 남자를 중시하고 여자를 경시하다, 남존여비 | 单身汉 dānshēnhàn 몡 독신자 | ★一律 yílǜ 웹 (태도나 방식이) 일률적이다 뿐 일률적으로, 전부, 예외 없이 | 陪伴 péibàn

154

동 모시다, 같이 있다, 함께하다, 수행하다, 동반하다 | **维多利亚** Wéiduōlìyà 명 빅토리아 | **公爵** gōngjué 명 공작 | ★ **潜移默化** qiányí mòhuà 성 (사람의 사상이나 성격이 다른 방면의) 감화를 받아 은연중에 변화하다, 모르는 사이에 감화되다 | **吵嘴** chǎozuǐ 동 말다툼하다, 언쟁하다 | **卧室** wòshì 명 침실 | **紧闭** jǐnbì 동 꼭 닫다 | **理事** lǐshì 동 사무를 처리하다 명 이사 | ★ **完毕** wánbì 동 완결하다, 끝나다, 종료하다 | **怎奈** zěnnài 부 어찌하랴 | **余怒** yúnù 명 채 가시지 않은 노기 | **漫不经心** mànbù jīngxīn 성 전혀 아랑곳하지 않다, 조금도 마음에 두지 않다 | ★ **寂静** jìjìng 형 잠잠하다, 고요하다, 적막하다, 조용하다 | **如故** rúgù 동 원래와 같다 | **威严** wēiyán 형 위엄 있는 모양 명 위풍, 위엄, 존엄 | ★ **仍旧** réngjiù 동 예전대로 하다, 예전과 같다 부 여전히, 변함없이 | ★ **徘徊** páihuái 동 ① 이리저리 거닐다, 배회하다 ② 결단을 내리지 못하고 망설이다, 주저하다 | **半晌** bànshǎng 명 한나절, 한참 | **温柔** wēnróu 형 온유하다, 따뜻하고 부드럽다 | **答道** dádào 동 대답하다 | ★ **得力** délì 동 덕을 보다, 힘을 입다 형 ① 유능하다, 재능이 있다 ② 꿋꿋하다, 굳세다 | **请求** qǐngqiú 동 요구하다, 부탁하다, 청구하다 명 요구, 부탁, 청구 | **批准** pīzhǔn 동 승인하다, 허락하다, 동의하다, 비준하다 명 승인, 허락, 동의, 비준 | ★ **敞开** chǎngkāi 동 (활짝) 열다 부 자유롭게, 마음껏, 한껏 | **心扉** xīnfēi 명 내심, 속마음 | ★ **疲惫** píbèi 동 (몸이나 마음이) 고단하다, 피곤하다, 피로하다

01

p. 264

B 打报告请求换一个   B 보고를 작성해 하나 교환해달라고 부탁했으나

해설 ▶ 빈칸 앞에 '거울이 깨졌다'라는 내용이 있다. B(打报告请求换一个)에서 '换'의 목적어가 거울임을 알 수 있다.

02

p. 264

C 院长很快就批准了   C 원장은 금방 허락해주었다

해설 ▶ 첫 번째 이야기는 간호사와 원장의 이야기이다. 빈칸은 첫 번째 이야기의 끝부분이다. 보기 중 이 두 사람이 언급된 보기는 C(院长很快就批准了)밖에 없으므로 가장 적합하다.

03

p. 264

A 终于成了女王的得力助手   A 마침내 여왕의 능력 있는 조수가 되었다

해설 ▶ 빈칸 앞의 내용으로 보아 앨버트의 관련된 내용이 들어가야 한다. 앞뒤 내용으로 보아 A(终于成了女王的得力助手)에서 빠져 있는 주어는 앨버트임을 알 수 있다.

04

p. 264

E 很是疲惫，急于进房休息   E 매우 고단해서 얼른 방에 들어가 쉬려고 했으나

해설 ▶ 빈칸 앞의 내용으로 보아 빅토리아 여왕에 관련된 내용이 들어가야 한다. 앞뒤 내용으로 보아 E(很是疲惫，急于进房休息)에서 빠져 있는 주어가 여왕임을 알 수 있다.

05

p. 264

D 也敲开了丈夫的心扉   D 남편의 마음도 활짝 열었다

해설 ▶ 빈칸 앞에 점층을 나타내는 접속사 '不仅(~일 뿐만 아니라)'이 있다. 이 경우 뒤에는 접속사 '而且'나 부사 '也/还/又/更'이 주로 오게 된다. 따라서 '也'가 포함되어 있는 D(也敲开了丈夫的心扉)가 가장 적합하다.

[01-05]

　　有一个心理学家做了一个很有意思的实验，他要求一群实验者在周日晚上，把未来7天所有烦恼的事情都写下来，(1)＿＿＿＿＿。

　　到了第三周的星期天，他在实验者面前打开这个箱子，(2)＿＿＿＿＿，结果发现其中有九成烦恼并未真正发生。

　　接着，他又要求大家把那剩下的字条重新丢入纸箱中，等过了三周，再来寻找解决之道。结果到了那一天，他开箱后，(3)＿＿＿＿＿。

　　烦恼是自己找来的，这就是所谓的"自找麻烦"。据统计，一般人的忧虑有40%是属于现在，而92%的忧虑从未发生过，(4)＿＿＿＿＿。

　　有一个秘密是医生都知道的，那就是：大多数疾病都可以不治而愈。同样的，大多数的烦恼都会在第二天早晨好很多。克服忧虑的秘诀是养成一种超然的态度，把心头泛滥的愁烦看作流过去的江水，不任凭自己沉溺在里面，常常把心神集中在现实和身边的事物，并且务必养成凡事感恩的习惯。有时我们的心如置身在严冬的黑夜中，(5)＿＿＿＿＿，可以引导我们快速地从忧愁的迷宫中脱身。

A 发现那些烦恼也不再是烦恼了

B 逐一与成员核对每一项"烦恼"

C 要求自己把值得快乐的理由一一写下来

D 剩下的8%则是你能够轻易应付的

E 然后投入一个大型的"烦恼箱"

어떤 심리학자가 재미있는 실험을 했다. 그는 한 무리의 실험 대상자들에게 일요일 저녁에 앞으로 7일 동안의 모든 걱정을 쓴 다음, (1) **E 대형 '걱정 상자'에 넣으라고 요구했다.**

세 번째 주 일요일이 되어, 그는 실험 대상자 앞에서 이 상자를 열고, (2) **B 하나하나 구성원들과 모든 '걱정'을 대조했다.** 결과적으로 그 중 90%의 걱정은 결코 진정으로 발생하지 않았음을 발견했다.

이어서 그는 또 모두에게 그 남은 쪽지를 다시 종이 상자에 넣고, 3주가 지난 뒤 다시 와서 해결방안을 찾으라고 요구했다. 결과적으로 그 날이 되어 그가 상자를 연 후, (3) **A 그런 걱정들이 더 이상은 걱정이 아니라는 것을 발견했다.**

걱정은 스스로 자초하는 것이며, 이것이 소위 '자초한 고민'이다. 통계에 따르면, 일반인의 걱정은 40%가 현재에 속하고, 92%의 걱정은 아직 발생한 적도 없으며, (4) **D 남은 8%는 반면 당신이 쉽게 대처할 수 있다.**

한 가지 비밀은 의사들이 모두 알고 있는 것인데, 그것은 바로 대다수 질병이 치료하지 않고 나을 수 있다는 것이다. 마찬가지로 대다수의 걱정은 다음 날 아침이면 훨씬 좋아진다. 걱정을 극복하는 비결은 초연한 태도를 기르고, 마음속에서 넘쳐나는 걱정을 흘러가는 강물이라고 생각하고, 자신이 그 속에 빠져들게 내버려두지 말고, 종종 심신을 현실과 주변 사물에 집중시키고, 또한 반드시 모든 일에 감사하는 습관을 길러야 한다. 때로 우리의 마음이 추운 겨울의 밤 속에 몸이 있는 것과 같다면, (5) **C 스스로 즐거워할 만한 이유를 하나하나 쓰도록 요구하면,** 우리가 빠르게 걱정이라는 미궁에서 벗어나게끔 이끌어줄 수 있다.

단어　烦恼 fánnǎo 혱 걱정스럽다, 괴롭다, 짜증스럽다, 초조하다, 애타다 | 剩下 shèngxia 툉 남다 | 字条 zìtiáo 몡 쪽지, 메모 | 重新 chóngxīn 뷔 ① 다시, 재차 ② 새로, 새롭게 | 寻找 xúnzhǎo 툉 찾다 | 自找 zìzhǎo 툉 자초하다 | 忧虑 yōulǜ 툉 우려하다, 근심하다, 걱정하다 | ★ 愈 yù 혱 낫다 혱 점점, 더욱더, 한층 더 | 秘诀 mìjué 몡 비결 | 超然 chāorán 초연하다 | 心头 xīntóu 몡 마음, 마음 속 | ★ 泛滥 fànlàn 툉 범람하다, 넘치다 | 愁烦 chóufán 몡 근심하며 고민하다, 걱정하고 번뇌하다 | 任凭 rènpíng 툉 자유에 맡기다, 놔두다, 하고 싶은 대로 하게 하다 젭 ~을 막론하고 | 沉溺 chénnì 툉 (좋지 못한 지경에) 빠지다, 빠져들다, 탐닉하다 | 心神 xīnshén 몡 심신, 정신 상태 | ★ 务必 wùbì 뷔 필히, 반드시, 기어이, 꼭, 기필코 | 凡事 fánshì 몡 만사 | 感恩 gǎnēn 툉 은혜에 감사하다 | 置身 zhìshēn 몸을 두다 | 严冬 yándōng 몡 엄동(매우 추운 겨울) | 黑液 hēiyè 몡 밤, 야간 | ★ 引导 yǐndǎo 툉 ① 안내하다 ② 지도하다, 인도하다, 유도하다, 이끌다 | 快速 kuàisù 혱 속도가 빠른, 쾌속의 | 忧愁 yōuchóu 혱 우울하다, 고민스럽다, 번민하다 | 迷宫 mígōng 몡 미궁 | 脱身 tuōshēn 몸을 빼다, 벗어나다, 빠져 나오다 | 逐一 zhúyī 뷔 하나씩, 하나하나 | 核对 héduì 툉 검토하여 대조하다, 심사하여 대조하다 | 轻易 qīngyì 혱 수월하다, 손쉽다, 간단하다 뷔 함부로, 쉽게, 좀처럼 | 应付 yìngfu 툉 ① 대응하다, 대처하다 ② 겉치레로 대강대강 해치우다, 적당히 일을 얼버무리다 ③ (어떤 사물이나 환경에 대해 매우 만족하지 못하지만) 그럭저럭 지내다, 아쉬운 대로 하다

E 然后投入一个大型的"烦恼箱"　　　　　　　　E 대형 '걱정 상자'에 넣다

해설 ▶ 빈칸 뒤에 '打开这个箱子'라는 내용이 나오므로, 이 빈칸에는 상자에 넣는 내용인 E(然后投入一个大型的"烦恼箱")가 가장 적합하다.

B 逐一与成员核对每一项"烦恼"　　　　　　　　B 하나하나 구성원들과 모든 '걱정'을 대조했다

해설 ▶ 빈칸에는 상자를 연 다음의 행동이 필요하다. 주어는 어차피 앞에 있는 '他'이므로 굳이 없어도 된다. 빈칸 뒤에 '结果发现'이라는 말이 나오므로 '发现'으로 시작되는 A는 적합하지 않다. 따라서 B(逐一与成员核对每一项"烦恼")가 가장 적합하다.

A 发现那些烦恼也不再是烦恼了　　　　　　　　A 그런 걱정들이 더 이상은 걱정이 아니라는 것을 발견했다

해설 ▶ 빈칸에는 이 심리학자가 실험을 통해 발견한 내용이 들어가야 한다. 주어는 역시 앞에 있는 '他'이므로 굳이 없어도 된다. 따라서 A(发现那些烦恼也不再是烦恼了)가 가장 적합하다.

D 剩下的8%则是你能够轻易应付的　　　　　　　D 남은 8%는 반면 당신이 쉽게 대처할 수 있다

해설 ▶ 빈칸 앞의 내용으로 보아 빈칸에도 역시 퍼센트로 표기되는 통계가 들어와야 한다. 따라서 D(剩下的8%则是你能够轻易应付的)가 가장 적합하다.

C 要求自己把值得快乐的理由——写下来　　　　E 스스로 즐거워할 만한 이유를 하나하나 쓰도록 요구하면

해설 ▶ 빈칸 뒤의 내용으로 보아 걱정에서 벗어날 수 있는 방법이 제시되어야 한다. 따라서 C(要求自己把值得快乐的理由——写下来)가 가장 적합하다.

DAY 23

[01-04]

几年前，在荷兰一个渔村里，❶ ¹一个年轻男孩教会全世界懂得无私奉献的报偿。

由于整个村庄都靠渔业维生，自愿紧急救援队成为重要的组织。在一个月黑风高的晚上，海上的暴风吹翻了一条渔船，在紧要关头，船员们发出SOS的信号。救援队的船长听到了警讯，村民们也都聚集在小镇广场上望着海港。当救援的划艇与汹涌的海浪搏斗时，村民们也毫不懈怠地在海边举起灯笼，照亮他们回家的路。

过了一个小时，当救援船穿过迷雾出现时，欢欣鼓舞的村民们跑上前去迎接。当他们精疲力尽地抵达沙滩后，自愿救援队的队长说，❷ ²救援船无法载走所有的人，留下了一个，要是再多装一个，救援船就会翻覆，所有的人都活不了。

忙乱中，队长要另一队自愿救援者去搭救最后留下的那个人。16岁的汉斯也应声而出。他的母亲抓着他的手臂说："求求你不要去，你的父亲10年前在船难中丧生，你的哥哥保罗3个礼拜前就出海了，现在音讯全无。❸ ⁴汉斯，你是我唯一的依靠呀！"

汉斯回答："妈，我必须去。如果每个人都说：'我不能去，总有别人去！'那会怎么样？妈，这是我的责任。❹ ³当有人要求救援，我们就得轮流扮演我们的角色。"汉斯吻了他的母亲，加入队伍，消失在黑暗中。

又过了一个小时，对汉斯的母亲来说，比永久还久。最后，救援船驶过迷雾，❺ ⁵汉斯正站在船头。队长把手围成筒状，向汉斯叫道："你找到留下来的那个人了吗？"汉斯高兴地大声回答："有！我们找到他了。告诉我妈，他是我哥保罗！"

몇 년 전 네덜란드의 한 어촌에서 ¹한 어린 남자아이가 전 세계가 사심 없는 헌신의 보상을 깨닫도록 가르쳐주었다.

전 마을은 모두 어업으로 생계를 유지하기 때문에, 자원 긴급 구조대는 중요한 조직이 되었다. 어느 달빛도 없고 바람도 세찬 밤, 바다의 폭풍이 어선 한 척을 전복시켰고, 이 긴급한 순간에 선원들은 SOS신호를 보냈다. 구조대의 선장은 긴급 신호를 들었고, 마을 사람들도 마을 광장에 모여 항구를 바라보고 있었다. 구조하는 카누와 용솟음치는 파도가 싸우고 있을 때, 마을 사람들 또한 조금도 쉬지 않고 해변가에서 초롱을 들고 그들이 집으로 돌아오는 길을 비추고 있었다.

1시간이 지나, 구조선이 짙은 안개를 통과하여 나타났을 때, 펄쩍 뛰면서 솟아나던 마을 사람들은 맞이하러 뛰어나갔다. 그들이 정신적 체력적으로 피곤한 상태에서 백사장에 도착한 뒤, 자원 구조대의 대장은 ²구조선이 모든 사람을 태워갈 수 없어서 한 명이 남았고, 만약 한 명 더 태우면 구조선이 뒤집혀 모든 사람이 살 수 없을 거라고 말했다.

정신이 없는 가운데, 대장은 다른 팀 자원 구조자가 마지막 남은 그 사람을 구조하러 갈 것을 요구했다. 16살 한스가 대답하며 나왔다. 그의 어머니는 그의 팔을 잡으며 말했다. "부탁이니 가지 말거라. 네 아빠는 10년 전에 배 사고로 목숨을 잃었고, 네 형 폴은 3주 전 바다에 나갔지만 지금도 소식이 없다. ³한스야, 너는 내가 유일하게 의지하는 사람이잖니!"

한스가 대답했다. "엄마, 전 꼭 가야 해요. 만약 모든 사람이 '나는 갈 수 없어. 결국 다른 사람이 갈 거야'라고 말하면 어떡해요? 엄마, 이것은 저의 책임이에요. ⁴누군가 구조를 요청할 때, 우리는 반드시 교대로 우리의 배역을 맡아야 해요." 한스는 그의 어머니에게 입을 맞추고 행렬에 가담하여 어둠 속으로 사라졌다.

또 1시간이 지났지만, 한스의 어머니에게는 영원보다 길었다. 마침내 구조선이 짙은 안개를 조종하여 지나왔고, ⁵한스는 뱃머리에서 있었다. 대장은 손을 통 모양으로 모아서 한스에게 소리쳤다. "남은 그 사람을 찾아냈니?" 한스는 기쁘게 큰 소리로 대답했다. "네! 우리가 그를 찾아냈어요. 엄마에게 그는 형 폴이라고 말해주세요!"

단어 懂得 dǒngde 통 이해하다, 알다, 깨닫다 | 无私 wúsī 형 사심이 없다, 사사로움이 없다 | ★ 奉献 fèngxiàn 통 삼가 바치다 | 报偿 bàocháng 통 보상하다 | 村庄 cūnzhuāng 명 마을, 부락, 촌 | 渔业 yúyè 명 어업 | 维生 wéishēng 통 (생활이나 생계를) 지탱하다, 유지하다 | 自愿 zìyuàn 통 자원하다, 스스로 원하다 | 紧急 jǐnjí 형 (일이나 사정이) 다급하다, 절박하다, 긴급하다 | 救援 jiùyuán 통 구원하다, 구조하다 | 月黑风高 yuèhēi fēnggāo 성 달빛이 없고 바람도 세차다, 험악한 환경 | 暴风 bàofēng 명 폭풍 | 渔船 yúchuán 명 어선 | 紧要关头 jǐnyàoguāntóu 명 (일의 성패에 관련된) 관건 또는 시기, 중요한 시기 | 警讯 jǐngxùn 명 위급한 정보, 경고 신호 | 聚集 jùjí 통 (사람이나 사물을) 모으다, 집합하다 | 海港 hǎigǎng 명 (해안에 있는) 항구 | 划艇 huátǐng 명 카누 | 汹涌 xiōngyǒng 통 (물이) 용솟음치다, 세차게 솟아오르다 | 海浪 hǎilàng 명 (바다의) 파도 | ★ 搏斗 bódòu 통 ① 싸우다, 격투하다 ② 투쟁하다 | 毫不 háobù 조금도 ~하지 않다 | 懈怠 xièdài 형 산만하다, 게으르다 | ★ 灯笼 dēnglong 명 등롱, 초롱 | 照亮 zhàoliàng 통 밝게 비추다, 밝혀주다 | 穿过 chuānguò 통 빠져 나가다, 관통하다, 건너다, 통과하다 | 迷雾 míwù 명 짙은 안개 | 欢欣鼓舞 huānxīn gǔwǔ 성 매우 기뻐하다, 펄쩍 뛰면서 좋아하다 | 迎接 yíngjiē 통 영접하다, 맞이하다 | 精疲力尽 jīngpí lìjìn 정신적으로 매우 피곤하고 체력이 모두 고갈되다 | ★ 抵达 dǐdá (어떤 장소에) 도착하다, 이르다 | 沙滩 shātān 명 모래밭, 백사장 | 载 zài 통 적재하다, 싣다, 태우다 | 装 zhuāng 통 ① 분장하다, 꾸미다 ② 숨기다, 가장하다 ③ 담다, 싣다 ④ 설치하다, 조립하다 | 翻覆 fānfù 통 ① 뒤집다, 전복되다 ② 번복하다 | 忙乱 mángluàn 형 분주하다, 바빠서 두서가 없다 | 搭救 dājiù 통 (위험이나 재난에서) 구하다, 구조하다 | 应声 yìngshēng 통 (소리 내어) 대답하다, 응답하다 | 手臂 shǒubì 명 팔 | 丧生 sàngshēng 통 목숨을 잃다, 사망하다 | 音讯 yīnxùn 명 기별, 소식 | ★ 依靠 yīkào 통 의지하다, 기대다 명 의지가 되는 사람이나 물건 | 轮流 lúnliú 통 교대로 하다, 돌아가면서 하다, 순번대로 하다 | ★ 扮演 bànyǎn 통 ~역을 연기하다 | 角色 juésè 명 배역 | 吻 wěn 통 입맞춤하다 | ★ 队伍 duìwu 명 ① 군대 ② 단체 ③ 행렬, 줄 | 消失 xiāoshī 통 사라지다, 없어지다 | 黑暗 hēi'àn 형 어둡다, 깜깜하다 | 永久 yǒngjiǔ 형 영구한, 영원한 | 驶 shǐ 통 (차, 배 등을) 운전하다, 조종하다, 몰다 | 船头 chuántóu 명 뱃머리 | 打翻 dǎfān 통 때려 엎다, 전복되다 | 英雄 yīngxióng 명 영웅 형 영웅적인

01

p. 280

根据文章内容，"一个年轻男孩教会"的是：

A 整个村庄如何靠渔业维生
B 如何自愿参加紧急救援队
C 全世界懂得无私奉献的报偿
D 船员们如何发出SOS的信号

글 내용에 따르면 '한 어린 남자아이가 가르쳐준 것'은?

A 전체 마을이 어떻게 어업으로 생계를 유지할 것인가
B 어떻게 자원에서 긴급 구조팀에 참가할 것인가
C 전 세계가 사심 없는 헌신의 보상을 깨닫도록
D 선원들이 어떻게 SOS신호를 보내야 할지

해설 ▶ ❶의 '한 어린 남자아이가 전 세계가 사심 없는 헌신의 보상을 깨닫도록 가르쳐주었다'라는 표현을 통해 답은 C(全世界懂得无私奉献的报偿)라는 것을 알 수 있다.

02

p. 280

第一个救援队怎么了?

A 留下了一个人没有救援
B 所有的人都被救回来了
C 救援船被打翻了
D 所有人都没有活下来

첫 번째 구조팀은 어떻게 되었나?

A 한 명을 남기고 구조하지 못했다
B 모든 사람들이 구조되어 돌아왔다
C 구조선이 뒤집혔다
D 모든 사람이 살아남지 못했다

해설 ▶ ❷에서 자원 구조대의 대장이 '구조선이 모든 사람을 태워갈 수 없어서 한 명이 남았다'라고 했으므로 정답은 A(留下了一个人没有救援)라는 것을 알 수 있다.

03 p. 281

第五段中"扮演我们的角色"中的"角色"是指:

A 电影里的英雄
B 自愿救援队员
C 家庭里的成员
D 不太清楚

다섯 번째 단락에서 '우리의 배역을 연기해야 한다' 중의 '배역'이 가리키는 것은?

A 영화 속의 영웅
B 자원 구조팀원
C 가정의 구성원
D 확실하지 않다

해설 ▶ ❹에서 한스가 '누군가 구조를 요청할 때, 우리는 반드시 교대로 우리의 배역을 맡아야 해요'라고 한 것으로 보아 구조팀원으로서 임무를 다해야 한다는 뜻임을 알 수 있다. 따라서 B(自愿救援队员)가 정답이다.

04 p. 281

第六段中,为什么"对汉斯的母亲来说,比永久还久"?

A 汉斯没有回来
B 母亲等了很长时间
C 时间过了很久很久
D 母亲担心汉斯回不来

여섯 번째 단락에서 왜 '한스의 어머니에게는 영원보다 길었다'라고 했나?

A 한스가 돌아오지 않았다
B 어머니는 오랫동안 기다렸디
C 시간이 아주 오래 흘렀다
D 어머니는 한스가 돌아오지 못할 까봐 걱정했다

해설 ▶ ❸에서 어머니는 '한스야, 너는 내가 유일하게 의지하는 사람이잖니'라고 한 것으로 걱정이 되어 시간이 길게 느껴졌음을 알 수 있다. 또한 마지막 단락에서 '한스는 뱃머리에 서 있었다'라고 했으므로 A는 답이 아니다. 따라서 정답은 D(母亲担心汉斯回不来)이다.

DAY 24

✓ 정답

1. D	2. C	3. B	4. A

[01~04]

　　小客厅里鸦雀无声,几名美术爱好者目不转睛地望着墙上挂着的那幅油画。

　　画很小,用一个精致、镶有金边的画框嵌着。这是一幅很奇怪的画,画面上看不到山岗、树林、河流和人物,❶ ¹只有一团团黄黄绿绿的色彩。可是❷ ²油画的主人、美术学院的苏老师却一再说明,这是一幅世界名画。

　　画的主题究竟是什么呢? 大家都在思索着……

　　작은 응접실은 쥐 죽은 듯이 조용하고, 몇 명의 미술 애호가들은 눈도 깜빡 하지 않고 벽에 걸려 있는 그 유화를 보고 있었다.

　　그림은 작았고, 정교하고 금빛 테를 두른 그림틀에 끼워져 있었다. 이것은 매우 이상한 그림이었다. 그림에서는 작은 산, 수풀, 강과 사람을 볼 수 없었고, ¹오직 겹겹이 노랗고 푸른 색채만 있었다. 그러나 ²유화의 주인인 미술학교의 쑤 선생님은 이것은 세계적인 명화라고 거듭 설명했다.

　　그림의 주제는 도대체 무엇일까? 모두 사색에 빠져 있었다.

风度潇洒的❸ ²吕林对这幅画表现出了强烈的兴趣。❹ ²他是一个西方画派的崇拜者。只见他一只手抱在胸前，另一只手托着下巴，不时地点点头，发出啧啧啧的声音。他发现大伙都在注意自己，便得意地坐在沙发上，悠闲地点燃一支烟。

"谁能谈谈体会？"苏老师问，眼睛里闪耀着狡黠的光芒。

没人回答。大家把目光移向卢华，❺ ³他是颇有成就的美院学生。

卢华涨红了脸，讷讷地说："我还没有看出什么来。"他镇静了一下，又坦然地说："真的，我没看懂，——我甚至有点怀疑这是不是幅画……"

"什么，这不是幅画？"吕林几乎从沙发上跳起来。

"那就请你谈谈对这幅画的理解。"卢华诚恳地说。

"外国人有惊人的想象力和表现能力……"

"我只请你谈谈这幅画！"卢华截断吕林的话。

"❻ ²这是一幅新印象派的画，"吕林滔滔不绝地说着，"这幅画色彩之灿烂、强烈远远超过了自然界的颜色，这就充满了想象。这是一幅绝妙的画。真是太美了，多么深刻的思想呀！"

"我还是看不懂。"卢华轻轻地说。

苏老师微微一笑，走上前去，不慌不忙地取下画，倒过来再挂上。这时众人才恍然大悟。❼ ¹'²那并不是什么"新印象派"，❽ ¹'而是大家熟悉的世界名画：《狂风中的橡树》。

태도가 자연스럽고 품위 있는 ²뤼린은 이 그림에 대해 강한 흥미를 드러냈다. ²그는 서양화파의 숭배자였다. 그가 한 쪽 손은 가슴 앞을 움켜쥐고, 다른 한 쪽 손은 턱을 괴고서 종종 고개를 끄덕이며 쯧쯧쯧 소리를 내는 것이 보였다. 그는 모두 자신을 주시한다는 것을 발견하고는, 의기양양하게 소파에 앉아 한가롭게 담배 한 개비에 불을 붙였다.

"누가 스스로 느낀 것을 말씀해주시겠습니까?" 쑤 선생이 물으며, 눈에서는 교활한 빛을 반짝이고 있었다.

대답하는 사람이 없었다. 모두 눈빛을 루화에게로 옮겼다. ⁵그는 매우 성과가 있는 미술학교 학생이었다.

루화는 얼굴이 상기되어, 더듬거리며 말했다. "저는 아직 아무것도 발견하지 못했습니다." 그는 잠시 진정하고는 다시 편안하게 말했다. "정말이에요. 저는 이해하지 못했어요. 전 심지어 이것이 그림이 아닌 것 같다는 의심이…"

"뭐라고? 이것이 그림이 아니라고?" 뤼린은 하마터면 소파에서 뛰어오를 뻔 했다.

"그럼 선생님께서 이 그림에 대해 이해한 것을 말씀해주세요." 루화가 진실되게 말했다.

"외국인은 놀랄만한 상상력과 표현 능력을 갖고 있고…"

"저는 오직 이 그림에 대해 말씀해주시기를 부탁 드렸습니다." 루화가 뤼린의 말을 막았다.

"²이것은 신인상파의 그림이지." 뤼린이 끊임없이 말했다. "이 그림 색채의 찬란함과 강렬함은 자연계의 색을 훨씬 넘어섰는데, 이것이 바로 상상으로 가득한 것이지. 이 그림은 더 없이 훌륭한 그림이야. 정말이지 매우 아름다워. 얼마나 깊은 사상이란 말인가!"

"저는 아직도 이해가 가지 않습니다." 루화가 가볍게 말했다.

쑤 선생님은 살짝 미소를 짓고 앞으로 걸어가서 침착하게 그림을 떼어 내고 거꾸로 해서 다시 걸었다. 이때서야 모두들 문득 크게 깨달았다. ¹'²그것은 결코 무슨 '신인상파'가 아니라, ¹모두 잘 아는 세계적인 명화인 《광풍 속의 상수리나무》였다.

단어 客厅 kètīng 명 객실, 응접실 | 鸦雀无声 yāquè wúshēng 성 쥐 죽은 듯 조용하다 | 目不转睛 mùbù zhuǎnjīng 눈 한 번 깜빡 하지 않고 보다, 주시하다, 응시하다 | ★ 精致 jīngzhì 형 세밀하다, 정교하다 | 镶 xiāng 통 ① 끼워 넣다, 박아 넣다 ② 테를 두르다 | 画框 huàkuàng 명 액자, 그림틀 | 嵌 qiàn 통 새겨 넣다, 끼워 넣다 | 山岗 shāngǎng 명 언덕, 작은 산 | 树林 shùlín 명 수풀, 숲 | 团团 tuántuán ① 아주 동그란 모양 ② 겹겹이, 빈틈없이 ③ 빙빙, 뱅글뱅글 | ★ 一再 yízài 부 몇 번이나, 수차, 거듭, 반복하여 | ★ 思索 sīsuǒ 통 사색하다, 깊이 생각하다 명 사색, 생각 | ★ 风度 fēngdù 명 풍격, 훌륭한 태도, 풍모 | ★ 潇洒 xiāosǎ 형 (모습, 행동 등이) 소탈하다, 자연스럽고 품위 있다, 시원스럽다, 스마트하다 | ★ 崇拜 chóngbài 통 숭배하다 명 숭배 | 只见 zhǐjiàn ① 다만 ~만을 보다 ② 문득 보다, 얼핏 보다 | 托 tuō 통 ① 받치다, 고이다 ② (손으로) 밀어 올리다 | 下巴 xiàba 명 아래턱, 턱 | ★ 不时 bùshí 부 때때로, 이따금, 종종, 늘 | 啧啧 zézé 혀를 차는 소리, 말하는 소리 | 大伙 dàhuǒ 명 모두, 여러 사람 | 得意 déyì 형 의기양양하다 | 悠闲 yōuxián 형 유유하다, 한가롭다 | 点燃 diǎnrán 통 불을 붙이다, 점화하다 | 体会 tǐhuì 통 체득하다, 이해하다, 체험하여 터득하다 명 체득, 이해 | 闪耀 shǎnyào 통 반짝이며 빛나다 | 狡黠 jiǎoxiá 교활하다, 간교하다 | ★ 光芒 guāngmáng 명 빛발, 빛 | ★ 目光 mùguāng 명 ① 시야, 식견 ② 눈빛, 눈길, 눈초리 | ★ 颇 pō 편파적이다, 치우치다 형 자못, 꽤, 상당히, 몹시, 매우 | 成就 chéngjiù 명 성취, 성과, 업적 통 성취하다, 완성하다, 이루다 | 涨 zhàng 통 ① 붇다, 팽창하다 ② (머리 또는 얼굴이) 충혈되다, 상기되다 | 讷讷 nènè 말솜씨가 없어 더듬거리는 모양 | ★ 镇静 zhènjìng 통 ① 침착하다, 냉정하다, 차분하다 ② 진정하다, 마음을 가라앉히다 | 坦然 tǎnrán 형 마음이 편안한 모양 | 诚恳 chéngkěn 형 성실하다, 간절하다, 진실하다 | 截断 jiéduàn 통 ① 절단하다, 자르다 ② 끊다, 중단시키다, 막다 | 滔滔不绝 tāotāo bùjué 성 끊임없이 말하다 | ★ 灿烂 cànlàn 형 찬란하다, 선명하게 빛나다 | 充满 chōngmǎn 통 가득 차다, 넘치다 | 绝妙 juémiào 형 절묘하다, 더 없이 훌륭하다 | 不慌不忙 bùhuāng bùmáng 성 침착하다, 당황하지 않고 서두르지 않다, 느긋하다 | 恍然大悟 huǎngrán dàwù 성 문득 크게 깨닫다 | 狂风 kuángfēng 명 광풍 | 橡树 xiàngshù 명 상수리 나무 | 不懂装懂 bùdǒng zhuāngdǒng 성 모르면서 아는 체하다

p. 282

01

关于这幅画不正确的是:

A 这是一幅世界名画
B 只有一团团黄黄绿绿的色彩
C 不是新印象派的画
D 这幅画是苏老师画的

이 그림에 관해 틀린 것은?

A 이것은 세계적인 명화이다
B 오직 겹겹이 노랗고 푸른 색채만 있었다
C 신인상파의 그림이 아니다
D 이 그림은 쑤 선생님이 그린 것이다

해설 ▶ ❶에서 '오직 겹겹이 노랗고 푸른 색채만 있었다'고 했으므로 B는 맞는 말이다. ❷에서 '유화의 주인인 미술학교의 쑤 선생님'이라고 했으므로 D(这幅画是苏老师画的)는 잘못된 내용이다. ❼에서 '그것은 결코 무슨 '신인상파'가 아니었다'라고 했으므로 C는 맞는 말이다. ❽에서 '모두 잘 아는 세계적인 명화인 《광풍 속의 상수리나무》였다'라고 했으므로 A도 맞는 말이다. 따라서 D가 정답이다.

02

p. 282

关于吕林，错误的是:

A 他对这幅画很感兴趣
B 他是西方画派的崇拜者
C 他看懂了这幅画
D 他是一位美术爱好者

뤼린에 관해 틀린 것은?

A 그는 이 그림에 대해 매우 흥미를 느꼈다
B 그는 서양학파의 숭배자이다
C 그는 이 그림을 이해했다
D 그는 미술 애호가이다

해설 ▶ ❸에서 '뤼린은 이 그림에 대해 강한 흥미를 드러냈다'라고 했으므로 A는 맞는 말이다. ❹에서 '그는 서양화파의 숭배자였다'라고 했으므로 B와 D는 맞는 말이다. ❻에서 뤼린은 '이것은 신인상파의 그림이지'라고 했으나, ❼에서 '그것은 결코 무슨 '신인상파'가 아니었다'라고 했으므로 C(他看懂了这幅画)는 잘못된 내용이다. 따라서 C가 정답이다.

03

p. 282

关于卢华正确的是:

A 看懂了画
B 是美院学生
C 不懂装懂
D 是画的主人

루화에 관해 옳은 것은?

A 그림을 보고 이해했다
B 미술학교의 학생이다
C 모르면서 아는 척했다
D 그림의 주인이다

해설 ▶ ❺에서 루화에 대해 '그는 매우 성과가 있는 미술학교 학생이었다'라고 했으므로 B(是美院学生)가 정답이다.

04

这篇文章告诉了我们什么道理？

이 글은 우리에게 어떤 이치를 알려주는가?

A 人不要不懂装懂
B 人不要随便发表意见
C 不能随便说自己不懂
D 要仔细观察

A 사람은 모르면서 아는척 하면 안 된다
B 사람은 함부로 의견을 발표해서는 안 된다
C 함부로 자신이 모른다고 말해서는 안 된다
D 자세하게 관찰해야 한다

해설 ▶ 주제를 찾는 문제이다. 이 글은 처음부터 끝까지 이야기로 되어 있으므로 어떤 한 부분에서 주제를 찾기보다는 이야기 전체의 이해를 바탕으로 주제를 느껴야 한다. 이 이야기는 뤼린이 그림을 이해하지 못했으면서 마치 그림에 대해 이해한 것처럼 행동하다 나중에 모든 것이 밝혀지는 내용이다. 따라서 A(人不要不懂装懂)가 가장 적합한 정답이다.

✓ 정답

1. B	2. D	3. C	4. A

[01–04]

在一个青黄不接的初夏，一只饥肠辘辘的 ❶ ¹老鼠不小心掉进一个还有大半缸米的米缸里。面对如此丰盛的美餐，老鼠高兴得不得了。它先是警惕地看了一下四周，确定没有危险之后，接下来便是一顿猛吃，吃完倒头便睡。

老鼠就这样在米缸里吃了又睡、睡了又吃。日子在不愁吃穿的休闲中过去了。有时，老鼠也曾为是否要跳出米缸进行过思想斗争与痛苦抉择，但最终还是未能摆脱白花花大米的诱惑，它把这个米缸当做自己的"家"。直到有一天它吃光了米缸里的米，才发现以米缸现在的高度，自己就是想跳出去，也无能为力了。

对于老鼠而言，这半缸米就是一块试金石。如果它想全部据为己有，其代价就是它自己的生命。因此，管理学家把老鼠能跳出缸外的高度称为"生命的高度"。而这高度就掌握在老鼠自己的手里，它多留恋一天，多贪吃一粒，就离死亡近了一步。

在现实生活中，多数人都能够做到在明显有危险的地方止步，❷ ²但清醒地认识潜在的危机并及时跨越"生命的高度"，就没那么容易了。

한 춘궁기의 초여름. 굶주린 배에서 꼬르륵 소리가 나는 ¹쥐 한 마리가 부주의하여 항아리에 반 정도 쌀이 들어있는 쌀통에 떨어졌다. 이와 같이 성대한 맛있는 음식 앞에서 쥐는 너무나도 기뻤다. 쥐는 먼저 경계심을 가지고 사방을 보고 위험이 없다는 것을 확인한 후, 이어서 미친 듯이 먹었고, 먹고 드러누워 잠이 들어버렸다.

쥐는 이렇게 쌀통에서 먹고 자고, 자고 먹었다. 세월은 입고 먹는 것을 걱정할 필요 없는 휴식 속에 지나갔다. 때로는 쥐도 쌀통을 뛰쳐나가야 할지 머릿속으로 싸우고 고통스러운 선택을 한 적이 있지만. 결국 그래도 새하얀 쌀의 유혹에서 벗어나지 못하고 이 쌀통을 자신의 '집'이라고 생각했다. 어느 날 쌀통의 쌀을 다 먹고 나서야 쌀통의 지금 높이로는 자신이 뛰어나가고 싶어도 그럴 힘이 없다는 것을 발견했다.

쥐에게 있어서, 이 반 항아리의 쌀은 '시금석'이었다. 만약 쥐가 전부 자신의 소유로 만들었다면, 그 대가는 바로 자신의 생명이다. 따라서 관리학자들은 쥐가 통 밖으로 뛰어나올 수 있는 높이를 '생명의 높이'라고 부른다. 또한 이 높이는 쥐 자신의 손에 달려 있고, 쥐가 하루를 더 미련을 가지고 한 알 더 먹는 것에 욕심을 부린다면 죽음과 한 걸음 더 가까워지게 된다.

현실 생활에서 대다수의 사람들은 분명하게 위험이 있는 곳에서 발걸음을 멈출 수 있다. ²하지만 잠재된 위기를 뚜렷하게 인식하고 즉시 '생명의 높이'를 뛰어넘기는 그리 쉽지 않다.

比如人力资源管理与开发在企业管理中的重要性，是任何一名企业高层领导都知道的。但通过培训或其他手段来不断提高员工，尤其是管理人员、技术人员的专业技能素质，毕竟要投入时间、人力和财力，且经常和生产相矛盾。❸ ³于是人才的开发也便成了"说起来重要，干起来次要，忙起来不要"的摆设。

예를 들어 인력 자원 관리와 개발이 기업 관리에서 가지는 중요성은 어떠한 기업 지도자들도 모두 아는 것이다. 그러나 훈련이나 기타 수단을 통해 끊임없이 직원, 특히 관리자와 기술자의 전문적인 기능 자질을 향상시키는 것은 아무래도 시간, 인력, 재력을 투입해야 하고, 게다가 자주 생산과 서로 모순되게 된다. ³그래서 인재의 개발은 '말할 때는 중요하고, 할 때는 부차적이고, 바쁠 때는 필요 없는' 진열품이 되어버렸다.

01

p. 289

老鼠为什么高兴得不得了?

A 找到了一个米缸
B 找到了许多米
C 找到了各种食物
D 发现附近没有猫

쥐는 왜 매우 기뻤나?

A 쌀통 하나를 찾아냈다
B 많은 쌀을 찾아냈다
C 각종 음식을 찾아냈다
D 부근에 고양이가 없는 것을 발견했다

해설 ▶ ❶에서 '쥐 한 마리가 부주의하여 항아리에 반 정도 쌀이 들어있는 쌀통에 떨어졌다. 이와같이 성대한 맛있는 음식 앞에서 쥐는 너무나도 기뻤다'라고 한 것으로 보아 B(找到了许多米)가 정답임을 알 수 있다.

02

p. 289

第三段中"试金石"的意思最可能是:

A 可以检验真金的石头
B 一个深刻的道理
C 一次有意义的尝试
D 可靠的检验方法

세 번째 단락에서 '시금석'의 뜻은 아마도 무엇일까?

A 진짜 금을 검증할 수 있는 돌
B 하나의 깊은 도리
C 한 번의 의미 있는 시도
D 믿을 만한 검증 방법

해설 ▶ '试金石'를 글자로 풀이하면, '试'는 '테스트하다', '검증하다', '시험하다'의 뜻을, '金'은 '가치있다'는 뜻을, '石'는 '도구'를 나타
낸다. 또한 ❷에서 '잠재된 위기를 뚜렷하게 인식하고 즉시 '생명의 높이'를 뛰어넘기는 그리 쉽지 않다'라는 말을 통해 '试金
石'는 이러한 위기를 인식하게 해주는 수단임을 알 수 있다. 따라서 D(可靠的检验方法)가 정답이다.

03
p. 290

根据上文，公司存在的问题是：

A 没有有能力的领导
B 缺少培训员工的条件
C 忽视对员工的培训
D 忽视了管理的重要性

위의 글에 따르면 회사에서 존재하는 문제는?

A 능력 있는 지도자가 없다
B 직원을 훈련시킬 조건이 부족하다
C 직원에 대한 훈련을 소홀히 한다
D 관리의 중요성을 소홀히 했다

해설 ▶ ❸의 '인재의 개발은 '말할 때는 중요하고, 할 때는 부차적이고, 바쁠 때는 필요 없는 진열품이 되어버렸다'라는 말을 통해 정
답은 C(忽视对员工的培训)임을 알 수 있다.

04
p. 290

最适合做上文标题的是：

A 生命的高度
B 可悲的老鼠
C 生命的代价
D 成功的标准

위의 글의 제목으로 가장 적합한 것은?

A 생명의 높이
B 가엾은 쥐
C 생명의 대가
D 성공의 기준

해설 ▶ 주제를 찾는 문제이다. 글의 앞 두 단락은 이야기 부분이므로 주제를 찾기 힘들다. 쥐 이야기는 본격적인 주제를 드러내기 위
한 논거로 사용되었으므로 B는 답이 아니다. 마지막 단락 또한 시작이 '比如'인 것으로 보아 '사실 논거'를 제시하고 있다. 이
글은 독특하게도 가운데 부분, 즉 세 번째와 네 번째 단락에서 주제를 찾을 수 있다. 이 부분에서 가장 많이 언급되고 있는 표
현으로 보아 정답은 A(生命的高度)임을 알 수 있다.

DAY 26

✓ 정답   1. C   2. D   3. A   4. B

[01–04]

　　美国科研人员进行过一项有趣的心理学实验，
名叫"伤痕实验"。他们向参与其中的志愿者宣
称，该实验旨在观察人们对身体有缺陷的陌生人作
何反应，尤其是面部有伤痕的人。

　　미국의 과학연구자들은 재미있는 심리학 실험을 한 적이 있는데,
이름이 '상처실험'이다. 그들은 그것에 참여한 지원자들에게, 이 실
험의 취지는 사람들이 몸에 장애가 있는 낯선 사람, 특히 얼굴 부분
에 상처가 있는 사람에 대해 어떤 반응을 하는지 관찰하는 것이라
고 말했다.

每位志愿者都被安排在没有镜子的小房间里，由好莱坞的专业化妆师在其左脸做出一道血肉模糊、触目惊心的伤痕。志愿者被允许用一面小镜子照照化妆的效果后，镜子就被拿走了。❶ ¹关键的是最后一步，化妆师表示需要在伤痕表面再涂一层粉末，以防止它被不小心擦掉。实际上，化妆师用纸巾偷偷抹掉了化妆的痕迹，让志愿者带着本来的面目出门去。对此毫不知情的志愿者，带着"伤痕"出门，他们被派往各医院的候诊室，他们的任务就是观察人们对其面部伤痕的反应。规定的时间到了，❷ ²返回的志愿者们无一例外地叙述了相同的感受：感受到人们惊诧的眼神、恐惧的目光，以及对他们比以往粗鲁无礼、不友好，而且总是盯着自己的脸看！

❸ ³其实他们的脸上什么也没有，是不健康的自我认知影响了他们的判断。❹ ⁴与脸上的伤痕相比，一个人心灵的伤痕虽然隐蔽得多，但同样会通过自己的言行显示出来。如果我们自认为有缺陷、不可爱、没有价值，也往往会以同样的怀疑、缺乏爱心、令人气馁的态度对待别人，从而很难建立起互信互利的人际关系。

人的心灵就像一面镜子，你感知到的是什么样的世界，取决于你如何看待自己。这面镜子其实是哈哈镜，外面的世界是客观的，客观的外在映射到我们的内心，就会加上我们的主观意念，从而变得凹凸不平了。

모든 지원자들은 거울이 없는 작은 방에 보내졌고, 할리우드 전문 분장사가 그들의 왼쪽 얼굴에 피와 살이 모호하여 보기만해도 몸서리쳐지는 상처를 만들었다. 지원자들이 작은 거울로 화장의 효과를 비춰보게 허락한 후, 거울을 가져가게 했다. ¹가장 중요한 것은 마지막 단계였다. 분장사가 상처가 쉽게 지워지는 것을 방지하기 위해 상처 표면에 다시 분을 한 층 더 바를 필요가 있다고 말하는 것이었다. 사실 분장사는 화장지로 화장의 흔적을 몰래 지웠으며, 지원자들로 하여금 본래 모습으로 문을 나서도록 했다. 이에 대해 조금도 내막을 알지 못하는 지원자들은 '상처'를 가지고 외출했고, 그들은 각 병원의 대기실로 파견되었으며, 그들의 임무는 그들의 얼굴 부위 상처에 대한 사람들의 반응을 관찰하는 것이었다. 규정된 시간이 되었고, ²돌아온 지원자들은 예외 없이 똑같은 느낌을 서술했다. 사람들의 놀란 눈빛, 겁먹은 눈길 및 그들에 대해 예전보다 거칠고 무례했으며, 게다가 계속해서 자신의 얼굴을 응시해서 본다고 느꼈다.

³사실 그들의 얼굴에는 아무것도 없었고, 건강하지 못한 자아인지가 그들의 판단에 영향을 준 것이었다. ⁴얼굴의 상처와 비교할 때, 한 사람의 마음의 상처는 비록 많이 은폐되어있지만, 마찬가지로 자신의 말과 행동으로 드러나게 된다. 만약 우리가 자신이 장애가 있고, 사랑스럽지 않고, 가치 없다고 느낀다면, 종종 마찬가지의 의심하고, 사랑의 마음이 부족하고, 사람을 기죽이는 태도로 다른 사람을 대하게 되며, 따라서 서로 믿고 서로 이익을 주는 인간관계를 맺기가 어렵다.

사람의 마음은 거울과 같아서, 당신이 느끼는 것이 어떤 세계인지는 당신이 어떻게 스스로를 대하는지에 달려있다. 이 거울은 사실 요술 거울로, 외부 세계는 객관적인 것이고, 객관적인 외형이 우리의 마음에 반사되면 우리의 주관적인 생각이 더해져서 요철이 있고 평평하지 않게 변해버린다.

01

p. 291

化妆师抹掉伤痕是因为：

A 他犯了错误
B 他不了解实验
C 实验的需要
D 伤痕的效果不好

분장사가 상처를 지운 이유는?

A 그는 잘못을 저질렀다
B 그는 실험을 이해하지 못한다
C 실험의 필요성 때문에
D 상처의 효과가 좋지 않았다

해설 ▶ ❶에서 '가장 중요한 마지막 단계는, 분장사가 상처가 쉽게 지워지는 것을 방지하기 위해 상처 표면에 다시 분을 한 층 더 바를 필요가 있다고 말하는 것이었다. 사실 분장사는 화장지로 화장의 흔적을 몰래 지웠다'라고 한 것으로 보아 실험을 위해 일부러 지운 것임을 알 수 있다. 따라서 C(实验的需要)가 정답이다.

02

p. 291

志愿者在候诊室时：

A 脸上有伤痕
B 被很多人盯着看
C 中途放弃了
D 有差不多的感受

지원자들이 대기실에 있을 때 어떠했나?

A 얼굴에 상처가 있었다
B 많은 사람들에 의해 쳐다봐졌다
C 중도에 포기했다
D 비슷한 느낌을 가졌다

해설 ▶ ❷에서 '돌아온 지원자들은 예외 없이 똑같은 느낌을 서술했다'라고 했으므로 D(有差不多的感受)가 정답이다.

03

p. 291

关于"伤痕实验"，下列哪项正确？

A 关注人的自我认知
B 实验最终失败了
C 有的志愿者身体有缺陷
D 化妆师破坏了实验

'상처실험'에 관해 다음 중 옳은 것은?

A 사람의 자아 인지를 주시한다
B 실험은 결국 실패했다
C 어떤 지원자의 몸에는 장애가 있었다
D 분장사가 실험을 망쳤다

해설 ▶ ❸의 '사실 그들의 얼굴에는 아무것도 없었고, 건강하지 못한 자아인지가 그들의 판단에 영향을 준 것이었다'라는 말을 통해 A(关注人的自我认知)가 정답임을 알 수 있다.

04

p. 291

最适合做上文标题的是：

A 愚蠢的化妆师
B 心中的伤痕
C 缺陷也是美的
D 有趣的实验

위의 글의 제목으로 가장 적합한 것은?

A 어리석은 분장사
B 마음 속의 상처
C 장애도 아름다운 것이다
D 재미있는 실험

DAY 27

[01-04]

　　随着《中国诗词大会》的圆满落幕, 人们在惊叹选手诗词涉猎之广的同时, 也不禁好奇节目中的热门环节"飞花令"究竟是什么。

　　"飞花令"本是中国古代人们喝酒时用来罚酒助兴的一种酒令, 出自于唐代诗人韩翃《寒食》诗中的名句"春城无处不飞花"。不过, 它比一般的民间酒令难多了, 它需要参与者具备深厚的诗词功底, 所以这种酒令成了文人墨客们的最爱。❶ ¹最基本的飞花令要求诗句中必须有"花"字, 并且对"花"字出现的位置有严格要求。行令人可背诵前人诗句, 也可现场吟诗作句, 一个接一个; 如果不出诗、背不出诗或作错、背错了, 则由酒令官命其喝酒。

　　❷ ²酒令的历史由来已久。早在春秋战国时期, 就有在宴会上对诗唱歌的饮酒风俗。秦汉时期, 承袭前人遗风, 文人在酒席间吟诗作对, 此唱彼和, 久而久之, 作为游戏的酒令也就产生了。❸ ⁴唐宋时, 酒令的种类愈加丰富多样。据《醉乡日月》记载, 当时的酒令已有"骰子令""小酒令""改令""手势令"等名目了, 酒令的规则也更多了。

　　中国历史上的酒令虽品类繁多, 但大致可分为雅令和通令两类, 其中雅令最受欢迎。清代小说《红楼梦》中就有关于当时上层社会喝酒行雅令的生活场景。行雅令时, 需要引经据典, 当场构思, 即席应对, ❹ ³这就要求行令者既要有才华与文采, 又要足够机智敏捷, 所以它是酒令中最能展示饮者才思的项目。

《중국시사대회》의 원만한 폐막에 따라, 사람들은 선수들의 시사에 대한 섭렵이 넓은 것에 경탄하면서도 프로그램 중 인기 많았던 부분 '飞花令'이 도대체 무엇인지 호기심을 금할 수가 없었다.

'飞花令'은 본래 중국 고대 사람들이 술을 마실 때 사용해서 벌주로 흥을 돋우는 벌주 놀이의 일종으로, 당나라 시대 시인 韩翃의 《寒食》라는 시 속의 유명한 말인 '봄의 도시에 꽃이 날지 않는 곳이 없구나'에서 나왔다. 그러나 그것은 일반적인 민간 벌주 놀이보다 훨씬 어려웠는데, 그것은 참여자가 탄탄한 시사 기초를 갖추어야 할 필요가 있었고, 그래서 이러한 벌주 놀이는 문인 묵객들이 가장 좋아하는 것이 되었다. ¹가장 기본적인 飞花令은 시구 중 반드시 '花'자가 있는 것을 요구했고, 또한 '花'자가 나타나는 위치에 대해 엄격한 요구가 있었다. 벌주 놀이를 하는 사람은 선조의 시구를 암송할 수 있고, 또한 현장에서 시를 읊어 시구를 만들 수 있어야 했다. 한 명 한 명 이어가는데 만약 시를 만들어내지 못하고 시를 외우지 못하거나, 잘못 짓고 잘못 외우면 벌주관이 그 사람에게 술을 마시라고 명했다.

²벌주 놀이의 역사 유래는 이미 오래됐다. 일찍이 춘추전국 시기에 연회에서 시로 응수하고 노래를 부르는 음주 풍속이 있었다. 진한 시기에는 선인들의 풍속을 계승하여, 문인들이 술자리 사이에 시를 읊어 맞서며 맞장구를 쳤고, 오랜 시간이 지나 게임으로서의 벌주 놀이가 생겨났다. ⁴당송 시기에는 벌주 놀이의 종류가 더욱 풍부하고 다양해졌다. 《醉乡日月》의 기재에 따르면, 당시의 벌주 놀이는 이미 '骰子令', '小酒令', '改令', '手势令' 등 명칭이 생겼고, 벌주 놀이의 규칙도 더 많아졌다.

중국 역사상 벌주 놀이의 종류는 대단히 많지만, 그러나 대체로 雅令과 通令 두 가지로 나눌 수 있고, 그 중 雅令이 가장 환영받았다. 청나라 시대 소설 《红楼梦》에는 당시 상층 사회에서 술을 마시며 雅令을 하는 것에 관한 생활 정경이 있다. 雅令을 할 때는 경전 중의 어구나 고사를 인용하여 그 자리에서 구상하고 즉석에서 대답해야 하는데, ³이것은 놀이를 하는 사람에게 재능과 문학적 능력도 있어야 하고, 충분한 기지와 민첩함도 있어야 할 것을 요구하며, 그래서 그것은 벌주 놀이 중 가장 음주자의 창작력을 드러낼 수 있는 종목이다.

毫无疑问，酒令是中国古代流传至今的酒文化中一朵别有风姿的奇葩，是劝酒行为的文明化和艺术化，可称为酒席间的"笔会"。

조금의 의문도 없이, 벌주 놀이는 중국 고대에서 지금에 이르기까지 전해져 오는 술 문화 중 한 송이의 특별한 자태를 지닌 진귀한 꽃이며, 술을 권하는 행위의 문명화와 예술화이고, 술자리에서의 '문예 교류회'라고 부를 수 있다.

단어 ★ **圆满** yuánmǎn 형 원만하다, 완벽하다 | **落幕** luòmù 통 폐막 통 폐막하다 | **惊叹** jīngtàn 통 경탄하다 | **涉猎** shèliè 통 섭렵하다 | ★ **不禁** bùjīn 자기도 모르게 ~하다, 참지 못하다 | ★ **热门** rèmén 명 인기 있는 것, 유행 하는 것, 잘 팔리는 것 | ★ **环节** huánjié 명 부분 | **罚酒** fájiǔ 벌주 통 벌주를 마시게 하다 | **助兴** zhùxìng 통 흥을 돋우다 | ★ **民间** mínjiān 명 민간 | **具备** jùbèi 통 갖추다 | **深厚** shēnhòu 형 (기초가) 단단하다, 튼튼하다 | **功底** gōngdǐ 명 기초 | **墨客** mòkè 명 묵객, 문인 | ★ **背诵** bèisòng 통 암송하다, 외다 | ★ **现场** xiànchǎng 명 현장 | **吟诗** yínshī 시를 읊다 | **宴会** yànhuì 명 연회 | **对诗** duì shī 시로 응수하다 | **承袭** chéngxí 통 물려받다, 계승하다 | **遗风** yífēng 명 유풍 | **酒席** jiǔxí 명 술자리 | **作对** zuòduì 통 맞서다, 대립하다 | **此唱彼和** cǐ chàng bǐ hè 맞장구치다 | **久而久之** jiǔ ér jiǔ zhī 정 오랜 시일이 지나다 | **愈加** yùjiā 부 더욱 | ★ **记载** jìzǎi 명 기재, 기록 통 기재하다, 기록하다 | **名目** míngmù 명 (사물의) 명칭 | **品类** pǐnlèi 명 종류 | **繁多** fánduō 형 대단히 많다 | ★ **大致** dàzhì 부 대체로, 대략 | **场景** chǎngjǐng 명 장면, 정경 | **引经据典** yǐn jīng jù diǎn 정 경전 중의 어구나 고사를 인용하다 | ★ **当场** dāngchǎng 부 즉석에서, 현장에서 | **构思** gòusī 명 구상 통 구상하다 | **即席** jíxí 명 즉석 | **应对** yìngduì 통 응답하다, 대답하다 | **才华** cáihuá 뛰어난 재능 | **文采** wéncǎi 문학적 재능 | ★ **机智** jīzhì 명 기지 형 기지가 넘치다 | ★ **敏捷** mǐnjié 형 민첩하다 | ★ **展示** zhǎnshì 통 분명하게 드러내 보이다, 펼쳐보이다 | **才思** cáisī 명 창작력 | **至今** zhìjīn 통 오늘에 이르다, 지금에 이르다 | **别有** biéyǒu 통 달리 지니고 있다 | **风姿** fēngzī 명 풍채, 자태 | **奇葩** qípā 명 진귀한 꽃 | **笔会** bǐhuì 명 문예교류회 | ★ **命名** mìng míng 통 명명하다, 이름을 짓다 | ★ **域** yù 명 지역 | **差异** chāyì 명 차이 | **历程** lìchéng 명 역정, (지나온) 노정 | **精读** jīngdú 통 정독하다 | **品酒** pǐnjiǔ 술 맛을 보다 | **繁荣** fánróng 형 번영하다 통 번영시키다

01

p. 303

关于飞花令，可以知道：

A 是韩翃命名的
B 赢了的人必须喝酒
C 难度比民间酒令低
D 有严格的行令规则

'飞花令'에 관해 알 수 있는 것은?

A 韩翃이 명명한 것이다
B 이긴 사람은 반드시 술을 마셔야 한다
C 난이도가 민간 벌주 놀이보다 낮다
D 놀이에 엄격한 규칙이 있다

해설 ▶ ❶의 '가장 기본적인 飞花令은 시구 중 반드시 '花'자가 있는 것을 요구했고, 또한 '花'자가 나타나는 위치에 대해 엄격한 요구가 있었다'라는 말을 통해 정답은 D(有严格的行令规则)임을 알 수 있다.

02

p. 303

第3段主要谈的是什么？

A 酒令的地域差异
B 酒令的发展历程
C 酒令的名目
D 文人对酒令的影响

세 번째 단락이 주로 이야기하는 것은 무엇인가?

A 벌주 놀이의 지역적 차이
B 벌주 놀이의 발전 과정
C 벌주 놀이의 명칭
D 문인의 벌주 놀이에 대한 영향

해설 ▶ ❷에서 '벌주 놀이의 역사 유래는 이미 오래됐다'라고 한 것으로 보아 3번째 단락 전체 내용은 벌주 놀이의 역사에 대해 이야기할 것을 알 수 있다. 따라서 정답은 B(酒令的发展历程)이다.

03

p. 304

雅令要求行令者具备什么特点?

A 精读《红楼梦》
B 善于品酒
C 会玩游戏
D 才思敏捷

雅令은 놀이하는 사람들에게 무슨 특징을 갖출 것을 요구하나?

A 《红楼梦》을 정독한다
B 술 맛보는 것을 잘해야 하나
C 게임을 할 줄 알아야 한다
D 창작력이 민첩해야 한다

해설 ▶ ❹의 '이것은 놀이를 하는 사람에게 재능과 문학적 능력도 있어야 하고, 충분한 기지와 민첩함도 있어야 할 것을 요구하며, 그래서 그것은 벌주 놀이 중 가장 음주자의 창작력을 드러낼 수 있는 종목이다'라는 말을 통해 정답은 D(才思敏捷)임을 알 수 있다.

04

p. 304

根据上文，可以知道:

A 唐宋酒令种类繁多
B 《醉乡日月》专门记录酒令
C 酒令促进了唐诗的繁荣
D 通令最受人们欢迎

위의 글에 근거하여 알 수 있는 것은?

A 당송의 벌주 놀이는 종류가 매우 많다
B 《醉乡日月》은 전문적으로 벌주 놀이를 기록했다
C 벌주 놀이는 당시의 번영을 촉진시켰다
D 通令이 가장 사람들의 환영을 받는다

해설 ▶ ❸에서 '당송 시기에는 벌주 놀이의 종류가 더욱 풍고하고 다양해졌다'라고 했으므로 정답은 A(唐宋酒令种类繁多)이다.

DAY 28

✓ 정답

| 1. A | 2. A | 3. D | 4. B |

[01-04]

一提到飞机结冰，大家想到的或许是这样的一副景象：雨雪天气里，停机坪上的飞机都"穿"上了一层冰衣。其实，多数情况下飞机结冰并不是发生在地面，而是在空中。

在大气对流层下半部的云层中，存在着很多过冷水滴，即温度低于冰点却仍未凝固的液态水滴。过冷水滴的状态十分不稳定，只要稍微受到外界的扰动，就会迅速凝结成冰。当飞机在云层中高速飞行时，如果飞机部件的表面温度低于冰点，过冷水滴就会很快在上面聚积成冰。这种现象被称为"水滴积冰"，❶ <u>它是导致飞机结冰的罪魁祸首。</u>

비행기 결빙을 언급하면, 모두 생각하는 것은 아마도 이러한 장면일 것이다. 비와 눈이 오는 날씨에서, 계류장에 있는 비행기가 모두 한 층의 얼음 옷을 '입은' 말이다. 사실 대다수 상황에서 비행기 결빙은 결코 지면에서 발생하는 것이 아니라 공중에서이다.

대기 대류권 하반부의 구름층에는 많은 과냉각 물방울, 즉 온도가 빙점보다 낮지만 여전히 응고되지 않은 액상 물방울이 존재하고 있다. 과냉각 물방울의 상태는 매우 안정되지 못해서, 조금 외부의 교란을 조금만 받아도 아주 빠르게 얼음으로 응결된다. 비행기가 구름층에서 고속으로 비행할 때, 만약 비행기 부품의 표면 온도가 빙점보다 낮으면, 과냉각 물방울은 빠르게 위에서 모여서 얼음이 된다. 이런 현상은 '水滴积冰'이라고 불리는데, <u>'그것은 비행기 결빙을 초래하는 근본 원인이다.</u>

飞机结冰有诸多危害，它可能会改变飞机的气动外形。当机翼和尾翼结冰后，其表面粗糙度会变大，从而❷²增加了飞行阻力，减小了升力。另外，飞机结冰还会严重影响飞机的操纵性，增加飞机的起降距离，❸²降低发动机的工作效率和有效推力，干扰正常的通讯导航信息。这些情况都有可能酿成重大的飞行事故。

既然飞机结冰贻害无穷，那有没有办法避免呢？答案是肯定的。❹⁴在设计现代飞机时一般都会在机翼、尾翼、发动机进气道前缘等易结冰的部位安装加热装置，以保证飞机无论在何种气象条件下飞行，这些部位都不会结冰。

近年来，一些科学家还从荷叶上找到了新的防冰灵感。生活中我们常会看到，水滴落到荷叶表面时，并不会粘附在荷叶上，而是聚成球状滚落，这就是"荷叶效应"。❺³如果能制造出像荷叶那样不粘水滴的飞机表面，那无疑是最直接有效的防冰手段。不过，这种防冰技术目前还只存在于实验室中，距离实际应用仍很遥远。

비행기 결빙은 많은 해로움이 있고, 그것은 아마도 비행기의 에어 제동력 외형을 바꾸게 될 것이다. 비행기 날개와 꼬리 날개가 결빙한 후, 그 표면이 점점 거칠어지고, 따라서 ²비행의 저항력은 증가하며 상승력은 감소한다. 그 밖에, 비행기 결빙은 또한 비행기의 조종성에 심각하게 영향을 주고, 비행기의 이착륙 거리가 증가하며, ²엔진의 작동 효율과 유효 추진력이 낮아지고, 정상적인 통신 유도 정보를 교란한다. 이러한 상황은 모두 아마도 중대한 비행기 사고를 점차 조성하게 될 것이다.

비행기 결빙은 심각한 해를 끼치는데, 그렇다면 피할 수 있는 방법은 없을까? 답은 긍정적이다. ⁴현대 비행기를 설계할 때는 일반적으로 비행기 날개, 꼬리 날개, 엔진 흡입구 앞 등 쉽게 결빙이 되는 부위에 가열 장치를 설치해서, 비행기가 어떠한 기상 조건에서 비행하든 관계없이, 이런 부위는 항상 얼음이 일지 않는다.

최근 들어 일부 과학자들은 연잎에서 새로운 얼음 방지의 영감을 찾아냈다. 생활 속에서 우리는 물방울이 연잎 표면에 떨어졌을 때 연잎 위에 달라붙지 않고 구형으로 모여서 굴러 떨어지는 것을 종종 볼 수 있는데, 이것이 바로 '연잎 효과'이다. ³만약 연잎처럼 물방울이 붙지 않는 비행기 표면을 제조해낼 수 있다면, 틀림없이 가장 직접적이고 효과적인 얼음 방지 수단이 될 것이다. 그러나 이러한 얼음 방지 기술은 현재 실험실 속에서만 존재하며, 실제 용용까지의 거리는 여전히 멀다.

단어 结冰 jiébīng 얼음이 얼다 | 或许 huòxǔ 🖳 아마, 어쩌면 | 景象 jǐngxiàng 🖳 상황, 광경, 모습 | 停机坪 tíngjīpíng 🖳 (비행장의) 비행기 계류장 | 对流层 duìliúcéng 🖳 대류권 | 云层 yúncéng 🖳 운층, 구름층 | 过冷 guòlěng 🖳 과냉각 | 水滴 shuǐdī 🖳 물방울 | 冰点 bīngdiǎn 🖳 빙점 | ★凝固 nínggù 🖳 응고하다, 굳어지다 | 液态 yètài 🖳 액상 | 稳定 wěndìng 🖳 안정하다 🖳 안정시키다 | 扰动 rǎodòng 🖳 교란 🖳 교란하다 | 凝结 níngjié 🖳 응결하다, 응결되다 | 部件 bùjiàn 🖳 부품 | 聚积 jùjī 🖳 모으다, 모이다 | 罪魁祸首 zuì kuí huò shǒu 🖳 원흉, 장본인, 근본 원인 | 诸多 zhūduō 🖳 많은 | ★翼 yì 🖳 날개 | 粗糙 cūcāo 🖳 거칠다 | 阻力 zǔlì 🖳 저항력 | ★操纵 cāozòng 🖳 ① (기계등을) 조종하다, 운전하다 ② (정당하지 못한 수단으로) 조종하다, 지배하다 | 发动机 fādòngjī 🖳 엔진, 모터 | 推力 tuīlì 🖳 추진력 | ★干扰 gānrǎo 🖳 방해하다, 교란시키다 | ★通讯 tōngxùn 🖳 통신, 뉴스, 기사 🖳 통신하다 | ★导航 dǎoháng 🖳 항해나 항공을 유도하다 | 酿成 niàngchéng 🖳 점차 조성하다 | 贻害无穷 yí hài wú qióng 🖳 심각한 해를 끼치다 | 前缘 qiányuán 🖳 앞부분 | 装置 zhuāngzhì 🖳 장치 | 荷叶 héyè 🖳 연잎 | ★灵感 línggǎn 🖳 영감 | 粘附 zhānfù 🖳 접착하다, 달라붙다 | 滚落 gǔnluò 🖳 굴러떨어지다 | 无疑 wúyí 🖳 의심할 바 없다, 틀림없다 | ★遥远 yáoyuǎn 🖳 아득히 멀다, 요원하다 | ★损坏 sǔnhuài 🖳 파손시키다, 손상시키다 | 零件 língjiàn 🖳 부품, 부속품 | 效能 xiàonéng 🖳 효능, 효과 | ★借鉴 jièjiàn 🖳 참고로 하다, 거울로 삼다

p. 304

01

第2段主要谈的是什么?

A 飞机结冰的主要原因
B 过冷水滴的形成过程
C 对流层中水滴的状态
D 飞机表面温度的变化情况

두 번째 단락이 주로 이야기하는 것은 무엇인가?

A 비행기 결빙의 주요 원인
B 과냉각 물방울의 형성 과정
C 대류권 물방울의 상태
D 비행기 표면 온도의 변화 상황

> **해설** ▶ 두 번째 단락의 주제를 가장 잘 드러내고 있는 말은, 앞의 내용을 함축하고 있는 마지막 문장인 **①**의 '그것은 비행기 결빙을 초래하는 근본 원인이다'라는 표현이다. 따라서 정답은 A(飞机结冰的主要原因)이다.

p. 305

02

下列哪项不属于飞机结冰造成的危害?

A 损坏飞机零件
B 减弱发动机效能
C 干扰飞行信号
D 增加飞行阻力

다음 중 어느 것이 비행기 결빙이 초래하는 해로움에 속하지 않나?

A 비행기 부품을 손상시킨다
B 엔진 효능을 약화시킨다
C 비행기 신호를 교란한나
D 비행기 저항력이 증가한다

> **해설** ▶ **②**에서 '비행의 저항력은 증가하고'라고 했으므로 D는 맞는 말이다. **③**에서 '엔진의 작동 효율과 유효 추진력이 낮아지고, 정상적인 통신유도 정보를 교란시킨다'라고 했으므로 B와 C도 맞는 말이다. 따라서 정답은 A(损坏飞机零件)이다.

p. 305

03

关于"荷叶效应",可以知道什么?

A 荷叶吸水能力强
B 是一种防水手段
C 在生活中被广泛运用
D 对防止飞机结冰有借鉴作用

'연잎 효과'에 관해, 무엇을 알 수 있나?

A 연잎은 물을 흡수하는 힘이 강하다
B 일종의 방수 수단이다
C 생활 속에서 광범위하게 활용된다
D 비행기 결빙을 방지하는 것에 대해 참고할만한 작용이 있다

> **해설** ▶ **⑤**의 '만약 연잎처럼 물방울이 붙지 않는 비행기 표면을 제조해낼 수 있다면, 틀림없이 가장 직접적이고 효과적인 얼음 방지 수단이 될 것이다'라는 말을 통해 정답이 D(对防止飞机结冰有借鉴作用)임을 알 수 있다.

根据上文，下列哪项正确?

위의 글에 근거하여, 다음 중 어느 것이 옳은가?

A 飞行事故大多是由结冰引起
B 机翼通常装有加热装置
C 飞机结冰多发生在降落后
D 过冷水滴的状态较稳定

A 비행기 사고는 대다수가 결빙 때문에 야기된다
B 비행기 날개는 일반적으로 가열 장치가 설치되어 있다
C 비행기 결빙은 착륙 후 많이 발생한다
D 과냉각 물방울의 상태는 비교적 안정적이다

해설 ▶ ❹에서 '현대 비행기를 설계할 때는 일반적으로 비행기 날개, 꼬리 날개, 엔진 흡입구 앞 등 쉽게 결빙이 되는 부위에 가열 장치를 설치해서'라고 했으므로 정답은 B(机翼通常装有加热装置)이다.

✓ 정답

1. A   2. B   3. A   4. C

[01–04]

　　调查机构正望咨询日前披露的《中国2006年度网上购物调查报告》显示，京沪穗三大城市里，有超过400万人在网上购物。与此同时，❶ ¹京沪穗有近半（48.6%）的网上卖家2006年度实现了盈利，盈利卖家平均月净赚2,230元。

　　新鲜出炉的对"网络买家"的调查数据显示，在京沪穗2006年度超过400万人的网购人群中，近290万人在淘宝上有过购物，90余万人在易趣有过购物，近30万人在拍拍有过购物。在当当网有过购物的人数90余万，在卓越有过购物的近80万人。

　　各家网站的市场份额调查结果显示出竞争的"残酷性"：❷ ²淘宝网在被调查的北京、上海、广州、武汉和成都五个重点城市C2C买家中，所占市场份额超过80%，易趣为15%左右，而拍拍网的市场份额不足3%。对此，本次调查报告的撰写者、中国互联网资深分析师吕伯望说，淘宝在五个重点城市的C2C市场份额超过80%，易趣在C2C市场大幅下滑，拍拍网市场份额不到3%。

조사 기구의 컨설팅 보고가 일전에 발표한 《중국 2006년도 인터넷 구매 조사 보고서》는 베이징, 상하이, 광저우 3대 도시에서 400만이 넘는 사람이 인터넷에서 구매를 했음을 밝혔다. 이와 동시에 ¹베이징, 상하이, 광저우에서는 거의 절반(48.6%)의 인터넷 판매자들이 2006년도에 이윤을 달성했으며, 이윤을 얻은 판매자들은 평균 순익이 2,230위안이었다.

새롭게 발표된 '인터넷 구매자'에 대한 조사 통계는 베이징, 상하이, 광저우의 2006년 400만 명이 넘는 인터넷 구매자들 중 거의 290만 명이 淘宝에서 구매를 한 적이 있으며, 90여만 명이 易趣에서 구매를 한 적이 있고, 거의 30만 명이 拍拍에서 구매를 한 적이 있다고 밝혔다. 当当网에서 구매를 한 적이 있는 사람수는 90여만 명이었고, 卓越에서 구매를 한 적이 있는 사람은 약 80만 명이었다.

각 인터넷 사이트의 시장 점유율 조사 결과에서는 경쟁의 '잔혹성'을 드러냈다. ²淘宝网이 조사된 베이징, 상하이, 광저우, 우한, 청두 5개의 중점 도시의 C2C(소비자 간의 전자 상거래) 구매자 중 차지하는 시장 점유율은 80%가 넘었고, 易趣가 15% 정도 되었으며, 拍拍网의 시장 점유율은 3%가 되지 않았다. 이에 대해 이번 조사 보고서의 저자이며 중국 인터넷의 베테랑 분석가인 뤼파이왕은 淘宝의 5개 중점 도시에서의 C2C 시장 점유율은 80%가 넘으며, 易趣는 C2C 시장에서 대폭으로 떨어졌고, 뤼파이왕의 시장 점유율은 3%도 되지 않는다고 말했다.

有意思的是，大约每五个C2C的买家中就有一个是C2C卖家。2006年度，在京沪穗三个城市，❸ [3]平均每个淘宝卖家的成交金额为33,300元；平均每个易趣卖家的成交金额为20,970元；平均每个拍拍卖家的成交金额为6,790元。

值得注意的是，在京沪穗网络卖家中，已有超过10%是全职经营。

在很多卖家关注的网上开店的盈利问题上，❹ [4]分别有48.6%的京沪穗卖家是盈利的，平均月盈利2,230元。3.4%还在亏损运营，15.9%的卖家不赔不赚。另有25.3%的卖家对经营情况选择了"不确定"，另有约6%的人拒绝回答这个敏感问题。

据了解，正望咨询本次调查通过电话访问共获得了4,089份有效问卷。

재미있는 것은 대략 매 5명의 C2C 구매자 중 한 명은 C2C 판매자라는 것이다. 2006년도 베이징, 상하이, 광저우 세 도시에서 [3]평균 모든 淘宝판매자의 거래 성립 금액은 33,300위안이며, 평균 모든 易趣판매자의 거래 성립 금액은 20,970위안이며, 평균 모든 拍拍판매자의 거래 성립 금액은 6,790위안이었다.

주의할 가치가 있는 것은 베이징, 상하이, 광저우 인터넷 판매자 중 이미 10%가 넘는 비율이 풀타임 경영을 한다는 것이다.

많은 판매자가 관심을 가지는 인터넷에서 개업한 후의 이윤을 남기는 문제에 있어서, [4]각각 48.6%의 베이징, 상하이, 광저우의 판매자가 이윤을 남겼으며, 평균 월 이윤은 2,230위안이었다. 3.4%는 아직 적자 경영이며, 15.9%의 판매자는 손해도 보지 않고 이익을 얻지도 않았다. 그 밖에 25.3%의 판매자는 경영 상황에 대해 '불확정'을 선택했으며, 다른 약 6%의 사람들은 이 민감한 문제에 대답하는 것을 거절했다.

파악한 바에 따르면 컨설팅 보고의 이번 조사는 전화방문을 통해 모두 4,089의 유효 설문을 획득했다.

단어 ★ **机构** jīgòu 명 기구 | **正望咨询** zhèngwàngzīxún 컨설팅 보고 | **披露** pīlù 통 ① 공표하다, 발표하다 ② (심중을) 드러내다 | ★ **盈利** yínglì 명 이윤, 이익 통 이윤을 얻다, 이익을 보다 | **卖家** màijiā 명 파는 쪽, 파는 사람, 파는 회사 | **净赚** jìngzhuàn 명 순익 | **出炉** chūlú 통 ① (제련하거나 구운 것을) 화로에서 꺼내다 ② 새 책이 막 발행되다 | **数据** shùjù 명 데이터, 통계 수치 | **份额** fèn'é 명 배당, 몫, (상품의) 시장 점유율 | ★ **残酷** cánkù 형 ① 잔혹하다, 냉혹하다, 가혹하다 ② (객관적인 환경이나 조건이) 혹독하다, 참혹하다 | **撰写者** zhuànxiězhě 명 저자 | ★ **互联网** hùliánwǎng 명 인터넷 | ★ **资深** zīshēn 형 경력이 오랜, 베테랑의 | ★ **成交** chéngjiāo 통 거래가 성립하다, 매매가 성립되다 | **金额** jīn'é 명 금액 | **全职** quánzhí 명 전담하다, 풀타임의 | **经营** jīngyíng 통 ① 운영하다, 경영하다, 조직하다 | **关注** guānzhù 관심을 가지다, 주시하다 명 관심, 중시 | **分别** fēnbié 부 각각 통 ① 헤어지다 ② 구별하다 | ★ **亏损** kuīsǔn 결손 나다, 적자 나다 | **运营** yùnyíng 통 ① (차, 배 등을) 운영하다 ② (기구 등을) 운영하다 | **赔** péi 통 ① 배상하다, 변상하다 ② 손해를 보다, 밑지다 | **赚** zhuàn 통 (돈을) 벌다 | ★ **敏感** mǐngǎn 형 ① 민감하다, 감각이 예민하다, 반응이 빠르다 ② 알레르기 반응을 일으키다 | **问卷** wènjuàn 명 설문 조사, 앙케트

01
p. 313

本文主要说了什么?

A 2006年京沪穗近半网店盈利
B 市场竞争是充满残酷性的
C 全国有400万人在网上购物
D 中国人平均月净赚2,230元

이 글은 주로 무엇을 말하는가?

A 2006년 베이징, 상하이, 광저우의 거의 반 정도의 인터넷 상점이 이윤을 남겼다
B 시장 경쟁은 잔혹성으로 가득하다
C 전국에서 400만 명이 인터넷에서 구매했다
D 중국인은 평균 월 순이익이 2,230위안이다

해설 ▶ 글 전체의 핵심 주제를 찾는 문제이다. 이러한 조사형의 글은 보통 첫 단락에 조사의 주제나 조사의 핵심 결과를 제시하는 경우가 많다. 이 글도 ❶에서 '베이징, 상하이, 광저우에서는 거의 절반(48.6%)의 인터넷 판매자들이 2006년도에 이윤을 달성했다'라고 가장 핵심적인 조사 결과를 나타내고 있다. 따라서 A(2006年京沪穗近半网店盈利)가 정답이다.

p. 313

02

根据本文，在被调查过的城市中，占市场份额最大的是：

A 拍拍网
B 淘宝网
C 易趣网
D 因特网

이 글에 따르면 조사된 도시 중 시장 점유율이 가장 큰 것은?

A 拍拍网(파이파이왕)
B 淘宝网(타오바오왕)
C 易趣网(이취왕)
D 인터넷

해설 ▶ 조사형은 언뜻 보면 아주 어려워 보이지만 문제에서 그 힌트를 잘 찾아낸다면 아주 쉽게 답을 찾아낼 수 있다. 이 문제에서 가장 핵심적인 표현은 '市场份额'이다. 글에서 '市场份额'가 나오는 곳은 세 번째 단락이다. ❷에서 타오바오 사이트(淘宝网)가 조사된 베이징, 상하이, 광저우, 우한, 청두 5개의 중점 도시의 C2C 구매자 중 차지하는 시장 점유율은 80%가 넘었고, 이취 사이트(易趣)가 15% 정도 되었으며, 파이파이 사이트(拍拍网)의 시장 점유율은 3%가 되지 않았다'라고 했으므로 정답은 B(淘宝网)이다.

p. 314

03

根据本文，2006年度，在京沪穗三个城市中：

A 平均每个淘宝卖家的成交金额为33,300元
B 平均每个易趣卖家的成交金额为6,790元
C 平均每个拍拍卖家的成交金额为20,970元
D 平均每个淘宝卖家的成交金额为20,970元

이 글에 따르면 2006년도 베이징, 상하이, 광저우 3도시는?

A 평균 모든 淘宝판매자의 거래 성립 금액은 33,300위안이다
B 평균 모든 易趣판매자의 거래 성립 금액은 6,790위안이다
C 평균 모든 拍拍판매자의 거래 성립 금액은 20,970위안이다
D 평균 모든 淘宝판매자의 거래 성립 금액은 20,970위안이다

해설 ▶ 이 문제에는 힌트가 될 만한 특별한 단어가 없다. 하지만 보기에 공통적으로 '卖家的成交金额'라는 표현이 있으므로, 글에서 이 표현을 찾아내면 답을 쉽게 찾을 수 있을 것이다. '卖家的成交金额'는 네 번째 단락에서 나온다. ❸에서 '평균 모든 淘宝판매자의 거래 성립 금액은 33,300위안이며, 평균 모든 易趣판매자의 거래 성립 금액은 20,970위안이며, 평균 모든 拍拍판매자의 거래 성립 금액은 6,790위안이었다'라고 했으므로 A(平均每个淘宝卖家的成交金额为33,300元)가 정답이다.

p. 314

04

在本次调查中，关于盈利问题：

A 3.4%是盈利的
B 48.6%是不盈利的
C 15.9%的不赔不赚
D 25.3%是盈利的

이번 조사에서 이윤을 남기는 문제에 관해?

A 3.4%가 이윤을 남겼다
B 48.6%가 이윤을 남기지 못했다
C 15.9%가 손해도 보지 않고 이익도 얻지 않았다
D 25.3%가 이윤을 남겼다

해설 ▶ 이 문제에서 가장 핵심적인 표현은 '盈利'이다. '盈利'에 관해 언급되는 부분은 여섯 번째 단락이다. ❹에서 '각각 48.6%의 베이징, 상하이, 광저우의 판매자가 이윤을 남겼으며, 평균 월 이윤은 2,230위안이었다. 3.4%는 아직 적자 경영이며, 15.9%의 판매자는 손해도 보지 않고 이익을 얻지도 않았다'라고 했으므로 정답은 C(15.9%的不赔不赚)이다.

[01-04]

今年，中国大学毕业生预计将达到820万人。面对严峻的就业形势，有部分毕业生以"慢就业"为由，选择"不就业"或者"懒就业"。❶ ¹这种逃避就业的现象正饱受社会质疑。

为加强高校对毕业生就业的重视，❷ ²教育部门要求高校统计毕业生的初次就业率，并将其作为考核高校工作的重要指标，这造成了高校特别重视初次就业率的情况。但也出现了一系列问题，比如很多高校喊出"先就业，后择业"的口号，要求毕业生先有一份工作再说。另外，不少高校还把毕业这一年作为"就业年"。在这期间，教育教学要为毕业生实习、赶招聘会让路，这导致大学教育严重缩水。统计初次就业率这一举措助长了就业急功近利的风气，不利于大学生理性选择适合自己的职业。

大学毕业生"慢就业"现象的出现，体现了❸ ³要求高校淡化初次就业率，关注学生中长期就业发展的需求。高校对毕业生的就业关注应从在校阶段延长到毕业之后，这是做好毕业生就业服务工作的必然选择。

目前，社会舆论普遍担心的是，"慢就业"会变成中国部分高校推卸就业服务责任的理由，导致高校既不关注初次就业率，也不关注毕业生的中长期就业情况。这就需要教育部门和高校有切实作为。教育部门应将由高校统计初次就业率调整为由专业的第三机构跟踪、统计毕业生的中长期就业率，评价毕业生中长期就业的质量而不只是数量。另外，高校要加强大学生职业生涯规划教育，多开展个性化就业指导服务活动等。

올해 중국 대학 졸업생은 장차 820만 명에 이를 것으로 예측된다. 심각한 취업한 취업 형세에 직면하여, 일부 졸업생은 '늦은 취업'을 이유로 '취업하지 않겠다'거나 '취업을 회피하겠다'는 것을 선택했다. ¹이러한 취업을 도피하는 현상은 사회의 의문을 받고 있다.

대학의 졸업생 취업에 대한 중시를 강화하기 위해, ²교육부는 대학에 졸업생의 최초 취업률을 통계하라고 요구했고, 또한 그것을 대학 업무를 심사하는 중요한 지표로 삼았는데, 이것은 대학이 최초 취업률을 매우 중시하는 상황을 야기했다. 그러나 또한 일련의 문제가 나타났는데, 예를 들어 많은 대학이 '먼저 취업하고 후에 직업을 선택하라'는 구호를 외쳤고, 졸업생들에게 먼저 한 가지 한 가지 직업을 갖고 다시 얘기하자고 요구했다. 그 밖에, 적지 않은 대학은 졸업하는 해를 '취업의 해'로 정했다. 이 기간에, 교육과 수업은 졸업생을 실습과 취업박람회로 양보했고, 이것은 대학 교육이 심각하게 축소되는 결과를 초래했다. 최초 취업률을 통계하는 이 조치는 취업이 눈앞의 이익에만 급급해하는 풍조를 조장하고, 대학생이 이성적으로 자신에게 적합한 직업을 선택하는데 이롭지 않다.

대학 졸업생이 '늦은 취업'을 하는 현상의 출현은, ³대학에게 최초 취업률을 가볍게 생각하고, 학생들의 중장기 취업 발전의 수요에 관심을 가져줄 것을 요구한다는 것을 구체적으로 드러냈다. 대학의 졸업생 취업에 대한 관심은 학교 단계에서부터 졸업 후로 연장되어야 하며, 이것은 졸업생 취업 서비스 업무를 잘하는 데 있어 필연적인 선택이다.

현재 사회 여론이 보편적으로 걱정하는 것은, '늦은 취업'이 중국 일부 대학이 취업 서비스의 책임을 전가하는 이유로 변해, 대학이 최초 취업률에도 관심을 가지지 않고, 또한 졸업생의 중장기 취업 상황에도 관심을 가지지 않는 결과를 초래하게 되는 것이다. 이것은 교육부와 대학의 적절한 행동이 있어야 한다. 교육부는 앞으로 대학이 최초 취업률을 통계하는 것으로부터 전문적인 제3의 기구가 졸업생의 중장기 취업률을 추적하고 통계하는 것으로 조정해야 하며, 단지 수량이 아니라 졸업생의 중장기적 취업의 질을 평가해야 한다. 그 밖에, 대학은 대학생의 직업 생애 계획 교육을 강화하고, 개성화된 취업 지도 서비스 활동 등을 많이 펼쳐야 한다.

단어 预计 yùjì 동 예상하다, 전망하다 | 严峻 yánjùn 형 가혹하다 | ★ 就业 jiùyè 동 취업하다 | 形势 xíngshì 명 형세, 정세 | 逃避 táobì 동 도피하다 | 饱受 bǎoshòu 동 실컷 받다 | 质疑 zhìyí 명 의문, 질의 동 의문을 갖다, 질의하다 | ★ 考核 kǎohé 명 심사 동 심사하다 | 一系列 yíxìliè 형 일련의 | 口号 kǒuhào 명 구호, 슬로건 | 缩水 suōshuǐ 동 감축하다, 축소하다 | 举措 jǔcuò 명 (대응) 조치 | 助长 zhùzhǎng 동 (좋지 않은 경향이나 현상을) 조장하다 | ★ 风气 fēngqì 명 풍조, 기풍 | ★ 急功近利 jí gōng jìn lì 눈앞의 성공과 이익에만 급급하다 | 体现 tǐxiàn 동 구체적으로 드러내다 | 淡化 dànhuà 동 희미해지다, 희미하게 하다 | ★ 需求 xūqiú 명 수요, 필요, 요구 | 延长 yáncháng 동 연장하다 | 必然 bìrán 형 필연적이다 부 필연적으로 | ★ 舆论 yúlùn 명 여론 | 推卸 tuīxiè 동 (책임을) 전가하다, 회피하다 | ★ 切实 qièshí 형 확실하다, 적절하다 | 作为 zuòwéi 명 행위 동 ① 성과를 내다 ② ~으로 여기다, ~으로 삼다 | 调整 tiáozhěng 동 조정하다, 조절하다 | ★ 机构 jīgòu 명 기구 | ★ 跟踪 gēnzōng 동 미행하다, 추적하다 | 生涯 shēngyá 명 생애, 생활, 일생 | ★ 规划 guīhuà 명 기획, 계획 동 기획하다, 계획하다 | ★ 开展 kāizhǎn 동 확대하다, 전개하다, 펼치다 | 个性 gèxìng 명 개성 | 指导 zhǐdǎo 명 지도 동 지도하다 |

嘲讽 cháofěng 图 비웃고 풍자하다 | ★ 政策 zhèngcè 图 정책 | 攀升 pānshēng 图 오르다 | ★ 幅度 fúdù 图 폭 | 抉择 juézé 图 선택, 채택 图 선택하다, 채택하다 | 理念 lǐniàn 图 이념 | 扩招 kuòzhāo 图 모집을 확대하다, 확대 모집하다 | 弊 bì 图 폐해, 해 | ★ 看待 kàndài 图 대하다, 다루다, 취급하다

01
p. 315

大众对"慢就业"现象普遍持什么态度?

A 质疑
B 嘲讽
C 支持
D 鼓励

대중은 '늦은 취업' 현상에 대해 보편적으로 어떤 태도를 갖고 있나?

A 의문을 갖다
B 비웃고 풍자하다
C 지지하다
D 격려하다

해설 ▶ ❶에서 '이러한 취업을 도피하는 현상은 사회의 의문을 받고 있다'라고 했으므로 정답은 A(质疑)이다.

02
p. 315

高校为什么十分重视毕业生的初次就业率?

A 可以扩大学校的影响力
B 为了完成考核工作
C 为了与其他高校竞争
D 受到社会舆论的影响

대학은 왜 졸업생의 최초 취업률을 매우 중시하나?

A 학교의 영향력을 확대할 수 있다
B 심사 업무를 완성하기 위해
C 다른 대학과 경쟁하기 위해
D 사회 여론의 영향을 받았다

해설 ▶ ❷에서 '교육부는 대학에 졸업생의 최초 취업률을 통계하라고 요구했고, 또한 그것을 대학 업무를 심사하는 중요한 지표로 삼았는데, 이것은 대학이 최초 취업률을 매우 중시하는 상황을 야기했다'라고 했으므로 정답은 B(为了完成考核工作)이다.

03
p. 315

根据上文, 高校应该重点关注什么?

A 政府和教育部门的政策
B 毕业生就业率的攀升幅度
C 毕业生的心理健康状况
D 毕业生中长期就业发展情况

위의 글에 근거하여, 대학은 중점적으로 무엇에 관심을 가져야 하나?

A 정부와 교육부의 정책
B 졸업생 취업률의 상승폭
C 졸업생의 심리 건강 상황
D 졸업생의 중장기 취업 발전 상황

해설 ▶ ❸에서 '대학에게 최초 취업률을 가볍게 생각하고, 학생들의 중장기 취업 발전의 수요에 관심을 가져줄 것을 요구한다'라고 했으므로 정답은 D(毕业生中长期就业发展情况)이다.

p. 315

04 下列哪项最适合做上文的标题?

A 大学生的就业抉择
B 如何改进大学生的教育理念
C 高校扩招的利与弊
D 如何看待和应对 "慢就业"

다음 중 어느 것이 위의 글의 제목에 가장 적합한가?

A 대학생의 취업 선택
B 어떻게 대학생의 교육 이념을 개선할 것인가
C 대학교 확대 모집의 이로움과 폐단
D '늦은 취업'을 어떻게 다루고 대응할 것인가

해설 ▶ 1번 단락에서 '늦은 취업' 현상이 나타났음을, 2번 단락에서는 이런 현상에 대한 교육부의 조치가 가져온 부정적인 결과를, 3번 단락에서 '늦은 취업' 현상이 대학에 요구하는 바를, 4번 단락에서는 '늦은 취업' 현상에 대해 교육부와 대학이 해야 할 행동을 이야기하고 있다. 전체적으로 '늦은 취업'에 대한 출현에서 해결책까지 언급하고 있으므로 정답은 D이다.

✔ 정답	51. D	52. B	53. D	54. C	55. B
	56. B	57. D	58. C	59. A	60. A

51
p. 316

A 《菜根谭》是一部论述修身养性、为人处世的语录集。

B 为了防止此类事件再次发生，我们应加快完善相关规章制度。

C 人生不可能一帆风顺，前一秒刚获得掌声，下一秒有可能就遭遇挫折。

D 这部电影是在全剧组人员的不懈努力完成的。

A 《菜根谭》은 몸과 마음을 다스리고 처세를 잘하는 법을 논술한 어록집이다.

B 이런 류의 사건이 다시 발생하는 것을 방지하기 위해, 우리는 관련 규정 제도를 정비하는 것을 가속화해야 한다.

C 인생은 순조롭기만 하는 것은 불가능하다. 1초 전에 박수 소리를 받아도 다음 1초에 좌절을 만날 수 있다.

D 이 영화는 모든 제작진의 끊임없는 노력 하에 완성한 것이다.

해설 ▶ D '在'는 기본적으로 뒤에 장소나 시간이 오는 전치사로, 그 외의 경우는 뜻에 맞는 방위사(在…上/下/中/里/内/外등)와 함께 사용해야 한다. 지금은 어떤 일을 해내는 데 바탕이 된 조건을 나타내는 '下'를 넣어 '在全剧组人员的不懈努力下'로 사용해야 한다.

단어 论述 lùnshù 통 논술하다 | 修身养性 xiū shēn yǎng xìng 성 몸과 마음을 다스리다 | 为人处世 wéirén chǔshì 남과 잘 어울려 살아가다, 처세를 잘하다 | 完善 wánshàn 형 완벽하다 통 완벽해지게 하다 | ★规章 guīzhāng 명 규칙, 규정 | ★一帆风顺 yì fān fēng shùn 성 순풍에 돛을 올리다, 일이 순조롭게 진행되다 | ★遭遇 zāoyù 통 (불행한 일) 만나다, 맞닥뜨리다 명 (불행한) 처지, 경우, 운명 | ★挫折 cuòzhé 통 좌절하다, 좌절시키다 명 좌절 | 剧组 jùzǔ 명 (연극, 영화의) 제작진 | 不懈努力 búxiè nǔlì 끊임없이 노력하다

52
p. 316

A 随着冬季雨水的减少，山涧瀑布的水流相对小了很多。

B 据不完全统计，中国的网络作家已达到超过1400万人。

C 大数据的充分应用，大大缩短了生产与消费间的距离。

D 睡眠不足会带来许多危害，比如判断力下降、免疫功能失调等。

A 겨울 강우량이 감소함에 따라, 산골짜기 폭포의 물줄기가 상대적으로 많이 작아졌다.

B 불완전 통계에 따르면, 중국의 인터넷 작가는 이미 1400만 명에 이른다.

C 빅데이터의 충분한 응용은 생산과 소비의 거리를 크게 단축시켰다.

D 수면 부족은 많은 해로움을 가져오는데, 예를 들면 판단력 저하, 면역 기능의 불균형 등이 있다.

해설 ▶ B 수량 관련 표현은 두 개 이상 중복 사용해서는 안 된다. '达到'는 어떤 수에 거의 가까이 이르렀음을 나타내고 '超过'는 수를 초과했음을 나타냄으로, 둘 중 하나만 사용해야 한다.

단어 山涧 shānjiàn 명 계곡물, 산골짜기 | ★瀑布 pùbù 명 폭포 | 数据 shùjù 명 데이터, 통계수치 | ★免疫 miǎnyì 명 면역 | 失调 shītiáo 통 균형을 잃다, 평형을 잃다

53

p. 316

A 近年来，各地纷纷推行垃圾分类，然而收效甚微。

B 这场大火将该国许多珍贵文化遗产吞噬一空。

C 中国租房群体主要由流动人口及高校毕业生构成，数量庞大。

D 街舞属丁一种中低强度的有氧运动，一定的瘦身功效。

A 최근 몇 년간, 각지에서 잇달아 쓰레기 분류를 시행하고 있지만, 그러나 효과는 매우 미미하다.

B 이 큰불은 그 나라의 많은 진귀한 문화유산을 남김없이 삼켜버렸다.

C 중국의 집을 세내는 무리는 주로 유동인구 및 대학 졸업생으로 이루어져 있고, 수량이 방대하다.

D 힙합 댄스는 일종의 중저강도의 유산소 운동에 속하며, 일정한 다이어트 효과가 있다.

해설 ▶ D 문장의 큰 흐름을 살펴보자.

街舞	属于	有氧运动,	?	瘦身	功效。
주어	서술어1	목적어1		서술어2	목적어2

앞의 문장에는 문제가 없다. 뒤의 문장은 주어가 없는데, 이런 경우 앞의 주어가 그대로 연결된다. 따라서 뒤의 문장의 경우 주어는 없어도 되지만 서술어가 없는 상황이므로, 동사 '有'를 넣어서 '有一定的瘦身功效'로 써야 한다.

단어 纷纷 fēnfēn 튀 잇달아, 계속해서 | 推行 tuīxíng 동 보급하다, 시행하다 | 收效 shōuxiào 동 효과를 거두다 명 효과 | ★珍贵 zhēnguì 형 진귀하다 | ★遗产 yíchǎn 명 유산 | 吞噬 tūnshì 동 삼키다, 통째로 먹다 | ★庞大 pángdà 형 방대하다, 거대하다 | 街舞 jiēwǔ 명 힙합 댄스 | 功效 gōngxiào 명 효능, 효과

54

p. 316

A 尽管如此，我们要说，开凿运河是害在一时，而利在后代，利在民族。

B 不管大家强烈反对，我都要坚持我自己的主张。

C 1973年，考古工作者在浙江省余姚县河姆渡新石器文化遗址中，发现了一口水井。

D 都江堰位于岷江中游，它是公元前250年左右，由蜀郡守李冰率百姓修筑的。

A 비록 이렇다고 해도 우리는 운하를 뚫는 것의 해로움은 순간이고, 이익은 후대와 민족에 있다고 말해야 한다.

B 모두 얼마나 강하게 반대하는지 관계없이, 나는 내 자신의 주장을 끝까지 견지하려고 한다.

C 1973년 고고학자들은 절강성 여요현 하모도 신석기 문화 유적에서 우물 하나를 발견했다.

D 두장댐은 민강 중류에 위치해 있고, 그것은 기원전 250년 정도에 촉의 군수 이빙이 백성들을 인솔하여 세운 것이다.

해설 ▶ B '无论、不论、不管' 뒤에는 ① 의문사, ② 还是나 或者, ③ 정반의문문, ④ 명사의 나열, ⑤ 两面词 중 하나가 있어야 한다. 따라서 의문사 '多么'를 사용하여 '不管大家多么强烈地反对'로 바꿔야 한다.

단어 开凿 kāozáo 동 (수로나 터널 등을) 뚫다, 파다, 굴착하다 | 运河 yùnhé 명 운하 | 遗址 yízhǐ 명 유적 | 水井 shuǐjǐng 명 우물 | 都江堰 Dūjiāngyàn 명 두장댐 | 岷江 Mínjiāng 명 민강 | 郡守 jùnshǒu 명 군수 | 率 shuài 동 인솔하다, 통솔하다, 거느리다 | 修筑 xiūzhù 동 세우다, 건설하다, 건축하다

55

p. 317

A 张老师亲切的面孔与和蔼的笑容，不时浮现在我的脑海中。

B 只有去过那儿的人，才能真正体会到那种美妙的感觉。

C 在进行高温洗涤或甩干程序时，切勿碰触机门玻璃，以免防止烫伤。

D 我躺在床上，望着窗外那轮皎洁的圆月，想起了故乡，久久不能入睡。

A 장선생님의 친절한 얼굴과 상냥한 웃는 표정이 종종 내 머릿속에 떠오른다.

B 오직 그 곳을 가본 적이 있는 사람만이 진정으로 그런 미묘한 느낌을 체험할 수 있다.

C 고온 세척 혹은 탈수 과정을 진행할 때, 화상을 입지 않기 위해 절대 기계 문 유리에 손을 대지 마세요.

D 나는 침대에 누워 창 밖의 밝은 둥근 달을 바라보며 고향이 떠올랐고, 오랫동안 잠에 들 수 없었다.

해설 ▶ C '以免'은 뒤에 부정적인 내용이 연결되어 그것을 피하는 것을 목적으로 함을 나타낸다. '防止烫伤(화상 입는 것을 방지하다)'는 긍정적인 내용이므로, '防止'를 생략해야 한다.

단어 面孔 miànkǒng 몡 얼굴, 표정 | ★ 和蔼 hé'ǎi 몡 상냥하다 | ★ 不时 bùshí 凰 종종, 늘 | 浮现 fúxiàn 동 (지난 일이) 떠오르다 | ★ 美妙 měimiào 몡 미묘하다 | 洗涤 xǐdí 동 세탁하다, 세척하다 | 甩干 shuǎi gān 탈수하다 | 程序 chéngxù 몡 ① 순서, 단계, 절차 ② 프로그램 | 切勿 qièwù ~하지 마라 | 碰触 pèng chù 몡 만지다, 닿다 | ★ 以免 yǐmiǎn ~하지 않도록, ~하지 않기 위해서 | 烫伤 tàngshāng 동 데다, 화상 입다 | 皎洁 jiǎojié 동 (달이) 휘영청 밝다

56

p. 317

A 五千年来，黄河见证了中华民族的兴衰荣辱，好像一位饱经沧桑的老人，睿智安详。

B 春节将至，全国上上下下掀起一场春运抢票热潮，到处都弥漫着"一票难求"。

C 电动升降式晾衣杆高度可以调节，挂取衣物十分方便，而且操作简单，只需按一下按钮即可。

D 虎刺梅是一种花期很长的多肉植物。它非常耐旱，基本上不用浇水，只要环境适宜，它可以四季开花。

A 5000년 간 황허는 중화민족의 성쇠와 영욕을 보여주었으며, 마치 세상의 온갖 변화를 다 겪은 노인처럼 슬기롭고 온화하다.

B 춘절이 다가오자, 전국 모든 곳에 춘절 수송 티켓팅 열기가 일어났고, 도처가 '표 한 장 구하기 힘든' 분위기로 가득하다.

C 전동승강식 빨래건조대의 높이는 조절할 수 있어서 옷을 널고 걷는 것이 매우 편리하고, 게다가 조작이 간단해서 버튼을 누르기만 하면 된다.

D 虎刺梅는 개화기가 매우 긴 다육식물이다. 그것은 가뭄에 매우 강해서 기본적으로 물을 줄 필요가 없고, 환경이 적합하기만 하면 사계절 꽃을 피울 수 있다.

해설 ▶ B 문장의 큰 흐름을 살펴보자.

<u>全国上上下下</u>	<u>掀起</u>	<u>热潮，</u>	<u>到处</u>	<u>弥漫</u>	<u>?。</u>
주어	서술어	목적어	주어	서술어	목적어

앞의 문장에는 문제가 없다. 뒤의 문장에는 '弥漫'과 짝을 이룰 목적어가 빠져 있음을 알 수 있다. 따라서 서술어에 맞는 목적어를 써서 '弥漫着"一票难求"的气氛'으로 바꿔야 한다.

단어 见证 jiànzhèng 동 증명하다 | 兴衰 xīngshuāi 몡 흥함과 쇠함, 성쇠 | 荣辱 róngrǔ 몡 영예와 치욕, 영욕 | ★ 饱经沧桑 bǎo jīng cāng sāng 셍 세상사의 온갖 변천을 다 겪다 | 睿智 ruìzhì 몡 슬기롭다, 지혜롭다 | ★ 安详 ānxiáng 몡 (말이나 행동이) 점잖다, 침착하다 | ★ 掀起 xiānqǐ 동 물결치다, 넘실거리다, 일다 | 抢 qiǎng 동 앞다투어 ~하다 | 热潮 rècháo 몡 열기, 붐 | ★ 弥漫 mímàn 동 (연기, 안개, 분위기 등이) 자욱하다, 가득 차다 | ★ 晾 liàng 동 말리다 | ★ 操作 cāozuò 동 조작하다 | 按钮 ànniǔ 몡 버튼 | 耐旱 nàihàn 몡 가뭄에 강하다 | 浇 jiāo 동 (식물에) 물을 주다 | ★ 适宜 shìyí 몡 적당하다, 적합하다

57

p. 317

A 这个问题你应该原原本本解释清楚，否则不可能不让人产生怀疑。

B 虽然文章内容很精彩，但是语言朴实无华，几近口语。

C 巴金对我的接近文学和爱好文学，有着多么有益的影响。

D 由于计算机应用技术的普及，为各级各类学校开展多媒体教学工作提供了良好的条件。

A 이 문제를 당신은 사실대로 정확하게 설명해야 한다. 그렇지 않으면 사람들로 하여금 의심이 생기지 않도록 하기가 불가능할 것이다.

B 비록 글의 내용은 뛰어나지만, 언어는 수수하고 질박하여 회화체에 거의 가깝다.

C 바진은 내가 문학에 다가가고 문학을 좋아하게 되는 것에 어느 정도 유익한 영향을 갖고 있다.

D 컴퓨터 응용기술의 보급은 각급 학교가 다매체 교육 업무를 전개하는 데 좋은 조건을 제공했다.

해설 ▶ D 먼저 지금 이 문장 그대로 구조 분석을 해보자.

(由于…)，　(为…)　　提供　　条件。
전치사구　　전치사구　　서술어　　목적어

이대로라면 주어가 없는 문장이 된다. 따라서 '由于'를 생략하여 '普及'가 문장의 주어가 되도록 해야 한다.

단어 原原本本 yuányuán běnběn 셍 있는 그대로, 낱낱이, 사실대로 | 朴实无华 pǔshí wúhuá 셍 수수하고 질박하다 | 几近 jǐjìn 동 거의 ～에 이르다, 거의 ～에 가깝다 | ★ 开展 kāizhǎn 동 ① (활동이) 전개되다, 확대되다 ② 전개시키다, 확대시키다 | ★ 媒体 méitǐ 명 대중 매체, 매스 미디어

58

p. 317

A 同学们观看电影《雷锋》后，受到了深刻的教育。

B 现在科学发达，移植记忆也许不是完全不可能的事。

C 一个人有没有远大的目标和脚踏实地的精神，是取得成功的关键。

D 感冒退热冲剂主要是用大青叶、板蓝根、草河车配制而成的。

A 친구들은 영화《雷锋》을 보고 깊은 교훈을 받았다.

B 지금은 과학이 발달하여, 기억을 이식하는 것이 아마도 완전히 불가능한 일은 아닐 것이다.

C 한 사람이 원대한 목표와 성실한 정신을 갖고 있는지 없는지는 성공을 거둘 수 있을지 없을지의 관건이다.

D 감기 해열 과립형약은 주로 大青叶, 板蓝根, 草河车로 조제하여 만든 것이다.

해설 ▶ C 정반의 두 가지 의미를 가지는 단어가 있을 때는 문장 앞 뒤의 내용이 그에 맞는지 잘 살펴봐야 한다. '有没有'라는 표현이 언급되었지만, 뒤에는 '取得成功'만 있다. 그러면 항상 성공을 거두는 것이 되어버리므로 앞 뒤가 맞지 않다. 따라서 '是能否取得成功的关键'으로 바꿔야 한다.

단어 移植 yízhí 동 ① (식물을) 옮겨 심다 ② 이식하다 | 脚踏实地 jiǎotà shídì 셍 일하는 것이 착실하고 견실하다 | 退热 tuìrè 동 열이 내리다 | 冲剂 chōngjì 명 과립형으로 만들어서 물에 타 먹는 약 | 配制 pèizhì 동 배합하여 만들다, 조제하다

59

p. 318

A 深秋的香山，是登高远眺、游览的好时候。

B 快乐有助于长寿，有助于增加食欲，有助于提高工作效率。

C 草原上的天气变幻莫测，刚刚还是晴空万里，转眼间便乌云密布了。

D 重新认识农业，开拓农业新的领域，已成为当今世界农业发展的新趋势。

A 향산의 늦가을은 높이 올라 조망하고 유람하기에 좋은 시기이다.

B 즐거움은 장수에 도움이 되고, 식욕을 증가시키는 데 도움이 되며, 업무 효율을 향상시키는 데 도움이 된다.

C 초원 위의 날씨는 변화가 무상하여 예측할 수 없다. 방금 여전히 구름 한 점 없이 맑은 하늘이었지만, 눈 깜짝할 사이에 먹구름이 짙게 깔린다.

D 다시 농업을 인식하고 농업의 새로운 영역을 개척하는 것은 이미 지금 세계 농업 발전의 새로운 추세가 되었다.

해설 ▶ A 먼저 지금 이 문장 그대로 구조 분석을 해보자.

香山　是　时候。
주어　서술어　목적어

'향산은 시기이다'가 되어버려서 '是'자문에 맞지 않다. 따라서 주어를 '香山的深秋'로 바꿔야 한다.

단어 远眺 yuǎntiào 图 멀리 바라보다, 조망하다 | 变幻莫测 biànhuàn mòcè 图 변화가 무상하여 예측할 수 없다 | 晴空万里 qíngkōng wànlǐ 图 구름 한 점 없이 맑은 하늘 | 转眼间 zhuǎnyǎnjiān 图 별안간, 눈 깜짝할 사이에 | 乌云密布 wūyún mìbù 图 먹구름이 짙게 깔리다 | 重新 chóngxīn 图 ① 다시, 재차 ② 새로 | ★ 开拓 kāituò 图 개척하다, 개간하다, 확장하다

60

p. 318

A 倘若一个人能在任何情况下都可以感受到快乐，因为他便会成为世上最幸福的人。

B 大约在公元11世纪的时候，宋朝人开始玩儿一种叫做"蹴鞠"的游戏，它很像现代的足球。

C 金子可能就埋在你的脚下，就在离你不远处闪烁着诱人的光芒，关键在于你有没有善于发现金子的眼光。

D 冰箱的低温环境并不能杀死由空气、食物等带入冰箱的微生物，而是能抑制部分微生物的生长速度。

A 만약 한 사람이 어떠한 상황에서든 즐거움을 느낄 수 있다면, 그러면 그는 세상에서 가장 행복한 사람이 될 것이다.

B 대략 서기 11세기 때, 송나라 사람들은 '蹴鞠'라고 부르는 놀이를 하기 시작했고, 그것은 현대의 축구와 비슷하다.

C 금은 당신의 발 아래에 묻혀 있을 수도 있고, 당신에서 멀지 않은 곳에서 매혹적인 빛을 반짝거리고 있을 수도 있다. 관건은 당신이 금을 잘 발견하는 안목이 있는지 없는지에 있다.

D 냉장고의 저온 환경은 공기와 음식 등이 냉장고로 가져 들어온 미생물을 결코 죽일 수는 없고, 부분적인 미생물의 생장 속도를 억제할 수 있다.

해설 ▶ A '倘若'는 '如果'와 마찬가지로 가정을 나타내는 접속사로, 주어 앞에 접속사 짝을 쓸 때는 '那(么)', 부사 짝을 쓸 때는 '就(=便=则)'를 주로 사용한다. 따라서 '因为'를 '那么'로 바꿔야 한다.

단어 ★ 倘若 tǎngruò 웹 만약 ~라면 | 公元 gōngyuán 图 서기, 기원 | 埋 mái 图 (파)묻다 | ★ 闪烁 shǎnshuò 图 깜빡이다, 번쩍이다 | 诱人 yòurén 图 사람을 홀리다, 매력적이다 | ★ 光芒 guāngmáng 图 빛 | 善于 shànyú 图 ~을 잘하다 | ★ 眼光 yǎnguāng 图 안목, 식견 | 微生物 wēishēngwù 图 미생물 | 抑制 yìzhì 图 억제하다

✓ 정답	61. C	62. A	63. D	64. A	65. B
	66. D	67. C	68. C	69. A	70. D

61

p. 319

争吵时，你最应该做的并不是用＿＿或态度上的强硬来压倒对方。你需要的是冷静和克制，冷静地把对方的话听完，不用担心没有机会把道理全说出来。即使＿＿都在你这边，你也不要用比对方更高的＿＿来征服他；你越想征服他，他＿＿越大。

말다툼할 때 당신이 가장 먼저 해야하는 것은 결코 <u>말투</u>나 태도 상의 강경함으로 상대방을 압도하는 것이 아니다. 당신이 필요로 하는 것은 냉정함과 자제이며, 냉정하게 상대방의 말을 다 듣고, 이치를 다 말할 기회가 없을까봐 걱정할 필요가 없다. 설령 <u>일리</u>가 당신 쪽에 있다고 하더라도, 당신은 상대보다 더 높은 <u>어조</u>로 그를 정복하려고 하지 마라. 당신이 그를 정복하고 싶어하면 할수록 그의 <u>반항</u>은 커질 것이다.

A 口气	真理	语调	抵制
B 表情	情理	强调	力气
C 语气	道理	声调	反抗
D 气势	心理	声音	抵抗

A 어조 / 진리 / 억양 / 제압하다
B 표정 / 이치 / 강조하다 / 역량
C 어투 / 도리 / 말투 / 반항하다
D 기세 / 심리 / 목소리 / 저항하다

해설 ▶ 1번 빈칸

A 口气 kǒuqì : 몡 어조, 말투
B 表情 biǎoqíng : 몡 표정
C 语气 yǔqì : 몡 어투, 말투
D 气势 qìshì : 몡 (사람 또는 사물의) 기세

→ 빈칸에는 '态度'와 병렬관계를 이루며 '强硬'과 함께 쓰일 수 있는 명사가 필요한데, 네 단어 모두가능하다.

▶ 2번 빈칸

A 真理 zhēnlǐ : 몡 진리
B 情理 qínglǐ : 몡 이치, 사리, 도리
C 道理 dàolǐ : 몡 도리, 이치, 일리, 근거, 경우
D 心理 xīnlǐ : 몡 심리

→ '＿＿在你这边'을 바꾸면 '你这边有＿＿'가 된다. 따라서 글의 의미에도 맞고 동시에 '有' 뒤의 목적어가 될 수 있는 명사를 찾아야 한다. 동사 '有'와 함께 자주 쓰이는 명사는 C밖에 없다.

▶ 3번 빈칸

A 语调 yǔdiào : 몡 억양, 어조
B 强调 qiángdiào : 통 강조하다
C 声调 shēngdiào : 몡 ① 말투, 어조, 톤 ② 성조
D 声音 shēngyīn : 몡 소리, 목소리

→ 명사가 필요하므로 B는 답이 아니다. 또한 '高'의 수식을 받고 있으므로 D도 답이 될 수 있다. '声音'은 '大/小'로 묘사해야한다.

▶ 4번 빈칸

A 抵制 dǐzhì : 통 보이콧하다, 제압하다, 배척하다
B 力气 lìqi : 몡 힘, 역량
C 反抗 fǎnkàng : 통 반항하다, 저항하다
D 抵抗 dǐkàng : 통 저항하다, 대항하다

→ 의미상 적어도 A와 B는 절대 답이 아니다.

단어 强硬 qiángyìng 혱 강력하다, 강경하다 | 压倒 yādǎo 통 압도하다, 능가하다, 앞서다 | 冷静 lěngjìng 혱 ① 냉정하다, 침착하다 ② 조용하다, 고요하다 | 克制 kèzhì 통 억제하다, 자제하다, 억누르다 | ★ 征服 zhēngfú 통 정복하다, 극복하다

十字绣是一种＿＿于欧洲的手艺，具有悠久的历史。由于它是一项易学易懂的手艺嗜好，因此流传非常＿＿。您只需花一点点时间、一点点的耐心，再加上一点点用心，＿＿能完成一幅＿＿你自己也觉得很有成就感的十字绣作品了。

십자수는 유럽에서 <u>기원한</u> 수공 기술이며, 유구한 역사를 갖고 있다. 그것은 배우기 쉽고 이해하기 쉬운 수공 기술 취미이므로, 전해지는 범위가 매우 <u>광범위하다</u>. 당신은 약간의 시간과 약간의 인내심, 그 위에 약간의 노력을 쓰기만 하면 <u>바로</u> 한 폭의 당신 자신조차도 성취감이 있다고 느끼게 <u>만드는</u> 십자수 작품을 완성할 수 있다.

A 起源	广泛	就	令
B 发源	普遍	才	使
C 来源	普及	也	让
D 源于	普通	还	叫

A **기원하다 / 광범위하다 / 바로 / ~하게 하다**
B 발원하다 / 보편적이다 / 비로소 / ~하게 하다
C 유래하다 / 보급되다 / ~도 / ~하게 하다
D 비롯되다 / 보통이다 / 아직도 / ~하게 하다

해설 ▶ 1번 빈칸

→ 이미 빈칸 뒤에 '于'가 있으므로 D는 절대 답이 아니다. A, B, C의 차이는 다음과 같다.

	동사		명사
	사용형식	포인트	
起源	起源于	'起', 인위적인 것의 시작	○
发源	发源于	'发', 자연적인 것의 발생	○(주로 发源地)
来源	来源于	'来', 소재나 생각의 출처	○

십자수와 같이 인위적인 것의 시작은 A(起源)를 사용해야 한다.

▶ 2번 빈칸

A 广泛 guǎngfàn : 廖 광범위하다, 폭넓다, 두루 미치다
B 普遍 pǔbiàn : 廖 보편적이다, 일반적이다
C 普及 pǔjí : 동 ① 보급되다, 확산되다 ② 널리 확산시키다, 보급화시키다
D 普通 pǔtōng : 廖 보통이다, 평범하다, 일반적이다

→ 먼저 정도부사 '非常'의 수식을 받는 서술어가 들어가야 하므로 형용사여야 한다. 일단 C는 답이 될 수 없다. 두 번째는 주어인 '流传'과 맞아야 한다. '流传'은 어떤 사물이나 현상이 대대로 전해지거나 세상에 널리 퍼지는 것을 의미하므로 A가 가장 적합하다.

▶ 3번 빈칸

→ 빈칸 앞의 문장에 '只'가 있다. 즉 '단지 ~만 해도' 쉽게, 짧은 시간에, 비교적 순조롭게 어떤 일이 이루어짐을 나타내므로 A(就)가 적합하다.

▶ 4번 빈칸

→ 모두 사동동사이다.

단어 十字绣 shízixiù 廖 십자수 | ★手艺 shǒuyì 廖 손재간, 솜씨, 수공 기술 | 嗜好 shìhào 廖 기호, 취미 | 流传 liúchuán 동 유전하다, 대대로 전해 내려오다, 세상에 널리 퍼지다 | 用心 yòngxīn 동 애쓰다, 마음을 쓰다 廖 열심이다, 부지런하다 廖 속셈, 의도, 목적

绿茶是所有茶类中历史最悠久的一种茶类。绿茶中含有＿＿＿的钾，有利尿的＿＿＿。绿茶的叶酸＿＿＿较高，可以预防贫血。绿茶富含氟元素，能有效地＿＿＿龋齿的发生。

녹차는 모든 차 종류 중에 역사가 가장 유구한 차이다. 녹차 속에는 <u>풍부한</u> 칼륨이 함유되어 있고, 이뇨의 <u>기능</u>을 갖고 있다. 녹차의 엽산 <u>함량</u>은 비교적 높아서 빈혈을 예방할 수 있다. 녹차는 불소 원소를 풍부하게 함유하고 있어 효과적으로 충치의 발생을 <u>방지할</u> 수 있다.

A	繁多	作用	比率	预防
B	众多	影响	容量	妨碍
C	充足	效果	比例	阻碍
D	丰富	功能	含量	防止

A 많나 / 작용하나 / 비율 / 예방하나
B 매우 많다 / 영향을 주다 / 용량 / 방해하다
C 충분하다 / 효과 / 비율 / 가로막다
D 풍부하다 / 기능 / 함량 / 방지하다

해설 ▶ 1번 빈칸

A 繁多 fánduō : 휑 (종류가) 많다, 다양하다　　B 众多 zhòngduō : 휑 아주 많다

C 充足 chōngzú : 휑 충분하다, 충족하다　　D 丰富 fēngfù : 휑 풍부하다, 넉넉하다 동 풍부하게 하다

→ A는 주로 종류나 스타일이 많을 때, B는 사람이 많을 때 사용한다. C는 수량이 충분하여 수요나 요구를 만족시키는 정도임을 나타내며 주로 물품, 자금, 광선, 공기와 같은 구체적인 사물에 사용한다. 지금 빈칸은 '칼륨'을 묘사하는 형용사가 필요하므로, 주로 색채, 영양, 물품, 종류 등이 많음을 나타내는 D가 가장 적합하다.

▶ 2번 빈칸

→ B(影响)를 제외한 나머지는 모두 가능하다.

▶ 3번 빈칸

→ 녹차에 함유(含)되어 있는 엽산의 양(量)을 나타내므로 D(含量)가 가장 적합하다.

▶ 4번 빈칸

A 预防 yùfáng : 동 예방하다　　B 妨碍 fáng'ài : 동 방해하다, 지장을 주다

C 阻碍 zǔ'ài : 동 방해하다, 지장이 되다 명 방해, 지장　　D 防止 fángzhǐ : 동 방지하다

→ '충치의 발생'을 목적어로 해야 하므로 B와 C는 답이 될 수 없다.

단어 钾 jiǎ 몡 칼륨 | 利尿 lìniào 동 배뇨가 잘 되게 하다 몡 이뇨 | 叶酸 yèsuān 몡 엽산 | 贫血 pínxuè 몡 빈혈 | 氟 fú 몡 불소 | 龋齿 qǔchǐ 몡 충치

　　5月1号，2010年上海世博会正式开幕，我们盼望的这一天＿＿＿到来了。早上大家精神饱满地来到甘肃馆，做＿＿＿一切准备工作后，大家面带自信的微笑，准备迎接来自世界各地的游客。随着时间的推移，游客＿＿＿走进省区市馆，＿＿＿地人开始多了起来。

5월 1일, 2010년 상하이 세계박람회가 정식으로 개막하고, 우리가 간절히 바라던 이날이 <u>마침내</u> 도래했다. 아침에 모두가 활력으로 가득 차 감숙관으로 와서 모든 준비 작업을 <u>다</u> 한 후, 모두 얼굴에 자신감 있는 미소를 띠고 세계 각지에서 오는 여행객을 맞이할 준비를 했다. 시간의 지남에 따라, 여행객들은 <u>계속해서</u> 성, 자치구, 시 박람회관으로 걸어 들어왔고, <u>점점</u> 사람들이 많아지기 시작했다.

A 终于	好	陆陆续续	渐渐
B 刚好	上	三三两两	缓缓
C 恰巧	出	接二连三	慢慢
D 总算	满	断断续续	匆匆

A 결국 / 하다(완료) / 끊임없이 / 점점

B 때마침 / 위에 / 삼삼오오 / 느릿느릿하다

C 때마침 / 나가다 / 끊임없이 / 천천히

D 마침내 / 채우다 / 끊어졌다 이어졌다 하다 / 매우 급한 모양

해설

▶ 1번 빈칸

　A　终于 zhōngyú : 🄫 마침내, 결국

　B　刚好 gānghǎo : 🄗 꼭 알맞다 🄫 공교롭게, 알맞게, 때마침

　C　恰巧 qiàqiǎo : 🄫 때마침, 공교롭게도

　D　总算 zǒngsuàn : 🄫 ① 겨우, 간신히, 마침내, 드디어 ② 대체로 ~한 셈이다

　　→ 의미상 A와 D가 가능하다.

▶ 2번 빈칸

　　→ '好'는 동사 뒤에서 결과보어가 될 때 '완료'의 의미를 나타낼 수 있다. 따라서 '준비를 다 끝냈다'라는 의미로 A(好)가 적합하다.

▶ 3번 빈칸

　A　陆陆续续 lùlùxùxù : 🄫 끊임없이, 연이어, 계속해서

　B　三三两两 sānsān liǎngliǎng : 🄗 둘씩 셋씩, 삼삼오오

　C　接二连三 jiē'èrliánsān : 🄫 몇 번 연이어서, 잇따라, 끊임없이

　D　断断续续 duànduànxùxù : 🄗 끊어졌다 이어졌다 하다

　　→ 이 빈칸만으로는 확실한 답을 찾기 어렵다.

▶ 4번 빈칸

　A　渐渐 jiànjiàn : 🄫 점점, 점차　　　　　　B　缓缓 huǎnhuǎn : 🄗 느릿느릿하다

　D　匆匆 cōngcōng : 🄗 매우 급한 모양

　　→ 빈칸은 주어 앞에 위치해있다. A는 부사이지만 종종 구조조사 '地'와 함께 주어 앞에서 서술어를 수식할 수 있다. 의미상으로도 A가 가장 적합하다.

단어　世博会 shìbóhuì 세계 박람회 | 开幕 kāimù 🄤 개막하다, 막을 열다 | 盼望 pànwàng 🄤 간절히 바라다 | 饱满 bǎomǎn 🄗 가득차다, 충만하다 | 迎接 yíngjiē 🄤 영접하다, 맞이하다 | 推移 tuīyí 🄤 (시간, 형세, 기풍 등이) 변화하다, 변천하다, 이동하다, 발전하다

你是一块磁铁，当你身心愉悦，对世界____善意，美好东西就自然地被你吸引。相反，当你____、郁闷，什么都不对劲，负面的一切就相继____。所以快乐的你就吸引让你快乐的人、事，烦忧的你____吸引让你烦忧的人、事。

당신은 자석이다. 당신의 심신이 즐겁고 세계에 대해 선의로 <u>가득할</u> 때, 아름다운 것은 자연스럽게 당신에 의해 끌린다. 반대로 당신이 <u>비관적이고</u> 우울해서 아무것도 마음에 들지 않을 때, 부정적인 모든 것이 연이어 <u>도착 보고를 한다</u>. 그래서 즐거운 당신은 당신을 즐겁게 만드는 사람과 일을 끌어당기고, 근심하는 당신은 반면 당신을 걱정시키는 사람과 일을 끌어당긴다.

A 充足	悲悼	报道	就
B 充满	悲观	报到	则
C 充分	悲剧	报名	便
D 布满	悲伤	来到	而

A 충족하다 / 애도하다 / 보도하다 / 즉시
B 충만하다 / 비관적이다 / 도착 보고하다 / 반면
C 충분하다 / 비극 / 신청하다 / 곧
D 가득 퍼지다 / 몹시 슬퍼하다 / 도착하다 / 그러나

해설 ▶ 1번 빈칸
A 充足 chōngzú : 彎 충분하다, 충족하다   B 充满 chōngmǎn : 동 충만하다, 가득차다, 넘치다 (+ 추상적 개념)
C 充分 chōngfèn : 彎 충분하다   D 布满 bùmǎn : 동 가득 널리다, 가득 퍼지다
→ 문장 분석을 해보자.
(对世界)   善意
　　　　서술어　목적어
전치사구 뒤이므로 서술어(즉, 형용사와 동사)가 필요하지만, 목적어가 있으므로 반드시 동사여야 한다. '善意'는 '추상적인 개념으로 가득하다'는 뜻이므로 B가 정답이다.

▶ 2번 빈칸
A 悲悼 bēidào : 동 슬픈 마음으로 애도하다   B 悲观 bēiguān : 彎 비관적이다
C 悲剧 bēijù : 명 비극   D 悲伤 bēishāng : 彎 마음이 아프다, 몹시 슬퍼하다
→ 빈칸 뒤의 문장부호 '、'는 병렬을 나타낸다. 빈칸 뒤에 '郁闷'이 형용사이므로 빈칸에도 형용사가 필요하다. 따라서 A와 C는 답이 될 수 없다.

▶ 3번 빈칸
A 报道 bàodào : 명 보도 동 보도하다
B 报到 bàodào : 동 도착하였음을 보고하다, 도착 보고를 하다, 도착 등록을 하다
C 报名 bàomíng : 동 신청하다, 등록하다, 지원하다
→ 주어는 '一切'이고 그에 맞는 동사가 필요하다. 의미상 A와 C는 답이 되기 어렵다.

▶ 4번 빈칸
→ 앞과 뒤가 서로 비교나 대조되는 내용으로 되어 있는 경우 뒤의 문장 주어 앞에 접속사 '而'을 사용하거나 주어 뒤에 부사 '则'를 사용해서 '반면'이라는 비교나 대조를 나타낼 수 있다. 앞의 문장은 '快乐的你'이고 뒤는 '烦忧的你'로 서로 대조되고 있다. 단 빈칸의 위치가 주어 뒤이므로 부사 '则'를 사용해야 한다. 따라서 답은 B이다.

단어 磁铁 cítiě 명 자석 | 愉悦 yúyuè 彎 기쁘다, 즐겁다 동 기쁘게 하다, 즐겁게 하다 | 郁闷 yùmèn 彎 우울하다, 침울하다, 울적하다 | 不对劲 búduìjìn 彎 ① 정상이 아니다, 이상하다 ② 마음에 들지 않다, 맞지 않다 ③ 화목하지 않다, 의견이 일치하지 않다, 문제가 있다 | 负面 fùmiàn 명 부정적인 면 | 相继 xiāngjì 부 잇따라, 연이어 | 烦忧 fányōu 彎 근심하다, 걱정하다

礼仪是＿＿的东西，它既是人类间交际不可或缺的，也是不可过于＿＿的。如果把礼仪看得高于一切，结果就会＿＿人与人真诚的信任。因此在语言交际中要＿＿找到一种分寸，使之既直爽又不失礼。这是最难又是最好的。

예의는 <u>미묘한</u> 것이다. 그것은 인류 간의 교제에서 없어서는 안 되는 것이기도 하고, 지나치게 <u>따져서는</u> 안 되는 것이기도 하다. 만약 예의를 모든 것보다 높게 본다면 결과적으로 사람과 사람 간의 진실된 신임을 잃게 된다. 따라서 언어 교제에서 한도를 찾아내는 데 <u>능숙해야</u> 하며, 그것으로 하여금 솔직하고도 예의에 어긋나지 않게 해야한다. 이것은 가장 어렵고도 가장 좋은 것이다.

A 重要	衡量	忘记	改善
B 奇妙	计算	得到	擅长
C 微小	比较	消失	特长
D 微妙	计较	失去	善于

A 중요하다 / 측정하다 / 잊어버리다 / 개선하다
B 기묘하다 / 계산하다 / 얻다 / 뛰어나다
C 극소하다 / 비교하다 / 사라지다 / 특기
D 미묘하다 / 따지다 / 잃다 / ～을 잘하다

해설 ▶ 1번 빈칸

   B 奇妙 qímiào : 혱 기묘하다, 신기하다

   C 微小 wēixiǎo : 혱 미소하다, 극소하다

   D 微妙 wēimiào : 혱 미묘하다

   → '예의'를 묘사하기에 적어도 C는 적합하지 않다.

▶ 2번 빈칸

   A 衡量 héngliáng : 동 ① 재다, 측정하다 ② 고려하다, 숙고하다, 고찰하다

   B 计算 jìsuàn : 동 ① 계산하다 ② 고려하다, 계획하다

   D 计较 jìjiào : 동 ① 따지다, 계산하여 비교하다, 문제삼다 ② 논쟁하다, 승강이하다, 언쟁하다

   → 앞의 '없어서는 안 되는 것이다'라는 말과 상반되는 내용이 들어가야 하며 동시에 부사 '过于'의 수식을 받을 수 있어야 한다. '过于计较'라는 말은 자주 쓰이는 표현일 뿐만 아니라 의미상 흐름에도 잘 맞다.

▶ 3번 빈칸

   C 消失 xiāoshī : 동 자취를 감추다, 사라지다

   D 失去 shīqù : 동 잃다, 잃어버리다 + 추상적 개념

   → '信任'을 목적어로 가질 수 있는 동사를 찾아야 한다. A(忘记)와 B(得到)는 의미에 맞지 않다. C는 목적어를 가지지 않는 동사(不及物动词)이므로 더욱 답이 될 수 있다. 따라서 D가 가장 적합하다.

▶ 4번 빈칸

   A 改善 gǎishàn : 동 개선하다

   B 擅长 shàncháng : 동 (어떤 방면에) 뛰어나다, 잘하다, 재주가 있다 1 장기, 재간

   C 特长 tècháng : 명 특기, 장기

   D 善于 shànyú : 동 ～을 잘하다, ～에 능숙하다

   → 문장 분석을 해보자.

     要   ＿＿＿＿＿ [找到一种分寸]

          서술어   목적어

빈칸 앞에 조동사 '要'가 있고 목적어를 가지므로 빈칸에는 동사가 필요하다. 따라서 일단 C는 답이 아니다. 목적어는 명사가 아닌 동사 '找'가 있는 서술성 목적어이다. '善于'는 목적어에 반드시 동사를 가진다. 예를 들어 '善于写作、善于游泳' 등이 있다. 따라서 D가 정답이다.

단어 不可或缺 bùkě huòquē 성 없어서는 안 된다, 필수적이다 | ★ 过于 guòyú 부 지나치게, 너무 | 真诚 zhēnchéng 혱 진실하다, 성실하다 | ★ 分寸 fēncun 명 (일이나 말의) 분별, 분수, 주제, 한도, 한계 | 直爽 zhíshuǎng 혱 솔직하다, 거리낌없다

读物理学家的传记时，我们可以发现一个十分有趣的＿＿＿：很多物理学家大都是音乐爱好者。我们知道，物理学研究要运用＿＿＿思维和数学语言，而音乐活动则主要运用形象思维和艺术语言，这两种思维＿＿＿迥然不同，可是它们竟如此＿＿＿地统一在那些物理学家身上。

물리학자의 전기를 읽을 때, 우리는 매우 재미있는 현상을 발견할 수 있다. 많은 물리학자들은 대다수가 음악 애호가들이다. 우리는 물리학 연구가 논리적 사유와 수학 언어를 활용한다는 것을 알 수 있다. 음악 활동은 주로 이미지 사유와 예술 언어를 사용한다. 이러한 두 가지 사유 방식은 서로 완전히 다르지만, 그것들은 뜻밖에도 이처럼 교묘하게 물리학자의 몸에서 동일되어 있나.

A 场景	抽象	形式	神秘
B 特征	复杂	过程	巧妙
C 现象	逻辑	方式	神奇
D 事实	全面	方法	奇妙

A 장면 / 추상적이다 / 형식 / 신비하다
B 특징 / 복잡하다 / 과정 / 교묘하다
C 형상 / 논리 / 방식 / 신기하다
D 사실 / 전반적이다 / 방법 / 기묘하다

해설 ▶ 1번 빈칸

    A **场景** chǎngjǐng : 몡 ① 장면, 신(scene) ② 정경, 모습

    B **特征** tèzhēng : 몡 특징

    → 의미상 적어도 A는 답이 아니라는 것을 알 수 있다.

    ▶ 2번 빈칸

    A **抽象** chōuxiàng : 톙 추상적이다   C **逻辑** luójí : 몡 논리

    D **全面** quánmiàn : 몡 전면, 전반, 전체 톙 전면적이다, 전반적이다

    → 물리학자의 사유를 묘사하기에 가장 적합한 말은 C이다.

    ▶ 3번 빈칸

    → '思维方式(사유방식)'은 일종의 관용표현이다.

    ▶ 4번 빈칸

    A **神秘** shénmì : 톙 신비하다   B **巧妙** qiǎomiào : 톙 교묘하다

    C **神奇** shénqí : 톙 신기하다, 기묘하다   D **奇妙** qímiào : 톙 기묘하다, 신기하다

    → 이 빈칸만으로는 확실한 답을 찾기 어렵다.

단어 ★**传记** zhuànjì 몡 전기 | **运用** yùnyòng 동 운용하다, 활용하다, 응용하다 | ★**思维** sīwéi 몡 사유 동 사유하다, 생각하다 | **迥然不同** jiǒngrán bùtóng 톙 서로 완전히 다르다, 서로 현저하게 차이가 나다

有抱负的人都忽视了积少才能成多的道理，一心只想____，而不去埋头耕耘。直到有一天，他们看到比自己开始晚的，比自己天资差的，都已经有了____的收获，才发现自己这片园地上还是____。这时他们才明白，不是上天没有给他们理想，而是他们一心只等待丰收，却忘了____。

포부가 있는 사람은 모두 조금씩 모아야만 많은 것이 이루어진다는 이치를 부시하고, 온통 <u>한 번에 놀랄 만한 성과를 이룰</u> 생각만 하며 정신을 집중하여 정성을 기울이지 않는다. 어느 날에 이르러 그들은 자신보다 늦게 시작하고 자신보다 타고난 자질이 떨어지는 사람이 모두 이미 <u>대단한</u> 수확을 거둔 것을 보고서야 자신의 이 경작지는 여전히 <u>아무런 수확도 없다</u>는 것을 발견하게 된다. 이때서야 그들은 하늘이 그들에게 이상을 주지 않은 것이 아니라, 그들이 온 마음으로 오직 풍작만 기다리고 <u>농사를 짓는 것</u>을 잊었다는 것을 이해하게 된다.

A 一蹴而就	可喜	不劳而获	耕耘
B 一步登天	可怜	徒劳无功	种地
C 一鸣惊人	可观	一无所获	播种
D 一手遮天	可口	一无所有	传播

A 단번에 성공하다 / 즐겁다 / 일하지 않고 이익을 얻다 / 경작하다

B 최고의 경지에 이르다 / 불쌍하다 / 성과도 없이 헛일을 하다 / 농사를 짓다

C 놀랄 만한 성과를 이루다 / 대단하다 / 아무런 수확도 없다 / 파종하다

D 수법으로 대중의 이목을 가리다 / 맛있다 / 아주 빈곤하다 / 전파하다

해설 ▶ 1번 빈칸

A 一蹴而就 yícù érjiù : 図 단번에 성공하다, 일이 쉬워 단번에 이루다

B 一步登天 yíbù dēngtiān : 図 단번에 최고의 경지에 이르다

C 一鸣惊人 yìmíng jīngrén : 図 평소에 조용히 있지만 한 번 시작하면 놀랄 만한 성과를 이루다

D 一手遮天 yìshǒu zhētiān : 図 권세를 배경으로 기만적인 수법을 써서 대중의 이목을 가리다

→ 앞에 '조금씩 모아야만 많은 것이 이루어진다'는 의미와 상반되는 표현을 찾아야 한다. 의미상 D는 맞지 않다.

▶ 2번 빈칸

A 可喜 kěxǐ : 囿 기쁘다, 즐겁다

B 可怜 kělián : 囿 불쌍하다 图 동정하다, 연민하다

C 可观 kěguān : 囿 ① 대단하다, 굉장하다, 훌륭하다 ② 볼만하다

D 可口 kěkǒu : 囿 맛있다, 입에 맞다

→ '收获'를 수식하기에 적합한 형용사는 C밖에 없다.

▶ 3번 빈칸

A 不劳而获 bùláo érhuò : 図 일하지 않고 이익을 얻다

B 徒劳无功 túláo wúgōng : 図 아무런 성과도 없이 헛일을 하다

C 一无所获 yìwú suǒhuò : 図 아무런 수확도 없다

D 一无所有 yìwú suǒyǒu : 図 가진 게 아무것도 없다, 아주 빈곤하다

→ 주어가 '园地(경작지)'를 묘사할 만한 서술어는 C밖에 없다.

▶ 4번 빈칸

A 耕耘 gēngyún : 图 ① 땅을 갈고 김을 매다 ② 경작하다 ③ 부지런히 일하다, 정성을 기울이다

B 种地 zhòngdì : 图 밭을 갈고 파종하다, 농사를 짓다

C 播种 bōzhòng : 图 파종하다, 씨를 뿌리다

D 传播 chuánbō : 图 전파하다, 널리 퍼뜨리다

→ '传播'를 제외한 나머지는 모두 가능하다.

단어 ★抱负 bàofù 囻 포부, 큰 뜻 | 埋头 máitóu 图 몰두하다, 정신을 집중하다 | 耕耘 gēngyún 图 ① 땅을 갈고 김을 매다 ② 경작하다 ③ 부지런히 일하다, 정성을 기울이다 | 天资 tiānzī 囻 타고난 자질, 천부의 재능 | 园地 yuándì 囻 밭 | ★丰收 fēngshōu 图 ① 풍작을 이루다, 풍년이 들다 ② 좋은 성적을 거두다 囻 ① 풍작, 풍년 ② 성적, 성과, 성취

69

p. 322

花样游泳是女子体育项目，原为游泳赛间歇时的水中____项目，是游泳、舞蹈和音乐的完美____，有"水中芭蕾"之称。它是一项艺术性很强的____的体育运动，但也需要力量和____，需要多年的____。

싱크로나이즈드 스위밍은 여자 체육 종목으로, 원래는 수영 경기 사이에 휴식할 때 하는 수중 공연 종목이었으며, 수영, 무용, 음악의 완벽한 결합이고, '수중 발레'라는 이름을 갖고 있다. 그것은 예술성이 강한 우아한 체육 운동이다. 그러나 또한 힘과 테크닉이 필요해서 다년간의 훈련을 필요로 한다.

A 表演	结合	优雅	技巧	训练
B 比赛	配合	优美	方法	培训
C 演出	联合	美丽	捷径	体会
D 演技	组合	精致	手段	学习

A 공연하다 / 결합하다 / 우아하다 / 기교 / 훈련하다
B 시합하다 / 협동하다 / 우아하고 아름답다 / 방법 / 육성하다
C 공연하다 / 연합하다 / 아름답다 / 지름길 / 경험하여 알다
D 연기 / 조합하다 / 섬세하다 / 수단 / 배우다

해설 ▶ 1번 빈칸

A 表演 biǎoyǎn : 동 공연하다, 연기하다 명 공연, 연기 C 演出 yǎnchū : 동 공연하다 명 공연
D 演技 yǎnjì : 명 연기
→ 싱크로나이즈드 스위밍은 지금 현재 스포츠이나, 지문 빈칸은 원래 무엇이었는지 묘사하고 있으므로 B(比赛)는 답이 아니다. A와 C가 가능하다.

▶ 2번 빈칸

A 结合 jiéhé : 동 결합하다 명 결합   B 配合 pèihé : 동 ① 협동하다, 협력하다 ② 서로 잘 맞다
C 联合 liánhé : 동 연합하다 형 연합한   D 组合 zǔhé : 동 조합하다, 짜 맞추다 형 조합된 명 조합
→ 수영, 무용, 음악 등이 합쳐지는 것을 나타내야 한다. B와 C는 사람이나 사람의 단체에 사용되므로 답이 될 수 있다. 조합은 사물에 사용할 수 있으나 여러 가지를 하나로 만든다는 뜻이므로 역시 적합하지 않다. 따라서 A가 정답이다.

▶ 3번 빈칸

A 优雅 yōuyǎ : 형 ① 우아하다 ② 고상하다   B 优美 yōuměi : 형 우아하고 아름답다
C 美丽 měilì : 형 아름답다, 예쁘다, 곱다   D 精致 jīngzhì : 형 정교하고 치밀하다, 섬세하다
→ '体育运动'을 묘사할 수 있는 형용사를 찾아야 한다. A와 B는 모두 사람의 동작을 묘사할 수 있으므로 사용이 가능하지만, C와 D는 답이 될 수 없다.

▶ 4번 빈칸

A 技巧 jìqiǎo : 명 기교, 테크닉
C 捷径 jiéjìng : 명 ① 가까운 길, 지름길 ② 빠른 방도, 첩경
→ 기술이나 기교를 뜻하므로 A가 가장 적합하다.

▶ 5번 빈칸

B 培训 péixùn : 동 양성하다, 육성하다, 키우다, 훈련하다
C 体会 tǐhuì : 동 체험하여 터득하다, 경험하여 알다 명 (체험에서 얻은) 느낌, 경험, 배운 것
→ '운동'은 '训练'해야 한다.

단어 花样游泳 huāyàngyóuyǒng 명 싱크로나이즈드 스위밍 | 歇 xiē 동 휴식하다, 쉬다 | 完美 wánměi 형 완벽하다, 매우 훌륭하다, 완전무결하다 | ★舞蹈 wǔdǎo 명 춤, 무용 동 춤추다, 무용하다

192

由于我国经济的高速发展，汽车＿＿步伐越来越快，城市交通拥堵问题＿＿严重。我们＿＿现阶段城市交通的现实状况，结合实际工作＿＿，制定了一系列措施＿＿交通拥堵。

우리나라 경제의 고속 발전으로 인해, 자동차화의 발걸음은 갈수록 빨라지고, 도시 교통의 정체 문제도 <u>나날이</u> 심각해졌다. 우리는 현 단계의 도시 교통의 현실적인 상황에 <u>맞추어</u>, 실제 업무 <u>경험</u>과 결합하여, 교통정체를 <u>완화시킬</u> 일련의 조치를 제정했다.

A 度	渐渐	面向	经历	解决
B 率	日渐	面对	过程	摆脱
C 热	慢慢	应对	经过	减缓
D 化	日益	针对	经验	缓解

A 도 / 점점 / ~로 향하다 / 체험하다 / 해결하다
B 률 / 나날이 / 직면하다 / 과정 / 빠져나오다
C 열 / 천천히 / 응답하다 / 경유하다 / 늦추다
D 화 / 나날이 / 겨누다 / 직접 체험하다 / 완화시키다

해설

▶ 1번 빈칸

A 度 dù : 정도를 나타냄
B 率 lǜ : 백분율을 나타냄
C 热 rè : 열기나 붐을 나타냄
D 化 huà : 변화를 나타냄
→ 여기서는 자동차 위주의 생활로 변했음을 나타내므로 D가 가장 적합하다.

▶ 2번 빈칸

A 渐渐 jiànjiàn : 뷔 점점, 점차
B 日渐 rìjiàn : 뷔 나날이, 날로
D 日益 rìyì : 뷔 나날이, 날로, 더욱
→ C(慢慢)를 제외한 나머지는 모두 가능하다. C는 앞에 '汽车化越来越快'와 맞지 않는다.

▶ 3번 빈칸

A 面向 miànxiàng : 图 ~로 향하다
B 面对 miànduì : 图 마주 보다, 직면하다
C 应对 yìngduì : 图 응답하다, 대답하다, 대응하다, 대처하다
D 针对 zhēnduì : 图 겨누다, 조준하다, 초점을 맞추다
→ 어떤 문제나 상황에 초점을 맞추는 것을 의미하므로 D가 가장 적합하다.

▶ 4번 빈칸

A 经历 jīnglì : 图 몸소 겪다, 체험하다, 경험하다 閔 경험, 경력
B 过程 guòchéng : 閔 과정
C 经过 jīngguò : 图 ① (장소를) 경유하다, 통과하다 ② (시간이) 걸리다 ③ (동작을) 거치다 閔 (일의) 과정, 경위
D 经验 jīngyàn : 图 몸소 경험하다, 직접 체험하다 閔 경험, 체험
→ A와 D는 다음과 같은 차이가 있다.

> 经验 : 사람이 실제 생활에서 얻은 지식이나 기능 같은 결과물을 뜻한다.
> 예 他的工作经验非常丰富。 그의 업무 경험은 매우 풍부하다.
>   [업무를 통해 얻은 지식 같은 결과물을 뜻함]
> 经历 : 사람이 직접 보거나 직접 체험한 과정을 뜻한다.
> 예 他有非常复杂的生活经历。 그는 매우 복잡한 생활의 경험을 갖고 있다.
>   [생활에서 직접 겪은 여러 가지 과정을 뜻함]

▶ 5번 빈칸

B 摆脱 bǎituō : 图 (속박, 규제, 어려움 등 부정적인 것에서) 벗어나다, 빠져나오다
C 减缓 jiǎnhuǎn : 图 (속도를) 늦추다, (속도가) 느려지다, (정도를) 경감하다, (정도가) 가벼워지다
D 缓解 huǎnjiě : 图 ① 완화되다, 풀리다 ② 완화시키다, 풀다
→ '交通拥堵(교통정체)'를 목적어로 볼 때 A(= 解决)와 D가 가능하다.

단어 ★步伐 bùfá 閔 ① 걸음걸이, 발걸음 ② (일이 진행되는) 속도, 순서 | 拥堵 yōngdǔ 图 (사람이나 차량 등이 한데 몰려) 길이 막히다, 꽉 차다 | 一系列 yíxìliè 엥 일련의, 연속의 | 措施 cuòshī 閔 조치, 대책

[71-75]

在2017年12月举小的第四届世界互联网大会上，搜狗公司首次对外展示了他们的"唇语识别"技术。

唇语识别是一项集机器视觉与自然语言处理于一体的技术，系统使用机器视觉技术，从图像中连续识别出人脸，判断其中正在说话的人，(71)_____；随即将连续变化的特征输入到唇语识别模型中，识别出讲话人口型对应的发音；随后根据识别出的发音,计算出可能性最大的自然语言语句。

搜狗的唇语识别技术诞生于其语音交互中心。最初，该中心的语音交互团队是想要找办法解决语音识别里的噪声问题，(72)_____。

据语音技术部负责人陈伟介绍，语音识别主要是做多模态的输入，包括了视觉和音频的结合，(73)_____。陈伟说的补充效果主要体现在两种场景下：第一种场景是噪声环境。如果在相对安静的场景下，语音识别准确率能达到97%，但在实际的车载、房间等环境嘈杂的场景下，(74)_____。第二种场景是摄像头下的语言获取。现阶段，大部分的场景下只有摄像头没有麦克风，摄像头获取的只是图像数据，很难知道现场这个人在讲什么。陈伟认为，(75)_____，但在很多场景中可以落地，比如在安防、助残、甚至一些电影中发挥用武之处。

A 语音识别的准确率会急剧下降
B 并提取出此人连续的口型变化特征
C 尽管目前唇语识别技术还不完善
D 随后才衍生出了做唇语识别的念头
E 唇语是一个很好的补充

2017년 12월에 개최된 제4회 세계 인터넷 총회에서 搜狗회사는 처음으로 대외에 그들의 '구화 식별'기술을 선보였다.

구화식별은 기계 시각과 자연 언어 처리가 일체화된 기술로, 기계 시각 기술을 체계적으로 사용하여 영상으로부터 연속적으로 사람 얼굴은 식별해내고, 그 중 지금 말을 하고 있는 사람을 판단하며, (71) B 또한 이 사람의 연속적인 입 모양 변화 특징을 뽑아낸다; 즉시 연속적으로 변화하는 특징을 구화 식별 모형에 입력하여 말하는 사람의 입 모양에 대응하는 발음을 식별해낸다; 이어서 식별한 발음에 근거하여, 가능성이 가장 큰 자연 언어의 어구를 계산해낸다.

搜狗의 구화 식별 기술은 그것의 음성 교류 센터에서 탄생했다. 처음에 이 센터의 음성 교류팀은 방법을 찾아 음성 식별 속의 잡음 문제를 해결하려고 했고, (72) D 뒤이어 구화 식별을 하겠다는 생각이 파생되어 나왔다.

음성 기술 책임사 천웨이의 소개에 따르면, 음성 식별은 주로 많은 모드의 입력을 하는 것인데, 시각과 가청 주파수의 결합을 포함하며, (73) E 구화는 매우 좋은 보충이 된다. 천웨이가 말하는 보충 효과는 주로 두 가지 상황에서 드러난다. 첫 번째 상황은 소음 환경이다. 만약 상대적으로 조용한 상황에 있다면 음성식별의 정확도가 97%에 달하지만, 그러나 실제의 차량용이나 방 등 환경이 시끄러운 상황에서는 (74) A 음성 식별의 정확도가 급격하게 떨어진다. 두 번째 상황은 CCTV 아래에서의 언어 수집이다. 현 단계에서 대부분의 상황에서는 CCTV만 있고 마이크는 없어서, CCTV로 얻게 되는 것은 단지 영상 데이터라서 현장에서 이 사람은 무엇을 말하고 있는지 알기가 매우 어렵다. 천웨이는 (75) C 비록 지금 구화 식별 기술은 아직 완벽하지 않지만, 그러나 많은 상황에서 효과를 발휘할 수 있다고 생각한다. 예를 들어 보안이나 장애인을 돕는 곳, 심지어는 일부 영화에서도 작용을 발휘할 수 있다고 생각한다.

단어 ★展示 zhǎnshì 图 드러내 보이다, 펼쳐 보이다 | ★识别 shíbié 图 식별하다, 구분하다 | 系统 xìtǒng 圆 체계, 시스템 圆 체계적이다 | 图像 túxiàng 圆 영상 | ★随即 suíjí 图 즉시, 곧 | 输入 shūrù 图 입력하다 | ★模型 móxíng 圆 견본, 모델, 모형 | ★对应 duìyìng 图 대응하다 圆 대응 | ★诞生 dànshēng 图 탄생하다 | ★噪音 zàoyīn 圆 소음, 잡음 | 模态 mótài 圆 모드 | 音频 yīnpín 圆 가청 주파수 | 体现 tǐxiàn 图 구체적으로 드러내다 | 场景 chǎngjǐng 圆 장면, 상황, 정경 | 车载 chēzài 圆 차량용 | ★嘈杂 cáozá 圆 떠들썩하다, 시끄럽다 | 摄像头 shèxiàngtóu 圆 캠, CCTV | 获取 huòqǔ 图 얻다, 획득하다 | 数据 shùjù 圆 통계수치, 데이터 | ★现场 xiànchǎng 圆 현장 | 助残 zhùcán 图 장애인을 돕다 | 用武 yòngwǔ 图 재능을 발휘하다 | ★急剧 jíjù 圆 급격하다 | 提取 tíqǔ 图 추출하다, 뽑아내다 | 特征 tèzhēng 圆 특징 | 完善 wánshàn 圆 완벽하다 图 완벽해지게 하다 | 衍生 yǎnshēng 图 파생하다 | 念头 niàntou 圆 생각, 마음

71

p. 323

B 并提取出此人连续的口型变化特征

B 또한 이 사람의 연속적인 입 모양 변화 특징을 뽑아 낸다

해설 ▶ 빈칸 앞과 뒤 모두 구화 식별이 이루어지는 과정을 설명하는 내용으로 이루어져 있으므로, 빈칸에는 역시 그러한 과정에서 이루어지는 동작을 제시하는 내용이 필요하다. 따라서 B(并提取出此人连续的口型变化特征)가 가장 적합하다.

72

p. 323

D 随后才衍生出了做唇语识别的念头

D 뒤이어 구화식별을 하겠다는 생각이 파생되어 나왔다

해설 ▶ 빈칸 앞에 구화 식별 기술이 탄생하게 된 배경을 설명하는 내용이 나오고 빈칸이 이 단락의 마지막 문장이므로, 빈칸에는 이 단락을 마무리 짓는 문장이 필요하다. 따라서 D(随后才衍生出了做唇语识别的念头)가 가장 적합하다.

73

p. 323

E 唇语是一个很好的补充

E 구화는 매우 좋은 보충이다

해설 ▶ 빈칸 뒤의 '천웨이가 말하는 보충 효과는'이라는 연결을 통해 정답이 E(唇语是一个很好的补充)임을 알 수 있다.

74

p. 323

A 语音识别的准确率会急剧下降

A 음성 식별의 정확도가 급격하게 떨어진다

해설 ▶ 빈칸 앞에 '조용한 환경에서의 음성 식별 정확도는 높다'는 내용이 있고, 전환을 통해 빈칸에는 시끄러운 환경에서의 상황을 설명해야 함으로 대조를 이루고 있는 A(语音识别的准确率会急剧下降)가 가장 적합하다.

75

p. 323

C 尽管目前唇语识别技术还不完善

C 비록 지금 구화 식별 기술은 아직 완벽하지 않지만

해설 ▶ 전환을 나타내는 접속사 '尽管(비록 ~지만)'은 뒤에 접속사 '但(是), 可(是)'나 부사 '却, 倒, 也, 还'와 함께 쓰인다. C를 보면 '尽管' 뒤에 '아직 완벽하지 않다'는 부정적인 면을 얘기하고, 빈칸 뒤에 '但'을 써서 '여러 작용을 할 수 있다'는 긍정적인 면을 얘기하는 전환 관계를 이루고 있다. 따라서 정답은 C(尽管目前唇语识别技术还不完善)이다.

休闲方式就是人们工作以后使自己得到休息的方法。(76)_____，逐渐变化。

以前，中国人的休闲方式很少。在农村，因为经济条件不好，农民家里很少有电视机，又因为文化水平不高，认识的字不多，读书、看报纸的人也很少，(77)_____。农民经过一天的劳动，觉得很累，又没有其它合适的休息方式，只好早点睡觉。在城市，虽然有的家庭有电视机，有的家庭有收音机，认识字的人也比农村多，但是这些休闲活动都是在家里进行的，到外面去的活动比较少。

现在，中国人的休闲方式变得很丰富了。无论是在城市，还是在农村，人们的业余生活都越来越有意思了。尤其是在城市，跑步、游泳、爬山、钓鱼这些简单的活动非常受欢迎；骑马、滑冰、打高尔夫球也开始流行。还有许多收入高、工作竞争激烈的年轻人很喜欢到酒吧、咖啡屋去度过他们的业余时间。(78)_____，在与朋友聊天的时候得到休息。

休闲方式变多，休闲生活变普遍，增加了人们的需要，扩大了消费，(79)_____。为了鼓励人们多走出家门，到外面去体会世界的精彩，同时促进经济发展，中国政府在每年的"五、一"、"十、一"都要放七天长假。(80)_____，去远一点的地方旅行，去学习自己不会的东西，或者就在家里好好休息。经过假日的休息，人们又以愉快的心情开始新的工作。

A 他们喜欢边听音乐边喝酒

B 人们可以在这几天里去看朋友

C 中国人的休闲方式正在由少变多

D 他们大多数是通过广播来了解国内外最新发生的大事的

E 给国家带来了大量的收入

휴가 방식은 사람들이 일한 다음 자신으로 하여금 휴식을 얻게 하는 방법이다. (76) C 중국인의 휴가방식은 적은 것에서 많은 것으로, 점차 변화하고 있다.

이전에는 중국인의 휴가 방식이 적었다. 농촌에서는 경제 조건이 좋지 않아 농민들은 집에 TV가 거의 없고, 또 문화 수준이 높지 않고 아는 글자가 많지 않아 책을 읽고 신문을 보는 사람들도 적어서, (77) D 그들은 대다수가 방송을 통해 국내외에서 최근에 발생한 큰 일들을 이해했다. 농민들은 하루의 노동을 거치면 피곤하다고 느꼈지만 또한 다른 적합한 휴식 방식이 없어서 어쩔 수 없이 일찍 잘 수밖에 없었다. 도시에서는 비록 어떤 가정에는 TV가 있고, 어떤 가정에는 라디오가 있었으며, 글자를 아는 사람도 농촌보다 많았다. 하지만 이러한 휴가 활동은 모두 집에서 하는 것이었고, 밖으로 나가서 하는 활동은 비교적 적었다.

지금 중국인의 휴가 방식은 풍부하게 변했다. 도시이든 농촌이든 관계없이 사람들의 여가 생활은 모두 갈수록 재미있어졌다. 특히 도시에서는 달리기, 수영, 등산, 낚시와 같은 이러한 간단한 활동이 매우 환영받는다. 승마, 스케이트, 골프도 유행하기 시작했다. 또한 수입이 많고 업무 경쟁이 치열한 많은 젊은이들은 술집과 거피숍에 가서 그들의 여가시간을 보내는 것을 매우 좋아한다. (78) A 그들은 음악을 들으면서 술을 마시는 것을 좋아하고, 친구와 이야기할 때 휴식을 얻는다.

휴가 방식이 많아지고 휴가 생활이 보편화되면서, 사람들의 수요가 증가했고, 소비가 확대되었으며, (79) E 국가에 많은 수입을 가져왔다. 사람들이 자주 집 밖으로 나가고 외부에 가서 세계의 멋진 모습을 체험하고, 동시에 경제 발전을 촉진시키기 위해 중국 정부는 매년 '노동절'과 '국경절'에 7일이라는 긴 휴가를 준다. (80) B 사람들은 이 며칠 동안 친구를 만나러 가거나, 먼 곳으로 여행하러 가거나, 자신이 못하는 것을 배우거나, 혹은 집에서 푹 휴식을 취할 수 있다. 휴일의 휴식을 통해 사람들은 또 유쾌한 마음으로 새로운 일을 시작한다.

단어 休闲 xiūxián 통 한가하게 지내다, 한가롭게 보내다 | ★收音机 shōuyīnjī 명 라디오 | 酒吧 jiǔbā 명 술집, 바 | 业余 yèyú 명 업무 외, 여가 형 비전문의, 아마추어의 | 广播 guǎngbō 통 방송하다 명 방송 프로그램

76

C 中国人的休闲方式正在由少变多 　　　　　　C 중국인의 휴가방식은 적은 것에서 많은 것으로

p. 324

> **해설** ▶ 빈칸 뒤에 '逐渐变化(점차 변화하고 있다)'가 있으므로 빈칸에는 변화를 묘사하는 표현이 필요하다. 따라서 C(中国人的休闲方式正在由少变多)가 가장 적합하다.

77

D 他们大多数是通过广播来了解国内外最新 　　D 그들은 대다수가 방송을 통해 국내외에서 최근에 발
发生的大事的 　　　　　　　　　　　　　　　　생한 큰 일들을 이해했다

p. 324

> **해설** ▶ 빈칸 앞의 내용으로 보아 빈칸에는 농촌 사람들이 세상 일을 파악할 수 있는 수단이 제시되어야 한다. 따라서 D(他们大多数是通过广播来了解国内外最新发生的大事的)가 가장 적합하다.

78

A 他们喜欢边听音乐边喝酒 　　　　　　　　A 그들은 음악을 들으면서 술을 마시는 것을 좋아하고

p. 324

> **해설** ▶ 빈칸 앞에 '许多收入高、工作竞争激烈的年轻人很喜欢到酒吧、咖啡屋去度过他们的业余时间(수입이 많고 업무 경쟁이 치열한 많은 젊은이들은 술집과 커피숍에 가서 그들의 여가시간을 보내는 것을 매우 좋아한다)'이라는 말이 있으므로 술집과 커피숍에서 할 수 있는 동작이 필요하다. 따라서 A(他们喜欢边听音乐边喝酒)가 가장 적합하다.

79

E 给国家带来了大量的收入 　　　　　　　　E 국가에 많은 수입을 가져왔다

p. 324

> **해설** ▶ 빈칸 앞에서 '增加了人们的需要，扩大了消费(사람들의 수요가 증가했고, 소비가 확대되었다)'라고 했으므로 빈칸에는 그에 따른 결과를 제시해야 한다. 따라서 E(给国家带来了大量的收入)가 가장 적합하다.

80

B 人们可以在这几天里去看朋友 　　　　　　B 사람들은 이 며칠 동안 친구를 만나러 가거나

p. 324

> **해설** ▶ 빈칸 뒤의 내용은 모두 주어 없이 병렬식으로 나열되어 있으므로, 빈칸에는 주어가 있고 뒤의 내용과 함께 병렬될 수 있는 표현이 필요하다. 따라서 B(人们可以在这几天里去看朋友)가 가장 적합하다. 조동사 '可以'는 뒤의 모든 동작을 수식하고 있다.

[81-84]

著名作家严歌苓已经有十几部小说被搬上大银幕，多位知名导演都跟她有过合作。严歌苓的作品为何如此受捧？这还要从她的小说本身说起。

一直自许为小说家的严歌苓，最初的身份其实是剧作家。早在上个世纪80年代，严歌苓就发表了文学剧本《无词的歌》。❶ <u>81剧本被上海电影制片厂选中，拍成了电影《心弦》。于是，二十出头的严歌苓便声名鹊起。</u>此后，她又写了不少剧本。剧本写作过程中的影像思维、镜头技巧等逐渐内化为严歌苓的创作本能。在学界，严歌苓的小说被冠以"视觉化小说"、"电影化小说"的名头。因为严歌苓擅长运用镜头语言讲故事，文字叙述多用白描手法，❷ <u>82具有丰富的画面感。</u>有人总结道，"读严歌苓的小说不用仔细品析字句，将其想象成电影画面就行了"。

❸ <u>84受过系统写作训练的严歌苓</u>，小说技巧运用娴熟，对故事节奏的把握也恰到好处。她的中短篇小说往往人物个性鲜明，情节安排紧凑，故事完成度高。而这些都是严歌苓的小说适合拍成电影的原因——好看、流畅，挑不出毛病。严歌苓自身丰富的履历也为她的小说创作添色不少，作协大院的童年时光、青少年时期的军旅生涯、三十而立之后的留学生活，以及作为大使夫人四处游历的日子，都让她的生命体验不断丰满、充盈。从小到大的所见所闻为她提供了宝贵的写作素材。

❹ <u>83一个好剧本是电影成功的开端，故事讲不好，再华丽的演员阵容与布景，也仅仅是金玉其外。</u>严歌苓小说本身的特点，使其具备了改编为电影剧本的先天优势。

유명한 작가 严歌苓은 이미 얼 몇 편의 소설이 스크린으로 옮겨졌고, 많은 유명한 감독들이 모두 그녀와 협력한 적이 있다. 严歌苓의 작품은 왜 이렇게 추앙 받는 것일까? 이것은 그녀의 소설 그 자체로부터 이야기를 시작해야 한다.

줄곧 소설가로 자부하는 严歌苓의 최초의 신분은 사실 극작가였다. 일찍이 지난 세기 80년대, 严歌苓은 문학 극본 《无词的歌》를 발표했다. 81극본은 상하이 영화 제작소의 선택을 받아 영화 《心弦》이 되었다. 그래서 20살이 갓 넘은 严歌苓은 하루 아침에 유명해졌다. 이후 그녀는 또 적지 않은 극본을 썼다. 극본을 쓰는 과정에서의 영상에 대한 생각, 촬영 테크닉 등이 점차 严歌苓의 창작 본능으로 녹아 들어갔다. 학계에서는 严歌苓의 소설은 '시각화 소설', '영화화 소설'이라는 명성을 타이틀로 갖고 있다. 왜냐하면 严歌苓은 렌즈의 언어를 활용하여 이야기하고, 문자 서술에 단순 묘사법을 많이 사용하여, 82풍부한 영상감을 갖고 있기 때문이다. 어떤 사람은 종합적으로 이와 같이 말했다. "严歌苓의 소설은 읽으면 문맥을 자세하게 분석할 필요 없이, 그것을 영화 화면으로 상상하기만 하면 됩니다."

84체계적인 창작 훈련을 받은 적이 있는 严歌苓은 소설 기교의 활용이 능숙하고, 이야기 리듬에 대한 파악도 아주 적절하다. 그녀의 중단편 소설은 종종 인물의 개성이 선명하고, 줄거리 안배가 치밀하며, 이야기의 완성도가 높다. 이러한 것들은 모두 严歌苓의 소설을 영화로 찍기에 적합한 원인인데, 재미있고 유창하고 결점을 찾을 수 없다는 점이다. 严歌苓 자신의 풍부한 경험 또한 그녀의 소설 창작에 적지 않은 빛을 더해 주었다. 작가 관사에서의 어린 시절, 청소년 시기의 군대 생애, 30살이 된 후의 유학 생활 및 대사 부인으로서 사방을 돌아다닌 날들이 모두 그녀의 생명 체험을 끊임없이 풍성하고 충만하게 만들었다. 어렸을 때부터 자랄 때까지 보고 들은 것들이 그녀에게 소중한 집필 소재를 제공했다.

83하나의 좋은 극본은 영화 성공의 시작이며, 이야기를 잘 하지 못하면 아무리 화려한 연기자 라인과 세트도 단지 빛 좋은 개살구에 불과하다. 严歌苓의 소설 자체의 특징은 그것으로 하여금 영화 극본으로 각색하는 데 선천적인 우위를 갖게 만들었다.

단어　银幕 yínmù 혭 원만하다, 완벽하다 | ★ 捧 pěng 동 ① 두 손으로 받쳐들다 ② 치켜세우다 | ★ 本身 běnshēn 그 자신, 그 자체 | 自许 zìxǔ 동 자부하다 | ★ 剧本 jùběn 명 극본, 각본, 대본 | 选中 xuǎnzhòng 동 선택하다 | 声名鹊起 shēng míng què qǐ 명성이 하루아침에 높아지다 | ★ 思维 sīwéi 명 사유 동 사유하다 | ★ 镜头 jìngtóu 명 ① 렌즈 ② 장면, 신 | ★ 技巧 jìqiǎo 명 기교, 테크닉 | ★ 创作 chuàngzuò 동 (문예 작품을) 창작하다 | ★ 本能 běnnéng 명 본능 | 冠以 guànyǐ ~라고 호칭을 붙이다, ~라고 타이틀을 붙이다 | 名头 míngtóu 명 명성, 평판 | ★ 擅长 shàncháng 동 정통하다, 뛰어나다, 숙달하다 명 장기 | 运用 yùnyòng 동 활용하다, 응용하다 | 叙述 xùshù 명 서술 동 서술하다 | 白描 báimiáo 문학 작품의 간략하고 단순한 묘사법 | ★ 手法 shǒufǎ 명 (문예작품의) 기교, 기법, 수법 | 娴熟 xiánshú 혭 익숙하다, 능숙하다, 숙련되다 | ★ 节奏 jiézòu 명 리듬, 박자, 템포 | 把握 bǎwò 동 잡다, 파악하다 명 자신, 가망, 성공의 가능성 | ★ 恰到好处 qià dào hǎo chù 젱 꼭 알맞다 | ★ 鲜明 xiānmíng 혭 선명하다, 뚜렷하다 | ★ 情节 qíngjié 명 (작품의) 줄거리, 구성 | 紧凑 jǐncòu 혭 치밀하다, 잘 짜이다, 빈틈없다 | 流畅 liúchàng 혭 유창하다, 거침없다 | 挑 tiāo 동 (부정적인 면을) 들추어내다, 끄집어내다

毛病 máobìng 圆 ① (개인의) 약점, 나쁜 버릇 ② 결점, 결함 | 履历 lǚlì 圆 이력, 경력 | 添色 tiānsè 图 광채를 더하다, 빛을 발하게 하다 | 作协大院 zuòxié dà yuàn 작가 협회에서 제공하는 작가와 가족들이 살 수 있는 관사 | ★ 时光 shíguāng 圆 ① 시간, 세월 ② 시기, 시절 | 军旅 jūnlǚ 圆 군대 | 生涯 shēngyá 圆 생애 | 三十而立 sānshí'érlì 서른 살이 되어 말과 행동에 어긋남이 없다 | 游历 yóulì 图 두루 돌아다니다 | ★ 丰满 fēngmǎn 圆 ① 풍족하다, 충분하다 ② 풍만하다 | 充盈 chōngyíng 圆 충만하다 | 素材 sùcái 圆 (예술 작품의) 소재 | 开端 kāiduān 圆 발단, 시작 | 华丽 huálì 圆 화려하다 | ★ 阵容 zhènróng 圆 진용, 라인업 | 布景 bùjǐng 圆 배경, 세트 | 金玉其外 jīn yù qí wài 빛 좋은 개살구 | 具备 jùbèi 图 갖추다 | 改编 gǎibiān 图 각색하다 | 先天 xiāntiān 圆 선천적인

81

p. 327

关于《无词的歌》，下列哪项正确?

A 获过很多奖
B 是严歌苓的成名作
C 写作时间长达20年
D 被改编成了相声剧本

《无词的歌》에 관해, 다음 중 어느 것이 옳은가?

A 많은 상을 받은 적이 있다
B 严歌苓이 유명해진 작품이다
C 집필 시간이 길게는 20년에 달했다
D 만담 극본으로 각색되어졌다

해설 ▶ ❶의 '극본은 상하이 영화 제작소의 선택을 받아 영화《心弦》이 되었다. 그래서 20살이 갓 넘은 严歌苓은 하루 아침에 유명해졌다'라는 말을 통해 정답은 B(是严歌苓的成名作)임을 알 수 있다.

단어 成名 chéngmíng 图 이름을 날리다, 유명해지다 | ★ 相声 xiàngsheng 圆 만담

82

p. 327

严歌苓的小说有什么特点?

A 以人物对话为主
B 有大量心理描写
C 有丰富的画面感
D 结局往往是开放式的

严歌苓의 소설은 무슨 특징이 있나?

A 인물 대화 위주이다
B 많은 심리 묘사가 있다
C 풍부한 영상감이 있다
D 결말이 종종 열려있는 식이다

해설 ▶ ❷에서 '풍부한 영상감을 갖고 있다'라고 했으므로 정답은 C(有丰富的画面感)이다.

단어 描写 miáoxiě 图 묘사하다 圆 묘사 | ★ 结局 jiéjú 圆 결말, 결과

83

p. 327

最后一段中划线句子说明了什么?

A 电影拍摄过程很艰难
B 电影需要完整的故事
C 电影十分注重演员阵容
D 好剧本对电影极其重要

마지막 단락에서 줄 쳐진 문장은 무엇을 설명했나?

A 영화를 촬영하는 과정은 힘들다
B 영화는 완전한 이야기를 필요로 한다
C 영화는 연기자 라인을 매우 중시한다
D 좋은 극본은 영화에 매우 중요하다

해설 ▶ ❹의 '하나의 좋은 극본은 영화 성공의 시작이며'라는 말을 통해 정답은 D(好剧本对电影极其重要)임을 알 수 있다.

단어 拍摄 pāishè 图 촬영하다, 사진을 찍다 | ★ 艰难 jiānnán 圆 어렵다, 힘들다 | 完整 wánzhěng 圆 제대로 갖추어져 있다, 완전하다 | ★ 注重 zhùzhòng 图 중시하다

关于严歌苓，可以知道什么？ | 严歌苓에 관해, 무엇을 알 수 있나？

A 是外交学院毕业的
B 是一名导演兼小说家
C 受过专业的写作训练
D 作品已被翻译成多国语言

A 외교대학을 졸업했다
B 감독이며 겸직 소설가이다
C 전문적인 창작 훈련을 받은 적이 있다
D 작품이 이미 여러 나라 언어로 번역되어졌다

해설 ▶ ❸에서 '체계적인 창작 훈련을 받은 적이 있는 严歌苓'이라고 했으므로 정답은C(受过专业的写作训练)이다.

[85-88]

海鳗生活在太平洋和印度洋较浅的水域内。成年的海鳗体长60至70厘米，重1至2千克。它们牙齿尖锐，身体柔软，游动灵活，❶ [88]喜欢捕食虾、蟹、小型鱼类和乌贼。

小型鱼类大都喜欢生活在密密麻麻的珊瑚丛中，因此，❷ [85]尽管它们体型小，但大的鱼类要想靠近捕食并不容易。而且珊瑚丛里有很多四通八达的孔，小鱼一旦察觉到有捕食者靠近，很容易就能从另一边溜走。

因此，捕食小鱼时，聪明的海鳗从不单独行动，它会选择石斑鱼作为自己的帮手。❸ [88]石斑鱼也是肉食性鱼类，体长20至30厘米，体重和海鳗差不多，❹ [86]常以突袭的方式捕食。由于石斑鱼也喜欢捕食小鱼，所以它很乐意做海鳗的帮手。

❺ [87]每次捕食之前，海鳗都会来到石斑鱼生活的地方，对着一条石斑鱼摇摇头，摆摆尾。这条石斑鱼随即便会跟着鳗向珊瑚丛中游去。来到珊瑚丛旁边，石斑鱼会围着珊瑚丛转圈，里面藏着的小鱼看到凶猛的石斑鱼就不敢出来了。这时，海鳗会凭着柔软的身体钻到缝隙里去捕食，而那些受到惊吓溜出来的小鱼，就会被外围的石斑鱼逮个正着。通过这种合作，海鳗和石斑鱼能把捕食的成功率提高4倍以上，它们的合作堪称海洋世界跨物种合作的典范。

바다 뱀장어는 태평양과 인도양의 비교적 얕은 수역에서 생활한다. 다 자란 바다 뱀장어는 몸길이가 60~70센티미터에 달하고, 무게는 1~2킬로그램이다. 그것들은 이빨이 날카롭고 몸이 유연하고 헤엄치는 동작이 민첩하며, [88]새우, 게, 소형 어류와 오징어를 잡아 먹는 것을 좋아한다.

소형 어류는 대다수가 빽빽한 산호 덤불 속에서 생활하는 것을 좋아한다. 따라서 [85]비록 그것들은 체형이 삭아도 큰 어류가 가까이 가서 잡아먹기가 쉽지 않다. 게다가 산호 덤불 속에는 많은 사방으로 통하는 구멍이 있어서, 작은 고기는 일단 포식자가 다가온다는 것을 느끼면 쉽게 다른 쪽으로 빠져나간다.

따라서 작은 고기를 잡아먹을 때, 똑똑한 바다 뱀장어는 여태껏 단독으로 행동하지 않고, 우럭바리를 자신의 도우미로 삼는다. [88]우럭바리 또한 육식성 어류로 몸길이는 20~30센티미터이고, 체중은 바다 뱀장어와 비슷하며, [86]종종 기습하는 방식으로 먹이를 잡아먹는다. 우럭바리도 작은 고기를 잡아먹는 것을 좋아하기 때문에, 그것은 바다 뱀장어의 도우미가 되길 원한다.

[87]매번 먹이를 잡기 전, 바다 뱀장어는 우럭바리가 생활하는 곳으로 와서 한 마리의 우럭바리를 보며 머리를 흔들고 꼬리를 흔든다. 이 우럭바리는 즉시 뱀장어를 따라 산호 덤불을 향해 수영해 간다. 산호 덤불 곁에 오면 우럭바리는 산호 덤불을 둘러싸고 맴돌고, 안에 숨어 있는 작은 고기는 사나운 우럭바리를 보고 감히 나오지 못한다. 이때 바다 뱀장어는 유연한 몸에 의지하여 틈으로 뚫고 들어가 먹이를 잡아먹고, 놀라서 몰래 빠져나온 작은 고기는 주위의 우럭바리에 의해 덜미가 잡히게 된다. 이러한 협력을 통해, 바다 뱀장어와 우럭바리는 먹이잡이의 성공률을 4배 이상 올린다. 그들의 협력은 해양 세계에서 종을 뛰어넘는 협력의 본보기라고 할 만하다.

단어 海鳗 hǎimán 몡 바다 뱀장어 | 水域 shuǐyù 몡 수역 | 厘米 límǐ 양 센티미터 | 千克 qiānkè 양 킬로그램 | ★ 尖锐 jiānruì 혱 (끝이) 뾰족하고 날카롭다 | 柔软 róuruǎn 혱 유연하다 | 灵活 línghuó 혱 민첩하다, 재빠르다 | 捕食 bǔshí 동 먹이를 잡아먹다 | 虾 xiā 몡 새우 | 蟹 xiè 몡 게 | 乌贼 wūzéi 몡 오징어 | 密密麻麻 mìmimámá 혱 촘촘하다, 빽빽하다 | 珊瑚 shānhú 몡 산호 | ★ 丛 cóng 몡 ① 숲, 덤불 ② 무리, 떼 | 四通八达 sìtōngbādá 셍 (길이) 사방으로 통하다, 교통이 매우 편리하다 | ★ 孔 kǒng 몡 구멍 | 察觉 chájué 동 발견하다, 느끼다 | ★ 溜 liū 동 ① 미끄러지다 ② 몰래 빠져나가다 | 石斑鱼 shíbānyú 몡 우럭바리 | 突袭 tūxí 동 급습하다, 기습하다 | ★ 乐意 lèyì 동 ~하기 원하다, ~하고 싶다 | 摆尾 bǎiwěi 동 꼬리를 흔든다 | ★ 随即 suíjí 분 즉시, 곧 | 转圈 zhuànquān 동 맴돌다, 한 바퀴 빙 돌

다 | 凶猛 xiōngměng 형 사납다 | 钻 zuān 통 뚫다, 뚫고 들어가다 | 缝隙 fèngxì 명 틈, 갈라진 곳 | 惊吓 jīngxià 통 놀라다 | 逮个正着 dǎigèzhèngzháo 붙잡다, 덜미를 잡다 | 堪称 kānchēng 통 ~라고 할만하다 | ★跨 kuà 통 뛰어넘다 | 物种 wùzhǒng 명 (생물의) 종 | 典范 diǎnfàn 명 모범, 본보기

85
p. 328

第2段主要讲的是什么?

A 海鳗的天敌
B 怎么养殖小鱼
C 捕食小鱼难度大
D 珊瑚的外形特征

두 번째 단락이 주로 이야기하는 것은 무엇인가?

A 바다 뱀장어의 천적
B 어떻게 작은 고기를 양식하나
C 작은 고기를 잡아 먹는 것은 어렵다
D 산호의 외형적 특징

해설 ▶ ❷의 '비록 그것들은 체형이 작아도 큰 어류가 가까이 가서 잡아 먹기가 쉽지 않다'라는 말을 통해 정답은C(捕食小鱼难度大)임을 알 수 있다.

단어 天敌 tiāndí 명 천적 | 养殖 yǎngzhí 통 양식하다 | 特征 tèzhēng 명 특징

86
p. 329

石斑鱼有什么特点?

A 擅长突袭
B 全身呈灰色
C 体长跟海鳗差不多
D 成年石斑鱼重约5千克

우럭바리는 무슨 특징이 있나?

A 급습을 잘한다
B 전체 몸이 회색을 드러낸다
C 몸 길이가 바다 뱀장어와 비슷하다
D 다 자란 우럭바리는 무게가 약 5킬로그램이다

해설 ▶ ❹에서 '종종 기습하는 방식으로 먹이를 잡아 먹는다'라고 한 것으로 정답은A(擅长突袭)이다.

단어 ★擅长 shàncháng 통 정통하다, 뛰어나다, 숙달하다 명 장기 | 呈 chéng 통 (빛깔을) 드러내다, 나타내다

87
p. 329

关于海鳗和石斑鱼的合作过程，可以知道什么?

A 海鳗会在外围堵截
B 石斑鱼负责潜入珊瑚丛
C 石斑鱼会捕食海鳗的天敌
D 捕食前海鳗会主动找石斑鱼

바다 뱀장어와 우럭바리의 협력 과정에 관해, 무엇을 알수 있나?

A 바다 뱀장어가 주위에서 차단하고 있다
B 우럭바리는 산호 덤불로 잠입하는 것을 책임진다
C 우럭바리는 바다 뱀장어의 천적을 잡아 먹는다
D 포식 전 바다 뱀장어는 자발적으로 우럭바리를 찾는다

해설 ▶ ❺의 '매번 먹이를 잡기 전, 바다 뱀장어는 우럭바리가 생활하는 곳으로 와서 한 마리의 우럭바리를 보며 머리를 흔들고 꼬리를 흔든다'라는 말을 통해 정답은 D(捕食前海鳗会主动找石斑鱼)임을 알 수 있다.

단어 堵截 dǔjié 통 차단하다 | 潜入 qiánrù 통 잠입하다, 숨어들다

根据上文，下列哪项正确?　　　　　　　　위의 글에 근거하여, 다음 중 어느 것이 옳은가?

A 海鳗是肉食性鱼类　　　　　　　　　A 바다 뱀장어는 육식성 어류이다
B 石斑鱼摆尾表示拒绝　　　　　　　　B 우럭바리는 꼬리를 흔들어 거절을 나타낸다
C 海鳗生活在大西洋中　　　　　　　　C 바다 뱀징어는 대서양에서 생횔한다
D 石斑鱼和海鳗同属一个物种　　　　　D 우럭바리와 바다 뱀장어는 같은 종에 속한다

해설 ▶ ❶에서 '새우, 게, 소형 어류와 오징어를 잡아 먹는 것을 좋아한다'라고 했고, ❸에서'우럭바리 또한 육식성 어류로'라고 말한 것으로 보아 정답은 A(海鳗是肉食性鱼类)이다.

[89-92]

众所周知，"足迹"这个词最近很热门。在环保领域，"足迹"指某种东西对地球环境的影响。比如"碳足迹"，就是指某人或者某工厂的二氧化碳净排放量。作为最主要的温室气体，二氧化碳是全球气候变化的罪魁祸首。

从某种意义上讲，农业是人类在地球上留下的最大的"足迹"。农业就是人类对大自然的"改良"。❶ [89]农业这只大脚所到之处，森林变成了农田，湿地变成了牧场，野花、野草被斩尽杀绝，野生动物被逼无奈走他乡。可是，没有农业，人类就不可能有现在的繁荣。

虽然农产品本质上都属"人造"物种，但经过多年种植，这些农作物已经和大自然达成了一种新的平衡。20世纪开始的科学进步打破了这一平衡。化肥、杀虫剂和除草剂等新技术的出现，在短时间内对大自然进行了又一轮新"改良"，其后果已经凸显。

进入21世纪，又掀起了一场新的农业技术革命，首当其冲的就是赫赫有名的转基因，其次是能源作物的大面积种植。所说的"能源作物"指的是能用来代替石油和煤炭等化石能源，为人类提供新能源的农作物。这些农业革新都需要进行严格的环境影响试验，才可能被允许大面积实施。

因为全球气候变化，以及化石能源的枯竭，能源作物的大规模种植已经不可避免。同时，❷ [90]利用农作物生产有机化学材料（以前这些材料大都来自石油，比如塑料）也是未来农业所面临的不可避免的挑战。这些农业革新几乎不可能离开转基因技术的支持。因此必须改变观念，对这项新技术进行深入而公正的研究。

모두 알다시피 '발자취'라는 단어는 최근 유행이다. 환경보호 영역에서 '발자취'는 어떤 사물이 지구 환경에 끼치는 영향을 가리킨다. 예를 들어 '탄소의 발자취'는 어떤 사람이나 어떤 공장의 이산화탄소의 순배출량을 가리키는데, 가장 중요한 온실 기체로서 이산화탄소는 전 세계 기후 변화의 주범이다.

어떤 의미에서 말하자면 농업은 인류가 지구에 남긴 가장 큰 '발자취'이다. 농업은 바로 인류의 대자연에 대한 '개량'이다. [89]농업이라는 이 큰 발이 닿는 곳에서, 삼림은 농지로 변했고 습지는 목장으로 변했으며, 야생화와 야생풀은 완전히 몰살되었고, 야생동물은 강요에 못 이겨 멀리 타향으로 쫓겨났다. 그러나 농업이 없다면 인류는 지금의 번영을 가지는 것이 불가능했다.

비록 농산품은 본질적으로 모두 '인조'물에 속하지만, 다년간의 재배를 거쳐 이러한 농작물은 이미 대자연과 새로운 평형에 이르렀다. 20세기에 시작된 과학 진보는 이러한 평형을 깨뜨렸다. 화학비료, 살충제, 제초제 등 신기술의 출현은 단시간 내에 대자연에 새로운 '개량'을 진행했으며, 그것의 부작용은 이미 부각되고 있다.

21세기에 들어서자 또 새로운 농업기술 혁명이 일어났고, 제일 먼저 재난을 당한 것은 명성이 자자한 유전자 변형이고, 두 번째는 에너지 작물의 대규모 재배이다. 여기서 말하는 '에너지 작물'은 석유와 석탄 등 화석에너지를 대체하여 인류에게 새로운 에너지를 제공하는 데 사용되는 농작물을 가리킨다. 이러한 농업 혁신은 모두 엄격한 환경 영향 실험을 해야만 광범위하게 실시되는 것이 허락될 수 있다.

전 세계 기후의 변화 및 화석에너지의 고갈로 인해, 에너지 작물의 대규모 재배는 이미 피할 수가 없다. 동시에 [90]농작물을 이용하여 유기화학재료(예전에 이러한 재료들은 대부분 석유에서 왔다. 예를 들어 플라스틱)를 생산하는 것도 미래 농업이 직면한 피할 수 없는 도전이다. 이러한 농업혁신은 거의 유전자 변형의 기술적 지지를 떠나는 것이 불가능하다. 따라서 반드시 관념을 바꾸어 이런 신기술에 대해 심도 있고 공정한 연구를 해야 한다.

❸ [90]由于绿色和平等非政府环保组织的不懈努力，国内公众对转基因普遍持怀疑态度。转基因作物对环境和人类的影响还有待进一步研究。

[90]녹색과 평등 등 비정부 환경보호 조직의 끊임없는 노력으로 인해, 국내 대중들은 유전자 변형에 대해 보편적으로 의심하는 태도를 갖고 있다. 유전자 변형이 환경과 인류에 끼칠 영향은 한층 더 깊은 연구가 요구된다.

단어 ★众所周知 zhòngsuǒ zhōuzhī ㆁ 모든 사람이 다 알고 있다 | 足迹 zújì ㆍ ① 족적, 발자취 ② 다녀간 곳 ③ 지나온 과거의 역정 | ★热门 rèmén ㆍ 인기있는 것, 유행하는 것 | 碳 tàn ㆍ 탄소 | ★二氧化碳 èryǎnghuàtàn ㆍ 이산화탄소 | ★排放 páifàng ㆍ (폐기, 폐수, 폐기물 등을) 배출하다, 방류하다 | 罪魁祸首 zuìkuíhuòshǒu ㆍ ① 두목, 괴수, 장본인 ② 재난의 주요 원인, 근본 원인 | ★改良 gǎiliáng ㆍ 개량하다, 개선하다 | 牧场 mùchǎng ㆍ 목장 | 斩尽杀绝 zhǎnjìn shājué ㆁ 깡그리 죽이다, 몰살시키다 | 被逼无奈 bèibī wúnài 강요에 못 이겨 어쩔 수 없다 | 种植 zhòngzhí ㆍ 재배하다, 씨를 뿌리고 묘목을 심다 | ★化肥 huàféi ㆍ 화학비료 | 凸现 tūxiàn ㆍ 분명하게 드러내다, 부각시키다 | ★掀起 xiānqǐ ㆍ ① 열다, 벗기다 ② 용솟음치다, 출렁거리다 ③ 불러일으키다, 행동하게 하다 | 首当其冲 shǒudāng qíchōng ㆁ 제일 먼저 공격을 받는 대상이 되다, 맨 먼저 재난을 당하다 | 赫赫有名 hèhè yǒumíng ㆁ 명성이 매우 높다, 명성이 자자하다 | 转基因 zhuǎnjīyīn ㆍ 유전자 변형, 이식 유전자 | 煤炭 méitàn ㆍ 석탄 | 革新 géxīn ㆍ 혁신하다 | ★试验 shìyàn ㆍ 시험하다, 실험하다, 테스트하다 | ★实施 shíshī ㆍ 실시하다, 실행하다 | ★枯竭 kūjié ㆍ ① (수원이) 고갈되다, 바싹 마르다 ② (체력, 자원 등이) 고갈되다, 메마르다 | 挑战 tiǎozhàn ㆍ 도전 ㆍ 도전하다 | ★公正 gōngzhèng ㆍ 공정하다, 공평하다, 공명정대하다 | 不懈 búxiè ㆍ 게으르지 않다, 꾸준하다 | 有待 yǒudài ㆍ 기다리다, 기대하다, ~이 기대되다, ~이 요구되다 | 质疑 zhìyí 질의하다 | 推崇 tuīchóng 추앙하다, 떠받들다, 찬양하다

89

p. 331

根据上文，农业的发展造成了：

A 森林面积减少
B 野生动物大量死亡
C 湿地面积阔
D 二氧化碳排放量增加

위의 글에 따르면 농업의 발전이 초래한 것은?

A 삼림면적이 감소했다
B 야생동물이 대량으로 사망했다
C 습지 면적이 넓어졌다
D 이산화탄소 배출량이 증가했다

해설 ▶ ❶번에서 '농업이라는 이 큰 발이 닿는 곳에서, 삼림은 농지로 변했다'라고 한 것으로 보아 A(森林面积减少)가 정답임을 알 수 있다.

90

p. 331

未来，生产塑料的原材料是：

A 新化石能源
B 有机化学材料
C 农作物
D 核能源

미래에 플라스틱을 생산할 원재료는?

A 새로운 화석에너지
B 유기화학재료
C 농작물
D 핵에너지

해설 ▶ ❷번에서 '농작물을 이용하여 유기화학재료(예전에 이러한 재료들은 대부분 석유에서 왔다. 예를 들어 플라스틱)를 생산하는 것'이라고 한 것으로 보아 미래에는 농작물을 이용한다는 뜻임을 알 수 있다. 따라서 C(农作物)가 정답이다.

91
p. 331

关于转基因作物，下列哪项正确？

A 已成为新能源作物
B 受到很多人的质疑
C 环保组织十分推崇
D 已被大面积种植

유전자 변형 작물에 관해 다음 중 옳은 것은?

A 이미 새로운 에너지 작물이 되었다
B 많은 사람들의 의문을 받는다
C 환경보호 소식이 매우 추앙하나
D 이미 많은 면적에 심어졌다

> 해설 ▶ ❸번의 '녹색과 평등 등 비정부 환경보호 조직의 끊임없는 노력으로 인해, 국내 대중들은 유전자 변형에 대해 보편적으로 의심하는 태도를 갖고 있다'라는 말을 통해 C는 답이 아니고, B(受到很多人的质疑)가 정답임을 알 수 있다.

92
p. 331

下列哪项最适合做上文的标题？

A 环保组织的不懈努力
B 全球气候变化的罪魁祸首
C 科技改变生活
D 农业的"足迹"

다음 중 위의 글의 제목으로 가장 적합한 것은?

A 환경보호 조직의 끊임없는 노력
B 전 세계 기후 변화의 주범
C 과학기술이 생활을 바꾼다
D 농업의 '발자취'

> 해설 ▶ 제목을 찾는 문제이다. 제목은 글 전체의 내용을 포괄할 수 있어야 한다. 또한 일반적으로 글에서 가장 많이 언급되는 단어를 이용하는 경우가 많다. 이 글에서 가장 많이 언급되는 단어는 바로 '农业、农作物' 등이다. 따라서 가장 적합한 제목은 D(农业的"足迹")이다.

[93~96]

英国著名诗人济慈认为，当牛顿用三棱镜把白色光分解成七色光谱时，彩虹那诗歌般的美也就永远一去不复返了。科学居然是如此的冷酷吗？千百年来，人类超然于自然而存在，我们拥有那么多美丽的传说，拥有那么深刻的对生命的敬畏与神秘感。然而❶似乎仅仅在一夜之间，我们的遗传秘密大白于天下，你我都成了生物学家眼里"透明的人"。千百年来人类超越于自然高高在上的"做人"感觉，被与猩猩、老鼠、蝴蝶、果蝇等具有类似的基因组这一事实，撕扯得支离破碎。

其实，我们大可不必为自然奥秘的暂时丧失而忧心忡忡。相反的是，当你看清了挡在眼前的一片叶子，一棵未知的大树将会占据你的视野，而当你了解了这棵大树，眼前出现的又将是一片未知的莽莽丛林。人类对世界的认识就像一个半径不断

영국의 유명한 시인 존 키츠는 뉴턴이 프리즘을 사용하여 백색광을 일곱 색깔의 스펙트럼으로 분해했을 때 무지개라는 그 시와 같은 아름다움도 영원히 가버리고 돌아오지 않게 되었다고 생각했다. 과학이 뜻밖에도 이와 같이 잔인하단 말인가? 수천 수백 년 동안 인류는 자연에서 초탈하여 존재해왔고, 우리는 그렇게도 많은 아름다운 전설을 갖고 있고, 그렇게도 깊은 생명에 대한 경외와 신비감을 갖고 있다. 그러나 ⁹³거의 하룻밤 사이에 우리의 유전적인 비밀이 세상에 명백히 밝혀졌고, 당신과 나는 모두 생물학자들의 눈에 '투명인간'이 되었다. 수천 수백 년 동안 인류가 자연에서 초탈하여 높은 곳에서 갖고 있던 '인간이다'라는 느낌은 오랑우탄, 쥐, 나비, 초파리 등과 유사한 유전자 조직을 갖고 있다는 이 사실에 의해 산산조각으로 찢겨져 버렸다.

사실 우리는 자연의 신비가 잠시동안 상실된 것으로 인해 크게 걱정할 필요가 없다. 상반되는 것은, 당신이 눈앞을 막고 있는 잎을 정확히 봤을 때 미지의 큰 나무 한 그루가 당신의 시야를 차지할 것이며, 당신이 이 큰 나무를 파악했을 때 눈앞에 나타나는 것은 또 미지의 무성한 숲이라는 것이다. 인류의 세계에 대한 인식은 반지름이

延伸的圆，随着我们科学知识之圆的拓疆辟壤，❷ **94. 95我们所接触的未知世界也在不断拓展，94它们无疑会激发我们更加丰富的诗意体验和神秘想像！**当阿姆斯特朗走出登月舱，迈出他那"个人一小步，人类一大步"的时候，当他怀着满腔喜悦极目远眺，或者以一个全新的视角回望我们的蓝色家园时，那种视觉和心灵的冲击该是何等强烈。

人类应该坚信，当科学家测定了人类基因组的所有序列后，我们对生命的敬畏和神秘感丝毫不会减退。❸ **95科学之于人类并非冷酷的冰凉，不会损毁我们对美好生活和多彩世界的诗意感悟。相反，**如果虚无的信仰和蒙昧的神秘感可以让我们在无知和麻木中碌碌无为地消磨时光的话，这种虚幻的美丽不要也罢。有些后现代主义者打着人文精神的旗帜反对科学，其实科学精神与人文精神并不矛盾。科学的发展产生过核弹威胁、生态问题，而今又产生了基因恐惧和基因绝望。但这些并不是科学本身造成的，其根源恰恰是人文精神的匮乏。

끊임없이 늘어나는 원처럼, 우리의 과학지식의 원이 확장됨에 따라 94. 95우리가 접촉하는 미지의 세계도 끊임없이 확장되며, 94그것들은 의심할 바 없이 우리들의 더 풍부한 시적인 체험과 신비한 상상을 불러일으킬 것이다! 암스트롱이 우주선을 걸어나가 그의 그 '개인의 작은 한 걸음'이 인류의 큰 한 걸음'이 되었을 때, 그가 온 마음 가득한 기쁨을 품고 멀리 바라보거나 혹은 새로운 시각으로 우리의 푸른 정원을 보았을 때, 그 시각과 마음의 충격이 얼마나 강렬했겠는가.

인류는 과학자가 인류 유전자 조직의 모든 배열을 측정한 뒤 우리의 생명에 대한 경외와 신비감이 조금도 약해지지 않을 것이라는 것을 굳게 믿어야 한다. 95과학이 인류를 대하는 것은 결코 잔인한 차가움이 아니며, 우리의 아름다운 생활과 다채로운 세계에 대한 시적인 깨달음을 훼손시키지 않을 것이다. 반대로 만약 허무한 신앙과 우매한 신비감이 우리로 하여금 무지와 마비 속에 부질없이 바쁘게 보내며 허송세월하게 한다면, 이러한 비현실적인 아름다움은 없어도 그만이다. 일부 포스트 모더니즘 주의자들은 인문정신의 깃발을 들고 과학을 반대하지만, 사실 과학정신과 인문정신은 결코 모순되지 않는다. 과학의 발전은 핵폭탄의 위협과 생태문제를 발생시킨 적이 있고, 요즘은 또한 유전자 공포와 유전자 절망을 발생시켰다. 그러나 이러한 것들은 과학 자체가 일으킨 것이 결코 아니며, 그 근원은 바로 인문정신의 부족이다.

단어 三棱镜 sānléngjìng 몡 프리즘 | 光谱 guāngpǔ 몡 스펙트럼 | 彩虹 cǎihóng 몡 무지개 | 复返 fùfǎn 통 다시 돌아오다, 되돌아오다 | ★ 冷酷 lěngkù 혱 냉혹하다, 잔인하다 | 超然 chāorán 혱 ① 우뚝하다, 두드러지다, 뛰어나다 ② 초탈하다, 초연하다 | ★ 拥有 yōngyǒu 통 가지다, 보유하다, 소유하다 | 敬畏 jìngwèi 통 경외하다, 어려워하다 | 神秘 shénmì 혱 신비하다 | 大白 dàbái 통 (진상이) 명백히 밝혀지다 | 透明 tòumíng 혱 투명하다 | 蝴蝶 húdié 몡 나비 | 果蝇 guǒyíng 몡 초파리 | ★ 基因 jīyīn 몡 유전자 | 撕扯 sīchě 통 찢다, 떼다, 뜯다 | 支离破碎 zhīlí pòsuì 혱 산산조각이 나다 | ★ 奥秘 àomì 몡 신비, 비밀, 수수께끼 | ★ 丧失 sàngshī 통 잃어버리다, 상실하다 | 忧心忡忡 yōuxīn chōngchōng 혱 근심 걱정에 시달리다, 깊은 수심에 잠겨있다 | 挡 dǎng 통 막다, 저지하다, 차단하다 | 未知 wèizhī 혱 아직 모르다 혱 미지의, 알지 못하는 | ★ 占据 zhànjù 통 점거하다, 점유하다 | 茫茫丛林 mǎngmǎng cónglín 무성한 숲 | 半径 bànjìng 몡 반지름 | ★ 延伸 yánshēn 통 펴다, 늘이다, 확장하다, 뻗다 | 拓 tuò 통 (땅, 도로 등을) 개척하다, 확장하다 | 疆 jiāng 몡 ① 국경, 경계 ② 경계, 한계, 끝 | 辟 pì 통 열다, 개척하다 | 壤 rǎng 몡 ① 토양, 땅 ② 흙 ③ 지역 | 拓展 tuòzhǎn 통 개발하다, 넓히다, 확장하다 | ★ 激发 jīfā 통 (감정을) 불러일으키다, 끓어오르게 하다 | 诗意 shīyì 몡 시정, 시적인 정취 | 登月舱 dēngyuècāng 몡 우주선, 달착륙선 | ★ 迈 mài 통 내딛다, 나아가다 | 满腔 mǎnqiāng 몡 온 마음, 가슴 가득 | ★ 喜悦 xǐyuè 혱 기쁘다, 즐겁다, 유쾌하다 | 极目远眺 jímù yuǎntiào 혱 눈 길이 닿는 데까지 멀리 보다 | ★ 心灵 xīnlíng 몡 정신, 영혼, 마음 | ★ 冲击 chōngjī 몡 충격 | 何等 héděng 혱 얼마나, 어쩌면 그토록 | 测定 cèdìng 통 측정하다 | 序列 xùliè 몡 ① 차례대로 늘어선 행렬, 서열 ② 계열, 계통, 시스템 | 丝毫 sīháo 閉 조금도, 추호도, 털끝만큼도 | 减退 jiǎntuì 통 약해지다, 약화되다 | ★ 冷酷 lěngkù 혱 냉혹하다, 잔인하다 | 冰凉 bīngliáng 혱 매우 차다, 차디차다, 차갑다 | 损毁 sǔnhuǐ 통 훼손시키다, 부서뜨리다, 파손시키다 | 悟 wù 통 이해하다, 각성하다, 깨닫다 | 虚无 xūwú 혱 ① 공허하다, 텅 비어있다 ② 허무하다, 허무적이다 | ★ 信仰 xìnyǎng 몡 신앙, 통 숭배하다, 믿고 받들다 | 蒙昧 méngmèi 혱 무식하다, 우매하다, 어리석다 | ★ 无知 wúzhī 혱 무지하다, 사리에 어둡다 | ★ 麻木 mámù 혱 ① 마비되다, 저리다 ② (반응이) 둔하다, 더디다, 무감각하다 | 碌碌无为 lùlù wúwéi 혱 부질없이 바쁘게 보내며 이룬 바가 없다 | 消磨 xiāomó 통 시간을 보내다, 시간을 때우다, 허송세월하다 | ★ 时光 shíguāng 몡 ① 시기, 때, 시절 ② 시간, 세월 ③ 생활, 생계, 살림 | 虚幻 xūhuàn 혱 가공의, 비현실적인, 허황한 | 也罢 yěbà 조 좋아, 알았어, 그만이다, 어쩔 수 없다, ~하는 것도 괜찮다 | 后现代主义 hòuxiàndàizhǔyì 몡 포스트 모더니즘 | ★ 旗帜 qízhì 몡 ① 깃발 ② 본보기, 모범 | 核弹 hétàn 몡 핵폭탄 | ★ 恐惧 kǒngjù 혱 겁먹다, 두려워하다, 공포감을 느끼다 | ★ 绝望 juéwàng 통 절망하다 몡 절망 | 恰恰 qiàqià 閉 바로, 꼭 | 匮乏 kuìfá 혱 부족하다, 결핍되다 | 认同 rèntóng 통 ① 인정하다, 승인하다, 동의하다 ② 동일시하다 | 坦诚 tǎnchéng 혱 솔직하고 성실하다 | ★ 探索 tànsuǒ 통 탐색하다, 찾다 | ★ 泡沫 pàomò 몡 (물)거품 | 扩展 kuòzhǎn 통 확장하다, 넓게 펼치다

p. 333

93

作者为什么说你我都成了"透明人"？

A 人们认同科学研究
B 人类基因序列被发现
C 人与人变得坦诚了
D 牛顿发现了七色光谱

작가는 왜 당신과 내가 모두 '투명인간'이 되었다고 말했나?

A 사람들이 과학 연구를 인정해서
B 인류 유전자 배열이 발견되어서
C 사람과 사람이 솔직하게 변해서
D 뉴턴이 일곱 색깔의 스펙트럼을 발견해서

해설 ▶ 먼저 글에서 '透明的人'이라는 말이 나오는 부분을 찾아내자. 첫 번째 단락의 ❶번에서 '거의 하룻밤 사이에 우리의 유전적인 비밀이 세상에 명백히 밝혀졌고, 당신과 나는 모두 생물학자들의 눈에 '투명인간'이 되었다'라고 한 것으로 보아 답은 B(人类基因序列被发现)라는 것을 알 수 있다.

p. 333

94

关于未知世界，下列哪项正确？

A 会给人类带来恐惧
B 秘密越来越少
C 是一种泡沫般的美丽
D 会激发人类探索精神

미지의 세계에 관해 다음 중 옳은 것은?

A 인류에게 공포를 가져올 것이다
B 비밀은 갈수록 적어진다
C 거품과 같은 아름다움이다
D 인류의 탐색 정신을 일으킬 수 있다

해설 ▶ ❷번에서 '우리가 접촉하는 미지의 세계도 끊임없이 확장되며, 그것들은 의심할 바 없이 우리의 더 풍부한 시적인 체험과 신비한 상상을 불러일으킬 것이다'라고 했으므로 B는 틀린 말이고, D(会激发人类探索精神)가 정답이다.

p. 333

95

作者认为科学：

A 是在不断扩展的
B 冷酷无情
C 让生命失去神秘感
D 让生命失去诗歌美

작가는 과학을 어떻게 생각하나?

A 끊임없이 확장되고 있다
B 잔인하고 무정하다
C 생명으로 하여금 신비감을 잃게 한다
D 생명으로 하여금 시적인 아름다움을 잃게 한다

해설 ▶ ❷번에서 '우리가 접촉하는 미지의 세계도 끊임없이 확장된다'고 했으므로 정답은 A(是在不断扩展的)이다. ❸번에서 '과학이 인류를 대하는 것은 결코 잔인한 차가움이 아니다'라고 했으므로 B는 틀린 말이고, 또한 '우리의 아름다운 생활과 다채로운 세계에 대한 시적인 깨달음을 훼손시키지 않을 것이다'라고 한 것으로 보아 부정적인 내용의 C와 D도 답이 될 수 없다.

上文主要谈的是：

위의 글에서 주로 이야기하는 것은?

A 人类基因的秘密
B 生物学的发展过程
C 对科学的认识
D 自然的奥秘

A 인류 유전자의 비밀
B 생물학의 발전과정
C 과학에 대한 인식
D 자연의 비밀

해설 ▶ 핵심 주제를 찾는 문제이다. 이 글은 처음부터 끝까지 '科学'를 중심으로 전개되고 있다. 처음에는 과학에 대한 오해를 제시했고, 뒤에서는 과학에 대한 올바른 인식을 제시하고 있다. 따라서 정답은 C(对科学的认识)이다.

[97–100]

❶ ⁹⁷心理年龄并不是一个"固定值"，它是可以变化的。经常听到有人说，我老了，但心年轻，有些人则是身体还年轻，心已苍老。所谓心"老"，大约说的就是心理年龄超过了生理年龄。也的确有专业测试的结果表明，很多人的心理年龄就是大于生理年龄的。

其实这个现象在全世界都普遍存在，极少有人的心理年龄和生理年龄是完全一样的，而前者高出后者，也是正常的现象。❷ ⁹⁷即使相差很多，也并非病态。所以大可不必因为心理年龄的"老"而忧虑。

❸ ⁹⁷心理年龄的高低，和一个人的遗传、性格、经历、环境等等因素密切相关，甚至受到近期的心情等多变因素的影响。它本身并不是一个"病理名词"，而只是一个心理发展的"时间参数"。它并不是一个固定值，是可以变化的。❹ ⁹⁹如果在错综复杂的人际关系环境中，擅长利用这种变化，将十分有利于人际关系的处理，而此时的心理年龄就是改善各种沟通阻力的"滑动变阻器"。

比如，对待小孩，我们可能都会自然而然地和他们用孩子的口吻来交流，因为对方是小孩，只有这样才能比较顺利地与他们进行对话沟通。这个时候，❺ ⁹⁸就是我们在把自身的心理年龄不自觉地下调到了与对方接近的尺度，所以不会觉得有沟通障碍。其实这种方法，如果稍加用心地普遍应用，将会成为人际交往的润滑剂。

⁹⁷심리 나이는 결코 '고정적인 수치'가 아니며, 그것은 변화할 수 있는 것이다. 종종 누군가가 '나는 늙었지만 마음은 젊어'라는 말을 듣게 되지만, 누군가는 몸은 아직 젊어도 마음은 이미 나이 들어 보이기도 한다. 소위 마음이 '늙었다'라는 것이 대개 말하는 것은 심리 나이가 생리 나이를 넘어섰다는 것이다. 확실히 전문적인 실험의 결과에서 많은 사람들의 심리 나이가 생리 나이보다 많다는 것을 밝혔다.

사실 이러한 현상은 전 세계적으로 모두 보편적으로 존재하고 극히 소수의 사람들만이 심리 나이와 생리 나이가 완전히 같은데, 전자가 후자보다 많은 것도 정상적인 현상이다. ⁹⁷설령 차이가 많아도 병든 상태는 결코 아니다. 그래서 심리 나이가 '늙었다'고 해서 우려할 필요는 크게 없다.

⁹⁷심리 연령의 많고 적음은 한 사람의 유전, 성격, 경험, 환경 등의 요소와 밀접하게 관계되며, 심지어는 최근의 기분 등 다변적인 요소의 영향을 받는다. 그것 자체가 결코 하나의 '병리학 명사'는 아니며, 단지 심리 발전의 '시간적인 매개변수'일 뿐이다. 그것은 결코 고정적인 수치가 아니며 변화할 수 있는 것이다. ⁹⁹만약 복잡한 인간관계 환경에서 이러한 변화를 이용하는 데 뛰어나다면 장차 인간관계의 처리에 매우 유리할 것이고, 이때의 심리 나이가 바로 각종 소통 저항의 '슬라이드식 가변 저항기'이다.

예를 들어 아이를 대할 때 우리는 아마도 자연스럽게 그들과 아이들의 말투로 교류하게 되는데, 이는 상대방이 아이이므로 이렇게 해야만 비교적 순조롭게 그들과 대화 소통을 할 수 있기 때문이다. 이때 ⁹⁸우리는 자신의 심리 연령을 자신도 모르게 상대방과 가까운 척도로 조절하여 내리게 되고, 그래서 소통 장애가 있다고 느끼지 않게 될 것이다. 사실 이런 방법은 만약 조금만 더 주의를 기울여 보편적으로 응용한다면 사교의 윤활제가 될 것이다.

最简单的，和父母之间，成年后会觉得沟通困难。那是因为，在父母心目中，我们永远都是天真烂漫的小孩子。不管在外面，是多么大的公司、多么高的地位，那些"附加值"在父母看来，都不过是"皇帝的新装"。用"社会面孔"去对待父母，你不自知，可父母会感到极端不舒服。

一个人的心理年龄与实际年龄相吻合应该是一种相对理想的境界。当我们了解各阶段心理年龄的优缺点后，自然可以像了解任何事物那样地加以利用，取长补短，如同很多年前提倡的"换位思考"那样，❻ ¹⁰⁰心理年龄是一个新的参数，帮助我们在人际关系中游刃有余，得到最佳的发展环境。

가장 간단하게 부모와의 사이에 성인이 된 후로는 소통에 어려움이 있다고 느끼게 된다. 부모님의 마음속에서 우리는 영원히 천진난만한 어린아이이다. 밖에 있든 아무리 큰 회사이든 아무리 높은 지위이든 관계없이, 그러한 '부가가치'는 부모님이 보시기에 모두 단지 '임금님의 새 옷'에 지나지 않는다. '사회적인 모습'으로 부모님을 대하면 당신은 모르겠지만, 부모님은 극도로 불편하다고 느끼게 된다.

한 사람의 심리 나이와 실제 나이가 서로 부합하는 것은 당연히 상대적으로 이상적인 경지이다. 우리는 각 단계의 심리 나이의 장점과 단점을 파악한 후 자연스럽게 어떠한 사물을 파악한 것처럼 이용하여 장점은 취하고 단점은 보완할 수 있으며, 여러 해 전에 제창한 '입장을 바꾸어 생각하기'처럼, ¹⁰⁰심리 연령은 새로운 매개변수로 우리가 인간관계에서 현명하게 처리하고 가장 좋은 발전 환경을 얻도록 도와준다.

단어 **苍老** cānglǎo ⬡ 나이 들어 보이다, 늙어 보이다 | **的确** díquè ⬡ 확실히, 분명, 참으로 | **病态** bìngtài ⬡ ① 병적인 상태, 이상 상태 ② 비정상적인 사회현상 | **忧虑** yōulù ⬡ 우려하다, 걱정하다 | **参数** cānshù ⬡ ① 매개 변수 ② 계수 | **错综复杂** cuòzōng fùzá ⬡ 마구 뒤얽혀 복잡하다 | ★ **擅长** shàncháng ⬡ (어떤 방면에) 뛰어나다, 잘하다 ⬡ 장기, 재간 | **沟通** gōutōng ⬡ 교류하다, 의견을 나누다, 소통하다 | **阻力** zǔlì ⬡ 저항 | **滑动** huádòng ⬡ 미끄러지며 움직이다, 미끄러지다 | **变阻器** biànzǔqì ⬡ 가감 저항기, 가변 저항기 | **自然而然** zìrán ér rán ⬡ 사연히, 서절로 | **口吻** kǒuwěn ⬡ 말투, 어조 | **尺度** chǐdù ⬡ 척도, 표준, 제한 | ★ **障碍** zhàng'ài ⬡ 장애물, 방해물 ⬡ 방해하다, 막다, 저해하다 | **润滑剂** rùnhuájì ⬡ 윤활제 | **天真烂漫** tiānzhēn lànmàn ⬡ 천진난만하다 | **面孔** miànkǒng ⬡ ① 낯, 얼굴 ② 외관, 모습, 면모, 양상 | **附加值** fùjiāzhí ⬡ 부가가치 | ★ **极端** jíduān ⬡ 극단 ⬡ 아주, 지극히, 몹시, 매우, 극도로 | **吻合** wěnhé ⬡ 완전히 부합하다, 일치하다 | ★ **境界** jìngjiè ⬡ ① (토지의) 경계 ② 경지 | **取长补短** qǔcháng bǔduǎn ⬡ 장점을 취하고 단점을 보완하다 | **换位思考** huànwèisīkǎo ⬡ 상대방의 입장과 각도에서 고려하다 | **游刃有余** yóurèn yǒuyú ⬡ 힘들이지 않고 여유 있게 일을 처리하다, 솜씨 있게 일을 처리하다, 식은죽먹기이다 | ★ **消除** xiāochú ⬡ 없애다, 풀다, 제거하다 | **安慰** ānwèi ⬡ (마음에) 위로가 되다 ⬡ 위로하다 | **调整** tiáozhěng ⬡ 조정하다, 조절하다 | ★ **展现** zhǎnxiàn ⬡ 드러내다, 나타내다

97
p. 335

心理年龄"老"：

A 说明心情不好
B 受遗传的影响
C 是病态心理
D 是一个固定值

심리 나이가 '늙었다'는 것은?

A 기분이 좋지 않음을 설명한다
B 유전의 영향을 받는다
C 병든 상태의 심리이다
D 고정적인 수치이다

해설 ▶ ❶번에서 '심리 나이는 결코 '고정적인 수치'가 아니다'라고 했으므로 D는 답이 아니다. 또한 ❷번에서 '설령 차이가 많아도 병든 상태는 결코 아니다'라고 했으므로 C도 답이 아니다. ❸번의 '심리 나이의 많고 적음은 한 사람의 유전, 성격, 경험, 환경 등의 요소와 밀접하게 관계된다'라는 말로 보아 정답은 B(受遗传的影响)이다. 또한 ❸번에서 '최근의 기분 등 다변적인 요소의 영향을 받는다'고 했지 무조건 기분이 좋지 않다는 것을 반영하는 것은 아니므로 A도 답이 아니다.

98

p. 335

用小孩子的口吻交流是为了：

A 消除沟通障碍
B 让孩子有爱心
C 富于幽默
D 安慰父母

어린아이들의 말투로 교류하는 것은 무엇을 위한 것인가?

A 소통 장애를 없애기 위해
B 아이에게 사랑하는 마음을 갖게 하기 위해
C 유머로 가득하려고
D 부모님을 위로하려고

해설 ▶ ❺번에서 '우리는 자신의 심리 나이를 자신도 모르게 상대방과 가까운 척도로 조절하여 내리게 되고, 그래서 소통 장애가 있다고 느끼지 않게 될 것이다'라고 한 것으로 보아 정답은 A(消除沟通障碍)이다.

99

p. 335

交际中应该怎样利用心理年龄？

A 确定一个固定值
B 展现真实的心理年龄
C 根据不同对象进行调整
D 使实际年龄与心理年龄相吻合

교제에서 어떻게 심리 나이를 이용해야 하나?

A 하나의 고정적인 수치를 확정해야 한다
B 진실된 심리 나이를 드러내야 한다
C 서로 다른 대상에 따라 조정해야 한다
D 실제 나이를 심리 나이와 서로 부합하게 해야 한다

해설 ▶ ❹번에서 '만약 복잡한 인간관계 환경에서 이러한 변화를 이용하는 데 뛰어나다면 장차 인간관계의 처리에 매우 유리할 것이다'라고 한 것으로 보아 정답은 C(根据不同对象进行调整)이다.

100

p. 335

上文主要介绍了心理年龄的：

A 形成过程
B 判断方法
C 构成因素
D 应用价值

위의 글은 주로 심리 나이의 무엇을 소개했나?

A 형성과정
B 판단방법
C 구성요소
D 응용가치

해설 ▶ 문제보다는 보기를 볼 때 주제를 찾는 문제임을 알 수 있다. 주제는 글의 마지막 부분의 ❻번에서 '심리 나이는 새로운 매개변수로 우리가 인간관계에서 현명하게 처리하고 가장 좋은 발전 환경을 얻도록 도와준다'라고 한 것으로 보아 D(应用价值)임을 알 수 있다.

쓰기 해설

요약 쓰기
시크릿 기출 테스트 해설

실전 모의고사 해설

DAY 1

01

p. 356

几年前有那么一段时间，我去苏北的一个小镇支教，小孩子对新老师有着天然的热情：课前课后围着我，怯怯地问一些海阔天空的问题。但有一个小男孩，一直安静地坐在南边靠窗户的地方，手撑着头，眼睛散漫地望着窗外空荡荡的天空。他的伙伴私下里告诉我，他是班级里成绩最差的一名学生，孤傲、霸道。一个女孩子狠狠地补充一句："没有人喜欢他的。"

一天下午，他迟到了，裤管儿、袖口全是泥，左手上还有一个鲜红的小口子，气喘吁吁地喊"报告"。我看看表，已经上课一刻多钟了，真是气愤，便严肃地问："到哪儿去玩了？为什么迟到？"他扭扭衣角，犹豫了半天，就是说不出什么理由。我更坚信了自己的判断，便决然地说："好，既然迟到，先站到教室后面去听讲！"这是我第一次"体罚"学生。课后我安慰自己：是他做得太过分了。

下班后，我和同事一起推车回宿舍，竟然发现车篓里多了一堆橘子，红红黄黄的，不好看，青涩的叶子还在，但个头很大。也没想出来是谁的好心，回来就被大家瓜分了。从那次之后，他又打了一次架，我更是被气得很少喊他回答问题。有一次，他终于忍不住来问我："老师，你是不是不喜欢我？"我说："是的，又迟到又打架，没有人会喜欢你……"我的本意是先批评他一顿，再和他交流的，哪知我话还没说完，他就走了。

第二天体育课，练单杠时，他摔伤了，躺在地上死活就是不肯去卫生所，谁的话也不听。我很着急，"谁去给我把他爸妈叫来。"班上的"机灵鬼"很快就找来了他的家长——一个穿着打补丁的中山装的爷爷。

몇 년 전 얼마간 나는 장쑤성 북부 지역의 작은 마을에 교육을 지원하러 갔다. 아이들은 새로 온 선생님에게 천진난만한 열의를 갖고 있었다. 수업 전후로 나를 둘러싸고 쭈뼛쭈뼛하며 끝이 없는 질문을 했다. 그러나 한 남자아이는 언제나 남쪽 창가에 앉아 손으로 머리를 괴고 눈은 산만하게 창 밖의 텅 빈 하늘을 보고 있었다. 그의 친구는 몰래 나에게 그는 반에서 성적이 가장 나쁜 학생으로 건방지고 난폭하다고 말해주었다. 한 여자아이는 독하게 한 마디를 덧붙였다. "걔를 좋아하는 사람은 없어요."

어느 날 오후 그는 지각했고, 바지통과 소맷부리는 온통 흙이었으며, 왼쪽 손에는 새빨간 작은 상처가 난 채로 "왔습니다"라고 숨을 헐떡거리며 소리쳤다. 내가 시계를 보니 수업한 지 15분이 넘었고 정말 화가 나서 엄숙하게 물었다. "어디 가서 논 거야? 왜 지각했니?" 그는 옷깃을 비틀면서 한참 동안 망설였지만 아무런 이유도 말하지 않았다. 나는 더욱 나 자신의 판단을 굳게 믿고 확고하게 말했다. "좋아, 지각했으니 우선 교실 뒤에 가서 서서 수업을 들으렴!" 이것이 내가 처음으로 학생을 '체벌'한 것이다. 수업을 마친 뒤 나는 그가 너무 심했던 거라고 스스로를 위로했다.

퇴근한 후 동료와 함께 자전거를 밀면서 기숙사로 돌아가는데 갑자기 자전거 소쿠리에 한 무더기의 귤이 있는 것을 발견했다. 울긋불긋 예쁘지 않았고 푸르고 떫은 잎이 그대로 있었지만 크기는 컸다. 누구의 호의인지 생각해내지 못했고, 돌아와서 모두 나눠 먹었다. 그때 이후 그는 또 한 번 싸웠고 난 더 화가 나서 그의 이름을 불러 질문에 대답하게 하는 경우가 적어졌다. 한 번은 그가 마침내 참지 못하고 와서 나에게 물었다. "선생님, 저를 싫어하세요?" 나는 말했다. "그래, 지각하고 싸우고, 널 좋아하는 사람은 없을 거야…" 나의 본뜻은 먼저 그를 한 번 야단치고 다시 그와 교류하려고 한 것이었는데, 내 말이 끝나기도 전에 그가 가버릴 줄은 몰랐다.

다음 날 체육수업에서 철봉을 연습할 때, 그가 떨어져서 다쳤지만, 땅에 누워 기어코 양호실에 가려고 하지 않으며 누구의 말도 듣지 않았다. 나는 조급해져서 "누가 가서 그의 엄마 아빠를 불러오렴."이라고 말했다. 반에서 '영리한 아이'가 얼른 그의 보호자인 헝겊을 대고 기운 중산복을 입은 할아버지 한 분을 찾아서 모셔왔다.

爷爷推着小车来的，一车的橘子，红红黄黄的，急急地扔下小车就来搀他，心疼地帮他拍打身上的尘土，连声问"要紧不"，他撒娇地说："不大疼，用热水敷敷就好了。"我说："还是去看看医生吧。"他终于骄傲地回了我一句话："不要紧，爷爷会喜欢我的！"我愣了。

在办公室，他爷爷问我："你就是那个外地来的老师吧，毛毛说你的课上得好，他很喜欢你的，我种了几亩橘子，前几天，他非得让我给你送。我说人家外地老师不稀罕的，他就搬了个小凳子去摘，还弄得划了道小口子，呵呵……"我忽然觉得自己犯了一个天大的错误。

在后来的课堂上，我一直讨好他，他还是对我爱理不理。临了，我要走了，他哭得一塌糊涂，弄得其他学生都特惊讶，他还给我写了一封长长的信。我终于知道了这个为我摘橘子而迟到的孤儿，知道了因为别的学生说我"坏话"被他"教训"的经过，知道了他赌气故意摔坏自己证明这世界还有人真心喜欢他的"报复"……看着看着，早已泪流满面，我忽然觉得这封信是我这一段时光最大的感动和最深的遗憾。

他说："无论老师你喜不喜欢我，我都喜欢你的课。"信的末尾是这样一句："老师，记住吧，总会有人喜欢你的，就像爷爷那么那么喜欢我一样……"

할아버지는 작은 자전거를 끌고 왔는데 울긋불긋한 굴이 한 차 가득했고, 급하게 자전거를 던지고 그를 부축하고는 가슴 아파하며 몸의 먼지를 털어내는 것을 도와주며 연이어 말했다. "괜찮니" 그는 응석 부리며 말했다. "별로 아프지 않아요. 따뜻한 물로 찜질하면 돼요." 내가 말했다. "그래도 가서 의사 선생님을 만나보렴." 그는 마침내 자랑스럽게 나에게 한마디 했다. "괜찮아요. 할아버지는 저를 좋아하실 거예요!" 나는 어리둥절했다.

사무실에서 그의 할아버지가 나에게 물었다. "당신이 그 외지에서 온 선생님이죠. 마오마오가 선생님께서 수업을 잘 하신다고 말하더군요. 그 아이는 선생님을 좋아해요. 내가 몇 고랑에 굴을 심었는데 며칠 전에 그 아이가 기어코 나더러 선생님에게 선물하라고 하더군요. 내가 외지 선생님은 진귀하게 생각하지 않을 거라고 말했더니, 그 아이는 작은 의자를 가져와서 따다가 작은 상처까지 생겼지요. 허허…" 나는 갑자기 내가 엄청나게 큰 잘못을 저질렀다고 느껴졌다.

이후의 수업에서 나는 줄곧 그의 기분을 맞추어주려고 했지만, 그는 여전히 본체만체했다. 마지막에 내가 떠나려고 할 때 그가 엉망진창으로 울어서 다른 학생들이 모두 의아해했고, 그는 나에게 매우 긴 편지 한 통을 주었다. 나는 마침내 이 굴을 따기 위해 지각한 고아를 알게 되었고, 다른 학생들이 내 '험담'을 했기 때문에 그에게 '훈계' 당한 과정을 알게 되었고, 그가 울컥해서 고의로 넘어져서 세상에 진심으로 그를 좋아하는 사람이 있다는 것을 증명할 '보복'을 알게 되었다… 보다 보니 난 벌써 눈물이 앞을 가렸고, 갑자기 이 편지는 이 시간 동안 가장 큰 감동과 가장 깊은 유감스러움을 느꼈다.

그는 말했다. "선생님께서 저를 좋아하시든 좋아하지 않으시든 저는 선생님 수업을 좋아해요." 편지의 마지막에 이런 말이 있었다. "선생님, 기억하세요. 누군가는 선생님을 좋아할 거예요. 할아버지가 그토록 저를 좋아하는 것처럼…"

단어　苏北 sūběi 몡 장쑤성 북부 지역 | 支教 zhījiào 통 교육을 지원하다 | 怯怯 qièqiè 혱 쭈뼛쭈뼛하다 | 海阔天空 hǎikuò tiānkōng 혱 (상상이나 말이 아무런 얽매임이 없고) 끝이 없다 | 撑 chēng 통 받치다, 괴다 | 散漫 sǎnmàn 혱 분산되다, 흩어지다, 산만하다 | 空荡荡 kōngdàngdàng 혱 ① 텅 비다, 한산하다 ② (마음이) 허전하다, 공허하다 | 伙伴 huǒbàn 몡 동료, 친구 | 私下里 sīxiàli 閉 몰래, 살짝 | 孤傲 gū'ào 혱 건방지다, 도도하다 | ★霸道 bàdào 혱 횡포하다, 포악하다 | 裤管 kùguǎn 몡 바지통 | 袖口 xiùkǒu 몡 소맷부리 | 气喘吁吁 qìchuǎn xūxū 호흡을 가쁘게 몰아쉬다, 숨이 가빠서 식식거리는 모양 | 气愤 qìfèn 혱 화내다, 분개하다 | 扭 niǔ 통 비틀다, 비틀어 돌리다 | 决然 juérán 확고하다, 결연하다 | 体罚 tǐfá 체벌하다 | 篓 lǒu 몡 대바구니, 광주리 | 涩 sè 혱 ① 매끄럽지 않다 ② (맛이) 떫다 | 瓜分 guāfēn 통 분할하다, 나누다 | 单杠 dāngàng 몡 철봉 | 死活 sǐhuó 閉 한사코, 기어코 | 机灵鬼 jīlíngguǐ 몡 영리한 사람, 똑똑이, 재간둥이 | 打补丁 dǎbǔding 통 (옷이나 물품을) 헝겊 따위를 대고 깁다 | ★搀 chān 통 부축하다, 돕다 | 撒娇 sā jiāo 이합 응석부리다, 어리광부리다, 애교를 떨다 | 敷 fū 통 찜질하다 | ★愣 lèng 혱 멍해지다, 얼빠지다, 어리둥절하다 | 亩 mǔ 몡 이랑 | 稀罕 xīhan 혱 보기 드물다 통 소중하게 여기다, 진귀하게 여기다 | 凳子 dèngzi 몡 의자, 걸상 | 天大 tiāndà 혱 하늘만큼 크다, 엄청나게 크다 | 讨好 tǎohǎo 통 잘 보이다, 환심을 사다, 기분을 맞추다, 비위를 맞추다 | 爱理不理 àilǐ bùlǐ 본체만체하다, 아랑곳하지 않다 | 临了 línliǎo 閉 최후에, 마지막에, 결국은 | 一塌糊涂 yìtā hútú 혱 엉망진창이다 | ★惊讶 jīngyà 혱 의아스럽다, 놀랍다 | 赌气 dǔqì 혱 울컥하다, 뒤틀리다, 삐딱하게 나가다 | ★时光 shíguāng 몡 ① 시기, 때, 시절 ② 시간, 세월

▶ 1. 주인공은 교육 지원을 하러 작은 마을에 갔고, 반에 남다른 아이가 있었다. 시간이 흐름에 따라 많은 사건이 발생하면서, 아이의 진심도 조금씩 드러나게 된다. 따라서 이 글의 시간적 맥락을 다음과 같이 정리할 수 있다.

几年前 → 一天下午 → 下班后 → 从那次之后 → 有一次 → 第二天体育课 → 在后来的课堂上 → 临了

▶ 2. 주인공이 남자아이를 오해하기 시작할 때부터 그의 편지를 받고 아이의 진심을 깨닫기까지, 모든 사건은 시간 변화에 따라 발전되며 다음과 같이 정리할 수 있다.

시간	사건
几年前	我去苏北支教，有一个小男孩。 나는 장쑤성 북부 지역에 교육 지원을 하러 갔는데, 한 남자아이가 있었다.
一天下午	他迟到了，说不出什么理由，让他站到教室后面去听讲。 그는 지각했지만 아무런 이유도 말하지 않아서, 교실 뒤에 서서 수업을 듣게 했다.
下班后	车篓里多了一堆橘子，没想出来是谁的好心。 자전거 소쿠리에 한 무더기의 귤이 있었지만, 누구의 호의인지 생각해낼 수 없었다.
从那次之后	他又打了一次架，很少喊他回答问题。 그는 또 싸움을 했고, 그의 이름을 불러 질문에 대답하게 하는 경우가 적어졌다.
有一次	他问我"老师，你是不是不喜欢我?"，我说："又迟到又打架，没有人会喜欢你……"他就走了。 그가 나에게 "선생님, 저를 싫어하세요?"라고 물었고, 내가 "지각하고 싸우고, 널 좋아하는 사람은 없을 거야…"라고 말하자 그는 가버렸다.
第二天体育课	他摔伤了，不肯去卫生所，找来了他的家长。 그는 떨어져서 다쳤지만, 양호실에 가려고 하지 않아 그의 보호자를 찾아 모셔왔다.
在后来的课堂上	我一直讨好他，他都不爱理我。 나는 줄곧 그의 기분을 맞추어주려고 했지만, 그는 여전히 본체만체했다.
临了	我要走了，他哭得一塌糊涂，他还给我写了一封长长的信。 내가 떠나려고 할 때, 그는 엉망진창으로 울었고, 또한 나에게 아주 긴 편지 한 통을 주었다.

▶ 3. 한 편의 글을 쓰기 위해서는 각 시간의 흐름 별로 중요한 단어나 표현을 이용해 내용을 보충하여 사건들이 연결될 수 있도록 해야 한다. 가장 좋은 방법은 육하원칙(누가, 언제, 어디서, 무엇을, 어떻게, 왜)에 맞게 구성된 내용을 중심으로 보는 것이다.

시간	사건
几年前	我去苏北支教，(学生对我很热情，)有一个小男孩(，一直坐在靠窗户的地方，有人告诉我没有人喜欢他)。
一天下午	他迟到了，(左手上还有一个小口子，但是)说不出什么理由，(我很生气)让他站到教室后面去听讲。
下班后	车篓里多了一堆橘子，(我)没想出来是谁的好心(，就和同事们分了)。
从那次之后	他又打了一次架，(我就)很少喊他回答问题。
有一次	他问我"老师，你是不是不喜欢我?"，我说："又迟到又打架，没有人会喜欢你……"他就走了。
第二天体育课	他摔伤了，不肯去卫生所，找来了他的家长(—— 他爷爷)。(爷爷告诉我，男孩很喜欢我，他非得让爷爷给我送橘子，爷爷怕我不稀罕，他就搬了个小凳子去摘，还弄得划了道小口子。)
在后来的课堂上	我一直讨好他，他都不爱理我。
临了	我要走了，他哭得一塌糊涂，他还给我写了一封长长的信。(我通过那封信知道了他是为了给我摘橘子而迟到，是为了教训说我"坏话"的孩子打架的，是为了证明世界上还有人真心喜欢他而故意摔伤的。他说他喜欢我的课，不管我喜欢不喜欢他。说总会有人喜欢我，就像爷爷喜欢他那样。)

▶ 4. 제목은 글의 내용을 포괄할 수 있는 것이라면 비교적 자유롭게 만들 수 있다. 이 글은 남자아이를 중심으로 시간적 흐름에 따라 발생한 사건들을 나열한 글이므로 '苏北男孩(장쑤성 북부 지역의 남자아이)'라는 제목도 괜찮다. 또한, 남자아이가 자신의 진심을 나타낸 편지에서 선생님에게 한 마지막 말을 응용하여 '总会有人喜欢你(누군가는 당신을 좋아할 겁니다)'라는 제목을 만들 수도 있다.

모범답안

总会有人喜欢你

几年前我去苏北支教，学生对我很热情。有一个小男孩，一直坐在靠窗户的地方，有人告诉我没有人喜欢他。

一天下午，他迟到了，左手上还有一个小口子，但是说不出什么理由。我很生气，让他站到教室后面去听讲。下班后车篓里多了一堆橘子，我没想出来是谁的好心，就和同事们分了。从那次之后他又打了一次架，我就很少喊他回答问题。有一次他问我"老师，你是不是不喜欢我？"，我说："又迟到又打架，没有人会喜欢你……"他就走了。

第二天体育课上他摔伤了，不肯去卫生所，找来了他的家长——他爷爷。爷爷告诉我，男孩很喜欢我，他非得让爷爷给我送橘子，爷爷怕我不稀罕，他就搬了个小凳子去摘，还弄得划了道小口子。

在后来的课堂上，我一直讨好他，他都不爱理我。临了，我要走了，他哭得一塌糊涂，他还给我写了一封长长的信。我通过那封信知道了他是为了给我摘橘子而迟到，是为了教训说我"坏话"的孩子打架的，是为了证明世界上还有人真心喜欢他而故意摔伤的。他说不管我喜不喜欢他，他喜欢我的课，还说总会有人喜欢我，就像爷爷喜欢他那样。

누군가는 당신을 좋아할 겁니다

몇 년 전 나는 장쑤성 북부 지역에 교육을 지원하러 갔고 학생들은 나에게 친절했다. 한 남자아이는 언제나 창가에 앉아있었고, 어떤 아이가 그 아이를 좋아하는 사람은 없다고 말해주었다.

어느 날 오후 그는 지각했고, 왼쪽 손에는 작은 상처가 있었지만 아무런 이유도 말하지 않았다. 나는 매우 화가 나 그에게 교실 뒤에 서서 수업을 듣게 했다. 퇴근한 후 자전거 소쿠리에 한 무더기의 귤이 있었는데, 누구의 호의인지 생각해내지 못한 채 동료와 나눠 먹었다. 그때 이후 그는 또 한 번 싸웠고 난 그의 이름을 불러 질문에 대답하게 하는 경우가 적어졌다. 한 번은 그가 나에게 물었다. "선생님, 저를 싫어하세요?" 나는 "지각하고 싸우고, 널 좋아하는 사람은 없을 거야…"라고 말했고 그는 가버렸다.

다음 날 체육수업에서 그는 떨어져서 다쳤지만, 양호실에 가려고 하지 않아서 그의 보호자인 할아버지를 찾아 모셔왔다. 할아버지는 남자아이가 나를 매우 좋아하며, 그가 기어코 할아버지더러 나에게 귤을 가져다주게 했으며, 할아버지가 내가 진귀하게 생각하지 않을 거라고 걱정하자 그는 작은 의자를 가져와서 따다가 작은 상처까지 생겼다고 말씀해주셨다.

이후의 수업에서 나는 줄곧 그의 기분을 맞추어주려고 했지만, 그는 여전히 본체만체했다. 내가 가려고 할 때, 그는 엉망진창으로 울었고, 그는 나에게 매우 긴 편지 한 통을 주었다. 나는 그 편지로 그는 나에게 귤을 따주기 위해 지각한 것이고, 나의 '험담'을 하는 아이들을 훈계하기 위해 싸운 것이고, 세상에 그를 진심으로 좋아하는 사람이 있다는 것을 증명하기 위해 고의로 떨어져 다친 것이라는 것을 알게 되었다. 그는 내가 그를 좋아하든 좋아하지 않든 내 수업을 좋아하고, 할아버지가 그토록 나를 좋아하는 것처럼 누군가는 나를 좋아할 것이라고 말했다.

02
p. 358

在悉尼大学访学那半年，我寄宿在语言学系一位女讲师家里。她名叫朱莉亚，跟丈夫离婚有一年多了，和她一起生活的是她的宝贝女儿莫妮卡。

我刚住进来的第二个月，莫妮卡就要过10岁生日了。朱莉亚跟我谈起生日礼物的事情，她说今年想给女儿一个特别的礼物，以前买的礼物，虽然她当时很喜欢，可过不了多久，就被她丢到一边儿，不玩了。我点点头说："是呀，在中国，10象征一个整体，特别受重视。"朱莉亚笑笑说："我想我该有我自己的方式。"

没过两天，我们一起吃早餐的时候，朱莉亚玩魔术般地拿出一只用红绸布包裹着的小盒子递到女儿眼前：

"莫妮卡，这是妈妈送给你的生日礼物！"

"可还有三天才是我的生日呀！"莫妮卡很惊讶。

"因为10岁生日很重要呀！从此你的人生就进入两位数的年龄了。今年的是一样非常特别的礼物，所以我决定要提前三天送给你。"朱莉亚解释说，"不过，你必须答应我，不到生日那天，绝对不可以打开看！"莫妮卡似乎思索了一下，点点头，同意了。

接过礼物，莫妮卡感觉它好轻。她凑到耳边摇了摇，什么声音也没听到；又用手指按了按，盒子的薄纸板并没有凹下去，触不出里面的东西是什么形状。莫妮卡仔细端详起这神秘的礼品盒来：究竟是什么特别的东西呢？

"好了，不要老盯着看了，你把它放好，上学去吧！"朱莉亚打断莫妮卡的思绪。

第二天莫妮卡放学一到家就冲进了自己的房间，去找那特别的生日礼物。她小心地把它捧在手里，感觉还是那么轻。这时朱莉亚过来了："还记得你答应过我什么吗？"

莫妮卡无奈地点点头："记得，妈妈，到生日那天才能打开……那你现在就告诉我里面

시드니대학에서 방문 연구를 하던 그 해, 나는 언어학과의 한 여강사 집에서 묵었다. 그녀의 이름은 줄리아로 남편과 이혼한 지 1년이 넘었고, 그녀와 함께 생활하는 것은 그녀의 귀염둥이 딸 모니카였다.

내가 들어와서 산 지 막 두 달째 되었을 때, 모니카의 10살 생일이 다가오고 있었다. 줄리아는 나와 생일선물 이야기를 하기 시작했고, 그녀는 올해 딸에게 특별한 선물을 주고 싶어했다. 예전에 산 선물은 비록 그녀가 그때 당시에는 좋아했지만, 얼마 지나지 않아 그녀에 의해 구석으로 처박혀 놀지 않게 되었다고 말했다. 나는 고개를 끄덕이며 말했다. "그래요, 중국에서 10은 전체를 상징하며 매우 중시 받는답니다." 줄리아는 웃으며 말했다. "제 생각엔 제 스스로의 방식이 있어야 할 거 같아요."

이틀도 되지 않아 우리가 함께 아침을 먹을 때 줄리아는 마술을 부리듯 붉은 비단으로 포장된 작은 상자를 딸 앞에 건네주었다.

"모니카, 이것은 엄마가 너에게 주는 생일 선물이야!"

"아직 3일 있어야 제 생일인데요!" 모니카는 의아해했다.

"10살 생일은 중요하기 때문이지! 지금부터 너의 인생은 두 자릿수 나이로 접어들게 되잖니. 올해는 매우 특별한 선물이라서 난 3일 일찍 너에게 선물하기로 했단다." 줄리아가 설명했다. "하지만 넌 반드시 나에게 생일이 되기 전엔 절대 열어서 보지 않겠다고 약속해야 해!" 모니카는 깊이 생각하는 것 같더니 고개를 끄덕이며 동의했다.

선물을 받고 모니카는 그것이 가볍다고 느꼈다. 그녀는 귓가에 대고 흔들었지만 아무 소리도 들을 수 없었다. 손가락으로 눌러봤지만, 상자의 얇은 종이판이 들어가지 않아서 안에 있는 것이 어떤 모양인지 만질 수 없었다. 모니카는 이 신비한 선물상자를 자세히 보기 시작했다. 도대체 무슨 특별한 물건일까?

"됐어, 계속 쳐다보지 말고 놓고 학교 가렴!" 줄리아는 모니카의 생각을 끊었다.

다음날 모니카는 하교 후 바로 자신의 방으로 뛰어들어가 그 특별한 선물을 찾았다. 그녀는 조심스럽게 그것을 손에 들었지만 느낌은 여전히 가벼웠다. 이때 줄리아가 다가왔다. "네가 나에게 무엇을 약속했는지 아직 기억하니?"

모니카는 어쩔 수 없이 고개를 끄덕였다. "기억해요, 엄마, 생일이 되어야 열어볼 수 있다고… 그럼 엄마가 지금 나에게 안에 들어 있는 것은 무엇인지 말해주면 안 돼요?"

装的是什么，可以吗？""当然不可以，那样的话，这礼物的意义就大打折扣了。"朱莉亚拒绝得很干脆。

晚上8点多，我和朱莉亚正在看肥皂剧，突然从莫妮卡的房间里传出哇哇的哭声。

"莫妮卡，怎么啦？"朱莉亚很快地跑进了莫妮卡的房间，我也迅速地跟了过去。莫妮卡实在憋不住，拆开了盒子，却发现里面什么也没有。"你是个大骗子，这里头什么东西也没有！"她伤心地抽泣着。

我站在一边，看愣了。

朱莉亚双手抱在胸前，深深地叹了一口气："10岁生日是属于你的一个很特殊的日子。我问我自己，该给我的小莫妮卡送什么生日礼物呢？什么东西不仅仅是给她瞬间的快乐，而是能够陪她一辈子，以后每当有什么问题出现的时候，妈妈送给她的礼物都能拿出来派上用场。"她停顿了片刻，"我绞尽脑汁地想呀，想呀，最后我终于想到了，生活是需要耐心的……本想让你生日那天打开这份特殊的生日礼物，然后告诉你，你已学会了这条能让你受益终生的处世之道，再为你开个大派对好好庆祝……我想或许得到明年了吧！"

到莫妮卡11岁生日的时候，我已经回国了。朱莉亚在电子邮件中很骄傲地说："看来去年'耐心'这件礼物算是给送出去了，今年我又得想个新的了！"

"당연히 안 되지. 그럼 이 선물의 의미가 엉망이 되거든." 줄리아는 거리낌 없이 거절했다.

저녁 8시가 넘었을 때, 나와 줄리아는 드라마를 보고 있었는데, 갑자기 모니카의 방에서 으앙 울음소리가 들려왔다.

"모니카, 왜 그러니?" 줄리아는 얼른 모니카의 방으로 뛰어 들어갔고, 나도 재빨리 따라갔다. 모니카는 정말 참을 수가 없어 상자를 열었는데 안에 아무것도 없다는 것을 발견했다. "엄마는 거짓말쟁이예요. 안에는 아무것도 없다고요!" 그녀는 상심해서 훌쩍거렸다.

나는 한쪽에 서서 멍해졌다.

줄리아는 두 손을 가슴에 모으고 깊게 한숨을 쉬었다. "10살 생일은 너에게는 특별한 날로 속한다. 나는 나 자신에게 나의 어린 모니카에게 무슨 선물을 해야 될지? 물었어. 어떤 선물이 그녀에게 단지 순간의 기쁨을 주는 것이 아니라 그녀와 평생을 함께 해주고 나중에 무슨 문제가 생겼을 때 엄마가 그녀에게 준 선물이 나서서 도움이 될 수 있을까." 그녀는 잠시 말을 끊었다. "나는 온갖 지혜를 짜내어 생각하고 또 생각하다 결국 생각해냈어. 생활은 인내심이 필요하단다… 본래는 네 생일에 이 특별한 생일선물을 열고 너에게 넌 이미 평생의 유익한 처세법을 배웠다고 말해주고, 그런 다음 너를 위해 파티를 열어 멋지게 축하해주려고 했어… 내 생각엔 아마도 내년이 되어야겠구나!"

모니카의 11살 생일이 되었을 때 나는 이미 귀국했다. 줄리아는 이메일에서 자랑스럽게 말했다. "보아하니 작년의 '인내심' 선물은 준 셈이 됐으니, 올해는 또 새로운 걸 생각해야겠네요!"

단어 悉尼 Xīní 몡 시드니 | 寄宿 jìsù 통 ① 잠시 남의 집에 기거하다 ② (기숙사에) 기숙하다 | 象征 xiàngzhēng 통 상징하다, 나타내다 몡 상징, 심벌 | 玩魔术 wánmóshù 마법을 부리다, 마술을 부리다 | 绸 chóu 몡 비단 | 包裹 bāoguǒ 몡 소포, 보따리 통 싸다, 포장하다 | 递 dì 통 넘겨주다, 건네다 | ★惊讶 jīngyà 휑 의아스럽다, 놀랍다 | ★思索 sīsuǒ 통 사색하다, 깊이 생각하다 | 凑 còu 통 다가가다, 접근하다 | 凹 āo 휑 오목하다 통 움푹 들어가다 | 端详 duānxiang 통 자세히 보다 | 神秘 shénmì 휑 신비하다 | ★思绪 sīxù 몡 ① 기분, 정서 ② 생각(의 갈피), 사고(의 실마리) | ★捧 pěng 통 ① 두 손으로 받쳐들다 ② 남에게 아첨하다, 치켜세우다 | 无奈 wúnài 통 방법이 없다, 부득이하다 젭 유감스럽게도, 공교롭게도 | 大打折扣 dàdǎzhékòu 엉망이 되다 | 赶脆 gāncuì 휑 (언행이) 명쾌하다, 시원스럽다, 간단명료하다, 거리낌 없다 젭 아예, 차라리 | 肥皂剧 féizàojù 몡 연속극, 드라마 | 憋不住 biēbuzhù 참지 못하다, 억제하지 못하다 | 拆 chāi 통 뜯다, 떼어내다 | 抽泣 chōuqì 통 훌쩍거리다, 흐느끼다 | ★愣 lèng 통 멍해지다, 어리둥절하다 | 瞬间 shùnjiān 몡 순간, 눈 깜짝하는 사이, 순식간 | 派用场 pàiyòngchǎng 쓰임이 있다, 도움이 되다, 유용하다 | ★停顿 tíngdùn 통 ① 머물다, 묵다 ② (말을) 잠시 쉬다, 멈추다 ③ (일을) 중지하다, 중단하다 | ★片刻 piànkè 몡 잠깐, 잠시 | 绞尽脑汁 jiǎojìn nǎozhī 휑 온갖 지혜를 다 짜내다 | 耐心 nàixīn 휑 참을성이 있다, 인내심이 있다 몡 인내심, 참을성 | 派对 pàiduì 몡 파티

해설 ▶ 1. 이 글은 글쓴이가 시드니대학에 가서 다시 떠날 때까지 자신이 묵었던 집에서 발생한 사건들을 시간의 흐름에 따라 서술한 글이다. 따라서 이 글의 시간적 맥락을 다음과 같이 정리할 수 있다.
在悉尼大学访学那半年 → 第二个月 → 没过两天 → 第二天晚上8点多 → 莫妮卡11岁生日的时候

▶ 2. 글쓴이가 묵었던 집의 여자아이가 이야기의 주인공이고, 아이의 10살 생일 선물이 전체 이야기의 줄거리를 이루고 있다. 시간별로 가장 핵심적인 표현을 정리하면 다음과 같다.

시간	사건
在悉尼大学访学那半年	我寄宿在一位女讲师家里。나는 언어학과의 한 여강사 집에서 묵었다. 她的宝贝女儿莫妮卡 그녀의 귀염둥이 딸 모니카
第二个月	莫妮卡10岁生日 모니카의 10살 생일 朱莉亚想给女儿一个特别的礼物。줄리아는 딸에게 특별한 선물을 주고 싶었다.
没过两天	拿出小盒子递到女儿眼前。작은 상자를 딸 앞에 건네주었다. 不到生日那天，绝对不可以打开看。생일이 되기 전에는 절대 열어볼 수가 없었다.
第二天晚上8点多	从莫妮卡的房间里传出哭声。모니카의 방에서 울음소리가 들려왔다. 莫妮卡实在憋不住，拆开了盒子，却发现里面什么也没有。 모니카는 정말 참을 수가 없어 상자를 열었는데 안에 아무것도 없다는 것을 발견했다. 10岁生日是一个很特殊的日子，什么东西不仅仅是给她瞬间的快乐，以后都能拿出来派上用场。 10살 생일은 특별한 날인데, 어떤 선물이 단지 그녀에게 순간의 기쁨이 아니라 나중에 무슨 문제가 생겼을 때 도움이 될 수 있을까. 生活是需要耐心的。생활은 인내심이 필요하다.
莫妮卡11岁生日的时候	"'耐心'这件礼物算是给送出去了，今年又得想个新的了！" "'인내심' 선물은 준 셈이 됐으니, 올해는 또 새로운 걸 생각해야겠네요!"

▶ 3. 이 글에서 가장 중요한 부분은 줄리아가 어떤 선물을 했으며, 그 선물을 한 의도가 무엇인지를 밝히는 부분이다. 따라서 이 부분을 다른 내용보다 좀 더 상세하게 보충하여 설명하면 다음과 같다.

시간	사건
在悉尼大学访学那半年	我寄宿在一位女讲师(朱莉亚)家里(，还有)她的宝贝女儿莫妮卡(。)
第二个月	莫妮卡(要过)10岁生日(了。)朱莉亚想给女儿一个特别的礼物(，以前她给女儿买的生日礼物，刚开始女儿很喜欢，不过过了一段时间就扔在一边了。她觉得应该有自己的方式)。
没过两天	(茱莉亚)拿出小盒子递到女儿眼前(，说是送给她的礼物，但是)不到生日那天，绝对不可以打开看。
第二天晚上8点多	从莫妮卡的房间里传出哭声。(原来)莫妮卡实在憋不住，拆开了盒子，却发现里面什么也没有。(她哭着说妈妈是个骗子)。(茱莉亚告诉她，)10岁生日是一个很特殊的日子，(妈妈问自己，)什么东西不仅仅是给(女儿)瞬间的快乐，(而是能够陪她一辈子，)以后(每当有问题的时候，妈妈送给的礼物)都能拿出来派上用场。(最后终于想到了，)生活是需要耐心的。(本来想让女儿耐心等待到生日那天再打开那个特殊的生日礼物，然后再告诉她那个让她终身受益的处世之道，现在看来或许得到明年了吧。)
莫妮卡11岁生日的时候	(朱莉亚告诉我，)"耐心"这件礼物算是给送出去了，今年又得想个新的了(。)

▶ 4. 이 글은 어머니가 선물을 통해 딸에게 무엇을 가르치려고 했는지가 가장 핵심적인 주제이며, 이러한 주제가 잘 드러나도록 제목을 정하는 것이 좋다. 따라서 '生活需要耐心(생활은 인내심이 필요하다)'은 좋은 제목이 될 수 있다. 또한 '선물'이라는 방식을 통해 딸에게 가르침을 주려고 했으므로 '一件特殊的礼物(한 특별한 선물)'라는 제목도 가능하다.

生活需要耐心

在悉尼大学访学那半年，我寄宿在一位女讲师朱莉亚家里，还有她的宝贝女儿莫妮卡。

第二个月，莫妮卡要过10岁生日了。朱莉亚想给女儿一个特别的礼物，以前她给女儿买的生日礼物，刚开始女儿很喜欢，不过过了一段时间就扔在一边了。她觉得应该有自己的方式。

没过两天，朱莉亚拿出小盒子递到女儿眼前，说是送给她的礼物，但是不到生日那天，绝对不可以打开看。

第二天晚上8点多，从莫妮卡的房间里传出哭声。原来莫妮卡实在憋不住，拆开了盒子，却发现里面什么也没有。她哭着说妈妈是个骗子。朱莉亚告诉她，10岁生日是一个很特殊的日子，妈妈问自己，什么东西不仅仅是给女儿瞬间的快乐，而是能够陪她一辈子，以后每当有问题的时候，妈妈送给的礼物都能拿出来派上用场。最后终于想到了，生活是需要耐心的。本来想让女儿耐心等待到生日那天再打开那个特殊的生日礼物，然后再告诉她那个让她终身受益的处世之道，现在看来或许得到明年了吧。

莫妮卡11岁生日的时候，朱莉亚告诉我，"耐心"这件礼物算是给送出去了，今年又得想个新的了。

생활은 인내심이 필요하다

시드니대학에서 방문 연구를 하던 그 반년 동안 언어학과의 한 여강사인 줄리아 집에서 묵었고, 그녀의 귀염둥이 딸 모니카도 있었다.

두 달째 되었을 때, 모니카는 10살 생일이 다가오고 있었다. 줄리아는 딸에게 특별한 선물을 주고 싶어했고, 예전에 딸에게 사준 생일 선물은 처음에는 딸이 좋아했지만, 시간이 지나자 구석에 던져졌다. 그녀는 자기 스스로의 방식이 있어야 한다고 생각했다.

이틀도 되지 않아 줄리아는 작은 상자를 딸 앞에 건네주었고, 그녀에게 선물을 주지만 생일이 되기 전에 절대 열어볼 수 없다고 말했다.

다음 날 저녁 8시가 넘었을 때 모니카의 방에서 울음소리가 들려왔다. 알고 보니 모니카는 정말 참을 수가 없어 상자를 열었는데 안에 아무것도 없다는 것을 발견한 것이었다. 그녀는 울면서 엄마가 거짓말쟁이라고 말했다. 줄리아는 그녀에게 10살 생일은 특별한 날이어서, 엄마는 자신에게 어떤 선물이 딸에게 단지 순간의 기쁨을 주는 것이 아니라 그녀와 평생을 함께 해주고 나중에 무슨 문제가 생겼을 때 엄마가 그녀에게 준 선물이 나서서 도움이 될 수 있을까 물었다고 했다. 마침내 생각해낸 것이 생활은 인내심이 필요하다는 것이었다. 본래는 딸에게 인내심 있게 생일까지 기다렸다가 그 특별한 생일 선물을 열어보게 하고, 그런 다음 다시 그녀에게 평생의 유익한 처세법을 알려주려고 했으나, 지금 상황에서는 아마도 내년이 되어야 했다.

모니카의 11살 생일이 되었을 때, 줄리아는 나에게, '인내심' 선물은 준 셈이 됐으니, 올해는 또 새로운 걸 생각해야 한다고 말해주었다.

DAY 5

03

p. 360

刘国梁的父亲刘占胜年少时喜爱打乒乓球，但由于爷爷的阻挠，刘占胜在乒乓球台前止步了。直到1973年，刘占胜才如愿调入市体委从事乒乓球教练工作。

1974年，刘国梁的哥哥刘国栋出生，三年后，刘国梁出生。这对儿未来中国的"乒坛栋梁"从小就接受了父亲刘占胜系统的培养。

刘国梁의 아버지 刘占胜은 어렸을 때 탁구 치는 것을 좋아했지만, 할아버지의 제지 때문에, 刘占胜은 탁구대 앞에서 걸음을 멈추었다. 1973년에서야 刘占胜은 뜻대로 시체육위원회에 전입해서 탁구 코치 일에 종사했다.

1974년, 刘国梁의 형 刘国栋이 태어났고, 3년 후 刘国梁이 태어났다. 이 미래의 '乒坛栋梁'은 어렸을 때부터 아버지 刘占胜의 체계적인 육성을 받았다.

刘国梁回忆说："从孩提起，我们就站在乒乓桌边接受熏陶。童年对我和哥哥来说，只有一件事，那就是练乒乓球。家里除了球拍和乒乓球，什么玩具也没有。一年365天，我们全勤训练，没有节假日。平时，我和哥哥常常吃着吃着饭就为打球急眼了，'我能赢你，走着瞧！'我们放下饭碗直奔训练馆，父亲就兴冲冲地给我们当裁判。当然，那时候我是输多赢少。"

刘国梁四五岁的时候，父亲专程带他去北京拜访了前世界女子乒乓球冠军张立。在张立家，小国梁望着冠军家里一排金光闪闪的金牌和奖杯，眼睛一眨也不眨。父亲问他："金牌好不好看？"小国梁会意地点了点头。父亲接着问："你知道这些金牌是用什么做的吗？"小国梁脱口而出："金子。"父亲说："只说对了一半儿。儿子，记住了，这里面还有汗水和心血。这都是练出来的！只要苦练，你也能得到它！"此后，刘国梁训练也更加主动了。

刘国梁说："父亲管教严厉是远近闻名的，他言语不多，却字字铿锵有力。在训练馆，一旦我们练球不认真，或是教过的技术动作反应迟钝，就会受到严厉的批评。有一次，我突发高烧，身体虚弱，母亲背我去医院打吊瓶，从医院出来后母亲要领我回家，我却坚持去训练馆。而父亲也像往常一样安排我训练，仿佛不知道我生病发烧，母亲则站在一旁心疼得掉眼泪。"

1992年，中国乒乓球大奖赛在成都举行，许多外国名将前来参加。16岁的刘国梁长得又瘦又小，赛前谁都没有注意他。不料他竟奇迹般将排名世界第二的乒坛名将斩于马下。

对刘国梁来说，1999年8月8日是个值得纪念的日子。这一天，他实现了中国乒乓史上一个新的突破———个人拿到了"大满贯"。关于那次比赛，刘国梁说："作为乒乓球运动员，我曾多次站在世界冠军的领奖台上，但那天，对我特异非凡。从体育馆回到宾馆，我第一件事就是给家里打电话，母亲在电话那头儿对我说，'你爸下楼去了，他知道比赛结果了。'那时已是深夜一点多钟了。我那时想和父亲说两句话，但是他故意回避我。后来，我才知道他是怕自己流泪，在我面前，他要永远保持严父的形象。"

刘国梁은 회상하여 말했다. "어렸을 때부터 말을 꺼내면, 우리는 탁구대 옆에서 영향을 받았습니다. 어린 시절은 나와 형에게 있어서 오직 한 가지 일이 있었는데, 그것은 바로 탁구를 연습하는 것이었어요. 집에는 라켓과 탁구공을 제외하고는 어떤 장난감도 없었습니다. 1년 365일, 우리는 매일 훈련했고, 휴일도 없었습ㅣ다. 평소, ㅣ와 현은 종종 밥을 먹으면서 탁구 때문에 쌍심지를 켜고, '내가 너를 이길 수 있어, 두고 봐'라고 했죠. 우리는 밥그릇을 놓으면 훈련장으로 곧상 달려갔고, 아버지는 신이 나서 심판이 뇌어주었어요. 당연히 그 때 나는 지는 일이 많았고 이기는 일은 적었죠."

刘国梁이 네다섯 살일 때, 아버지는 일부러 그를 데리고 북경에 가서 전 세계 여자 탁구 챔피언 张立를 방문했다. 张立 집에서 刘国梁은 챔피언 집의 늘어선 금빛으로 반짝이는 금메달과 트로피를 보며, 눈도 깜박하지 못했다. 아버지가 그에게 물었다. "금메달이 예쁘니?" 어린 国梁은 고개를 끄덕였다. 아버지가 이어서 물었다. "너는 이 금메달들이 무엇으로 만든 것인지 아니?" 어린 国梁은 깊이 생각하지 않고 말했다. "금이요." 아버지가 말했다. "반만 맞췄다. 아들아, 기억하렴. 이 속에는 땀과 심혈도 있단다. 이것은 모두 연습해낸 것이야! 열심히 연습하기만 하면, ㅣ도 그것을 얻을 수 있단다!" 이후, 刘国梁은 훈련에서도 더 주동적이었다.

刘国梁이 말했다. "아버지의 교육이 호된 것은 명성이 높았어요. 그는 말이 많지 않았지만, 한 글자 한 글자 힘이 있었습니다. 훈련장에서 일단 우리가 연습을 열심히 하지 않거나, 혹은 가르쳐 준 기술 동작의 반응이 느리면, 호된 비판을 받았어요. 한 번은 제가 갑자기 열이 나고 몸이 허약해서 어머니가 나를 업고 병원에 가서 링거를 맞고 병원에서 나왔는데, 어머니는 나를 데리고 집에 가려고 했지만, 나는 끝까지 훈련장에 가려고 했죠. 아버지도 평소처럼 나에게 훈련을 안배했으며, 마치 내가 병이 나서 열이 나는 것을 모르는 것 같았고, 어머니는 한쪽에 서서 마음이 아파 눈물을 흘리셨어요."

1992년, 중국 탁구 대회가 청두에서 열렸고, 많은 외국의 명장들이 와서 참가했다. 16살의 刘国梁은 마르고 작아서, 경기 전 아무도 그에게 주의하지 않았다. 예상치 못하게 그가 뜻밖에도 세계 2위의 탁구계 명장을 꺾었다.

刘国梁에게 있어서, 1999년 8월 8일은 기념할 가치가 있는 날이다. 이날, 그는 중국 탁구 역사상 하나의 새로운 돌파를 실현했는데 바로 개인이 '그랜드슬램'을 따낸 것이다. 그때 경기에 관해, 刘国梁은 말했다. "탁구 선수로서 저는 일찍이 여러 번 세계 챔피언의 시상대에 섰지만, 그러나 그날은 저에게 의미가 평범하지 않습니다. 체육관에서 호텔로 돌아와, 제가 첫 번째로 한 일은 바로 집으로 전화를 한 것이었고, 어머니는 전화 건너편에서 저에게 말했어요, '네 아버지가 아래층으로 내려갔단다. 그가 경기 결과를 알았어.' 그때는 이미 깊은 밤 1시가 넘었어요. 저는 그때 아버지와 두어 마디 정도 이야기하고 싶었지만, 그러나 그는 일부러

刘国梁说，父亲一生之中想要做的事情都做了，比如他想把孩子培养成世界冠军。而现在看来，一个基层教练能有那么长远的眼光，真的很难得。

나를 피했어요. 후에서야 나는 그가 자신이 눈물을 흘릴까 걱정했는데, 내 앞에서 그는 영원히 엄한 아버지의 이미지를 유지하고 싶어한다는 것을 알게 되었죠."

刘国梁은 말했다. 아버지는 일생 중 하고 싶은 일은 모두 했는데, 예를 들면 그는 아이를 세계 챔피언으로 키워낸 것이다. 지금 보니, 한 일선의 코치가 그렇게 장기적인 안목을 가지는 것은 정말 쉽지 않은 일이다.

단어 ★ **阻挠** zǔnáo 몡 저지, 제지 동 저지하다, 제지하다 | **如愿** rúyuàn 동 뜻하는 대로 되다 | **调** diào 동 이동하다, 파견하다 | **系统** xìtǒng 몡 체계, 시스템 톈 체계적이다 | **培养** péiyǎng 동 배양하다, 키우다 | ★ **熏陶** xūntáo 동 장기적으로 영향을 끼치다 몡 영향 | **全勤** quánqín 동 다출석하다, 개근하다 | **急眼** jíyǎn 동 성내다, 화내다, 눈에 쌍심지를 켜다 | **瞧** qiáo 동 보다 | **直奔** zhíbèn 동 곧장 달려가다 | **兴冲冲** xìngchōngchōng 톈 기분이 몹시 좋은 모양 | ★ **裁判** cáipàn 몡 심판 | **功底** gōngdǐ 몡 기초 | ★ **专程** zhuānchéng 부 일부러 | ★ **拜访** bàifǎng 동 예방하다, 방문하다 | **金光闪闪** jīnguāng shǎnshǎn 금빛이 번쩍이다 | **奖杯** jiǎngbēi 몡 우승컵, 트로피 | ★ **眨** zhǎ 동 (눈을) 깜박거리다 | **脱口而出** tuō kǒu ér chū 셩 생각하지 않고 말하다 | ★ **心血** xīnxuè 몡 심혈 | **管教** guǎnjiào 동 가르치다 | ★ **严厉** yánlì 톈 호되다, 매섭다 | **铿锵有力** kēng qiāng yǒu lì 셩 낭랑하며 힘차다 | ★ **迟钝** chídùn 톈 둔하다, 굼뜨다 | **虚弱** xūruò 톈 허약하다 | **打吊瓶** dǎ diàopíng 링거를 맞다 | ★ **往常** wǎngcháng 몡 평소, 평상시 | **仿佛** fǎngfú 튄 마치 ~인듯하다 | ★ **心疼** xīnténg 동 ① 몹시 사랑하다 ② 애석해하다, 안타까워하다 | **乒坛** pīngtán 몡 탁구계 | **名将** míngjiàng 몡 명장 | **斩于马下** zhǎn yú mǎ xià 말 아래 베어 쓰러뜨리다, 경기에서 이기다 | ★ **突破** tūpò 동 ① 돌파하다, 타파하다 ② 새로운 진전을 이루다 | **大满贯** dàmǎnguàn 그랜드슬램 | **领奖台** lǐngjiǎngtái 시상대 | **非凡** fēifán 톈 보통이 아니다, 비범하다 | **回避** huíbì 동 회피하다, 피하다 | **形象** xíngxiàng 몡 형상, 이미지 | **基层** jīcéng 몡 기층, (조직의) 말단, (최)하부조직 | ★ **眼光** yǎnguāng 몡 안목, 식견 | ★ **难得** nándé 톈 얻기 어렵다

해설 ▶ 1. 글의 구성을 파악한다.
　　주인공 刘国梁은 탁구 코치인 아버지 刘占胜에게 형 刘国栋과 어렸을 때부터 탁구 훈련을 받았다. 네 다섯 살 때 전 탁구 세계 챔피언 张立집을 방문하면서 더욱 적극적이 되었고, 아버지의 훈련은 매우 엄격했다. 16살에 세계 2위를 꺾었으며 1999년에 마침내 그랜드슬램까지 이루게 되었다. 따라서 이 글의 시간 맥락은 다음과 같이 정리할 수 있다.
　　1973年 → 1974年——三年后 → 刘国梁四五岁的时候 → 1992年——刘国梁16岁时 → 1999年8月8日
　▶ 2. 각 시간별로 중요한 핵심이 되는 사건과 그것을 묘사하는 단어나 표현을 찾아낸다.
　　이글은주인공刘国梁을 중심으로 아버지 刘占胜과 형 刘国栋이 등장하고 있다. 처음 아버지가 탁구 코치가 된 시기로 시작하여, 그 이후로는 刘国梁의 출생, 네 다섯 살 때张立 집을 방문한 기억, 16세 때 세계 2위를 꺾은 이야기, 다시 7년 후 그랜드슬램을 달성하는 시간적 순서에 따라 구체적인 서술로 이루어져 있다. 이것이 바로 시간 변화에 따른 사건의 발전 맥락이며, 다음과 같이 정리할 수 있다.

시간	사건
1973年	父亲刘占胜开始如愿从事乒乓球教练的工作。 아버지 刘占胜이 뜻대로 탁구 코치 일에 종사했다.
1974年——三年后	刘国栋出生，三年后刘国梁出生，他们接受培养。 刘国栋이 출생하고 3년 후 刘国梁이 출생하여, 그들은 훈련을 받았다.
刘国梁四五岁的时候	拜访了张立，看到了一排金牌和奖杯。父亲告诉他，只要苦练，他也能得到金牌。此后训练更主动了，父亲非常严格。 张立를 방문했고, 늘어선 금메달과 트로피를 보게 되었다. 아버지는 그에게 열심히 연습하기만 하면 그도 금메달을 얻을 수 있다고 말했다. 이후 훈련이 더 주동적이 되었고, 아버지는 매우 엄격했다.
1992年——刘国梁16岁时	打败了世界第二名。세계 2위를 이겼다.
1999年8月8日	拿到了"大满贯"。打电话时，父亲回避了他。 '그랜드슬램'을 따냈다. 전화했을 때 아버지는 그를 피했다.

▶ 3. 글의 내용을 풍부하게 한다.

한편의 글을 쓰기 위해서는 각 시간의 흐름별로 중요한 단어나 표현을 이용해 주변에 좀 더 내용을 보충하여 사건들이 연결될 수 있도록 해야 한다. 가장 좋은 방법은 육하원칙(누가, 무엇을, 언제, 어디서, 어떻게, 왜)에 해당하는 내용 위주로 보는 것이다.

시간	사건
1973年	(年少时喜爱打乒乓球但被爷爷阻挠而止步的)父亲刘占胜开始如愿从事乒乓球教练的工作。
1974年——三年后	(1974年)刘国栋出生，三年后刘国梁出生，他们(从小就)接受(父亲系统的)培养。(童年时期每天都认真地训练。)
刘国梁四五岁的时候	(父亲带他)拜访了(前女子乒乓球冠军)张立，(在张立家，刘国梁)看到了一排金牌和奖杯。父亲告诉他(金牌里有汗水和心血，)只要苦练，他也能得到它。此后(刘国梁)训练更主动了，(而且)父亲(对他们的管教和训练)非常严格。
1992年——刘国梁16岁时	(无人注意的刘国梁在中国乒乓球大赛中)打败了世界第二名。
1999年8月8日	(刘国梁一个人)拿到了"大满贯"。(他给家里)打电话时，父亲(故意)回避了他，(因为父亲要永远保持严父的形象，)(刘国梁的父亲想做的事情都做了，把孩子培养成了世界冠军，一个基层教练能有那么长远的眼光，真的很难得。)

▶ 4. 제목을 만든다

이글은 전체 이야기의 흐름이 주인공 刘国梁의 성장과정을 중심으로 흘러가고 있다. 마지막에 刘国梁은 여러 번 世界冠军이 되는 훌륭한 선수가 되었으므로, '世界冠军刘国梁'이라는 제목을 만들 수 있다.

모범답안

世界冠军刘国梁

1973年，年少时喜爱打乒乓球，但被爷爷阻挠而止步的父亲刘占胜开始如愿从事乒乓球教练的工作。

1974年，刘国栋出生，三年后，刘国梁出生。他们从小就接受父亲系统的培养，童年时期每天都在认真地训练。

刘国梁四五岁的时候，父亲带他拜访了前世界女子乒乓球冠军张立。在张立家，刘国梁看到了一排金牌和奖杯。父亲告诉他，金牌不仅是金子做的，里面也有汗水和心血，只要苦练，他也能得到它。此后，刘国梁训练更主动了。而且父亲对兄弟两个人的管教和训练一直非常严格。

1992年刘国梁16岁时，无人注意的他在中国乒乓球大赛中打败了世界第二名。1999年8月8日，刘国梁一个人拿到了"大满贯"。他给家里打电话时，父亲故意回避了他，原来父亲要永远保持严父的形象。

刘国梁说自己的父亲想做的事都做了，比如把孩子培养成世界冠军。一个基层教练能有那么长远的眼光，真的很难得。

세계 챔피언 刘国梁

어렸을 때 탁구 치는 것을 좋아했지만, 할아버지의 제지를 받았던 아버지 刘占胜는, 1973년, 원하던 탁구 코치로 일을 하게 되었다.

1974년, 刘国梁의 형 刘国栋이 태어났고, 3년 후 刘国梁이 태어났다. 그들은 어릴 때부터 아버지의 체계적인 교육을 받아 어린 시절 매일 아주 열심히 훈련했다.

刘国梁이 네다섯 살 때, 아버지는 그를 데리고 전 세계 여자 탁구 챔피언 张立를 방문했다. 张立집에서 刘国梁은 금메달과 트로피를 보았다. 아버지는 그에게, 금메달은 금으로만 만들어진 것이 아니라, 그 안에는 땀과 심혈이 들어있다고 알려주었다. 열심히 훈련하기만 하면, 그도 그것을 얻을 수 있다고 말이다.

1992년 刘国梁이 열여섯 살 때, 그 누구도 신경쓰지 않던 중국 탁구 대회에서 세계 2위를 꺾었다. 1999년 8월 8일 刘国梁은 "그랜드슬램"을 따냈다. 그가 집에 전화했을 때, 아버지는 일부러 그를 피했고, 알고 보니 그는 영원히 엄한 아버지의 이미지를 유지하고 싶어 했던 것이다.

刘国梁은 말했다. 아버지는 일생 중 하고 싶은 일은 모두 했는데, 예를 들면 그는 아이를 세계 챔피언으로 키워낸 것이다. 한 일선의 코치가 그렇게 장기적인 안목을 가지는 것은 정말 쉽지 않은 일이다.

01
p. 370

他和她的相识是在一个宴会上，那时的她年轻美丽，身边有很多的追求者，而他却是一个很普通的人。因此，当宴会结束，他邀请她一块去喝咖啡的时候，她很吃惊。然而，出于礼貌，她还是答应了。

坐在咖啡馆里，两人之间的气氛很是尴尬，没有什么话题。她只想尽快结束，好早点回去。但是当小姐将咖啡端上来的时候，他却突然说："麻烦您拿点儿盐过来，我喝咖啡习惯放一点儿盐。"当时，她愣了，小姐也愣了。大家的目光都集中到了他身上，以致于他的脸都有些红了。

小姐把盐拿了过来，他放了点儿进去，慢慢地喝着。她是个好奇心很重的女子，于是不禁问了一句："你为什么要加盐呢？"他沉默了一会儿，很慢的，几乎是一字一顿地说道："小时候，家住在海边。我老是在海里泡着，海浪打来，海水涌进嘴里，又苦又咸。现在，很久没回家了，在咖啡里加点儿盐，算是想家的一种表现吧，可以把距离拉近一些。"

她忽然被打动了。因为，这是她第一次听到男人在她面前说想家。她认为，想家的男人必定是顾家的男人，而顾家的男人必定是爱家的男人。她忽然有一种倾诉的欲望，和他说起了千里之外的故乡，气氛渐渐变得融洽起来了。两个人聊了许久，并且，她没有拒绝他送她回家。

从那以后，他们开始了约会。她发现他其实是一个很好的男人，大度、细心、体贴，符合她所欣赏的优秀男士所具备的特性。她暗自庆幸，幸亏当时的礼貌，才没和他擦肩而过。她带他去遍了城市中的每一家咖啡馆，每次都是她说："请拿些盐来好吗？我朋友喜欢在咖啡里加点儿盐。"

그와 그녀는 한 연회에서 서로 알게 되었다. 그때의 그녀는 젊고 아름다워서 쫓아다니는 사람이 많았는데, 그는 오히려 매우 평범한 사람이었다. 그래서 연회가 끝나고 그가 그녀에게 함께 커피를 마시러 가자고 청했을 때 그녀는 매우 놀랐다. 그러나 예의상 그녀는 허락했다.

커피숍에 앉았지만 두 사람 사이의 분위기는 매우 어색했고 별다른 화제가 없었다. 그녀는 오직 되도록 빨리 끝내고 일찍 돌아가고 싶었다. 그러나 종업원 아가씨가 커피를 받쳐 들고 왔을 때 그가 갑자기 말했다. "죄송하지만 소금 좀 주세요. 저는 커피 마실 때 소금을 좀 넣는 게 습관이 되어서요." 그때 그녀는 어리둥절했고, 종업원 아가씨도 멍해졌다. 모든 사람의 눈빛이 그에게 집중되자 그의 얼굴이 조금 빨개졌다.

종업원 아가씨가 소금을 가져오자 그는 조금 넣더니 천천히 마셨다. 그녀는 호기심이 강한 여자였다. 그래서 참지 못하고 한 마디 물었다. "왜 소금을 넣으세요?" 그는 잠시 말을 하지 않더니 아주 느리게, 거의 띄엄띄엄 말했다. "어렸을 때 집이 해변에 있었어요. 저는 항상 바닷속에서 몸을 담그고 있었는데, 파도가 치면 바닷물이 입속으로 밀려 들어와 쓰고 짰어요. 지금은 오랫동안 집에 가지 못했죠. 커피에 소금을 넣는 것은 집을 그리워하는 표현이라고 할 수 있죠. 거리를 조금 가깝게 당길 수 있으니까요."

그녀는 갑자기 감동하였다. 왜냐하면 이것은 그녀가 남자가 그녀 앞에서 집이 그립다고 말하는 것을 처음 듣는 것이기 때문이었다. 그녀는 집을 그리워하는 남자는 분명히 가정을 돌보는 남자일 것이고, 가정을 돌보는 남자는 분명히 가정을 사랑하는 남자일 거라고 생각했다. 그녀는 갑자기 모든 것을 말하고 싶은 욕망이 생겨서 그에게 천 리 밖에 떨어진 고향에 대해 이야기하기 시작했고, 분위기는 점점 좋아졌다. 두 사람은 오랫동안 이야기를 나누었고, 게다가 그녀는 그가 집에 데려다 주는 것을 거절하지 않았다.

그때 이후 그들은 데이트를 하기 시작했다. 그녀는 그가 사실 아주 좋은 남자이고, 너그럽고 세심하고 자상하며, 그녀가 좋아하는 우수한 남자가 가져야 할 특징에 부합한다는 것을 알게 되었다. 그녀는 속으로 다행히도 당시에 예의를 차렸기에 그와 스쳐 지나가지 않았다고 생각했다. 그녀는 그를 데리고 도시의 모든 커피숍을 다녔으며, 매번 이렇게 말했다. "소금 좀 주시겠어요? 제 친구는 커피에 소금을 조금 넣는 것을 좋아해요."

再后来，就像童话书里写的一样，"英俊的王子和美丽的公主举行了盛大的婚礼，他们从此过上了幸福愉快的生活。"他们确实生活得很幸福，而且一过就是五十多年。直到前不久他不幸病逝了。

故事似乎应该结束了，如果没有那封信的话……

那封信是他临终前写的，是写给她的："原谅我一直都欺骗了你！还记得第一次我请你喝咖啡吗？当时气氛差极了，我很尴尬，也很紧张。不知怎么想的，竟然对小姐说拿点儿盐来，其实我喝咖啡是不加盐的。可当时既然说了，只有将错就错了，没想到竟然引起了你的好奇心。这一下，让我喝了大半辈子的加盐咖啡。有好多次，我都想告诉你，可我怕你会生气，更怕你会因此离开我……现在，我终于不怕了，因为我就要死了。死人总是很容易被原谅的，对不对？今生得到你是我最大的幸福。如果有来生，我希望还能娶到你，只是，我可不想再喝加盐的咖啡了。咖啡里加盐，你不知道，那味道，有多难喝……"

信的内容让她吃惊。然而，他不知道，她多想告诉他，有人对她做出了这样的一生一世的欺骗，她是多么高兴，因为这是为了她，为了所爱的人……

더 지나서 동화책에 쓰여있는 것처럼 '잘생긴 왕자와 아름다운 공주는 성대한 결혼식을 올렸고, 그들은 이때부터 행복하고 즐거운 생활을 하게 되었다.' 그들은 정말 행복하게 생활했고, 또한 함께 50여 년을 지냈다. 불행하게도 그가 얼마 전 병으로 죽을 때까지.

이야기는 끝났을 것이다. 만약 그 편지가 없었다면…

그 편지는 그가 임종 전에 쓴 것으로 그녀에게 쓴 것이었다 '내가 계속 당신을 속인 것을 용서해줘요! 처음에 내가 당신에게 커피를 마시자고 청한 것을 기억해요? 그때 분위기가 엉망이었고 난 어색하고 긴장이 되었어요. 무슨 생각이었는지 모르겠지만 뜻밖에 종업원 아가씨에게 소금을 가져다 달라고 말을 했는데, 사실 난 커피를 마실 때 소금을 넣지 않아요. 하지만 그때는 이왕 말을 한 이상 그냥 밀고 나갈 수밖에 없었죠. 뜻밖에 당신의 호기심을 불러일으킬 줄은 생각지도 못했어요. 이렇게 내가 반평생 동안 소금을 넣은 커피를 마시게 되어버렸죠. 여러 번 당신에게 말하고 싶었지만, 난 당신이 화를 낼까 봐 두려웠고, 이것 때문에 나를 떠날까 봐 더욱 두려웠어요… 지금 난 마침내 두렵지 않게 되었어요. 내가 곧 죽게 되니까요. 죽은 사람은 항상 쉽게 용시받는 것 맞죠? 한평생 당신을 얻은 것은 내 가장 큰 행복이었어요. 만약 다음 생애가 있다면 다시 당신을 아내로 맞길 바라요. 하지만 소금을 넣은 커피는 다시는 마시고 싶지 않아요. 커피에 소금을 넣으면 그 맛이 얼마나 마시기 어려운지 당신은 모를 거예요…'

편지의 내용은 그녀를 놀라게 만들었다. 하지만 누군가 그녀에게 이러한 평생의 거짓말을 해서 그녀가 기쁘다는 것을 얼마나 그에게 알리고 싶은지 그는 모를 것이다. 왜냐하면, 이것은 그녀를 위해서였고, 사랑하는 사람을 위한 것이었기 때문에…

단어　★ 尴尬 gāngà ❸ 부자연스럽다, 어색하다, 난처하다 | ★ 尽快 jǐnkuài ❹ 되도록 빨리 | ★ 愣 lèng ❺ 멍해지다, 얼빠지다, 어리둥절하다 | ★ 以致(于) yǐzhì(yú) ❷ ~을 가져오다, ~을 초래하다, ~에 이르다 | ★ 不禁 bùjīn ❹ 자기도 모르게, 절로 | 一字一顿地说 yízìyídùn de shuō 띄엄띄엄 말하다 | 海浪 hǎilàng ❸ 파도 | 涌 yǒng ❺ (액체나 기체가) 위로 솟다, 솟아오르다 | 打动 dǎdòng ❺ ① 감동시키다 ② 마음을 움직이다 | 倾诉 qīngsù ❺ 이것저것 다 말하다 | ★ 欲望 yùwàng ❸ 욕망 | ★ 融洽 róngqià ❸ 사이가 좋다, 조화롭다, 융화하다 | 大度 dàdù ❸ 너그럽다, 도량이 크다 | 体贴 tǐtiē ❺ 자상하게 돌보다, 보살피다 | 暗自 ànzì ❹ 뒷전에서, 남몰래, 속으로 | 庆幸 qìngxìng ❺ (예상보다 결과가 좋아) 축하할 만하다, 다행스러워하다 | 擦肩而过 cājiān érguò ❺ 바로 옆에 있으나 마주치지 못하다, 닿을 듯 말 듯 하면서도 인연이 닿지 않다 | 英俊 yīngjùn ❸ ① 재능이 출중하다 ② 말쑥하다, 잘생기다. | 病逝 bìngshì ❺ 병사하다 | 临终 línzhōng ❺ 죽을 때가 되다 | ★ 欺骗 qīpiàn ❺ 속이다, 사기치다, 기만하다 | 将错就错 jiāngcuò jiùcuò 잘못인 줄 알면서도 그대로 밀고 나가다 | 今生 jīnshēng ❸ 현세, 이승, 한평생 | 来生 láishēng ❸ 내세 | 一生一世 yìshēng yíshì 일생일대, 한평생

해설　▶ 1. 이 글은 원래 불가능했던 남녀가 서로 만나 결혼까지 하게 되는 과정을 여자의 감정 변화를 중심으로하여 발생한 사건을 서술한 글이다. 따라서 여자의 감정 변화를 정리하면 다음과 같다.

吃惊 → 愣了 → 被打动了 → 暗自庆幸 → 很幸福 → 高兴

▶ 2. 여자의 감정 변화를 일으키는 사건과 그것을 묘사하는 단어나 표현을 찾아낸다.

사건	감정 변화
他邀请她一块去喝咖啡。 그는 그녀에게 함께 커피를 마시러 가자고 청했다.	吃惊
他喝咖啡习惯放一点儿盐。 그는 커피를 마실 때 소금을 약간 넣는 게 습관이 되었다.	愣了
"在咖啡里加点儿盐，算是想家的一种表现吧，可以把距离拉近一些。" "커피에 소금을 넣는 것은 집을 그리워하는 표현이라고 할 수 있죠. 거리를 조금 가깝게 당길 수 있으니까요."	被打动了
符合她所欣赏的优秀男士所具备的特性。 그녀가 좋아하는 우수한 남자가 가져야 할 특징에 부합했다.	暗自庆幸
举行了盛大的婚礼。 성대한 결혼식을 올렸다.	很幸福
"一直都欺骗了你，其实我喝咖啡是不加盐的。有好多次，我都想告诉你，可我怕你会生气，更怕你会因此离开我……今生得到你是我最大的幸福。如果有来生，我希望还能娶到你，只是，我可不想再喝加盐的咖啡了。" "계속 당신을 속였어요. 사실 난 커피를 마실 때 소금을 넣지 않아요. 여러 번 당신에게 말하고 싶었지만, 난 당신이 화를 낼까 봐 두려웠고, 이것 때문에 나를 떠날까 봐 더욱 두려웠어요… 한평생 당신을 얻은 것은 내 가장 큰 행복이었어요. 만약 다음 생애가 있다면 다시 당신을 아내로 맞길 바라요. 하지만 소금을 넣은 커피는 더 이상 마시고 싶지 않아요."	高兴

▶ 3. 여자가 어떤 상황에서 남자의 초대를 받았는지, 남자는 어떤 상황에서 커피에 소금을 넣게 되었는지, 나중에 남자는 어떤 상황에서 여자에게 편지를 쓰게 되었는지 등의 사건을 하나의 맥락으로 연결하기 위해 여자의 감정변화에 따라 내용을 좀 더 보충해보면 다음과 같다.

사건	감정 변화
(他是一个普通的人，而她很美。一次宴会结束后，)他邀请她一块去喝咖啡。	(她很)吃惊(，但是答应了。)
(喝咖啡的时候，气氛很尴尬，她想早点儿结束早点儿回去。但是当小姐端来咖啡的时候，他突然说自己)喝咖啡习惯放一点儿盐。	(她)愣了(，就问他原因。)
(他说，小时候自己住在海边，)在咖啡里加点儿盐，算是想家的一种表现吧，可以把距离拉近一些。	(她)被打动了(。她觉得想家的男人必定顾家，顾家的男人必定爱家。后来他们就开始了约会。)
(她发现他)符合她所欣赏的优秀男士所具备的特性。	(就)暗自庆幸(，幸亏当时没有拒绝他。每次他们一起喝咖啡的时候，她都会让服务员拿一些盐来。)
(后来他们)举行了盛大的婚礼(，)	(婚后他们生活得)很幸福(。)
(不久前他病逝了，给她写了一封信，告诉她："我)一直都欺骗了你，其实我喝咖啡是不加盐的。有好多次，我都想告诉你，可我怕你会生气，更怕你会因此离开我……今生得到你是我最大的幸福。如果有来生，我希望还能娶到你，只是，我可不想再喝加盐的咖啡了。"	(她看完信很)高兴(，因为有人为了她喝了一生的咸咖啡。)

▶ 4. 이 글은 한 남자가 사랑을 위해 평생 짠 커피를 마신 이야기이다. 두 사람의 사랑을 이어준 커피를 이용해서 '幸福的咸咖啡(행복의 짠 커피)' 혹은 '咸咖啡里的幸福(짠 커피 속의 행복)'라는 제목을 만들 수 있다. 또한, 남자가 커피에 소금을 넣겠다고 말한 것은 실수였으나, 결국 두 사람은 이로 인해 결혼까지 하게 되었으므로 '美丽的错误(아름다운 실수)'라는 제목도 적합하다.

幸福的咸咖啡

他是一个普通的人，而她很美。一次宴会结束后，他邀请她一块去喝咖啡。她很吃惊，但是答应了。

喝咖啡的时候，气氛很尴尬，她想早点儿结束早点儿回去。但是当小姐端来咖啡的时候，他突然说自己喝咖啡习惯放一点儿盐。她愣了，就问他原因。他说，小时候自己住在海边，在咖啡里加点儿盐，算是想家的一种表现吧，可以把距离拉近一些。

她被打动了。她觉得想家的男人必定顾家，顾家的男人必定爱家。后来他们就开始约会。她发现他符合她所欣赏的优秀男士所具备的特性。就暗自庆幸，幸亏当时没有拒绝他。每次他们一起喝咖啡的时候，她都会让服务员拿一些盐来。

后来他们举行了盛大的婚礼，婚后他们生活得很幸福。不久前他病逝了，给她写了一封信，告诉她："我一直都欺骗了你，其实我喝咖啡是不加盐的。有好多次，我都想告诉你，可我怕你会生气，更怕你会因此离开我……今生得到你是我最大的幸福。如果有来生，我希望还能娶到你，只是，我可不想再喝加盐的咖啡了。"她看完信很高兴，因为有人为了她喝了一生的咸咖啡。

행복의 짠 커피

그는 매우 평범한 사람이었고 그녀는 매우 아름다웠다. 연회가 끝나고 그가 그녀에게 함께 커피를 마시러 가자고 청했다. 그녀는 놀랐지만 허락했다.

커피를 마실 때 분위기가 어색해, 그녀는 되도록 빨리 끝내고 일찍 돌아가고 싶었다. 그러나 종업원 아가씨가 커피를 받쳐 들고 왔을 때, 그는 갑자기 자신은 커피 마실 때 소금을 좀 넣는 게 습관이 되어 있다고 말했다. 그녀는 어리둥절했고, 그에게 원인을 물었다. 그는 어렸을 때 해변에 살았고, 커피에 소금을 넣는 것은 집을 그리워하는 표현이라고 할 수 있으며, 거리를 조금 가깝게 당길 수 있다고 말했다.

그녀는 감동하였다. 그녀는 집을 그리워하는 남자는 분명히 가정을 돌보는 남자일 것이고, 가정을 돌보는 남자는 분명히 가정을 사랑하는 남자일 거라고 생각했다. 이후 그들은 데이트를 하기 시작했다. 그녀는 그가 그녀가 좋아하는 우수한 남자가 가져야 할 특징에 부합한다는 것을 알게 되었다. 그녀는 속으로 당시에 그를 거절하지 않은 것을 다행스럽게 생각했다. 매번 그들이 함께 커피를 마실 때, 그녀는 항상 종업원에게 소금을 조금 가져다 달라고 했다.

후에 그들은 성대한 결혼식을 올렸고, 결혼 후 그들은 행복하게 살았다. 얼마 전 그는 병으로 세상을 떠났고, 그녀에게 편지를 써서 알려주었다. '나는 당신을 계속 속였어요. 사실 난 커피를 마실 때 소금을 넣지 않아요. 여러 번 당신에게 말하고 싶었지만, 난 당신이 화를 낼까 봐 두려웠고, 이것 때문에 나를 떠날까 봐 더욱 두려웠어요… 한평생 당신을 얻은 것은 내 가장 큰 행복이었어요. 만약 다음 생애가 있다면 다시 당신을 아내로 맞길 바라요. 하지만 소금을 넣은 커피는 다시는 마시고 싶지 않아요.' 그녀는 편지를 다 읽고 기뻤다. 왜냐하면, 누군가가 그녀를 위해 평생 짠 커피를 마셨기 때문이었다.

02

每次坐长途汽车，落座后就闭目遐想：今天总应该会有位美女坐我旁边，起码是个赏心悦目的异性！但是，每次都让我失望，几乎都是与老弱病残在一起，运气很不好。这次也一样，眼巴巴看着一个个美女持票鱼贯上车，硬是没有一个坐我身旁。最后，来了个提大包小包的乡下老太，我看得出她要进城做饭去，因为其中一个蛇皮袋里装着铁锅，露出把柄，然后"当"一声就落在我脚边。我终于明白，她是我今天有缘同车的同座。

我欠了欠身子，表示虚伪的欢迎。她开始说话，说是第一次出远门，要去省城福州看二儿子，是读土木建筑的，领导很看重他；现在儿子要请她过去做饭，但是她的原话是"他很孝顺，要我去享清福"。

她不会讲普通话，可万分健谈，不断地问我"十万个为什么"，用的是我们老家土话，我也尽量陪聊，并且努力夸她提到的人、捧她提到的事。我渐渐习惯而且理解一个纯朴母亲的慈爱心。

虽然，看着前后有情侣或分吃一串糖葫芦，或两人耳朵里各塞一耳机分享MP3，我好惆怅。

两个小时后，眼看福州就要到了，我看出老太的不安。她心虚地问我："我是要在北站下车的，你是到哪个站？"经过一段时间的闭目养神，我心情好多了。于是我诚恳主动地安慰她，不要紧张，请她放心，我跟她是在同一站下车，我会带她下车的……

眼看车子已经出了高速路，进城了。老太不停地整理东西，可见她还是慌；我突然想，对了，下车后，她怎么与她儿子联系？我再次关切地问她："你儿子的电话是多少？我帮你给他打个电话，告诉他在车站哪个出口等你！"

她赶紧从口袋里掏出一张纸，上面写着一个手机号码。我随即拨通了她儿子的电话，通了，更奇妙的是，我手机屏幕上马上显示出一个前几天刚刚新添到通讯录上的名字，某工程

매번 시외버스를 타면 자리에 앉아 눈을 감고 상상한다. 오늘은 미인이 내 옆에 앉을 거야. 적어도 마음과 눈이 즐거운 이성이! 하지만 매번 나를 실망하게 하고 거의 모두 노인, 아이, 환자, 장애인과 함께여서 운이 좋지 않았다. 이번에도 마찬가지였다. 미인들이 차표를 들고 줄줄이 차에 오르는 것을 멍하게 보고 있었지만, 한사코 내 옆에 앉는 사람은 한 명도 없었다. 마지막에 크고 작은 가방을 든 시골 노부인이 오는데, 나는 그녀가 시내에 밥하러 간다는 것을 알 수 있었다. 왜냐하면, 그 중 한 뱀 가죽 문양의 주머니에는 솥이 들어 있었는데 손잡이가 나와 있었고, 그런 다음 '땡그랑' 하며 내 발 옆에 떨어진 것이다. 나는 마침내 그녀가 나와 같이 차를 타고 가게 될 사람이라는 것을 알게 되었다.

나는 몸을 일으켜 위선적인 환영을 나타냈다. 그녀는 말을 하기 시작했다. 처음으로 멀리 여행을 가는 것이고, 성 정부 소재지인 푸저우에 둘째 아들을 보러 가는데 토목건축을 전공했고 윗사람이 그를 매우 중요하게 여긴다고 말했다. 지금 아들이 그녀에게 와서 밥을 해달라고 했는데, 그녀가 원래 한 말은 '아들이 효자라서 나더러 한가롭고 편안한 생활을 하라고 하네요.'였다.

그녀는 표준어를 할 줄 몰랐지만, 입담이 매우 좋아서 끊임없이 나에게 '10만 개의 왜'를 물었으며 우리 고향 방언을 사용했는데 나도 가능한 한 말상대가 되어주려고 했고, 또한 그녀가 언급하는 사람을 칭찬해주고 그녀가 언급하는 일을 치켜세워주려고 노력했다. 나는 점점 이 순박한 어머니의 자애심에 익숙해지고 이해하게 되었다.

비록 앞뒤의 커플이 한 꼬치의 탕후루(과일이나 열매를 꼬챙이에 꿰어 설탕, 물엿 등을 발라 굳힌 것)를 나눠먹거나 두 사람 귀에 각자 하나씩 이어폰을 나눠 끼고 MP3를 듣는 것을 보면서 매우 낙담했지만 말이다.

두 시간 후 곧 푸저우에 도착하려고 하자 노부인이 매우 불안해 보였다. 그녀는 안절부절못하면서 나에게 물었다. "나는 북쪽 역에서 내리는데 당신은 어디서 내리세요?" 한동안 눈을 감고 정신을 가다듬고 나니 나는 기분이 많이 좋아졌다. 그래서 나는 성실하고 주동적으로 그녀를 위로하고 긴장하지 말고 안심하라고 하고, 내가 그녀와 같은 역에서 내리니 그녀를 데리고 내리겠다고 말했다…

곧 차가 고속도로를 이미 나와 시내로 들어갔다. 노부인은 끊임없이 물건을 정리하고 있었지만, 여전히 당황해 하는 것처럼 보였다. 나는 갑자기 생각이 들었다. 맞아, 차에서 내린 후 그녀는 어떻게 아들과 연락하지? 나는 다시 친절하게

的项目经理。这真是太奇妙了，眼前老太太的儿子居然就是我要找的人，而且是我需要他帮忙的人……

接电话的是个年轻人的声音，我把手机递给那兴奋的老太太："我快到了，阿狗（老家土语，宝贝的意思），还好有这个好心人照顾我……"哦，我就是那个好心人！我欣慰而庆幸。

下车的时候，他们母子相见，场面感人；然后，老太太拖住我，一定要她那个有些羞涩的儿子感谢我："还好是这小兄弟一路帮我，你们都在同一个城市，一定要像兄弟一样做朋友！"她儿子频频点头。我也微笑致意。

几天后，我信心十足地去找这个年轻的经理。在他办公室，他抬头看我，一愣，原来之前多次与他电话咨询的人就是一路照顾他妈妈的"贵人"。在感慨"世界真小"之后，他爽快地在我需要他签字的工程合作单子上签了大名……

原来，我的运气一点也不坏。遇见一个需要我小小帮助的老太太，她不是美人，更不年轻，但是，她居然是货真价实的"机遇女神"。

물었다. "아들 전화번호가 뭐죠? 제가 그에게 전화해서 그에게 정류소 어느 출구에서 아주머니를 기다려야 하는지 말해줄게요!"

그녀는 얼른 호주머니에서 종이 한 장을 꺼냈고, 위에는 휴대전화 번호가 적혀 있었다. 나는 바로 그녀 아들의 전화로 전화를 걸었고 연결이 되었는데, 더욱 신기한 것은 내 휴대전화 화면에 며칠전 막 새로 추가한 전화부의 이름이 나타났고 어떤 사업의 프로젝트 책임자였다. 이건 정말이지 너무 신기했다. 눈앞의 노부인의 아들이 뜻밖에 내가 찾으려고 하는 사람이고, 게다가 내가 도움을 필요로 하는 사람이라니…

전화를 받은 것은 젊은이의 목소리였고, 나는 전화기를 흥분한 노부인에게 건네주었다. "나 곧 도착한다 얘야. 이런 마음씨 착한 사람이 나를 돌봐줘서 다행이지…" 오, 내가 바로 그 마음씨 착한 사람이에요! 나는 기쁘고 다행스러웠다.

차에서 내릴 때 그들 모자는 서로 만났고 그 장면은 감동적이었다. 그런 다음 노부인은 나를 끌고 가서 조금 겸연쩍어하는 아들에게 나한테 꼭 감사하라고 했다. "이 분이 오는 길 동안 나를 도와줘서 다행이었어. 너희는 한 도시에 살고 있으니 반드시 형제처럼 친구가 되어야 해!" 그녀의 아들은 잇달아 고개를 끄덕였다. 나도 미소로 호의를 보였다.

며칠 후 나는 자신감으로 가득 차 그 젊은 책임자를 찾아갔다. 그의 사무실에서 그는 고개를 들어 나를 보고는 멍해졌다. 이전에 여러 번 그와 전화 상담을 했던 사람이 바로 시내로 오는 길에 그의 어머니를 돌봐준 '귀인'이었다니. '세상이 정말 좁다'고 감격한 후 그는 시원스럽게 내가 그의 사인을 필요로 하는 사업협력서에 사인을 했다…

알고 보니 내 운은 조금도 나쁘지 않았다. 나의 작은 도움을 필요로 하는 노부인을 만났고, 그녀는 미인도 아니고 더군다나 젊지도 않았지만, 뜻밖에도 진짜 '기회의 여신'이었다.

해설 ▶ 1. 이 글은 주인공이 차를 타고 가는 과정에서 옆에 앉은 노부인으로 인해 생기는 감정 변화가 전체 글의 흐름을 결정하고 있다. 따라서 주인공의 감정 변화를 정리하면 다음과 같다.

失望 → 惆怅 → 心情好多了 → 欣慰而庆幸 → 运气一点儿也不坏

▶ 2. 주인공의 감정 변화를 일으키는 사건과 그것을 묘사하는 단어나 표현을 찾아낸다.

사건	감정 변화
每次坐长途汽车。 매번 시외버스를 탄다.	失望
来了个乡下老太太，万分健谈。 시골 노부인이 왔고, 입담이 매우 좋았다.	惆怅
眼看福州就要到了，老太太很不安。 곧 푸저우에 도착하려 하자, 노부인은 매우 불안해했다.	心情好多了
我拨通了她儿子的电话，发现她儿子竟然是我要找的某工程的项目经理。 나는 그녀 아들에게 전화를 걸어 연결했는데 그녀의 아들은 뜻밖에도 내가 찾으려던 어떤 사업의 프로젝트 책임자인 것을 발견했다. 老太太一定要儿子感谢我。 노부인은 아들에게 나한테 꼭 감사하라고 했다.	欣慰而庆幸
他爽快地在我需要他签字的工程合作单子上签了大名。 그는 시원스럽게 내가 그의 사인을 필요로 하는 사업협력서에 사인을 했다.	运气一点也不坏

▶ 3. 내가 왜 실망했는지, 노부인은 왜 시내로 가는지, 나는 왜 노부인의 아들에게 전화했는지, 왜 노부인의 아들을 만나러 갈 때 자신감으로 가득했는지 등의 사건을 하나의 맥락으로 연결하기 위해 주인공의 감정 변화에 따라 내용을 좀 더 보충해보면 다음과 같다.

사건	감정 변화
每次坐长途汽车(，我都希望坐旁边的是一个美女，)	(但是每次都)失望
(这次我旁边的座位上)来了个乡下老太太，(老太太)万分健谈。(她说儿子请她去城里享清福，这是她第一次出远门，还说她的儿子是读土木建筑的，领导很看重他。我努力陪着她聊天，渐渐理解了这个淳朴的母亲的爱心。看着前后的一对情侣，)	(而我却很)惆怅
眼看福州就要到了，老太太很不安(，问我是不是在北站下车)。	(当时我)心情好多了(。告诉她，不要紧张，我跟她在一个站下车，我会带她下车。)
(车子出了高速路，老太太很慌张，我突然想到下车后她怎么和儿子联系呢？就问了她儿子的电话是多少，她掏出一张纸给了我。)我拨通了她儿子的电话，发现她儿子竟然是我要找的某工程的项目经理。(我正好需要他的帮忙。母子见面后非常高兴，)老太太(告诉她儿子是我帮了她大忙，)一定要(她)儿子感谢我(，要我们一定要像兄弟一样做朋友)。	(我)欣慰而庆幸
(几天后，我信心十足地去找这个年轻的经理。他这时才发现，那个多次通过电话咨询他的人，就是一路照顾他妈妈的"贵人"。)他爽快地在我需要他签字的工程合作单子上签了大名。	(原来，我的)运气一点也不坏(。我帮助过的一个不是美女的农村老太太，居然是我的"机遇女神"。)

▶ 4. 이 글은 한 노부인을 도운 계기로 순조롭게 계약을 하게 되는 이야기이다. 마지막에 주인공은 자신은 조금도 운이 나쁜 게 아니었으며, 노부인을 '기회의 여신'이라고 말한다. 따라서 '我的运气一点儿不怀(나의 운은 조금도 나쁘지 않다)' 혹은 '我的机遇女神(나의 기회의 여신)' 등의 제목을 만들 수 있다.

我的运气一点也不坏

每次坐长途汽车，我都希望坐旁边的是一个美女，但是每次都失望。这次我旁边的座位上来了个乡下老太太，老太太万分健谈。她说儿子请她去城里享清福，这是她第一次出远门，还说她的儿子是读土木建筑的，领导很看重他。我努力陪着她聊天，渐渐埋解了这个淳朴的母亲的爱心。看着前后的一对情侣，而我却很惆怅。

眼看福州就要到了，老太太很不安，问我是不是在北站下车。当时我心情好多了。告诉她，不要紧张，我跟她在一个站下车，我会带她下车。车子出了高速路，老太太很慌张，我突然想到下车后她怎么和儿子联系呢？就问了她儿子的电话是多少，她掏出一张纸给了我。我拨通了她儿子的电话，发现她儿子竟然是我要找的某工程的项目经理。我正好需要他的帮忙。

母子见面后非常高兴，老太太告诉她儿子是我帮了她大忙，一定要她儿子感谢我，要我们一定要像兄弟一样做朋友。我欣慰而庆幸。

几天后，我信心十足地去找这个年轻的经理。他这时才发现，那个多次通过电话咨询他的人，就是一路照顾他妈妈的"贵人"。他爽快地在我需要他签字的工程合作单子上签了大名。

原来，我的运气一点也不坏。我帮助过的一个不是美女的农村老太太，居然是我的"机遇女神"。

나의 운은 조금도 나쁘지 않다

매번 시외버스를 타면 나는 옆에 앉는 사람이 미인이기를 희망하지만, 매번 실망한다. 이번에 내 옆 좌석에는 시골 노부인이 왔는데, 그녀는 입담이 매우 좋았다. 그녀는 아들이 시내로 한가롭고 편안한 생활을 하러 오라고 했고, 이번이 처음으로 멀리 여행을 가는 것이라고 했다. 또한 그녀의 둘째 아들은 토목건축을 전공했고 윗사람이 그를 매우 중요하게 생각한다고 말했다. 나는 가능한 한 말상대가 되어주려고 했고, 점점 이 순박한 어머니의 사랑하는 마음을 이해하게 되었다. 그러나 앞뒤의 커플들을 보면서 낙담했지만 말이다.

곧 푸저우에 도착하려고 하자 노부인은 매우 불안해했고, 나에게 북쪽 역에서 내리는지 물었다. 그때 나는 기분이 많이 좋아져서 그녀에게 긴장하지 말고 내가 그녀와 같은 역에서 내리니 그녀를 데리고 내리겠다고 말했다. 차가 고속도로를 나오자 노부인은 매우 당황해 했고, 나는 갑자기 차에서 내린 후 그녀는 어떻게 아들과 연락을 할까?라는 생각이 들었다. 나는 아들의 전화번호를 물었고, 그녀는 종이 한 장을 꺼내어 나에게 주었다. 나는 그녀의 아들에게 전화를 걸어 연결이 되었을 때 그녀의 아들이 뜻밖에도 내가 찾으려던 어떤 사업의 프로젝트 책임자라는 것을 알게 되었다. 나는 마침 그의 도움이 필요했다.

모자는 서로 만나 매우 기뻐했고, 노부인은 아들에게 내가 큰 도움을 주었으니 나한테 꼭 감사하고, 반드시 형제처럼 친구가 되라고 했다. 나는 기쁘고 다행스러웠다.

며칠 후 나는 자신감으로 가득 차 그 젊은 책임자를 찾아갔다. 그는 이때서야 여러 번 그와 전화 상담을 했던 사람이 바로 시내로 오는 길에 그의 어머니를 돌봐준 '귀인'이라는 것을 알게 되었다. 그는 시원스럽게 내가 그의 사인을 필요로 하는 사업협력서에 사인을 했다.

알고 보니 내 운은 조금도 나쁘지 않았다. 내가 도운 미인이 아닌 농촌 노부인이 뜻밖에도 진짜 '기회의 여신'이었다.

03

p. 374

张良是汉高祖刘邦的重要谋臣，在他年轻时，曾有过这么一段故事。

那时的张良还只是一名很普通的青年。一天，他漫步来到一座桥上，对面走过来一个衣衫破旧的老头。那老头走到张良身边时，忽然脱下脚上的破鞋子丢到桥下，还对张良说："去，把鞋给我捡回来！"张良当时感到很奇怪又**很生气**，觉得老头是在侮辱自己。可是他又看到老头年岁很大，便只好忍着气下桥给老头捡回了鞋子。谁知这老头得寸进尺，竟然把脚一伸，吩咐说："给我穿上！"张良更觉得奇怪，简直是**莫名其妙**。尽管张良已很有些生气，但他想了想，还是决定干脆帮忙就帮到底，他还是跪下身来帮老头将鞋子穿上了。

老头穿好鞋，跺跺脚，哈哈笑着扬长而去。张良看着头也不回、连一声道谢都没有的老头的背影，正在纳闷，忽见老头转身又回来了。他对张良说："小伙子，我看你有深造的价值。这样吧，5天后的早上，你到这儿来等我。"张良深感玄妙，就诚恳地跪拜说："谢谢老先生，愿听先生指教。"第5天一大早，张良来到桥头，只见老头已经先在桥头等候。他见到张良，很生气地责备张良说："同老年人约会还迟到，这像什么话呢？"说完他就起身走了。走出几步，又回头对张良说："过5天早上再会吧。"张良**有些懊悔**，可也只有等5天后再来。到第5天，天刚亮，张良就来到了桥上，可没料到，老头又先他而到。看见张良，老头这回可是严厉地责骂道："为什么又迟到呢？实在是太不像话了！"说完，十分生气地一甩手就走了。临了依然丢下一句话，"还是再过5天，你早早就来吧。"张良**惭愧不已**。又过了5天，张良刚刚躺下睡了一会，还不到半夜，就摸黑赶到桥头，他不能再让老头生气了。过了一会儿，老头来了，见张良早已在桥头等候，他满脸高兴地说："就应该这样啊！"然后，老头从怀中掏出一本书来，交给张良说："读了这部书，就可以帮助君王治国平天下了。"说完，老头就走了。

장량은 한고조 유방의 중요한 책략가로, 그가 젊었을 때 일찍이 이런 이야기가 있었다.

그때 장량은 아직 평범한 청년이었다. 하루는 그가 한가롭게 거닐다 다리 위로 왔는데 맞은 편에 의복이 낡은 노인이 걸어오고 있었다. 그 노인은 장량 옆에 걸어왔을 때 갑자기 발에 신고 있던 낡은 신발을 벗어 다리 아래로 떨어뜨리고는 장량에게 말했다. "가서 신발을 주워서 나에게 가져오너라!" 장량은 당시 매우 이상하기도 하고 화도 났으며, 노인이 자신을 모욕하고 있다고 생각했다. 하지만 그는 노인이 나이가 많은 것을 보고 어쩔 수 없이 화를 참으며 다리를 내려가 노인에게 신발을 주워다 주었다. 누가 알았겠는가. 이 노인은 욕심이 끝도 없어서 뜻밖에 발을 뻗으며 명령했다. "나에게 신겨라!" 장량은 더욱 이상했고 정말이지 영문을 알 수가 없었다. 비록 장량은 이미 좀 화가 나 있었지만, 생각을 해보고는 차라리 돕기로 했으니 그냥 끝까지 돕자고 결정하고, 무릎을 꿇어 노인을 도와 신발을 신겨주었다.

노인은 신발을 신고 발을 동동 구르더니 하하 웃으면서 거들먹거리며 떠났다. 장량이 고개도 돌리지 않고 고맙다는 말 한마디 없는 노인의 뒷모습을 보며 이해가 되지 않아 답답해하고 있는데, 갑자기 노인이 몸을 돌려 다시 돌아왔다. 그는 장량에게 말했다. "젊은이, 내가 보기에 자네는 학문을 더 닦을 가치가 있네. 이렇게 하지. 5일 뒤 아침에 여기 와서 나를 기다리게." 장량은 오묘한 느낌이 들어 간절하게 무릎을 꿇고 절을 하며 말했다. "감사합니다 선생님, 선생님의 가르침을 받고 싶습니다." 5일 째 이른 아침 장량은 다리 끝에 왔는데 노인이 이미 다리 끝에서 기다리고 있는 것이 보였다. 그는 장량을 보자 화가 나서 장량을 질책하며 말했다. "노인과 약속을 하고 늦게 오다니, 이것이 말이 되는가?" 말을 마치고 그는 몸을 일으켜 가버렸다. 몇 걸음 가다 또 고개를 돌려 장량에게 말했다. "5일 뒤 아침에 다시 만나도록 하지." 장량은 후회가 되었지만 5일을 기다렸다 다시 올 수밖에 없었다. 5일째 되는 날 하늘이 밝자 장량은 바로 다리 위로 왔지만, 뜻밖에 노인이 또 먼저 도착해 있었다. 장량을 보고 노인은 이번에 무섭게 꾸짖었다. "왜 또 늦었느냐? 정말이지 너무 말도 안 되는군!" 말을 마치고 매우 화를 내면서 손을 털고는 가버렸다. 마지막엔 여전히 한 마디를 남겼다. "또 5일 뒤에는 일찍 오너라." 장량은 부끄럽기 그지없었다. 또 5일이 지났다. 장량은 막 누워서 잠깐 자고는 한밤중이 되기도 전에 어둠 속을 더듬어 다리 끝으로 급히 왔다. 그는 또다시 노인을 화나게 할 수는 없었다. "이렇게 해야지!" 그런 다음 노인은 품에서 한 권의 책을 꺼내어 장량에게 주며 말했다. "이 책을 읽으면 군왕을 도와 나라를 잘 다스리고

等到天亮，张良打开手中的书，他惊奇地发现自己得到的是《太公兵法》。这可是天下早已失传的极其珍贵的书呀，张良惊异不已。从此后，张良捧着《太公兵法》日夜攻读，勤奋钻研。后来真的成了大军事家，做了刘邦的得力助手，为汉王朝的建立，立下了卓著功勋，名噪一时，功盖天下。张良能宽容待人，至诚守信，所以才能成就一番大事业。

온 세상을 편안하게 할 수 있을 것이다."라는 말을 마치고 노인은 가버렸다.

　　해가 밝기를 기다려 장량은 손에 있는 책을 펼쳐 보고는 놀랍게도 자신이 얻은 것이 ≪태공병법≫이라는 것을 알게 되었다. 이것은 세상에 이미 전해지지 않는 극히 진귀한 책이었다. 장량은 놀라워해 마지않았다. 이때 이후로 장량은 ≪태공병법≫을 들고 밤낮으로 공부하고 부지런히 연구했다. 후에 정말 대군사가가 되었고, 유방의 유능한 조수가 되어 한왕조의 건립에 탁월한 공로를 세워, 이름이 한때 세상에 널리 알려지고 공훈이 천하를 뒤덮었다. 장량은 사람을 너그럽게 대하고 정성이 지극하고 신용을 지켰다. 그래서 큰 사업을 이룰 수 있었다.

단어 谋臣 móuchén 명 책략가 | 漫步 mànbù 동 한가롭게 거닐다, 발길 닿는 대로 걷다 | 衣衫 yīshān 명 의복 | 捡 jiǎn 동 줍다 | ★侮辱 wǔrǔ 동 모욕하다, 능욕하다 | 得寸进尺 décùn jìnchǐ 성 욕심이 한도 끝도 없다 | ★吩咐 fēnfù 동 분부하다, 명령하다, (말로) 시키다 | ★莫名其妙 mòmíng qímiào 성 영문을 알 수 없다, 어리둥절하다 | 赶脆 gāncuì 형 (언행이) 명쾌하다, 시원스럽다, 솔직하다 부 아예, 차라리 | 到底 dàodǐ 부 ① 도대체 ② 마침내, 결국 ③ 아무래도, 역시 동 끝까지 ~하다 | ★跪 guì 동 무릎을 꿇다, 꿇어앉다 | 跺脚 duò jiǎo 이합 발을 동동 구르다 | 扬长而去 yángcháng érqù 성 거들먹거리며 떠나가다 | 纳闷 nàmèn 동 (궁금하거나 이해가 되지 않아) 답답해하다, 갑갑해하다 | 深造 shēnzào 동 더욱 깊이 연구하다, 학문을 더 닦다 | 玄妙 xuánmiào 형 오묘하다 명 오묘한 이치 | 诚恳 chéngkěn 형 진실하다, 간절하다 | 跪拜 guìbài 동 무릎을 꿇고 엎드려 절하다 | 指教 zhǐjiào 동 ① 지도하다, 가르치다 ② 지도 편달 바라다 | 等候 děnghòu 동 기다리다 | 懊悔 àohuǐ 동 (자신의 잘못을) 뉘우치다, 후회하다 | ★严厉 yánlì 형 호되다, 매섭다, 단호하다 | 责骂 zémà 동 호되게 욕하다, 꾸짖다 | 甩手 shuǎi shǒu 이합 손을 앞 뒤로 내젓다 | 临了 línliǎo 부 마지막에, 결국은 | 惭愧 cánkuì 형 부끄럽다, 창피하다, 송구스럽다 | 摸黑 mō hēi 이합 어둠 속을 더듬다 | 治国平天下 zhìguó píngtiān xià 성 치국평천하, 나라를 잘 다스리고 온 세상을 편안하게 함 | ★惊奇 jīngqí 동 놀라며 의아해하다, 이상하여 놀라다 | ★珍贵 zhēnguì 형 진귀하다, 귀중하다 동 아끼고 사랑하다, 중시하다 | 惊异 jīngyì 형 놀랍다, 이상하다, 경이롭다 | 不已 bùyǐ 동 ~해 마지않다 | ★捧 pěng 동 ① 두 손으로 받쳐들다 ② 남에게 아첨하다, 치켜세우다 | 攻读 gōngdú 동 공부하다, 연마하다 | 勤奋 qínfèn 형 꾸준하다, 부지런하다, 열심히 하다 | ★钻研 zuānyán 동 깊이 연구하다, 몰두하다, 파고들다 | ★得力 dé lì 이합 ① 도움을 받다, 힘을 얻다 ② 이익을 얻다, 효과가 있다 형 유능하다 | 卓著 zhuózhù 형 탁월하다, 현저하게 뛰어나다, 출중하다 | 功勋 gōngxūn 명 공로, 공훈 | 名噪一时 míngzào yìshí 성 이름이 한때 세상에 널리 알려지다 | 宽容 kuānróng 형 너그럽다, 포용력이 있다 | 至诚 zhìchéng 형 지성이다, 정성이 지극하다 명 지성, 지극한 정성 | 守信 shǒuxìn 동 신용을 지키다 | 成就 chéngjiù 명 성취, 성과, 업적 동 (주로 사업을) 완성하다, 이루다 | ★番 fān 양 ① 회, 차례, 번, 바탕 ② 종류, 가지

해설 ▶ 1. 이 글은 장량이 노인을 만나 귀한 책을 얻는 과정을 서술하고 있다. 이 과정에서 장량의 감정이 여러 번 변하게 되므로, 장량의 감정 변화를 정리하면 다음과 같다.

很生气 → 莫名其妙 → 诚恳地跪拜 → 有些懊悔 → 惭愧不已 → 惊异不已

▶ 2. 장량의 감정 변화는 그와 노인 사이에 발생하는 사건들 때문에 생기는 것이므로 사건과 그것을 묘사하는 단어나 표현을 찾아낸다.

사건	감정 변화
老头让张良 "把鞋给我捡回来！"。 노인은 장량에게 "신발을 주워서 나에게 가져오너라!"라고 했다.	很生气
吩咐说："给我穿上！""나에게 신겨라!"라고 명령했다.	莫名其妙
我看你有深造的价值。내가 보기에 자네는 학문을 더 닦을 가치가 있네. 5天后的早上，你到这儿来等我。5일 뒤 아침에 여기 와서 나를 기다리게.	诚恳地跪拜
张良来到桥头，见老头已经先在桥头等候。 장량은 다리 끝에 왔는데, 노인이 이미 다리 끝에서 기다리고 있는 것이 보였다.	有些懊悔

天刚亮，张良就来到了桥上，老头又先他而到。 하늘이 밝자 장랑은 바로 다리 위로 왔지만, 노인이 또 먼저 도착해 있었다.	惭愧不已
老头交给了张良一本《太公兵法》。노인은 장랑에게 ≪태공병법≫을 주었다. "读了这部书，就可以帮助君王治国平天下了。" "이 책을 읽으면 군왕을 도와 나라를 잘 다스리고 온 세상을 편안하게 할 수 있을 것이다."	惊异不已

▶ 3. 장랑과 노인의 만남에서 노인이 신발을 벗어 던지고 다시 신겨 달라고 한 과정과 노인은 또 어떻게 장랑으로 하여금 무릎을 꿇고 절하게 하였는지, 그가 늦게 왔을 때 노인은 무슨 말로 그를 후회하게 하였고, 후에 장랑은 왜 놀랐는지 등의 사건을 하나의 맥락으로 연결하기 위해 장랑의 감정 변화에 따라 내용을 좀 더 보충하면 다음과 같다.

사건	감정 변화
(一天，张良来到一坐桥上，对面走来一个老头。老头走到张良身边时，突然脱下鞋丢到桥下，)老头让张良"把鞋给我捡回来！"。	(张良)很生气(，但是看到老头年岁很大，忍着气，给老头捡回了鞋。)
(但是老头又)吩咐说："给我穿上！"	(张良觉得)莫名其妙(，但还是跪下来给老头穿上了鞋。)
(老头连一声道谢都没有，扬长而去。张良正在纳闷时候，忽见老头又转身回来了，对张良说：")我看你有深造的价值，(）5天后的早上，你到这儿来等我。(")	(张良)诚恳地跪拜
(5天后，)张良来到桥头，见老头已经先在桥头等候(，)	(老头责备张良同老年人约会不该迟到，让张良过5天早上再来。张良)有些懊悔
(又过了5天，)天刚亮，张良就来到了桥上，老头又先他而到(，老头十分生气地一甩手就走了。让张良再过5天后再来，)	(张良)惭愧不已
(又过了5天，还不到半夜，张良就摸黑赶到桥头。过了一会儿，)老头(来了，见张良早已在桥头等候，很高兴就)给了张良一本《太公兵法》(，并告诉他)"读了这部书，就可以帮助君王治国平天下了。"	(张良)惊异不已(，后来他勤奋钻研那本书，成了大军事家，为汉王朝的建立，立下了大功。)

▶ 4. 이 글은 장랑이 노인에게 신발을 주워다 주고, 신겨주고, 약속 장소에 일찍 나감으로써 ≪태공병법≫을 얻어 결국 대군사가가 되는 이야기이다. 따라서 '张良的故事(장랑 이야기)' 혹은 '大军事家张良(대군사가 장랑)' 등과 같은 장랑을 중심으로 하는 제목을 만들 수 있다.

张良的故事

一天，张良来到一坐桥上，对面走来一个老头。老头走到张良身边时，突然脱下鞋丢到桥下，老头让张良"把鞋给我捡回来！"。张良很生气，但是看到老头年岁很大，忍着气，给老头捡回了鞋。但是老头又吩咐说："给我穿上！"张良觉得莫名其妙，但还是跪下来给老头穿上了鞋。

老头连一声道谢都没有，扬长而去。张良正在纳闷时候，忽见老头又转身回来了，对张良说："我看你有深造的价值，5天后的早上，你到这儿来等我。"张良诚恳地跪拜。5天后，张良来到桥头，见老头已经先在桥头等候，老头责备张良同老年人约会不该迟到，让张良过5天早上再来。张良有些懊悔。

장랑 이야기

하루는 장랑이 다리 위로 왔는데 맞은 편에 노인이 걸어오고 있었다. 그 노인은 장랑 옆에 걸어왔을 때, 갑자기 신발을 벗어 다리 아래로 떨어뜨리고는 장랑에게 말했다. "가서 신발을 주워서 나에게 가져오너라!" 장랑은 화가 났지만, 그는 노인이 나이가 많은 것을 보고 화를 참으며 노인에게 신발을 주워다 주었다. 그러나 노인은 또 명령했다. "나에게 신겨라!" 장랑은 영문을 알 수가 없었지만, 그래도 무릎을 꿇어 노인을 도와 신발을 신겨주었다.

노인은 고맙다는 말 한마디 없이 거들먹거리며 떠났다. 장랑이 답답해하고 있는데, 갑자기 노인이 몸을 돌려 돌아와 장랑에게 말했다. "내가 보기에 자네는 학문을 더 닦을 가치가 있네! 5일 뒤 아침에 여기 와서 나를 기다리게." 장랑은 무릎을 꿇고 절을 했다. 5일 후 장랑이 다리 끝에 왔는데 노인이 이미 다리 끝에서 기다리고 있는 것이 보였다. 그는 노인과 약속을 하고 늦게 오면 안 된다며 꾸짖고는 장랑에게 5일 뒤 아침에 다시 오게 했다. 장랑은 조금 후회가 되었다.

又过了5天，天刚亮，张良就来到了桥上，老头又先他而到，老头十分生气地一甩手就走了。让张良再过5天后再来，张良惭愧不已。

又过了5天，还不到半夜，张良就摸黑赶到桥头。过了一会儿，老头来了，见张良早已在桥头等候，很高兴就给了张良一本《太公兵法》，并告诉他"读了这部书，就可以帮助君王治国平天下了。"张良惊异不已，后来他勤奋钻研那本书，成了大军事家，为汉王朝的建立，立下了大功。

또 5일이 지나 하늘이 밝자 장량은 바로 다리 위로 왔지만, 노인이 또 먼저 도착해 있었고, 노인은 매우 화를 내며 손을 털고는 가버렸다. 장량에게 5일 뒤에 다시 오라고 했고, 장량은 부끄럽기 그지없었다.

또 5일이 지났다. 한밤중이 되기도 전에 장량은 어둠 속을 더듬어 다리 끝으로 왔다. 잠시 후 노인이 있었고, 장량이 벌써 다리 끝에서 기다리는 것을 보고는 기뻐하며 ≪태공병법≫을 주면서 말했다. "이 책을 읽으면 군왕을 도와 나라를 잘 다스리고 온 세상을 편안하게 할 수 있을 것이다." 장량은 놀라워해 마지않았다. 후에 그는 밤낮으로 공부하고 부지런히 연구하여 대군사가가 되었고, 한왕조의 건립에 큰 공을 세웠다.

DAY 13

01

p. 386

那只是一条非常普通的围巾，可对于贫困的玛娅和她的妈妈来说，它是那么的漂亮，那么的可望而不可即。

每次进到店里，玛娅都会情不自禁地盯着那条围巾看一会儿，眼睛里闪烁着异样的光芒。店主是位慈祥的老人，他和蔼地问："小姑娘，你想买下它吗？我可以便宜一点儿卖给你。"玛娅摇摇头窘迫地跑开了，因为她口袋里连一个硬币也没有。

那年的冬天越来越冷了，寒风凛冽，雪花漫天。望着妈妈劳作时肩上披着的雪花，玛娅心疼极了。要是妈妈的脖子上有条围巾，也许就不会那么冷了。

玛娅手里紧紧地攥着妈妈送给她的那串珍珠项链，在雪地里跑了很远很远的山路。听妈妈说，那串项链是祖传下来的宝贝，能值不少钱。

玛娅颤抖着双手把那串珍珠项链放到店主老人手里，说："我想要那条围巾，因为妈妈实在是太需要它了。我把项链押在您这儿，等我有钱了，再把它赎回去行吗？"

"要是让你妈妈知道了你把这么贵重的项链押给我了，她会伤心的。你知道吗？"店主老人说。

그것은 단지 매우 평범한 목도리였지만, 가난한 마야와 그녀의 엄마에게 그것은 그렇게 예쁘고, 그렇게 바라보기만 할 뿐 가질 수 없는 것이었다.

매번 가게에 들어가면 마야는 감정을 스스로 억제할 수가 없어서 그 목도리를 뚫어져라 바라봤고, 눈에서는 특별한 빛이 반짝거렸다. 가게 주인은 자상한 노인이었고, 그는 상냥하게 물었다. "꼬마 아가씨, 그거 사고 싶어요? 내가 좀 싸게 해서 팔게요." 마야는 고개를 가로젓고는 난처해하며 도망쳤다. 왜냐하면, 그녀의 호주머니에는 동전 한 푼도 없었기 때문이다.

그해 겨울은 갈수록 추워져 차가운 바람이 살을 에듯 춥고 눈이 온 하늘에 가득 찼다. 엄마가 일할 때 어깨에 덮인 눈을 보며 마야는 너무나도 마음이 아팠다. 만약 엄마의 목에 목도리가 있으면 아마 그렇게 춥지 않을 텐데.

마야는 엄마가 그녀에게 선물한 진주 목걸이를 꼭 쥐고 눈길에서 멀고 먼 산길을 달렸다. 엄마가 말씀하시기로 그 목걸이는 조상 대대로 전해져 내려오는 보배로 적지 않은 값어치가 나가는 것이었다.

마야는 두 손을 떨면서 그 진주 목걸이를 가게 주인의 손에 내려놓으며 말했다. "저는 그 목도리를 사고 싶어요. 엄마에게 정말이지 그것이 너무 필요하거든요. 제가 목걸이를 당신에게 맡기고, 돈이 생기면 다시 찾아가도 될까요?"

"만약 네 엄마가 네가 이렇게 귀중한 목걸이를 나에게 저당 잡힌 것을 알게 되면 그녀는 상심할 거야. 알고있니?" 가게 주인이 말했다.

玛娅急了："那您赊给我那条围巾吧，求求您了，我有钱了一定会把钱送来的。"说完，她用可怜的目光盯着老人，等待着他的怜悯。

老人轻轻地抚摩着她的脑袋，和蔼地微笑着说："爷爷知道你是个很有爱心的好姑娘。可是，这围巾我还是不能赊给你。不过我答应你，这条围巾会一直为你留着，等你凑够钱了再来买走它。"

玛娅走出小店，风暴般的忧伤充斥着她的心，眼泪一下子就流了出来。她开始有一点儿恨那个货主老人。他真的是太小气了。

整个漫长的寒假，玛娅都非常忙碌，忙着在垃圾堆里找那些塑料和旧报纸，忙着在山坡上采一些可以做药材的野草。可冬天过完了，她攒的钱还是不能把它买回来。

第二年春天，上初一的玛娅意外地收到了一个包裹。里面是那条让她魂牵梦萦的美丽的围巾，还有一封信。信是老人的孙女写来的，她在信里说：

给你寄这条围巾和写这封信是我爷爷临终前的遗愿，爷爷说他不是不想赊给你一条围巾，他只是想让你明白，要想得到自己梦寐以求的东西或实现自己的理想，应该靠自己的双手，而不是靠别人廉价的怜悯或者施舍。爷爷说希望你能原谅他的无情。

看完信，玛娅潸然泪下。她终于明白，其实谁也不能施舍给我们未来，除了自己。

마야는 조급해졌다. "그럼 할아버지가 저에게 저 목도리를 외상으로 주세요. 부탁할게요. 제가 돈이 생기면 반드시 돈을 보내 드릴게요." 말을 마치고, 그녀는 불쌍한 눈빛으로 노인을 바라보며 그의 동정을 기다렸다.

노인은 부드럽게 그녀의 머리를 쓰다듬으며 부드럽게 미소지으며 말했다. "할아버지는 네가 사랑하는 마음이 있는 좋은 아이라는 것을 안단다. 하지만 이 목도리를 너에게 외상으로 줄 수는 없어. 하지만 너에게 약속하마. 이 목도리는 계속 너를 위해 남겨둘 테니 돈을 충분히 모으면 다시 사러 오렴."

마야는 작은 가게를 걸어 나왔고 폭풍 같은 슬픔이 그녀의 마음을 가득 채우고 있었으며 눈물이 갑자기 흘러내렸다. 그녀는 그 물건 주인인 노인을 조금 원망하기 시작했다. 그는 정말 너무 인색했다.

긴 겨울 방학 동안 마야는 매우 바빴다. 쓰레기 더미에서 플라스틱과 헌 신문을 찾느라 바빴고, 산비탈에서 약이 될 만한 야생풀을 찾느라 바빴다. 하지만 겨울이 다 지나도 그녀가 모은 돈으로는 여전히 그것을 살 수 없었다.

이듬해 봄. 중학교 1학년이 된 마야는 뜻밖에 소포를 하나 받았다. 안에는 그녀를 오매불망 그리워하게 한 그 아름다운 목도리가 있었고, 한 통의 편지도 있었다. 편지는 노인의 손녀가 쓴 것으로, 그녀는 편지에서 말했다.

너에게 이 목도리와 이 편지를 주는 것은 우리 할아버지의 임종 전 뜻이야. 할아버지는 너에게 목도리를 외상으로 주기 싫었던 것이 아니라 단지 너에게 자신이 오매불망 원하던 것을 얻거나 자신의 이상을 이루고 싶다면 자신의 힘으로 해야지 다른 사람의 값싼 연민이나 시주에 의지해서는 안 된다는 것을 알게 하고 싶었을 뿐이라고 말씀하셨어. 할아버지는 네가 그의 무정함을 용서해주길 바란다고 하셨어.

편지를 다 읽고 마야는 눈물을 줄줄 흘렸다. 그녀는 마침내 자신을 제외하고는 사실 아무도 우리의 미래를 베풀 수 없다는 것을 깨달았다.

단어 ★ 围巾 wéijīn 圏 목도리, 스카프 | ★ 贫困 pínkùn 圏 빈곤하다, 곤궁하다 | 可望而不可即 kěwàng'ér bù kějí 圏 바라볼 수는 있으나 가까이 갈 수는 없다, 기대할 수는 있으나 이루기는 어렵다 | 情不自禁 qíngbù zìjīn 圏 감정을 스스로 억제하기 힘들다 | ★ 盯 dīng 圄 주시하다, 응시하다, 뚫어져라 쳐다보다 | ★ 闪烁 shǎnshuò 圏 ① 반짝이다, 깜박거리다 ② 더듬거리다, 얼버무리다 | 异样 yìyàng 圏 이상하다, 색다르다, 특별하다 圏 차이, 다른 점 | ★ 光芒 guāngmáng 圏 빛살, 빛 | ★ 慈祥 cíxiáng 圏 자상하다, 자애롭다 | ★ 和蔼 hé'ǎi 圏 상냥하다, 부드럽다 | 窘迫 jiǒngpò 圏 ① 매우 난처하다, 매우 곤란하다 ② 매우 곤궁하다, 매우 궁핍하다 | 寒风凛冽 hánfēnglǐnliè 한풍이 살을 에듯 춥다 | 漫天 màntiān 圄 온 하늘에 가득하다 圏 무한정의, 끝없는 | 劳作 láozuò 圄 노동하다, 일하다 | 披 pī 圄 덮다, 걸치다 | 攥 zuàn 圄 꽉 쥐다, 꽉 잡다 | ★ 颤抖 chàndǒu 圄 벌벌 떨다 | 押 yā 圄 저당하다, 저당 잡히다 | 赎 shú 圄 저당물을 되찾다 | 赊 shē 圄 외상으로 사다 | 怜悯 liánmǐn 圄 연민하다, 불쌍히 여기다, 동정하다 | 抚摩 fǔmó 圄 어루만지다, 쓰다듬다 | 凑钱 còu qián 이합 (어떤 일을 위해) 돈을 모으다 | ★ 风暴 fēngbào 圏 폭풍, 폭풍우 | 忧伤 yōushāng 圏 근심으로 비통하다, 고뇌에 잠기다 | 充斥 chōngchì 圄 충만하다, 가득 채우다 | 恨 hèn 圄 원망하다, 증오하다, 적대시하다 | 小气 xiǎoqi 圏 인색하다, 짜다, 쩨쩨하다 | ★ 漫长 màncháng 圏 (시간, 공간이) 멀다, 길다 | ★ 忙碌 mánglù 圄 (어떤 일을) 서두르다, 바쁘게 하다 圏 (정신 없이) 바쁘다, 눈코 뜰 새 없다 | 塑料 sùliào 圏 플라스틱, 비닐 | 山坡 shānpō 圏 산비탈 | ★ 攒 zǎn 圄 쌓다, 모으다, 저축하다, 저장하다 | 魂牵梦萦 húnqiān mèngyíng 圏 오매불망 그리워하다, 사무치게 그리워하다 | 遗愿 yíyuàn 圏 생전에 다하지 못한 뜻 | 梦寐以求 mèngmèi yǐqiú 圏 꿈에서도 바라다 | 廉价 liánjià 圏 싼 값 | 施舍 shīshě 圄 시주하다, 베풀다 | 潸然泪下 shānránlèixià 눈물을 줄줄 흘리다

▶ 1. 이 글은 하나의 목도리를 둘러싸고 사건이 전개되며, 이 목도리는 진주 목걸이, 소포와 같은 또 다른 사물들을 끌어오게 된다. 따라서 이 글은 이 세 가지 사물을 실마리로 하여 정리할 수 있다.

围巾, 珍珠项链, 包裹

▶ 2. 이 글은 마야가 목도리를 사고 싶어했지만, 줄곧 사지 못하다가 결국 얻게 되는 것이 가장 핵심적인 사건이다.

사건	玛娅特别想买一条围巾给妈妈, 后来她想抵押珍珠项链买那条围巾, 但店主不同意。最后店主人把围巾送给了她。 마야는 목도리 하나를 사서 엄마에게 선물하고 싶었고, 후에 그녀는 진주 목걸이를 저당 잡고 그 목도리를 사고 싶어했으나 가게 주인이 동의하지 않았다. 결국 가게 주인은 목도리를 그녀에게 선물했다.

▶ 3. 세 가지 사물은 서로 관련된 사건이 있으며 인과관계를 이루어 전체 이야기를 연결하고 있다. 따라서 세 가지 사물과 관련되는 사건들을 좀 더 보충하여 다음과 같이 정리할 수 있다.

围巾	珍珠项链	包裹
玛娅和妈妈都很喜欢一条围巾, 但是她们没有钱买。 마야와 엄마는 모두 목도리를 좋아했지만, 그녀들은 살 돈이 없었다.	玛娅拿着那条祖传下来的宝贝——一串珍珠项链来到店里。 마야는 조상 대대로 전해져 내려오는 보배인 진주 목걸이를 들고 가게로 왔다.	第二年春天, 玛娅收到了一个包裹。 이듬해 봄에, 마야는 한 소포를 받았다.
每次到店里, 玛娅都会盯着那条围巾看, 店主说可以便宜卖给玛娅, 但是玛娅买不起。 매번 가게에 갈 때면 마야는 그 목도리를 뚫어져라 쳐다봤고, 가게 주인은 마야에게 싸게 팔겠다고 했지만, 마야는 살 돈이 없었다.	她跟店主说把珍珠项链押在这儿, 等有钱了, 再赎回去。 그녀는 가게 주인에게 진주 목걸이를 여기에 저당 잡았다가 돈이 생기면 다시 찾아가겠다고 말했다.	包裹里面是那条围巾, 还有一封信。 소포 속에는 그 목도리가 있었고, 또 한 통의 편지가 있었다.
冬天越来越冷了, 玛娅想: 要是妈妈的脖子上有条围巾, 也许就不会那么冷了。 겨울은 갈수록 추워졌고 마야는 만약 엄마의 목에 목도리가 있다면 그렇게 춥지 않을 거라고 생각했다.	店主说: "要是让你妈妈知道了你把这么贵重的项链押给我了, 她会伤心的。" 가게 주인이 말했다. "만약 네 엄마가 네가 이렇게 귀중한 목걸이를 나에게 저당 잡힌 것을 알게 되면 그녀는 상심하실 거야."	信是店主的孙女写来的。 편지는 가게 주인의 손녀가 쓴 것이었다.
要求店主赊给她那条围巾, 但是店主不答应。不过说: "这条围巾会一直为你留着, 等你凑够钱了再来买走它。" 가게 주인에게 그 목도리를 외상으로 달라고 했지만 가게 주인은 허락하지 않았다. 하지만 "이 목도리는 너를 위해 계속 남겨둘 테니 돈을 충분히 모으면 다시 사러 오렴."이라고 말했다.		

寒假玛娅很忙碌，冬天过完了，玛娅攒的钱还是不能把围巾买回来。

겨울 방학 동안 마야는 매우 바빴다. 겨울이 지났지만, 마야가 모은 돈으로는 여전히 목도리를 살 수 없었다.

她告诉玛娅，寄那条围巾和信给玛娅是爷爷临终的遗愿。爷爷不是不想赊给她围巾，是想让她明白：要想得到自己梦寐以求的东西或实现自己的理想，应该靠自己的双手，而不是靠别人廉价的怜悯或者施舍。

그녀는 마야에게 이 목도리와 이 편지를 주는 것은 할아버지의 임종 전 뜻이라고 했다. 할아버지는 그녀에게 목도리를 외상으로 주기 싫었던 것이 아니라 단지 그녀에게 자신이 오매불망 원하던 것을 얻거나 자신의 이상을 이루고 싶다면 자신의 힘으로 해야지 다른 사람의 값싼 연민이나 시주에 의지해서는 안 된다는 것을 알게 하고 싶었을 뿐이라고 말했다.

玛娅终于明白，其实谁也不能施舍给我们未来，除了自己。

마야는 마침내 자신을 제외하고는 사실 아무도 우리의 미래를 베풀 수 없다는 것을 깨달았다.

▶ 4. 이 글은 다른 사람의 연민이나 시주로 자신이 원하는 것을 얻거나 자신의 이상을 실현하려고 해서는 안 된다는 도리를 일깨워주고 있다. 따라서 주제를 이끌어내는 매개체인 목도리를 이용하여 '一条围巾的故事(목도리 이야기)'라고 하거나 글의 주제를 직접적으로 설명하는 '谁也不能施舍你的未来(아무도 당신의 미래를 베풀 수 없다)' 등을 제목으로 할 수 있다.

모범답안

谁也不能施舍你的未来

玛娅和妈妈都很喜欢一条围巾，但是她们没有钱买。每次到店里，玛娅都会盯着那条围巾看，店主说可以便宜卖给玛娅，但是玛娅买不起。冬天越来越冷了，玛娅想：要是妈妈的脖子上有条围巾，也许就不会那么冷了。

玛娅拿着那条祖传下来的宝贝———一串珍珠项链来到店里。她跟店主说把珍珠项链押在这儿，等有钱了，再赎回去。店主说："要是让你妈妈知道了你把这么贵重的项链押给我了，她会伤心的。"玛娅要求店主赊给她那条围巾，但是店主不答应。不过说："这条围巾会一直为你留着，等你凑够钱了再来买走它。"

寒假玛娅很忙碌，冬天过完了，玛娅攒的钱还是不能把围巾买回来。

第二年春天，玛娅收到了一个包裹。包裹里面是那条围巾，还有一封信。信是店主的孙女写来的。她告诉玛娅，寄那条围巾和信给玛娅是爷爷临终的遗愿。爷爷不是不想赊给她围巾，是想让她明白：要想得到自己梦寐以求的东西或实现自己的理

아무도 당신의 미래를 베풀 수 없다

마야와 엄마는 모두 한 목도리를 좋아했지만, 그녀들은 살 돈이 없었다. 매번 가게에 들어가면 마야는 그 목도리를 뚫어져라 바라봤고, 가게 주인은 싸게 마야에게 팔겠다고 했지만, 마야는 돈이 없어 살 수가 없었다. 겨울은 갈수록 추워졌고, 마야는 만약 엄마의 목에 목도리가 있으면 아마 그렇게 춥지 않을 거라고 생각했다.

마야는 조상 대대로 전해져 내려오는 보배인 진주 목걸이를 들고 가게에 왔다. 그녀는 가게 주인에게 진주 목걸이를 이곳에 저당 잡았다가 돈이 생기면 다시 찾아가겠다고 말했다. 가게 주인은 "만약 네 엄마가 네가 이렇게 귀중한 목걸이를 나에게 저당 잡힌 것을 알게 되면 그녀는 상심할 거야."라고 말했다. 마야는 가게 주인에게 그 목도리를 외상으로 달라고 했지만 가게 주인은 허락하지 않았다. 하지만 "이 목도리는 계속 너를 위해 남겨둘 테니 돈을 충분히 모으면 다시 사러 오렴."이라고 말했다.

겨울 방학 동안 마야는 매우 바빴다. 겨울이 지났지만, 마야가 모은 돈으로는 여전히 목도리를 살 수 없었다.

이듬해 봄, 마야는 소포를 하나 받았다. 소포 안에는 그 목도리가 있었고, 한 통의 편지도 있었다. 편지는 가게 주인의 손녀가 쓴 것이었다. 그녀는 마야에게 이 목도리와 이 편지를 주는 것은 할아버지의 임종 전 뜻이라고 말했다. 할아버지는 그녀에게 목도리를

想，应该靠自己的双手，而不是靠别人廉价的怜悯或者施舍。

　　玛娅终于明白，其实谁也不能施舍给我们未来，除了自己。

외상으로 주기 싫었던 것이 아니라 그녀에게 자신이 오매불망 원하던 것을 얻거나 자신의 이상을 이루고 싶다면 자신의 힘으로 해야지 다른 사람의 값싼 연민이나 시주에 의지해서는 안 된다는 것을 알게 하고 싶었을 뿐이었다고 말했다.

마야는 마침내 자신을 제외하고는 사실 아무도 우리의 미래를 베풀 수 없다는 것을 깨달았다.

DAY 15

02

p. 388

　　人才交流会现场人山人海。我拿了三个版本的简历在人群中挤来挤去，一份简历上标明的是博士文凭，一份是硕士文凭，一份是本科文凭。挤了大半天，不是用人单位不要我，就是我看不上人家，这个累啊！

　　远远地看见一个招聘台前围满了好多人。走近一看，是一家不错的医院。旁边的招聘启事上写着"博士，年薪十万；硕士，年薪七万；本科，年薪五万。"看得我心里怦怦直跳，转悠了这么久，就这家待遇最好了。不错，就是它了，今天一定要搞定这家单位。

　　胳膊左右一晃，我一下挤到台前，非常利索地把博士文凭简历掏出来砸在桌子上。坐在桌子后面的一个胖子头也不抬，翻一翻："博士？"我大声说："对！""能不能做胃癌根治手术？"我一愣，心想刚刚博士毕业谁有那个能耐，声音不自觉低了一个调："不会，但能做胃大切手术。""哦，留下一份资料吧，有消息我会通知你的。"不用多想，我知道他这是委婉的拒绝，看来是没戏了。

　　在旁边转悠了一会，我觉得有些不甘心，就跑到厕所用水把头发胡乱搅一搅，把领带取掉，外衣披开，心想这回胖子不会认出我来了吧。

　　我又挤到招聘台前，慢慢把硕士文凭简历掏出来放桌子上。胖子翻了翻："硕士？"我轻声说："是。""能不能做胃癌根治手术？"还是那个问题！我轻声说："不会，但能做胃大切手

인재교류회 현장은 인산인해였다. 나는 세 개 판본의 이력서를 들고 사람들 사이에서 밀려다녔다. 이력서 한 부에 명시된 것은 박사 학위이고, 한 부는 석사 학위, 한 부는 학사 학위였다. 한참 동안 밀려다녔지만, 기업이 나를 원하지 않거나 내가 그들이 마음에 들지 않았다. 이건 정말 피곤했다!

멀리서 한 모집 데스크 앞에 많은 사람이 둘러싸고 있는 것을 보았다. 가까이 가서 봤더니 괜찮은 병원이었다. 옆의 모집 광고에는 '박사, 연봉 10만 위안. 석사, 연봉 7만 위안. 학사, 연봉 5만 위안.'이라고 적혀 있었다. 보면서 나는 가슴이 두근거렸다. 이렇게 오랫동안 돌아다녔지만, 오직 이곳만이 대우가 가장 좋았다. 좋아, 바로 이곳이야, 오늘은 반드시 이곳으로 하겠어.

팔을 좌우로 흔들면서 나는 단번에 데스크 앞으로 끼어들어가 매우 재빠르게 박사 학위 이력서를 꺼내 데스크 위에 내려놓았다. 데스크 뒤에 앉아 있던 뚱보는 고개도 들지 않고 펼쳐봤다. "박사?" 나는 큰 소리로 "네!"라고 말했다. "위암 완치 수술을 할 수 있어요?" 나는 멍해졌고, 마음속으로 막 박사를 졸업한 누가 그런 능력이 있겠냐고 생각했다. 소리를 나도 모르게 한 톤 낮추고 말했다. "못합니다. 하지만 위절제 수술은 할 수 있습니다." "아, 자료 하나 남겨두고 가세요. 소식이 있으면 통보할게요." 많이 생각할 필요도 없이 나는 그가 완곡하게 거절하는 것을 알았다. 보아하니 가망이 없었다.

옆에서 잠깐 돌아다니면서 나는 조금 만족스럽지 않아 화장실로 뛰어가 머리카락을 아무렇게나 흐트러뜨리고 넥타이를 풀고 겉옷을 열어젖혔다. 이제 뚱보가 나를 못 알아볼 것으로 생각했다.

나는 또 모집 데스크 앞으로 끼어들어가 천천히 석사 학위 이력서를 꺼내어 데스크 위에 올렸다. 뚱보는 펼쳐봤다. "석사?" 나는 작은 소리로 말했다. "네."

术。""还可以，不过硕士都招满了，不好意思。"我这个气，招满了还啰嗦个什么？

我越发觉得不爽，就越发不信搞不定这个胖子。我又来到厕所，把头发全部打湿，用手往后捋成一个大奔头，然后把眼镜取掉，干脆把外套也脱掉，心想胖子肯定认不出我了。

我又回到招聘台前，颤悠悠地把本科文凭简历掏出来小心翼翼地放在桌子上。胖子翻了翻："本科？"我点点头。"能不能做胃癌根治手术？"碰上什么人都是这个问题！这胖子！本科毕业如果能做胃癌根治手术那不神了？！我压低了声音说："不会，但能做胃大切手术。"胖子马上抬起头来，看了我好久，语气也好了许多："不错，厉害！好，就是你了，一会签合同。"我重重地舒了一口气，心想总算把自己卖出去了，累了这一整天，真是够呛！

正高兴着呢，不知什么时候一起来找工作的几个同学也过来了，叫一声："柯博……"我连忙打断他们的话，低声说："千万别叫我博士！"

"위암 완치 수술을 할 수 있어요?" 여전히 그 질문이었다! 나는 작은 소리로 말했다. "못합니다. 하지만 위절제 수술은 할 수 있습니다." "괜찮네요. 하지만 석사는 모집이 다 찼어요. 죄송합니다." 내 성격에 다 찼다는데 다시 무슨 말을 계속하겠는가?

나는 기분이 안 좋아질수록 이 뚱보를 어쩔 수 없다는 것을 믿을 수가 없었다. 나는 또 화장실로 와서 머리카락을 전부 적시고 손으로 머리를 뒤쪽으로 세웠다. 그런 다음 안경을 벗고 아예 외투도 벗었다. 뚱보가 분명 나를 알아보지 못할 것이라고 생각했다.

나는 또 모집 데스크 앞으로 와서 떨면서 학사 학위 이력서를 꺼내어 조심스럽게 데스크 위에 놓았다. 뚱보가 펼쳐봤다. "학사?" 나는 고개를 끄덕였다. "위암 완치 수술을 할 수 있어요?" 어떤 사람을 만나도 이 질문이군! 이 뚱보! 학사 졸업생이 만약 위암 완치 수술을 할 수 있다면 그게 이상하지 않나?! 나는 소리를 낮추고 말했다. "못합니다. 하지만 위절제 수술은 할 수 있습니다." 뚱보는 바로 고개를 들어 나를 한참 바라보았고 말투도 많이 좋아졌다. "괜찮네요, 대단합니다! 좋아요, 바로 당신이에요, 잠시 후 계약서에 서명하죠." 나는 크게 안도의 한숨을 쉬고 결국 나를 팔았다고 생각했다. 온종일 피곤했고 정말 힘들었다!

막 기뻐하고 있을 때 언제인지 모르겠지만, 함께 구직을 하러 온 몇 명의 학교 친구들도 다가와서 불렀다. "커 박…" 나는 얼른 그들의 말을 끊고 낮은 소리로 말했다. "절대 나를 박사라고 부르지 마!"

단어 人山人海 rénshān rénhǎi 젱 모인 사람이 대단히 많다. 인산인해 | ★ 版本 bǎnběn 젱 판본 | 简历 jiǎnlì 젱 약력, 이력, 경력 | 标明 biāomíng 됭 명시하다, 명기하다 | ★ 文凭 wénpíng 젱 ① 공문서 ② 졸업 증서 | ★ 启事 qǐshì 젱 광고, 공고 | 年薪 niánxīn 젱 연봉 | 怦怦跳 pēngpēngtiào 두근거리다 | 转悠 zhuànyou 됭 한가롭게 거닐다 | 待遇 dàiyù 젱(급료, 보수, 권리, 지위 등의) 대우, 대접 | 胳膊 gēbo 젱 팔 | 晃 huàng 됭 흔들다, 흔들리다, 젓다 | 利索 lìsuo 헝 (언행이) 명쾌하다, 간단명료하다, 솔직하다 ② 단정하다, 정연하다, 산뜻하다, 깔끔하다 | ★ 砸 zá 됭 ① (무거운 것으로) 눌러 으스러뜨리다, 내리치다, 찧다 ② 때려 부수다, 깨뜨리다 헝 실패하다, 망치다 | 根治 gēnzhì 됭 근본적으로 치료하다 | ★ 愣 lèng 됭 멍해지다, 얼빠지다, 어리둥절하다 | 能耐 néngnài 젱 능력, 솜씨, 수완, 재능 | 委婉 wěiwǎn 헝 완곡하다, 부드럽다, 점잖다 | 没戏 méi xì 이합 가망이 없다, 희망이 없다 | ★ 甘心 gānxīn 됭 ① 달가워하다, 기꺼이 원하다 ② ~에 만족하다, 체념하다, 단념하다 | ★ 胡乱 húluàn 붱 ① 함부로, 멋대로, 아무렇게나 ② 대충대충, 얼렁뚱땅 | 搅 jiǎo 됭 ① 휘저어 섞다, 반죽하다 ② 어지럽히다, 혼란시키다, 어수선하게 하다 | 披 pī 됭 ① 나누다, 분산하다 ② 쓰다, 덮다, 걸치다 ③ 풀어지다, 느슨해지다, 엉클어지다 | ★ 啰嗦 luōsuo 헝 ① 말이 많다, 수다스럽다 ② (일이) 자질구레하다, 번잡하다 됭 수다 떨다, 잔소리하다 | 捋 lǚ 됭 (손으로) 쓰다듬다, 어루만지다 | 干脆 gāncuì 헝 (언행이) 명쾌하다, 시원스럽다 붱 차라리, 아예 | 颤悠悠 chànyōuyōu 흔들리는 모양, 떨리는 모양 | ★ 小心翼翼 xiǎoxīn yìyì 젱 매우 조심스럽다, 조심조심하다 | 舒气 shū qì 이합 ① 숨을 돌리다, 호흡이 정상을 되찾다 ② 안도의 한숨을 쉬다, 마음을 놓다 | 够呛 gòuqiàng 헝 엄청나다, 힘들다, 고되다, (시간이) 빠듯하다 | 连忙 liánmáng 붱 얼른, 재빨리, 급히 | 打断 dǎduàn 됭 (남의 말을) 끊다, 막다, 중단하다

해설 ▶ 1. 이 글의 주인공은 세 개의 이력서를 들고 인재교류회에 참가하여, 각각의 이력서를 제출했을 때의 결과를 전개하고 있다. 따라서 이 글은 이 세 가지 이력서를 중심으로 실마리를 정리할 수 있다.
博士文凭的简历, 硕士文凭的简历, 本科文凭的简历

▶ 2. 이 글은 주인공이 세 개의 이력서를 들고 인재교류회에 참가해서 결국 취업하게 되는 것이 가장 핵심적인 사건이다.

사건	我去带着三个版本的简历去参加人才交流会，最后因为本科文凭的简历被录用了。 나는 세 개 판본의 이력서를 들고 인재교류회에 참가했고, 결국 학사 학위 이력서 덕분에 채용되었다.

▶ 3. 세 가지 이력서를 제출했을 때 책임자의 반응과 결과는 모두 달랐다. 각 이력서와 관련되는 과정과 결과를 간단하게 기록하면 훌륭한 요약 쓰기를 할 수 있다.

博士文凭的简历	硕士文凭的简历	本科文凭的简历

我拿着三个版本的简历去参加人才交流会，三份简历上分别标明博士文凭、硕士文凭和本科文凭。但是一整天，不是用人单位不要我，就是我看不上人家。

나는 세 개 판본의 이력서를 들고 인재교류회에 참가했고, 세 개의 이력서는 각각 박사 학위, 석사 학위, 학사 학위가 명시되어 있었다. 그러나 종일 기업이 나를 원하지 않거나 내가 그들이 마음에 들지 않았다.

看到一家医院的待遇很不错，我心想一定要搞定这家单位。

한 병원의 대우가 매우 좋은 것을 보고 나는 마음속으로 반드시 이곳으로 하겠다고 생각했다.

博士文凭的简历	硕士文凭的简历	本科文凭的简历
我把博士文凭的简历砸在桌子上。 나는 박사 학위 이력서를 데스크 위에 놓았다.	我跑到厕所把头发胡乱一搅，领带取掉，外衣披开，又来到那家的招聘台。然后把硕士文凭的简历放在桌子上。 나는 화장실에 가서 머리카락을 아무렇게나 흐트러뜨리고 넥타이를 풀고 겉옷을 열어젖히고는 또 그 모집 데스크로 갔다. 그런 다음 석사 학위 이력서를 데스크 위에 놓았다.	我把头发捋成背头，取下眼镜，脱掉外套，又走到那家招聘台。我把本科文凭的简历放在桌子上。 나는 머리카락을 뒤쪽으로 세우고, 안경을 벗고 외투도 벗고 다시 그 모집 데스크로 갔다. 나는 학사 학위 이력서를 데스크 위에 놓았다.
负责招聘的胖子说："博士?"，我大声说："对!"。然后问我能否做胃癌根治手术，我说不能，但是能做胃大切手术。 모집을 책임지는 뚱보가 말했다. "박사?" 나는 큰 소리로 "네!"라고 했다. 그런 다음 나에게 위암 완치 수술을 할 수 있느냐고 물었고, 나는 못하지만 위절제 수술은 할 수 있다고 말했다.	负责招聘的胖子问了我同样的问题，我轻声做了同样的回答。 모집을 책임지는 뚱보는 나에게 똑같은 질문을 했고, 나는 작은 소리로 똑같은 대답을 했다.	负责招聘的胖子又问了我同样的问题，我压低了声音义做了同样的回答。 모집을 책임지는 뚱보는 나에게 똑같은 질문을 했고, 나는 소리를 낮추고 똑같은 대답을 했다.
胖子让我留一份资料，有消息通知我。我知道这是委婉的拒绝。 뚱보는 나에게 자료를 하나 남겨두게 했고 소식이 있으면 통보하겠다고 했다. 나는 그가 완곡하게 거절한 것임을 알았다.	胖子说：硕士都招满了，我很生气。 뚱보는 석사는 이미 모집이 다 찼다고 말했고, 나는 화가 났다.	胖子抬起头来，看了我好久，说：不错，就是你了，一会签合同。 뚱보는 고개를 들어 나를 한참 보고서는 말했다. 좋아요, 바로 당신이에요. 잠시 후에 계약서에 서명하죠.

我重重地舒了一口气，心想总算把自己卖出去了。恰好同学喊我博士，我低声说："千万别叫我博士!"

나는 크게 안도의 한숨을 쉬고 결국 나를 팔았다고 생각했다. 때마침 친구들이 나를 박사라고 부르자, 나는 낮은 소리로 말했다. "절대 나를 박사라고 부르지 마!"

▶ 4. 주인공은 세 개의 이력서를 들고 인재교류회에 갔으므로 '三份简历(세 개의 이력서)'라는 제목을 쓸 수 있다. 또한 마지막에 친구들에게 한 말을 인용하여 '千万别叫我博士!(절대 나를 박사라고 부르지 마!)'라고 하는 것도 재미있는 제목이 될 수 있다.

千万别叫我博士!

我拿着三个版本的简历去参加人才交流会，三份简历上分别标明博士文凭、硕士文凭和本科文凭。但是一整天，不是用人单位不要我，就是我看不上人家。看到一家医院的待遇很不错，我心想一定要搞定这家单位。

我把博士文凭的简历砸在桌子上，负责招聘的胖子说："博士?"，我大声说："对!"。然后问我能否做胃癌根治手术，我说不能，但是能做胃大切手术。胖子让我留一份资料，有消息通知我。我知道他这是委婉的拒绝。

我跑到厕所把头发胡乱一搅，领带取掉，外衣披开，又来到那家的招聘台。然后把硕士文凭的简历放在桌子上，负责招聘的胖子问了我同样的问题，我轻声做了同样的回答。胖子说，硕士都招满了，我很生气。

我把头发捋成背头，取下眼镜，脱掉外套，又走到那家招聘台。我把本科文凭的简历放在桌子上，负责招聘的胖子又问了我同样的问题，我压低了声音又做了同样的回答。胖子抬起头来，看了我好久，说：不错，就是你了，一会签合同。

我重重地舒了一口气，心想总算把自己卖出去了。恰好同学喊我博士，我低声说："千万别叫我博士!"

절대 나를 박사라고 부르지 매

나는 세 개 판본의 이력서를 들고 인재교류회에 참가했고, 세 개의 이력서는 각각 박사 학위, 석사 학위, 학사 학위가 명시되어 있었다. 그러나 종일 기업이 나를 원하지 않거나 내가 그들이 마음에 들지 않았다. 한 병원의 대우가 매우 좋은 것을 보고 나는 마음속으로 반드시 이곳으로 하겠다고 생각했다.

내가 박사 학위 이력서를 데스크 위에 놓자, 모집을 책임지는 뚱보가 말했다. "박사?" 나는 큰 소리로 "네!"라고 했다. 그런 다음 나에게 위암 완치 수술을 할 수 있느냐고 물었고, 나는 못하지만 위절제 수술은 할 수 있다고 말했다. 뚱보는 나에게 자료를 하나 남겨두게 했고 소식이 있으면 통보하겠다고 했다. 나는 그가 완곡하게 거절한 것임을 알았다.

나는 화장실에 가서 머리카락을 아무렇게나 흐트러뜨리고 넥타이를 풀고 겉옷을 열어젖히고는 또 그 모집 데스크로 갔다. 그런 다음 석사 학위 이력서를 데스크 위에 놓았다. 모집을 책임지는 뚱보는 나에게 똑같은 질문을 했고, 나는 작은 소리로 똑같은 대답을 했다. 뚱보는 석사는 이미 모집이 다 찼다고 말했고, 나는 화가 났다.

나는 머리카락을 뒤쪽으로 세우고, 안경을 벗고 외투도 벗고 다시 그 모집 데스크로 갔다. 나는 학사 학위 이력서를 데스크 위에 놓았다. 모집을 책임지는 뚱보는 나에게 똑같은 질문을 했고, 나는 소리를 낮추고 똑같은 대답을 했다. 뚱보는 고개를 들어 나를 한참 보고서는 말했다. 좋아요, 바로 당신이에요. 잠시 후에 계약서에 서명하죠.

나는 크게 안도의 한숨을 쉬고 결국 나를 팔았다고 생각했다. 때마침 친구들이 나를 박사라고 부르자, 나는 낮은 소리로 말했다. "절대 나를 박사라고 부르지 매"

DAY 17

03

p. 390

一个乞丐来到我家门口，向母亲乞讨。这个乞丐很可怜，他的右手连同整条手臂都断掉了，空空的袖子晃荡着，让人看了很难受。我以为母亲一定会慷慨施舍的，可是母亲却指着屋前一堆砖对乞丐说："你帮我把这堆砖搬到屋后去吧。"乞丐生气地说："我只有一只手，你还忍心叫我搬砖。不愿意给就不给，何必刁难我?"

한 거지가 우리 집 문 앞에 와서 어머니에게 구걸했다. 이 거지는 매우 불쌍했다. 그의 오른손은 전체 팔뚝과 함께 모두 끊어졌고, 비어있는 소매가 흔들거려 보기에 괴로웠다. 나는 어머니가 분명히 후하게 베풀 것이라고 생각했다. 하지만 어머니는 집 앞의 벽돌 더미를 가리키며 거지에게 말씀하셨다. "나를 도와 이 벽돌들을 집 뒤로 옮겨주세요." 거지는 화가 나서 말했다. "내가 한쪽 손밖에 없는데도 당신은 냉정하게 나더러 벽돌을 옮기라고 한단 말입니까. 주기 싫으면 안 주면 되지 나를 괴롭힐 필요가 있습니까?"

母亲并不生气，俯身搬起砖来。她故意用一只手搬，搬了一趟才说："你看，一只手也能干活。我能干，你为什么不能干呢？"乞丐愣住了，他用异样的眼光看着母亲，终于俯下身子，用他的左手搬起砖来，一次只能搬两块。他整整搬了两个小时，才把砖搬完，累得气喘如牛，脸上有很多灰尘。

母亲递给乞丐一条雪白的毛巾。乞丐接过去，很仔细地把脸和脖子擦了一遍，白毛巾变成了黑毛巾。母亲又送给20元钱。乞丐接过钱，很感激地说："谢谢你。"母亲说："你不用谢我，这是你自己凭力气挣的工钱。"乞丐说："我不会忘记你的。"他对母亲深深地鞠了一躬，就上路了。过了很多天，又有一个乞丐来到我家门前，向母亲乞讨。母亲让乞丐把屋后的砖搬到屋前。照样给了他20元钱。

我不解地问："上次你叫乞丐把砖从屋前搬到屋后，这次你又叫乞丐把砖从屋后搬到屋前。你到底是把砖放到屋后，还是放在屋前？"母亲说："这堆砖放在屋前和屋后都一样。"我嘟着嘴说："那就不要搬了。"母亲摸摸我的头说："对乞丐来说，搬和不搬就大不相同了。"此后又来过几个乞丐，我家那堆砖就被屋前屋后地搬来搬去。

几年后，有个很体面的人来到我家。他西装革履，气度非凡，跟电视上的大老板一模一样。美中不足的是，这个大老板只有一只左手，右边一条空空的衣袖。老板用一只手握住母亲的手，俯下身子说："如果没有你，我现在还是个乞丐。因为你当年叫我搬砖，今天我才成为一家公司的董事长。"母亲说："这是你自己干出来的。"独臂的董事长要把母亲连同我们一家人搬到城里去住，做城里人，过好日子。母亲说："我们不能接受你的照顾。""为什么？""因为我们一家人都有两只手。"董事长坚持说："我已经替你们买好房子了。"母亲笑一笑说："那你就把房子送给连一只手都没有的人吧。"

어머니는 화를 내지 않고 몸을 구부려 벽돌을 옮기기 시작했다. 그녀는 일부러 한쪽 손으로 옮겼으며, 한 번 옮겨 놓고 와서야 말했다. "보세요. 한쪽 손으로도 일할 수 있어요. 내가 할 수 있는데 당신은 왜 못하겠어요?" 거지는 멍해졌다. 그는 이상하다는 눈빛으로 어머니를 보더니 결국 몸을 굽혀 그의 왼손으로 벽돌을 옮기기 시작했고, 한 번에 겨우 두 조각을 옮길 수 있었다. 그는 꼬박 2시간 동안 옮겨서 벽돌을 다 옮겼고, 힘들어서 소처럼 헐떡거렸으며 얼굴에는 많은 먼지가 있었다.

어머니는 거지에게 새하얀 수건을 건네주었다. 거지는 받아서 꼼꼼하게 얼굴과 목을 한 번 닦아냈고, 하얀 수건은 검은 수건으로 변했다. 어머니는 또 20위안을 주었다. 거지는 돈을 받고 감격해서 말했다. "감사합니다." 어머니가 말했다. "나에게 고마워할 필요 없어요. 이건 당신이 자신의 힘으로 번 품삯이에요." 거지가 말했다. "당신을 잊지 않을 겁니다." 그는 어머니에게 깊게 절을 하고 길을 떠났다. 많은 날이 지나 또 거지가 우리 집 문 앞에 와서 어머니에게 구걸했다. 어머니는 거지에게 집 뒤의 벽돌을 집 앞으로 옮기게 했다. 마찬가지로 그에게 20위안을 주었다.

나는 이해가 되지 않아 물었다. "지난번에 엄마는 거지에게 벽돌을 집 앞에서 집 뒤로 옮기게 했는데, 이번엔 또 거지에게 벽돌을 집 뒤에서 집 앞으로 옮기게 했어요. 도대체 벽돌을 집 뒤에 놓고 싶은 거예요, 아니면 집 앞에 놓고 싶은 거예요?" 어머니가 말했다. "이 벽돌을 집 앞에 놓든 집 뒤에 놓든 마찬가지란다." 나는 입을 삐죽거리며 말했다. "그럼 옮기지 마요." 어머니는 내 머리를 쓰다듬으며 말했다. "그러나 거지에게 옮기는 것과 옮기지 않는 것은 크게 다르단다." 이후 또 몇 명의 거지가 왔고, 우리 집의 그 벽돌들은 집 앞에서 집 뒤로 계속 옮겨졌다.

몇 년 후 차림이 멋진 사람이 우리 집에 왔다. 그는 양복에 가죽 구두를 신고 기개가 비범했으며, 텔레비전의 사장들과 똑같았다. 옥에 티라면 이 사장은 오직 왼손만 있고 오른쪽에는 비어있는 소매만 있었다. 사장은 한 손으로 어머니의 손을 잡고 몸을 구부리며 말했다. "만약 당신이 아니었다면 저는 지금 아직도 거지일 겁니다. 당신이 그 해 저에게 벽돌을 옮기게 하셨기 때문에 오늘날 제가 한 회사의 회장이 될 수 있었습니다." 어머니가 말했다. "이것은 당신 스스로 한 겁니다." 외팔의 회장은 어머니를 우리 가족과 함께 시내에 가서 살고, 시내 사람이 되어 잘 살게 해 주려고 했다. 어머니가 말했다. "우리는 당신의 보살핌을 받을 수 없습니다." "왜죠?" "우리 가족은 모두 두 손이 있기 때문입니다." 회장은 끝까지 말했다. "저는 이미 당신들을 위해 집도 사두었습니다." 어머니는 웃으며 말했다. "그럼 집을 한 손조차도 없는 사람에게 선물하세요."

단어 ★乞丐 qǐgài 몡 거지 | 乞讨 qǐtǎo 동 (돈, 밥 등을) 구걸하다 | ★连同 liántóng 젭 ~와 같이, ~와 함께, ~와 더불어 | 手臂 shǒubì 몡 팔뚝 | 袖子 xiùzi 몡 소매 | 晃荡 huàngdang 동 ① 흔들리다. 흔들거리다 ② 어슬렁거리다. 배회하다 | ★慷慨 kāngkǎi 혱 ① 후하게 대하다. 아끼지 않다. 후하다 ② 감정이나 정서가 격앙되다 | 施舍 shīshě 동 시주하다. 베풀다 | 砖 zhuān 몡 벽돌 | 忍心 rěnxīn 동 모질게 ~하다. 냉정하게 ~하다 | 何必 hébì 倶 구태여 ~할 필요 있는가 | 刁难 diāonàn 동 (고의로 남을) 괴롭히다. 못살게 굴다. 곤란하게 하다. 난처하게 만들다 | 俯身 fǔshēn 동 몸을 구부리다. 허리를 굽히다 | 异样 yìyàng 혱 이상하다. 색다르다. 특별하다 | 气喘如牛 qìchuǎnrúniú 힘든 소처럼 헐떡이다 | 灰尘 huīchén 몡 먼지 | 感激 gǎnjī 동 감격하다 | ★鞠躬 jū gōng 이합 허리를 굽혀 절하다 | 上路 shàng lù 이합 길에 오르다. 출발하다 | ★照样 zhàoyàng 倶 여전히, 변함없이 | 嘟 dū 동 (화가 나서) 입이 나오다. 입을 삐죽거리다 | 此后 cǐhòu 몡 이후. 이 다음 | ★体面 tǐmiàn 몡 체면, 체통, 면목 혱 ① (모양이나 얼굴이) 예쁘다. 아름답다. 보기 좋다. 근사하다 ② 떳떳하다. 체면이 서다. 영예롭다 | 革履 gélǚ 몡 가죽 구두 | 气度 qìdù 몡 기백과 도량. 기개 | 非凡 fēifán 혱 보통이 아니다. 뛰어나다. 비범하다 | 美中不足 měizhōng bùzú 셍 전체적으로 훌륭한 가운데에도 조금 부족한 점이 있다. 옥에도 티가 있다 | ★董事长 dǒngshìzhǎng 몡 대표이사, 회장, 이사장

해설 ▶ 1. 이 글의 모든 이야기는 벽돌에서 시작되었다. 마지막에 나오는 시내의 집도 결국 그 벽돌로 인해 생긴 것이다. 따라서 벽돌과 집을 사건의 실마리로 정리할 수 있다.

屋前的砖，屋后的砖，城里的房子

▶ 2. 이 글은 어머니의 현명한 행동으로 인해, 한쪽 손이 없는 거지가 결국 회장이 되었다는 것이 가장 핵심적인 사건이다.

사건	母亲通过让乞丐们，把屋前的砖搬到屋后，又从屋后搬到屋前后给钱的举动，教育了乞丐们，其中的一个人成了富人。 어머니는 거지들에게 집 앞의 벽돌을 집 뒤로 옮기게 하고, 또 집 뒤의 벽돌을 집 앞으로 옮기게 한 후 돈을 주는 행동을 통해 거지들을 교육했고, 그 중 한 명이 부자가 되었다.

▶ 3. 어머니는 집에 구걸을 하러 오는 모든 거지들에게 집 앞의 벽돌을 집 뒤로, 집 뒤의 벽돌을 집 앞으로 옮기게 하는 일을 시킨 후 베풂으로써 교훈을 주었다. 벽돌을 옮기는 과정과 결과를 간단하게 기록하면 훌륭한 요약 쓰기를 할 수 있다.

屋前的砖 → 搬到屋后	屋后的砖 → 搬到屋前	城里的房子
一个一只手臂的乞丐来我家乞讨。我以为母亲一定会慷慨施舍。 한 명의 한쪽 팔이 없는 거지가 우리 집에 구걸하러 왔다. 나는 어머니가 분명히 후하게 베풀 것이라고 생각했다.		
母亲没有慷慨施舍，而是让乞丐把屋前的砖搬到屋后。 어머니는 후하게 시주하지 않고 거지에게 집 앞의 벽돌을 집 뒤로 옮기게 했다.	又有一个乞丐来乞讨，母亲让他把屋后的砖搬到屋前，并且同样给了他20元钱。 또 한 명의 거지가 구걸하러 오자, 어머니는 그에게 집 뒤의 벽돌을 집 앞으로 옮기게 하고 게다가 마찬가지로 그에게 20위안을 주었다.	几年后，有一个体面的一只手臂的老板来到我家。 몇 년 후, 차림이 멋지지만 한쪽 손밖에 없는 사장이 우리 집에 왔다.
乞丐很生气，说自己只有一只手，让母亲不要刁难他。 거지는 화가 나서 자신은 한쪽 손 밖에 없으니 자신을 괴롭히지 말라고 말했다.	我问母亲上次让乞丐把砖从屋前搬到屋后，这次又让乞丐把砖从屋后搬到屋前，到底想把砖放在屋后还是屋前。 나는 어머니에게 지난번엔 거지에게 벽돌을 집 앞에서 집 뒤로 옮기게 해 놓고 이번엔 또 거지에게 벽돌을 집 뒤에서 집 앞으로 옮기게 했으니, 도대체 벽돌을 집 뒤에 놓고 싶은 것인지, 아니면 집 앞에 놓고 싶은 것인지 물었다.	他告诉我母亲："如果没有你，我现在还是个乞丐。因为你当年叫我搬砖，今天我才成为一家公司的董事长。"母亲说："这是你自己干出来的。" 그는 어머니에게 말했다. "만약 당신이 아니었다면 저는 지금 아직도 거지일 겁니다. 당신이 그 해 저에게 벽돌을 옮기게 하셨기 때문에 오늘날 제가 한 회사의 회장이 될 수 있었습니다." 어머니께서 말했다. "이것은 당신 스스로 한 겁니다."

母亲就用一只手，搬了一趟，然后说："你看，一只手也能干活。我能干，你为什么不能干呢？"后来乞丐用两个小时把砖搬完了。 어머니는 한쪽 손으로 한 번 옮겨놓은 다음 말했다. "보세요, 한쪽 손도 일할 수 있어요. 내가 할 수 있는데 당신은 왜 못하겠어요?" 나중에 거지는 두 시간을 사용해서 벽돌을 다 옮겼다.	母亲说都一样，但是对乞丐来说，搬和不搬就大不相同了。 어머니는 모두 같지만, 거지에게 있어서 옮기는 것과 옮기지 않는 것은 크게 다르다고 말했다.	他说给母亲在城里买了房子，让我们搬到城里去住。母亲说我们不能接受他的照顾，因为我们一家人都有两只手。那个人坚持说已经替我们买好了房子。 그는 어머니를 주려고 시내에 집을 샀으니 우리에게 시내로 이사가서 살라고 말했다. 어머니는 우리는 그의 보살핌을 받을 수 없고, 우리 가족은 모두 두 손이 다 있기 때문이라고 말했다. 그 사람은 끝까지 이미 우리를 위해 집을 샀다고 말했다.
母亲给了乞丐20元钱，乞丐很感激。母亲告诉他那是他自己凭力气挣的工钱。乞丐说："我不会忘记你的。" 어머니는 거지에게 20위안을 주었고 거지는 감격했다. 어머니는 그에게 그것은 그 스스로의 힘으로 번 품삯이라고 말했다. 거지는 "당신을 잊지 않을 겁니다."라고 말했다.	后来，又来过几个乞丐，那堆砖就被屋前屋后地搬来搬去。 나중에 또 몇 명의 거지들이 그 벽돌 더미를 집 앞에서 집 뒤로 계속 옮겼다.	母亲让他把房子送给连一只手都没有的人。 어머니는 그에게 집을 한쪽 손조차 없는 사람에게 선물하라고 했다.

▶ 4. 어머니의 현명한 방법으로 거지는 기업의 회장이 될 수 있었다. 따라서 '高贵的施舍(고귀한 베풂)'라는 제목을 쓸 수 있다. 또한, 어머니가 거지에게 일깨워주고자 했던 교훈을 제목으로 삼아 '凭借自己的力气挣钱(자신의 힘으로 돈을 벌어라)'이라고 할 수도 있다.

모범답안

高贵的施舍	고귀한 베풂
一个一只手臂的乞丐来我家乞讨。我以为母亲一定会慷慨施舍。 　母亲没有慷慨施舍，而是让乞丐把屋前的砖搬到屋后。乞丐很生气，说自己只有一只手，让母亲不要刁难他。母亲就用一只手，搬了一趟，然后说："你看，一只手也能干活。我能干，你为什么不能干呢？"后来乞丐用两个小时把砖搬完了。母亲给了乞丐20元钱，乞丐很感激。母亲告诉他那是他自己凭力气挣的工钱。乞丐说："我不会忘记你的。" 　又有一个乞丐来乞讨，母亲让他把屋后的砖搬到屋前，并且同样给了他20元钱。我问母亲上次让乞丐把砖从屋前搬到屋后，这次又让乞丐把砖从屋后搬到屋前，到底想把砖放在屋后还是屋前。母亲说都一样，但是对乞丐来说，搬和不搬就大不相同了。	한 명의 한쪽 팔이 없는 거지가 우리 집에 구걸하러 왔다. 나는 어머니가 분명히 후하게 베풀 것이라고 생각했다. 　어머니는 후하게 시주하지 않고, 거지에게 집 앞의 벽돌을 집 뒤로 옮기게 했다. 거지는 화가 나서, 자신은 한쪽 손 밖에 없으니 어머니에게 자신을 괴롭히지 말라고 말했다. 어머니는 한쪽 손으로 한 번 옮겨놓은 다음 말했다. "보세요, 한쪽 손으로도 일할 수 있어요. 내가 할 수 있는데 당신은 왜 못하겠어요?" 나중에 거지는 두 시간을 사용해서 벽돌을 다 옮겼다. 어머니는 거지에게 20위안을 주었고 거지는 감격했다. 어머니는 그에게 그것은 그 스스로의 힘으로 번 품삯이라고 말했다. 거지는 "당신을 잊지 않을 겁니다."라고 말했다. 　또 한 명의 거지가 구걸하러 오자, 어머니는 그에게 집 뒤의 벽돌을 집 앞으로 옮기게 하고 게다가 마찬가지로 그에게 20위안을 주었다. 나는 어머니에게 지난번엔 거지에게 벽돌을 집 앞에서 집 뒤로 옮기게 했는데, 이번엔 또 거지에게 벽돌을 집 뒤에서 집 앞으로 옮기게 했으니, 도대체 벽돌을 집 뒤에 놓고 싶은 것인지, 아니면 집 앞에 놓고 싶은 것인지 물었다. 어머니는 모두 같은 것이지만, 거지에게 있어서 옮기는 것과 옮기지 않는 것은 크게 다르다고 말했다.

几年后，有一个体面的一只手臂的老板来到我家。他告诉我母亲："如果没有你，我现在还是个乞丐。因为你当年叫我搬砖，今天我才成为一家公司的董事长。"母亲说："这是你自己干出来的。"他说给母亲在城里买了房子，让我们搬到城里去住。母亲说我们不能接受他的照顾，因为我们一家人都有两只手。那个人坚持说已经替我们买好了房子。母亲说让他把房子送给连一只手都没有的人。

몇 년 후, 차림은 멋지지만 한쪽 손밖에 없는 사장이 우리 집에 왔다. 그는 어머니에게 말했다. "만약 당신이 아니었다면, 저는 지금 아직도 거지일 겁니다. 당신이 그 해 저에게 벽돌을 옮기게 하셨기 때문에 오늘날 제가 한 회사의 회장이 될 수 있었습니다." 어머니께서 말했다. "이것은 당신 스스로 한 겁니다." 그는 어머니를 주려고 시내에 집을 샀으니 우리에게 시내로 이사 가서 살라고 말했다. 어머니는 우리는 그의 보살핌을 받을 수 없고, 우리 가족은 모두 두 손이 다 있기 때문이라고 말했다. 그 사람은 끝까지 이미 우리를 위해 집을 샀다고 말했다. 어머니는 그에게 집을 한쪽 손조차 없는 사람에게 선물하라고 했다.

DAY 19

01

p. 402

从乡下过完年回城，我带回了一蛇皮袋的青菜。那青菜嫩嫩的，苍翠欲滴，是真正的绿色食品。

这么多青菜，一时吃不完，时间长了就会枯黄，浪费了。我把青菜分成几捆，打算送给邻居们一些。我搬进这个小区时间不长，和左邻右舍还很陌生，正好可以借此机会与大家熟悉一下。

我捧着青菜，摁响了对面301室的门铃。屋内传来一个男孩子稚嫩的声音："谁呀？"

"我是对面302的，麻烦你开一下门好吗？"

男孩子很老练地说："我妈说了，陌生人来了绝对不能开，有事你就在外面说吧！"

我怕男孩误会我，赶紧诚恳地说："我想送一些青菜给你们尝尝，你开一下门，我放下就走。"

男孩子还是不开门，说："我妈说了，不能随便接受别人的东西。你还是走吧！"随后，门后传来"啪"的一声，是男孩子给门锁上保险的声音。

我只好捧着青菜上楼，来到402室。开门的是个年轻貌美的少妇。我向她表明来意，递上那捧青菜，说这绝对是没有污染的蔬菜。少妇很高兴，她伸出手接那捧青菜的时候，站在她

시골에서 새해를 지내고 시내로 돌아올 때, 나는 뱀가죽 문양의 주머니에 야채를 가지고 돌아왔다. 그 야채는 부드럽고 진한 초록색의 진정한 녹색 식품이었다.

이렇게 많은 야채를 한 번에 다 먹을 수도 없고, 시간이 지나면 시들어서 낭비하게 될 것이다. 나는 야채를 몇 묶음으로 나눠서 이웃들에게 조금 선물할 계획이었다. 내가 이 단지에 이사 온 시간이 길지 않아 이웃들과 아직 낯설어서 마침 이 기회를 빌려 모두와 알게 될 수 있었다.

나는 야채를 들고 맞은편 301호의 초인종을 눌렀다. 방안에서 남자아이의 앳된 목소리가 들려왔다. "누구세요?"

"맞은 편 302호야. 미안한데 문 좀 열어주겠니?"

남자아이는 노련하게 말했다. "엄마가 낯선 사람이 오면 절대 문을 열면 안 된다고 했어요. 일이 있으시면 밖에서 말씀하세요!"

나는 남자아이가 나를 오해할까 봐 걱정이 되어 얼른 진실하게 말했다. "너희 가족 맛보라고 야채를 좀 선물하고 싶어. 문 좀 열어주렴. 놓고 바로 가마."

남자아이는 여전히 문을 열지 않고 말했다. "우리 엄마가 다른 사람의 물건을 함부로 받지 말라고 했어요. 그냥 가세요!" 이어서 문에서 '퍽' 하는 소리가 들려왔다. 남자아이가 문의 안전장치를 잠그는 소리였다.

나는 어쩔 수 없이 야채를 들고 402호로 갔다. 문을 연 것은 젊고 예쁜 부인이었다. 나는 그녀에게 온 목적을 밝히고 그 한 움큼의 야채를 건네주며 이것은 절대로 오염되지 않은 야채라고 말했다. 젊은 부인이 기뻐하며 손을 뻗어 그 한 움큼의 야채를 받을 때, 그녀의 뒤에 서 있던 남편이 크게 헛기침을 했고 젊은 부인의 손은 바로 움츠러들었다.

身后的丈夫重重地干咳了一声，少妇的手马上缩了回去。她搓着手说："这菜你还是留着自己吃吧。"她丈夫的眼睛直直地盯着我，仿佛我是个不怀好意的人。我赶紧转身离去。

我叹了一口气，又上五楼。501室的男主人在某实权部门工作，大家都叫他刘主任。刘主任一点都没有架子，有时在楼道里碰面，他会主动向我点头问好。正巧，这会儿刘主任在家，他一眼就看到了我手里的青菜，说："你这是干嘛呢？是不是有什么事让我帮忙？你就直说吧，何必带东西呢？"我告诉他没什么事，只是给他送些青菜。他不信，说什么也不肯收我的青菜。

我沮丧地下了楼，来到102室门口，刚好碰到下班回家的女孩子阿紫。"我从乡下带些青菜来，挺好的……"我的话还没说完，阿紫就接过青菜，到底是白领，素质就是高。阿紫拿着青菜，仔细地检查了一下菜叶，满意地说："很好，多少钱一斤？"我忙说不要钱的，阿紫却坚持要给，说："一手交钱，一手交货，咱俩清！"见我坚持不要钱，阿紫把青菜往我怀里一扔，走了。

看着手里送不出去的青菜，我的心里像打翻了五味瓶，真不是滋味。罢了，放在家里会枯掉，不如直接送送垃圾箱吧。我捧着青菜，来到楼下垃圾房，一狠心，扔了进去。回头没走几步，一个捡破烂的汉子打开了垃圾房的门。他看到了青菜，露出了惊喜的表情。他把青菜一棵棵捡起来，小心地装进一只旧马甲袋里，挂在三轮车的手把上，哼着小曲，欢快地离去了。

그녀는 두 손을 비비며 말했다. "이 야채는 두고 드세요." 그녀 남편의 눈은 똑바로 나를 쳐다보고 있었고, 마치 내가 좋지 않은 의도를 가진 사람 같았다. 나는 얼른 몸을 돌려 떠났다.

나는 한숨을 쉬고 또 5층으로 갔다. 501호의 남자 주인은 어떤 실권을 쥔 기관에서 일하고 있었는데 모두 그를 리우 주임이라고 불렀다. 리우 주임은 조금도 거만한 태도 없이 가끔 복도에서 마주치면 그가 나에게 고개를 끄덕이며 안부를 물었다. 마침 이때, 리우 주임은 집에 있었고, 그는 한눈에 내 손의 야채를 보고는 말했다. "당신 지금 뭐하시는 거죠? 저에게 도와달라고 할 일이라도 있으세요? 그냥 말씀하시지, 굳이 물건을 가져올 필요까지 있었나요?" 나는 그에게 별일 없고 단지 그에게 야채를 조금 선물하고 싶다고 말했다. 그는 믿지 않았고, 무슨 말을 해도 나의 야채를 받으려 하지 않았다.

나는 낙심하여 층을 내려와 102호 입구로 왔는데, 마침 퇴근하고 집에 돌아가는 아쯔와 만났다. "내가 시골에서 야채를 좀 가져왔는데, 정말 좋아요…" 내 말이 끝나기도 전에 아쯔는 야채를 받아 들었다. 역시 화이트칼라는 수준이 높다. 아쯔는 야채를 들고 자세히 야채 잎을 검사하더니 만족스럽게 말했다. "좋네요. 한 근에 얼마죠?" 나는 얼른 돈은 받지 않는다고 말했지만 아쯔는 끝까지 주면서 말했다. "돈부터 받고 물건을 주셔야죠. 확실하게 하자고요!" 내가 끝까지 돈을 받지 않으려는 것을 보고 아쯔는 야채를 내 가슴에 던지고는 가버렸다.

손에 있는 선물하지 못한 야채를 보며 내 마음은 복잡해서 표현할 수가 없었고, 정말 기분이 좋지 않았다. 됐다. 집에 놔둬서 시들게 하느니 차라리 직접 쓰레기통에 버리자. 나는 야채를 들고 아래층의 쓰레기 버리는 곳으로 가서 모질게 마음을 먹고 버렸다. 잠시 후 몇 걸음 가지 않아 폐품을 줍는 남자가 쓰레기 버리는 곳의 문을 열었다. 그는 내 야채를 보고는 놀라고 기뻐하는 표정을 드러냈다. 그는 야채를 하나하나 주워서 조심스럽게 낡은 마대자루 속으로 넣고 삼륜 자전거의 핸들에 걸고는 노래를 흥얼거리며 유쾌하게 떠났다.

단어 蛇皮袋 shépídài 몡 뱀가죽 문양의 소재로 짠 주머니 | 青菜 qīngcài 몡 야채, 채소 | 嫩 nèn 톙 연하다, 부드럽다 | 苍翠欲滴 cāngcuì yùdī 쩡 푸른 물이 뚝뚝 떨어질 듯하다, 초목이 물을 머금은 듯 짙푸르다 | 枯黄 kūhuáng 톙 시들어 누렇다 | 捆 kǔn 동 묶다, 꾸리다 몡 단, 묶음, 다발 | 左邻右舍 zuǒlín yòushè 쩡 이웃(집), 이웃 사람 | 陌生 mòshēng 톙 생소하다, 낯설다 | ★捧 pěng 동 ① 두 손으로 받쳐들다 ② 남에게 아첨하다, 치켜세우다 | 摁 èn 움큼 (손가락으로) 누르다 | 门铃 ménlíng 몡 초인종 | 稚嫩 zhìnèn 톙 ① 여리다, 앳되다, 야들야들하다 ② 유치하다, 미숙하다 | 老练 lǎoliàn 톙 노련하다, 능숙하다 | 诚恳 chéngkěn 톙 진실하다, 간절하다 | 锁 suǒ 몡 (자물쇠로) 잠그다, 채우다 | 保险 bǎoxiǎn 몡 ① 보험 ② 안전 장치 톙 안전하다, 믿음직스럽다 | 少妇 shàofù 몡 젊은 부인 | 表明 biǎomíng 동 분명하게 말하다, 표명하다 | 干咳 gānké 동 마른 기침을 하다 | 搓手 cuō shǒu 이합 두 손을 마주 비비다 | 仿佛 fǎngfú 몜 마치 ~인 것 같다, 마치 ~인 듯하다 | 架子 jiàzi 몡 거만한 표정, 건방진 태도, 거드름 피우는 태도 | 碰面 pèng miàn 이합 만나다, 마주치다 | ★沮丧 jǔsàng 톙 낙심하다, 낙담하다, 풀이 죽다 동 낙심하게 하다, 실망케 하다 | 打翻五味瓶 dǎfān wǔwèipíng 쩡 마음이 매우 복잡하여 심정을 명확하게 표현하지 못하다 | ★滋味 zīwèi 몡 ① 맛 ② 속마음, 기분, 심정, 느낌 | ★狠心 hěn xīn 이합 모질게 마음먹다 톙 모질다, 잔인하다 모진 마음, 독한 마음 | 捡破烂 jiǎn pòlàn 고물을 줍다, 폐품을 줍다 | 马甲袋 mǎjiǎdài 몡 마대자루, 포대자루 | 手把 shǒubǎ 몡 손잡이, 핸들 | ★哼 hēng 동 ① 신음하다, 끙끙거리다 ② 콧노래 부르다, 흥얼거리다 | 欢快 huānkuài 톙 유쾌하다, 즐겁고 명쾌하다

해설 ▶ 1. 이 글은 주인공이 시골에서 가져온 야채를 이웃들에게 선물하기 위해 여러 집을 다니면서 발생한 사건들을 장소의 변화에
따라 서술한 글이다. 따라서 이 글은 변화된 장소를 중심으로 실마리를 정리할 수 있다.

301室 → 402室 → 501室 → 102室 → 垃圾房

▶ 2. 주인공이 야채를 선물하기 위해 장소를 옮길 때마다 만난 사람과 발생한 사건, 그리고 그 결과가 모두 달랐다. 각 장소별로
핵심적인 내용을 잘 정리하면 훌륭한 요약 쓰기가 될 수 있다.

장소	사건
	我从乡下带回了青菜，一时吃不完，时间长了就浪费了。就打算送给邻居一些。正好可以借此机会与大家熟悉一下。 나는 시골에서 야채를 가지고 왔는데, 한 번에 다 먹을 수도 없고 시간이 지나면 낭비하게 될 것이었다. 그래서 이웃들에게 조금 선물할 계획이었다. 마침 이 기회를 빌려 모두와 알게 될 수 있었다.
301室	小男孩说：妈妈说了，陌生人来了绝对不能开门，让我在外面说。我说明来意后，他说：妈妈说了，不能随便接受别人的东西。随后男孩给门锁上了保险，我只好离开。 남자아이는 엄마가 낯선 사람이 오면 절대 문을 열어주지 말라고 했다며 나에게 밖에서 말하라고 했다. 내가 온 목적을 설명하자 그는 엄마가 다른 사람 물건을 함부로 받지 말라고 했다고 말했다. 이어서 남자아이는 문의 안전장치를 잠가 버렸고, 나는 떠날 수 밖에 없었다.
402室	美丽的少妇看到青菜后很高兴，伸出手接那捧青菜的时候，站在她身后的丈夫重重地干咳了一声，少妇的手马上缩了回去。她丈夫的眼睛盯着我，好像我是个不怀好意的人。我赶紧转身离去。 아름다운 젊은 부인이 기뻐하며 손을 뻗어 그 야채를 받을 때, 그녀의 뒤에 서 있던 남편이 크게 헛기침을 했고 젊은 부인의 손은 바로 움츠러들었다. 그녀 남편의 눈은 똑바로 나를 쳐다보고 있었고, 마치 내가 좋은 뜻이 있지 않은 사람 같았다. 나는 얼른 몸을 돌려 떠났다.
501室	男主人在某实权部门工作，一点都没有架子，在楼道里碰面，会主动向我点头问好。看到我拿着青菜就说："是不是有什么事让我帮忙？你就直说吧，何必带东西呢？"我说只是送他菜，他不信，说什么都不肯收下。 남자 주인은 어떤 실권을 쥔 기관에서 일하고 있었는데 조금도 거만한 태도가 없이 가끔 복도에서 마주치면 그가 나에게 고개를 끄덕이며 안부를 물었다. 내가 야채를 들고 있는 것을 보고 말했다. "저에게 도와달라고 할 일이라도 있으세요? 그냥 말씀하시지, 굳이 물건을 가져올 필요까지 있었나요?" 나는 단지 그에게 야채를 조금 선물하고 싶다고 말했지만, 그는 믿지 않았고, 무슨 말을 해도 나의 야채를 받으려하지 않았다.
102室	做白领的阿紫检查了菜叶后，非要给我钱说："一手交钱，一手交货，咱两清！"我说不要，她就把青菜往我怀里一扔，走了。 화이트칼라인 아쯔는 자세히 야채 잎을 검사한 뒤 기어코 나에게 돈을 주며 "돈부터 받고 물건을 주셔야죠. 확실하게 하자고요!"라고 말했다. 내가 싫다고 하자, 그녀는 야채를 내 가슴에 던지고는 가버렸다.
垃圾房	我只好把青菜扔进了垃圾房。一个捡破烂的汉子，看到了青菜，露出了惊喜的表情，把青菜一棵棵捡起来，放到马甲袋里，欢快地离去了。 나는 어쩔 수 없이 야채를 쓰레기통에 버렸다. 폐품을 줍는 남자가 야채를 보고는 놀라고 기뻐하는 표정을 드러내며, 야채를 하나하나 주워서 마대자루 속으로 넣고 유쾌하게 떠났다.

▶ 3. 전체적으로 야채를 둘러싸고 일어나는 상황으로 '捆青菜(한 묶음의 야채)' 혹은 '送不出去的青菜(선물하지 못한 야채)' 등
의 제목을 만들 수 있다. 또한 원래 좋은 뜻으로 야채를 선물하려던 의도가 오히려 오해받았으므로 '青菜的遭遇(야채의 불행한 경험)'도
좋은 제목이 될 수 있다.

送不出去的青菜

我从乡下带回了青菜，一时吃不完，时间长了就浪费了。就打算送给邻居一些。正好可以借此机会与大家熟悉一下。

301室的小男孩说，妈妈说了，陌生人来了绝对不能开门，让我在外面说。我说明来意后，他说，妈妈说了，不能随便接受别人的东西。随后男孩给门锁上了保险，我只好离开。

402室的美丽的少妇看到青菜后很高兴，伸出手接那捧青菜的时候，站在她身后的丈夫重重地干咳了一声，少妇的手马上缩了回去。她丈夫的眼睛盯着我，好像我是个不怀好意的人。我赶紧转身离去。

501室的男主人在某实权部门工作，一点都没有架子，在楼道里碰面，会主动向我点头问好。看到我拿着青菜就说："是不是有什么事让我帮忙？你就直说吧，何必带东西呢？"我说只是送他菜，他不信，说什么都不肯收下。

102室的做白领的阿紫检查了菜叶后，非要给我钱说："一手交钱，一手交货，咱俩清！"，我说不要，她就把青菜往我怀里一扔，走了。

我只好把青菜扔进了垃圾房。一个捡破烂的汉子，看到了青菜，露出了惊喜的表情，把青菜一棵棵捡起来，放到马甲袋里，欢快地离去了。

선물하지 못한 야채

나는 시골에서 야채를 가지고 왔는데, 한 번에 다 먹을 수도 없고 시간이 지나면 낭비하게 될 것이었다. 그래서 이웃들에게 조금 선물할 계획이었다. 마침 이 기회를 빌려 모두와 알게 될 수 있었다.

301호의 남자아이는 엄마가 낯선 사람이 오면 절대 문을 열어주지 말라고 했다며 나에게 밖에서 말하라고 했다. 내가 온 목적을 설명하자 그는 엄마가 다른 사람 물건을 함부로 받지 말라고 했다고 말했다. 이어서 남자아이는 문의 안전장치를 잠가 버렸고, 나는 떠날 수 밖에 없었다.

402호의 아름다운 젊은 부인이 기뻐하며 손을 뻗어 그 야채를 받을 때, 그녀의 뒤에 서 있던 남편이 크게 헛기침을 했고 젊은 부인의 손은 바로 움츠러들었다. 그녀 남편의 눈은 똑바로 나를 쳐다보고 있었고, 마치 내가 좋은 뜻이 있지 않은 사람 같았다. 나는 얼른 몸을 돌려 떠났다.

501호의 남자 주인은 어떤 실권을 쥔 기관에서 일하고 있었는데 조금도 거만한 태도가 없이 가끔 복도에서 마주치면 그가 나에게 고개를 끄덕이며 안부를 물었다. 내가 야채를 들고 있는 것을 보고 말했다. "저에게 도와달라고 할 일이라도 있으세요? 그냥 말씀하시지, 굳이 물건을 가져올 필요까지 있었나요?" 나는 단지 그에게 야채를 조금 선물하고 싶다고 말했지만, 그는 믿지 않았고, 무슨 말을 해도 나의 야채를 받지 않으려고 했다.

102호의 화이트칼라인 아쯔는 자세히 야채 잎을 검사한 뒤 기어코 나에게 돈을 주며 "돈부터 받고 물건을 주셔야죠. 확실하게 하자고요!"라고 말했다. 내가 싫다고 하자, 그녀는 야채를 내 가슴에 던지고는 가버렸다.

나는 어쩔 수 없이 야채를 쓰레기통에 버렸다. 폐품을 줍는 남자가 야채를 보고는 놀라고 기뻐하는 표정을 드러내며, 야채를 하나하나 주워서 마대자루 속으로 넣고 유쾌하게 떠났다.

02
p. 404

孟子是战国时期的大思想家。孟子名轲，从小丧父，全靠母亲倪氏一人日夜纺纱织布，挑起生活重担。倪氏是个勤劳而有见识的妇女，她希望自己的儿子读书上进，早日成才。但小时候的孟轲天性顽皮好动，不想刻苦学习。他整天跟着左邻右舍的孩子爬树捉鸟，下河摸鱼，田里偷瓜。孟母开始又骂又打，什么办法都用尽了，还是不见效果。她后来一想：儿子不好好读书，与附近的环境不好有关。于是，就找了一处邻居家没有贪玩的小孩的房子，第一次搬了家。

但搬家以后，孟轲还是坐不住。一天，孟母到河边洗衣服，回来一看，孟轲又脚底板揩了油。孟母心想，这周围又没有小孩，他又会到哪里去呢？找到邻居院子里，见那儿支着个大炉子，几个满身油污的铁匠师傅在"丁丁当当"地打铁。孟轲呢，正在院子的角落里，用砖块做铁砧，用木棍做铁锤，模仿着铁匠师傅的动作，玩得正起劲呢！孟母一想，这里环境还是不好，于是又搬了家。

这次她把家搬到了荒郊野外，周围没有邻居，门外是一片坟地。孟母想，这里再也没有什么东西吸引儿子了，他总会用心念书了吧！但转眼间，清明节来了，坟地里热闹起来，孟轲又溜了出去。他看到一溜穿着孝服的送葬队伍，哭哭啼啼地抬着棺材来到坟地，几个精壮小伙子用锄头挖出墓穴，把棺材埋了。他觉得挺好玩，就模仿着他们的动作，也用树枝挖开地面，认认真真地把一根小树枝当作死人埋了下去。直到孟母找来，才把他拉回了家。

孟母第三次搬家了。这次的家隔壁是一所学堂，有个胡子花白的老师教着一群大大小小的学生。老师每天摇头晃脑地领着学生念书，那拖腔拖调的声气就像唱歌，调皮的孟轲也跟着摇头晃脑地念了起来。孟母以为儿子喜欢念书了，高兴得很，干脆拿了两条干肉做学费，把孟轲送去上学。

可是有一天，孟轲又逃学了。孟母知道后

맹자는 전국시기의 대사상가이다. 맹자의 이름은 가이고 어려서 아버지를 여의어 어머니 예 씨가 밤낮으로 베를 짜는 것에 모두 의지해서 생활의 무거운 부담을 떠맡고 있었다. 예 씨는 부지런하고 지식이 있는 여성으로, 그녀는 자신의 아들이 공부를 통해 진보하여 빨리 인재가 되기를 희망했다. 그러나 어렸을 때의 맹가는 천성이 개구쟁이이고 움직이는 것을 좋아해서 열심히 공부하지 않았다. 그는 종일 이웃 아이들을 따라 나무에 올라가 새를 잡거나 강에 들어가 고기를 잡고, 밭에서 박을 훔쳤다. 맹모는 꾸짖고 때리기 시작해서 어떠한 방법이든 다 써봤지만, 여전히 효과를 볼 수 없었다. 그녀는 나중에 아들이 열심히 공부하지 않는 것은 주위 환경이 좋지 않은 것과 관계있다고 생각했다. 그래서 이웃집에 놀기 좋아하는 아이가 없는 집을 찾아 처음으로 이사했다.

그러나 이사를 한 후에도 맹가는 여전히 앉아있지 못했다. 하루는 맹모가 강가에 빨래하러 갔다 돌아와 보니, 맹가는 또 발바닥에 기름을 묻혔다. 맹모는 이 주위에는 아이도 없는데 어디에 가는 것일까 생각했다. 이웃집 마당을 찾아가보니 그곳에 큰 아궁이가 받쳐져 있고, 몇 명의 온몸이 기름때인 대장장이가 '땡그랑 땡그랑'거리며 쇠를 두들기고 있었다. 맹가는 마당 모퉁이에서 벽돌을 철침으로 하고 나무 막대기를 망치로 해서 대장장이의 동작을 따라 하며 신이 나서 놀고 있었다! 맹모는 이곳의 환경도 좋지 않다고 생각했고, 그래서 또 이사를 했다.

이번에 그녀는 집을 황량한 들판으로 옮겨서, 주위에는 이웃이 없었고 문밖은 무덤이었다. 맹모는 이곳에 더는 아이를 유혹하는 것이 없으니 결국 정신을 집중해서 공부할 것으로 생각했다! 그러나 눈 깜짝할 사이에 청명절이 와서 묘지가 떠들썩해지자 맹가는 또 슬그머니 사라졌다. 그는 일렬로 선 상복을 입고 장례 치르는 사람들의 대열이 하염없이 훌쩍이며 관을 들고 묘지로 와서 몇 명의 건장한 젊은이들이 호미로 무덤구덩이를 파고 관을 묻는 것을 보게 되었다. 그는 재밌다고 느껴져 그들의 동작을 따라 나뭇가지로 땅에 구멍을 파고 진지하게 작은 나뭇가지를 죽은 사람이라 생각하고 묻었다. 맹모가 찾아와서야 그를 끌고 집에 돌아갔다.

맹모는 세 번째로 이사를 했다. 이번 집의 옆집은 학당이었고, 수염이 희끗희끗한 선생님께서 한 무리의 크고 작은 학생들을 가르쳤다. 선생님은 매일 머리를 흔들며 학생들을 데리고 책을 읽었는데, 그 길게 늘어서 읽는 음성은 마치 노래를 부르는 것 같았다. 장난스러운 맹가도 따라서 머리를

伤透了心。等孟轲玩够了回来，孟母问他："你最近书读得怎么样？"孟轲说："还不错。"孟母一听，气极了，骂道："你这不成器的东西，逃了学还有脸撒谎骗人！我一天到晚苦苦织布为了什么！"说着，揪着他的耳朵拖到织布机房，抄起一把雪亮的剪刀，"哗"的一声，把织机上将要织好的布全剪断了。

孟轲吓得愣住了，不明白母亲为什么这样做。孟母把剪刀一扔，厉声说："你贪玩逃学不读书，就像剪断了的布一样。织不成布，就没有衣服穿；不好好读书，你就永远成不了人才。"

这一次，孟轲心里真正震动了。他认真地思考了很久，终于明白了真理，从此专心读起书来。由于他天资聪明，后来又专门跟孔子的孙儿子思学习，终于成了儒家学说的主要代表人物。

흔들며 읽기 시작했다. 맹모는 아이가 책 읽는 것을 좋아하게 된 것이라 여기고 매우 기뻐서, 아예 두 개의 말린 고기를 들고 가서 학비로 내고 맹가를 학교로 보냈다.

그러나 어느 날 맹가는 또 무단결석을 했다. 맹모는 이를 알게 된 후 매우 상심했다. 맹가가 놀만큼 놀고 돌아왔을 때 맹모가 그에게 물었다. "너 요즘 공부는 어떠니?" 맹가가 말했다. "그럭저럭 괜찮아요." 맹모는 듣고 너무 화가 나서 꾸짖으며 말했다. "이 크게 되지 못할 녀석아, 무단결석까지 하고서 거짓말을 해 속일 낯이 있단 말이니! 내가 매일 밤까지 고생하며 베를 짜는 것이 무엇을 위해서더냐!" 말을 하면서 그의 귀를 끌어당겨 베틀이 있는 방으로 가서 빛나는 가위를 들고 '주욱' 소리와 함께 베틀 위에 거의 다 짜가는 천을 모두 가위로 잘라버렸다.

맹가는 놀라 멍해졌고, 어머니가 왜 이렇게 행동하는지 이해가 되지 않았다. 맹모는 가위를 던지고 엄하게 말했다. "네가 놀기 좋아하고 무단결석을 하고 공부를 하지 않는 것은 가위로 천을 잘라버린 것과 같다. 베를 짜지 못한다면 입을 옷이 없을 것이다. 열심히 공부하지 않는다면 너는 영원히 인재가 될 수 없을 거야."

이때, 맹가의 마음은 진정으로 충격을 받았다. 그는 오랫동안 진지하게 생각을 하고 마침내 진리를 깨달아 이때부터 열심히 공부하기 시작했다. 그는 타고난 자질이 총명했고, 후에 전문적으로 공자의 손인 자사와 공부했기 때문에 마침내 유가학설의 주요 대표인물이 되었다.

단어 纺纱织布 fǎngshāzhībù 실을 자아 베를 짜다 | 挑重担 tiāozhòngdàn 중대한 일이나 임무를 떠맡다 | 勤劳 qínláo 휑 열심히 일하다. 부지런히 일하다 | 见识 jiànshi 견문, 경험, 지식, 견해 | 上进 shàngjìn 향상하다, 진보하다 | 顽皮 wánpí 휑 장난이 심하다. 개구쟁이이다 | 刻苦 kèkǔ 휑 고생을 참아내다. 몹시 애를 쓰다 | 左邻右舍 zuǒlín yòushè 이웃(집), 이웃 사람 | 贪玩 tānwán 동 노는 데만 열중하다. 지나치게 노는 것을 좋아하다 | 脚底板 jiǎodǐbǎn 발바닥 | 揩 kāi 동 닦다. 문지르다 | 支 zhī 동 ① 받치다, 세우다 ② 지지하다, 지탱하다 | 炉子 lúzi 명 아궁이, 난로, 화로, 용광로 | 油污 yóuwū 명 기름때, 기름 얼룩 | 铁匠 tiějiang 명 대장장이 | ★角落 jiǎoluò 명 ① 구석, 모퉁이 ② 외딴 곳, 외진 곳 | 铁砧 tiězhēn 명 철침, 모루 | 木棍 mùgùn 명 나무 막대기 | 铁锤 tiěchuí 명 망치 | 模仿 mófǎng 동 모방하다, 본뜨다. 흉내 내다 | 起劲 qǐjìn 휑 기운이 나다. 흥이 나다 | 荒郊野外 huāngjiāoyěwài 황량한 야외 | 坟地 féndì 명 묘지 | 转眼间 zhuǎnyǎnjiān 눈 깜짝할 사이, 순식간 | ★溜 liū 동 ① 미끄러지다. (얼음을) 지치다 ② 몰래 달아나다. 슬그머니 사라지다 | 孝服 xiàofú 명 상복 | 送葬 sòngzàng 동 영구를 묘지로 보내다, 장례를 치르다 | ★队伍 duìwu 명 ① (조직적인) 대열, 행렬 ② (조직이 있는) 집단, 단체 ③ 군대 | 哭哭啼啼 kūkūtítí 휑 하염없이 훌쩍이며 우는 모양 | 棺材 guāncai 명 관 | 精壮 jīngzhuàng 휑 강건하다, 힘세다, 건장하다 | 锄头 chútou 명 괭이, 호미 | 墓穴 mùxué 명 무덤 구덩이 | 树枝 shùzhī 명 나뭇가지 | 摇头晃脑 yáotóu huàngnǎo 성 ① 머리를 흔들다 ② (책을 읽을 때) 스스로 만족하다, 의기양양하다 | 拖腔 tuōqiāng 동 특정 글자를 길게 늘여서 발음하다 | 声气 shēngqì 명 목소리, 말투, 음성 | 调皮 tiáopí 휑 ① 장난스럽다, 짓궂다 ② 약삭빠르게 굴다, 잔꾀를 부리다 ③ 길들지 않다. 다루기 어렵다 | 干肉 gānròu 명 말린 고기 | 逃学 táo xué 이합 무단 결석하다 | 成器 chéng qì 이합 인재가 되다, 유용한 사람이 되다 | ★撒谎 sā huǎng 이합 거짓말을 하다, 허튼소리를 하다 | 揪 jiū 동 꽉 붙잡다, 끌어당기다, 틀어쥐다 | 抄 chāo 동 ① 베끼다 ② 쥐다, 잡다 | 雪亮 xuěliàng 휑 눈처럼 밝다, 환하다, 빛나다 | 厉声 lìshēng 부 가혹하게, 엄하게, 용서 없이 | 震动 zhèndòng 동 ① 진동하다 ② 반향을 불러일으키다, 충격을 주다, 쇼크를 주다 | 天资 tiānzī 명 타고난 자질, 천부의 재능 | 儒家 Rújiā 명 유가, 유학자

해설 ▶ 1. 이 글은 맹자의 어머니가 맹자에게 적합한 교육 환경을 찾기 위해 계속해서 이사를 하게 되고, 결국 맹자에게 공부의 중요성을 깨닫게 한다는 내용이다. 따라서 이 글은 장소를 실마리로 정리할 수 있다.

邻居家有贪玩的孩子的房子 → 邻居是铁匠的房子 → 荒郊野外 → 隔壁是一所学堂 → 织布机房

▶ 2. 맹자의 어머니가 연이어 이사하게 된 것은 주변 환경이 아이가 공부하기에 적합하지 않았기 때문이다. 따라서 장소마다 함께 어울린 사람과 발생한 사건에 관해 각 장소별로 핵심적인 내용을 잘 정리하면 훌륭한 요약 쓰기가 될 수 있다.

장소	사건
	孟子从小丧父，全靠母亲一人日夜纺纱织布，挑起生活重担。孟母是个有见识的妇女，她希望孟子读书上进，早日成才。但小时候的孟子天性顽皮好动，不刻苦学习。 맹자는 어려서 아버지를 여의었고 어머니가 밤낮으로 베를 짜는 것에 의지해 생활의 무거운 부담을 떠맡고 있었다. 맹모는 지식이 있는 여성으로, 그녀는 자신의 아들이 공부해 진보하여 빨리 인재가 되기를 희망했다. 그러나 어렸을 때의 맹자는 천성이 개구쟁이이고 움직이는 것을 좋아해서 열심히 공부하지 않았다.
邻居家有贪玩的孩子的房子	孟子整天跟邻居的孩子玩，孟母什么办法都用尽了，还是不见效果。孟母就带着他搬家去了一处邻居家没有贪玩的小孩子的房子。 맹자는 종일 이웃 아이들과 놀았고, 맹모가 어떠한 방법을 다 써봤지만, 여전히 효과를 볼 수 없었다. 맹모는 그를 데리고 이웃집에 놀기 좋아하는 아이가 없는 집으로 이사했다.
邻居是铁匠的房子	新住处的邻居是铁匠。一天孟母回到家，没见到孟子，就找到了铁匠的家里，看到孟子正在模仿铁匠的动作，学打铁。孟母只好又搬家了。 새로운 집의 이웃은 대장장이였다. 하루는 맹모가 집으로 돌아와 보니 맹자가 보이지 않았고, 대장장이의 집으로 찾아가서 맹자가 대장장이의 동작을 흉내내며 쇠를 두들기는 것을 배우고 있는 것을 보게 되었다. 맹모는 어쩔 수 없이 또 이사했다.
荒郊野外	孟母搬家去了荒郊野外，周围没有邻居，门外是一片坟地。清明节来了，坟地里热闹起来了，孟子就模仿送葬的小伙子用树枝挖开地面，认真地把一根小树枝当死人埋下去。孟母只好把家搬到了一个学堂的旁边。 맹모는 황량한 들판으로 이사를 했는데, 주위에는 이웃이 없었고 문밖은 무덤이었다. 청명절이 되자 묘지가 떠들썩해졌고, 맹자는 장례 치르는 젊은이들을 흉내내 나뭇가지로 땅에 구멍을 파고 진지하게 작은 나뭇가지를 죽은 사람이라 생각하고 묻었다. 맹모는 어쩔 수 없이 학당 옆으로 이사를 했다.
隔壁是一所学堂	孟子见老师每天摇头晃脑地领着学生念书，也跟着念了起来。孟母很高兴，就把孟子送去上学。但是有一天孟子又逃学了。孟母很伤心，就把他带到了织布机房。 맹자는 선생님께서 매일 머리를 흔들며 학생들을 데리고 책을 읽는 것을 보고 따라 읽기 시작했다. 맹모는 기뻐서 맹자를 학교로 보냈다. 그러나 어느 날 맹자는 또 무단결석을 했다. 맹모는 이를 알게 된 후 매우 상심했고, 그를 베틀이 있는 방으로 데려갔다.
织布机房	孟母把织布机上将要织好的布全剪断了。孟子很惊讶。孟母告诉孟子剪断了的布做不成衣服，不好好读书，永远成不了人才。 맹모는 베틀 위에 거의 다 짜가는 천을 모두 가위로 잘라버렸다. 맹자는 놀랐다. 맹모는 맹자에게 잘라버린 천은 옷을 만들 수 없고, 열심히 공부하지 않으면 영원히 인재가 될 수 없다고 말했다.
	孟子明白了这道理，专心读起书来，成了儒家学说的主要代表人物。 맹자는 진리를 깨닫고 열심히 공부하기 시작했고, 유가학설의 주요 대표인물이 되었다.

▶ 3. 맹자의 어머니가 아이의 교육을 위해 집을 세 번 이사한 것을 '맹모삼천지교'라고 한다는 것은 우리도 익히 들어 알고 있는 표현이다. 따라서 이 글은 중국 성어인 '孟母三迁(맹모삼천)'이 가장 좋은 제목이 될 수 있다.

孟母三迁

孟子从小丧父，全靠母亲一人日夜纺纱织布，挑起生活重担。孟母是个有见识的妇女，她希望孟子读书上进，早日成才。但小时候的孟子天性顽皮好动，不刻苦学习。

孟子整天跟邻居的孩子玩，孟母什么办法都用尽了，还是不见效果。孟母就带着他搬家去了一处邻居家没有贪玩的小孩子的房子。

新住处的邻居是铁匠。一天孟母回到家，没见到孟子，就找到了铁匠的家里，看到孟子正在模仿铁匠的动作，学打铁。孟母只好又搬家了。

孟母搬家去了荒郊野外，周围没有邻居，门外是一片坟地。清明节来了，坟地里热闹起来了，孟子就模仿送葬的小伙子用树枝挖开地面，认真地把一根小树枝当死人埋下去。孟母只好把家搬到了一个学堂的旁边。

孟子见老师每天摇头晃脑地领着学生念书，也跟着念了起来。孟母很高兴，就把孟子送去上学。但是有一天孟子又逃学了。孟母很伤心，就把他带到了织布机房。

孟母把织布机上将要织好的布全剪断了。孟子很惊讶。孟母告诉孟子剪断了的布做不成衣服，不好好读书，永远成不了人才。

孟子明白了这道理，专心读起书来，成了儒家学说的主要代表人物。

맹모삼천

맹자는 어려서 아버지를 여의었고 어머니가 밤낮으로 베를 짜는 것에 모두 의지해 생활의 무거운 부담을 떠맡고 있었다. 맹모는 지식이 있는 여성으로, 그녀는 자신의 아들이 공부해 진보하여 빨리 인재가 되기를 희망했다. 그러나 어렸을 때의 맹자는 천성이 개구쟁이이고 움직이는 것을 좋아해서 열심히 공부하지 않았다.

맹자는 종일 이웃 아이들과 놀았고, 맹모가 어떠한 방법을 다 써봤지만, 여전히 효과를 볼 수 없었다. 맹모는 그를 데리고 이웃집에 놀기 좋아하는 아이가 없는 집으로 이사했다.

새로운 집의 이웃은 대장장이였다. 하루는 맹모가 집으로 돌아와 보니 맹자가 보이지 않았고, 대장장이의 집으로 찾아가서 맹자가 대장장이의 동작을 흉내내며 쇠를 두들기는 것을 배우고 있는 것을 보게 되었다. 맹모는 어쩔 수 없이 또 이사를 했다.

맹모는 황량한 들판으로 이사를 했는데, 주위에는 이웃이 없었고 문밖은 무덤이었다. 청명절이 되자 묘지가 떠들썩해졌고, 맹자는 장례 치르는 젊은이들을 흉내내 나뭇가지로 땅에 구멍을 파고 진지하게 작은 나뭇가지를 죽은 사람이라 생각하고 묻었다. 맹모는 어쩔 수 없이 학당 옆으로 이사를 했다.

맹자는 선생님께서 매일 머리를 흔들며 학생들을 데리고 책을 읽는 것을 보고 따라 읽기 시작했다. 맹모는 기뻐서 맹자를 학교에 보냈다. 그러나 어느 날 맹자는 또 무단결석을 했다. 맹모는 이를 알게 된 후 매우 상심했고, 그를 베틀이 있는 방으로 데려 갔다.

맹모는 베틀 위의 거의 다 짜가는 천을 모두 가위로 잘라버렸다. 맹자는 놀랐다. 맹모는 맹자에게 잘라버린 천은 옷을 만들 수 없고, 열심히 공부하지 않으면 영원히 인재가 될 수 없다고 말했다.

맹자는 진리를 깨닫고 열심히 공부하기 시작했고, 유가학설의 주요 대표인물이 되었다.

03

p. 406

　　星期天中午，朋友们约我吃火锅，刚进火锅店，雨便倾盆而至。我们吃着火锅喝着啤酒惬意地闲聊着。

　　这时，一个老人从玻璃门外走了进来，浑身上下淋得透湿，衣服和裤子都往下滴着水。老人头发花白，异常瘦弱，在火锅店豪华的大厅里，他的身子瑟瑟发抖，眼里露着怯怯的光。他在那里站了很久，终于鼓足了勇气，试探着靠近火锅桌，向人们推销他提篮里的鸡蛋，嘴里不停地说："这是土鸡蛋，真正的土鸡蛋，我一个一个攒了很久……"但吃火锅的人们显然没兴趣听完他的广告，一挥手把他呵斥开，像呵斥一个乞丐。

　　在他推销了一圈之后，鸡蛋依然原封不动地躺在篮里。

　　当他向坐在角落的我们走来时，店里的小工跑过来，将他推回了大雨中。我从他的眼中看出了深深的绝望，或许他家正有一个急需用钱的理由使他不得不在这个雨天里出来卖鸡蛋。老伴病了？孩子要交学费？或者仅仅是为了能给小孙子买几颗糖？

　　我偷偷溜出去，将他的鸡蛋全部买了下来，我用15元买了一个老人的感激。

　　当我拿着一包鸡蛋回到桌旁时，朋友们都笑我善良得幼稚。桌上的话题就转为对我的批评教育。他们讲卖假货的小贩如何用可怜的外表欺骗人们的善良；讲自己好心得到的恶报；讲乞丐们的假可怜和真富裕。

　　我没想到自己会受到如此隆重的批判，憋了很久终于忍不住大吼一声："就算被骗，也不过15元钱。但如果他真需要钱，这该是多么大的一个安慰啊！"

　　我很想给他们讲讲自己几年前在重庆的一次经历。那次，我到白公馆玩，钱包丢了，手中只剩一盒100元买来的纪念币。在街头，我想以50元卖出去，以便能搭车回去。但我在大街上拦了近百人，纪念币价格降到5元，可人们都很漠然，甚至怀疑我是骗子，一个要将100元

　　일요일 정오, 친구들은 나와 샤브샤브를 먹기로 약속했고, 막 샤브샤브 가게에 들어서자 폭우가 쏟아졌다. 우리는 샤브샤브를 먹으면서 맥주를 마시며 만족스럽게 한담을 나누고 있었다.

　　이때, 한 노인이 유리문 밖에서 걸어 들어왔는데 온몸이 아래위 모두 흠뻑 젖었고 옷과 바지에서 물이 아래로 떨어지고 있었다. 노인은 머리가 희끗희끗하고 매우 여위었으며 샤브샤브 가게의 호화로운 로비에서 부르르 떨면서 눈에서는 쭈뼛 쭈뼛하는 빛을 보이고 있었다. 그는 거기서 한참 서 있다가 마침내 용기를 내어 반응을 살피며 샤브샤브 테이블로 다가와서 사람들에게 그의 손바구니 속의 계란을 팔았고 입에서는 끊임없이 말했다. "이건 시골 계란이에요. 진짜 시골 계란이에요. 제가 하나하나 오랫동안 모은 겁니다…" 그러나 샤브샤브를 먹는 사람들은 확연하게 그의 광고를 듣는 데에 흥미가 없었고, 손을 흔들어 그를 꾸짖었는데 마치 거지 한 명을 꾸짖는 것 같았다.

　　그가 한 바퀴를 돌며 장사를 했지만 계란은 여전히 꼼짝도 하지 않고 바구니에 들어 있었다.

　　그가 구석에 있는 우리에게 걸어올 때 가게 점원이 뛰어와서 그를 폭우 속으로 내몰았다. 나는 그의 눈에서 깊은 절망을 보았다. 아마도 그의 집에 급하게 돈이 필요한 이유가 있어 그가 어쩔 수 없이 이 비가 오는 날씨에 계란을 팔러 나오게 된 것 같았다. 부인이 병이 났나? 아이의 학비를 내야 하나? 아니면 단지 어린 손자에게 몇 개의 사탕을 사주기 위해서인가?

　　나는 몰래 빠져나가 그의 계란을 전부 샀고 15위안으로 노인의 감격을 샀다.

　　내가 한 보따리의 계란을 들고 테이블 옆으로 돌아왔을 때, 친구들은 유치할 정도로 착하다고 놀렸다. 테이블의 화제는 나에 대한 비판 교육으로 바뀌었다. 그들은 가짜 물건을 파는 행상들이 어떻게 불쌍한 겉모습으로 사람들의 선량함을 속이는지 이야기했고, 자신의 좋은 마음이 얻었던 나쁜 결과를 이야기했으며, 거지들의 위장된 가여움과 부유한 실상을 이야기했다.

　　나는 내가 이렇게 무거운 비판을 받을 줄은 생각지도 못해서 한참 동안 참았다가 결국 참지 못해 큰 소리로 고함쳤다. "설령 속았다 하더라도 겨우 15위안이야. 하지만 만약 그가 정말 돈이 필요하다면 이게 얼마나 큰 위안이 되겠어!"

　　나는 그들에게 나의 몇 년 전 충칭에서의 경험을 이야기하고 싶었다. 그때 나는 백공관에 가서 놀았는데 지갑을 잃어버려서 수중에 겨우 100위안에 산 기념지폐 한 상자만 남았다.

买来的东西用5元钱卖出去的骗子！最后，是一个老婆婆给了我5元钱，但没有要我的纪念币。她是那天唯一一个相信我的人，她用5元钱，拯救了我对人心的看法。

我想把这个故事讲给朋友们听，但见朋友们的模样，也就忍了。事后的几天，我煮蛋的时候生怕有一个坏蛋冒出来，刺伤我对善良的信心。很多日子，我甚至不敢再到火锅店，怕碰到那个老人又在那儿卖鸡蛋。如果他真是职业贩子的话，足以挫断我的神经。

想不到，我怀着善良的愿望做了一笔正常的交易，竟背上了如此沉重的精神负担，但我从不后悔。

큰길에서 나는 차를 타고 돌아가기 위해 50위안에 팔고 싶었다. 하지만 내가 큰길에서 거의 100명의 사람을 가로막으면서 기념지폐의 가격은 5위안으로 떨어졌지만, 사람들은 무관심한 모습이었고 심지어는 나를 사기꾼, 100위안에 산 물건을 5위안에 팔아 버리려는 사기꾼으로 의심했다! 결국, 한 할머니가 나에게 5위안을 주었지만 나의 기념지폐를 원하지는 않았다. 그녀는 그날 유일하게 나를 믿어준 한 사람이었고, 그녀는 5위안으로 나의 인심에 대한 생각을 구해주었다.

나는 이 이야기를 친구들에게 들려주고 싶었지만, 친구들의 모습을 보고 참았다. 이 일이 지난 후 며칠 뒤 나는 계란을 삶을 때 계란이 나와 나의 선량함에 대한 자신감에 상처를 줄까 걱정이 되었다. 오랫동안 난 심지어는 다시 샤브샤브 가게에 가지도 못했다. 그 노인이 또 그곳에서 계란을 파는 것을 마주치게 될까 두려웠다. 만약 그가 진짜 직업적인 행상이라면 나를 미치게 하기에 충분했다.

내가 선량한 바람으로 정상적인 거래를 했는데 뜻밖에 이렇게 무거운 정신적 부담을 지게 될 것이라고는 생각지도 못했지만, 나는 지금까지 후회하지 않는다.

단어　火锅 huǒguō 몡 신선로, 샤브샤브 | 倾盆而下 qīngpén'érxià 폭우가 쏟아지다 | 惬意 qièyì 혱 흡족하다, 만족하다 | 闲聊 xiánliáo 동 한담하다, 잡담하다 | ★浑身 húnshēn 몡 온몸, 전신 | ★淋 lín 동 (물이나 액체에) 젖다 | 透湿 tòushī 혱 흠뻑 젖다 | ★异常 yìcháng 혱 심상치 않다, 정상이 아니다, 예사롭지 않다 囝 특히, 대단히, 몹시 | 瘦弱 shòuruò 혱 여위고 허약하다 | 豪华 háohuá 혱 ① (생활이) 호화스럽다, 사치스럽다 ② (건축, 설비, 장식 등이) 화려하고 웅장하다 | 瑟瑟发抖 sèsèfādǒu 부르르 떨다 | 怯怯 qièqiè 혱 (겁에 질려) 오금을 펴지 못하다, 쭈뼛쭈뼛하다 | 试探 shìtan 동 (상대방의 의사나 반응 따위를) 떠보다, 타진하다, 알아보다 | ★推销 tuīxiāo 동 판로를 확장하다, 마케팅하다, 널리 팔다 | 提篮 tílán 몡 손바구니 | ★攒 zǎn 동 쌓다, 모으다, 저장하다, 비축하다 | 呵斥 hēchì 호되게 꾸짖다, 꾸짖어 책망하다 | ★乞丐 qǐgài 몡 거지 | 原封不动 yuánfēngbúdòng 손도 대지 않다 | ★角落 jiǎoluò 몡 ① 구석, 모퉁이 ② 외딴 곳, 외진 곳 | 老伴 lǎobàn 몡 영감, 마누라 | ★溜 liū 동 ① 미끄러지다, (얼음을) 지치다 ② 몰래 달아나다, 슬그머니 사라지다 | 感激 gǎnjī 동 감격하다 | ★幼稚 yòuzhì 혱 ① 유치하다, 어리다 ② 수준이 낮다, 미숙하다 | 小贩 xiǎofàn 몡 소상인, 영세 상인, 행상인 | 恶报 èbào 몡 나쁜 대가, 악과 | ★富裕 fùyù 혱 부유하다 동 부유하게 하다 | ★隆重 lóngzhòng 혱 성대하다, 성대하고 정중하다 | ★憋 biē 동 ① 답답하게 하다, 숨막히게 하다 ② 참다, 억제하다 | ★吼 hǒu 동 ① (사람이 화나거나 흥분하여) 고함치다, 소리지르다 ② (맹수가) 울부짖다, 포효하다 | 安慰 ānwèi 동 위로하다 | ★以便 yǐbiàn 줩 ～하기에 편리하도록, ～하기 위하여 | 搭车 dā chē 이합 차를 타다 | 拦 lán 동 가로막다, 저지하다 | 漠然 mòrán 혱 무관심한 모양, 관심이 없는 모양 | 拯救 zhěngjiù 동 구조하다, 구출하다, 구해내다 | ★模样 múyàng 몡 ① 모양, 모습, 형상 ② 상황, 정황 | 生怕 shēngpà 동 (～할까 봐) 몹시 두려워하다, 매우 걱정하다 | 刺伤 cìshāng 동 찌르다 | 贩子 fànzi 몡 행상인, 도붓장수 | ★足以 zúyǐ 囝 충분히 ～할 수 있다, ～하기에 족하다 | 神经 shéngjīng 몡 ① 신경 ② 정신 이상 | ★沉重 chénzhòng 혱 ① (무게, 기분, 부담 등이) 몹시 무겁다 ② (정도가) 심하다, 심각하다 ③ (심정이) 우울하다, 울적하다

해설　▶1. 이 글은 노인이 계란을 팔기 위해 이동하면서 전체 이야기가 전개된다. 마지막에 글쓴이는 자신이 충칭에서 겪었던 일을 언급했으며 집에 돌아온 후 계란을 삶으면서 자신의 심경을 이야기했다. 이러한 장소의 변화가 이야기를 이끌고 있다. 따라서 이 글은 장소를 실마리로 정리할 수 있다.

火锅店 → 大厅里 → 火锅桌 → 角落 → 桌旁 → 重庆

▶2. 샤브샤브 가게에서의 장소 변화에 따른 전체적인 내용과 주인공의 장소에 따른 감정 변화를 잘 정리하면 훌륭한 요약 쓰기가 될 수 있다.

장소	사건
火锅店	一个雨天，我和朋友们边吃火锅边聊天，一个老人走了进来。 비 오는 날 나와 친구들은 샤브샤브를 먹으며 이야기를 나누고 있었고, 한 노인이 걸어 들어왔다.

大厅里	老人浑身上下淋得透湿，头发花白，和大厅的气氛很不协调，眼里露着怯怯的光。他鼓足了勇气靠近火锅桌。 노인은 온몸이 아래위 모두 흠뻑 젖었고 머리가 희끗희끗하여 로비의 분위기와 어울리지 않았으며, 눈에서는 쭈뼛 쭈뼛하는 빛을 보이고 있었다. 그는 용기를 내어 샤브샤브 테이블로 다가왔다.
火锅桌	老人向人们推销篮子里的鸡蛋，告诉人们那是土鸡蛋，是他自己攒的。但是人们都把他呵斥开了，像呵斥一个乞丐。 노인은 사람들에게 바구니 속의 계란을 팔면서, 그들에게 그것은 시골 계란으로 그가 직접 모은 거라고 말했다. 그러나 사람들은 그를 꾸짖었고, 마치 거지 한 명을 꾸짖는 것 같았다.
角落	他向我们推销鸡蛋的时候，店里的小工把他推回大大雨中。我从他的眼中看出了绝望，或许他家里正有一个急需用钱的理由，让他不得不在这个雨天里出来卖鸡蛋。 그가 우리에게 계란을 팔러올 때 가게 점원이 그를 폭우 속으로 내몰았다. 나는 그의 눈에서 절망을 보았다. 아마도 그의 집에 급하게 돈이 필요한 이유가 있어 그에게 어쩔 수 없이 이 비가 오는 날씨에 계란을 팔러 나오게 한 것 같았다. 我到外面把他的鸡蛋全部买了下来。나는 밖으로 가서 그의 계란을 전부 샀다.
桌旁	朋友们都笑我幼稚，说很多小贩利用外表欺骗人们的善意。我说即使被骗也仅仅是15元钱，"但如果他真需要钱，这该是多么大的一个安慰啊！"。 친구들은 유치하다고 놀렸고, 많은 행상이 겉모습을 이용하여 사람들의 선량함을 속인다고 말했다. 나는 설령 속았더라도 겨우 15위안이라고 말하면서, "하지만 만약 그가 정말 돈이 필요하다면 이게 얼마나 큰 위안이 되겠어!"라고 말했다.
重庆	我丢了钱包，手中只剩一盒100元买来的纪念币。我想卖掉纪念币，以便搭车，但是人们都怀疑我是骗子，纪念币价格降到5元，没有人肯买。最后一个老太太给了我5元钱，但是没有要我纪念币。她是那天唯一相信我的人，她用5元钱，拯救了我对人心的看法。 나는 지갑을 잃어버려서 수중에 겨우 100위안에 산 기념지폐 한 상자만 남았다. 나는 차를 타기 위해 기념지폐를 팔고 싶었다. 하지만 사람들은 나를 사기꾼이라고 의심했고, 기념지폐 가격은 5위안까지 떨어졌으며 사려는 사람이 없었다. 결국, 한 할머니가 나에게 5위안을 주었지만, 나의 기념지폐를 원하지는 않았다. 그녀는 그날 유일하게 나를 믿어준 한 사람이었고, 그녀는 5위안으로 나의 인심에 대한 생각을 구해주었다.

但是我煮鸡蛋的时候害怕有坏蛋，也不再敢到那家火锅店，怕老人真的是职业贩子。我怀着善良的欲望做了一笔交易，但是竟背上了沉重的精神负担，但我从不后悔。

그러나 나는 계란을 삶을 때 나쁜 계란일까 봐 걱정이 되었고, 다시 샤브샤브 가게에 가지도 못했다. 노인이 진짜 직업적인 행상일까 봐 두려웠다. 나는 선량한 바람으로 정상적인 거래를 했고 뜻밖에 무거운 정신적 부담을 지게 되었지만, 나는 지금까지 후회하지 않는다.

▶ 3. 이 글은 표면적으로는 노인의 계란을 산 이야기지만 그 안에 내포된 뜻이 비교적 깊은 글이다. 따라서 표면적으로 '火锅店里卖鸡蛋的老人(샤브샤브 가게에서 계란을 판 노인)'이라고 해도 되겠지만, 좀 구체적으로 주제를 나타내고 싶다면 '拯救对人心的看法(인심에 대한 생각을 구하다)' 혹은 '你会买小贩的东西吗?(당신은 행상의 물건을 살 수 있나요?)' 등도 멋진 제목이 될 수 있다.

你会买小贩的东西吗？

一个雨天，我和朋友们边吃火锅边聊天，一个老人走了进来。老人浑身上下淋得透湿，头发花白，和大厅的气氛很不协调，眼里露着怯怯的光。他鼓足了勇气靠近火锅桌，向人们推销篮子里的鸡蛋，告诉人们那是土鸡蛋，是他自己攒的。但是人们都把他呵斥开了，像呵斥一个乞丐。

他向我们推销鸡蛋的时候，店里的小工把他推回大大雨中。我从他的眼中看出了绝望，或许他家里正有一个急需用钱的理由，让他不得不在这个雨天里出来卖鸡蛋。我到外面把他的鸡蛋全部买了下来。

朋友们都笑我幼稚，说很多小贩利用外表欺骗人们的善意。我说即使被骗也仅仅是15元钱，"但如果他真需要钱，这该是多么大的一个安慰啊！"。

有一次去重庆玩，我丢了钱包，手中只剩一盒100元买来的纪念币。我想卖掉纪念币，以便搭车，但是人们都怀疑我是骗子，纪念币价格降到5元，没有人肯买。最后一个老太太给了我5元钱，但是没有要我纪念币。她是那天唯一相信我的人，她用5元钱，拯救了我对人心的看法。

但是我煮鸡蛋的时候害怕有坏蛋，也不再敢到那家火锅店，怕老人真的是职业贩子。我怀着善良的欲望做了一笔交易，但是竟背上了沉重的精神负担，但我从不后悔。

당신은 행상의 물건을 살 수 있나요?

비 오는 날 나와 친구들은 샤브샤브를 먹으며 이야기를 나누고 있었고, 한 노인이 걸어 들어왔다. 노인은 온몸이 아래위 모두 흠뻑 젖었고 머리가 희끗희끗하여 로비의 분위기와 어울리지 않았으며, 눈에서는 쭈뼛 쭈뼛하는 빛을 보이고 있었다. 그는 용기를 내어 샤브샤브 테이블로 다가왔고, 사람들에게 바구니 속의 계란을 팔면서, 그들에게 그것은 시골 계란으로 그가 식섭 모은 거라고 말했다. 그러나 사람들은 그를 꾸짖었고, 마치 거지 한 명을 꾸짖는 것 같았다.

그가 우리에게 계란을 팔러올 때 가게 점원이 그를 폭우 속으로 내몰았다. 나는 그의 눈에서 절망을 보았다. 아마도 그의 집에 급하게 돈이 필요한 이유가 있어 그에게 어쩔 수 없이 이 비가 오는 날씨에 계란을 팔러 나오게 한 것 같았다. 나는 밖으로 가서 그의 계란을 전부 샀다.

친구들은 나를 유치하다고 놀렸고, 많은 행상이 겉모습을 이용하여 사람들의 선량함을 속인다고 말했다. 나는 설령 속았더라도 겨우 15위안이라고 말하면서, "하지만 만약 그가 정말 돈이 필요하다면 이게 얼마나 큰 위안이 되겠어!"라고 말했다.

한 번은 충칭에 놀러 갔다가, 나는 지갑을 잃어버려서 수중에 겨우 100위안에 산 기념지폐 한 상자만 남았다. 나는 차를 타기 위해 기념지폐를 팔고 싶었다. 하지만 사람들은 나를 사기꾼이라고 의심했고, 기념지폐 가격은 5위안까지 떨어졌으며 사려는 사람이 없었다. 결국, 한 할머니가 나에게 5위안을 주었지만, 나의 기념지폐를 원하지는 않았다. 그녀는 그날 유일하게 나를 믿어준 한 사람이었고, 그녀는 5위안으로 나의 인심에 대한 생각을 구해주었다.

그러나 나는 계란을 삶을 때 나쁜 계란일까 봐 걱정이 되었고, 다시 샤브샤브 가게에 가지도 못했다. 노인이 진짜 직업적인 행상일까 봐 두려웠다. 나는 선량한 바람으로 정상적인 거래를 했고 뜻밖에 무거운 정신적 부담을 지게 되었지만, 나는 지금까지 후회하지 않는다.

01

p. 418

有三只年轻的驴子，在一家看起来不错的农场找到了一份拉磨的工作。驴子们都很高兴也很开心。无论是酷暑还是寒冬它们每天拼命地拉磨，拼命地工作。它们的表现马上就得到了主人的好评。

但是，过了一段时间一只驴子开始觉得自己的工作既辛苦又无聊，自己很辛苦地工作但生活依旧是没有什么改变。刚刚开始的那份拉磨的激情已经荡然无存，驴子的工作慢慢地松散了。主人及时发现了驴子的变化，马上做出了一个决定，要改变驴子的生活。于是主人就用钓鱼竿在驴子的前面挂了一把嫩嫩的青草。

驴子看到了久违的青草干劲又来了，拼命地向前奔跑着拼命地想吃到前面的那把青草。却发现不管它怎么拼命跑也追不到，也无法享受到主人给它改善生活的那把青草。但驴子没有放弃，它想总有一天我会吃到那美味青草的，不管怎么样我总是有了希望。驴子奔跑得更加拼命了，磨盘在飞速的转动着，主人脸上又恢复了往日的笑容。

过了几天，农场里的工人突然跑来报告主人，说是驴死在了磨的旁边。

另外一只驴子不但磨拉得好，还通过自己的努力学会了一些管理农场的方法。后来抓住了一个机会好好地在主人面前表现了一翻。主人很意外，主人也很高兴并夸奖驴子有才能，前途无可限量。问驴子有什么愿望，驴子说出了蓄谋已久做人的愿望。主人为了表现自己爱惜人才的决心，当众宣布驴子从今天起成为"人"，享受人的待遇，并发给了驴子一套发旧的西装以做奖励。

它一改往日的驴态，真的就人模人样起来。在人的面前大谈农场的管理、发展。在其他驴子的面前大谈希望，大谈未来，并用自己来作为鲜活的例子来激励其他驴子好好工作。主人听到了驴子的叫声，很是满意。驴子很骄傲，很自豪，很得意。甚至忘记了自己是头驴子。开始有些目中无驴了。

세 마리의 젊은 당나귀들은 괜찮아 보이는 농장에서 맷돌을 돌리는 일을 찾았다. 당나귀들은 모두 기뻤고 즐거웠다. 더운 여름이든 추운 겨울이든 그들은 매일 필사적으로 맷돌을 돌리고 필사적으로 일했다. 그들의 행동은 곧 주인의 좋은 평가를 얻었다.

그러나 얼마 지난 다음 한 마리의 당나귀는 자신의 일이 힘들고 따분하며, 자신은 고생스럽게 일하지만, 생활은 여전히 별다른 변화가 없다고 생각하기 시작했다. 처음 시작할 때의 맷돌을 돌리던 열정은 이미 완전히 사라졌으며, 당나귀의 일도 조금씩 풀어졌다. 주인은 즉시 당나귀의 변화를 알아차렸고, 바로 한 가지 결정을 해 당나귀의 생활을 바꾸기로 했다. 그래서 주인은 낚싯대로 당나귀 앞에 연하고 싱싱한 풀을 걸어두었다.

당나귀는 오랫동안 보지 못했던 싱싱한 풀을 보자 일하려는 열정이 다시 생겼고, 필사적으로 앞으로 달리면서 필사적으로 앞에 있는 그 풀을 먹고 싶어했다. 하지만 그가 아무리 필사적으로 달려도 쫓을 수가 없었고 주인이 그에게 생활을 개선하게 해준 그 풀을 맛볼 수가 없다는 것을 알게 되었다. 하지만 당나귀는 포기하지 않았다. 그는 언젠가는 그 맛있는 풀을 먹게 될 것이며, 어쨌든 난 항상 희망이 생겼다고 생각했다. 당나귀는 더 필사적으로 달렸고 맷돌판은 빠르게 돌아갔으며, 주인의 얼굴은 예전의 웃음을 되찾았다.

며칠 뒤 농장의 노동자들은 갑자기 달려와서 주인에게 당나귀가 맷돌 옆에 죽어있다고 알렸다.

다른 한 마리 당나귀는 맷돌을 잘 끌었을 뿐만 아니라 자신의 노력으로 농장을 관리하는 방법을 배웠다. 나중에 기회를 잡아 주인 앞에서 멋지게 한 번 드러냈다. 주인은 의외라고 생각했고, 또한 기뻐하며 당나귀에게 재능이 있으며 전도유망하다고 칭찬해주었다. 당나귀에게 무슨 소원이 있느냐고 묻자, 당나귀는 이미 오랫동안 생각하고 있던 사람이 되고 싶은 소원을 말했다. 주인은 자신이 인재를 아끼겠다는 결심을 드러내기 위해 사람들 앞에서 당나귀는 오늘부터 '사람'이 되어 사람의 대우를 누린다고 선언했고, 당나귀에게 낡은 양복을 상품으로 주었다.

당나귀는 예전의 당나귀 모습을 바꾸더니 정말 사람처럼 행동하기 시작했다. 사람들 앞에서 농장의 관리와 발전에 대해 떠벌렸다. 다른 당나귀 앞에서는 희망과 미래에 대해 이야기했으며, 자신을 생동감 있는 예를 들어 다른 당나귀들에게 열심히 일하라고 격려했다. 주인은 당나귀의 울음소리를 듣고 매우 만족했다. 당나귀는 거만해졌고, 자부심을 느꼈으며, 득의양양했다. 심지어는 자신이 당나귀라는 것도 잊었다. 안하무인하기 시작했다.

过了不久，不知道是什么原因，农场的人们召开了一次会议。就在会议结束的当天驴子成了人们饭桌上的美餐。

第三只驴子很清楚自己是头驴子，它有着自己的奋斗目标。它同样努力地完成着主人交给自己的每项工作，并提出了许多自己独到的改进方案。就因为它是驴子，它的方案总是不被采纳或是被别人剽窃或是被人嘲笑。它没有因此而灰心、放弃。它的工作比以往更出色了，它对自己充满了希望，它不断地学习专业知识，不断地从实践中总结经验。它坚信自己总有一天会出驴头地。但农场人、驴分明的陈旧体制注定将永远不会给它发挥才能的机会。

终于有一天它离开了农场。它不是不爱农场，只是不愿看到自己伤心的未来。它是在对农场失望后才离开的，因为在这里它找不到真正属于驴子的希望。它在离开的时候给主人提供了自己最后的方案。

过了不久一家叫驴子的强大的公司迅速垄断了世界的磨房业，同时也收购了主人的农场。当记者访问驴子为何如此成功的时候，驴子说："我只是走了一条属于驴子的路。"

얼마 되지 않아 무슨 이유인지는 모르겠지만, 농장의 사람들은 회의를 열었다. 회의가 끝난 그날 당나귀는 사람들 식탁 위의 맛있는 음식이 되었다.

세 번째 당나귀는 자신이 당나귀라는 것을 정확히 알고 있었고, 자신만의 노력하는 목표가 있었다. 그는 마찬가지로 노력해서 주인이 자신에게 주는 모든 일을 완성했고, 많은 자신만의 독창적인 개선 방안을 내놓았다. 그가 당나귀였기 때문에 그의 방안은 항상 받아들여지지 않거나 다른 사람에 의해 표설되거나 사람들에 의해 비웃음을 당했다. 그는 이로 인해 낙심하거나 포기하지 않았다. 그의 일은 예전보다 더욱 뛰어나게 되었고, 그는 자신에 대해 희망으로 가득 찼으며, 끊임없이 전문 지식을 배우고 끊임없이 실제 상황에서의 경험을 정리했다. 그는 자신이 언젠가 두각을 나타낼 것이라고 굳게 믿었다. 그러나 농장 사람들과 당나귀들이 분명하게 구분된 케케묵은 체제에서는 영원히 그에게 재능을 발휘할 기회를 주지 않을 것이라는 것이 이미 정해져 있었다.

마침내 어느 날 그는 농장을 떠났다. 그는 농장을 사랑하지 않는 것이 아니라 단지 자신의 슬픈 미래를 보고 싶지 않았던 것이었다. 그는 농장에 실망한 뒤 떠나게 되었다. 왜냐하면, 이곳에서 그는 진정으로 당나귀에게 속하는 희망을 찾을 수가 없었기 때문이었다. 그는 떠날 때 주인에게 자신의 마지막 방안을 제공해주었다.

얼마 지나지 않아 당나귀라는 이름의 강하고 큰 회사가 빠르게 세계 방앗간 업계를 주름 잡았고, 동시에 주인의 농장을 사들였다. 기자가 당나귀를 방문하여 어떻게 이렇게 성공했는지 물었을 때, 당나귀가 말했다. "난 단지 당나귀에게 속하는 길을 걸었을 뿐입니다."

단어 驴子 lúzi 명 (당)나귀 | 磨 mò 명 맷돌, 제분기 | 酷暑 kùshǔ 명 혹서 | ★依旧 yījiù 형 (상황이) 여전하다 부 여전히 | ★激情 jīqíng 명 열정적인 감정 | 荡然无存 dàngrán wúcún 성 하나도 남지 않고 완전히 없어지다 | 松散 sōngsǎn 형 ① (짜임새 등이) 느슨하다 ② (정신이) 산만하다, 집중하지 못하다 | 钓鱼竿 diàoyúgān 명 낚싯대 | 嫩 nèn 형 연하다, 부드럽다 | 青草 qīngcǎo 명 싱싱한 풀, 푸른 풀 | 久违 jiǔwéi 동 오래간만입니다 | ★干劲 gànjìn 명 (일하려는) 의욕, 열정 | 奔跑 bēnpǎo 동 질주하다, 내달리다 | 磨盘 mòpán 명 맷돌의 위짝과 아래짝 | 转动 zhuàndòng 동 돌다, 회전하다 | 夸奖 kuājiǎng 동 칭찬하다 | 限量 xiànliàng 명 한도, 제한량 | 蓄谋已久 xùmóu yǐjiǔ 성 음모를 꾸민지 이미 오래되었다 | 爱惜 àixī 동 아끼다, 소중히 여기다 | 当众 dāngzhòng 부 대중 앞에서 | 享受 xiǎngshòu 동 누리다, 향유하다, 즐기다 | ★奖励 jiǎnglì 동 장려하다, 표창하다 명 상, 상금, 상품 | 鲜活 xiānhuó 형 ① (꽃이나 해산물이) 싱싱하다, 신선하다 ② 선명하고 생동적이다 | ★激励 jīlì 동 격려하다 | 目中无人 mùzhōng wúrén 성 안하무인이다. 눈에 뵈는 게 없다(본문에서는 나귀이므로 비유적으로 '目中无驴'라고 사용함) | 召开 zhàokāi 동 (회의를) 열다, 개최하다 | 美餐 měicān 명 맛있는 음식 | 奋斗 fèndòu 동 (일정한 목적을 달성하기 위해) 분투하다 | 独到 dúdào 형 남다르다, 독창적이다 | 改进 gǎijìn 동 개선하다, 개량하다 | ★采纳 cǎinà 동 (건의, 의견, 요구 등을) 받아들이다, 수락하다 | 剽窃 piāoqiè 동 표절하다, 도용하다 | ★嘲笑 cháoxiào 동 비웃다, 놀리다, 빈정거리다, 조롱하다 | 灰心 huī xīn 이합 낙담하다, 낙심하다 | 出色 chūsè 형 대단히 뛰어나다, 보통을 넘다 | 出人头地 chūrén tóudì 성 두각을 나타내다, 남보다 뛰어나다, 출중하다(본문에서는 나귀이므로 비유적으로 '出驴头地'라고 사용함) | ★陈旧 chénjiù 형 낡다, 오래되나, 케케묵다 | 注定 zhùdìng 동 운명으로 정해져있다 | ★垄断 lǒngduàn 동 독점하다, 마음대로 다루다 | 磨房 mòfáng 명 방앗간 | 收购 shōugòu 동 사들이다, 구입하다, 매입하다

해설 ▶ 1. 이 글은 세 마리의 당나귀가 각자의 생각과 행동이 달라서 운명의 결과도 달라진 상황을 이야기하고 있다. 따라서 이 글은 이 세 마리의 당나귀를 실마리로 정리할 수 있다.

一只驴子, 另外一只驴子, 第三只驴子

▶ 2. 각 당나귀와 관련된 핵심적인 내용을 잘 정리하면 훌륭한 요약 쓰기가 될 수 있다.

인물	사건
	三只年轻的驴子，在一家农场找到了工作。它们的表现得到了主人的好评。 세 마리의 젊은 당나귀들은 한 농장에서 직업을 찾았다. 그들의 행동은 주인의 좋은 평가를 얻었다.
一只驴子	过了一段时间一只驴子开始觉得自己的工作既辛苦又无聊，激情荡然无存，工作慢慢地松散了。主人就用钓鱼竿在驴子的前面挂一把青草。驴子看到了青草干劲又来了，拼命地想吃到前面的那把青草。但是怎么拼命跑也追不到。驴子奔跑得更加拼命了，最后死在了磨的旁边。 얼마 지난 다음 한 마리의 당나귀는 자신의 일이 힘들고 따분하다고 생각하기 시작했고, 열정은 이미 완전히 사라졌으며, 일도 조금씩 풀어졌다. 주인은 낚싯대로 당나귀 앞에 싱싱한 풀을 걸어두었다. 당나귀는 싱싱한 풀을 보자 일하려는 열정이 다시 생겼고, 필사적으로 앞에 있는 그 풀을 먹고 싶어했다. 하지만 그가 아무리 필사적으로 달려도 쫓을 수가 없었다. 당나귀는 더 필사적으로 달렸고 결국 맷돌 옆에서 죽었다.
另外一只驴子	另外一只驴子不但磨拉得好，还努力学会了管理农场的方法。主人夸奖它有才能，前途无可限量，宣布它从今天起成为"人"。它真的人模人样起来。在人的面前大谈农场的管理、发展。在其他驴子面前大谈希望，大谈未来。主人很满意，驴子很骄傲。过了不久，它成了人们饭桌上的美餐。 다른 당나귀는 맷돌을 잘 끌었을 뿐만 아니라 열심히 농장을 관리하는 방법을 배웠다. 주인은 당나귀가 재능이 있으며 전도유망하다고 칭찬해주었고, 당나귀는 오늘부터 '사람'이 되었다고 선언했다. 당나귀는 정말 사람처럼 행동하기 시작했다. 사람들 앞에서 농장의 관리와 발전에 대해 떠벌렸다. 다른 당나귀 앞에서는 희망과 미래에 대해 이야기했다. 주인은 만족했고, 당나귀는 거만해졌다. 얼마 되지 않아 당나귀는 사람들 식탁 위의 맛있는 음식이 되었다.
第三只驴子	第三只驴子很清楚自己是头驴子，它有着自己驴子的奋斗目标。它努力完成着主人交给的工作，提出改进方案。它不断地学习专业知识，不断地总结经验。但农场人、驴分明的陈旧体制不会给它发挥才能的机会。终于有一天它离开了农场，过了不久它组建了自己的强大的公司，迅速垄断了世界的磨房业，收购了主人的农场。当记者访问它为何如此成功时，它说："我只是走了一条属于驴子的路。" 세 번째 당나귀는 자신이 당나귀라는 것을 정확히 알고 있었고, 자신만의 노력하는 목표가 있었다. 그는 노력해서 주인이 자신에게 주는 모든 일을 완성했고, 개선 방안을 내놓았다. 그는 끊임없이 전문 지식을 배우고 끊임없이 경험을 정리했다. 그러나 농장 사람들과 당나귀들이 분명하게 구분된 케케묵은 체제에서는 그에게 재능을 발휘할 기회를 주지 않을 것이었다. 마침내 어느 날 그는 농장을 떠났다. 얼마 지나지 않아 그는 자신의 강하고 큰 회사를 세웠고, 빠르게 세계 방앗간 업계를 주름 잡았으며, 주인의 농장을 사들였다. 기자가 그를 방문하여 어떻게 이렇게 성공했는지 물었을 때, 그가 말했다. "난 단지 당나귀에게 속하는 길을 걸었을 뿐입니다."

▶ 3. 이야기의 가장 핵심이 세 마리의 당나귀이므로 '三只驴子(세 마리의 당나귀)'를 제목으로 해도 된다. 또는 유일하게 성공한 세 번째 당나귀의 말이 이 글의 주제이므로 '我只是走了一条属于自己的路(난 단지 나에게 속하는 길을 걸었을 뿐이다)'라는 제목도 가능하다.

我只是走了一条属于自己的路

三只年轻的驴子，在一家农场找到了垃磨的工作。它们的表现得到了主人的好评。

过了一段时间一只驴子开始觉得自己的工作既辛苦又无聊，激情荡然无存，工作慢慢地松散了。主人就用钓鱼竿在驴子的前面挂了一把青草。驴子看到了青草干劲又来了，拼命地想吃到前面的那把青草。但是怎么拼命跑也追不到。驴子奔跑得更加拼命了，最后死在了磨的旁边。

另外一只驴子不但磨拉得好，还努力学会了管理农场的方法。主人夸奖它有才能，前途无可限量，宣布它从今天起成为"人"。它真的人模人样起来。在人的面前大谈农场的管理、发展。在其他驴子面前大谈希望，大谈未来。主人很满意，驴子很骄傲。过了不久，它成了人们饭桌上的美餐。

第三只驴子很清楚自己是头驴子，它有着自己驴子的奋斗目标。它努力完成着主人交给的工作，提出改进方案。它不断地学习专业知识，不断地总结经验。但农场人、驴分明的陈旧体制不会给它发挥才能的机会。终于有一天它离开了农场，过了不久它组建了自己的强大的公司，迅速垄断了世界的磨房业，收购了主人的农场。当记者访问它为何如此成功时，它说："我只是走了一条属于驴子的路。"

난 단지 나에게 속한 길을 걸었을 뿐이다

세 마리의 젊은 당나귀들은 한 농장에서 맷돌을 돌리는 직업을 찾았다. 그들의 행동은 주인의 좋은 평가를 얻었다.

얼마 지난 다음 한 마리의 당나귀는 자신의 일이 힘들고 따분하다고 생각하기 시작했고, 열정은 이미 완전히 사라졌으며, 일도 조금씩 풀어졌다. 주인은 낚싯대로 당나귀 앞에 싱싱한 풀을 걸어두었다. 당나귀는 싱싱한 풀을 보자 일하려는 열정이 다시 생겼고, 필사적으로 앞에 있는 그 풀을 먹고 싶어했다. 하지만 그가 아무리 필사적으로 달려도 쫓을 수가 없었다. 당나귀는 더 필사적으로 달렸고 결국 맷돌 옆에서 죽었다.

다른 당나귀는 맷돌을 잘 끌었을 뿐만 아니라 열심히 농장을 관리하는 방법을 배웠다. 주인은 당나귀가 재능이 있으며 전도유망하다고 칭찬해주었고, 당나귀는 오늘부터 '사람'이 되었다고 선언했다. 당나귀는 정말 사람처럼 행동하기 시작했다. 사람들 앞에서 농장의 관리와 발전에 대해 떠벌렸다. 다른 당나귀 앞에서는 희망과 미래에 대해 이야기했다. 주인은 만족했고, 당나귀는 거만해졌다. 얼마 되지 않아 당나귀는 사람들 식탁 위의 맛있는 음식이 되었다.

세 번째 당나귀는 자신이 당나귀라는 것을 정확히 알고 있었고, 자신만의 노력하는 목표가 있었다. 그는 노력해서 주인이 자신에게 주는 모든 일을 완성했고, 개선 방안을 내놓았다. 그는 끊임없이 전문 지식을 배우고 끊임없이 경험을 정리했다. 그러나 농장 사람들과 당나귀들이 분명하게 구분된 케케묵은 체제에서는 그에게 재능을 발휘할 기회를 주지 않을 것이었다. 마침내 어느 날 그는 농장을 떠났다. 얼마 지나지 않아 그는 자신의 강하고 큰 회사를 세웠고, 빠르게 세계 방앗간 업계를 주름 잡았으며, 주인의 농장을 사들였다. 기자가 그를 방문하여 어떻게 이렇게 성공했는지 물었을 때, 그가 말했다. "난 단지 당나귀에게 속하는 길을 걸었을 뿐입니다."

02

p. 420

一家大花店因为信誉好，顾客日益增加，原来的员工明显人手不够用。老板于是想以高薪聘请一位售花小姐，就在当地一家报纸的人才招聘专栏里刊登了广告，除了列出了丰厚的报酬之外，对应聘者的要求仅仅是：年轻女性。

招聘广告张贴出去后，前来应聘的人很多，如过江之鲫，每个人都非常在乎那丰厚的报酬到底是多少。经过几番口试，老板留下了三位女孩，让她们每人经营花店一周，以便从中挑选一人。这三个女孩长的都如花一样美丽。一人曾经在花店插过花、卖过花，一人是花艺学校的应届毕业生，其余一人是一个待业女青年。

插过花的女孩一听老板要让她们以一周的实践成绩为应聘条件心中窃喜，毕竟插花、卖花对于她来说是轻花熟路，她觉得这个职位已经非她莫属。每次一见顾客进来，她就不停地介绍各类花的象征意义，以及给什么样的人送什么样的花。几乎每一个人进花店，她都能说得让人买去一束花或一篮花，一周下来她的成绩不错。她向老板汇报业绩的时候，老板满脸笑容，但是最后只说了一句："一周以来辛苦你了，回去等消息吧！"

花艺女生经营花店，她充分发挥从书中学到的知识。从插花的艺术到插花的成本，都精心琢磨，她甚至联想到把一些断枝的花朵用牙签连接花枝夹在鲜花中，用以降低成本。对每个进来的顾客，她除了热情接待外，还积极向他们教授插花的技术、插花的美学知识等等。她的知识和她的聪明为她一周的鲜花经营也带来了不错的成绩。她向老板汇报业绩的时候，老板同样满脸笑容，但是最后同样只说了一句："一周以来辛苦你了，回去等消息吧！"

待业女青年经营起花店，则有点放不开手脚，然而她置身于花丛中的微笑就像一朵花，她的心情也如花一样美丽。一些残花她总舍不得仍掉，而是修剪修剪，免费送给路边行走的

한 꽃집은 평판이 좋아서 고객이 나날이 늘었고, 원래의 직원만으로는 확실히 손이 부족했다. 사장은 그리하여 높은 임금으로 꽃 판매 아가씨를 모집하고 싶어서 현지 한 신문사의 인재 모집란에 광고를 게재했으며, 후한 보수 외에 응시자에 대한 요구는 단지 젊은 여성이라는 것이었다.

모집 광고가 나간 후, 찾아오는 응시자가 많아서 마치 강을 지나는 붕어들 같았고, 모든 사람은 그 후한 보수가 도대체 얼마인지 매우 신경을 썼다. 몇 번의 면접을 통해 사장은 세 명의 아가씨를 남겼고 그 중 한 명을 선택하기 위해 그녀들에게 1주일 동안 꽃집을 경영하게 했다. 이 세 명의 아가씨는 얼굴이 마치 꽃처럼 아름다웠다. 한 사람은 예전에 꽃집에 서 꽃꽂이와 꽃 판매를 한 적이 있었고, 한 명은 꽃 예술학교의 올해 졸업생이었으며, 나머지 한 명은 미취업 아가씨였다.

꽃꽂이를 한 적이 있는 아가씨는 사장이 그녀들에게 일주일의 실전 성적을 응시조건으로 하겠다는 것을 듣고 마음속으로 몰래 기뻐했다. 아무래도 꽃꽂이와 꽃 판매는 그녀에게 있어서 쉬운 것이어서, 그녀는 이 직위는 자신 말고는 할 사람이 없다고 생각했다. 매번 고객이 들어오는 것을 볼 때면 그녀는 끊임없이 각 종류의 꽃이 상징하는 의미와 어떤 사람에게 어떤 꽃을 선물하는 것이 좋은지 설명했다. 거의 모든 사람이 꽃집에 들어오면 그녀는 사람들이 한 다발의 꽃이나 한 바구니의 꽃을 사가도록 말했고, 1주일이 지나자 그녀의 성적은 괜찮았다. 그녀가 사장에게 실적을 보고할 때, 사장은 온 얼굴에 웃음을 띠었지만, 마지막으로 한마디만 했다. "1주일 동안 수고했어요. 돌아가서 소식을 기다리세요!"

꽃 예술학교를 졸업한 학생은 꽃집을 경영하면서 책에서 배운 지식을 충분히 발휘했다. 꽃꽂이 예술에서 꽃꽂이 원가까지 모두 심혈을 기울여 깊이 생각했고, 그녀는 심지어 일부 가지가 부러진 꽃을 이쑤시개로 꽃 가지를 연결해서 꽃 속에 넣어서 원가를 떨어뜨리는 것까지 생각했다. 들어오는 모든 손님에 대해 그녀는 친절하게 맞이하는 것 외에도 적극적으로 그들에게 꽃꽂이 기술과 꽃꽂이 미학지식 등을 가르쳐주었다. 그녀의 지식과 그녀의 총명함은 1주일의 꽃 경영에 좋은 성적을 가져다주었다. 그녀가 사장에게 실적을 보고할 때, 사장은 마찬가지로 온 얼굴에 웃음을 띠었지만, 마지막엔 마찬가지로 한마디만 했다. "1주일 동안 수고했어요. 돌아가서 소식을 기다리세요!"

취업 준비생 아가씨가 꽃집을 경영하기 시작했는데, 조금 어쩔 줄 몰라했다. 그러나 그녀가 꽃 무더기 속에서 짓는

小学生，而且每一个从她手中买去花的人，都能得到她一句甜甜的话语——"鲜花送人，余香留己。"这听起来既像女孩为自己说的，又像是为花店讲的，也像为买花人讲的，简直是一句心灵默契的心语。尽管女孩努力地珍惜着她一周的经营时间，但她的成绩跟前两个女孩相差很大。

出人意料的是，老板竟留下了那个待业女孩。人们不解——为何老板放弃为他挣钱的女孩，而偏偏选中这个缩手缩脚的待业女孩？有一个老员工去问老板，老板说："用鲜花挣再多的钱也只是有限的，用如花的心情去挣钱是无限的。花艺可以慢慢学的，因为这里面包含着一个人的气质、品德以及情趣爱好、艺术修养……人都有这样那样的专长，这无疑会给人带来极大的帮助。但人更要有如花的心情，因为这心情能感染人，让人领悟到生命的纯真和美好。"

미소는 한 송이 꽃과 같았고, 그녀의 마음도 꽃처럼 아름다웠다. 일부 문제가 있는 꽃을 그녀는 항상 버리기 아까워해 가지치기해서 무료로 길을 지나가는 초등학생들에게 선물했고, 게다가 그녀에게서 꽃을 사는 사람들은 그녀의 달콤한 말을 들을 수 있었다. "꽃을 선물하시고 남은 향은 자신에게 남겨두세요." 이 말은 듣기에 아가씨 자신을 위해서 하는 말 같기도 하고, 또 꽃집을 위해 이야기하는 것 같기도 하고, 또 꽃을 사는 사람을 위해 이야기하는 것 같기도 해서, 정말이지 마음에 잘 맞는 말이었다. 비록 아가씨는 그녀의 1주일이라는 경영 시간을 노력해서 소중히 여겼지만, 그녀의 성격은 앞의 두 아가씨와 차이가 컸다.

예상을 벗어난 것은, 사장은 뜻밖에도 그 취업 준비생 아가씨를 남겼다. 사람들은 왜 사장이 그를 위해 돈을 벌어준 아가씨를 포기하고 하필이면 이 소심한 취업 준비생 아가씨를 선택했는지 이해가 가지 않았다. 한 호기심이 많은 오래된 직원이 사장에게 묻자, 사장은 말했다. "꽃으로 더 많은 돈을 버는 것은 한계가 있지만, 꽃처럼 아름다운 마음으로 돈을 버는 것은 무한하죠. 꽃 예술은 천천히 배우면 되죠. 왜냐하면, 이 속에는 한 사람의 기질, 품성 및 취향과 취미, 예술적인 소양 등이 들어가 있으니까요… 사람은 모두 이런 저런 특기를 가지고 있고, 이것은 의심할 바 없이 사람에게 큰 도움을 가저다줍니다. 그러나 사람은 꽃과 같은 마음이 더욱 필요해요. 왜냐하면, 이런 마음은 사람을 감동시킬 수 있고, 사람으로 하여금 생명의 순수함과 아름다움을 깨닫게 하니까요."

단어　★ **信誉** xìnyù 몡 평판, 신용, 명성 | **聘请** pìnqǐng 통 초빙하다, 모시다 | ★ **专栏** zhuānlán 몡 (신문, 잡지의) 특별란, 전문란 | ★ **刊登** kāndēng 통 (신문이나 잡지 등에) 게재하다, 싣다, 등재하다 | **丰厚** fēnghòu 톙 두텁다, 넉넉하다, 후하다 | ★ **报酬** bàochou 몡 보수, 수당, 사례금 | **过江之鲫** guòjiāng zhījì 젱 강을 지나는 붕어, 사람의 수가 많음을 형용 | ★ **在乎** zàihu 통 마음 속에 두다, 신경 쓰다, 개의하다 | ★ **以便** yǐbiàn 젭 ~하기에 편리하도록, ~하기 위하여 | **挑选** tiāoxuǎn 통 고르다, 선발하다, 선택하다 | **应届毕业生** yīngjiè bìyèshēng 올해 졸업생 | **其余** qíyú 몡 나머지, 남은 것 | **待业青年** dàiyèqīngnián 미취업 청년 | **心中窃喜** xīnzhōngqièxǐ 마음속으로 몰래 기뻐하다 | ★ **职位** zhíwèi 몡 직위 | **非君莫属** fēijūn mòshǔ 셩 당신 말고는 달리 사람이 없다, 당신만이 할 수 있다 | ★ **成本** chéngběn 몡 원가, 자본금 | **精心** jīngxīn 통 정성을 들이다 | ★ **琢磨** zuómo 통 깊이 생각하다, 사색하다 | ★ **联想** liánxiǎng 통 연상하다 | **牙签** yáqiān 이쑤시개 | ★ **汇报** huìbào 통 (상황이나 관련 자료를) 종합하여 (상급자나 대중에게) 보고하다 | **置身** zhìshēn 통 자신을 ~에 두다 | **花丛** huācóng 몡 꽃 무더기, 꽃밭 | **修剪** xiūjiǎn 통 가위로 다듬다, 가지치기하다 | ★ **心灵** xīnlíng 몡 정신, 영혼, 마음 | **默契** mòqì 톙 마음이 잘 통하다, 호흡이 잘 맞다 | **珍惜** zhēnxī 통 귀중히 여기다, 소중히 여기다 | **出人意料** chūrén yìliào 셩 예상 밖이다, 뜻밖이다 | ★ **偏偏** piānpiān 뷘 ① 기어코, 일부러 ② 마침, 공교롭게 ③ 유달리, 유독 | **选中** xuǎnzhòng 통 선택하다, 뽑다 | **缩手缩脚** suōshǒu suōjiǎo 셩 몸을 사리다, 소심하다, 우유부단하다 | **气质** qìzhì 몡 ① 기질, 성미, 성격 ② 자질, 도량, 품격 | ★ **品德** pǐndé 몡 인품과 덕성, 품성 | **情趣** qíngqù 몡 취향 | **修养** xiūyǎng 몡 교양, 수양 | ★ **专长** zhuāncháng 몡 특기, 전문 기술, 전문 지식 | ★ **感染** gǎnrǎn 통 ① 감염되다, 전염되다 ② (다른 사람의 사상이나 감정에) 영향을 끼치다, 감동시키다 | ★ **领悟** lǐngwù 통 깨닫다, 이해하다, 납득하다 | **纯真** chúnzhēn 톙 순수하다, 진솔하다

해설　▶ 1. 이 글은 꽃집 사장이 세 아가씨의 꽃집 경영방식을 지켜보고 새로운 직원으로 채용하려는 이야기를 하고 있다. 따라서 이 글은 이 세 명의 아가씨를 실마리로 정리할 수 있다.
插过花的女孩, 花艺女生, 待业女青年

▶ 2. 각 세 명의 아가씨가 꽃집을 경영하는 핵심적인 내용을 잘 정리하면 훌륭한 요약 쓰기가 될 수 있다.

인물	사건
	一家大花店聘请售花小姐，经过几番口试后，老板留下了三位女孩，让她们每人经营花店一周。一人曾经在花店插过花、买过花，一人是花艺学校的应届毕业生，其余一人是待业女青年。 한 꽃집이 꽃 판매 아가씨를 모집하는데, 몇 번의 면접을 통해 사장은 세 명의 아가씨를 남기고 그녀들에게 각자 1주일 동안 꽃집을 경영하게 했다. 한 사람은 예전에 꽃집에서 꽃꽂이와 꽃 판매를 한 적이 있었고, 한 명은 꽃 예술학교의 올해 졸업생이었으며, 나머지 한 명은 미취업 아가씨였다.
插过花的 女孩	向每位顾客介绍各类花的象征意义，以及给什么样的人送什么样的花，因此一周下来她的成绩不错。但是她汇报一周的业绩的时候，老板只是微笑着和她说："辛苦了，回去等消息吧!" 모든 고객에게 각 종류의 꽃이 상징하는 의미와 어떤 사람에게 어떤 꽃을 선물하는 것이 좋은지 설명했고, 따라서 1주일이 지나자 그녀의 성적은 괜찮았다. 그러나 그녀가 1주일의 실적을 보고할 때, 사장은 단지 웃음을 띠며 그녀에게 말했다. "수고했어요. 돌아가서 소식을 기다리세요!"
花艺女生	充分发挥从书中学到的知识加上她的聪明，使得她一周经营也带来了不错的成绩。但是她汇报一周的业绩的时候，老板也只是微笑着和她说："辛苦了，回去等消息吧!" 책에서 배운 지식을 충분히 발휘했고 그녀의 총명함이 더해져 1주일의 경영에 좋은 성적을 가져다주었다. 그러나 그녀가 1주일의 실적을 보고할 때, 사장은 역시 단지 웃음을 띠며 그녀에게 말했다. "수고했어요. 돌아가서 소식을 기다리세요!"
待业女 青年	虽然放不开手脚，然而她的微笑就像一朵花，她的心情也如花一样美丽。她修剪残花免费送给路边走的小学生，她对每个买花的人都说："鲜花送人，余香留己。"但她的成绩跟前两个女孩相差很大。 비록 어쩔 줄 몰랐지만, 그녀의 미소는 한 송이 꽃과 같았고, 그녀의 마음도 꽃처럼 아름다웠다. 그녀는 문제가 있는 꽃을 가지치기해서 무료로 길을 지나가는 초등학생들에게 선물했고, 모든 꽃을 사는 사람들에게 말했다. "꽃을 선물하시고 남은 향은 자신에게 남겨두세요." 그러나 그녀의 성적은 앞의 두 아가씨와 차이가 컸다.
	出人意料的是，老板竟留下了那个待业女孩。老板说"人都有这样那样的专长，但人更要有如花的心情，因为这心情能感染人，让人领悟到生命的纯真和美好。" 예상을 벗어난 것은, 사장은 뜻밖에도 그 취업 준비생 아가씨를 남겼다. 사장은 말했다. "사람은 모두 이런저런 특기를 가지고 있지만, 사람은 꽃과 같은 마음이 더욱 필요해요. 왜냐하면 이런 마음은 사람을 감동시킬 수 있고, 사람으로 하여금 생명의 순수함과 아름다움을 깨닫게 하니까요."

▶ 3. 세 명의 아가씨 중 이 글의 주제를 가장 잘 드러내는 것은 당연히 채용된 세 번째 아가씨이다. 사장이 마지막에 하는 말도 결국 이 아가씨를 묘사하고 있다. 따라서 '如花的心情(꽃과 같은 마음)' 혹은 '用如花的心情经营(꽃과 같은 마음으로 경영하라)' 등이 모두 좋은 제목이 될 수 있다.

모범답안

用如花的心情经营

　　一家大花店聘请售花小姐，经过几番口试后，老板留下了三位女孩，让她们每人经营花店一周。一人曾经在花店插过花、卖过花，一人是花艺学校的应届毕业生，其余一人是待业女青年。

　　插过花的女孩向每位顾客介绍各类花的象征意义，以及给什么样的人送什么样的花，因此一周下来她的成绩不错。但是她汇报一周的业绩的时候，老板只是微笑着和她说："辛苦了，回去等消息吧!"

꽃과 같은 마음으로 경영하라

　　한 꽃집이 꽃 판매 아가씨를 모집하는데, 몇 번의 면접을 통해 사장은 세 명의 아가씨를 남겨 그녀들에게 각자 1주일 동안 꽃집을 경영하게 했다. 한 사람은 예전에 꽃집에서 꽃꽂이와 꽃 판매를 한 적이 있었고, 한 명은 꽃 예술학교의 올해 졸업생이었으며, 나머지 한 명은 미취업 아가씨였다.

　　꽃꽂이를 한 적이 있는 아가씨는 모든 고객에게 각 종류의 꽃이 상징하는 의미와 어떤 사람에게 어떤 꽃을 선물하는 것이 좋은지 설명했고, 따라서 1주일이 지나자 그녀의 성적은 괜찮았다. 그러나 그녀가 1주일의 실적을 보고할 때, 사장은 단지 웃음을 띠며 그녀에게 말했다. "수고했어요. 돌아가서 소식을 기다리세요!"

花艺女生充分发挥从书中学到的知识加上她的聪明，使得她一周经营也带来了不错的成绩。但是她汇报一周的业绩的时候，老板也只是微笑着和她说："辛苦了，回去等消息吧！"

待业女青年虽然放不开手脚，然而她的微笑就像一朵花，她的心情也如花一样美丽。她修剪残花免费送给路边行走的小学生，她对每个买花的人都说："鲜花送人，余香留己。"但她的成绩跟前两个女孩相差很大。

出人意料的是，老板竟留下了那个待业女孩。老板说"人都有这样那样的专长，但人更要有如花的心情，因为这心情能感染人，让人领悟到生命的纯真和美好。"

꽃 예술학교 학생은 책에서 배운 지식을 충분히 발휘했고 그녀의 총명함이 더해져 1주일의 꽃 경영에 좋은 성적을 가져다주었다. 그러나 그녀가 1주일의 실적을 보고할 때, 사장은 역시 단지 웃음을 띠며 그녀에게 말했다. "수고했어요, 돌아가서 소식을 기다리세요!"

취업 준비생 아가씨는 비록 어쩔 줄 몰랐지만, 그녀의 미소는 한 송이 꽃과 같았고, 그녀의 마음도 꽃처럼 아름다웠다. 그녀는 문제가 있는 꽃을 가지치기해서 무료로 길을 지나가는 초등학생들에게 선물했고, 모든 꽃을 사는 사람들에게 말했다. "꽃을 선물하시고 남은 향은 자신에게 남겨두세요." 그러나 그녀의 성적은 앞의 두 아가씨와 차이가 컸다.

예상을 벗어난 것은, 사장은 뜻밖에도 그 취업 준비생 아가씨를 남겼다. 사장은 말했다. "사람은 모두 이런저런 특기를 가지고 있지만, 사람은 꽃과 같은 마음이 더욱 필요해요. 왜냐하면, 이런 마음은 사람을 감동시킬 수 있고, 사람으로 하여금 생명의 순수함과 아름다움을 깨닫게 하니까요."

DAY 29

02

p. 422

一位印度的小伙子，有一次，在山中迷了路，眼看天色已晚，不知何处得以容身。黑夜中，他在崎岖的山路上徘徊，遇到一位乞丐。他向乞丐请教，到什么地方可以借宿一夜。乞丐对他说："这里是荒郊野外，方圆几里都没有人家。如果你愿意和一个乞丐住在一起的话，你就跟我走。"于是，他就跟了乞丐去，一待就是一个月。每天早上，小伙子随乞丐一起上路乞讨。乞丐的生活漂泊不定，常常食不果腹、居无定所，可他总是非常快乐，从未有过失望。每天晚上睡觉前，他总是对小伙子说："感谢上天的眷顾，相信明天会更好。"后来小伙子出家修行。小伙子日复一日、年复一年，都在坚持冥思苦修。他觉得自己的生活就像那位乞丐一样，时常陷入困顿之中。于是，小伙子开始感到绝望，失去信心，甚至要放弃自己的功课。每每在这样的时候，小伙子都会想起那个乞丐，想起乞丐每天晚上那句话，"感谢上天的眷顾，相信明天会更好"。后来小伙子成为了印度最高的智者——古鲁。

한 인도의 젊은이가 한 번은 산에서 길을 잃었고, 곧 날이 저물려고 해서 어디서 묵어야 할지 알 수 없었다. 캄캄한 밤에, 그는 험난한 산길에서 배회하다 한 거지를 만났다. 그는 거지에게 어디에 가서 하룻밤 묵을 수 있을지 가르침을 청했다. 거지가 그에게 말했다. "이곳은 황량한 야외여서 주변 몇 리 안에는 인가가 없네. 만약 거지와 함께 묵길 원한다면, 나와 함께 가도록 하지." 그래서 그는 거지를 따라갔고 한 번 머물기 시작하니 한 달이 되었다. 매일 아침 젊은이는 거지를 따라 길을 나서서 구걸했다. 거지의 생활은 방랑하며 고정적이지 않아서 종종 배불리 먹을 수 없고 정해진 거주지가 없었지만, 그는 항상 즐거웠고 여태껏 실망한 적이 없었다. 매일 밤 잠들기 전 그는 항상 젊은이에게 말했다. "하늘이 돌봐주심에 감사하고, 내일은 더 좋아질 것이라고 믿게." 후에 젊은이는 출가하여 스님이 되어 수행했다. 젊은이는 매일매일 해마다 끝까지 깊이 생각하고 고행을 했다. 그는 자신의 생활이 마치 그 거지와 같다고 생각했으며, 종종 매우 곤궁한 상태에 빠졌다. 그래서 젊은이는 절망을 느끼고 자신감을 잃어가기 시작했고, 심지어는 자신의 수행을 포기하려고 했다. 항상 이럴 때면 젊은이는 그 거지를 떠올렸고, 거지가 매일 밤에 한 말을 떠올렸다. '하늘이 돌봐주심에 감사하고, 내일은 더 좋아질 것이라고 믿게'. 후에 젊은이는 인도의 가장 높은 지식인인 고노가 되었다.

一位年轻的猎人，他不敢一个人去虎豹经常出没的大山深处，虽然他知道里面的猎更加肥美。但是又得抚养刚刚出生的孩子，给卧病在床的母亲治病。有一天，他因为口渴来到河边，碰巧，有一条狗也来到河边喝水。狗朝水中望去，突然发现水里也有一条狗——它自己的倒影。那条狗感到非常恐慌，它狂吠着落荒而逃。可口渴难耐，那条狗又不得不回到河边。尽管非常害怕，它还是一跃，跳进了水里，立刻，水中的那条狗不见了。由此猎人感悟到这是上天给他的一个启示：尽管你会感到害怕，可你一定要跳到水里去。于是他不再害怕，拿起自己的猎枪进入到了大山里，从此他每次都会满载而归。

一位老人，以智慧著称。方圆几百里的人，遇到问题都会来找他询问，他也自乐其中。一天傍晚，老人在一个小镇上遇到一个小男孩。他的手里捧着一根点燃的蜡烛，他要到寺里去敬献他的蜡烛。老人对小男孩说："这蜡烛是你自己点的吗？"小孩回答："是的，先生。"老人又问他："点燃的时候，蜡烛就会发出光，而在未燃之前，蜡烛却不会发光。你能告诉我，这光是从哪里来的吗？"小男孩咯咯地笑着，并不急着回答，而是一口气吹灭了蜡烛，然后问老人："你看，我现在把蜡烛吹灭了。你能告诉我，那蜡烛的光跑到哪里去了吗？"老人顿觉自视渊博的学问顿时化为乌有。老人后来说："那一刻，我真切地感受到自己的无知浅薄、愚蠢迟钝。"

其实，人无常师，可这并不意味着我们没有学习的机会。天上的云朵，地上的树木，自然万物皆可为我师。

한 젊은 사냥꾼은 혼자 맹수가 자주 출몰하는 큰 깊은 산으로 가지 못했다. 비록 그는 산속의 사냥감이 더 살찌고 맛있는 것을 알고 있었지만 말이다. 하지만 또 막 태어난 아이를 부양해야 했고, 병으로 몸져누운 어머니를 위해 병을 고쳐드려야 했다. 어느 날, 그가 목이 말라 강가에 왔는데 때마침 개 한 마리도 강가에 와서 물을 마시려고 했다. 개는 물속을 보다가 갑자기 물에도 한 마리 개, 즉 자신이 물속에 비친 그림자를 발견했다. 그 개는 매우 당황하고 미친 듯이 짖으며 도망쳤다. 그러나 목 마른 것을 참지 못하고 그 개는 또 어쩔 수 없이 강가로 돌아왔다. 비록 매우 두려웠지만 개는 그래도 뛰어올라 물속으로 들어갔고, 바로 물속의 그 개도 보이지 않았다. 이로부터 사냥꾼은 이 일은 하늘이 자신에게 주는 계시라는 것을 깨달았다. 비록 네가 두려움을 느끼더라도 너는 반드시 물속으로 뛰어들어가야 한다. 그래서 그는 더 이상 두려워하지 않고 자신의 사냥총을 들고 큰 산으로 들어갔고, 이때부터 그는 매번 사냥한 것을 가득 싣고 돌아왔다.

한 노인은 지혜로운 것으로 유명했다. 주변 몇 리의 사람들은 문제를 만나면 모두 그를 찾아와 의견을 구했고, 그도 그것을 즐거워했다. 어느 날 저녁 무렵, 노인은 한 마을에서 남자아이를 우연히 만났다. 그의 손에는 불이 붙여진 초가 받쳐 들려 있었고, 그는 절에 가서 그의 초를 바치려고 했다. 노인이 아이에게 말했다. "이 초는 네가 불을 붙인 거니?" 남자아이가 대답했다. "네, 선생님." 노인이 또 그에게 물었다. "불을 붙일 때 초는 빛을 낼 것이고, 아직 불을 붙이기 전에 초는 빛을 내지 않을 것이다. 너는 나에게 이 빛이 어디에서 온 것인지 말할 수 있니?" 남자아이는 깔깔거리고 웃으며 결코 조급해하지 않았고 단숨에 초를 끈 다음 노인에게 물었다. "보세요, 제가 지금 초를 불어서 껐어요. 저에게 그 초의 빛이 어디로 갔는지 말씀하실 수 있으세요?" 노인은 문득 자신이 박식하다고 생각했던 학문이 수포로 돌아갔다고 느꼈다. 노인이 후에 말했다. "그 순간 나는 자신의 무지함과 부족함, 어리석음과 둔함을 분명하게 느꼈다."

사실 사람에게는 정해진 스승이 없다. 이것은 우리에게 배울 기회가 없다는 것을 뜻하는 것이 결코 아니다. 하늘의 구름, 땅의 나무, 자연 만물이 모두 나의 스승이 될 수 있다.

단어 眼看 yǎnkàn 囝 곧, 즉시, 바로 | 得以 déyǐ 통 (기회를 빌어서) ~할 수 있다 | 容身 róng shēn 이합 몸을 맡기다, 몸을 의탁하다 | 崎岖 qíqū 휑 (산길이) 험난하다, 울퉁불퉁하다 | ★ 徘徊 páihuái 통 거닐다, 왔다 갔다 하다, 배회하다 | 借宿 jièsù 통 남의 집에 잠시 묵다 | 荒郊野外 huāngjiāoyěwài 황량한 야외 | 方圆 fāngyuán 뎡 주위, 주변 | 乞讨 qǐtǎo 통 (돈, 밥 등을) 구걸하다 | 漂泊 piāobó 통 떠돌아다니다, 유랑하다, 방랑하다 | 食不果腹 shíbù guǒfù 솅 배불리 먹지 못하다 | 居无定所 jūwú dìngsuǒ 정해진 거주지가 없다 | 眷顾 juàngù 통 관심을 갖다, 돌보다, 보살피다 | 出家 chūjiā 통 출가하다(절에 가서 중이나 비구니가 됨) | 日复一日 rìfùyírì 매일매일 | 冥思 míngsī 통 고심하다, 깊이 생각하다 | ★ 时常 shícháng 囝 늘, 항상, 자주 | ★ 陷入 xiànrù 통 ① (불리한 지경에) 빠지다, 떨어지다 ② 몰두하다, 몰입하다, 열중하다 | 困顿 kùndùn 휑 ① 견딜 수 없을 정도로 피로하다 ② (생계나 형편이) 매우 곤궁하다 | 每每 měiměi 囝 늘, 언제나, 항상 | 猎人 lièrén 뎡 사냥꾼 | 虎豹 hǔbào 뎡 맹수 | 出没 chūmò 통 출몰하다 | 肥美 féiměi 휑 ① (고기가) 살찌고 맛있다 ② 비옥하다, 기름지다 | ★ 抚养 fǔyǎng 통 (아이를) 부양하다 | 卧病在床 wòbìngzàichuáng 병상에 눕다 | 碰巧 pèngqiǎo 囝 우연히, 운 좋게, 때마침 | 恐慌 kǒnghuāng 휑 당황하다 | 狂吠 kuángfèi 휑 미친 듯이 짖다 | 落荒而逃 luòhuāng értáo 솅 도주하다, 경황없이 도망치다 |

难耐 nánnài 형 참을 수 없다, 견디기 어렵다 | 感悟 gǎnwù 동 깨닫다, 느끼다 | ★ 启示 qǐshì 동 계시하다, 시사하다 명 계시 | 满载而归 mǎnzài érguī 성 (물건을) 가득 싣고 돌아오다 | 著称 zhùchēng 동 유명하다, 저명하다 | 询问 xúnwèn 동 물어보다, 의견을 구하다 | 傍晚 bàngwǎn 명 저녁 무렵 | ★ 捧 pěng 동 ① 두 손으로 받쳐 들다 ② 남에게 아첨하다, 치켜세우다 | 点燃 diǎnrán 동 불을 붙이다, 점화하다 | 蜡烛 làzhú 명 초, 양초 | 敬献 jìngxiàn 공손하게 바치다, 삼가 올리다 | 咯咯 gēgē 의성 깔깔, 껄껄 | 一口气 yìkǒuqì 부 단숨에, 한숨에 | 吹灭 chuīmiè 동 불어 끄다 | 顿觉 dùnjué 동 문득 느끼다 | 渊博 yuānbó 형 (학식이) 박식하다 | ★ 顿时 dùnshí 부 갑자기, 바로, 문득 | 化为乌有 huàwéi wūyǒu 성 아무것도 없게 되다, 수포로 돌아가다, 헛수고가 되다 | 真切 zhēnqiè ① 분명하다, 선명하다 ② 성실하다, 진지하다 | 浅薄 qiǎnbó 형 (지식이나 경험이) 천박하다, 부족하다 | ★ 愚蠢 yúchǔn 형 어리석다, 우둔하다, 멍청하다 | 迟钝 chídùn 형 (생각, 감각, 행동, 반응 등이) 둔하다, 느리다 | ★ 意味着 yìwèizhe 동 의미하다, 뜻하다 | 云朵 yúnduǒ 명 구름송이, 구름덩이

해설 ▶ 1. 이 글에는 인도 젊은이와 거지, 젊은 사냥꾼과 개, 지혜로운 노인과 초를 든 남자아이, 이렇게 6명의 사람이나 동물이 등장했다. 하지만 이 중 '거지, 개, 초를 든 남자아이'는 모두 나머지 세 주인공의 이야기에서 조연을 맡고 있다. 따라서 우리는 나머지 세 명을 실마리로 정리할 수 있다.

一位印度的小伙子, 一位年轻的猎人, 一位智慧的老人

▶ 2. 세 주인공의 경험은 각각 독립적인 이야기이나 한 가지 주제를 설명하고 있다. 따라서 세 사람의 경험을 요약 정리한 뒤 마지막에 주제를 부각시켜주면 훌륭한 요약 쓰기가 될 수 있다.

인물	사건
一位印度的小伙子	在山中迷了路, 向一个乞丐请, 到什么地方可以借宿一夜。乞丐说, 如果他愿意和乞丐住在一起的话, 可以跟他走。于是, 他就跟乞丐待了一个月。乞丐的生活漂泊不定, 常常食不果腹、居无定所, 可他总是非常快乐, 从未有过失望。每天晚上睡觉前, 乞丐总是说:"感谢上天的眷顾, 相信明天会更好。"后来小伙子出家修行。感到绝望时, 都会想起那个乞丐每天晚上的那句话。后来小伙子成为了印度最高的智者——古鲁。 산에서 길을 잃었고, 거지에게 어디에 가서 하룻밤 묵을 수 있을지 청했다. 거지는 만약 거지와 함께 묵길 원한다면 그와 함께 가자고 말했다. 그래서 그는 거지와 한 달을 머물렀다. 거지의 생활은 방랑하며 고정적이지 않아서 종종 배불리 먹을 수 없고 정해진 거주지가 없었지만, 그는 항상 즐거웠고 여태껏 실망한 적이 없었다. 매일 밤 잠들기 전 거지는 항상 말했다. "하늘이 돌봐주심에 감사하고, 내일은 더 좋아질 것이라고 믿네." 후에 젊은이는 출가하여 스님이 되어 수행했다. 절망을 느낄 때, 그 거지가 매일 밤 했던 말을 떠올렸다. 후에 젊은이는 인도의 가장 높은 지식인인 고노가 되었다.
一位年轻的猎人	不敢一个人去大山深处打猎, 有一天, 他来到河边, 有一条狗也来到河边喝水。狗朝水中望去, 发现自己的倒影, 非常恐慌, 落荒而逃。可口渴难耐, 又不得不回到河边。尽管非常害怕, 它还是跳进了水里, 立刻, 水中的那条狗不见了。猎人感悟: 尽管我会感到害怕, 可我一定要跳到水里去。他不再害怕, 进入到了大山里, 从此他每次都会满载而归。 혼자 큰 깊은 산으로 가서 사냥하지 못했다. 어느 날 그가 강가에 왔는데 개 한 마리도 물을 마시러 강가에 왔다. 개는 물속을 보다가 자신의 그림자를 발견하고는 매우 당황했고 미친 듯이 짖으며 도망쳤다. 그러나 목 마른 것을 참지 못하고 그 개는 또 어쩔 수 없이 강가로 돌아왔다. 비록 매우 두려웠지만 개는 그래도 물속으로 들어갔고, 바로 물속의 그 개도 보이지 않았다. 사냥꾼은 비록 내가 두려움을 느끼더라도 나는 반드시 물속으로 뛰어들어가야 한다는 것을 깨달았다. 그는 다시는 두려워하지 않고 큰 산으로 들어갔고, 이때부터 그는 매번 사냥한 것을 가득 싣고 돌아왔다.
一位智慧的老人	别人遇到问题都会来找他询问。一天傍晚, 老人遇到一个捧着一个点燃的蜡烛的小男孩, 老人问男孩:"你能告诉我, 蜡烛光是从哪里来的吗?"小男孩一口气吹灭了蜡烛, 然后问老人:"那蜡烛的光跑到哪里去了吗?"老人顿觉自视渊博的学问顿时化为乌有。 다른 사람들은 문제를 만나면 모두 그를 찾아와 의견을 구했다. 어느 날 저녁 무렵, 노인은 불이 붙어진 초를 받쳐 들고 있는 남자아이를 우연히 만났고, 노인이 남자아이에게 물었다. "너는 나에게 이 빛이 어디에서 온 것인지 말할 수 있니?" 남자아이는 단숨에 초를 끈 다음 노인에게 물었다. "그럼 그 초의 빛이 어디로 갔죠?" 노인은 문득 자신이 박식하다고 생각했던 학문이 수포로 돌아갔다고 느꼈다.

其实, 人无常师。自然万物皆可为我师。
사실 사람에게는 정해진 스승이 없다. 자연 만물이 모두 나의 스승이 될 수 있다.

▶ 3. 이 글은 세 사람이 겪은 서로 다른 이야기를 통해 결국 한 가지를 주제를 나타내고 있으므로, 제목은 당연히 이 주제를 드러내는 표현이 되어야 한다. 따라서 '自然万物皆为我师(자연 만물이 모두 나의 스승이다)' 혹은 '人无常师(사람에게 정해진 스승은 없다)' 등이 모두 좋은 제목이 될 수 있다.

自然万物皆为我师

一位印度小伙子，在山中迷了路，向一个乞丐请教，到什么地方可以借宿一夜。乞丐说，如果他愿意和乞丐住在一起的话，可以跟他走。于是，他就跟乞丐待了一个月。乞丐的生活漂泊不定，常常食不果腹、居无定所，可他总是非常快乐，从未有过失望。每天晚上睡觉前，乞丐总是说："感谢上天的眷顾，相信明天会更好。"后来小伙子出家修行。感到绝望时，都会想起那个乞丐每天晚上的那句话。后来小伙子成为了印度最高的智者——古鲁。

一位年轻的猎人，不敢一个人去大山深处打猎，有一天，他来到河边，有一条狗也来到河边喝水。狗朝水中望去，发现自己的倒影，非常恐慌，落荒而逃。可口渴难耐，又不得不回到河边。尽管非常害怕，它还是跳进了水里，立刻，水中的那条狗不见了。猎人感悟：尽管我会感到害怕，可我一定要跳到水里去。他不再害怕，进入到了大山里，从此他每次都会满载而归。

一位智慧的老人，别人遇到问题都会来找他询问。一天傍晚，老人遇到一个捧着一个点燃的蜡烛的小男孩，老人问男孩："你能告诉我，蜡烛光是从哪里来的吗？"小男孩一口气吹灭了蜡烛，然后问老人："那蜡烛的光跑到哪里去了吗？"老人顿觉自视渊博的学问顿时化为乌有。

其实，人无常师。自然万物皆可为我师。

자연 만물이 모두 나의 스승이다

한 인도의 젊은이가 산에서 길을 잃었고, 거지에게 어디에 가서 하룻밤 묵을 수 있을지 청했다. 거지는 만약 거지와 함께 묵길 원한다면 그와 함께 가자고 말했다. 그래서 그는 거지와 한 달을 머물렀다. 거지의 생활은 방랑하며 고정적이지 않아서 종종 배불리 먹을 수 없고 정해진 거주지가 없었지만, 그는 항상 즐거웠고 여태껏 실망한 적이 없었다. 매일 밤 잠들기 전 거지는 항상 말했다. "하늘이 돌봐주심에 감사하고, 내일은 더 좋아질 것이라고 믿게." 후에 젊은이는 출가하여 스님이 되어 수행했다. 절망을 느낄 때, 그 거지가 매일 밤 했던 말을 떠올렸다. 후에 젊은이는 인도의 가장 높은 지식인인 고노가 되었다.

한 젊은 사냥꾼은 혼자 깊은 산으로 가서 사냥하지 못했다. 어느 날 그가 강가에 왔는데 개 한 마리도 물을 마시러 강가에 왔다. 개는 물속을 보다가 자신의 그림자를 발견하고는 매우 당황했고 미친 듯이 짖으며 도망쳤다. 그러나 목 마른 것을 참지 못하고 그 개는 또 어쩔 수 없이 강가로 돌아왔다. 비록 매우 두려웠지만 개는 그래도 물속으로 들어갔고, 바로 물속의 그 개도 보이지 않았다. 사냥꾼은 비록 내가 두려움을 느끼더라도 나는 반드시 물속으로 뛰어들어가야 한다는 것을 깨달았다. 그는 다시는 두려워하지 않고 큰 산으로 들어갔고, 이때부터 그는 매번 사냥한 것을 가득 싣고 돌아왔다.

한 지혜로운 노인은 다른 사람들이 문제를 만나면 모두 그를 찾아와 의견을 구했다. 어느 날 저녁 무렵, 노인은 불이 붙여진 초를 받쳐 들고 있는 남자아이를 우연히 만났고, 노인이 남자아이에게 물었다. "너는 나에게 이 빛이 어디에서 온 것인지 말할 수 있니?" 남자아이는 단숨에 초를 끈 다음 노인에게 물었다. "그럼 그 초의 빛이 어디로 갔죠?" 노인은 문득 자신이 박식하다고 생각했던 학문이 수포로 돌아갔다고 느꼈다.

사실 사람에게는 정해진 스승이 없다. 자연 만물이 모두 나의 스승이 될 수 있다.

실전 모의고사

是朋友，才敢放心把钱借给他。想不到，那钱，却迟迟不见还。借条有两张，一张五千，一张两千，已经在他这儿存放了两三年。

那次朋友找到了他，向他借钱。最终，他还是把钱借给了朋友。朋友郑重地写下一张借条，借条上写着，一年后还钱。可是一年过去，朋友却没能把这五千块钱还上。朋友常常去找他聊天，告诉他自己的钱有些紧，暂时不能够还钱，请他谅解。

可是突然有一天，朋友再次提出跟他借钱，仍然是五千块，仍然许诺一年以后还钱。于是他有些不高兴，他想难道朋友不知道"讲借讲还，再借不难"的道理？可是最后他仍然借给了朋友两千块钱，然后收好朋友写下的借条。为什么还借？因为他相信那份珍贵的友谊。

往后的两个月里，朋友再也没来找过他。他有些纳闷，去找朋友，却不见了他的踪影。朋友的同事告诉他，朋友暂时辞了工作，回了老家，也许他还会回来，也许永远不会。

他等了两年，也没有等来他的朋友。他有些急了。之所以急，更多的是因为他的窘迫与贫穷。他想就算他的朋友永远不想再回这个城市，可是难道他不能给自己写一封信吗？不写信给他，就是躲着他；躲着他，就是为了躲掉那七千块钱。这样想着，他不免有些伤心。难道十几年建立起来的这份友谊，在朋友看来，还不如这七千块钱？

好在他有朋友的老家地址。他揣着朋友为他打下的两张借条，坐了近一天的汽车，去朋友从小生活的村子。他找到朋友的家，那是三间破败的草房。那天他只见到了朋友的父母。他没有对朋友的父母提钱的事。他只是向他们打听朋友的消息。

"他走了。"朋友的父亲说。

친구라서 안심하고 돈을 그에게 빌려주었다. 생각지도 못하게 그 돈을 미루면서 갚을 기미가 보이지 않았다. 차용증서는 5,000위안 한 장, 2,000위안 한 장 이렇게 두 장인데, 이미 그가 2, 3년 동안 보관하고 있었다.

그때 친구는 그를 찾아와서 그에게 돈을 빌려달라고 했다. 마지막에 그는 결국 친구에게 돈을 빌려주었다. 친구는 정중하게 한 장의 차용증서를 썼고, 차용증서 위에 1년 후 돈을 갚겠다고 썼다. 그러나 1년이 지났지만, 친구는 5,000위안을 갚지 못했다. 친구는 종종 그를 찾아와 이야기를 나누었고, 그에게 자신의 돈이 조금 빠듯해서 잠시 돈을 갚을 수가 없으니 양해해달라고 부탁했다.

그러나 갑자기 어느 날 친구는 다시 그에게 돈을 빌려달라고 했고, 여전히 5,000위안이었으며, 여전히 1년 후에 갚겠다고 약속했다. 그래서 그는 조금 기분이 풀지 않았다. 그는 친구가 설마 '빌렸으면 잘 갚아야 또 빌릴 때 어렵지 않다'는 이치도 모르는 걸까?라고 생각했다. 하지만 결국 그는 여전히 친구에게 2,000위안을 빌려주었고, 그런 다음 친구가 쓴 차용증서를 받았다. 왜 또 빌려주었을까? 왜냐하면, 그는 그 소중한 우정을 믿었기 때문이다.

이후 두 달간, 친구는 더 이상 그를 찾아오지 않았다. 그는 좀 답답해서 친구를 찾아갔지만, 그의 흔적을 볼 수 없었다. 친구의 동료는 그에게 친구가 잠시 일을 그만두고 고향 집에 돌아갔으며, 어쩌면 그는 돌아올 수도 있고 어쩌면 영원히 돌아오지 않을 수도 있다고 말했다.

그는 2년을 기다렸지만, 그의 친구는 오지 않았다. 그는 조금 조급해졌다. 조급한 것의 더 큰 이유는 그의 곤궁함과 빈곤함 때문이었다. 그는 설령 그의 친구가 영원히 다시는 이 도시에 돌아오지 않는다고 해도 자신에게 편지 한 통 쓸 수 없는 것일까? 편지를 쓰지 않는 것은 그를 피하는 것이었고, 그를 피하는 것은 그 7,000위안을 숨어서 돌려주지 않기 위한 것이라는 생각이 들었다. 이렇게 생각하니 그는 조금 상심하지 않을 수 없었다. 십몇 년간 다져온 이 우정이 친구가 보기에는 7,000위안만 못하단 말인가?

다행히 그는 친구의 고향 집 주소가 있었다. 그는 친구가 그에게 준 두 장의 차용증서를 품속에 넣고 거의 하루 동안 버스를 타 친구가 어렸을 때부터 생활해온 마을로 갔다. 그는 친구의 집을 찾았는데, 그것은 세 칸의 무너져가는 초가집이었다. 그날 그는 친구의 부모님만 만날 수 있었다. 그는 친구의 부모님에게 돈 이야기를 꺼내지 않았다. 그는 단지 그들에게 친구의 소식을 물어봤다.

"그 아이는 갔어요." 친구의 아버지께서 말씀하셨다.

"走了?"他竟没有听明白。

"从房顶上滑下来……村里的小学,下雨天房子漏雨,他爬上房顶盖油毡纸,脚下一滑……"

"他为什么要冒雨爬上房顶?"

"他心里急。他从小就急,办什么事都急,比如要帮村里盖小学……"

"您是说他要帮村里盖小学?"

"是的,已经盖起来了。听他自己说,他借了别人很多钱。可是那些钱仍然不够。这样,有一间房子上的瓦片,只好用了旧房拆下来的碎瓦。他也知道那些瓦片不行,可是他说很快就能够筹到钱,换掉那些瓦片……为这个小学,他悄悄地准备了很多年,借了很多钱……他走得急,没有留下遗言……我不知道他到底欠了谁的钱,到底欠下多少钱……他向你借过钱吗?你是不是来讨债的?"

他的眼泪,终于流下来。他不敢相信他的朋友突然离去,更不敢相信他的朋友原来一直在默默地为村里建一所小学。他想起朋友曾经对他说过:"现在我只能向你借钱。"现在他终于理解这句话的意思了。朋友分两次借走他七千块钱,原来只是想为自己的村子建一所小学;而之所以不肯告诉他,可能只是不想让他替自己着急。

"你是他什么人?"朋友的父亲问。

"我是他的朋友。"他说,"我这次,只是来看看他,却想不到,他走了……还有,我借过他几千块钱,一直没有还。我回去就想办法把钱凑齐了寄过来,您买些好的瓦片,替他把那个房子上的旧瓦片换了。"

朋友的父亲老泪纵横。老人握着他的手说:"能有你这样的朋友,他在地下,也会心安。"

回去的汽车上,他掏出那两张借条,想撕掉,终又小心翼翼地揣好。他要把这两张借条一直保存下去,为他善良的朋友,为他对朋友恶毒的猜测。

"갔다고요?" 그는 뜻밖에 이해하지 못했다.

"지붕에서 미끄러져 떨어졌어요… 마을 초등학교는 비가 오는 날에는 방에 비가 새서. 그 아이가 지붕에 기어 올라가 펠트지를 덮다가 발이 미끄러져서…"

"그는 왜 비를 맞으면서 지붕으로 올라간 거죠?"

"그는 조급해했어요. 그는 어렸을 때부터 조급해했고, 무슨 일을 해도 급했어요. 예를 들어 마을을 도와 초등학교를 지을 때도…"

"그가 마을을 도와 학교를 짓는다고 말씀하셨어요?"

"그래요. 이미 짓기 시작했죠. 그 자신 말로는 다른 사람에게 많은 돈을 빌렸다고 하더군요. 그러나 그 돈으로는 여전히 부족했어요. 이러다 보니 집 하나의 기와 조각은 어쩔 수 없이 낡은 집을 철거한 부서진 기와 조각을 사용했죠. 그도 그 기와 조각은 안 된다는 것을 알았지만, 얼른 돈을 모아서 그 기와들을 바꿀 수 있을 거라고 말했어요… 이 초등학교를 위해 그는 몰래 오랫동안 준비했고, 많은 돈을 빌렸어요… 그는 급하게 가느라 유언도 남기지 않았어요… 나는 그가 누구의 돈을 빌렸고, 도대체 얼마를 빌렸는지 몰라요… 그가 당신에게 돈을 빌렸나요? 빚을 독촉하러 오신 건가요?"

그는 결국 눈물을 흘렸다. 그는 그의 친구가 갑자기 떠난 것을 믿을 수가 없었고, 더군다나 그의 친구가 알고 보니 남몰래 마을을 위해 초등학교를 세우고 있었다는 것을 믿을 수가 없었다. 그는 친구가 예전에 그에게 했던 말이 떠올랐다. "지금 난 너에게 돈을 빌릴 수밖에 없어." 지금 그는 마침내 이 말의 뜻을 이해했다. 친구가 두 번으로 나누어 그에게 7,000위안을 빌린 것은 알고 보니 단지 자신의 마을을 위해 초등학교를 짓고 싶어서였고, 그에게 알리지 않은 것은 아마 단지 그를 자기 대신 조급하게 만들고 싶지 않아서였을 것이다.

"당신은 그와 무슨 사이죠?" 친구의 아버지가 물었다.

"저는 그의 친구입니다." 그가 말했다. "전 이번에 단지 그를 보러 왔는데 생각지도 못하게 그가 갔다니… 또 제가 그에게 몇천 위안을 빌렸는데 줄곧 갚지 않았어요. 제가 돌아가면 방법을 생각해서 돈을 다 모아 부칠 테니, 아버님께서 좋은 기와를 사서 그를 대신해 지붕 위의 낡은 기와를 바꾸세요."

친구의 아버지는 눈물을 흘렸다. 노인은 그의 손을 잡고 말했다. "당신 같은 친구가 있어 그는 지하에서도 마음이 편할 겁니다."

돌아가는 버스에서 그는 그 두 장의 차용증서를 끄집어 내어 찢어버리고 싶었지만, 결국 또 조심스럽게 품에 넣었다. 그는 이 두 장의 차용증서를 줄곧 보존하기로 했다. 그의 선량한 친구를 위해, 그의 친구에 대한 악랄한 추측을 위해.

存放 cúnfàng 图 ① 맡기다 ② 놓아 두다, 내버려 두다 ③ 예금하고 대출하다 | ★ 郑重 zhèngzhòng 图 정중하다, 점잖고 엄숙하다 | 借条 jiètiáo 图 차용증서 | ★ 谅解 liàngjiě 图 양해하다, 이해하여 주다 | 许诺 xǔnuò 图 허락하다, 승낙하다 | ★ 珍贵 zhēnguì 图 진귀하다, 귀중하다 | 纳闷 nàmèn 图 ① (궁금하거나 이해가 되지 않아) 답답해하다, 갑갑해하다 ② 울적해하다, 우울해하다 | 踪影 zōngyǐng 图 행적, 종적, 행방, 자취 | 窘迫 jiǒngpò 图 ① 매우 난처하다 ② 매우 곤궁하다 | 贫穷 pínqióng 图 가난하다, 빈곤하다 | 难道 nándào 图 설마 ~란 말인가?, 설마 ~이겠는가? | 躲 duǒ 图 피하다, 숨다 | 不免 bùmiǎn 图 면할 수 없다, 피하지 못하다 | 好在 hǎozài 图 다행히도 | 揣 chuāi 图 옷 속에 넣다, 품다 | 破败 pòbài 图 (집 등이) 망가지다, 찌그러지다, 무너져가다 | 草房 cǎofáng 图 초가집 | 房顶 fángdǐng 图 지붕, 옥상 | 油毡纸 yóuzhānzhǐ 图 펠트지 | 瓦片 wǎpiàn 图 기와 조각 | 筹钱 chóu qián 이합 돈을 모금하다 | 悄悄 qiāoqiāo 图 은밀히, 몰래 | 欠 qiàn 图 빚지다 | 讨债 tǎo zhài 이합 빚을 독촉하다 | ★ 默默 mòmò 图 묵묵히, 말없이, 소리 없이 | 老泪纵横 lǎolèi zònghéng 젱 노인네의 눈물이 마구 흐르다 | ★ 撕 sī 图 (손으로) 찢다, 뜯다 | ★ 小心翼翼 xiǎoxīn yìyì 젱 매우 조심스럽다, 조신조신하다 | 恶毒 èdú 图 악랄하다, 악독하다

▶ 1. 이 글은 시간의 흐름에 따라 일어나는 사건들을 실마리로 정리할 수 있다.

那次 → 可是突然有一天 → 往后的两个月 → 等了两年 → 坐了近一天的汽车

▶ 2. 각 시간 별로 중요한 핵심이 되는 사건과 그것을 묘사하는 단어나 표현을 찾아낸다.

시간	사건
那次	朋友向他借了五千块钱, 写了借条说一年后还。 친구는 그에게 5,000위안을 빌렸고, 차용증서를 써서 1년 후에 갚는다고 했다.
可是突然有一天	朋友再次提出向他借五千块。 친구는 다시 그에게 5,000위안을 빌려달라고 했다.
往后的两个月	朋友再也没来找过他。 친구가 더 이상 그를 찾아오지 않았다.
他等了两年	没等来朋友。 친구는 오지 않았다.
坐了近一天的汽车	找到朋友的家, 却从朋友父亲那儿听说朋友为了盖小学借钱, 下雨天为了给小学房顶盖油毡纸不小心滑下来去世了。 친구의 고향 집으로 찾아갔지만, 친구의 아버지에게 친구가 초등학교를 짓기 위해 돈을 빌렸으며, 비가 오는 날에 학교 지붕에 펠트지를 덮으려고 하다 잘못하여 미끄러져 세상을 떠났다는 말을 들었다.

▶ 3. 시간의 흐름과 사건이 발생함에 따라 주인공의 감정에도 변화가 생겼으며, 동시에 그에 따른 결과도 생겨났다. 이러한 감정 변화와 결과를 정리해보자.

감정 변화	결과
X	一年后没有还。 1년 후에도 갚지 않았다.
有些不高兴	还是借了两千块。 또 2,000위안을 빌려주었다.
有些纳闷	朋友同事说朋友辞职回老家了, 也许会回来, 也许不会回来。 친구의 동료는 친구가 사직하고 고향 집으로 갔으며, 어쩌면 그는 돌아올 수도 있고 어쩌면 돌아오지 않을 수도 있다고 말했다.
有些伤心	他去朋友老家找朋友。 그는 친구의 고향 집으로 친구를 찾으러 갔다.
眼泪, 终于流下来	"我是他的朋友。" 他说: "我这次, 只是来看看他, 却想不到, 他走了……还有, 我借过他几千块钱, 一直没有还。我回去就想办法把钱凑齐了寄过来, 您买些好的瓦片, 替他把那个房子上的旧瓦片换了。" "저는 그의 친구입니다." 그가 말했다. "전 이번에 단지 그를 보러 왔는데 생각지도 못하게 그가 갔다니… 또 제가 그에게 몇천 위안을 빌렸는데 줄곧 갚지 않았어요. 제가 돌아가면 빙밥을 생각해서 돈을 모아 부칠 테니, 아버님께서 좋은 기와를 사서 그를 대신해서 그 지붕 위의 낡은 기와를 바꾸세요."

▶ 4. 제목은 전체 내용을 잘 나타낼 수 있다면 자유롭게 만들 수 있다. 마지막에 친구와 자신의 나쁜 추측을 위해 '차용증서'를 보존하기로 했다고 했으므로 '朋友的借条(친구의 차용증서)'라는 제목을 만들 수 있다.

모범답안

朋友的借条

是朋友才把钱借给他，可是他却一直没有还钱，一张五千的和一张两千的借条在他这儿已经放了两三年了。

那次朋友向他借五千块，写了借条说一年后还钱，可是一年后没有还。突然有一天，朋友又提出向他借五千块，也说一年后还。他有些不高兴，但是还是借给了朋友两千块。

往后的两个月里，朋友再也没有来找过他。他去找朋友，朋友的同事告诉他朋友辞职回老家了，也许会回来，也许不会回来。

他等了两年也没等来他的朋友，他有些伤心，难道十几年建立起来的这份友谊，在朋友看来，还不如这七千块钱？

他坐了近一天的汽车找到朋友的老家，却从朋友父亲那儿听说朋友为了盖小学借了很多钱，下雨天为了给小学房顶盖油毡纸不小心滑下来离开了这个世界。他的眼泪，终于流下来。朋友分两次借走他七千块钱，原来只是想为自己的村子建一所小学。

朋友父亲问他是不是来讨债的。他说他欠了朋友几千块钱，回去就想办法把钱寄过去，好买些好瓦片替朋友把房子上的旧瓦片换了。

在回去的汽车上，他决定把借条好好保存下去，为他善良的朋友，为他对朋友恶毒的猜测。

친구의 차용증서

친구라서 안심하고 돈을 그에게 빌려주었지만, 그는 줄곧 돈을 갚지 않았고, 5,000위안 한 장과 2,000위안 한 장의 차용증서는 이미 그로부터 2, 3년 동안 맡겨져 있었다.

그때 친구는 그에게 5,000위안을 빌렸고, 차용증서를 써서 1년 후에 갚겠다고 했지만, 1년 후에도 갚지 않았다. 갑자기 어느 날, 친구는 또 그에게 5,000위안을 빌려달라고 했고, 여전히 1년 후에 갚겠다고 했다. 그는 조금 기분이 좋지 않았지만, 그래도 친구에게 2,000위안을 빌려주었다.

이후 두 달간 친구는 더 이상 그를 찾아오지 않았다. 친구를 찾아갔지만, 친구의 동료는 그에게 친구가 일을 그만두고 고향 집에 돌아갔으며, 어쩌면 그는 돌아올 수도 있고 어쩌면 돌아오지 않을 수도 있다고 말했다.

그는 2년을 기다렸지만, 그의 친구는 오지 않았다. 그는 조금 상심했다. 십몇 년간 다져온 이 우정이 친구가 보기에는 7,000위안만 못하단 말인가?

그는 거의 하루 동안 버스를 타고 친구의 고향 집으로 찾아갔지만, 친구의 아버지에게 친구가 초등학교를 짓기 위해 돈을 빌렸으며, 비가 오는 날에 학교 지붕에 펠트지를 덮으려고 하다 잘못하여 미끄러져 세상을 떠났다는 말을 들었다. 그는 결국 눈물을 흘렸다. 친구가 두 번으로 나누어 그에게 7,000위안을 빌린 것은 알고 보니 단지 자신의 마을을 위해 초등학교를 짓고 싶어서였다.

친구의 아버지는 그에게 빚을 독촉하러 온 것이냐고 물었다. 그는 친구에게 몇천 위안을 빚졌고, 돌아가면 방법을 생각해서 돈을 부칠 테니 좋은 기와를 사서 친구 대신 지붕 위의 낡은 기와를 바꾸라고 말했다.

돌아가는 버스에서 그는 차용증서를 잘 보존하기로 결정했다. 그의 선량한 친구를 위해, 그의 친구에 대한 악랄한 추측을 위해.

MEMO

외국어 출판 40년의 신뢰
외국어 전문 출판 그룹
동양북스가 만드는 책은 다릅니다.

40년의 쉼 없는 노력과 도전으로 책 만들기에 최선을 다해온 동양북스는
오늘도 미래의 가치에 투자하고 있습니다.
대한민국의 내일을 생각하는 도전 정신과 믿음으로 최선을 다하겠습니다.

📖 동양북스 추천 교재

일본어 교재의 최강자, 동양북스 추천 교재

회화 코스북

일본어뱅크 다이스키
STEP 1·2·3·4·5·6·7·8

일본어뱅크
좋아요 일본어 1·2·3·4·5·6

일본어뱅크 도모다찌
STEP 1·2·3

분야서

일본어뱅크
좋아요 일본어 독해 STEP 1·2

일본어뱅크
일본어 작문 초급

일본어뱅크
사진과 함께하는
일본 문화

일본어뱅크
항공 서비스 일본어

가장 쉬운 독학
일본어 현지회화

수험서

일취월장 JPT
독해·청해

일취월장 JPT
실전 모의고사 500·700

일단 합격하고 오겠습니다
JLPT 일본어능력시험
N1·N2·N3·N4·N5

일단 합격하고 오겠습니다
JLPT 일본어능력시험
실전모의고사 N1·N2·N3·N4/5

단어·한자

특허받은
일본어 한자 암기박사

일본어 상용한자 2136
이거 하나면 끝!

일본어뱅크
좋아요 일본어 한자

가장 쉬운 독학
일본어 단어장

일단 합격하고 오겠습니다
JLPT 일본어능력시험
단어장 N1·N2·N3